Rolf-Rüdiger Radeisen

Praktiker-Lexikon Umsatzsteuer

9. vollständig überarbeitete und erweiterte Auflage

2018
HDS-Verlag
Weil im Schönbuch

HDS
Verlag

Bibliografische Information der Deutschen Nationalbibliothek
Die Deutsche Nationalbibliothek verzeichnet diese Publikation
in der Deutschen Nationalbibliografie; detaillierte bibliografische Daten
sind im Internet über http://dnb.de abrufbar.

Gedruckt auf säure- und chlorfreiem, alterungsbeständigem Papier

ISBN: 978-3-95554-417-1

www.hds-verlag.de
info@hds-verlag.de

Layout + Einbandgestaltung: Peter Marwitz – etherial.de
Druck und Bindung: Books on Demand GmbH

Printed in Germany
2018

HDS-Verlag Weil im Schönbuch

Der Autor

Rolf-Rüdiger Radeisen, Prof., Dipl.-Kfm., Steuerberater in Berlin. Er ist Mitherausgeber und Mitarbeiter an verschiedenen Umsatzsteuerkommentaren und Praxishandbüchern. Darüber hinaus veröffentlicht er regelmäßig Beiträge in Fachzeitschriften und Online-Werken zur Umsatzsteuer und zum Erbschaftsteuer- und Bewertungsrecht. Er ist Honorarprofessor an der HTW – Hochschule für Technik und Wirtschaft in Berlin – und seit Jahren in der Aus- und Fortbildung von Steuerberatern tätig.

Der Autor

[illegible]

Vorwort zur 9. Auflage

Das heute geltende Umsatzsteuerrecht startete 1968 mit der Idee, die Ermittlung der Besteuerungsgrundlagen für den Unternehmer einfach und transparent zu gestalten. Jeder Unternehmer sollte grundsätzlich in der Lage sein, die Umsatzsteuer-Voranmeldungen selbst und ohne Fehler zu erstellen und dabei alle wesentlichen Rechtsgrundlagen zu beachten.

Wahrscheinlich war dieser Anspruch an das Umsatzsteuergesetz schon damals zu hochgesteckt und kaum einzuhalten. Im Laufe der Jahre hat sich das Umsatzsteuerrecht ständig fortentwickelt, wobei aber jede Entwicklungsstufe mit einer weiteren Verkomplizierung verbunden war. Mittlerweile muss der Unternehmer nicht nur die mittlerweile 75 (ab 2019: 77) Paragrafen des Umsatzsteuergesetzes berücksichtigen, er sollte darüber hinaus auch die Auffassung der Finanzverwaltung in den ca. 300 Abschnitten des Umsatzsteuer-Anwendungserlasses kennen – Verwaltungsanweisungen, die seit Inkrafttreten am 1.11.2010 fast wöchentlich geändert werden.

Für die Praxis kaum noch durchschaubar ist das Geflecht der anzuwendenden Rechtsnormen und der zu berücksichtigenden Rechtsprechung. Das Umsatzsteuerrecht ist heute nicht mehr ausschließlich der nationalen Gesetzgebung unterworfen, das Unionsrecht der Europäischen Union hat mittlerweile über die gemeinsamen Richtlinien und die Rechtsprechung des Europäischen Gerichtshofs einen entscheidenden Einfluss auch auf die Besteuerung von Umsätzen nur im Inland tätiger Unternehmer gewonnen. Darüber hinaus ergeben sich unmittelbare Auswirkungen des Unionsrechts durch die MwStVO. Auch hier steigt fast jährlich die Regelungsdichte. Sich teilweise widersprechende Urteile der verschiedenen Senate des BFH und manchmal auch über die Vorgaben des EuGH hinausgehende Anwendungen des Unionsrechts erschweren die Anwendung der Regelungen in der Praxis in unnötiger Weise.

Obwohl auch die Politik einzelne Regelungen des Umsatzsteuerrechts gerne in Talkshows populistisch an den Pranger stellt, hat sich die neue große Koalition diesem Thema im Koalitionsvertrag nicht gewidmet. Entscheidende und notwendige Vereinfachungen des Umsatzsteuerrechts werden sich deshalb voraussichtlich auch in dieser Legislaturperiode nicht ergeben. Ob aus der Europäischen Union entscheidende Schritte der Vereinfachung erfolgen, muss abgewartet werden, obwohl man dort wohl den Reformbedarf erkannt hat. Allerdings werden zum 1.1.2019 für elektronische Dienstleistungen, Rundfunk- und Fernsehdienstleistungen und Telekommunikationsdienstleistungen neue Bagatellgrenzen für kleinere Unternehmen eingeführt. Darüber hinaus möchte die Kommission in den nächsten Jahren die Regelungen im Binnenmarkt der Europäischen Union entscheidend verändern. So ist schon – mit Ziel 2021 – die sog. Versandhandelsregelung (§ 3c UStG) abgeschafft und wird mit einer ausgeweiteten One-Stop-Shop-Regelung mit den elektronischen Dienstleistungen einheitlich geregelt werden. Darüber hinaus ist geplant, einen sog. „zertifizierten Steuerpflichtigen“ einzuführen, der dann zentrales Element eines neuen Binnenmarkts werden soll.

Aber auch ohne diese langfristigen Planungen ergeben sich genügend Herausforderungen im Umsatzsteuerrecht. Der Gesetzgeber wird mit dem Jahressteuergesetz 2018 Anpassungen an die unionsrechtlichen Vorgaben vornehmen. Darüber hinaus besteht vor dem Hintergrund verschiedener Urteile des EuGH (z.B. bei den Reiseleistungen, bei den Rechnungen oder bei den Apparategemeinschaften) erheblicher Handlungsbedarf für den Gesetzgeber, sodass mit weiteren Änderungen in der nächsten Zeit zu rechnen ist.

Wenn der Ratsuchende heute vor ein Bücherregal tritt, um für praktische Anwendungsfälle des Unternehmers eine praxisorientierte Darstellung zu suchen, wird er vom wissenschaftlichen Lehrbuch bis zum mehrbändigen Kommentar eine Vielzahl an Veröffentlichungen finden. Eine auf die Praxis abgestimmte Darstellung, in der er schnell und trotzdem zutreffend eine Lösung für sein Problem findet, wird er aber nur sehr schwer finden. Diese Lücke schließt das Praktiker-Lexikon Umsatzsteuer. Kompakte und zielgerichtete Lösungen für die alltäglichen umsatzsteuerrechtlichen Fragestellungen stehen im Mittelpunkt der Ausführungen.

Verlag und Autor haben die Stichworte an den Bedürfnissen der Praxis ausgerichtet und bieten dem Ratsuchenden innerhalb einer möglichst kurzen Zeit eine praktikable Lösung für sein Problem an. Trotzdem werden aber auch systematische Grundsätze und Voraussetzungen dargelegt. Soweit wichtig, wurden Quellen aus der Rechtsprechung des EuGH und des BFH genannt, damit in Zweifelsfällen eine gezielte weitergehende Recherche möglich ist.

Über Anregungen – auch für die Aufnahme weiterer Stichworte – und Verbesserungsvorschläge der Leser würden sich der Verlag und der Autor freuen.

Berlin im September 2018 **Rolf-Rüdiger Radeisen**

Inhaltsverzeichnis

Abtretung von Forderungen

Abtretung von Forderungen auf einen Blick

1. **Rechtsquellen**
   § 2 Abs. 1 und § 13c UStG
   Abschn. 2.4 und Abschn. 13c.1 UStAE
2. **Bedeutung**
   Bei der Abtretung von Forderungen (Factoring) muss geprüft werden, wer an wen eine sonstige Leistung erbringt. Soweit die Einzugsberechtigung für die abgetretene (verkaufte) werthaltige Forderung auf den Erwerber übergeht, erbringt der Abtretungsempfänger eine sonstige Leistung (Dienstleistung) an den abtretenden Unternehmer. Die Bemessungsgrundlage bestimmt sich in diesem Fall aus der Differenz zwischen Nennwert der Forderung und dem Betrag, den der Abtretungsempfänger an den Verkäufer auszahlt.
   Darüber hinaus ergeben sich auch Haftungsrisiken für den Abtretungsempfänger, da er für eine in der abgetretenen Forderung enthaltene Umsatzsteuer haftet, wenn der abtretende Unternehmer diese Umsatzsteuer nicht oder nicht fristgerecht an sein Finanzamt zahlt.
3. **Weitere Stichworte**
   → Änderung der Bemessungsgrundlage, → Haftung, → Unternehmer
4. **Besonderheiten**
   Werden sog. zahlungsgestörte Forderungen (Forderungen, bei denen damit zu rechnen ist, dass der Schuldner nicht oder nur einen Teil zahlen wird) abgetreten, liegt keine Leistung des Käufers an den die Forderung abtretenden Unternehmer vor.

1. Leistungsaustausch bei Abtretung einer Forderung

Der Kauf und das Einziehen von Forderungen (**Factoring**) wurden früher als nicht steuerbare Tätigkeiten angesehen, da der Käufer der Forderung weder mit dem Erwerb der Forderung noch mit dem Einziehen eine Leistung gegen Entgelt erbrachte (sog. echtes Factoring). Nach der Rechtsprechung des EuGH[1] und des BFH[2] stellt aber das gewerbsmäßige Kaufen von werthaltigen Forderungen und die Einziehung dieser Forderungen eine Dienstleistung gegen Entgelt gegenüber dem Verkäufer der Forderung dar. Damit wird auch der Käufer der Forderung – soweit er dies gewerbsmäßig ausführt – als Unternehmer im Rahmen seines Unternehmens tätig; dies gilt allerdings dann nicht, wenn sog. zahlungsgestörte Forderungen übertragen werden[3]. Grundsätzlich ist bei der Übertragung von Forderungen zu unterscheiden, ob der Abtretungsempfänger den Forderungseinzug mit übernimmt oder nicht.

1.1 Der Abtretungsempfänger übernimmt den Forderungseinzug

Beim **Forderungskauf** mit Übernahme des tatsächlichen Einzugs und auch des Ausfallrisikos durch den Forderungskäufer erbringt der Forderungsverkäufer (sog. Anschlusskunde) mit der Abtretung seiner Forderung keine Leistung an den Factor. Vielmehr erbringt der Käufer der Forderung eine sonstige Leistung an den Anschlusskunden.

Wichtig! Die Abtretung seiner Forderung vollzieht sich im Rahmen einer nicht steuerbaren Leistungsbeistellung[4].

---

1 EuGH, Urteil v. 26.6.2003, C-305/01 – MKG-Kraftfahrzeuge-Factoring GmbH, BStBl II 2004, 688.
2 BFH, Urteil v. 4.9.2003, V R 34/99, BStBl II 2004, 667.
3 EuGH, Urteil v. 27.10.2011, C-93/10 – GFKL Financial Services AG, BFH/NV 2011, 2220.
4 Abschn. 2.4 Abs. 3 UStAE.

Die Leistung des Factors besteht im Wesentlichen im Einzug von Forderungen. Der Ort dieser Leistung bestimmt sich nach § 3a Abs. 2 UStG, soweit die Leistung an einen Unternehmer für dessen Unternehmen ausgeführt wird, ansonsten nach § 3a Abs. 4 oder Abs. 1 UStG. Die Leistung ist auch nicht steuerbefreit. Bemessungsgrundlage für die Factoringleistung ist grundsätzlich die Differenz zwischen dem Nennwert der dem Factor abgetretenen Forderung und dem Betrag, den der Factor seinem Anschlusskunden als Preis für diese Forderung zahlt, abzüglich der in dem Differenzbetrag enthaltenen Umsatzsteuer. Wird für diese Leistung zusätzlich oder ausschließlich eine Gebühr gesondert vereinbart, gehört diese zur Bemessungsgrundlage.

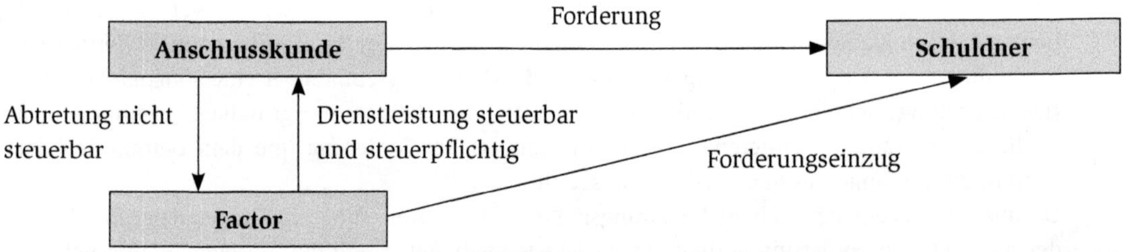

Beispiel 1: Unternehmer A verkauft eine werthaltige Forderung mit einem Nennwert in Höhe von 10.000 € an das Factoringunternehmen F. F zahlt für die Forderung, deren Einzug er übernimmt, insgesamt 8.000 €.
Lösung: Das Entgelt für die Dienstleistung des F gegenüber A beträgt (brutto) 2.000 € (Differenz zwischen Nennwert der Forderung und Auszahlungsbetrag). Aus den 2.000 € ist die Umsatzsteuer mit dem Regelsteuersatz herauszurechnen, sodass die Bemessungsgrundlage 1.680,67 € und die geschuldete Umsatzsteuer 319,33 € beträgt.

Ist damit zu rechnen, dass der Schuldner die Forderung nicht in vollem Umfang bezahlen wird, liegt eine sog. zahlungsgestörte Forderung vor. Bei **zahlungsgestörten Forderungen** ging die Finanzverwaltung[5] früher von folgenden Überlegungen aus: Berücksichtigt die vertragliche Vereinbarung einen für die Wirtschaftsbeteiligten erkennbaren und offen ausgewiesenen kalkulatorischen Teilbetrag für tatsächlich eintretende oder von den Parteien zum Zeitpunkt des Vertragsabschlusses erwartete Forderungsausfälle, kann dieser bei der Ermittlung der Bemessungsgrundlage entsprechend in Abzug gebracht werden, da der Wesensgehalt dieser Leistung insoweit nicht im Factoring besteht. Bemessungsgrundlage für die Leistung des Factors beim Kauf solcher zahlungsgestörten Forderungen ist die Differenz zwischen dem im Abtretungszeitpunkt nach Ansicht der Parteien voraussichtlich realisierbaren Teil der dem Factor abzutretenden Forderungen und dem Betrag, den der Factor seinem Anschlusskunden als Preis für diese Forderungen zahlt, abzüglich der in dem Differenzbetrag enthaltenen Umsatzsteuer. Der wirtschaftliche Nennwert entspricht regelmäßig dem Wert, den die Beteiligten der Forderung tatsächlich beimessen, einschließlich der Vergütung für den Einzug der Forderung und der Delkrederegebühr oder vergleichbarer Zahlungen, die der Factor für das Risiko des Forderungsausfalls erhält und die als Gegenleistung für eine Leistung des Factors anzusehen sind. Eine Forderung (bestehend aus Rückzahlungs- und Zinsanspruch) ist insgesamt zahlungsgestört, wenn sie insoweit, als sie fällig ist, ganz oder zu einem nicht nur geringfügigen Teil seit mehr als sechs Monaten nicht ausgeglichen wurde, bei einem Kreditvertrag liegt dies vor, wenn die Voraussetzungen für die Kündigung des Kreditvertrags durch den Gläubiger vorliegen.

Beispiel 2 (bis 30.6.2016): Unternehmer A verkauft eine Forderung mit einem Nennwert in Höhe von 10.000 € an das Factoringunternehmen F. Da der Schuldner seit mehr als sechs Monaten keine Zahlung geleistet hat, gehen A und F davon aus, dass der Schuldner nur 5.000 € zahlen wird. F zahlt für die Forderung, deren Einzug er übernimmt, insgesamt 4.000 €.

---

5 Abschn. 2.4 Abs. 7 UStAE a.F.

Lösung: Das Entgelt für die Dienstleistung des F gegenüber dem A wurde von der Finanzverwaltung mit (brutto) 1.000 € (Differenz zwischen dem wirtschaftlichen Nennwert der Forderung und dem Auszahlungsbetrag) angenommen. Aus den 1.000 € war danach die Umsatzsteuer mit dem Regelsteuersatz herauszurechnen, sodass die Bemessungsgrundlage 840,33 € und die Umsatzsteuer 159,67 € betrug.

Der EuGH[6] war dagegen zu dem Ergebnis gekommen, dass ein Wirtschaftsteilnehmer, der auf eigenes Risiko zahlungsgestörte Forderungen zu einem unter ihren Nennwert liegenden Preis kauft, keine entgeltliche sonstige Leistung erbringt und keine unter die Anwendung des Umsatzsteuerrechts fallende wirtschaftliche Tätigkeit ausübt, wenn die Differenz zwischen dem Nennwert dieser Forderung und deren Kaufpreis den tatsächlichen wirtschaftlichen Wert der betreffenden Forderungen zum Zeitpunkt der Übertragung widerspiegelt.

Fortsetzung Beispiel 2: Soweit F für die Forderung, deren Zeitwert (gegebenenfalls unter Anwendung eines marktüblichen Risikoabschlags) 4.000 € beträgt, auch nur 4.000 € aufwendet, würde keine wirtschaftliche Tätigkeit des F vorliegen. Eine Umsatzsteuer würde in diesem Fall nicht entstehen, allerdings wäre F dann auch für die damit zusammenhängenden allgemeinen Geschäftskosten vom Vorsteuerabzug ausgeschlossen, da es sich nicht um eine wirtschaftliche Tätigkeit handelt.

Der BFH[7] hat die Grundsätze des EuGH übernommen und festgestellt, dass ein Unternehmer, der zahlungsgestörte Forderungen unter Vereinbarung eines vom Kaufpreis abweichenden wirtschaftlichen Wert erwirbt, an den Forderungsverkäufer keine entgeltliche Leistung ausführt. Aus diesem Grund ist – in Ermangelung einer wirtschaftlichen Leistung – für den Forderungserwerber aus damit zusammenhängenden Leistungsbezügen ein Vorsteuerabzug nicht möglich. Dies gilt auch dann, wenn der Abtretungsempfänger den Verkäufer der Forderung von der weiteren Verwaltung und Vollstreckung der Forderungen entlastet[8].

Die Finanzverwaltung hat die Grundsätze aus der Rechtsprechung des EuGH und BFH übernommen und die früher vertretene Auffassung zur Behandlung zahlungsgestörter Forderungen[9] aufgegeben[10].

Achtung! Eine Forderung gilt dann als zahlungsgestört, wenn sie – soweit sie fällig ist – ganz oder zu einem nicht nur geringfügigen Teil seit mehr als 90 Tagen nicht ausgeglichen wurde. Eine Forderung gilt auch dann als zahlungsgestört, wenn die Kündigung erfolgt ist oder die Voraussetzungen für eine Kündigung vorliegen.

Wird eine zahlungsgestörte Forderung verkauft, ergibt sich für die Beteiligten Folgendes:

- **Erwerber der zahlungsgestörten Forderung:** Der Forderungskäufer wird nicht wirtschaftlich tätig, er führt keine der Besteuerung unterliegende Leistung aus. Da er nicht wirtschaftlich tätig ist, hat er keinen Vorsteuerabzug aus den mit dem Erwerb und dem Zahlungseinzug zusammenhängenden Eingangsumsätzen.
- **Verkäufer der zahlungsgestörten Forderung:** Der Forderungsverkäufer führt mit der Veräußerung und Abtretung der Forderung eine steuerbare Leistung aus (soweit der Ort der Leistung im Inland ist), die aber nach § 4 Nr. 8 Buchst. c UStG steuerfrei ist. Der Verkäufer kann in diesem Fall auch nicht auf die Steuerfreiheit verzichten[11], da der Leistungsempfänger nicht als Unternehmer handelt.

---

6 EuGH, Urteil v. 27.10.2011, C-93/10 – GFKL Financial Services AG, BFH/NV 2011, 2220.
7 BFH, Urteil v. 26.1.2012, V R 18/08, BStBl II 2015, 962.
8 BFH, Urteil v. 4.7.2013, V R 8/10, BStBl II 2015, 969.
9 Sog. Non-Performing-Loans.
10 BMF, Schreiben v. 2.12.2015, BStBl I 2015, 1012.
11 Option nach § 9 Abs. 1 UStG.

Wichtig! Wenn wegen Rückbeziehung der übertragenen Forderung auf einen zurückliegenden Stichtag der Forderungsverkäufer noch die Forderung verwaltet, liegt darin eine unselbstständige Nebenleistung vor, die das Schicksal der Hauptleistung teilt.

Werden sowohl zahlungsgestörte als auch nicht zahlungsgestörte Forderungen in einem Portfolio übertragen, muss sowohl für die Ermittlung der Bemessungsgrundlage für die Leistung des Käufers der Forderung als auch für seinen Vorsteuerabzug für die im Zusammenhang mit dem Forderungskauf und dem Einzug anfallenden Eingangsleistungen eine Aufteilung erfolgen.

Tipp! Soweit jemand sowohl zahlungsgestörte Forderungen mit Ausfallrisiko aufkauft und daneben auch wirtschaftliche Tätigkeiten ausführt, die den Vorsteuerabzug nicht ausschließen, müssen die nicht unmittelbar einzelnen Ausgangsleistungen zurechenbaren Eingangsleistungen (z.B. allgemeine Bürokosten) analog § 15 Abs. 4 UStG aufgeteilt werden.
Soweit in der Vergangenheit Personen, die auch zahlungsgestörte Forderungen erworben haben, aus Eingangsleistungen den Vorsteuerabzug vorgenommen haben, muss für die damals voll dem Unternehmen zugeordneten Gegenstände in der Zukunft an die Besteuerung einer unentgeltlichen Wertabgabe gedacht werden. Soweit in der Zukunft Gegenstände erworben werden, die sowohl für wirtschaftliche wie auch für solche nicht wirtschaftlichen Zwecke verwendet werden, ist der Vorsteuerabzug nur noch insoweit möglich, wie die bezogenen Leistungen für die unternehmerischen Zwecke verwendet werden[12].

Für den **Verkäufer der zahlungsgestörten Forderung** ergeben sich keine unmittelbaren Auswirkungen. Während er nach der bisherigen Rechtsauffassung der Finanzverwaltung eine nicht steuerbare Beistellung zu der Leistung des Erwerbers ausführte, erbringt er jetzt eine steuerfreie Leistung an den Käufer der Forderung. Die steuerfreie Leistung des Verkäufers der Forderung führt nicht zu einer Vorsteueraufteilung für seine Gemeinkosten. Nach § 43 Nr. 1 UStDV braucht in solchen Fällen keine Vorsteueraufteilung für die nicht direkt zuordenbaren Eingangsleistungen vorgenommen werden. Lediglich für Eingangsleistungen, die unmittelbar mit dem Verkauf der zahlungsgestörten Forderungen zusammen hängen, ist der Vorsteuerabzug ausgeschlossen.

Wichtig! Die Grundsätze sind in allen offenen Fällen anzuwenden. Die Finanzverwaltung beanstandet es aber nicht, wenn für alle vor dem 1.7.2016 ausgeführten Forderungsübertragungen die Beteiligten noch übereinstimmend die bisherigen Grundsätze[13] anwenden. Dies gilt auch für Übertragungen, die auf Grundlage eines vor dem 1.7.2016 abgeschlossenen Kaufvertrags über den regelmäßigen Erwerb zahlungsgestörter Forderungen erfolgen und vor dem 1.1.2019 ausgeführt werden.

1.2 Forderungseinzug verbleibt bei dem Abtretenden

Eine Leistung des Abtretungsempfängers an den Verkäufer (Anschlusskunde) ergibt sich nicht in den Fällen des Forderungskaufs ohne Übernahme des tatsächlichen Einzugs der Forderung durch den Forderungskäufer[14]. Die Abtretung einer solchen Forderung stellt für den Verkäufer einen steuerbaren und nach § 4 Nr. 8 Buchst. c UStG steuerfreien Umsatz im Geschäft mit Forderungen dar. Mit dem Einzug der abgetretenen Forderung (sog. **Servicing**) erbringt der Forderungsverkäufer dann keine weitere Leistung an den Forderungskäufer, wenn er aufgrund eines eigenen, vorbehaltenen Rechts mit dem Einzug der Forderung im eigenen Interesse tätig wird. Beruht seine Tätigkeit dagegen auf einer gesonderten Vereinbarung, ist sie regelmäßig als Nebenleistung zu dem nach § 4 Nr. 8 Buchst. c UStG steuerfreien Umsatz im Geschäft mit Forderungen anzusehen.

---

12 Vgl. Abschn. 15.2c UStAE.

13 Abschn. 2.4 Abs. 7 UStAE a.F. sowie BMF, Schreiben v. 3.6.2004, BStBl I 2004, 737.

14 Abschn. 2.4 Abs. 2 UStAE.

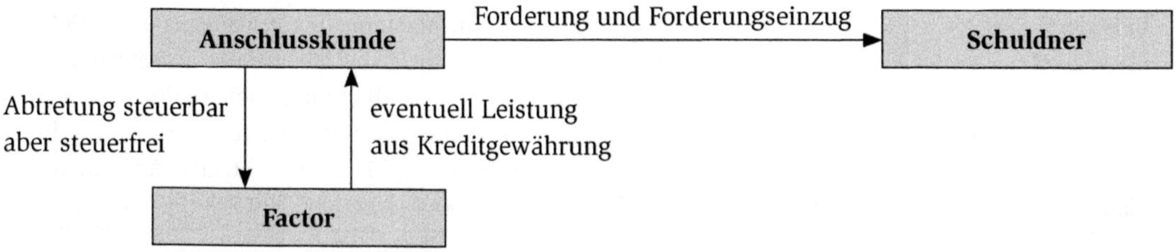

Beispiel 3: Unternehmer U tritt sicherungshalber seine Forderungen an ein Kreditinstitut ab. Die Verpflichtung zum Einzug der Forderungen verbleibt bei U.
Lösung: Die Abtretung stellt aus Sicht des U eine steuerbare aber steuerfreie Leistung dar. Das Kreditinstitut erbringt keine Leistung an den Anschlusskunden. Gegebenenfalls liegt eine Leistung aus einer der Besicherung zu Grunde liegenden Kreditgewährung vor.

2. Haftung bei Abtretung von Forderungen

Zum 1.1.2004 wurde eine **Haftung des Abtretungsempfängers einer Forderung** in das Umsatzsteuergesetz mit aufgenommen, wenn eine Forderung abgetreten wird, die aus einem steuerpflichtigen Umsatz resultiert, § 13c Abs. 1 UStG. Mit dieser Haftungsregelung sollen Fälle verhindert werden, in denen der leistende Unternehmer seine aus steuerbaren und steuerpflichtigen Leistungen stammenden Forderungen abtritt oder verpfändet und dann finanziell nicht in der Lage ist, die fällige Umsatzsteuer für seine steuerpflichtigen Leistungen zu entrichten.

Beispiel 4: Unternehmer A erbringt gegenüber Unternehmer B eine steuerpflichtige Leistung über 100.000 € zuzüglich 19.000 € Umsatzsteuer. Die Forderung über 119.000 € tritt A seiner Bank ab. Aufgrund finanzieller Schwierigkeiten kann A die fällige Umsatzsteuer von 19.000 € nicht an sein Finanzamt zahlen. B bezahlt die offenen 119.000 € fristgerecht an den Abtretungsempfänger – die Bank des A.
Lösung: Ohne Haftungsregelung würde sich ein Steuerausfall in Höhe von 19.000 € ergeben, soweit B den vollen Vorsteuerabzug vornehmen kann und A die Umsatzsteuer nicht entrichtet. Durch die Haftungsregelung des § 13c Abs. 1 UStG haftet aber die Bank des A für die in der Forderung enthaltene Umsatzsteuer in Höhe von 19.000 €.
Achtung! Die Haftungsregelung gilt auch bei der Verpfändung oder der Pfändung von Forderungen, § 13c Abs. 3 UStG.

Die **Haftung des Abtretungsempfängers** ist aber beschränkt auf die Umsatzsteuer, die der leistende Unternehmer nicht entrichtet hat. Darüber hinaus kann sich die Haftung frühestens ab dem Zeitpunkt ergeben, ab dem die geschuldete Umsatzsteuer bei dem leistenden Unternehmer fällig wird und er die Forderung ganz oder teilweise vereinnahmt hat.

Fortsetzung Beispiel 4: Wenn die Bank des A von B tatsächlich nur 59.500 € einziehen kann, beschränkt sich die Haftung der Bank auf die in diesem Betrag enthaltene Umsatzsteuer, also 9.500 €.

Ohne Vereinnahmung der Forderung durch den Abtretungsempfänger kann sich eine Haftung für die Umsatzsteuer nicht ergeben.

Wichtig! Tritt der Abtretungsempfänger seinerseits die Forderung an einen Dritten ab (oder wird die Forderung ge- oder verpfändet), gilt die Forderung bei ihm als vollständig vereinnahmt.

Zahlt der leistende Unternehmer (= der die Forderung abtretende Unternehmer) nur einen Teil der bei ihm fälligen Umsatzsteuer, kann sich die Haftung des Abtretungsempfängers nur noch auf den Restbetrag beschränken.

Beispiel 5: Der leistende Unternehmer hat aufgrund einer Umsatzsteuer-Voranmeldung einen Betrag i.H.v. 20.000 € an das Finanzamt zu entrichten. In der Bemessungsgrundlage für die Umsatzsteuer ist auch ein Forderungsbetrag i.H.v. 100.000 € enthalten, der zivilrechtlich zuzüglich 19.000 € Umsatzsteuer (19 %) an den Abtretungsempfänger abgetreten worden ist, den dieser auch vereinnahmt hat. Der leistende Unternehmer entrichtet bei Fälligkeit nur einen Betrag i.H.v. 15.000 € an das Finanzamt.
Lösung: Es ist nur eine Haftungsinanspruchnahme i.H.v. 5.000 € (20.000 € ./. 15.000 €) zulässig.

Wichtig! Auch bei Sicherungsabtretungen von Forderungen an ein Kreditinstitut kann sich eine Haftung des Abtretungsempfängers ergeben, wenn er die Zahlung vereinnahmt.

Beim (echten) Factoring war bis zum 31.12.2016 zu beachten, dass die Haftung des Abtretungsempfängers (Factors) für Umsatzsteuer nach § 13c UStG nicht dadurch ausgeschlossen war, wenn er dem Unternehmer, der ihm die Umsatzsteuer enthaltende Forderung abgetreten hatte, im Rahmen des Factorings liquide Mittel zur Verfügung gestellt hatte, aus denen dieser seine Umsatzsteuerschuld hätte begleichen können[15]. Da die Finanzverwaltung bisher eine andere Rechtsauffassung vertreten hatte, war zur Absicherung der bisher von der Verwaltung vertretenen Rechtsauffassung (rückwirkend) zum 1.1.2017[16] in § 13c Abs. 1 UStG folgende Regelung mit aufgenommen worden: Die Forderung gilt durch den Abtretungsempfänger nicht als vereinnahmt, soweit der leistende Unternehmer für die Abtretung der Forderung eine Gegenleistung in Geld vereinnahmt. Voraussetzung ist, dass dieser Geldbetrag tatsächlich in den Verfügungsbereich des leistenden Unternehmers gelangt; davon ist nicht auszugehen, soweit dieser Geldbetrag auf ein Konto gezahlt wird, auf das der Abtretungsempfänger die Möglichkeit des Zugriffs hat[17].

Besondere Probleme ergeben sich, wenn Zahlungen auf einem Girokonto vereinnahmt werden. Hier sind jeweils die Vereinbarungen zwischen dem Kontoinhaber und dem Kreditinstitut zu beachten, um festlegen zu können, in welchem Umfang eine Forderung von dem Kreditinstitut als vereinnahmt angesehen werden kann[18].

Beispiel 6: Unternehmer A unterhält bei seinem Kreditinstitut K ein Konto, für das ihm ein Kreditrahmen i.H.v. 100.000 € eingeräumt wurde. Eine aufgrund einer Globalzession abgetretene Forderung geht i.H.v. 35.700 € auf dem Konto ein. Nach dem Zahlungseingang ist das Konto noch mit 110.000 € überzogen.
Lösung: Da erfahrungsgemäß davon ausgegangen werden kann, dass K eine Verfügung bis zu 115.000 € (15 % über der vereinbarten Kreditlinie) zulassen wird, kann A über 5.000 € der vereinnahmten Forderung verfügen. Damit gilt die Forderung nur im Umfang von (35.700 € abzüglich 5.000 € =) 30.700 € als von K vereinnahmt. Die Haftung nach § 13c UStG beschränkt sich somit auf die in 30.700 € enthaltene Umsatzsteuer.

---

15 BFH, Urteil v. 16.12.2015, XI R 28/13, BFH/NV 2016, 695.

16 Die Änderung erfolgte durch das Zweite Bürokratieentlastungsgesetz v. 30.6.2017, BGBl I 2017, 2143.

17 Vgl. zur Anwendung auch BMF, Schreiben v. 9.5.2018.

18 Vgl. dazu auch Abschn. 13c.1 Abs. 23 ff. UStAE.

Änderung der Bemessungsgrundlage

Änderung der Bemessungsgrundlage auf einen Blick

1. **Rechtsquellen**
   § 17 UStG
   Abschn. 17.1 und Abschn. 17.2 UStAE
2. **Bedeutung**
   Die Umsatzsteuer wie auch die Vorsteuerabzugsberechtigung entsteht auf der Basis der Bemessungsgrundlage nach § 10 UStG. Dabei muss die Umsatzsteuer bei der Sollbesteuerung (Regelfall der Besteuerung) schon dann gegenüber dem Finanzamt angemeldet werden, wenn die tatsächliche Gegenleistung des Leistungsempfängers oft noch gar nicht feststeht. Wenn sich diese Bemessungsgrundlage in einem späteren Besteuerungszeitraum ändert, muss sowohl der leistende Unternehmer die geschuldete Umsatzsteuer wie auch der Leistungsempfänger den Vorsteuerabzug korrigieren. In § 17 Abs. 2 UStG sind darüber hinaus weitere Fälle zusammengefasst, die wie eine Änderung der Bemessungsgrundlage zu behandeln sind.
3. **Weitere Stichworte**
   → Anzahlungen, → Bemessungsgrundlage, → Geschenke, → Gutscheine und Warengutscheine, → Innergemeinschaftlicher Erwerb, → Rücklieferung, → Steuersatz, → Steuersatzwechsel

1. Änderung der Bemessungsgrundlage

Die Neutralität des Umsatzsteuersystems gebietet es, dass der entstehenden Umsatzsteuer immer eine gleich hohe Vorsteuerabzugsberechtigung gegenübersteht. Berechnungsgrundlage für die bei dem leistenden Unternehmer entstehende Umsatzsteuer ist die Bemessungsgrundlage nach § 10 UStG. Dabei soll aber endgültig nur dass der Besteuerung unterliegen, was der Leistungsempfänger tatsächlich aufwendet, um die Leistung zu erhalten. Der leistende Unternehmer muss aber – soweit er die Sollbesteuerung (Besteuerung nach vereinbarten Entgelten) nach § 16 Abs. 1 UStG anwendet – die Umsatzsteuer schon im Voranmeldungszeitraum der Leistungserbringung anmelden und für diesen Zeitraum die Umsatzsteuer an sein Finanzamt abführen. Ebenso hat der Leistungsempfänger, wenn ihm gegenüber die Leistung ausgeführt wurde und er eine ordnungsgemäße Rechnung vorliegen hat, den Vorsteuerabzug aus der erhaltenen Leistung unabhängig einer von ihm vorgenommenen Zahlung, § 15 Abs. 1 Satz 1 Nr. 1 UStG. Soweit sich diese Bemessungsgrundlage in einem Besteuerungszeitraum ändert, der auf die Entstehung der Umsatzsteuer oder der Vorsteuerabzugsberechtigung folgt, ergibt sich die Notwendigkeit einer Anpassung der Umsatzsteuer und der Vorsteuer nach § 17 Abs. 1 UStG. Unerheblich ist dabei, aus welchem Grund sich die Bemessungsgrundlage geändert hat.

Wichtig! Die Berichtigungspflicht bei einer Änderung der Bemessungsgrundlage betrifft sowohl den leistenden Unternehmer wegen der geschuldeten Umsatzsteuer wie auch den Leistungsempfänger bezüglich der abgezogenen Vorsteuer.

Typische Fälle der Änderung der Bemessungsgrundlage nach § 17 Abs. 1 UStG sind:

- Nachträgliche Entgeltserhöhungen, wenn der leistende Unternehmer einen höheren Betrag erhält, als für die Leistung vereinbart worden war (z.B. bei nachträglich erhobenen Teuerungszuschlägen, Stundungszinsen oder Überzahlungen).
- Nachträgliche Entgeltsminderungen, wenn der leistende Unternehmer endgültig einen geringeren Betrag erhält, als vereinbart worden war (z.B. bei Skontoabzug, Gewährung von Boni, nachträglich gewährte Mengenrabatte).

Wichtig! Änderungen der Bemessungsgrundlage betreffen immer die Umsätze, auf die sie sich beziehen. Damit müssen die Beteiligten insbesondere bei Änderung des Steuersatzes oder einer anderen materiellen Steuerrechtsänderung eine Verbindung zu dem ursprünglichen Umsatz herstellen.

Die Änderung bei der Umsatzsteuer und bei der Vorsteuer ist immer in der Voranmeldung des Anmeldezeitraums durchzuführen, in der sich die Änderung der Bemessungsgrundlage ergeben hat, § 17 Abs. 1 Satz 7 UStG.

Beispiel 1: Bauunternehmer B hat von dem Lieferanten im Kalenderjahr 2017 Baumaterialien im Wert von 1 Mio. € zuzüglich Umsatzsteuer abgenommen. Im Februar 2018 erhält er für 2017 einen Jahresbonus in Höhe von 23.800 €.
Lösung: Der gewährte Bonus verringert die Bemessungsgrundlage für die an den Bauunternehmer B ausgeführten Lieferungen, er hat im Voranmeldungszeitraum Februar 2018 seinen Vorsteuerabzug um die in 23.800 € enthaltene Vorsteuer zu verringern. Da sich der Bonus auf die in 2017 ausgeführten Lieferungen bezieht, ist in der Rückvergütung eine Umsatzsteuer in Höhe von 19 % enthalten. Damit ist im Februar 2018 der Vorsteuerabzug um 3.800 € zu kürzen.

Bezieht sich eine **Änderung der Bemessungsgrundlage** auf mehrere Umsätze, die unterschiedlichen Steuersätzen unterliegen (z.B. bei der Gewährung von Jahresboni), muss der leistende Unternehmer dem Leistungsempfänger nach § 17 Abs. 4 UStG einen Beleg erteilen, aus dem sich die Zuordnung der Rückvergütungen zu den einzelnen Umsätzen ergibt.

Achtung! Steht die Entgeltsminderung bei der Lieferung dem Grunde nach fest (z.B. bei Bonusvereinbarungen), muss auch schon in der Rechnung auf diese vorab vereinbarte Entgeltsminderung hingewiesen werden; § 14 Abs. 4 Nr. 7 UStG. Wenn die Höhe der Entgeltsminderung noch nicht feststeht, (z.B. da sie sich in Abhängigkeit der abgenommenen Leistungen berechnet) reicht ein Hinweis auf die entsprechende Vereinbarung aus.

Eine Änderung der Bemessungsgrundlage kann sich auch innerhalb einer Leistungskette ergeben, bei der aber einzelne Glieder der Kette übersprungen werden. Ein solcher Fall liegt insbesondere vor, wenn der leistende Unternehmer nicht seinem direkten Abnehmer, sondern einem Endabnehmer innerhalb der Leistungskette einen Preisnachlass zuwendet[1]. Auch in diesem Fall liegt eine Änderung der Bemessungsgrundlage nach § 17 Abs. 1 UStG vor, die zu einer Änderung der abzuführenden Umsatzsteuer führt. In diesem Fall kann der durch die Rückvergütung wirtschaftlich belastete Unternehmer seine geschuldete Umsatzsteuer verringern. Soweit der von der Rückvergütung Begünstigte ein Unternehmer ist, der zu einem Vorsteuerabzug berechtigt ist, hat dieser seinen Vorsteuerabzug entsprechend zu verringern. Vgl. dazu auch Stichwort Gutscheine.

Beispiel 2: Der Hersteller eines Farblaserdruckers gewährt dem Käufer des Geräts unmittelbar unter Auslassung der Zwischenhandelsstufen einen Preisnachlass („Cash-back-Prämie").
Lösung: Die Rückvergütung an die Käufer stellt eine Änderung der Bemessungsgrundlage für den Hersteller nach § 17 Abs. 1 UStG dar; der Kunde muss einen eventuell vorhandenen Vorsteuerabzug anpassen.

Der BFH[2] hatte dies auch bei der Vergütung angewendet, die Vermittler zulasten ihrer Vermittlungsprovision an den vermittelten Kunden ausgezahlt hatten (z.B. bei der Vermittlung von Mobilfunkverträgen

1 Vgl. dazu auch Abschn. 17.2 UStAE.

2 BFH, Urteil v. 12.1.2006, V R 3/04, BStBl II 2006, 479 bei Reisebüros. Dies gilt auch für Preisnachlässe, die dem Telefonkunden vom Vermittler des Telefonanbietervertrags gewährt werden, BFH, Urteil v. 13.7.2006, V R 46/05, BStBl II 2007, 186. Allerdings hatte der BFH hier Zweifel, wie weit diese Möglichkeit der Minderung des Entgelts reicht und hatte deshalb mit Beschluss v. 26.4.2012, V R 18/11, BFH/NV 2012, 1393 den EuGH angerufen.

oder bei der Vermittlung von Reisen durch Reisebüros). Der EuGH[3] hatte dies aber anders gesehen und festgestellt, dass eine Entgeltsminderung nur dann vorliegen kann, wenn es sich um eine Leistungskette handelt und eine Rückvergütung/Minderung innerhalb dieser Leistungskette (aber auch unter Auslassung einzelner Glieder der Kette) vorgenommen wird. Der BFH[4] hat mittlerweile seine Rechtsprechung anpassen müssen.

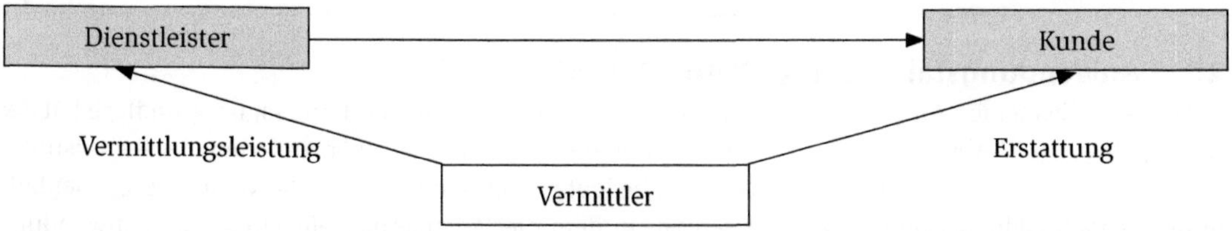

Beispiel 3: Vermittler V vermittelt gegenüber dem Telekommunikationsunternehmen T den Abschluss eines Handyvertrags. V erhält für die Vermittlung von T eine Vermittlungsprovision von 300 € zuzüglich USt (insgesamt 357 €). V erstattet aus der verdienten Provision dem Kunden 119 €.
Lösung: Während nach der früheren Auffassung des BFH die Erstattung der 119 € an den Kunden zu einer Minderung der Bemessungsgrundlage des V führte (er schuldete dann nur noch 38 € USt), ist die Erstattung nicht mehr als Minderung der Bemessungsgrundlage für die Vermittlungsleistung anzusehen; V schuldet aus der von ihm ausgeführten Vermittlungsleistung 57 €. Entsprechend kann auch die Erstattung beim Kunden (soweit er vorsteuerabzugsberechtigter Unternehmer ist) nicht mehr zur Kürzung seines Vorsteuerabzugs führen.

Der BFH[5] hatte darüber hinaus – in Folge der Rechtsprechung des EuGH zu den Preisminderungen – zu Preisnachlässen, die ein **Zentralregulierer** seinen Anschlusskunden für den Bezug von Waren von bestimmten Lieferanten gewährt, festgestellt, dass diese nicht die Bemessungsgrundlage für die Leistungen mindern, die der Zentralregulierer gegenüber den Lieferanten erbringt. Dementsprechend führt dies auch nicht zu einer Berichtigung des Vorsteuerabzugs beim Anschlusskunden[6]. Die Regelungen sind in allen noch offenen Fällen anzuwenden. Es wurde von der Finanzverwaltung[7] jedoch nicht beanstandet, wenn die Vermittler bzw. Verkaufsagenten für Preisnachlässe, die bis zur Veröffentlichung der o.g. BFH-Urteile im Bundesteuerblatt Teil II gewährt wurden, von einer Entgeltminderung ausgegangen sind[8]. Bei der Berechnung der Umsatzsteuerminderung ist von dem Steuersatz auszugehen, der für den vermittelten Umsatz maßgeblich ist. Für Preisnachlässe, die ab dem Tag nach der Veröffentlichung gewährt werden, ist keine Minderung der Bemessungsgrundlage beim Vermittler bzw. Verkaufsagent vorzunehmen.

Beispiel 4: Lieferant L verkauft an den Anschlusskunden K Ware für 100.000 €. Die Lieferung kam durch Vermittlung des Zentralregulierers Z zustande, der auch die Zahlungsabwicklung übernimmt. Z erhält dafür von L eine Provision von 10.000 €. Damit die Anschlusskunden die Abwicklung über ihn vornehmen, gewährt Z seinen Anschlusskunden (hier dem K) eine Rückvergütung von 5.000 €.

---

3 EuGH, Urteil v. 16.1.2014, C-300/12 – Ibero Tours, BFH/NV 2014, 478.
4 BFH, Urteil v. 27.2.2014, V R 18/11, BStBl II 2015, 306.
5 BFH, Urteil v. 3.7.2014, V R 3/12, BStBl II 2015, 307.
6 Damit gibt der BFH seine bisherige Rechtsprechung auf, damals BFH, Urteil v. 13.3.2008, V R 70/06, BStBl II 2008, 997.
7 BMF, Schreiben v. 27.2.2015, BStBl I 2015, 232.
8 Die Veröffentlichung erfolgte im BStBl am 27.3.2015.

Lösung: Während früher (längstens bis zum 27.3.2015) die Rückvergütung des Z an den K die Bemessungsgrundlage des Z minderte (nur noch 5.000 €) und gleichzeitig der Vorsteuerabzug des K vermindert wurde (nur noch aus 95.000 €), hat nach der Rechtsprechung des BFH[9] die Rückvergütung an den K keinen Einfluss auf die Bemessungsgrundlage und den Vorsteuerabzug. Z muss die 10.000 € versteuern und K hat den Vorsteuerabzug aus den 100.000 €.

2. Anwendungsfälle nach § 17 Abs. 2 UStG

Neben der allgemeinen Anspruchsgrundlage der Pflicht zur Änderung der Bemessungsgrundlage hat der Gesetzgeber in § 17 Abs. 2 UStG weitere Fälle erfasst, bei denen wie bei einer Änderung der Bemessungsgrundlage zu verfahren ist. Diese Gleichstellung bedeutet insbesondere, dass die Veränderung ebenfalls in dem Voranmeldungszeitraum zu erfassen ist, in dem die Veränderung eingetreten ist (Anwendung des § 17 Abs. 1 Satz 7 UStG).

Eine Änderung der Bemessungsgrundlage setzt aber nach nationaler Sichtweise immer voraus, dass das überzahlte Entgelt auch an den Zahlenden zurückgezahlt worden ist[10]. Dies wirkt sich auch auf die Berichtigung eines Vorsteuerabzugs für Anzahlungen bei Insolvenz des Auftragnehmers aus. Allerdings war fraglich, ob diese zumindest für den die Anzahlung leistenden Unternehmer günstige Rechtslage nach dem Unionsrecht haltbar ist. Zumindest in den Fällen, in denen der Leistungsempfänger in ein betrügerisches System (zu Lasten der Staatskasse) eingebunden ist, sieht der EuGH[11] eine Berichtigungspflicht der Vorsteuer beim Empfänger einer Anzahlungsrechnung auch dann, wenn der Rechnungsaussteller die gesondert ausgewiesene Umsatzsteuer schulden sollte und die Anzahlung nicht zurückgezahlt worden ist. Der BFH[12] hatte deshalb den EuGH angerufen und insbesondere angefragt, ob Art. 186 MwStSystRL die Bundesrepublik Deutschland ermächtigt, die Minderung der Bemessungsgrundlage erst mit Rückgewähr der Anzahlung anzunehmen und somit Umsatzsteuerschuld und Vorsteuerabzug zeit- sowie bedingungsgleich zu berichtigen. Darüber hinaus ergibt sich die Frage, ob es Unterschiede bei der Korrektur der Vorsteuer aus einer Anzahlung gibt, in Abhängigkeit davon, ob es sich (auf der Seite des Zahlungsempfängers) um einen betrügerischen Vorgang handelt oder nicht. Der EuGH[13] hat aber in seiner Entscheidung festgestellt, dass das Recht auf Vorsteuerabzug für eine Anzahlung dem potenziellen Erwerber nicht versagt werden darf, wenn diese Anzahlung geleistet wurde und zu diesem Zeitpunkt alle maßgeblichen Elemente der zukünftigen Lieferung als dem Erwerber bekannt angesehen werden konnten und die Lieferung deshalb sicher erschien. Der Erwerber hat aber keinen Vorsteuerabzug, wenn anhand objektiver Umstände erwiesen ist, dass er zum Zeitpunkt der Anzahlung wusste oder vernünftigerweise hätte wissen müssen, dass die Bewirkung der Lieferung unsicher war. Weiterhin hat der EuGH entschieden, dass die unionsrechtlichen Grundsätze auch nicht der bisherigen nationalen Sichtweise entgegenstehen, dass die Korrektur der Vorsteuer aus einer Anzahlung von der Rückzahlung abhängig gemacht wird. Damit sind die bisherigen nationalen Anwendungsgrundsätze vom EuGH bestätigt worden.

---

9 BFH, Urteil v. 3.7.2014, V R 3/12, BStBl II 2015, 307.

10 BFH, Urteil v. 15.9.2011, V R 36/09, BStBl II 2012, 365 zur Rückzahlung von Entgelten einer Fluggesellschaft bei nicht in Anspruch genommenen Flügen. BFH, Urteil v. 18.9.2008, V R 56/06, BStBl II 2009, 250 sowie BFH, Urteil v. 2.9.2010, V R 34/09, BStBl II 2011, 991.

11 EuGH, Urteil v. 13.3.2014, C-107/13 – Firin OOD, BFH/NV 2014, 812.

12 BFH, Beschluss v. 21.9.2016, V R 29/15 (beim EuGH C-660/16 – Kollroß) sowie BFH, Beschluss v. 21.9.2016, XI R 44/14 (beim EuGH C-661/16 – Wirtl).

13 EuGH, Urteil v. 31.5.2018, C-660/16 – Achim Kollroß sowie C-661/16 – Erich Wirtl, HFR 2018, 588.

Beispiel 5: Auftraggeber A hat eine Maschine bei dem Unternehmer U bestellt und eine Anzahlung i.H.v. 59.500 € geleistet. Da ihm eine ordnungsgemäße Anzahlungsrechnung vorliegt, zieht A im Juni 2017 Vorsteuer von 9.500 € nach § 15 Abs. 1 Satz 1 Nr. 1 Satz 3 UStG ab. Im März 2018 wird über das Vermögen des U das Insolvenzverfahren eröffnet und kurze Zeit später mangels Masse eingestellt. Die Anzahlung ist für A in vollem Umfang verloren.
Lösung: Grundsätzlich läge eine Berichtigung nach § 17 Abs. 2 Nr. 2 UStG vor. Da der U aber die erhaltene Anzahlung nicht wieder zurückgezahlt hat, kommt es nach nationaler Sichtweise für A nicht zu einer Korrektur seines Vorsteuerabzugs.

2.1 Änderung bei Zahlungsausfall

Wird das Entgelt für eine steuerpflichtige Lieferung, sonstige Leistung oder einen innergemeinschaftlichen Erwerb uneinbringlich (**Uneinbringlichkeit der Forderung**) gilt dies als Änderung der Bemessungsgrundlage, § 17 Abs. 2 Nr. 1 UStG. Wenn die Voraussetzung der Uneinbringlichkeit gegeben ist, kann der leistende Unternehmer die von ihm geschuldete Umsatzsteuer berichtigen, der Leistungsempfänger hat die gezogene Vorsteuer zu korrigieren. Die Frage der Uneinbringlichkeit ist dabei, nach kaufmännischem Ermessen zu beurteilen. Nach den Feststellungen des BFH[14] ist eine Forderung uneinbringlich, wenn der Anspruch auf Entrichtung des Entgelts nicht erfüllt wird und bei objektiver Betrachtung damit zu rechnen ist, dass der Leistende die Entgeltforderung ganz oder teilweise jedenfalls auf absehbare Zeit nicht durchsetzen kann. Fälle der Uneinbringlichkeit liegen insbesondere dann vor, wenn der Leistungsempfänger nachweisbar zahlungsunfähig ist oder die Einrede der Verjährung erheben kann. Auch die Eröffnung des Insolvenzverfahrens führt (spätestens) zu einer Uneinbringlichkeit der Forderung.

Regelmäßig ist auch davon auszugehen, dass die Forderung uneinbringlich ist, wenn und gegebenenfalls soweit der Leistungsempfänger das Bestehen der Entgeltsforderung selbst oder deren Höhe substantiiert bestreitet und damit erklärt, dass er die Forderung ganz oder teilweise nicht bezahlen werde[15].

Achtung! Ertragsteuerlich zulässige pauschale Wertberichtigungen oder zulässige Einzelwertberichtigungen führen noch nicht zu einer Uneinbringlichkeit der Forderung und ziehen somit keine Änderung der Bemessungsgrundlage nach sich.

Der BFH[16] hat darüber hinaus festgestellt, dass bei **Sicherheitseinbehalten** (typischerweise in der Bauwirtschaft) der leistende Unternehmer nicht verpflichtet ist, die Umsatzsteuer mehrere Jahre vorzufinanzieren. Insoweit sieht der BFH eine Uneinbringlichkeit, wenn der leistende Unternehmer den Sicherheitseinbehalt nicht durch eine Bankbürgschaft ablöst bzw. ablösen kann. Gleichzeitig kann sich dann insoweit auch keine Vorsteuerabzugsberechtigung bei dem Leistungsempfänger ergeben. Die Finanzverwaltung[17] wendet das Urteil des BFH in allen offenen Fällen an. Allerdings setzt die Berichtigung des Steuerbetrags voraus, dass der leistende Unternehmer den vereinbarten Sicherheitseinbehalt

- nicht durch eine Bankbürgschaft abgelöst hat und
- auch nicht durch eine Bankbürgschaft ablösen konnte.

Wichtig! Der leistende Unternehmer muss nachweisen können, dass die Absicherung der Gewährleistungsansprüche nicht durch die Gestellung einer Bankbürgschaft möglich war. Alleine die Tatsache, dass der Sicherheitseinbehalt nicht durch Bankbürgschaft abgelöst wird, ist für die Uneinbringlichkeit nicht ausreichend.

[14] BFH, Urteil v. 8.3.2012, V R 49/10, BFH/NV 2012, 1665.
[15] BFH, Urteil v. 31.5.2001, V R 71/99, BStBl II 2003, 206.
[16] BFH, Urteil v. 24.10.2013, V R 31/12, BStBl II 2015, 674.
[17] BMF, Schreiben v. 3.8.2015, BStBl I 2015, 624.

Die Finanzverwaltung zieht aber – entsprechend dem Urteil des BFH – noch eine zeitliche Grenze: Die Berichtigung des Umsatzsteuerbetrags setzt voraus, dass der leistende Unternehmer das Entgelt i.H.d. Sicherheitseinbehalts für einen Zeitraum von mehr als zwei bis fünf Jahren nicht vereinnahmen kann.

Achtung! Ob sich diese Grundsätze auch auf andere Fälle übertragen lassen, bei denen eine Zahlung erst weit nach der Fälligkeit der Umsatzsteuer realisiert werden kann, ist derzeit Gegenstand eines Verfahrens beim EuGH[18]. In dem Fall geht es um die verdiente Provision eines Vermittlers, der aufgrund individueller Vereinbarungen seine Provision erst in mehreren Jahresraten ausgezahlt bekommt. In dem Verfahren vor dem Niedersächsischen FG[19] ist das Gericht zu dem Ergebnis gekommen, dass die Umsatzsteuer insoweit uneinbringlich ist, wie die Zahlungen erst in der Zukunft realisiert werden können. Im Revisionsverfahren hat der BFH den EuGH angerufen, sodass die Frage der Uneinbringlichkeit nun vom EuGH beantwortet werden muss.

Soweit eine Forderung als uneinbringlich behandelt wurde, später aber dann doch noch eine Zahlung für die damalige Leistung vereinnahmt wird, ist der leistende Unternehmer verpflichtet, die Umsatzsteuer nach den zum Zeitpunkt der damaligen Leistung geltenden Rechtsvorschriften nachzuentrichten, der (damalige) Leistungsempfänger hat insoweit einen Vorsteuerabzugsanspruch aus der ursprünglich erhaltenen Leistung.

Beispiel 6: Unternehmer U hat an den Abnehmer A im März 2006 eine Lieferung im Wert von 116.000 € ausgeführt (16 % Umsatzsteuer in 2006). Da eine Zahlung des A nicht erfolgte, wurde die Forderung im Januar 2008 nach Kenntnis über die Eröffnung des Insolvenzverfahrens vom Unternehmer U nach § 17 Abs. 2 Nr. 1 UStG berichtigt. Die für den Voranmeldungszeitraum März 2006 abgeführte Umsatzsteuer in Höhe von 16.000 € wurde vom Finanzamt im Rahmen der Voranmeldung Januar 2008 erstattet. Nach Abschluss des Insolvenzverfahrens erhält der Unternehmer U im April 2018 noch eine Zahlung in Höhe von 23.200 €.
Lösung: U muss im April 2018 eine Umsatzsteuer in Höhe von 16 % aus den erhaltenen 23.200 € an sein Finanzamt abführen. Damit entstehen 3.200 € an Umsatzsteuer für den nachträglich vereinnahmten Forderungsbetrag. Da die Leistung in 2006 ausgeführt wurde, unterliegt die nachträgliche Zahlung dem in 2006 anzuwendenden Steuersatz von 16 %.

Der leistende Unternehmer ist nicht verpflichtet, dem Leistungsempfänger Mitteilung davon zu machen, wenn er eine Forderung als uneinbringlich behandelt.

2.2 Änderung bei Zahlungsausfall

Ist für eine vereinbarte Lieferung oder sonstige Leistung ein Entgelt entrichtet worden, die Lieferung oder sonstige Leistung wurde jedoch nicht ausgeführt, gilt dies als Änderung der Bemessungsgrundlage, § 17 Abs. 2 Nr. 2 UStG. Diese Vorschrift ist insbesondere dann anzuwenden, wenn der zur Leistung verpflichtete Unternehmer Anzahlungen erhält, die Leistung aber dann nicht erbringt. Unerheblich ist in diesem Fall, ob der Zahlungsempfänger den erhaltenen Betrag an den Anzahlenden herausgibt oder als Schadensersatz einbehält.

Beispiel 7: Tischler T hat den Auftrag angenommen, 50 Holzfenster zu fertigen. Im März 2018 hat er für den Auftrag eine Anzahlung von 11.900 € erhalten. Nach § 13 Abs. 1 Nr. 1 Buchst. a Satz 4 UStG hat er aus der erhaltenen Anzahlung für den Voranmeldungszeitraum März 2018 Umsatzsteuer in Höhe von 1.900 € (19 % Umsatzsteuer) an sein Finanzamt abgeführt. Nachdem der Tischler mit der Fertigung der Fenster begonnen hat, wird der Auftrag im Mai 2018 storniert. Nach den vertraglichen

[18] BFH, Beschluss v. 21.6.2017, V R 51/16, BFH/NV 2017, 1576 – beim EuGH anhängig unter C-548/17 – baumgarten sports & more.

[19] Niedersächsisches FG, Urteil v. 18.8.2016, 5 K 288/15, EFG 2016, 1925.

Vereinbarungen ergibt sich für den Auftraggeber eine Vertragsstrafe in Höhe der 11.900 €, diese stellt somit Schadensersatz dar[20]. Die angefangenen Arbeiten werden an den Auftraggeber nicht herausgegeben.
Lösung: Der Tischler kann im Voranmeldungszeitraum Mai 2018 die im Voranmeldungszeitraum März 2018 abgeführte Umsatzsteuer nach § 17 Abs. 2 Nr. 2 UStG korrigieren. Der Leistungsempfänger muss einen eventuell vorgenommenen Vorsteuerabzug ebenfalls korrigieren. Der Schadensersatz ist in Ermangelung eines Leistungsaustauschs nicht steuerbar.

Achtung! Der EuGH[21] hat die bisherige nationale Sichtweise, dass die Änderung der Bemessungsgrundlage von der Rückzahlung der Anzahlung abhängig gemacht wird im Ergebnis bestätigt.

2.3 Änderung bei Rückgängigmachung

Wird eine steuerpflichtige Lieferung, sonstige Leistung oder ein innergemeinschaftlicher Erwerb rückgängig gemacht, gilt dies als Änderung der Bemessungsgrundlage, § 17 Abs. 2 Nr. 3 UStG. Eine Rückgängigmachung liegt vor, wenn es zu einer Aufhebung des ursprünglich vereinbarten Leistungsaustauschs kommt. Fälle der Rückgängigmachung eines Leistungsaustauschs liegen insbesondere dann vor, wenn der liefernde Unternehmer von seinem Eigentumsvorbehalt Gebrauch macht, ein Gegenstand umgetauscht wird und der dafür gelieferte Gegenstand einen höheren oder einen geringeren Preis hat als der ursprünglich gelieferte Gegenstand oder der gezahlte Kaufpreis zurückgezahlt wird. Die Rückgängigmachung ist dabei von der Rücklieferung abzugrenzen, bei der ein neuer Leistungsaustausch zustande kommt.

2.4 Änderung bei Nachweis eines innergemeinschaftlichen Erwerbs

Realisiert ein Unternehmer einen innergemeinschaftlichen Erwerb, ist der Ort des Erwerbs grundsätzlich dort, wo sich der Gegenstand am Ende der Beförderung oder Versendung befindet, § 3d Satz 1 UStG. Verwendet der Unternehmer aber eine USt-IdNr. aus einem anderen Mitgliedstaat als dem Staat, in dem sich der Gegenstand am Ende der Beförderung oder Versendung befindet, muss er auch in diesem Mitgliedstaat einen innergemeinschaftlichen Erwerb (zusätzlich) besteuern, § 3d Satz 2 UStG. Dieser innergemeinschaftliche Erwerb kann nach § 17 Abs. 2 Nr. 4 UStG dann wie bei einer Änderung der Bemessungsgrundlage rückgängig gemacht werden, wenn der Unternehmer nachweist, dass er den innergemeinschaftlichen Erwerb in dem Mitgliedstaat besteuert hat, in dem sich der Gegenstand am Ende der Beförderung oder Versendung befunden hat.

Beispiel 8: Unternehmer U aus Deutschland hat Ware bei einem Unternehmer aus Belgien bestellt. Bei der Bestellung hat der Abnehmer seine USt-IdNr. aus Deutschland verwendet, die Ware gelangt aber im Mai tatsächlich direkt in die Betriebsstätte des U in Spanien.
Lösung: Unternehmer U muss neben einem innergemeinschaftlichen Erwerb in Spanien (Ort nach § 3d Satz 1 UStG) auch einen Erwerb in Deutschland der Besteuerung unterwerfen, da sich der Ort des Erwerbs (zusätzlich) in dem Land befindet, aus dem die verwendete USt-IdNr. stammt, § 3d Satz 2 UStG. Wenn Unternehmer U in einem späteren Voranmeldungszeitraum gegenüber der deutschen Finanzverwaltung nachweisen kann, dass der Erwerb ordnungsgemäß in Spanien besteuert worden ist, entfällt die Besteuerung des Erwerbs nach § 3d Satz 2 UStG. Der Unternehmer hat in diesem Voranmeldungszeitraum den angemeldeten Erwerb nach § 17 Abs. 2 Nr. 4 UStG zu berichtigen.

---

20 Vgl. auch Abschn. 1.3 Abs. 5 UStAE.

21 EuGH, Urteil v. 31.5.2018, C-660/16 – Achim Kollroß sowie C-661/16 – Erich Wirtl, HFR 2018, 588.

Achtung! Für den innergemeinschaftlichen Erwerb in dem Staat, aus dem die USt-IdNr. stammt (§ 3d Satz 2 UStG), ist grundsätzlich ein Vorsteuerabzug ausgeschlossen[22]. Der innergemeinschaftliche Erwerb kann in diesem Staat nur unter den Voraussetzungen des § 17 Abs. 2 Nr. 4 UStG rückgängig gemacht werden und so die Umsatzsteuer wieder zurückerlangt werden.

2.5 Änderung bei nicht abzugsfähigen Betriebsausgaben

Hat der Unternehmer Aufwendungen getätigt, für die ein Ausschluss vom Vorsteuerabzug nach § 15 Abs. 1a UStG einschlägig ist, gilt dies ebenfalls als eine Änderung der Bemessungsgrundlage, § 17 Abs. 2 Nr. 5 UStG. Unter die Regelung fallen insbesondere Geschenke, deren Wert 35 € übersteigen, wenn zum Zeitpunkt des Einkaufs noch nicht feststeht, dass es sich um ein Geschenk handelt, oder wenn erst durch ein weiteres Geschenk die Wertgrenze von 35 € überschritten wird. Vgl. dazu auch Stichwort Geschenke.

[22] EuGH, Urteil v. 22.4.2010, C-536/08, C-539/08 – × und Facet Trading BV, BFH/NV 2010, 1225 sowie BFH, Urteile v. 1.9.2010, V R 39/08, BStBl II 2011, 658 und v. 8.9.2010, XI R 40/08, BStBl II 2011, 661. Vgl. auch Abschn. 15.10 Abs. 2 UStAE. Die Beschränkung wurde 2013 auch in § 15 Abs. 1 Satz 1 Nr. 3 UStG mit aufgenommen.

Anschaffungskosten

Anschaffungskosten auf einen Blick

1. **Rechtsquellen**
   § 255 Abs. 1 HGB
   R 6.2 EStR
2. **Bedeutung**
   Die Anschaffungskosten sind handelsrechtlich als Aufwendungen definiert, die geleistet werden, um einen Vermögensgegenstand zu erwerben und in einen betriebsbereiten Zustand zu versetzen.
3. **Weitere Stichworte**
   → Vorsteuerberichtigung

Der **Begriff der Anschaffungskosten** spielt im Umsatzsteuerrecht nur eine untergeordnete Rolle, es wird insoweit auf die handelsrechtliche Definition Bezug genommen, die auch im Ertragsteuerrecht verwendet wird.

Dabei sind die Anschaffungskosten alle Aufwendungen, die getätigt werden, um einen Vermögensgegenstand zu erwerben und in den betriebsbereiten Zustand zu versetzen. Dazu gehören auch alle Nebenkosten für einen Gegenstand, soweit diese Nebenkosten ihm direkt zuzurechnen sind (z.B. Transportkosten, Aufstellkosten). Nachträgliche Anschaffungskosten, die zu einem späteren Zeitpunkt für den erworbenen Gegenstand aufgewendet werden (z.B. erstmalige Erschließungsbeiträge für ein unbebautes Grundstück), sind ebenfalls den Anschaffungskosten zuzurechnen. Anschaffungspreisminderungen sind von den Anschaffungskosten abzusetzen.

Nach § 15 UStG gehören nicht abzugsfähige Vorsteuerbeträge ebenfalls zu den Anschaffungskosten, § 9b Abs. 1 EStG. Soweit es in der Folgezeit zu einer Vorsteuerberichtigung nach § 15a UStG kommt, führen die Berichtigungsbeträge nicht zu einer Änderung der Anschaffungskosten, die Berichtigungsbeträge sind laufende Betriebseinnahmen (bei einer Vorsteuerberichtigung zugunsten des Unternehmers) bzw. laufende Betriebsausgaben oder Werbungskosten (bei einer Berichtigung zugunsten des Unternehmers). Voraussetzung ist, dass die Einnahmen aus einer Vorsteuerberichtigung im Rahmen einer der ertragsteuerrechtlichen Einkunftsarten bezogen werden bzw. die Auszahlungen im Rahmen einer Vorsteuerberichtigung durch den Betrieb veranlasst sind oder der Erwerbung, Sicherung und Erhaltung von Einnahmen dienen.

Anzahlungen

Anzahlungen auf einen Blick

1. **Rechtsquellen**
   § 13 Abs. 1 Nr. 1 Buchst. a Satz 4, § 14 Abs. 5 und § 15 Abs. 1 Satz 1 Nr. 1 Satz 3 UStG
   Abschn. 13.5 und Abschn. 14.8 UStAE
2. **Bedeutung**
   Im Regelfall entsteht eine Umsatzsteuer bei der Sollbesteuerung (Besteuerung nach vereinbarten Entgelten) erst dann, wenn der Unternehmer die Leistung ausgeführt hat. Eine Umsatzsteuer entsteht aber in jedem Fall mit Ablauf des Voranmeldungszeitraums, in dem der Unternehmer eine Anzahlung oder Vorauszahlung erhält. Der Leistungsempfänger kann bei einer geleisteten Anzahlung oder Vorauszahlung die Vorsteuer in dem Voranmeldungszeitraum abziehen, in dem die Zahlung geleistet worden ist, wenn er eine ordnungsgemäße Rechnung besitzt.
3. **Weitere Stichworte**
   → Änderung der Bemessungsgrundlage, → Gutscheine, → Istbesteuerung, → Rechnung, → Sollbesteuerung, → Steuersatzwechsel
4. **Besonderheiten**
   Die Korrektur einer Anzahlung bei Nichtausführung der Leistung ist von der Rückzahlung der Anzahlung abhängig. Zumindest in den Fällen, in denen der Anzahlende nicht in eine Steuerhinterziehung involviert ist, muss für eine verlorene Anzahlung der Vorsteuerabzug nicht rückgängig gemacht werden.

Die Umsatzsteuer für eine erbrachte Lieferung oder sonstige Leistung entsteht bei der Regelbesteuerung (Besteuerung nach vereinbarten Entgelten nach § 16 Abs. 1 UStG/**Sollbesteuerung**) grundsätzlich erst dann, wenn die Leistung oder eine Teilleistung von dem leistenden Unternehmer ausgeführt worden ist. Sobald der leistende Unternehmer aber für eine steuerbare und steuerpflichtige Leistung eine Anzahlung oder eine Vorauszahlung vor Leistungserbringung erhält und er der Steuerschuldner für die entstehende Umsatzsteuer ist, muss er in diesem Voranmeldungszeitraum aus der erhaltenen Anzahlung die Umsatzsteuer abführen, § 13 Abs. 1 Nr. 1 Buchst. a Satz 4 UStG.

Der leistende Unternehmer ist nach § 14 Abs. 2 UStG berechtigt und soweit er die Leistung an einen anderen Unternehmer oder eine juristische Person erbringt, sogar verpflichtet, über von ihm angeforderte Anzahlungen eine Rechnung auszustellen. Diese Verpflichtung entfällt lediglich dann, wenn es sich um eine steuerfreie Leistung nach § 4 Nr. 8 bis Nr. 28 UStG handelt. Eine ordnungsgemäße Rechnung ist wiederum die Voraussetzung, dass der Leistungsempfänger für die von ihm geleistete Anzahlung einen Vorsteuerabzug nach § 15 Abs. 1 Satz 1 Nr. 1 Satz 3 UStG vornehmen kann. Der Unternehmer hat in der Rechnung darauf hinzuweisen, dass es sich um eine Anzahlungsrechnung handelt.

Achtung! Die Umsatzsteuer für eine Anzahlung entsteht erst dann, wenn die Anzahlung tatsächlich vereinnahmt worden ist. Zahlt der Leistungsempfänger einen geringeren Betrag als in der Anzahlungsrechnung ausgewiesen wurde, entsteht nur aus dem Zahlbetrag die Umsatzsteuer, die Anzahlungsrechnung muss nicht berichtigt werden.

Wenn der Unternehmer über Anzahlungen mit Rechnungen mit gesondert ausgewiesener Umsatzsteuer abgerechnet hat, ist darauf zu achten, dass die Schlussrechnung ordnungsgemäß erstellt wird. Die schon in den Anzahlungsrechnungen gesondert ausgewiesene Umsatzsteuer darf von dem Unternehmer in der Schlussrechnung nicht noch einmal gesondert ausgewiesen werden, sondern ist in der Schlussrechnung offen abzusetzen; § 14 Abs. 5 Satz 2 UStG[1].

[1] Zu den einzelnen Möglichkeiten der korrekten Ausstellung der Endrechnung vgl. Abschn. 14.8 UStAE.

Beispiel 1: Bauunternehmer B hat für die Erstellung eines Rohbaus eine Abschlagsrechnung im Januar 2018 über 100.000 € zuzüglich 19.000 € Umsatzsteuer ausgestellt.

Lösung: Nach Fertigstellung im Juni 2018 kann die korrekte Schlussrechnung des B wie folgt lauten:

Erstellung eines Rohbaus	200.000 €
zuzüglich Umsatzsteuer 19 %	38.000 €
Gesamtbetrag	238.000 €
abzüglich Anzahlungen	./. 100.000 €
abzüglich Umsatzsteuer in der Anzahlung	./. 19.000 €
Restbetrag	**119.000 €**

Abwandlung: Der Bauunternehmer hat in der Schlussrechnung auf die gesamte Leistung von 200.000 € Umsatzsteuer in Höhe von 38.000 € ausgewiesen, ohne die in der Anzahlungsrechnung gesondert ausgewiesene Umsatzsteuer gesondert abzusetzen.

Lösung Abwandlung: Der Bauunternehmer würde insgesamt (19.000 € + 38.000 € =) 57.000 € Umsatzsteuer in der Anzahlungsrechnung und der Schlussrechnung ausgewiesen haben. Da er aus seiner Leistung nur 38.000 € Umsatzsteuer schuldet, würde er die zu hoch ausgewiesene Umsatzsteuer von 19.000 € nach § 14c Abs. 1 UStG (unrichtig ausgewiesene Umsatzsteuer) schulden.

Es gibt verschiedene Darstellungsformen einer zulässigen Schlussrechnung. Alternativ könnte die Schlussrechnung auch wie folgt aussehen[2]:

Erstellung eines Rohbaus	200.000 €
abzüglich Anzahlung – netto –	./. 100.000 €
Zwischensumme	100.000 €
zuzüglich Umsatzsteuer 19 %	19.000 €
Restbetrag	**119.000 €**

Wichtig! Soweit in der Schlussrechnung die Umsatzsteuer für die gesamte Leistung angegeben wird, muss die in der Anzahlungsrechnung offen ausgewiesene Umsatzsteuer in der Schlussrechnung auch wieder offen abgesetzt oder angegeben werden.

Eine Anzahlung oder Vorauszahlung kann sich auch bei einem Tausch oder einem tauschähnlichen Umsatz ergeben, wenn der Unternehmer die Gegenleistung (Lieferung oder sonstige Leistung) schon in einem früheren Voranmeldungszeitraum erhält, als er seine eigene Leistung erbringt.

Beispiel 2: Malermeister M hat mit dem Fahrzeuglieferer F vereinbart, die Ausstellungsräume des F zu renovieren. Als Gegenleistung liefert F dem Malermeister einen Kleintransporter. Der Kleintransporter wird im März 2018 geliefert, die Renovierungsarbeiten sollen aber vereinbarungsgemäß erst im Mai 2018 ausgeführt werden.

Lösung: Da der Malermeister schon die Gegenleistung für seine Leistung erhalten hat, muss er im März 2018 auf die erhaltene Vorauszahlung Umsatzsteuer abführen. Bemessungsgrundlage ist hier der gemeine Wert (Verkehrswert des erhaltenen Fahrzeugs) abzüglich der darin enthaltenen Umsatzsteuer. Damit der Fahrzeuglieferer schon die Umsatzsteuer aus der von ihm durch die Lieferung des Fahrzeugs geleisteten Vorauszahlung als Vorsteuer abziehen kann, hat der Malermeister eine ordnungsgemäße Rechnung auszustellen.

Vereinnahmt der leistende Unternehmer eine Anzahlung zu einem Zeitpunkt, zu dem noch andere Rechtsvorschriften galten, als zum Zeitpunkt der Ausführung der Leistung, unterliegt die gesamte Leistung den zum Zeitpunkt der Leistungserbringung geltenden Rechtsvorschriften, eine Anzahlung „konserviert" nicht den Rechtszustand zum Zeitpunkt des Erhalts der Anzahlung. Dies gilt insbesondere

2 Vgl. Abschn. 14.8 Abs. 7 UStAE.

bei einer Erhöhung der Umsatzsteuer; vgl. auch Stichwort Steuersatzwechsel. Aber auch bei anderen systembedingten Veränderungen (z.B. Veränderungen bei dem Ort der sonstigen Leistung; Änderung bei der Anwendung des ermäßigten Steuersatzes) ergibt sich die Umsatzsteuer immer nach den Rechtsvorschriften zum Zeitpunkt der Ausführung des Umsatzes, § 27 Abs. 1 UStG.

Wichtig! Bei Anzahlungen muss immer beurteilt werden, ob es sich tatsächlich schon um eine Zahlung für eine konkrete Gegenleistung handelt oder ob die Gegenleistung noch nicht konkret bestimmbar ist, sodass es sich nur um einen Umtausch von Geld in eine andere Art Zahlungsmittel (z.B. einen Gutschein) handelt; vgl. dazu auch Stichwort Gutschein.

Ein Problem ergab sich in der Vergangenheit bei der Besteuerung von **Anzahlungen**, bei denen bei Zahlungsfluss die Voraussetzungen für die **Übertragung der Steuerschuldnerschaft auf den Leistungsempfänger (Reverse-Charge-Verfahren)** noch nicht vorlagen, dann aber bei Ausführung der Leistung diese Voraussetzungen eingetreten sind. Dies war insbesondere bei der Ausführung von **Bauleistungen** ein Praxisproblem. Die Finanzverwaltung[3] hat hierzu jetzt eine für die Praxis sinnvolle Regelung veröffentlicht: Liegen die Voraussetzungen für die Steuerschuld des Leistungsempfängers im Zeitpunkt der Vereinnahmung der Anzahlung nicht vor, schuldet der leistende Unternehmer die Umsatzsteuer. Erfüllt der Leistungsempfänger im Zeitpunkt der Leistungserbringung die Voraussetzungen als Steuerschuldner[4], bleibt die bisherige Besteuerung der Anzahlungen beim leistenden Unternehmer bestehen. Änderungen der Besteuerung der Anzahlungen oder Korrekturen von Anzahlungsrechnungen müssen deshalb nicht (mehr) vorgenommen werden.

Typische Fälle von Anzahlungen sind auch Zahlungen für **Mehrfachberechtigungen** (z.B. 10er-Eintrittskarten). In diesem Fall wird für eine fest definierte Leistung eine Vorauszahlung geleistet, die Leistung aber erst zu einem späteren Zeitpunkt in Anspruch genommen. Die Umsatzsteuer ist zwar von dem leistenden Unternehmer nach den Vorschriften im Moment der Ausgabe der Mehrfacheintrittsberechtigung anzumelden und abzuführen, wird die Leistung aber ganz oder teilweise erst zu einem Zeitpunkt in Anspruch genommen, in dem andere umsatzsteuerrechtliche Grundsätze gelten, muss eine Anpassung vorgenommen werden. Dieser Vorgang wird in der Praxis regelmäßig aber erst dann ein Problem darstellen, wenn es zu gesetzlichen Änderungen in der Umsatzsteuer kommt oder wenn die Finanzverwaltung Änderungen in den Anwendungsgrundsätzen vornimmt. Ein typisches Beispiel ergab sich 2015 bei der Änderung der Auslegung, was ein Heilbad ist und der sich daraus ergebenden Änderung des Steuersatzes für Saunabetreiber.

Beispiel 3: Saunabetreiber S verkauft im Mai 2015 10er-Eintrittskarten für seine Sauna für 120 €. Teilweise wurden die Saunabäder aber erst in 2016 in Anspruch genommen.
Lösung: Zum Zeitpunkt des Verkaufs der Eintrittskarten war für Saunabäder noch eine Umsatzsteuer von 7 % anzumelden, § 12 Abs. 2 Nr. 9 UStG. Mit Wirkung ab dem 1.7.2015 hatte aber die Finanzverwaltung Saunabäder nicht mehr als Heilbad angesehen, sodass ab diesem Zeitpunkt für diese Leistungen der Regelsteuersatz anzuwenden war. Da es sich bei der Zahlung der 10er-Eintrittskarte um eine Vorauszahlung für eine Teilleistung handelte, waren alle ab dem 1.7.2015 in Anspruch genommenen Saunabäder mit 19 % zu besteuern. Damit musste für jedes Saunabad ab dem 1.7.2015 eine Umsatzsteuer von 1,13 € nachentrichtet werden (bei anteilig 12 € pro Saunabad sind darin 19 % = 1,92 € darin enthalten; bei Anzahlung mussten aus 12 € 7 % Umsatzsteuer = 0,79 € schon abgeführt werden).

---

3 BMF, Schreiben v. 18.5.2018, BStBl I 2018, 695.

4 § 13b UStG – Reverse-Charge-Verfahren.

Arbeitnehmer-Sammelbeförderung

Arbeitnehmer-Sammelbeförderung auf einen Blick

1. **Rechtsquellen**
   § 3 Abs. 9 und § 3 Abs. 9a UStG
   Abschn. 1.8 UStAE
2. **Bedeutung**
   Die Beförderung eines Arbeitnehmers von seiner Wohnung oder einem allgemeinen Sammelplatz zu der Arbeitsstätte durch den Arbeitgeber kann im Rahmen einer entgeltlichen Leistung, aber auch im Rahmen einer unentgeltlichen Dienstleistung erfolgen und somit zu einem steuerbaren Umsatz führen. Nur in Ausnahmefällen kann eine nicht steuerbare Beförderung im überwiegenden Interesse des Unternehmers vorliegen.
3. **Weitere Stichworte**
   → Beförderungsleistung

Eine Beförderung eines Arbeitnehmers von seiner Wohnung, seinem gewöhnlichen Aufenthaltsort oder einer allgemeinen Sammelstelle (z.B. Bahnhof) zu einem bestimmten Tätigkeitsort kann sowohl im Rahmen einer entgeltlichen Leistung erfolgen, wenn der Arbeitnehmer dafür ein gesondert berechnetes Entgelt aufwendet oder eine Verknüpfung der Sachzuwendung mit der Arbeitsleistung vorliegt, sodass ein tauschähnlicher Umsatz gegeben ist (z.B. Abzug vom Barlohn oder Abgeltung von geleisteten Diensten). In diesen Fällen ergeben sich, da der Arbeitgeber eine entgeltliche Leistung erbringt, die Besteuerungsfolgen einer **entgeltlichen Beförderungsleistung**. Die Bemessungsgrundlage kann hier nach den tatsächlichen Aufwendungen des Arbeitnehmers ermittelt werden oder mit den Ausgaben des Arbeitgebers geschätzt werden. Dabei sind alle Ausgaben (auch, wenn sie nicht zum Vorsteuerabzug berechtigt hatten) mit anzusetzen. Auf diese Ausgaben ist die Umsatzsteuer mit dem Regelsteuersatz aufzuschlagen.

Achtung! In den Fällen einer entgeltlichen Beförderungsleistung ist als Bemessungsgrundlage aber mindestens das anzusetzen, was bei dem Unternehmer an Ausgaben entstanden ist (sog. Mindestbemessungsgrundlage nach § 10 Abs. 5 Nr. 2 UStG).
Dies gilt allerdings dann nicht, wenn die Beförderung im überwiegenden unternehmerischen Interesse des Arbeitgebers erfolgt.

Wenn der Arbeitnehmer weder ein **gesondert berechnetes Entgelt** aufwendet und auch keine Verknüpfung mit der Arbeitsleistung des Arbeitnehmers vorliegt, ergibt sich eine unentgeltliche Leistung des Arbeitgebers i.S.d. § 3 Abs. 9a Nr. 2 UStG, da die Beförderungsleistung in aller Regel nicht im überwiegenden betrieblichen Interesse des Arbeitgebers erfolgt und die Leistung des Arbeitnehmers am Arbeitsort geschuldet wird. Eine solche unentgeltliche Leistung i.S.d. § 3 Abs. 9a Nr. 2 UStG führt zu einem steuerbaren und steuerpflichtigen Umsatz des Unternehmers, wenn er die Beförderung z.B. mit dem eigenen Fuhrpark des Unternehmens durchführt. Die Bemessungsgrundlage ergibt sich nach § 10 Abs. 4 Nr. 3 UStG mit den Ausgaben, die dem Unternehmer durch die Beförderung entstanden sind. Dabei sind alle Ausgaben anzusetzen, auch wenn sie nicht zum Vorsteuerabzug berechtigt hatten. Die Umsatzsteuer ist auf diesen Wert mit dem Regelsteuersatz heraufzurechnen, eine Steuerermäßigung auf 7 % nach § 12 Abs. 2 Nr. 10 UStG wird nicht in Betracht kommen, da der Unternehmer nicht die Voraussetzungen des genehmigten Linienverkehrs erfüllen wird.

Achtung! Bezieht der Arbeitgeber Beförderungsleistungen um diese unmittelbar für die unentgeltliche Sammelbeförderung gegenüber seinen Arbeitnehmern zu verwenden (z.B. bei Beauftragung eines Busunternehmens zum ausschließlichen Transport der Arbeitnehmer für deren private Zwecke), ist der Unternehmer nicht zum Vorsteuerabzug aus dieser bezogenen Leistung berechtigt, muss aber auch keine Umsatzsteuer auf eine Ausgangsleistung besteuern[1].

Eine **nicht steuerbare Leistung** im überwiegenden Interesse des Arbeitgebers wird nur unter besonderen Umständen anzunehmen sein. Solche besonderen Umstände sind nach der Rechtsprechung[2]:

- Beförderung des Arbeitnehmers an ständig wechselnde Tätigkeitsstätten oder an verschiedene Stellen eines weiträumigen Arbeitsgebiets,
- wenn eine Beförderung mit den öffentlichen Verkehrsmitteln nicht oder nur mit unverhältnismäßig hohem Zeitaufwand durchgeführt werden könnte oder
- wenn im Einzelfall Beförderungsleistungen wegen eines außergewöhnlichen Arbeitseinsatzes erforderlich werden oder wenn sie hauptsächlich dem Materialtransport an die Arbeitsstelle dienen und der Arbeitgeber dabei einige Arbeitnehmer unentgeltlich mitnimmt.

Achtung! Entscheidend ist dabei immer das Gesamtbild der Verhältnisse. Die Entfernung zwischen Wohnung und Arbeitsstelle ist nur ein Umstand, der neben anderen in die tatsächliche Würdigung einfließt[3].

Wenn der Arbeitgeber eine nicht steuerbare Leistung im überwiegenden Interesse des Unternehmens geltend macht, muss er die notwendigen Nachweise für dieses überwiegende Interesse erbringen.

1 BFH, Urteil v. 9.12.2010, V R 17/10, BStBl II 2012, 53 sowie BMF, Schreiben v. 2.1.2012, BStBl I 2012, 60.
2 Vgl. dazu insbesondere EuGH, Urteil v. 16.10.1997, C-258/95 – Julius Fillibeck, DB 1997, 2586.
3 Vgl. dazu BFH, Urteil v. 11.5.2000, V R 73/99, BStBl II 2000, 505.

Aufmerksamkeiten

Aufmerksamkeiten auf einen Blick

1. **Rechtsquellen**
   § 3 Abs. 1b und § 3 Abs. 9a UStG
   Abschn. 1.8 Abs. 3 UStAE, R 19.6 LStR
2. **Bedeutung**
   Unentgeltliche Zuwendungen des Arbeitgebers an sein Personal stellen dann nicht steuerbare Zuwendungen dar, wenn sie nach ihrer Art und ihrem Wert Geschenken entsprechen, die im gesellschaftlichen Verkehr üblicherweise ausgetauscht werden und zu keiner ins Gewicht fallenden Bereicherung des Arbeitnehmers führen. Als Wertgrenze galten hier bis 31.12.2014 40 €; zum 1.1.2015 ist die Wertgrenze auf 60 € angehoben worden.
3. **Weitere Stichworte**
   → Geschenke, → Sachzuwendungen an das Personal

Bei **Zuwendungen des Arbeitgebers an sein Personal** für dessen privaten Bedarf kann es sich grundsätzlich um folgende Fälle handeln:

- **Entgeltliche Sachzuwendungen an das Personal:** In diesem Fall handelt es sich um steuerbare Leistungen, für die der Arbeitgeber Umsatzsteuer abzuführen hat. Entgeltliche Leistungen liegen auch dann vor, wenn der Arbeitnehmer zwar keinen Geldbetrag für die erbrachte Leistung des Arbeitgebers aufwendet, aber in der Arbeitsleistung eine Gegenleistung zu sehen ist, z.B. bei der Überlassung eines Fahrzeugs für private Fahrten.
- **Unentgeltliche Sachzuwendungen an das Personal:** In diesem Fall muss der Arbeitgeber diese Leistung nach § 3 Abs. 1b Satz 1 Nr. 2 UStG als entgeltliche Lieferung oder nach § 3 Abs. 9a UStG als entgeltliche sonstige Leistung der Umsatzbesteuerung unterwerfen. Eine Ausnahme besteht in diesen Fällen nur dann, wenn es sich um sogenannte Aufmerksamkeiten oder um Leistungen handelt, die im überwiegenden Interesse des Arbeitgebers erfolgen.

Wichtig! In den Fällen, in denen der Unternehmer eine Leistung unmittelbar dafür bezieht, die bezogene Leistung im Rahmen einer unentgeltlichen Sachzuwendung seinem Personal zuzuwenden, ist der Unternehmer nach der Rechtsprechung des BFH[1] nicht zum Vorsteuerabzug berechtigt, es liegt dann aber auch keine steuerbare Ausgangsleistung vor.

Wendet der Arbeitgeber gegenüber seinem Personal aber nur eine Aufmerksamkeit zu, ist er für den Leistungsbezug zum Vorsteuerabzug berechtigt, eine zu besteuernde Ausgangsleistung liegt nicht vor. **Aufmerksamkeiten** sind dabei Zuwendungen des Arbeitgebers, die nach ihrer Art und nach ihrem Wert Geschenken entsprechen, die im gesellschaftlichen Verkehr üblicherweise ausgetauscht werden und zu keiner ins Gewicht fallenden Bereicherung des Arbeitnehmers führen. Typische Anwendungsfälle für Aufmerksamkeiten sind Zuwendungen (Blumen, Bücher, CD) aus Anlass eines besonderen persönlichen Ereignisses, z.B. des Geburtstags oder der Hochzeit eines Arbeitnehmers. Die Wertgrenze für solche Zuwendungen beträgt 60 €[2]. Der Betrag von 60 € erfasst den Wert der Zuwendung, ist also ein Betrag inklusive der Umsatzsteuer (= **Bruttobetrag**).

---

1 BFH, Urteil v. 13.1.2011, V R 12/08, BStBl II 2012, 61 sowie Urteil v. 9.12.2010, V R 17/10, BStBl II 2012, 53. Vgl. auch BMF, Schreiben v. 2.1.2012, BStBl I 2012, 60 sowie Abschn. 15.15 UStAE.

2 R 19.6 LStR; bis zum 31.12.2014 betrug die Wertgrenze 40 €. Die Finanzverwaltung hat mit Schreiben v. 14.10.2015, BStBl I 2015, 832 die Wertgrenze von 60 € auch für die Umsatzsteuer übernommen.

Wichtig! Die Wertgrenze in Höhe von 60 € gilt pro Zuwendung. Damit können Arbeitnehmern innerhalb eines Besteuerungszeitraums bei entsprechenden persönlichen Anlässen mehrere Aufmerksamkeiten zugewendet werden.

Als Aufmerksamkeiten gelten auch Getränke und Genussmittel, die der Arbeitgeber den Arbeitnehmern zum Verzehr im Betrieb überlässt, sowie auch Speisen, die der Arbeitgeber den Arbeitnehmern anlässlich einer außergewöhnlichen betrieblichen Besprechung oder Sitzung, im ganz überwiegenden betrieblichen Interesse an einer günstigen Gestaltung des Arbeitsablaufs unentgeltlich überlässt und deren Wert 60 € nicht überschreitet.

Die regelmäßige unentgeltliche oder **verbilligte Abgabe von Gegenständen für den privaten Bedarf des Personals** (z.B. die regelmäßige Lieferung von Lebensmitteln oder Getränken) stellt keine Aufmerksamkeit dar, selbst wenn die maßgebliche Wertgrenze nicht überschritten ist – in diesen Fällen liegen tauschähnliche Umsätze vor (Lieferung der Lebensmittel gegen Arbeitsleistung).

Der **Vorsteuerabzug** des Unternehmers für die im Zusammenhang mit den gewährten Aufmerksamkeiten bezogenen Leistungen bleibt in vollem Umfang bestehen, soweit der Unternehmer aufgrund seiner Ausgangsleistungen zum Vorsteuerabzug berechtigt ist. Eine allgemeine Beschränkung des Vorsteuerabzugs ergibt sich nicht.

Aufzeichnungspflichten

Aufzeichnungspflichten auf einen Blick

1. **Rechtsquellen**
   § 22 und (ab dem 1.1.2019) § 22f UStG
   § 63 bis § 68 UStDV
   Abschn. 22.1 bis Abschn. 22.6 UStAE
2. **Bedeutung**
   Der Unternehmer muss grundsätzlich unabhängig handelsrechtlicher oder anderer steuerlicher Vorschriften alle für die Beurteilung der umsatzsteuerlichen Behandlung notwendigen Aufzeichnungen führen. Die Einhaltung der Aufzeichnungsvorschriften kann Voraussetzung für die Gewährung von Steuerbefreiungen oder Steuerbegünstigungen sein.
3. **Weitere Stichworte**
   → Ausfuhrlieferung, → Innergemeinschaftliche Lieferung, → Steuerlager, → Vertrauensschutz.
4. **Besonderheiten**
   Zum 1.1.2019 sollen neue Aufzeichnungspflichten für die Betreiber eines elektronischen Marktplatzes in § 22f UStG mit aufgenommen werden[1]. Verbunden wird dies mit besonderen Haftungsvorschriften in § 25e UStG.

1. Allgemeines

Um die Grundlagen für die Besteuerung (Feststellung der Steuer sowie der Vorsteuerabzugsbeträge) buchmäßig nachzuweisen, muss der Unternehmer im Geltungsbereich des deutschen Umsatzsteuergesetzes umfangreiche Aufzeichnungsvorschriften beachten. Grundlage dieser Aufzeichnungsvorschriften sind die allgemeinen Vorschriften des § 22 UStG, die darüber hinaus durch weitere Aufzeichnungsvorschriften in einzelnen Sondervorschriften (z.B. bei der steuerfreien Ausfuhrlieferung oder der steuerfreien innergemeinschaftlichen Lieferung) ergänzt werden.

Wichtig! Soweit der Unternehmer bei bestimmten Umsätzen die notwendigen Aufzeichnungsvorschriften nicht beachtet, können Steuerbegünstigungen, die an bestimmte Buchnachweise gebunden sind (z.B. Steuerbefreiungen), nicht gewährt werden. Selbst wenn bestimmte buch- und belegmäßige Nachweise nicht zu den materiell-rechtlichen Voraussetzungen für Steuerbefreiungen gehören[2], kann sich ein Vertrauensschutz nur ergeben, wenn diese Aufzeichnungsvorschriften beachtet werden.

Soweit der Unternehmer außerhalb von bestimmten steuerfreien Umsätzen gegen die Aufzeichnungsvorschriften verstößt, hat die Verletzung der Vorschriften keine Auswirkungen auf die Steuerentstehung, Steuerbefreiungen und den Vorsteuerabzug. So kann dem Unternehmer z.B. nicht der Vorsteuerabzug bei Vorlage aller Voraussetzungen des § 15 UStG versagt werden, wenn er gegen die Aufzeichnungsvorschriften des § 22 UStG verstößt. Allerdings kann das Finanzamt die Verletzung der Aufzeichnungsvorschriften nach § 379 AO als Steuergefährdung (gilt als Ordnungswidrigkeit – kann mit bis zu 5.000 € geahndet werden) beurteilen oder mit Festsetzung eines Zwangsgeldes nach §§ 328 ff. AO (Zwangsgelder dürfen nach § 329 AO 25.000 € nicht übersteigen) die Aufzeichnungspflichten durchzusetzen versuchen.

Bei **fehlerhaften oder fehlenden Aufzeichnungen** können weiterhin die Besteuerungsgrundlagen von dem zuständigen Finanzamt geschätzt werden. Dies wird in aller Regel, da nach der eindeutigen

---

1 Gemäß Entwurf des Jahressteuergesetzes 2018.

2 BFH, Urteil v. 8.11.2007, V R 72/05, BStBl II 2009, 55 sowie BFH, Urteil v. 28.5.2009, V R 23/08, BStBl II 2010, 517.

Rechtsprechung des BFH ein Sicherheitszuschlag bei der Schätzung der Besteuerungsgrundlagen zulässig ist, zu nachteiligen Folgen für den Unternehmer führen. Die Schätzung von Vorsteuerbeträgen ist in aller Regel nicht möglich; vgl. dazu auch Stichwort Vorsteuerabzug.

2. Die allgemeinen Aufzeichnungsvorschriften

Aus den Aufzeichnungen des Steuerpflichtigen müssen grundsätzlich die folgenden Einzelheiten ersichtlich sein (vgl. § 22 Abs. 2 ff. UStG):

- Die **vereinbarten Entgelte** für die vom Unternehmer ausgeführten Lieferungen und sonstigen Leistungen bei der Sollbesteuerung. Dabei müssen die Aufzeichnungen getrennt nach steuerpflichtigen und steuerfreien Umsätzen und bei den steuerpflichtigen Umsätzen getrennt nach Steuersätzen erfolgen.
- Wenn der Unternehmer **unentgeltliche Umsätze** nach § 3 Abs. 1b UStG oder § 3 Abs. 9a UStG ausführt, gelten diese Vorschriften entsprechend.
- Wenn der Unternehmer einen **steuerfreien Umsatz** nach § 9 UStG steuerpflichtig behandelt (vgl. Stichwort Option zur Umsatzsteuer), muss dies aus den Aufzeichnungen eindeutig hervorgehen.
- Die **vereinnahmten Entgelte** für die vom Unternehmer ausgeführten Lieferungen und sonstigen Leistungen bei der Istbesteuerung (Besteuerung nach vereinnahmten Entgelten). Dabei müssen die Aufzeichnungen getrennt nach steuerpflichtigen und steuerfreien Umsätzen und bei den steuerpflichtigen Umsätzen getrennt nach Steuersätzen erfolgen.
- Bei **Vorauszahlungen und Anzahlungen** (vgl. Stichwort Anzahlungen) für noch nicht ausgeführte Lieferungen oder sonstige Leistungen die vereinnahmten Entgelte. Dabei muss ersichtlich sein, wie sich die Entgelte auf steuerpflichtige und steuerfreie Umsätze verteilen. Bei steuerpflichtigen Umsätzen muss aus den Aufzeichnungen ersichtlich sein, welchen Steuersätzen die Anzahlungen unterliegen.
- Wenn der Unternehmer eine **zu hohe Steuer** in einer Rechnung ausweist (§ 14c Abs. 1 UStG, vgl. Stichwort Unrichtiger Steuerausweis), muss die geschuldete Steuer aufgezeichnet werden.
- Wenn jemand eine Steuer in einem Abrechnungspapier ausweist, ohne dazu **berechtigt** zu sein (§ 14c Abs. 2 UStG, vgl. Stichwort Unberechtigter Steuerausweis), muss die geschuldete Steuer aufgezeichnet werden.
- Wenn der Unternehmer eine steuerpflichtige Lieferung oder eine sonstige Leistung für sein Unternehmen empfängt, muss das Entgelt aufgezeichnet werden. Dies gilt entsprechend für vor der Ausführung dieser Leistungen gezahlte Entgelte. Darüber hinaus ist der Steuerbetrag aufzuzeichnen. Wenn der Unternehmer keinen Vorsteuerabzug vornehmen kann, z.B. weil er mit der erhaltenen Leistung eine steuerfreie, den Vorsteuerabzug ausschließende Leistung erbringt, entfällt diese Aufzeichnungsvorschrift.
- Wenn der Unternehmer einen Gegenstand für sein Unternehmen in das Inland einführt (vgl. Stichwort Einfuhr), muss er die Bemessungsgrundlage sowie die entstandene Einfuhrumsatzsteuer aufzeichnen. Wenn der Unternehmer keinen Vorsteuerabzug vornehmen kann, z.B. weil er mit der erhaltenen Leistung eine steuerfreie, den Vorsteuerabzug ausschließende Leistung erbringt, entfällt diese Aufzeichnungsvorschrift.
- Wenn der Unternehmer einen **innergemeinschaftlichen Erwerb** nach § 1a UStG verwirklicht, muss er die Bemessungsgrundlage dazu sowie den darauf entfallenden Steuerbetrag aufzeichnen.
- Wenn der Leistungsempfänger nach § 13b UStG zum Steuerschuldner für eine an ihn ausgeführte Leistung wird (vgl. Stichwort Steuerschuldnerverfahren), muss er die Entgelte – getrennt nach den einzelnen Steuersätzen – sowie gegebenenfalls gezahlte Teilentgelte vor Ausführung der Leistung gesondert aufzeichnen.
- Wenn ein Auslagerer aus einem Steuerlager eine Ware auslagert (vgl. Stichwort Steuerlager), hat er die Bemessungsgrundlage und die darauf entfallende Umsatzsteuer aufzuzeichnen.

- Wenn der Unternehmer nur zum Teil zum Vorsteuerabzug berechtigt ist (vgl. Stichwort Vorsteueraufteilung), muss aus den Aufzeichnungen eindeutig und leicht ersichtlich sein, welche Vorsteuerbeträge den abzugsfähigen Ausgangsumsätzen und welche den nur zum Teil zum Abzug berechtigenden Ausgangsumsätzen zuzuordnen sind. Außerdem muss der Unternehmer in diesem Fall die Bemessungsgrundlagen für die Umsätze, die den Vorsteuerabzug ausschließen, getrennt von den Bemessungsgrundlagen der übrigen Umsätze aufzeichnen (Ausnahme bei den Einfuhren und den innergemeinschaftlichen Erwerben).
- Wenn eine Vorsteuerberichtigung nach § 15a UStG vorzunehmen ist, hat der Unternehmer die Berechnungsgrundlagen aufzuzeichnen, die für die Ermittlung des Berichtigungsbetrags notwendig sind.
- Wenn der Unternehmer Gegenstände aus dem Inland in das übrige Gemeinschaftsgebiet zu seiner eigenen Verfügung verbringt, müssen diese Gegenstände aufgezeichnet werden, wenn:
  a) an den Gegenständen im übrigen Gemeinschaftsgebiet Arbeiten ausgeführt werden (z.B. bei Reparaturarbeiten),
  b) es sich um eine vorübergehende Verwendung handelt, mit den Gegenständen im übrigen Gemeinschaftsgebiet sonstige Leistungen ausgeführt werden und der Unternehmer in dem betreffenden Mitgliedstaat keine Zweigniederlassung hat (z.B. der Unternehmer bringt Baumaschinen in einen anderen Mitgliedstaat, um dort Bauleistungen zu erbringen) oder
  c) es sich um eine vorübergehende Verwendung im übrigen Gemeinschaftsgebiet handelt und in entsprechenden Fällen die Einfuhr der Gegenstände aus dem Drittlandsgebiet vollständig steuerfrei wäre; vgl. dazu auch Stichwort Innergemeinschaftliches Verbringen.
- Wenn der Unternehmer von einem anderen Unternehmer mit USt-IdNr. aus einem anderen Mitgliedstaat einen Gegenstand erhält, um diesen im Inland zu bearbeiten oder zu verarbeiten (Werkleistung), müssen die erhaltenen Gegenstände aufgezeichnet werden.

Die Aufzeichnungen sind dabei so zu gestalten, dass sich ein sachverständiger Dritter in einer angemessenen Zeit einen Überblick über die Umsätze und die abziehbaren Vorsteuerbeträge des Unternehmers verschaffen kann.

Tipp! Soweit eine ordnungsgemäße Buchhaltung unterhalten wird, werden in aller Regel die maßgeblichen Aufzeichnungsvorschriften erfüllt werden.

3. Der Aufzeichnungsverpflichtete

Zur Aufzeichnung sind grundsätzlich die Personen verpflichtet, die die genannten Umsätze bewirken oder die entsprechenden Leistungen erhalten. Auch Personen, die nicht Unternehmer sind oder in dem konkreten Fall nicht als Unternehmer tätig sind, müssen unter bestimmten Voraussetzungen Aufzeichnungen führen. Dies gilt für die Personen, die nach § 14c Abs. 2 UStG unberechtigt Umsatzsteuer in einer Abrechnung gesondert ausweisen, sowie für die Personen, die nach § 13b UStG Steuerschuldner für an sie ausgeführte Leistungen werden.

4. Besonderheiten bei den Aufzeichnungsvorschriften

In bestimmten Sonderfällen sind über diese Verpflichtungen hinaus besondere Aufzeichnungspflichten zu erfüllen. Hier sind insbesondere zu nennen:

- **Ausfuhrlieferungen**, vgl. dazu Stichwort Ausfuhrlieferung.
- **Lohnveredelungen**, vgl. dazu Stichwort Lohnveredelung.
- **Innergemeinschaftliche Lieferungen**, vgl. dazu Stichwort Innergemeinschaftliche Lieferungen.
- **Innergemeinschaftliche Dreiecksgeschäfte**: Beim ersten Abnehmer, der eine inländische USt-IdNr. verwendet, müssen das Entgelt der Lieferung sowie der Name und die Anschrift des letzten Abnehmers ersichtlich sein. Bei einem letzten Abnehmer, der eine inländische USt-IdNr. verwendet, müssen die Bemessungsgrundlage der an ihn ausgeführten Lieferung sowie die darauf entfallende

Steuer sowie der Name und die Anschrift des ersten Abnehmers ersichtlich sein. Vgl. dazu auch Stichwort Innergemeinschaftliches Dreiecksgeschäft.

- Umsätze, die der **Differenzbesteuerung** unterliegen: Der Unternehmer muss die Verkaufspreise oder die Werte nach § 10 Abs. 4 UStG, die Einkaufspreise und die ermittelte Bemessungsgrundlage aufzeichnen; vgl. dazu auch Stichwort Differenzbesteuerung.
- Unterhält ein Unternehmer als Lagerhalter ein **Umsatzsteuerlager**, hat er Bestandsaufzeichnungen über die eingelagerten Gegenstände zu führen. Bei der Auslagerung aus dem Umsatzsteuerlager muss der Lagerhalter den Namen, die Anschrift und die inländische USt-IdNr. des Auslagerers oder dessen Fiskalvertreters aufzeichnen, vgl. dazu auch Stichwort Steuerlager.
- Wird ein Anspruch auf die Gegenleistung für einen steuerpflichtigen Umsatz an einen anderen Unternehmer abgetreten, hat der leistende Unternehmer den Namen und die Anschrift des Abtretungsempfängers und die Höhe des abgetretenen Anspruchs auf die Gegenleistung aufzuzeichnen. Der Abtretungsempfänger hat ebenfalls die Daten des Vertragspartners sowie die auf die abgetretene Forderung empfangenen Zahlungen aufzuzeichnen; vgl. auch Stichwort Abtretung von Forderungen.

5. Das Steuerheft

Ein Unternehmer, der keine gewerbliche Niederlassung hat oder außerhalb einer solchen Niederlassung von Haus zu Haus oder auf öffentlichen Straßen oder an anderen öffentlichen Orten Umsätze ausführt oder Gegenstände erwirbt, hat ein Steuerheft zu führen, in dem die maßgeblichen Aufzeichnungen niederzulegen sind, § 22 Abs. 5 UStG. Ausnahmen für die Führung dieser Steuerhefte gelten nach § 68 UStDV, wenn der Unternehmer im Inland eine gewerbliche Niederlassung hat und ordnungsgemäße Aufzeichnungen nach § 22 UStG führt, soweit die Sonderregelung für landwirtschaftliche Erzeuger nach § 24 UStG angewendet wird oder bei dem Handel mit Zeitungen und Zeitschriften. Zusätzlich sind von der Führung eines Steuerhefts die Unternehmer befreit, die nach gesetzlichen Vorschriften Bücher führen müssen oder ohne Verpflichtung Bücher führen. Der Unternehmer, der von der Führung eines Steuerhefts befreit ist, muss eine amtliche Bescheinigung über die Befreiung bei sich führen[3].

6. Aufzeichnungsvorschriften für Kleinunternehmer

Kleinunternehmer müssen nach § 65 UStDV nur in eingeschränktem Umfang Aufzeichnungen anfertigen. Dabei sind insbesondere aufzuzeichnen:

- die Werte der erhaltenen Gegenleistungen für die von ihnen ausgeführten Lieferungen und sonstigen Leistungen;
- die unentgeltlichen sonstigen Leistungen nach § 3 Abs. 9a Nr. 2 UStG (Ausführung anderer sonstiger Leistungen).

Die Aufzeichnungsvorschriften für unberechtigt ausgewiesene Umsatzsteuer, für Einfuhren, innergemeinschaftliche Erwerbe oder für die Fälle, in denen der Kleinunternehmer Steuerschuldner nach § 13b UStG wird, bleiben unberührt.

7. Vereinfachungen

In bestimmten Fällen ist es einem Unternehmer nicht zuzumuten, dass er – insbesondere bei der Ausführung von steuerpflichtigen Umsätzen, die unterschiedlichen Steuersätzen unterliegen (z.B. im Lebensmitteleinzelhandel, an Zeitungskiosken etc.) – die Aufzeichnungspflichten bei jedem einzelnen Umsatz entsprechend den Vorschriften des § 22 UStG erfüllt.

Aus diesem Grund kann der Unternehmer bei seinem zuständigen Finanzamt Vereinfachungen für die Aufzeichnungsvorschriften beantragen. Eine wichtige Vereinfachungsmöglichkeit ist, die Ausgangsum-

[3] Vgl. dazu und zu dem amtlichen Vordruck: BMF, Schreiben v. 1.4.2009, BStBl I 2009, 529 sowie die Aktualisierung durch BMF, Schreiben v. 30.4.2012, BStBl I 2012, 579.

sätze nach § 63 Abs. 4 UStDV nachträglich im Verhältnis der Eingangsumsätze aufzuteilen. Dies ist insbesondere dann von Bedeutung, wenn Leistungen zu unterschiedlichen Steuersätzen ausgeführt werden.

Wichtig! Die Erleichterungen können nicht angewendet werden, wenn der Unternehmer eine Registrierkasse mit Zählwerken für mehrere Warengruppen oder eine entsprechende andere Speichermöglichkeit verwendet.

Der Unternehmer kann die Bemessungsgrundlagen durch bestimmte **Aufschlagssatzverfahren** ermitteln. Insbesondere ergeben sich die folgenden Verfahren[4]:

- Anwendung tatsächlicher oder üblicher Aufschläge,
- Anwendung des gewogenen Durchschnittsaufschlags.

Achtung! Vereinfachungen, die ein Unternehmer bei den Aufzeichnungsvorschriften in Anspruch nehmen will, müssen mit dem zuständigen Finanzamt des Unternehmers abgestimmt werden.

8. Besondere Aufzeichnungsvorschriften für die Betreiber elektronischer Marktplätze

Zum 1.1.2019 werden in § 22f UStG bestimmte (zusätzliche) Aufzeichnungsvorschriften für die Betreiber **elektronischer Marktplätze** mit in das UStG aufgenommen.

Wichtig! Ein elektronischer Marktplatz ist eine Website oder jedes andere Instrument, mit dessen Hilfe Informationen über das Internet zur Verfügung gestellt werden, die es einem Dritten, der nicht Betreiber des Marktplatzes ist, ermöglicht, Umsätze auszuführen. Betreiber ist, wer einen elektronischen Marktplatz unterhält und es Dritten ermöglicht, auf diesem Marktplatz Umsätze auszuführen.

Verbunden werden diese besonderen Aufzeichnungsvorschriften mit neuen Haftungsregelungen nach § 25e UStG. Der Betreiber eines solchen elektronischen Marktplatzes hat die folgenden Angaben aufzuzeichnen:

- den vollständigen Namen und die vollständige Anschrift des liefernden Unternehmers,
- die dem liefernden Unternehmer von dem nach § 21 AO zuständigen Finanzamt erteilte Steuernummer und soweit vorhanden die ihm vom Bundeszentralamt für Steuern erteilte Umsatzsteuer-Identifikationsnummer,
- das Beginn- und Enddatum der Gültigkeit der Bescheinigung, in der entsprechenden Daten vom Finanzamt bestätigt werden,
- den Ort des Beginns der Beförderung oder Versendung sowie den Bestimmungsort und
- den Zeitpunkt und die Höhe des Umsatzes.

Achtung! Der Nachweis ist vom Betreiber durch eine im Zeitpunkt der Lieferung des Unternehmers gültige, auf längstens drei Jahre befristete Bescheinigung über die steuerliche Erfassung des für den liefernden Unternehmer zuständigen Finanzamts zu führen. Die Bescheinigung wird auf Antrag des liefernden Unternehmers vom zuständigen Finanzamt erteilt. Die Erteilung der Bescheinigung kann insbesondere abgelehnt werden, wenn der Unternehmer seinen steuerlichen Verpflichtungen nicht oder nicht in vollem Umfang nachgekommen ist und auch nicht zu erwarten ist, dass er diesen zukünftig nachkommen wird. Unternehmer ohne Wohnsitz oder gewöhnlichen Aufenthalt, Sitz oder Geschäftsleitung im Inland, einem anderen Mitgliedstaat der Europäischen Union oder in einem Staat, auf den das Abkommen über den Europäischen Wirtschaftsraum anwendbar ist, haben

[4] Vgl. dazu auch Merkblatt des BMF zur erleichterten Trennung der Bemessungsgrundlage gemäß dem Schreiben des BMF v. 6.5.2009, BStBl I 2009, 681.

spätestens mit der Antragstellung einen Empfangsbevollmächtigten im Inland (§ 123 AO) zu benennen. Das Bundeszentralamt für Steuern erteilt dem Betreiber eines elektronischen Marktplatzes im Wege einer elektronischen Abfrage Auskunft über die dort gespeicherte Bescheinigung. Mit dem Antrag auf Erteilung einer Bescheinigung stimmt der Unternehmer zu, dass seine gespeicherten Daten an den Betreiber eines elektronischen Markplatzes weitergegeben werden.

Ist der **Verkäufer**, der über einen elektronischen Marktplatz Waren verkauft, **kein Unternehmer**, müssen vom Betreiber des Marktplatzes auch der Name und die vollständige Anschrift des Verkäufers, der Ort des Beginns der Beförderung oder Versendung sowie der Bestimmungsort und der Zeitpunkt und die Höhe des Umsatzes aufgezeichnet werden. Zusätzlich ist das Geburtsdatum des Verkäufers aufzuzeichnen.

Ausfuhrlieferung

Ausfuhrlieferung auf einen Blick

1. **Rechtsquellen**
   § 4 Nr. 1 Buchst. a und § 6 UStG
   § 8 bis § 17 UStDV
   Abschn. 6.1 bis Abschn. 6.12 UStAE
2. **Bedeutung**
   Lieferungen, bei denen der Gegenstand in das Drittlandsgebiet gelangt und bei denen die Voraussetzungen des § 6 UStG vorliegen (Ausfuhrlieferungen), sind steuerfrei. Der liefernde Unternehmer hat die Voraussetzungen für die Steuerfreiheit durch geeignete Aufzeichnungen nachzuweisen. Der liefernde Unternehmer hat für Vorleistungen den vollen Vorsteuerabzug.
3. **Weitere Stichworte**
   → Ausländischer Abnehmer, → Drittlandsgebiet, → Lieferung/Ort, → Vertrauensschutz
4. **Besonderheiten**
   Steuerfreie Ausfuhrlieferungen sind in der Umsatzsteuerjahreserklärung 2017 in der Zeile 37 Anlage UR und in der Umsatzsteuervoranmeldung 2018 in der Zeile 23 einzutragen.

1. Allgemeine Voraussetzungen der Ausfuhrlieferungen

Gelangt ein Gegenstand bei einer Lieferung in das Drittlandsgebiet, muss geprüft werden, ob die Voraussetzungen der Ausfuhrlieferung nach § 6 UStG vorliegen. Sind die Voraussetzungen des § 6 UStG erfüllt, ergibt sich zwingend die Steuerbefreiung der Lieferung nach § 4 Nr. 1 Buchst. a UStG. Eine Ausfuhrlieferung setzt eine sog. bewegte Lieferung i.S.d. § 3 Abs. 6 UStG voraus. Der Ort der Lieferung ist in diesem Falle dort, wo die Beförderung des Gegenstands beginnt oder der Gegenstand einem Beauftragten übergeben wird. Im Zuge der Bewegung des Gegenstands muss der Gegenstand tatsächlich in das Drittlandsgebiet gelangen. Dabei kann der Gegenstand vor der Ausfuhr noch von einem Beauftragten bearbeitet werden.

Wichtig! Ohne Nachweis des tatsächlichen Gelangens des Gegenstands in das Drittlandsgebiet kann keine steuerfreie Ausfuhrlieferung vorliegen.

Da teilweise unterschiedliche Voraussetzungen und Aufzeichnungsvorschriften vorliegen, müssen die Ausfuhrlieferungen in folgende **Fälle** unterteilt werden:

- Der **liefernde Unternehmer** befördert oder versendet den Gegenstand in das Drittlandsgebiet, ausgenommen in die deutschen Freihäfen und die Gewässer und Watten zwischen der Hoheitsgrenze und der jeweiligen Strandlinie, § 6 Abs. 1 Satz 1 Nr. 1 UStG.
- Der **Abnehmer** befördert oder versendet den Gegenstand der Lieferung in das Drittlandsgebiet, ausgenommen in die deutschen Freihäfen und die Gewässer und Watten zwischen der Hoheitsgrenze und der jeweiligen Strandlinie. Der Abnehmer muss ein ausländischer Abnehmer sein, § 6 Abs. 1 Satz 1 Nr. 2 UStG.
- Der Lieferer oder der Abnehmer befördert oder versendet den Gegenstand in einen deutschen Freihafen oder die Gewässer und Watten zwischen der Hoheitsgrenze und der jeweiligen Strandlinie. Der Abnehmer muss den Gegenstand als Unternehmer für sein Unternehmen verwenden und darf keine, den Vorsteuerabzug ausschließenden Umsätze ausführen oder muss als ausländischer Abnehmer den Gegenstand anschließend in das übrige Drittlandsgebiet ausführen, § 6 Abs. 1 Satz 1 Nr. 3 UStG.

Besonderheiten bestehen bei einer sog. **gebrochenen Beförderung**. In einem solchen Fall sind sowohl der Lieferer als auch der Abnehmer in den Transport des Liefergegenstands eingebunden, weil sie sich z.B. den Transport des Liefergegenstands zu dem Bestimmungsort geteilt haben[1]. Grundsätzlich gilt bei einer solchen gebrochenen Beförderung der erste Teiltransport als maßgeblich für die Bestimmung des Orts der Lieferung. Für die Prüfung der Steuerbefreiung als Ausfuhrlieferung muss darauf abgestellt werden, ob im Zeitpunkt des Grenzüberschritts die Voraussetzungen für die Steuerbefreiung vorliegen. Bei der Prüfung der Ausfuhrlieferung ist entscheidend, wer den Gegenstand der Lieferung über die Binnenmarktgrenze transportiert. Wenn der Abnehmer den Gegenstand im Rahmen seines Teils der Lieferstrecke in das Drittlandsgebiet befördert oder versendet, muss er die Voraussetzungen als ausländischer Abnehmer erfüllen, § 6 Abs. 1 Satz 1 Nr. 2 i.V.m. Abs. 2 UStG.

2. Beförderung oder Versendung durch den liefernden Unternehmer

Wenn der liefernde Unternehmer den Gegenstand der Lieferung selbst in das Drittlandsgebiet befördert oder durch einen von ihm Beauftragten in das Drittlandsgebiet versendet, liegt eine steuerfreie Ausfuhrlieferung vor, unabhängig davon, wofür der Gegenstand verwendet wird oder wer der Abnehmer des Gegenstands ist, § 6 Abs. 1 Satz 1 Nr. 1 UStG. Ausgenommen sind lediglich die Lieferungen in die Gebiete i.S.d. § 1 Abs. 3 UStG (deutsche Freihäfen und die Gewässer und Watten zwischen der Hoheitsgrenze und der jeweiligen Strandlinie), da für diese Lieferungen besondere Vorschriften im § 6 Abs. 1 Satz 1 Nr. 3 UStG enthalten sind.

Beispiel 1: Der deutsche Abnehmer A bestellt bei dem Lieferanten L aus Kassel Ware, die der liefernde Unternehmer mit eigenem Fahrzeug in die Ferienwohnung des A in der Schweiz bringt.
Lösung: Da L den Gegenstand selbst in das Drittlandsgebiet befördert, liegt eine steuerfreie Ausfuhrlieferung nach § 6 Abs. 1 Satz 1 Nr. 1 UStG vor.

Der liefernde Unternehmer muss die Ausfuhr des Gegenstands sowohl belegmäßig (§ 9 bis § 11 UStDV) wie auch buchmäßig (§ 13 UStDV) nachweisen. Aufgrund der Buch- und Belegnachweise ist der leistende Unternehmer berechtigt, die Lieferung als steuerfrei zu behandeln. Liegen diese Voraussetzungen nicht vor, ist die Lieferung ansonsten grundsätzlich steuerpflichtig.

Achtung! Ohne Ausfuhrbeleg keine Steuerfreiheit der Ausfuhrlieferung. Nur in Ausnahmefällen kann bei objektiver Beweislage, dass die Voraussetzungen des § 6 UStG erfüllt sind, die Steuerfreiheit gewährt werden[2].

Wichtig! Bei der Ausfuhr von im Straßenverkehr zugelassenen Fahrzeugen ist (spätestens seit dem 1.4.2012) auch die Aufzeichnung der Fahrzeug-Identifikationsnummer i.S.d. § 6 Abs. 5 Nr. 5 der Fahrzeug-Zulassungsverordnung in den Ausfuhrpapieren notwendig. Darüber hinaus muss eine Bescheinigung über die Zulassung, die Verzollung oder die Einfuhrbesteuerung im Drittland vorgelegt werden. Dies gilt aber dann nicht, wenn das Fahrzeug mit einem Ausfuhrkennzeichen ausgeführt wird, wenn aus den Ausfuhrpapieren das Ausfuhrkennzeichen ersichtlich ist.

2.1 Nachweise für die Ausfuhr bei einer Beförderungslieferung

Wichtig! Die Anforderungen an den Buch- und Belegnachweis für die Ausfuhrlieferungen sind mit Wirkung zum 1.1.2012 angepasst worden[3]. Die Finanzverwaltung beanstandete es nicht, wenn für alle bis zum 31.3.2012 ausgeführten Umsätze der Nachweis noch nach den bis zum 31.12.2011 geltenden Regelungen geführt wurde[4]. Mit Schreiben vom 6.2.2012[5] hatte die Finanzverwaltung ausführlich zu den Neuregelungen Stellung genommen und an diversen Stellen den UStAE angepasst.

---

1 Vgl. auch BMF, Schreiben v. 7.12.2015, BStBl I 2015, 1014.
2 Vgl. dazu BFH, Urteil v. 28.5.2009, V R 23/08, BStBl II 2010, 517.
3 Zweite Verordnung zur Änderung steuerlicher Verordnungen v. 2.12.2011, BGBl I 2011, 2416.
4 BMF, Schreiben v. 9.12.2011, BStBl I 2011, 1287.
5 BMF, Schreiben v. 6.2.2012, BStBl I 2012, 212.

Zum Belegnachweis war früher im UStAE nicht die Möglichkeit der Übermittlung von Belegen oder Bescheinigungen auf **elektronischem Weg** eingeräumt worden. Nachdem im Zusammenhang mit den Änderungen bei den Nachweisen für innergemeinschaftliche Lieferungen Belege auch auf elektronischem Weg übermittelt werden können, hat die Finanzverwaltung[6] dies 2014 auch im Zusammenhang mit den Belegen und Nachweisen bei Ausfuhrlieferungen, Lohnveredelungen sowie drittlandsgrenzüberschreitenden Beförderungen eingeführt. Soweit der Nachweis von einem Beleg (Nachweis, Empfangsbestätigung etc.) abhängig ist, wird jetzt grundsätzlich auch ermöglicht, dass dieser auf elektronischem Weg übermittelt werden kann. Eine Unterschrift ist in diesem Fall nicht erforderlich, sofern erkennbar ist, dass die elektronische Übermittlung im Verfügungsbereich des Ausstellers begonnen hat[7].

Wichtig! Von einem Beginn der Übermittlung im Verfügungsbereich des Ausstellers ist auszugehen, wenn bei der elektronischen Übermittlung keine begründeten Zweifel daran bestehen, dass die Angaben dem Absender zugerechnet werden können (z.B. Absenderangabe und Datum der Erstellung der E-Mail in dem E-Mail-Header, Nutzung einer bekannten E-Mail-Adresse, Verwendung eines zwischen den Parteien vereinbarten elektronischen Verfahrens). Das übermittelte Dokument muss aufbewahrt werden, kann aber auch in ausgedruckter Form archiviert werden.

Der Nachweis der Ausfuhrlieferung ist jeweils abhängig von der Art der Lieferung. Der Unternehmer hat den Ausfuhrnachweis bei einer Ausfuhrlieferung im Beförderungsfall (der liefernde Unternehmer transportiert den Gegenstand selbst in das Drittlandsgebiet) nach § 9 Abs. 1 UStDV durch die **Ausfuhranmeldung im elektronischen Ausfuhrverfahren** mit der durch die zuständige Ausfuhrzollstelle auf elektronischem Weg übermittelten Bestätigung (Ausgangsvermerk), dass der Gegenstand ausgeführt worden ist, zu führen.

Bei allen anderen Ausfuhranmeldungen muss die Ausfuhr durch einen Beleg nachgewiesen werden, der die folgenden Einzelheiten aufführt:

- Den Namen und die Anschrift des liefernden Unternehmers,
- die Menge des ausgeführten Gegenstands und die handelsübliche Bezeichnung,
- den Ort und den Tag der Ausfuhr,
- eine Ausfuhrbestätigung der Grenzzollstelle eines Mitgliedstaats, die den Ausgang des Gegenstands aus dem Gemeinschaftsgebiet überwacht hat.

Achtung! Ein auf Papier erstellter Ausfuhrnachweis muss im Original aufbewahrt werden. Auch wenn ansonsten die Belege digital archiviert werden, können Ausfuhrbelege nicht vernichtet werden, da teilweise in der Europäischen Union besondere Stempelfarben verwendet werden, die nur im Original auf Echtheit überprüft werden können. Seitdem das elektronische Ausfuhrverfahren aber das Regelverfahren ist, kommt den Papiernachweisen kaum noch eine Bedeutung zu.

Zu beachten ist im Zusammenhang mit dem Nachweis der Steuerbefreiungen für Ausfuhrlieferungen, dass der BFH 2009 Veränderungen bei dem buchmäßigen Nachweis der Ausfuhrlieferungen vorgenommen hatte[8]. Der BFH hatte dabei entschieden, dass der Unternehmer den buchmäßigen Nachweis der steuerfreien Ausfuhrlieferung bis zu dem Zeitpunkt zu führen hat, zu dem er die Umsatzsteuervoranmeldung für die Ausfuhrlieferung abzugeben hat. Der Unternehmer kann aber fehlende oder fehlerhafte Aufzeichnungen eines rechtzeitig erbrachten Buchnachweises bis zum Schluss der letzten mündlichen Verhandlung vor dem Finanzgericht nach den für Rechnungsberichtigungen geltenden Grundsätzen ergänzen oder berichtigen. Wird der Buchnachweis weder rechtzeitig geführt noch zulässigerweise ergänzt oder

---

[6] BMF, Schreiben v. 6.1.2014, BStBl I 2014, 152 zu Abschn. 4.3.3, 4.3.4 sowie 6.6 ff. UStAE.

[7] Dazu wird auf die entsprechende Anwendung des Abschn. 6a.4 Abs. 3 und Abs. 6 UStAE verwiesen.

[8] BFH, Urteil v. 28.5.2009, V R 23/08, BStBl II 2010, 517.

berichtigt, kann die Ausfuhrlieferung dennoch steuerfrei sein, wenn aufgrund der objektiven Beweislage feststeht, dass die Voraussetzungen für die Ausfuhrlieferung vorliegen.

Achtung! Bucht der Unternehmer Ausfuhrlieferungen auf einem separaten Konto unter Bezugnahme auf die jeweilige Rechnung, kann dies ausreichen, um den Buchnachweis nach § 6 Abs. 4 UStG i.V.m. § 13 UStDV dem Grunde nach zu führen[9].

2.2 Nachweise für die Ausfuhr bei einer Versendungslieferung

Wird der Gegenstand von einem selbstständigen Beauftragten befördert (Versendungslieferung), hat der Unternehmer den Nachweis ebenfalls durch die Ausfuhranmeldung im elektronischen Ausfuhrverfahren mit dem Ausgangsvermerk zu führen, § 10 Abs. 1 Nr. 1 UStDV.

Bei allen anderen Ausfuhranmeldungen sind die belegmäßigen Nachweise für die Ausfuhrlieferung nach § 10 Abs. 1 Nr. 2 UStDV wie folgt zu führen:

- durch einen Versendungsbeleg, insbesondere durch handelsrechtlichen **Frachtbrief**, der vom Auftraggeber des Frachtführers unterzeichnet ist, mit einem **Konnossement**, mit einem **Einlieferungsschein für im Postverkehr beförderte Sendungen** oder deren Doppelstücke, oder
- durch einen anderen handelsüblichen Beleg, insbesondere durch eine Bescheinigung des beauftragten Spediteurs. Der sonstige Beleg soll die folgenden Einzelheiten enthalten:
  a) den Namen und die Anschrift des mit der Beförderung beauftragten Unternehmers sowie das Ausstellungsdatum,
  b) den Namen und die Anschrift des liefernden Unternehmers sowie des Auftraggebers der Versendung,
  c) die Menge und die Art (handelsübliche Bezeichnung) des ausgeführten Gegenstands,
  d) den Ort und den Tag der Ausfuhr oder den Ort und den Tag der Versendung des ausgeführten Gegenstands in das Drittlandsgebiet,
  e) den Empfänger des ausgeführten Gegenstands und den Bestimmungsort im Drittlandsgebiet,
  f) eine Versicherung des mit der Beförderung beauftragten Unternehmers darüber, dass die Angaben im Beleg auf der Grundlage von Geschäftsunterlagen gemacht wurden, die im Gemeinschaftsgebiet nachprüfbar sind, sowie
  g) die Unterschrift des mit der Beförderung beauftragten Unternehmers.

Wichtig! Bei Postsendungen kommen als Ausfuhrnachweise auch die Einlieferungsbescheinigungen oder die Versandbestätigungen auf vom Absender vorbereiteten Bescheinigungen in Betracht. Diese müssen aber vom Beförderer unterschrieben werden.

Bei der Ausfuhrlieferung von Gegenständen in gewöhnlichen Briefen, für die eine Ausfuhranmeldung oder eine Ausfuhrkontrollmeldung nicht erforderlich ist, kann der Nachweis der Steuerfreiheit auch durch leicht nachprüfbare innerbetriebliche Versendungsunterlagen in Verbindung mit den Aufzeichnungen in der Finanzbuchhaltung geführt werden (z.B. Postausgangsbücher, Portobücher oder Auslieferungslisten).

Die genannten belegmäßigen Voraussetzungen müssen nach § 13 UStDV auch buchmäßig nachgewiesen werden. Dabei hat der leistende Unternehmer die Voraussetzungen so aufzuzeichnen, dass sie eindeutig und leicht nachprüfbar aus der Buchführung zu ersehen sind.

2.3 Elektronische Ausfuhrbelege ab Juli 2009

Seit dem 1.7.2009 besteht in der Europäischen Union die Pflicht zur Teilnahme am elektronischen Ausfuhrverfahren[10]. Deshalb ist das frühere schriftliche Verfahren zur Ausfuhranmeldung durch ein elektronisches Verfahren ersetzt worden. In Deutschland erfolgt die Abwicklung über das Verfahren

---

[9] BFH, Urteil v. 28.8.2014, V R 16/14, BStBl II 2015, 46.

[10] Bei Einführung des Verfahrens gem. Art. 787 ZK-DV.

„ATLAS-Ausfuhr". Das elektronische Anmeldeverfahren gilt seit dem 1.7.2009 unabhängig davon, auf welchem Beförderungsweg die Ware transportiert wird[11]. Die Finanzverwaltung hat die allgemeinen Grundsätze für das elektronische Ausfuhrverfahren in Abschn. 6.2 UStAE zusammengestellt. Führt ein Unternehmer Waren aus der Europäischen Union aus, muss er die Waren bei der Ausfuhrzollstelle anmelden. An der EU-Außengrenze ist diese Ware dann der Ausgangszollstelle der Union zu melden. Die bei der Ausfuhrzollstelle elektronisch angemeldeten Waren werden von der Ausfuhrzollstelle in das Ausfuhrverfahren übernommen. Die Daten werden der angegebenen Ausgangszollstelle vorab übermittelt. Die Ausgangszollstelle kann – unabhängig davon, in welchem Mitgliedstaat sie sich befindet – auf diese Daten anhand einer Registrierungsnummer[12] zugreifen und den körperlichen Ausgang der Waren überwachen.

Ist die überprüfte Ware aus der Europäischen Union ausgeführt worden, teilt die Ausgangszollstelle dies der Ausfuhrzollstelle mit der „Ausgangsbestätigung/Kontrollergebnis" mit.

Tipp! Es ist dabei nicht zu unterscheiden, ob es sich um einen Beförderungsfall (die Ware wird von einem Beteiligten selbst transportiert) oder einen Versendungsfall (die Ware wird von einem Beauftragten transportiert) handelt.

Zwischen dem Unternehmer und den Zolldienststellen erfolgt die Abwicklung im **ATLAS-Verfahren** mit **EDIFACT-Nachrichten**[13]. Die deutsche Ausfuhrzollstelle erledigt den Vorgang auf Basis der von der Ausgangszollstelle übermittelten Ausgangsbestätigung und übermittelt dem Ausführer oder dem Anmelder elektronisch den „Ausgangsvermerk" als PDF-Dokument.

Abweichungen von diesem Verfahren sind aus zollrechtlicher Sicht nur zulässig:

- im Ausfall- und Sicherheitskonzept[14]. In diesem Fall wird das Exemplar Nr. 3 des Einheitspapiers, ein Handelsbeleg oder ein Verwaltungspapier als schriftliche Ausfuhranmeldung verwendet.
- bei der Ausfuhr mit mündlicher oder konkludenter Anmeldung in Fällen von geringer wirtschaftlicher Bedeutung[15]. In diesen Fällen wird ein sonstiger handelsüblicher Beleg als Ausfuhranmeldung verwendet.

Tipp! Nur noch in diesen Fällen wird die vom Ausführer oder Anmelder vorgelegte Ausfuhranmeldung von der Ausgangszollstelle auf der Rückseite mit einem Dienststempelabdruck versehen.

In den Fällen, in denen die Ausgangsbestätigung nicht bei der **Ausfuhrzollstelle** eingeht, muss eine Überprüfung des Ausfuhrvorgangs vorgenommen werden. Kann der Vorgang durch Recherchen der Ausgangszollstelle geklärt werden, wird der normale Ausgangsvermerk erteilt. Wird die Ausfuhr durch einen Alternativnachweis[16] nachgewiesen, erstellt die Ausfuhrzollstelle einen per EDIFACT-Nachricht übermittelten „Alternativ-Ausgangsvermerk".

Der liefernde Unternehmer muss belegmäßig nachweisen, dass der von ihm gelieferte Gegenstand tatsächlich in das Drittlandsgebiet gelangt ist, um die Steuerbefreiung nach § 4 Nr. 1 Buchst. a i.V.m. § 6 UStG in Anspruch zu nehmen. Zum Nachweis in dem elektronischen Verfahren gilt das dem Anmelder/Ausführer per EDIFACT-Nachricht übermittelte PDF-Dokument als Ausfuhrnachweis. Dies gilt auch für einen „Alternativ-Ausgangsvermerk" im Zusammenhang mit dem Alternativ-Nachweis. Alternativ-

[11] Vgl. auch BMF, Schreiben v. 17.7.2009, BStBl I 2009, 855.

[12] Movement Reference Number (MRN).

[13] Electronic Data Interchange for Administration, Commerce and Transport.

[14] Dies ist erkennbar an dem Stempelabdruck „ECS/AES Notfallverfahren".

[15] Insbesondere bei Ausfuhranmeldungen bis zu einem Warenwert von 1.000 €.

[16] Dies sind z.B. Einfuhrverzollungsbelege, von den Zollbehörden eines Mitgliedstaats oder Drittlands beglaubigte Dokumente, Frachtbrief, Konnossement, Posteinlieferungsschein oder deren Doppelstücke, Bescheinigung des beauftragten Spediteurs, Versandbestätigung des Lieferers

Nachweise können aber ohne den Vermerk als „Alternativ-Ausgangsvermerk“, nicht als Ausfuhrbescheinigung anerkannt werden.

Wichtig! Zahlungsnachweise oder Rechnungen können grundsätzlich nicht als Alternativnachweis anerkannt werden. Alternativnachweise in ausländischer Sprache können nur i.V.m. einer amtlich anerkannten Übersetzung als Nachweis dienen. Bei Einfuhrverzollungsbelegen aus dem Drittlandsgebiet in englischer Sprache kann im Einzelfall auf eine amtliche Übersetzung verzichtet werden.

Der Unternehmer hat die mit der Zollverwaltung ausgetauschten EDIFACT-Nachrichten und das Logbuch zum Nachweis des Nachrichtenaustauschs zu archivieren.

Tipp! Kann der Unternehmer bei einer Versendung eines Gegenstands den Belegnachweis nicht führen, da er nicht der Anmelder der Ausfuhr war und ihm nicht der Ausgangsvermerk erteilt wurde, kann der Nachweis nach § 10 Abs. 1 UStDV geführt werden[17].

In den Fällen, in denen die Ausfuhr nicht im elektronischen Verfahren abgewickelt wird, gilt für den Nachweis Folgendes:

- Bei einem Ausfall des Systems wird der Ausfuhrnachweis wie bisher durch die üblichen Ausfuhrpapiere – insbesondere Exemplar Nr. 3 des Einheitspapiers – geführt. Allerdings sind diese Papiere nur als Ausfuhrnachweis anzuerkennen, wenn sie neben dem Dienststempelabdruck der Grenzzollstelle den Stempelabdruck „ECS/AES Notfallverfahren“ tragen.
- Bei einer Ausfuhr im mündlichen oder konkludenten Verfahren muss ein Ausfuhrnachweis mit Dienststempelabdruck der Grenzzollstelle vorgelegt werden.

Tipp! Die grundsätzlichen Regelungen gelten auch bei der Ausfuhr eines Kraftfahrzeugs bei entsprechender Codierung[18].

Seit dem 1.1.2009 gilt im Binnenmarkt eine weitere Vereinfachung bei der Ausfuhranmeldung, die sog. **einzige Bewilligung**[19]. In diesem Verfahren können Ausfuhranmeldungen auch in einem anderen Mitgliedstaat abgegeben werden, als dem Staat, in dem sich die Ware vor der Ausfuhr befindet. Dies bedeutet, dass der elektronische Ausfuhrvorgang in dem Mitgliedstaat begonnen und erledigt wird, in dem die ursprüngliche elektronische Anmeldung abgegeben wurde – unabhängig davon, wo sich die Waren zum Anmeldezeitpunkt befinden. In diesem Fall sind die Ausfuhrnachweise in Abhängigkeit davon zu führen, in welchem Land die Anmeldung erfolgte:

- Wird die Ware im Ausland angemeldet, befindet sich aber in Deutschland, kann in Deutschland von der für den Warenort zuständigen Ausgangszollstelle kein PDF-Dokument „Ausgangsvermerk“ erzeugt werden. In diesem Fall ist die vom Unternehmer ausgedruckte ausländische EDIFACT-Nachricht als Ausfuhrbeleg anzuerkennen, wenn er über Aufzeichnungen verfügt, dass er die Nachricht von der ausländischen Zolldienststelle erhalten hat.
- Wird die Ware in Deutschland im Rahmen der einzigen Bewilligung angemeldet, befindet sich aber in einem anderen Mitgliedstaat, erfolgt der Nachweis über das PDF-Dokument „Ausgangsvermerk“[20].

Da von den Zollverwaltungen neben dem klassischen Ausgangsvermerk auch weitere Ausgangsvermerke erteilt werden, hat die Finanzverwaltung in Abschn. 6.7a UStAE die weiteren Ausgangsvermerke aufgeführt, die neben dem allgemeinen Ausgangsvermerk und dem „Alternativ-Ausgangsvermerk“ als Ausfuhrnachweis anerkannt werden[21].

---

17 Dies kann insbesondere durch einen Versendungsbeleg oder einen sonstigen handelsüblichen Beleg erfolgen.

18 9DEG = Internationaler Zulassungsschein liegt vor und Ausfuhrkennzeichen ist angebracht.

19 Vgl. dazu auch Abschn. 6.9 Abs. 14 und Abs. 15 UStAE.

20 In Feld 15a ist das Ausfuhr- oder Versendungsland angegeben, sodass ersichtlich ist, dass die Ware sich nicht in Deutschland befunden hat.

21 In dem BMF-Schreiben v. 23.1.2015, BStBl I 2015, 144 sind für die verschiedenen Fälle jeweils Muster beigefügt.

- Ausgangsvermerk aufgrund einer monatlichen **Sammelanmeldung** nach Art. 167 und Art. 182 UZK sowie Art. 225 UZK-IA, soweit sich aus den begleitenden Dokumenten und aus der Buchführung die Ausfuhr der Ware eindeutig und leicht nachprüfbar ergibt.
- Ausgangsvermerk aufgrund einer **nachträglichen Ausfuhranmeldung im Notfallverfahren**. Kann das Ausfuhrverfahren nicht im elektronischen Ausfuhrverfahren durchgeführt werden und wird der Ausfuhrnachweis erst in Papierform geführt, kann nachträglich ein elektronischer Ausgangsvermerk erteilt werden, dieser ist als Ausfuhrnachweis anzuerkennen.
- Ausgangsvermerk aufgrund einer rückwirkenden Ausfuhranmeldung nach Art. 337 UZK-IA. Diese Ausfuhranmeldung ist von einem Ausführer abzugeben, wenn eine Ware ins Drittlandsgebiet gelangt ist, ohne zuvor zur Ausfuhr angemeldet worden zu sein. Dieser rückwirkend ausgestellte Ausgangsvermerk wird als Ausfuhrnachweis anerkannt.
- Ausgangsvermerk aufgrund einer nachträglichen Ausfuhranmeldung bei vorheriger ganz oder teilweise unrichtiger Ausfuhranmeldung. Wird eine Ausfuhranmeldung – regelmäßig zur Korrektur der Außenhandelsstatistik – korrigiert, wird die ursprüngliche Ausfuhranmeldung durch eine nachträgliche Anmeldung durch die Zollstelle ersetzt. Der in diesem Fall erzeugte Ausgangsvermerk ist als Ausfuhrnachweis anzuerkennen.

3. Beförderung oder Versendung durch den Abnehmer

Wenn der Abnehmer den Gegenstand der Lieferung in das Drittlandsgebiet befördert oder versendet, sind die oben dargestellten Voraussetzungen ebenfalls zu erfüllen, § 6 Abs. 1 Satz 1 Nr. 2 UStG. Darüber hinaus sind in diesen Fällen folgende Besonderheiten zu beachten:

- Der Abnehmer muss ein ausländischer Abnehmer i.S.d. § 6 Abs. 2 UStG sein.
- Wenn es sich um Gegenstände zur Ausrüstung oder Versorgung eines Beförderungsmittels handelt, sind die Sondervorschriften des § 6 Abs. 3 UStG zu beachten.
- Wenn der Gegenstand nicht für unternehmerische Zwecke erworben wird und im persönlichen Reisegepäck ausgeführt wird, sind die Sondervorschriften des § 6 Abs. 3a UStG zu beachten.

3.1 Ausländischer Abnehmer als Voraussetzung der Steuerfreiheit

Wenn der Abnehmer den Gegenstand der Lieferung in das Drittlandsgebiet – ausgenommen die Freihäfen und der Küstenstreifen zwischen der Hoheitsgrenze und der jeweiligen Strandlinie – befördert oder versendet, liegt eine steuerfreie Ausfuhrlieferung nur dann vor, wenn der Abnehmer ein ausländischer Abnehmer ist, § 6 Abs. 1 Satz 1 Nr. 2 i.V.m. § 6 Abs. 2 UStG.

Ein ausländischer Abnehmer ist ein Abnehmer, der zum Zeitpunkt der Lieferung (maßgeblich ist stets das Erfüllungsgeschäft) seinen Wohnort oder Sitz im Ausland (ohne Freihäfen und dem Küstenstreifen zwischen der Hoheitsgrenze und der jeweiligen Strandlinie) hat. Der Wohnort ist der Ort, an dem der Abnehmer für längere Zeit Wohnung genommen hat und der nicht nur aufgrund subjektiver Willensentscheidung, sondern auch bei objektiver Betrachtung als der örtliche Mittelpunkt seines Lebens anzusehen ist.

Wichtig! Der Wohnort i.S.d. § 6 Abs. 2 UStG ist nicht identisch mit dem Begriff des Wohnsitz nach § 8 AO oder dem Begriff des gewöhnlichen Aufenthaltsorts nach § 9 AO.

Während eine Person mehrere Wohnsitze haben kann, besteht immer nur ein Wohnort als der zentrale Mittelpunkt des Lebens[22].

Achtung! Wenn eine Person ihren Wohnort in das Drittland verlegt, gilt sie bis zur tatsächlichen Ausreise (Grenzübergang) nicht als ausländischer Abnehmer[23].

---

22 Vgl. dazu auch Abschn. 6.3 Abs. 2 UStAE.

23 BFH, Urteil v. 14.12.1994, XI R 70/93, BStBl II 1995, 515.

Beispiel 2: Abnehmer A, der bisher seinen Wohnort in Lübeck hatte, kauft bei einem Händler in Hamburg Ausrüstungsgegenstände für eine Werkstatt ein. Unmittelbar nach Einkauf der Gegenstände reist er nach Russland aus, um dort eine Werkstatt zu begründen. Die Ausfuhr der Ausrüstungsgegenstände kann buch- und belegmäßig nachgewiesen werden.
Lösung: Da es sich bei A im Moment der Ausreise aus der Europäischen Union noch nicht um einen ausländischen Abnehmer nach § 6 Abs. 2 UStG handelt, der zum Zeitpunkt der Ausfuhr einen Wohnort im Ausland hat, ist die Lieferung nicht als steuerfreie Ausfuhrlieferung anzusehen. Der liefernde Unternehmer schuldet die Umsatzsteuer aus der Lieferung.

Tipp! Ist es zweifelhaft, ob der Abnehmer die Voraussetzungen als ausländischer Abnehmer erfüllt, sollte der liefernde Unternehmer die Gegenstände der Lieferung selbst in das Drittlandsgebiet befördern oder versenden, da es in diesen Fällen nicht auf die Eigenschaft des Abnehmers ankommt.

Der **liefernde Unternehmer** muss die Eigenschaft des ausländischen Abnehmers nachweisen. Dabei kann aus Vereinfachungsgründen bezüglich des Wohnorts auf den im Reisepass oder einem Personalausweis angegebenen Ort Bezug genommen werden. Diese Angaben (Land, Wohnort) müssen in den Ausfuhrbeleg (Rechnung oder ein entsprechender Beleg) übernommen werden.

Tipp! Zur eigenen Sicherheit sollte der Unternehmer auch die Nummer des Reisedokuments aufzeichnen oder eine Kopie zu seinen Unterlagen nehmen.

Von der Ausgangszollstelle werden diese Angaben – soweit mit den vorgelegten Reisedokumenten übereinstimmend – bestätigt.

3.2 Gegenstände zur Ausrüstung oder Versorgung eines Beförderungsmittels

Werden von einem ausländischen Abnehmer Ausrüstungsgegenstände für ein Beförderungsmittel oder Gegenstände, die der Versorgung eines Beförderungsmittels dienen, in das Drittlandsgebiet – einschließlich der Freihäfen und des Küstenstreifens zwischen der jeweiligen Strandlinie und der Hoheitsgrenze – befördert oder versendet, liegt eine steuerfreie Ausfuhrlieferung nur dann vor, wenn:

- der Abnehmer ein ausländischer Unternehmer ist und
- das Beförderungsmittel den Zwecken des Unternehmens des Abnehmers dient.

Beispiel 3: Der Schweizer Abnehmer A kommt nach Singen, um einen Ersatzmotor für sein privates Fahrzeug zu erwerben. Er nimmt den Austauschmotor selbst mit in die Schweiz. Die Ausfuhr des Motors kann belegmäßig nachgewiesen werden.
Lösung: Es handelt sich nicht um eine steuerfreie Ausfuhrlieferung, da die Voraussetzungen des § 6 Abs. 3 UStG nicht vorliegen. Der liefernde Unternehmer schuldet die Umsatzsteuer für die Lieferung des Motors.

Zu den Beförderungsmitteln gehören neben landbetriebenen Kraftfahrzeugen auch Wasserfahrzeuge und Luftfahrzeuge. Zu den Gegenständen, die der Ausrüstung von Beförderungsmitteln dienen, gehören alle Fahrzeug-, Ersatz- und Zubehörteile. Zu den Ausrüstungsgegenständen gehören neben Treibstoffen und Ölen auch Wasch- und Pflegemittel.

Wichtig! Werden solche Ausrüstungs- oder Versorgungsgegenstände im Rahmen einer Werklieferung (z.B. bei einer größeren Reparatur in einer Werkstatt) geliefert, ergibt sich keine Einschränkung bei der Steuerbefreiung[24].

---

[24] Vgl. auch Abschn. 6.4 Abs. 1 UStAE.

Der liefernde Unternehmer hat bei der Lieferung solcher Gegenstände stets neben den sowieso notwendigen Aufzeichnungen auch den Gewerbe- oder Berufszweig des Abnehmers sowie den Verwendungszweck des Fahrzeugs aufzuzeichnen.

Wichtig! Der Ausschluss bei der Steuerbefreiung für Ausfuhrlieferungen greift nicht in den Fällen, in denen der Abnehmer die Teile für eigene unternehmerische Zwecke, aber nicht für sein eigenes Fahrzeug verwendet (z.B. wenn er im Drittlandsgebiet eine Werkstatt unterhält).

3.3 Ausfuhr im persönlichen Reisegepäck

Wenn der ausländische Abnehmer den Gegenstand der Lieferung im persönlichen Reisegepäck mit in das Drittland – einschließlich der Freihäfen und dem Küstenstreifen zwischen der jeweiligen Strandlinie und der Hoheitsgrenze – nimmt, liegt eine steuerfreie Ausfuhrlieferung nur vor, wenn:

- der Abnehmer seinen Wohnort oder Sitz im Drittlandsgebiet, ausgenommen die Freihäfen und den Küstenstreifen zwischen der Strandlinie und der Hoheitsgrenze, hat und
- der Gegenstand der Lieferung vor Ablauf des dritten Kalendermonats, der auf den Monat der Lieferung folgt, ausgeführt wird.

Für den Nachweis des Wohnorts im Drittlandsgebiet gelten die gleichen Bestimmungen wie für den grundsätzlichen Nachweis des Wohnorts im Ausland. Die Einhaltung der Dreimonatsfrist für die Ausfuhr wird in der Regel durch die Ausfuhrbestätigung geführt.

Achtung! Die Ausfuhrlieferung kann erst dann als steuerfrei behandelt werden, wenn alle Buch- und Belegnachweise vorhanden sind.

Beispiel 4: Unternehmer U verkauft an Abnehmer A aus der Schweiz im März 2018 ein technisches Gerät für 3.000 €. Der Ausfuhrnachweis wird U erst im Mai 2018 vorgelegt.
Lösung: Die Lieferung ist im März 2018 als steuerpflichtige Lieferung zu behandeln. U muss aus dieser Lieferung 19 % aus den erhaltenen 3.000 € (= 478,99 €) an sein Finanzamt abführen. Erst im Mai 2018 sind alle Voraussetzungen für die Steuerfreiheit gegeben, sodass der Umsatz jetzt als steuerfreier Umsatz behandelt werden kann.

Soweit eine Lieferung schon vor Vorlage der Ausfuhrbescheinigung als steuerfreie Ausfuhrlieferung erfasst werden soll, muss dem Finanzamt mitgeteilt werden, dass die Voraussetzungen für die Steuerfreiheit noch nicht vorliegen.

3.4 Problem: Ausfuhrnachweis bei Abholung durch Käufer

Da der liefernde Unternehmer der Steuerschuldner der Umsatzsteuer ist, geht er bei Ausfuhrlieferungen ein Risiko ein, da er bei Nichtvorlage der Ausfuhrpapiere die Umsatzsteuer an sein Finanzamt abführen muss. Aus diesem Grunde ist es ratsam, den Abnehmer bis zur vollständigen Vorlage der notwendigen Ausfuhrbelege mit der Umsatzsteuer zu belasten und die Umsatzsteuer erst nach der Vorlage aller Papiere zu erstatten – zumindest dann, wenn es sich wirtschaftlich am Markt umsetzen lässt.

Fortsetzung Beispiel 4: Um wegen der Vorlage der Ausfuhrpapiere kein Risiko einzugehen, sollte U dem Abnehmer auf die 3.000 € 19 % Umsatzsteuer (= 570 €) berechnen und diese Umsatzsteuer erst nach Vorlage der Ausfuhrpapiere an den Abnehmer erstatten.

Achtung! Wird in einer Rechnung über eine steuerfreie Ausfuhrlieferung Umsatzsteuer gesondert ausgewiesen, schuldet der Unternehmer die ausgewiesene Umsatzsteuer nach § 14c Abs. 1 UStG. Dies gilt auch für Kleinbetragsrechnungen (bis 250 €[25]), in denen der Steuersatz angegeben ist[26].

---

25 Seit dem 1.1.2017, bis 31.12.2016: 150 €.

26 BFH, Urteil v. 25.9.2013, XI R 41/12, BStBl II 2014, 135.

Hat der Unternehmer seinem Abnehmer bei Abholung die Umsatzsteuer mit berechnet und dann später bei Vorlage der Ausfuhrnachweise die gesondert berechnete Umsatzsteuer erstattet, muss er seine Rechnung berichtigen. Dazu ist erforderlich, dass eine berichtigte Rechnung dem Leistungsempfänger zugeleitet wurde. Bis die Rechnung nicht berichtigt ist, schuldet der liefernde Unternehmer die unrichtig ausgewiesene Umsatzsteuer nach § 14c Abs. 1 UStG. Aus Vereinfachungsgründen kann auf die Ausstellung einer berichtigten Rechnung verzichtet werden, wenn der liefernde Unternehmer die Originalrechnung oder den Originalkassenbon nach Erstattung der Umsatzsteuer im Original zurückerhält und bei seinen Buchhaltungsunterlagen aufbewahrt[27]. Darüber hinaus ist die Korrektur von der Rückzahlung des vereinnahmten Steuerbetrags an den Leistungsempfänger abhängig[28].

Die Abwicklung der Ausfuhrlieferung kann aber auch unter Einschaltung eines **Serviceunternehmens** erfolgen. Dabei ergeben sich zwei grundsätzlich unterschiedliche Möglichkeiten:

- Der eingeschaltete Serviceunternehmer erhält die Lieferung von dem Einzelhändler und führt seinerseits eine Lieferung aus. In diesem Fall ist ein Reihengeschäft nach § 3 Abs. 6 Satz 5 UStG gegeben.
- Der eingeschaltete Serviceunternehmer erbringt eine Dienstleistung an den liefernden Einzelhändler oder an den Abnehmer.

Eine weitverbreitete Möglichkeit der Abwicklung der Lieferungen im nichtkommerziellen Reiseverkehr ist der „**Tax Free“-Verkauf**, der z.B. über die weltweiten **Global Refund Auszahlungsstellen** (Global blue) abgewickelt wird. In diesem System stellen die liefernden Unternehmer dem Abnehmer einen „Tax Free Cheque“ aus, der von einer Ausgangszollstelle in der Europäischen Union abgestempelt werden muss. Danach kann der Abnehmer sich die Umsatzsteuer unter Abzug einer Bearbeitungsgebühr an einer Global Refund Auszahlungsstelle in bar zurückgeben lassen oder seinen Tax Free Cheque an Global Blue schicken, um den Betrag zurück zu erhalten. Im Regelfall ist der Tax Free Cheque mit der Originalrechnung des Einzelhändlers verbunden, sodass für den liefernden Unternehmer auch nicht die Problematik des unrichtigen Steuerausweises nach § 14c Abs. 1 besteht. Die an den Abnehmer (nach Abzug der Bearbeitungsgebühr) ausgezahlten Umsatzsteuerbeträge werden von dem liefernden Unternehmer angefordert, der den Betrag von seinem Finanzamt wegen der Steuerfreiheit der Ausfuhrlieferung zurückerhält. Die Belegnachweise sind in diesem Fall durch die Unterlagen des **Tax Free Cheques**, aus dem sich die persönlichen Angaben der Abnehmers ergeben und des Zollstempels als Nachweis der Ausfuhr gegeben.

4. Lieferungen in die Freihäfen oder den Küstenstreifen

Wenn der Lieferer oder der Abnehmer den Gegenstand der Lieferung in die Freihäfen oder den Küstenstreifen zwischen der jeweiligen Strandlinie und der Hoheitsgrenze befördert oder versendet, kann eine steuerfreie Ausfuhrlieferung nach § 6 Abs. 1 Satz 1 Nr. 1 UStG oder § 6 Abs. 1 Satz 1 Nr. 2 UStG nicht vorliegen. In diesen Fällen sind die Sondervorschriften des § 6 Abs. 1 Satz 1 Nr. 3 UStG zu beachten.

Eine steuerfreie Ausfuhrlieferung kann nur dann vorliegen, wenn:

- Der Abnehmer ein Unternehmer ist, der den Gegenstand für sein Unternehmen erworben hat. Der Leistungsempfänger muss den bezogenen Gegenstand für den Vorsteuerabzug nicht ausschließende Leistungen verwenden oder
- es sich um einen ausländischen Abnehmer handelt, der aber kein Unternehmer ist, und der Gegenstand in das übrige Drittlandsgebiet gelangt ist.

Zu beachten ist in diesen Fällen, dass die unter 3.2 und 3.3 beschriebenen Einschränkungen auch in diesen Fällen zu prüfen sind.

---

[27] Vgl. auch Merkblatt des Bundesfinanzministeriums zum nichtkommerziellen Reiseverkehr – Stand August 2014, BStBl I 2014, 1202.

[28] Vgl. BMF, Schreiben v. 7.10.2015, BStBl I 2015, 782.

5. Ausfuhrlieferungen bei unentgeltlichen Lieferungen

Unentgeltliche Lieferungen können unter den Voraussetzungen des § 3 Abs. 1b UStG einer Lieferung gegen Entgelt gleichgestellt werden und können damit zu einem steuerbaren Umsatz führen. Unabhängig davon, ob der Gegenstand im Zusammenhang mit einer solchen Lieferung in das Drittlandsgebiet gelangt, kann sich keine Steuerbefreiung für diese Lieferung nach § 6 Abs. 5 UStG ergeben.

Beispiel 5: Im Rahmen eines Preisausschreibens hat Elektrohändler E Stereoanlagen ausgelobt, deren Einkaufspreise jeweils – netto – 500 € betragen. E entnimmt die Gewinne aus seinem Vorratsvermögen. Unter den Gewinnern ist auch ein Teilnehmer aus der Schweiz. Die Stereoanlage wird in die Schweiz zu dem Gewinner versandt.

Lösung: Es handelt sich um eine Lieferung nach § 3 Abs. 1b Satz 1 Nr. 3 UStG, die nach § 3f UStG im Inland ausgeführt und damit steuerbar ist. Eine Steuerbefreiung kommt nach § 6 Abs. 5 UStG nicht in Betracht. E muss für diese Lieferung – wie auch für die anderen Preise – eine Umsatzsteuer in Höhe von 19 % auf die Bemessungsgrundlage von 500 € (= 95 €) entrichten. Ob dies systematisch richtig ist, kann aber bezweifelt werden.

Ausland

Ausland auf einen Blick

1. **Rechtsquellen**
   § 1 Abs. 2 und Abs. 2a UStG
   Abschn. 1.9 bis Abschn. 1.12 UStAE
2. **Bedeutung**
   Umsätze, die im Ausland ausgeführt werden, unterliegen nicht der deutschen Umsatzsteuer. § 1 Abs. 2 UStG definiert den Begriff des Inlands. Alles, was nicht Inland ist, stellt Ausland dar.
3. **Weitere Stichworte**
   → Freihafen, → Gemeinschaftsgebiet, → Inland

Gebiete, die nach § 1 Abs. 2 UStG nicht zum Inland gehören, stellen das **Ausland** dar. Dazu gehören auch die zum deutschen Hoheitsgebiet zählenden Gebiete von Büsingen am Hochrhein, der Insel Helgoland, des Kontrolltyps I nach § 1 Abs. 1 Satz 1 des Zollverwaltungsgesetzes (**Freihäfen**), der Gewässer und Watten zwischen der Hoheitsgrenze (**12-Seemeilen-Grenze**) und der jeweiligen Strandlinie sowie der deutschen Schiffe und Flugzeuge außerhalb eines Zollgebiets. Ein Umsatz, der in diesen Gebieten ausgeführt wird, kann nicht der deutschen Umsatzsteuer unterliegen. Eine Ausnahme besteht lediglich für bestimmte, in den Freihäfen und den Gewässern und Watten zwischen der Hoheitsgrenze und der jeweiligen Strandlinie ausgeführte Umsätze; vgl. auch Stichwort Freihafen.

Das Ausland umfasst den Bereich des Gemeinschaftsgebiets sowie das Drittlandsgebiet. Zum **Gemeinschaftsgebiet** gehören die Gebiete, die unionsrechtlich zu den Mitgliedstaaten der Europäischen Union gehören. Die folgenden Gebiete gehören zwar zum Hoheitsgebiet der jeweiligen Mitgliedstaaten, aber nicht zum Gemeinschaftsgebiet[1]:

Dänemark	Grönland und die Färöer
Finnland	Åland-Inseln
Frankreich	Guadeloupe, Französisch-Guayana, Martinique, Mayotte, Réunion, Saint-Barthélemy und Saint-Martin
Griechenland	Berg Athos
Italien	Livigno, Campino d'Italia, San Marino sowie der zum italienischen Hoheitsgebiet gehörende Teil des Luganer Sees
Niederlande	Die überseeischen Gebiete Aruba und die Niederländischen Antillen
Spanien	Kanarischen Inseln, Ceuta und Melilla
England/Nordirland	Überseeische Länder und Gebiete, die Selbstverwaltungsgebiete der Kanalinsel Jersey und Guernsey sowie die britischen Hoheitszonen auf Zypern

Gebiete, die weder zum Inland noch zum übrigen Gemeinschaftsgebiet gehören, stellen das **Drittlandsgebiet** dar.

Achtung! Neben Deutschland gehören die folgenden Länder der Europäischen Union an: Belgien, Bulgarien, Dänemark, Estland, Finnland, Frankreich, Griechenland, Irland, Italien, Kroatien, Lettland, Litauen, Luxemburg, Malta, Niederlande, Österreich, Polen, Portugal, Rumänien, Schweden, Slowakei, Slowenien, Spanien, Tschechien, Ungarn, Vereinigtes Königreich, Zypern.

---

[1] Vgl. dazu Abschn. 1.10 UStAE.

Wichtig! Die Regelungen zum Anwendungsraum des Unionsrechts sind in Art. 5 und Art. 6 MwStSystRL umgesetzt.

Umsätze, die im übrigen Gemeinschaftsgebiet oder im Drittlandsgebiet ausgeführt worden sind, unterliegen in Deutschland nicht der Umsatzsteuer. In aller Regel werden diese Umsätze aber in dem jeweils anderen Land nach den dort vorhandenen Regelungen über die Besteuerung von Umsätzen zu erfassen sein. Es obliegt dem Unternehmer, sich über die einschlägigen Vorschriften im Bestimmungsland zu informieren.

Beispiel: Der deutsche Unternehmer A errichtet im Auftrag des Leistungsempfängers B in Schweden ein Wohnhaus. Die Werklieferung ist nach § 3 Abs. 7 Satz 1 UStG in Schweden ausgeführt.
Lösung: Die Lieferung ist in Deutschland nicht steuerbar. Die Werklieferung unterliegt aber nach den Regelungen des schwedischen Mehrwertsteuergesetzes der Umsatzbesteuerung in Schweden. Damit muss der Unternehmer A mit einem Steuersatz von 25 % für seine Leistung kalkulieren. Die Erhebung der Umsatzsteuer in Schweden richtet sich ausschließlich nach schwedischem Recht, eine Harmonisierung des Reverse-Charge-Verfahrens in der Europäischen Union ist nur zum Teil erfolgt. Bei Werklieferungen besteht für jeden Mitgliedstaat ein Wahlrecht, die Übertragung der Steuerschuldnerschaft national zu regeln[2].

Die Frage der Steuererhebung ist in den einzelnen Mitgliedstaaten der Union unterschiedlich geregelt. Die Regelungen über die Bestimmung des Steuerschuldners sind in der Europäischen Union nicht vollständig harmonisiert. Im Bereich der **sonstigen Leistungen** ist seit dem 1.1.2010 aber eine recht weitgehende Harmonisierung im Binnenmarkt erreicht worden. Zum 1.1.2015 ist einheitlich für bestimmte sonstige Leistungen (Telekommunikationsdienstleistungen, Rundfunk- und Fernsehdienstleistungen sowie auf elektronischem Weg erbrachte sonstige Leistungen), die gegenüber einem Nichtunternehmer ausgeführt werden, die Möglichkeit der Besteuerung dieser Leistungen über eine einzige Anlaufstelle (vgl. Stichwort Mini-One-Stop-Shop-Regelung) geschaffen worden, 2021 soll dies auf die sog. Versandhandelslieferungen ausgeweitet werden.

Grundsätzlich ist bei einer Leistung in einem anderen Staat, die nach dem Recht des anderen Staates auch dort der Besteuerung unterliegt, Folgendes möglich: Eventuell kann sich der leistende Unternehmer in dem anderen Staat durch einen **Fiskalvertreter** vertreten lassen. Es kann aber auch die Steuerschuldnerschaft auf den Leistungsempfänger übertragen werden (**Reverse-Charge-Verfahren**). In diesem Fall ist der Leistungsempfänger verpflichtet, die Umsatzsteuer auf den Rechnungsbetrag zu erheben und an sein Finanzamt abzuführen.

Wichtig! Soweit der Unternehmer eine Leistungserbringung in einem anderen Land plant, sollte er sich vor Rechnungserteilung über die jeweils in diesem Land geltenden Steuererhebungsgrundsätze informieren. Gute Informationen über die jeweiligen Besteuerungsgrundsätze sowie auch Hilfeleistungen bei der Deklaration von Umsatzsteuerbeträgen im Ausland bieten oftmals die jeweiligen binationalen Handelskammern (siehe Hinweise auf Internet-Adressen).

Achtung! Seit 2011 kann (nach Änderung in § 370 Abs. 6 AO) auch die Hinterziehung von Umsatzsteuer durch einen deutschen Unternehmer in einem anderen Mitgliedstaat der Europäischen Union in Deutschland strafrechtlich verfolgt werden.

---

2 Art. 194 MwStSystRL.

Ausländischer Abnehmer

Ausländischer Abnehmer auf einen Blick

1. **Rechtsquellen**
   § 6 Abs. 2 und § 7 Abs. 2 UStG
   Abschn. 6.3 UStAE
2. **Bedeutung**
   Die Eigenschaft ausländischer Abnehmer (Auftraggeber) ist Voraussetzung für bestimmte steuerfreie Ausfuhrlieferungen oder Lohnveredelungen.
3. **Weitere Stichworte**
   → Ausfuhrlieferung, → Lohnveredelung

1. Allgemeines

Der **Begriff** des ausländischen Abnehmers ist grundsätzlich im § 6 Abs. 2 UStG geregelt. Bei bestimmten Lieferungen in das Drittlandsgebiet und bestimmten Leistungen an Gegenständen der Ausfuhr ist die Eigenschaft als ausländischer Abnehmer Voraussetzung für eine steuerfreie Ausfuhrlieferung (§ 6 Abs. 2 UStG) oder eine steuerfreie Lohnveredelung (§ 7 Abs. 2 UStG).

Wichtig! Auf die Eigenschaft eines ausländischen Abnehmers kommt es nicht an, wenn der leistende Unternehmer den Gegenstand der Lieferung oder den bearbeiteten Gegenstand selbst in das Drittlandsgebiet befördert oder versendet.

Als **ausländischer Abnehmer** gilt:

- Eine Person, die ihren Wohnort oder Sitz im Ausland, ausgenommen in den Freihäfen und dem Küstenstreifen zwischen der jeweiligen Strandlinie und der Hoheitsgrenze, hat oder
- eine Zweigniederlassung eines im Inland oder in den Freihäfen oder dem Küstenstreifen zwischen der Strandlinie und der Hoheitsgrenze ansässigen Unternehmers mit Sitz im Ausland, die bezeichneten Gebiete ausgenommen, hat, wenn sie das Umsatzgeschäft im eigenen Namen abgeschlossen hat. Eine Zweigniederlassung im Inland oder in den Freihäfen oder dem Küstenstreifen zwischen der Strandlinie und der Hoheitsgrenze ist kein ausländischer Abnehmer.

Tipp! Der Abnehmer muss nicht aus dem Drittlandsgebiet kommen. Auch ein im übrigen Gemeinschaftsgebiet ansässiger Unternehmer kann „ausländischer Abnehmer" i.S.d. Regelung sein. Bestimmte Einschränkungen bestehen aber bei der Ausfuhr von Gegenständen im nichtkommerziellen Reiseverkehr (vgl. Stichwort Ausfuhrlieferung). Damit eine steuerfreie Ausfuhrlieferung vorliegt darf es sich in diesen Fällen nicht um einen Abnehmer aus einem anderen Mitgliedstaat der Europäischen Union handeln.

Beispiel 1: Kunde F aus Frankreich holt bei einem Baustoffhändler in Stuttgart Baumaterial ab und verbringt das Material direkt an eine Baustelle in die Schweiz.
Lösung: F ist ausländischer Abnehmer nach § 6 Abs. 2 Satz 1 Nr. 1 UStG, die Lieferung des deutschen Unternehmers ist eine steuerfreie Ausfuhrlieferung nach § 6 Abs. 1 Satz 1 Nr. 2 UStG i.V.m. § 4 Nr. 1 Buchst. a UStG soweit die weiteren Voraussetzungen (Ausfuhrbeleg) vorliegen.

2. Wohnort oder Sitz im Ausland

Der **Begriff des Wohnorts** ist vom Gesetz nicht näher definiert. Nach der auch vom BFH verwendeten Definition ist der Wohnort der Ort, an dem der Abnehmer für längere Zeit Wohnung genommen hat und der nicht nur aufgrund subjektiver Willensentscheidung, sondern auch bei objektiver Betrachtung als der örtliche Mittelpunkt seines Lebens anzusehen ist[1].

Wichtig! Für die Eigenschaft des ausländischen Abnehmers kommt es nicht auf die Staatsangehörigkeit des Abnehmers an. Auch ein deutscher Staatsangehöriger kann ausländischer Abnehmer sein, wenn er seinen Wohnort im Ausland hat. Der Wohnort ist nicht identisch mit dem Wohnsitz nach § 8 AO.

Die Voraussetzung des ausländischen Abnehmers muss zu dem Zeitpunkt vorliegen, in dem die Lieferung an den Abnehmer ausgeführt wird. Dabei ist auf das Erfüllungsgeschäft abzustellen, das Verpflichtungsgeschäft ist für die Beurteilung ohne Bedeutung[2]. Die Eigenschaft des ausländischen Abnehmers kann nicht vorliegen, wenn die Voraussetzungen erst nach der Ausführung der Lieferung an den Abnehmer (z.B. durch Ausreise und gleichzeitiger Verlagerung des Wohnorts[3]) eintritt.

3. Ausländische Zweigniederlassung

Auch eine Zweigniederlassung eines Unternehmers kann ausländischer Abnehmer sein, § 6 Abs. 2 Satz 1 Nr. 2 UStG. Grundsätzlich ist eine Zweigniederlassung Bestandteil seines einheitlichen Unternehmens und besitzt insoweit keine eigene Rechtspersönlichkeit. Ohne eine gesonderte Regelung im Gesetz würde die ausländische Zweigniederlassung eines inländischen Unternehmers deshalb nicht als ausländischer Abnehmer anzusehen sein – eine steuerbefreite Ausfuhrlieferung wäre dann nur möglich, wenn der liefernde Unternehmer den Gegenstand der Lieferung selbst in das Drittlandsgebiet befördern oder versenden würde. Soweit aber eine Zweigniederlassung eines im Inland oder in den Gebieten nach § 1 Abs. 3 UStG ansässigen Unternehmers den Gegenstand der Lieferung selbst abholt oder abholen lässt und der Gegenstand in das Drittlandsgebiet gelangt oder der gelieferte Gegenstand in die Gebiete nach § 1 Abs. 3 UStG gelangt, ist die Zweigniederlassung als ausländischer Abnehmer anzusehen, wenn sie ihren Sitz im Ausland hat.

Beispiel 2: Die in der Schweiz belegene Betriebsstätte des deutschen Unternehmers U kauft bei dem Lieferanten L in Deutschland in eigenem Namen Ware, die von der Zweigniederlassung in Deutschland abgeholt wird.
Lösung: L führt eine steuerfreie Ausfuhrlieferung nach § 4 Nr. 1 Buchst. a i.V.m. § 6 Abs. 1 Satz 1 Nr. 2 UStG aus, da die Zweigniederlassung als ausländischer Abnehmer nach § 6 Abs. 2 Satz 1 Nr. 2 UStG anzusehen ist.

---

1 BFH, Urteil v. 31.7.1975, V R 52/74, BStBl II 1976, 80 sowie Abschn. 6.3 Abs. 2 Satz 3 UStAE.
2 Abschn. 6.3 Abs. 2 Satz 11 UStAE.
3 BFH, Urteil v. 14.12.1994, XI R 70/93, BStBl II 1995, 515.

Ausländischer Unternehmer

Ausländischer Unternehmer auf einen Blick

1. **Rechtsquellen**
   § 13b UStG
   Abschn. 13b.11 UStAE
2. **Bedeutung**
   Führt ein ausländischer Unternehmer im Inland eine steuerpflichtige Werklieferung oder sonstige Leistung aus, wird der Leistungsempfänger zum Steuerschuldner, wenn er ein Unternehmer ist. Dabei ist zu unterscheiden, ob es sich bei dem leistenden Unternehmer um einen im Drittlandsgebiet oder im übrigen Gemeinschaftsgebiet ansässigen Unternehmer handelt.
3. **Weitere Stichworte**
   → Sonstige Leistung, → Steuerschuldnerverfahren, → Werklieferung
4. **Besonderheiten**
   Nach der Rechtsprechung des EuGH ist § 13b Abs. 7 UStG angepasst worden. Hat der leistende Unternehmer den Sitz seines Unternehmens im Ausland, seinen privaten Wohnsitz aber im Inland, richtet sich die Beurteilung vornehmlich nach dem Unternehmenssitz.

Führt ein **ausländischer Unternehmer** im Inland eine steuerpflichtige sonstige Leistung oder eine steuerpflichtige Werklieferung an einen Unternehmer aus, wird der Leistungsempfänger zum Steuerschuldner für die durch die Leistung des ausländischen Unternehmers entstandene Umsatzsteuer (sog. Reverse-Charge-Verfahren). Damit kommt dem Begriff des ausländischen Unternehmers für diese Zwecke eine zentrale Bedeutung zu.

Nach § 13b Abs. 7 UStG ist ein im Ausland ansässiger Unternehmer ein Unternehmer, der weder im Inland noch auf der Insel Helgoland oder in einem der in § 1 Abs. 3 UStG bezeichneten Gebiete (Freihäfen und Küstenstreifen zwischen der jeweiligen Strandlinie und der Hoheitsgrenze) einen Wohnsitz, seinen Sitz, seine Geschäftsleitung oder eine Betriebsstätte hat.

Achtung! Unerheblich ist, ob der ausländische Unternehmer bei einem deutschen Finanzamt zur Umsatzsteuer geführt wird oder nicht. Auch ein im Inland für Umsatzsteuerzwecke registrierter Unternehmer kann nach diesen Voraussetzungen ausländischer Unternehmer sein.

Wichtig! Nach der Rechtsprechung des EuGH[1] ist in den Fällen, in denen ein Unternehmer über einen Unternehmenssitz im Ausland, aber einen Wohnsitz im Inland verfügt, der leistende Unternehmer bereits dann ein im Ausland ansässiger Unternehmer, wenn er den Sitz seiner wirtschaftlichen Tätigkeit im Ausland hat. Aufgrund dieser unionsrechtlichen Vorgaben ist § 13b Abs. 7 UStG 2013 angepasst worden.

Besonderheiten bestehen, wenn eine **Betriebsstätte** in die Ausführung einer Leistung eingeschaltet ist. Wird die Leistung von einer im Inland belegenen Betriebsstätte ausgeführt, liegen die Voraussetzungen eines ausländischen Unternehmers nicht vor – die Steuerschuldnerschaft für eine im Inland ausgeführte Leistung geht nicht auf den Leistungsempfänger über. Wird aber die Leistung von einer im Ausland ansässigen Betriebsstätte oder dem ausländischen Hauptsitz ausgeführt, ist die Leistung von einem im Ausland ansässigen Unternehmer ausgeführt worden, selbst wenn der leistende Unternehmer über eine Betriebsstätte im Inland verfügt. Etwas anderes gilt lediglich dann, wenn die Rechnung für die Leistung

---

[1] EuGH, Urteil v. 6.10.2011, C-421/10 – Markus Stoppelkamp, BFH/NV 2011, 2219.

unter der USt-IdNr. der Betriebsstätte ausgestellt wird. Dann gilt die Betriebsstätte als an dem Umsatz beteiligt, Abschn. 13b.11 Abs. 1 Satz 6 UStAE.

Beispiel: Der in der Schweiz ansässige Unternehmensberater U unterhält in Deutschland eine Betriebsstätte. Er führt aus:

1. Eine Beratungsleistung an einen Unternehmer für dessen Unternehmen von seiner Betriebsstätte in Deutschland.
2. Eine Beratungsleistung von seinem Hauptsitz in der Schweiz, die Rechnung wird von der Schweiz aus gestellt.

Lösung: Die Beratungsleistung ist eine nach § 3a Abs. 2 UStG in Deutschland – am Sitz des Leistungsempfängers – ausgeführte sonstige Leistung, die Leistung ist in Deutschland steuerbar und steuerpflichtig. Wird die Beratungsleistung von der deutschen Betriebsstätte ausgeführt (1), ist der leistende Unternehmer kein ausländischer Unternehmer. Die Steuerschuldnerschaft geht nicht auf den Leistungsempfänger über, U schuldet nach § 13a Abs. 1 Nr. 1 UStG Umsatzsteuer in Deutschland. Wird die Beratungsleistung von dem Schweizer Hauptsitz ausgeführt (2), wird die Leistung von einem im Ausland ansässigen Unternehmer ausgeführt, § 13b Abs. 7 UStG. Steuerschuldner wird der Leistungsempfänger nach § 13b Abs. 2 Nr. 1 i.V.m. Abs. 5 Satz 1 UStG, er muss die Umsatzsteuer auf das von ihm entrichtete Entgelt bei seinem Finanzamt anmelden.

Ist es zweifelhaft, ob es sich bei dem leistenden Unternehmer um einen ausländischen Unternehmer handelt, kann die **Übertragung der Steuerschuldnerschaft nach § 13b UStG** nur abgewendet werden, wenn durch eine Bescheinigung des für den leistenden Unternehmer zuständigen Finanzamts nachgewiesen wird, dass es sich nicht um einen ausländischen Unternehmer handelt (Umkehr der Beweislast). Dabei muss in der Bescheinigung ausdrücklich die Eigenschaft als nicht ausländischer Unternehmer bestätigt werden (Formular USt 1 TS). Eine allgemeine Bestätigung des Finanzamts, dass es sich um einen in Deutschland zur Umsatzsteuer erfassten Unternehmer handelt, reicht nicht aus.

Achtung! Die Finanzverwaltung hat 2010 eine überarbeitete Fassung der Bescheinigung USt 1 TS vorgestellt[2]. Nach dieser angepassten Fassung ist zu unterscheiden in die Fälle, in denen der leistende Unternehmer im Inland ansässig ist oder nur eine Betriebsstätte im Inland unterhält. Damit wird es dem Leistungsempfänger erleichtert, die Voraussetzung der Leistungserbringung von der Betriebsstätte in den Fällen zu prüfen, in denen der leistende Unternehmer nur über eine Betriebsstätte im Inland verfügt.

Ein **im übrigen Gemeinschaftsgebiet ansässiger Unternehmer** ist ein Unternehmer, der in den Gebieten der übrigen Mitgliedstaaten der EU als Inländer dieser Mitgliedstaaten gelten, einen Wohnsitz, einen Sitz, eine Geschäftsleitung oder eine Betriebstätte hat.

Tipp! Die Unterscheidung in „ausländischen Unternehmer“ und „im übrigen Gemeinschaftsgebiet ansässigen Unternehmer“ ist wichtig, da bei der Übertragung der Steuerschuldnerschaft auf den Leistungsempfänger nach § 13b Abs. 1 und Abs. 2 UStG in Abhängigkeit von dieser Unterscheidung unterschiedliche Steuerentstehungszeitpunkte gegeben sind.

---

2 BMF, Schreiben v. 21.7.2010, BStBl I 2010, 626.

Bauabzugsteuer

Bauabzugsteuer auf einen Blick

1. **Rechtsquellen**
   § 48 EStG
2. **Bedeutung**
   Führt ein Unternehmer eine Bauleistung aus, ergeben sich für ihn nicht nur Rechtsfolgen in der Umsatzsteuer. Zur Eindämmung illegaler Betätigung im Baugewerbe muss der Leistungsempfänger in bestimmten Fällen einen Steuerabzug – gegebenenfalls neben der Umsatzsteuer – einbehalten. Diese im Ertragsteuerrecht angesiedelte Regelung nimmt Bezug auf verschiedene Begriffe des Umsatzsteuerrechts.
3. **Weitere Stichworte**
   → Steuerschuldnerverfahren, → Unternehmer

1. Allgemeines

Der **Leistungsempfänger einer Bauleistung** (alle Leistungen, die der Herstellung, Instandsetzung, Instandhaltung, Änderung oder Beseitigung von Bauwerken dienen) muss unter bestimmten Umständen einen Abzug i.H.v. 15 % von der Gegenleistung einbehalten – dies ist aber ein ertragsteuerlicher Abzug. Gegenleistung i.S.d. Regelung ist das Entgelt zuzüglich der Umsatzsteuer (Bruttobetrag). Der Steuerabzug ist auch bei Teilzahlungen, Anzahlungen oder Vorauszahlungen vorzunehmen.

Achtung! Die Bauabzugsteuer ist nicht zu verwechseln mit der vom Leistungsempfänger abzuführenden Umsatzsteuer im Rahmen des Steuerschuldnerverfahrens (Reverse-Charge-Verfahren). Beide Regelungen können grundsätzlich auch zusammen Anwendung finden[1].

Beispiel 1: Ein deutscher Unternehmer beauftragt einen polnischen Unternehmer, im Inland eine Werkhalle zu errichten. Als Entgelt wurden netto 100.000 € vereinbart.
Lösung: Der Leistungsempfänger wird nach § 13b UStG wegen der vom polnischen Unternehmer im Inland steuerpflichtigen Werklieferung zum Steuerschuldner der entstehenden Umsatzsteuer und muss 19.000 € Umsatzsteuer bei seinem Finanzamt anmelden. Darüber hinaus muss er eine Bauabzugsteuer i.H.v. 15 % des Bruttobetrags, hier also (15 % von 119.000 € =) 17.850 €, an das für den polnischen Unternehmer zuständige deutsche Finanzamt abführen. Für die Bauabzugsteuer ist bei ausländischen Unternehmern das Finanzamt zuständig, das auch für die Umsatzsteuer zuständig ist, in diesem Fall das Finanzamt Frankfurt/Oder. An den polnischen Unternehmer können somit noch 82.150 € ausgezahlt werden.

2. Zum Einbehalt Verpflichteter

Zum **Einbehalt der Bauabzugsteuer** ist der Leistungsempfänger verpflichtet, soweit er nach § 2 UStG Unternehmer ist. Dabei kommt es nicht darauf an, dass der Unternehmer auch Umsatzsteuerbeträge schuldet; somit müssen auch Unternehmer die Bauabzugsteuer einbehalten, die nur steuerfreie Umsätze bewirken.

Beispiel 2: Unternehmer U ist ausschließlich als Vermieter tätig, der seinen umfangreichen Immobilienbesitz steuerfrei an diverse Mieter vermietet.
Lösung: Soweit U Bauleistungen in Anspruch nimmt, muss er die Vorschriften über die Bauabzugsteuer berücksichtigen.

---

1 Vgl. auch BMF, Schreiben v. 27.12.2002, BStBl I 2002, 1399, geändert durch BMF, Schreiben v. 4.9.2003, BStBl II 2003, 431.

Wenn der Leistungsempfänger nur Wohnungen vermietet, ist er nicht zur Einbehaltung der Bauabzugsteuer verpflichtet, wenn er nicht mehr als zwei Wohnungen vermietet.

Entgegen dem Wortlaut des Gesetzes wendet die Finanzverwaltung die Bauabzugsteuer aber nur auf die Fälle an, bei denen der Leistungsempfänger die Bauleistung für sein Unternehmen bezieht. Soweit der Unternehmer eine Bauleistung für seinen privaten Bereich bezieht, soll die Bauabzugsteuer nicht einbehalten werden[2].

3. Ausnahmen von der Bauabzugsteuer

Grundsätzlich sind **zwei Ausnahmen** von der Bauabzugsteuer geregelt:

1. Der leistende Bauunternehmer legt eine **Freistellungsbescheinigung** seines zuständigen Finanzamts vor. Diese Freistellungsbescheinigung wird dem Bauunternehmer dann erteilt, wenn der zu sichernde Steuerabzug nicht gefährdet erscheint und ein inländischer Empfangsbevollmächtigter bestellt ist. Da das Verfahren darauf abzielt, die illegale Beschäftigung einzudämmen, wird die Finanzverwaltung bei ordnungsgemäß registrierten Unternehmern solche Freistellungsbescheinigungen erteilen.

   Achtung! Der Leistungsempfänger ist verpflichtet, eine Freistellungsbescheinigung zu überprüfen, insbesondere hat er zu prüfen, ob sie einen Dienstsiegel und eine Sicherheitsnummer trägt. Darüber hinaus kann sich der Unternehmer im Internet beim Bundeszentralamt für Steuern[3] die Gültigkeit der Freistellungsbescheinigung bestätigen lassen.

2. In **Bagatellfällen** soll ebenfalls keine Abzugsverpflichtung bestehen. Ein Bagatellfall liegt dann vor, wenn von einem Bauunternehmer für einen Leistungsempfänger voraussichtlich im Kalenderjahr Leistungen für nicht mehr als 5.000 € erbracht werden. Ist der Leistungsempfänger ein Unternehmer, der ausschließlich steuerfreie Umsätze ausführt, gilt eine Grenze von 15.000 €.

4. Anmeldung und Abführung der Bauabzugsteuer

Soweit der Leistungsempfänger eine Bauabzugsteuer einbehalten muss, ist diese bis zum 10. Tag nach Ablauf des Monats, in dem die Gegenleistung (in der Regel die Zahlung) erbracht worden ist, bei dem Finanzamt, das für den leistenden Unternehmer zuständig ist, anzumelden und auch bis zu diesem Zeitpunkt an dieses Finanzamt zu entrichten.

Achtung! Die Bauabzugsteuer ist nicht an das Finanzamt des Leistungsempfängers (also des Abzugsverpflichteten), sondern an das Finanzamt des leistenden Unternehmers abzuführen.

Die Bauabzugsteuer ist nach amtlich vorgeschriebenem Formular bei dem jeweiligen Finanzamt anzumelden. Der Leistungsempfänger muss mit dem leistenden Unternehmer über die einbehaltene Bauabzugsteuer abrechnen.

5. Folgen bei Unterlassung des Einbehalts

Soweit der Leistungsempfänger trotz Verpflichtung zur Einbehaltung die Bauabzugsteuer nicht anmeldet und abführt, haftet er für die nicht oder nicht vollständig abgeführte Steuer. Darüber hinaus kann auch ein Steuerstraftatbestand (Steuerhinterziehung) gegeben sein.

6. Anrechnung der Bauabzugsteuer beim leistenden Unternehmer

Die vom Leistungsempfänger abgeführte Bauabzugsteuer kann bei dem leistenden Unternehmer auf verschiedene Steuerbeträge angerechnet werden. So ist z.B. die **Anrechnung auf angemeldete Lohnsteuerbeträge**, Vorauszahlungen zur Einkommen- oder Körperschaftsteuer oder die selbst abzuführende Bauabzugsteuer möglich.

---

[2] Vgl. Tz. 15 BMF, Schreiben v. 27.12.2002, BStBl I 2002, 1399, geändert durch BMF, Schreiben v. 4.9.2003, BStBl II 2003, 431.

[3] www.bzst.de.

Beförderungsleistungen

Beförderungsleistungen auf einen Blick

1. **Rechtsquellen**
   § 3a, § 3b und § 4 Nr. 3 UStG
   § 2 bis § 7 UStDV
   Abschn. 3a.14, Abschn. 3b.1 bis Abschn. 3b.4 und Abschn. 4.3.1 bis Abschn. 4.3.6 UStAE
2. **Bedeutung**
   Beförderungsleistungen sind sonstige Leistungen, bei denen der Beförderungsunternehmer Gegenstände oder Personen befördert. In Abhängigkeit der Art der Beförderungsleistung bestimmt sich der Ort dieser Leistung. Für bestimmte Güterbeförderungsleistungen sind Steuerbefreiungen vorhanden. Insbesondere bei Güterbeförderungen gegenüber Unternehmern für dessen Unternehmen muss beachtet werden, dass sich der Ort der Beförderungsleistung regelmäßig unabhängig der Beförderungsstrecke bestimmt.
3. **Weitere Stichworte**
   → Sonstige Leistung/Ort, → Steuerschuldnerschaft

1. Überblick über die verschiedenen Beförderungsleistungen

Die umsatzsteuerliche Behandlung der Beförderungsleistung ist abhängig davon, was befördert wird und wohin die Beförderung erfolgt.

Übersicht über die Beförderungsleistungen

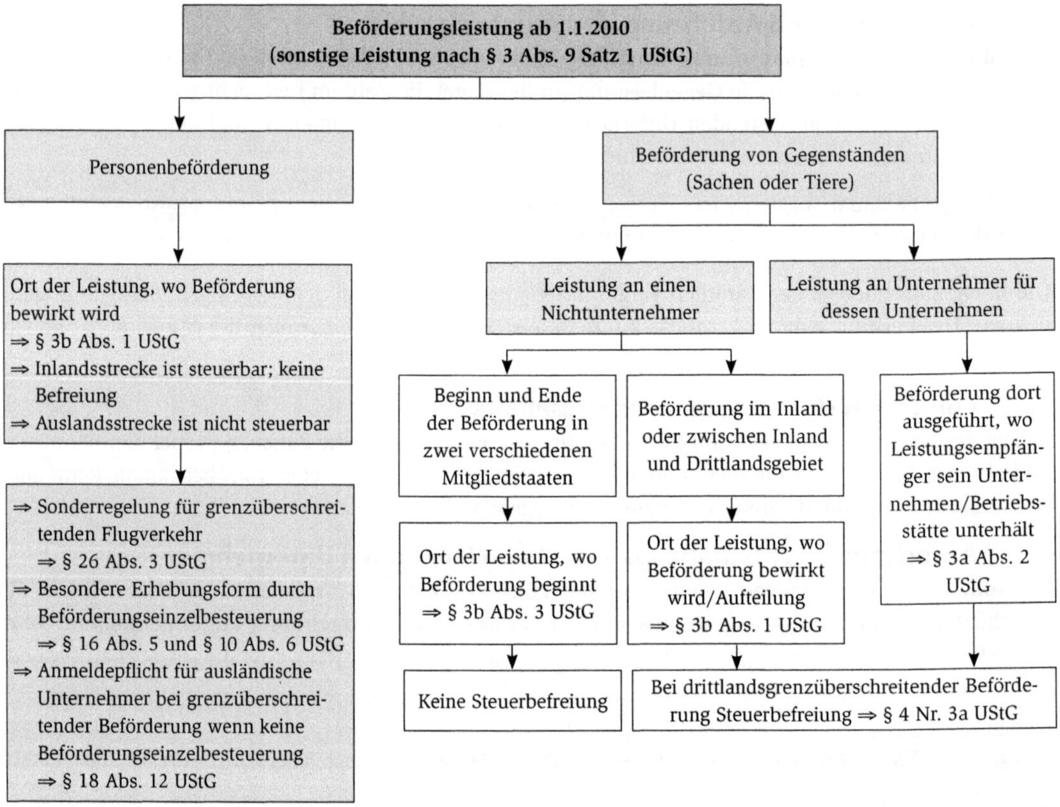

2. Beförderung von Personen

2.1 Grundsätzliche Regelungen bei Personenbeförderungen

Die Beförderung von Personen ist grundsätzlich dort ausgeführt, wo die Beförderung bewirkt wird, § 3b Abs. 1 UStG. Dies ist immer die jeweilige Beförderungsstrecke. Damit unterliegt die im Inland gefahrene Strecke bei einer Personenbeförderung der Besteuerung im Inland. Eine Steuerbefreiung ist nicht gegeben.

Wichtig! Bei einer Personenbeförderung unterliegt jeder im Inland gefahrene Kilometer der inländischen Besteuerung.

Die **Aufteilung der Bemessungsgrundlage** erfolgt dabei grundsätzlich im Verhältnis der im Inland und im Ausland gefahrenen Kilometer. Andere – streckenunabhängige – Aufteilungskriterien, wie z.B. Kostenkriterien, Stand- oder Wartezeiten sind nicht zu berücksichtigen[1].

Beispiel 1: Busunternehmer B fährt mit Reisegästen von Berlin nach Prag und zurück. Insgesamt fährt er dabei 540 Kilometer im Inland und 190 Kilometer im Ausland.
Lösung: Von dem vereinnahmten Beförderungsentgelt unterliegt ein Anteil von 540/730 der Besteuerung im Inland.

Die Aufteilung kann sowohl nach dem vereinbarten oder vereinnahmten Nettobeförderungspreis vorgenommen werden. Dabei sind die in dem Gesamtbeförderungsentgelt enthaltenen inländischen und ausländischen Umsatzsteueranteile herauszurechnen und der Nettobetrag für die Beförderungsleistung nach der folgenden Formel aufzuteilen[2]:

$$\textbf{Entgelt für den inländischen Streckenanteil} = \frac{\text{Nettobeförderungspreis für die Gesamtstrecke} \times \text{Anzahl der km des inländischen Streckenanteils}}{\text{Anzahl der km der Gesamtstrecke}}$$

Die Aufteilung bei der Beförderung von Personen kann aber auch anhand des Bruttoentgelts (gesamte Gegenleistung inklusive der inländischen und ausländischen Umsatzsteuer) aufgeteilt werden. In diesem Fall ergibt sich die folgende Berechnung:

$$\textbf{Bruttoentgelt (Entgelt zuzüglich Umsatzsteuer) für den inländischen Streckenanteil} = \frac{\text{Bruttobeförderungspreis für die Gesamtstrecke} \times \text{Anzahl der km des inländischen Streckenanteils}}{\text{Anzahl der km der Gesamtstrecke}}$$

Achtung! Bei der Ermittlung der inländischen und ausländischen Streckenanteile sind die Positionierungsfahrten (Hin- und Rückfahrten zu Betriebshöfen etc.) nicht mit in die Aufteilung einzubeziehen. Leerkilometer, die während der Beförderungsleistung ohne zu befördernde Personen zurückgelegt werden (z.B. werden Reisegäste an einer Bahnstation abgesetzt und an einem anderen Ankunftsbahnhof von dem Busunternehmen nach einer Panoramafahrt wieder aufgenommen), sind aber in die Aufteilung mit einzubeziehen[3].

Soweit die Beförderungsleistung im **Schienenbahnverkehr** (auch mit Bergbahnen), im Verkehr mit Oberleitungsomnibussen, im genehmigten Linienverkehr mit Kraftfahrzeugen, im Verkehr mit Taxen und im genehmigten Linienverkehr mit Schiffen sowie die Beförderung im Fährverkehr erfolgt, unterliegt die Leistung dem ermäßigten Steuersatz von 7 % nach § 12 Abs. 2 Nr. 10 UStG, wenn die Leistung innerhalb einer

1 EuGH, Urteil v. 6.11.1997, C-116/96 – Reisebüro Binder GmbH, IStR 1997, 687 sowie nachfolgend BFH, Urteil v. 12.3.1998, V R 17/93, BStBl II 1998, 523.

2 Abschn. 3b.1 Abs. 6 UStAE.

3 Abschn. 3b.1 Abs. 6 UStAE.

Gemeinde ausgeführt wird oder wenn die Beförderungsstrecke nicht mehr als 50 Kilometer beträgt. Bis zum 31.12.2011 unterlag darüber hinaus jede Beförderung von Personen mit Schiffen dem ermäßigten Steuersatz, seit dem 1.1.2012 nur noch in den Fällen, in denen die Personenbeförderung im genehmigten Linienverkehr mit Schiffen ausgeführt wird.

Wichtig! Bei Taxifahrten sind Hin- und Rückfahrt als eine einheitliche Beförderungsleistung anzusehen, wenn die Fahrt vereinbarungsgemäß nur kurz unterbrochen wird und der Fahrer auf den Fahrgast wartet. Nimmt der Fahrer aber vereinbarungsgemäß in der Zwischenzeit andere Aufträge wahr und holt den Kunden zu einem vorher bestimmten Zeitpunkt wieder ab, liegen zwei separate Fahrten vor.

2.2 Besonderheiten bei der Beförderung von Personen

2.2.1 Beförderungen im Gelegenheitsverkehr

Bei Beförderungen im Gelegenheitsverkehr (in der Regel bei Taxifahrten) ergeben sich Besonderheiten, wenn die Beförderungsleistung **grenzüberschreitend** ist. Soweit der inländische Anteil einer solchen Beförderungsstrecke in einer Richtung nicht länger als zehn Kilometer ist, ist dieser Teil der Beförderungsstrecke als ausländische Beförderungsstrecke anzusehen. Somit ist die gesamte Beförderungsleistung nicht im Inland steuerbar, § 5 UStDV.

Bei **Beförderungsleistungen zwischen dem Inland und den Freihäfen** sind die Streckenanteile im Freihafen als inländische Beförderungsstrecken anzusehen, § 6 UStDV.

2.2.2 Beförderungseinzelbesteuerung mit Kraftomnibussen

Bei einer drittlandsgrenzüberschreitenden Personenbeförderung im Gelegenheitsverkehr mit Kraftomnibussen, die nicht im Inland zugelassen sind, wird die Umsatzsteuer in einem besonderen Verfahren (Beförderungseinzelbesteuerung) erhoben, § 16 Abs. 5 UStG. Dabei wird die auf den inländischen Teil der Beförderungsstrecke entfallende Umsatzsteuer sofort von der zuständigen Zolldienststelle erhoben, wenn eine Drittlandsgrenze überschritten wird. Dabei wird auf der Basis der Personenbeförderungskilometer (Anzahl der beförderten Personen × im Inland gefahrene Kilometer) ein Durchschnittsbeförderungsentgelt berechnet, § 10 Abs. 6 UStG. Das Durchschnittsbeförderungsentgelt beträgt derzeit 4,43 Cent pro Personenbeförderungskilometer, § 25 UStDV.

Der Unternehmer kann jedoch nach Ablauf des Besteuerungszeitraums beantragen, dass die Steuer nach den allgemeinen Besteuerungsgrundsätzen zu berechnen ist, § 16 Abs. 5b UStG. In diesem Fall ist eine Steuererklärung bei dem für den Beförderungsunternehmer zuständigen Finanzamt einzureichen.

2.2.3 Anmeldeverfahren für ausländische Busunternehmer

Werden grenzüberschreitende Personenbeförderungen mit Kraftomnibussen ausgeführt, entsteht für den inländischen Teil der Beförderungsstrecke im Inland eine Umsatzsteuer. Soweit diese Beförderungsleistung durch einen ausländischen Unternehmer ausgeführt wird, ergeben sich bei der Erhebung der inländischen Umsatzsteuer für die Finanzverwaltung Probleme bezüglich der Erfassung dieser Unternehmer.

Im Ausland ansässige Unternehmer, die grenzüberschreitende Beförderungsleistungen mit nicht im Inland zugelassenen Bussen erbringen, müssen sich deshalb nach § 18 Abs. 12 UStG vor Ausführung der Leistung im Inland registrieren lassen. Die erteilte amtliche Bescheinigung (USt 1 TV) ist bei Fahrten im Inland mitzuführen. Kann bei einer Kontrolle diese Bescheinigung nicht vorgezeigt werden, kann die Weiterfahrt von einer Sicherheitsleistung abhängig gemacht werden.

Diese Registrierungspflicht tritt aber dann nicht ein, wenn der im Inland ausgeführte Umsatz der Beförderungseinzelbesteuerung unterliegt. Darüber hinaus tritt die Registrierungspflicht dann nicht ein, wenn der Leistungsempfänger nach § 13b UStG zum Steuerschuldner für die an ihn ausgeführte Leistung wird.

2.2.4 Beförderung im grenzüberschreitenden Luftverkehr

Bei einer Personenbeförderung im grenzüberschreitenden Luftverkehr wäre grundsätzlich eine Umsatzsteuer für den inländischen Teil der Beförderungsleistung (soweit im inländischen Luftraum ausgeführt) zu erheben. Zur Vereinfachung des Besteuerungsverfahrens wird diese Steuer bei bestimmten Fluggesellschaften nach § 26 Abs. 3 UStG aber erlassen, wenn die Fluggesellschaften in den Rechnungen/ Flugscheinen keine Umsatzsteuer gesondert ausweisen. Die Nichterhebung der Umsatzsteuer muss bei dem zuständigen Finanzamt beantragt werden, die Entscheidung trifft die oberste Finanzbehörde. Bei ausländischen Luftfahrtgesellschaften ist dies davon abhängig, dass in dem anderen Land für eine deutsche Luftfahrtgesellschaft keine Umsatzsteuer entsteht (Gegenseitigkeitsverfahren).

Achtung! Da in diesen Fällen der leistende Unternehmer keine Umsatzsteuer in den Rechnungen ausweisen darf, kann der Leistungsempfänger auch keinen Vorsteuerabzug aus der erhaltenen Flugleistung in Anspruch nehmen. Die Fluggesellschaft muss in diesem Fall auf die grenzüberschreitende Beförderung von Personen im Luftverkehr hinweisen; § 34 Abs. 1 Nr. 5 UStDV.

Die Finanzverwaltung[4] hat mit Wirkung zum 1.1.2019 die bisher schon im UStAE enthaltenen Regelungen für den Erlass der Umsatzsteuer ergänzt. Insbesondere werden Hinweise zu Aufzeichnungsvorschriften und zur verfahrenstechnischen Umsetzung gegeben:

Breiten Raum nehmen die Ausführungen zu den **Aufzeichnungsvorschriften** in dem neu aufgenommen Abschn. 26.2 Abs. 5 UStAE ein:

- **Inländische Unternehmer** sind verpflichtet, die Entgelte für Beförderungen von Personen im grenzüberschreitenden Luftverkehr aufzuzeichnen, für die die Umsatzsteuer nach § 26 Abs. 3 UStG erlassen oder niedriger festgesetzt werden kann. Diese Umsätze sind auch in den Voranmeldungen und Jahreserklärungen zu erfassen.
- **Ausländische Unternehmer** haben grundsätzlich dieselben Aufzeichnungs- und Erklärungspflichten. Aus Vereinfachungsgründen wird es jedoch im Einzelfall nicht beanstandet, wenn diese Entgelte von im Ausland ansässigen Luftverkehrsunternehmern, die im Inland ausschließlich grenzüberschreitende Personenbeförderungen im Luftverkehr erbringen, nicht gesondert aufgezeichnet werden, wenn sichergestellt ist, dass die Finanzverwaltung die Höhe der auf die inländischen Streckenanteile der Beförderungsleistung entfallenden Entgelte – ggf. im Schätzungswege – ermitteln kann.
- Die zuständige Finanzbehörde kann aus **Vereinfachungsgründen** auf Antrag des Luftverkehrsunternehmens diesem gestatten, von einer Angabe dieser Entgelte in der Umsatzsteuer-Voranmeldung im Hinblick auf die zu erwartende niedrigere Festsetzung bzw. den zu erwartenden Erlass der Umsatzsteuer abzusehen.
- Erst die Angabe der auf den inländischen Streckenanteil entfallenden Umsätze grenzüberschreitender Personenbeförderungen im Luftverkehr in der Umsatzsteuererklärung für das Kalenderjahr[5] ist dann als Antrag des Unternehmers nach § 26 Abs. 3 UStG zu werten, soweit sich aus weiteren Angaben des Unternehmers nichts anderes ergibt.

Wichtig! Die Zustimmung der zuständigen Finanzbehörde zu einer entsprechenden Umsatzsteuererklärung für das Kalenderjahr steht einer niedrigeren Steuerfestsetzung gleich.

3. Beförderung von Gegenständen

Eine Beförderung von Gegenständen (Sachen nach § 90 BGB und Tiere nach § 90a BGB) liegt vor, wenn es sich bei der Beförderung der Gegenstände um den **Hauptzweck der Leistung** handelt.

---

4 BMF, Schreiben v. 7.2.2018, BStBl I 2018, 302.

5 In der Jahreserklärung für 2018 wäre dies in der Zeile 118 zur Kennziffer 212 in dem Vordruck USt 2 A einzutragen.

Wichtig! Ist die Beförderung nur eine unselbstständige Nebenleistung zu einer anderen Leistung (z.B. der liefernde Unternehmer transportiert den Gegenstand auch gegen ein Sonderentgelt zum Kunden), teilt die Beförderungsleistung als Nebenleistung das Schicksal der Hauptleistung.

Ist bei einer Warenlieferung vereinbart worden, dass der liefernde Unternehmer den Gegenstand der Lieferung zu dem Abnehmer zu befördern hat, ist die Beförderungsleistung regelmäßig unselbstständiger Teil der Lieferung und damit nicht als eigenständige Beförderungsleistung der Besteuerung zu unterwerfen.

Die Beförderung kann auch Nebenleistung im Zusammenhang mit einer sonstigen Leistung sein, wenn die Leistung wesentlich auf die Ausführung dieser sonstigen Leistung gerichtet ist.

Bei der Güterbeförderung ist für die Prüfung der Steuerbarkeit und einer Steuerbefreiung in jedem Fall zu unterscheiden, von welchem Ort zu welchem Ort die Beförderung ausgeführt wird und wem gegenüber die Beförderung ausgeführt wird:

- Wird die Leistung gegenüber einem Unternehmer für dessen Unternehmen ausgeführt[6], ist der Ort der sonstigen Leistung dort, wo der Leistungsempfänger sein Unternehmen betreibt, § 3a Abs. 2 UStG. Wird die Leistung an eine Betriebsstätte eines Unternehmers ausgeführt, ist der Ort der leistungsempfangenden Betriebsstätte maßgebend.
- In Ausnahmefällen kann eine Beförderungsleistung gegenüber einem Unternehmer für dessen Unternehmen, die ausschließlich im Drittlandsgebiet bewirkt wird, als im Ausland ausgeführt behandelt werden, § 3a Abs. 8 UStG.
- Wird die Leistung nicht an einen Unternehmer für dessen Unternehmen ausgeführt, bestimmt sich der Ort der sonstigen Leistung nach § 3b UStG.

3.1 Leistungen gegenüber einem Unternehmer

Wichtig! Wurde eine Güterbeförderung gegenüber einem Unternehmer bis zum 31.12.2009 ausgeführt, bestimmte sich der Ort der Beförderungsleistung nach den Rechtsvorschriften, die für Beförderungsleistungen gegenüber Nichtunternehmern gelten, vgl. dazu 3.2.

Wird die Güterbeförderungsleistung gegenüber einem Unternehmer für dessen Unternehmen oder gegenüber einer nichtunternehmerisch tätigen juristischen Person, der eine USt-IdNr. erteilt worden ist, ausgeführt, ist die Beförderungsleistung regelmäßig dort erbracht, wo der Leistungsempfänger sein Unternehmen betreibt oder eine die Leistung empfangende Betriebsstätte unterhält, § 3a Abs. 2 UStG. Es kommt dabei nicht darauf an, wo die Beförderung tatsächlich erfolgt.

Beispiel 2: Der deutsche Unternehmer U beauftragt einen Frachtführer aus Frankreich, einen Gegenstand von Paris (Frankreich) nach Lyon (Frankreich) zu transportieren.
Lösung: Es handelt sich um eine Beförderungsleistung, deren Ort nach § 3a Abs. 2 UStG in Deutschland ist, da der Leistungsempfänger dort sein Unternehmen betreibt. Da es sich bei dem leistenden Unternehmer um einen ausländischen Unternehmer handelt, wird U nach § 13b UStG zum Steuerschuldner.

Wird eine Beförderungsleistung gegenüber einem deutschen Unternehmer ausschließlich im Drittlandsgebiet ausgeführt, wird die Leistung aber abweichend von § 3a Abs. 2 UStG nach § 3a Abs. 8 UStG als im Drittlandsgebiet ausgeführt behandelt[7]. Dies gilt unabhängig davon, ob der leistende Unternehmer

[6] Dies gilt entsprechend bei einer Leistung, die an eine juristische Person, die nicht Unternehmer ist, ausgeführt wird, der aber eine USt-IdNr. erteilt worden ist.

[7] Die Regelung wurde mit Wirkung zum 1.1.2011 aufgenommen. In 2010 war dies vonseiten der Finanzverwaltung schon entsprechend geregelt worden, BMF, Schreiben v. 4.9.2009, BStBl I 2009, 1005.

die Umsatzsteuer nach § 13a UStG schulden würde oder der Leistungsempfänger zum Steuerschuldner nach § 13b UStG werden würde.

Beispiel 3: Der deutsche Unternehmer U beauftragt einen Frachtführer aus der Schweiz, einen Gegenstand von Basel (Schweiz) nach Zürich (Schweiz) zu transportieren.
Lösung: Es handelt sich um eine Beförderungsleistung, deren Ort eigentlich nach § 3a Abs. 2 UStG in Deutschland wäre. Da die Beförderungsleistung aber ausschließlich im Drittlandsgebiet bewirkt wurde, ist der Umsatz als im Drittlandsgebiet ausgeführt zu behandeln und damit in Deutschland nicht steuerbar, § 3a Abs. 8 UStG.

In den Fällen, in denen es sich um eine **drittlandsgrenzüberschreitende Güterbeförderung** handelt, kann für eine im Inland ausgeführte Beförderungsleistung unter den Voraussetzungen des § 4 Nr. 3 Buchst. a UStG eine Steuerbefreiung vorliegen. Dafür ist es nicht erforderlich, dass Inland berührt wird. Es ist ausreichend, wenn die Beförderung in einem Mitgliedstaat der Europäischen Union beginnt oder endet und über eine Drittlandsgrenze geht.

Beispiel 4: Der deutsche Unternehmer U beauftragt einen Frachtführer aus Frankreich, einen Gegenstand von Paris (Frankreich) nach Zürich (Schweiz) zu transportieren.
Lösung: Es handelt sich um eine Beförderungsleistung, deren Ort nach § 3a Abs. 2 UStG in Deutschland ist, da der Leistungsempfänger dort sein Unternehmen betreibt. Die Leistung ist aber nach § 4 Nr. 3 Buchst. a Doppelbuchst. aa UStG als drittlandsgrenzüberschreitende Güterbeförderung steuerfrei, sodass U nicht zum Steuerschuldner nach § 13b UStG wird.

3.2 Leistungen gegenüber einem Nichtunternehmer

Bei einer Güterbeförderungsleistung gegenüber:

- einem Nichtunternehmer,
- einem Unternehmer für dessen privaten Bereich oder
- einer juristischen Person, die nicht Unternehmer ist und der keine USt-IdNr. erteilt worden ist

bestimmt sich der Ort der Beförderungsleistung nach den Regelungen des § 3b UStG.

3.2.1 Beförderungen im Inland

Eine Beförderung von Gegenständen, die ausschließlich im Inland erfolgt, ist eine nach § 3b Abs. 1 UStG im Inland ausgeführte Beförderungsleistung, die auch keiner Steuerbefreiung unterliegt. Die Leistung unterliegt dem Regelsteuersatz nach § 12 Abs. 1 UStG.

3.2.2 Grenzüberschreitende Beförderung im Drittlandsverkehr

Bei einer drittlandsgrenzüberschreitenden Güterbeförderung sowie einer Beförderung im internationalen Eisenbahnfrachtverkehr führt der inländische Teil der Beförderungsstrecke zu einem nach § 3b Abs. 1 UStG im Inland ausgeführten steuerbaren Umsatz. Allerdings ist der inländische Streckenanteil nach § 4 Nr. 3 Buchst. a UStG unter den folgenden Voraussetzungen steuerfrei:

- **Beförderung aus dem Inland in das Drittlandsgebiet (§ 4 Nr. 3 Buchst. a Doppelbuchst. aa UStG):** Die Beförderungsleistung bezieht sich unmittelbar auf Gegenstände der Ausfuhr oder auf eingeführte Gegenstände, die im externen Versandverfahren (entspricht einer Durchfuhr) in das Drittlandsgebiet befördert werden oder
- **Beförderung aus dem Drittland in das Inland (§ 4 Nr. 3 Buchst. a Doppelbuchst. bb UStG):** Die Beförderungsleistung bezieht sich auf Gegenstände der Einfuhr in das Gebiet eines Mitgliedstaats der Europäischen Union und die Kosten der Beförderungsleistung sind in der Bemessungsgrundlage für die Einfuhrumsatzsteuer mit enthalten. Diese Voraussetzung ist nach nationalem Recht über § 11 Abs. 3 Nr. 3 UStG erfüllt.

Die anzuwendende Steuerbefreiung hängt somit von der „Fahrtrichtung“ im Zusammenhang mit der Beförderungsleistung ab:

Achtung! Eine Steuerbefreiung nach § 4 Nr. 3 UStG kann sich grundsätzlich nicht für eine Beförderungsleistung zwischen zwei Mitgliedstaaten der Europäischen Union ergeben.

Inland	**Drittland**
steuerfrei; § 4 Nr. 3a aa) UStG	
steuerbar im Inland	nicht steuerbar im Inland
steuerfrei; § 4 Nr. 3a bb) UStG	

Führt die Beförderungsstrecke bei einer Beförderungsleistung, die im Inland beginnt und endet, nur kurz über ausländisches Gebiet, wird die ausländische Beförderungsstrecke als inländische Beförderungsstrecke behandelt, wenn der ausländische Streckenanteil nicht mehr als zehn Kilometer beträgt (sog. **Verbindungsstrecke im Ausland** nach § 3 UStDV). Eine inländische Verbindungsstrecke wird dann wie ein ausländischer Streckenteil behandelt, wenn diese Verbindungsstrecke den nächsten oder den verkehrstechnisch günstigsten Weg darstellt und der inländische Streckenanteil nicht mehr als 30 Kilometer beträgt, § 2 UStDV.

3.2.3 Innergemeinschaftliche Beförderungsleistungen

Eine innergemeinschaftliche Beförderung von Gegenständen liegt vor, wenn Beginn und Ende der Beförderungsstrecke in zwei verschiedenen Mitgliedstaaten der Europäischen Union liegen, § 3b Abs. 3 Satz 1 UStG. Die Sonderregelung des § 3b Abs. 3 UStG kann aber immer nur dann angewendet werden, wenn der Leistungsempfänger weder Unternehmer ist, der die Leistung für sein Unternehmen bezieht noch eine nicht unternehmerische juristische Person, der eine USt-IdNr. erteilt worden ist. Damit kommt die Sonderregelung regelmäßig nur in den Ausnahmenfällen der **Leistung gegenüber Privatpersonen** oder hoheitlich tätigen juristischen Personen ohne USt-IdNr. zur Anwendung.

Wichtig! Eine innergemeinschaftliche Beförderungsleistung von Gegenständen kann auch über Drittlandsgebiet führen. Entscheidend ist nur, dass Beginn und Ende in zwei verschiedenen Mitgliedstaaten liegen.

Bei einer innergemeinschaftlichen Beförderungsleistung gegenüber Nichtunternehmern erfolgt grundsätzlich keine Aufteilung der Beförderungsstrecke. Die Beförderungsleistung ist einheitlich in einem Mitgliedstaat der Besteuerung zu unterwerfen. Eine Steuerbefreiung nach § 4 UStG greift in diesen Fällen nicht. Der Ort der Beförderungsleistung bestimmt sich damit wie folgt:

- Beginnt die innergemeinschaftliche Beförderung in Deutschland, ist die Beförderungsleistung steuerbar und steuerpflichtig in Deutschland.
- Beginnt die innergemeinschaftliche Beförderung in einem anderen Mitgliedstaat, ist die Beförderungsleistung in Deutschland nicht steuerbar, die Beförderungsleistung ist aber in dem anderen Mitgliedstaat steuerbar und steuerpflichtig.

Beispiel 5: Privatperson P möchte von Rom nach München umziehen. P beauftragt das deutsche Umzugsunternehmen U mit dem Transport.
Lösung: Die Beförderungsleistung des U ist in Deutschland nicht steuerbar, unterliegt aber in Italien als steuerbarer und steuerpflichtiger Umsatz der Besteuerung.

4. Leistungen im Zusammenhang mit Beförderungsleistungen

Der Ort von sonstigen Leistungen, die mit der Beförderung eines Gegenstands in einem **direkten Zusammenhang** stehen, wird teilweise über eine Sonderregelung bestimmt, § 3b Abs. 2 UStG. Dabei kommt es entscheidend darauf an, wem gegenüber diese Leistung ausgeführt wird.

Leistungen im Zusammenhang mit einer Beförderungsleistung sind unter anderem:

- Beladen und Entladen,
- Umschlagen,
- Verpacken,
- Zwischenlagern.

Achtung! Es muss sich hierbei um eine eigenständige Leistung handeln. Führt der Unternehmer eine Nebenleistung (z.B. Beladen im Zusammenhang mit dem Transport eines Gegenstands) aus, teilt diese immer das Schicksal der Hauptleistung.

Bei der Beurteilung der Leistungen können sich die folgenden Rechtsfolgen ergeben:

1. Sonstige Leistungen, die im Zusammenhang mit Beförderungsleistungen **gegenüber einem Nichtunternehmer** erbracht werden, werden nach § 3b Abs. 2 UStG grundsätzlich dort ausgeführt, wo der leistende Unternehmer für diesen Umsatz ausschließlich oder überwiegend tätig wird.
2. Sonstige Leistungen, die im Zusammenhang mit Beförderungsleistungen **gegenüber einem Unternehmer für dessen Unternehmen**[8] erbracht werden, werden nach § 3a Abs. 2 UStG grundsätzlich dort ausgeführt, wo der Leistungsempfänger sein Unternehmen betreibt oder eine die Leistung empfangende Betriebsstätte unterhält. Wird die Leistung aber ausschließlich im Drittlandsgebiet ausgeführt (z.B. Lagerung in der Schweiz), gilt die Leistung als im Drittlandsgebiet ausgeführt, § 3a Abs. 8 UStG[9].

---

8 Dies gilt entsprechend bei einer Leistung, die an eine juristische Person, die nicht Unternehmer ist, ausgeführt wird, der aber eine USt-IdNr. erteilt worden ist.

9 Die Regelung wurde mit Wirkung zum 1.1.2011 aufgenommen. In 2010 war dies vonseiten der Finanzverwaltung schon entsprechend geregelt worden, BMF, Schreiben v. 8.12.2009, BStBl I 2009, 1612.

Beistellung

Beistellung auf einen Blick

1. **Rechtsquellen**
   Abschn. 1.1 Abs. 6 und Abs. 7 und Abschn. 3.8 UStAE
2. **Bedeutung**
   Beistellungen sind Leistungen, die nicht Bestandteil eines Leistungsaustauschprozesses sind. Bei einer Beistellung wirkt ein Leistungsempfänger an einer ihm gegenüber ausgeführten Leistung mit, ohne an den leistenden Unternehmer eine Leistung ausführen zu wollen. Eine Beistellung kann sich auf Gegenstände beziehen (Materialbeistellung), sie kann sich aber auch auf die Überlassung von Personal beziehen (sonstige Beistellung). Beistellungen scheiden aus dem Leistungsaustauschprozess aus.
3. **Weitere Stichworte**
   → Bemessungsgrundlage, → Werkleistung, → Werklieferung

1. Allgemeine Voraussetzungen der Beistellung

Führt ein Unternehmer gegenüber einem Vertragspartner eine Leistung aus und überlässt der Leistungsempfänger im Rahmen dieser vertraglichen Vereinbarung dem leistenden Unternehmer entweder Gegenstände oder Personal, kann es sich bei dieser Überlassung um die Gegenleistung für die ausgeführte Leistung handeln. In diesem Fall vollzieht sich der Vorgang im Rahmen eines Leistungsaustauschs, es liegt ein **Tausch oder ein tauschähnlicher Umsatz** vor. Wenn aber die Überlassung des Gegenstands oder des Personals nicht als Bezahlung für die erhaltene Leistung gedacht ist, sondern die Überlassung lediglich im Rahmen der dem Überlassenden gegenüber erbrachten Leistung erfolgt, ohne dass für diese Gegenstände oder das Personal ein Leistungsaustauschwille vorhanden ist, liegt eine **Beistellung** vor, die aus dem Leistungsaustauschprozess ausscheidet, Abschn. 3.8 Abs. 2 UStAE.

Wichtig! Grundsätzlich kann eine solche Beistellung aber nur dann vorliegen, wenn das überlassene Material oder das überlassene Personal bei der Leistung diesem Unternehmer gegenüber eingesetzt wird.

2. Materialbeistellungen

Materialbeistellungen liegen regelmäßig vor, wenn bei der Ausführung einer **Werklieferung** der Leistungsempfänger dem leistenden Unternehmer Material überlässt, das der leistende Unternehmer bei diesem Auftrag verwendet. In diesem Fall geht das Material nicht in die Verfügungsmacht des Werkherstellers über.

Beispiel 1: Bauunternehmer B hat sich verpflichtet, für einen Baustoffhändler eine Lagerhalle zu errichten. Der Baustoffhändler überlässt dem Bauunternehmer einen Teil der für den Bau benötigten Materialien.
Lösung: B führt gegenüber dem Baustoffhändler eine Werklieferung aus, da er auch selbst beschaffte Materialien bei der Ausführung der Leistung verwendet. Das ihm überlassene Baumaterial wird ihm im Rahmen einer nicht steuerbaren Materialbeistellung überlassen, da insoweit kein Leistungsaustauschwille besteht. Die Überlassung des Materials scheidet aus dem Leistungsaustauschprozess aus, es liegt insoweit keine steuerbare Leistung vor.

Grundsätzlich muss das überlassene Material bei der Leistung gegenüber dem Leistungsempfänger verwendet werden (sog. **Stoffidentität**). Der Werkunternehmer muss sich verpflichtet haben, die ihm überlassenen Stoffe ausschließlich zur Herstellung des bestellten Werks zu verwenden.

Wichtig! Auf das Erfordernis der Stoffidentität kann verzichtet werden, wenn die anderen Voraussetzungen für die Materialbeistellung zusammen gegeben sind, der Auftragnehmer den vom Auftraggeber zur Verfügung gestellten Stoff gegen gleichartiges und gleichwertiges Material austauscht und der Austausch wirtschaftlich geboten ist[1].

Der leistende Unternehmer kann auch als Berater bei der Auswahl und dem Bezug der von ihm verwendeten, aber direkt von seinem Auftraggeber erworbenen Gegenstände mitgewirkt haben. Gegenstände, die er aber selbst erworben hat – gegebenenfalls auch als Einkaufskommissionär – können nicht als Materialbeistellung angesehen werden.

3. Sonstige Beistellungen

Beistellungen können sich auch auf sonstige Leistungen beziehen, z.B. die Überlassung von **Arbeitskräften, Elektrizität, Baustrom** o.ä.

Tipp! Bei der Ausführung von Bauleistungen kann die Weiterberechnung der Bauwesenversicherung durch den Bauherrn gegenüber den bauleistenden Unternehmern im Rahmen einer Bauumlage nicht als sonstige Beistellung angesehen werden. Hier liegt ein eigenständiger Leistungsaustausch vor, Abschn. 3.8 Abs. 2 UStAE.

Insbesondere bei der Überlassung von Personal ist darauf zu achten, ob der Auftraggeber an den Auftragnehmer selbst eine Leistung (als Gegenleistung) ausführen will (dann liegt ein Leistungsaustausch vor) oder ob er nur zur Erbringung der Leistung durch den Auftragnehmer beitragen will (dann liegt eine nicht steuerbare sonstige Beistellung vor, die aus dem Leistungsaustausch ausscheidet).

Wichtig! Eine nicht steuerbare Beistellung von Personal des Auftraggebers setzt voraus, dass das Personal nur im Rahmen der Leistung des Auftragnehmers für den Auftraggeber eingesetzt wird[2]. Der Einsatz von Personal des Auftraggebers für Umsätze des Auftragnehmers an Drittkunden muss vertraglich und tatsächlich ausgeschlossen sein. Der Auftragnehmer hat dies sicherzustellen und trägt hierfür die objektive Beweislast, Abschn. 1.1 Abs. 7 UStAE.
Soweit im Einzelfall eine Mitarbeit von Personal des Leistungsempfängers geplant ist, sollte in dem Vertrag eine entsprechende Klausel aufgenommen werden, z.B. „Die Mitarbeit des Personals des Auftraggebers ist ausschließlich auf den vorliegenden Auftrag begrenzt, darüber hinausgehende Tätigkeiten für den Auftragnehmer sind ausgeschlossen".

Beispiel 2: Unternehmer U hat sich verpflichtet, einem Kunden eine Maschine zu liefern und in eine bestehende Maschinenstraße einzupassen. Bei dem Einbau ergeben sich einige Schwierigkeiten, sodass U Mitarbeiter des Leistungsempfängers bei dem Einbau mit beschäftigt. Er lässt dem Kunden deshalb 5.000 € auf den vereinbarten Leistungspreis nach.
Lösung: U führt gegenüber seinem Kunden eine Werklieferung aus. Die Mitarbeit der Arbeitnehmer des Leistungsempfängers scheidet aus dem Leistungsprozess aus, da diese ausschließlich bei der gegenüber diesem Leistungsempfänger ausgeführten Leistung mitwirken.
Abwandlung: Der Leistungsempfänger überlässt U nach Ausführung der Arbeiten noch weiteres Personal, das U bei einer Leistung gegenüber einem anderen Kunden mit einsetzt.
Lösung: In diesem Fall handelt es sich um einen Leistungsaustausch (Personalüberlassung), der zu einem steuerbaren Umsatz führt. Dies hängt auch nicht davon ab, ob für die Überlassung des Personals ein gesondertes Entgelt vereinbart wird oder ein weiterer „Nachlass" auf den Leistungspreis für die Werklieferung gewährt wird. Der erste Kunde führt gegenüber U eine steuerbare und steuerpflichtige sonstige Leistung im Rahmen der Personalüberlassung aus.

---

1 BFH, Urteil v. 10.2.1966, V 105/63, BStBl III, 257. Vgl. auch Abschn. 3.8 Abs. 3 UStAE.

2 BFH, Urteil v. 6.12.2007, V R 42/06, BStBl II 2009, 493.

Bemessungsgrundlage

Bemessungsgrundlage auf einen Blick

1. **Rechtsquellen**
   § 10 und § 11 UStG
   § 25 UStDV
   Abschn. 10.1 bis Abschn. 10.8 UStAE
2. **Bedeutung**
   Ein Unternehmer, der im Inland einen steuerbaren und steuerpflichtigen Umsatz ausführt, muss für diesen Umsatz Umsatzsteuer abführen, wenn er der Steuerschuldner ist. Berechnungsgrundlage für die Umsatzsteuer ist die Bemessungsgrundlage. Bemessungsgrundlage ist alles, was der Leistungsempfänger aufwendet, um die Leistung zu erhalten. Die Grundsätze der Ermittlung der Bemessungsgrundlage sind aber auch bei der Erfassung steuerfreier Umsätze in der Voranmeldung zu berücksichtigen.
3. **Weitere Stichworte**
   → Änderung der Bemessungsgrundlage, → Durchlaufender Posten, → Hingabe an Zahlungs statt, → Schadensersatz, → Tausch, → Tauschähnlicher Umsatz, → Transporthilfsmittel, → Zuschuss
4. **Besonderheiten**
   Zum 1.1.2019 soll § 10 Abs. 1 Satz 2 UStG neu gefasst und § 10 Abs. 1 Satz 3 UStG gestrichen werden[1]. Damit soll den unionsrechtlichen Vorgaben entsprochen werden, ohne dass der Gesetzgeber von einer inhaltlichen Veränderung der Anwendungsgrundsätze ausgeht.

1. Allgemeines

Wenn ein Unternehmer im Inland einen steuerbaren und steuerpflichtigen Umsatz ausführt, entsteht für diesen Umsatz Umsatzsteuer. Die Umsatzsteuer berechnet sich dabei nach dem für den Umsatz maßgeblichen Steuersatz sowie der Bemessungsgrundlage. Bemessungsgrundlage ist dabei alles, was der Leistungsempfänger aufwendet, um die Leistung zu erhalten. Damit ist die Bemessungsgrundlage nicht aus der Sicht des leistenden Unternehmers, sondern aus der Sicht des Leistungsempfängers zu bestimmen. Die Bemessungsgrundlage spiegelt somit nicht den objektiven Wert der ausgeführten Leistung wieder, sondern erfasst nur das, was der Leistungsempfänger für diese Leistung aufwenden will.

Beispiel 1: Versandhändler V erwartet für eine im Mai 2018 ausgeführte Lieferung eine Bezahlung in Höhe von 595 €. Der Kunde zahlt aber wegen eines angeblichen Mangels noch im Mai 2018 nur 476 €. V verzichtet auf die Geltendmachung der Differenz.
Lösung: V muss die Umsatzsteuer aus dem herausrechnen, was er für die von ihm ausgeführte Leistung tatsächlich erhält. Somit sind 19 % aus 476 € herauszurechnen. Die Bemessungsgrundlage für die ausgeführte Lieferung beträgt 400 €. Es entsteht eine Umsatzsteuer von 76 €.

Achtung! Die Bestimmung der Bemessungsgrundlage ist unabhängig davon, ob der Unternehmer seine Umsätze nach vereinbarten Entgelten (Sollbesteuerung) oder nach vereinnahmten Entgelten (Istbesteuerung) besteuert. Soweit sich bei der Sollbesteuerung in einem späteren Zeitraum eine Veränderung bei der angemeldeten Bemessungsgrundlage ergibt, muss eine Änderung der Bemessungsgrundlage vorgenommen werden, § 17 UStG.

Wichtig! Die vom Unternehmer geschuldete Umsatzsteuer gehört nicht mit zu der Bemessungsgrundlage, die Bemessungsgrundlage entspricht somit immer dem Nettoentgelt.

[1] Gemäß dem Entwurf des Jahressteuergesetzes 2018.

Die allgemeine **Definition der Bemessungsgrundlage** gilt für die folgenden Umsätze:

- Entgeltliche Lieferungen,
- entgeltliche sonstige Leistungen,
- verbilligte Leistungen an fremde Dritte und
- innergemeinschaftliche Erwerbe.

Bei einer verbilligten Leistung an nahestehende Personen oder an das Personal ist darüber hinaus auch immer die **Mindestbemessungsgrundlage** (vgl. 4.) zu prüfen.

In die Bemessungsgrundlage sind auch grundsätzlich alle Zahlungen mit einzubeziehen, die der Unternehmer für Nebenleistungen erhält. **Nebenleistungen** teilen umsatzsteuerlich das Schicksal der Hauptleistung und unterliegen damit im gleichen Umfang der Besteuerung wie die Hauptleistung.

Wenn der Unternehmer entgegen seiner Erwartung ein höheres oder niedrigeres Entgelt für seine Leistung erhält, handelt es sich um eine **Änderung der Bemessungsgrundlage**, die ebenfalls – allerdings erst zu dem Zeitpunkt, an dem die Änderung eintritt – bei der Berechnung der Bemessungsgrundlage zu berücksichtigen ist, § 17 Abs. 1 Satz 7 UStG.

Die allgemeinen Grundsätze über die Ermittlung der Bemessungsgrundlage sind entsprechend anzuwenden, wenn der leistende Unternehmer für eine steuerfreie Leistung die Anmeldung in der Umsatzsteuer-Voranmeldung vornehmen muss.

Wichtig! Zum 1.1.2019 soll § 10 Abs. 1 Satz 2 UStG folgende neue Definition aufgenommen werden: Entgelt ist alles, was den Wert der Gegenleistung bildet, die der leistende Unternehmer vom Leistungsempfänger oder von einem anderen als dem Leistungsempfänger für die Leistung erhält oder erhalten soll, einschließlich der unmittelbar mit dem Preis dieser Umsätze zusammenhängenden Subventionen, jedoch abzüglich der für diese Leistung gesetzlich geschuldeten Umsatzsteuer. § 10 Abs. 1 Satz 3 UStG entfällt ersatzlos. Mit dieser Anpassung sollen keine inhaltlichen Änderungen verbunden sein, da bisher sowieso schon eine unionsrechtskonforme Auslegung des Entgeltbegriffs vorgenommen wurde.

2. Besonderheiten bei entgeltlichen Umsätzen

2.1 Freiwillige Zuzahlungen des Leistungsempfängers

Auch freiwillige Zuzahlungen des Leistungsempfängers gehören mit zur Bemessungsgrundlage des Unternehmers, wenn ein direkter Zusammenhang mit der erbrachten Leistung besteht. Es kommt für die Bestimmung der Bemessungsgrundlage nicht darauf an, ob der leistende Unternehmer einen Rechtsanspruch auf die Gegenleistung hat, sondern nur darauf, was er konkret als Gegenleistung für eine ausgeführte Leistung erhalten hat.

Beispiel 2: Der selbstständige Friseur erhält von seinen Kunden Trinkgelder, der selbstständige Taxifahrer erhält von seinen Kunden Trinkgelder.

Lösung: Die Trinkgelder stellen Gegenleistung für die Leistungen der Unternehmer dar und sind somit bei der Ermittlung der Bemessungsgrundlage mit zu berücksichtigen.

Die im Gaststättengewerbe erhobenen **Bedienungszuschläge** stellen ebenfalls Entgelt des Unternehmers dar, selbst wenn die Beträge von dem Bedienungspersonal direkt einbehalten werden.

Achtung! Die direkt an das Personal gezahlten Trinkgelder sind bei der Ermittlung der Bemessungsgrundlage aber nicht mit zu berücksichtigen, da insoweit keine Zahlung an den Unternehmer erfolgt.

2.2 Verbrauchsteuer bei innergemeinschaftlichen Erwerben

Bei der Besteuerung eines innergemeinschaftlichen Erwerbs ist der Betrag der Umsatzsteuer zu unterwerfen, den der Leistungsempfänger aufwendet, um die Leistung zu erhalten. Dies wird in der Regel der Betrag sein, den er an den leistenden Unternehmer auszahlt, da bei einer innergemeinschaftlichen Lieferung keine Umsatzsteuer in dem Rechnungsbetrag des leistenden Unternehmers enthalten sein kann. Damit ist die Umsatzsteuer auf diesen Betrag heraufzurechnen.

Soweit Verbrauchsteuer vom Erwerber für den innergemeinschaftlichen Erwerb bestimmter Wirtschaftsgüter geschuldet wird, erhöht diese Verbrauchsteuer die Bemessungsgrundlage des innergemeinschaftlichen Erwerbs, § 10 Abs. 1 Satz 4 UStG.

Beispiel 3: Getränkegroßhändler G importiert aus Italien Schaumwein. Gemäß der Rechnung über die steuerfreie innergemeinschaftliche Lieferung überweist G an seinen Lieferanten 10.000 €. An die zuständige Zollverwaltung zahlt G 680 € an Schaumweinsteuer nach § 2 SchaumwZwStG[2].
Lösung: Die Bemessungsgrundlage für den steuerbaren und steuerpflichtigen innergemeinschaftlichen Erwerb des G beträgt nach § 10 Abs. 1 Satz 1 und Satz 4 UStG 10.680 €. Bei 19 % Regelsteuersatz entsteht eine Erwerbsteuer von 2.029,20 €. Unter den Voraussetzungen des § 15 Abs. 1 Satz 1 Nr. 3 UStG kann G die Erwerbsteuer als Vorsteuer abziehen[3].

2.3 Hinzurechnungen bei Umsätzen im Zusammenhang mit einem Steuerlager

Bei der Auslagerung eines Gegenstands aus einem Steuerlager schuldet der Auslagerer die Umsatzsteuer, die sich aufgrund des Wegfalls der Steuerbefreiung für den vorgeschalteten Umsatz ergibt. In diese Bemessungsgrundlage ist auch die Verbrauchsteuer mit einzubeziehen, die der Auslagerer eventuell schuldet. Darüber hinaus sind in die Bemessungsgrundlage auch die Umsätze mit einzubeziehen, die bisher nach § 4 Nr. 4a Satz 1 Buchst. b UStG steuerfrei im Zusammenhang mit einem Steuerlager ausgeführt wurden; § 10 Abs. 1 Satz 5 UStG.

Beispiel 4: Unternehmer U erwirbt in Deutschland im März 2018 steuerfrei eine in einem Steuerlager lagernde Ware für 50.000 €. An dieser Ware wird von dem Dienstleister D noch im März 2018 eine steuerfreie Leistung nach § 4 Nr. 4a Satz 1 Buchst. b UStG (z.B. Behandlung gegen Schädlingsbefall) für 2.000 € ausgeführt. Im Mai 2018 lagert U diese Ware aus dem Steuerlager aus, indem er die Ware zur Weiterverarbeitung in eine eigene Betriebsstätte transportiert.
Lösung: Die Bemessungsgrundlage für den Umsatz beträgt 52.000 €, da die 2.000 € für die Dienstleistung in die Berechnung mit einzubeziehen sind. Auf diesen Betrag ist die Umsatzsteuer heraufzurechnen; vgl. auch Stichwort Steuerlager. Dabei wird der Steuersatz herangezogen, der im Zeitpunkt der Auslagerung maßgeblich ist (19 %).

2.4 Zahlungen Dritter

Zur Bemessungsgrundlage gehören auch Zahlungen Dritter, die diese in direktem Zusammenhang mit der erbrachten Leistung an den Unternehmer zahlen. Unerheblich ist dabei, ob es sich um vertragliche Zahlungen oder ob es sich um freiwillige Zuzahlungen Dritter handelt. Voraussetzung ist lediglich, dass ein direkter (innerer) Zusammenhang zwischen der Leistung und der Zuzahlung besteht. Bei der Zahlung des Dritten kann es sich um die alleinige Zahlung des Dritten oder um eine zusätzliche Zahlung des Dritten (sog. Preisauffüllung) handeln[4].

---

[2] Nach § 2 Abs. 1 SchaumwZwStG (Gesetz zur Besteuerung von Schaumwein und Zwischenerzeugnissen) entstehen pro 100 Liter Schaumwein 136 € Schaumweinsteuer. Ausgegangen wird hier von 500 Liter Schaumwein.

[3] Hätte G den Schaumwein zu vergleichbaren Konditionen bei einem inländischen Produzenten erworben, hätte dieser ebenfalls netto 10.680 € zuzüglich 19 % Umsatzsteuer berechnet, da bei ihm die Schaumweinsteuer als Kostenfaktor entstanden wäre.

[4] Vgl. auch BFH, Urteil v. 22.7.2010, V R 14/09, BFH/NV 2011, 166.

Beispiel 5: Das Bundesland Bremen gewährt einem Studentenwerk einen Zuschuss zum Bau eines Studentenwohnheims. Der Zuschuss wird unmittelbar an den Bauunternehmer ausgezahlt.
Lösung: Für den Bauunternehmer ist die Zahlung eine Zuzahlung eines Dritten, die in direktem Zusammenhang mit der Leistungserbringung steht und damit in die Bemessungsgrundlage einzubeziehen ist.

Erfüllt ein Leistungsempfänger durch eine Zahlung an einen Dritten sowohl eine eigene als auch eine Schuld des leistenden Unternehmers, weil beide im Verhältnis zu dem Dritten Gesamtschuldner sind, rechnen die Zahlungen nur insoweit zum Entgelt, wie die Schuldbefreiung des leistenden Unternehmers für diesen von wirtschaftlichem Interesse ist und damit einen Wert darstellt. Deshalb ist bei einer steuerpflichtigen Lieferung eines Grundstücks die vom Erwerber in vollem Umfang übernommene Grunderwerbsteuer nicht anteilig in die Bemessungsgrundlage einzubeziehen[5].

Beispiel 6: Unternehmer U erwirbt von einem anderen Unternehmer ein unbebautes Grundstück. Der Verkäufer verzichtet nach § 9 Abs. 1 und Abs. 3 UStG auf die Steuerfreiheit des Umsatzes.
U wird nach § 13b Abs. 2 Nr. 3 i.V.m. Abs. 5 Satz 1 UStG zum Steuerschuldner für die entstehende Umsatzsteuer. Gemäß den vertraglichen Vereinbarungen übernimmt U die anfallende Grunderwerbsteuer.
Lösung: Obwohl Käufer und Verkäufer Gesamtschuldner der Grunderwerbsteuer sind, ist die hälftige Grunderwerbsteuer nicht in die Bemessungsgrundlage einzubeziehen (Abschn. 10.1 Abs. 7 Satz 6 UStAE). Die Bemessungsgrundlage ermittelt sich somit nur aus dem, was U tatsächlich gegenüber dem Verkäufer für die Lieferung des Grundstücks aufwendet.

2.5 Durchlaufende Posten

Durchlaufende Posten gehören nicht mit zur Bemessungsgrundlage. Allerdings ist für die Anerkennung eines durchlaufenden Postens entscheidend, dass es zu einer unmittelbaren Rechtsbeziehung zwischen dem Zahlungsverpflichteten und dem Zahlungsempfänger kommt. Zu den Einzelheiten vgl. Stichwort Durchlaufender Posten.

2.6 Zuschüsse

Zahlungen, die unter dem Begriff Zuschuss (Zuwendung, Beihilfe, Prämie o.Ä.) geleistet werden, können Entgelt für eine Leistung des Unternehmers oder auch eine Zuzahlung eines Dritten für eine Leistung des Unternehmers sein. In diesen Fällen des „unechten Zuschusses" wird die Zahlung in die Berechnung der Bemessungsgrundlage mit einbezogen. Nur in den Fällen, in denen der Zuschuss außerhalb eines Leistungsaustauschprozesses gezahlt wird („echter Zuschuss"), wird diese Zahlung nicht mit in die Ermittlung der Bemessungsgrundlage einbezogen. Zu den Einzelheiten vgl. Stichwort Zuschuss.

2.7 Schadensersatz

Zahlungen, die zum Ausgleich eines Schadens gezahlt werden, werden regelmäßig außerhalb eines Leistungsaustauschprozesses gezahlt. Damit fehlt es bei einem Schadensersatz am Leistungsaustausch, der Schadensersatz ist somit nicht steuerbar. Eine Einbeziehung dieser Zahlung in eine Bemessungsgrundlage kommt damit nicht in Betracht. Zu den Einzelheiten vgl. Stichwort Schadensersatz.

2.8 Pfandgelder

Pfandgelder, die dem Abnehmer für **Warenumschließungen** bei jeder Lieferung mit berechnet werden, stellen grundsätzlich Entgelt für die Lieferung der Ware dar. Wenn der Unternehmer bei Rücknahme der Warenumschließungen den Pfandbetrag zurückzahlt, liegt eine Entgeltsminderung (Änderung der Bemessungsgrundlage) vor, die in dem Voranmeldungszeitraum der Rückzahlung zu erklären ist.

---

5 BFH, Urteil v. 9.11.2006, V R 9/04, BStBl II 2007, 285.

Beispiel 7: Einzelhändler E berechnet bei dem Verkauf von Getränken im April 2018 Pfandgelder für diese Warenumschließungen. Diese berechneten und vereinnahmten Pfandgelder sind als Entgelt der Lieferung mit bei der Berechnung der Umsatzsteuer für den Voranmeldungszeitraum April 2018 zu berücksichtigen. Im Juni 2018 nimmt E das Pfandgut wieder zurück und zahlt den Pfandbetrag aus.
Lösung: Die Rückzahlung des Pfandbetrags stellt im Voranmeldungszeitraum Juni 2018 eine Entgeltsminderung dar.

Neben dieser Besteuerung der Pfandgelder kann sich der Unternehmer auf Antrag bei seinem Finanzamt auch andere Besteuerungsformen genehmigen lassen, vgl. Abschn. 10.1 Abs. 8 UStAE.

Eine andere Rechtsfolge ergibt sich seit dem 1.1.2015, wenn selbstständige Transporthilfsmittel abgegeben werden (z.B. Paletten, Gitterboxen o.ä.). In diesen Fällen handelt es sich um eigenständige Lieferungen. Zu den Einzelheiten vgl. Stichwort Transporthilfsmittel.

2.9 Pfandscheinumsätze

Bei Umsätzen im Zusammenhang mit **Pfandscheinen** wird als Entgelt der Betrag zugrunde gelegt, der sich aus dem Preis des Pfandscheins zuzüglich der Pfandsumme ergibt, § 10 Abs. 2 Satz 1 UStG. Diese Rechtsfolge ergibt sich aber erst, wenn der Pfandschein als solcher veräußert wird, nicht schon bei der Verpfändung eines Gegenstands.

Beispiel 8: Der Kleingewerbetreibende K verpfändet bei einem Pfandhaus Schmuck seines Unternehmens, dessen Wert ca. 6.000 € beträgt. Zwischen K und dem Pfandleiher wird eine Pfandsumme in Höhe von 3.000 € vereinbart. Kurze Zeit später veräußert K den Pfandschein zu einem Kaufpreis von 2.500 € an einen Erwerber.
Lösung: Insgesamt hat K 5.500 € erhalten, sodass aus diesem Betrag die von ihm geschuldete Umsatzsteuer herauszurechnen ist. K muss somit (19 % =) 878,15 € an sein Finanzamt abführen.

Tipp! Ist ein Gegenstand bei einem Pfandhaus gegen ein Pfanddarlehen verpfändet worden und wird später gegen Rückzahlung des Pfanddarlehens vom Verpfänder wieder ausgelöst, liegt lediglich eine Kreditgewährung vor, die bezüglich der berechneten Zinsen und Gebühren steuerbar aber regelmäßig nach § 4 Nr. 8 UStG steuerfrei ist.

2.10 Tausch, tauschähnlicher Umsatz und Hingabe an Zahlungs statt

Bei einem **Tausch** (Gegenleistung für eine Lieferung ist eine Lieferung), bei einem **tauschähnlichen Umsatz** (Gegenleistung für eine sonstige Leistung ist eine Lieferung oder eine sonstige Leistung) sowie bei einer Hingabe an Zahlungs statt ermittelt sich die Bemessungsgrundlage dadurch, dass zu einer eventuell zusätzlich vereinbarten Baraufgabe (Geldzuzahlung) auch der Wert der erhaltenen Leistung mit berücksichtigt wird, § 10 Abs. 2 Satz 2 UStG. Der Wert der erhaltenen Leistung ist mit dem gemeinen Wert zu bestimmen, soweit der Vertragspartner keine anderen konkreten Aufwendungen für seine Gegenleistung getätigt hat, Abschn. 10.5 Abs. 1 UStAE. Der gemeine Wert der erhaltenen Leistung bestimmt sich (als Bruttowert) in der Regel nach dem Verkehrswert der erhaltenen Leistung. Zu den Einzelheiten vgl. die entsprechenden Stichworte.

2.11 Verkauf von Forderungen

Wenn der Unternehmer Forderungen seines Unternehmens zu einem Preis unter dem Nennwert verkauft (Verkauf z.B. an ein Factoring-Institut), führt dieses nicht zu einer Änderung der Bemessungsgrundlage, da sich zu diesem Zeitpunkt noch keine Änderung an dem ergeben hat, was der Leistungsempfänger für die Leistung aufwenden soll[6]. Erst wenn sich später herausstellt, dass der Leistungsempfänger weniger

---

[6] Vgl. auch Abschn. 17.1 Abs. 6 UStAE sowie BFH, Urteil v. 27.5.1987, X R 2/81, BStBl II 1987, 739 und BFH, Urteil v. 6.5.2010, V R 15/09, BStBl II 2011, 142.

zahlt, als eigentlich vereinbart worden war, führt dies bei dem leistenden Unternehmer zu einer Änderung der Bemessungsgrundlage.

Beispiel 9: Großhändler G hat im März 2018 Ware an den Einzelhändler E für 119.000 € verkauft. Da E mit der Zahlung in Verzug kommt, verkauft G die Forderung im Juni 2018 für 80.000 € an ein Factoring-Institut (mit Übergang des vollen Ausfallwagnisses).
Lösung: Der Verkauf der Forderung ist für G nicht steuerbar. Der Verkauf an das Factoring-Institut führt noch nicht zu einer Änderung der Bemessungsgrundlage für die Lieferung an E. Erst wenn G nachweisen kann, was E tatsächlich an das Factoring-Institut gezahlt hat, kann gegebenenfalls eine Berichtigung der Bemessungsgrundlage infrage kommen, wenn E (gegenüber dem Factoring-Institut) weniger als 119.000 € tatsächlich aufgewendet hat.

Achtung! In der Praxis wird der Verkäufer einer Forderung in aller Regel keine Kenntnis über das tatsächlich gezahlte Entgelt haben, da weder der damalige Leistungsempfänger noch der Käufer der Forderung ein Interesse an der Mitteilung der tatsächlich auf die Forderung gezahlten Beträge hat. Dennoch kann eine Änderung der Bemessungsgrundlage für den leistenden Unternehmer aufgrund der für den Verkauf der Forderung erhaltenen Zahlung des Factors nicht in Betracht kommen.

Zu den weiteren Einzelheiten beim Factoring vgl. Stichwort Factoring.

2.12 Aufteilung von Pauschalpreisen

Führt ein Unternehmer mehrere **unterschiedlich zu besteuernde Leistungen** zu einem **pauschalen Gesamtpreis** aus, muss der einheitliche Kaufpreis auf die einzelnen Leistungen aufgeteilt werden.

Wichtig! Dies gilt regelmäßig in den Fällen, in denen Gegenstände geliefert werden, die zum Teil dem Regelsteuersatz von 19 % und zum Teil dem ermäßigten Steuersatz von 7 % unterliegen. Das Problem ergibt sich aber auch, wenn sowohl steuerpflichtige als auch steuerfreie Leistungen zu einem einheitlichen Gesamtpreis ausgeführt werden.
Es muss sich dabei aber um mehrere einzeln erbringbare Leistungen handeln. Handelt es sich um Nebenleistungen, teilen diese umsatzsteuerrechtlich das Schicksal der Hauptleistung, eine Aufteilung kann dann nicht in Betracht kommen.

Der BFH[7] hat dazu entschieden, dass die Aufteilung eines Gesamtpreises nach der einfachst möglichen Aufteilungsmethode zu erfolgen hat. Wenn der Unternehmer die zu einem Pauschalpreis veräußerten Gegenstände im Rahmen seiner unternehmerischen Tätigkeit auch einzeln verkauft, ist der Gesamtkaufpreis grundsätzlich nach Maßgabe der Einzelverkaufspreise aufzuteilen.

Die Finanzverwaltung hat diese Aussagen aufgegriffen[8], sodass grundsätzlich die **Aufteilung im Verhältnis der Einzelverkaufspreise** der einfachste Weg der Aufteilung eines Pauschalentgelts sein soll.

Achtung! Bestehen mehrere sachgerechte und gleich einfache Aufteilungsmethoden (z.B. Aufteilung im Verhältnis des Wareneinsatzes), kann der Unternehmer zwischen diesen Methoden frei wählen. Die Aufteilung im Verhältnis der betrieblichen Kosten ist aber keine einfache Aufteilungsmethode und deshalb nicht zulässig. Liegen keine geeigneten Aufteilungsmaßstäbe vor, muss die Aufteilung im Rahmen einer sachgerechten Schätzung erfolgen.

---

[7] BFH, Beschluss v. 3.4.2013, V B 125/12, BStBl II 2013, 973.

[8] BMF, Schreiben v. 28.11.2013, BStBl I 2013, 1594 sowie Abschn. 10.1 Abs. 11 UStAE.

Beispiel 10: Gastronom G bietet sog. Sparmenüs an, bei denen sowohl dem ermäßigten Steuersatz unterliegende Hamburger wie auch dem Regelsteuersatz unterliegende Getränke abgegeben werden. Das Sparmenü kostet 5 €. Würde der Kunde die Speisen und Getränke separat erwerben, müsste er sowohl für den Hamburger als auch für das Getränk jeweils 3 € bezahlen.
Lösung: Das Gesamtentgelt für das Sparmenü muss aufgeteilt werden, die Aufteilung erfolgt sachgerecht im Verhältnis der Einzelverkaufspreise. Damit muss für die Ermittlung für den dem ermäßigten Steuersatz unterliegenden Hamburger von einem Bruttobetrag von 2,50 € und für das dem Regelsteuersatz unterliegende Getränk ebenfalls von brutto 2,50 € ausgegangen werden.

Tipp! Dies gilt auch, wenn Unternehmer Kunden neben einer vertraglich vereinbarten Lieferung von Kaffeepulver noch einen Kaffeeautomaten „unentgeltlich" zur Verfügung stellen. In diesem Fall bezieht sich das Gesamtentgelt sowohl auf die dem ermäßigten Steuersatz unterfallende Lieferung von Kaffeepulver wie auch auf die dem Regelsteuersatz unterliegende Überlassung des Kaffeeautomaten[9]. Die Aufteilung muss nach der einfachst möglichen Methode der Einzelleistungspreise erfolgen.

3. Bemessungsgrundlage unentgeltlicher Umsätze

Auch bei unentgeltlichen Umsätzen muss der Unternehmer eine Bemessungsgrundlage ermitteln. Dabei bestimmt sich die Bemessungsgrundlage bei unentgeltlichen Umsätzen nach den Rechtsvorschriften des § 10 Abs. 4 UStG. Zu den unentgeltlichen Leistungen gehören die folgenden Umsätze:

- Unentgeltliche Lieferungen nach § 3 Abs. 1b UStG,
- unentgeltliche sonstige Leistungen nach § 3 Abs. 9a UStG,
- innergemeinschaftliche Lieferung im Rahmen eines innergemeinschaftlichen Verbringens nach § 3 Abs. 1a UStG und
- innergemeinschaftlicher Erwerb im Rahmen eines innergemeinschaftlichen Verbringens nach § 1a Abs. 2 UStG.

Soweit es sich um eine **unentgeltliche Lieferung** oder um einen Vorgang im Rahmen des innergemeinschaftlichen Verbringens handelt, bestimmt sich die Bemessungsgrundlage nach § 10 Abs. 4 Nr. 1 UStG mit dem Einkaufspreis zuzüglich der Nebenkosten für den Gegenstand oder für einen gleichartigen Gegenstand oder mangels eines Einkaufspreises nach den Selbstkosten zum Zeitpunkt der Ausführung des unentgeltlichen Umsatzes. Zu den Einzelheiten vgl. Stichwort Unentgeltliche Lieferungen.

Bei einer **unentgeltlichen sonstigen Leistung** ist zu unterscheiden, ob es sich um eine Leistung nach § 3 Abs. 9a Nr. 1 UStG (Verwendung eines Gegenstands) oder um eine Leistung nach § 3 Abs. 9a Nr. 2 UStG (Ausführung einer anderen sonstigen Leistung) handelt. In beiden Fällen sind grundsätzlich die bei der Ausführung des unentgeltlichen Umsatzes entstandenen Ausgaben zur Berechnung der Bemessungsgrundlage heranzuziehen. Wenn es sich um die Verwendung eines Gegenstands handelt, werden allerdings nur die Ausgaben in die Bemessungsgrundlage mit einbezogen, die auch zu einem Vorsteuerabzug geführt haben. Bei allen ab dem 1.7.2004[10] ausgeführten unentgeltlichen Leistungen sind in diese Ausgaben auch die über den jeweiligen Vorsteuerberichtigungszeitraum nach § 15a UStG zu verteilenden Anschaffungs- oder Herstellungskosten einzubeziehen[11]. Zu den Einzelheiten vgl. Stichwort Unentgeltliche sonstige Leistungen.

Achtung! Bei der Ermittlung der Bemessungsgrundlage einer unentgeltlichen Leistung ist immer auf den Zeitpunkt der Leistungsabgabe abzustellen.

---

[9] Vgl. auch OFD Niedersachsen, Verfügung v. 20.5.2016, S 7222 – 27 – St 187 VD.

[10] Eine Rückwirkung der zum 1.7.2004 umgesetzten gesetzlichen Regelung für Zeiträume bis 30.6.2000 kann nicht erfolgen; BFH, Urteil v. 19.4.2007, V R 56/04, BStBl II 2007, 676.

[11] Vgl. auch EuGH, Urteil v. 14.9.2006, C-72/05 – Hausgemeinschaft Wollny, BStBl II 2007, 32.

4. Mindestbemessungsgrundlage

Grundsätzlich ist es dem Unternehmer freigestellt, eine Leistung verbilligt, also auch unter seinen eigenen Kosten oder Ausgaben, am Markt anzubieten. Da das Umsatzsteuerrecht bei der Frage der Steuerbarkeit nur den Leistungstatbestand „entgeltliche Leistung" und den Leistungstatbestand „unentgeltliche Leistung" kennt, führt jeder Umsatz, für den der Unternehmer eine Gegenleistung erhält, zwingend zu einem entgeltlichen Umsatz.

Wichtig! Ein einheitlicher Umsatz kann nicht in einen Teil „entgeltlicher Umsatz" und einen Teil „unentgeltlicher Umsatz" aufgeteilt werden, selbst dann nicht, wenn die Leistung stark verbilligt abgegeben wird.

Da die Bemessungsgrundlage für einen entgeltlichen Umsatz immer von der Gegenleistung des Leistungsempfängers abzuleiten ist, würde es in den Fällen zu Problemen kommen, wenn ein Unternehmer an ihm nahestehende Personen oder an sein Personal Leistungen zu einem Preis erbringt, der unter seinen eigenen Aufwendungen liegt. Der Gesetzgeber hat aus diesem Grunde im § 10 Abs. 5 UStG die sog. **Mindestbemessungsgrundlage** eingeführt, die in folgenden Fällen immer zu prüfen ist:

- Eine Körperschaft, Personenvereinigung, nicht rechtsfähige Personenvereinigung oder Gemeinschaft erbringt eine entgeltliche Lieferung oder sonstige Leistung an Anteilseigner, Gesellschafter, Mitglieder, Teilhaber oder diesen nahestehende Personen,
- ein Einzelunternehmer erbringt eine entgeltliche Lieferung oder sonstige Leistung an eine ihm nahestehende Person oder
- ein Unternehmer erbringt eine entgeltliche Lieferung oder sonstige Leistung an sein Personal oder an dessen Angehörige aufgrund des Dienstverhältnisses.

Achtung! In den genannten Fällen muss immer überprüft werden, ob die Mindestbemessungsgrundlage anzuwenden ist. Dies gilt aber nur, wenn die Leistung an diesen bestimmten Personenkreis ausgeführt wird. Grundsätzlich setzt die Anwendung der Mindestbemessungsgrundlage voraus, dass die Gefahr von Steuerhinterziehung oder Steuerumgehung besteht.

Wichtig! Als nahestehende Person sind nicht nur Familienangehörige zu verstehen, sondern auch alle anderen Personen, zu denen der Unternehmer eine enge rechtliche, wirtschaftliche oder persönliche Beziehung hat[12].

Wenn zwischen dem leistenden Unternehmer und dem Leistungsempfänger ein solches Naheverhältnis vorliegt, muss zuerst die Bemessungsgrundlage nach den allgemeinen Vorschriften des § 10 Abs. 1 UStG ermittelt werden (tatsächliche Zahlung oder andere Gegenleistung des Leistungsempfängers abzüglich der darin enthaltenen Umsatzsteuer). Danach muss ermittelt werden, wie hoch die Bemessungsgrundlage bei einem unentgeltlichen Umsatz wäre. Dabei ist die Bemessungsgrundlage nach den Vorschriften des § 10 Abs. 4 UStG zu bestimmen (vgl. oben 3.). Bei einem Vergleich dieser beiden Bemessungsgrundlagen kann es zu den folgenden Ergebnissen kommen:

- Die Bemessungsgrundlage nach § 10 Abs. 1 UStG (also das, was der Leistungsempfänger tatsächlich netto bezahlt hat) ist höher als das, was sich als Bemessungsgrundlage nach § 10 Abs. 4 UStG bei einem unentgeltlichen Umsatz ergeben würde. In diesem Fall ist die Mindestbemessungsgrundlage nicht anzuwenden. Bemessungsgrundlage ist alles das, was der Leistungsempfänger tatsächlich aufgewendet hat, um die Leistung zu erhalten, abzüglich der darin enthaltenen Umsatzsteuer.
- Die Bemessungsgrundlage nach § 10 Abs. 1 UStG (also das, was der Leistungsempfänger tatsächlich netto bezahlt hat) ist niedriger als das, was sich als Bemessungsgrundlage nach § 10 Abs. 4 UStG bei einem unentgeltlichen Umsatz ergeben würde. In diesem Fall ist die Mindestbemessungsgrundlage anzuwenden. Bemessungsgrundlage ist das, was sich im Falle einer Entnahme oder der Ausführung

[12] Abschn. 10.7 Abs. 1 UStAE.

einer unentgeltlichen sonstigen Leistung für unternehmensfremde Zwecke als Bemessungsgrundlage nach § 10 Abs. 4 UStG ergeben würde.

Achtung! Wenn die Zahlung der nahestehenden Person dem entspricht, was auch andere Leistungsempfänger zahlen (marktübliches Entgelt), ist die Mindestbemessungsgrundlage nicht anzuwenden[13].

Beispiel 11: Unternehmer U vermietet in einem ihm gehörenden Immobilienobjekt (Neubau) eine Gewerbeeinheit an seine ebenfalls unternehmerisch tätige Tochter zu einem Mietzins von 15 €/m². Bei der Vermietung hat er zulässigerweise auf die Steuerfreiheit des Umsatzes nach § 9 UStG verzichtet. Andere Mieter zahlen ebenfalls eine Gewerbemiete i.H.v. 15 €/m². Die vorsteuerabzugsbehafteten Ausgaben aus der Vermietung betragen aber 30 €/m².
Lösung: Obwohl hier die Ausgaben nach § 10 Abs. 4 Nr. 2 UStG über dem tatsächlich gezahlten Entgelt liegen, ist die Mindestbemessungsgrundlage nicht anzuwenden, da die Tochter ein marktübliches Entgelt entrichtet.

Liegt das marktübliche Entgelt unter der Besteuerungsgrundlage, die sich nach § 10 Abs. 4 UStG ergeben würde, und wendet die nahestehende Person eine Gegenleistung auf, die noch unter dem marktüblichen Entgelt liegt, wurde nach der früheren Auffassung der Finanzverwaltung die Bemessungsgrundlage nicht bei dem marktüblichen Entgelt gedeckelt, vielmehr wurde die Bemessungsgrundlage mit den sich aus § 10 Abs. 4 UStG ergebenden Werten angesetzt[14]. Mit Wirkung ab dem 31.7.2014[15] ist in § 10 Abs. 5 UStG eine Deckelung mit aufgenommen worden, nach der der Umsatz bei der Mindestbemessungsgrundlage höchstens nach dem marktüblichen Entgelt zu bemessen ist. Übersteigt aber das tatsächlich gezahlte Entgelt das marktübliche Entgelt, unterliegt alles das der Umsatzsteuer, was der Leistungsempfänger tatsächlich aufwendet.

Fortsetzung Beispiel 11: Unternehmer U vermietet an seine Tochter die Gewerbeeinheit nur zu einem Mietzins von 14 €/m².
Lösung: Da die tatsächliche Miete unter der marktüblichen Miete liegt, wäre die Umsatzsteuer auf den Betrag zu berechnen, der sich nach § 10 Abs. 4 Nr. 2 UStG ergeben würde, hier also mit 30 €/m². Früher wurde eine Deckelung bei 15 €/m² von der Finanzverwaltung nicht vorgenommen (anders aber auch schon früher der BFH[16], wenn der Unternehmer die Leistung in Höhe des marktüblichen Entgelts besteuert). Spätestens seit dem 31.7.2014 kann nach der gesetzlichen Anpassung in § 10 Abs. 5 UStG nur noch eine Besteuerung in Höhe des marktüblichen Entgelts vorgenommen werden. Darüber hinaus führt dies nach der neuen vom BFH[17] vertretenen Auffassung nicht zu einem Anwendungsfall der Mindestbemessungsgrundlage, da die Mieterin voll zum Vorsteuerabzug berechtigt sein muss und sich bezüglich der Mietaufwendungen auch später keine Vorsteuerberichtigung nach § 15a UStG ergeben kann. Die Finanzverwaltung hat dies mittlerweile auch so im UStAE umgesetzt.

Umstritten war, ob die Mindestbemessungsgrundlage auch dann zur Anwendung kommt, wenn die Leistung von einem Unternehmer an eine nahestehende Person ausgeführt wird, die selbst Unternehmer ist und zum Vorsteuerabzug berechtigt ist. Während der BFH[18] die Anwendung der Mindestbemessungsgrund-

---

[13] Vgl. EuGH, Urteil v. 29.5.1997, C-63/96 – Skripalle, BStBl II 1997, 841 sowie BFH, Urteil v. 8.10.1997, XI R 8/86, BStBl II 1997, 840.

[14] Abschn. 10.7 Abs. 1 Satz 5 UStAE in der bis 31.7.2014 geltenden Fassung. Eine Anpassung an die gesetzliche Regelung wurde mit BMF, Schreiben v. 23.2.2016, BStBl I 2016, 240 vorgenommen.

[15] Gesetz zur Anpassung des nationalen Steuerrechts an den Beitritt Kroatiens zur EU und zur Änderung weiterer steuerlicher Vorschriften.

[16] BFH, Urteil v. 7.10.2010, V R 4/10, BStBl II 2016, 181.

[17] BFH, Urteil v. 5.6.2014, XI R 44/12, BStBl II 2016, 187.

[18] BFH, Urteil v. 24.1.2008, V R 39/06, BStBl II 2009, 786.

lage in diesen Fällen 2008 noch grundsätzlich bejaht hatte, ist er zumindest teilweise in einer neueren Entscheidung[19] davon abgewichen. Die Mindestbemessungsgrundlage ist zumindest bei Leistungen an einen zum vollen Vorsteuerabzug berechtigten Unternehmer dann nicht anwendbar, wenn der vom Leistungsempfänger in Anspruch genommene Vorsteuerabzug keiner Vorsteuerberichtigung nach § 15a UStG unterliegen kann. Damit dürfte es bei Vermietungsleistungen an einen voll vorsteuerabzugsberechtigten Unternehmer – dies ist regelmäßig die Voraussetzung für den Verzicht auf die Steuerbefreiung bei Vermietungen – als nahestehende Person nach der Rechtsprechung des BFH nicht mehr zur Anwendung der Mindestbemessungsgrundlage kommen können. Die Finanzverwaltung[20] hat mittlerweile die Grundsätze in Abschn. 10.7 UStAE mit aufgenommen.

Wichtig! Marktübliches Entgelt ist der gesamte Betrag, den ein Leistungsempfänger an einen Unternehmer unter Berücksichtigung der Handelsstufe zahlen müsste, um die betreffende Leistung zu diesem Zeitpunkt unter den Bedingungen des freien Wettbewerbs zu erhalten. Sonderkonditionen für besondere Gruppen von Kunden oder Sonderkonditionen für Mitarbeiter haben keine Auswirkung auf das marktübliche Entgelt. Ebenso wird das marktübliche Entgelt nicht durch im Einzelfall gewährte Zuschüsse gemindert.

Bei **Leistungen gegenüber Mitarbeitern** ist zu beachten, dass die Mindestbemessungsgrundlage nur dann angewendet werden kann, wenn die Leistung – soweit sie unentgeltlich wäre – der Besteuerung nach § 10 Abs. 4 UStG unterliegen würde[21]. Die Mindestbemessungsgrundlage findet damit keine Anwendung, wenn die Leistung des Unternehmers an sein Personal nicht zur Befriedigung persönlicher Bedürfnisse des Personals erfolgt, sondern durch betriebliche Erfordernisse bedingt ist[22].

Beispiel 12: Unternehmer U überlässt seinen Mitarbeitern Arbeitskleidung gegen ein geringes Entgelt, das unter den eigenen Aufwendungen liegt.
Lösung: Obwohl die eigenen Aufwendungen über den von den Mitarbeitern vereinnahmten Entgelten liegen, kommt die Mindestbemessungsgrundlage nicht zur Anwendung, da bei einer unentgeltlichen Überlassung der Arbeitskleidung ein nicht steuerbarer Umsatz im überwiegenden Interesse des Arbeitgebers vorliegen würde[23].

Auch in den Fällen der verbilligten Ausführung von Leistungen gegenüber dem Personal war schon vor der gesetzlichen Anpassung zum 31.7.2014 nach der Auffassung des BFH[24] die Mindestbemessungsgrundlage bei dem marktüblichen Entgelt zu **deckeln**, wenn das marktübliche Entgelt unter den nach § 10 Abs. 5 Nr. 2 UStG ermittelten Selbstkosten liegt.

[19] BFH, Urteil v. 5.6.2014, XI R 44/12, BStBl II 2016, 187.
[20] BMF, Schreiben v. 23.2.2016, BStBl I 2016, 240. Die Grundsätze sind in allen noch offenen Fällen anzuwenden.
[21] BFH, Urteil v. 29.5.2008, V R 12/07, BStBl II 2009, 428.
[22] Vgl. Abschn. 10.7 Abs. 2 UStAE.
[23] Vgl. Abschn. 1.8 Abs. 4 UStAE.
[24] BFH, Urteil v. 19.6.2011, XI R 8/09, BFH/NV 2011, 2184.

Betriebsstätte

Betriebsstätte auf einen Blick

1. **Rechtsquellen**
   Abschn. 3a.1 Abs. 3 UStAE
2. **Bedeutung**
   Eine Betriebsstätte ist eine feste Geschäftseinrichtung oder Anlage, die der Tätigkeit des Unternehmers dient. Sie ist unselbstständiger Bestandteil des Unternehmens. Die Umsätze und Vorsteuerabzugsbeträge sind dem Unternehmer zuzurechnen. Allerdings können Betriebsstätten für die Bestimmung des Orts einer Leistung von Bedeutung sein.
3. **Weitere Stichworte**
   → Ausländischer Unternehmer, → Sonstige Leistung/Ort, → Steuerschuldnerverfahren, → Unentgeltliche Lieferungen, → Unentgeltliche sonstige Leistungen

Eine **Betriebsstätte** ist jede feste Geschäftseinrichtung oder Anlage, die der Tätigkeit eines Unternehmens dient. Umsatzsteuerlich sind diese Betriebsstätten Bestandteil des gesamten Unternehmens. Die Umsätze wie auch die Vorsteuerbeträge sind in der Umsatzsteuer-Voranmeldung und der Jahreserklärung des einheitlichen Unternehmens aufzunehmen.

Achtung! Da es sich bei dem Begriff der Betriebsstätte um einen unionsrechtlich einheitlichen Begriff handelt, muss die Auslegung auch unionsrechtlich erfolgen. Aus diesem Grunde kann die nationale Definition der Betriebsstätte nach § 12 AO keine ausschlaggebende Bedeutung für das Umsatzsteuerrecht haben.

Damit eine Betriebsstätte im unionsrechtlichen Sinne vorliegt, muss diese Einrichtung über einen ausreichenden Mindestbestand an Personal- und Sachmitteln verfügen, der für die Ausführung der entsprechenden Leistungen erforderlich ist. Darüber hinaus muss die Einrichtung oder Anlage auch einen hinreichenden Grad an Beständigkeit sowie eine Struktur aufweisen, die von der personellen und technischen Ausstattung her eine autonome Erbringung der Leistung ermöglicht[1]. Von einer solchen Struktur kann ausgegangen werden, wenn die Einrichtung über eine ausreichende Anzahl von Beschäftigten verfügt, von dort aus Verträge abgeschlossen werden können, bei der Rechnungslegung und Aufzeichnungen erfolgen und Entscheidungen getroffen werden[2].

Wichtig! Diese Definition entspricht auch Art. 11 Abs. 2 MwStVO, die seit dem 1.7.2011 unmittelbar geltendes Recht in den Mitgliedstaaten darstellt.

In den meisten Fällen wird aber eine Betriebsstätte auch in den in § 12 AO beschriebenen Fällen anzunehmen sein. Damit sind insbesondere als Betriebsstätten anzusehen:

- Stätte der Geschäftsleitung,
- Zweigniederlassungen,
- Geschäftsstellen,
- Fabrikations- oder Werkstätten,
- Warenlager mit Dispositionsbefugnis,
- Ein- oder Verkaufsstellen,
- Organgesellschaften.

---

1 EuGH, Urteil v. 2.5.1996, C-231/94 – Faaborg-Gelting Linien, UR 1996, 220.

2 Vgl. auch EuGH v. 20.2.1997, C-260/95 – DFDS A/S, IStR 1997, 172 sowie auch EuGH, Urteil v. 16.10.2014, C-605/12 – Welmory sp. z o.o., BFH/NV 2014, 2029.

Die Definition der Betriebsstätte ist für umsatzsteuerliche Zwecke insbesondere für die Prüfung des Orts einer Leistung von Bedeutung. So ist bei der Prüfung des Orts der sonstigen Leistung – wenn auf den Sitz des leistenden Unternehmers oder des Leistungsempfängers abzustellen ist[3] – auch der Ort einer die Leistung ausführenden oder die Leistung empfangenden Betriebsstätte für die Festlegung des Orts von entscheidender Bedeutung.

Beispiel 1: Rechtsanwalt R aus Dortmund berät die Osnabrücker Betriebsstätte eines Schweizer Unternehmens in einer rechtlichen Angelegenheit.
Lösung: Die Beratungsleistung ist nach § 3a Abs. 2 UStG an der Betriebsstätte des Schweizer Unternehmers in Osnabrück ausgeführt. Die Rechtsberatungsleistung ist damit im Inland steuerbar.

Auch bei unentgeltlichen Lieferungen und unentgeltlichen sonstigen Leistungen ist der **Ort der Betriebsstätte von Bedeutung, wenn die unentgeltliche Leistung von einer Betriebsstätte aus abgegeben wird, § 3f Satz 2 UStG.**

Aber auch der Leistungsempfänger muss **bei erhaltenen Leistungen** prüfen, von wem die ihm gegenüber ausgeführte Leistung tatsächlich erbracht worden ist. Erhält er eine im Inland steuerbare und steuerpflichtige Werklieferung oder sonstige Leistung eines ausländischen Unternehmers, wird der Leistungsempfänger auch dann zum Steuerschuldner nach § 13b UStG (Reverse-Charge-Verfahren), wenn der leistende Unternehmer über eine Betriebsstätte im Inland verfügt. Nur wenn die Leistung von der inländischen Betriebsstätte ausgeführt wird, geht die Steuerschuldnerschaft nicht auf den leistungsempfangenden Unternehmer über. Allerdings kann davon ausgegangen werden, dass die inländische Betriebsstätte in die Ausführung der Leistung eingebunden ist, wenn die Leistung unter der USt-IdNr. der inländischen Betriebsstätte abgerechnet wird.

Wichtig! Eine inländische Betriebsstätte eines im Ausland ansässigen Unternehmers ist nicht als ausländischer Unternehmer nach § 13b Abs. 7 UStG anzusehen, wenn die Betriebsstätte die Leistung selbst ausführt. In diesem Fall schuldet der leistende Unternehmer die Umsatzsteuer.

Wird eine **sonstige Leistung oder eine Werklieferung** steuerpflichtig im Inland von einem im Ausland ansässigen Unternehmer ausgeführt, wird der Leistungsempfänger zum Steuerschuldner, wenn er Unternehmer ist, selbst dann, wenn der leistende Unternehmer im Inland eine Betriebsstätte unterhält, von der die Leistung aber nicht ausgeführt wird.

Beispiel 2: Der niederländische Unternehmensberater B unterhält seit zehn Jahren in Deutschland eine Betriebsstätte (keine Zweigniederlassung). Er berät deutsche Unternehmer sowohl von seinem niederländischen Unternehmenssitz wie auch von seiner deutschen Betriebsstätte aus.
Lösung: Nach § 13b Abs. 7 UStG gilt die Leistung als von einem ausländischen Unternehmer ausgeführt, wenn B die Leistung von seinem niederländischen Unternehmenssitz ausführt. Für die im Inland steuerbaren und steuerpflichtigen Leistungen werden die Kunden zum Steuerschuldner nach § 13b Abs. 1 und Abs. 5 Satz 1 UStG. Soweit die Beratungsleistungen von der Betriebsstätte im Inland an Unternehmer erbracht werden, gilt die Leistung von der inländischen Betriebsstätte nicht als von einem ausländischen Unternehmer ausgeführt[4]. Für die im Inland steuerbaren und steuerpflichtigen Leistungen ist der leistende Unternehmer der Steuerschuldner.

Allerdings ist umgekehrt eine **ausländische Betriebsstätte** eines inländischen Unternehmers kein eigenständiges Unternehmen und fällt damit nicht unter die Definition des ausländischen Unternehmers i.S.d. § 13b Abs. 7 UStG. Der Steuerschuldner für die Leistung bleibt somit der leistende Unternehmer nach § 13a Abs. 1 Nr. 1 UStG. Dieses Ergebnis ändert sich auch nicht, wenn die Leistung unter der ausländischen

---

3 Seit 1.1.2010 bei den nach § 3a Abs. 1 oder Abs. 2 UStG ausgeführten Leistungen.

4 Diese Rechtsfolge war aber bis 31.12.2009 unionsrechtlich umstritten.

Anschrift der Betriebsstätte abgerechnet wird. Allerdings sollte in diesem Fall der Leistungsempfänger – um eventuellen Steueransprüchen zu entgehen – sich eine Bescheinigung (Formular USt 1 TS) vorlegen lassen, aus der sich ergibt, dass der leistende Unternehmer kein ausländischer Unternehmer i.S.d. Regelung ist.

Betriebsveranstaltungen

Betriebsveranstaltungen auf einen Blick

1. **Rechtsquellen**
   § 19 Abs. 1 Nr. 1a EStG
   R 19.5 LStR
   Abschn. 1.8 UStAE
2. **Bedeutung**
   Betriebsveranstaltungen werden in aller Regel im betrieblichen Interesse des Arbeitgebers durchgeführt. In diesen Fällen wird eine private Mitveranlassung verneint. Übersteigen die Aufwendungen aber einen bestimmten Grenzbetrag, ist (seit dem 1.1.2015) insoweit von einer Mitveranlassung durch die Privatsphäre des Arbeitnehmers auszugehen. Soweit Aufwendungen umsatzsteuerrechtlich ausschließlich dafür bezogen worden sind, um sie im Rahmen einer solchen unentgeltlichen Wertabgabe an das Personal weiterzugeben, wird die Leistung nicht für das Unternehmen bezogen und schließt einen Vorsteuerabzug aus.
3. **Weitere Stichworte**
   → Aufmerksamkeiten, → Sachzuwendungen an das Personal
4. **Besonderheiten**
   Der BFH hat sich ertragsteuerrechtlich mit der Freigrenze von 110 € auseinandergesetzt. Dabei wurde die Höhe der Freigrenze zwar bestätigt, die Berechnung wurde aber angepasst. Als Reaktion wurde vom Gesetzgeber zum 1.1.2015 eine gesetzliche Regelung in das EStG aufgenommen und als Freibetrag ausgestaltet. Unmittelbar ergeben sich daraus aber keine Veränderungen für die Umsatzsteuer – es wird umsatzsteuerrechtlich weiterhin von einer Freigrenzenregelung ausgegangen.

1. Arten von Betriebsveranstaltungen

Eine **Betriebsveranstaltung** (Betriebsausflug, Weihnachtsfeier, Jubiläumsfeier) ist im Regelfall im überwiegenden betrieblichen Interesse des Arbeitgebers ausgeführt. Soweit eine solche im Interesse des Arbeitgebers ausgeführte Veranstaltung vorliegt, fehlt es an einem Zuwendungswillen zugunsten des Arbeitnehmers. In diesem Fall liegt eine Leistung für die privaten Bereiche des Personals nicht vor.

Wenn Betriebsveranstaltungen aber den Rahmen des Üblichen übersteigen, liegt eine Zuwendung des Arbeitgebers auch für den privaten Bereich des Personals vor. Ob bei einer Betriebsveranstaltung der Rahmen des Üblichen überschritten wird, wird im Umsatzsteuerrecht typisierend wie im Lohnsteuerrecht (§ 19 Abs. 1 Nr. 1a EStG, R 19.5 LStR) beurteilt.

Damit Betriebsveranstaltungen als **übliche Veranstaltungen** angesehen werden können, müssen die folgenden Punkte beachtet werden:

- Die Betriebsveranstaltung muss grundsätzlich allen Betriebsangehörigen offen stehen. Veranstaltungen, die nur für einen Kreis der Arbeitnehmer von Interesse sind, sind dann noch übliche Betriebsveranstaltungen, wenn sich die Begrenzung des Teilnehmerkreises nicht als Bevorzugung bestimmter Arbeitnehmergruppen darstellt (z.B. für bestimmte Abteilungen, für im Ruhestand befindliche Arbeitnehmer oder für Arbeitnehmer, die bestimmte Jubiläen feiern – nicht jedoch bei der Feier für einen einzelnen Jubilar).
- Als üblich gelten höchstens zwei Betriebsveranstaltungen im Kalenderjahr. Unschädlich ist aber, wenn bestimmte Mitarbeiter aus betrieblichen Gründen an mehr als zwei Betriebsveranstaltungen im Kalenderjahr teilnehmen (z.B. der Personalchef nimmt an mehreren Veranstaltungen verschiedener Abteilungen teil).

Wichtig! Werden mehr als zwei Veranstaltungen im Jahr ausgeführt, kann der Unternehmer die beiden Veranstaltungen auswählen, die als übliche Betriebsveranstaltungen durchgeführt werden.

- Auf die Dauer der Betriebsveranstaltung kommt es nicht an, sodass auch mehrtägige Veranstaltungen grundsätzlich noch als üblich angesehen werden können.

Achtung! Bei der Beurteilung der Üblichkeit kommt es aber nicht nur auf die Dauer und die Anzahl der Veranstaltungen an, auch die Höhe der Aufwendungen ist für die Beurteilung von Bedeutung. Da die Übernachtungskosten bei mehrtägigen Veranstaltungen in die Berechnung der Grenzbeträge mit einzubeziehen sind, wird in aller Regel aus diesem Grund die Veranstaltung den Rahmen des Üblichen sprengen.

Erhebliche Veränderungen haben sich bei der Höhe der als angemessen anzusehenden Aufwendungen ergeben. **Bis zum 31.12.2014** wurde von einem Betrag pro Arbeitnehmer von 110 € als Bruttobetrag ausgegangen (Freigrenze). Wurde dieser Betrag überschritten, führte dies bezüglich der gesamten Aufwendungen dazu, dass die Aufwendungen als unüblich angesehen wurden. Aufwendungen teilnehmender Ehepartner oder anderer Angehöriger waren früher nach der Auffassung der Finanzverwaltung anteilig dem jeweiligen Arbeitnehmer zuzurechnen. Der BFH[1] war allerdings zu dem Ergebnis gekommen, dass eine anteilige Zurechnung nicht in Frage kommen kann, sodass die Aufwendungen zur Prüfung der Freigrenze auf alle Teilnehmerinnen/Teilnehmer zu verteilen waren.

In Folge der Rechtsprechung des BFH ist mit **Wirkung zum 1.1.2015** in § 19 Abs. 1 Nr. 1a EStG eine gesetzliche Regelung mit aufgenommen worden. Im Rahmen dieser Regelung ist insbesondere die 110 €-Grenze als **Freibetrag** ausgestaltet worden (insoweit ergibt sich eine Rechtsfolge nur für die über 110 € hinausgehenden Aufwendungen) sowie wieder eine anteilige Zurechnung auch für die Aufwendungen für die Begleitpersonen geregelt worden. Der Freibetrag ist ein Bruttobetrag, also einschließlich der Umsatzsteuer.

Wichtig! Eine Betriebsveranstaltung wird danach als Veranstaltung auf betrieblicher Ebene mit gesellschaftlichem Charakter definiert.

Beispiel 1: An einer Betriebsveranstaltung nehmen 100 Personen teil. Davon sind 80 Personen Betriebsangehörige, 20 Personen sind Ehepartner von Betriebsangehörigen. Insgesamt werden für diese Betriebsveranstaltung 10.000 € (brutto) aufgewendet.
Lösung: Bis 31.12.2014 wurden die gesamten Aufwendungen für die Betriebsveranstaltung gleichmäßig auf die Anzahl der teilnehmenden Personen verteilt. Damit lagen die Aufwendungen mit 100 € pro Person unter 110 €, sodass die Aufwendungen als üblich anzusehen waren. Die auf die teilnehmenden Ehepartner entfallenden Aufwendungen waren bis 31.12.2014 den jeweiligen Arbeitnehmern nach der Rechtsprechung des BFH nicht zuzurechnen.
Seit dem 1.1.2015 erfolgt wieder eine Zurechnung der anteiligen Kosten bei den jeweiligen Arbeitnehmern. Damit liegen die Aufwendungen für die 60 ohne Begleitung teilnehmenden Arbeitnehmer unterhalb des Freibetrags. Für die 20 mit Begleitung teilnehmenden Arbeitnehmer betragen die Aufwendungen 200 €, sodass hier eine Besteuerung erfolgen muss. Allerdings stellen seit dem 1.1.2015 die 110 € einen Freibetrag dar, sodass ertragsteuerrechtlich nur von jeweils 90 € pro Arbeitnehmer (insgesamt 20 × 90 € = 1.800 €) auszugehen ist.

[1] BFH, Urteil v. 16.5.2013, VI R 7/11, BStBl II 2015, 189.

Wichtig! Diese Änderungen beziehen sich auf die gesetzliche Neuregelung in § 19 Abs. 1 Nr. 1a EStG. Die Finanzverwaltung[2] hat neben ausführlichen Regelungen zur Umsetzung der ertragsteuerrechtlichen Konsequenzen für die Umsatzsteuer nur festgestellt, dass sich keine unmittelbaren Auswirkungen ergeben sollen. Insbesondere wird die ertragsteuerrechtliche Umstellung von „Freigrenze" zu „Freibetrag" nicht für die Umsatzsteuer übernommen. Damit bleibt es (vorläufig) dabei: Übersteigen die Aufwendungen die 110 €-Grenze, liegt in vollem Umfang umsatzsteuerrechtlich eine Veranstaltung im überwiegenden privaten Interesse des Personals vor.

Bei der Beurteilung, ob der Freibetrag von 110 € überschritten ist oder nicht, hatte der BFH[3] eine vollständige Neuorientierung vorgenommen (dies galt allerdings nur bis zum 31.12.2014). Während früher von den Kosten ausgegangen worden war, die bei dem Arbeitgeber angefallen sind, musste nach Auffassung des BFH geprüft werden, ob der Arbeitnehmer durch die Aufwendungen des Arbeitgebers tatsächlich einen Vorteil erhalten hat. Nur die Kosten, die **typischerweise den konsumierbaren Leistungen** zuzurechnen sind (Speisen, Getränke, Musikdarbietungen), durften deshalb bei der Prüfung der Angemessenheitsgrenze berücksichtigt werden. Dabei wäre der übliche Endpreis am Verbrauchsort heranzuziehen, notfalls konnte dieser auch geschätzt werden. Nicht in die Prüfung der 110 €-Grenze waren nach Auffassung des BFH alle Aufwendungen des Arbeitgebers einzubeziehen, die für sich genommen keinen geldwerten Vorteil für den Arbeitnehmer darstellen können (z.B. Buchhaltung, Eventmanager, Organisationskosten, Mietkosten für Veranstaltungsräume).

Wichtig! Nach der gesetzlichen Neuregelung ist seit dem 1.1.2015 in § 19 Abs. 1 Nr. 1a EStG geregelt, dass zu den Zuwendungen i.S.d. Regelung alle Aufwendungen des Arbeitgebers einschließlich Umsatzsteuer unabhängig davon gehören, ob sie einzelnen Arbeitnehmern individuell zurechenbar sind oder ob es sich um einen rechnerischen Anteil an den Kosten der Betriebsveranstaltung handelt, die der Arbeitgeber gegenüber Dritten für den äußeren Rahmen der Betriebsveranstaltung aufwendet. Außer Ansatz bleiben aber rechnerische Selbstkosten (Kosten der Buchhaltung, Abschreibungsbeträge eigener Räumlichkeiten etc.).

2. Rechtsfolgen für die Umsatzsteuer

Führt der Unternehmer eine Betriebsveranstaltung durch, die **im überwiegenden unternehmerischen Interesse** veranstaltet wird, ist er aus allen damit zusammenhängenden Aufwendungen zum Vorsteuerabzug berechtigt, soweit er nicht aufgrund seiner ansonsten ausgeführten Ausgangsleistungen vom Vorsteuerabzug ausgeschlossen ist. Eine Ausgangsleistung hat der Unternehmer nicht zu besteuern, da er keine Leistungen für den privaten Bedarf seines Personals ausführt.

Soweit es sich **um keine übliche Betriebsveranstaltung** handelt oder wenn im Rahmen von Betriebsveranstaltungen einzelnen Arbeitnehmern Sonderleistungen zugewendet werden, führte dies früher (längstens bis zum 31.12.2012) zu steuerbaren und steuerpflichtigen Leistungen gegenüber dem Personal. Der Unternehmer musste für diese Aufwendungen neben Lohnsteuer auch Umsatzsteuer berechnen und abführen, hatte aber für damit im Zusammenhang stehende Aufwendungen den Vorsteuerabzug. Die Bemessungsgrundlage bestimmte sich dabei nicht nach den Sachbezugswerten, sondern nach den Kosten, die dem Unternehmer bei dieser Betriebsveranstaltung oder bei einzelnen Mitarbeitern bei einer Betriebsveranstaltung entstanden waren (vgl. dazu Stichwort Unentgeltliche Lieferungen und Stichwort Unentgeltliche sonstige Leistungen).

---

2 BMF, Schreiben v. 14.10.2015, BStBl I 2015, 832.

3 BFH, Urteil v. 12.12.2012, VI R 79/10, BFH/NV 2013, 637 und BFH, Urteil v. 16.5.2013, VI R 94/10, BStBl II 2015, 186.

Der **BFH** hatte allerdings diese Behandlung **aufgegeben**[4]. Anders als früher besteht für den Unternehmer **bei Leistungsbezügen für unentgeltliche Wertabgaben kein Anspruch mehr auf den Vorsteuerabzug nach § 15 Abs. 1 UStG**. Der BFH ist davon ausgegangen, dass sich der Leistungsbezug für das Unternehmen (notwendige Voraussetzung für den Vorsteuerabzug) und die Ausführung einer unentgeltlichen Ausgangsleistung für unternehmensfremde Privatzwecke nach § 3 Abs. 9a Nr. 2 UStG gegenseitig ausschließen; der Unternehmer bezieht die Leistung nicht für seine wirtschaftliche Tätigkeit. Dass mit der Betriebsveranstaltung mittelbar auch unternehmerische Zwecke (z.B. Förderung des Betriebsklimas) verfolgt werden, ändert nichts an dieser Sichtweise. Allerdings muss der Unternehmer dann auch nicht mehr eine unentgeltliche Ausgangsleistung der Besteuerung unterwerfen.

Wichtig! Im Ergebnis kann dies für den Unternehmer positiv sein, wenn in den Aufwendungen für die Betriebsveranstaltungen auch ermäßigt besteuerte oder steuerfreie Aufwendungen enthalten waren, die aber auf der Leistungsausgangsseite dem Regelsteuersatz unterlagen.

Achtung! Da die Finanzverwaltung[5] (vorläufig) festgestellt hat, dass aus der ertragsteuerrechtlichen Umstellung der 110 €-Grenze auf einen Freibetrag sich keine umsatzsteuerrechtlichen Folgen ergeben sollen, bleibt es dabei, dass der Vorsteuerabzug bei Überschreiten der Grenze ausgeschlossen ist und keine umsatzsteuerrechtliche Ausgangsleistung zu besteuern ist. In anderen Fällen wäre eine anteilige Zurechnung eventuell unterschiedlich besteuerter Eingangsleistungen mit erheblichen Schwierigkeiten verbunden.

Beispiel 2: Unternehmer U führt eine mehrtägige Betriebsveranstaltung aus. Unter anderem fallen Übernachtungskosten von 10.000 € zuzüglich 7 % Umsatzsteuer, Eintrittsgelder in ein Museum von 800 € sowie weitere Kosten i.H.v. 5.000 € zuzüglich 19 % Umsatzsteuer an. Die Aufwendungen überschreiten 110 € pro teilnehmenden Arbeitnehmer.
Lösung: Früher war U zum Vorsteuerabzug i.H.v. (700 € + 950 € =) 1.650 € berechtigt, musste aber die Nettoaufwendungen von (10.000 € + 800 € + 5.000 € =) 15.800 € der Umsatzsteuer unterwerfen, § 3 Abs. 9a Nr. 2 i.V.m. § 10 Abs. 4 Nr. 3 UStG. Dem Vorsteuerabzug stand damit eine Umsatzsteuer von (15.800 € × 19 % =) 3.002 € gegenüber.
Da die Aufwendungen aber von U nicht für dessen wirtschaftlichen Bereich bezogen werden, scheidet ein Vorsteuerabzug aus, U hat aber auch keine Ausgangsleistung mehr der Besteuerung zu unterwerfen. U hat einen Vorteil i.H.v. 1.352 €.

Die durch die Rechtsprechung des BFH geänderte Beurteilung der unentgeltlichen Wertabgaben konnte rückwirkend auf alle noch offenen Fälle angewendet werden. Die Finanzverwaltung beanstandete es aber nicht, wenn für alle bis zum 31.12.2012 ausgeführten Leistungen noch die frühere Rechtsauffassung angewendet wurde[6]. Da es bei den Betriebsveranstaltungen aber eigentlich keine Verschlechterung geben konnte, besteht in diesen Fällen keine Notwendigkeit der Ausschöpfung der Nichtbeanstandungsregelung.

Bei **gemischten Gesamtveranstaltungen** (Veranstaltungen, die sowohl Elemente einer Betriebsveranstaltung als auch einer sonstigen betrieblichen Veranstaltung enthalten) sind die Sachzuwendungen an die Arbeitnehmer aufzuteilen[7]: zunächst getrennt nach den Kosten, die sich dem betriebsfunktionalen Bereich (kein Lohn) einerseits und dem Teil Feier und Unterhaltung (Lohn) andererseits leicht zuordnen lassen. Was dem nicht zuzuordnen ist (z.B. Beförderung, Unterbringung, Verpflegung), ist schätz-

---

4 BFH, Urteil v. 9.12.2010, V R 17/10, BStBl II 2012, 53 sowie Abschn. 15.15.

5 BMF, Schreiben v. 14.10.2015, BStBl I 2015, 832.

6 BMF, Schreiben v. 2.1.2012, BStBl I 2012, 60 sowie (Verlängerung der Nichtbeanstandungsfrist) BMF, Schreiben v. 24.4.2012, BStBl I 2012, 533.

7 Vgl. dazu BFH, Urteil v. 16.11.2005, VI R 118/01, BStBl II 2006, 440.

weise aufzuteilen, und zwar nach den Zeitanteilen: Veranstaltungsteile mit Vorteilscharakter zu den aus betriebsfunktionalen Gründen durchgeführten Veranstaltungsteilen.

Bewirtungskosten

Bewirtungskosten auf einen Blick

1. **Rechtsquellen**
   § 15 UStG
   § 4 Abs. 5 Nr. 2 EStG und R 4.10 EStR
2. **Bedeutung**
   Bewirtungskosten aus geschäftlichem Anlass sind grundsätzlich für das Unternehmen bezogene Leistungen. Der Unternehmer hat, soweit die Bewirtungskosten angemessen und nachgewiesen sind, den vollen Vorsteuerabzug aus diesen Bewirtungskosten.
3. **Weitere Stichworte**
   → Kleinbetragsrechnung, → Rechnung, → Vorsteuerabzug

1. Bewirtungsaufwendungen im Umsatzsteuerrecht

Bezieht ein Unternehmer eine **Bewirtungsleistung** für sein Unternehmen, ist er grundsätzlich nach § 15 Abs. 1 Satz 1 Nr. 1 UStG zum Vorsteuerabzug für die ihm in Rechnung gestellte Umsatzsteuer berechtigt. Unerheblich ist hierbei, dass er ertragsteuerrechtlich nur 70 % der angemessenen und ordnungsgemäß nachgewiesenen Bewirtungsaufwendungen geltend machen kann, eine Einschränkung des Vorsteuerabzugs ergibt sich nach § 15 Abs. 1a UStG nicht[1].

Bewirtungsaufwendungen sind Aufwendungen für den Verzehr von Speisen, Getränken und anderen Genussmitteln, wenn die Darreichung der Speisen und Getränke eindeutig im Vordergrund steht, so zählt z.B. die Darreichung von belegten Brötchen und Getränken während einer Sitzung nicht zu den Bewirtungskosten, sondern zu den allgemeinen Betriebsausgaben.

Achtung! Aufwendungen für die Bewirtung von Personen in der Wohnung des Unternehmers gehören regelmäßig nicht zu den Betriebsausgaben. Ein Vorsteuerabzug ist für diese Aufwendungen nicht möglich, da ein Bezug für das Unternehmen nicht gegeben ist.

Für den Vorsteuerabzug nach § 15 Abs. 1 UStG müssen immer geprüft werden:

- Die Bewirtungskosten sind nicht privat veranlasst, die Bewirtungsaufwendungen fallen in dem wirtschaftlichen Bereich des Unternehmers an,
- die Bewirtungsaufwendungen sind nicht unangemessen hoch (hier kommt es jeweils auf den Einzelfall an; u.a. abhängig von Branche und Größe des Unternehmens),
- die Bewirtungsaufwendungen sind ordnungsgemäß nachgewiesen, es muss – soweit keine Kleinbetragsrechnung (bis 250 €[2] Gesamtbetrag) vorliegt – eine ordnungsgemäße, auf den Namen des Unternehmens lautende Rechnung vorliegen.

Im Regelfall werden diese Aufzeichnungen vorliegen, da im Ertragsteuerrecht die Formerfordernisse für Bewirtungsrechnungen weit über die umsatzsteuerrechtlichen Belegerfordernisse hinausgehen.

Achtung! Die über die umsatzsteuerrechtlichen Voraussetzungen hinausgehenden ertragsteuerrechtlichen Anforderungen an Rechnungen (z.B. maschinelle Erstellung, Ausfüllen des Bewirtungsnachweises) sind keine für das Umsatzsteuerrecht notwendigen Voraussetzungen. Ein Vorsteuerabzug kann damit auch für solche Bewirtungsaufwendungen in Betracht kommen, bei denen der Betriebsausgabenabzug wegen eines Verstoßes gegen diese Formvorschriften vollständig verwehrt wird.

---

[1] So BFH, Urteil v. 10.2.2005, V R 76/03, BStBl II 2005, 509. Anpassung des Gesetzeswortlauts erfolgte durch das Jahressteuergesetz 2007.

[2] Seit dem 1.1.2017; bis 31.12.2016: 150 €.

2. Grundlagen des Bewirtungskostenabzugs im Ertragsteuerrecht

Ertragsteuerrechtlich muss – schon in der laufenden Buchhaltung des Unternehmers – darauf geachtet werden, dass die Bewirtungsbelege weiterreichenderen Anforderungen genügen müssen, als dies im Umsatzsteuerrecht der Fall ist. Darüber hinaus bestehen auch Beschränkungen bei der Abzugsfähigkeit der Bewirtungsaufwendungen im Ertragsteuerrecht.

Die Bewirtungsaufwendungen sind dabei in einen geschäftlichen und einen nicht geschäftlichen Anlass zu unterteilen. Ein geschäftlicher Anlass liegt demnach vor, wenn Personen bewirtet werden, zu denen schon eine Geschäftsbeziehung besteht oder eine Geschäftsbeziehung angebahnt werden soll. Darunter fallen nicht nur Geschäftspartner, an die Leistungen erbracht werden sollen (Abnehmer), sondern auch Geschäftspartner, von denen Leistungen empfangen werden. Bei einem solchen geschäftlichen Anlass sind die Bewirtungsaufwendungen ertragsteuerlich nur zu 70 % der Nettoaufwendungen abzugsfähig, die Vorsteuer kann in vollem Umfang abgezogen werden.

Voraussetzungen für den **anteiligen Betriebsausgabenabzug** i.H.v. 70 % sind jedoch:

- Die Bewirtungskosten sind nicht privat veranlasst,
- die Bewirtungsaufwendungen sind nicht unangemessen hoch (hier kommt es jeweils auf den Einzelfall an; u.a. abhängig von Branche und Größe des Unternehmens),
- die Bewirtungsaufwendungen sind ordnungsgemäß nachgewiesen (insbesondere muss eine detaillierte Angabe der Speisen und Getränke erfolgen, der pauschale Hinweis auf „Speisen und Getränke" reicht nicht aus. Außerdem muss die Rechnung maschinell erstellt und registriert sein). Der Unternehmer hat die bewirteten Personen, den Anlass der Bewirtung, Namen und Anschrift der Gaststätte sowie den Tag der Bewirtung aufgezeichnet,
- die Bewirtungsaufwendungen werden gesondert in der Buchhaltung des Unternehmens aufgezeichnet und
- die Rechnung muss den Anforderungen des § 14 UStG entsprechen, elektronisch erstellt sein und muss registriert sein.

Wichtig! Die notwendigen Aufzeichnungen können in der Regel nicht unter Berufung auf Berufsgeheimnisse (z.B. Pressegeheimnis bei Journalisten) verweigert werden.

Nicht geschäftlich sondern ausschließlich betrieblich veranlasste Bewirtungskosten unterliegen nicht der Begrenzung des Betriebsausgabenabzugs auf 70 % der Aufwendungen. Eine solche rein betriebliche Bewirtung erkennt die Finanzverwaltung ausschließlich bei der Bewirtung von Arbeitnehmern des bewirtenden Unternehmens an.

Bei einer **Bewirtung in einer betriebseigenen Kantine** wird aus Vereinfachungsgründen zugelassen, dass die Aufwendungen nur aus den Sachkosten der verabreichten Speisen und Getränke sowie den Personalkosten ermittelt werden. Dabei kann nach R 4.10 Abs. 6 EStR im Wirtschaftsjahr einheitlich ein Betrag von 15 € je Bewirtung angesetzt werden, wenn dieser Ansatz nicht zu einer offenbar unzutreffenden Besteuerung führt.

Bußgelder

Bußgelder auf einen Blick

1. **Rechtsquellen**
   § 26a UStG
2. **Bedeutung**
   Um den Umsatzsteuerbetrug einzudämmen, sind eigene Bußgeldvorschriften im Umsatzsteuergesetz enthalten. Nicht nur gegen Unternehmer können Bußgelder verhängt werden, auch der nichtunternehmerisch tätige Leistungsempfänger kann mit einem Bußgeld belegt werden.
3. **Weitere Stichworte**
   → Rechnungen

Der Unternehmer aber auch der nichtunternehmerisch tätige Leistungsempfänger (Privatperson, Leistungsbezug eines Unternehmers für seinen nichtunternehmerischen Bereich) hat bestimmte Pflichten des Umsatzsteuergesetzes zu erfüllen. Wird gegen eine dieser Vorschriften verstoßen, kann ein Bußgeld verhängt werden. Die Höhe des Bußgelds ist dabei davon abhängig, ob der gegen die gesetzliche Regelung Verstoßende ein Unternehmer ist oder als Nichtunternehmer gegen eine Aufbewahrungspflicht von Belegen verstoßen hat.

Mit einem Bußgeld können die folgenden Vorgänge belegt werden:

- Ein Unternehmer stellt entgegen einer in § 14 UStG geregelten Verpflichtung eine Rechnung nicht oder nicht rechtzeitig aus. Zur Ausstellung einer Rechnung ist der Unternehmer innerhalb von sechs Monaten verpflichtet, wenn er bestimmte Leistungen an andere Unternehmer, juristische Personen oder im Zusammenhang mit einem Grundstück ausführt (vgl. dazu auch Stichwort Rechnung).

  Achtung! Eine Verpflichtung zur Ausstellung einer Rechnung gegenüber einem Unternehmer oder einer juristischen Person besteht dann nicht, wenn der Umsatz nach § 4 Nr. 8 bis Nr. 28 UStG steuerfrei ist.

  Wichtig! Seit dem 30.6.2013[1] wird der Unternehmer verpflichtet, bei innergemeinschaftlichen Lieferungen und bestimmten, nach § 3a Abs. 2 UStG in einem anderen Mitgliedstaat ausgeführten sonstigen Leistungen die Rechnung bis zum 15. Tag des folgenden Monats auszustellen. Allerdings führt ein Verstoß gegen diese Ausstellungsfrist nicht nach § 26a UStG zu einem Bußgeld; eine Ordnungswidrigkeit würde sich dann auch erst nach Ablauf von sechs Monaten ergeben.

- Ein Unternehmer bewahrt entgegen § 14b Abs. 1 Satz 1 UStG ein dort bezeichnetes Doppel oder eine dort bezeichnete Rechnung nicht oder nicht mindestens zehn Jahre auf.
- Ein Nichtunternehmer bewahrt entgegen § 14b Abs. 1 Satz 5 UStG eine dort bezeichnete Rechnung, einen Zahlungsbeleg oder eine andere beweiskräftige Unterlage für eine an ihn ausgeführte Leistung im Zusammenhang mit einem Grundstück nicht oder nicht mindestens zwei Jahre auf.
- Ein Unternehmer, der mit einem im Ausland registrierten Reisebus im Inland Beförderungsleistungen ausführt, legt entgegen § 18 Abs. 12 Satz 3 UStG die dort bezeichnete Bescheinigung nicht oder nicht rechtzeitig vor; vgl. dazu auch Stichwort Beförderungsleistung.
- Ein Unternehmer gibt entgegen § 18a UStG eine Zusammenfassende Meldung nicht, nicht richtig, nicht vollständig oder nicht rechtzeitig ab oder er berichtigt eine Zusammenfassende Meldung nicht oder nicht rechtzeitig; vgl. dazu auch Stichwort Zusammenfassende Meldung.

---

[1] Übergangsfrist bis zum 31.12.2013.

Achtung! Wer in einer Zusammenfassenden Meldung vorsätzlich falsche Umsatzsteuer-Identifikationsnummern der Vertragspartner angibt, um im Zusammenwirken mit dem Leistungsempfänger die Besteuerung eines innergemeinschaftlichen Erwerbs beim Erwerber zu verhindern, dem wird die Steuerbefreiung als innergemeinschaftliche Lieferung verwehrt[2]. Es liegt dann im Regelfall eine Steuerhinterziehung vor und nicht nur eine Ordnungswidrigkeit nach § 26a UStG.

- Ein Unternehmer legt entgegen § 18d Satz 3 UStG (Vorlageverpflichtung für Urkunden in bestimmten Fällen) die dort bezeichneten Unterlagen (Bücher, Aufzeichnungen, Geschäftspapiere und andere Urkunden) nicht, nicht vollständig oder nicht rechtzeitig vor.

Wichtig! Wer gegen die oben genannten Vorschriften verstößt, handelt ordnungswidrig.

Wenn eine der genannten Ordnungswidrigkeiten begangen wird, kann ein **Bußgeld von bis zu 5.000 €** verhängt werden. Lediglich in den Fällen, in denen ein Nichtunternehmer gegen die zweijährige Aufbewahrungspflicht für an ihn ausgestellte Rechnungen oder anderer Unterlagen im Zusammenhang mit Leistungen an einem Grundstück verstößt, beträgt die Geldbuße maximal 500 €.

2 EuGH, Urteil v. 7.12.2010, C-285/09 – „R“, BFH/NV 2011, 396.

Dauerfristverlängerung

Dauerfristverlängerung auf einen Blick

1. **Rechtsquellen**
   § 18 Abs. 6 UStG
   § 46 bis § 48 UStDV
   Abschn. 18.4 UStAE
2. **Bedeutung**
   Grundsätzlich hat der Unternehmer seine Umsatzsteuer-Voranmeldung innerhalb von zehn Tagen nach Ablauf des jeweiligen Voranmeldungszeitraums abzugeben und innerhalb dieser Frist die fällige Umsatzsteuer zu bezahlen. Auf Antrag kann diese Frist jedoch um einen Monat verlängert werden. Bei Unternehmern, die monatliche Voranmeldungen abzugeben haben, ist dann eine Sondervorauszahlung zu leisten.
3. **Weitere Stichworte**
   → Umsatzsteuer-Voranmeldung
4. **Besonderheiten**
   Die Sondervorauszahlung ist in der Regel in der Dezember-Voranmeldung in Zeile 67 abzusetzen.

Der Unternehmer hat seine laufenden Umsatzsteuer-Voranmeldungen innerhalb einer Frist von zehn Tagen nach Ablauf des Voranmeldungszeitraums bei seinem Finanzamt auf elektronischen Weg einzureichen und innerhalb dieser Frist den selbst berechneten Zahlbetrag an sein Finanzamt abzuführen, § 18 Abs. 1 UStG. Diese Frist ist in der Praxis oftmals kaum einzuhalten, insbesondere dann nicht, wenn die Buchhaltung nicht im Unternehmen, sondern extern gefertigt wird.

Der Unternehmer kann deshalb bei seinem Finanzamt einen Antrag stellen, durch den diese Frist um einen Monat verlängert wird, § 18 Abs. 6 UStG i.V.m. § 46 UStDV (**Dauerfristverlängerung**). Das Finanzamt kann den Antrag nur dann ablehnen oder einen einmal genehmigten Antrag für die Zukunft widerrufen, wenn der Steueranspruch gefährdet erscheint[1]. Der Steueranspruch ist in der Regel dann gefährdet, wenn der Unternehmer wiederholt seinen steuerlichen Pflichten nicht oder nur verspätet nachkommt.

Achtung! Die wiederholte verspätete Abgabe der Voranmeldungen kann zum Widerruf einer erteilten Dauerfristverlängerung führen.

Der Antrag auf Dauerfristverlängerung ist nach amtlich vorgeschriebenem Datensatz durch Datenfernübertragung zu übermitteln. Der Antrag ist seit 2011 elektronisch zu stellen und kann nur zur Vermeidung unbilliger Härten weiterhin auf Papier gestellt werden. Die Antragstellung im Elster-Verfahren ist möglich[2].

Eine wiederholte Antragstellung ist nicht erforderlich – die gewährte Dauerfristverlängerung gilt solange fort, bis der Unternehmer den Antrag zurücknimmt oder das Finanzamt den Antrag widerruft[3]. Ist dem Unternehmer die Dauerfristverlängerung gewährt worden, hat der Unternehmer später aber wegen Unterschreiten der Wertgrenzen für die Abgabeverpflichtung keine Umsatzsteuer-Voranmeldung mehr abzugeben, muss bei erneuter Verpflichtung zur Abgabe von Voranmeldungen ein erneuter Antrag gestellt werden.

---

1 Vgl. Abschn. 18.4 Abs. 1 UStAE.

2 Seit 2013 kann die Übertragung nur noch authentifiziert nach Registrierung erfolgen.

3 BFH, Urteil v. 7.7.2005, V R 63/03, BStBl II 2005, 813.

Wichtig! Für die Gewährung der Dauerfristverlängerung ist ein schriftlicher Bescheid nicht notwendig. Der Unternehmer kann die beantragte Fristverlängerung somit in Anspruch nehmen, solange das Finanzamt dem Antrag nicht widerspricht.

Bei Unternehmern, die **monatliche Umsatzsteuer-Voranmeldungen** abzugeben haben, ist die Dauerfristverlängerung mit einer sog. **Sondervorauszahlung** verbunden, die 1/11 der Summe der Vorauszahlungen für das vorangegangene Kalenderjahr beträgt.

Achtung! Auch bei Änderungen des Steuersatzes oder anderer systematischer Regelungen zur Steuerbarkeit oder Steuerpflicht von Umsätzen ist grundsätzlich auf die Zahllast des Vorjahrs abzustellen. Allerdings kann in Ausnahmefällen die Sondervorauszahlung auch abweichend festgesetzt werden.

Bei Unternehmern, die nur in einem Teil des vorangegangenen Jahrs ihre unternehmerische Tätigkeit ausgeübt haben, ist zur Ermittlung der Sondervorauszahlung der Vorjahresumsatz in eine Jahressumme umzurechnen, angefangene Monate sind hierbei als volle Monate zu behandeln. Bei Neugründungen im laufenden Kalenderjahr ist die Sondervorauszahlung aufgrund der erwarteten Vorauszahlungen zu berechnen.

Wichtig! Unternehmer, die eine Tätigkeit neu aufnehmen, sind im Jahr der Unternehmensgründung und im Folgejahr verpflichtet, monatliche Voranmeldungen abzugeben. Damit ergibt sich für diese Unternehmer auch eine Verpflichtung zur Zahlung einer Sondervorauszahlung, wenn eine Dauerfristverlängerung beantragt wird. Dies gilt auch beim Erwerb einer sog. Vorratsgesellschaft bzw. einer ruhenden Gesellschaft. Allerdings ist von der Regierungskoalition im Koalitionsvertrag vereinbart worden, diese Regelung im Rahmen von Steuervereinfachungen wieder aufzuheben.

Die Sondervorauszahlung ist vom Unternehmer selbst zu berechnen und bis zum 10. Februar des jeweiligen Jahres bei seinem zuständigen Finanzamt anzumelden und abzuführen. Die Finanzbehörde kann als Sanktion gegen die verspätete Erfüllung der Verpflichtung zur Berechnung, Anmeldung und Entrichtung einer Umsatzsteuer-Sondervorauszahlung einen Verspätungszuschlag festsetzen[4].

Wichtig! Wenn der Unternehmer nur zur Abgabe vierteljährlicher Voranmeldungen verpflichtet ist, ist eine Sondervorauszahlung nicht zu leisten.

Die Sondervorauszahlung wird in der Regel in der Umsatzsteuer-Voranmeldung für den Dezember des jeweiligen Jahres auf die Zahllast angerechnet. Wenn der Unternehmer im laufenden Jahr den Antrag auf Dauerfristverlängerung zurückzieht, kann er die Sondervorauszahlung auch in einer anderen Voranmeldung anrechnen. Ab diesem Zeitpunkt sind die Voranmeldungen dann bis zum 10. des Folgemonats abzugeben.

Beispiel: Unternehmer U hat im April 2017 sein Unternehmen gegründet. Die Summe seiner Vorauszahlungen in 2017 betrug 9.000 €. Umgerechnet in einen Jahresbetrag entspricht dies einer Summe von 12.000 €. Im Juni 2018 beschließt U, ab Juli 2018 seine Voranmeldungen jeweils bis zum 10. des Folgemonats abzugeben.
Lösung: Die Sondervorauszahlung für 2018 beträgt 1.090 € ($^1/_{11}$ von 12.000 €). In der Voranmeldung für Juni 2018 kann er die Sondervorauszahlung von 1.090 € von seiner errechneten Zahllast abziehen. Die Voranmeldung für Juli 2018 ist dann bis zum 10. August 2018 bei seinem Finanzamt abzugeben.

Wenn die **unternehmerische Tätigkeit** im laufenden Kalenderjahr **eingestellt** wird, kann der Unternehmer die geleistete Sondervorauszahlung in der Voranmeldung des Monats anrechnen, in der er seine unternehmerische Betätigung beendet hat.

4 BFH, Urteil v. 7.7.2005, V R 63/03, BStBl II 2005, 813.

Wenn die berechnete Sondervorauszahlung offensichtlich zu **unzutreffenden Ergebnissen** führt, kann das Finanzamt auf Antrag die Sondervorauszahlung auch niedriger festsetzen. Solche Gründe liegen insbesondere vor[5], wenn:

- die Vorauszahlungen des Vorjahrs durch außergewöhnliche Umsätze beeinflusst worden sind, mit deren Wiederholung nicht zu rechnen ist, z.B. umfangreicher Verkauf von Anlagevermögen, oder
- infolge einer Rechtsänderung die Berechnung zu einem offensichtlich unzutreffenden Ergebnis führen würde.

Ergibt sich trotz der Anrechnung der Sondervorauszahlung in der Umsatzsteuer-Voranmeldung noch ein Zahlbetrag, hat der Unternehmer (im Regelfall für den Dezember des laufenden Jahrs) diesen Zahlbetrag gegenüber dem Finanzamt fristgerecht zu entrichten. Probleme ergaben sich bis zu einer Änderung der UStDV, wenn durch die Anrechnung der Sondervorauszahlung ein Guthaben für den Unternehmer entsteht. Der BFH[6] hatte in einem Urteil zur unterjährigen Anrechnung der Sondervorauszahlung **bei Insolvenz** des Unternehmers entschieden, dass die **Sondervorauszahlung** zwar bei der Voranmeldung für den letzten Zeitraum, für den die Dauerfristverlängerung gilt, anzurechnen ist, ein verbleibendes Guthaben aber nicht ausgezahlt werden kann, sondern erst mit der **Jahressteuer aus der Umsatzsteuerjahreserklärung zu verrechnen** bzw. dort dann gegebenenfalls zu erstatten ist.

Wichtig! Mittlerweile ist durch verbale Anpassung des § 48 Abs. 4 UStDV klargestellt, dass die festgesetzte Sondervorauszahlung bei der Festsetzung der Vorauszahlung für den letzten Voranmeldungszeitraum des Besteuerungszeitraums zu berücksichtigen ist, für den die Fristverlängerung gilt. Ein danach verbleibender Erstattungsanspruch ist mit Ansprüchen aus dem Steuerschuldverhältnis aufzurechnen (§ 226 AO), im Übrigen zu erstatten.

---

5 Vgl. Abschn. 18.4 Abs. 4 UStAE.

6 BFH, Urteil v. 16.12.2008, VII R 17/08, BFH/NV 2009, 994.

Dienstwagen

Dienstwagen auf einen Blick

1. **Rechtsquellen**
   § 3 Abs. 9 und Abs. 9a, § 10 UStG
   Abschn. 1.8 und Abschn. 15.23 UStAE
2. **Bedeutung**
   Soweit ein Unternehmer seinem Personal ein dem Unternehmen zugeordnetes Fahrzeug auch für private Fahrten überlässt, wird eine entgeltliche Leistung im Rahmen des Unternehmens ausgeführt, die zu einer Umsatzsteuerbelastung des Arbeitgebers führt.
3. **Weitere Stichworte**
   → Privatnutzung von Fahrzeugen
4. **Besonderheiten**
   Mit Schreiben vom 5.6.2014 hat die Finanzverwaltung umfassend zur Besteuerung von Fahrzeugen Stellung genommen und die Regelungen in Abschn. 15.23 UStAE zusammengefasst.

1. Allgemeines

Die Nutzung eines dem Unternehmen zugeordneten Fahrzeugs kann aus umsatzsteuerlicher Sicht grundsätzlich wie folgt erfolgen:

- Nutzung des Fahrzeugs für unternehmerisch veranlasste Fahrten,
- Nutzung des Fahrzeugs für private Fahrten des Unternehmers (vgl. Stichwort Privatnutzung von Fahrzeugen) oder
- Nutzung des Fahrzeugs (auch) für private Fahrten des Personals.

Soweit das Fahrzeug für unternehmerische Zwecke verwendet wird, ergibt sich für den Unternehmer kein der Besteuerung unterliegender Ausgangsumsatz. Wenn das Fahrzeug auch für private Zwecke des Unternehmers genutzt wird, ergibt sich eine unentgeltliche Wertabgabe nach § 3 Abs. 9a Nr. 1 UStG, vgl. Stichwort Privatnutzung von Fahrzeugen.

Von einem **Dienstwagen** (oder Firmenwagen) wird gesprochen, wenn ein Unternehmensfahrzeug dem Personal auch für private Fahrten überlassen wird. Diese Überlassung an das Personal führt bei dem überlassenden Unternehmer zu einem Ausgangsumsatz, der der Umsatzsteuer zu unterwerfen ist.

Wichtig! Wird ein Fahrzeug einem Gesellschafter/Geschäftsführer einer Kapitalgesellschaft überlassen, handelt es sich auch um eine Überlassung an das Personal.

Achtung! Voraussetzung ist immer, dass das Fahrzeug zulässigerweise dem Unternehmen zugeordnet werden konnte. Dazu muss das Fahrzeug zu mindestens zehn Prozent für unternehmerische Zwecke verwendet werden, § 15 Abs. 1 Satz 2 UStG[1]. Die entgeltliche Überlassung des Fahrzeugs an das Personal gehört dabei zu der unternehmerischen Verwendung des Fahrzeugs.

2. Entgeltliche oder unentgeltliche Überlassung

Die Überlassung eines Fahrzeugs für private Zwecke des Personals wird sich im Regelfall als entgeltlicher Umsatz im Rahmen eines tauschähnlichen Umsatzes ergeben, da der Nutzungsüberlassung des Fahrzeugs eine Leistung des Arbeitnehmers (Arbeitsleistung) gegenübersteht.

Von einer unentgeltlichen Überlassung kann nur ausgegangen werden, wenn die vereinbarte private Nutzung des Fahrzeugs derart gering ist, dass sie für die Gehaltsbemessung keine wirtschaftliche Rolle spielt und nach den objektiven Gegebenheiten eine weitergehende private Nutzungsmöglichkeit

---

[1] Diese Regelung ist derzeit bis zum 31.12.2018 abgesichert.

ausscheidet. Dies wird dann gegeben sein, wenn dem Arbeitnehmer das Fahrzeug nur gelegentlich zu einem besonderen Zweck oder aus einem besonderen Anlass für private Zwecke überlassen wird. Die Finanzverwaltung sieht eine solche geringfügige Überlassung bei einer Überlassung an nicht mehr als fünf Kalendertagen im Kalendermonat als gegeben an[2].

Tipp! Da die Finanzverwaltung in den Fällen, in denen Arbeitnehmer Unternehmensfahrzeuge nicht für private Zwecke verwenden dürfen, in aller Regel erhöhte Nachweispflichten von dem Unternehmer fordert, sollten grundsätzlich schriftliche Vereinbarungen getroffen werden. In Dienstanweisungen sollte schriftlich festgehalten werden, dass die Fahrzeuge abends auf dem Firmengelände abzustellen sind, außerdem sollten Anweisungen vorhanden sein, dass die Schlüssel an bestimmten Orten des Unternehmens zu deponieren sind.

3. Steuerbarkeit und Steuerpflicht der Nutzungsüberlassung an das Personal

Bei einer entgeltlichen Überlassung des Fahrzeugs an das Personal handelt es sich um eine steuerbare Leistung des Unternehmers, wenn der Arbeitnehmer seinen Wohnsitz im Inland hat, da sich der Leistungsort seit dem 30.6.2013 nach § 3a Abs. 3 Nr. 2 UStG – eine kurzfristige Überlassung eines Fahrzeugs wird hier nicht gegeben sein[3] – bestimmt[4]. Seit Inkrafttreten der zum 30.6.2013 vorgenommenen Änderungen ist die Überlassung eines Beförderungsmittels gegenüber einem Nichtunternehmer dort ausgeführt, wo der Leistungsempfänger seinen Wohnsitz oder Sitz hat, § 3a Abs. 3 Nr. 2 Satz 3 UStG. Unerheblich ist dabei in jedem Fall, ob der Arbeitnehmer das Fahrzeug tatsächlich im Inland oder z.B. bei einer Urlaubsreise im Ausland nutzt.

Wichtig! Ist die Privatnutzung des Fahrzeugs Bestandteil der Gehaltsvereinbarung, handelt es sich immer um eine entgeltliche Leistung die im Rahmen eines tauschähnlichen Umsatzes nach § 3 Abs. 12 Satz 2 UStG (Arbeitsleistung gegen Fahrzeugüberlassung) ausgeführt wird.
Hat der Arbeitnehmer seinen Wohnsitz im übrigen Gemeinschaftsgebiet, führt der Arbeitgeber dort eine steuerbare und steuerpflichtige Leistung aus und muss sich in diesem anderen Mitgliedstaat der Besteuerung unterwerfen[5]. Die Einzelheiten des Umfangs der Besteuerung richten sich dann nach den umsatzsteuerrechtlichen Bestimmungen dieses Staats.

Bei einer **unentgeltlichen Überlassung** des Fahrzeugs (wie oben dargestellt die Ausnahme) handelt es sich um eine Leistung, die wie eine sonstige Leistung gegen Entgelt behandelt wird, § 3 Abs. 9a Nr. 1 UStG. Der Ort der Leistung ist dort, wo der leistende Unternehmer sein Unternehmen betreibt oder die die Leistung abgebende Betriebsstätte unterhält, § 3f UStG. Dies wird bei einem deutschen Unternehmer regelmäßig im Inland sein.

Da keine Steuerbefreiung vorliegt, führt sowohl die entgeltliche wie auch die unentgeltliche Überlassung zu einem steuerpflichtigen Umsatz.

Tipp! Auch Unternehmer, die im Rahmen ihrer normalen Geschäftstätigkeit steuerfreie, den Vorsteuerabzug ausschließende Ausgangsumsätze ausführen, erbringen mit der entgeltlichen Überlassung von Dienstfahrzeugen an ihre Mitarbeiter steuerpflichtige Ausgangsleistungen. Dafür steht ihnen dann aber auch ein anteiliger Vorsteuerabzug aus den Anschaffungs- und Betriebskosten des Fahrzeugs zu. Teilweise werden hier in der Praxis mit der Finanzverwaltung individuelle Vereinfachungsvereinbarungen über die umsatzsteuerrechtliche Behandlung geschlossen, nach der auf die

---

2 Vgl. BMF, Schreiben v. 5.6.2014, BStBl I 2014, 896; auch Abschn. 15.23 UStAE.

3 Eine kurzfristige Überlassung würde bei einer Überlassung bis zu 30 Tagen in Betracht kommen und an dem Ort ausgeführt sein, an dem das Fahrzeug dem Nutzer überlassen wird.

4 Bis zum 29.6.2013 bestimmte sich der Ort der Überlassung eines Fahrzeugs an einen Arbeitnehmer mit dem Ort, an dem der leistende Unternehmer sein Unternehmen betrieb, § 3a Abs. 1 UStG.

5 BMF, Schreiben v. 12.9.2013, BStBl I 2013, 1176.

Vornahme des Vorsteuerabzugs verzichtet wird und andererseits keine Besteuerung einer Wertabgabe an das Personal erfolgt.

4. Bemessungsgrundlage

4.1 Bei entgeltlicher Überlassung

Bei einer entgeltlichen Überlassung bestimmt sich die Bemessungsgrundlage nach § 10 Abs. 1 UStG, wenn der Arbeitnehmer tatsächlich eine Zahlung für die Fahrzeugüberlassung leistet. In der Praxis erfolgt eine solche Zahlung jedoch nicht, sodass hier die Bemessungsgrundlage für einen **tauschähnlichen Umsatz** nach § 10 Abs. 1 UStG i.V.m. § 10 Abs. 2 Satz 2 UStG zu bestimmen ist. Damit ist grundsätzlich der Wert der Arbeitsleistung des Arbeitnehmers als Gegenleistung der Besteuerung zu unterwerfen. Da dieser Wert in der Praxis kaum festzustellen ist, lässt die Finanzverwaltung folgende Möglichkeiten für die Ermittlung der Bemessungsgrundlage zu:

- Ermittlung auf der Basis der **Gesamtkosten für die Überlassung**: Die Gesamtkosten (nach Abzug der abzugsfähigen Vorsteuerbeträge) aus der Überlassung des Fahrzeugs können als Bemessungsgrundlage der Besteuerung unterworfen werden. Dabei sind auch die nicht zum Vorsteuerabzug berechtigenden Kosten (z.B. Versicherung) mit in die Berechnung einzubeziehen. Auf diese Kosten ist die Umsatzsteuer heraufzurechnen. Diese Berechnungsmethode wird in der Praxis auf Schwierigkeiten stoßen, da zum einen die Gesamtkosten für dieses spezielle Fahrzeug ermittelt werden müssen, was bei mehreren Unternehmensfahrzeugen getrennte Buchungen in den einzelnen Aufwandspositionen bedeuten würde, zum anderen der private Anteil (private Fahrten, Fahrten zwischen Wohnung und Arbeitsstätte sowie Heimfahrten bei doppelter Haushaltsführung) der Nutzung des Arbeitnehmers geschätzt oder individuell ermittelt werden muss.
- Ermittlung aufgrund der **Fahrtenbuchmethode**: Soweit der Arbeitnehmer ein ordnungsgemäßes Fahrtenbuch führt, aus denen sich die privaten Fahrten ergeben, kann ebenfalls anhand der durch Belege nachgewiesenen Gesamtkosten die Bemessungsgrundlage ermittelt werden. Dabei sind auch die nicht zum Vorsteuerabzug berechtigenden Kosten mit einzubeziehen. Fahrten zwischen Wohnung und Arbeitsstätte sowie Familienheimfahrten bei doppelter Haushaltsführung sind als private Fahrten des Arbeitnehmers zu behandeln. Auch hier wird bei größeren Unternehmen die Ermittlung der Einzelkosten des Fahrzeugs organisatorisch nur sehr schwer möglich sein, da dies die korrekte Zuordnung jeder Ausgaben zu dem einzelnen Fahrzeug voraussetzt. Die Anschaffungskosten des Fahrzeugs sind über den ertragsteuerrechtlichen Abschreibungszeitraum (in der Regel sechs Jahre) zu verteilen[6].
- Anwendung der **1 %-Regel**: Die für die Praxis häufigste und auch praktikabelste Lösung wird die Ermittlung der Bemessungsgrundlage nach der 1 %-Regel sein. Dabei sind folgende Ansätze zu berücksichtigen:

Fahrt	Ansatz pro	Wert
Private Fahrten allgemein	Monat	1 % des inländischen Bruttolistenneupreises
Fahrten zwischen Wohnung und Arbeitsstätte	Monat	0,03 % des inländischen Bruttolistenneupreises pro Entfernungskilometer oder anhand der tatsächlich individuell nachgewiesenen Fahrten mit 0,002 % pro Entfernungskilometer
Heimfahrten bei doppelter Haushaltsführung	Fahrt	0,002 % des inländischen Bruttolistenneupreises pro Entfernungskilometer

[6] Abschn. 15.23 Abs. 11 Nr. 2 UStAE.

Beispiel 1: Unternehmer U überlässt dem Arbeitnehmer ein Unternehmensfahrzeug auch für private Fahrten. Der Bruttolistenneupreis des Fahrzeugs beträgt 25.000 €. Der Arbeitnehmer fährt zwischen Wohnung und Arbeitsstätte 26 Kilometer. Im Mai 2018 fährt der Arbeitnehmer einmal zu dem 300 Kilometer entfernten Wohnsitz seiner Familie. Der Arbeitgeber nimmt ertragsteuerrechtlich die pauschale Besteuerung der Fahrten zwischen Wohnung und Arbeitsstätte vor.

Lösung: Die Bemessungsgrundlage und die Umsatzsteuer für Mai 2018 berechnet sich wie folgt:

Allgemeine Privatnutzung	
1 % von 25.000 €	250 €
Arbeitsstättenfahrten	
0,03 % von 25.000 € für 26 km	195 €
Heimfahrten bei doppelter Haushaltsführung	
0,002 % von 25.000 € für 300 km	150 €
Gesamtbetrag (brutto)	**595 €**
darin enthaltene Umsatzsteuer (19 %)	95 €
Bemessungsgrundlage	**500 €**

Wichtig! Eine Kürzung des inländischen Listenpreises für Elektro- und Hybridelektrofahrzeuge – wie dies ertragsteuerrechtlich vorgesehen ist – kann umsatzsteuerrechtlich nicht vorgenommen werden.

Der BFH[7] hatte (zur **ertragsteuerrechtlichen Erfassung**) festgestellt, dass die Zuschlagsregelung des § 8 Abs. 2 Satz 3 EStG einen Korrekturposten zum Werbungskostenabzug darstellt und daher nur insoweit zur Anwendung kommt, wie der Arbeitnehmer den Dienstwagen tatsächlich für Fahrten zwischen Wohnung und regelmäßiger Arbeitsstätte benutzt hat. Die Finanzverwaltung[8] hat sich dieser Sichtweise angeschlossen und lässt zu, dass der Arbeitgeber die Fahrten zwischen Wohnung und Arbeitsstätte im Rahmen einer Einzelbewertung der tatsächlichen Fahrten mit 0,002 % des Listenpreises je Entfernungskilometer vornimmt. Die Besteuerung im Rahmen der Einzelbewertung kann aber nur dann in Betracht kommen, wenn der Arbeitnehmer kalendermonatlich gegenüber dem Arbeitgeber mit Datumsangabe erklärt, an welchen Tagen er das Fahrzeug für Heimfahrten verwendet hat, dabei ist pro Kalenderjahr von maximal 180 Heimfahrten auszugehen. Allerdings kann der Arbeitgeber in Abstimmung mit dem Arbeitnehmer auch weiterhin die Berechnung mit 0,03 % des Listenpreises pro Entfernungskilometer vornehmen. Das jeweils gewählte Verfahren kann dann im laufenden Kalenderjahr nicht gewechselt werden.

Wichtig! Soweit ertragsteuerrechtlich von diesen Grundsätzen der Ermittlung des Sachbezugs Gebrauch gemacht wird, muss dies bei Anwendung der Ermittlung der umsatzsteuerrechtlichen Bemessungsgrundlage entsprechend angewendet werden.

Von dem Bruttolistenpreis des tatsächlich an den Unternehmer gelieferten Fahrzeugs (einschließlich eventueller **Sonderausstattungen auf Wunsch des Arbeitnehmers**) ist auch auszugehen, wenn der Arbeitnehmer Zuzahlungen zu Sonderausstattungen leistet[9]. Dagegen bleiben vom Arbeitnehmer selbst erworbene Sonderausstattungen bei der Ermittlung des Listenpreises außer Betracht. Die Zuzahlung des Arbeitnehmers mindert nicht die umsatzsteuerliche Bemessungsgrundlage, und zwar auch dann nicht, wenn sie lohnsteuerlich auf den privaten Nutzungswert angerechnet werden kann. Andererseits ist die Zuzahlung nicht als Entgelt zu behandeln.

---

7 BFH, Urteil v. 22.9.2010, VI R 57/09, BStBl II 2011, 359.

8 BMF, Schreiben v. 1.4.2011, BStBl I 2011, 301.

9 Vgl. dazu auch BMF, Schreiben v. 30.12.1997, BStBl I 1998, 110.

Beispiel 2: Großhändler G gewährt dem fest angestellten Vertreter V die Privatnutzung eines Firmenfahrzeugs bis zu einem Bruttolistenneupreis in Höhe von 20.000 €. Auf Wunsch des Arbeitnehmers erwirbt G ein Fahrzeug für 25.000 €. V leistet an den G einen Zuschuss zu den Anschaffungskosten i.H.v. 5.000 €.
Lösung: G hat aus den Anschaffungskosten für den Erwerb des Fahrzeugs einen Vorsteuerabzug in voller Höhe. Der Zuschuss des V ist nicht steuerbar. Die Privatnutzung des Fahrzeugs ist ausgehend von einem Bruttolistenneupreis von 25.000 € zu ermitteln.

Wichtig! Zusätzliche Sonderausstattungen (z.B. Einbau einer Standheizung), die der Arbeitnehmer in eigenem Namen erwirbt, werden nicht für das Unternehmen des Arbeitgebers bezogen, er hat somit keinen Vorsteuerabzug aus dieser Anschaffung. Der Wert dieser Teile bleibt bei der Besteuerung der Privatnutzung außer Betracht.
Nachträglich vom Arbeitgeber eingebaute Sonderausstattungen sind ertragsteuerrechtlich nicht in die Besteuerung nach der 1 %-Regelung einzubeziehen[10]. Soweit umsatzsteuerrechtlich die Besteuerung entsprechend dieser ertragsteuerrechtlichen Vorgaben vorgenommen wird, muss dem grundsätzlich gefolgt werden.

Zahlt der Arbeitnehmer an den Arbeitgeber oder auf dessen Weisung an einen Dritten zur Erfüllung einer Verpflichtung des Arbeitgebers (abgekürzter Zahlungsweg) für die außerdienstliche Nutzung (Nutzung zu privaten Fahrten, zu Fahrten zwischen Wohnung und regelmäßiger Arbeitsstätte und zu Heimfahrten im Rahmen einer doppelten Haushaltsführung) eines betrieblichen Kraftfahrzeugs ein Nutzungsentgelt, mindert dies den Nutzungswert. Es ist gleichgültig, ob das Nutzungsentgelt pauschal oder entsprechend der tatsächlichen Nutzung des Kraftfahrzeugs bemessen wird. Die vollständige oder teilweise Übernahme einzelner Kraftfahrzeugkosten (z.B. Treibstoffkosten, Versicherungsbeiträge, Wagenwäsche) durch den Arbeitnehmer ist kein an der tatsächlichen Nutzung bemessenes Nutzungsentgelt i.S.d. R 8.1 Abs. 9 Nr. 4 LStR[11]. Nach der neuesten Rechtsprechung des BFH[12] führen diese Aufwendungen aber zu einer Minderung eines pauschalen Kostenansatzes. Diese zum Ertragsteuerrecht ergangene Überlegung muss entsprechend auch auf die Umsatzsteuer anzuwenden sein. Dies gilt auch für einzelne Kraftfahrzeugkosten, die zunächst vom Arbeitgeber verauslagt und anschließend dem Arbeitnehmer weiterbelastet werden oder, wenn der Arbeitnehmer zunächst pauschale Abschlagszahlungen leistet, die zu einem späteren Zeitpunkt nach den tatsächlich entstandenen Kraftfahrzeugkosten abgerechnet werden. Ein den Nutzungswert minderndes Nutzungsentgelt muss daher arbeitsvertraglich oder aufgrund einer anderen arbeits- oder dienstrechtlichen Rechtsgrundlage für die Gestellung des betrieblichen Kraftfahrzeugs vereinbart worden sein und darf nicht die Weiterbelastung einzelner Kraftfahrzeugkosten zum Gegenstand haben. Wie der Arbeitgeber das pauschale Nutzungsentgelt kalkuliert, ist dagegen unerheblich[13].

Achtung! Soweit ein gesondertes Entgelt für die Überlassung des Fahrzeugs zwischen dem Arbeitgeber und dem Arbeitnehmer vereinbart worden ist (z.B. bei Vermietung eines Fahrzeugs an den Arbeitnehmer), müssen als Bemessungsgrundlage mindestens die durch die Privatnutzung verursachten vorsteuerabzugsberechtigenden Kosten angesetzt werden (Mindestbemessungsgrundlage).

---

10 BFH, Urteil v. 13.10.2010, VI R 12/09, BStBl II 2011, 361.

11 Vgl. auch BFH, Urteil v. 18.10.2007, VI R 96/04, BStBl II 2008, 198.

12 BFH, Urteil v. 30.11.2016, VI R 2/15, BFH/NV 2017, 519 und BFH, Urteil v. 30.11.2016, VI R 49/14, BFH/NV 2017, 516.

13 Weitere Aussagen enthält auch BMF, Schreiben v. 19.4.2013, BStBl I 2013, 513 zur lohnsteuerliche Behandlung vom Arbeitnehmer selbst getragener Aufwendungen bei der Überlassung eines betrieblichen Kraftfahrzeugs.

4.2 Bei unentgeltlicher Überlassung

Wenn dem Arbeitnehmer nur gelegentlich ein Fahrzeug für private Fahrten unentgeltlich überlassen wird, ermittelt sich die Bemessungsgrundlage grundsätzlich nach der Vorschrift des § 10 Abs. 4 Nr. 2 UStG. Dabei sind allerdings die Ausgaben aus der Bemessungsgrundlage auszuscheiden, für die sich keine Vorsteuerabzugsberechtigung ergibt (z.B. Kfz-Steuer und Versicherung). Auf diese so ermittelten Ausgaben (Nettobasis) ist die Umsatzsteuer mit dem Regelsteuersatz (derzeit 19 %) aufzuschlagen.

Es kann auch eine **Ermittlung der Bemessungsgrundlage** anhand der lohnsteuerlichen Werte erfolgen; in diesen Fällen ist der lohnsteuerliche Wert als Bruttobetrag anzusetzen, aus dem die Umsatzsteuer mit dem Regelsteuersatz herauszurechnen ist.

5. Besteuerungszeitpunkt

Die Umsatzsteuer für die Überlassung von Fahrzeugen an das Personal ist in den jeweiligen Voranmeldungszeiträumen der Leistungsausführung anzumelden und an das Finanzamt abzuführen. Auch in den Fällen, in denen die Bemessungsgrundlage anhand der tatsächlichen Kosten ermittelt wird, muss in den einzelnen Voranmeldungszeiträumen eine Besteuerung – notfalls durch sachgerechte Schätzung der Bemessungsgrundlage – erfolgen.

Tipp! Die Besteuerung der Überlassung der Fahrzeuge an das Personal muss schon in den Voranmeldungszeiträumen angegeben werden.

6. Vorsteuerabzug des Unternehmers

Der Unternehmer kann für Fahrzeuge, die er seinem Personal zur Nutzung überlässt, den Vorsteuerabzug vornehmen, soweit er das Fahrzeug in eigenem Namen erworben hat. In der entgeltlichen Überlassung des Fahrzeugs an das Personal ist kein vorsteuerabzugsschädlicher Ausgangsumsatz zu sehen, der Unternehmer kann somit – soweit kein Ausschlussgrund nach § 15 Abs. 2 UStG einschlägig ist (z.B. unternehmerische Nutzung zu steuerfreien, den Vorsteuerabzug ausschließenden Umsätzen als Arzt oder Versicherungsvertreter o.Ä.) – den Vorsteuerabzug zu 100 % vornehmen.

Für Sonderausstattungen, die der Arbeitnehmer auf eigenen Namen erworben hat, ergibt sich für den Unternehmer kein Vorsteuerabzug, da er diese Leistungen nicht für sein Unternehmen empfangen hat.

Differenzbesteuerung

Differenzbesteuerung auf einen Blick

1. **Rechtsquellen**
   § 25a und § 14a Abs. 6 UStG
   Abschn. 25a.1 UStAE
2. **Bedeutung**
   Für Gegenstände, die der Unternehmer ohne Vorsteuerabzugsberechtigung erworben hat, entsteht nur eine Umsatzsteuer aus der Differenz zwischen Einkaufs- und Verkaufspreis (Margenbesteuerung) wenn er ein sog. Wiederverkäufer ist. Der Unternehmer darf die Differenzumsatzsteuer nicht in der Rechnung ausweisen, hat aber auf die Anwendung der Differenzbesteuerung hinzuweisen.
3. **Weitere Stichworte**
   → Unberechtigter Steuerausweis
4. **Besonderheiten**
   Mit Wirkung zum 1.1.2014 ist für die Lieferung von Kunstgegenständen die Möglichkeit einer Pauschalmarge von 30 % des Verkaufspreises unter bestimmten Voraussetzungen in das Gesetz aufgenommen worden.
   Nach der Rechtsprechung unterliegt auch das Ausschlachten von ohne Umsatzsteuer erworbenen Altfahrzeugen der Differenzbesteuerung.

1. Allgemeines

Die **Differenzbesteuerung** umfasst alle Gebrauchtwaren, bei denen beim Ankauf durch den Händler Umsatzsteuer nicht entstanden ist (z.B. Erwerb von einem Nichtunternehmer oder steuerfreier Erwerb von einem anderen Unternehmer), Umsatzsteuer nach § 19 UStG nicht erhoben wird (Erwerb von einem Kleinunternehmer) oder wenn der Gegenstand selbst im Rahmen der Differenzbesteuerung erworben wurde (differenzbesteuerter Unternehmer verkauft den Gegenstand an einen differenzbesteuerten Unternehmer[1]). Nicht von dieser Regelung erfasst werden jedoch Edelsteine und Edelmetalle. Voraussetzung für die Anwendung der Differenzbesteuerung ist, dass der Gegenstand im Gemeinschaftsgebiet an den Unternehmer geliefert worden ist.

Wichtig! Grundsätzlich scheidet damit eine Anwendung der Differenzbesteuerung für die Gegenstände aus, die der Unternehmer im Drittlandsgebiet erworben und dann in das Gemeinschaftsgebiet eingeführt hat. Er hat hier jedoch ein gesondertes Optionsrecht; vgl. 2.

Die Differenzbesteuerung ist jedoch nur anzuwenden, wenn der Unternehmer gewerbsmäßig (als sog. **„Wiederverkäufer"**) mit Gegenständen handelt und die Gegenstände für sein Unternehmen erworben hat. Darüber hinaus unterliegt die Lieferung nur dann der Differenzbesteuerung, wenn der gelieferte Gegenstand dem erworbenen Gegenstand entspricht. Wird zum Beispiel aus mehreren Gegenständen

[1] Hat der Vorlieferer aber zu Unrecht die Differenzbesteuerung angewendet, kann auch der Wiederverkäufer die Differenzbesteuerung nicht anwenden, BFH, Urteil v. 23.4.2009, V R 52/07, BStBl II 2009, 860.

ein neuer Gegenstand zusammengesetzt, unterliegt dieser neue Gegenstand nicht der Differenzbesteuerung. Reparaturen an dem Gegenstand sind jedoch für die Anwendung der Differenzbesteuerung unschädlich.

Wichtig! Nach der Rechtsprechung sowohl des EuGH[2] wie auch des BFH[3] kann ein Unternehmer, der Unfall- oder Schrottautos ohne Umsatzsteuer ankauft und diese ausschlachtet, für die Verkäufe der verwertbaren Altteile die Differenzbesteuerung anwenden. Dabei ist wohl davon auszugehen, dass nicht der Einkaufspreis des Fahrzeugs sondern gleich ein auf die verwertbaren Teile anteilig entfallender Einkaufspreis ermittelt werden muss. Dies ist u.a. deshalb von umsatzsteuerrechtlicher Bedeutung, um gegebenenfalls die Gesamtmargenbildung nach § 25a Abs. 4 UStG anwenden zu können.

Für die Anwendung der Differenzbesteuerung ist „Gegenstand" **weit auszulegen** und erfasst alle Sachen und Tiere. So hat der EuGH[4] ausdrücklich festgestellt, dass auch lebende Tiere unter den Anwendungsbereich der Differenzbesteuerung fallen können, wenn sie ohne Vorsteuerabzugsberechtigung erworben und dann später weiterverkauft werden.

Der **Begriff des Wiederverkäufers** ist ein Kunstbegriff des Umsatzsteuerrechts. Er besagt, dass es sich bei dem Unternehmer um einen Händler handeln muss, der gewerbsmäßig mit diesen Gegenständen handelt. Es muss sich dabei aber nicht um den Hauptzweck des Unternehmens handeln, sondern kann sich auch auf Teilbereiche des Unternehmens beschränken oder auf gelegentliche Umsätze mit aufgekauften Gegenständen.

Beispiel 1: Elektrohändler E nimmt von einem Privatkunden einen gebrauchten Fernseher für 100 € bei einer Lieferung eines neuen Fernsehers in Zahlung. E verkauft kurze Zeit später den Fernseher für 130 € weiter.

Lösung: Die Lieferung der Privatperson an den E ist nicht steuerbar, sodass eine Umsatzsteuer für diese Lieferung nicht geschuldet wird.

E kann die Differenzbesteuerung nach § 25a UStG anwenden und aus der Differenz von (130 € ./. 100 € =) 30 € die Umsatzsteuer mit 19 % = 4,79 € herausrechnen. Die in der Voranmeldung anzugebende Bemessungsgrundlage beträgt (30 € ./. 4,79 € =) 25,21 €.

Achtung! Die Differenzbesteuerung kann auch auf Gegenstände angewendet werden, die der Unternehmer – soweit er Wiederverkäufer ist – nicht zum direkten Wiederverkauf angeschafft hatte[5]. Allerdings müssen die Gegenstände nach der Rechtsprechung des BFH in bedingter Verkaufsabsicht erworben worden sein[6]. Die Differenzbesteuerung kann damit nicht in Anspruch genommen werden, wenn der Unternehmer Gegenstände für sein Anlagevermögen erwirbt, ohne diesbezüglich eine Verkaufsabsicht zu haben.

Beispiel 2: Fahrzeughändler F erwirbt von einer Privatperson einen Oldtimer, den er als Ausstellungsstück für seine Verkaufsausstellung verwendet (Zuordnung des Oldtimers zum Anlagevermögen). F hat nicht vor, den Oldtimer zu verkaufen. Drei Jahre nach Erwerb des Oldtimers muss er das Fahrzeug wegen eines Liquiditätsengpasses veräußern.

---

2 EuGH, Urteil v. 18.1.2017, C-471/15 – Sjelle Autogenbrug I/S, BFH/NV 2017, 558.

3 BFH, Urteil v. 23.2.2017, V R 37/15, BFH/NV 2017, 1285.

4 EuGH, Urteil v. 1.4.2004, C-320/02 – Förvaltnings AB Stenholmen, BFH/NV Beilage 2004, 217.

5 EuGH, Urteil v. 8.12.2005, C-280/04 – Jyske Finans A/S, BFH/NV Beilage 2006, 131 zur Veräußerung von Gebrauchtwagen, die für Leasingzwecke erworben wurden.

6 BFH, Urteil v. 29.6.2011, XI R 15/10, BStBl II 2011, 839.

Lösung: F kann bei dem Verkauf des Oldtimers die Differenzbesteuerung nicht anwenden, da er zwar als Fahrzeughändler Wiederverkäufer ist und der Erwerb von einer Privatperson erfolgte, er den Gegenstand aber nicht in bedingter Verkaufsabsicht erworben hatte.
Allerdings könnte F den Oldtimer nicht steuerbar aus seinem Unternehmen entnehmen (keine Wertabgabe nach § 3 Abs. 1b UStG, da der Gegenstand beim Kauf nicht zur Vorsteuerabzugsberechtigung geführt hatte). Der dann aus dem Privatbereich erfolgende Verkauf – nach einer angemessenen Frist – würde mangels Unternehmereigenschaft nicht steuerbar sein. Der Verkauf müsste dann aber eindeutig außerhalb seiner unternehmerischen Sphäre und ohne Zuhilfenahme seiner Verkaufsorganisation erfolgen.

Die Differenzbesteuerung kann aber nicht für Gegenstände angewendet werden, die der Unternehmer **aus seinem Privatbereich in das Unternehmen eingelegt** hat[7]. Die Differenzbesteuerung setzt einen entgeltlichen Eingangsumsatz voraus.

2. Optionsmöglichkeit für Kunstgegenstände, Sammlungsstücke und Antiquitäten

Der Unternehmer kann bis zur Abgabe der ersten Umsatzsteuervoranmeldung eines Kalenderjahrs erklären, dass er die Differenzbesteuerung auch auf Kunstgegenstände, Sammlungsstücke und Antiquitäten, die er selbst eingeführt hat, oder für Kunstgegenstände, wenn die Lieferung an ihn steuerpflichtig war und nicht von einem Wiederverkäufer ausgeführt wurde (z.B. bei Erwerb eines Kunstgegenstands von einem lebenden Künstler), anwenden will.

Beispiel 3: Antiquitätenhändler A erwirbt häufig in der Schweiz antike Möbel, die er nach Deutschland einführt und für die er bei Einfuhr nach Deutschland Einfuhrumsatzsteuer entrichten muss.
Lösung: A kann mit Abgabe der ersten USt-Voranmeldung eines jeden Kalenderjahrs die Differenzbesteuerung auch auf diese Antiquitäten erweitern. Die von ihm bei der Einfuhr zu entrichtende EUSt ist dann nicht als Vorsteuer abzugsfähig, § 25a Abs. 5 Satz 3 UStG. Bei dem Verkauf der eingeführten Möbel ergibt sich die Bemessungsgrundlage aus der Differenz von erhaltenem Verkaufspreis abzüglich des Zollwerts inklusive der entrichteten EUSt. Aus dieser Marge ist die darin enthaltene Umsatzsteuer von 19 % herauszurechnen.

Die Optionsmöglichkeit bei Kunstgegenständen, die nicht von einem Wiederverkäufer an den Unternehmer ausgeführt worden sind, ist seit dem 1.1.2014 durch die für Wiederverkäufer nicht mehr vorhandene Möglichkeit, den ermäßigten Steuersatz zur Anwendung zu bringen, von besonderer Bedeutung. Für einen Kunsthändler (Galerist), der mit Kunstgegenständen lebender Künstler handelt, die diese Kunstgegenstände an ihn verkaufen, ist das Wahlrecht in jedem Fall günstiger, da er zwar keinen Vorsteuerabzug aus dem Einkauf mehr hat, aber nicht die gesamte Einnahme mit 19 % zu besteuern hat, sondern nur 19 % aus der Differenz zu berechnen hat.

Achtung! Werden nach der Option nach § 25a Abs. 2 UStG auch Gegenstände verkauft, die vor der Option eingekauft worden waren und für die ein Vorsteuerabzug geltend gemacht worden war, muss dieser Vorsteuerabzug korrigiert werden. Die Finanzverwaltung geht davon aus, dass dies im Rahmen des § 15a UStG zu erfolgen hat, sodass Vorsteuerbeträge bis 1.000 € nicht zu korrigieren sind[8].

3. Bemessungsgrundlage und Steuersatz

Die Besteuerung erfolgt nach der Differenz zwischen Einkaufs- und Verkaufspreis oder dem Wert der unentgeltlichen Lieferung. Grundsätzlich ist der Wert jedes einzelnen Gegenstands nach dieser Vor-

7 BFH, Urteil v. 18.12.2008, V R 73/07, BStBl II 2009, 612.
8 § 44 Abs. 1 UStDV.

schrift zu ermitteln. Aus der Differenz zwischen dem Einkaufspreis und dem Verkaufspreis (Marge) hat der Unternehmer die Umsatzsteuer mit dem Regelsteuersatz (derzeit 19 %) herauszurechnen.

Wichtig! Grundsätzlich ist bei der Differenzbesteuerung der Regelsteuersatz anzuwenden, auch wenn es sich um gelieferte Gegenstände handelt, die eigentlich dem ermäßigten Steuersatz von 7 % unterliegen würden (z.B. Bücher).

Bei einer **Entnahme eines Gegenstands aus dem Unternehmen** ergibt sich die Bemessungsgrundlage entsprechend, allerdings ist anstelle eines Verkaufspreises der Wert anzusetzen, der sich nach § 10 Abs. 4 Nr. 1 UStG für die Entnahme ergibt, dies entspricht im Wesentlichen den Anschaffungskosten für ein vergleichbares Objekt. Bei einer verbilligten Abgabe des Gegenstands an eine nahestehende Person oder an das Personal ist die **Mindestbemessungsgrundlage** nach § 10 Abs. 5 UStG zu prüfen.

Wurde der Gegenstand vor dem Verkauf repariert oder wurden andere Aufwendungen an diesem Gegenstand getätigt, bleiben diese Kosten ebenso wie Anschaffungsnebenkosten (z.B. Transportkosten o.Ä.) bei der Berechnung der Differenz außer Betracht.

Zum **1.1.2014** ist eine neue **Pauschalregelung für den Verkauf von Kunstgegenständen** in § 25a Abs. 3 Satz 2 UStG eingeführt worden. Wenn bei dem Verkauf von Kunstgegenständen im Rahmen der Differenzbesteuerung der Einkaufspreis nicht ermittelbar ist oder unbedeutend sein sollte, wird der Betrag, nach dem sich der Umsatz bemisst, mit 30 % des Verkaufspreises angesetzt.

Wichtig! Wann ein Einkaufspreis nicht „ermittelbar" ist, ergibt sich aus dem Gesetz ebenso wenig, wie die Feststellung eines „unbedeutenden" Einkaufspreises. Die Finanzverwaltung hat dazu festgelegt, dass aufgrund der besonderen Aufzeichnungspflichten[9] bei Anwendung der Differenzbesteuerung die Nichtermittelbarkeit des Einkaufspreises nur der Ausnahmefall sein kann. Der Unternehmer muss nachweisen, dass er alle ihm zumutbaren Ermittlungsmöglichkeiten ausgeschöpft hat. Soweit dieser Nachweis nicht geführt werden kann, ist der Einkaufspreis im Rahmen einer sachgerechten Schätzung zu ermitteln[10]. Der Einkaufspreis kann z.B. nur dann nicht ermittelbar sein, wenn eine ganze Sammlung oder ein Nachlass aufgekauft wird. Als unbedeutend gilt ein Einkaufspreis, wenn er 500 € (ohne eventuell anfallende USt) nicht übersteigt[11].

Achtung! Briefmarken- und Münzhändler konnten bis zum 31.12.2013 für ihre Verkäufe regelmäßig den ermäßigten Steuersatz zur Anwendung bringen, sodass oftmals die Besteuerung im Rahmen der Differenzbesteuerung bei einer hohen Marge nicht sinnvoll war. Da seit dem 1.1.2014 nunmehr der Regelsteuersatz zur Anwendung kommt, hat die Finanzverwaltung[12] für diese Unternehmer eine Vereinfachungsregelung für den Altbestand bei Übergang zur Differenzbesteuerung getroffen. Es kann fiktiv davon ausgegangen werden, dass 60 % des Altbestands die Voraussetzungen der Differenzbesteuerung erfüllen; die Marge ist bei solchen Verkäufen mit 30 % anzusetzen.

4. Gesamtdifferenzbildung

Um insbesondere für Unternehmer, die mit einer großen Anzahl preiswerter Gegenstände handeln, die Differenzbesteuerung anwendbar zu machen, ist ein Wahlrecht bei der Ermittlung der Bemessungsgrundlage, die sog. **Gesamtdifferenz**, in § 25a Abs. 4 UStG geregelt worden. Der Unternehmer kann alle Gegenstände im Rahmen der Gesamtdifferenzbesteuerung bündeln, wenn der **Einkaufspreis des einzelnen Gegenstands 500 € nicht übersteigt.** Bei Gegenständen, deren Einkaufspreis über 500 € liegt, ist eine solche zusammengefasste Betrachtungsweise nicht möglich. Soweit der Unternehmer die Gesamt-

9 § 25a Abs. 6 UStG.

10 Abschn. 25a.1 Abs. 11a Satz 5 ff. UStAE.

11 Abschn. 25a.1 Abs. 11a Satz 10 UStAE.

12 BMF, Schreiben v. 29.11.2013, BStBl I 2013, 1596.

differenzbesteuerung in Anspruch nimmt, hat er in einem Voranmeldungszeitraum nur die Einkäufe (unabhängig davon, ob die Gegenstände schon wieder verkauft wurden) den Verkäufen (unabhängig davon, wann der verkaufte Gegenstand eingekauft wurde) dieses Voranmeldungszeitraums gegenüberzustellen. Aus der Differenz dieser An- und Verkäufe des Voranmeldungszeitraums ergibt sich die **Gesamtmarge**, aus der die Steuer mit dem Regelsteuersatz herauszurechnen ist. Im Ergebnis entspricht diese Betrachtungsweise einem Zufluss-Abfluss-Prinzip.

Wichtig! Eine Option auf die Regelbesteuerung ist bei Anwendung der Gesamtdifferenzbesteuerung in dem gesamten Kalenderjahr für alle Gegenstände nicht mehr möglich, die im Einkauf nicht mehr als 500 € gekostet hatten.

Kauft der Unternehmer mehrere Gegenstände zu einem Gesamtpreis von mehr als 500 €, hat er den Gesamtkaufpreis auf die einzelnen Gegenstände zu verteilen, um festzulegen, ob – und wenn, welche – Gegenstände der Gesamtdifferenz unterliegen.

Wenn der Unternehmer die Besteuerung nach der Gesamtdifferenz in Anspruch nimmt, ist er für den gesamten Besteuerungszeitraum an diese Methode gebunden, er muss dann alle Gegenstände bis zu einem Kaufpreis von 500 € mit der Gesamtdifferenz erfassen.

Beispiel 4: Der mit gebrauchten Büchern handelnde Buchhändler wendet die Gesamtdifferenzbesteuerung an. Im Voranmeldungszeitraum Mai 2018 kauft er diverse Bücher zu einem Kaufpreis von insgesamt 3.000 € an. Bei den Büchern ist kein Buch mit dabei, das im Einkauf mehr als 500 € gekostet hat. Im gleichen Voranmeldungszeitraum verkauft er Bücher, die im Einkauf nicht mehr als jeweils 500 € gekostet haben, für insgesamt 6.570 €.

Lösung: Die Bruttomarge im Mai 2018 beträgt 3.570 €. Aus dieser Bruttomarge ist die Umsatzsteuer mit 19 % = 570 € herauszurechnen. Die Bemessungsgrundlage für den Voranmeldungszeitraum Mai 2018 beträgt 3.000 €.

Soweit ein Unternehmer die Gesamtdifferenzbesteuerung anwendet, aber auch mit Gegenständen handelt, für die er als Einkaufspreis mehr als 500 € aufwenden muss, hat er für diese Gegenstände jeweils die Einzeldifferenz zu bilden. Das bedeutet, dass er für diese Gegenstände den Einkaufspreis aufzeichnen und zum Zeitpunkt des Verkaufs dieses Gegenstands die Differenz ermitteln muss. Die Besteuerung nach der Gesamtdifferenz für die Gegenstände, für die er nicht mehr als 500 € aufgewendet hat, bleibt davon aber unberührt.

Soweit sich bei der Bildung der Gesamtdifferenz in einem Voranmeldungszeitraum eine **negative Marge** errechnet (wenn die Summe der Einkäufe in dieser Periode höher ist als die Summe der Verkäufe), ergibt sich eine Bemessungsgrundlage von null €. In der Jahressteuererklärung kann diese negative Marge mit positiven Margen desselben Besteuerungszeitraums ausgeglichen werden, da in der Jahressteuererklarung alle Verkäufe allen Einkäufen des gesamten Jahres gegenübergestellt werden. Ein Übertrag einer negativen Marge aus einem Kalenderjahr in das nächste Kalenderjahr ist jedoch nicht möglich.

Tipp! Insbesondere bei einer Neugründung eines Unternehmens ist zu prüfen, in welchem Umfang im ersten Jahr Einkäufe getätigt werden sollten, da eine negative Marge im Rahmen der Gesamtdifferenzbildung nicht auf andere Kalenderjahre vorgetragen werden kann. Deshalb kann es sinnvoll sein, bestimmte Einkäufe in das nächste Kalenderjahr zu verschieben.

5. Vorsteuerabzug, Steuerausweis und Rechnungsangaben

In der Regel kann keine **Vorsteuer** aus dem Erwerb der Gegenstände entstehen, da die Gegenstände von Nichtunternehmern, im Rahmen steuerfreier Lieferungen oder im Rahmen der Differenzbesteuerung erworben wurden. Soweit der Unternehmer bei Kunstgegenständen, Sammlungsstücken oder Antiquitäten auf die Einbeziehung in die Differenzbesteuerung optiert hat (vgl. 2.), kann Einfuhrumsatzsteuer oder auch Umsatzsteuer aus der Lieferung an den Unternehmer entstehen. Diese Vorsteuer ist nicht abzugsfähig[13]. Allerdings kann er im Fall der Einzeloption (vgl. 7.) die von ihm gezahlte Einfuhrumsatzsteuer oder Umsatzsteuer in dem Veranlagungszeitraum geltend machen, indem er den Gegenstand veräußert hat, § 25a Abs. 8 UStG.

Wichtig! Die Vorsteuer aus anderen Aufwendungen des Unternehmers (z.B. aus der Miete, aus Beratungskosten, Telefongebühren etc.) ist für den Unternehmer nach den allgemeinen Regelungen abzugsfähig.

Nach § 14a Abs. 6 Satz 2 UStG finden die **Vorschriften über den gesonderten Steuerausweis** in Rechnungen nach § 14 UStG keine Anwendung. Der liefernde Unternehmer darf – außer in den Fällen der Option – für seine Lieferung keine Umsatzsteuer in Rechnung stellen.

Achtung! Soweit der liefernde Unternehmer die Umsatzsteuer aus der Differenz in der Rechnung gesondert ausweist, schuldet er diese nach § 14c Abs. 2 UStG[14] (vgl. Stichwort Unberechtigter Steuerausweis).

Bei Rechnungen über Lieferungen im Rahmen der Differenzbesteuerung muss der Unternehmer auf die Anwendung der Differenzbesteuerung hinweisen, § 14a Abs. 6 Satz 1 UStG. Allerdings wird es zu keinen Rechtsfolgen kommen, wenn der Unternehmer diesen Hinweis in seiner Rechnung unterlässt.

Wichtig! Zum 30.6.2013 ist § 14a Abs. 6 UStG angepasst worden, sodass in der Rechnung je nach Sachverhalt „Gebrauchtgegenstände/Sonderregelung", „Kunstgegenstände/Sonderregelung" oder „Sammlungsstücke und Antiquitäten/Sonderregelung" als zusätzlicher Hinweis mit aufgenommen werden muss. Die Finanzverwaltung[15] hatte für die neuen Pflichtangaben in Rechnungen aber eine Nichtbeanstandungsregelung bis zum 31.12.2013 getroffen.

6. Differenzbesteuerung im Gemeinschaftsgebiet

Verkauft der Unternehmer einen Gegenstand, den er ohne Umsatzsteuer als Wiederverkäufer erworben hatte, an einen Abnehmer in einem anderen Mitgliedstaat, ergeben sich die beiden folgenden Möglichkeiten:

- Der **Abnehmer ist ein Unternehmer**: Der Ort der Lieferung ist nach § 3 Abs. 6 UStG in Deutschland. Die Steuerbefreiung nach § 4 Nr. 1b und § 6a UStG ist nicht anzuwenden[16]. Der Umsatz ist somit im Inland steuerbar und steuerpflichtig. Die Bemessungsgrundlage bestimmt sich nach § 25a UStG.
- Der **Abnehmer ist ein Nichtunternehmer**: Der Ort der Lieferung ist nach § 3 Abs. 6 UStG in Deutschland, § 3c UStG zur Versandhandelsregelung ist grundsätzlich nicht anwendbar. Eine Steuerbefreiung liegt nicht vor. Der Umsatz ist somit im Inland steuerbar und steuerpflichtig. Die Bemessungsgrundlage bestimmt sich nach § 25a UStG.

Hat der Unternehmer einen Gegenstand aus einem anderen Mitgliedstaat erworben und hat der Verkäufer in seinem Mitgliedstaat die Differenzbesteuerung angewandt, unterliegt der innergemeinschaftliche Erwerb bei dem deutschen Erwerber nicht der Erwerbsbesteuerung.

---

13 Eventuell in Vorjahren aus Einkaufen abgezogene Umsatzsteuer muss im Rahmen der Vorsteuerberichtigung nach § 15a UStG korrigiert werden.

14 So zumindest die Finanzverwaltung, Abschn. 25a.1 Abs. 16 UStAE.

15 BMF, Schreiben v. 25.10.2013, BStBl I 2013, 1305.

16 BFH, Urteil v. 7.12.2006, V R 52/03, BStBl I 2007, 420.

7. Optionsmöglichkeit nach § 25a Abs. 8 UStG

Der Unternehmer kann bei jedem einzelnen Umsatz entscheiden, ob er die Differenzbesteuerung anwenden will oder nicht.

Wichtig! Ein Wahlrecht ist jedoch stets ausgeschlossen, wenn er die Besteuerung im Rahmen der Gesamtdifferenzbesteuerung nach § 25a Abs. 4 UStG anwendet.

Wenn der Unternehmer auf die Differenzbesteuerung verzichtet, sind die allgemeinen Grundsätze des Umsatzsteuergesetzes anzuwenden. Er muss aus dem Verkaufspreis die Umsatzsteuer mit dem Steuersatz herausrechnen, der für diese Gegenstände nach § 12 Abs. 1 oder Abs. 2 UStG anzuwenden ist. Insbesondere in zwei Fällen ist die Optionsmöglichkeit für den Unternehmer wirtschaftlich anzuraten:

- Der Käufer des Gegenstands ist bereit, zu dem Kaufpreis auch die offen ausgewiesene Umsatzsteuer zusätzlich zu bezahlen, da er zum Vorsteuerabzug berechtigt ist.

Beispiel 5: Gebrauchtwagenhändler G erwirbt von einer Privatperson ein gebrauchtes Fahrzeug für 5.000 €. Er verkauft im Mai 2018 dieses Fahrzeug an einen Unternehmer, der dieses Fahrzeug ausschließlich zu unternehmerischen Zwecken verwendet. Der Erwerber ist bereit, entweder 7.000 € ohne gesondert ausgewiesener Umsatzsteuer (bei Differenzbesteuerung) oder 8.330 € mit gesondert ausgewiesener Umsatzsteuer (19 % bei Regelbesteuerung) zu bezahlen.
Lösung: Soweit G die Differenzbesteuerung anwendet, muss er aus der Marge von (7.000 € ./. 5.000 € =) 2.000 € die Umsatzsteuer i.H.v. 319,33 € abführen, die Nettomarge (gleich Bemessungsgrundlage) beträgt (2.000 € ./. 319,33 € =) 1.680,67 €. Wenn er auf die Regelbesteuerung optiert, muss G aus den erhaltenen 8.330 € die Umsatzsteuer mit 19 % (= 1.330 €) herausrechnen und an sein Finanzamt abführen, es verbleibt ihm aber eine Nettomarge i.H.v. 2.000 €.

- Der Gegenstand würde bei der Regelbesteuerung nur dem ermäßigten Steuersatz unterliegen und der Unternehmer realisiert einen hohen Verkaufsaufschlag.

Beispiel 6: Buchhändler B erwirbt ein wertvolles Buch zum Einkaufspreis von 4.000 €. Es gelingt ihm, das Buch an einen privaten Sammler für 8.000 € zu verkaufen.
Lösung: Soweit B die Differenzbesteuerung anwendet, ergibt sich eine Bruttomarge von (8.000 € ./. 4.000 € =) 4.000 €, aus der die Umsatzsteuer mit 19 % herauszurechnen ist. Somit entsteht eine Umsatzsteuer i.H.v. 638,65 € (bei 19 %) bei einer Bemessungsgrundlage i.H.v. 3.361,35 €. Wenn B die Regelbesteuerung anwendet, muss er aus dem Verkaufspreis die ermäßigte Umsatzsteuer von 7 % herausrechnen, somit entsteht nur eine Umsatzsteuer i.H.v. 523,36 €. Es ergibt sich für den Händler ein Vorteil i.H.v. (638,65 € ./. 523,36 € =) 115,29 €.

Tipp! Je höher die Differenz zwischen Einkaufs- und Verkaufspreis ist, desto wahrscheinlicher ist bei Lieferung eines Gegenstands, der grundsätzlich dem ermäßigten Steuersatz unterliegt, die Vorteilhaftigkeit der Option auf die Regelbesteuerung.

Drittlandsgebiet

Drittlandsgebiet auf einen Blick

1. **Rechtsquellen**
   § 1 Abs. 2 UStG
   Abschn. 1.9 und Abschn. 1.10 UStAE
2. **Bedeutung**
   Drittlandsgebiet ist das Gebiet, das weder Inland noch übriges Gemeinschaftsgebiet ist. Umsätze, die im Drittlandsgebiet ausgeführt werden, sind nicht steuerbar. In Deutschland steuerbare Leistungen im Zusammenhang mit dem Drittlandsgebiet können steuerfrei sein.
3. **Weitere Stichworte**
   → Ausfuhrlieferung, → Ausland, → Freihafen, → Gemeinschaftsgebiet, → Inland, → Lohnveredelung

Sämtliche Gebiete, die nicht zum Inland oder zum übrigen Gemeinschaftsgebiet gehören, stellen begrifflich **Drittlandsgebiet** dar. Damit gehören nicht nur Landgebiete zum Drittlandsgebiet, sondern auch Seegebiete. Zum Drittlandsgebiet gehören auch die Sondergebiete, die zwar hoheitsrechtlich zum Gebiet der Bundesrepublik Deutschland gehören, aber nach § 1 Abs. 2 UStG nicht dem Inland zuzurechnen sind (Büsingen am Hochrhein, Helgoland, Schiffe und Flugzeuge außerhalb des Zollgebiets, der Küstenstreifen zwischen der Hoheitsgrenze und der jeweiligen Strandlinie sowie die Freihäfen).

Wichtig! Bei Umsätzen, die in dem Küstenstreifen zwischen der Hoheitsgrenze und der jeweiligen Strandlinie oder in den Freihäfen ausgeführt werden, muss aber bei der Prüfung der Steuerbarkeit immer noch die Sonderregelung des § 1 Abs. 3 UStG beachtet werden; vgl. Stichwort Freihafen.

Ein Umsatz, der im Drittland ausgeführt ist, ist im Inland nicht steuerbar.

Achtung! Soweit ein Unternehmer einen Umsatz im Drittlandsgebiet ausführt, muss er sich darüber informieren, welche steuerlichen Verpflichtungen auf ihn in diesem Gebiet zukommen. Aber auch in den Fällen, in denen nach deutschem Steuerrecht der Umsatz im Inland ausgeführt ist, kann sich nach dem Steuerrecht des anderen Staats auch noch ein Umsatz in diesem Land ergeben, sodass auch in diesen Fällen zur Abwehr von Nachteilen die Steuerrechtslage des Drittstaats geprüft werden muss. Die Rechtsfolgen im Drittlandsgebiet können nie aus dem deutschen Umsatzsteuergesetz abgeleitet werden.

Bei im Inland steuerbaren Leistungen (Leistungen, bei denen der Leistungsort im Inland liegt), bei denen dann aber die gelieferten Gegenstände oder die bearbeiteten Gegenstände in das Drittlandsgebiet gelangen, muss immer geprüft werden, ob sich eine Steuerbefreiung als **Ausfuhrlieferung** oder als **Lohnveredelung** ergibt; vgl. dazu die entsprechenden Stichworte.

Durchlaufender Posten

Durchlaufender Posten auf einen Blick

1. **Rechtsquellen**
   § 10 Abs. 1 Satz 6 UStG
   Abschn. 10.4 UStAE
2. **Bedeutung**
   Ein durchlaufender Posten gehört bei einem Unternehmer nicht zum Entgelt i.S.d. § 10 Abs. 1 UStG. Eine Umsatzsteuer entsteht bei durchlaufenden Posten deshalb nicht. Voraussetzung für einen durchlaufenden Posten ist jedoch, dass der Unternehmer weder selbst einen Anspruch auf den Betrag hat noch selbst zur Zahlung verpflichtet ist.
3. **Weitere Stichworte**
   → Bemessungsgrundlage, → Nebenleistung

Nach § 10 Abs. 1 Satz 6 UStG gehören die Beträge, die ein Unternehmer im Namen und für Rechnung eines anderen vereinnahmt und verausgabt (sog. **durchlaufender Posten**), nicht zum Entgelt für eine Leistung. Der Unternehmer nimmt insoweit die Funktion einer Mittelsperson ein. Er darf weder selbst einen Anspruch auf die Zahlung des Betrags haben, noch darf er selbst zur Zahlung des Betrags verpflichtet sein.

Zwischen dem Zahlungsverpflichteten und dem Zahlungsempfänger muss eine **unmittelbare Rechtsbeziehung** vorliegen, damit eine Zahlung als durchlaufender Posten angesehen werden kann. Dabei kommt es entscheidend auf die abgeschlossene und durchgeführte zivilrechtliche Vereinbarung an, es muss geprüft werden, wer der jeweilige Leistungspartner ist.

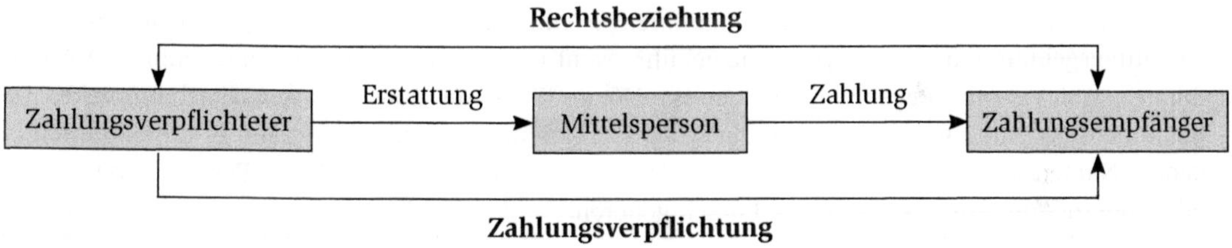

Dem Unternehmer wird umsatzsteuerrechtlich in Abhängigkeit der zivilrechtlichen Vereinbarungen gewissermaßen ein Wahlrecht eingeräumt, ob er die vereinnahmten Beträge als durchlaufenden Posten oder als Bestandteil seiner Besteuerungsgrundlage erfassen will. Vereinnahmt er die Beträge in **fremden Namen für fremde Rechnung** und erfasst er diese Beträge auch so in seiner Buchhaltung – und folgerichtig dann auch in seiner Abrechnung dem Dritten gegenüber – liegt ein durchlaufender Posten vor. Hat sich der Unternehmer gegenüber einem Dritten aber selbst verpflichtet, eine Leistung in Anspruch zu nehmen und den sich dafür ergebenden Betrag zu bezahlen, kann kein durchlaufender Posten vorliegen. Dabei können gleichartige Vorgänge auch unterschiedlich behandelt werden. So hat der BFH[1] entschieden, dass es nicht zu beanstanden ist, wenn ein Unternehmer Deponiegebühren bei Privatkunden als durchlaufenden Posten, bei unternehmerisch tätigen – zum Vorsteuerabzug berechtigten – Kunden aber als Bestandteil der Besteuerungsgrundlage behandelt[2]. Entscheidend ist aber immer, dass ein Vorgang

---

1 BFH v. 11.2.1999, V R 46/98, BStBl II 2000, 100.

2 Das BMF v. 11.2.2000, BStBl I 2000, 360 hat dazu einschränkend festgestellt, dass es den Parteien unter Berücksichtigung der jeweiligen Abfallsatzung frei steht, wie sie ihre vertraglichen Vereinbarungen treffen. Nach diesen Vereinbarungen und der tatsächlichen Durchführung richtet sich dann die Beurteilung, ob ein durchlaufender Posten vorliegt oder nicht.

von Beginn an zutreffend behandelt wird, tritt der Unternehmer nicht in fremden Namen für fremde Rechnung auf, kann ein vereinnahmter Betrag nicht später als durchlaufender Posten angesehen werden.

Wichtig! Eine unmittelbare Rechtsbeziehung zwischen dem Zahlungsverpflichteten und dem Zahlungsempfänger ist nur dann gegeben, wenn die beiden Beteiligten jeweils den Namen des Anderen und die Höhe des gezahlten Betrags erfahren oder zumindest den Namen feststellen könnten[3].

Beispiel 1: Der Betreiber eines Second-Hand-Shops verkauft gebrauchte Kleidungsstücke für Einlieferer. Anhand der an den Kleidungsstücken angebrachten Strichcodes kann der Betreiber des Shops den Namen und die Anschrift des Einlieferers ermitteln und auf Wunsch dem Käufer mitteilen.
Lösung: Soweit der Händler darauf hinweist, dass der Verkauf in fremden Namen erfolgt, handelt es sich bei den vereinnahmten Kaufpreisen um durchlaufende Posten, er muss nur die vertraglich vereinbarte Vermittlungsprovision besteuern.

Ausnahmen von der Voraussetzung, dass der Zahlungsverpflichtete und der Zahlungsempfänger sich gegenseitig namentlich bekannt sein müssen, liegen nur in den folgenden Fällen vor:

- Bei Abgaben und Gebühren, soweit sie nicht vom Unternehmer selbst geschuldet werden.
- Bei Gebühren und Auslagen, die Rechtsanwälte, Notare und Angehörige artverwandter Berufe bei Behörden und ähnlichen Stellen für ihre Auftraggeber auslegen. Voraussetzung ist hier jedoch, dass diese Kosten nach Kosten- oder Gebührenordnungen erhoben werden, aus denen heraus der Auftraggeber als Schuldner bestimmt ist.

Voraussetzung für den durchlaufenden Posten ist, dass der **Unternehmer nicht selbst der Schuldner** einer Abgabe oder Gebühr sein darf. Zu beachten ist dies insbesondere bei den Gebühren, die ein Notar bei der Beurkundung eines grundbuchrelevanten Vorgangs bei Einholung eines Grundbuchauszugs entrichtet. Soweit die Notare die Einsicht über das elektronische Grundbuch vornehmen[4], werden die Gebühren nach einer entsprechenden Gebührenverordnung ermittelt, die im Regelfall eine einmalige Einrichtungsgebühr, eine einmalige Lizenzgebühr, eventuell eine monatliche Grundgebühr und Abrufgebühren umfassen. Im Regelfall berechnen die Notare diese Ausgaben den Auftraggebern weiter. Da jedoch nicht der Auftraggeber, sondern der Notar der Gebührenschuldner ist, zahlt er die Gebühren in eigenem Namen und auf eigene Rechnung, sodass diese nicht als durchlaufende Posten zu behandeln sind, sondern zum umsatzsteuerlichen Entgelt gehören[5].

Beispiel 2: Notar N beurkundet einen Grundstückskaufvertrag über den Verkauf eines Einfamilienhauses zwischen zwei Privatparteien. Für den elektronischen Grundbuchauszug zahlt er eine Gebühr in Höhe von 50 €, die er seinem Mandanten weiterberechnet.
Lösung: Die Gebühr stellt eine Nebenleistung dar, die das Schicksal seiner steuerbaren und steuerpflichtigen Dienstleistung teilt, er muss auf die gezahlten 50 € im Rahmen seiner Gesamtabrechnung 19 % Umsatzsteuer berechnen.

Keine durchlaufenden Posten, sondern im Regelfall **Nebenleistungen,** die das Schicksal der Hauptleistung teilen, liegen darüber hinaus in der Praxis in den folgenden Fällen vor:

- Reisekosten, die der Unternehmer zahlt, aber später seinem Auftraggeber weiter berechnet.
- Weiterberechnete Porto-, Verpackungs- oder Transportkosten.
- Von einem Frachtführer bezahlte Mautgebühren – auch wenn er sie seinem Auftraggeber weiterbelastet.

---

3 BFH, Urteil v. 16.3.2000, V R 44/99, BStBl II 2000, 361.

4 Bei der früher üblichen Einholung von Grundbuchauszügen auf Papier konnten die vom Notar verauslagten Gebühren als durchlaufende Posten erfasst werden.

5 So auch OFD Hannover, v. 13.10.2008, S 7200 – 339 – StO 181.

Eigenverbrauch

Eigenverbrauch auf einen Blick

1. **Rechtsquellen**
   § 3 Abs. 1b und § 3 Abs. 9a UStG
   Abschn. 3.2 bis Abschn. 3.4 UStAE
2. **Bedeutung**
   Der Begriff des Eigenverbrauchs ist ein historischer Begriff des Umsatzsteuerrechts, der in der Praxis auch heute noch für unentgeltliche Lieferungen und unentgeltliche sonstige Leistungen verwendet wird.
3. **Weitere Stichworte**
   → Unentgeltliche Lieferungen, → Unentgeltliche sonstige Leistungen

Der Begriff des Eigenverbrauchs war **bis zum 31.3.1999** geprägt durch die steuerbaren Umsätze nach § 1 Abs. 1 Nr. 2 Buchst. a UStG (Entnahmeeigenverbrauch), § 1 Abs. 1 Nr. 2 Buchst. b UStG (Leistungseigenverbrauch), § 1 Abs. 1 Nr. 2 Buchst. c UStG (Aufwendungseigenverbrauch) sowie dem § 1 Abs. 1 Nr. 3 UStG (Gesellschafterverbrauch). Diese Regelungen sind zum 1.4.1999 unionsrechtlich angepasst und entgeltlichen Lieferungen (vgl. Stichwort Unentgeltliche Lieferungen) über § 3 Abs. 1b UStG oder entgeltlichen sonstigen Leistungen (vgl. Stichwort Unentgeltliche sonstige Leistungen) über § 3 Abs. 9a UStG gleichgestellt worden.

Die Umstellung der **Eigenverbrauchstatbestände** verdeutlicht die folgende Zusammenstellung:

Vorgang	Regelung bis 31.3.1999	Regelung seit 1.4.1999
Entnahme eines Gegenstands aus dem Unternehmen für private Zwecke des Unternehmers	**§ 1 Abs. 1 Nr. 2 Buchst. a UStG** Eigene Besteuerungsgrundlage	**§ 3 Abs. 1b Satz 1 Nr. 1 UStG** Wird einer Lieferung gegen Entgelt gleichgestellt, wenn der Gegenstand oder seine Bestandteile ganz oder teilweise zum Vorsteuerabzug berechtigt hatte
Abgabe eines Gegenstands ohne Entgelt an einen Arbeitnehmer des Unternehmens, Ausnahme Aufmerksamkeit	**§ 1 Abs. 1 Nr. 1 Satz 2 Buchst. b UStG** Steuerbarkeit wurde per Gesetz unterstellt	**§ 3 Abs. 1b Satz 1 Nr. 2 UStG** Wird einer Lieferung gegen Entgelt gleichgestellt, wenn der Gegenstand oder seine Bestandteile ganz oder teilweise zum Vorsteuerabzug berechtigt hatte
Andere unentgeltliche Zuwendungen eines Gegenstands	Kein steuerbarer Vorgang, wenn nicht für unternehmensfremde Zwecke oder bei Ausführung von Gesellschaften an Gesellschafter oder deren nahestehende Personen (§ 1 Abs. 1 Nr. 3 UStG)	**§ 3 Abs. 1b Satz 1 Nr. 3 UStG** Wird einer Lieferung gegen Entgelt gleichgestellt, wenn der Gegenstand oder seine Bestandteile ganz oder teilweise zum Vorsteuerabzug berechtigt hatte. Ausnahmen sind Warenmuster und Geschenke von geringem Wert

Vorgang	Regelung bis 31.3.1999	Regelung seit 1.4.1999
Nutzung eines Gegenstands des Unternehmens für unternehmensfremde Zwecke	**§ 1 Abs. 1 Nr. 2 Buchst. b UStG** Eigene Besteuerungsgrundlage	**§ 3 Abs. 9a Nr. 1 UStG** Wird einer sonstigen Leistung gegen Entgelt gleichgestellt, wenn der Gegenstand ganz oder teilweise zum Vorsteuerabzug berechtigt hatte
Nutzung eines Gegenstands des Unternehmens für private Zwecke eines Arbeitnehmers, soweit keine Aufmerksamkeit vorliegt	**§ 1 Abs. 1 Nr. 1 Satz 2 Buchst. b UStG** Steuerbarkeit wurde per Gesetz unterstellt	**§ 3 Abs. 9a Nr. 1 UStG** Wird einer sonstigen Leistung gegen Entgelt gleichgestellt, wenn der Gegenstand ganz oder teilweise zum Vorsteuerabzug berechtigt hatte
Erbringung einer anderen sonstigen Leistung für unternehmensfremde Zwecke	**§ 1 Abs. 1 Nr. 2 Buchst. b UStG** Eigene Besteuerungsgrundlage	**§ 3 Abs. 9a Nr. 2 UStG** Wird einer sonstigen Leistung gegen Entgelt gleichgestellt
Erbringung einer anderen sonstigen Leistung für private Zwecke eines Arbeitnehmers, soweit keine Aufmerksamkeit vorliegt	**§ 1 Abs. 1 Nr. 1 Satz 2 Buchst. b UStG** Steuerbarkeit wurde per Gesetz unterstellt	**§ 3 Abs. 9a Nr. 2 UStG** Wird einer sonstigen Leistung gegen Entgelt gleichgestellt
Nichtabzugsfähige Aufwendungen i.S.d. § 4 Abs. 5 Nr. 1 bis 7 oder § 4 Abs. 7 oder § 12 Nr. 1 EStG werden getätigt	**§ 1 Abs. 1 Nr. 2 Buchst. c UStG** Eigene Besteuerungsgrundlage	Kein steuerbarer Umsatz, Ausschluss des Vorsteuerabzugs nach § 15 Abs. 1a UStG
Unentgeltliche Leistungen einer Gesellschaft an Teilhaber oder nahestehende Personen für unternehmerische Zwecke	**§ 1 Abs. 1 Nr. 3 UStG** Eigene Besteuerungsgrundlage	Kann einer Lieferung gegen Entgelt i.S.d. § 3 Abs. 1b UStG oder einer sonstigen Leistung gegen Entgelt i.S.d. § 3 Abs. 9a UStG gleichgestellt werden

Einfuhr

Einfuhr auf einen Blick

1. **Rechtsquellen**
   § 1 Abs. 1 Nr. 4 und § 5 UStG
2. **Bedeutung**
   Die Einfuhr von Gegenständen aus dem Drittlandsgebiet im Inland oder in den österreichischen Gebieten Jungholz und Mittelberg führt in Deutschland zu einem steuerbaren Umsatz. Die Besteuerung einer Einfuhr ist nicht davon abhängig, ob ein Unternehmer oder ein Nichtunternehmer Gegenstände einführt.
3. **Weitere Stichworte**
   → Drittlandsgebiet, → Einfuhrumsatzsteuer, → Inland

Wenn ein Gegenstand, der aus dem Drittlandsgebiet kommt, im Inland oder in den österreichischen Gebieten Jungholz und Mittelberg eingeführt wird, stellt dieses einen steuerbaren Umsatz nach § 1 Abs. 1 Nr. 4 UStG dar (vgl. Stichwort Einfuhrumsatzsteuer).

Achtung! Zum 1.1.2004 ist die Definition der Einfuhr verändert worden. Während bis 31.12.2003 unter Einfuhr der tatsächliche körperliche Übergang aus dem Drittland in das Gemeinschaftsgebiet zu verstehen war, ist seit 2004 die Einfuhr durch die Abfertigung zum freien Verkehr im Gemeinschaftsgebiet gekennzeichnet. Eine Einfuhr i.S.d. § 1 Abs. 1 Nr. 4 UStG kann somit auch im Inland (also nach dem reinen körperlichen Gelangen in das Gemeinschaftsgebiet) stattfinden – z.B. wenn der Gegenstand nach dem körperlichen Gelangen im Inland zum freien Verkehr angefertigt wird.

Gegenstände im Sinne dieser Rechtsvorschrift stellen:

- Sachen i.S.d. § 90 BGB und
- Tiere i.S.d. § 90a BGB

dar.

Allerdings werden auch Wirtschaftsgüter erfasst, die im wirtschaftlichen Verkehr als körperliche Sachen angesehen werden (z.B. elektrischer Strom, Wasser, Gas etc.)[1].

Bei einer **Einfuhr** kommt es nicht darauf an, aus welchem Grund der Gegenstand im Inland oder in den österreichischen Sondergebieten zum freien Verkehr abgefertigt wird und für wen der Gegenstand eingeführt wird. Es ist auf den tatsächlichen Vorgang abzustellen.

Der Gegenstand der Einfuhr muss endgültig im Inland verbleiben. Die Beurteilung richtet sich dabei grundsätzlich nach den zollrechtlichen Vorschriften. Deshalb kann eine Einfuhr dann nicht vorliegen, wenn der Gegenstand nur durch das Inland durchgeführt wird oder nur zum Zwecke einer Be- oder Verarbeitung in das Inland gebracht wird und anschließend wieder in das Drittlandsgebiet gelangt (**vorübergehende Verwendung**). In diesen Fällen erfolgt dann keine Abfertigung der Gegenstände zum freien Verkehr in der Europäischen Union.

Der **Tatbestand** der Einfuhr setzt nicht die Unternehmereigenschaft des Einführenden voraus, auch eine **Privatperson** verwirklicht eine Einfuhr, wenn sie einen Gegenstand aus dem Drittlandsgebiet in das Inland oder die österreichischen Sondergebiete verbringt und hier zum freien Verkehr abfertigen lässt.

Wichtig! Unter bestimmten Voraussetzungen kann eine Einfuhr, die im Inland nach § 1 Abs. 1 Nr. 4 UStG steuerbar ist, nach § 5 UStG steuerfrei sein; vgl. Stichwort Einfuhrumsatzsteuer.

[1] Vgl. zur Definition des „Gegenstands" auch Abschn. 3.1 Abs. 1 UStAE.

Einfuhrumsatzsteuer

Einfuhrumsatzsteuer auf einen Blick

1. **Rechtsquellen**
   § 1 Abs. 1 Nr. 4, § 5, § 11, § 15 Abs. 1 Satz 1 Nr. 2 und § 21 UStG
   Einfuhrumsatzsteuer-Befreiungsverordnung
2. **Bedeutung**
   Bei einer Einfuhr von Gegenständen im Inland oder in den österreichischen Gebieten Jungholz und Mittelberg entsteht Einfuhrumsatzsteuer, soweit der Vorgang nicht steuerfrei ist. Wenn der Gegenstand von einem Unternehmer für sein Unternehmen eingeführt worden ist, kann unter den weiteren Voraussetzungen des § 15 UStG die Einfuhrumsatzsteuer als Vorsteuer abgezogen werden.
3. **Weitere Stichworte**
   → Drittlandsgebiet, → Einfuhr, → Inland, → Vorsteuerabzug

1. Steuerbarkeit der Einfuhr

Die Einfuhrumsatzsteuer (EUSt) ist eine Steuer i.S.d. Abgabenordnung. Grundsätzlich gelten für die EUSt die Vorschriften für die Zölle sinngemäß. Soweit ein Gegenstand nicht nur zu einer vorübergehenden Verwendung aus dem Drittlandsgebiet in das Inland oder in die österreichischen Gebiete Jungholz und Mittelberg eingeführt wird, liegt eine Einfuhr vor, die nach § 1 Abs. 1 Nr. 4 UStG steuerbar ist, wenn der Gegenstand im Inland zum freien Verkehr abgefertigt wird.

Grundsätzlich sind für die EUSt die **Sondervorschriften des § 21 UStG** zu beachten.

Solange sich ein Gegenstand noch in einem **Zolllager** befindet, ist er im Inland noch nicht zum freien Verkehr abgefertigt, sodass noch keine EUSt entstanden ist. In dieser Zeit unterliegt der Gegenstand einer zollamtlichen Überwachung.

2. Steuerpflicht der Einfuhr

Bei der Erhebung der EUSt sind **Steuerbefreiungen** zu beachten, die sich z.T. aus den Vorschriften des UStG und anderer Rechtsvorschriften ergeben. So sind die folgenden Gegenstände bei der Einfuhr von der EUSt nach § 5 Abs. 1 UStG befreit:

- Wertpapiere,
- menschliche Organe, menschliches Blut und Frauenmilch,
- Gegenstände für die Seeschifffahrt (Seeschiffe, Ausrüstungsgegenstände, Versorgungsgegenstände),
- Gold, das an Zentralbanken geliefert wird,
- gesetzliche Zahlungsmittel, soweit sie nicht wegen ihres Metallgehaltes oder des Sammlerwerts umgesetzt werden, sowie gültige amtliche Wertzeichen zum aufgedruckten Wert,
- Luftfahrzeuge sowie Ersatzteile und Ausrüstungsgegenstände dafür, soweit die Luftfahrzeuge überwiegend im grenzüberschreitenden Verkehr oder im Ausland eingesetzt werden,
- Gegenstände, die vom Schuldner der EUSt unmittelbar im Anschluss an die Einfuhr zur Ausführung einer steuerfreien innergemeinschaftlichen Lieferung verwendet werden; seit dem 1.1.2011 muss der Unternehmer für diese Steuerbefreiung aber zum Zeitpunkt der Einfuhr die ihm in Deutschland erteilte USt-IdNr. oder die seines Fiskalvertreters nachweisen (zur Vertretung durch einen Fiskalvertreter; vgl. Stichwort Fiskalvertreter). Darüber hinaus muss der einführende Unternehmer die dem Leistungsempfänger in einem anderen Mitgliedstaat erteilte USt-IdNr. nachweisen und nachweisen können, dass der Gegenstand mit dem Zweck der Beförderung oder Versendung in einen anderen Mitgliedstaat eingeführt wurde,

- Gegenstände i.S.d. Anlage 1 zum UStG, wenn die Gegenstände nach der Einfuhr zu steuerfreien Umsätzen in einem Steuerlager verwendet werden sollen,
- Gegenstände i.S.d. Anlage 1 zum UStG, wenn die Einfuhr im Zusammenhang mit Lieferung steht, die zu einer Auslagerung aus einem Steuerlager führt und der Lieferer oder sein Beauftragter Schuldner der EUSt ist,
- die Einfuhr von Erdgas über das Erdgasnetz, von Erdgas, das von einem Gastanker aus in das Erdgasnetz oder ein vorgelagertes Gasleitungsnetz eingespeist wird oder von Elektrizität (vgl. Stichwort Energielieferung). Darüber hinaus ist auch die Einfuhr von Wärme oder Kälte durch ein Wärme- oder Kältenetz von der Einfuhrumsatzsteuer befreit.

Darüber hinaus sind nach der **Einfuhrumsatzsteuer-Befreiungsverordnung** bei der Einfuhr alle Gegenstände, die nach Unionsrecht zollfrei eingeführt werden können, steuerfrei. Außerdem werden in der Befreiungsverordnung diverse Einzeltatbestände zusammengefasst, die ebenfalls zu steuerfreien Einfuhren führen (von reinrassigen Pferden – unter bestimmten Voraussetzungen – bis zu den Fängen deutscher Fischer).

3. Bemessungsgrundlage für die Einfuhrumsatzsteuer

Die Bemessungsgrundlage für die EUSt bestimmt sich nach § 11 UStG grundsätzlich mit dem **Zollwert** (§ 11 Abs. 1 UStG) oder bei einem im Ausland veredelten Gegenstand mit dem Wert der Veredelung (§ 11 Abs. 2 UStG). Zu diesen Werten sind nach § 11 Abs. 3 UStG noch **Hinzurechnungen** vorzunehmen, soweit sie nicht schon in den vorigen Werten enthalten sind:

- die im Ausland für den eingeführten Gegenstand geschuldeten Beträge an Einfuhrabgaben, Steuern und sonstigen Abgaben,
- entstehende Einfuhrabgaben und Verbrauchsteuern (ohne EUSt),
- die auf den Gegenstand entfallenden Kosten der Vermittlung der Lieferung und der Beförderung bis zum ersten Bestimmungsort im Gemeinschaftsgebiet bzw. bis zu einem weiteren Bestimmungsort im Gemeinschaftsgebiet, wenn dieser Ort schon bei der Einfuhr feststeht.

Nicht zur Bemessungsgrundlage für die EUSt gehören Preisermäßigungen und Vergütungen, die sich auf den eingeführten Gegenstand beziehen und die im Zeitpunkt der Einfuhr bereits feststehen.

4. Vorsteuerabzug der Einfuhrumsatzsteuer

Soweit bei einem Unternehmer EUSt angefallen ist, kann er unter den Voraussetzungen des § 15 Abs. 1 Satz 1 Nr. 2 UStG diese EUSt **als Vorsteuer** abziehen:

- Es muss sich um eine entstandene EUSt handeln[1], allerdings braucht der Abzugsberechtigte die EUSt nicht selbst entrichtet zu haben, dies kann auch durch einen Beauftragten erfolgen und
- der Gegenstand muss für sein Unternehmen im Inland eingeführt worden sein. Dies bedeutet, dass der Gegenstand zum Zeitpunkt der Abfertigung zum freien Verkehr dem Unternehmer schon zuzurechnen sein muss (in der Regel bedeutet dies, dass der Unternehmer zu diesem Zeitpunkt die Verfügungsmacht an dem Gegenstand besitzen muss[2]) und
- der Gegenstand muss dem Unternehmen des Unternehmers zugerechnet werden können (der Gegenstand muss zu mindestens 10 % für unternehmerische Zwecke verwendet werden[3]).

Achtung! In jedem Fall braucht der Unternehmer einen zollamtlichen Beleg über die entstandene EUSt für den Vorsteuerabzug.

Wichtig! Für die Abzugsberechtigung der EUSt als Vorsteuer sind selbstverständlich auch die Einschränkungen des § 15 Abs. 1a ff. UStG zu beachten.

---

1 EuGH, Urteil v. 29.3.2012, C-414/10 – Veleclair, BFH/NV 2012, 908.

2 Vgl. Abschn. 15.8 Abs. 4 UStAE.

3 § 15 Abs. 1 Satz 2 UStG – die Regelung ist derzeit unionsrechtlich nur bis zum 31.12.2018 abgesichert.

Die EUSt ist nach § 16 Abs. 2 UStG grundsätzlich in dem Besteuerungszeitraum abzusetzen, in dem die EUSt tatsächlich entstanden ist.

Beispiel 1: Unternehmer U hat einen Gegenstand für sein Unternehmen aus dem Drittlandsgebiet im Inland eingeführt. Der Gegenstand ist am 22.1.2018 in Deutschland eingeführt worden und die Zollanmeldung ist abgegeben worden. Die EUSt wird von U am 7.2.2018 gezahlt.
Lösung: U kann die EUSt schon in der Umsatzsteuer-Voranmeldung für Januar 2018 geltend machen, da die EUSt schon im Januar 2018 entstanden ist. Auf die Zahlung kommt es nicht an.

5. Steuerbefreiung für bestimmte Lieferungen, die einer Einfuhr vorangehen

Unter bestimmten Voraussetzungen sind Lieferungen, die einer Einfuhr vorangehen nach § 4 Nr. 4b UStG steuerfrei. Voraussetzung für die Anwendung der Steuerbefreiung ist, dass der Gegenstand aus dem Drittlandsgebiet in das Inland gelangt ist und dort später – nach einer Lieferung im Inland – zum freien Verkehr abgefertigt wird.

Beispiel 2: Der ausländische Aussteller A verbringt im Mai 2018 für eine Messe einen Gegenstand aus dem Drittland in das Inland. Der Gegenstand wird noch nicht zum freien Verkehr in Deutschland abgefertigt (vorübergehende Verwendung). Entgegen der ursprünglichen Planung wird der Gegenstand auf der Messe an den Erwerber E veräußert. Der Gegenstand wird nach der Lieferung (Verschaffung der Verfügungsmacht auf dem Messegelände) für E in Deutschland eingeführt (auf seinen Namen wird die Eingangsabgabe angemeldet und entrichtet).
Lösung: Die zu dem Zeitpunkt der Einfuhr entstehende EUSt kann von E nach § 15 Abs. 1 Satz 1 Nr. 2 UStG als Vorsteuer abgezogen werden, wenn die EUSt entstanden ist und keine vorsteuerabzugsschädliche Verwendungsabsicht vorliegt. Die im Inland ausgeführte steuerbare Lieferung des A auf dem Messegelände ist steuerfrei nach § 4 Nr. 4b UStG. Mit dieser Steuerbefreiung wird eine steuerliche Erfassung des ausländischen Unternehmers in Deutschland vermieden.

Electronic Commerce und Telekommunikation (e-commerce)

Electronic Commerce und Telekommunikation auf einen Blick

1. **Rechtsquellen**
   § 3 und § 3a UStG
   Abschn. 3a.12 UStAE
2. **Bedeutung**
   Der elektronische Handel hat in den letzten Jahren immer mehr an Bedeutung gewonnen und wird auch in der Zukunft ein starker Wachstumsmarkt sein. Wird eine Leistung direkt über das Internet erbracht, stellt sich in der Praxis häufig die Frage des Orts der Leistung. Für die auf elektronischem Weg ausgeführten sonstigen Leistungen bestehen besondere Regelungen für die Bestimmung des Orts der sonstigen Leistung. Mittlerweile sind in die Sonderregelungen auch Telekommunikationsdienstleistungen und Rundfunk- und Fernsehdienstleistungen einbezogen worden.
3. **Weitere Stichworte**
   → Drittland, → Gemeinschaftsgebiet, → Lieferung, → Mini-One-Stop-Shop-Regelung, → Sonstige Leistung/Ort, → Steuerschuldnerverfahren
4. **Besonderheiten**
   Die Regelungen zur Ortsbestimmung für elektronische Dienstleistungen sind zum 1.1.2010 verändert worden. Veränderungen bei den umsatzsteuerrechtlichen Auswirkungen haben sich dabei aber nicht ergeben. Zum 1.1.2015 haben sich durch Neuregelungen im Unionsrecht auch praxisrelevante Veränderungen bei der Bestimmung des Orts der elektronischen Dienstleistungen, der Telekommunikationsdienstleistungen und der Rundfunk- und Fernsehdienstleistungen ergeben. Darüber hinaus ist für diese Leistungen eine Einortregistrierung für diese Leistungen („Mini-One-Stop-Shop") eingeführt worden. Mit Wirkung vom 1.1.2019 werden Vereinfachungsregelungen unionsrechtlich umgesetzt (Einführung einer Bagatellgrenze sowie vereinfachter Nachweis der Herkunft des Leistungsempfängers).

1. Allgemeines

Mit Verbreitung des Internets in der Vergangenheit haben auch die Umsätze zugenommen, die direkt oder indirekt über das Internet abgewickelt werden. Da der Datenaustausch keine Grenzen kennt, stellt sich bei solchen Leistungen insbesondere die Frage der zutreffenden umsatzsteuerlichen Behandlung. Um zu einer zutreffenden steuerlichen Beurteilung zu kommen, müssen die Geschäfte, die über elektronische Medien angebahnt und abgewickelt werden, in verschiedene Kategorien eingeteilt werden:

- **Offline-Geschäfte:** Unter Offline-Geschäften werden Umsätze verstanden, die zwar über das Internet angebahnt werden, dann aber auf konventionellem Weg erfüllt werden. In diesen Fällen gelten die allgemeinen Grundsätze für Lieferungen oder für sonstige Leistungen. Für die umsatzsteuerliche Behandlung ist es unbeachtlich, ob eine Bestellung persönlich, telefonisch, per Telefax oder über das Internet erteilt wird. Entscheidend ist allein, wo eine Lieferung oder sonstige Leistung ausgeführt wird und wo der Gegenstand der Lieferung hingelangt.

Beispiel 1: Abnehmer A bestellt bei dem Internetanbieter I Bücher, die Bestellung der Bücher und die Bezahlung mittels Kreditkarte wird über das Internet abgewickelt. Die Auslieferung der Bücher erfolgt durch ein Logistikunternehmen.
Lösung: Es liegt eine Lieferung und keine sonstige Leistung vor. Da die Lieferung auf konventionellem Weg erfolgt, ergeben sich keine Besonderheiten gegenüber dem „Verkauf über den

Ladentisch“. Ort der Lieferung ist nach § 3 Abs. 6 UStG dort, wo die Beförderung beginnt, soweit es nicht zur Anwendung der Versandhandelsregelung nach § 3c UStG kommt.

- **Online-Geschäfte:** Unter Online-Geschäften werden Umsätze verstanden, die nicht nur über das Internet angebahnt werden, sondern auch über das Internet abgewickelt werden. Dabei handelt es sich zum einen um die elektronische Versendung digitaler Güter (Musik, Fotografien, Filme und Videos, Buchinhalte sowie Computersoftware), die entweder direkt als Dateien über das Netz versandt werden oder zum Download zur Verfügung gestellt werden. Andererseits können auch Dienstleistungen über das Internet abgewickelt werden (entgeltliche Börsen-, Verkehrs- oder Wetterdaten, Lotterieannahmen, Download von Musik oder Filmen etc.).

2. Abwicklung der Online-Geschäfte

Bei den Online-Geschäften kann es sich umsatzsteuerlich nur um sonstige Leistungen handeln, da eine körperliche Übergabe einer Ware nicht stattfindet. Der Ort der Leistung bestimmt sich somit nach § 3a UStG. Systematisch muss unterschieden werden, ob der Umsatz an einen anderen Unternehmer für dessen Unternehmen erbracht wird (Business to Business, „**B2B**“) oder ob die Leistung an einen Nichtunternehmer erbracht wird (Business to Consumer, „**B2C**“). Für Anbieter, die ihren Sitz oder ihre Betriebsstätte im Drittlandsgebiet haben, waren bei Leistungen an Nichtunternehmer darüber hinaus (bis 31.12.2014) in bestimmten Fällen besondere Vorschriften zu beachten, § 3a Abs. 5 UStG.

Achtung! Der Begriff „auf elektronischem Weg erbrachte sonstige Leistungen“ i.S.d. Umsatzsteuerrechts umfasst nach der Definition des BFH[1] Dienstleistungen, die über das Internet oder ein ähnliches elektronisches Netz erbracht werden, deren Erbringung aufgrund ihrer Art im Wesentlichen automatisiert und nur mit minimaler menschlicher Beteiligung erfolgt und ohne Informationstechnologie nicht möglich wäre.

Auf **elektronischem Weg erbrachte Dienstleistungen** sind insbesondere:

- Bereitstellung von Web-Sites, Webhosting, Fernwartung von Programmen und Ausrüstungen,
- Bereitstellung von Software und deren Aktualisierung,
- Bereitstellung von Bildern, Texten und Informationen sowie Bereitstellung von Datenbanken,
- Bereitstellung von Musik, Filmen und Spielen, einschließlich Glücksspielen und Lotterien, sowie von Sendungen und Veranstaltungen aus dem Bereich Politik, Kultur, Kunst, Sport, Wissenschaft und Unterhaltung,
- Erbringung von Fernunterrichtsleistungen.

Tipp! Eine vollständige Aufzählung der von der Finanzverwaltung als elektronische Dienstleistungen angesehenen Leistungen befindet sich in Abschn. 3a.12 UStAE. Diese Aufzählung entspricht im Wesentlichen Art. 7 MwStVO sowie dem dazu erstellten Anhang.

Wichtig! Wird die Leistung von einem im Ausland ansässigen Unternehmer erbracht und ist der Leistungsempfänger ein Unternehmer (auch wenn er die Leistung nicht für sein Unternehmen bezieht!) oder eine juristische Person, die nicht Unternehmer ist, wird der Leistungsempfänger zum Steuerschuldner für die in Deutschland entstehende Umsatzsteuer, vgl. Stichwort Steuerschuldnerverfahren.

2.1 Leistung an einen Unternehmer (B2B)

Wenn die Leistung an einen anderen Unternehmer für dessen Unternehmen erbracht wird, ist der Ort der sonstigen Leistung grundsätzlich dort, wo der Leistungsempfänger sein Unternehmen betreibt oder eine die Leistung empfangende Betriebsstätte unterhält. Es ist dabei unerheblich, ob es sich dabei um

[1] BFH, Urteil v. 1.6.2016, XI R 29/14, BStBl II 2016, 905 sowie Abschn. 3a.12 Abs. 1 UStAE.

einen Unternehmer aus einem anderen Mitgliedstaat oder aus dem Drittlandsgebiet handelt. Diesen Leistungsempfängern sind auch juristische Personen gleichgestellt, denen eine USt-IdNr. erteilt worden ist, selbst wenn sie nicht unternehmerisch tätig sind.

Damit können sich bei solchen Umsätzen die folgenden Rechtsfolgen ergeben:

	Leistungsempfänger ist Unternehmer im		
Leistender Unternehmer kommt aus dem	**Inland**	**übrigen Gemeinschaftsgebiet**	**Drittland**
Inland	Die Leistung ist im Inland steuerbar und steuerpflichtig, der leistende Unternehmer ist der Schuldner der Umsatzsteuer.	Die Leistung ist dort steuerbar und steuerpflichtig, wo der Leistungsempfänger sein Unternehmen betreibt. In Deutschland ist die Leistung nicht steuerbar. Der Leistungsempfänger wird in jedem Fall Schuldner der Umsatzsteuer[2]. Der Umsatz ist unter Angabe der USt-IdNr. des Leistungsempfängers in der Zusammenfassenden Meldung anzugeben.	Die Leistung ist in Deutschland nicht steuerbar. Der leistende Unternehmer muss sich über die steuerlichen Folgen im Drittland informieren.
übrigen Gemeinschaftsgebiet	Die Leistung ist im Inland steuerbar und steuerpflichtig. Der Leistungsempfänger wird nach § 13b Abs. 1 UStG der Schuldner der Umsatzsteuer. Die geschuldete Umsatzsteuer muss gesondert in der USt-Voranmeldung in der Zeile 48 angegeben werden.	Die Leistung ist dort steuerbar und steuerpflichtig, wo der Leistungsempfänger sein Unternehmen betreibt. In Deutschland ist die Leistung nicht steuerbar.	In Deutschland ist die Leistung nicht steuerbar. Soweit keine nationalen Besonderheiten im Land des Leistungsempfängers bestehen, ist die Leistung dort der Besteuerung zu unterwerfen.

2 Entsprechend Art. 196 MwStSystRL.

	Leistungsempfänger ist Unternehmer im		
Leistender Unternehmer kommt aus dem	**Inland**	**übrigen Gemeinschaftsgebiet**	**Drittland**
Drittland	Die Leistung ist im Inland steuerbar und steuerpflichtig. Der Leistungsempfänger wird nach § 13b Abs. 2 Nr. 1 UStG der Schuldner der Umsatzsteuer. Die geschuldete Umsatzsteuer muss gesondert in der USt-Voranmeldung in der Zeile 49 angegeben werden.	Die Leistung ist dort steuerbar und steuerpflichtig, wo der Leistungsempfänger sein Unternehmen betreibt. In Deutschland ist die Leistung nicht steuerbar.	In Deutschland ist die Leistung nicht steuerbar. Soweit keine nationalen Besonderheiten im Land des Leistungsempfängers bestehen, ist die Leistung dort der Besteuerung zu unterwerfen.

Die oben dargestellten Grundsätze gelten entsprechend, wenn die Leistung an eine Betriebsstätte (feste Einrichtung) des Leistungsempfängers erbracht wird. In diesem Fall ist der Ort der Betriebsstätte für die Bestimmung des Orts der Leistung maßgebend.

Achtung! Das Betreiben eines Servers in einem Land stellt noch keine Betriebsstätte des Unternehmers dar; vgl. auch Stichwort Betriebsstätte.

2.2 Leistung an einen Nichtunternehmer (B2C)

2.2.1 Leistungen bis 31.12.2014

Wenn ein Online-Geschäft an einen Nichtunternehmer (Unternehmer für dessen privaten Bereich, Privatperson oder juristische Person, die nicht Unternehmer ist und der keine USt-IdNr. erteilt worden ist) erbracht wird, konnten sich bis 31.12.2014 grundsätzlich verschiedene Rechtsfolgen für den Ort der sonstigen Leistung ergeben:

- Der Leistungsempfänger hat seinen **Sitz oder seinen Wohnsitz im Drittlandsgebiet**: Die Leistung war dort ausgeführt, wo der Leistungsempfänger seinen Sitz oder seinen Wohnsitz hatte: § 3a Abs. 4 Satz 2 Nr. 13 i.V.m. § 3a Abs. 4 Satz 1 UStG. Der Sitz oder die Betriebsstätte des Anbieters war unerheblich.
- Der Leistungsempfänger hat seinen **Sitz oder seinen Wohnsitz im Gemeinschaftsgebiet**. Die Leistung war dort ausgeführt, wo der leistende Unternehmer sein Unternehmen oder die leistungserbringende Betriebsstätte betrieb, wenn er sein Unternehmen oder seine die Leistung ausführende Betriebsstätte ebenfalls im Gemeinschaftsgebiet betrieb, § 3a Abs. 1 UStG.
- Der Leistungsempfänger hat seinen Sitz oder seinen Wohnsitz im Gemeinschaftsgebiet. Der Ort der Leistung war am Wohnsitz oder Sitz des Leistungsempfängers, wenn der **leistende Unternehmer im Drittlandsgebiet ansässig** ist oder dort seine Betriebsstätte hatte, § 3a Abs. 5 UStG.

Damit konnten sich bei solchen Umsätzen die folgenden Rechtsfolgen ergeben:

	Leistungsempfänger ist Nichtunternehmer im		
Leistender Unternehmer kommt aus dem	**Inland**	**übrigen Gemeinschaftsgebiet**	**Drittland**
Inland	Die Leistung ist im Inland steuerbar und steuerpflichtig, der leistende Unternehmer ist der Schuldner der Umsatzsteuer.	Die Leistung ist im Inland steuerbar und steuerpflichtig, der leistende Unternehmer ist der Schuldner der Umsatzsteuer.	Die Leistung ist in Deutschland nicht steuerbar. Eventuell muss der deutsche Anbieter im Drittland eine Besteuerung des Umsatzes durchführen, dies bestimmt sich aber ausschließlich nach den Rechtsvorschriften des Drittlands.
übrigen Gemeinschaftsgebiet	Die Leistung ist im Inland nicht steuerbar. Die Leistung unterliegt jedoch in dem Mitgliedstaat, aus dem der leistende Unternehmer kommt, der Besteuerung.	Die Leistung ist dort steuerbar und steuerpflichtig, wo der leistende Unternehmer sein Unternehmen betreibt.	In Deutschland ist die Leistung nicht steuerbar. Die Besteuerung im Drittland richtet sich ausschließlich nach den dort geltenden Rechtsvorschriften.
Drittland	Die Leistung ist in Deutschland steuerbar und steuerpflichtig. Ist der Leistungsempfänger Unternehmer oder eine juristische Person, wird der Leistungsempfänger nach § 13b UStG zum Steuerschuldner.	In Deutschland ist die Leistung nicht steuerbar. Die Leistung ist jedoch in dem anderen Mitgliedstaat steuerbar und steuerpflichtig. Es sind die nationalen Bestimmungen über die Steuerschuldnerschaft zu beachten.	In Deutschland ist die Leistung nicht steuerbar. Die Besteuerung im Drittland richtet sich ausschließlich nach den dort geltenden Rechtsvorschriften.

Achtung! Bezog ein Unternehmer in seiner Privatsphäre eine elektronische Dienstleistung von einem im Drittlandsgebiet ansässigen Unternehmer, wurde der Leistungsempfänger zum Steuerschuldner nach § 13b UStG.

Beispiel 2: Im Mai 2014 lud sich ein im Inland ansässiger Unternehmer von einem im Drittland ansässigen Internet-Dienstleister Musik für private Zwecke auf seinen Computer. Die Bezahlung erfolgt durch Abbuchung von dem Kreditkartenkonto des Leistungsempfängers.

Lösung: Der im Drittlandsgebiet ansässige Anbieter erbrachte eine im Inland steuerbare Leistung, der Ort bestimmte sich nach § 3a Abs. 5 UStG[3]. Für die im Inland auch steuerpflichtige Leistung wurde der Leistungsempfänger zum Steuerschuldner nach § 13b Abs. 2 Nr. 1 i.V.m. Abs. 5 Satz 6 UStG, auch wenn er die Leistung für seinen nichtunternehmerischen Bereich empfing. Er hatte auf den Zahlbetrag Umsatzsteuer zu berechnen und in seiner Voranmeldung anzugeben. Ein Vorsteuerabzug nach § 15 Abs. 1 UStG stand ihm nicht zu, da er die Leistung nicht für sein Unternehmen bezog, sodass sich eine Zahllast gegenüber seinem Finanzamt ergab.

2.2.2 Leistungen seit dem 1.1.2015

Seit dem 1.1.2015 ist für **elektronische Dienstleistungen** – aber auch für Rundfunk- und Fernsehdienstleistungen und Telekommunikationsdienstleistungen – in der Europäischen Union das vollständige **Bestimmungslandprinzip** umgesetzt worden. Unabhängig davon, ob der Leistungsempfänger ein Unternehmer ist oder nicht, wird die sonstige Leistung dort ausgeführt, wo der Leistungsempfänger ansässig ist[4].

Bei Leistungen gegenüber einem Nichtunternehmer ergeben sich seit dem 1.1.2015 die folgenden Möglichkeiten:

- Der leistende Unternehmer erbringt eine elektronisch ausgeführte sonstige Leistung an einen **Nichtunternehmer im Drittlandsgebiet**: Die sonstige Leistung ist dort ausgeführt, wo der Leistungsempfänger ansässig ist, § 3a Abs. 5 UStG.

  Tipp! Dies ist dieselbe Rechtsfolge, wie bei einer Leistung gegenüber einem Unternehmer. Insoweit muss nicht unterschieden werden, ob der Leistungsempfänger ein Unternehmer ist oder nicht. Die Besteuerungsfolge (unterliegt der Umsatz auch in diesem Land der Umsatzbesteuerung, wer wird eventuell der Steuerschuldner?) richtet sich ausschließlich nach den Regelungen des Drittstaats.

- Der leistende Unternehmer erbringt eine elektronisch ausgeführte sonstige Leistung an einen **Nichtunternehmer im Gemeinschaftsgebiet**. Der Ort der sonstigen Leistung ist dort, wo der Leistungsempfänger ansässig ist, § 3a Abs. 5 UStG. Damit ist die Leistung immer dort der Besteuerung zu unterwerfen, wo der Leistungsempfänger sich gewöhnlich aufhält. Da eine Übertragung der Steuerschuldnerschaft nicht in Betracht kommen kann, schuldet der leistende Unternehmer die Umsatzsteuer im Bestimmungsland. Allerdings wird mit Wirkung zum 1.1.2019 eine neue **Bagatellgrenze von 10.000 €** eingeführt[5], wenn der leistende Unternehmer seinen Sitz, seine Geschäftsleitung, eine Betriebsstätte in nur einen Mitgliedstaat hat. Diese Grenze gilt einheitlich für alle in den anderen Mitgliedstaaten an Nichtunternehmer ausgeführte Leistungen dieser Art. Soweit diese Grenze im vorangegangenen Kalenderjahr und im laufenden Kalenderjahr bisher nicht überschritten wurde, wird der Ort der sonstigen Leistung nicht in den anderen Mitgliedstaat verlagert, die Leistung bleibt in dem jeweiligen Ausgangsmitgliedstaat der Besteuerung unterworfen[6]. Der leistende Unternehmer kann aber auf die Anwendung dieser Bagatellregelung verzichten, der Verzicht bindet ihn dann für mindestens zwei Jahre[7].

---

3 § 3a Abs. 5 UStG a.F. verwies auf die elektronischen Dienstleistungen nach § 3a Abs. 4 Satz 2 Nr. 13 UStG.
4 Art. 58 MwStSystRL in der seit dem 1.1.2015 geltenden Fassung.
5 § 3a Abs. 5 Satz 3 UStG in der ab dem 1.1.2019 geltenden Fassung.
6 Art. 58 Abs. 2 MwStSystRL in der ab dem 1.1.2019 geltenden Fassung.
7 § 3a Abs. 5 Satz 4 UStG in der ab dem 1.1.2019 geltenden Fassung.

Tipp! Bis zum 31.12.2014 war in diesen Fällen – wenn der leistende Unternehmer aus dem Gemeinschaftsgebiet kam – die Leistung dort ausgeführt, wo der leistende Unternehmer sein Unternehmen betrieb bzw. eine Betriebsstätte unterhielt. Die Kalkulation seiner Umsätze musste somit mit dem Steuersatz seines Heimatlands erfolgen. Seit dem 1.1.2015 muss die Kalkulation mit dem Steuersatz des jeweiligen Bestimmungslands erfolgen.

Beispiel 3: Im Januar 2018 lädt sich eine Privatperson aus Deutschland von einem luxemburgischen Anbieter ein E-Book aus dem Internet auf seinen Rechner.
Lösung: Die elektronisch ausgeführte Leistung ist dort erbracht, wo der Leistungsempfänger ansässig ist. Der leistende Unternehmer muss mit der deutschen Umsatzsteuer (19 %) für elektronische Dienstleistungen kalkulieren[8]. Der leistende Unternehmer ist der Steuerschuldner für die in Deutschland entstehende Umsatzsteuer. Ab 2019 würde die Verlagerung des Orts dieser Art sonstiger Leistung davon abhängig sein, ob der luxemburgische Anbieter in der Summe für mehr als 10.000 € solche Leistungen an Nichtunternehmer in anderen Mitgliedstaaten der Europäischen Union ausführt.

Grundsätzlich müsste sich der Unternehmer aus dem Gemeinschaftsgebiet, der Leistungen dieser Art an Nichtunternehmer in anderen Mitgliedstaaten ausführt, sich jeweils in diesen Ländern registrieren lassen und dort individuell Steuererklärungen abgeben. Da die Besteuerung in den anderen Ländern bei Einführung dieser Regelung zum 1.1.2015 nicht vom Überschreiten einer Bagatellgrenze abhängig war, wurde zu diesem Zeitpunkt die Möglichkeit der Einortregistrierung (auch **„Mini-One-Stop-Shop-Regelung"**) eingeführt, vgl. Stichwort Mini-One-Stop-Shop-Regelung.

2.3 Nachweis der Voraussetzungen

Soweit der leistende Unternehmer nach den oben dargestellten Grundsätzen im Inland steuerbare und steuerpflichtige Umsätze verwirklicht, sind an die umsatzsteuerlichen Nachweise im Regelfall keine besonderen Anforderungen zu stellen. In den Fällen, in denen zwischen zwei Unternehmern aus verschiedenen Mitgliedstaaten solche elektronischen Dienstleistungen ausgeführt werden, muss die Unternehmereigenschaft über die USt-IdNr. des Leistungsempfängers nachgewiesen werden, der Umsatz in der Zusammenfassenden Meldung aufgenommen werden und eine besondere Rechnung i.S.d. § 14a Abs. 1 UStG ausgestellt werden.

Achtung! Dem Nachweis, ob der Leistungsempfänger ein Unternehmer ist oder nicht, kommt auch für Leistungen seit dem 1.1.2015 im Gemeinschaftsgebiet eine wichtige Bedeutung zu. Ist der Leistungsempfänger ein Unternehmer aus einem anderen Mitgliedstaat, der die Leistung für sein Unternehmen bezieht, wird der Leistungsempfänger zum Steuerschuldner. Wird die sonstige Leistung an einen Nichtunternehmer in einem anderen Mitgliedstaat ausgeführt, bleibt der leistende Unternehmer dort der Steuerschuldner. Dem Auftreten mit der zutreffenden USt-IdNr. kommt damit entscheidende Bedeutung zu.

Soweit der **Ort der Leistung nicht im Inland** sein sollte, muss der leistende Unternehmer durch geeignete Aufzeichnungen die entsprechenden Nachweise erbringen. Dabei sind für die folgenden Fälle unterschiedliche Anforderungen an den Nachweis der Eigenschaft des Leistungsempfängers zu beachten:

1. Der **Leistungsempfänger ist Unternehmer** und betreibt sein Unternehmen im **Drittland**: In diesen Fällen bestehen keine besonderen Nachweisverpflichtungen, da der Ort der sonstigen Leistung sich auch im Drittlandsgebiet befinden würde, wenn der Leistungsempfänger kein Unternehmer wäre oder die Leistung für nichtunternehmerische Zwecke beziehen würde[9].

---

[8] Bis zum 31.12.2014 unterlagen diese Leistungen am Sitzort des leistenden Unternehmers der Besteuerung. Die in Luxemburg ausgeführte Leistung unterlag (damals) einer ermäßigten Steuer in Höhe von 3 %.

[9] Vgl. Abschn. 3a.2 Abs. 12 UStAE.

2. Der **Leistungsempfänger ist Nichtunternehmer** und hat seinen Sitz oder Wohnsitz im **Drittlandsgebiet**: Auch in diesem Fall sind keine besonderen Nachweise über die Eigenschaft des Leistungsempfängers zu führen, da der Ort auch im Drittland wäre, wenn der Umsatz an einen Unternehmer für dessen Unternehmen ausgeführt wird.
3. Der **Leistungsempfänger ist ein Unternehmer**, bezieht die Leistung für sein Unternehmen[10] und betreibt sein Unternehmen im **übrigen Gemeinschaftsgebiet** oder unterhält dort eine die Leistung empfangende Betriebsstätte: In diesem Fall muss der leistende Unternehmer den Status des Leistungsempfängers nachweisen. Im Binnenmarkt ist dieser Nachweis durch die USt-IdNr. zu führen[11]. Da sich in Abhängigkeit des Leistungsempfängers im Binnenmarkt unterschiedliche steuerliche Ergebnisse ergeben (seit dem 1.1.2015 nicht mehr bezüglich des Orts der sonstigen Leistung – ab 1.1.2019 kann es aber bei Unterschreiten der Bagatellgrenze von 10.000 € wieder zu unterschiedlichen Orten der sonstigen Leistung führen –, in jedem Fall aber immer noch bezüglich der Steuerschuldnerschaft), ist dem Nachweis besondere Aufmerksamkeit zu widmen.

Beispiel 4: Im Mai 2018 überlässt der im Inland ansässige Unternehmer U gegenüber einem französischen Leistungsempfänger digitalisierte Pressefotos, die gegen Entgelt von einem Server heruntergeladen werden können.
Lösung: Der Ort der sonstigen Leistung befindet sich nach § 3a Abs. 2 UStG in Frankreich, wenn der Leistungsempfänger ein Unternehmer ist, der die Leistung für sein Unternehmen bezieht. Dies wird regelmäßig durch die USt-IdNr. nachgewiesen. Der Leistungsempfänger wird in diesem Fall zum Steuerschuldner in Frankreich[12].
Ist der Leistungsempfänger kein Unternehmer oder ein Unternehmer, der die Leistung nicht für sein Unternehmen bezieht, war der Ort der sonstigen Leistung bis zum 31.12.2014 in Deutschland. Der Umsatz unterlag in Deutschland der Umsatzbesteuerung, Steuerschuldner war der leistende Unternehmer. Seit dem 1.1.2015 ist der Ort der sonstigen Leistung in Frankreich[13], die Besteuerung kann entweder individuell über eine Veranlagung durch U in Frankreich erfolgen, die Besteuerung in Frankreich kann aber auch über die „Kleine Einzige Anlaufstelle“ in Deutschland erfolgen (vgl. Stichwort Mini-One-Stop-Shop-Regelung).

Achtung! In den Fällen, in denen der leistende Unternehmer sonstige Leistungen ausführt, die typischerweise für nichtunternehmerische Zwecke verwendet werden (z.B. Download von Musik oder Filmen), hat die Finanzverwaltung[14] mit Wirkung zum 1.1.2013 in Abschn. 3a.2 Abs. 11a UStAE geregelt, dass alleine die Angabe der USt-IdNr. des Leistungsempfängers nicht ausreichend ist, um den Bezug für unternehmerische Zwecke nachzuweisen. Zum Nachweis der Ortsbestimmung nach § 3a Abs. 2 UStG (und seit dem 1.1.2015 der Frage der Steuerschuldnerschaft) müssen in solchen Fällen noch weitere Nachweise für den Bezug des Leistungsempfängers „für sein Unternehmen“ vorgelegt werden. Dies könnte eine schriftliche Bestätigung des Leistungsempfängers über den Bezug der Leistung für sein Unternehmen sein.

Das **Führen des Nachweises im Binnenmarkt** wird in der Praxis häufig nicht einfach sein. Es ist ein Charakteristikum der Online-Geschäfte, dass ein Datenaustausch nur auf elektronischem Wege erfolgt. Dabei kann es der leistende Unternehmer nicht überprüfen, ob der Leistungspartner seinen Computer

---

10 Dies gilt entsprechend auch für Leistungen gegenüber einer juristischen Person, die nicht Unternehmer ist, der aber eine USt-IdNr. erteilt worden ist.

11 Abschn. 3a.2 Abs. 9 ff. UStAE.

12 Art. 196 MwStSystRL.

13 Ab 1.1.2019 nur dann, wenn die Bagatellgrenze von 10.000 € überschritten wird oder der leistende Unternehmer auf die Anwendung dieser Bagatellgrenze verzichtet.

14 BMF, Schreiben v. 30.11.2012, BStBl I 2012, 1230.

im Nachbargebäude oder an einem beliebigen anderen Ort der Welt betreibt. Ohne die Angabe der zutreffenden USt-IdNr.[15] und gegebenenfalls weiterer Unterlagen für den Bezug für das Unternehmen wird der Nachweis nicht zu führen sein.

Tipp! In der seit dem 1.1.2015 geltenden Fassung des Art. 18 Abs. 2 Unterabs. 2 MwStVO wird bei diesen Leistungen als Grundvermutung davon ausgegangen, dass der Leistungsempfänger ein Nichtunternehmer ist, wenn er ohne eine USt-IdNr. auftritt. Weitere Nachforschungen über den Status des Leistungsempfängers muss der leistende Unternehmer dann nicht anstellen.

Schwierigkeiten ergeben sich bei den elektronischen Dienstleistungen auch, wenn es um die Frage geht, ob der Leistungsempfänger im Gemeinschaftsgebiet oder im Drittlandsgebiet ansässig ist. Im Internet-Geschäft kann die örtliche Feststellung nicht ohne weiteres erfolgen. Auch hier wird der Verwendung der (zutreffenden) USt-IdNr. des Leistungsempfängers eine wesentliche Beweisfunktion zukommen.

Darüber hinaus werden sowohl für die elektronisch ausgeführten Leistungen, die Telekommunikationsdienstleistungen und die Rundfunk- und Fernsehdienstleistungen Vermutungen über die Feststellung des Orts bestimmter Arten von sonstigen Leistungen in Art. 24a MwStVO getroffen:[16]

- Bei Telekommunikations-, Rundfunk- oder elektronisch erbrachten Leistungen an Orten wie Telefonzellen, Kiosk-Telefonen, WLAN-Hot-Spots, Internetcafés, Restaurants oder Hotellobbys, bei denen der Leistungsempfänger an diesem Ort physisch anwesend sein muss, damit ihm die Dienstleistung erbracht werden kann, gilt der Leistungsempfänger an diesem Ort als ansässig.
- Befindet sich der Ort dieser Leistungen an Bord eines Schiffs, eines Flugzeugs oder in einer Eisenbahn während einer Personenbeförderung, die innerhalb der Union stattfindet, gilt das Abgangsland des Beförderungsmittels im Gemeinschaftsgebiet als Leistungsort.

Werden gegenüber Nichtunternehmern Telekommunikations-, Rundfunk- oder elektronisch erbrachte Leistungen ausführt, gelten die folgenden Vermutungen:[17]

- Werden die Leistungen über seinen Festnetzanschluss erbracht, gilt der Leistungsempfänger als an dem Ort ansässig, an dem sich der Festnetzanschluss befindet.
- Werden die Leistungen über ein mobiles Telekommunikationsnetz erbracht, gilt der Leistungsempfänger als in dem Land ansässig, das durch den Ländercode der bei Inanspruchnahme der Dienstleistungen verwendeten SIM-Karte bezeichnet wird.
- Werden Leistungen erbracht, für die ein Decoder oder ein ähnliches Gerät oder eine Programm- oder Satellitenkarte verwendet werden muss, gilt der Leistungsempfänger an dem Ort ansässig ist, an dem sich der Decoder oder das ähnliche Gerät befindet. Wenn dieser Ort unbekannt ist, gilt der Ort als Leistungsort, an den die Programm- oder Satellitenkarte zur Verwendung gesendet wurde.

Werden Leistungen unter anderen als den vorgenannten Bedingungen erbracht, gilt die Vermutung, dass der Dienstleistungsempfänger an dem Ort ansässig ist oder seinen Wohnsitz oder seinen gewöhnlichen Aufenthaltsort hat, der vom Leistungserbringer unter Verwendung von zwei[18] einander nicht widersprechenden Beweismitteln als solcher bestimmt wird[19].

---

[15] Um einen Vertrauensschutz zu erlangen, muss die USt-IdNr. des Leistungsempfängers auch noch beim Bundeszentralamt für Steuern überprüft werden, Abschn. 3a.2 Abs. 9 UStAE.

[16] Art. 24a MwStVO sowie Abschn. 3a.9a Abs. 3 UStAE.

[17] Art. 24a MwStVO sowie Abschn. 3a.9a Abs. 4 UStAE.

[18] Zum 1.1.2019 wird hier eine weitere Vereinfachung im Binnenmarkt umgesetzt. Werden Leistungen von nicht mehr als 100.000 € an Leistungsempfänger in anderen Mitgliedstaaten ausgeführt, kann der Nachweis auch nur mit einem der aufgeführten Beweismittel geführt werden. Allerdings muss es sich dabei um ein Beweismittel handeln, das über einen Dritten verifizierbar ist (ausgeschlossen ist damit z.B. der alleinige Nachweis über die Rechnungsanschrift des Leistungsempfängers).

[19] Art. 24b Buchst. d MwStVO sowie Abschn. 3a.9a Abs. 5 UStAE.

Solche Beweismittel sind:[20]

- die Rechnungsanschrift des Dienstleistungsempfängers,
- die Internet-Protokoll-Adresse (IP-Adresse) des von dem Leistungsempfänger verwendeten Geräts oder jedes Verfahren der Geolokalisierung,
- Bankangaben wie der Ort, an dem das für die Zahlung verwendete Bankkonto geführt wird oder die der Bank vorliegende Rechnungsanschrift des Leistungsempfängers,
- der Mobilfunk-Ländercode (Mobile Country Code – MCC) der Internationalen Mobilfunk-Teilnehmerkennung (International Mobile Subscriber Identity – IMSI), der auf der von dem Dienstleistungsempfänger verwendeten SIM-Karte (Teilnehmer-Identifikationsmodul – Subscriber Identity Module) gespeichert ist,
- der Ort des Festnetzanschlusses des Leistungsempfängers, über den ihm die Dienstleistung erbracht wird sowie
- sonstige wirtschaftlich relevante Informationen.

Wichtig! Erbringt ein Unternehmer eine solche sonstige Leistung, kann er die vorgenannten Vermutungen auch noch durch drei einander nicht widersprechende vorgenannte Beweismittel widerlegen, aus denen hervorgeht, dass der Leistungsempfänger an einem anderen Ort ansässig ist oder seinen Wohnsitz oder seinen gewöhnlichen Aufenthaltsort hat[21].
Die Finanzverwaltung kann solche Vermutungen widerlegen, wenn es Hinweise auf falsche Anwendung oder Missbrauch durch den Leistungserbringer gibt[22].

Tipp! Soweit ein Anbieter im größeren Umfang Leistungen im Online-Geschäft in das Ausland erbringt, sollte in Abstimmung mit dem zuständigen Finanzamt geklärt werden, welche Unterlagen zum Nachweis der Nichtsteuerbarkeit im Einzelfall beigebracht werden müssen.

3. Steuersatz

Für die im Online-Geschäft getätigten Umsätze gelten in Deutschland grundsätzlich die allgemeinen Vorschriften über den Steuersatz. Somit wird überwiegend der Regelsteuersatz nach § 12 Abs. 1 UStG zur Anwendung kommen. Insbesondere in den Fällen, in denen Software über das Internet übertragen wird, liegt ein dem Regelsteuersatz unterliegender Umsatz vor, da keine Ermäßigung nach § 12 Abs. 2 UStG einschlägig ist.

Wichtig! Auch der Download von E-Books oder von Hörbüchern ist als sonstige Leistung nicht ermäßigt besteuert. Nur die Lieferung von Büchern oder Hörbüchern (z.B. auf CD) kann dem ermäßigten Steuersatz unterliegen. Allerdings ist unionsweit eine Anpassung an den ermäßigten Steuersatz geplant, die schon 2018 in Kraft treten sollte, aber bisher unionsrechtlich noch nicht umgesetzt wurde.

Soweit mit einem Online-Geschäft aber eine Einräumung eines sich aus dem Urheberrechtsgesetz ableitenden Rechts ergibt (z.B. bei der Überlassung von Pressefotos über das Internet), kann auch der ermäßigte Steuersatz zur Anwendung kommen.

4. Rechnungserteilung

Soweit eine **im Inland steuerbare und steuerpflichtige Leistung** vorliegt, sind für die Rechnungserstellung die folgenden Besonderheiten zu beachten:

---

[20] Art. 24f MwStVO sowie Abschn. 3a.9a Abs. 6 Satz 2 UStAE.

[21] Art. 24d Abs. 1 MwStVO sowie Abschn. 3a.9a Abs. 6 UStAE.

[22] Abschn. 3a.9a Abs. 7 UStAE.

Ansässigkeit des leistenden Unternehmers	Rechnungsausstellung
Der leistende Unternehmer ist im Inland ansässig	Es ist eine Rechnung zu erstellen, in der die Umsatzsteuer gesondert auszuweisen ist. Ist der Leistungsempfänger kein Unternehmer, der die Leistung für sein Unternehmen bezieht, besteht keine Verpflichtung zur Rechnungsausstellung.
Der leistende Unternehmer ist im Drittland ansässig und der Leistungsempfänger ist ein inländischer Unternehmer	In der Rechnung darf Umsatzsteuer nicht gesondert ausgewiesen werden, da der Leistungsempfänger zum Steuerschuldner nach § 13b UStG wird; auf den Übergang der Steuerschuldnerschaft ist hinzuweisen.
Der leistende Unternehmer ist im übrigen Gemeinschaftsgebiet ansässig und der Leistungsempfänger ist ein inländischer Unternehmer[23]	In der Rechnung darf Umsatzsteuer nicht gesondert ausgewiesen werden, da der Leistungsempfänger zum Steuerschuldner nach § 13b UStG wird; auf den Übergang der Steuerschuldnerschaft ist (nach den nationalen Vorschriften des jeweiligen Sitzstaates des leistenden Unternehmers) hinzuweisen. In der Rechnung sind analog § 14a Abs. 1 UStG die USt-IdNr. des leistenden Unternehmers und die des Leistungsempfängers anzugeben.
Der leistende Unternehmer ist im Drittland ansässig und der Leistungsempfänger ist eine juristische Person ohne USt-IdNr. oder ein Unternehmer, der die Leistung nicht für sein Unternehmen bezieht	In der Rechnung darf deutsche Umsatzsteuer nicht gesondert ausgewiesen werden, da der Leistungsempfänger zum Steuerschuldner nach § 13b UStG wird; auf den Übergang der Steuerschuldnerschaft ist hinzuweisen.

Zum 1.1.2019 ändert sich auch die **Verpflichtung zur Ausstellung von Rechnungen** bei grenzüberschreitend ausgeführten Leistungen dieser Art[24]. Grundsätzlich gilt für die Anforderungen an Rechnungen das Recht des Mitgliedstaats, in dem die Leistung ausgeführt ist. In einer neuen Ausnahme zu diesem Regeltatbestand werden aber die Leistungen nach Titel XII Kapitel 6 der MwStSystRL mit aufgenommen, sodass der Unternehmer, der Rundfunk- und Fernsehdienstleistungen, Telekommunikationsdienstleistungen sowie elektronische Dienstleistungen an Nichtunternehmer in einem anderen Mitgliedstaat ausführt, sich nach den Rechnungsanforderungen seines Ansässigkeitsstaat richten kann.

5. Erfassung ausländischer Unternehmer

Erbringen ausländische Unternehmer im Inland eine steuerbare und steuerpflichtige Leistung, steht immer auch die Erhebung der Umsatzsteuer im Vordergrund. Da nach Umsetzung der **E-Commerce-Richtlinie der EU** zum 1.7.2003 auch Drittlandsanbieter steuerbare und steuerpflichtige Leistungen gegenüber Nichtunternehmern im Gemeinschaftsgebiet erbringen, ist für diese Anbieter eine besondere Form der Steuererhebung geregelt worden[25].

In verschiedenen Vorschriften (insbesondere § 18 Abs. 4c und Abs. 4d UStG) wurde die sog. **Einlandregistrierung** eines im Drittlandsgebiet ansässigen Unternehmers bis 31.12.2014 geregelt. Nach dieser Vorschrift kann sich ein Drittlandsunternehmer (wahlweise) in einem Mitgliedstaat der Europäischen

23 Gilt entsprechend bei einer Leistung gegenüber einer juristischen Person, die nicht Unternehmer ist, der aber eine USt-IdNr. erteilt worden ist.

24 Änderung des Art. 219a MwStSystRL.

25 Dies gilt seit dem 1.1.2015 auch weiterhin für Leistungen von Drittlandsunternehmern an Nichtunternehmer im Gemeinschaftsgebiet (vgl. Stichwort Mini One Stop Shop-Regelung).

Union registrieren lassen, wenn er nur Umsätze nach § 3a Abs. 5 UStG erbringt. Soweit der Unternehmer sich in Deutschland registrieren lässt, muss er im Rahmen einer vierteljährlich abzugebenden elektronischen Steuererklärung beim Bundeszentralamt für Steuern alle Umsätze an Privatpersonen im gesamten Gemeinschaftsgebiet im Rahmen von elektronischen Dienstleistungen im Gemeinschaftsgebiet – getrennt nach den einzelnen Umsätzen und getrennt nach den unterschiedlichen Steuersätzen der einzelnen Länder – anmelden und die Steuer für diese Umsätze abführen. Die Steuerbeträge werden dann von den einzelnen Mitgliedstaaten untereinander ausgeglichen. Für die Leistungen seit dem 1.1.2015 vgl. Stichwort Mini-One-Stop-Shop-Regelung.

Elektronische Rechnung

Elektronische Rechnung auf einen Blick

1. **Rechtsquellen**
   § 14 und § 14b UStG
   Abschn. 14.4 und Abschn. 14b.1 UStAE
2. **Bedeutung**
   Zum 1.7.2011 sind die auf Papier erstellten Rechnungen den elektronisch übertragenen Rechnungen gleichgestellt worden. Besonderheiten bestehen aber weiterhin bei Rechnungen mit qualifizierter elektronischer Signatur sowie bei Rechnungen, die im EDI-Verfahren erstellt wurden. Elektronisch übermittelte Rechnungen müssen auch elektronisch archiviert werden, ein Ausdruck auf Papier reicht für steuerliche Zwecke nicht aus.
3. **Weitere Stichworte**
   → Aufbewahrung von Rechnungen, → Fahrausweise, → Kleinbetragsrechnung, → Rechnungen

1. Allgemeines

Zum 1.7.2011 ist die Gleichstellung elektronischer Rechnung und auf Papier ausgestellter Rechnung erfolgt.

Wichtig! Grundsätzlich ergeben sich keine systematischen Unterschiede zwischen den verschiedenen Rechnungsarten mehr. Alle Rechnungen müssen unterschiedslos die Voraussetzungen nach § 14 Abs. 4 UStG erfüllen.

Will der Unternehmer mit einer elektronischen Rechnung abrechnen, muss der Leistungsempfänger der Abrechnung durch elektronische Rechnung zustimmen. Die notwendige Zustimmung des Empfängers zur Abrechnung durch **elektronische Rechnung** bedarf dabei keiner besonderen Form. Die Zustimmung kann auch nachträglich erklärt werden. Es genügt auch, dass die Beteiligten diese Verfahrensweise tatsächlich praktizieren und damit stillschweigend billigen.

Die allgemeinen Anforderungen an Rechnungen – in § 14 Abs. 1 UStG normiert – sind eher abstrakter Natur. Danach muss die Echtheit der Herkunft der Rechnung, die Unversehrtheit ihres Inhalts und ihre Lesbarkeit gewährleistet werden. **Echtheit der Herkunft** bedeutet die Sicherheit der Identität des Rechnungsausstellers. **Unversehrtheit des Inhalts** bedeutet, dass die nach diesem Gesetz erforderlichen Angaben nicht geändert wurden. Jeder Unternehmer legt selbst fest, in welcher Weise die Echtheit der Herkunft, die Unversehrtheit des Inhalts und die Lesbarkeit der Rechnung gewährleistet werden. Dies kann durch jegliche **innerbetriebliche Kontrollverfahren** erreicht werden, die einen **verlässlichen Prüfpfad** zwischen Rechnung und Leistung schaffen können. Vgl. zur Umsetzung dieser allgemeinen Voraussetzungen Stichwort Rechnung.

2. Elektronische Rechnungen

Eine elektronische Rechnung ist eine Rechnung, die in einem elektronischen Format ausgestellt und empfangen wird. **Elektronische Rechnungen** können deshalb insbesondere sein:

- Per E-Mail übertragene Rechnungen, dabei ist es unerheblich, ob die Rechnung sich aus der E-Mail selbst ergibt oder ob die Rechnung als Dateianhang übertragen wird,
- Rechnungen, die per De-Mail[1] übertragen werden,
- Rechnungen, die per Computer-Fax oder Faxserver übermittelt werden,
- Rechnungen, die per Web-Download abgerufen werden,

1 Gemäß De-Mail-Gesetz v. 28.4.2011, BGBl I 2011, 666.

- Rechnungen, die im EDI-Verfahren[2] erstellt und übermittelt werden,
- Austausch von Rechnungsdaten auf Datenträger (CD/DVD/Bändern).

Tipp! Hauptsächlich werden Rechnungen elektronisch als pdf-Dateien oder tif-Dateien übertragen werden. Grundsätzlich könnten auch Rechnungen als Word- oder Exel-Datei übermittelt werden. Hier werden sich aber regelmäßig Schwierigkeiten bei der korrekten Wiedergabe und der Speicherung ergeben, da oftmals die Versionen und die verwendeten Schriftzeichen bei Sender und Empfänger nicht kompatibel sind und über den zehnjährigen Aufbewahrungszeitraum sichergestellt werden können.

Achtung! Eine von einem Standard-Telefax an Standard-Telefax oder vom Computer-Telefax/Fax-Server an Standard-Telefax übermittelte Rechnung gilt als Papierrechnung[3].

Der Unternehmer muss jederzeit die Echtheit der Herkunft und die Unversehrtheit des Inhalts sicherstellen. Nach § 14 Abs. 3 UStG die **Echtheit der Herkunft und die Unversehrtheit des Inhalts in den folgenden Fällen immer gewährleistet**:

- Abrechnung mit qualifizierter elektronischer Signatur (§ 14 Abs. 3 Nr. 1 UStG).
- Abrechnung im EDI-Verfahren[4] (§ 14 Abs. 3 Nr. 2 UStG).

Die **elektronische Signatur** ermöglicht es dem Empfänger, der die Daten über ein elektronisches Netz erhält, die Herkunft der Daten festzustellen und zu überprüfen, ob diese Daten unverändert sind. Der Rechnungsaussteller kann mehrere Rechnungen an einen Rechnungsempfänger in einer Datei zusammenfassen und diese Datei mit nur einer qualifizierten elektronischen Signatur versehen.

Dabei wird ein Verschlüsselungsverfahren vorgegeben, nach dem der Rechnungsaussteller die digitale Rechnung komprimiert und mit einem nur ihm bekannten – von einer genehmigten Zertifizierungsstelle („**TrustCenter**") erteilten – Schlüssel verschlüsselt. Der Rechnungsempfänger kann die Rechnung mit einem öffentlichen Schlüssel entschlüsseln und nach einem Prüfverfahren als zutreffend signiert behandeln. Die Vorgaben ergaben sich aus dem zwischenzeitlich aufgehobenen Signaturgesetz, das durch die allgemeinen Vorgaben des Vertrauensdienstegesetzes und den dazu ergangenen europäischen Regelungen ersetzt worden ist.

Die Finanzverwaltung[5] hat zum Datenzugriff und zur Prüfbarkeit digitaler Unterlagen Stellung genommen. Zur Anforderung an die digitale Rechnung wird dazu ausgeführt, dass neben den **Anforderungen an die GoBD**[6] (Grundsätze zur ordnungsmäßigen Führung und Aufbewahrung von Büchern, Aufzeichnungen und Unterlagen in elektronischer Form sowie zum Datenzugriff) die folgenden Voraussetzungen erfüllt sein müssen:

- Vor einer weiteren Verarbeitung der elektronischen Abrechnung muss die qualifizierte elektronische Signatur im Hinblick auf die Integrität der Daten und die Signaturberechtigung geprüft und das Ergebnis dokumentiert werden,
- die Speicherung der elektronischen Abrechnung muss auf einem Datenträger erfolgen, der Änderungen nicht mehr zulässt. Bei einer temporären Speicherung auf einem änderbaren Datenträger muss das DV-System sicherstellen, dass Änderungen nicht möglich sind,

---

2 Electronic-Data-Interchange.

3 Abschn. 14.4 Abs. 3 UStAE.

4 Electronic-Data-Interchange.

5 Schreiben v. 16.7.2001, BStBl I 2001, 415; dieses Schreiben war noch zu den damals gültigen GoBS ergangen, kann aber sinngemäß weiter angewendet werden.

6 Die GoBD „Grundsätze zur ordnungsmäßigen Führung und Aufbewahrung von Büchern, Aufzeichnungen und Unterlagen in elektronischer Form sowie zum Datenzugriff" haben 2015 die bisherigen GoBS „Grundsätze ordnungsmäßiger DV-gestützter Buchführungssysteme" ersetzt.

- bei Umwandlung (Konvertierung) der elektronischen Abrechnung in ein unternehmenseigenes Format (sog. Inhouse-Format) müssen beide Versionen archiviert und nach den GoBS mit demselben Index verwaltet sowie die konvertierte Version als solche gekennzeichnet werden,
- der Signaturschlüssel muss aufbewahrt werden,
- bei Einsatz von Kryptografietechniken müssen die verschlüsselte und die entschlüsselte Abrechnung sowie der Schlüssel zur Entschlüsselung der elektronischen Abrechnung aufbewahrt werden,
- der Eingang der elektronischen Abrechnung, ihre Archivierung und ggf. Konvertierung sowie die weitere Verarbeitung müssen protokolliert werden,
- die Übertragungs-, Archivierungs- und Konvertierungssysteme müssen den Anforderungen der GoBS, insbesondere an die Dokumentation, an das interne Kontrollsystem, an das Sicherungskonzept sowie an die Aufbewahrung, entsprechen,
- das qualifizierte Zertifikat des Empfängers muss aufbewahrt werden.

3. Archivierung elektronischer Rechnungen

Elektronisch übermittelte Rechnungen müssen auch elektronisch aufbewahrt werden. Die Aufbewahrungsfristen entsprechen dabei denen, die auch für auf Papier erstellte Rechnungen betreffen, vgl. Stichwort Aufbewahrung von Rechnungen.

Wichtig! Die Aufbewahrung nur eines Ausdrucks einer elektronisch übermittelten Rechnung ist nicht ausreichend.

Die Archivierung muss deshalb sicherstellen, dass die elektronisch abgespeicherte Rechnung nicht verändert wird und auch innerhalb des maßgeblichen Aufbewahrungszeitraums (zehn Jahre) lesbar gemacht werden kann. Wegen der digitalen Archivierung ist es der Finanzverwaltung auch erlaubt, im Rahmen der unangekündigten Nachschau einzelne Dokumente in EDV-System des Unternehmers zu prüfen.

Achtung! Verstößt der Unternehmer gegen die Aufbewahrungsverpflichtungen, kann dies eine Ordnungswidrigkeit darstellen. Der Vorsteuerabzug ist deshalb aber nicht automatisch zu versagen.

Energielieferung

Energielieferung auf einen Blick

1. **Rechtsquellen**
   § 3g und § 3a Abs. 4 Satz 2 Nr. 14, § 13b UStG
   Abschn. 3a.13 und Abschn. 3g.1 UStAE
2. **Bedeutung**
   Wird Gas, Energie sowie Wärme oder Kälte über ein entsprechendes Leitungsnetz geliefert, bestimmt sich der Ort dieser Lieferung nach § 3g UStG. Maßgebend für die Ortsbestimmung ist dabei, ob der Leistungsempfänger als Händler oder als Verbraucher auftritt. Für bestimmte Dienstleistungen, die im Zusammenhang mit diesen Lieferungen stehen sowie auch die Gewährung von Durchleitungsrechten können sich besondere Orte der sonstigen Leistung ergeben, wenn der Leistungsempfänger ein Nichtunternehmer im Drittlandsgebiet ist. Bei den im Inland ausgeführten Lieferungen dieser Gegenstände durch einen ausländischen Unternehmer wird der Leistungsempfänger zum Steuerschuldner, wenn er Unternehmer ist.
3. **Weitere Stichworte**
   → Lieferung/Ort, → Sonstige Leistung/Ort, → Steuerschuldnerverfahren
4. **Besonderheiten**
   Zum 1.9.2013 ist auch die inländische Lieferung von Strom oder Gas unter weiteren Voraussetzungen in die Übertragung der Steuerschuldnerschaft auf den Leistungsempfänger einbezogen werden. Die Finanzverwaltung hatte eine Übergangsregelung bis zum 31.12.2013 getroffen.

1. Der Ort einer Energielieferung

Liefert ein Unternehmer Gas über das Leitungsnetz, Elektrizität (ebenfalls über ein Netz) oder auch Wärme oder Kälte durch ein entsprechendes Leitungsnetz, ist der Ort dieser Lieferung nach den Grundsätzen des § 3g UStG zu bestimmen[1]. Danach ist zu unterscheiden, ob:

- der Leistungsempfänger ein Händler oder
- ein Verbraucher ist.

Erfolgt die Lieferung dieser Gegenstände an einen Händler (**Wiederverkäufer**), wird für den Ort der Lieferung darauf abgestellt, wo der Abnehmer sein Unternehmen betreibt oder seine Betriebsstätte unterhält, für welche die Gegenstände geliefert wurden; § 3g Abs. 1 UStG. Dies ist unabhängig davon, wie der Leistungsempfänger die gelieferten Gegenstände tatsächlich verwendet.

Achtung! Damit ein Unternehmer ein Wiederverkäufer ist, muss er das erworbene Gas oder die erworbene Elektrizität weiter verkaufen.

Bei der **Lieferung an andere Abnehmer** als Wiederverkäufer wird hingegen auf den Ort des tatsächlichen Verbrauchs dieser Gegenstände abgestellt. Das ist bei Privatverbrauchern oder kleineren Unternehmern normalerweise der Ort, wo sich der Zähler des Abnehmers befindet, bei industriellen Abnehmern muss auf den wirtschaftlichen Verbrauch abgestellt werden. Sollte ein Abnehmer, der nicht Wiederverkäufer ist, die an ihn gelieferten Gegenstände nicht tatsächlich nutzen bzw. verbrauchen (z.B. bei Weiterverkauf von Überkapazitäten), wird insoweit für die Lieferung an diesen Abnehmer der Verbrauch dort fingiert, wo dieser Abnehmer sein Unternehmen betreibt oder eine Betriebsstätte hat, für die die

[1] Diese Regelung galt für Gaslieferungen und der Lieferung von Elektrizität, die ab dem 1.1.2005 ausgeführt wurden; für Wärme oder Kälte seit dem 1.1.2011.

Gegenstände geliefert werden. Im Ergebnis führt dies dazu, dass im Fall des Weiterverkaufs stets das Empfängerortprinzip gilt.

Als **Wiederverkäufer** wird ein Unternehmer angesehen, dessen Haupttätigkeit in Bezug auf den Erwerb dieser Gegenstände im Weiterverkauf besteht. Dazu muss der Unternehmer mehr als die Hälfte der von ihm erworbenen Mengen weiterveräußern. Maßgebend ist dabei nicht die Gesamttätigkeit des Wiederverkäufers, sondern nur dessen Tätigkeit in der Sparte „Kauf von Gas, Elektrizität oder Wärme und Kälte". Dies bedeutet, dass z.B. ein Händler von Erdgas nicht automatisch auch bezüglich des Einkaufs von Elektrizität als Händler anzusehen ist.

Achtung! Die Lieferung von Gas in Gasflaschen oder in Tankfahrzeugen fällt nicht unter die Ortsbestimmungsvorschrift des § 3g UStG.

2. Sonstige Leistungen im Zusammenhang mit Energielieferungen

Für sonstige Leistungen eines Unternehmers, die im Zusammenhang mit Lieferungen von Gas über das Gasnetz, von Elektrizität oder von Wärme oder Kälte über ein entsprechendes Leitungsnetz bestehen, ist für die Bestimmung des Orts der Leistung Folgendes zu beachten:

- Die Leistung wird **an einen Unternehmer** für dessen Unternehmen ausgeführt: Der Ort der sonstigen Leistung ist dort, wo der Leistungsempfänger sein Unternehmen betreibt oder seine die Leistung empfangende Betriebsstätte unterhält; § 3a Abs. 2 UStG.
- Die Leistung wird **an einen Nichtunternehmer im Drittlandsgebiet** ausgeführt: Der Ort der sonstigen Leistung ist dort, wo der Leistungsempfänger seinen Wohnsitz oder Sitz hat; § 3a Abs. 4 Satz 2 Nr. 14 i.V.m. § 3a Abs. 4 Satz 1 UStG.
- Die Leistung wird **an einen Nichtunternehmer im Gemeinschaftsgebiet** ausgeführt: Der Ort der sonstigen Leistung ist dort, wo der leistende Unternehmer sein Unternehmen betreibt oder die die Leistung abgebende Betriebsstätte unterhält, § 3a Abs. 1 UStG.

Die Finanzverwaltung regelt dabei den Anwendungsbereich der Leistungen, die mit der Lieferung von Gas oder Elektrizität eng verbunden sind, sehr weit. So fallen neben der Gewährung von Durchleitungsrechten, der Regelung des Transports von Gas für alle Druckstufen oder Elektrizität für alle Spannungsstufen auch Serviceleistungen wie Überwachung, Netzoptimierung oder Notrufbereitschaften unter diese Regelung[2].

Tipp! Die Regelung des § 3a Abs. 4 Satz 2 Nr. 14 UStG wird seit dem 1.1.2010 kaum noch zur Anwendung kommen, da die dort aufgeführten Leistungen erfahrungsgemäß nicht gegenüber Nichtunternehmern aus dem Drittlandsgebiet ausgeführt werden. Diese Leistungen werden regelmäßig gegenüber Unternehmern für dessen Unternehmen ausgeführt, sodass sich der Ort der sonstigen Leistung nach § 3a Abs. 2 UStG bestimmt.

3. Steuerschuldner

Regelmäßig ist der leistende Unternehmer nach § 13a Abs. 1 Nr. 1 UStG der Steuerschuldner, wenn die Leistung im Inland steuerbar und steuerpflichtig ausgeführt wird. Soweit die **Leistung von einem ausländischen Unternehmer** (vgl. dazu Stichwort Steuerschuldnerverfahren) ausgeführt wird, ergeben sich die folgenden Möglichkeiten:

- Es handelt sich um eine Lieferung von Gas über das Gasleitungsnetz, von Energie oder von Wärme oder Kälte über ein entsprechendes Leitungsnetz: Der Leistungsempfänger wird zum Steuerschuldner, soweit er ein Unternehmer ist; § 13b Abs. 2 Nr. 5 Buchst. a UStG[3].

---

[2] Abschn. 3a.13 UStAE.

[3] Unionsrechtlich nach Art. 195 MwStSystRL.

- Es handelt sich um eine sonstige Leistung im Zusammenhang mit der Lieferung von Gas oder Elektrizität[4]: Der Leistungsempfänger wird zum Steuerschuldner, soweit er Unternehmer oder eine juristische Person ist. In Abhängigkeit davon, ob der leistende Unternehmer aus einem anderen Mitgliedstaat oder aus dem Drittlandsgebiet kommt, ergibt sich die Steuerschuld des Leistungsempfängers nach § 13b Abs. 1 oder Abs. 2 Nr. 1 UStG.

Beispiel: Das lokale Erdgasversorgungsunternehmen E in Sachsen schließt mit einem russischen Erdgaslieferanten einen Vertrag über die Lieferung von Erdgas ab.
Lösung: Da es sich bei dem Erwerber um einen Wiederverkäufer handelt, bestimmt sich der Ort der Lieferung nach § 3g Abs. 1 UStG mit Deutschland (Sitz des E). Damit erbringt der russische Unternehmer in Deutschland eine steuerbare und steuerpflichtige Lieferung. Allerdings wird E nach § 13b Abs. 2 Nr. 5 Buchst. a i.V.m. Abs. 5 Satz 1 UStG zum Steuerschuldner für die ihm gegenüber ausgeführten Lieferung. Da keine vorsteuerabzugsschädlichen Ausgangsleistungen bewirkt werden, ist E zum Vorsteuerabzug berechtigt, § 15 Abs. 1 Satz 1 Nr. 4 UStG.

Bis 30.9.2013 galt nach § 13b Abs. 2 Nr. 5 UStG (ab dem 1.9.2013 § 13b Abs. 2 Nr. 5 Buchst. a UStG), dass die Steuerschuldnerschaft auf den Leistungsempfänger für Lieferungen von Gas über das Erdgasnetz, von Elektrizität sowie von Wärme und Kälte über ein Wärme- oder Kältenetz durch einen ausländischen Unternehmer an einen anderen Unternehmer unter den Bedingungen des § 3g UStG übergeht.

Zum 1.9.2013 ist nach einer Anpassung des Art. 199a MwStSystRL die erweiterte Fassung in Kraft getreten. Zur Übertragung der Steuerschuldnerschaft auf den Leistungsempfänger führt danach auch

- die Lieferung von Gas über das Erdgasnetz durch einen inländischen Unternehmer, wenn der Leistungsempfänger selbst ein Wiederverkäufer i.S.d. § 3g UStG ist, der Erdgas über das Erdgasnetz liefert, sowie
- die Lieferung von Elektrizität durch einen inländischen Unternehmer, wenn sowohl der Lieferer als auch der Leistungsempfänger Wiederverkäufer i.S.d. § 3g UStG sind.

Ist bei der Lieferung von Gas oder Elektrizität der leistende Unternehmer ein Inländer, geht die Steuerschuldnerschaft noch nicht automatisch auf den Leistungsempfänger über. Bei der **Lieferung von Gas** muss der Leistungsempfänger ein Unternehmer sein, der selbst Gas liefert. Dies sind Unternehmer, die Wiederverkäufer von Gas nach § 3g Abs. 1 UStG sind – damit muss deren Hauptleistung auf den Erwerb und die Lieferung von Gas ausgerichtet und deren eigener Verbrauch darf nur von untergeordneter Bedeutung sein.

Bei der **Lieferung von Elektrizität** müssen beide Vertragsparteien Wiederverkäufer sein; auch in diesem Fall muss bei beiden Vertragsparteien die Hauptleistung in dem Erwerb und der Lieferung von Elektrizität bestehen und der eigene Verbrauch darf nur von untergeordneter Bedeutung sein.

Tipp! Erfüllt bei einer Organschaft nur einer der Teile des einheitlichen Unternehmens die Voraussetzungen als Wiederverkäufer i.S.d. Regelung, greift die Übertragung der Steuerschuldnerschaft nur insoweit, wie dieser Unternehmensteil an dem Geschäft beteiligt ist.

Die Finanzverwaltung[5] hat Abgrenzungen vorgegeben, in welchen Fällen von einer Lieferung von Energie auszugehen ist und wann keine Energielieferung vorliegt. Von einer **Lieferung von Energie** ist (auch) auszugehen, bei:

- der Lieferung von Elektrizität aus dezentralen Stromgewinnungsanlagen durch Verteilernetzbetreiber und Übertragungsnetzbetreiber zum Zweck der Vermarktung an der Strombörse EEX,

[4] Der Ort der sonstigen Leistung bestimmt sich in diesem Fall nach § 3a Abs. 2 UStG.
[5] BMF, Schreiben v. 19.9.2013, BStBl I 2013, 1212.

- der Energiebeschaffung zur Deckung von Netzverlusten,
- dem horizontalen Belastungsausgleich der Übertragungsnetzbetreiber (physikalischer Ausgleich der Elektrizitätsmengen zwischen den einzelnen Regelzonen im Übertragungsnetz),
- der Regelenergielieferung (positiver Preis) sowie
- der Abrechnung von Mehr- oder Mindermengen Strom zwischen einem Verteilnetzbetreiber und dem Lieferanten bzw. Kunden[6].

Keine Lieferung von Elektrizität liegt vor bei:

- dem Bilanzkreis- und Regelzonenausgleich sowie der Bilanzkreisabrechnung,
- der Netznutzung in Form der Bereithaltung und Vorhaltung des Netzes bzw. des Netzzugangs durch den Netzbetreiber (Verteilernetzbetreiber bzw. Übertragungsnetzbetreiber) gegenüber seinen Netzkunden,
- der Regelleistung (Bereitstellung von Regelleistungskapazität zur Aufrechterhaltung der Systemstabilität des Stromnetzes) sowie
- der Regelenergielieferung, soweit sich ein negativer Preis ergibt. In diesem Fall liegt eine Dienstleistung desjenigen vor, der gegen Entgelt Strom aus dem Netz entnimmt.

Die korrekte Anwendung des Reverse-Charge-Verfahrens setzt aber voraus, dass die Vertragsparteien jeweils Kenntnis von der Stellung des anderen haben. Die Finanzverwaltung hat deshalb ein **Formular** (USt 1 TH[7]) ausgegeben, dass dem jeweiligen Unternehmer die **„Wiederverkäufereigenschaft"** bestätigt. Wird unter den weiteren Voraussetzungen von den Vertragsparteien dieses Formular verwendet, kann davon ausgegangen werden, dass der Leistungsempfänger zum Steuerschuldner nach § 13b UStG wird.

Achtung! Die Erweiterung der Steuerschuldnerschaft des Leistungsempfängers auf die Lieferung von Gas über das Erdgasnetz und von Elektrizität durch im Inland ansässige Unternehmer an Unternehmer, die selbst derartige Leistungen erbringen, konnte erst nach einer Änderung der MwStSystRL zum 1.9.2013 in Kraft treten. Die Finanzverwaltung hatte aber noch eine Übergangsregelung bis zum 31.12.2013 getroffen, nach der es nicht beanstandet wurde, wenn die Steuerschuldnerschaft noch nicht auf den Leistungsempfänger übergegangen war.

4. Weitere Regelungen

Im Zusammenhang mit der Umsetzung der Energielieferungsrichtlinie wurde auch geregelt, dass:

- ein **innergemeinschaftliches Verbringen** (vgl. dazu Stichwort Innergemeinschaftliches Verbringen) nicht in Betracht kommt, wenn der Unternehmer Gas, Elektrizität oder Wärme oder Kälte zur eigenen Verfügung aus einem Mitgliedstaat in einen anderen Mitgliedstaat verbringt; § 3g Abs. 3 UStG.
- eine **Einfuhr** dieser Gegenstände in das Gebiet der Europäischen Union eine steuerfreie Einfuhr darstellt, § 5 Abs. 1 Nr. 6 UStG.

---

6 BMF, Schreiben v. 6.12.2017, BStBl I 2017, 1660. Für vor dem 1.7.2018 ausgeführte Leistungen aufgrund eines Bilanzkreisvertrags wird es für alle Beteiligten nicht beanstandet, wenn einvernehmlich die Leistungen als sonstige Leistungen des Bilanzkreisverantwortlichen an den Übertragungsnetzbetreiber als Bilanzkreiskoordinator abgerechnet wird.

7 BMF, Schreiben v. 19.9.2013, BStBl I 2013, 1217 in der überarbeiteten Fassung gem. BMF, Schreiben v. 17.6.2015.

Entgelt

Entgelt auf einen Blick

1. **Rechtsquellen**
   § 1 Abs. 1 Nr. 1 und § 10 UStG
   Abschn. 1 UStAE
2. **Bedeutung**
   Um einen steuerbaren Umsatz zu bewirken, muss der Unternehmer eine Lieferung oder eine sonstige Leistung gegen Entgelt erbringen. Entgelt ist dabei alles, was der Leistungsempfänger aufwendet, um die Leistung zu erhalten. Nicht zum Entgelt gehört jedoch die für diese Leistung geschuldete Umsatzsteuer. Zum Entgelt gehört auch das, was ein Dritter für die Leistung eines Unternehmers aufwendet.
3. **Weitere Stichworte**
   → Bemessungsgrundlage, → Durchlaufender Posten, → Gesellschafterbeitrag, → Schadensersatz

Eine **steuerbare Leistung** i.S.d. § 1 Abs. 1 Nr. 1 UStG liegt dann vor, wenn der Unternehmer eine Lieferung oder sonstige Leistung im Rahmen seines Unternehmens im Inland gegen Entgelt erbringt. Dem Begriff des Entgelts kommt somit für die Prüfung der Steuerbarkeit eine wichtige Bedeutung zu.

Eine Leistung gegen Entgelt (**Leistungsaustausch**) liegt dann vor, wenn der Unternehmer erkennbar um einer **Gegenleistung willen** tätig wird. Dabei muss das Entgelt nicht in einer Bezahlung in Geld bestehen, das Entgelt kann auch bei einem Tausch oder tauschähnlichen Umsatz in der Gegenleistung des Leistungsempfängers bestehen. Allerdings müssen die Leistung und die Gegenleistung in einem wechselseitigen Zusammenhang stehen, sodass eine steuerbare Leistung nur dann gegeben ist, wenn die Leistung auf eine Gegenleistung gerichtet ist und damit die gewollte, erwartete oder erwartbare Gegenleistung auslöst. Außerdem muss die Gegenleistung in Geld bewertbar sein.

Das Entgelt als Bemessungsgrundlage für Lieferungen und sonstige Leistungen (§ 1 Abs. 1 Nr. 1 Satz 1 UStG) wird nach dem Aufwand des Leistungsempfängers (ausgenommen die USt) bemessen, § 10 Abs. 1 Satz 2 UStG. Der Aufwand des Leistungsempfängers findet seinen Grund und seine Höhe regelmäßig in einer Entgeltsvereinbarung in Geld. Damit stellt § 10 Abs. 1 Satz 2 UStG auf den **idealtypischen Fall**[1] durch Leistungsaustausch aufgrund eines gegenseitigen Vertrags[2] mit gelungenem Interessenausgleich ab. Das umsatzsteuerrechtlich maßgebende Entgelt wird aber nicht dadurch beeinflusst, wenn die Beteiligten bei ihrer subjektiven Einschätzung der Wertigkeit von Leistung und Entgelt den objektiven Wert der Leistung nicht berücksichtigen oder treffen.

Das Entgelt als Bemessungsgrundlage für Lieferungen oder sonstige Leistungen ist damit **nicht der objektive Wert** der Leistung.

Ausdrücklich gehört auch das, was ein Dritter für eine Leistung des Unternehmers aufwendet mit zum Entgelt und damit zur Bemessungsgrundlage, § 10 Abs. 1 Satz 3 UStG. Eine Gegenleistung liegt auch dann vor, wenn sie nicht in das Unternehmen des leistenden Unternehmers eingeht.

Beispiel: Rechtsanwalt R berät einen Malermeister in einer Personalangelegenheit. Als Gegenleistung für die Beratungsleistung wird vereinbart, dass der Malermeister die Privaträume des R renoviert.
Lösung: Die Beratungsleistung des R stellt eine sonstige Leistung gegen Entgelt dar, da ein Leistungsaustausch vorliegt. Die Gegenleistung für die Rechtsberatungsleistung stellt die Malerleistung dar (tauschähnlicher Umsatz). Diese Leistung muss in Geld bewertbar sein und bewertet werden.

---

1 BFH, Urteil v. 27.5.1987, X R 2/81, BStBl II 1987, 739.

2 BFH, Urteil v. 28.1.1988, V R 112/86, BStBl II 1988, 473.

Nicht zum Entgelt und damit nicht zu einem steuerbaren Umsatz führen die Zahlung eines **Schadensersatzes**, die Leistungen im Rahmen eines **echten Gesellschafterbeitrags** sowie **durchlaufende Posten**; vgl. dazu die entsprechenden Stichworte.

Fahrausweise

Fahrausweise auf einen Blick

1. **Rechtsquellen**
   § 14 Abs. 6 UStG
   § 34 und § 35 UStDV
   Abschn. 14.4, Abschn. 14.7 und Abschn. 15.5 UStAE
2. **Bedeutung**
   Bei Fahrausweisen kann auf bestimmte Angaben in dem Fahrausweis verzichtet werden, der Fahrausweis wird trotzdem als Rechnung i.S.d. UStG anerkannt, die den Vorsteuerabzug beim Leistungsempfänger ermöglicht.
3. **Weitere Stichworte**
   → Nebenleistungen, → Rechnung, → Vorsteuerabzug

Fahrausweise gelten ebenfalls als Rechnungen i.S.d. § 14 UStG, wenn die Voraussetzungen des § 34 Abs. 1 UStDV erfüllt sind. In dem Fahrausweis müssen der vollständige Name und die vollständige Anschrift des leistenden Unternehmers angegeben sein, das Ausstellungsdatum sowie das Entgelt und der Steuerbetrag in einer Summe. Der Steuersatz braucht in dem Fahrausweis nur angegeben werden, wenn die Beförderungsleistung nicht dem ermäßigten Steuersatz unterliegt. Diese Regelungen treffen insbesondere auf **Fahrausweise im öffentlichen Personennahverkehr**, im Eisenbahnverkehr und im nationalen Flugverkehr zu. Die Steuernummer oder eine USt-IdNr. des leistenden Unternehmers braucht in einem Fahrausweis nicht mit angegeben zu werden.

Wichtig! Rechnungen über die Beförderung mit einem Taxi oder die Miete eines Fahrzeugs gelten nicht als Fahrausweise und unterliegen somit nicht diesen Regelungen. Bei Rechnungen bei der Beförderung in einem Taxi werden aber regelmäßig die Voraussetzungen der Kleinbetragsrechnung (bis 250 €[1], § 33 UStDV) vorliegen.

Zu den Fahrausweisen gehören auch die üblicherweise ausgegebenen Zusatzscheine wie Zuschlagkarten für zuschlagspflichtige Züge, **Platzkarten**, Bettkarten und Liegekarten. Diese Zusatzscheine teilen als Nebenleistung das Schicksal der Hauptleistung, es ergibt sich in diesem Fall für den Leistungsempfänger der gleiche Vorsteuerabzug, wie er ihn aus dem Fahrausweis als solchem vornehmen konnte.

Bei Fahrausweisen über die **Beförderung im grenzüberschreitenden Personenverkehr** ist es erforderlich, dass der leistende Unternehmer in dem Fahrausweis den auf das Inland entfallenden Streckenanteil und den darauf entfallenden Steuersatz mit angibt. Dies dürfte in der Praxis in der Regel nur bei der grenzüberschreitenden Beförderung im Eisenbahnverkehr eine Rolle spielen, da bei grenzüberschreitender Beförderung im Luftverkehr in aller Regel nach § 26 Abs. 3 UStG eine Umsatzsteuer nicht erhoben wird.

Achtung! Der leistende Unternehmer muss bei Fahrausweisen über eine grenzüberschreitende Beförderung im Luftverkehr, bei der eine Umsatzsteuer nach § 26 Abs. 3 UStG nicht erhoben wird, auf diese Sondervorschrift hinweisen; § 34 Abs. 1 Nr. 5 UStDV.

Besonderheiten bestehen bei Fahrausweisen, die im **Online-Verfahren** erstellt werden. In diesem Fall wird der Fahrausweis als ordnungsgemäße Rechnung anerkannt, wenn von der Seite des leistenden

---

[1] Seit dem 1.1.2017; bis 31.12.2016: 150 €.

Unternehmers sichergestellt ist, dass der Fahrausweis erst dann ausgestellt wird, wenn die Belastung auf einem Konto[2] erfolgt ist.

Tipp! Bei elektronischen Rechnungen ist zum 1.7.2011 eine Angleichung der Vorschriften an die Papierrechnung über § 14 Abs. 1 UStG erfolgt. Allerdings müssen grundsätzlich elektronische Rechnungen auch über die gesamte Aufbewahrungsfrist elektronisch archiviert werden. Die Aufbewahrung eines Ausdrucks einer elektronisch übermittelten Rechnung ist nicht ausreichend. Bei den Fahrausweisen im Online-Verfahren hat die Finanzverwaltung bisher nicht ausdrücklich gefordert, dass der abgerufene Fahrschein auch elektronisch archiviert werden muss.

Wird ein **Fahrausweis von einem Reisebüro verkauft**, wird gelegentlich noch neben dem Fahrausweis eine Abrechnung des Reisebüros erstellt. In diesem Fall ist darauf zu achten, dass in der Abrechnung des Reisebüros die Umsatzsteuer für die Leistung des Beförderungsunternehmers nicht gesondert ausgewiesen wird oder es ist der Hinweis anzubringen, dass ein Vorsteuerabzug nur aus dem Fahrausweis möglich ist.

Wichtig! Wird in einer Abrechnung eines Reisebüros die Umsatzsteuer für eine Beförderungsleistung eines dritten Unternehmers gesondert ausgewiesen und ist in der Rechnung kein Hinweis darauf enthalten, dass die Vorsteuer nur aus dem Fahrausweis möglich ist, schuldet das Reisebüro die gesondert ausgewiesene Umsatzsteuer nach § 14c Abs. 2 UStG (unberechtigt ausgewiesene Umsatzsteuer).

2 Dies kann ein Kreditkartenkonto oder ein Kundenkonto sein; vgl. auch Abschn. 14.4 Abs. 11 UStAE.

Fahrzeuglieferung

Fahrzeuglieferung auf einen Blick

1. **Rechtsquellen**
§ 1a, § 1b und § 2a UStG
Abschn. 1b.1 UStAE
2. **Bedeutung**
Die Lieferung und der Erwerb eines neuen Fahrzeugs unterliegen in der Europäischen Union besonderen Vorschriften. Auch Privatpersonen müssen sowohl bei der Lieferung wie bei dem Erwerb eines neuen Fahrzeugs umsatzsteuerliche Pflichten beachten.
3. **Weitere Stichworte**
→ Gemeinschaftsgebiet, → Innergemeinschaftlicher Erwerb, → Innergemeinschaftliche Lieferung, → Vorsteuerabzug

1. Allgemeines

Der Kauf eines neuen Fahrzeugs führt innerhalb des Gemeinschaftsgebiets immer zu einem innergemeinschaftlichen Erwerb, entweder nach § 1a UStG, wenn der Abnehmer ein Unternehmer oder eine juristische Person ist, oder nach § 1b UStG, wenn der Abnehmer eine Privatperson ist. Aber auch der Verkauf eines solchen neuen Fahrzeugs an einen Abnehmer aus einem anderen Mitgliedstaat führt für eine Privatperson im Inland zu bestimmten Rechten und Pflichten.

Wichtig! Auch Kleinunternehmer und Unternehmer, die nur steuerfreie Umsätze ausführen, gelten in vollem Umfang als Unternehmer.

2. Definition des neuen Fahrzeugs

Ein **neues Fahrzeug** liegt nach § 1b Abs. 2 und Abs. 3 UStG in folgenden Fällen vor:

- Bei motorbetriebenen Landfahrzeugen (Hubraum mehr als 48 Kubikzentimeter oder Leistung mehr als 7,2 Kilowatt), wenn das Fahrzeug entweder nicht mehr als 6.000 Kilometer zurückgelegt hat oder bei Erwerb die erste Inbetriebnahme nicht mehr als sechs Monate zurückliegt.
- Bei Wasserfahrzeugen (Länge mehr als 7,5 Meter), wenn das Wasserfahrzeug auf dem Wasser nicht mehr als 100 Betriebsstunden genutzt wurde oder bei Erwerb die erste Inbetriebnahme nicht mehr als drei Monate zurückliegt.
- Bei Luftfahrzeugen (Starthöchstmasse mehr als 1.550 Kilogramm), wenn das Luftfahrzeug nicht mehr als 40 Betriebsstunden genutzt wurde oder bei Erwerb die erste Inbetriebnahme nicht mehr als drei Monate zurückliegt.

Achtung! Es reicht aus, wenn bei einem Fahrzeug jeweils ein Kriterium erfüllt ist. So ist ein Landfahrzeug auch „neu“, wenn es schon 20.000 Kilometer zurückgelegt hat, aber die erste Inbetriebnahme nicht mehr als sechs Monate zurückliegt.

Wichtig! Die Vorsteuerabzugsberechtigung einer Privatperson, die nur für diesen einen Verkauf als Unternehmer behandelt wird, beschränkt sich auf die Umsatzsteuer aus dem Kauf des Fahrzeugs, gedeckelt aber auf den Betrag, der sich ergeben würde, wenn die Lieferung des Fahrzeugs nicht steuerfrei wäre, § 15 Abs. 4a UStG. Darüber hinausgehende Vorsteuerbeträge (z.B. aus Verkaufskosten) können nicht geltend gemacht werden.

3. Rechtsfolgen beim Lieferer

Die **Rechtsfolgen für den Lieferer** ergeben sich in Abhängigkeit davon, ob er als Unternehmer auftritt oder ob er als Privatperson handelt.

	Lieferer handelt als Unternehmer	Lieferer handelt als Privatperson
Unternehmereigenschaft	§ 2 Abs. 1 UStG	Lieferer wird für diese Lieferung als Unternehmer behandelt, § 2a UStG.
Ort der Lieferung	§ 3 Abs. 6 UStG, wo die Beförderung des Fahrzeugs beginnt.	
Steuerbarkeit	Steuerbar nach § 1 Abs. 1 Nr. 1 UStG.	
Steuerpflicht	Steuerfrei als innergemeinschaftliche Lieferung, § 6a Abs. 1 Satz 1 Nr. 1 bis Nr. 3 UStG.	
Bemessungsgrundlage	Verkaufserlös, § 10 Abs. 1 UStG.	
Belegerfordernis	Der Verkäufer muss eine Rechnung ausstellen, § 14a Abs. 3 UStG. Kein Ausweis einer Umsatzsteuer aber Angabe der relevanten Merkmale des neuen Fahrzeugs, § 14a Abs. 4 UStG.	
Erklärungspflichten	Erfassung des Umsatzes in der USt-Voranmeldung und in der Zusammenfassenden Meldung, wenn der Empfänger eine USt-IdNr. hat. Bei Lieferungen an Privatpersonen ohne USt-IdNr. Aufzeichnung aller relevanten Daten, § 17c Abs. 4 UStDV. Meldung nach der Fahrzeugslieferungs-Meldepflichtverordnung.	Anmeldung der Lieferung im Rahmen einer USt-Voranmeldung und einer Jahreserklärung, § 18 Abs. 4a UStG, keine Zusammenfassende Meldung. Meldung nach der Fahrzeugslieferungs-Meldepflichtverordnung.
Aufbewahrungspflichten	Rechnung muss zehn Jahre aufbewahrt werden, § 14b Abs. 1 Satz 1 UStG.	
Vorsteueranspruch	Regulärer Vorsteuerabzug nach § 15 Abs. 1 UStG für alle Anschaffungs-, Betriebs- und Verkaufskosten.	Beschränkung des Vorsteuerabzugs nach § 15 Abs. 4a UStG.

Achtung! Die Lieferung eines neuen Fahrzeugs in einen anderen Mitgliedstaat ist auch dann eine steuerbefreite innergemeinschaftliche Lieferung, wenn der Käufer eine Privatperson ist, § 6a Abs. 1 Satz 1 Nr. 2 Buchst. c UStG. Damit ist die innergemeinschaftliche Lieferung eines neuen Fahrzeugs auch der einzige Fall, bei der die Lieferung ohne Angabe der USt-IdNr. des Leistungsempfängers steuerfrei sein kann.

In jedem Fall kann sich eine solche **steuerfreie innergemeinschaftliche Lieferung eines neuen Fahrzeugs** – wie auch der innergemeinschaftliche Erwerb eines neuen Fahrzeugs – nur dann ergeben, wenn das neue Fahrzeug tatsächlich physisch von einem Mitgliedstaat der Europäischen Union in einen anderen Mitgliedstaat der Europäischen Union gelangt. Ohne diesen Nachweis (z.B. Dokumentation der Nationalität des Käufers, Kopie Zulassungsbescheinigung aus anderem Mitgliedstaat, Gelangensbestätigung) können sich die Rechtsfolgen für die Lieferung oder dem Erwerb neuer Fahrzeuge nicht ergeben.

Beispiel 1: Privatperson P aus Köln hat im Februar 2018 ein fabrikneues Fahrzeug für 30.000 € zuzüglich 5.700 € Umsatzsteuer erworben und privat genutzt. Im Juni des Jahres 2018 wird das Fahrzeug für 27.000 € an eine Privatperson in Brüssel verkauft. Das Fahrzeug gelangt nach Belgien.
Lösung: P wird für diese Lieferung als Unternehmer behandelt, § 2a UStG. Die Lieferung in Deutschland ist nach § 1 Abs. 1 Nr. 1 UStG steuerbar, aber als innergemeinschaftliche Lieferung nach § 6a UStG steuerfrei. P hat einen Vorsteueranspruch aus dem Kauf des Fahrzeugs i.H.v. 5.130 € (19 % auf 27.000 €) nach § 15 Abs. 4a UStG. Die steuerfreie Lieferung und den Vorsteueranspruch muss er in einer Umsatzsteuer-Voranmeldung anmelden.

Wichtig! Für jede Lieferung eines neuen Fahrzeugs ist beim Bundeszentralamt für Steuern[1] über die Angaben in der Umsatzsteuer-Voranmeldung hinaus auch eine Meldung nach der Fahrzeugslieferungs-Meldepflichtverordnung abzugeben.

4. Rechtsfolgen beim Käufer

Der **Erwerber eines neuen Fahrzeugs** hat in jedem Fall einen innergemeinschaftlichen Erwerb der Besteuerung zu unterwerfen. Bezieht er das Fahrzeug als Unternehmer für sein Unternehmen oder als juristische Person, ergibt sich für ihn ein innergemeinschaftlicher Erwerb nach den allgemeinen Voraussetzungen des § 1a UStG. Ist der Leistungsempfänger kein Unternehmer oder erwirbt er als natürliche Person das Fahrzeug nicht für sein Unternehmen, muss er einen innergemeinschaftlichen Erwerb nach § 1b UStG besteuern (**Fahrzeugeinzelbesteuerung**).

Beispiel 2: Privatperson P aus Deutschland erwirbt ein Fahrzeug, das noch nicht 6.000 Kilometer zurückgelegt hat, für 25.000 € im Juni 2018. Das Fahrzeug gelangt aus Frankreich nach Deutschland.
Lösung: P bewirkt in Deutschland einen steuerbaren und steuerpflichtigen innergemeinschaftlichen Erwerb. Er muss innerhalb von zehn Tagen nach Erwerb eine Umsatzsteuer-Voranmeldung bei seinem Finanzamt einreichen und darin 4.750 € (19 % auf 25.000 €) als Erwerbsteuer angeben. Innerhalb dieser Frist hat er die Erwerbsteuer an sein Finanzamt abzuführen. Eine Vorsteuerabzugsberechtigung ergibt sich für P nicht.

	Käufer handelt als Unternehmer oder juristische Person	**Käufer handelt als Privatperson**
Steuertatbestand	Innergemeinschaftlicher Erwerb nach § 1a Abs. 1 UStG.	Innergemeinschaftlicher Erwerb nach § 1b Abs. 1 UStG.
Ort des Erwerbs	Wo sich das Fahrzeug am Ende der Beförderung befindet, § 3d Satz 1 UStG.	
Steuerbarkeit	§ 1 Abs. 1 Nr. 5 UStG steuerbar.	
Steuerpflicht	Keine Steuerbefreiung nach § 4b UStG.	
Bemessungsgrundlage	Kaufpreis, § 10 Abs. 1 UStG.	
Steuersatz	19 %, § 12 Abs. 1 UStG.	
Steuerentstehung	Mit Ausstellung der Rechnung § 13 Abs. 1 Nr. 6 UStG.	Am Tag des Erwerbs § 13 Abs. 1 Nr. 7 UStG.

[1] www.bzst.de.

	Käufer handelt als Unternehmer oder juristische Person	Käufer handelt als Privatperson
Erklärungspflichten	Erfassung in laufender USt-Voranmeldung und Jahreserklärung.	Festsetzung als Fahrzeugeinzelbesteuerung, § 16 Abs. 5a UStG, Abgabe einer USt-Voranmeldung innerhalb von zehn Tagen nach Erwerb, § 18 Abs. 5a UStG.
Vorsteueranspruch	Grundsätzlich ja, eventuell Einschränkung bei nicht vorsteuerabzugsberechtigender unternehmerischer Verwendung.	Nein

Tipp! Beim Erwerb eines neuen Fahrzeugs aus einem anderen Mitgliedstaat muss der Erwerber (unabhängig ob Unternehmer oder Privatperson) den Kaufpreis immer auf Nettobasis kalkulieren, da grundsätzlich in Deutschland für ihn 19 % Erwerbsteuer entsteht.

Fiskalvertreter

Fiskalvertreter auf einen Blick

1. **Rechtsquellen**
   § 22a bis § 22e UStG
2. **Bedeutung**
   Die Fiskalvertretung ist eine bestimmte Form der Vertretung in steuerlichen Angelegenheiten. Der Fiskalvertreter tritt in die Rechte und Pflichten des Vertretenen ein. In Deutschland kann sich ein ausländischer Unternehmer nur durch einen Fiskalvertreter vertreten lassen, wenn er ausschließlich steuerfreie Umsätze ausführt und auch keine Vorsteuerbeträge geltend machen kann. Damit reduziert sich die Vertretungsmöglichkeit durch einen Fiskalvertreter auf melderechtliche Verpflichtungen.
3. **Weitere Stichworte**
   → Ausländischer Unternehmer, → Steuerlager, → Umsatzsteuererklärung, → Zusammenfassende Meldung

1. Fiskalvertretung in Deutschland

Zum 1.1.1997 ist in Deutschland das Institut des Fiskalvertreters eingeführt worden, um für einen ausländischen Unternehmer im Inland die Durchführung des Besteuerungsverfahrens zu vereinfachen[1]. Die Möglichkeit, sich durch einen Fiskalvertreter vertreten zu lassen, ist aber in Deutschland auf die Fälle **beschränkt**, in denen:

- der Vertretene ausschließlich steuerfreie Umsätze im Inland erbringt und
- in Deutschland keine Vorsteuerabzugsberechtigung hat.

Diese Voraussetzungen bedeuten im Ergebnis, dass der ausländische Unternehmer im Inland weder eine Umsatzsteuer schuldet noch einen Erstattungsanspruch gegen die Finanzverwaltung[2] hat, sondern im Inland lediglich melderechtliche Vorschriften zu befolgen hat. Ein solcher Vorgang kann sich insbesondere bei Durchfuhren durch Deutschland oder im Zusammenhang mit einem Steuerlager ergeben. Die Meldepflichten betreffen insbesondere die Umsatzsteuererklärung und die Zusammenfassende Meldung.

Beispiel: Der Unternehmer S aus der Schweiz verkauft eine Ware „verzollt und versteuert" an den Unternehmer D aus Dänemark. Die Ware wird von dem deutschen Frachtführer F aus der Schweiz nach Dänemark transportiert. Die Ware wird an der deutschen Grenze für den S zum freien Verkehr abgefertigt. Alle notwendigen Nachweise liegen den Beteiligten vor.
Lösung: S erbringt in Deutschland eine steuerbare Lieferung, da der Ort der Lieferung nach § 3 Abs. 8 UStG[3] im Inland liegt. Die Lieferung ist aber als innergemeinschaftliche Lieferung nach § 4 Nr. 1 Buchst. b und § 6a Abs. 1 Nr. 1 bis Nr. 3 UStG steuerfrei. Die Einfuhr der Ware in das Gemeinschaftsgebiet ist steuerfrei nach § 5 Abs. 1 Nr. 3 UStG – Einfuhrumsatzsteuer entsteht somit nicht. Der Lieferer müsste aber im Inland den Umsatz (Lieferung an den dänischen Abnehmer) in einer Erklärung (Voranmeldung und Jahressteuererklärung) und der Zusammenfassenden Meldung aufnehmen. Für diese Meldepflichten kann er in Deutschland einen Fiskalvertreter bestellen. Insbesondere muss zum Zeitpunkt der Einfuhr die USt-IdNr. des Fiskalvertreters und die des Leistungsempfängers aus einem anderen Mitgliedstaat nachgewiesen werden.

---

[1] Vgl. dazu auch ausführlich BMF, Schreiben v. 11.5.1999, BStBl I 1999, 515.

[2] Unabhängig davon, ob im Vorsteuervergütungsverfahren oder im Veranlagungsverfahren.

[3] Der Lieferer ist der Schuldner der Einfuhrumsatzsteuer und der Gegenstand gelangt aus dem Drittlandsgebiet in das Inland.

Achtung! Wenn ein ausländischer Unternehmer im Inland einen steuerpflichtigen Umsatz ausgeführt hat oder einen Vorsteuerabzug geltend machen konnte, kann er sich bis zum Ende des Besteuerungszeitraums (Kalenderjahr) nicht mehr durch einen Fiskalvertreter vertreten lassen.

Als **Fiskalvertreter** können die folgenden Personen bestellt werden:

- Steuerberater, Steuerbevollmächtigte, Steuerberatungsgesellschaften und Wirtschaftsprüfer sowie Wirtschaftsprüfergesellschaften und vereidigte Buchprüfer,
- Rechtsanwälte, niedergelassene europäische Rechtsanwälte und Rechtsanwaltsgesellschaften,
- inländische Speditionsunternehmen, soweit sie Hilfe in Eingangsabgabensachen oder bei der verbrauchsteuerlichen Behandlung von Waren im Warenverkehr mit anderen Mitgliedstaaten der EU leisten und keine Kleinunternehmer sind, sowie
- sonstige inländische gewerbliche Unternehmen, soweit sie im Zusammenhang mit der Zollbehandlung Hilfe in Eingangsabgabensachen leisten und keine Kleinunternehmer sind.

Die **Bestellung des Fiskalvertreters** erfolgt formlos und in der Regel durch schriftliche Vollmacht, wobei aber eine schriftliche Vollmacht nicht zwingend erforderlich ist.

Das Finanzamt kann dem Fiskalvertreter die **Tätigkeit untersagen**, wenn der Vertreter wiederholt gegen die ihm obliegenden Pflichten verstößt, § 22e UStG.

Der Fiskalvertreter erhält für alle von ihm vertretenen ausländischen Unternehmer eine gesonderte Steuernummer von seinem zuständigen Finanzamt sowie eine gesonderte USt-IdNr., § 22d Abs. 1 UStG.

Wichtig! Der Fiskalvertreter hat neben seinen eigenen Meldungen für alle von ihm vertretenen Unternehmer eine einheitliche Umsatzsteuererklärung und Zusammenfassende Meldung abzugeben, eine individuelle Anmeldung des vertretenen ausländischen Unternehmers ist damit nicht notwendig.

Der vertretene Unternehmer hat in seinen Rechnungen auf die Fiskalvertretung hinzuweisen und in der Rechnung darüber hinaus den Namen und die Anschrift des Fiskalvertreters sowie die dem Fiskalvertreter für diese Zwecke erteilte USt-IdNr. anzugeben, § 22c UStG.

Die Fiskalvertretung endet, wenn der vertretene ausländische Unternehmer dem Fiskalvertreter die Vollmacht entzieht, wenn dem Fiskalvertreter die Tätigkeit von den zuständigen Behörden untersagt worden ist oder wenn der vertretene Unternehmer im Inland steuerpflichtige Umsätze ausführt oder aus Rechnungen den Vorsteuerabzug vornehmen kann.

2. Fiskalvertretung im übrigen Gemeinschaftsgebiet

Auch in anderen Mitgliedstaaten der Union ist das Institut des Fiskalvertreters vorhanden. Allerdings ist die Fiskalvertretung dort häufig nicht auf die Fälle melderechtlicher Art beschränkt, sondern findet auch Anwendung, wenn der ausländische Unternehmer in diesem Staat tatsächlich Umsatzsteuerbeträge schuldet und Vorsteuerabzüge vornehmen kann.

Achtung! Nach dem verbindlichen Unionsrecht darf keine Verpflichtung für den leistenden Unternehmer bestehen, sich zwingend durch einen Fiskalvertreter vertreten zu lassen.

Tipp! Soweit ein deutscher Unternehmer im übrigen Gemeinschaftsgebiet Leistungen ausführt, sollte er sich vorab über die steuerlichen Vorschriften des jeweiligen Bestimmungslands informieren (siehe auch Anhang Hinweise auf Internet-Adressen).

Freihafen

Freihafen auf einen Blick

1. **Rechtsquellen**
   § 1 Abs. 2 und § 1 Abs. 3 UStG
   Abschn. 1.11 und Abschn. 1.12 UStAE
2. **Bedeutung**
   Die Freihäfen gehören nicht zum Inland. Bestimmte Umsätze in den Freihafengebieten werden aber wie Umsätze im Inland behandelt.
3. **Weitere Stichworte**
   → Ausfuhrlieferung, → Inland, → Innergemeinschaftlicher Erwerb
4. **Besonderheiten**
   Der Freihafen gehört unionsrechtlich zum Gebiet der Bundesrepublik Deutschland. Freihäfen in Deutschland bestehen nur noch in Bremerhaven und Cuxhaven.

Die **Freihäfen** als Freizonen nach § 1 Abs. 1 Satz 1 Zollverwaltungsgesetz gehören nach § 1 Abs. 2 UStG nicht zum Inland. Freihäfen sind besondere Teile der Häfen Bremerhaven und Cuxhaven. Umsätze, die in diesen Gebieten ausgeführt werden, unterliegen grundsätzlich nicht der deutschen Umsatzsteuer.

Tipp! Die Freihäfen Emden[1] und Kiel[2] sind mit Wirkung zum 1.1.2010 aufgehoben worden. Der Freihafen Hamburg[3] ist mit Wirkung zum 1.1.2013 aufgehoben worden.

Nach § 1 Abs. 3 UStG werden aber bestimmte Umsätze in den Freihäfen und in den Gewässern und Watten zwischen der Hoheitsgrenze und der jeweiligen Strandlinie wie Umsätze im Inland behandelt.

Wichtig! Damit die Sonderregelung des § 1 Abs. 3 UStG Anwendung finden kann, muss immer erst ermittelt werden, dass der Ort der Lieferung oder der sonstigen Leistung nach den allgemeinen Vorschriften über die Bestimmung des Orts einer Leistung im Freihafen ist.

Bei den Leistungen, die nach der Sonderregelung des § 1 Abs. 3 UStG trotz Ausführungsort im Freihafen wie Umsätze im Inland zu behandeln sind und damit die Steuerbarkeit nach sich ziehen, handelt es sich um die folgenden Umsätze:

- Lieferungen von Gegenständen oder innergemeinschaftliche Erwerbe von Gegenständen, die zum Gebrauch oder Verbrauch in diesen Gebieten bestimmt sind, sowie die Lieferung von Gegenständen zur Ausrüstung oder Versorgung eines Beförderungsmittels, soweit die Lieferungen nicht für das Unternehmen des Abnehmers bestimmt sind oder die von einem Unternehmer für steuerfreie Ausgangsumsätze nach § 4 Nr. 8 bis Nr. 27 UStG verwendet werden.

  Beispiel 1: Der Verkauf von Tabakwaren und Getränken im Freihafen an einen privaten Abnehmer; die Lieferung von Schiffsausrüstung und Treibstoff an einen privaten Schiffseigentümer.

---

1 Der Freihafen Emden wurde zum 1.1.2010 aufgehoben, Gesetz zur Aufhebung der Freihäfen Emden und Kiel v. 7.7.2009, BGBl I 2009, 1713.

2 Der Freihafen Kiel wurde zum 1.1.2010 aufgehoben, Gesetz zur Aufhebung der Freihäfen Emden und Kiel v. 7.7.2009, BGBl I 2009, 1713.

3 Gesetz zur Aufhebung des Freihafens Hamburg v. 24.1.2011, BGBl I 2011, 50.

Beispiel 2: Eine im Freihafen Bremerhaven ansässige Zoll-Dienststelle der Hansestadt Bremen erwirbt einen Gegenstand aus einem anderen Mitgliedstaat der Union, die Warenbewegung endet im Freihafen.
Lösung: Der Ort des innergemeinschaftlichen Erwerbs ist nach § 3d Satz 1 UStG im Freihafen, der Erwerb wird aber nach § 1 Abs. 3 UStG wie ein Erwerb im Inland behandelt.

- Ausführung von **sonstigen Leistungen**, die nicht für das Unternehmen des Abnehmers ausgeführt werden oder die von einem Unternehmer für steuerfreie Ausgangsumsätze nach § 4 Nr. 8 bis Nr. 27 UStG verwendet werden.

Beispiel 3: Abgabe von Speisen und Getränken zum Verzehr an Ort und Stelle, Reparatur von Wassersportfahrzeugen privater Schiffseigner, Ausführung von Wassersportlehrgängen.

- Ausführung **unentgeltlicher Lieferungen** nach § 3 Abs. 1b UStG oder unentgeltlicher sonstiger Leistungen nach § 3 Abs. 9a UStG.

Beispiel 4: Entnahme eines Gegenstands aus dem Unternehmen im Freihafen, Ausführung einer sonstigen Leistung für nichtunternehmerische Zwecke (z.B. Reparatur des eigenen Wassersportfahrzeugs in der Werkstatt im Freihafen).

- **Lieferung von Gegenständen**, die sich im Zeitpunkt der Lieferung in einem zollamtlich bewilligten Freihafen-Veredelungsverkehr, in einer zollamtlich besonders zugelassenen Freihafenlagerung oder einfuhrumsatzsteuerlich im freien Verkehr befinden.

Beispiel 5: Unternehmer A aus München lässt im Freihafen vom Freihafen-Unternehmer B aus Stahlblech Formteile herstellen. Die Formteile werden anschließend von B im Auftrag des A zum Abnehmer C nach Berlin transportiert.
Lösung: Die Lieferung des Unternehmers A wird wie eine Lieferung im Inland behandelt, die Formteile unterliegen nicht der Einfuhrumsatzsteuer.

Beispiel 6: Um freie Kapazitäten in einem Lager im Freihafen zu nutzen, lässt der Unternehmer D aus Hannover Stoffballen beim Unternehmer E im Freihafen Cuxhaven lagern (zollamtlich besonders zugelassene Freihafenlagerung).
Lösung: Die anschließende Lieferung der Stoffballen aus dem Freihafen an den Abnehmer F in Rostock wird wie eine Lieferung im Inland behandelt, die Stoffballen unterliegen nicht der EUSt.

- **Sonstige Leistungen,** die im Rahmen eines Veredelungsverkehrs oder einer Freihafenlagerung ausgeführt werden.

Beispiel 7: Die in vorstehenden Beispielen tätigen Unternehmer B und E erbringen sonstige Leistungen, die im Zusammenhang mit dem Veredelungsverkehr bzw. der Freihafenlagerung im Freihafen ausgeführt worden sind.
Lösung: Diese Leistungen wären eigentlich nicht steuerbar ausgeführt worden, werden aber wie im Inland ausgeführt behandelt und sind damit steuerbar und steuerpflichtig.

- Der **innergemeinschaftliche Erwerb** eines neuen Fahrzeugs durch einen Nichtunternehmer oder einen besonderen Unternehmer i.S.d. § 1a Abs. 3 UStG.

Beispiel 8: Ein privater Schiffseigner lässt sich eine neue Motorjacht (über 7,5 m Länge) aus Belgien in den Freihafen Cuxhaven ausliefern.
Lösung: Der innergemeinschaftliche Erwerb des neuen Fahrzeugs erfolgt zwar im Freihafen (Ort nach § 3d Satz 1 UStG am Ende der Beförderung), der Erwerb wird aber wie ein Erwerb im Inland behandelt.

Wichtig! Wenn eine Leistung an eine juristische Person des öffentlichen Rechts erbracht wird, muss der leistende Unternehmer durch entsprechende Unterlagen nachweisen, dass der Leistungsempfänger Unternehmer ist. Soweit dieser Nachweis nicht geführt wird, ist davon auszugehen, dass der Umsatz wie ein Umsatz im Inland zu behandeln ist.

Von den Umsätzen, die in dem Gebiet der Freihäfen ausgeführt sind, müssen die Lieferungen systematisch abgegrenzt werden, die aus dem Inland in das Gebiet eines Freihafens hineingehen. So werden z.B. in den Vorschriften über die Ausfuhrlieferung nach § 6 Abs. 1 Satz 1 Nr. 3 UStG für die Lieferungen, die im Inland ausgeführt sind, aber die Gegenstände dann in den Freihafen gelangen, besondere Anforderungen an die Voraussetzungen der Steuerbefreiung gestellt (vgl. Stichwort Ausfuhrlieferung).

Gelangensbestätigung

Gelangensbestätigung auf einen Blick

1. **Rechtsquellen**
   § 4 Nr. 1 Buchst. b und § 6a Abs. 3 UStG
   § 17a UStDV
2. **Bedeutung**
   Damit eine steuerfreie innergemeinschaftliche Lieferung nachgewiesen werden kann, muss der liefernde Unternehmer neben anderen Voraussetzungen nachweisen können, dass der Gegenstand der Lieferung tatsächlich physisch (körperlich) in einen anderen Mitgliedstaat gelangt ist. Vorrangiger Nachweis ist dabei die sog. Gelangensbestätigung. Sie gehört somit zu den Buch- und Belegnachweisen für die innergemeinschaftliche Lieferung.
3. **Weitere Stichworte**
   → Innergemeinschaftliche Lieferung
4. **Besonderheiten**
   Zum 1.10.2013 sind die Voraussetzungen für das körperliche Gelangen des Gegenstands in der UStDV bei einer innergemeinschaftlichen Lieferung neu geregelt worden. Die Finanzverwaltung beanstandete es für alle bis zum 31.12.2013 ausgeführten Leistungen nicht, wenn der Nachweis noch nach dem alten Recht geführt wurde.

1. Gelangensbestätigung

Eine **steuerfreie innergemeinschaftliche Lieferung** kann nur dann vorliegen, wenn die Voraussetzungen des § 6a Abs. 1 oder Abs. 2 UStG erfüllt sind, dazu hat der leistende Unternehmer bestimmte Buch- und Belegnachweise zu führen. Wie diese Nachweise zu führen sind, regelt das BMF mit Zustimmung des Bundesrats durch Rechtsverordnung. Umgesetzt ist dies in der UStDV.

Tipp! Die Gelangensbestätigung betrifft nur den Nachweis bei der innergemeinschaftlichen Lieferung, dass der Gegenstand tatsächlich in den anderen Mitgliedstaat gelangt ist. Dass der Leistungsempfänger ein Unternehmer ist und den Gegenstand für sein Unternehmen bezieht[1] (§ 6a Abs. 1 Satz 1 Nr. 2 UStG) und dass der Leistungsempfänger einen innergemeinschaftlichen Erwerb besteuern muss (§ 6a Abs. 1 Satz 1 Nr. 3 UStG), ist darüber hinaus nachzuweisen – im Regelfall mit der zutreffenden (qualifiziert) bestätigten USt-IdNr. des Leistungsempfängers. An diesen Verpflichtungen hat sich durch die Gelangensbestätigung nichts geändert.

Obwohl schon – formal zum 1.1.2012 – erhebliche Änderungen bei dem Buch- und Belegnachweis bei innergemeinschaftlichen Lieferungen umgesetzt worden sind, hatte sich schon kurz danach herausgestellt, dass diese Neuregelungen auf erhebliche Schwierigkeiten in der Praxis stoßen würden. Insbesondere die – damals – zwingende Nachweisverpflichtung, das Gelangen des Gegenstands in den anderen Mitgliedstaat durch die Gelangensbestätigung zu führen, hätte zu erheblichen Problemen geführt.

Achtung! Die formal zum 1.1.2012 in Kraft gesetzten Änderungen in der UStDV sind nicht in Kraft getreten. Durch die zum 1.10.2013 in Kraft getretene erneute Änderung der UStDV sind rückwirkend die per 1.1.2012 verabschiedeten Regelungen außer Kraft gesetzt worden, § 74a Abs. 3 UStDV. Für

---

[1] Alternativ eine juristische Person, die nicht Unternehmer ist oder den Gegenstand nicht für ihr Unternehmen bezieht.

Lieferungen bis zum 31.12.2013 konnte der Nachweis nach einer Übergangsregelung der Finanzverwaltung[2] für die innergemeinschaftliche Lieferung noch nach den bisherigen Grundsätzen geführt werden.

Auch nach der **zum 1.10.2013 in Kraft** getretenen Fassung der UStDV muss der Unternehmer den Nachweis führen, dass der Gegenstand der Lieferung tatsächlich (physisch) in einen anderen Mitgliedstaat gelangt ist. Nur dann kann sich der Buch- und Belegnachweis ergeben, der zur Steuerfreiheit der innergemeinschaftlichen Lieferung führt.

Wichtig! Die Gelangensbestätigung ist nicht die einzige Möglichkeit für den Nachweis des körperlichen Gelangens des Gegenstands in den anderen Mitgliedstaat, wird aber der vorrangige Nachweis sein, der zusammen mit dem Doppel der Rechnung als Nachweis vorgehalten werden wird.

In der **Gelangensbestätigung müssen enthalten** sein:

- der Name und die Anschrift des Abnehmers,
- die Menge des Gegenstands der Lieferung und die handelsübliche Bezeichnung einschließlich der Fahrzeug-Identifikationsnummer bei Fahrzeugen i.S.d. § 1b Abs. 2 UStG,
- im Fall der Beförderung oder Versendung durch den Unternehmer oder im Fall der Versendung durch den Abnehmer den Ort und den Monat des Erhalts des Gegenstands im übrigen Gemeinschaftsgebiet und im Fall der Beförderung des Gegenstands durch den Abnehmer den Ort und den Monat des Endes der Beförderung des Gegenstands im übrigen Gemeinschaftsgebiet,
- das Ausstellungsdatum der Bestätigung sowie
- die Unterschrift des Abnehmers oder eines von ihm zur Abnahme Beauftragten. Bei einer elektronischen Übermittlung der Gelangensbestätigung ist eine Unterschrift nicht erforderlich, sofern erkennbar ist, dass die elektronische Übermittlung im Verfügungsbereich des Abnehmers oder des Beauftragten begonnen hat.

Achtung! Bei der elektronischen Übertragung der Gelangensbestätigung (z.B. als E-Mail) muss ersichtlich sein, dass die E-Mail aus dem Verfügungsbereich des Leistungsempfängers stammt (der E-Mail-Header muss sichtbar sein). Die elektronisch übermittelte Gelangensbestätigung oder die anderen Unterlagen müssen aber nicht elektronisch archiviert werden, es reicht ein Ausdruck auf Papier aus. Grundsätzlich sollen keine Zweifel an der Herkunft bestehen, wenn sich aus der Absenderangabe und dem Datum der Erstellung der E-Mail in dem sog. Header-Abschnitt der E-Mail der Empfänger der Warenlieferung ermitteln lässt oder wenn eine im Zusammenhang mit dem Abschluss oder der Durchführung des Liefervertrags bekannt gewordene E-Mail-Adresse verwendet wird. Allerdings muss die E-Mail-Adresse dem Lieferer nicht vorher bekannt sein. Es ist auch nicht erforderlich, dass die E-Mail-Adresse eine Domain enthält, die aus dem Ansässigkeitsstaat des Leistungsempfängers stammt.

Tipp! Die Gelangensbestätigung ist nicht die zwingende Voraussetzung für den Nachweis der innergemeinschaftlichen Lieferung. Es können auch Alternativnachweise geführt werden.

Bei der Nachweisführung durch eine Gelangensbestätigung sind die folgenden Besonderheiten zu beachten:

- Die Angaben der Gelangensbestätigung müssen sich nicht zwingend aus einem Beleg ergeben, die Einzelangaben können sich auch aus mehreren Dokumenten ergeben.
- Der Unternehmer muss nicht ein Originalformular[3] für die Gelangensbestätigung verwenden.

---

[2] BMF, Schreiben v. 16.9.2013, BStBl I 2013, 1192.

[3] Die Finanzverwaltung hat als Anlage 1 bis Anlage 3 zu Abschn. 6a.4 UStAE ein Muster in deutscher, englischer und französischer Sprache beigefügt.

- Die Gelangensbestätigung kann auch elektronisch übertragen werden.
- Es können auch Sammelbestätigungen (monatlich, quartalsweise) ausgestellt werden. In der Sammelbestätigung muss aber ein Zusammenhang zwischen der Lieferung und dem Erhalt des Gegenstands hergestellt werden (z.B.: Ich bestätige den Erhalt der in der Rechnung XY aufgeführten Ware; die Ware ist bei mir im Oktober 2018 in … angekommen).

Beispiel: Unternehmer D aus Deutschland liefert am 25.1., 25.2. und 25.3. Ware an einen Abnehmer G nach Griechenland. D stellt jeweils am 10. des Folgemonats seine Rechnung. Die Waren kommen am 2.2., 2.3. und 2.4. bei G in Griechenland an.
Lösung: Da die Lieferungen alle im 1. Quartal ausgeführt worden sind, kann G in einer Sammelbestätigung den Erhalt der Ware bestätigen.

Der Nachweis des Gelangens des Gegenstands in den anderen Mitgliedstaat führt insbesondere bei Abhollieferungen durch den Käufer für den leistenden Unternehmer zu besonderen Überlegungen. Während früher (bis längstens 31.12.2013) der Nachweis des Gelangens des Gegenstands in einen anderen Mitgliedstaat durch eine Bestätigung des Kunden geführt werden konnte, in der bestätigt wurde, dass der Gegenstand in den anderen Mitgliedstaat transportiert werden würde, kann der Nachweis seit dem 1.1.2014 erst dann geführt werden, wenn der Gegenstand tatsächlich in dem anderen Mitgliedstaat angekommen ist. Der liefernde Unternehmer trägt damit bis zum Erhalt der Bestätigung das Risiko, Umsatzsteuer für die Lieferung an das Finanzamt abführen zu müssen.

Tipp! Zumindest bei Abnehmern, zu denen keine ständigen Geschäftsbeziehungen bestehen, wird der leistende Unternehmer deshalb bei Abholung des Gegenstands erst einmal einen Bruttobetrag verlangen müssen und dann den Steuerbetrag an den Abnehmer erstatten, wenn die Gelangensbestätigung vorliegt. Ob sich dies am Markt umsetzen lässt, muss in jedem Einzelfall geprüft werden. Regelmäßig wird der Wunsch, erst einmal einen Bruttobetrag zu verlangen auf Unverständnis bei dem Vertragspartner stoßen, da auch der Vertragspartner das Risiko trägt, ob er die gezahlte Umsatzsteuer nach Vorlage der Gelangensbestätigung auch tatsächlich von dem liefernden Unternehmer zurück erhalten wird. Darüber hinaus führen die anschließende Berichtigung der Rechnung und die Rückvergütung der Umsatzsteuer zu einem nicht unerheblichen zusätzlichen Aufwand bei dem leistenden Unternehmer.

2. Alternativnachweise

Neben dem Nachweis über die Gelangensbestätigung kann der leistende Unternehmer den Nachweis des körperlichen Gelangens auch durch einen Alternativnachweis führen. Der Nachweis darüber, dass der Gegenstand tatsächlich in einen anderen Mitgliedstaat gelangt ist, kann danach auch – jeweils in Abhängigkeit von der Durchführung des Warentransports – durch die folgenden Belege geführt werden:

- Bei der Versendung des Gegenstands der Lieferung[4] durch den Unternehmer oder Abnehmer: Durch einen Versendungsbeleg, insbesondere durch einen **handelsrechtlichen Frachtbrief** (z.B. einen CMR-Frachtbrief), der vom Auftraggeber des Frachtführers unterzeichnet ist und die Unterschrift des Empfängers als Bestätigung des Erhalts des Gegenstands der Lieferung enthält oder ein Konnossement, § 17a Abs. 3 Nr. 1 Buchst. a UStDV.

Wichtig! Wird der Nachweis über einen CMR-Frachtbrief geführt, muss dieser von dem Auftraggeber des Frachtführers (Versender des Gegenstands) – in Feld 22 des CMR-Frachtbriefs – und vom Empfänger der Ware – in Feld 24 des CMR-Frachtbriefs – unterschrieben werden[5].

---

4 Eine Versendung liegt vor, wenn ein Dritter mit dem Transport des Gegenstands beauftragt ist (typischerweise ein Frachtführer).

5 Bei Vertretung durch einen Lagerhalter soll es ausreichend sein, wenn die Vertretung glaubhaft gemacht wird, z.B. durch Vorlage eines Lagervertrags.

- Bei der Versendung des Gegenstands der Lieferung durch den Unternehmer oder Abnehmer: Durch einen anderen handelsüblichen Beleg, insbesondere mit einer **Bescheinigung des beauftragten Spediteurs**[6], in der neben den die Leistung und die Vertragspartner bezeichnenden Angaben der Spediteur versichert, wann (Angabe des Monats) er den Gegenstand bei dem Kunden in einem anderen Mitgliedstaat abgeliefert hat, § 17a Abs. 3 Nr. 1 Buchst. b UStDV.

  Wichtig! Die Spediteursbescheinigung kann auch als Sammelbestätigung ausgestellt und elektronisch übermittelt werden. In diesem Fall ist keine Unterschrift notwendig, wenn sich erkennen lässt, dass die elektronische Übermittlung im Verfügungsbereich des mit der Beförderung beauftragten Unternehmers begonnen hatte; grundsätzlich gelten hier dieselben Voraussetzungen wie bei der Gelangensbestätigung.

- Durch eine schriftliche oder elektronische Auftragserteilung und ein von dem mit der Beförderung Beauftragten erstelltes Protokoll („**tracking and tracing**"), das den Transport lückenlos bis zur Ablieferung beim Empfänger nachweist, § 17a Abs. 3 Nr. 1 Buchst. c UStDV. Dabei ist es ausreichend, wenn für die notwendige Angabe zur handelsüblichen Bezeichnung und der Menge der beförderten Gegenstände in der schriftlichen Auftragserteilung auf die Rechnung (Angabe der Rechnungsnummer) hingewiesen wird. Eine Unterschrift des Empfängers der Ware ist in diesen Fällen nicht notwendig. Zur Archivierung elektronisch übermittelter Protokolle ist es ausreichend, wenn ein Ausdruck aufbewahrt wird.

  Wichtig! Aus Vereinfachungsgründen kann bei der Versendung eines oder mehrerer Gegenstände, deren Wert insgesamt 500 € nicht übersteigt, der Nachweis durch eine schriftliche oder elektronische Auftragserteilung und durch einen Nachweis über die Entrichtung der Gegenleistung für die Lieferung geführt werden.

- In den Fällen von Postsendungen, in denen ein elektronisches Protokoll nicht möglich ist, durch eine Empfangsbescheinigung eines **Postdienstleisters** über die Entgegennahme der an den Abnehmer adressierten Postsendung und den Nachweis über die Bezahlung der Lieferung, § 17a Abs. 3 Nr. 1 Buchst. d UStDV.
- Bei der Versendung des Gegenstands der Lieferung durch den Abnehmer durch einen Nachweis über die Entrichtung der Gegenleistung für die Lieferung des Gegenstands von einem Bankkonto des Abnehmers sowie durch eine **Versicherung des beauftragten Spediteurs**[7], in der neben den die Leistung und die Vertragspartner bezeichnenden Angaben der Spediteur versichert, den Gegenstand in einen anderen Mitgliedstaat transportieren zu wollen, § 17a Abs. 3 Nr. 2 UStDV. Diese Möglichkeit gilt nur in den Fällen, in denen der Leistungsempfänger einen Dritten mit dem Transport beauftragt hat.

Achtung! Die Finanzverwaltung äußert sich zu der Zahlung von einem Bankkonto des Leistungsempfängers nur sehr eingeschränkt, indem festgestellt wird, dass es sich dabei um ein inländisches oder ausländisches Konto oder auch um ein Konzernverrechnungskonto handeln kann; bei Zahlung zwischen verbundenen Unternehmen auch durch Verrechnung über ein internes Abrechnungssystem (inter company clearing). Zu den Problemen der Aufrechnung, des Factorings, der Zahlung im abgekürzten Zahlungsweg, des Tausches oder des tauschähnlichen Umsatzes wird von der Verwaltung keine Stellung bezogen. Darüber hinaus muss beachtet werden, in diesen Fällen die internen Abläufe

[6] Die Finanzverwaltung hat als Anlage 4 zu Abschn. 6a.5 UStAE ein Muster einer solchen Spediteursbescheinigung beigefügt.

[7] Anlage 5 zu Abschn. 6a.5 UStAE.

auch darauf einzustellen, da erfahrungsgemäß bei der Überwachung des Zahlungseingangs keine Kontrolle mehr bezüglich der Prüfung der Voraussetzungen der Steuerfreiheit als innergemeinschaftliche Lieferung vorgenommen wird.

Die Finanzverwaltung hat im UStAE auch zu Sonderfällen des Nachweises Stellung bezogen:

- Bestätigung der Abgangsstelle in Beförderungsfällen im gemeinschaftlichen Versandverfahren, vgl. Abschn. 6a.5 Abs. 11 UStAE.
- EMCS-Eingangsmeldung bei der Lieferung verbrauchsteuerpflichtiger Waren in Beförderungsfällen, vgl. Abschn. 6a.5 Abs. 12 UStAE.
- Dritte Ausfertigung des vereinfachten Begleitdokuments bei der Lieferung verbrauchsteuerpflichtiger Waren des steuerrechtlich freien Verkehrs in Beförderungsfällen, vgl. Abschn. 6a.5 Abs. 13 UStAE.
- Zulassung des Fahrzeugs auf den Erwerber bei Beförderung durch den Abnehmer, vgl. Abschn. 6a.5 Abs. 14 UStAE.

Gemeinschaftsgebiet

Gemeinschaftsgebiet auf einen Blick

1. **Rechtsquellen**
   § 1 Abs. 2a UStG
   Abschn. 1.10 UStAE
2. **Bedeutung**
   Das Gemeinschaftsgebiet umfasst das Gebiet der Europäischen Union. Für dieses Gebiet gelten bestimmte Regelungen für die Umsatzsteuer. Die nationalen Umsatzsteuergesetze dieser Länder sind weitgehend durch die Mehrwertsteuer-Systemrichtlinie (MwStSystRL) harmonisiert.
3. **Weitere Stichworte**
   → Ausland, → Inland, → Innergemeinschaftlicher Erwerb, → Innergemeinschaftliche Lieferung

Das Inland und die übrigen Staaten der Europäischen Union stellen das Gemeinschaftsgebiet dar. Zur sprachlichen Abgrenzung wird das Gemeinschaftsgebiet in Inland und das übrige Gemeinschaftsgebiet (Gemeinschaftsgebiet ohne Bundesrepublik Deutschland) unterteilt.

Zu beachten ist, dass in den einzelnen Mitgliedstaaten der Union Sondergebiete vorhanden sind, die zwar hoheitsrechtlich zu den einzelnen Mitgliedstaaten, aber nicht zum Gemeinschaftsgebiet gehören[1].

Zum Gemeinschaftsgebiet gehören die folgenden Mitgliedstaaten, allerdings ohne die angegebenen Sondergebiete:

Mitgliedstaat	Ohne Sondergebiet
Belgien	
Bulgarien	
Bundesrepublik Deutschland	Büsingen und Helgoland
Dänemark	Grönland und die Färöer
Estland	
Finnland	Åland-Inseln
Frankreich mit Fürstentum Monaco	Guadeloupe, Französisch-Guayana, Martinique, Mayotte, Réunion, Saint-Barthélemy und Saint-Martin
Griechenland	Berg Athos
Irland	
Italien	Livigno, Campino d'Italia, San Marino sowie den zum italienischen Hoheitsgebiet gehörenden Teil des Luganer Sees
Kroatien	
Lettland	
Litauen	
Luxemburg	
Malta	
Niederlande	Überseeische Gebiete Aruba und Niederländischen Antillen

1 Art. 6 MwStSystRL.

Mitgliedstaat	Ohne Sondergebiet
Österreich	
Polen	
Portugal mit Madeira und den Azoren	
Rumänien	
Schweden	
Slowakei	
Slowenien	
Spanien mit Balearen	Kanarischen Inseln, Ceuta und Melilla
Tschechien	
Ungarn	
Vereinigtes Königreich Großbritannien und Nordirland sowie mit der Insel Man[2]	Überseeische Länder und Gebiete, die Selbstverwaltungsgebiete der Kanalinsel Jersey und Guernsey
Zypern einschließlich der Hoheitszonen des Vereinigten Königreichs Großbritannien und Nordirland (Akrotiri und Dhekalia)	Landesteile, in denen die Regierung der Republik Zypern keine tatsächliche Kontrolle ausübt

Achtung! Andorra, Gibraltar und der Vatikan gehören nicht zum Gemeinschaftsgebiet.

Ein Umsatz, der im übrigen Gemeinschaftsgebiet ausgeführt ist, ist im Inland nicht steuerbar.

Achtung! Soweit ein Unternehmer einen Umsatz im übrigen Gemeinschaftsgebiet ausführt, muss er sich darüber informieren, welche steuerlichen Verpflichtungen auf ihn im übrigen Gemeinschaftsgebiet zukommen. Insbesondere sind die Regelungen über die Übertragung der Steuerschuldnerschaft (Reverse-Charge-Verfahren) in der Europäischen Union nur zum Teil harmonisiert.

Leistungen, die zwar im Inland ausgeführt werden, bei denen aber anschließend der Gegenstand in das übrige Gemeinschaftsgebiet gelangt, unterliegen **besonderen Regelungen des Binnenmarkts.** Bei einer Lieferung von Ware zwischen zwei Unternehmern vom Inland in das übrige Gemeinschaftsgebiet liegt eine steuerfreie innergemeinschaftliche Lieferung vor. Der Erwerber hat in seinem Heimatstaat einen innergemeinschaftlichen Erwerb zu besteuern; vgl. Stichwort Innergemeinschaftliche Lieferung.

Bei **gemeinschaftsgrenzüberschreitenden sonstigen Leistungen** ergeben sich für den leistenden Unternehmer und den Leistungsempfänger zusätzliche Anforderungen in bestimmten Fällen. Wird eine sonstige Leistung nach § 3a Abs. 2 UStG an einen anderen Unternehmer für dessen Unternehmen in einem anderen Mitgliedstaat ausgeführt, muss diese Leistung separat in der USt-Voranmeldung (Zeile 41) und unter Angabe der USt-IdNr. des Leistungsempfängers in der Zusammenfassenden Meldung nach § 18a UStG angegeben werden; vgl. Stichwort Sonstige Leistung/Ort. Der Leistungsempfänger muss den Umsatz gesondert in seiner USt-Voranmeldung[3] angeben und schuldet in seinem Heimatstaat die dort entstandene Umsatzsteuer[4].

---

2 Vorbehaltlich eines eventuell in 2019 wirksam werdenden Austritts aus der Europäischen Union. Die Auswirkungen auf den Binnenmarkt sind derzeit Gegenstand der Austrittsverhandlungen.

3 In Deutschland ist dies die Zeile 48 in der Umsatzsteuer-Voranmeldung.

4 Gemäß Art. 196 MwStSystRL.

Geschäftsführungsleistungen

Geschäftsführungsleistungen auf einen Blick

1. **Rechtsquellen**
   § 1 Abs. 1 und § 2 Abs. 1 UStG
   Abschn. 1.6 UStAE
2. **Bedeutung**
   Erbringt eine natürliche Person oder eine juristische Person gegenüber einer Personengesellschaft, an der sie beteiligt ist gegen Sonderentgelt Geschäftsführungsleistungen, liegt ein steuerbarer und steuerpflichtiger Umsatz im Rahmen des Unternehmens vor. Die Geschäftsführung bei einer Kapitalgesellschaft ist regelmäßig eine nicht selbstständige Tätigkeit.
3. **Weitere Stichworte**
   → Gesellschafterbeitrag

1. Allgemeines

Die **Geschäftsführungsleistung bei einer Personengesellschaft** – insbesondere auch durch eine juristische Person – wurde früher als nicht steuerbarer Gesellschafterbeitrag angesehen, auch wenn ein Sonderentgelt gezahlt wurde. Nach der Rechtsprechung des BFH[1] stellt die Geschäftsführung bei einer Personengesellschaft jedoch unter bestimmten Voraussetzungen eine steuerbare und steuerpflichtige Leistung eines Unternehmers dar, wenn für die Geschäftsführungsleistung ein Sonderentgelt und nicht nur ein allgemeiner Anteil am Gewinn gezahlt wird. Diese Rechtsprechung war grundsätzlich spätestens seit dem 1.4.2004 anzuwenden[2].

Auch die **Geschäftsführung eines Gesellschafters bei einer Kapitalgesellschaft** kann theoretisch – aber in der Praxis kaum umsetzbar – zu einer unternehmerischen Betätigung führen[3]. Dafür ist aber Voraussetzung, dass der Geschäftsführer nicht weisungsgebunden in das Unternehmen der Kapitalgesellschaft eingegliedert ist. Dass der Geschäftsführer Organ der Kapitalgesellschaft ist, ist für die umsatzsteuerrechtliche Beurteilung allerdings unerheblich.

2. Geschäftsführung bei einer Personengesellschaft

Tipp! Ob die Geschäftsführungsleistung bei einer Personengesellschaft zu einer unternehmerischen Betätigung führt, ist hauptsächlich an dem Kriterium der „Einnahmeerzielung" – also einer konkreten Gegenleistung für die Geschäftsführungsleistung – zu überprüfen. Allerdings muss die Tätigkeit auch selbstständig ausgeführt werden[4].

2.1 Leistung einer natürlichen Person

Eine natürliche Person kann gegenüber einer Personengesellschaft, an der sie beteiligt ist, eine selbstständige Tätigkeit als Unternehmer ausführen, wenn eine **Gegenleistung** für die erbrachte Leistung aufgewendet wird. Eine Weisungsgebundenheit, die nach § 2 Abs. 2 Nr. 1 UStG zu einer nichtunternehmerischen Betätigung führen würde, wird sich im Regelfall nicht ergeben, da der Gesellschafter Mitunternehmer nach § 15 Abs. 1 Satz 1 Nr. 2 EStG ist. Nach der Rechtsprechung des BFH ist aber zu beachten, dass z.B. auch ein geschäftsführender Komplementär einer KG umsatzsteuerrechtlich unselbstständig tätig

1 BFH, Urteil v. 6.6.2002, V R 43/01, BStBl II 2003, 36.
2 BMF, Schreiben v. 23.12.2003, BStBl I 2004, 240.
3 BFH, Urteil v. 10.3.2005, V R 29/03, BStBl II 2005, 730.
4 BFH, Urteil v. 14.4.2010, XI R 14/09, BStBl II 2011, 433.

sein kann, wenn sich im Innenverhältnis ein Weisungsrecht gegenüber dem Geschäftsführer durch andere Gesellschafter ergibt[5].

Achtung! Der ertragsteuerrechtlichen Beurteilung kommt für die Umsatzsteuer nur indizielle Bedeutung zu.

2.2 Leistung einer juristischen Person

Juristische Personen erbringen als Gesellschafter grundsätzlich steuerbare Geschäftsführungs- und Vertretungsleistungen gegenüber der Gesellschaft, wenn für diese Leistungen ein Sonderentgelt vereinbart worden ist. Allerdings muss nach dem Gesamtbild der Verhältnisse auch hier geprüft werden, ob die Tätigkeit selbstständig ausgeübt wird oder nicht. Auch ein im Innenverhältnis begründetes Weisungsrecht kann die Unselbstständigkeit begründen. Soweit Selbstständigkeit dem Grunde nach gegeben ist, kann sich in bestimmten Fällen aber eine umsatzsteuerliche Organschaft ergeben, wenn die einzelnen Eingliederungsvoraussetzungen gegeben sind.

Achtung! Unter bestimmten Voraussetzungen kann auch eine Personengesellschaft weisungsgebunden in einen Organkreis eingebunden sein, wenn sich sämtliche Anteile an der Personengesellschaft in der Hand des Organkreises befinden, vgl. dazu Stichwort Organschaft.

2.3 Leistung gegen Sonderentgelt

Eine entgeltliche Leistung kann nur dann vorliegen, wenn der Leistende für seine Tätigkeit eine konkrete Gegenleistung erhält, die in Geld zu bewerten sein muss. Abzugrenzen sind aber auch weiterhin die nicht steuerbaren **Gesellschafterbeiträge** (Leistungen, die aufgrund des Gesellschaftsverhältnisses erbracht werden und durch Beteiligung am Gewinn oder Verlust abgegolten sind; vgl. dazu Stichwort Gesellschafterbeitrag) von den entgeltlichen Leistungsaustauschprozessen (einer Leistung steht eine konkrete Gegenleistung gegenüber), die einen steuerbaren Umsatz begründen.

Achtung! Es kommt nicht auf die Bezeichnung der Gegenleistung an, entscheidend ist die wirtschaftliche Betrachtungsweise. So kann auch eine als Gewinnverteilung bezeichnete Zahlung als Teil eines Leistungsaustauschs angesehen werden, wenn diese Zahlung nicht nach den allgemeinen Gewinnverteilungsgrundsätzen erfolgt und wirtschaftlich als Gegenleistung für eine Leistung anzusehen ist.

Entscheidend ist, ob der Gesellschafter für seine Leistung ein **gesondertes Entgelt** erhält. Grundsätzlich gilt: Ein Sonderentgelt liegt dann vor, wenn der zur Geschäftsführung berufene Gesellschafter zulasten des Gewinns der Gesellschaft eine gesonderte Vergütung erhält, die er auch im Verlustfall behalten kann.

Wichtig! Ein erhöhter Anteil am Gewinn der Gesellschaft führt alleine noch nicht dazu, dass eine entgeltliche steuerbare Geschäftsführungsleistung vorliegt.

Damit kann in den folgenden Fällen von einer **nicht steuerbaren Leistung** auf gesellschaftsrechtlicher Ebene ausgegangen werden:

- Die Gesellschafter erhalten alle einen gleichen (entsprechend ihrem Kapitaleinsatz) Anteil am Gewinn bzw. an einem Verlust.
- Der zur Geschäftsführung berufene Gesellschafter ist mit einem über seinem Kapitaleinsatz hinausgehenden (festen) Anteil am Gewinn bzw. am Verlust beteiligt.
- Der zur Geschäftsführung berufene Gesellschafter erhält im Gewinnfall einen bestimmten Prozentsatz des Gewinns vorab.

---

[5] BFH, Urteil v. 14.4.2010, XI R 14/09, BStBl II 2011, 433 sowie BMF, Schreiben v. 2.5.2011, BStBl I 2011, 490.

Achtung! Vorsicht ist aber bei willkürlichen bzw. den jeweiligen Ertragsverhältnissen angepassten Gewinnverteilungsabreden geboten. Problematisch können solche feststehenden Vorabzuweisungen in Höhe eines bestimmten Prozentsatzes am Gewinn dann werden, wenn der Gewinn aufgrund von Sondereffekten höher (oder niedriger) ausfällt, als dies bei der ursprünglichen Konzeption angenommen worden war.

Beispiel 1: Die aus den Gesellschaftern A, B und C bestehende A-OHG geht von einem jährlichen Gewinn i.H.v. 400.000 € aus. Der zur Geschäftsführung berufene A soll ein Gewinn vorab von 25 % erhalten, der Rest ist auf die Gesellschafter zu gleichen Teilen zu verteilen.
Lösung: Treten die Ergebnisse so ein, erhalten Gesellschafter A 200.000 € und die Gesellschafter B und C jeweils 100.000 € als Gewinn aus der Gesellschaft.

Abwandlung Beispiel 1: Wegen besonderer – einmaliger – Erlöse beträgt der Gewinn in einem Jahr 2 Mio. €.
Lösung: Nach der Gewinnverteilungsabrede erhalten A jetzt 1 Mio. € und die Gesellschafter B und C jeweils 500.000 €. Ein Aussetzen der gesellschaftsrechtlichen Gewinnverteilung oder eine kurzfristige Änderung der vertraglichen Grundlagen könnte steuerrechtlich zu Anerkennungsproblemen führen.

Eine steuerbare, **entgeltliche Geschäftsführungsleistung** liegt dann vor, wenn die gezahlte Vergütung im Rahmen der Ergebnisermittlung als Aufwand erfasst wird oder sich faktisch ergebnismindernd auswirkt. Solche Fälle liegen insbesondere in den folgenden Fällen vor:

- Der Gesellschafter erhält neben seinem Gewinnanteil eine feste Vorabvergütung (Festbetrag), die zulasten des Ergebnisses erfasst wird.
- Ein Gesellschafter erhält im Rahmen der Gewinnverteilung auch im Verlustfall einen festen Betrag zugewiesen.
- Es ist ein gesellschaftsvertraglich garantiertes Entnahmerecht vereinbart, nach dem die den Gewinnanteil übersteigenden Entnahmen nicht zu einer Rückzahlungsverpflichtung führen.

Beispiel 2: Gesellschafter A der A & B-OHG erhält pro Monat für die Geschäftsführung bei der OHG 10.000 €. Die feste Vergütung wird handelsrechtlich als Gehaltsaufwand erfolgsmindernd erfasst und muss auch im Verlustfall nicht zurückgezahlt werden. Der Gewinn der OHG wird auf die Gesellschafter nach handelsrechtlichen Grundsätzen auf der Basis des verringerten Überschusses verteilt.
Lösung: Die Vergütung von monatlich 10.000 € stellt das Entgelt für eine steuerbare und steuerpflichtige Leistung des Geschäftsführers dar. A muss aus dem erhaltenen Entgelt monatlich die darin enthaltene Umsatzsteuer herausrechnen (soweit tatsächlich 10.000 € ausgezahlt werden, entstehen monatlich bei 19 % Steuersatz 1.596,64 €). Darüber hinaus ist er verpflichtet, der OHG eine ordnungsgemäße Rechnung (Einzelrechnung, Dauerrechnung oder Vertrag) zu erteilen. Die OHG ist – soweit sie keine vorsteuerabzugsschädlichen Leistungen ausführt – zum Vorsteuerabzug berechtigt, wenn eine ordnungsgemäße Rechnung vorliegt.

Tipp! Darüber hinaus hat die Finanzverwaltung für vermögensverwaltende Gesellschaften (insbesondere im Fondsbereich) Sonderregelungen für die berechneten Management-Gebühren festgelegt[6]. Diese führen im Regelfall zu einem steuerbaren Entgelt.

Keinen Einfluss auf die Beurteilung der Geschäftsführungsleistungen haben die umsatzsteuerrechtlichen Bestimmungen, die für die Leistungen der Gesellschaft als solche gelten, da die Geschäftsführungsleistung als eigenständige Leistung zu beurteilen ist. Dies gilt auch in den Fällen, in denen die Erlaubnis

[6] Abschn. 1.6 Abs. 4 UStAE.

zur Ausführung von bestimmten Geschäften (z.B. Bankgeschäften) an die Person eines Gesellschafters gebunden ist, die Geschäfte dann aber von der Gesellschaft gegenüber den Kunden ausgeübt werden.

Wichtig! Zur Beurteilung, ob ein steuerbarer Leistungsaustausch vorliegt, kommt es auch auf die bilanzielle Erfassung einer gezahlten Vorabvergütung an. Insoweit sollte aus umsatzsteuerlichem Interesse geprüft werden, ob die gesellschaftsvertraglichen Regelungen auch korrekt bilanziell umgesetzt werden.

Die zwischen Gesellschaft und Gesellschafter geschlossenen Vereinbarungen müssen aber nicht ausschließlich zu einem nicht steuerbaren Vorgang oder ausschließlich zu einem steuerbaren entgeltlichen Vorgang führen. Es können auch sog. **Mischentgelte**[7] vorliegen, bei denen die Leistungsbezüge in einen nicht steuerbaren Gewinnanteil und einen steuerbaren Leistungsaustausch aufzuteilen sind.

Beispiel 3: Gesellschafter A einer OHG erhält für die Führung der Geschäfte im Rahmen der Gewinnverteilung 25 % des Gewinns, mindestens aber 100.000 € vorab zugewiesen. Die 100.000 € müssen auch im Verlustfall nicht zurückgezahlt werden.

Lösung: Die feste Zuweisung von 100.000 € stellt ein Sonderentgelt für die steuerbare und steuerpflichtige Geschäftsführungsleistung dar. Der darüber hinausgehende Gewinnanteil ist nicht steuerbar, da A insoweit auf gesellschaftsrechtlicher Ebene tätig geworden ist.

2.4 Sonderproblem Haftungsvergütung

Leistungsbeziehungen zwischen Gesellschaft und Gesellschafter können sich nicht nur bei Geschäftsführungs- oder Vertretungsleistungen ergeben, sondern auch bei allen anderen Arten von Leistungen. So kann auch eine gezahlte Haftungsvergütung (z.B. bei einer GmbH & Co. KG) im Rahmen eines Leistungsaustauschverhältnisses gezahlt werden.

Umstritten war, ob die **Haftungsvergütung** eine eigenständige – von der Geschäftsführung getrennt zu beurteilende – Leistung darstellt und ob diese Leistung (soweit sie eine eigenständige Leistung darstellen würde) eventuell unter die Steuerbefreiung nach § 4 Nr. 8 Buchst. g UStG (Übernahme von Verbindlichkeiten) fallen könnte. Nachdem unterschiedliche Urteile von Finanzgerichten vorlagen, hat der BFH[8] entschieden, dass die Haftung des geschäftsführungs- und vertretungsberechtigten Komplementärs einer KG Teil einer einheitlichen Leistung ist, die die Geschäftsführung, Vertretung und Haftung umfasst. Diese Leistung ist – soweit die Unternehmereigenschaft des Gesellschafters gegeben ist – insgesamt steuerpflichtig, sodass auch für den auf die Haftung entfallenden Vergütungsanteil die Steuerbefreiung nach § 4 Nr. 8 Buchst. g UStG[9] nicht in Anspruch genommen werden kann.

Damit sind im Ergebnis sowohl die entgeltliche Geschäftsführungsleistung wie auch die entgeltlich erfolgte Übernahme der Haftung steuerbar und steuerpflichtig.

Tipp! Die Finanzverwaltung wendet diese Rechtsgrundlagen auf alle noch offenen Fälle an. Es wurde aber für alle gegen Sonderentgelt vor dem 1.1.2012 erfolgten Haftungsübernahmen nicht beanstandet, wenn sie nicht steuerbar behandelt wurden[10].

3. Geschäftsführung bei einer Kapitalgesellschaft

Erbringt eine natürliche Person als **Gesellschafter** Geschäftsführungs- oder Vertretungsleistungen an eine Kapitalgesellschaft, liegt im Regelfall keine selbstständige Tätigkeit vor, da hier eine weisungsgebundene Eingliederung vorliegt.

---

7 Vgl. auch Abschn. 1.6 Abs. 5 UStAE.

8 BFH, Urteil v. 3.3.2011, V R 24/10, BStBl II 2011, 950.

9 Die Steuerbefreiung nach § 4 Nr. 8 Buchst. g UStG kann nach Auffassung des BFH nur in Betracht kommen, wenn für Geldverbindlichkeiten eingestanden wird.

10 BMF, Schreiben v. 14.11.2011, BStBl I 2011, 1158.

Tipp! Ob die Geschäftsführungsleistung bei einer Kapitalgesellschaft zu einer unternehmerischen Betätigung führt, ist hauptsächlich an dem Kriterium der „Selbstständigkeit" – also keiner weisungsgebundenen Eingliederung – zu überprüfen.

Da die Selbstständigkeit natürlicher Personen im Umsatzsteuer- und Ertragsteuerrecht nach denselben Grundsätzen beurteilt wird, kann – zumindest in den Fällen, in denen der Gesellschafter **Einkünfte nach § 19 EStG** aus nicht selbstständiger Tätigkeit erzielt – ein steuerbarer Umsatz nicht vorliegen. Dies ist im Regelfall gegeben, wenn zwischen der Kapitalgesellschaft und dem Gesellschafter ein Arbeitsvertrag abgeschlossen wurde.

Allerdings kann nach der Rechtsprechung des BFH[11] eine unternehmerische Betätigung des Geschäftsführers nicht alleine deshalb verneint werden, weil der Geschäftsführer Organ der Gesellschaft ist.

Achtung! Auch der EuGH[12] hat festgestellt, dass der Gesellschafter-Geschäftsführer einer Einmann-GmbH im Angestelltenverhältnis kein Unternehmer ist.

Die Frage der **Selbstständigkeit natürlicher Personen** ist für die Umsatz-, Einkommen- und Gewerbesteuer nach denselben Grundsätzen zu beurteilen[13]. Für die Beurteilung, ob die Tätigkeit als geschäftsführendes Organ einer Kapitalgesellschaft nicht selbstständig i.S.d. § 2 Abs. 2 Nr. 1 UStG ausgeübt wird, ist auf das Gesamtbild der Verhältnisse abzustellen, Abschn. 2.2 Abs. 2 UStAE. Dabei können die in H 19.0 LStH unter dem Stichwort „Allgemeines" genannten Kriterien sinngemäß herangezogen werden. Dies bedeutet, dass die nach denselben Grundsätzen zu beurteilende Frage der Selbstständigkeit oder Nichtselbstständigkeit natürlicher Personen bei zutreffender rechtlicher Würdigung ertragsteuerlich und umsatzsteuerlich zu gleichen Ergebnissen führen muss. Dies gilt jedoch nicht, wenn Vergütungen für nicht selbstständige Tätigkeiten ertragsteuerlich aufgrund bestehender Sonderregelungen zu Gewinneinkünften umqualifiziert werden.

Beispiel 4: Ein bei einer Komplementär-GmbH angestellter Geschäftsführer, der gleichzeitig Kommanditist der GmbH & Co. KG ist, erbringt Geschäftsführungs- und Vertretungsleistungen gegenüber der GmbH.

Lösung: Wird aus ertragsteuerlicher Sicht unterstellt, dass die Tätigkeit selbstständig erbracht wird, werden die aus der Beteiligung an der KG erzielten Einkünfte zu gewerblichen Einkünften i.S.d. § 15 Abs. 1 Satz 1 Nr. 2 EStG umqualifiziert. Soweit aber der Geschäftsführer nach dem Gesamtbild der Verhältnisse weisungsgebunden in das Unternehmen der Kapitalgesellschaft eingegliedert ist, handelt es sich nicht um eine unternehmerische Betätigung.

[11] BFH, Urteil v. 10.3.2005, V R 29/03, BStBl II 2005, 730.

[12] EuGH, Urteil v. 18.10.2007, C-355/06 – van der Steen, BFH/NV Beilage 2008, 48.

[13] So auch BMF, Schreiben v. 21.9.2005, BStBl I 2005, 936.

Geschäftsveräußerung

Geschäftsveräußerung auf einen Blick

1. **Rechtsquellen**
   § 1 Abs. 1a, § 14c Abs. 1 und § 15a Abs. 10 UStG
   Abschn. 1.5 UStAE
2. **Bedeutung**
   Eine Geschäftsveräußerung im Ganzen unterliegt nicht der Umsatzsteuer, wenn das gesamte Unternehmen oder ein gesondert geführter Teilbetrieb an einen anderen Unternehmer übertragen wird. Soweit für einzelne Gegenstände der Vorsteuerberichtigungszeitraum noch nicht abgelaufen ist, tritt der Erwerber an die Stelle des Veräußerers. Insbesondere bei Immobilienveräußerungen muss an die Geschäfts- oder Teilbetriebsveräußerung gedacht werden.
3. **Weitere Stichworte**
   → Unrichtiger Steuerausweis, → Vorsteuerberichtigung

1. Die Geschäftsveräußerung im Ganzen

Eine **Geschäftsveräußerung im Ganzen** ist ein nicht steuerbarer Vorgang, wenn das Unternehmen oder ein gesondert geführter Betrieb an einen anderen Unternehmer entgeltlich oder unentgeltlich übereignet wird. Dies gilt auch, wenn ein solcher Betrieb oder Teilbetrieb in eine Gesellschaft eingebracht wird.

Eine nicht steuerbare Geschäftsveräußerung setzt voraus, dass das Unternehmen im Ganzen oder ein abgrenzbarer Teilbetrieb übertragen wird. Eine solche vollständige Übertragung ist dann gegeben, wenn alle wesentlichen Geschäftsgrundlagen des Unternehmens oder des Teilbetriebs auf den Erwerber übergehen. Einzelne, unwesentliche Wirtschaftsgüter kann der Veräußerer jedoch zurückbehalten[1].

Beispiel 1: Tischlermeister T veräußert seine Tischlerei insgesamt an den Erwerber E, der die Tischlerei weiterführt. Den bisher sowohl unternehmerisch wie auch privat genutzten Pkw behält T jedoch zurück und entnimmt ihn in sein Privatvermögen.
Lösung: Es liegt eine nicht steuerbare Geschäftsveräußerung im Ganzen vor, da alle wesentlichen Geschäftsgrundlagen auf den Erwerber übergehen, die Zurückbehaltung des Fahrzeugs führt nicht zu einem anderen Ergebnis.

Entscheidend ist für die Annahme einer Geschäftsveräußerung nach § 1 Abs. 1a UStG, dass die übertragenen Vermögensgegenstände ein **hinreichendes Ganzes** bilden, um den Erwerber die Fortsetzung einer bisher durch den Veräußerer ausgeübten unternehmerischen Tätigkeiten zu ermöglichen und der Erwerber dies auch tatsächlich tut[2]. Es kommt für die Annahme eines „in der Gliederung eines Unternehmens gesondert geführten Betriebs" i.S.d. § 1 Abs. 1a UStG nicht darauf an, ob bei dem Veräußerer vor der Veräußerung eine eigenständige betriebliche Organisation vorlag. Früher ging die Finanzverwaltung davon aus, dass der veräußerte Teil des Unternehmens einen für sich lebensfähigen Organismus bilden musste, der unabhängig von den anderen Geschäften des Unternehmens nach Art eines selbständigen Unternehmens betrieben worden war und nach außen hin ein selbständiges, in sich abgeschlossenes Wirtschaftsgebilde gewesen war. Der BFH[3] hatte dagegen entschieden, dass es entscheidend darauf ankommt, ob die übertragenen Teile beim Erwerber die Führung eines eigenständigen Unternehmens ermöglichen können. Die Finanzverwaltung[4] hat im UStAE[5] klargestellt, dass der veräußerte Teil

---

1 BFH, Urteil v. 1.8.2002, V R 17/01, BStBl II 2004, 626 sowie Abschn. 1.5 Abs. 1 UStAE.
2 BFH, Urteil v. 18.9.2008, V R 21/07, BStBl II 2009, 254.
3 BFH, Urteil v. 19.12.2012, XI R 38/10, BFH/NV 2013, 867.
4 BMF, Schreiben v. 11.12.2013, BStBl I 2013, 1625 mit Übergangsfrist bis zum 31.3.2014.
5 Abschn. 1.5 Abs. 6 UStAE.

des Unternehmens vom Erwerber als selbstständiges wirtschaftliches Unternehmen fortgeführt werden muss. Es ist nicht entscheidend, ob der veräußerte Teil schon beim Veräußerer als selbstständiger Unternehmensteil geführt wurde.

Wichtig! Keine Geschäftsveräußerung im Ganzen liegt vor, wenn nur Teile des Inventars eines Unternehmens an einen Dritten verkauft werden (hier Veräußerung von Teilen des Inventars einer Gaststätte an einen Erwerber der mit dem Verpächter der Gastwirtschaft einen neuen Pachtvertrag abgeschlossen hat)[6]. Ebenfalls kann keine Geschäftsveräußerung im Ganzen vorliegen, wenn auf Käufer- und/oder Verkäuferseite mehr als jeweils eine rechtlich eigenständige Person mitwirken muss, damit das einheitliche Ganze übertragen werden kann[7].

Im Rahmen einer Gesamtwürdigung sind für die nichtsteuerbare Geschäftsveräußerung die Art der übertragenen Vermögensgegenstände und der Grad der Übereinstimmung oder Ähnlichkeit zwischen der vor und nach der Übertragung ausgeübten Tätigkeit zu berücksichtigen[8]. Das der übernehmende Unternehmer den Namen des veräußerten Unternehmens nicht fortführt, ist dabei unerheblich[9].

Achtung! Eine Geschäftsveräußerung im Ganzen kann nach § 1 Abs. 1a UStG auch dann vorliegen, wenn nicht alle wesentlichen Betriebsgrundlagen auf den Erwerber übertragen werden, soweit sichergestellt ist, dass diese Betriebsgrundlagen (z.B. Grundstücke oder Gebäude) dem Übernehmer zur Nutzung überlassen werden[10].
Der EuGH[11] hat dies ausdrücklich bestätigt und sah in der Zurückbehaltung des Eigentums an Räumlichkeiten, die dem Erwerber nur mietweise überlassen werden keine der nichtsteuerbaren Geschäftsveräußerung entgegenstehende Verfügung. Auch sind in einem solchen Fall an den Mietvertrag, der zwischen dem Veräußerer und dem Erwerber abgeschlossen wird, keine besonderen Anforderungen zu stellen.

Was als **wesentliche Geschäftsgrundlagen** eines Unternehmens anzusehen sind, ist immer einer Betrachtung des Einzelfalls vorbehalten und bestimmt sich nach den tatsächlichen Verhältnissen zum Zeitpunkt der Veräußerung. Im produzierenden Gewerbe stellen die Maschinen und Fertigungsanlagen in der Regel die wesentlichen Geschäftsgrundlagen des Unternehmens dar. Auch Rechte, die der Veräußerer besitzt (Nutzungsrechte, Geschäftsbeziehungen etc.), müssen auf den Erwerber übergehen, soweit sie für die Fortführung des Unternehmens von Bedeutung sind.

Wichtig! Die Übereignung muss sich nicht in einem Zug vollziehen, sie kann auch in einzelnen Schritten erfolgen, wenn diese in einem wirtschaftlichen Zusammenhang stehen und der Wille der Beteiligten von Anfang an auf die Übertragung des Unternehmens insgesamt gerichtet ist[12].

Voraussetzung für die **Nichtsteuerbarkeit** ist, dass der Betrieb oder Teilbetrieb an einen anderen Unternehmer veräußert wird. Es ist aber ausreichend, wenn der Erwerber erst durch den Erwerb seine unternehmerische Betätigung begründet. Der Erwerber kann das Unternehmen auch in veränderter Form fortführen, der Fortsetzung der bisher durch den Veräußerer ausgeübten Tätigkeit steht es nicht entgegen, wenn der Erwerber den von ihm erworbenen Geschäftsbetrieb in seinem Zuschnitt ändert oder moder-

---

6 BFH, Urteil v. 4.2.2015, XI R 42/13, BStBl II 2015, 616.

7 BFH, Urteil v. 4.2.2015, XI R 14/14, BStBl II 2015, 908.

8 BFH, Urteil v. 23.8.2007, V R 14/05, BStBl II 2008, 165.

9 BFH, Urteil v. 29.8.2012, XI R 1/11, BStBl II 2013, 301.

10 BFH, Urteil v. 4.7.2002, V R 10/01, BStBl II 2004, 662.

11 EuGH, Urteil v. 10.11.2011, C-444/10 – Christel Schriever, BFH/NV 2012, 154 sowie BFH, Urteil v. 18.1.2012, XI R 27/08, BStBl II 2012, 842.

12 BFH, Urteil v. 1.8.2002, V R 17/01, BStBl II 2004, 626.

nisiert[13]. Nach der Rechtsprechung des EuGH[14] ist aber erforderlich, dass eine Fortführung des Unternehmens geplant ist und der Erwerber nicht nur die betreffende Geschäftstätigkeit sofort abwickeln will.

Achtung! Eine Übertragung eines Unternehmens an einen Nichtunternehmer, der auch mit dem Erwerb nicht Unternehmer wird (z.B. bei der Übertragung eines Grundstücks an einen Hoheitsbetrieb einer juristischen Person des öffentlichen Rechts), ist ein steuerbarer Umsatz und kann keine Geschäftsveräußerung nach § 1 Abs. 1a UStG darstellen.

Bei einer **nicht steuerbaren Geschäftsveräußerung** entsteht nicht nur bei der Übertragung keine Umsatzsteuer, sondern der Erwerber des Unternehmens tritt auch in die Rechtsposition des Veräußerers ein. Dies hat insbesondere Auswirkungen auf die **Vorsteuerberichtigung**, da der Erwerber die Vorsteuerberichtigungszeiträume des Veräußerers unverändert fortsetzen muss, § 15a Abs. 10 UStG.

Achtung! Bei einer Geschäftsveräußerung im Ganzen darf der Verkäufer keine Umsatzsteuer in einer Rechnung oder einem Kaufvertrag gesondert ausweisen. Wird versehentlich in einer Rechnung (z.B. in einem Kaufvertrag) eine Umsatzsteuer gesondert ausgewiesen, schuldet der Rechnungsaussteller die gesondert ausgewiesene Umsatzsteuer nach § 14c Abs. 1 UStG. Eine Berichtigung kann nur mit Zustimmung des zuständigen Finanzamts erfolgen.

In den Fällen, in denen nicht eindeutig ist, ob alle wesentlichen Betriebsgrundlagen mit übertragen werden, und eine Auskunft des Finanzamts aus Zeitgründen nicht eingeholt werden kann, sollten die Vertragsparteien eine Steuerklausel in den Vertrag mit aufnehmen, damit bei einer später abweichenden Auffassung der Finanzverwaltung die Ansprüche zwischen den Vertragsparteien unstrittig sind.

Formulierungsbeispiel: Die Vertragsparteien gehen davon aus, dass es sich um eine nicht steuerbare Geschäftsveräußerung nach § 1 Abs. 1a UStG handelt. Soweit das für den Verkäufer zuständige Finanzamt den Vorgang als steuerbare Veräußerung ansieht, besteht zwischen den Vertragsparteien Einigkeit, dass der vereinbarte Kaufpreis ein Nettopreis ist, auf den die gesetzliche Umsatzsteuer zusätzlich zu entrichten ist. Der Verkäufer verpflichtet sich in diesem Fall, eine ordnungsgemäße Rechnung zu erstellen, der Käufer verpflichtet sich in diesem Fall, die Umsatzsteuer zusätzlich zum Kaufpreis zu entrichten.

2. Teilbetriebsveräußerung

Auch die Veräußerung eines in der Gliederung des Unternehmens **gesondert geführten Betriebs** kann die Nichtsteuerbarkeit nach sich ziehen. Ein solcher Teilbetrieb liegt nach Auffassung der Finanzverwaltung vor, wenn er von den anderen Teilen des Unternehmens abgrenzbar ist und wirtschaftlich selbstständig ist. Dies liegt insbesondere dann vor, wenn der Teilbetrieb nach außen hin ein in sich abgeschlossenes Wirtschaftsgebilde gewesen ist. Nach der Rechtsprechung des BFH[15] kommt es aber entscheidend darauf an, dass der Erwerber mit dem ihm übertragenen Teilen eine unternehmerische Betätigung ausführen kann. Der Erwerber muss in der Lage sein, einen Teilbetrieb eigenständig fortzuführen.

Tipp! Die Finanzverwaltung geht vereinfachend davon aus, dass ein solcher Teilbetrieb vorliegt, wenn ertragsteuerlich eine Teilbetriebsveräußerung nach § 16 Abs. 1 EStG vorliegt[16].

3. Sonderproblem Grundstücksveräußerung

Ein besonderes Problem stellt umsatzsteuerlich die **Veräußerung von Grundstücken** (mit den dazugehörenden aufstehenden Gebäuden) dar.

13 BFH, Urteil v. 23.8.2007, V R 14/05, BStBl II 2009, 165.

14 EuGH, Urteil v. 27.11.2003, C-497/01 – Zita Modes, BFH/NV Beilage 2004, 128.

15 BFH, Urteil v. 19.12.2012, XI R 38/10, BStBl II 2013, 1053.

16 Abschn. 1.5 Abs. 6 UStAE.

Wichtig! Auch der Verkauf eines Grundstücks kann eine nicht steuerbare Geschäftsveräußerung im Ganzen oder eines Teilbetriebs darstellen.

Die wesentliche Unterscheidung, ob es sich um eine nicht steuerbare Geschäftsveräußerung oder um eine steuerbare Lieferung handelt, kann aus der folgenden Übersicht entnommen werden:

Vorgang	Geschäftsveräußerung	Rechtsfolge
Das Grundstück bildet das gesamte Unternehmen (z.B. Unternehmer besitzt nur ein Mehrfamilienhaus)	Ja, das gesamte Unternehmen wird veräußert	Verkauf ist nicht steuerbar. Erwerber tritt in die Rechtsposition des Veräußerers ein
Das verkaufte Grundstück ist eines von mehreren vermieteten Grundstücken	Ja, in der Regel kann davon ausgegangen werden, dass es sich um einen Teilbetrieb handelt	Verkauf ist nicht steuerbar. Erwerber tritt in die Rechtsposition des Veräußerers ein
Das verkaufte Grundstück hat den Charakter von Vorratsvermögen (z.B. unbebautes Grundstück oder Grundstücke von Grundstückshändlern)	Nein, es werden keine wesentlichen Betriebsgrundlagen übertragen	Der Verkauf ist steuerbar aber steuerfrei, soweit er unter das GrEStG fällt; eine Option nach § 9 UStG ist zu prüfen
Das verkaufte Grundstück wurde im Rahmen des Unternehmens genutzt (z.B. ein bisher als Lagerplatz genutztes Grundstück wird verkauft; bei Verlagerung einer Betriebsstätte wird ein Bürogebäude geräumt und leer verkauft)	Nein, es werden bei der Veräußerung des Grundstücks keine wesentlichen Betriebsgrundlagen mit veräußert	Der Verkauf ist steuerbar aber steuerfrei, soweit er unter das GrEStG fällt; eine Option nach § 9 UStG ist zu prüfen
Das verkaufte Grundstück wurde sowohl im Rahmen des Unternehmens wie auch für Vermietungszwecke genutzt. Der Erwerber setzt die Mietverhältnisse fort und verwendet die bisher selbstgenutzten Räumlichkeiten für eigene Zwecke	Soweit der Erwerber das Vermietungsunternehmen des Veräußerers fortsetzt, liegt eine nicht steuerbare Geschäftsveräußerung vor	Soweit der Erwerber die bisher selbstgenutzten Räume erwirbt, ist der Verkauf steuerbar aber steuerfrei, soweit er unter das GrEStG fällt; eine Option nach § 9 UStG ist zu prüfen

Wichtig! Als wesentliche Betriebsgrundlage bei der Veräußerung von Grundstücken sind in aller Regel die geschlossenen Mietverträge anzusehen. Die Veräußerung eines Gebäudes ohne Übergang der Mietverträge ist im Regelfall keine Geschäftsveräußerung nach § 1 Abs. 1a UStG[17].

Der BFH hat sich in den vergangenen Jahren mehrfach mit der **Veräußerung von Grundstücken** beschäftigt.

Es ergeben sich dabei die folgenden Grundsätze:

- Wird ein zu bebauendes Grundstück übertragen, das der Veräußerer unter der Bedingung der Fertigstellung des Bauvorhabens vermietet hat, liegt keine Geschäftsveräußerung nach § 1 Abs. 1a UStG vor[18].
- Eine Geschäftsveräußerung kann auch bei Veräußerung eines Gegenstands vorliegen. Der Erwerber muss das Unternehmen des Veräußerers aber fortführen können. Dies liegt nicht vor, wenn ein vermietetes Grundstück an den Mieter veräußert wird, da der Mieter nach dem Erwerb das Grundstück als Eigentümer nutzt und somit kein Vermietungsunternehmen fortsetzt[19].
- Bei der Übertragung von nur teilweise vermieteten oder verpachteten Grundstücken liegt eine Geschäftsveräußerung vor, wenn die nicht genutzten Flächen zur Vermietung oder Verpachtung bereitstehen und die Vermietungstätigkeit vom Erwerber für eine nicht unwesentliche Fläche fortgesetzt wird[20].
- Eine Geschäftsveräußerung liegt auch dann vor, wenn der bisherige Alleineigentümer eines Grundstücks, das er bisher teilweise steuerpflichtig vermietete und teilweise für eigenunternehmerische Zwecke nutzte, einen Miteigentumsanteil auf seinen Sohn überträgt. Allerdings beschränkt sich der Gegenstand der Geschäftsveräußerung auf den vermieteten Grundstücksteil[21].
- Auch ein Bauträger kann ein von ihm entwickeltes Projekt im Rahmen einer Geschäftsveräußerung im Ganzen oder einer Teilbetriebsveräußerung an einen Investor veräußern, der das Objekt langfristig vermietet, wenn der Bauträger aufgrund eigener nachhaltiger Vermietungstätigkeit (hier mindestens 17 Monate) schon ein Vermietungsunternehmen begründet hat[22].

Wichtig! Nach der Rechtsprechung des BFH[23] ist ein Grundstück nicht mehr zwingend als eine Einheit anzusehen. Soweit der Erwerber in Teilen des Gebäudes die bisherige unternehmerische Tätigkeit des Veräußerers fortsetzt, liegt insoweit eine nicht steuerbare Geschäftsveräußerung vor. Wenn in anderen Teilen des Gebäudes eine andere unternehmerische Betätigung (z.B. Selbstnutzung nach vorheriger Vermietung durch den Veräußerer) ausgeübt wird, liegt insoweit keine Geschäftsveräußerung vor.

4. Geschäftsveräußerung bei Anteilsübertragung

Der BFH[24] hatte sich in einem Verfahren, in dem es um die Vorsteuerabzugsberechtigung im Zusammenhang mit einem steuerfreien Anteilsverkauf ging, auch zu der Frage geäußert, ob bei der **Übertragung von Gesellschaftsanteilen** eine nicht steuerbare Geschäftsveräußerung oder Teilbetriebsveräußerung vorliegen kann. Eine solche nicht steuerbare Leistung konnte danach nur dann vorliegen, wenn **alle Anteile an der Gesellschaft** übertragen wurden oder nicht alle Anteile an einer Organgesellschaft veräußert wurden, wenn zumindest die, die finanzielle Eingliederung ermöglichende Mehrheitsbeteiligung übertragen wird und der Erwerber beabsichtigt, eine Organschaft zu begründen. Die Finanzverwaltung[25] hatte diese Grundsätze in den UStAE übernommen.

Darüber hinaus hatte sich der EuGH[26] zu den Möglichkeiten der nicht steuerbaren Geschäftsveräußerung bei der Übertragung eines Gesellschaftsanteils geäußert. Eine nicht steuerbare Übertragung kann

17 BFH, Urteil v. 11.10.2007, V R 57/06, BStBl II 2008, 447.
18 BFH, Urteil v. 18.9.2008, V R 21/07, BStBl II 2009, 254.
19 BFH, Urteil v. 4.9.2008, V R 23/06, BFH/NV 2009, 426 sowie BFH, Urteil v. 24.9.2009, V R 6/08, BStBl II 2010, 315.
20 BFH, Urteil v. 30.4.2009, V R 4/07, BStBl II 2009, 863.
21 BFH, Urteil v. 22.11.2007, V R 5/06, BStBl II 2008, 448 sowie Urteil v. 6.9.2007, V R 41/05, BStBl II 2008, 65.
22 BFH, Urteil v. 18.8.2015, XI R 16/14, BFH/NV 2016, 346 sowie Urteil v. 25.11.2015, V R 66/14, BFH/NV 2016, 497.
23 BFH, Urteil v. 6.7.2016, XI R 1/15, BStBl II 2016, 909 sowie auch Abschn. 1.5 Abs. 2 UStAE.
24 BFH, Urteil v. 27.1.2011, V R 38/09, BStBl II 2012, 68.
25 BMF, Schreiben v. 3.1.2012, BStBl I 2012, 76. Vgl. auch Abschn. 1.5 Abs. 9 UStAE in der längstens bis zum 31.3.2014 geltenden Fassung.
26 EuGH, Urteil v. 30.5.2013, C-651/11 – X BV, BFH/NV 2013, 1212.

nur dann vorliegen, wenn der Gesellschaftsanteil Teil einer eigenständigen Einheit ist, die eine selbstständige wirtschaftliche Betätigung ermöglicht und diese Tätigkeit vom Erwerber fortgeführt wird. Die Finanzverwaltung hat dies in den UStAE übernommen und klargestellt, dass eine bloße Veräußerung von Anteilen ohne gleichzeitige Übertragung von Vermögenswerten den Erwerber nicht in die Lage versetzen kann, eine selbstständige wirtschaftliche Tätigkeit als Rechtsnachfolger des Veräußerers fortzuführen[27].

5. Vorsteuerabzug aus Veräußerungskosten

Die bei dem Verkäufer gegebenenfalls entstehenden Vorsteuerbeträge aus Veräußerungskosten bei einer nicht steuerbaren Geschäftsveräußerung stehen mit keinem steuerbaren Ausgangsumsatz im Zusammenhang, sodass eine systematische Prüfung der Vorsteuerabzugsberechtigung nicht möglich ist. Die Finanzverwaltung[28] vertritt in diesem Zusammenhang die Auffassung, dass der **Vorsteuerabzug** von den bis zur Geschäftsveräußerung erbrachten Ausgangsumsätzen des Unternehmens abhängig ist.

Beispiel 2: Besitzer B eines gemischt genutzten Hauses veräußert im März 2018 diese Immobilie an den Erwerber E. B hat die Immobilie bis zum Verkauf zur Hälfte für steuerpflichtige Vermietungen und zur Hälfte für steuerfreie Vermietungen verwendet. Von dem Immobilienmakler I erhält B eine Rechnung über anteilige Maklergebühren, in der auch 3.800 € als Umsatzsteuer gesondert ausgewiesen sind.

Lösung: Da die Veräußerung der Immobilie nach § 1 Abs. 1a UStG nicht steuerbar ist, bestimmt sich der Vorsteuerabzug aus der Maklerrechnung nach den bisherigen Umsätzen. B kann somit die Hälfte der ihm in Rechnung gestellten Umsatzsteuerbeträge als Vorsteuer abziehen.

[27] BMF, Schreiben v. 11.12.2013, BStBl I 2013, 1625 sowie Abschn. 1.5 Abs. 9 UStAE.

[28] OFD Hannover, Verfügung v. 31.5.2006, DStR 2006, 1227.

Geschenke

Geschenke auf einen Blick

1. **Rechtsquellen**
   § 1 Abs. 1, § 3 Abs. 1b, § 10 Abs. 4 und § 15 Abs. 1a UStG
   Abschn. 3.3 UStAE
2. **Bedeutung**
   Geschenke sind unentgeltliche Zuwendungen an Dritte, die je nach Umfang und Empfänger der Schenkung zu nicht steuerbaren Umsätzen, steuerbaren Umsätzen sowie zu einem Ausschluss vom Vorsteuerabzug führen können.
3. **Weitere Stichworte**
   → Anschaffungskosten, → Aufmerksamkeit, → Sachzuwendungen an das Personal
4. **Besonderheiten**
   Werden Leistungen unmittelbar deshalb bezogen, um für eine dem Grunde nach unentgeltliche Wertabgabe verwendet zu werden, ist nach der Rechtsprechung des BFH ein Vorsteuerabzug nicht möglich, da die Leistung nicht für die wirtschaftliche Tätigkeit bezogen wird – insoweit ist auch keine unentgeltliche Wertabgabe der Besteuerung zu unterwerfen.

1. Allgemeines

Geschenke gehören zu den unentgeltlichen Zuwendungen, die ein Unternehmer an Dritte ausführt. Da für Schenkungen verschiedene Motive vorliegen können, sind auch die umsatzsteuerlichen Auswirkungen unterschiedlich. Im Wesentlichen können **drei verschiedene Motive** und Empfängergruppen für Schenkungen festgestellt werden:

- Schenkungen an **private Freunde**/Familienangehörige oder an Dritte aus anderen nichtunternehmerischen Gründen (im Folgenden: nahestehende Personen).
- Schenkungen an **Geschäftsfreunde**/Kunden aus unternehmerischen Gründen (im Folgenden: Geschäftsfreunde/Kunden).
- Schenkungen an das **Personal** des Unternehmers (im Folgenden: Personal). Hierunter fallen alle unentgeltlichen Leistungen an das Personal, für die das Personal als Gegenleistung weder eine Geldzahlung noch eine Arbeitsleistung (vgl. Stichwort Sachzuwendungen an das Personal) aufwendet.

Die steuerlichen Ergebnisse sind auch abhängig von der **Anschaffung** der Geschenke. Auch hier gibt es grundsätzlich drei verschiedene Möglichkeiten:

- Der Unternehmer kauft extra für Zwecke der Schenkung ein bestimmtes Geschenk:

> **Beispiel 1:** Der Unternehmer erwirbt einen Porzellanteller der Königlich Preußischen Porzellanmanufaktur, um ihn einem Geschäftsfreund zu schenken.

- Der Unternehmer verwendet zum Zwecke der Schenkung einen Gegenstand aus seinem Vorratsvermögen:

> **Beispiel 2:** Der Spirituosenhändler schenkt einem Geschäftsfreund eine besonders wertvolle Flasche Cognac aus seinem Vorratsvermögen.

- Der Unternehmer verwendet für die Schenkung einen Gegenstand, den er in seinem Unternehmen schon verwendet hat (Anlagevermögen):

> **Beispiel 3:** Der Unternehmer schenkt einem Geschäftsfreund einen bisher in seinem Unternehmen verwendeten Computer.

2. Definition der Geschenke

Gegenstand einer Schenkung ist in der Regel eine Sache (körperlicher Gegenstand). Eine Schenkung kann aber auch in der Zuwendung geldwerter Vorteile im Rahmen von sonstigen Leistungen bestehen (z.B. Schenkung von Eintrittskarten für eine Konzertveranstaltung).

Da Geschenke von der Definition her die willentliche Bereicherung des Beschenkten durch den Schenker voraussetzen, sind die folgenden Vorgänge keine Schenkungen i.S.d. Vorschriften[1]:

- Auslobungen im Rahmen von Preisausschreiben,
- Zugaben bei entgeltlichen Umsätzen,
- zufälliger Erwerb eines Gegenstands unter seinem tatsächlichen Wert.

3. Ausnahmen für Geschenke von geringem Wert

Wird eine Schenkung aus unternehmerischen Gründen an Personen, die nicht Arbeitnehmer des Unternehmers sind, ausgeführt, tritt der Vorsteuerausschluss nach § 15 Abs. 1a UStG i.V.m. § 4 Abs. 5 EStG nicht ein, wenn das Geschenk von geringem Wert ist. Ebenso liegt in diesem Fall keine steuerbare Ausgangsleistung nach § 3 Abs. 1b Satz 1 Nr. 3 UStG vor. Die **Wertgrenze** für ein Geschenk von geringem Wert liegt (seit 2004) im Ertragsteuerrecht bei 35 €. Diese Grenze wird auch für die Umsatzsteuer übernommen.

Wichtig! Die Wertgrenze von 35 € wird auf die Summe aller Geschenke bezogen, die innerhalb eines Kalenderjahrs an eine bestimmte Person zugewendet werden (gilt auch für Geldgeschenke).

Soweit bei **mehreren Geschenken** innerhalb eines Kalenderjahrs die Wertgrenze überschritten wird, sind die früher gezogenen Vorsteuerbeträge nach § 17 Abs. 2 Nr. 5 UStG zu berichtigen (Änderung der Bemessungsgrundlage). Der Vorsteuerabzug ist dann im Ergebnis nach § 15 Abs. 1a UStG ausgeschlossen, dafür unterliegen die Zuwendungen nicht der Besteuerung, § 3 Abs. 1b Satz 2 UStG.

Beispiel 4: Unternehmer A schenkt einem Geschäftsfreund B zu dessen Geburtstag im März 2018 ein Buch mit Anschaffungskosten von 32,10 € (brutto). Die in diesem Betrag enthaltene Vorsteuer (7 % =) 2,10 € hat A im Voranmeldungszeitraum März 2018 als Vorsteuer gezogen. Zu Weihnachten 2018 schenkt A dem B noch eine Flasche Cognac mit Anschaffungskosten von 23,80 € (brutto; netto = 20 €).
Lösung: Da mit 50 € die Grenze für Geschenke von geringem Wert in 2018 für Schenkungen an B i.H.v. 35 € überschritten ist, sind die Geschenke nicht abzugsfähige Betriebsausgaben nach § 4 Abs. 5 Nr. 1 EStG. Damit ist die Vorsteuer für diese Geschenke nach § 15 Abs. 1a UStG nicht abzugsfähig. Die im März 2018 gezogene Vorsteuer i.H.v. 2,10 € ist im Voranmeldungszeitraum Dezember 2018 zurückzuzahlen, § 17 Abs. 2 Nr. 5 UStG. Die Vorsteuer aus dem Kauf der Flasche Cognac ist ebenfalls nicht abzugsfähig. Die Abgabe der Geschenke führt nicht zu einem steuerbaren Umsatz (unentgeltliche Wertabgabe), da aus dem Erwerb kein Vorsteuerabzug möglich war, § 3 Abs. 1b Satz 2 UStG.

Bei dem Betrag von 35 € ist auf die **ertragsteuerliche Definition** der Anschaffungskosten abzustellen. Dabei gehen nicht nur die direkt für diesen Gegenstand aufgewendeten Kosten, sondern auch die Anschaffungsnebenkosten mit in die Berechnung ein, vgl. Stichwort Anschaffungskosten. Die Grenze von 35 € stellt bei voll vorsteuerabzugsberechtigten Unternehmern grundsätzlich einen Nettobetrag dar.

Wichtig! Soweit ein Unternehmer nicht voll zum Vorsteuerabzug nach § 15 Abs. 2 UStG berechtigt ist, erhöhen die nicht abzugsfähigen Vorsteuerbeträge die Anschaffungskosten[2].

Beispiel 5: Der voll zum Vorsteuerabzug berechtigte Unternehmer A schenkt einem Geschäftsfreund aus unternehmerischen Anlass eine Glasvase, die brutto 40,46 € (bei 19 % Umsatzsteuer) gekostet hat.

[1] Vgl. auch Abschn. 3.3 Abs. 10 ff. UStAE.

[2] Abschn. 15.6 Abs. 4 UStAE i.V.m. R 4.10 Abs. 3 EStR.

Lösung: Da der Nettobetrag mit 34 € nicht die Wertgrenze von 35 € übersteigt, liegt ein Geschenk von geringem Wert vor, die Vorsteuer i.H.v. 6,46 € ist nach § 15 UStG abzugsfähig.

Beispiel 6: Der Handelsvertreter V, der auch als Versicherungsmakler tätig ist (40 % seiner Ausgangsleistungen) schenkt einem Geschäftsfreund – zu dem er sowohl als Handels- als auch als Versicherungsvertreter geschäftliche Kontakte unterhält – aus unternehmerischen Anlass ein Buch, das brutto 37,45 € gekostet hat (darin 7 % USt = 2,45 €).
Lösung: Da 40 % der Vorsteuerbeträge nach § 15 Abs. 2 Nr. 1 i.V.m. § 4 Nr. 11 UStG nicht abzugsfähig sind, erhöhen die nicht abzugsfähigen Vorsteuerbeträge i.H.v. 0,98 € die Anschaffungskosten. Damit liegen die Anschaffungskosten mit 35,98 € über der Grenze von 35 €, sodass die Vorsteuer nach § 15 Abs. 1a UStG insgesamt nicht abzugsfähig ist.

Beispiel 7: Der Arzt, der ausschließlich steuerfreie, den Vorsteuerabzug ausschließende Umsätze nach § 4 Nr. 14 UStG tätigt, schenkt einem Patienten eine Musik-CD mit Anschaffungskosten von brutto 23,80 € (darin 19 % USt = 3,80 €).
Lösung: Die Anschaffungskosten stellen hier den Bruttobetrag dar, da der Arzt nach § 15 Abs. 2 Nr. 1 i.V.m. § 4 Nr. 14 UStG vom Vorsteuerabzug ausgeschlossen ist. Zwar liegen die Anschaffungskosten unter der Grenze von 35 €, sodass die Vorsteuer grundsätzlich nicht nach § 15 Abs. 1a UStG vom Abzug ausgeschlossen ist, der Vorsteuerbetrag ist jedoch nach § 15 Abs. 2 Nr. 1 UStG nicht abzugsfähig, da die Schenkung in direktem Zusammenhang mit der Ausführung steuerfreier, den Vorsteuerabzug ausschließender Umsätze steht.

Die abzugsfähigen Geschenke müssen vom Unternehmer separat aufgezeichnet werden (Buchung erfolgt auf einem eigenen Konto). Es muss sich außerdem eindeutig bestimmen lassen, wer der Empfänger des Geschenks ist, damit die Jahresgrenze von 35 € überprüft werden kann.

4. Rechtsfolgen

In Abhängigkeit der oben dargestellten Möglichkeiten lassen sich verschiedene **steuerliche Rechtsfolgen** in Abhängigkeit der Art des zugewendeten Gegenstands feststellen, die in den folgenden Übersichten dargestellt sind.

Rechtsfolgen bei einem Geschenk, das separat für Zwecke der Schenkung eingekauft wurde:

	Nahestehende Person	**Geschäftsfreunde/Kunden**		**Personal**
Wert des zugewendeten Gegenstands	**unerheblich**	**bis 35 € pro Jahr**	**über 35 € pro Jahr**	**unerheblich**
Zuordnung zum Unternehmen bei Kauf	keine Zuordnung möglich	Zuordnung zum Unternehmen	keine Zuordnung zum Unternehmen möglich	keine Zuordnung zum Unternehmen möglich, **Ausnahme:** Es liegt eine Aufmerksamkeit vor[3]
Vorsteuerabzug	kein Vorsteuerabzug	Vorsteuerabzug	kein Vorsteuerabzug	kein Vorsteuerabzug

[3] Aufmerksamkeiten sind Zuwendungen bis zu 60 €; vgl. Stichwort Aufmerksamkeiten.

	Nahestehende Person	Geschäftsfreunde/Kunden		Personal
Wert des zugewendeten Gegenstands	**unerheblich**	**bis 35 € pro Jahr**	**über 35 € pro Jahr**	**unerheblich**
Ausgangs-leistung	keine steuer-bare Ausgangs-leistung	keine steuerbare Ausgangsleistung	keine steuerbare Ausgangsleis-tung	keine steuerbare Ausgangsleistung
Bemessungs-grundlage	entfällt	entfällt	entfällt	entfällt

Achtung! Früher (bis längstens 31.12.2012) war bei dem Erwerb eines Gegenstands zum Zweck einer dem Grunde nach unentgeltlichen Wertabgabe eine andere Rechtsfolge gegeben: Der Unternehmer hatte den Gegenstand seinem Unternehmen zuzuordnen und den Vorsteuerabzug aus der Anschaffung vorzunehmen. Die unentgeltliche Wertabgabe unterlag dann aber – soweit nicht bei der Abgabe an das Personal eine Aufmerksamkeit vorlag – nach § 3 Abs. 1b Satz 1 Nr. 1 bis Nr. 3 UStG als steuerbare Ausgangsleistung der Umsatzsteuer. Der BFH[4] hat aber festgestellt, dass auch Gegenstände, die unmittelbar zum Zweck einer unentgeltlichen Abgabe erworben werden, nicht für den wirtschaftlichen Bereich bezogen werden und deshalb ein Vorsteuerabzug nicht möglich ist. Die Finanzverwaltung[5] wendet dies in allen noch offenen Fällen an, beanstandete es aber nicht, wenn für alle bis zum 31.12.2012 ausgeführten Leistungen noch die früheren Regelungen angewendet wurden.

Rechtsfolgen bei einem Geschenk, das früher als Vorratsvermögen (Umlaufvermögen) erworben wurde:

	Nahestehende Person	Geschäftsfreunde/Kunden		Personal
Wert des zugewendeten Gegenstands	**unerheblich**	**bis 35 € pro Jahr**	**über 35 € pro Jahr**	**unerheblich**
Zuordnung zum Unternehmen bei Kauf	Zuordnung zum Unternehmen	Zuordnung zum Unternehmen	Zuordnung zum Unternehmen	Zuordnung zum Unternehmen
Vorsteuerabzug	Vorsteuerabzug	Vorsteuerabzug	kein Vorsteuerabzug, Berichtigung der früher abgezogenen Vorsteuer im Veranlagungs-zeitraum der Schenkung	Vorsteuerabzug

4 BFH, Urteil v. 9.12.2010, V R 17/10, BStBl II 2012, 53 sowie v. 13.1.2011, V R 12/08, BStBl II 2012, 61.

5 BMF, Schreiben v. 2.1.2012, BStBl I 2012, 60 und BMF, Schreiben v. 24.4.2012, BStBl I 2012, 533; vgl. auch Abschn. 15.15 UStAE.

	Nahestehende Person	Geschäftsfreunde/Kunden		Personal
Wert des zugewendeten Gegenstands	**unerheblich**	**bis 35 € pro Jahr**	**über 35 € pro Jahr**	**unerheblich**
Ausgangs-leistung	steuerbare Entnahme	keine steuerbare Ausgangsleistung	keine steuerbare Ausgangsleistung	steuerbare Ausgangsleistung soweit keine Aufmerksamkeit
Bemessungs-grundlage	Einkaufspreis oder Selbstkosten zum Zeitpunkt der Schenkung	entfällt	entfällt	Einkaufspreis oder Selbstkosten zum Zeitpunkt der Schenkung

Rechtsfolgen bei Geschenk, das früher schon als langlebiges Wirtschaftsgut (Anlagevermögen) verwendet wurde:

	Nahestehende Person	Geschäftsfreunde/Kunden		Personal
Wert des zugewendeten Gegenstands	**unerheblich**	**bis 35 € pro Jahr**	**über 35 € pro Jahr**	**unerheblich**
Zuordnung zum Unternehmen bei Kauf	Zuordnung zum Unternehmen	Zuordnung zum Unternehmen	Zuordnung zum Unternehmen	Zuordnung zum Unternehmen
Vorsteuerabzug	Vorsteuerabzug	Vorsteuerabzug	Vorsteuerabzug	Vorsteuerabzug
Ausgangs-leistung	steuerbare Entnahme	keine steuerbare Ausgangsleistung	steuerbare Ausgangsleistung	steuerbare Ausgangsleistung soweit keine Aufmerksamkeit
Bemessungs-grundlage	Einkaufspreis oder Selbstkosten eines vergleichbar abgenutzten Gegenstands zum Zeitpunkt der Schenkung	entfällt	Einkaufspreis oder Selbstkosten eines vergleichbar abgenutzten Gegenstands zum Zeitpunkt der Schenkung	Einkaufspreis oder Selbstkosten eines vergleichbar abgenutzten Gegenstands zum Zeitpunkt der Schenkung

Wichtig! Bei der Bestimmung des Werts kommt es nicht auf die historischen Anschaffungskosten des Wirtschaftsguts an, sondern auf die Anschaffungskosten eines vergleichbar abgenutzten Wirtschaftsguts (entspricht dem Zeitwert). Der Restbuchwert ist unerheblich.

Gesellschafterbeitrag

Gesellschafterbeitrag auf einen Blick

1. **Rechtsquellen**
   Abschn. 1.6 UStAE
2. **Bedeutung**
   Soweit ein Gesellschafter einer Personengesellschaft gegenüber einer Personengesellschaft, an der er beteiligt ist, nur für seinen allgemeinen Gewinnanteil tätig wird, erlangt er insoweit nicht die Unternehmereigenschaft, der Gesellschafterbeitrag ist nicht steuerbar. Soweit der Gesellschafter aber gegen Sonderentgelt tätig wird, erlangt er Unternehmereigenschaft.
3. **Weitere Stichworte**
   → Geschäftsführungsleistungen, → Unternehmer, → Vorsteuerabzug

Soweit ein Gesellschafter einer Personengesellschaft, an der er beteiligt ist, gegenüber Leistungen erbringt, für diese Leistungen aber kein besonderes Entgelt erhält, liegt ein **echter Gesellschafterbeitrag** vor, der wegen der fehlenden Gegenleistung nicht steuerbar ist. Wenn der Gesellschafter nur im Rahmen solcher Gesellschafterbeiträge tätig ist, wird er nicht Unternehmer i.S.d. § 2 Abs. 1 UStG. Da die **Unternehmereigenschaft** eine der wesentlichen Voraussetzungen für einen Vorsteuerabzug ist, ergibt sich in einem solchen Fall keine Vorsteuerabzugsberechtigung für den Gesellschafter.

Achtung! Eine allgemeine Gewinnbeteiligung stellt keine Gegenleistung für den Gesellschafter dar[1].

Insbesondere in den Fällen, in denen der Gesellschafter Gegenstände erwirbt und diese der Gesellschaft zur Nutzung überlässt, können sich Probleme für den Vorsteuerabzug ergeben.

Beispiel 1: P ist Gesellschafter der P&G oHG. P erwirbt eine Maschine, die er der Gesellschaft zur Nutzung überlässt.
Lösung: Wenn P die Maschine gegen gesondert berechnetes Entgelt der oHG überlässt, wird er Unternehmer nach § 2 Abs. 1 UStG. Er ist damit zum Vorsteuerabzug aus der ihm in Rechnung gestellten Umsatzsteuer berechtigt, muss dann aber auch für die entgeltliche Überlassung der Maschine Umsatzsteuer an sein Finanzamt abführen. Wenn er die Maschine ohne gesondert berechnetes Entgelt im Rahmen seiner gesellschaftsrechtlichen Verpflichtung überlässt, handelt es sich um einen echten Gesellschafterbeitrag, P wird nicht Unternehmer. Damit ist weder er noch die Personengesellschaft zum Vorsteuerabzug aus der Rechnung berechtigt. Unerheblich ist dabei, dass es sich bei der Maschine ertragsteuerlich um Sonderbetriebsvermögen bei der Gesellschaft handelt.

Tipp! Soweit eine Nutzungsüberlassung zwischen Gesellschafter und Gesellschaft vorliegt, sollte diese Überlassung mit gesondert berechnetem Entgelt erfolgen.

Grundsätzlich kann der Gesellschafter seine steuerlichen Verhältnisse so gestalten, dass sie zu einer möglichst geringen steuerlichen Belastung führen[2]. Damit ist die entgeltliche Überlassung von Gegenständen an eine nicht vorsteuerabzugsberechtigte Personengesellschaft – gerade auch bei der Überlassung von Fahrzeugen – ein Gestaltungsmodell.

Beispiel 2: A und B sind unternehmerisch als A&B-GbR als Versicherungsvertreter tätig. A erwirbt auf eigenen Namen und eigene Rechnung ein neues Fahrzeug und überlässt dieses Fahrzeug gegen ein monatliches Entgelt von 595 € der GbR.

[1] Vgl. Abschn. 1.6 Abs. 3 UStAE.
[2] Vgl. BFH, Urteil v. 7.11.1991, V R 116/86, BStBl II 1992, 269.

Lösung: A wird wegen der entgeltlichen Überlassung als Unternehmer tätig, die Überlassung an die GbR ist steuerbar und steuerpflichtig[3]. A muss die Umsatzsteuer aus der Überlassung des Fahrzeugs abführen, die GbR ist wegen der steuerfreien Ausgangsumsätze nach § 4 Nr. 11 UStG nicht zum Vorsteuerabzug berechtigt, § 15 Abs. 2 Nr. 1 UStG. A hat aber aus der Anschaffung des Fahrzeugs wegen der steuerpflichtigen Überlassung an die GbR den vollen Vorsteuerabzug – es ergibt sich damit ein Finanzierungseffekt wegen des Sofortabzugs der Vorsteuer.

Achtung! Der EuGH[4] hat grundsätzlich bestätigt, dass die unentgeltliche Überlassung eines Gegenstands (im entschiedenen Fall eines Mandantenstamms) von einem Gesellschafter an seine Personengesellschaft einen Vorsteuerabzug bei Gesellschafter und Gesellschaft ausschließt, da der Gesellschafter mit der unentgeltlichen Überlassung keine wirtschaftliche Tätigkeit begründet. Etwas anderes kann sich in Ausnahmefällen bei Investitionskosten ergeben, die die Gesellschafter vor Gründung einer Personengesellschaft getragen haben[5].

Wichtig! Nicht entscheidend ist, ob ein angemessenes Entgelt vereinbart ist, oder wenn die Vereinbarungen nicht dem entsprechen, was unter Fremden üblich ist[6]. Es ist aber gegebenenfalls die Mindestbemessungsgrundlage nach § 10 Abs. 5 UStG zu prüfen.

Eine besondere Problematik besteht in den Fällen, in denen gegen Sonderentgelt die **Geschäfte der Personengesellschaft geführt** werden, vgl. dazu Stichwort Geschäftsführungsleistung.

---

3 A muss allerdings auf die Anwendung der Kleinunternehmerbesteuerung nach § 19 UStG verzichten.

4 EuGH, Urteil v. 13.3.2014, C-204/13 – Heinz Malburg, BFH/NV 2014, 813.

5 EuGH, Urteil v. 1.3.2012, C-280/10 – Polski Travertyn, BFH/NV 2012, 908.

6 BFH, Urteil v. 16.3.1993, XI R 52/90, BStBl II 1993, 562.

Glücksspielumsätze

Glücksspielumsätze auf einen Blick

1. **Rechtsquellen**
   § 4 Nr. 9 Buchst. b und § 10 Abs. 1 UStG
2. **Bedeutung**
   Bei bestimmten Glücksspielumsätzen konnte bis zum 5.5.2006 eine Steuerbefreiung nach § 4 Nr. 9 Buchst. b UStG angewendet werden, danach sind diese Umsätze steuerpflichtig. Besonderheiten bestehen bei der Ermittlung der Bemessungsgrundlage.
3. **Weitere Stichworte**
   → Bemessungsgrundlage

1. Allgemeines

Glücksspielumsätze sind Umsätze, bei denen der Leistungsempfänger (Spieler) bei Einsatz eines Geldbetrags einen Gewinn erzielen kann.

Wichtig! Nicht unter die Glücksspielumsätze fallen damit Videospiele, Billardspiele, Tischfußballspiele o.ä. Spiele.

Der BFH hat sich mit der Abgrenzung unternehmerischer Tätigkeit von „Glücksspielern" beschäftigen müssen. Grundsätzlich sind Privatpersonen, die an Glücksspielen teilnehmen nicht unternehmerisch tätig, da es schon an der Erwartbarkeit einer Gegenleistung scheitert. Umstritten war aber, inwieweit das nachhaltige Teilnehmen an Pokerturnieren eine unternehmerische Betätigung begründen kann. Nach der Entscheidung des BFH[1] erbringt ein „**Berufspokerspieler**" keine Leistung im Rahmen eines Leistungsaustauschs gegen Entgelt, wenn er an Spielen fremder Veranstalter teilnimmt und ausschließlich im Falle der erfolgreichen Teilnahme Preisgelder oder Spielgewinne erhält. Zwischen der bloßen Teilnahme am Pokerspiel und dem im Erfolgsfall erhaltenen Preisgeld oder Gewinn fehlt der für einen Leistungsaustausch erforderliche unmittelbare Zusammenhang. Die Teilnahme an einem Pokerspiel ist jedoch eine im Rahmen eines Leistungsaustauschs gegen Entgelt erbrachte Dienstleistung, wenn der Veranstalter für sie eine von der Platzierung unabhängige Vergütung zahlt. In einem solchen Fall ist die vom Veranstalter geleistete Zahlung die tatsächliche Gegenleistung für die vom Spieler erbrachte Dienstleistung, an dem Pokerspiel teilzunehmen.

2. Steuerpflicht der Glücksspielumsätze

Glücksspielumsätze unterlagen nach der früheren nationalen Gesetzesfassung nur insoweit einer Steuerbefreiung, wie sie von einer zugelassenen öffentlichen Spielbank ausgeführt wurden, § 4 Nr. 9 Buchst. b UStG a.F. Nach der **Rechtsprechung des EuGH**[2] konnten sich aber auch andere Unternehmer, die Glücksspielumsätze in anderen Einrichtungen ausgeführt hatten, auf diese Regelung berufen. Aufgrund dieser Besteuerungslücke wurde mit Wirkung zum 6.5.2006[3] der Hinweis auf die Steuerbefreiung von Umsätzen in öffentlichen Spielbanken aus dem Gesetz gestrichen.

---

1 BFH, Urteil v. 30.8.2017, XI R 37/14, BFH/NV 2017, 1689.

2 EuGH, Urteil v. 17.2.2005, C-453/02 und C-462/02 – Linneweber und Akriditidis, BFH/NV Beilage 2005, 94.

3 Gesetz zur Eindämmung missbräuchlicher Steuergestaltungen v. 26.4.2006, BGBl I 2006, 1095.

Damit ergeben sich die folgenden Möglichkeiten bei der Beurteilung von Glücksspielumsätzen:

Art des Umsatzes	Steuerpflicht	Vorsteuerabzug
Geldspielumsätze aus Glücksspielen	Steuerfrei nach § 4 Nr. 9 Buchst. b UStG a.F. – bis 5.5.2006 –	Kein Vorsteuerabzug aus damit im Zusammenhang stehenden Eingangsleistungen
	Nicht steuerfrei seit dem 6.5.2006	Vorsteuerabzug aus damit im Zusammenhang stehenden Eingangsleistungen möglich
Umsätze aus Geräten mit Geschicklichkeitsspielen	Keine Steuerbefreiung	Vorsteuerabzug aus damit im Zusammenhang stehenden Eingangsleistungen möglich
Umsätze aus der Duldung des Aufstellens von Glücksspielgeräten und anderen Automaten	Keine Steuerbefreiung	Vorsteuerabzug aus damit im Zusammenhang stehenden Eingangsleistungen möglich

Achtung! Die Steuerbefreiung der Glücksspielumsätze bis zum 5.5.2006 war nicht davon abhängig, dass es sich um ein „legales" Glücksspiel handelt. Auch illegal ausgeführte Glückspiele[4] können unter die Befreiung fallen.

Wichtig! Es war umstritten, ob die Umsetzung für die Steuerbefreiung bestimmter Glücksspiele (z.B. Lotterien) in Deutschland mit dem Unionsrecht in Einklang steht. Der EuGH[5] hatte dazu aber entschieden, dass es den Mitgliedstaaten in Ausübung ihrer Befugnis zusteht, Bedingungen und Beschränkungen für die Befreiung von der Umsatzsteuer festzulegen und somit nur bestimmte Glücksspiele mit Geldeinsatz von der Umsatzsteuer zu befreien. Danach war im Ergebnis die nationale Umsetzung in § 4 Nr. 9 Buchst. b UStG vom EuGH akzeptiert worden, eine Steuerbefreiung für Umsätze eines gewerblichen Betreibers von Geldspielautomaten kommt nicht in Betracht.

3. Bemessungsgrundlage der Glücksspielumsätze

Unabhängig von der Frage der Steuerpflicht eines Glücksspielumsatzes ist die **Bemessungsgrundlage** für diese Umsätze zu bestimmen. National wurde früher das der Umsatzsteuer unterworfen, was die Spielteilnehmer als Spieleinsatz eingesetzt hatten. Demgegenüber hatte der EuGH[6] festgestellt, dass für Umsätze des Betreibers von Geldspielautomaten mit Gewinnmöglichkeit nur der Teil der Einsätze als Besteuerungsgrundlage herangezogen werden kann, über den er selbst verfügen kann. Das ist bei Umsätzen mit Geldspielgeräten der (mittels Zählwerk festgestellte) Kasseninhalt, abzüglich der darin

[4] BFH, Urteil v. 19.5.2005, V R 50/01, BFH/NV 2005, 1881.

[5] EuGH, Urteil v. 10.6.2010, C-58/09 – Leo-Libera GmbH, BFH/NV 2010, 1590 sowie BFH, Urteil v. 10.11.2010, XI R 79/07, BStBl II 2011, 311. Eine gegen das Urteil gerichtete Verfassungsbeschwerde ist vom BVerfG nicht angenommen worden, Beschluss v. 16.4.2012, 1 BvR 523/11. Allerdings hatte das FG Hamburg (Beschluss v. 21.9.2012, 3 K 104/11, EFG 2012, 2241) in einem umfassenden Vorabentscheidungsersuchen den EuGH erneut um Klärung zur Frage der Steuerfreiheit von Glücksspielumsätzen gebeten, insbesondere ging es um die Anrechnung der Umsatzsteuer auf andere staatliche Abgaben bei Spielbanken. Der EuGH hat mit Urteil v. 24.10.2013, C-440/12 – Metropol Spielstätten Unternehmergesellschaft, DB 2013, 2660, dies aber im Wesentlichen verworfen und die in Deutschland geltende Regelung als mit der MwStSystRL im Einklang stehend angesehen.

[6] EuGH, Urteil v. 5.5.1994, C-38/93 – Glawe, BStBl II 1994, 548, bestätigt durch EuGH, Urteil v. 24.10.2013, C-440/12 – Metropol Spielstätten Unternehmergesellschaft, DB 2013, 2660.

enthaltenen Umsatzsteuer. Über den Teil der Gesamteinsätze, der nach dem festgelegten Spielplan Gegenstand der Ausspielung an die Spieler wird, verfügt der Veranstalter nicht.

Allerdings kann die Besteuerungsgrundlage nur dann auf das reduziert werden, was dem Veranstalter eines Glücksspiels tatsächlich verbleibt, wenn die Gewinnauszahlung durch Gesetz zwingend vorgeschrieben ist und die für die Gewinnauszahlung vorgesehenen Beträge auch technisch und tatsächlich getrennt von den anderen Beträgen erfasst werden. Handelt es sich bei der Gewinnauszahlung vielmehr nur um eine Ehrenschuld und kann der Veranstalter über diese Beträge frei verfügen, gehören sie mit zur Bemessungsgrundlage[7].

Beispiel: Unternehmer U veranstaltet im Zusammenhang mit einer Veranstaltung auch einen Wettflug von Brieftauben. Gegen Entgelt können die Gäste auf einzelne Tauben Wetteinsätze setzen. Die Hälfte der Wetteinsätze wird an die Gäste wieder im Rahmen von Gewinnen ausbezahlt.
Lösung: Der Umsatzsteuer unterliegen die gesamten Wetteinsätze, da es keine gesetzlich festgelegten Gewinnauszahlungsregelungen gibt.

[7] BFH, Urteil v. 18.8.2005, V R 42/02, BStBl II 2007, 137.

Gutscheine und Warengutscheine

Gutscheine und Warengutscheine auf einen Blick

1. **Rechtsquellen**
   § 3 Abs. 13 bis Abs. 15, § 10 und § 17 UStG
   Abschn. 17.2 UStAE
2. **Bedeutung**
   Die Ausgabe von Gutscheinen kann als Umtausch von Geld in ein anderes Zahlungsmittel aber auch als Anzahlung für eine konkret bestimmbare Leistung angesehen werden. Gibt der Hersteller einer Ware Warengutscheine aus, die der Endverbraucher entweder bei ihm oder beim Einzelhändler einlösen kann, ergibt sich eine Minderung der Bemessungsgrundlage bei dem ausgebenden Unternehmer.
3. **Weitere Stichworte**
   → Änderung der Bemessungsgrundlage, → Bemessungsgrundlage
4. **Besonderheiten**
   Der EuGH hat die Rückvergütung eines Vermittlers an den vermittelten Kunden nicht als eine Minderung der Bemessungsgrundlage angesehen; der BFH war hingegen von einer Minderung der Bemessungsgrundlage der Vermittlungsprovision beim Vermittler ausgegangen, die Änderungen werden seit März 2015 angewendet.
   Für alle nach dem 31.12.2018 ausgeführten Umsätze muss eine neue EU-Richtlinie beachtet werden, die in die Behandlung von „Einzweck-Gutscheinen" und „Mehrzweck-Gutscheinen" unterscheidet. Die Regelungen sollen insbesondere § 3 Abs. 13 bis Abs. 15 UStG umgesetzt werden.

1. Allgemeines

Der Begriff des Gutscheins wird in der Wirtschaft für **verschiedene Sachverhalte** verwendet. Es kann sich insbesondere um die folgenden Möglichkeiten handeln:

- Ein Unternehmer gibt entgeltlich Gutscheine an Kunden heraus, die diese Gutscheine dann später gegen Waren oder Dienstleistungen einlösen können (z.B. Geschenkgutscheine).
- Im Rahmen einer mittelbaren Rückvergütung eines Kaufpreises werden Warengutscheine (Preiserstattungs- oder Preisnachlassgutscheine) an potenzielle Kunden ausgegeben.

2. Verkauf von Gutscheinen

2.1 Nationale Rechtslage bis 31.12.2018

Verkauft ein Unternehmer an Kunden gegen Entgelt Gutscheine, die später gegen Waren oder Dienstleistungen eingelöst werden können, kann es sich um einen Umtausch von Geld in ein anderes Zahlungsmittel handeln, es kann aber auch schon eine Anzahlung für eine konkrete Gegenleistung vorliegen.

Bei der Ausgabe von **Einkaufs- oder Dienstleistungsgutscheinen**, bei denen die Gegenleistung noch nicht eindeutig fest steht, handelt es sich um einen nicht steuerbaren Umtausch von Geld in ein anderes Zahlungsmittel[1]. Eine Umsatzsteuer entsteht insoweit bei Anwendung der Regelbesteuerung (Sollbesteuerung) noch nicht. Erst bei Einlösung des Gutscheins entsteht für die dann konkret erbrachte Leistung eine Umsatzsteuer.

[1] OFD Karlsruhe, Verfügung v. 25.8.2011, S 7270 – Karte 3.

Beispiel 1: Kaufhaus K verkauft Geschenkgutscheine, die für das gesamte Warensortiment von K eingesetzt werden können.
Lösung: Die Ausgabe der Geschenkgutscheine ist nicht steuerbar, da sich noch keine hinreichend genaue Gegenleistung ergibt. Löst der Kunde den Gutschein ein, entsteht in diesem Zeitpunkt Umsatzsteuer anhand der ausgeführten Leistung. Wird z.B. ein Buch für den Gutschein abgegeben, entsteht nur eine Umsatzsteuer i.H.v. 7 %. Die umsatzsteuerrechtliche Beurteilung richtet sich nach den steuerlichen Verhältnissen im Zeitpunkt der Ausführung der Leistung.

Werden Gutscheine verkauft, die nur für eine **bestimmte Leistung** eingelöst werden können, handelt es sich um eine Anzahlung (Vorauszahlung) für diese konkrete Leistung, sodass die Umsatzsteuer schon bei Bezahlung (Anzahlungsbesteuerung) entsteht, § 13 Abs. 1 Nr. 1 Buchst. a Satz 4 UStG.

Beispiel 2: Kinobetreiber K verkauft Kinogutscheine zum Verschenken, die nur für Kinokarten eingesetzt werden können. Im Mai 2018 verkauft er für 1.070 € Gutscheine, die teilweise noch im Mai, teilweise aber erst im Juni 2018 eingelöst werden.
Lösung: Es handelt sich um Vorauszahlungen für konkret zu erbringende Leistungen des K. Die Umsatzsteuer entsteht deshalb unabhängig von der Einlösung der Gutscheine schon mit Ablauf des Voranmeldungszeitraums Mai 2018, § 13 Abs. 1 Nr. 1 Buchst. a Satz 4 UStG.

Wichtig! Haben sich zwischen Anzahlung (Vorauszahlung) und der Ausführung der Leistung umsatzsteuerrechtliche Änderungen ergeben (z.B. Änderung des Steuersatzes, Einführung oder Wegfall einer Steuerbefreiung), muss im Moment der Leistungserbringung eine Anpassung vorgenommen werden. Die umsatzsteuerrechtlichen Regelungen im Moment des Zuflusses der Zahlung werden nicht konserviert. Werden Gutscheine nicht eingelöst und auch später der Einzahlungsbetrag nicht an den Kunden herausgegeben (z.B. Verfall der Gutscheine nach Ablauf der Gültigkeit), ändert sich nichts an der Besteuerung. Obwohl der Unternehmer keine Leistung ausgeführt hat, kann sich an der Art der versprochenen und bezahlten Leistung nichts ändern[2].

Achtung! Der EuGH[3] hat die Ausgabe von Wareneinkaufsgutscheinen (als Lohnersatz) an Arbeitnehmer als eine steuerbare sonstige Leistung gegenüber den Arbeitnehmern eingestuft. Die Finanzverwaltung wendet dieses Urteil offensichtlich nicht an.

2.2 Unionseinheitliche Rechtslage ab 1.1.2019

Schon unionsrechtlich verabschiedet sind mit Richtlinie (EU) 2016/1065[4] Neuregelungen für Gutscheine innerhalb der Europäischen Union. Es war unionsrechtlich festgestellt worden, dass nicht hinreichend klare oder umfassende Regelungen vorhanden sind, um eine einheitliche steuerliche Behandlung von Gutscheine betreffenden Umsätzen zu gewährleisten.

Wichtig! Die Regelungen sind in Art. 30a, Art. 30b und Art. 73a MwStSystRL aufgenommen worden.

Wegen der seit 2015 anwendbaren neuen Vorschriften über den Ort der Dienstleistung für elektronische Dienstleistungen ist eine unionsrechtliche Lösung für Gutscheine notwendig, um sicherzustellen, dass keine Diskrepanzen in Bezug auf zwischen den Mitgliedstaaten gelieferte Gutscheine entstehen. Dazu werden einheitliche Regelungen zur umsatzsteuerlichen Behandlung von Gutscheinen festgelegt.

---

2 EuGH, Urteil v. 23.12.2015, C-250/14 – Air France/KLM, MwStR 2016, 197.

3 EuGH, Urteil v. 29.7.2010, C-40/09 – Astra Zeneca, BFH/NV 2010, 1762.

4 Richtlinie (EU) 2016/1065 v. 27.6.2016, ABl EU L 177/9.

Achtung! Die neuen Regelungen für die Gutscheine müssen in der Europäischen Union für alle Umsätze, die nach dem 31.12.2018 ausgeführt werden, angewendet werden.
In Deutschland soll dies durch eine Gesetzesergänzung[5] in § 3 Abs. 13 bis Abs. 15 UStG und einer Ergänzung in § 10 Abs. 1 UStG erfolgen.

Die Vorschriften sollen nur Gutscheine betreffen, die zur Einlösung gegen Gegenstände oder sonstige Leistungen (Dienstleistungen) verwendet werden können. Sie sollen dagegen nicht gelten, wenn sie den Inhaber zu einem Preisnachlass beim Erwerb von Gegenständen oder sonstigen Leistungen berechtigen, aber nicht das Recht enthalten, solche Gegenstände oder sonstigen Leistungen zu erhalten.

Tipp! Die Neuregelungen zu den Gutscheinen sollen nach Auffassung des Unionsrechtsgebers keine Änderung der umsatzsteuerlichen Behandlung von Fahrscheinen, Eintrittskarten für Kinos und Museen, Briefmarken und Ähnlichem zur Folge haben.

Im Zuge der Umsetzung der Regelungen für die Gutscheine wird es zwei Arten von Gutscheinen geben:

- **Einzweck-Gutschein**: Gutschein, bei dem der Ort der Lieferung oder der sonstigen Leistung, auf die sich der Gutschein bezieht, und die für diese Umsätze geschuldete Steuer zum Zeitpunkt der Ausstellung des Gutscheins feststehen.
- **Mehrzweck-Gutschein**: Gutschein, bei dem es sich nicht um einen Einzweck-Gutschein handelt.

Konsequenzen wird die Einordnung, ob ein Einzweck- oder ein Mehrzweck-Gutschein vorliegt für die Frage haben, wer an wen welche Art von Leistung im umsatzsteuerrechtlichen Sinne ausführt. Dabei ergeben sich insbesondere die folgenden Rechtsfolgen:

- Bei einem **Einzweck-Gutschein**[6]: Die Übertragung des Gutscheins in eigenem Namen gilt als Erbringung der Leistung, auf die sich der Gutschein bezieht. Überträgt ein Unternehmer einen Einzweck-Gutschein im eigenen Namen, gilt die Übertragung des Gutscheins als die Lieferung des Gegenstands oder die Erbringung der sonstigen Leistung, auf die sich der Gutschein bezieht. Überträgt ein Unternehmer einen Einzweck-Gutschein im Namen eines anderen Unternehmers, gilt diese Übertragung als Lieferung des Gegenstands oder Erbringung der sonstigen Leistung, auf die sich der Gutschein bezieht, durch den Unternehmer, in dessen Namen die Übertragung des Gutscheins erfolgt. Wird die im Einzweck-Gutschein bezeichnete Leistung von einem anderen Unternehmer erbracht als dem, der den Gutschein im eigenen Namen ausgestellt hat, wird der leistende Unternehmer so behandelt, als habe er die im Gutschein bezeichnete Leistung an den Aussteller erbracht. Die Übergabe der Liefergegenstände oder die Erbringung der sonstigen Leistungen, für die ein Einzweck-Gutschein als Gegenleistung angenommen wird, gilt nicht als unabhängiger Umsatz.
- Bei einem **Mehrzweck-Gutschein**[7]: Die Übergabe der Liefergegenstände oder die Erbringung der sonstigen Leistungen, für die der leistende Unternehmer einen Mehrzweck-Gutschein als Gegenleistung annimmt, unterliegt der Umsatzsteuer nach § 1 Abs. 1 UStG. Jede vorangegangene Übertragung dieses Mehrzweck-Gutscheins unterliegt nicht der Umsatzsteuer.

Tipp! Die Neuregelungen werden in Deutschland voraussichtlich nicht zu wesentlichen Veränderungen im Vergleich zur bisherigen Abwicklung führen. Auch bisher war schon dahingehend unterschieden worden, ob mit dem Erwerb des Gutscheins bereits eine konkrete Leistung verbunden war (in diesem Fall wird der Vorgang als Anzahlung für eine konkret auszuführende Leistung erfasst) oder mit einem erworbenen Gutschein verschiedene Leistungen gegebenenfalls bei verschiedenen Unternehmern erworben werden konnten (in diesem Fall liegt ein Umtausch von Geld in eine andere Art

---

5 Gemäß Entwurf des Jahressteuergesetzes 2018.

6 § 3 Abs. 14 UStG.

7 § 3 Abs. 15 UStG.

Zahlungsmittel vor – im Ergebnis nicht steuerbar, sodass erst mit der tatsächlichen Ausführung der Leistung eine Entstehung einer Umsatzsteuer erfolgen konnte).

3. Gutscheine zur Preisminderung

Schon in 1996 hatte der EuGH[8] festgestellt, dass bei der **Ausgabe von Warengutscheinen** die Bemessungsgrundlage des Herstellers für die Lieferung an den Großhändler sich um diesen Nachlass mindert, selbst wenn die Gutscheine nicht in der Leistungskette über alle Stationen durchgereicht werden. Erst nach wiederholter Entscheidung durch den EuGH[9] wurde mit Wirkung zum 16.12.2004 die Regelung des § 17 UStG dieser Rechtsprechung angepasst. Ein ausgegebener Warengutschein mindert danach im Ergebnis die Bemessungsgrundlage beim Hersteller.

Nach Auffassung des BFH[10] sollte es sich dabei um ein Grundprinzip des Steuerrechts handeln, wenn der leistende Unternehmer im Zusammenhang mit der von ihm ausgeführten Leistung einem Anderen eine Rückvergütung gewährt, sodass dann die Bemessungsgrundlage gemindert wurde. Der EuGH[11] hat sich dieser weiten Sicht nicht angeschlossen, sondern festgestellt, dass sich die Bemessungsgrundlage dann nicht mindert, wenn ein Vermittler dem Endverbraucher aus eigenem Antrieb und auf eigene Kosten einen Nachlass auf den Preis der vermittelten Leistung gewährt, die von einem anderen erbracht wird.

Beispiel 3:

a) Der Inhaber des Reisebüros R erhält von Reiseveranstaltern Vermittlungsprovisionen. Von diesen Vermittlungsprovisionen gewährt er seinen Reisekunden anteilig Rückvergütungen.

b) Der Vermittler von Handyverträgen gewährt seinen Kunden Teile der von ihm verdienten Vermittlungsprovision zurück.

Lösung: Während der BFH noch davon ausgegangen war, dass die dem Kunden gewährte Rückvergütung die Vermittlungsprovision des Reisebüros oder des Handyvertragsvermittlers mindert, geht der EuGH nicht mehr von einer Minderung der Bemessungsgrundlage aus.

Wichtig! Der BFH[12] und die Finanzverwaltung[13] haben sich dieser Sichtweise anschließen müssen, sodass die Rückvergütung eines Vermittlers an den vermittelten Kunden nicht mehr die Bemessungsgrundlage des Vermittlers mindert. Diese neue Sichtweise kann in allen noch offenen Fällen angewendet werden, ist aber zwingend ab der Veröffentlichung des BFH-Urteils im BStBl anzuwenden[14]. Diese Grundsätze gelten auch bei der Einschaltung von Zentralregulierern, vgl. ausführlich Stichwort Änderung der Bemessungsgrundlage.

3.1 Preisnachlassgutschein

Bei einem **Preisnachlassgutschein** kann der Endverbraucher einen Gutschein bei dem Einzelhändler einlösen und damit einen geringeren Barbetrag aufwenden. Der Einzelhändler reicht den Preisnachlassgutschein direkt bei dem Hersteller ein. Der Einlösungsbetrag mindert die Bemessungsgrundlage bei dem Hersteller.

---

8 EuGH, Urteil v. 24.10.1996, C-317/94 – Elida Gibbs, BStBl II 2004, 324.

9 EuGH, Urteil v. 15.10.2002, C-427/98 – Bundesrepublik Deutschland, BStBl II 2004, 328.

10 BFH, Urteil v. 12.1.2006, V R 3/04, BStBl II 2006, 479, BFH, Urteil v. 13.7.2006, V R 46/05, BStBl II 2007, 176.

11 EuGH, Urteil v. 16.1.2014, C-300/12 – Ibero Tours, BStBl II 2015, 317.

12 BFH, Urteil v. 27.2.2014, V R 18/11, BStBl II 2015, 306.

13 BMF, Schreiben v. 27.2.2015, BStBl I 2015, 232.

14 Das Urteil des BFH wurde im BStBl am 27.3.2015 veröffentlicht.

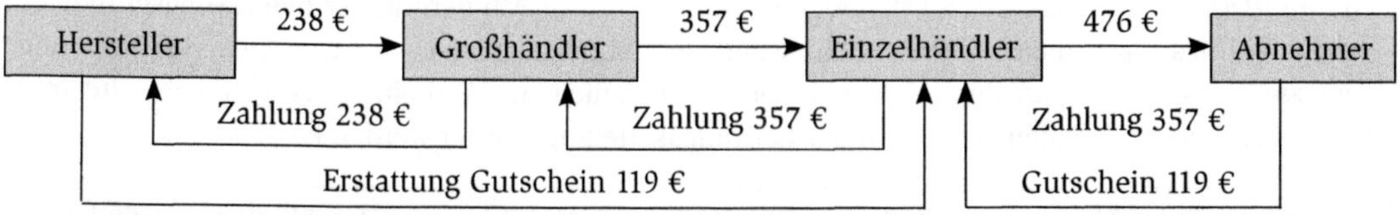

Beispiel 4: Hersteller H gibt an seine Abnehmer Preisnachlassgutscheine aus, die vom Abnehmer neben einem Barkaufpreis beim Einzelhändler in Zahlung gegeben werden. Der Einzelhändler rechnet den Einkaufsgutschein direkt (unter Umgehung des Großhändlers) mit dem Hersteller ab.
Lösung: Für den Einzelhändler ergibt sich ein Bruttoentgelt i.H.v. 476 € (19 % Umsatzsteuer), da er von seinem Kunden 357 € und die Erstattung i.H.v. 119 € aufgrund des Preisnachlassgutscheins vom Hersteller erhält. Damit muss der Einzelhändler 76 € Umsatzsteuer abführen. Bei dem Hersteller hat sich im Voranmeldungszeitraum der Erstattung an den Einzelhändler die Bemessungsgrundlage um (brutto) die an den Einzelhändler erstatteten 119 € gemindert. Damit entsteht bei dem Hersteller insgesamt eine Umsatzsteuer i.H.v. 19 €. Der Großhändler hat dennoch einen Vorsteuerabzugsanspruch aus der Rechnung des Herstellers i.H.v. 38 €, da er von der Änderung der Bemessungsgrundlage nicht wirtschaftlich begünstigt ist; § 17 Abs. 1 UStG. Eine Notwendigkeit zur Rechnungsberichtigung ergibt sich nicht.

Wichtig! Handelt es sich bei dem Abnehmer um einen Unternehmer, der aus der an ihn ausgeführten Lieferung den Vorsteuerabzug geltend machen kann, muss er seinen Vorsteuerabzug entsprechend der ihm gewährten Rückvergütung berichtigen; § 17 Abs. 1 UStG[15].

3.2. Preiserstattungsgutschein

Bei einem **Preiserstattungsgutschein** erhält der Endverbraucher einen Gutschein mit der Ware, den der Verbraucher direkt bei dem Hersteller einlösen kann (sog. „Cash-Back-Prämie"). Auch in diesem Fall ergibt sich eine Minderung der Bemessungsgrundlage beim Hersteller.

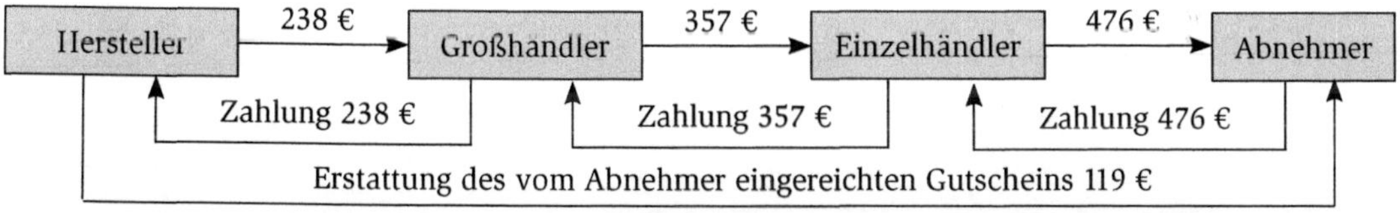

Beispiel 5: Hersteller H erstattet außerhalb der Leistungskette an seine Abnehmer, die ihm eine Einkaufsrechnung von einem Einzelhändler vorlegen jeweils 119 € (Preiserstattungsgutschein).
Lösung: Für den Einzelhändler ergibt sich ein Bruttoentgelt i.H.v. 476 €, da er von seinem Kunden 476 € erhält. Damit muss er 76 € Umsatzsteuer abführen. Bei dem Hersteller hat sich im Voranmeldungszeitraum der Erstattung aufgrund des Preiserstattungsgutscheins an den Abnehmer die Bemessungsgrundlage um (brutto) die erstatteten 119 € gemindert. Damit entsteht bei dem Hersteller insgesamt eine Umsatzsteuer i.H.v. (38 € ./. 19 € =) 19 €. Der Großhändler hat dennoch einen Vorsteuerabzugsanspruch aus der Rechnung des Herstellers i.H.v. 38 €, da er von der Änderung der Bemessungsgrundlage nicht wirtschaftlich begünstigt ist; § 17 Abs. 1 UStG. Eine Notwendigkeit zur Rechnungsberichtigung ergibt sich nicht. Handelt es sich bei dem Abnehmer um einen vorsteuerabzugsberechtigten Unternehmer, muss dieser seinen Vorsteuerabzug entsprechend um 19 € kürzen.

[15] Im Ergebnis hat der Abnehmer dann einen Vorsteuerabzug i.H.v. 57 €.

Achtung! Die Grundsätze der Rechtsprechung des EuGH zur Minderung der Bemessungsgrundlage sind allerdings dann nicht anzuwenden, wenn der mit dem eingelösten Gutschein verbundenen finanziellen Aufwand von dem Unternehmer aus allgemeinem Werbeinteresse getragen wird und nicht einem nachfolgenden Umsatz in der Leistungskette zugeordnet werden kann[16].

Beispiel 6: Einkaufscenter E verteilt an seine Kunden Gutscheine zum Besuch eines im Einkaufscenter von einem fremden Unternehmer betriebenen Eissalons.
Lösung: Die ausgegebenen Gutscheine führen nicht zur Minderung der Bemessungsgrundlage bei E, da hier keine in der Leistungskette weitergegebene Leistung vorliegt – der Abnehmer wendet durch den erhaltenen Gutschein im Ergebnis nicht weniger für eine von E erbrachte Leistung auf.

Die **Anerkennung der Minderung der Bemessungsgrundlage** beim Hersteller setzt jedoch bestimmte Tatbestandsmerkmale voraus:

- Der Hersteller hat tatsächlich einem in der Leistungskette nachfolgenden Abnehmer den Nennwert des ausgestellten Gutscheins vergütet.
- Die Lieferung an den Abnehmer, der den Gutschein eingelöst hat, ist im Inland steuerpflichtig.
- Die Voraussetzungen müssen darüber hinaus im Regelfall wie folgt **nachgewiesen** werden[17]:
  - Durch einen Beleg über die Erstattung; dieser Beleg soll auch eine Bezeichnung des Gutscheins (z.B. Registriernummer), den Namen und die Anschrift des Endverbrauchers und Angaben über die Vorsteuerabzugsberechtigung des Endverbrauchers enthalten.
  - Einen Beleg des Einzelhändlers, aus dem sich ergibt, dass die Lieferung an den Endabnehmer im Inland steuerpflichtig war, bei einem Preisnachlassgutschein soll darüber hinaus der maßgebliche Steuersatz und Preis – aufgegliedert in Wert des Gutscheins und Barzahlung des Kunden – ersichtlich sein.

Die Voraussetzungen können sich auch jeweils aus anderen Unterlagen des Unternehmers ergeben, wenn sich die Angaben leicht und eindeutig nachprüfen lassen.

---

[16] Vgl. auch BFH, Urteil v. 11.5.2006, V R 33/03, BStBl II 2006, 699. Dies gilt aber nicht, wenn die Preiserstattung von einem ausländischen Unternehmer (Hersteller) vorgenommen wird. BFH, Urteil v. 5.6.2014, XI R 25/12, BFH/NV 2014, 1692 sowie BFH, Urteil v. 4.12.2014, V R 6/13, BFH/NV 2014, 459.

[17] Vgl. dazu ausführlich Abschn. 17.2 UStAE.

Gutschrift

Gutschrift auf einen Blick

1. **Rechtsquellen**
   § 14 Abs. 2 Satz 2 und § 14 Abs. 4 Nr. 10 UStG
   Abschn. 14.3 UStAE
2. **Bedeutung**
   Eine Gutschrift liegt vor, wenn nicht der leistende Unternehmer sondern der Leistungsempfänger das Abrechnungspapier für eine an ihn ausgeführte Lieferung oder sonstige Leistung ausstellt („umgekehrte Rechnung").
3. **Weitere Stichworte**
   → Elektronische Rechnung, → Kommissionsgeschäft, → Rechnung, → Vermittlungsleistung
4. **Besonderheiten**
   Seit dem 1.1.2013 müsste nach dem Unionsrecht in einer Gutschrift auch verbal darauf hingewiesen werden, dass es sich um eine Gutschrift handelt. In Deutschland ist dies erst zeitverzögert zum 30.6.2013 umgesetzt worden. Die Finanzverwaltung beanstandete es aber bis 31.12.2013 nicht, wenn noch nicht in der Rechnung auf die Gutschrift hingewiesen wurde.

Eine **Gutschrift** i.S.d. Umsatzsteuergesetzes stellt eine Sonderform einer Rechnung dar, mit der der Leistungsempfänger über eine an ihn ausgeführte Lieferung oder sonstige Leistung gegenüber dem leistenden Unternehmer abrechnet. Nach § 14 Abs. 2 Satz 2 UStG gilt als Gutschrift ein Dokument, das der Leistungsempfänger für Lieferungen oder sonstige Leistungen des Unternehmers ausstellt, wenn dies vorher vereinbart wurde. Die Gutschrift stellt eine Besonderheit im Umsatzsteuerrecht dar, da nicht der leistende Unternehmer über eine von ihm erbrachte Leistung abrechnet, sondern der Leistungsempfänger oder ein von ihm beauftragter Dritter die Abrechnung erstellt.

Wichtig! Voraussetzung für eine Gutschrift ist, dass zwischen leistendem Unternehmer und Leistungsempfänger die Abrechnung mit Gutschrift vereinbart wurde. Diese Vereinbarung ist aber an keine bestimmte Form gebunden.

Die Abrechnung durch Gutschrift erfolgt in der Praxis regelmäßig dann, wenn der **Leistungsempfänger die Abrechnungslast hat**, er also die Kenntnisse über Zeitpunkt, Wert und Menge der abzurechnenden Leistungen verfügt. Typische Fälle in der Praxis sind z.B.:

- Eine Molkerei rechnet mit einem Milchbauern über die angelieferte Milch durch Gutschrift ab;
- ein Verlag rechnet mit einem Autor über die verkaufte Menge von Büchern mit einer Honorargutschrift ab,
- ein Unternehmer rechnet gegenüber einem Handelsvertreter über die ihm gegenüber ausgeführten Vermittlungsleistungen des Handelsvertreters durch Provisionsgutschrift ab;
- ein Einzelhändler ist als Kommissionär tätig und rechnet gegenüber seinem Zulieferer (Kommittent) über die ihm gegenüber ausgeführte Lieferung durch Gutschrift ab.

Die **vom Leistungsempfänger ausgestellte Gutschrift** muss dem leistenden Unternehmer zugeleitet werden. Dies bedeutet, dass die Gutschrift so zugänglich gemacht worden ist, dass der Empfänger von ihrem Inhalt Kenntnis nehmen kann[1]. Sie kann auch auf elektronischem Weg übermittelt werden, muss dann aber den Anforderung für elektronisch übermittelte Rechnungen nach § 14 UStG entsprechen; vgl. Stichwort Elektronische Rechnungen. Der Aussteller der Gutschrift trägt die Beweislast dafür, dass die Rechnung ordnungsgemäß dem leistenden Unternehmer zugeleitet worden ist.

[1] BFH, Urteil v. 15.9.1994, XI R 56/93, BStBl II 1995, 275.

Wichtig! Die Gutschrift hat umsatzsteuerrechtliche Bedeutung für den Leistungsempfänger (= Aussteller der Gutschrift). Er hat nur dann einen Vorsteuerabzug für die ihm gegenüber ausgeführte Leistung, wenn er eine ordnungsgemäße Rechnung besitzt. Für den leistenden Unternehmer ist die Gutschrift eher ohne Bedeutung – soweit nicht eine falsche Abrechnung vorgenommen worden ist –, da die Umsatzsteuer bei ihm nicht aufgrund der Gutschrift, sondern aufgrund seiner ausgeführten Leistung (auch ohne Abrechnung) entsteht.

Eine Gutschrift mit der Rechtsfolge einer Rechnung kann auch in den Fällen ausgestellt werden, in denen der leistende Unternehmer **nicht zum Ausweis einer Steuer** in einer Rechnung berechtigt ist (z.B. weil der leistende Unternehmer Kleinunternehmer ist) oder in den Fällen, in denen die Leistung steuerfrei ist (z.B. bei einer steuerfreien Ausfuhrlieferung). Sollte dann in der Gutschrift eine Umsatzsteuer fehlerhafterweise ausgewiesen worden sein, schuldet der leistende Unternehmer – nicht der die Gutschrift ausstellende Unternehmer – die falsch in der Rechnung ausgewiesene Umsatzsteuer nach § 14c Abs. 1 oder Abs. 2 UStG, er kann aber der Gutschrift widersprechen.

Tipp! Damit eine Gutschrift als Rechnung zum Vorsteuerabzug berechtigt, müssen alle Bestandteile einer Rechnung nach § 14 Abs. 4 UStG enthalten sein. Dies betrifft auch die in der Gutschrift anzugebende Steuernummer oder USt-IdNr. des leistenden Unternehmers (nicht die des Ausstellers der Gutschrift).

Achtung! Schuldner für eine in einer Gutschrift unrichtig oder unberechtigt ausgewiesene Umsatzsteuer ist immer der leistende Unternehmer und nicht der Aussteller der Gutschrift.

Nach dem **Unionsrecht hätte zum 1.1.2013** auch in Deutschland eine wichtige Ergänzung bei den Rechnungspflichtangaben umgesetzt werden müssen. Danach gehört es zu den Pflichtangaben einer ordnungsgemäßen Rechnung, dass der Begriff „Gutschrift" auf der Rechnung aufgenommen wird, wenn es sich um eine Gutschrift handelt. Die Regelung wurde in Deutschland erst zum 30.6.2013 in § 14 Abs. 4 Nr. 10 UStG aufgenommen. Die Finanzverwaltung[2] beanstandete es aber nicht, wenn in **allen bis zum 31.12.2013** ausgestellten Rechnungen noch nicht mit dem Begriff „Gutschrift" darauf hingewiesen wurde.

Obwohl nach § 14 Abs. 4 Nr. 10 UStG bei Abrechnung mit einer Gutschrift der Begriff „Gutschrift" verwendet werden müsste, lässt die Finanzverwaltung auch zu, dass mit allen anderen Begriffen der **Sprachfassungen der MwStSystRL** auf das Vorliegen einer Gutschrift verwiesen werden kann.

Sprache	Begriff
Bulgarisch	самофактуриране
Dänisch	selvfakturering
Englisch	Self-billing
Estnisch	endale arve koostamine
Finnisch	itselaskutus
Französisch	Autofacturation
Griechisch	Αυτοτιμολόγηση
Italienisch	autofatturazione
Lettisch	pašaprēķins
Litauisch	Sąskaitų faktūrų išsirašymas
Maltesisch	Awtofattu-razzjoni

2 BMF, Schreiben v. 25.10.2013, BStBl I 2013, 1305.

Sprache	Begriff
Niederländisch	factuur uitgereikt door afnemer
Polnisch	samofakturowanie
Portugiesisch	Autofacturação
Rumänisch	autofacturare
Schwedisch	självfakturering
Slowakisch	vyhotovenie faktúry odberateľom
Slowenisch	Self-billing
Spanisch	facturación por el destinatario
Tschechisch	vystaveno zákazníkem
Ungarisch	önszámlázás

Wichtig! Ist in einer Gutschrift, die ab dem 1.1.2014 ausgestellt worden ist, kein Hinweis auf eine Gutschrift enthalten, ist die Rechnung nicht ordnungsgemäß, sodass der Aussteller der Gutschrift (= Leistungsempfänger) keinen Vorsteuerabzug hat. Ein solcher Mangel müsste aber nach den Grundsätzen der Rechnungsberichtigung rückwirkend korrigierbar sein.

Soweit der Leistungsempfänger in der von ihm ausgestellten Gutschrift die Umsatzsteuer fehlerhaft berechnet, kann der leistende Unternehmer dem **Steuerausweis in der Gutschrift widersprechen**. In diesem Fall verliert die Gutschrift die Wirkung der Rechnung, § 14 Abs. 2 Satz 3 UStG. Der leistende Unternehmer schuldet dann die unrichtig oder unberechtigt ausgewiesene Umsatzsteuer nicht. Dies gilt aber nicht nur in den Fällen, in denen die Umsatzsteuer unrichtig oder unberechtigt ausgewiesen wurde. Auch bei einer korrekt ausgestellten Gutschrift kann der leistende Unternehmer dieser Gutschrift widersprechen – auch in diesem Fall verliert der Gutschriftsaussteller (= Leistungsempfänger) den Vorsteuerabzug.

Beispiel: Der Leistungsempfänger rechnet mit dem leistenden Unternehmer vereinbarungsgemäß über eine an ihn ausgeführte Lieferung ab. Die Lieferung ist im Inland steuerbar aber nach § 4 Nr. 1 Buchst. a UStG als Ausfuhrlieferung steuerfrei. Trotzdem weist der Leistungsempfänger in der Gutschrift versehentlich Umsatzsteuer gesondert aus.
Lösung: Der leistende Unternehmer schuldet die unrichtig ausgewiesene Umsatzsteuer nach § 14c Abs. 1 UStG. Wenn der leistende Unternehmer diesem unrichtigen Steuerausweis widerspricht, verliert die Gutschrift die Wirkung der Rechnung. Die Berichtigung kann aber erst in dem Voranmeldungszeitraum nach § 17 UStG umgesetzt werden, in dem der Widerspruch erfolgt.

Achtung! Umgangssprachlich wird der Begriff der „Gutschrift" öfter auch in einem anderen Zusammenhang verwendet, der aber nicht mit Gutschrift im umsatzsteuerrechtlichen Sinne zu verwechseln ist: Wird eine vom Unternehmer ausgestellt Rechnung teilweise rückgängig gemacht oder berichtigt, wird eine „Gutschrift" ausgestellt – dieses stellt aber lediglich eine Berichtigung einer zuvor vom leistenden Unternehmer ausgestellten Rechnung dar (sog. „kaufmännische Gutschrift"). Hier handelt es sich nicht um eine Gutschrift im umsatzsteuerrechtlichen Sinne. Wenn aber in einer solchen Rechnungsberichtigung der Begriff der Gutschrift verwendet wird, ist dies umsatzsteuerrechtlich unbedenklich; insbesondere soll daraus keine Umsatzsteuer nach § 14c Abs. 2 UStG geschuldet werden[3].

[3] BMF, Schreiben v. 25.10.2013, BStBl I 2013, 1305.

Haftung

Haftung auf einen Blick

1. **Rechtsquellen**
   § 13c, § 25d und § 25e UStG, §§ 69 f. AO
   Abschn. 13c.1 UStAE
2. **Bedeutung**
   In bestimmten Fällen haftet neben dem eigentlichen Steuerschuldner der Umsatzsteuer auch ein anderer für entstandene Steuerbeträge. Neben allgemeinen Haftungsansprüchen ergeben sich auch Haftungsansprüche bei der Abtretung von Forderungen und bei schuldhaft nicht abgeführter Umsatzsteuer bei einem Leistungspartner.
3. **Weitere Stichworte**
   → Abtretung von Forderungen, → Aufzeichnungspflichten
4. **Besonderheiten**
   Zum 1.1.2019[1] wird für den Betreiber eines elektronischen Marktplatzes ein neuer Haftungstatbestand in das UStG aufgenommen.

1. Allgemeines

Grundsätzlich schuldet der Unternehmer, der die Leistung erbracht hat, die aus diesem Umsatz entstandene Umsatzsteuer, § 13a UStG. In bestimmten Fällen kann auch der Erwerber eines Gegenstands oder der Empfänger einer sonstigen Leistung zum Steuerschuldner werden, § 13b UStG (vgl. Stichwort Innergemeinschaftliches Dreiecksgeschäft und Stichwort Steuerschuldnerverfahren).

Daneben kann sich auch noch die **Haftung einer dritten Person** für die bei einem anderen Unternehmer entstandene Umsatzsteuer ergeben. Dabei kann sich ein solcher Haftungsanspruch aus den allgemeinen Regelungen der Abgabenordnung (§§ 69 f. AO) oder aus Sondervorschriften des Umsatzsteuergesetzes ergeben.

Allgemeine, für die Umsatzsteuer relevante **Haftungsvorschriften der Abgabenordnung** sind:

- **Haftung des Vertreters** nach § 69 AO. Dies trifft insbesondere auf Geschäftsführer von Gesellschaften zu, die vorsätzlich oder grob fahrlässig die ihnen auferlegten Pflichten nicht oder nicht rechtzeitig erfüllen. Dies kann insbesondere in den Fällen der Insolvenz von Bedeutung sein, wenn andere Gläubiger bevorzugt bedient worden sind oder Umsatzsteuer-Voranmeldungen nicht rechtzeitig erstellt worden sind.
- **Haftung des Betriebsübernehmers** nach § 75 AO. Der Erwerber eines Betriebs oder eines gesondert geführten Teilbetriebs haftete für Steuerbeträge des Veräußerers, die seit Beginn des letzten vor der Übereignung liegenden Kalenderjahrs entstanden sind und bis zum Ablauf von einem Jahr nach Anmeldung des Betriebs durch den Erwerber festgesetzt oder angemeldet werden. Dies gilt nicht in den Fällen des Erwerbs aus einer Insolvenzmasse oder im Vollstreckungsverfahren.

Tipp! Bei einer Betriebsübernahme sollte sich der Erwerber eine Bestätigung des Finanzamts des Verkäufers vorlegen lassen, aus der hervorgeht, dass keine Steuerbeträge rückständig sind.

2. Haftungsansprüche nach dem Umsatzsteuergesetz

2.1 Haftung bei Abtretung einer Forderung

Tritt ein Unternehmer eine Forderung ab, die auf einer von ihm ausgeführten steuerbaren und steuerpflichtigen Leistung beruht, kann es dazu kommen, dass der abtretende Unternehmer nach Abtretung der Forderung nicht mehr in der Lage ist, die für seine ausgeführte Leistung fällige Umsatzsteuer zu

[1] Gemäß Entwurf des Jahressteuergesetzes 2018.

entrichten. In solchen Fällen könnten sich erhebliche Steuerausfälle ergeben, da der Schuldner bei vollständiger Zahlung des geschuldeten Betrags an den Abtretungsempfänger den Vorsteuerabzug nach § 15 Abs. 1 UStG zu Recht in Anspruch nehmen kann. Um diese – teilweise bewusst herbeigeführten – Steuerausfälle zu begrenzen, wurde 2004 eine Haftung des Abtretungsempfängers für die in der abgetretenen Forderung enthaltene Umsatzsteuer in § 13c UStG aufgenommen. Zu den Einzelheiten vgl. Stichwort Abtretung von Forderungen.

Achtung! Die Haftungsvorschrift ist auf alle Forderungen anzuwenden, die nach dem 7.11.2003 abgetreten, verpfändet oder gepfändet wurden, § 27 Abs. 7 UStG.

2.2 Haftung bei Änderung der Bemessungsgrundlage

Ebenfalls wurde eine Haftung des leistenden Unternehmers für eine vom Leistungsempfänger nicht zurückgezahlte Vorsteuer eingeführt, wenn der Unternehmer einen Gegenstand aufgrund eines Mietvertrags oder eines ähnlichen Vertrags geliefert hatte und später (z.B. wegen Nichterfüllung des Vertrags) eine Änderung der Bemessungsgrundlage eingetreten ist, § 13d UStG. Diese Regelung ist mit Wirkung zum 1.1.2008 wieder aufgehoben worden.

2.3 Haftung des Leistungsempfängers für schuldhaft nicht abgeführte Umsatzsteuer

Durch die Regelungen des Steuerverkürzungsbekämpfungsgesetzes ist mit Wirkung vom 1.1.2002 auch eine Haftung des Unternehmers für eine Umsatzsteuer aus einem vorangegangenen Umsatz aufgenommen worden, soweit die Umsatzsteuer in einer Rechnung gesondert ausgewiesen worden ist, § 25d UStG. Weitere Voraussetzung ist, dass der Aussteller der Rechnung die gesondert ausgewiesene Steuer mit vorgefasster Absicht nicht an das Finanzamt entrichtet oder sich vorsätzlich außerstande gesetzt hat, die ausgewiesene Umsatzsteuer zu entrichten. Der Leistungsempfänger muss darüber bei Abschluss des Vertrages Kenntnis davon gehabt haben oder nach der Sorgfalt eines ordentlichen Kaufmanns davon Kenntnis haben müssen. Damit ist diese Haftungsvorschrift auf die Fälle beschränkt, in denen vorsätzlich im Rahmen einer Steuerhinterziehung (meistens im Rahmen organisierter Kriminalität) Vorsteuerbeträge erschlichen werden sollen.

Seit dem 1.1.2004 ist die Frage der **Kenntnis des Leistungsempfängers** enger gefasst worden (Umkehr der Beweislast). Von einer Kenntnis ist insbesondere auszugehen, wenn der Unternehmer für seinen Umsatz einen Preis in Rechnung stellt, der zum Zeitpunkt des Umsatzes unter dem marktüblichen Preis liegt oder unter dem Preis liegt, der dem leistenden Unternehmer selbst in Rechnung gestellt wurde. Der Leistungsempfänger kann diese Vermutung widerlegen, wenn er nachweisen kann, dass die Preisgestaltung betriebswirtschaftlich begründet ist.

Wichtig! Ungewöhnliche Preisgestaltungen können zu einem Anfangsverdacht für eine Haftung nach § 25d UStG führen.

Achtung! Ohne Vorlage eines gesonderten Haftungsbescheids des für den Unternehmer zuständigen Finanzamts kann sich keine Zahlungsverpflichtung ergeben.

2.4 Haftung des Betreibers eines elektronischen Marktplatzes

Zum 1.1.2019 soll ein neuer Haftungstatbestand für den Betreiber eines elektronischen Marktplatzes eingeführt werden[2].

Wichtig! Ein elektronischer Marktplatz ist eine Website oder jedes andere Instrument, mit dessen Hilfe Informationen über das Internet zur Verfügung gestellt werden, die es einem Dritten, der nicht Betreiber des Marktplatzes ist, ermöglicht, Umsätze auszuführen. Betreiber ist, wer einen elektronischen Marktplatz unterhält und es Dritten ermöglicht, auf diesem Marktplatz Umsätze auszuführen.

2 Gemäß Entwurf des Jahressteuergesetzes 2018.

Der **Betreiber eines elektronischen Marktplatzes** haftet danach für die nicht entrichtete Steuer aus der Lieferung eines Unternehmers, die auf dem von ihm bereitgestellten Marktplatz rechtlich begründet worden ist, § 25e Abs. 1 UStG. Ausgenommen ist die Haftung nach § 25e Abs. 2 UStG, wenn der Betreiber gegenüber dem Finanzamt nachweist, dass er keine Kenntnis davon hatte oder nach der Sorgfalt eines ordentlichen Kaufmanns hätte haben müssen, dass der liefernde Unternehmer seinen steuerlichen Verpflichtungen nicht oder nicht im vollen Umfang nachkommt.

Wichtig! Der Betreiber des elektronischen Marktplatzes muss bestimmte Aufzeichnungsvorschriften nach § 22f UStG befolgen (vgl. Stichwort Aufzeichnungspflichten). Dazu ist eine Bescheinigung von dem leistenden Unternehmer über die steuerrechtliche Erfassung vorzulegen bzw. kann der Betreiber des elektronischen Marktplatzes elektronisch die Daten bei der Finanzverwaltung abfragen. Liegt die Bescheinigung nicht vor oder sind die Daten nicht elektronisch abgeglichen worden, wird gesetzlich davon ausgegangen, dass der leistende Unternehmer Kenntnis davon hätte haben müssen, dass der liefernde Unternehmer seinen steuerlichen Verpflichtungen nicht im vollen Umfang nachkommt.

Der Betreiber des elektronischen Marktplatzes haftet auch nicht, wenn die **Registrierung** auf dem elektronischen Marktplatz des Betreibers **nicht als Unternehmer erfolgt ist** und der Betreiber die notwendigen Aufzeichnungspflichten (vgl. Stichwort Aufzeichnungspflichten) nach § 22f Abs. 2 erfüllt. Dies gilt aber dann nicht, wenn nach Art, Menge oder Höhe der erzielten Umsätze davon auszugehen ist, dass der Betreiber Kenntnis davon hatte oder nach der Sorgfalt eines ordentlichen Kaufmanns hätte haben müssen, dass die Umsätze im Rahmen eines Unternehmens erbracht werden.

Herstellungskosten

Herstellungskosten auf einen Blick

1. **Rechtsquellen**
   § 255 Abs. 2 HGB
   R 6.3 EStR
2. **Bedeutung**
   Herstellungskosten sind die Aufwendungen, die durch den Verbrauch von Gütern und Dienstleistungen für die Herstellung, Erweiterung oder wesentliche Verbesserung eines Wirtschaftsguts aufgewendet werden.
3. **Weitere Stichworte**
   → Anschaffungskosten, → Vorsteuerberichtigung

Wenn der Unternehmer einen Gegenstand selbst herstellt, können keine Anschaffungskosten für diesen Gegenstand entstehen. Um aber in diesen Fällen eine wirtschaftliche Erfassung der bei der Herstellung, der Erweiterung oder der über den ursprünglichen Zustand hinausgehenden wesentlichen Verbesserung eines Vermögensgegenstands zu ermöglichen, sind die Herstellungskosten für diesen Vermögensgegenstand zu erfassen.

Zu den **Herstellungskosten** gehören die folgenden Kosten:

- **Materialkosten**, darunter fallen sowohl die Materialeinzelkosten wie auch die Materialgemeinkosten (z.B. Aufwendungen für Lagerhaltung, Raumkosten, Sachversicherungen),
- **Fertigungskosten**, darunter fallen sowohl die Fertigungseinzelkosten wie auch die Fertigungsgemeinkosten,
- (durch die EStÄR 2012 eingeführt:) **Angemessene Kosten der allgemeinen Verwaltung,** der angemessenen Aufwendungen für soziale Einrichtungen des Betriebs, für freiwillige soziale Leistungen und für betriebliche Altersversorgung (vgl. dazu R 6.3 Abs. 3 ff. EStR),
- **Werteverzehr des Anlagevermögens**, soweit es der Fertigung der Erzeugnisse gedient hat. Anzusetzen ist in der Regel der (lineare) Abschreibungsbetrag, der bei der Bilanzierung des Anlagevermögens als AfA berücksichtigt ist,
- als Wahlrecht: **Zinsen für Fremdkapital**, soweit sie auf den Zeitraum der Herstellung entfallen. Sind diese Aufwendungen handelsrechtlich angesetzt worden, müssen sie auch steuerrechtlich mit berücksichtigt werden,
- als Wahlrecht: die anteilige Gewerbesteuer.

Vertriebskosten dürfen nicht in die Herstellungskosten mit eingerechnet werden.

Wichtig! Der ertragsteuerrechtliche Herstellungsbegriff ist durch die EStÄR 2012[1] geändert worden. Insbesondere sind die Kosten für die allgemeine Verwaltung (Aufwendungen für Geschäftsleitung, Einkauf und Wareneingang, Betriebsrat, Personalbüro, Nachrichtenwesen, Ausbildungswesen, Rechnungswesen, Feuerwehr, Werkschutz sowie allgemeine Fürsorge einschließlich Betriebskrankenkasse) mit einzubeziehen. Es wird aber von der Finanzverwaltung[2] nicht beanstandet, wenn bis zur Verifizierung des damit verbundenen Erfüllungsaufwands – spätestens bis zu einer Neufassung der EStR – nach der bisherigen Fassung der R 6.3 EStR 2008 verfahren wird.

Nach § 15 UStG **nicht abzugsfähige Vorsteuerbeträge** für bezogene Leistungen gehören ebenfalls zu den Herstellungskosten, § 9b Abs. 1 Satz 1 EStG. Soweit es in der Folgezeit zu einer Vorsteuerberich-

1 Allgemeine Verwaltungsvorschrift zur Änderung der Einkommensteuer-Richtlinien 2008 v. 25.3.2013, BStBl I 2013, 276.

2 BMF, Schreiben v. 25.3.2013, BStBl I 2013, 296.

tigung nach § 15a UStG kommt, führen die Berichtigungsbeträge nicht zu einer Änderung der Herstellungskosten, die Berichtigungsbeträge sind laufende Betriebseinnahmen (bei einer Vorsteuerberichtigung zugunsten des Unternehmers) bzw. laufende Betriebsausgaben (bei einer Berichtigung zulasten des Unternehmers). Damit werden auch nicht die Abschreibungsgrundlagen durch eine Vorsteuerberichtigung verändert.

Hilfsgeschäft

Hilfsgeschäft auf einen Blick

1. **Rechtsquellen**
   § 4 Nr. 28 UStG
   Abschn. 2.7 Abs. 2 und Abschn. 4.28.1 UStAE
2. **Bedeutung**
   Hilfsgeschäfte sind Umsätze, die nicht den eigentlichen Gegenstand der geschäftlichen Betätigung des Unternehmens darstellen. Hilfsgeschäfte fallen aber immer in den Rahmen des Unternehmens, unabhängig davon, ob diese Umsätze nachhaltig ausgeführt werden. Nach § 4 Nr. 28 UStG ergibt sich für Unternehmer, die vorsteuerabzugsschädliche Ausgangsleistungen ausführen, eine besondere Steuerbefreiungsmöglichkeit bei bestimmten Hilfsgeschäften.
3. **Weitere Stichworte**
   → Lieferung/Definition, → Sonstige Leistung/Definition

1. Steuerbarkeit von Hilfsgeschäften

In den Rahmen des Unternehmens fallen nicht nur die Grundgeschäfte des Unternehmers, sondern auch alle Tätigkeiten, die die Haupttätigkeit des Unternehmers mit sich bringt. Dabei kommt es nicht darauf an, ob diese **Hilfsgeschäfte** nachhaltig, das heißt mit der Absicht, auf Dauer Einnahmen zu erzielen ausgeführt werden[1]. Insbesondere fallen die Verkäufe der dem Unternehmen zugeordneten Wirtschaftsgüter unter die Hilfsgeschäfte. Soweit ein solches Hilfsgeschäft vorliegt, wird dieses bei dem Unternehmer als normale Lieferung oder sonstige Leistung der Besteuerung unterworfen.

Beispiel 1: Fleischermeister F veräußert eine zu seinem Unternehmen gehörende, nicht mehr benötigte Waage für 119 €.
Lösung: Der Umsatz fällt als Hilfsgeschäft in den Rahmen des Unternehmens. Es handelt sich um einen steuerbaren und steuerpflichtigen Umsatz, F muss 19 € Umsatzsteuer für diesen Umsatz an sein Finanzamt abführen.

Wichtig! Ein Hilfsgeschäft im Rahmen des Unternehmens kann nur dann vorliegen, wenn der Unternehmer den Gegenstand seinem Unternehmen zugeordnet hatte oder ihn seinem Unternehmen zuordnen musste[2]. Wurde oder konnte der Gegenstand nicht seinem Unternehmen zugeordnet werden, ist der Verkauf des Gegenstands nicht steuerbar.

2. Steuerpflicht von Hilfsgeschäften

Die **Steuerpflicht des Hilfsgeschäfts** richtet sich grundsätzlich nach den allgemeinen Vorschriften des Umsatzsteuergesetzes. Damit können für Hilfsgeschäfte die maßgeblichen Steuerbefreiungsvorschriften des § 4 UStG angewendet werden.

Achtung! Für Unternehmer, die nur steuerfreie Umsätze nach § 4 Nr. 8 bis 27 UStG ausführen, ergibt sich nach § 4 Nr. 28 UStG eine Steuerbefreiung für diese Hilfsgeschäfte. Die Regelung des § 4 Nr. 28 UStG steht auch im Einklang mit dem Unionsrecht[3].

---

1 BFH, Urteil v. 20.9.1990, V R 92/85, BStBl II 1991, 35.
2 BFH, Urteil v. 25.3.1988, V R 101/83, BStBl II 1988, 649.
3 BFH, Urteil v. 21.9.2016, V R 43/15, BFH/NV 2017, 418.

Beispiel 2: Versicherungsvertreter V hatte 2015 ein neues Fahrzeug für sein Unternehmen erworben. Da er nur steuerfreie, den Vorsteuerabzug ausschließende Ausgangsumsätze nach § 4 Nr. 11 UStG ausführt, konnte er in 2015 keinen Vorsteuerabzug vornehmen. In 2018 verkauft er das Fahrzeug im Inland.
Lösung: Der Verkauf des Fahrzeugs ist steuerbar, da V als Unternehmer im Rahmen seines Unternehmens eine Lieferung im Inland gegen Entgelt ausführt. Der Verkauf kann auch nicht nach § 4 Nr. 11 UStG steuerfrei sein, da es sich nicht um einen Umsatz aus der Tätigkeit als Versicherungsvertreter handelt. Die Lieferung ist aber nach § 4 Nr. 28 UStG steuerfrei, da das Fahrzeug bisher ausschließlich für steuerfreie Umsätze nach § 4 Nr. 11 UStG verwendet worden ist. Der Verkauf des Fahrzeugs ist zwingend steuerfrei und schließt damit eine Vorsteuerberichtigung nach § 15a UStG aus.

Die Steuerbefreiung nach § 4 Nr. 28 UStG geht als spezielle Steuerbefreiungsvorschrift auch den allgemeinen Befreiungsvorschriften (§ 4 Nr. 1 bis Nr. 7 UStG) vor[4]. Damit kann insbesondere eine Vorsteuerberichtigung nicht in Anspruch genommen werden, wenn ein bisher für steuerfreie Umsätze verwendeter Gegenstand ins Ausland verkauft wird.

Fortsetzung Beispiel 2: V verkauft sein Fahrzeug in 2018 an einen niederländischen Unternehmer.
Lösung: Der steuerbare Verkauf des Fahrzeugs könnte als innergemeinschaftliche Lieferung nach § 4 Nr. 1 Buchst. b UStG steuerfrei sein. In diesem Fall könnte – da § 4 Nr. 1 Buchst. b UStG den Vorsteuerabzug für damit im Zusammenhang stehende Aufwendungen nicht ausschließt – V eine Vorsteuerberichtigung zu seinen Gunsten vornehmen. Der Verkauf unterliegt aber auch der Steuerbefreiung nach § 4 Nr. 28 UStG, die einen Vorsteuerabzug für damit zusammenhängende Aufwendungen nicht zulässt, sodass eine Vorsteuerberichtigung ausscheidet. Da die Befreiung nach § 4 Nr. 28 UStG vorrangig ist, kann V keine Vorsteuerberichtigung aus dem Kauf in 2015 vornehmen.

Bei Unternehmern, die **nicht ausschließlich steuerfreie Umsätze** nach § 4 Nr. 8 bis 27 UStG ausführen, lässt die Finanzverwaltung im Rahmen einer Vereinfachungsregelung die Anwendung des § 4 Nr. 28 UStG bei einer Verwendung des Gegenstands bis zu 5 % für steuerpflichtige Ausgangsleistungen zu, soweit der Unternehmer auf einen anteiligen Vorsteuerabzug verzichtet hat, Abschn. 4.28.1 Abs. 2 UStAE.

Beispiel 3: Zahnarzt Z hat im Kalenderjahr 2015 einen Computer erworben, den er fast ausschließlich für seine steuerfreien Umsätze nach § 4 Nr. 14 UStG verwendet. In geringfügigem Umfang (4 %) nutzt er diesen Computer auch für zahntechnische Leistungen. Z hat in 2015 auf den anteiligen Abzug der Vorsteuer aus der Anschaffung des Computers verzichtet. Im Mai 2018 nimmt ein Händler den Computer für 200 € bei Lieferung eines neuen Computers in Zahlung.
Lösung: Der Verkauf des alten Computers ist steuerbar, aber nach § 4 Nr. 28 UStG steuerfrei, da der Computer bisher fast ausschließlich für steuerfreie Umsätze nach § 4 Nr. 14 UStG verwendet worden ist und Z auf einen Vorsteuerabzug für die – geringfügige – steuerpflichtige Verwendung verzichtet hatte; § 4 Nr. 28 UStG i.V.m. Abschn. 4.28.1 Abs. 2 UStAE.

Wird die **Geringfügigkeitsgrenze** von 5 % aber überschritten, unterliegt der Verkauf nicht der Befreiung nach § 4 Nr. 28 UStG, der Verkäufer muss dann Umsatzsteuer aus dem Verkaufspreis an sein Finanzamt abführen. Eine anteilige Steuerbefreiung kann nicht gewährt werden. Soweit der Verkauf aber innerhalb des Vorsteuerberichtigungszeitraums nach § 15a UStG stattfindet, kann durch den steuerpflichtigen Verkauf eine Vorsteuerberichtigung ausgelöst werden.

---

4 EuGH, Urteil v. 7.12.2006, C-240/05 – Eurodental, BFH/NV Beilage 2007, 204 sowie BMF, Schreiben v. 11.4.2011, BStBl I 2011, 459.

Die Steuerbefreiung nach § 4 Nr. 28 UStG ist – soweit die Voraussetzungen dafür vorliegen – zwingend anzuwenden. Ein Verzicht auf die Steuerbefreiung – eine Option nach § 9 UStG – kommt in diesen Fällen nicht in Betracht.

Wichtig! Weist der Verkäufer in diesen Fällen trotzdem Umsatzsteuer gesondert in einer Rechnung aus, schuldet er diese Umsatzsteuer (unrichtiger Steuerausweis) nach § 14c Abs. 1 UStG. Der Käufer darf diese Umsatzsteuer nicht als Vorsteuer abziehen.

3. Steuersatz von Hilfsgeschäften

Die Hilfsgeschäfte unterliegen der Umsatzsteuer mit dem Steuersatz, der für diese Art Lieferung oder sonstige Leistung anzuwenden ist. Unerheblich ist, mit welchem Steuersatz der leistende Unternehmer seine Umsätze ansonsten besteuert.

Hingabe an Zahlungs statt

Hingabe an Zahlungs statt auf einen Blick

1. **Rechtsquellen**
   § 10 Abs. 2 UStG
   Abschn. 10.5 UStAE
2. **Bedeutung**
   Bei einer Hingabe an Zahlungs statt wird anstelle einer eigentlich vereinbarten Geldzahlung eine Lieferung oder eine sonstige Leistung als Gegenleistung erbracht.
3. **Weitere Stichworte**
   → Tausch

Bei einer **Hingabe an Zahlungs statt** wurde zwischen den, an dem Leistungsaustausch beteiligten Personen eine Geldzahlung vereinbart, dann aber anstelle der Geldzahlung ein Gegenstand als Gegenleistung geliefert oder eine sonstige Leistung als Gegenleistung erbracht. Für den Unternehmer, der die Leistung erbracht hat, ist die Hingabe an Zahlungs statt nur für die Ermittlung der Bemessungsgrundlage von Bedeutung, an der grundsätzlichen Besteuerung seines Umsatzes – die Steuerbarkeit und die Steuerpflicht – ändert sich nichts. Bei dem Leistungsempfänger ist zu prüfen, ob er auch Unternehmer ist und die (Gegen-)Leistung im Rahmen seines Unternehmens erbracht hat. In diesem Fall liegt bei ihm ebenfalls ein steuerbarer Umsatz vor.

Wichtig! Ob der leistende Unternehmer für seine ausgeführte Leistung den vereinbarten Geldbetrag erhält oder anstelle dieses Geldbetrags einen Gegenstand geliefert bekommt oder ihm dafür eine sonstige Leistung ausgeführt wird, ändert nichts an der für die Steuerbarkeit des Umsatzes notwendigen Entgeltlichkeit des Umsatzes.

Die **Bemessungsgrundlage** für eine Hingabe an Zahlungs statt ermittelt sich wie bei einem Tausch oder einem tauschähnlichen Umsatz; vgl. dazu Stichwort Tausch.

Holding

Holding auf einen Blick

1. **Rechtsquellen**
   § 2 UStG
   Abschn. 2.3 UStAE
2. **Bedeutung**
   Hält ein Unternehmer Beteiligungen an einer anderen Gesellschaft, kann sich dies im Rahmen seines Unternehmens aber auch außerhalb des Unternehmens vollziehen. Nur dann, wenn eine Beteiligung dem Unternehmen zugeordnet werden kann, ergibt sich für den Unternehmer die Vorsteuerabzugsberechtigung für damit im Zusammenhang stehende Eingangsleistungen.
3. **Weitere Stichworte**
   → Organschaft, → Unternehmer

1. Grundsätze der Unternehmereigenschaft im Zusammenhang mit dem Halten von Beteiligungen

Der EuGH und in der Folge der BFH mussten sich diverse Male mit der Frage der **Unternehmereigenschaft beim Halten von Anteilen** auseinandersetzen. Insbesondere war dies wichtig für die Unternehmereigenschaft einer Holding, deren Hauptzweck auf das Halten von Beteiligungen an anderen Unternehmen gerichtet ist. Wird die Holding dabei gegenüber den Tochtergesellschaften gegen Entgelt tätig und greift aktiv in die Tagesgeschäfte ein (sog. **Führungsholding**), ist die Gesellschaft unternehmerisch tätig; die Beteiligung ist dem Unternehmen zuzuordnen. Wird die Holding gegenüber ihren Tochtergesellschaften nicht aktiv tätig und beschränkt sich auf das Halten und Verwalten der Beteiligungen (sog. **Finanzholding**), ist dies keine unternehmerische Betätigung, die Beteiligung ist nicht dem Unternehmen zuzuordnen. In Abhängigkeit der Zuordnung der Beteiligungen zum Unternehmen oder zum nichtunternehmerischen Bereich ergibt sich die Beurteilung des Vorsteuerabzugs aus damit im Zusammenhang stehenden Eingangsleistungen wie auch die Behandlung eines Verkaufs der Beteiligung.

Tipp! Die Unternehmereigenschaft ist nicht von der Rechtsform abhängig. Es gibt umsatzsteuerrechtlich keine zwingend aus einer bestimmten Rechtsform abgeleitete Unternehmereigenschaft. Auch eine Kapitalgesellschaft kann nichtunternehmerisch (nichtwirtschaftlich) tätig sein.

Die Unternehmereigenschaft ist unabhängig von der Rechtsform, in der eine Tätigkeit ausgeübt wird. Voraussetzung für die Unternehmereigenschaft nach § 2 Abs. 1 UStG ist, dass eine **Tätigkeit selbstständig, nachhaltig und zur Erzielung von Einnahmen** ausgeübt wird. Hält jemand Anteile an anderen Gesellschaften (Anteile an Kapitalgesellschaften oder Personengesellschaften), wird dies im Regelfall nachhaltig und selbstständig erfolgen. Die Tatbestandsvoraussetzung „mit Einnahmeerzielungsabsicht" setzt aber einen **Leistungsaustausch** voraus, bei dem einer ausgeführten Leistung eine konkrete Gegenleistung gegenübersteht.

Beteiligt sich jemand an einer Gesellschaft, kann dies grundsätzlich mit der Absicht geschehen, Dividenden oder andere Gewinnbeteiligungen zu erzielen ohne eine weitere aktive Tätigkeit gegenüber diesen Tochtergesellschaften auszuüben. In diesem Fall wird keine Tätigkeit ausgeübt, der eine konkrete Gegenleistung gegenübersteht – Dividenden oder andere Gewinnausschüttungen stellen kein Entgelt im Rahmen eines Leistungsaustauschs dar[1]. Werden Beteiligungen unter diesen Voraussetzungen gehalten (sog. **Finanzholding**), kann sich dadurch keine Unternehmereigenschaft der Holding ergeben. Ist die

[1] EuGH, Urteil v. 21.10.2004, C-8/03 – Banque Bruxelles Lambert SA, BFH/NV Beilage 2005, 13.

Holding aus anderen Gründen unternehmerisch tätig, kann in diesen Fällen die Beteiligung nicht dem Unternehmen der Holding zugeordnet werden.

Wichtig! Auch ein ansonsten unternehmerisch i.S.d. UStG tätiger Unternehmer kann Beteiligungen insoweit außerhalb seines Unternehmens halten. Auf die ertragsteuerrechtliche Beurteilung kommt es nicht an.

Wird eine Beteiligung aber nicht nur zur Erzielung von Gewinnbeteiligungen gehalten, sondern greift der Anteilseigner auch aktiv in die Tagesgeschäfte der Tochtergesellschaften ein und erhält dafür ein vom Gewinn unabhängiges Sonderentgelt (sog. **Führungs- oder Funktionsholding**), stellt dies einen Leistungsaustausch dar, der zum einen die Unternehmereigenschaft der Holding begründen kann und zum anderen dazu führt, dass die Beteiligung dem Unternehmen der Holding zugeordnet wird[2]. Ist die Holding nicht unternehmerisch tätig oder wird die Beteiligung nicht im Unternehmen gehalten, kann ein Vorsteuerabzug für damit im Zusammenhang stehende Eingangsleistungen grundsätzlich nicht vorgenommen werden. Nur dann, wenn die Holding Unternehmer nach § 2 Abs. 1 UStG ist und die Beteiligung auch zulässigerweise im Unternehmen gehalten wird, kann sich ein Vorsteuerabzug ergeben.

2. Unterschiedliche Typen der Beteiligungsgesellschaft

Die Finanzverwaltung hat in Abschn. 2.3 Abs. 2 ff. UStAE die Grundsätze aus der Rechtsprechung des EuGH zu den umsatzsteuerrechtlichen Konsequenzen bei dem Halten von Beteiligungen übernommen. Neben den beiden Grundformen (Führungsholding und Finanzholding) kann auch eine **gemischte Holding** vorliegen, bei der sowohl Beteiligungen dem unternehmerischen Bereich der Holding zugeordnet werden können, aber auch Beteiligungen gehalten werden, die nicht dem Unternehmen zugeordnet werden können. In diesem Fall ergeben sich insbesondere Schwierigkeiten bei der Zuordnung und der Aufteilung von Vorsteuerbeträgen.

Achtung! Nach der Rechtsprechung des EuGH[3] hat eine Führungsholding den vollen Vorsteuerabzug aus allen Ausgaben – auch denen, die sich im Zusammenhang mit dem Erwerben und dem Halten dieser Beteiligungen ergeben. Eine Einschränkung kann sich nur dann ergeben, wenn im Rahmen der Führungsholding mit den bezogenen Leistungen (auch) steuerfreie, den Vorsteuerabzug ausschließende Leistungen ausgeführt werden. Liegt eine Mischholding vor, können die allgemeinen Aufwendungen nicht vollständig zum Vorsteuerabzug zugelassen werden; der Vorsteueraufteilungsmaßstab bestimmt sich in diesen Fällen nach den allgemeinen Aufteilungsmaßstab, in diesem Fall nach § 15 Abs. 4 UStG.

In Abhängigkeit der jeweiligen Zuordnung der Beteiligung lassen sich die folgenden Voraussetzungen und Rechtsfolgen feststellen:

Art der Holding	Finanzholding	Mischholding	Führungsholding
Voraussetzung	Die Holding beteiligt sich an Gesellschaften, erbringt diesen gegenüber aber keine entgeltlichen Dienstleistungen.	Die Holding beteiligt sich sowohl an Gesellschaften, denen sie keine entgeltlichen Dienstleistungen gegenüber erbringt wie auch an Gesellschaften, an die sie gegen Entgelt Dienstleistungen erbringt.	Die Holding beteiligt sich an Gesellschaften, denen sie gegen Sonderentgelt Dienstleistungen ausführt.

2 EuGH, Urteil v. 27.9.2001, C-16/00 – Societe Cibo Participations, BFH/NV Beilage 2002, 6; EuGH, Urteil v. 14.11.2000, C-142/99 – Floridienne SA und Berginvest SA, BFH/NV Beilage 2001, 37.

3 EuGH, Urteil v. 16.7.2015, C-108/14 – Beteiligungsgesellschaft Larentia + Minerva mbH & Co. KG / C-109/14 – Marenave Schiffahrts AG, BFH/NV 2015, 1549 sowie nachfolgend BFH, Urteil v. 19.1.2016, XI R 38/12, BFH/NV 2016, 706 und BFH, Urteil v. 1.6.2016, XI R 17/11, BFH/NV 2016, 1410.

Art der Holding	Finanzholding	Mischholding	Führungsholding
Unternehmereigenschaft	Die Holding ist nicht unternehmerisch tätig.	Die Holding ist unternehmerisch tätig hat aber auch einen nichtunternehmerischen Bereich.	Die Holding ist unternehmerisch tätig.
Zuordnung der Beteiligung zu dem Unternehmen	Da die Holding nicht unternehmerisch tätig ist, kann sich keine Zuordnung zum Unternehmen ergeben.	Es können nur die Beteiligungen dem Unternehmen zugeordnet werden, für die ein Zusammenhang mit der unternehmerischen Betätigung besteht.	Die Beteiligungen sind dem Unternehmen zuzuordnen.
Vorsteuerabzug	Es besteht grundsätzlich kein Vorsteuerabzug, § 15 Abs. 1 UStG.	Es muss eine Zuordnung der Eingangsleistungen erfolgen. Nur die den im Unternehmen gehaltenen Beteiligungen zuzuordnenden Eingangsleistungen lassen den Vorsteuerabzug zu. Soweit Eingangsleistungen nicht direkt zuzuordnen sind, muss die Vorsteuer aufgeteilt werden, § 15 Abs. 4 UStG.	Die Vorsteuer ist nach § 15 Abs. 1 UStG abzugsfähig.
Verkauf einer Beteiligung	Der Verkauf einer Beteiligung ist nicht steuerbar.	Soweit die Beteiligung nicht im Unternehmen gehalten wird, ist der Verkauf nicht steuerbar. Wird die Beteiligung im Unternehmen gehalten ist der Verkauf steuerbar aber nach § 4 Nr. 8 Buchst. e oder Buchst. f UStG steuerfrei; Optionsmöglichkeit nach § 9 UStG besteht.	Der Verkauf einer Beteiligung ist steuerbar aber nach § 4 Nr. 8 Buchst. e oder Buchst. f UStG steuerfrei. Grundsätzlich besteht die Optionsmöglichkeit nach § 9 UStG.

Beteiligungsbesitz kann sich aber nicht nur im Rahmen einer Holding ergeben, **Beteiligungen können auch aus anderen Gründen gehalten werden**. Auch in diesen Fällen ist vom Grundsatz her die Beteiligung nicht dem Unternehmen zuzuordnen. Nach der Rechtsprechung des EuGH kann aber unter bestimmten Voraussetzungen von einer unternehmerischen Betätigung – und damit von einer Zuordnung der Beteiligung zum Unternehmen – ausgegangen werden:

- Ein **Wertpapierhändler** erwirbt und veräußert gewerbsmäßig Beteiligungen. Damit wird eine nachhaltige Tätigkeit zur Erzielung von Einnahmen ausgeübt[4]. Dies gilt insbesondere für Finanzinvestoren, die sanierungsreife Gesellschaften erwerben und diese dann nach erfolgter Sanierung gewinnbringend veräußern.

[4] EuGH, Urteil v. 29.4.2004, C-77/01 – EDM, BFH/NV Beilage 2004, 259.

- Die Beteiligung wird aus Gründen der **Förderung der unternehmerischen Tätigkeit** gehalten. Solche Gründe können in der Sicherung günstiger Einkaufs- oder Absatzkonditionen oder dem Einfluss auf Geschäftspartner oder Konkurrenten bestehen[5].
- Die Beteiligung erfolgt zum Zweck des unmittelbaren **Eingreifens in die Verwaltung der Gesellschaften**, an denen die Beteiligung besteht[6]. Die Eingriffe müssen dabei zwingend durch unternehmerische Leistungen durch das entgeltliche Erbringen von administrativen, finanziellen, kaufmännischen und technischen Dienstleistungen an die jeweiligen Beteiligungsgesellschaften erfolgen[7].

Wichtig! Damit eine Beteiligung dem Unternehmen zugeordnet werden kann, muss zwischen dieser Beteiligung und der unternehmerischen Haupttätigkeit des Unternehmers ein erkennbarer und objektiver Zusammenhang bestehen.

3. Der Vorsteuerabzug[8]

Wird ein Anteilseigner (z.B. auch eine Holding) beim Erwerb einer gesellschaftsrechtlichen Beteiligung als Unternehmer tätig, muss er die Beteiligung seinem Unternehmen zuordnen. Vorsteuern, die im Zusammenhang mit den im unternehmerischen Bereich gehaltenen gesellschaftsrechtlichen Beteiligungen anfallen, sind unter den allgemeinen Voraussetzungen nach § 15 UStG abziehbar. Hält der Unternehmer daneben auch gesellschaftsrechtliche Beteiligungen im nichtunternehmerischen Bereich, sind Eingangsleistungen die sowohl für den unternehmerischen Bereich als auch für den nichtunternehmerischen Bereich bezogen werden (z.B. allgemeine Verwaltungskosten, Steuerberatungskosten), für Zwecke des Vorsteuerabzugs aufzuteilen, die Aufteilung erfolgt analog § 15 Abs. 4 UStG[9]. Ein Vorsteuerabzug aus Aufwendungen, die mit den im nichtunternehmerischen Bereich gehaltenen gesellschaftsrechtlichen Beteiligungen anfallen, kommt nicht in Betracht.

Werden Beteiligungen veräußert und fallen im Zusammenhang mit der Veräußerung Kosten an, die Umsatzsteuer enthalten, kommt ein Vorsteuerabzug aus Aufwendungen, die im direkten und unmittelbaren Zusammenhang mit der Veräußerung stehen nur insoweit in Betracht, als diese Veräußerung steuerbar ist und der Vorsteuerabzug nicht nach § 15 Abs. 2 UStG ausgeschlossen ist[10].

Erfolgt die Veräußerung einer Beteiligung aus dem Unternehmen und hat der Unternehmer die Veräußerung nach § 4 Nr. 8 UStG steuerfrei ausgeführt, ist der Vorsteuerabzug für damit im Zusammenhang stehende Aufwendungen ebenfalls in vollem Umfang ausgeschlossen. Dies ist unabhängig davon, welche Zwecke er mit der Veräußerung verfolgt und in welchem Bereich die erhaltenen Veräußerungserlöse investiert werden sollen. Insbesondere ist für den Vorsteuerabzug nicht auf die unternehmerische Gesamttätigkeit abzustellen[11].

---

5 EuGH, Urteil v. 11.7.1996, C-306/94 – Régie dauphinoise – Cabinet A. Forest SARL, UR 1996, 304.

6 EuGH, Urteil v. 20.6.1991, C-60/90 – Polysar Investments, UR 1993, 119.

7 EuGH, Urteil v. 12.7.2001, C-102/00 – Welthgrove BV, BFH/NV Beilage 2002, 5.

8 Vgl. auch Abschn. 15.22 UStAE.

9 BFH, Urteil v. 3.3.2011, V R 23/10, BStBl II 2012, 74.

10 BFH, Urteil v. 6.5.2010, V R 29/09, BStBl II 2010, 885.

11 BFH, Urteil v. 27.1.2011, V R 38/09, BStBl II 2012, 68.

Hotellerieumsätze

Hotellerieumsätze auf einen Blick

1. **Rechtsquellen**
   § 4 Nr. 12 Satz 2 und § 12 Abs. 2 Nr. 11 UStG
   Abschn. 12.16 UStAE
2. **Bedeutung**
   Vermietungsumsätze zur kurzfristigen Beherbergung von Personen sind nach § 4 Nr. 12 Satz 2 UStG grundsätzlich von der Steuerbefreiung ausgeschlossen. Für die Vermietung von Wohn- und Schlafräumen, die ein Unternehmer zur kurzfristigen Beherbergung von Fremden bereithält sowie für die kurzfristige Vermietung von Campingplätzen gilt der ermäßigte Steuersatz von 7 %. Nicht unter die Steuerermäßigung fallen nach der nationalen gesetzlichen Regelung aber alle nicht mit der Vermietung im Zusammenhang stehende Leistungen.
3. **Weitere Stichworte**
   → Steuersatz, → Reiseleistung, → Vermietung
4. **Besonderheiten**
   Nach einem Urteil des EuGH ist die Umsetzung des sog. Aufteilungsgebots (Beschränkung des ermäßigten Steuersatzes auf die unmittelbar der Übernachtung dienenden Umsätze) fraglich geworden. Nach Auffassung der Bundesregierung besteht derzeit aber kein Handlungsbedarf. Der BFH (Urteil vom 13.6.2018, XI R 2/16) hat eine Antwort dazu ausdrücklich offen gelassen.

Vermietet ein Unternehmer im Inland Wohn- und Schlafräume zur kurzfristigen Beherbergung von Personen, ist dies ein steuerbarer Umsatz, der grundsätzlich nicht steuerbefreit ist, § 4 Nr. 12 Satz 2 UStG. Der Ort dieser Leistungen ist immer dort, wo sich das Grundstück oder der Grundstücksteil befindet, § 3a Abs. 3 Nr. 1 UStG. Dies trifft ebenso auf die **kurzfristige Vermietung von Campingplätzen** zu.

Wichtig! Von einer kurzfristigen Vermietung wird ausgegangen, wenn die Vermietung nicht länger als sechs Monate (üblicherweise) dauert. Vgl. dazu auch Stichwort Vermietung.

Mit Wirkung zum 1.1.2010 wurde der Steuersatz für diese Umsätze nach § 12 Abs. 2 Nr. 11 UStG auf 7 % ermäßigt. Dem ermäßigten Steuersatz unterliegen nur die Umsätze, die der kurzfristigen Beherbergung von Personen dienen. Dabei kommt es nicht darauf an, dass der Unternehmer ein klassisches Hotelgewerbe betreibt.

Tipp! Auch die kurzfristige Überlassung in Pensionen, Fremdenzimmern, Ferienwohnungen unterliegt dem ermäßigten Steuersatz. Aber auch andere auf kurzfristige Beherbergung ausgerichtete Leistungen, wie z.B. die Aufnahme von Begleitpersonen in Krankenhäusern, können dem ermäßigten Steuersatz unterliegen.

Allerdings können nur die Leistungen dem ermäßigten Steuersatz unterliegen, die der Beherbergung dienen. Die Finanzverwaltung[1] hat exemplarisch die Beherbergungsleistungen und die nicht der Beherbergung dienenden Leistungen sowie die als Nebenleistungen zur Beherbergung aber zwingend abzugrenzenden Leistungen (sog. **Aufteilungsgebot**[2]) aufgeführt.

Wichtig! Dienstleistungen eines Hotelunternehmers, wie z.B. Verpflegungsleistungen, die gewöhnlich mit Reisen verbunden sind, nur einen im Vergleich zu den Umsätzen, die die Unterbringung betreffen, geringen Teil des pauschalen Entgelts ausmachen und zudem zu den traditionellen Aufgaben eines Hoteliers gehören, stellen für die Kundschaft lediglich das Mittel dar, um die Hauptdienst-

1 BMF, Schreiben v. 5.3.2010, BStBl I 2010, 259. Vgl. auch Abschn. 12.16 UStAE.
2 So auch BFH, Urteil v. 24.4.2013, XI R 3/11, BStBl II 2014, 86.

leistung des Hoteliers unter optimalen Bedingungen in Anspruch zu nehmen, sie stellen deshalb Nebenleistungen dar. Damit bestimmt sich der Ort dieser Leistungen nach dem Grundstücksort (§ 3a Abs. 3 Nr. 1 UStG)[3]. Bezüglich des Steuersatzes gilt hier aber das Aufteilungsgebot, sodass die Verpflegungsleistungen dem Regelsteuersatz unterliegen. Allerdings hat der EuGH[4] in einer niederländischen Entscheidung festgestellt, dass für Leistungen, die als Haupt- und Nebenleistung verknüpft sind, einheitlich nur der Steuersatz zur Anwendung kommen kann, der für die Hauptleistung gilt. Damit ist zumindest fraglich, ob die bisherige Rechtsauffassung zum Aufteilungsgebot so weiterhin haltbar ist. In diesem Zusammenhang muss dann auch die Frage gestellt werden, ob Frühstücksleistungen tatsächlich als Nebenleistung anzusehen sind oder nicht doch als eigenständige Leistung behandelt werden können.

Überlassung von Räumen durch einen Unternehmer

Beherbergungsleistungen sind:
- Überlassung möblierter und mit Einrichtungsgegenständen ausgestattete Räume
- Stromanschluss
- Überlassung von Wäsche und Bademänteln
- Reinigung der gemieteten Räume
- Bereitstellung von Körperpflegemittel, Schuhputz- und Nähzeug
- Weckdienst
- Bereitstellung von Schuhputzautomaten
- Mitunterbringung von Tieren in den begünstigten Räumen

Keine Beherbergungsleistungen sind:
- Überlassung von Tagungsräumen
- Überlassung von Räumen für berufliche oder gewerbliche Zwecke
- Gesondert vereinbarte Überlassung von Fahrzeug-Abstellplätzen
- Überlassung nicht ortsfester Wohnmobile, Hausboote o.ä.
- Beförderung in Schlafwagen der Eisenbahnen
- Überlassung von Kabinen auf der Beförderung dienenden Schiffe
- Vermittlung von Beherbergungsleistungen
- Umsätze von Tierpensionen
- Selbstnutzung von Ferienwohnungen

Separat zu beurteilen (Aufteilungsgebot):
- Verpflegungsleistungen, Mini-Bar
- Kommunikation, Bezahlfernsehen
- Wellnessangebote (ohne Sauna, Pool)
- Fahrberechtigungen im Nahverkehr
- Eintrittskarten für Veranstaltungen
- Gepäcktransport außerhalb des Beherbergungsbetriebs
- Überlassung von Sportgeräten und -anlagen
- Ausflüge und Transporte außerhalb des Beherbergungsbetriebs
- Reinigung und Bügeln von Kleidung, Schuhputzservice

3 BFH, Urteil v. 20.3.2014, V R 25/11, BFH/NV 2014, 1173.

4 EuGH, Urteil v. 18.1.2018, C-463/16 – Stadion Amsterdam, DStR 2018, 246.

Wichtig! Separat zu beurteilende Leistungen können aber steuerfrei sein (z.B. bei Eintrittsberechtigungen bei Veranstaltungen) oder ebenfalls dem ermäßigten Steuersatz unterliegen (z.B. Fahrberechtigungen im Nahverkehr).

Unter die, dem ermäßigten Steuersatz unterliegenden Umsätze fallen auch die Umsätze aus der **kurzfristigen Vermietung von Campingflächen**. Dazu gehört auch die kurzfristige Überlassung von ortsfesten Wohnmobilien, Wohncaravans und Wohnanhängern. Unschädlich ist es, dass auch Zugfahrzeuge auf den vermieteten Flächen abgestellt werden.

Tipp! Nicht der Steuerermäßigung unterliegen nach § 25 UStG ausgeführte Reiseleistungen. Dies gilt auch dann, wenn die Reiseleistung nur aus einer Übernachtungsleistung besteht.

Die Leistungen müssen auch entsprechend in einer **Rechnung** ausgewiesen sein. Dies ergibt sich allerdings nur dann, wenn der leistende Unternehmer zur Ausstellung einer Rechnung verpflichtet ist. Wird die Leistung nicht an einen Unternehmer für dessen Unternehmen oder an eine juristische Person ausgeführt, besteht keine Verpflichtung zur Ausstellung einer Rechnung.

Wird eine Rechnung ausgestellt, muss in dieser das Entgelt entsprechend der den einzelnen Steuersätzen unterliegenden Anteile aufgeteilt werden. Dabei können die dem ermäßigten Steuersatz und die dem Regelsteuersatz unterliegenden Leistungen jeweils zusammengefasst werden.

Ein besonderes Problem ergibt sich, wenn für die den unterschiedlichen Steuersätzen unterliegenden Leistungsteilen ein Pauschalpreis vereinbart wird. Insbesondere die Abgrenzung bei den **Frühstückskosten** stellt ein Problem in der Praxis dar. Wird für eine Übernachtung ein Pauschalpreis inklusive Frühstück vereinbart, muss für die Frühstücksleistung – die dem Regelsteuersatz unterliegt – ein entsprechender Anteil herausgerechnet werden. Nach Auffassung der Finanzverwaltung ist in diesem Fall der Entgeltsteil zu schätzen. Schätzungsmaßstab kann hier der kalkulatorische Kostenteil zuzüglich eines angemessenen Gewinnaufschlags sein.

Wichtig! Die Finanzverwaltung beanstandet es aus Vereinfachungsgründen nicht, wenn die nicht begünstigten Leistungen bei einem Pauschalangebot zu einem „Business-Package" bzw. zu einer „Servicepauschale" zusammengefasst werden (Frühstück, Kommunikation, Reinigung und Bügeln von Kleidung, Transport von Personen und Gepäck, Überlassung von Fitnessgeräten, Parkplatzgebühren, Nutzung der Sauna). Für diese Leistungen kann ein Entgeltanteil von 20 % des Pauschalpreises angesetzt werden. Soweit aber gesonderte Entgelte vereinbart werden, gilt diese Vereinfachungsregelung nicht.

Wichtig! Seit dem 1.7.2015 unterliegen **Saunaangebote** nicht mehr dem ermäßigten Steuersatz. Die Finanzverwaltung[5] hat darauf hingewiesen, dass bei pauschalen Übernachtungspreisen, die auch die Nutzung einer Sauna umfassen, der auf die Saunanutzung entfallende Entgeltsanteil mit dem Regelsteuersatz besteuert werden muss. Dies gilt nach der Rechtsprechung des BFH[6] entsprechend auch für die Überlassung von **Parkplätzen** an Übernachtungsgäste, auch wenn diese Parkplätze kostenfrei überlassen werden. Der Hotelier muss von dem Übernachtungsentgelt einen Anteil dem Regelsteuersatz für die Parkplatzüberlassung unterwerfen. Die Finanzverwaltung ermöglicht es dem Unternehmer aber, den Anteil, der auf die regelbesteuerte Leistung entfällt, im Wege einer sachgerechten Schätzung zu ermitteln. Als Schätzungsmaßstab wird der kalkulatorische Kostenanteil zuzüglich eines angemessenen Gewinnaufschlags vorgeschlagen. Der Unternehmer kann die regelbesteuerten Leistungen aber auch in das Business-Package einbeziehen.

---

5 BMF, Schreiben v. 21.10.2015, BStBl I 2015, 738.

6 BFH, Urteil v. 1.3.2016, XI R 11/14, BStBl II 2016, 753.

Die Regelungen gelten entsprechend, wenn der Unternehmer gegenüber dem Leistungsempfänger mit einer Kleinbetragsrechnung[7] nach § 33 UStDV abrechnet.

Auch der **Leistungsempfänger** muss auf die richtige Rechnungsausstellung achten. Nur eine ordnungsgemäße Rechnung kann zum Vorsteuerabzug nach § 15 Abs. 1 UStG führen. Dabei ist zu beachten, dass in den Fällen, in denen in einem Hotel die Benutzung des Fitnessbereichs oder anderer Wellnessleistungen separat berechnet wird, sicher die Frage gestellt werden muss, ob aus diesen in Anspruch genommenen Leistungen der Vorsteuerabzug zugelassen sein kann. Diese Leistungen werden im Regelfall nicht für das Unternehmen des Leistungsempfängers bezogen werden, sodass der Vorsteuerabzug nach § 15 Abs. 1 Satz 1 Nr. 1 UStG nicht gegeben sein kann.

Da in der Hotelbranche die Preise meistens nicht gesenkt wurden, hat wird sich zumindest in der im Businessbereich tätigen Hotellerie für den unternehmerischen Leistungsempfänger eine Verteuerung der Übernachtungskosten ergeben.

Beispiel: Unternehmer U übernachtet im Januar 2018 in einem inländischen Hotel zu einem Pauschalpreis von 100 €, Frühstück bezahlt U separat.
Lösung: In der Rechnung ist der Nettobetrag (93,46 €) nach Abzug des ermäßigten Steuersatzes auszuweisen. Dieser Betrag stellt für den Unternehmer die Kosten dar. Bei einem Steuersatz von 19 % hätte sich für die Leistung nur eine Bemessungsgrundlage (= Kosten) von 84,03 € ergeben.

[7] Bis insgesamt brutto 250 €.

Inland

Inland auf einen Blick

1. **Rechtsquellen**
   § 1 Abs. 2 und § 1 Abs. 2a UStG
   Abschn. 1.9 bis Abschn. 1.12 UStAE
2. **Bedeutung**
   Die Anwendung des deutschen Umsatzsteuergesetzes ist auf das Inland beschränkt. Damit können nur Umsätze der deutschen Umsatzsteuer unterliegen, die in diesem Gebiet ausgeführt werden.
3. **Weitere Stichworte**
   → Ausland, → Drittlandsgebiet, → Freihafen, → Gemeinschaftsgebiet
4. **Besonderheiten**
   Die Definition des Inlands i.S.d. § 1 Abs. 2 UStG weicht von der Definition des Inlandsbegriffs nach Art. 6 MwStSystRL ab.

1. Definition des Inlands

Damit ein Umsatz nach deutschem Steuerrecht in Deutschland steuerbar sein kann, muss der Umsatz im Inland ausgeführt worden sein. Dabei wird der Begriff des Inlands wie folgt definiert:

Gebiet der Bundesrepublik Deutschland
./. Gemeinde Büsingen am Hochrhein
./. die Insel Helgoland
./. Gebiete nach § 1 Abs. 1 Satz 1 ZollVerwG (Freihäfen)
./. Gewässer und Watten zwischen der Hoheitsgrenze und der jeweiligen Strandlinie
./. Deutsche Schiffe/Flugzeuge außerhalb von Zollgebieten
= **Inland i.S.d. § 1 Abs. 2 Satz 1 UStG**

Botschaften, Gesandtschaften und Konsulate anderer Staaten gehören selbst dann zum Inland, wenn es sich um exterritoriales Gelände handelt.

Zum Inland gehört auch der Luftraum über dem Gebiet der Bundesrepublik Deutschland, damit sind Beförderungsleistungen in diesem Gebiet grundsätzlich steuerbare Umsätze[1].

Wichtig! Alle Gebiete, die nicht Inland i.S.d. § 1 Abs. 2 UStG sind, stellen Ausland dar. Soweit ein Umsatz im Ausland ausgeführt worden ist, kann eine Besteuerung nach dem deutschen Umsatzsteuergesetz nicht in Betracht kommen.

2. Die Sondergebiete

Die Umsätze in der **Gemeinde Büsingen** am Hochrhein (deutsche Exklave, vom Schweizer Hoheitsgebiet umschlossen) unterliegen dem Schweizer Zoll- und Steuerrecht (ehemals deutsches Zollausschlussgebiet). Die Umsätze auf der **Insel Helgoland**, in den Freihäfen, in den Gewässern und Watten zwischen der Hoheitsgrenze (der 12-Seemeilen-Grenze) und der jeweiligen Strandlinie sowie den deutschen Schiffen und Flugzeugen außerhalb von Zollgebieten, unterliegen weder der deutschen noch einer anderen Umsatzbesteuerung. Allerdings können bestimmte, in den Freihäfen und in dem Küstenstreifen ausgeführte Umsätze nach § 1 Abs. 3 UStG wie Umsätze im Inland behandelt werden; vgl. Stichwort Freihafen.

---

1 Vgl. dazu aber die Sonderregelung zur Nichterhebung einer Umsatzsteuer bei grenzüberschreitenden Personenbeförderungen im Luftverkehr nach § 26 Abs. 3 UStG.

Innenumsatz

Innenumsatz auf einen Blick

1. **Rechtsquellen**
   § 1 Abs. 1 UStG
   Abschn. 14.1 Abs. 4 UStAE
2. **Bedeutung**
   Innerhalb eines einheitlichen Unternehmens können keine steuerbaren Leistungen ausgeführt werden. Leistungen innerhalb eines Unternehmens stellen sog. Innenumsätze dar. Innenumsätze sind nicht steuerbar.
3. **Weitere Stichworte**
   → Organschaft, → Unternehmenseinheit

Eine **steuerbare Leistung** liegt nur dann vor, wenn der Unternehmer gegenüber einem Anderen eine Leistung gegen Entgelt erbringt. An einer solchen nach außen gerichteten Leistung fehlt es bei einem Innenumsatz, bei dem der Unternehmer innerhalb seines Unternehmens Leistungen zwischen zwei verschiedenen Unternehmensteilen ausführt.

Achtung! Ertragsteuerlich zu trennende Einkunftsarten und Betriebe führen umsatzsteuerlich zu einem einheitlichen Unternehmen, soweit sie von demselben Unternehmer betrieben werden (sog. Unternehmenseinheit).

Beispiel: Tischlermeister T besitzt auch ein Mehrfamilienhaus, das für Mietwohnzwecke vermietet ist.
Lösung: Tischlerei und Mehrfamilienhaus sind ertragsteuerlich streng zu trennen, stellen aber umsatzsteuerlich das einheitliche Unternehmen des T dar. Soweit T Tischlerarbeiten an dem Mehrfamilienhaus ausführt, stellt dieses einen nicht steuerbaren Innenumsatz dar.

Nicht steuerbare Innenumsätze liegen in der Praxis insbesondere in den folgenden Fällen vor:

- Der Unternehmer verbringt Ware von seiner inländischen Produktionsstätte in ein inländisches Auslieferungslager.
- Der Unternehmer verbringt Halbfertigprodukte von einer inländischen Produktionsstätte in eine andere inländische Produktionsstätte.
- Der Unternehmer erbringt im Rahmen seines Gesamtunternehmens Leistungen an einen anderen Teil des Unternehmens, z.B. entgeltliche Überlassung von Räumen.
- Bei einer Organschaft werden Leistungen zwischen inländischen Teilen des Organkreises erbracht.

Unerheblich für die Beurteilung als Innenumsatz ist, ob für die innerhalb des einheitlichen Unternehmens ausgeführte Leistung ein Entgelt entrichtet wird oder nicht.

Achtung! Gegebenenfalls kann eine Korrektur der Vorsteuer notwendig sein, wenn Gegenstände für vorsteuerabzugsberechtigende Zwecke erworben, dann aber für einen nicht steuerbaren Innenumsatz für vorsteuerabzugsschädliche Zwecke verwendet werden.

Fortsetzung Beispiel: Tischlermeister T entnimmt seinem Warenvorrat eine Fertigtür, die er in dem Mietwohnhaus einbaut. Bei Erwerb der Fertigtür hatte er die Vorsteuer abgezogen.
Lösung: Da die Tür jetzt im Rahmen der steuerfreien, den Vorsteuerabzug ausschließenden Vermietung genutzt wird, muss geprüft werden, ob eine Berichtigung des Vorsteuerabzugs in Betracht kommen kann; § 15a UStG. Dafür wäre aber unter anderem Voraussetzung, dass die Vorsteuer aus dem

Einkauf der Tür mehr als 1.000 € betragen hat[1], sodass wahrscheinlich keine Vorsteuerberichtigung vorzunehmen ist.

Abwandlung: Anders wäre der Fall zu beurteilen, wenn T die Tür ausdrücklich zur Verwendung in seinem Mietwohnhaus bei seinem Großhändler bestellt hätte. Da die Tür jetzt für einen nicht zum Vorsteuerabzug berechtigenden Umsatz eingekauft wurde, kann die Vorsteuer nach § 15 Abs. 2 Nr. 1 UStG nicht abgezogen werden.

Wenn ein Unternehmer versehentlich für einen nicht steuerbaren Innenumsatz in einem Beleg zwischen seinen Unternehmensteilen **Umsatzsteuer gesondert ausweist**, schuldet er diese Umsatzsteuer nicht nach § 14c Abs. 2 UStG (unberechtigter Steuerausweis), es handelt sich insoweit nur um einen unternehmensinternen Buchungsbeleg, aus dem weder ein Vorsteuerabzug noch eine Umsatzsteuerschuld abgeleitet werden kann[2]. Nicht steuerbare Innenumsätze ergeben sich auch bei einer umsatzsteuerlichen Organschaft innerhalb des Organkreises; vgl. dazu auch Stichwort Organschaft.

Achtung! In bestimmten Fällen (Einfuhr, innergemeinschaftliches Verbringen) kann trotz einheitlichem Unternehmen bei grenzüberschreitenden Vorgängen ein steuerbarer Umsatz ausgelöst werden; vgl. Stichwort Einfuhr und Stichwort Innergemeinschaftliches Verbringen.
In diesen Fällen liegt zwar auch grundsätzlich ein Innenumsatz vor, kann aber doch zur Entstehung eine Einfuhrumsatzsteuer oder zur Besteuerung einer innergemeinschaftlichen Lieferung nach § 3 Abs. 1a i.V.m. § 6a Abs. 2 UStG bzw. eines innergemeinschaftlichen Erwerbs nach § 1a Abs. 2 UStG führen.

---

1 § 44 Abs. 1 UStDV.

2 Abschn. 14.1 Abs. 4 UStAE. Bestätigt durch BFH, Urteil v. 28.10.2010, V R 7/10, BStBl II 2011, 391.

Innergemeinschaftliche Lieferung

Innergemeinschaftliche Lieferung auf einen Blick

1. **Rechtsquellen**
   § 4 Nr. 1 Buchst. b und § 6a UStG
   § 17a bis § 17c UStDV
   Abschn. 6a.1 bis Abschn. 6a.8 UStAE
2. **Bedeutung**
   Eine innergemeinschaftliche Lieferung liegt vor, wenn ein Gegenstand bei der Lieferung durch einen Unternehmer an einen Abnehmer mit USt-IdNr. in einen anderen Mitgliedstaat der Union gelangt. Die innergemeinschaftliche Lieferung ist steuerfrei, soweit alle Buch- und Belegnachweise geführt werden können. Die innergemeinschaftliche Lieferung setzt auf der Seite des Erwerbs immer einen innergemeinschaftlichen Erwerb voraus.
3. **Weitere Stichworte**
   → Ausland, → Fahrzeuglieferung, → Gelangensbestätigung, → Innergemeinschaftlicher Erwerb, → Innergemeinschaftliches Verbringen, → Lieferung, → Umsatzsteuer-Identifikationsnummer, → Vertrauensschutz, → Zusammenfassende Meldung
4. **Besonderheiten**
   Erfassung in der Umsatzsteuer-Voranmeldung in Zeile 20 und der Umsatzsteuererklärung (bis 2017 in der Anlage UR) sowie Aufnahme in der Zusammenfassenden Meldung.
   Seit dem 1.10.2013 (Übergangsfrist bis 31.12.2013) müssen neue, verschärfte Nachweisvorschriften für das tatsächliche körperliche Gelangen eines Gegenstands beachtet werden. Im Mittelpunkt steht die sog. Gelangensbestätigung.

1. Allgemeines

Der Begriff der innergemeinschaftlichen Lieferung bezieht sich auf die Steuerbefreiung in bestimmten Fällen einer grenzüberschreitenden Lieferung innerhalb der Europäischen Union. Nicht jede grenzüberschreitende Lieferung im Binnenmarkt ist deshalb eine „innergemeinschaftliche Lieferung". Die **Lieferung aus Deutschland in einen anderen Mitgliedstaat** kann grundsätzlich zu den folgenden Besteuerungsfolgen führen:

- Wenn der Abnehmer die Bestellung unter seiner zutreffenden USt-IdNr. vornimmt, führt dies bei dem liefernden Unternehmer zu einer in Deutschland steuerbaren, aber steuerfreien innergemeinschaftlichen Lieferung nach § 4 Nr. 1 Buchst. b i.V.m. § 6a UStG.
- Wenn der Abnehmer keine USt-IdNr. verwendet, kann für den Lieferer die Verlagerung des Orts der Lieferung in das Bestimmungsland nach § 3c UStG infrage kommen (soweit er die Lieferschwelle in dem anderen Mitgliedstaat überschreitet; vgl. Stichwort Lieferung/Ort der Lieferung nach § 3c UStG). In diesem Fall ist die Lieferung in Deutschland nicht steuerbar, muss aber in dem anderen Mitgliedstaat besteuert werden.
- Wenn der Abnehmer keine USt-IdNr. verwendet und die Verlagerung des Orts der Lieferung nach § 3c UStG nicht infrage kommt, ist die Lieferung in Deutschland steuerbar und steuerpflichtig. Der liefernde Unternehmer muss in Deutschland Umsatzsteuer für diese Lieferung abführen.

Von einer innergemeinschaftlichen Lieferung wird dann gesprochen, wenn die Voraussetzungen der Steuerfreiheit nach § 4 Nr. 1 Buchst. b UStG i.V.m. § 6a UStG vorliegen.

2. Steuerfreiheit der innergemeinschaftlichen Lieferung

Wenn bei einer Lieferung ein Gegenstand von einem Mitgliedstaat in einen anderen Mitgliedstaat der Europäischen Union gelangt, kann eine steuerfreie innergemeinschaftliche Lieferung vorliegen.

Die Steuerfreiheit setzt nach § 4 Nr. 1 Buchst. b UStG i.V.m. § 6a UStG bestimmte Tatbestände sowie entsprechende Buch- und Belegnachweise voraus.

Eine innergemeinschaftliche Lieferung liegt auch bei einem **innergemeinschaftlichem Verbringen** i.S.d. § 3 Abs. 1a UStG vor, § 6a Abs. 2 UStG; vgl. dazu Stichwort Innergemeinschaftliches Verbringen.

Die **Steuerfreiheit** der innergemeinschaftlichen Lieferung setzt zwingend voraus, dass der Leistungsempfänger in dem Bestimmungsland einen innergemeinschaftlichen Erwerb der Besteuerung unterwerfen muss. Ohne diese Voraussetzung (insbesondere nachgewiesen durch die USt-IdNr. des Leistungsempfängers) kann eine Steuerbefreiung nicht gewährt werden. Den systematischen Zusammenhang zeigt die Gegenüberstellung beim innergemeinschaftlichen Erwerb; vgl. dazu Stichwort Innergemeinschaftlicher Erwerb.

3. Voraussetzungen nach § 6a Abs. 1 UStG

Nach § 6a Abs. 1 UStG ist die Steuerfreiheit der innergemeinschaftlichen Lieferung nur unter den folgenden Voraussetzungen gegeben:

- Der Gegenstand muss **nachweisbar physisch** von Deutschland in einen anderen Mitgliedstaat der Europäischen Union **gelangt sein**, § 6a Abs. 1 Satz 1 Nr. 1 UStG. Voraussetzung ist, dass der Ort der Lieferung sich in Deutschland befindet, es muss sich also um einen steuerbaren Umsatz handeln. Grundsätzlich kann nur eine Beförderungs- oder Versendungslieferung nach § 3 Abs. 6 UStG die Voraussetzungen für eine solche innergemeinschaftliche Lieferung erfüllen. Dabei ist es unerheblich, ob der Lieferer oder der Abnehmer den Gegenstand befördert oder versendet. Das tatsächliche Gelangen des Gegenstands muss aber nachgewiesen sein; vgl. dazu auch Stichwort Gelangensbestätigung.
- Der Abnehmer ist nach § 6a Abs. 1 Satz 1 Nr. 2 UStG entweder:
  - ein Unternehmer, der den Gegenstand der Lieferung für sein Unternehmen erworben hat, oder
  - eine juristische Person, die nicht Unternehmer ist oder die den Gegenstand der Lieferung nicht für ihr Unternehmen erworben hat, oder
  - bei der Lieferung eines neuen Fahrzeugs auch jeder andere Erwerber (vgl. Stichwort Fahrzeuglieferung).
- Der Erwerb des Gegenstands unterliegt beim Abnehmer in einem anderen Mitgliedstaat den Vorschriften der Umsatzbesteuerung (vgl. Stichwort Innergemeinschaftlicher Erwerb), § 6a Abs. 1 Satz 1 Nr. 3 UStG.

Achtung! Damit eine steuerfreie innergemeinschaftliche Lieferung vorliegt, müssen alle drei Voraussetzungen erfüllt und nachgewiesen sein.

Wichtig! Die Voraussetzungen für die steuerfreie innergemeinschaftliche Lieferung müssen neben dem Nachweis des körperlichen Gelangens des Gegenstands insbesondere durch die Aufzeichnung der zutreffenden USt-IdNr. des Leistungsempfängers nachgewiesen werden.

Tipp! Bei einem neuen Kunden sollte aus Vorsichtsgründen immer eine Bestätigung des Bundeszentralamts für Steuern über die Richtigkeit der vom Kunden verwendeten USt-IdNr. und der Identität des Leistungsempfängers eingeholt werden, sog. qualifizierte Bestätigung nach § 18e UStG.

Der Gegenstand der Lieferung kann durch Beauftragte vor der Beförderung des Gegenstands in einen anderen Mitgliedstaat noch **be- oder verarbeitet** werden, § 6a Abs. 1 Satz 2 UStG. Diese Be- oder Verarbeitung muss nicht in Deutschland erfolgen, sie kann auch in einem anderen Mitgliedstaat oder im Drittlandsgebiet erfolgen. Voraussetzung ist lediglich, dass die Be- oder Verarbeitung im Auftrag des Abnehmers oder eines folgenden Abnehmers erfolgt. Lässt der leistende Unternehmer den Gegenstand der Lieferung noch be- oder verarbeiten, erfolgt die Lieferung erst nach dieser Be- oder Verarbeitung, Gegenstand der Lieferung ist dann der be- oder verarbeitete Gegenstand.

Ein besonderes Augenmerk bei der innergemeinschaftlichen Lieferung ist auf die USt-IdNr. des Leistungsempfängers zu richten. Grundsätzlich gilt:

Wichtig! Ohne zutreffende USt-IdNr. des Leistungsempfängers keine steuerfreie innergemeinschaftliche Lieferung. Dabei muss die USt-IdNr. schon zum Zeitpunkt der Lieferung dem liefernden Unternehmer vorliegen. Nicht erforderlich ist, dass die USt-IdNr. aus dem Land stammt, in das der Gegenstand dann auch tatsächlich gelangt.
Der EuGH[1] hat zwar entschieden, dass die Steuerbefreiung nicht alleine wegen des Fehlens der USt-IdNr. versagt werden darf, wenn der Lieferer redlicherweise und nachdem er alle ihm zumutbaren Maßnahmen ergriffen hat, diese USt-IdNr. nicht mitteilen kann und er außerdem Angaben macht, die hinreichend belegen können, dass der Erwerber ein Steuerpflichtiger ist, der bei dem betreffenden Vorgang als solcher gehandelt hat. Dieses Urteil kann aber in der Praxis nicht dazu herangezogen werden, steuerfreie Lieferungen ohne zutreffende USt-IdNr. vorzunehmen. Nur in absoluten Ausnahmefällen – z.B. wenn sich nachträglich ein Problem mit der erteilten USt-IdNr. ergeben sollte – kann dieses Urteil als Argumentationsgrundlage herangezogen werden. Da bei Nichtvorliegen der USt-IdNr. auch keine Zusammenfassende Meldung abgegeben werden kann, wird derzeit auf Unionsebene[2] geprüft, die MwStSystRL anzupassen und der USt-IdNr. eine materiell-rechtliche Rolle bei der Steuerbefreiung zukommen zu lassen.

Von dem Grundsatz, dass immer eine USt-IdNr. vorliegen muss, gibt es nur eine gesetzliche Ausnahme: Bei der Fahrzeuglieferung eines neuen Fahrzeugs ist die Steuerfreiheit auch ohne eine USt-IdNr. des Abnehmers gegeben; vgl. Stichwort Fahrzeuglieferung.

4. Nachweis durch den Unternehmer

4.1 Allgemeines zum Nachweis

Der liefernde Unternehmer muss die o.g. Voraussetzungen für das Vorliegen der innergemeinschaftlichen Lieferung grundsätzlich buch- und belegmäßig nachweisen, § 6a Abs. 3 UStG. Dabei soll der Buchnachweis mehr als den bloßen Nachweis entweder durch Aufzeichnungen oder nur durch Belege erfordern. Die Belege werden durch Hinweise bzw. Bezugnahmen in den Aufzeichnungen Bestandteil der Buchführung und damit des Buchnachweises – beide sollen somit eine Einheit darstellen.

Wichtig! Die Finanzverwaltung[3] geht regelmäßig davon aus, dass die Voraussetzungen für eine innergemeinschaftliche Lieferung nicht vorliegen, wenn der liefernde Unternehmer den Buch- und Belegnachweis nicht, nicht vollständig oder nicht zeitnah führt. Ausnahmsweise kann aber dennoch von dem Vorliegen der Voraussetzungen ausgegangen werden, wenn aufgrund der vorliegenden Belege und sich der daraus ergebenden tatsächlichen Umstände objektiv ergibt, dass die Voraussetzungen des § 6a UStG vorliegen[4]. Belegnachweise können dabei – gegebenenfalls bis zum Schluss der mündlichen Verhandlung vor dem Finanzgericht – nachgeholt werden.

---

1 EuGH, Urteil v. 27.9.2012, C-587/10 – Vogtländische Straßen-, Tief- und Rohrleitungsbau, BFH/NV 2013, 1919.

2 Richtlinienvorschlag v. 04.10.2017 (COM(2017) 569 final) zur Änderung von Art. 138 Abs. 1 und Art. 262 MwStSystRL. Die zutreffende Anmeldung in der Zusammenfassenden Meldung – verbunden mit der zutreffenden USt-IdNr. des Leistungsempfängers soll zur materiell-rechtlichen Voraussetzung für die Steuerbefreiung der innergemeinschaftlichen Lieferung werden. Nachdem die EU-Kommission eine Umsetzung schon für 2019 plante, ist wohl zeitnah mit einer Umsetzung nicht zu rechnen, derzeit wird von einer Umsetzung zum 1.1.2020 ausgegangen.

3 Abschn. 6a.2 UStAE.

4 BFH, Urteil v. 28.5.2009, V R 23/08, BStBl II 2010, 517 – das Urteil erging zu Ausfuhrlieferungen kann aber entsprechend auch für innergemeinschaftliche Lieferungen angewendet werden.

Der belegmäßige Nachweis kann nach der Rechtsprechung des BFH[5] auch nicht durch andere Beweismittel (z.B. Zeugenvernehmung im Rahmen eines Finanzgerichtsverfahrens) ersetzt werden.

4.2 Die früheren Nachweise für die innergemeinschaftlichen Lieferungen (bis 30.9.2013 /31.12.2013)

Wichtig! Die Altfassung der UStDV gilt für alle Lieferungen, die bis zum 30.9.2013 ausgeführt worden sind[6]. Ab dem 1.10.2013 sind dann die neuen Vorschriften zum Belegnachweis zu beachten; die Finanzverwaltung[7] hatte es aber für alle bis zum 31.12.2013 ausgeführten Lieferungen nicht beanstandet, dass noch nach der bisherigen Fassung der Nachweis geführt werden konnte.

Nach den **Vorgaben der UStDV** in der bis zum 31.12.2011 geltenden Fassung – diese konnte für alle Lieferungen bis zum 31.12.2013 herangezogen werden – sollten die folgenden Belege aufbewahrt werden:

- Das Doppel der Rechnung,
- ein handelsüblicher Beleg, aus dem sich der Bestimmungsort ergibt (z.B. Lieferschein), bei der Beförderung durch den Abnehmer eine Versicherung, dass der Gegenstand in das übrige Gemeinschaftsgebiet gelangt, oder
- andere Belege, aus denen sich eindeutig der Abnehmer und der Zielort der Warenbewegung ergeben.

Tipp! Nach der Rechtsprechung[8] gibt es für den buchmäßigen Nachweis einer innergemeinschaftlichen Lieferung keine Fristen. Auch wenn der Unternehmer erst einmal innergemeinschaftliche Lieferung verschleiert hatte, ist die Steuerbefreiung gegeben, wenn keine Gefährdung des Steueraufkommens besteht.

Darüber hinaus sollte der Unternehmer nach § 17c UStDV a.F. buchmäßig die folgenden **Daten aufzeichnen**:

- Den Namen und die Anschrift des Abnehmers,
- den Namen und die Anschrift des Beauftragten des Abnehmers bei einer Lieferung, die im Einzelhandel oder in einer für den Einzelhandel gebräuchlichen Art und Weise erfolgt,
- den Gewerbezweig oder Beruf des Abnehmers,
- die handelsübliche Bezeichnung und die Menge der gelieferten Gegenstände,
- den Tag der Lieferung,
- das vereinbarte Entgelt oder bei der Besteuerung nach vereinnahmten Entgelten das vereinnahmte Entgelt und den Tag der Vereinnahmung,
- soweit der Gegenstand noch be- oder verarbeitet worden ist, den Umfang oder die Art der Be- oder Verarbeitung,
- die Beförderung oder Versendung in das übrige Gemeinschaftsgebiet,
- den Bestimmungsort im übrigen Gemeinschaftsgebiet.

4.3 Die Nachweisverpflichtung aus Sicht der Finanzverwaltung nach der Altfassung der UStDV (bis 30.9.2013 /31.12.2013)

Der Unternehmer musste nachweisen, dass der Gegenstand physisch in einen anderen Mitgliedstaat gelangt ist. Dabei war es nicht ausreichend, wenn sich aus den Belegen nur ergibt, dass der Gegenstand in einen anderen Mitgliedstaat transportiert wurde, es musste sich aus den Belegen der jeweilige Bestimmungsort ergeben[9]. Die Nachweispflicht traf dabei immer den Unternehmer, der die Steuerbefreiung in

---

[5] BFH, Urteil v. 19.3.2015, V R 14/14, BStBl II 2015, 912.

[6] Vgl. auch BMF, Schreiben v. 1.6.2012, BStBl I 2012, 619.

[7] BMF, Schreiben v. 16.9.2013, BStBl I 2013, 1192.

[8] EuGH, Urteil v. 27.9.2007, C-146/05 – Albert Collée, BStBl II 2009, 78 sowie BFH, Urteil v. 6.12.2007, V R 59/03, BStBl II 2009, 57.

[9] Abschn. 6a.3 Abs. 3 UStAE a.F.

Anspruch nehmen wollte, in Zweifelsfällen (z.B. bei einem Reihengeschäft) konnte er nicht einwenden, dass er keine Kenntnis über den tatsächlichen Bestimmungsort der Ware hatte.

Eine besondere Bedeutung kam der **Empfangsbestätigung** des Abnehmers oder des Beauftragten des Abnehmers nach § 17a Abs. 2 Nr. 3 UStDV a.F. zu. Aus dieser Bestätigung musste sich eindeutig ergeben, wer der Abnehmer der Lieferung ist und welche Verbindung zu einem eventuell eingeschalteten Beauftragten bestand. Insbesondere sollte die Identität des Abnehmers nachgewiesen werden, als Nachweis wurde hier z.B. eine Passkopie des Abnehmers oder des Beauftragten gefordert. War ein Vertretungsberechtigter des Leistungsempfängers aufgetreten, sollte nach Auffassung der Finanzverwaltung dessen Vertretungsberechtigung nachgewiesen werden (z.B. durch einen aktuellen Handelsregisterauszug).

Tipp! Nach der Rechtsprechung des BFH[10] zählte die Vorlage einer schriftlichen Vollmacht zum Nachweis der Abholberechtigung des Abholenden nicht zu den Erfordernissen für einen ordnungsgemäßen Belegnachweis nach § 17a Abs. 1 und Abs. 2 UStDV a.F. Davon zu unterscheiden war aber die Nachprüfbarkeit der Abholberechtigung durch das Finanzamt bei Vorliegen konkreter Zweifel im Einzelfall. Die Finanzverwaltung verlangte deshalb nicht mehr zwingend eine solche Vollmacht. Da es aber im Regelfall nicht vorher ersichtlich war, in welchen Fällen ein „Zweifelsfall" gegeben war, war es sinnvoll, eine Vollmacht zu den Unterlagen zu nehmen.

Hatte der Abnehmer den Gegenstand der Lieferung selbst in das übrige Gemeinschaftsgebiet befördert (**Abhollieferung**), sollte der Leistungsempfänger schriftlich bestätigen, dass er den Gegenstand in das übrige Gemeinschaftsgebiet transportieren wird. Diese Bestätigung musste schriftlich und in deutscher Sprache erfolgen.

Die **Abnehmerbestätigung** über die Verbringung des Gegenstands in den anderen Mitgliedstaat musste rechtsverbindlich unterschrieben sein. Diese Unterschrift musste gegebenenfalls einen Vergleich mit der Unterschrift auf der Passkopie des Abnehmers (bzw. dessen Vertretungsberechtigten oder des unselbständigen Beauftragten) ermöglichen. Hat ein Beauftragter den Gegenstand abgeholt, musste die Identität des Beauftragten nachgewiesen sein (ebenfalls durch Passkopie). Darüber hinaus musste auch eindeutig nachgewiesen sein, dass der Beauftragte tatsächlich mit der Entgegennahme des Gegenstands der Lieferung beauftragt war.

Wurde der Gegenstand von dem liefernden Unternehmer oder dem Abnehmer durch einen selbständigen Beauftragten versendet, kamen als Versendungsnachweis insbesondere Frachtbriefe, Posteinlieferungsscheine, Ladescheine oder auch ein **CMR-Frachtbrief** in Betracht.

Tipp! Ursprünglich ging die Finanzverwaltung davon aus, dass nur ein vollständig ausgefüllter CMR-Frachtbrief den Anforderungen an den Verbringensnachweis erfüllt. Nachdem aber der BFH[11] sich dieser Rechtsauffassung nicht angeschlossen hatte, akzeptierte die Finanzverwaltung einen CMR-Frachtbrief auch dann als Versendungsbeleg gemäß § 17a Abs. 4 Satz 1 Nr. 2 i.V.m. § 10 Abs. 1 UStDV, wenn er keine Bestätigung über den Warenempfang am Bestimmungsort enthält[12]. Bestanden aber ernstliche Zweifel, an dem tatsächlichen Gelangen des Gegenstands in einen anderen Mitgliedstaat, musste der Unternehmer die Voraussetzungen anhand anderer geeigneter Unterlagen nachweisen.

Zu dem Buchnachweis, die der leistenden Unternehmer zu führen hatte, gehört auch der **buchmäßige Nachweis der USt-IdNr.** Allerdings reichte die Aufzeichnung der (zutreffenden) USt-IdNr. nicht aus, um die Identität des Leistungsempfängers nachzuweisen. Der Nachweis und die Identität des Abnehmers sollten durch weitere Unterlagen (z.B. durch einen Kaufvertrag) nachgewiesen werden. Die Stellung des Abnehmers ergab sich dabei aus den zivilrechtlichen Vereinbarungen.

---

10 BFH, Urteil v. 12.5.2009, V R 65/06, BStBl II 2010, 511.

11 BFH, Urteil v. 12.5.2009, V R 65/06, BStBl II 2010, 511.

12 Abschn. 6a.4 Abs. 5 UStAE a.F.

Wichtig! Ohne Aufzeichnung der zutreffenden USt-IdNr. konnte aber der Nachweis der innergemeinschaftlichen Lieferung grundsätzlich nicht geführt werden. War aber die USt-IdNr. zum Zeitpunkt der Lieferung gültig, konnte die Befreiung nicht nachträglich aberkannt werden, wenn der Empfänger des Gegenstands keinen innergemeinschaftlichen Erwerb besteuerte.

Die Nachweise waren im Geltungsbereich der UStDV zu führen. Die Finanzverwaltung konnte jedoch gestatten, dass der Unternehmer die Aufzeichnungen über den buchmäßigen Nachweis im Ausland vornehmen konnte, wenn es sich um einen steuerlich zuverlässigen Unternehmer handelte.

Die Aufzeichnungen sollten grundsätzlich laufend und unmittelbar nach Ausführung des jeweiligen Umsatzes vorgenommen werden. Da die buch- und belegmäßigen Nachweise aber keine materiellen Voraussetzungen für die Steuerbefreiung darstellten[13], konnte der Unternehmer fehlende oder fehlerhafte Aufzeichnungen eines rechtzeitig erbrachten Buchnachweises bis zum Schluss der letzten mündlichen Verhandlung vor dem Finanzgericht ergänzen oder berichtigen[14], vgl. auch Stichwort Vertrauensschutz.

4.4 Aktuelle Nachweisverpflichtungen nach der neuen UStDV (seit 1.10.2013)

Mit Wirkung zum 1.10.2013 trat eine Neufassung der UStDV in Kraft, die für alle ab dem 1.10.2013 ausgeführten Lieferungen anzuwenden war[15]. Die Finanzverwaltung gewährte aber noch eine Übergangsregelung für alle bis zum 31.12.2013 ausgeführten Lieferungen, sodass die Neuregelungen **spätestens ab dem 1.1.2014** anzuwenden sind. Im Mittelpunkt der Änderungen stehen Veränderungen bei den Buch- und Belegnachweisen bei innergemeinschaftlichen Lieferungen.

Im Zentrum der Neuregelung steht die sog. Gelangensbestätigung. Diese ist grundsätzlich in allen Fällen der innergemeinschaftlichen Lieferung als Nachweis über das körperliche (physische) Gelangen des Gegenstands in einen anderen Mitgliedstaat zu verwenden. Der Unternehmer kann den Nachweis aber – in Abhängigkeit der jeweiligen Art des Transports – auch durch Alternativnachweise führen; vgl. dazu ausführlich Stichwort Gelangensbestätigung.

Wichtig! Bei innergemeinschaftlichen Lieferungen hat der Unternehmer im Geltungsbereich dieser Verordnung durch Belege nachzuweisen, dass er oder der Abnehmer den Gegenstand der Lieferung in das übrige Gemeinschaftsgebiet befördert oder versendet hat. Die Voraussetzung muss sich aus den Belegen eindeutig und leicht nachprüfbar ergeben, § 17a Abs. 1 UStDV.

Wichtig! Insbesondere bei Abhollieferungen (der Kunde holt den Gegenstand selbst beim liefernden Unternehmer ab) kann der Nachweis seit dem 1.1.2014 nur durch einen Beleg oder mehrere Belege geführt werden, aus denen sich das tatsächliche Gelangen des Gegenstands in den anderen Mitgliedstaat ergibt. Dieser Beleg muss den Monat enthalten, in dem der Gegenstand tatsächlich im anderen Mitgliedstaat angekommen ist. Außerdem muss der Ort der Ankunft angegeben werden. Diese Informationen können erst dann angegeben werden, wenn der Gegenstand tatsächlich in dem anderen Mitgliedstaat angekommen ist.

Tipp! Zumindest bei Abnehmern, zu denen keine ständigen Geschäftsbeziehungen bestehen, wird der leistende Unternehmer deshalb bei Abholung des Gegenstands erst einmal einen Bruttobetrag verlangen müssen und dann den Steuerbetrag an den Abnehmer erstatten, wenn die Gelangensbestätigung vorliegt. Ob dies sich am Markt umsetzen lässt, muss in jedem Einzelfall geprüft werden.

---

13 Vgl. BFH, Urteil v. 8.11.2007, V R 72/05, BStBl II 2009, 55.

14 BFH, Urteil v. 28.5.2009, V R 23/08, BStBl II 2010, 517 – das Urteil erging zu Ausfuhrlieferungen kann aber entsprechend auch für innergemeinschaftliche Lieferungen angewendet werden.

15 Elfte Verordnung zur Änderung der Umsatzsteuer-Durchführungsverordnung v. 25.3.2013, BGBl I 2013, 602.

Regelmäßig wird der Wunsch, erst einmal einen Bruttobetrag zu verlangen auf Unverständnis bei dem Vertragspartner stoßen, da auch der Vertragspartner das Risiko trägt, ob er die gezahlte Umsatzsteuer nach Vorlage der Gelangensbestätigung auch tatsächlich von dem liefernden Unternehmer zurück erhalten wird.

Liegen dem liefernden Unternehmer Belege der in § 17a Abs. 2 und Abs. 3 UStDV genannten Art nicht vor, kann der Unternehmer die Steuerbefreiung einer innergemeinschaftlichen Lieferung auch mit anderen Belegen oder Beweismitteln nicht führen, kommt der Unternehmer seinen Nachweispflichten nicht oder nur unvollständig nach, erweisen sich die Nachweisangaben bei einer Überprüfung als unzutreffend oder bestehen zumindest berechtigte Zweifel an der inhaltlichen Richtigkeit der Angaben, die der Unternehmer nicht ausräumt, ist von der Steuerpflicht der Lieferung auszugehen.

5. Anforderungen an die Rechnung

Der liefernde Unternehmer muss dem Abnehmer eine ordnungsgemäße Rechnung erteilen, in der auch auf die Steuerfreiheit des Umsatzes hinzuweisen ist, § 14 Abs. 4 Nr. 8 UStG. Darüber hinaus müssen die Anforderungen nach § 14a Abs. 3 UStG beachtet werden. Danach ergeben sich die folgenden Anforderungen:

- bei einer steuerfreien innergemeinschaftlichen Lieferung ist grundsätzlich eine Rechnung auszustellen;
- es muss die eigene USt-IdNr. sowie die USt-IdNr. des Leistungsempfängers angegeben werden.

Achtung! Der BFH[16] hat festgestellt, dass der Belegnachweis für eine steuerfreie innergemeinschaftliche Lieferung nicht geführt werden kann, wenn in der Rechnung nicht auf die Steuerfreiheit als innergemeinschaftliche Lieferung hingewiesen wird.

Von diesen Rechnungen hat der Unternehmer ein Doppel zehn Jahre lang aufzubewahren, § 14b Abs. 1 UStG. Die Aufbewahrungsfrist beginnt mit Ablauf des Jahres, in dem die Rechnung ausgestellt worden ist. Ein Verstoß gegen die Aufbewahrungsvorschriften kann mit einem Bußgeld von bis zu 5.000 € geahndet werden.

Achtung! Der Unternehmer kann fehlende oder fehlerhafte Aufzeichnungen eines rechtzeitig erbrachten Belegnachweises bis zum Schluss der letzten mündlichen Verhandlung vor dem Finanzgericht nach den für die Rechnungsberichtigungen geltenden Grundsätzen ergänzen oder berichtigen[17]. Dies kann sich aber nur auf die vorgeschriebenen Nachweismöglichkeiten beziehen, die Inhalte eines Belegnachweises können nicht in anderer Form erbracht werden (z.B. durch Zeugenvernehmung im Finanzgerichtsprozess)[18].

Hinweis! Nach Inkrafttreten der Änderungen durch das Amtshilferichtlinie-Umsetzungsgesetz zum 30.6.2013 in § 14a Abs. 3 UStG müssen diese Rechnungen bis zum 15. Tag des auf die Lieferung folgenden Monats ausgestellt werden.

6. Anmeldungen

Der liefernde Unternehmer muss die steuerfreie innergemeinschaftliche Lieferung in seiner Umsatzsteuer-Voranmeldung in der Zeile 20 als steuerfreie innergemeinschaftliche Lieferung angeben. Darüber hinaus ist die Lieferung auch in der Zusammenfassenden Meldung nach § 18a UStG aufzunehmen. In der Zusammenfassenden Meldung hat der Unternehmer die USt-IdNr. des Leistungsempfängers sowie die Bemessungsgrundlage für die steuerfreie Lieferung anzugeben. Soweit der liefernde Unternehmer in einem

---

[16] BFH, Urteil v. 12.5.2011, V R 46/10, BStBl II 2011, 957.

[17] BFH, Urteil v. 28.5.2009, V R 23/08, BStBl II 2010, 517.

[18] BFH, Urteil v. 19.3.2015, V R 14/14, BStBl II 2015, 912.

Meldezeitraum mehrere Lieferungen an denselben Unternehmer ausgeführt hat, sind die Bemessungsgrundlagen der Lieferungen in der Zusammenfassenden Meldung zu einer Summe zusammenzufassen.

Die Anmeldung sowohl in der USt-Voranmeldung wie auch in der Zusammenfassenden Meldung hat der Unternehmer in dem Meldezeitraum vorzunehmen, in dem er die Rechnung ausgestellt hat. Wird die Rechnung erst verspätet ausgestellt, ist der Vorgang spätestens jedoch für den Meldezeitraum anzumelden, in dem der auf die Ausführung der innergemeinschaftlichen Lieferung folgende Monat endet, § 18a Abs. 8 und § 18b Satz 2 UStG.

Die **zutreffende Erfassung** der Lieferung in der Zusammenfassenden Meldung ist erforderlich, damit im Rahmen des innergemeinschaftlichen Kontrollverfahrens überprüft werden kann, ob der Leistungsempfänger seiner Verpflichtung zur Besteuerung eines innergemeinschaftlichen Erwerbs auch nachgekommen ist.

In der Umsatzsteuer-Voranmeldung wie auch in der Zusammenfassenden Meldung muss der Unternehmer die Bemessungsgrundlage für diese Lieferung angeben. Die Bemessungsgrundlage bestimmt sich grundsätzlich nach § 10 Abs. 1 UStG mit dem Betrag, den der Abnehmer des Gegenstands aufwendet, um die Lieferung zu erhalten. Damit sind in die Bemessungsgrundlage auch Nebenleistungen einzubeziehen, die das Schicksal der Hauptleistung teilen (z.B. Transportkosten).

7. Vertrauensschutz nach § 6a Abs. 4 UStG

Wenn der liefernde Unternehmer eine Lieferung steuerfrei ausführt, obwohl die Voraussetzungen für die Steuerfreiheit nicht gegeben sind, schuldet der Abnehmer die in Deutschland entgangene Umsatzsteuer, wenn die Inanspruchnahme der Steuerfreiheit auf unrichtigen Angaben des Leistungsempfängers beruht und der liefernde Unternehmer die Unrichtigkeit der Angaben nicht erkennen konnte; vgl. zu den Einzelheiten auch Stichwort Vertrauensschutz.

Wichtig! Diese Vertrauensschutzregelung erstreckt sich aber nicht auf die Fälle, in denen der Leistungsempfänger mit einer unzutreffenden USt-IdNr. die Leistung erhalten hat. Aus diesem Grunde sollte sich der liefernde Unternehmer die USt-IdNr. grundsätzlich vom Bundeszentralamt für Steuern bestätigen lassen.

Damit erstreckt sich die **Vertrauensschutzregelung** im Wesentlichen auf die folgenden Fälle:

- Der Leistungsempfänger verwendet die Gegenstände nicht für unternehmerische Zwecke.
- Der Leistungsempfänger holt die Gegenstände der Lieferung selbst ab und verbringt sie – entgegen einer schriftlichen Bestätigung – nicht in das übrige Gemeinschaftsgebiet – dies gilt aber nur für Lieferungen bis zum 31.12.2013. Ab dem 1.1.2014 muss durch einen Beleg, der den Ankunftsort und Ankunftsmonat angibt, der Nachweis des physischen Gelangens geführt werden. Der Vertrauensschutz könnte sich dann ergeben, wenn eine solche Gelangensbestätigung ausgestellt wird, aber inhaltlich falsch ist, ohne dass der liefernde Unternehmer dies prüfen konnte.

Innergemeinschaftlicher Erwerb

Innergemeinschaftlicher Erwerb auf einen Blick

1. **Rechtsquellen**
   § 1 Abs. 1 Nr. 5, § 1a bis § 1c, § 3d und § 4b UStG
   Abschn. 1a.1 bis Abschn. 1b.1 und Abschn. 4b.1 UStAE
2. **Bedeutung**
   Ein innergemeinschaftlicher Erwerb ist ein eigener Steuertatbestand, der im Gemeinschaftsgebiet den Steuertatbestand der Einfuhr ersetzt hat. Um eine Besteuerung eines Gegenstands im Bestimmungsland (Verbrauchsland) zu gewährleisten, muss der Leistungsempfänger den Erwerb eines Gegenstands im Bestimmungsland der Besteuerung unterwerfen.
3. **Weitere Stichworte**
   → Ausland, → Fahrzeuglieferung, → Innergemeinschaftliche Lieferung, → Innergemeinschaftliches Verbringen, → Umsatzsteuer-Identifikationsnummer, → Vertrauensschutz

1. Allgemeines

Das gemeinsame Umsatzsteuersystem der Europäischen Union geht davon aus, dass ein Gegenstand dort der Besteuerung unterliegt, wo er gebraucht oder verbraucht wird („**Bestimmungslandprinzip**"). Damit bei einer Lieferung eines Gegenstands aus einem Mitgliedstaat der Europäischen Union in einen anderen Mitgliedstaat dieses Prinzip zur Anwendung kommen kann, muss die Lieferung im Ursprungsland einer Steuerbefreiung unterliegen, im Bestimmungsland aber zu einer Umsatzsteuer führen. Diese beiden Grundsätze sind durch die Steuerbefreiung der innergemeinschaftlichen Lieferung auf der einen Seite sowie durch die Besteuerung des innergemeinschaftlichen Erwerbs auf der anderen Seite umgesetzt worden.

Den systematischen Zusammenhang zeigt die folgende Übersicht auf:

	Ursprungsland	**Bestimmungsland**
Wer handelt	Lieferer	Erwerber
Steuertatbestand	Lieferung	Innergemeinschaftlicher Erwerb
Ort des Umsatzes	Beginn der Warenbewegung § 3 Abs. 6 UStG	Ende der Warenbewegung § 3d Satz 1 UStG
Steuerbarkeit	Ja, § 1 Abs. 1 Nr. 1 UStG	Ja, § 1 Abs. 1 Nr. 5 UStG
Steuerpflicht	Nein, steuerfreie innergemeinschaftliche Lieferung, wenn alle Nachweise geführt werden, § 6a UStG	Bis auf wenige Ausnahmen keine Steuerbefreiung, § 4b UStG
Bemessungsgrundlage	Alles, was der Leistungsempfänger aufwendet, § 10 Abs. 1 UStG	Alles, was an den Lieferer gezahlt wird, § 10 Abs. 1 UStG
Steuersatz	Entfällt, da steuerfrei	Steuersatz nach § 12 Abs. 1 UStG oder, wenn begünstigt, § 12 Abs. 2 UStG
Anmeldung	Separate Erfassung in der Umsatzsteuer-Voranmeldung, § 18b UStG sowie Erfassung in der Zusammenfassenden Meldung, § 18a UStG	Erfassung in der Umsatzsteuer-Voranmeldung, § 18 UStG

	Ursprungsland	Bestimmungsland
Zeitpunkt der Anmeldung	In dem Voranmeldungszeitraum, in dem die Rechnung ausgestellt worden ist, spätestens in dem Meldezeitraum, in dem der auf die Lieferung folgende Monat endet, § 18b und § 18a Abs. 8 UStG	In dem Voranmeldungszeitraum, in dem die Rechnung ausgestellt worden ist, § 13 Abs. 1 Nr. 6 UStG, spätestens mit Ablauf des dem Erwerb folgenden Monats
Vorsteuerabzug	Entfällt	Die Erwerbsteuer ist unter den weiteren Voraussetzungen des § 15 UStG abzugsfähig, § 15 Abs. 1 Satz 1 Nr. 3 UStG[1]

Ein innergemeinschaftlicher Erwerb liegt auch in den Fällen des **innergemeinschaftlichen Verbringens** nach § 3 Abs. 1a UStG und § 1a Abs. 2 UStG vor. Zu den Einzelheiten dieses Sonderfalls, bei dem der Unternehmer zu seiner eigenen Verfügung Waren von einem Mitgliedstaat in einen anderen Mitgliedstaat verbringt, vgl. Stichwort Innergemeinschaftliches Verbringen.

2. Voraussetzungen für den innergemeinschaftlichen Erwerb nach § 1a UStG

Um einen innergemeinschaftlichen Erwerb zu realisieren, müssen nach § 1a Abs. 1 UStG die folgenden **Voraussetzungen** erfüllt sein:

- Ein Gegenstand muss nach § 1a Abs. 1 Nr. 1 UStG bei einer Lieferung an den Abnehmer von einem Mitgliedstaat in einen anderen Mitgliedstaat gelangen oder der Gegenstand gelangt aus dem übrigen Gemeinschaftsgebiet in die Freihäfen (Gebiete nach § 1 Abs. 3 UStG),
- der Erwerber ist nach § 1a Abs. 1 Nr. 2 UStG:
  a) ein Unternehmer, der den Gegenstand für sein Unternehmen erworben hat, oder
  b) eine juristische Person, die nicht Unternehmer ist oder die den Gegenstand nicht für ihr Unternehmen erwirbt, und
- nach § 1a Abs. 1 Nr. 3 UStG wird die Lieferung an den Erwerber:
  a) durch einen Unternehmer gegen Entgelt im Rahmen seines Unternehmens ausgeführt und
  b) ist nach dem Recht des Mitgliedstaats, der für die Besteuerung des Lieferers zuständig ist, nicht als Lieferung eines Kleinunternehmers steuerfrei.

Wichtig! Ein innergemeinschaftlicher Erwerb kann sich nur dann ergeben, wenn ein Gegenstand auch tatsächlich (physisch) von einem Mitgliedstaat der Europäischen Union in einen anderen Mitgliedstaat gelangt.

Achtung! Wenn eine nicht unter die Abnehmer des § 1a Abs. 1 UStG fallende Person (Privatperson) ein Fahrzeug aus einem anderem Mitgliedstaat erwirbt, kann ein innergemeinschaftlicher Erwerb nach § 1b UStG vorliegen (vgl. Stichwort Fahrzeuglieferung).

Grundsätzlich muss jeder Unternehmer, der die Voraussetzungen des § 2 UStG erfüllt, bei jeder erhaltenen Lieferung aus einem anderen Mitgliedstaat, die er von einem anderen Unternehmer erhalten hat, einen innergemeinschaftlichen Erwerb der Besteuerung unterwerfen. Ausnahmen bestehen lediglich für bestimmte Abnehmer, die aus dem normalen Besteuerungsverfahren ausscheiden (siehe unten: Ausnahme nach § 1a Abs. 3 UStG).

[1] Abzugsfähig ist aber nur die Erwerbsteuer, die in dem Staat entsteht, in dem sich der Gegenstand am Ende der Beförderung befindet, § 3d Satz 1 UStG.

Achtung! Während die Steuerbefreiung als innergemeinschaftliche Lieferung bei dem liefernden Unternehmer von der Vorlage der USt-IdNr. des Abnehmers abhängig ist, verwirklicht der Erwerber auch dann einen innergemeinschaftlichen Erwerb, wenn er keine USt-IdNr. verwendet. In diesen Fällen kommt es zu einer Doppelbesteuerung, da der liefernde Unternehmer nicht steuerfrei liefern darf und der Erwerber trotzdem einen innergemeinschaftlichen Erwerb der Besteuerung unterwerfen muss.

Beispiel 1: Buchhändler B erwirbt von einem in den Niederlanden ansässigen Unternehmer ein Fachbuch, das ihm per Post zugesandt wird. B hat bei der Bestellung keine USt-IdNr. angegeben.
Lösung: B verwirklicht in Deutschland einen innergemeinschaftlichen Erwerb nach § 1a Abs. 1 i.V.m. § 1 Abs. 1 Nr. 5 UStG. Der steuerbare und steuerpflichtige Erwerb führt für B in Deutschland zu einer Umsatzsteuer (i.H.v. 7 %). Da der B gegenüber dem Lieferer keine USt-IdNr. angegeben hat, darf der Lieferer die Lieferung in den Niederlanden nicht als steuerfreie innergemeinschaftliche Lieferung erfassen. Es entsteht in den Niederlanden[2] auch Umsatzsteuer, die der Lieferer dem B berechnen wird.

3. Ausnahme nach § 1a Abs. 3 UStG

3.1 Besonderer Abnehmer und Erwerbsschwelle

Für bestimmte Abnehmer sind in § 1a Abs. 3 UStG **Ausnahmen** von der Verpflichtung geregelt, einen innergemeinschaftlichen Erwerb besteuern zu müssen. Dies betrifft insbesondere Unternehmer, die aufgrund von Sonderregelungen für ihre Leistungen keine Umsatzsteuer abführen müssen und somit auch keine Umsatzsteuer-Voranmeldungen abgeben müssen. Dies sind:

- **Unternehmer**, die **nur steuerfreie Umsätze** ausführen, die zum Ausschluss vom Vorsteuerabzug führen (Achtung: hier ist die Unternehmenseinheit zu beachten, es kommt somit immer auf das gesamte Unternehmen an),
- Unternehmer, die als **Kleinunternehmer** keine Umsatzsteuer schulden,
- Unternehmer, soweit sie Gegenstände als **Land- oder Forstwirte** für Umsätze verwenden, für die die Steuer nach den Durchschnittssätzen des § 24 UStG festgesetzt wird, oder
- eine **juristische Person**, die nicht Unternehmer ist oder die den Gegenstand nicht für ihr Unternehmen erwirbt.

Um die Ausnahmeregelung des § 1a Abs. 3 UStG in Anspruch nehmen zu können, darf der Abnehmer weiterhin die **Erwerbsschwelle** nicht überschritten haben. Die Erwerbsschwelle ist aber nur bei diesen besonderen Unternehmern zu prüfen, bei regelbesteuerten Unternehmern ist die Erwerbsschwelle bedeutungslos.

Achtung! Wenn der besondere Abnehmer i.S.d. § 1a Abs. 3 UStG die Erwerbsschwelle überschritten hat, muss er in jedem Fall einen innergemeinschaftlichen Erwerb der Besteuerung unterwerfen. Er muss in diesem Fall eine USt-IdNr. beantragen und bei Bestellungen verwenden, da der Lieferer ansonsten keine steuerfreie innergemeinschaftliche Lieferung ausführen kann.

Die Erwerbsschwelle wird von den einzelnen Mitgliedstaaten gemäß den Vorgaben des Unionsrechts sowie den dazu geltenden Regelungen von der Höhe her festgesetzt. In Deutschland beträgt die Erwerbsschwelle 12.500 €[3]. Ein besonderer Abnehmer nach § 1a Abs. 3 UStG überschreitet diese Erwerbsschwelle, wenn er entweder im vorangegangenem Jahr diese Schwelle überschritten hat oder er voraussichtlich im laufenden Kalenderjahr diese Schwelle überschreiten wird. In die Prüfung der Erwerbsschwelle sind alle Einkäufe allen aus anderen Mitgliedstaaten einzubeziehen.

---

2 Hierbei wird davon ausgegangen, dass die Lieferschwelle für den Lieferer in Deutschland nicht überschritten ist, Ausschluss des § 3c UStG.

3 Eine Aufstellung der Erwerbsschwellen der anderen Mitgliedstaaten der Europäischen Union befindet sich in Abschn. 3c.1 Abs. 2 UStAE.

Achtung! Die Erwerbsschwelle hat gewissermaßen eine „Trichterfunktion". Es kommt nicht darauf an, aus welchen Mitgliedstaaten die Waren erworben worden sind. Es kommt ausschließlich auf die Summe der Einkäufe aus allen anderen Mitgliedstaaten an.

Wichtig! In die Prüfung der Erwerbsschwelle sind Einkäufe von neuen Fahrzeugen und verbrauchsteuerpflichtiger Ware nicht mit einzubeziehen[4].

Um zu überprüfen, ob ein besonderer Abnehmer nach § 1a Abs. 3 UStG in 2018 einen innergemeinschaftlichen Erwerb besteuern muss, kann nach folgender Prüfungsreihenfolge vorgegangen werden:

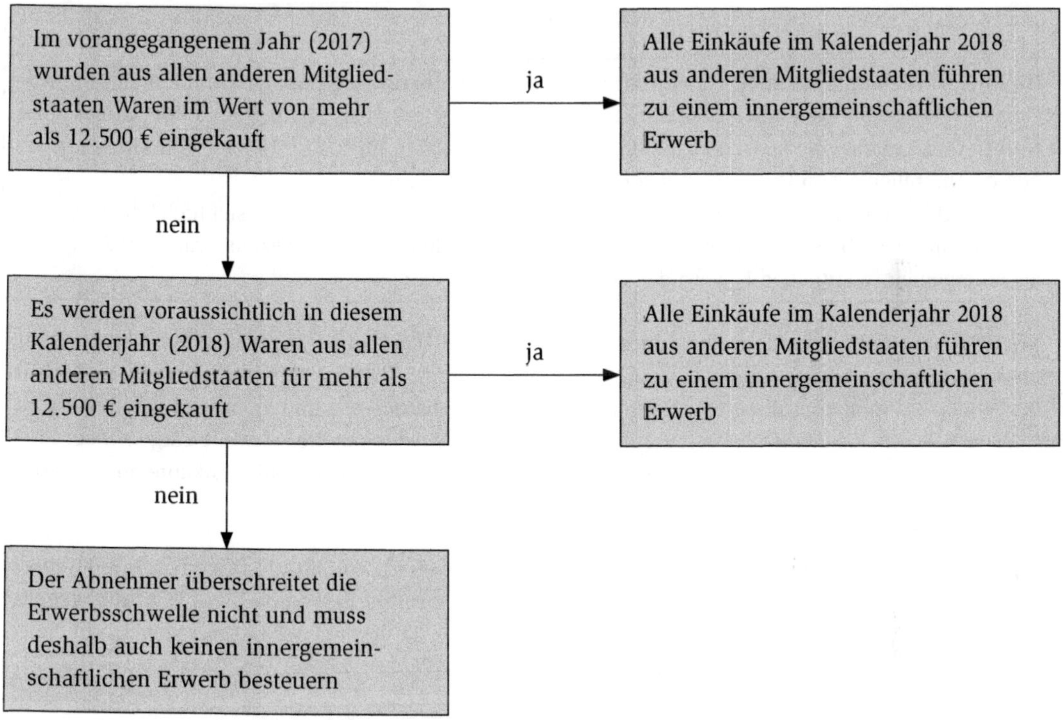

Wichtig! Die Prüfung der Erwerbsschwelle ist nur für die in § 1a Abs. 3 UStG aufgeführten besonderen Unternehmer von Bedeutung. Regelbesteuerte Unternehmer müssen nach § 1a Abs. 1 UStG unabhängig der Höhe ihrer Einkäufe immer einen innergemeinschaftlichen Erwerb besteuern.

Beispiel 2: Der praktische Arzt A aus Berlin hat im Mai 2018 bei einem niederländischen Lieferanten Verbandsmaterial im Lieferwert von 2.000 € bestellt. Bisher hat A in 2017 oder 2018 noch keine Warenlieferungen aus anderen Mitgliedstaaten erhalten.
Lösung: Da A als besonderer Unternehmer nach § 1a Abs. 3 UStG die Erwerbsschwelle nicht überschritten hat, braucht er den Einkauf des Verbandsmaterials nicht als innergemeinschaftlichen Erwerb der Besteuerung zu unterwerfen. Damit kommt eine steuerfreie innergemeinschaftliche Lieferung durch den niederländischen Lieferanten nicht in Betracht – A darf nicht mit einer USt-IdNr. auftreten.

4 Abschn. 1a.1 Abs. 2 UStAE.

Beispiel 3: Versicherungsvertreter V aus München hat im Juni 2018 bei einem belgischen Lieferanten Büromaterial im Lieferwert von 1.000 € bestellt. V hatte in 2017 schon eine Computeranlage im Einkaufswert von 15.000 € von einem französischen Lieferanten erworben.
Lösung: Da V im Vorjahr für mehr als 12.500 € in anderen Mitgliedstaaten eingekauft hat, hat er in Deutschland damit die Erwerbsschwelle überschritten, auf die voraussichtlichen Umsätze des laufenden Jahrs kommt es dann nicht mehr an. V muss den Einkauf des Büromaterials in 2018 als innergemeinschaftlichen Erwerb der Besteuerung unterwerfen. V muss deshalb gegenüber dem Lieferanten mit einer USt-IdNr. auftreten, da ansonsten der Lieferant nicht steuerfrei in seinem Heimatland liefern kann. Die bei V entstehende Erwerbsteuer kann V nicht als Vorsteuer geltend machen, da er als Versicherungsvertreter vorsteuerabzugsschädliche Ausgangsleistungen ausführt, § 15 Abs. 2 Nr. 1 UStG.

Beispiel 4: Kleinunternehmer K aus Köln hat in den Vorjahren keine Einkäufe in anderen Mitgliedstaaten getätigt. Im Dezember 2017 hat er bei einem Lieferanten aus Spanien eine Spezialmaschine für 14.000 € bestellt. Die Lieferung soll im August 2018 erfolgen. Im Juni 2018 kauft K darüber hinaus von einem italienischen Unternehmer für 100 € Fachliteratur ein.
Lösung: Da K wegen der Bestellung im Dezember 2017 wusste, dass er „voraussichtlich" die Erwerbsschwelle in 2018 überschreiten wird, muss er auch schon den Erwerb der Fachliteratur im Juni 2018 als innergemeinschaftlichen Erwerb der Besteuerung unterwerfen.

Wichtig! Wenn der besondere Abnehmer nach § 1a Abs. 3 UStG im vorangegangenem Kalenderjahr die Erwerbsschwelle nicht überschritten hat und auch aufgrund einer seriösen Schätzung zu Beginn des Kalenderjahrs nicht mit einem Überschreiten der Erwerbsschwelle im laufenden Kalenderjahr zu rechnen war, kann die Erwerbsbesteuerung unterbleiben, selbst wenn die Schwelle entgegen der Prognose doch überschritten wird[5]; im darauf folgenden Jahr sind dann aber alle Einkäufe aus anderen Mitgliedstaaten der Erwerbsbesteuerung zu unterwerfen.

Tipp! Der besondere Abnehmer sollte in den Fällen, in denen im Vorjahr die Erwerbsschwelle überschritten wurde, eine USt-IdNr. beantragen, damit er bei weiteren Einkäufen diese USt-IdNr. gegenüber dem Lieferer verwenden kann – dies ist Voraussetzung dafür, dass der Lieferer steuerfrei liefern kann.

3.2 Option nach § 1a Abs. 4 UStG

Ein besonderer Abnehmer i.S.d. vorstehenden Ausnahme nach § 1a Abs. 3 UStG, der die Erwerbsschwelle nicht überschreitet, kann auf die Anwendung der Ausnahmeregelung verzichten, er wird dann so behandelt, als wenn er die **Erwerbsschwelle überschreiten** würde. Im Ergebnis hat er dann jeden Einkauf von einem anderen Unternehmer aus einem anderen Mitgliedstaat als innergemeinschaftlichen Erwerb zu besteuern.

Ein solcher Antrag kann insbesondere dann sinnvoll sein, wenn ein besonderer Abnehmer nach § 1a Abs. 3 UStG regelmäßig Waren aus anderen Mitgliedstaaten erwirbt, ohne die Erwerbsschwelle zu überschreiten, und der Lieferer aus einem Mitgliedstaat kommt, in dem ein hoher Steuersatz zur Anwendung gelangt, und der Lieferer die Lieferschwelle in Deutschland nicht überschreitet und somit die Lieferung in seinem Heimatstaat besteuern müsste.

Beispiel 5: Der praktische Arzt A bestellt regelmäßig Spezialverbände bei einem schwedischen Lieferer, der die Lieferschwelle in Deutschland nicht überschreitet und auch nicht auf die Anwendung der Lieferschwellenregelung nach § 3c Abs. 4 UStG verzichtet hat. Jährlich erwirbt A von diesem Lieferer Waren im Wert von netto 8.000 €. Andere Waren aus anderen Mitgliedstaaten erwirbt A nicht.

[5] Abschn. 1a.2 Abs. 2 UStAE.

Lösung: Wenn A nicht nach § 1a Abs. 4 UStG optiert, würde der Lieferer die Lieferung in Schweden im Rahmen einer in Schweden steuerpflichtigen Lieferung mit 25 % besteuern müssen. Wenn A nach § 1a Abs. 4 UStG in Deutschland optiert und dann gegenüber dem Lieferer seine USt-IdNr. verwendet, kann der Lieferer in Schweden im Rahmen einer innergemeinschaftlichen Lieferung steuerfrei liefern. A muss dann den Erwerb in Deutschland mit 19 % besteuern. Zum Vorsteuerabzug ist A nicht berechtigt.

Wenn eine Option nach § 1a Abs. 4 UStG ausgeübt worden ist, ist der Erwerber auf **zwei Jahre** an diese Option gebunden. Das Überschreiten der Erwerbsschwelle gilt aber nicht als Option und bindet somit den Erwerber nicht für mindestens zwei Jahre.

Achtung! Der Antrag auf Erteilung einer Umsatzsteuer-Identifikationsnummer ist noch nicht als Option des Unternehmers nach § 1a Abs. 4 UStG zu sehen. Erst durch Verwendung der USt-IdNr. gegenüber einem Lieferer aus einem anderen Mitgliedstaat ist die Option auf die Erwerbsbesteuerung ausgeübt. Damit kann der besondere Unternehmer sich eine USt-IdNr. (auch für bestimmte sonstige Leistungen im Binnenmarkt) erteilen lassen, ohne dadurch auf die Erwerbsbesteuerung zu optieren.

3.3 Besonderheiten bei neuen Fahrzeugen und verbrauchsteuerpflichtiger Ware

Wird im **Gemeinschaftsgebiet** ein neues Fahrzeug (vgl. dazu auch Stichwort Fahrzeuglieferung) oder verbrauchsteuerpflichtige Ware (Alkohol, alkoholische Getränke, Mineralöle und Tabakwaren) geliefert, muss auch ein besonderer Abnehmer – unabhängig von dem Überschreiten der Erwerbsschwelle – einen innergemeinschaftlichen Erwerb besteuern, § 1a Abs. 5 UStG.

Beispiel 6: Kleinunternehmer K bestellt bei einem französischen Lieferanten zehn Flaschen Cognac, die er für eine betriebliche Veranstaltung benötigt. Einkäufe in anderen Mitgliedstaaten hat K bisher noch nicht getätigt.

Lösung: K ist Unternehmer, der nach den allgemeinen Grundsätzen innergemeinschaftliche Erwerbe besteuern muss, § 1a Abs. 1 UStG. Da er die Erwerbsschwelle aber nicht überschreitet, könnte für ihn die Ausnahme nach § 1a Abs. 3 UStG Anwendung finden. Da es sich bei dem Cognac aber um verbrauchsteuerpflichtige Ware i.S.d. § 1a Abs. 5 Satz 2 UStG handelt, kann die Ausnahmeregelung des § 1a Abs. 3 UStG hier nicht angewandt werden. K muss in Deutschland einen innergemeinschaftlichen Erwerb besteuern und ist als Kleinunternehmer von dem Vorsteuerabzug aus dem Erwerb grundsätzlich ausgeschlossen.

4. Der Ort des innergemeinschaftlichen Erwerbs

Der **Ort des innergemeinschaftlichen Erwerbs** bestimmt sich immer nach § 3d Satz 1 UStG mit dem Ort, an dem sich der Gegenstand am Ende der Warenbewegung befindet.

Wichtig! Der Abnehmer muss somit immer in dem Mitgliedstaat einen Erwerb besteuern, in dem die Beförderung des Gegenstands endet.

Darüber hinaus kann – **zusätzlich** – noch eine Besteuerung eines innergemeinschaftlichen Erwerbs in dem Mitgliedstaat erfolgen, aus dem die USt-IdNr. des Abnehmers stammt, wenn die verwendete USt-IdNr. nicht in dem Mitgliedstaat erteilt worden ist, in dem der Gegenstand sich am Ende der Beförderung befindet, § 3d Satz 2 UStG. Dieser zusätzliche Erwerb kann nach § 17 Abs. 2 Nr. 4 UStG später rückgängig gemacht werden, wenn in dem Mitgliedstaat, aus dem die USt-IdNr. stammt, gegenüber den Finanzbehörden nachgewiesen wird, dass der Erwerb in dem Bestimmungsland besteuert worden ist, in dem sich der Gegenstand am Ende der Beförderung befunden hat.

Beispiel 7: Der regelbesteuerte Unternehmer U aus Deutschland verwendet bei der Bestellung einer Ware gegenüber seinem französischen Lieferanten seine USt-IdNr. aus Deutschland. U lässt die Ware jedoch aus Frankreich in sein Auslieferungslager in Belgien transportieren.
Lösung: U muss nach § 3d Satz 1 UStG in Belgien einen innergemeinschaftlichen Erwerb besteuern, da der Gegenstand sich am Ende der Beförderung in Belgien befunden hat. Da U aber eine USt-IdNr. aus Deutschland verwendet hat, ist zusätzlich ein innergemeinschaftlicher Erwerb nach § 3d Satz 2 UStG in Deutschland der Besteuerung zu unterwerfen. U kann aus diesem innergemeinschaftlichen Erwerb in Deutschland keinen Vorsteuerabzug nach § 15 Abs. 1 Satz 1 Nr. 3 UStG geltend machen. Wenn U in Deutschland nachweisen kann, dass der innergemeinschaftliche Erwerb ordnungsgemäß in Belgien besteuert worden ist, kann der Erwerb in Deutschland nach § 17 Abs. 2 Nr. 4 UStG in dem Voranmeldungszeitraum rückgängig gemacht werden, in dem der Nachweis geführt werden kann. Der Nachweis wird sich in der Regel aus der Buchhaltung und der Umsatzsteueranmeldung der belgischen Betriebsstätte ergeben.

Wichtig! Der EuGH[6] und der BFH[7] haben eindeutig klargestellt, dass der Vorsteuerabzug für einen innergemeinschaftlichen Erwerb sich immer nur für den im Bestimmungsmitgliedstaat nach § 3d Satz 1 UStG besteuerten Erwerb ergeben kann. Ein Vorsteuerabzug für einen im Registrierungsland nach § 3d Satz 2 UStG ausgeführten innergemeinschaftlichen Erwerb kann sich nicht ergeben – diese entstehende Umsatzsteuer kann nur unter den Nachweisbedingungen des § 17 Abs. 2 Nr. 4 UStG rückgängig gemacht werden. Der Gesetzgeber hat dies 2013 klarstellend auch in § 15 Abs. 1 Satz 1 Nr. 3 UStG mit aufgenommen.
Tritt der Unternehmer mit einer USt-IdNr. aus einem anderen Mitgliedstaat als dem Bestimmungsland auf, ergibt sich dort immer erst einmal eine liquiditätsmäßige Belastung, bis der Nachweis geführt werden kann.

Anwendungsfälle, in denen eine USt-IdNr. aus einem anderen Mitgliedstaat verwendet werden und bei denen es dann zur zusätzlichen Besteuerung des innergemeinschaftlichen Erwerbs nach § 3d Satz 2 UStG kommt, sind in der Praxis insbesondere:

- Waren werden vom Hauptsitz aus bestellt, aber zu einer Betriebsstätte in einem anderen Mitgliedstaat ausgeliefert.
- Baumaterial wird vom Sitz des Unternehmers bestellt, aber vom Lieferer direkt an eine Baustelle in einem anderen Mitgliedstaat transportiert.
- Ein deutscher Unternehmer führt gegenüber einem deutschen Kunden einen eiligen Reparaturauftrag an einer Maschine in einem anderen Mitgliedstaat aus. Ein dafür benötigtes Ersatzteil lässt sich der deutsche Unternehmer von einem Zulieferer aus Deutschland per Nachtkurier in den anderen Mitgliedstaat senden.
- Ein mittlerer Unternehmer in einem Reihengeschäft bestellt Ware unter Verwendung seiner USt-IdNr. bei einem Unternehmer aus demselben Mitgliedstaat. Die Ware gelangt dann (befördert oder versendet durch den ersten Lieferer) unmittelbar zu einem Kunden in einem anderen Mitgliedstaat; vgl. Abschn. 3.14 Abs. 13 UStAE.

Achtung! Häufig lässt sich ein solcher Vorgang nicht nur aus den Rechnungen ermitteln, sondern nur durch einen Abgleich von Rechnungen und Warenbegleitpapieren (Lieferschein).

---

6 EuGH, Urteil v. 22.4.2010, C-536/08 – X und Facet Trading BV, BFH/NV 2010, 1225.

7 BFH, Urteil v. 1.9.2010, V R 39/08, BStBl II 2011, 658 sowie BFH, Urteil v. 8.9.2010, XI R 40/08, BStBl II 2011, 661. Vgl. auch Abschn. 15.10 Abs. 2 UStAE.

5. Steuerbefreiungen bei innergemeinschaftlichen Erwerben

Steuerbefreiungen für einen innergemeinschaftlichen Erwerb können sich nur unter den Voraussetzungen des § 4b UStG ergeben. Entsprechend dem Sinn und Zweck der Regelung des innergemeinschaftlichen Erwerbs, der zu einer Besteuerung im Bestimmungsland führen soll, beschränken sich die Steuerbefreiungen auf wenige Sonderfälle. Steuerfrei sind danach:

- Der **Erwerb von Wertpapieren** (Verweis auf § 4 Nr. 8 Buchst. e UStG);
- der **Erwerb von menschlichen Organen, menschlichem Blut und Frauenmilch** (Verweis auf § 4 Nr. 17 Buchst. a UStG);
- der **Erwerb von Gegenständen für die Seeschifffahrt** (Verweis auf § 8 Abs. 1 Nr. 1 und Nr. 2 UStG);
- der **Erwerb von**
  - Gold für Zentralbanken (Verweis auf § 4 Nr. 4 UStG),
  - Gegenständen, die in ein Steuerlager eingelagert werden (Verweis auf § 4 Nr. 4a UStG),
  - gesetzlichen Zahlungsmitteln, wenn sie nicht nur wegen ihres Metallgehalts oder ihres Sammlerwerts erworben werden (Verweis auf § 4 Nr. 8 Buchst. b UStG),
  - im Inland gültigen amtlichen Wertzeichen zum aufgedruckten Wert (Verweis auf § 4 Nr. 8 Buchst. i UStG),
  - Gegenständen für die grenzüberschreitende Luftfahrt (Verweis auf § 8 Abs. 2 Nr. 1 und 2 UStG),

  soweit in diesen Fällen die Voraussetzungen der Steuerfreiheit nach den genannten Rechtsvorschriften gegeben sind;
- der Erwerb von Gegenständen, die bei der **Einfuhr aus dem Drittlandsgebiet** steuerfrei wären (Hinweis auf § 5 UStG);
- der Erwerb von Gegenständen, die im Anschluss an den Erwerb zu steuerfreien Ausgangsleistungen verwendet werden, die den Vorsteuerabzug aber nach § 15 Abs. 3 UStG nicht ausschließen. Dies betrifft insbesondere die Fälle, in denen der Erwerber die Gegenstände später im Rahmen einer steuerfreien innergemeinschaftlichen Lieferung oder einer steuerfreien Ausfuhrlieferung weiter liefert. Allerdings kann hier – aus Vereinfachungsgründen nach Abschn. 4b.1 Abs. 3 UStAE – auf die Steuerfreiheit des innergemeinschaftlichen Erwerbs verzichtet werden.

Beispiel 8: Großhändler G aus Dortmund erwirbt im April 2018 Waren von einem französischen Lieferanten. Die Verwendung der Ware ist zu diesem Zeitpunkt noch unbestimmt.

Lösung: Der innergemeinschaftliche Erwerb für G ist im April 2018 steuerbar und steuerpflichtig in Deutschland.

Abwandlung: Im Juni 2018 wird die Ware im Rahmen einer steuerfreien Ausfuhrlieferung an einen Abnehmer nach Russland verkauft.

Lösung: Der innergemeinschaftliche Erwerb des April 2018 wird steuerfrei, da jetzt die Voraussetzung des § 4b Nr. 4 UStG vorliegt. Damit müsste eine berichtigte Umsatzsteuer-Voranmeldung für April 2018 abgegeben werden. Liquiditätsmäßig hat dies aber keine Auswirkungen, da der entstandenen Erwerbsteuer eine gleich hohe Vorsteuerabzugsberechtigung gegenüber stand. Wird der innergemeinschaftliche Erwerb jetzt steuerfrei, entfällt dann auch die Vorsteuerabzugsberechtigung. Es kann jedoch auf die Steuerbefreiung des Erwerbs verzichtet werden – somit kann von der Abgabe der berichtigten Voranmeldung abgesehen werden[8].

6. Bemessungsgrundlage des innergemeinschaftlichen Erwerbs und Steuersatz

Die **Bemessungsgrundlage** für den innergemeinschaftlichen Erwerb bestimmt sich nach § 10 Abs. 1 UStG mit allem, was der Erwerber aufwendet, um die Lieferung zu erhalten. Damit sind in die Bemessungsgrundlage nicht nur die Aufwendungen einzubeziehen, die sich auf den Gegenstand der Lieferung direkt beziehen, sondern auch Nebenleistungen, die das Schicksal der Hauptleistung teilen. Schuldet

[8] Abschn. 4b.1 Abs. 3 UStAE.

der Erwerber im Inland noch eine Verbrauchsteuer für die erworbenen Gegenstände, ist diese Verbrauchsteuer ebenfalls in die Bemessungsgrundlage mit einzubeziehen, § 10 Abs. 1 Satz 4 UStG.

Da die Lieferung des leistenden Unternehmers (soweit alle Nachweise geführt worden sind) steuerfrei im Ursprungsland ist, ist in dem Rechnungsbetrag keine Umsatzsteuer enthalten. Damit ist der Zahlbetrag des Erwerbers gleichzeitig die Bemessungsgrundlage (gegebenenfalls zuzüglich Verbrauchsteuer) für den innergemeinschaftlichen Erwerb.

Achtung! Die Erwerbsteuer ist aus diesem Grund immer auf den Zahlbetrag des Erwerbers heraufzurechnen, niemals aus diesem Betrag herauszurechnen.

Der **Steuersatz** bestimmt sich nach den allgemeinen Vorschriften des § 12 UStG. Damit unterliegen innergemeinschaftliche Erwerbe grundsätzlich dem Steuersatz von 19 %, soweit nicht eine Ermäßigung nach § 12 Abs. 2 UStG (z.B. insbesondere bei dem Erwerb von Lebensmitteln oder Büchern) in Betracht kommt.

7. Zeitpunkt der Steuerentstehung

Der Erwerber muss den innergemeinschaftlichen Erwerb nach § 13 Abs. 1 Nr. 6 UStG in dem Umsatzsteuer-Voranmeldungszeitraum der Besteuerung unterwerfen, aus dem die Rechnung des liefernden Unternehmers stammt. Damit kommt es grundsätzlich nicht darauf an, wann der Erwerber die Ware tatsächlich erhält.

Beispiel 9: Einzelhändler E aus Dresden bestellt bei seinem Großhändler in Italien Ware. Der Verkäufer übergibt die Ware am 29.12.2017 zusammen mit seiner am selben Tag ausgestellten Rechnung einem Frachtführer. Die Ware kommt am 4.1.2018 bei dem Erwerber in Dresden an.
Lösung: Der innergemeinschaftliche Erwerb muss von E schon im Voranmeldungszeitraum Dezember 2017 (bzw. bei quartalsmäßiger Voranmeldung im 4. Quartal 2017) besteuert werden, da die Rechnung aus diesem Zeitraum stammt.

Nur wenn eine Rechnung nicht oder nur mit erheblicher zeitlicher Verzögerung erteilt wird, entsteht die Erwerbsteuer spätestens mit Ablauf des dem Erwerb folgenden Monats.

Fortsetzung Beispiel 9: Der italienische Lieferant erteilt keine Rechnung.
Lösung: Die Erwerbsteuer entsteht spätestens mit Ablauf des Voranmeldungszeitraums Februar 2018, da die Ware im Januar 2018 bei ihm angekommen ist.

8. Vorsteuer aus dem innergemeinschaftlichen Erwerb

Der Erwerber ist grundsätzlich nach § 15 Abs. 1 Satz 1 Nr. 3 UStG berechtigt, die von ihm geschuldete Erwerbsteuer als **Vorsteuer** abzuziehen. Allerdings ist der Vorsteuerabzug nur für den innergemeinschaftlichen Erwerb in dem Mitgliedstaat möglich, in dem sich der Gegenstand am Ende der Beförderung oder Versendung nach § 3d Satz 1 UStG befindet, ein Vorsteuerabzug in dem Mitgliedstaat, in dem eventuell ein innergemeinschaftlicher Erwerb wegen Verwendung einer abweichenden USt-IdNr. zu besteuern ist, kann nicht in Betracht kommen; vgl. dazu auch 4. Der Abzug ist in Deutschland in dem Voranmeldungszeitraum möglich, in dem die Erwerbsteuer entstanden ist.

Wichtig! Die Beschränkungen des Vorsteuerabzugs nach § 15 Abs. 1a bis § 15 Abs. 2 UStG gelten selbstverständlich auch für den Vorsteuerabzug aus dem innergemeinschaftlichen Erwerb.

Tipp! Der Vorsteuerabzug für eine Erwerbsteuer ist nicht von einer Rechnung abhängig[9], insoweit ist es für den Vorsteuerabzug auch nicht von Bedeutung, ob die Rechnung des leistenden Unternehmers ordnungsgemäß ist.

---

9 Abschn. 15.10 Abs. 1 UStAE.

Innergemeinschaftliches Dreiecksgeschäft

Innergemeinschaftliches Dreiecksgeschäft auf einen Blick

1. **Rechtsquellen**
   § 25b UStG
   Abschn. 25b.1 UStAE
2. **Bedeutung**
   Das innergemeinschaftliche Dreiecksgeschäft stellt einen Sonderfall des Reihengeschäfts dar, an dem drei Unternehmer aus verschiedenen Mitgliedstaaten beteiligt sind. Der letzte Unternehmer wird zum Steuerschuldner für die an ihn ausgeführte Lieferung. Jeder Unternehmer in der Reihe hat nur Besteuerungs- und Meldepflichten in seinem jeweiligen Heimatland (Mitgliedstaat aus dem die von ihm verwendete USt-IdNr. stammt) zu übernehmen.
3. **Weitere Stichworte**
   → Innergemeinschaftlicher Erwerb, → Reihengeschäft, → Zusammenfassende Meldung
4. **Besonderheiten**
   Die Lieferung des mittleren Unternehmers im Rahmen eines innergemeinschaftlichen Dreiecksgeschäft ist in der Umsatzsteuer-Voranmeldung 2018 in der Zeile 38 und in der Zeile 15 der Anlage UR der Umsatzsteuer-Jahreserklärung 2017 anzugeben sowie in der Zusammenfassenden Meldung besonders zu kennzeichnen (Kennzeichen „2“ oder durch ankreuzen). Der letzte Abnehmer hat die von ihm geschuldete Steuer in der Zeile 65 der Umsatzsteuer-Voranmeldung 2018 und in den Zeilen 17–19 der Anlage UR der Umsatzsteuer-Jahreserklärung 2017 anzugeben.

1. Allgemeines

Bei einem **innergemeinschaftlichen Dreiecksgeschäft** schließen drei Unternehmer über denselben Gegenstand Umsatzgeschäfte ab und der Gegenstand gelangt bei der Warenbewegung unmittelbar vom ersten Unternehmer in der Reihe aus einem Mitgliedstaat an den letzten Unternehmer in der Reihe in einen anderen Mitgliedstaat. Die Unternehmer handeln mit Umsatzsteuer-Identifikationsnummern aus verschiedenen Mitgliedstaaten.

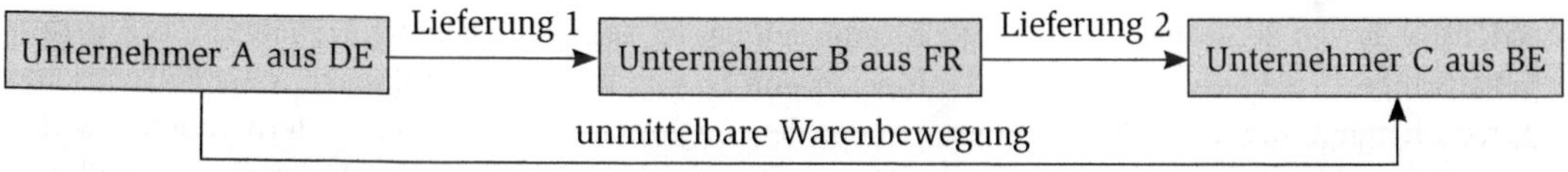

Die **Bestimmung des Orts der Lieferung** erfolgt wie bei einem normalen Reihengeschäft, vgl. dazu Stichwort Reihengeschäft. Unter den Voraussetzungen des § 25b Abs. 1 und Abs. 2 UStG ergeben sich jedoch für den mittleren Unternehmer in der Reihe Vereinfachungen, die ihn aus der Steuerveranlagung in einem anderen Mitgliedstaat heraushalten, für den letzten Abnehmer ergeben sich in seinem Heimatland bestimmte zusätzliche Verpflichtungen.

2. Voraussetzungen

§ 25b Abs. 1 und Abs. 2 UStG enthalten eine **Vielzahl von Voraussetzungen**, die für die Anwendung der Vereinfachungsvorschrift des § 25b UStG notwendig sind. Anhand der folgenden Checkliste kann das Vorliegen eines innergemeinschaftlichen Dreiecksgeschäfts geprüft werden:

Checkliste Voraussetzungen für innergemeinschaftliches Dreiecksgeschäft	Ja	Nein
Drei Unternehmer handeln mit USt-IdNrn. aus verschiedenen Mitgliedstaaten		
Derselbe Gegenstand gelangt unmittelbar vom ersten Unternehmer aus einem Mitgliedstaat an den letzten Unternehmer in einem anderen Mitgliedstaat		

Checkliste Voraussetzungen für innergemeinschaftliches Dreiecksgeschäft	Ja	Nein
Der Gegenstand wird vom ersten oder vom zweiten Unternehmer in der Reihe befördert oder versendet (der letzte Unternehmer darf den Gegenstand nicht befördern oder versenden)		
Der mittlere Unternehmer ist in dem Mitgliedstaat, in dem sich der Gegenstand am Ende der Beförderung befindet, nicht ansässig		
Der mittlere Unternehmer verwendet gegenüber dem ersten und dem letzten Unternehmer dieselbe USt-IdNr.		
Die USt-IdNr. des mittleren Unternehmers darf nicht aus dem Mitgliedstaat stammen, in dem die Beförderung oder Versendung des Gegenstands begonnen oder geendet hat		
Der mittlere Unternehmer hat dem letzten Abnehmer eine besondere Rechnung erteilt, in der keine Umsatzsteuer ausgewiesen ist und in der auf ein innergemeinschaftliches Dreiecksgeschäft und die Steuerschuld des letzten Abnehmers hingewiesen worden ist, in der Rechnung sind die USt-IdNrn. des mittleren und des letzten Unternehmers aufgenommen		
Der letzte Unternehmer in der Reihe hat eine USt-IdNr. aus dem Mitgliedstaat verwendet, in dem die Beförderung oder Versendung des Gegenstands endet		
Ergebnis: Nur wenn alle Punkte mit ja angegeben sind, liegt ein innergemeinschaftliches Dreiecksgeschäft vor		

Achtung! Nach der Rechtsprechung des EuGH[1] kann der erste Abnehmer (der in der Mitte befindliche Unternehmer) in dem Mitgliedstaat ansässig und dort für umsatzsteuerliche Zwecke registriert sein, in dem die Warenbewegung beginnt. Es ist ausreichend für die Anwendung der Regelungen zum Dreiecksgeschäft, wenn er in dem konkreten Rechtsgeschäft die USt-IdNr. eines anderen Mitgliedstaats verwendet.

Wichtig! Soweit der letzte Abnehmer kein Unternehmer ist, treten die Rechtsfolgen des innergemeinschaftlichen Dreiecksgeschäfts auch dann ein, wenn es sich bei dem Abnehmer um eine juristische Person handelt, die nicht Unternehmer ist oder den Gegenstand nicht für ihr Unternehmen erwirbt und in dem Mitgliedstaat für Zwecke der Umsatzsteuer erfasst ist, in dem sich der Gegenstand am Ende der Beförderung oder Versendung befindet, § 25b Abs. 1 Satz 2 UStG[2].

3. Rechtsfolgen

Wenn die angegebenen Voraussetzungen erfüllt sind, treten nach § 25b Abs. 2 und Abs. 3 UStG **Vereinfachungen für die steuerliche Abwicklung** ein, die den mittleren und den letzten Unternehmer in der Reihe betreffen: Die eigentlich von dem mittleren Unternehmer in dem Mitgliedstaat, in dem die Warenbewegung endet, geschuldete Umsatzsteuer für die dort ausgeführte ruhende Lieferung nach § 3 Abs. 7 Satz 2 Nr. 2 UStG (vgl. Stichwort Reihengeschäft), wird von dem letzten Unternehmer in der Reihe geschuldet. Der von dem mittleren Unternehmer in dem Mitgliedstaat, in dem sich der Gegenstand am Ende der Beförderung oder Versendung befindet, zu erklärende innergemeinschaftliche Erwerb gilt nach § 25b Abs. 3 UStG als besteuert. Damit ist gewährleistet, dass sich bei Vorliegen aller Voraussetzungen der mittlere Unternehmer nicht in dem Mitgliedstaat der Besteuerung unterziehen muss, in dem die Warenbewegung endet.

---

1 EuGH, Urteil v. 19.4.2018, C-580/16 –Firma Hans Bühler KG, DStR 2018, 865.

2 Dies ist durch eine zutreffende USt-IdNr. des letzten Abnehmers nachzuweisen.

Die **Rechtsfolgen** für die beteiligten Unternehmer lassen sich aus der folgenden Zusammenstellung entnehmen:

	Erster Unternehmer	Mittlerer Unternehmer	Letzter Unternehmer
Lieferung	Steuerbar und steuerfrei in dem Mitgliedstaat, in dem die Warenbewegung beginnt, soweit Voraussetzung des § 6a Abs. 1 UStG erfüllt	Steuerbar und steuerpflichtig in dem Mitgliedstaat, in dem die Warenbewegung endet, Steuerschuldner wird der letzte Unternehmer	Führt keine Lieferung aus
Innergemeinschaftlicher Erwerb	Es liegt kein innergemeinschaftlicher Erwerb vor	Innergemeinschaftlicher Erwerb in dem Staat, in dem die Warenbewegung endet; gilt nach § 25b Abs. 3 UStG als besteuert. Innergemeinschaftlicher Erwerb in dem Staat, aus dem die USt-IdNr. verwendet wird, wenn die Lieferung an letzten Abnehmer nicht in der Zusammenfassenden Meldung angegeben wird.	Es liegt kein innergemeinschaftlicher Erwerb vor
Umsatzsteuer	Es entsteht keine Umsatzsteuer	Es entsteht keine Umsatzsteuer	Steuerschuldnerschaft für die Umsatzsteuer aufgrund der Lieferung des mittleren Unternehmers
Rechnung	Besondere Rechnung, kein Umsatzsteuer-Ausweis, Angabe der USt-IdNr. des ersten und des mittleren Unternehmers	Besondere Rechnung, kein Umsatzsteuer-Ausweis, Angabe der USt-IdNr. des mittleren und des letzten Unternehmers. Hinweis auf innergemeinschaftliches Dreiecksgeschäft	Stellt keine Rechnung aus
Meldevorschriften	Innergemeinschaftliche Lieferung muss in der Umsatzsteuer-Voranmeldung und der Zusammenfassenden Meldung angegeben werden	Lieferung im Rahmen des Dreiecksgeschäfts muss in der Zusammenfassenden Meldung mit besonderem Kennzeichen („2" oder durch ankreuzen) angegeben werden, die Lieferung ist gesondert in der Umsatzsteuer-Voranmeldung abzugeben	Die geschuldete Umsatzsteuer aufgrund der Übertragung der Steuerschuldnerschaft; ist in der Umsatzsteuer-Voranmeldung anzugeben

	Erster Unternehmer	Mittlerer Unternehmer	Letzter Unternehmer
Bemessungsgrundlage	Erhaltene Zahlung	Erhaltene Zahlung	Geleistete Zahlung
Vorsteuerabzug	Gegebenenfalls Vorsteuerabzug aus Vorleistungen	Kein Vorsteuerabzug aus erhaltener Lieferung, da steuerfrei	Vorsteuerabzug in Höhe der geschuldeten Umsatzsteuer, soweit die allgemeinen Voraussetzungen des § 15 UStG vorliegen

Beispiel: Unternehmer F aus Frankreich bestellt unter Verwendung seiner französischen USt-IdNr. eine Maschine bei dem deutschen Unternehmer D für 100.000 €. D bestellt unter Verwendung seiner deutschen USt-IdNr. diese Maschine bei dem Unternehmer S aus Schweden für 90.000 €. S transportiert die Maschine direkt zu dem Käufer F nach Frankreich.

Lösung: S aus Schweden führt eine in Schweden steuerbare aber steuerfreie innergemeinschaftliche Lieferung an den D aus. S hat den Umsatz mit einer Bemessungsgrundlage von (umgerechnet) 90.000 € in seiner Zusammenfassenden Meldung und seiner USt-Voranmeldung in Schweden anzugeben.

D aus Deutschland führt im Rahmen des Reihengeschäfts eine ruhende Lieferung nach § 3 Abs. 7 Satz 2 Nr. 2 UStG aus, deren Ort dort ist, wo sich der Gegenstand am Ende der Beförderung befindet – somit in Frankreich. Die Lieferung ist in Deutschland nicht steuerbar, führt aber für D in Frankreich zu einem steuerbaren und steuerpflichtigen Umsatz. Steuerschuldner für diese Umsatzsteuer wird aber nach § 25b Abs. 2 UStG F aus Frankreich. D verwirklicht darüber hinaus auch einen steuerbaren und steuerpflichtigen innergemeinschaftlichen Erwerb (aus der Lieferung des S an ihn) in Frankreich, dieser innergemeinschaftliche Erwerb gilt aber nach § 25b Abs. 3 UStG als besteuert. Darüber hinaus muss D in seiner (deutschen) Zusammenfassenden Meldung seine Lieferung an den F anmelden und mit dem Kennzeichen „2“ oder ankreuzen anmelden[3]. Der Umsatz ist auch in der USt-Voranmeldung in Deutschland anzugeben, eine Umsatzsteuer entsteht in Deutschland aber nicht. Soweit D seiner Meldepflicht in der Zusammenfassenden Meldung nachgekommen ist, ergibt sich für ihn auch kein innergemeinschaftlicher Erwerb (aus der Lieferung des S an ihn) nach § 3d Satz 2 UStG. D hat somit nur Meldepflichten in Deutschland zu erfüllen; er stellt F eine Nettorechnung über 100.000 € aus, nimmt seine und die USt-IdNr. des Leistungsempfängers in der Rechnung auf und weist auf das innergemeinschaftliche Dreiecksgeschäft hin.

F wird in Frankreich zum Steuerschuldner für die ihm in Frankreich von D erbrachte steuerbare und steuerpflichtige Lieferung. Er muss auf die 100.000 € die französische Umsatzsteuer heraufrechnen und in seiner französischen USt-Voranmeldung anmelden. Soweit er zum Vorsteuerabzug berechtigt ist, kann er die von ihm geschuldete Umsatzsteuer als Vorsteuer abziehen.

Achtung! Die Finanzverwaltung vertritt die Auffassung, dass ein innergemeinschaftliches Dreiecksgeschäft auch dann vorliegen kann, wenn mehr als drei Unternehmer an einem solchen Geschäft beteiligt sind. Die Wirkungen des Dreiecksgeschäfts sind dann auf die letzten drei beteiligten Unternehmer zu beschränken[4].

---

3 § 18a Abs. 7 Satz 1 Nr. 4 UStG.

4 Abschn. 25b.1 Abs. 2 UStAE.

Innergemeinschaftliches Kontrollverfahren

Innergemeinschaftliches Kontrollverfahren auf einen Blick

1. **Rechtsquellen**
   § 18a, § 18b und § 26a UStG
   Abschn. 18a.1 bis Abschn. 18a.5 UStAE
2. **Bedeutung**
   Das innergemeinschaftliche Kontrollverfahren ist Voraussetzung für die Funktionsfähigkeit des Binnenmarkts der Europäischen Union. Eine Steuerfreiheit der Lieferung im Ursprungsland kann nur dann gegeben sein, wenn im Bestimmungsland der Erwerb beim Abnehmer der Besteuerung unterliegt. Darüber hinaus sind auch sonstige Leistungen nach § 3a Abs. 2 UStG an andere Unternehmer in einem anderen Mitgliedstaat in der Zusammenfassenden Meldung anzugeben um die Besteuerung des Umsatzes im Bestimmungsland sicher zu stellen.
3. **Weitere Stichworte**
   → Innergemeinschaftliche Lieferung, → Innergemeinschaftlicher Erwerb, → Innergemeinschaftliches Verbringen, → Sonstige Leistung/Ort, → Umsatzsteuer-Identifikationsnummer, → Zusammenfassende Meldung

Die Regelungen des **Binnenmarkts der Europäischen Union** gehen – wie auch im Warenverkehr mit dem Drittlandsgebiet – von einer Besteuerung in dem Land aus, in dem der Gegenstand gebraucht oder verbraucht wird („**Bestimmungslandprinzip**"). Um dieses Prinzip umzusetzen, soll – soweit es systematisch und praktisch umsetzbar ist – eine Besteuerung von dem Erwerber eines Gegenstands oder dem Empfänger einer sonstigen Leistung im Bestimmungsland durchgeführt werden.

Dieses Prinzip ist im Binnenmarkt unterschiedlich umgesetzt worden:

- Bei **Lieferungen im Binnenmarkt** ist dies durch die Besteuerung eines innergemeinschaftlichen Erwerbs[1] realisiert worden. Der Steuertatbestand des innergemeinschaftlichen Erwerbs setzt jedoch voraus, dass die Lieferung des Gegenstands im Ursprungsland steuerfrei erfolgen kann, da es ansonsten zu einer Doppelbesteuerung kommt. Die Steuerfreiheit der **innergemeinschaftlichen Lieferung** kann aber auch nur dann gewährt werden, wenn sichergestellt ist, dass es im Bestimmungsland tatsächlich zur Besteuerung des innergemeinschaftlichen Erwerbs kommt. Zur Sicherstellung dieses systematischen Zusammenhangs kann eine steuerfreie innergemeinschaftliche Lieferung nur dann vorliegen, wenn der Erwerber durch Angabe seiner zutreffenden USt-IdNr. die Besteuerung des innergemeinschaftlichen Erwerbs sicherstellt. Der Lieferer hat unter Angabe der USt-IdNr. die Lieferung in seiner Zusammenfassenden Meldung anzugeben. Durch den Datenaustausch in der Union kann eine Kontrolle erfolgen, ob der Leistungsempfänger tatsächlich in dem Bestimmungsland den Erwerb der Besteuerung unterworfen hat. Zur lückenlosen Erfassung der Besteuerungsverpflichtungen in den einzelnen Mitgliedstaaten sind auch unternehmensinterne Warenbewegungen im Rahmen der Zusammenfassenden Meldung zu erfassen, wenn es sich um ein **innergemeinschaftliches Verbringen** handelt, das nicht nur zu einer vorübergehenden Verwendung des Gegenstands in einem anderen Mitgliedstaat führt, also z.B. der Transport von Handelsware in ein Auslieferungslager desselben Unternehmers in einem anderen Mitgliedstaat.
- Bei **sonstigen Leistungen an einen Unternehmer** in einem anderen Mitgliedstaat, deren Ort sich nach § 3a Abs. 2 UStG[2] bestimmt, ist der Ort der Leistung dort, wo der Leistungsempfänger sein Unternehmen betreibt oder die die Leistung empfangende Betriebsstätte unterhält. Der Leistungs-

---

[1] Eingeführt durch das Umsatzsteuer-Binnenmarktgesetz zum 1.1.1993.

[2] Gemäß Umsetzung durch das sog. Mehrwertsteuerpaket der Europäischen Union durch das Jahressteuergesetz 2009 zum 1.1.2010.

empfänger wird im Zielland zum Steuerschuldner für die dort entstehende Umsatzsteuer[3]. Damit sichergestellt werden kann, dass der Erwerber die von ihm geschuldete Umsatzsteuer tatsächlich anmeldet, ist der Vorgang von dem leistenden Unternehmer in seinem Heimatstaat in der Zusammenfassenden Meldung mit anzugeben. Durch den Datenaustausch hat der Mitgliedstaat, in dem der Leistungsempfänger ansässig ist, die Möglichkeit, die Besteuerung beim Leistungsempfänger zu überwachen.

3 Art. 196 MwStSystRL.

Innergemeinschaftliches Verbringen

Innergemeinschaftliches Verbringen auf einen Blick

1. **Rechtsquellen**
   § 1a Abs. 2 und § 3 Abs. 1a UStG
   Abschn. 1a.2 UStAE
2. **Bedeutung**
   Ein innergemeinschaftliches Verbringen liegt vor, wenn ein Unternehmer einen Gegenstand zu seiner eigenen Verfügung von einem Mitgliedstaat in einen anderen Mitgliedstaat zu einer nicht nur vorübergehenden Verwendung verbringt. Das Verbringen führt im Ursprungsmitgliedstaat zu einer Lieferung und im Bestimmungsmitgliedstaat zu einem innergemeinschaftlichen Erwerb.
3. **Weitere Stichworte**
   → Innergemeinschaftliche Lieferung, → Innergemeinschaftlicher Erwerb, → Zusammenfassende Meldung
4. **Besonderheiten**
   Seit dem 1.5.2016 bestimmen sich die Regelungen für die befristete Verwendung nach den Vorschriften des Unionszollkodex (UZK) sowie den dazu erlassenen implementing act (UZK-IA) und den delegated act (UZK-DA).

1. Innergemeinschaftliches Verbringen als Steuertatbestand

Um eine Warenbewegung zwischen zwei Mitgliedstaaten der Europäischen Union auch dann umsatzsteuerlich zu erfassen, wenn der Gegenstand nicht im Rahmen einer entgeltlichen Lieferung von einem Mitgliedstaat in einen anderen Mitgliedstaat gelangt, wurde der Tatbestand des innergemeinschaftlichen Verbringens geschaffen.

Achtung! Ein innergemeinschaftliches Verbringen findet immer nur innerhalb eines einheitlichen Unternehmens statt.

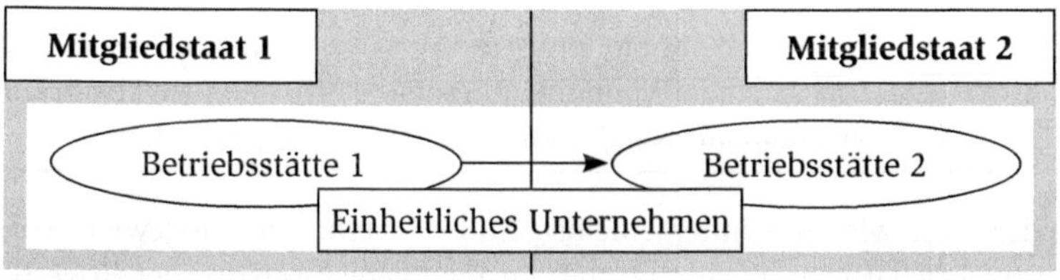

Soweit ein Unternehmer im Rahmen seines Unternehmens aus einem Mitgliedstaat der Europäischen Union einen Gegenstand zu seiner eigenen Verfügung in einen anderen Mitgliedstaat verbringt, führt diese Warenbewegung zu zwei eigenständigen Umsätzen:

- Im **Ursprungsmitgliedstaat** gilt dieses Verbringen nach § 3 Abs. 1a UStG als eine Lieferung gegen Entgelt. Der Unternehmer gilt in diesem Land als Lieferer. Unter den Voraussetzungen des § 6a Abs. 2 UStG ist diese Lieferung eine steuerfreie innergemeinschaftliche Lieferung.
- Im **Bestimmungsmitgliedstaat** gilt dieses Verbringen als innergemeinschaftlicher Erwerb gegen Entgelt, § 1a Abs. 2 UStG. Der Unternehmer gilt in diesem Land als Erwerber. Die entstehende Erwerbsteuer kann er unter den Voraussetzungen des § 15 Abs. 1 Satz 1 Nr. 3 UStG als Vorsteuer abziehen.

Wichtig! Das innergemeinschaftliche Verbringen muss – wie eine innergemeinschaftliche Lieferung und ein innergemeinschaftlicher Erwerb – aufgezeichnet und gegenüber der Finanzverwaltung gemeldet werden.

Die **Rechtsfolgen** des innergemeinschaftlichen Verbringens können aus der folgenden Übersicht entnommen werden:

	Im Ursprungsmitgliedstaat	**Im Bestimmungsmitgliedstaat**
Leistungstatbestand	§ 3 Abs. 1a UStG, gilt als Lieferung gegen Entgelt	§ 1a Abs. 2 UStG, gilt als innergemeinschaftlicher Erwerb gegen Entgelt
Ort des Umsatzes	§ 3 Abs. 6 UStG, dort, wo die Warenbewegung beginnt	§ 3d Satz 1 UStG, dort, wo die Warenbewegung endet
Unternehmer gilt als	Lieferer	Erwerber
Steuerbarkeit nach	§ 1 Abs. 1 Nr. 1 UStG	§ 1 Abs. 1 Nr. 5 UStG
Steuerbefreiung	In der Regel nach § 4 Nr. 1 Buchst. b UStG i.V.m. § 6a Abs. 2 UStG steuerfreie innergemeinschaftliche Lieferung	In der Regel keine Steuerbefreiung, soweit keine Sonderregelung nach § 4b UStG anzuwenden ist
Bemessungsgrundlage	§ 10 Abs. 4 Nr. 1 UStG, Anschaffungskosten oder Selbstkosten eines vergleichbaren Gegenstands zum Zeitpunkt des Verbringens	§ 10 Abs. 4 Nr. 1 UStG, Anschaffungskosten oder Selbstkosten eines vergleichbaren Gegenstands zum Zeitpunkt des Verbringens
Steuersatz	Entfällt, da steuerfrei	Maßgeblicher Steuersatz nach § 12 Abs. 1 oder Abs. 2 UStG
Vorsteuerabzugsberechtigung	Steuerfreie Lieferung schließt den Vorsteuerabzug für Vorleistungen nicht aus	Nach § 15 Abs. 1 Satz 1 Nr. 3 UStG ist die Erwerbsteuer unter den allgemeinen Voraussetzungen abzugsfähig
Meldungen	Aufnahme der Lieferung in Umsatzsteuer-Voranmeldung und Zusammenfassender Meldung	Aufnahme des innergemeinschaftlichen Erwerbs in Umsatzsteuer-Voranmeldung

Wichtig! Grundsätzlich wird das innergemeinschaftliche Verbringen abgewickelt und angemeldet wie eine innergemeinschaftliche Lieferung und ein innergemeinschaftlicher Erwerb unter fremden Dritten. Deshalb wurde bisher davon ausgegangen, dass zur Erfassung als steuerfreie innergemeinschaftliche Lieferung im Ausgangsmitgliedstaat die USt-IdNr. des leistungsempfangenden Unternehmensteils vorhanden sein muss. Der EuGH[1] hat aber festgestellt, dass die Finanzverwaltung des Ausgangsmitgliedstaats dem Unternehmer nicht die Steuerbefreiung alleine deshalb verwehren kann, wenn die USt-IdNr. aus dem Bestimmungsmitgliedstaat nicht vorliegt und wenn es keine Hinweise auf Steuerhinterziehung gibt.

Typische Anwendungsfälle für ein innergemeinschaftliches Verbringen sind:

- Ein Unternehmer bringt **Handelsware** aus seiner Produktionsstätte in Deutschland in sein Auslieferungslager in einem anderen Mitgliedstaat, um diese Ware dort zu verkaufen. Der Unternehmer muss in Deutschland eine steuerfreie innergemeinschaftliche Lieferung deklarieren und in dem anderen Mitgliedstaat einen innergemeinschaftlichen Erwerb besteuern.

---

1 EuGH, Urteil v. 20.10.2016, C-24/15 – Josef Plöckl, BFH/NV 2016, 1871.

- Ein Unternehmer verbringt **Halbfertigprodukte** aus einer Betriebsstätte in einem Mitgliedstaat in einen anderen Mitgliedstaat um diese dort weiter zu verarbeiten. Der Unternehmer muss in dem ersten Mitgliedstaat eine steuerbare aber steuerfreie innergemeinschaftliche Lieferung im Rahmen eines Verbringens anmelden, im Bestimmungsmitgliedstaat muss er einen innergemeinschaftlichen Erwerb der Besteuerung unterwerfen.
- Ein Unternehmer bringt von seiner **Produktionsstätte** in einem anderen Mitgliedstaat eine Maschine in seine Produktionsstätte nach Deutschland, um diese hier dauerhaft für die Produktion zu nutzen. Der Unternehmer muss in dem anderen Mitgliedstaat eine steuerfreie innergemeinschaftliche Lieferung deklarieren und in Deutschland einen innergemeinschaftlichen Erwerb besteuern.

Achtung! Soweit ein Gegenstand nur zu einer vorübergehenden Verwendung in einen anderen Mitgliedstaat verbracht wird, liegt ein solches innergemeinschaftliches Verbringen nicht vor, es ergeben sich dann keine Besteuerungsfolgen.

Achtung! Ein innergemeinschaftliches Verbringen setzt nicht voraus, dass der Unternehmer in dem anderen Mitgliedstaat eine Betriebsstätte unterhält. So verbringt auch ein Unternehmer Ware im Rahmen eines innergemeinschaftlichen Verbringens, wenn er Ware in einem Mitgliedstaat einkauft und dann (z.B. von einem Verkaufswagen aus) in einem anderen Mitgliedstaat verkauft. Allerdings kann dann die Besteuerung auf die tatsächlich verkaufte Menge beschränkt werden, vgl. Abschn. 1a.2 Abs. 6 UStAE.

2. Ausnahme bei nur vorübergehender Verwendung

Wenn der Gegenstand nur **zu einer vorübergehenden Verwendung** von einem Mitgliedstaat in einen anderen Mitgliedstaat gelangt, liegt kein innergemeinschaftliches Verbringen vor. Systematisch ist bei einer nur vorübergehenden Verwendung unionsrechtlich die der Art nach vorübergehende Verwendung und die befristete Verwendung zu unterscheiden[2].

2.1 Der Art nach vorübergehende Verwendung

Eine der **Art nach vorübergehende Verwendung** liegt nach der abschließenden Aufzählung des Abschn. 1a.2 Abs. 10 UStAE in den folgenden Fällen vor:

- Der Gegenstand wird im Rahmen einer im Bestimmungsland steuerbaren **Werklieferung** verwendet. Es kann sich dabei um Geräte (z.B. Baumaschinen) oder auch um Material (z.B. Baumaterial) handeln.
- Der Gegenstand wird im Zusammenhang mit einer im Bestimmungsland **auszuführenden sonstigen Leistung** verbracht (z.B. eine Maschine wird an einen Nutzer in einem anderen Mitgliedstaat vermietet und zu diesem Zweck in den anderen Mitgliedstaat verbracht).
- Der Unternehmer lässt **an einem Gegenstand** in einem anderen Mitgliedstaat **eine sonstige Leistung ausführen** (z.B. ein defekter Gegenstand wird in einen anderen Mitgliedstaat verbracht, um ihn dort zu reparieren).
- Der Unternehmer überlässt einen Gegenstand an eine Arbeitsgemeinschaft als Gesellschafterbeitrag in einem anderen Mitgliedstaat.

Wichtig! Bei einer der Art nach vorübergehenden Verwendung kommt es auf die Dauer der Verwendung in dem anderen Mitgliedstaat nicht an.

Beispiel 1: Unternehmer U aus Hamburg errichtet in Dänemark einen Rohbau (Werklieferung) und verbringt dazu Baumaschinen sowie Baumaterial nach Dänemark.

---

2 Abschn. 1a.2 Abs. 9 UStAE.

Lösung: Es liegt sowohl für die Baumaschinen wie auch für das Baumaterial eine der Art nach vorübergehende Verwendung vor, die in Deutschland nicht zu einem innergemeinschaftlichen Verbringen nach § 3 Abs. 1a UStG führt. In Dänemark ist kein innergemeinschaftlicher Erwerb nach § 1a Abs. 2 UStG zu besteuern.
Wenn die Baumaschine nach Abschluss der Bauarbeiten wieder von Dänemark nach Deutschland gelangt, erfolgt weder eine Besteuerung einer Lieferung nach § 3 Abs. 1a UStG in Dänemark noch die Besteuerung eines innergemeinschaftlichen Erwerbs nach § 1a Abs. 2 UStG in Deutschland.

Achtung! Dem Grunde nach setzt das vorübergehende Verbringen aber voraus, dass der Gegenstand nicht dauerhaft in dem anderen Mitgliedstaat verbleibt. Der EuGH[3] hat dies entsprechend entschieden und festgestellt, dass ein nicht steuerbares vorübergehendes Verbringen nur dann vorliegen kann, wenn der Gegenstand nach der Bearbeitung wieder in den Ausgangsmitgliedstaat zurückgesendet wird.

2.2 Befristete Verwendung

Eine **befristete Verwendung** ergibt sich in Anwendung entsprechender zollrechtlicher Vorschriften (vgl. auch Abschn. 1a.2 Abs. 12 UStAE) in Abhängigkeit von der jeweiligen Verwendungsdauer in dem anderen Mitgliedstaat. Dabei sind Verwendungsfristen von bis zu 24 Monaten möglich. So können z.B. Berufsausrüstung oder Muster in angemessenen Mengen zu Ausstellungszwecken bis zu 24 Monate im Rahmen einer befristeten Verwendung in einen anderen Mitgliedstaat verbracht werden. Eine Verwendungsfrist von zwei Monaten gilt u.a. für Waren zur Ansicht, die nicht als Muster angesehen werden können und für die vonseiten des Versenders eine Verkaufsabsicht und beim Empfänger eine mögliche Kaufabsicht nach Ansicht besteht.

Wichtig! Die Vorschriften für die befristete Verwendung basieren auf den zollrechtlichen Vorgaben. Zum 1.5.2016 ist der Unionszollkodex[4] (UZK) in Kraft getreten und hat den Zollkodex ersetzt. Aufgrund der Regelungen des Vertrags von Lissabon ist das Durchführungsrecht zum UZK grundsätzlich in zwei Rechtsakte aufgeteilt. Art. 290 AEUV[5] sieht vor, dass der Kommission Gesetzgebungsbefugnisse übertragen werden, um nichtwesentliche Bestandteile des Gesetzgebungsakts ändern oder ergänzen zu können. Entsprechend ist die Delegierte Verordnung[6] (delegated act) verabschiedet worden. Zur Sicherstellung einer einheitlichen und ordnungsgemäßen Durchführung von Bestimmungen des Basisrechtsakts erhält die Kommission darüber hinaus nach Art. 291 AEUV die Befugnis, Durchführungsrechtsakte zu erlassen (implementing act)[7].

2.3 Änderung der Verwendung

Wenn bei einer der Art nach vorübergehenden Verwendung der Gegenstand entgegen der ursprünglichen Absicht doch im Bestimmungsmitgliedstaat verbleibt (z.B. weil er dort verkauft wird oder weil er untergeht) oder wenn bei einer befristeten Verwendung der Gegenstand ebenfalls entgegen der Planung in dem anderen Mitgliedstaat verbleibt oder die Verwendungsfristen überschritten werden, gilt der Gegenstand zu diesem Zeitpunkt als innergemeinschaftlich geliefert. Der Unternehmer muss dann

3 EuGH, Urteil v. 6.3.2014, C-606/12 und C-607/12 – Dresser-Rand SA, BFH/NV 2014, 812.
4 Verordnung (EU) Nr. 952/2013 v. 9.10.2013.
5 Vertrag über die Arbeitsweise der Europäischen Union.
6 DA „delegated act“ (EU) 2015/2446 v. 28.7.2015.
7 IA „implementing act“ (EU) 2015/2447 v. 24.11.2015.

zu diesem Zeitpunkt (also in den laufenden Erklärungen und nicht rückwirkend) die Besteuerung des innergemeinschaftlichen Verbringens nachholen.

Beispiel 2: Händler H nimmt an einer Messe in Spanien teil und verbringt im Mai 2018 Ausstellungsstücke nach Spanien, die er wieder mit nach Deutschland zurücknehmen will. Entgegen der ursprünglichen Absicht wird ein Gegenstand nach Abschluss der Messe im Juni 2018 direkt vom Messestand in Spanien verkauft.

Lösung: Zum Zeitpunkt des Verbringens nach Spanien im Mai 2018 liegt kein innergemeinschaftliches Verbringen nach § 3 Abs. 1a und § 1a Abs. 2 UStG vor, da eine befristete Verwendung gegeben ist. Umsatzsteuerrechtliche Folgen ergeben sich damit weder in Deutschland noch in Spanien.

Mit dem Verkauf der Ware in Spanien im Juni 2018 führt H eine in Spanien steuerbare und steuerpflichtige Lieferung aus. H muss sich dazu in Spanien umsatzsteuerrechtlich erfassen lassen[8]. Steuerschuldner für diese Umsatzsteuer ist H. Darüber hinaus muss H zusätzlich auch noch in Deutschland eine Lieferung im Rahmen des innergemeinschaftlichen Verbringens nach § 3 Abs. 1a UStG anmelden, die unter den weiteren Voraussetzungen des § 6a Abs. 2 UStG eine steuerfreie innergemeinschaftliche Lieferung darstellt. In Spanien muss H einen innergemeinschaftlichen Erwerb nach § 1a Abs. 2 UStG anmelden, der dort steuerbar (Ort nach § 3d Satz 1 UStG am Ende der Warenbewegung) und steuerpflichtig ist[9]. Die in Spanien entstehende Erwerbsteuer kann er dort unter den weiteren nationalen Voraussetzungen als Vorsteuer abziehen.

---

8 Da die Lieferung in Spanien ausgeführt ist, kann keine steuerfreie innergemeinschaftliche Lieferung vorliegen. Der Gegenstand ist nicht im Rahmen der Lieferung an den Kunden von Deutschland nach Spanien gelangt, die Warenbewegung war dem innergemeinschaftlichen Verbringen zuzurechnen.

9 Vgl. auch Abschn. 1a.2 Abs. 3 UStAE.

Insolvenz

Insolvenz auf einen Blick

1. **Rechtsquellen**
   § 2 und § 17 UStG
2. **Bedeutung**
   Die Auswirkungen des Insolvenzfalls können für die Umsatzsteuer vielschichtig sein. Es können sich Auswirkungen direkt aus dem Insolvenzfall ergeben; Besonderheiten können sich aber auch in der Zeit nach der Eröffnung eines Insolvenzverfahrens ergeben. Dabei muss insbesondere beachtet werden, wer der umsatzsteuerrechtliche Unternehmer i.S.d. § 2 UStG ist und wie die Abgrenzung der bis zur Insolvenzeröffnung erbrachten und danach ausgeführten Leistungen vorgenommen werden muss. Dabei muss berücksichtigt werden, dass weder das Umsatzsteuerrecht noch das Insolvenzrecht ausdrückliche Regelungen zur umsatzsteuerrechtlichen Beurteilung im Insolvenzfall vorgeben.
3. **Weitere Stichworte**
   → Änderung der Bemessungsgrundlage, → Organschaft, → Sollbesteuerung, → Unternehmer

1. Unternehmereigenschaft im Insolvenzfall

Die Unternehmereigenschaft ergibt sich umsatzsteuerrechtlich aus den Rechtsvorschriften des § 2 UStG. Danach ist jeder unternehmerisch tätig, der selbstständig, nachhaltig und mit Einnahmeerzielungsabsicht tätig wird. Diese Voraussetzungen werden durch die Eröffnung des Insolvenzverfahrens weder außer Kraft gesetzt noch durchbrochen. Der Insolvenzschuldner bleibt weiterhin der Unternehmer, Umsätze, die der Insolvenzverwalter ausführt, gelten als Umsätze des Insolvenzschuldners.

Allerdings sind die Umsatzsteuerbeträge, die aus Handlungen des Insolvenzverwalters resultieren (Masseschulden oder Masseforderungen), gesondert festzusetzen und gegenüber dem Insolvenzverwalter bekannt zu geben.

Achtung! Umsatztätigkeiten des Unternehmers nach Insolvenzeröffnung führen zu Masseverbindlichkeiten nach § 55 Abs. 1 Nr. 1 InsO, wenn der Insolvenzverwalter das zur Insolvenzmasse gehörende Unternehmen betreibt. Auch die Umsatzsteuer für Umsätze, die der Unternehmer im Zeitraum zwischen der Beantragung und der Entscheidung über die Eröffnung oder Ablehnung eines Insolvenzverfahrens und damit während des Insolvenzeröffnungsverfahrens ausführt, kann für den Fall einer nachfolgenden Insolvenzeröffnung Masseverbindlichkeit sein. Dies gilt zunächst für den Fall, dass das Insolvenzgericht einen verwaltungs- und verfügungsbefugten vorläufigen Insolvenzverwalter bestellt. Dieser sog. starke vorläufige Verwalter begründet Masseverbindlichkeiten nach § 55 Abs. 2 InsO. Da in der Praxis derartige Verwalter kaum bestellt wurden, hat der Gesetzgeber mit § 55 Abs. 4 InsO einen weiteren Tatbestand zur Begründung von Masseverbindlichkeiten für den Zeitraum des Insolvenzeröffnungsverfahrens geschaffen. Diese Regelung soll insbesondere für sog. schwache vorläufige Verwalter gelten, für die das Insolvenzgericht nur einen allgemeinen Zustimmungsvorbehalt anordnet[1].

---

[1] Vgl. auch BFH, Urteil v. 24.9.2014, V R 48/13, BFH/NV 2015, 133 sowie BMF, Schreiben v. 20.5.2015. Zu den zeitlichen Anwendungsgrundsätzen vgl. BMF, Schreiben v. 18.11.2015, BStBl I 2015, 886.

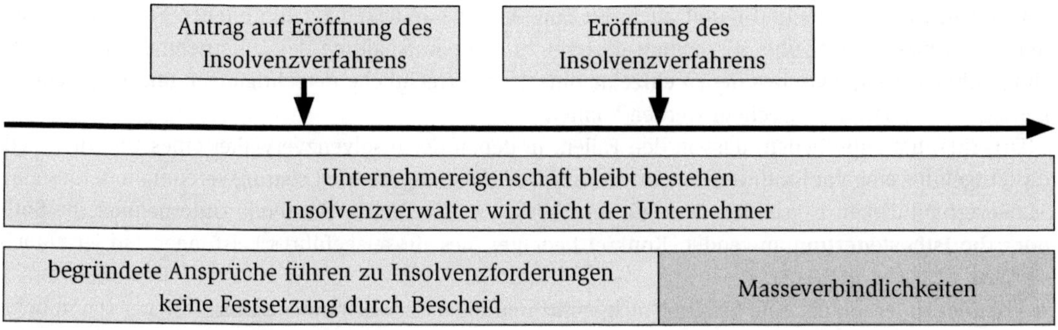

Besondere Probleme ergeben sich, wenn es sich um ein **Insolvenzverfahren im Organkreis** handelt: Wenn über Teile des Organkreises das Insolvenzverfahren beantragt oder eröffnet wird, ist zu prüfen, ob die Organschaft dadurch beendet wird und welche Rechtsfolgen sich daraus ergeben. Im Zuge der neueren Rechtsprechung des BFH zur Organschaft im Insolvenzfall hat die Finanzverwaltung[2] die bisherigen Anwendungsgrundsätze in Abschn. 2.8 Abs. 12 UStAE angepasst. Grundsätzlich endet mit der Insolvenzeröffnung über das Vermögen des Organträgers oder der Organgesellschaft die Organschaft[3]. Dies gilt jeweils auch bei Bestellung eines Sachwalters im Rahmen der Eigenverwaltung nach §§ 270 ff. InsO. Wird im Rahmen der Anordnung von Sicherungsmaßnahmen über das Vermögen des Organträgers oder der Organgesellschaft ein vorläufiger Insolvenzverwalter bestellt, endet die Organschaft mit dessen Bestellung bereits vor Eröffnung des Insolvenzverfahrens, wenn der vorläufige Insolvenzverwalter den maßgeblichen Einfluss auf den Schuldner erhält und eine Beherrschung der Organgesellschaft durch den Organträger nicht mehr möglich ist. Dies ist insbesondere der Fall, wenn der vorläufige Insolvenzverwalter wirksame rechtsgeschäftliche Verfügungen des Schuldners aufgrund eines Zustimmungsvorbehalts nach § 21 Abs. 2 Nr. 2 Alt. 2 InsO verhindern kann[4]. Diese Grundsätze gelten auch in den Fällen, in denen für den Organträger und die Organgesellschaft ein personenidentischer Sachwalter, vorläufiger Insolvenzverwalter oder Insolvenzverwalter bestellt wird.

Achtung! Die Finanzverwaltung[5] hatte die Anwendung der Grundsätze über die Bestellung des vorläufigen Insolvenzverwalters aus dem Urteil des BFH v. 8.8.2013 bisher zurückgestellt und über den entschiedenen Fall hinaus nicht angewandt. Jetzt werden diese Grundsätze allgemein – in allen offenen Fällen – angewendet.

2. Leistungsabgrenzung

Werden Forderungen aus erbrachten Lieferungen und sonstigen Leistungen Gegenstand eines Insolvenzverfahrens, stellt sich die Frage, ob eine zu berichtigende Umsatzsteuer **Insolvenzforderung oder Masseverbindlichkeit** wird. Dies gilt nicht nur für Leistungen, die der insolvente Unternehmer bezogen hat, sondern auch für Leistungen, die das insolvente Unternehmen ausgeführt hatte.

Tipp! Eine Masseverbindlichkeit wird vor der Befriedigung anderer Verbindlichkeiten in vollem Umfang aus der Vermögensmasse befriedigt, während die Insolvenzforderungen nur anteilig oder gar nicht im Rahmen des Insolvenzverfahrens befriedigt werden.

Durch die Bestellung eines vorläufigen (starken) Insolvenzverwalters bzw. spätestens mit **Eröffnung des Insolvenzverfahrens** über das Vermögen des leistenden Unternehmers geht die gesamte Verwaltungs-

---

2 BMF, Schreiben v. 26.5.2017, BStBl I 2017, 790.

3 BFH, Urteil v. 15.12.2016, V R 14/16, BFH/NV 2017, 709.

4 BFH, Urteil v. 8.8.2013, V R 18/13, BFH/NV 2013, 1747 sowie BFH, Urteil v. 24.8.2016, V R 36/15, BFH/NV 2017, 242.

5 BMF, Schreiben v. 5.5.2014, BStBl I 2014, 820.

und Verfügungsbefugnis und damit auch die Empfangszuständigkeit für die offenen Forderungen auf den Insolvenzverwalter über. Es kommt deshalb zu einer Aufspaltung des Unternehmens in mehrere Unternehmensteile, zwischen denen einzelne umsatzsteuerrechtliche Berechtigungen und Verpflichtungen nicht miteinander verrechnet werden können.

Der BFH[6] hat entschieden, dass in den Fällen, in denen der Insolvenzverwalter eines Unternehmers das Entgelt für eine vor Eröffnung des Insolvenzverfahrens ausgeführte Leistung vereinnahmt, dies eine Masseverbindlichkeit begründet. Dies gilt unabhängig davon, ob der leistende Unternehmer die **Soll- oder die Istbesteuerung** anwendet. Konkret bedeutet dies für ausgeführte Leistungen (so jetzt auch Abschn. 17.1 Abs. 11 UStAE):

- Hat der Unternehmer eine Leistung ausgeführt und die dafür entstandene Umsatzsteuer schon beim Finanzamt angemeldet, aber die Zahlung noch nicht erhalten, gilt die Forderung bei Eröffnung des Insolvenzverfahrens als aus rechtlichen Gründen uneinbringlich. Der insolvente Unternehmer kann die von ihm angemeldete (und ggf. bezahlte) Umsatzsteuer für seine Ausgangsleistung nach § 17 Abs. 2 Nr. 1 UStG berichtigen. Die Berichtigung erfolgt im Voranmeldungszeitraum der Insolvenzeröffnung.

  Wichtig! Der Leistungsempfänger muss seinen Vorsteuerabzug nicht korrigieren, da er – unabhängig vom Insolvenzverfahren des leistenden Unternehmers – weiterhin zur Zahlung verpflichtet bleibt.

- Vereinnahmt der Insolvenzverwalter die Forderung des insolventen Unternehmers (ganz oder teilweise), muss er insoweit er die Forderung realisiert eine erneute Berichtigung der Bemessungsgrundlage nach § 17 Abs. 2 Nr. 1 Satz 2 UStG vornehmen. Die sich daraus ergebende Umsatzsteuer stellt eine Masseverbindlichkeit dar.

Tipp! Die Grundsätze gelten nach Abschn. 17.1 Abs. 12 UStAE entsprechend auch schon ab der Bestellung eines sog. starken vorläufigen Insolvenzverwalters. In den Fällen, in denen das Insolvenzverfahren nicht eröffnet wird, ist die durchgeführte Berichtigung rückgängig zu machen.

Da die neuen Regelungen durch die Einbeziehung der vereinnahmten Umsatzsteuerbeträge in die Masseverbindlichkeiten (und damit nicht mehr als Insolvenzforderungen zu berücksichtigende Verbindlichkeiten) zu einer in der Regel bevorzugten Stellung der Finanzverwaltung führen, sind die Grundsätze aus der Rechtsprechung des BFH nur für alle Insolvenzverfahren anzuwenden, die nach dem 31.12.2011 eröffnet werden (Übergangsregelung).

3. Die Korrektur der Umsatzsteuer aus erbrachten Leistungen

Das Insolvenzverfahren betrifft nicht nur die Umsatzsteuer des Insolvenzschuldners, sondern auch die von einem Leistungspartner des Insolvenzschuldners aus einer ausgeführten Leistung heraus geschuldeten Umsatzsteuer. Nach der Rechtsprechung des BFH werden im Falle der Eröffnung des Insolvenzverfahrens Forderungen aus Lieferungen und sonstigen Leistungen gegenüber dem Insolvenzschuldner aus der Zeit vor Eröffnung des Insolvenzverfahrens unbeschadet einer möglichen Insolvenzquote im Augenblick der Bestellung des vorläufigen Insolvenzverwalters bzw. spätestens bei Eröffnung des Insolvenzverfahrens **in voller Höhe uneinbringlich** nach § 17 Abs. 2 Nr. 1 UStG. Die Ansprüche sind mit der Bestellung des vorläufigen Insolvenzverwalters von Rechts wegen gegen den Schuldner (zunächst) nicht mehr durchsetzbar. Die Gläubiger können ihre Ansprüche nur nach Maßgabe der insolvenzrechtlichen Vorschriften, also durch Anmeldung zur Insolvenztabelle, verfolgen und befriedigen. Der Berichtigungszeitpunkt bestimmt sich nach § 17 Abs. 1 Satz 7 UStG und hat dann zu erfolgen, wenn die Änderung eingetreten ist. Wird später das Entgelt nachträglich – teilweise – durch die festgelegte Insolvenzquote

---

[6] BFH, Urteil v. 9.12.2010, V R 22/10, BFH/NV 2011, 952 sowie BFH, Urteil v. 24.9.2014, V R 48/13, BFH/NV 2015, 133. Bestätigt durch BFH, Urteil v. 1.3.2016, XI R 21/14, BFH/NV 2016, 1240.

vereinnahmt, kommt es zu einer erneuten Berichtigung des geschuldeten Steuerbetrags, § 17 Abs. 2 Nr. 1 Satz 2 UStG.

Beispiel: Unternehmer U hat im Januar 2016 an den Leistungsempfänger L eine steuerbare und steuerpflichtige Leistung ausgeführt, für die er in einer ordnungsgemäßen Rechnung 38.000 € Umsatzsteuer gesondert ausgewiesen hatte. Da er seine Umsätze nach vereinbarten Entgelten besteuert, hat er die 38.000 € in seiner Voranmeldung Januar 2016 angemeldet und an sein Finanzamt abgeführt. Im März 2016 wurde der vorläufige Insolvenzverwalter bestellt und anschließend das Insolvenzverfahren über das Vermögen des L eröffnet. Im Mai 2018 wird eine Insolvenzquote i.H.v. 10 % festgestellt.
Lösung: U konnte seine geschuldete Umsatzsteuer in der Voranmeldung März 2016 um die schon entrichteten 38.000 € berichtigen, da zu diesem Zeitpunkt der Anspruch nicht mehr durchsetzbar war, § 17 Abs. 2 Nr. 1 Satz 1 UStG. Im Mai 2018 hat er die Bemessungsgrundlage für seinen Umsatz erneut zu berichtigen und muss in der Voranmeldung Mai 2018 (10 % von 38.000 €) 3.800 € Umsatzsteuer an sein Finanzamt abführen, § 17 Abs. 2 Nr. 1 Satz 2 UStG.

Wichtig! Auch bei Änderung des Steuersatzes richtet sich die entstehende Umsatzsteuer immer nach den Verhältnissen, die zum Zeitpunkt der Leistungserbringung maßgeblich waren.

4. Die Änderungen bei der Vorsteuer

Die Eröffnung des Insolvenzverfahrens kann und wird auch erhebliche Auswirkungen auf den Vorsteuerabzug des von der Insolvenz betroffenen Unternehmers haben. Er ist für Leistungen, die er von Dritten in Anspruch nimmt, zum Vorsteuerabzug berechtigt, wenn die Leistung an ihn ausgeführt worden ist und er eine ordnungsgemäße Rechnung vorweisen kann, § 15 Abs. 1 Satz 1 Nr. 1 UStG. Auf die Zahlung kommt es in diesem Fall nicht an.

Achtung! Dies gilt unabhängig davon, ob der Unternehmer seine Umsätze nach vereinbarten Entgelten oder nach vereinnahmten Entgelten besteuert, § 16 Abs. 2 UStG.

Im Regelfall gelten mit Bestellung eines vorläufigen Insolvenzverwalters die gegen den Unternehmer gerichteten Forderungen nicht mehr als durchsetzbar und sind deshalb uneinbringlich geworden. Damit kann der Gläubiger die von ihm geschuldete Umsatzsteuer nach § 17 Abs. 2 Nr. 1 UStG berichtigen (vgl. 3.) und der Schuldner muss die von ihm schon abgezogene Vorsteuer entsprechend nach § 17 UStG korrigieren. Die Berichtigung erfolgt – wie beim Gläubiger – in dem Zeitraum, in dem die Änderung der Verhältnisse eingetreten ist, § 17 Abs. 1 Satz 7 UStG.

Wichtig! Früher trat dieser Zustand regelmäßig erst mit Eröffnung des Insolvenzverfahrens ein. Nach der neueren Rechtsprechung des BFH[7] ist der Berichtigungszeitpunkt vorverlagert worden. Maßgeblich ist jetzt nicht mehr die Insolvenzeröffnung, sondern bereits die Bestellung eines vorläufigen Insolvenzverwalters mit allgemeinem Zustimmungsvorbehalt. Bereits dieses führt zur Uneinbringlichkeit der gegen den insolvenzbedrohten Unternehmer gerichteten Entgeltansprüche.

[7] BFH, Urteil v. 8.8.2013, V R 18/13, BFH/NV 2013, 1747 sowie BFH, Urteil v. 3.7.2014, V R 32/13, BFH/NV 2014, 1867.

Istbesteuerung

Istbesteuerung auf einen Blick

1. **Rechtsquellen**
   § 20 und § 13 Abs. 1 Nr. 2 UStG
   Abschn. 13.6 und Abschn. 20.1 UStAE
2. **Bedeutung**
   Sonderform der Besteuerung von Umsätzen. Die Umsatzsteuer entsteht erst in dem Voranmeldungszeitraum, in dem der Unternehmer die Gegenleistung (in der Regel die Bezahlung) erhalten hat. Die Istbesteuerung (Besteuerung nach vereinnahmten Entgelten) ist antragsgebunden und nur für bestimmte Unternehmer zugelassen.
3. **Weitere Stichworte**
   → Anzahlungen, → Kleinunternehmer, → Sollbesteuerung, → Umsatzsteuervoranmeldung, → Vorsteuerabzug
4. **Besonderheiten**
   Freiberufler, die freiwillig Bücher führen und Abschlüsse machen, können die Istbesteuerung nur dann in Anspruch nehmen, wenn ihr Gesamtumsatz im Vorjahr nicht mehr als 500.000 € betragen hat.

1. Voraussetzungen der Istbesteuerung

Die regelmäßige Berechnung der Umsatzsteuer erfolgt im Rahmen der Besteuerung nach vereinbarten Entgelten (Sollbesteuerung). In **Ausnahmefällen** und auf Antrag kann das Finanzamt dem Unternehmer gestatten, die Umsätze nach vereinnahmten Entgelten (Istbesteuerung) zu besteuern.

Die **Istbesteuerung** kann in den folgenden Fällen vom zuständigen Finanzamt gewährt werden:

- Der Gesamtumsatz i.S.d. § 19 Abs. 3 UStG hat im vorangegangenen Kalenderjahr nicht mehr als 500.000 € (zur Entwicklung des Gesamtumsatzes vgl. die unten stehende Tabelle) betragen oder
- der Unternehmer ist von der Verpflichtung, Bücher zu führen und aufgrund jährlicher Bestandsaufnahmen regelmäßig Abschlüsse zu machen, nach § 148 AO befreit oder
- der Unternehmer erzielt Umsätze aus einer Tätigkeit als Angehöriger eines freien Berufs i.S.d. § 18 Abs. 1 Nr. 1 EStG.

Die Besteuerung nach vereinnahmten Entgelten ist insbesondere für kleinere Unternehmer von wirtschaftlicher Bedeutung, wenn sie Gesamtumsatzgrenze nach § 20 Satz 1 Nr. 1 UStG nicht überschritten haben. Die Gesamtumsatzgrenze hat sich in den vergangenen Jahren wie folgt entwickelt:

Entwicklung des Gesamtumsatzes		
Gesamtumsatz	**Alte Bundesländer**	**Neue Bundesländer**
vom 1.1.2002 bis 30.6.2006	125.000 €	500.000 €
vom 1.7.2007 bis 30.6.2009	250.000 €	500.000 €
seit 1.7.2009	500.000 €	500.000 €

Achtung! Die Gesamtumsatzgrenze von 500.000 € wäre eigentlich zum 1.1.2012 automatisch auf 250.000 € (bundesweit) abgesenkt worden. Durch die sog. „Entfristung" ist die Grenze von 500.000 € aber zeitlich unbefristet in § 20 Satz 1 Nr. 1 UStG aufgenommen worden.

Der maßgebliche Gesamtumsatz i.H.v. 500.000 € berechnet sich nach den Vorschriften für den Kleinunternehmer, § 19 Abs. 3 UStG, vgl. dazu Stichwort Kleinunternehmer.

Die **Befreiung von der Verpflichtung, Bücher zu führen**, ist eine Ausnahmeregelung für einzelne Fälle oder für bestimmte Gruppen von Fällen, wenn die Einhaltung der Buchführungs- und Aufzeichnungsvorschriften zu Härten führen würde und die Besteuerung durch diese Erleichterungen nicht beeinträchtigt wird. Persönliche Umstände (Alter, Krankheit) sind grundsätzlich keine Gründe, die eine solche Erleichterung rechtfertigen. Infrage kommt eine solche Erleichterung, wenn der Unternehmer aus besonderen Umständen ausnahmsweise im Vorjahr die Grenzen der Buchführungspflicht[1] (Umsatz i.H.v. mehr als 500.000 € – oder Gewinn aus Gewerbebetrieb oder aus Land- und Forstwirtschaft i.H.v. mehr als 50.000 €) überschritten hat.

Als **freie Berufe** i.S.d. § 18 Abs. 1 Nr. 1 EStG gilt die selbstständig ausgeübte wissenschaftliche, künstlerische, schriftstellerische, unterrichtende oder erzieherische Tätigkeit. Darüber hinaus zählen zu der selbstständigen Tätigkeit auch die folgenden Katalogberufe (in alphabetischer Reihenfolge) sowie die artverwandten Berufe: Architekten, Ärzte, beratende Volks- und Betriebswirte, Bildberichterstatter, Dentisten, Dolmetscher, Handelschemiker, Heilpraktiker, Ingenieure, Journalisten, Krankengymnasten, Lotsen, Notare, Patentanwälte, Rechtsanwälte, Steuerberater, Steuerbevollmächtigte, Tierärzte, Übersetzer, vereidigte Buchprüfer, Vermessungsingenieure, Wirtschaftsprüfer, Zahnärzte. In jedem Fall muss der Freiberufler aufgrund seiner eigenen Fachkenntnis leitend und eigenverantwortlich tätig sein.

Achtung! Die Ausübung einer freiberuflichen Tätigkeit in einer Kapitalgesellschaft eröffnet dieser nicht die Möglichkeit, die Besteuerung nach vereinnahmten Entgelten nach § 20 Satz 1 Nr. 3 UStG zu beantragen[2]. Die Istbesteuerung ist für eine Kapitalgesellschaft nur dann möglich, wenn die maßgeblichen Umsatzgrenzen nach § 20 Satz 1 Nr. 1 UStG nicht überschritten sind.

Wichtig! Der BFH[3] hat – ohne dass ein entsprechender Fall zu beurteilen gewesen wäre – festgestellt, dass ein Freiberufler (als Einzelunternehmer oder in Personengemeinschaft) die Istbesteuerung ebenfalls nicht vornehmen kann, wenn freiwillig Bücher geführt werden und Abschlüsse gemacht werden. Eine dagegen eingelegte Verfassungsbeschwerde ist vom Verfassungsgericht[4] nicht zur Entscheidung angenommen worden. Die Finanzverwaltung[5] hat dies umgesetzt und gewährt Freiberuflern mit einem Gesamtumsatz von mehr als 500.000 € keine Istbesteuerung mehr, wenn diese freiwillig Bücher führen. Dazu muss der Freiberufler aber nicht nur seine Umsätze buchen, sondern auch regelmäßig Abschlüsse nach § 4 Abs. 1 oder § 5 EStG machen.

Der **Antrag auf Besteuerung nach vereinnahmten Entgelten** ist an keine bestimmte Frist gebunden, er kann auch rückwirkend erteilt werden, solange die Steuerfestsetzung noch nicht bestandskräftig ist. Die Finanzverwaltung hat diesem Antrag zu entsprechen, wenn die gesetzlichen Vorschriften erfüllt sind. Die Genehmigung kann jedoch jederzeit **widerrufen** werden, wenn die Voraussetzungen nicht mehr gegeben sind. Dies liegt im Regelfall dann vor, wenn die maßgeblichen Umsatzgrenzen überschritten werden. Die Genehmigung ist jedoch immer für ganze Veranlagungszeiträume (Kalenderjahre) zu erteilen.

Wichtig! Ein Antrag auf Istbesteuerung kann auch durch schlüssiges Handeln (konkludent) gestellt werden. Dazu ist es nach der Rechtsprechung des BFH[6] notwendig, dass der Steuererklärung deutlich erkennbar zu entnehmen sein muss, dass die Umsätze auf Grundlage vereinnahmter Entgelte

---

1 § 141 AO.
2 BFH, Urteil v. 22.7.1999, V R 51/98, BStBl II 1999, 1712 sowie v. 22.7.2010, V R 4/09, BStBl II 2013, 590.
3 BFH, Urteil v. 22.7.2010, V R 4/09, BStBl II 2013, 590.
4 BVerfG, Beschluss v. 20.3.2013, 1 BvR 3063/10, UR 2013, 468.
5 BMF, Schreiben v. 31.7.2013, BStBl I 2013, 964.
6 BFH, Urteil v. 18.8.2015, BFH/NV 2015, 1786

erklärt worden sind. Dies kann sich aus einer eingereichten Einnahme-/Überschussrechnung nach § 4 Abs. 3 EStG ergeben. Hat der Unternehmer einen hinreichend deutlichen Antrag auf Genehmigung der Istbesteuerung bei seinem Finanzamt gestellt, dann hat die antragsgemäße Festsetzung der Umsatzsteuer den Erklärungsinhalt, dass der Antrag genehmigt worden ist.
Dennoch sollte in der Praxis um Schwierigkeiten zu vermeiden immer die Gestattung des Finanzamts zur Anwendung der Besteuerung nach vereinnahmten Entgelten eingeholt werden.

Hat der Unternehmer seine **gewerbliche oder berufliche Tätigkeit** in einem Kalenderjahr erst **aufgenommen**, muss auf den voraussichtlichen Gesamtumsatz abgestellt werden. In diesem Fall und wenn die Tätigkeit nur in einem Teil des vorangegangenem Kalenderjahr ausgeübt worden ist, ist der Gesamtumsatz in einen Jahresumsatz umzurechnen.

Soweit der Unternehmer mehrere Betriebe in seinem Unternehmen hat, kann die Besteuerung nach vereinnahmten Entgelten auf einzelne Betriebe beschränkt werden.

Beispiel 1: B ist als Bäckermeister in Hamburg unternehmerisch tätig. Darüber hinaus ist er auch noch erfolgreich als Fachautor tätig.
Lösung: Das einheitliche Unternehmen des B umfasst sowohl den Bäckereibetrieb wie auch die Tätigkeit als Fachautor. Soweit die Gesamtumsatzgrenze von 500.000 € überschritten ist, kann B für den Bereich „Fachautor" nach § 20 Satz 1 Nr. 3 UStG den Antrag auf Besteuerung nach vereinnahmten Entgelten stellen, da er insoweit eine freiberufliche Tätigkeit nach § 18 Abs. 1 Nr. 1 EStG ausübt.

2. Besteuerungsfolgen der Istbesteuerung

Wenn der Unternehmer seine Umsätze nach vereinnahmten Entgelten besteuert, entsteht die Umsatzsteuer erst dann, wenn er einen Geldbetrag oder die Gegenleistung (z.B. im Rahmen eines Tauschs) tatsächlich erhalten hat, § 13 Abs. 1 Nr. 1 Buchst. b UStG. Die Einnahme ist auch erst in der Umsatzsteuer-Voranmeldung des Zeitraums des Zuflusses zu erfassen.

Der **Zeitpunkt der Vereinnahmung** ist bei der Überweisung auf ein **Bankkonto** mit dem Tag der Gutschrift auf dem Konto gegeben[7]. Bei der Zahlung auf ein Sperrkonto ist entscheidend, dass der Zahlende nicht mehr über den Betrag verfügen kann und dass die Verzinsung dem Zahlungsempfänger zusteht. Bei der Zahlung mit einem Scheck ist der Betrag schon mit Entgegennahme des Schecks gegeben, wenn der Einlösung des Schecks keine zivilrechtlichen Abreden entgegenstehen und die bezogene Bank den Betrag auszahlen würde. Bei der Zahlung mittels Wechsel gilt der Betrag mit Einlösung bzw. mit der Weitergabe als zugeflossen.

Achtung! Werden zwischen zwei Vertragsparteien gegenseitige Forderungen aufgerechnet, gilt der Betrag im Zeitpunkt der Aufrechnung als zugeflossen.

Unabhängig von dem Besteuerungsverfahren entsteht die Umsatzsteuer bei **Anzahlungen** grundsätzlich mit dem Zufluss der Gegenleistung.

Bei **unentgeltlichen Leistungen** (Lieferungen nach § 3 Abs. 1b oder § 3 Abs. 9a UStG) entsteht die Umsatzsteuer unabhängig von der Besteuerung nach vereinnahmten Entgelten nach § 13 Abs. 1 Nr. 2 UStG immer in dem Voranmeldungszeitraum, in dem die Leistung erbracht worden ist. Dies gilt auch in den Fällen, in denen der Unternehmer gegenüber seinem Personal Leistungen erbringt, für die keine Gegenleistung in Form einer Geldzahlung erfolgt (z.B. bei der Pkw-Überlassung).

---

[7] Abschn. 13.6 Abs. 1 UStAE.

Wichtig! Die Istbesteuerung bezieht sich ausdrücklich nur auf die Ausgangsumsätze eines Unternehmers. Unabhängig von der Besteuerungsform ist ein Vorsteuerabzug immer in der Abrechnungsperiode vorzunehmen, in der die Voraussetzungen des § 15 Abs. 1 UStG alle vorliegen. Auf den Zahlungszeitpunkt kommt es nicht an, wenn der Unternehmer die Lieferung oder sonstige Leistung schon erhalten hat.

3. Wechsel der Besteuerungsform

Bei einem **Wechsel zwischen der Ist- und der Sollbesteuerung** ist darauf zu achten, dass keine Umsätze doppelt oder gar nicht besteuert werden. Bei dem Wechsel von der Sollbesteuerung zur Istbesteuerung sind die Umsätze, die im Rahmen der Sollbesteuerung bei Leistungserbringung schon der Besteuerung unterworfen worden sind, bei Zahlungseingang nicht noch einmal zu besteuern. Für Leistungen, die noch während der Besteuerung nach vereinnahmten Entgelten ausgeführt wurden, entsteht auch nach dem Wechsel der Besteuerungsform die Umsatzsteuer erst mit Vereinnahmung[8].

Beispiel 2: Unternehmer U konnte zulässigerweise in 2017 die Besteuerung nach vereinnahmten Umsätzen durchführen. Im Dezember 2017 führt er eine Lieferung aus, für die er das Entgelt erst im Juli 2018 erhält. Ab Januar 2018 wendet U die Regelbesteuerung nach vereinbarten Entgelten an.
Lösung: Die Umsatzsteuer für die Leistung aus dem Dezember 2017 entsteht erst mit Vereinnahmung im Juli 2018 und ist nicht schon in der ersten Voranmeldung für 2018 zu erfassen.

Achtung! Nach der Rechtsprechung des BFH[9] ist ein rückwirkender Wechsel von der Besteuerung nach vereinnahmten Entgelten nach § 20 UStG zur Besteuerung nach vereinbarten Entgelten nach § 16 UStG bis zur formellen Bestandskraft der jeweiligen Jahressteuerfestsetzung zulässig.

4. Auswirkungen von Steuerrechtsänderungen

Von dem Zeitpunkt der Entstehung der Umsatzsteuer für die von dem Unternehmer ausgeführten Ausgangsumsätze nach § 13 Abs. 1 Nr. 1 Buchst. b UStG ist aber zu trennen, nach welchen Rechtsvorschriften die Umsatzsteuer dem Grunde und der Höhe nach entsteht. Dies ist insbesondere dann von Bedeutung, wenn eine systematische Änderung des Umsatzsteuergesetzes erfolgt (z.B. sich die Vorschriften über die Steuerbarkeit von Umsätzen ändern oder Änderungen bei den Steuerbefreiungstatbeständen eintreten) oder sich die Höhe des Steuersatzes ändert. Die Umsatzsteuer entsteht dabei grundsätzlich nicht nach den Verhältnissen, die zum Zeitpunkt der Vereinnahmung Gültigkeit haben, sondern nach den Rechtsverhältnissen des Zeitpunkts der Ausführung der Leistung oder der Teilleistung, § 27 Abs. 1 UStG. Aus diesem Grunde ist es wichtig, dass sich auch der unter die Istbesteuerung fallende Unternehmer Gedanken über die Zeitpunkte der Entstehung der Umsatzsteuer bei der Sollbesteuerung nach § 13 Abs. 1 Nr. 1 Buchst. a UStG macht:

Ausgeführte Tätigkeit	Maßgeblichkeit der Rechtsverhältnisse
Es ist eine Lieferung oder sonstige Leistung abgeschlossen	Maßgeblich sind die Rechtsverhältnisse, die zum Zeitpunkt der Ausführung der Lieferung oder der Vollendung der sonstigen Leistung galten. Auf den Zeitpunkt der Vereinnahmung kommt es nicht an.
Es ist eine Teilleistung abgeschlossen	Maßgeblich sind die Rechtsverhältnisse, die zum Zeitpunkt der Ausführung der Teilleistung galten. Auf den Zeitpunkt der Vereinnahmung kommt es nicht an.

[8] BFH, Urteil v. 30.1.2003, V R 58/01, BStBl II 2003, 1017, vgl. auch Abschn. 20.1 Abs. 3 UStAE.
[9] BFH, Urteil v. 10.12.2008, XI R 1/08, BStBl II 2009, 1026.

Ausgeführte Tätigkeit	Maßgeblichkeit der Rechtsverhältnisse
Es wurde eine Anzahlung vereinnahmt	Maßgeblich sind die Rechtsverhältnisse, die zum Zeitpunkt der Ausführung der Lieferung, der Vollendung der sonstigen Leistung oder der Ausführung der Teilleistung galten.

Juristische Person des öffentlichen Rechts

Juristische Person des öffentlichen Rechts auf einen Blick

1. **Rechtsquellen**
   § 2 Abs. 3 UStG sowie § 4 KStG (bis 31.12.2016)
   § 2b und § 27 Abs. 22 UStG (ab 1.1.2017)
   Abschn. 2.11 UStAE
2. **Bedeutung**
   Juristische Personen des öffentlichen Rechts können, müssen aber nicht Unternehmer i.S.d. Umsatzsteuergesetzes sein. Nur dann, wenn sie wirtschaftliche Tätigkeiten ausführen, können sie Unternehmereigenschaft innehaben. Ob eine juristische Person des öffentlichen Rechts Unternehmereigenschaft hat oder nicht, ist auch für den Vertragspartner von Bedeutung, da z.B. nur bei Vermietungsleistungen an einen Unternehmer für dessen Unternehmen bei einer Vermietung optiert werden darf.
3. **Weitere Stichworte**
   → Option zur Umsatzsteuer, → Unternehmer, → Unternehmenseinheit
4. **Besonderheiten**
   Die Regelungen zur Unternehmereigenschaft juristischer Personen öffentlichen Rechts sind formal zum 1.1.2016 in § 2b UStG völlig neu gefasst worden. Allerdings gelten diese Grundsätze frühestens für Umsätze, die nach dem 31.12.2016 ausgeführt werden. In einer vierjährigen Übergangsregelung können die juristischen Personen des öffentlichen Rechts noch weiterhin (bis längstens 31.12.2020) die bisherigen Vorschriften anwenden.

1. Allgemeines zur Unternehmereigenschaft juristischer Personen öffentlichen Rechts

Juristische Personen des öffentlichen Rechts sind grundsätzlich als juristische Personen unternehmerfähig, sodass sich die Unternehmereigenschaft aus den allgemeinen Tatbestandsvoraussetzungen des § 2 Abs. 1 UStG ergibt. Wenn eine juristische Person des öffentlichen Rechts (jPöR) diese Voraussetzungen in ihrer Person erfüllt, sind allerdings bestimmte Einschränkungen zu berücksichtigen. Bisher waren die besonderen Vorschriften für jPöR in § 2 Abs. 3 UStG geregelt. Um die Vorgaben unionsrechtlich abzusichern und um die Folgeprobleme aus der Rechtsprechung des BFH zu den sog. Beistandsleistungen einzugrenzen, ist zum 1.1.2016 § 2 Abs. 3 UStG aufgehoben und durch die Neuregelung des § 2b UStG ersetzt worden. Allerdings gilt nach § 27 Abs. 22 UStG die Neuregelung erst für die Umsätze, die nach dem 31.12.2016 ausgeführt werden. Darüber hinaus haben die jPöR für alle bis zum 31.12.2020 ausgeführten Umsätze noch die Möglichkeit, § 2 Abs. 3 UStG in der am 31.12.2015 geltenden Fassung anzuwenden. Dies kann die jPöR gegenüber dem Finanzamt einmalig bis zum 31.12.2016 erklären, wobei eine Beschränkung auf einzelne Tätigkeitsbereiche oder Leistungen nicht zulässig ist. Diese Erklärung kann mit Wirkung eines auf die Abgabe der Erklärung folgenden Kalenderjahrs an widerrufen werden. Die Regelungen des § 2 Abs. 3 UStG können somit für Umsätze von jPöR längstens bis zum 31.12.2020 von Bedeutung sein.

Wichtig! Der BFH hatte in den Vorjahren in diversen Urteilen zur Unternehmereigenschaft jPöR Stellung genommen. Die Finanzverwaltung hatte bisher diese Urteile nicht veröffentlicht. Mit Schreiben vom 27.7.2017 sind diese Urteile veröffentlicht worden, werden aber nicht angewendet, soweit die jPöR die Übergangsregelung nach § 27 Abs. 22 UStG anwendet.

2. Unternehmereigenschaft bis 31.12.2016

Juristische Personen des öffentlichen Rechts (jPöR) sind nach der derzeitigen nationalen Gesetzeslage (bis 31.12.2016; längstens bis 31.12.2020) Unternehmer i.S.d. Umsatzsteuerrechts nur:

- Im Rahmen ihrer **Betriebe gewerblicher Art**; § 2 Abs. 3 Satz 1 UStG, § 1 Abs. 1 Nr. 6 KStG, § 4 KStG,
- im Rahmen ihrer Betriebe land- und forstwirtschaftlicher Art; § 2 Abs. 3 Satz 1 UStG sowie
- im Rahmen der im § 2 Abs. 3 Satz 2 UStG bezeichneten Einzeltätigkeiten.

JPöR haben regelmäßig durch Bundes- und Landesrecht Rechtsfähigkeit erhalten. Sie haben die Fähigkeit, Rechte zu erwerben und Verbindlichkeiten einzugehen. Bei den jPöR handelt es sich um:

- Körperschaften: Gebietskörperschaften (z.B. Bundesrepublik Deutschland, Gemeinden); Personalkörperschaften (z.B. Universitäten, Steuerberaterkammer); Religionsgemeinschaften als Körperschaften des öffentlichen Rechts.
- Anstalten: z.B. öffentlich-rechtliche Rundfunkanstalten.
- Öffentlich-rechtliche Stiftungen, z.B. Stiftung Preußischer Kulturbesitz.

Die **Unternehmereigenschaft der jPöR** ist durch die **Rechtsprechung** von EuGH und BFH erheblich verändert worden. Der EuGH[1] hat festgestellt, dass auch die Vermögensverwaltung einer jPöR zu der unternehmerischen Betätigung gehört. Damit wurde im Wesentlichen die nationale Anknüpfung an einen wirtschaftlichen Geschäftsbetrieb i.S.d. § 14 AO – der für die Beurteilung des Betriebs gewerblicher Art im Ertragsteuerrecht maßgeblich war – gekippt. Der BFH[2] hat die Vorgaben des EuGH in seinem Folgeurteil übernommen.

Der BFH[3] hat die bisherige Annahme, dass die **Vermögensverwaltung** nicht zu einer unternehmerischen Betätigung einer jPöR führen kann, ausdrücklich verworfen und klargestellt, dass dem Begriff der Vermögensverwaltung für Zwecke der Umsatzsteuer keine Bedeutung zukommt. Danach ist für die Umsatzsteuerbesteuerung der öffentlichen Hand vielmehr entscheidend, ob sie in den Handlungsformen des Zivilrechts oder des öffentlichen Rechts tätig ist. Der zu entscheidende Fall betraf eine Universität, die zum einen einem Unternehmer gestattete, auf dem Universitätsgelände Automaten aufzustellen. Zum anderen erlaubte sie ihren Bediensteten, Personal und Sachmittel der Universität für Nebentätigkeiten zu verwenden. In beiden Bereichen erhielt die Universität Vergütungen. Hinsichtlich der auf privatrechtlicher Grundlage erfolgten Gestattung zum Aufstellen von Automaten ging der BFH von der Unternehmereigenschaft der Universität aus. Ist eine juristische Person des öffentlichen Rechts auf privatrechtlicher Grundlage tätig und erzielt sie dabei im Rahmen einer nachhaltigen Tätigkeit Vergütungen, handelt sie ebenso wie andere Unternehmer auch. Nicht abschließend beurteilt hat der BFH den Bereich der Überlassung von Personal und Sachmitteln an die Bediensteten der Universität für deren Nebentätigkeiten. Da die Universität hier auf öffentlich-rechtlicher Grundlage tätig war, liegt eine unternehmerische Betätigung nur vor, wenn es durch eine Nichtbesteuerung der juristischen Person des öffentlichen Rechts zu größeren Wettbewerbsverzerrungen kommt.

Wichtig! Soweit die jPöR aber Tätigkeiten ausführt, die ihr vorbehalten sind (hoheitliche Tätigkeiten), liegt keine unternehmerische Betätigung vor.

2.1 Betriebe gewerblicher Art

Nach der bisherigen gesetzlichen Bestimmung des § 2 Abs. 3 Satz 1 UStG wird für die unternehmerische Betätigung der jPöR vorrangig auf Betriebe gewerblicher Art verwiesen. **Betriebe gewerblicher Art** i.S.v. § 2 Abs. 3 Satz 1 UStG i.V.m. § 1 Abs. 1 Nr. 6, § 4 Abs. 1 KStG sind alle Einrichtungen, die einer nachhaltigen wirtschaftlichen Tätigkeit zur Erzielung von Einnahmen außerhalb der Land- und Forstwirtschaft dienen und die sich innerhalb der Gesamtbetätigung der jPöR wirtschaftlich herausheben. Hoheitsbetriebe gehören grundsätzlich nicht zu den Betrieben gewerblicher Art; § 4 Abs. 5 KStG.

[1] EuGH, Urteil v. 4.6.2009, C-102/08 – Salix Grundstücksvermietungsgesellschaft mbH, BFH/NV 2009, 1222.

[2] BFH, Urteil v. 20.8.2009, V R 70/05, BFH/NV 2009, 2077.

[3] BFH, Urteil v. 15.4.2010, V R 10/09, BFH/NV 2010, 1574.

Betriebe gewerblicher Art von jPöR sind z.B.:

- Cafeteria, Wohnheim, Mensa eines Studentenwerks,
- Kurbetrieb einer Gemeinde,
- Eigenbetriebe einer Stadt, die die in § 4 Abs. 3 KStG bezeichneten Versorgungsleistungen erbringen, Blumenverkäufe und Grabpflegeleistungen durch eine Gemeinde,
- Freibad einer Gemeinde, das für den öffentlichen Badebetrieb genutzt wird,
- gebührenpflichtiger Parkplatz einer Gemeinde,
- Fernsehturmverpachtung,
- Mehrzweckhalle einer Gemeinde,
- Wasserversorgungsbetrieb einer Gemeinde oder
- eine Blutalkoholuntersuchungsstelle.

2.2 Land- und forstwirtschaftliche Betriebe

Die Merkmale eines land- und forstwirtschaftlichen Betriebs sind im Umsatzsteuerrecht die gleichen wie im Einkommen- und Gewerbesteuerrecht; Abschn. 2.11 Abs. 5 UStAE.

Land- und forstwirtschaftliche Betriebe einer jPöR sind z.B.:

- Weingüter einer Gemeinde,
- Forstbetriebe eines Bundeslands oder
- Gutsbetrieb einer Universität.

Tipp! Die einkommensteuerrechtlichen Grundsätze bei der Auslegung und Anwendung des § 24 UStG sind nur für die Beurteilung heranzuziehen, ob eine Tätigkeit ihrem Wesen nach Land- und Forstwirtschaft oder ob sie Gewerbebetrieb oder Vermietung und Verpachtung ist.

Die land- und forstwirtschaftlichen Betriebe gehören nicht zu den Betrieben gewerblicher Art. Zum land- und forstwirtschaftlichen Betrieb der jPöR gehören auch die Nebenbetriebe, die dem land- und forstwirtschaftlichen Betrieb zu dienen bestimmt sind; vgl. § 24 Abs. 2 Satz 2 UStG.

2.3 Unternehmerische Betätigung kraft Gesetz

Die in § 2 Abs. 3 Satz 2 Nr. 2 bis 5 UStG bezeichneten Tätigkeiten **gelten als unternehmerische Tätigkeiten**, weil insoweit ein Wettbewerb mit privatrechtlich tätigen Unternehmen bestehen kann:

- Notare und Ratschreiber in Baden-Württemberg;
- bestimmte Leistungen der gesetzlichen Träger der Sozialversicherung;
- Leistungen der Vermessungs- und Katasterbehörden: Leistungen der Vermessungs- und Katasterbehörden unterliegen der Umsatzsteuer, soweit sie ihrer Art nach von öffentlich bestellten Vermessungsingenieuren ausgeführt werden; Abschn. 2.11 Abs. 7 bis Abs. 11 UStAE;
- Tätigkeiten der Bundesanstalt für Landwirtschaft und Ernährung, soweit Aufgaben der Marktordnung, der Vorratshaltung und der Nahrungsmittelhilfe wahrgenommen werden.

2.4 Hoheitliche Betätigung

Die Umsatzsteuer kann nach ihrem „Wesen“ staatliches Handeln, das auf hoheitliche Betätigung gerichtet ist, nicht erfassen. Gemäß § 4 Abs. 5 Satz 1 KStG gehören zu den Betrieben gewerblicher Art nicht Betriebe, die überwiegend der Ausübung öffentlicher Gewalt dienen (Hoheitsbetriebe). Soweit die jPöR **öffentliche Gewalt ausübt**, ist sie nicht unternehmerisch tätig.

Hoheitliche Betätigungen können unter anderem sein:

- Gerichtsbarkeit,
- Strafvollstreckung,
- Landesverteidigung,
- Feuerwehr,
- Polizei,
- (noch in Teilbereichen) Müllbeseitigung,
- Straßenreinigung.

Verwirklicht die jPöR ihr gesetzlich zugewiesene öffentlich-rechtliche Aufgaben in den Formen des Privatrechts, erfüllt sie keine ihr vorbehaltene Aufgabe in Ausübung öffentlicher Gewalt. Für die Beurteilung, ob eine jPöR in Ausübung öffentlicher Gewalt handelt, kommt es entscheidend darauf an, ob eine Wettbewerbssituation bei der ausgeübten Tätigkeit gegenüber privatrechtlich tätigen Unternehmern bestehen könnte. Es ist zu prüfen, ob die öffentliche Hand (jPöR) Aufgaben übernimmt, wie sie auch von Privatpersonen erledigt werden und dadurch – sei es auch ungewollt – in einen Wettbewerb zur privaten Wirtschaft tritt. In diesem Fall ist die Tätigkeit der jPöR nicht mehr eigentümlich und vorbehalten.

3. Unternehmereigenschaft ab 1.1.2017

3.1 Das Ausgangsproblem zur Einführung des § 2b UStG

Die Unternehmereigenschaft der jPöR ist durch die Rechtsprechung von EuGH und BFH erheblich verändert worden. Der EuGH[4] hat es ermöglicht, dass auch die Vermögensverwaltung einer jPöR zur unternehmerischen Betätigung gehört. Damit wurde im Wesentlichen die nationale Anknüpfung an einen wirtschaftlichen Geschäftsbetrieb i.S.d. § 14 AO – der für die Beurteilung des Betriebs gewerblicher Art im Ertragsteuerrecht maßgeblich war – gekippt. Der BFH[5] hat die Vorgaben des EuGH in seinem Folgeurteil übernommen.

Dabei hat der BFH[6] die bisherige Annahme, dass die Vermögensverwaltung nicht zu einer unternehmerischen Betätigung einer jPöR führen kann, ausdrücklich verworfen und klargestellt, dass dem Begriff der Vermögensverwaltung für Zwecke der Umsatzsteuer keine Bedeutung zukommt. Danach ist für die Umsatzsteuerbesteuerung der öffentlichen Hand vielmehr entscheidend, ob sie in den Handlungsformen des Zivilrechts oder des öffentlichen Rechts tätig ist. Ist eine juristische Person des öffentlichen Rechts auf privatrechtlicher Grundlage tätig und erzielt sie dabei im Rahmen einer nachhaltigen Tätigkeit Vergütungen, handelt sie ebenso wie andere Unternehmer auch.

Wichtig! Besonderheiten bestehen für die jPöR dann, wenn sie im Rahmen der öffentlichen Gewalt tätig werden. Dies sind insbesondere Leistungen, bei denen die jPöR auf Grundlage einer öffentlich-rechtlichen Sonderregelung tätig wird (Gesetz, Rechtsverordnung, Satzung, Staatsvertrag, verfassungsrechtlichen Verträgen, Verwaltungsabkommen o.ä.). In diesen Fällen liegt regelmäßig keine unternehmerische Betätigung vor.

Besondere Probleme ergaben sich aus der Rechtsprechung des BFH[7] im Zusammenhang mit den sog. **Beistandsleistungen**. Der BFH entschied im Zusammenhang mit der Überlassung einer Sporthalle durch eine juristische Person:

- Gestattet eine Gemeinde gegen Entgelt die Nutzung einer Sport- und Freizeithalle, ist sie gem. § 2 Abs. 3 Satz 1 UStG i.V.m. § 4 KStG als Unternehmer tätig, wenn sie ihre Leistung entweder auf zivilrechtlicher Grundlage oder – im Wettbewerb zu Privaten – auf öffentlich-rechtlicher Grundlage erbringt.
- Gleiches gilt für die entgeltliche Nutzungsüberlassung der Halle an eine Nachbargemeinde für Zwecke des Schulsports. Auch eine sog. Beistandsleistung, die zwischen juristischen Personen des öffentlichen Rechts gegen Entgelt erbracht wird, ist steuerbar und bei Fehlen besonderer Befreiungstatbestände steuerpflichtig.

Da dieses Urteil für jPöR zu erheblichen Problemen im Rahmen der bisher als nicht steuerbare Umsätze erfassten Beistandsleistungen führt, ist eine unionsrechtskonforme Anpassung der Vorschriften über die neue Rechtsnorm des § 2b UStG im Rahmen des Steueränderungsgesetzes 2015 vorgenommen worden.

---

4 EuGH, Urteil v. 4.6.2009, C-102/08 – Salix Grundstücksvermietungsgesellschaft mbH, BFH/NV 2009, 1222.

5 BFH, Urteil v. 20.8.2009, V R 70/05, BFH/NV 2009, 2077.

6 BFH, Urteil v. 15.4.2010, V R 10/09, BFH/NV 2010, 1574.

7 BFH, Urteil v. 10.11.2011, V R 41/10, BFH/NV 2012, 670.

3.2 Negative Abgrenzung durch § 2b Abs. 1 UStG

Grundsätzlich muss eine jPöR die allgemeinen Voraussetzungen zur Unternehmereigenschaft nach § 2 UStG erfüllen. In § 2b Abs. 1 UStG wird die Unternehmereigenschaft der jPöR nicht positiv definiert, sondern negativ abgegrenzt.

Wichtig! Vorbehaltlich bestimmter Sonderregelungen nach § 2b Abs. 4 UStG gelten jPöR nicht als Unternehmer i.S.d. § 2 UStG, soweit sie Tätigkeiten ausüben, die ihnen im Rahmen der öffentlichen Gewalt obliegen, auch wenn sie im Zusammenhang mit diesen Tätigkeiten Zölle, Gebühren, Beiträge oder sonstige Abgaben erheben. Dies gilt aber nicht, sofern eine Behandlung als Nichtunternehmer zu größeren Wettbewerbsverzerrungen führen würde. Eine Wettbewerbsverzerrung kann nur dann vorliegen, wenn ein Wettbewerb besteht. Deshalb müssen vergleichbare Leistungen auch von privaten Unternehmern erbracht werden können. Vergleichbare Leistungen liegen dann vor, wenn sie aus der Sicht eines Durchschnittsverbrauchers dieselben Bedürfnisse befriedigen.

Dies entspricht im Wesentlichen dem Wortlaut des Art. 13 MwStSystRL. Danach werden Tätigkeiten einer jPöR, die dieser im Rahmen der öffentlichen Gewalt obliegen, nicht unternehmerisch ausgeübt. Die entsprechenden Umsätze unterliegen grundsätzlich nicht der Umsatzsteuer. Als Tätigkeiten, die einer jPöR im Rahmen der öffentlichen Gewalt obliegen, kommen nur solche in Betracht, bei denen die jPöR im Rahmen einer öffentlich-rechtlichen Sonderregelung tätig wird (z.B. aufgrund eines Gesetzes durch Verwaltungsakt, auf Grundlage eines Staatsvertrags oder auf Grundlage besonderer kirchenrechtlicher Regelungen). Führt die Nichtbesteuerung dieser Leistungen jedoch zu größeren Wettbewerbsverzerrungen, muss der Umsatz der Umsatzbesteuerung unterliegen. Erbringt eine jPöR dagegen Leistungen auf privatrechtlicher Grundlage und damit unter den gleichen rechtlichen Bedingungen wie private Wirtschaftsteilnehmer, werden diese Tätigkeiten nicht von § 2b UStG erfasst; diese Leistungen unterliegen stets der Umsatzsteuer[8].

3.3 Größere Wettbewerbsverzerrung nach § 2b Abs. 2 und Abs. 3 UStG

Wichtig! § 2b UStG enthält keine positive Definition der größeren Wettbewerbsverzerrung, sondern grenzt dies negativ ab. Nach § 2b Abs. 2 UStG liegen größere Wettbewerbsverzerrungen nicht vor, wenn der von einer jPöR im Kalenderjahr aus gleichartigen Tätigkeiten erzielte Umsatz voraussichtlich 17.500 € jeweils nicht übersteigen wird oder vergleichbare, auf privatrechtlicher Grundlage erbrachte Leistungen ohne Recht auf Verzicht (Option nach § 9 UStG) einer Steuerbefreiung unterliegen.

§ 2b Abs. 2 UStG enthält damit eine nicht abschließende Aufzählung von Fällen, in denen auch bei einer an sich wirtschaftlichen Betätigung einer jPöR keine **größeren Wettbewerbsverzerrungen** vorliegen. Übersteigt der voraussichtliche Jahresumsatz der jPöR aus gleichartigen Tätigkeiten den Betrag von 17.500 € nicht, wird unwiderlegbar unterstellt, dass durch die Nichtbesteuerung der Tätigkeit der jPöR keine größeren Wettbewerbsverzerrungen eintreten.

Achtung! Die Umsatzgrenze von 17.500 € ist kein Wahlrecht für die jPöR. Ob die Grenze überschritten wird oder nicht, ist anhand einer sachgerechten Prognose zu Beginn des Kalenderjahrs zu ermitteln. Wird entgegen der Prognose die Umsatzgrenze überschritten, führt dies rückwirkend nicht zu einer anderen Beurteilung. Bei Neuaufnahme einer Tätigkeit ist der voraussichtliche Umsatz des laufenden Kalenderjahrs nicht in einen fiktiven Gesamtjahresumsatz hochzurechnen.

Daneben werden größere Wettbewerbsverzerrungen ausgeschlossen, wenn vergleichbare Leistungen privater Unternehmer aufgrund einer Steuerbefreiung nicht mit Umsatzsteuer belastet werden. Ausgenommen von dieser Regelung sind Leistungen, die ihrer Art nach zwar grundsätzlich steuerfrei sind, bei

---

[8] Gemäß Gesetzesbegründung zum Steueränderungsgesetz 2015.

denen jedoch ein Verzicht auf die Steuerbefreiung nach § 9 UStG grundsätzlich möglich ist. Dadurch soll vermieden werden, dass die Nichtbesteuerung derartiger Leistungen zu größeren Wettbewerbsverzerrungen zu Lasten der öffentlichen Hand führt[9].

Wichtig! Darüber hinaus sind in § 2b Abs. 3 UStG zur Abmilderung der Rechtsfolgen der Rechtsprechung des BFH zu den Beistandsleistungen weitere Regelungen aufgenommen worden, nach denen typisierend davon ausgegangen wird, dass keine größeren Wettbewerbsverzerrungen vorliegen sollen. Unter weiteren Voraussetzungen ist dies der Fall, wenn die Leistungen aufgrund gesetzlicher Bestimmungen nur von juristischen Personen erbracht werden dürfen oder die Zusammenarbeit durch gemeinsame spezifische öffentliche Interessen bestimmt wird.

Eine Zusammenarbeit von jPöR führt auch dann nicht zu größeren Wettbewerbsverzerrungen, wenn die Durchführung dieser Zusammenarbeit durch **spezifische öffentliche Interessen** bestimmt wird, § 2b Abs. 3 Nr. 2 UStG. Damit diese Voraussetzung erfüllt sein kann, müssen vier Bedingungen kumulativ erfüllt sein:

- Es muss eine **langfristige öffentlich-rechtliche Vereinbarung** vorliegen. Ob eine Vereinbarung langfristig ist, muss qualitativ geprüft werden und soll regelmäßig bei unbefristeten Vereinbarungen vorliegen. Bei befristeten Verträgen kann von Langfristigkeit ausgegangen werden, wenn sie für einen Zeitraum von mindestens fünf Jahren abgeschlossen werden.
- Die Leistung muss dem **Erhalt der öffentlichen Infrastruktur** und der Wahrnehmung einer allen Beteiligten obliegenden öffentlichen Aufgabe dienen. Die öffentliche Infrastruktur umfasst dabei alle Einrichtungen materieller und institutioneller Art, die für die Ausübung öffentlicher Gewalt notwendig sind. Eine gemeinsame Aufgabenerfüllung liegt auch dann vor, wenn eine Aufgabe in Gänze auf die leistende jPöR übertragen wird.

  Wichtig! Leistungsvereinbarungen über lediglich verwaltungsunterstützende Hilfstätigkeiten (z.B. Gebäudereinigung) führen regelmäßig nicht zu einer Wahrnehmung einer allen Beteiligten obliegenden öffentlichen Aufgabe.

- Die Leistung wird ausschließlich gegen **Kostenerstattung** ausgeführt: Die Zahlung der leistungsempfangenden jPöR darf nicht zu einem Finanztransfer führen, es dürfen nur die Kosten der leistungserbringenden jPöR erstattet werden. Für die Ermittlung der Kosten sind sowohl die fixen wie auch die variablen Kosten heranzuziehen. Bei einer sachgerechten Ermittlung der Kosten können auch Pauschalkostensätze (z.B. für die Personalkosten) anerkannt werden.
- **Gleichartige Leistungen werden im Wesentlichen nur an jPöR ausgeführt:** Nach Auffassung der Finanzverwaltung werden die Leistungen im Wesentlichen an jPöR ausgeführt, wenn in dem fraglichen Tätigkeitsbereich mehr als 80 % der Leistungen an andere jPöR ausgeführt werden. Dabei ist der durchschnittliche Gesamtumsatz der gleichartigen Tätigkeiten der letzten drei Jahre heranzuziehen.

4. Rechtsfolgen

4.1 Innenleistungen

Leistungen, die die jPöR aus dem nichtunternehmerischen (z.B. hoheitlichen) Bereich an den eigenen unternehmerischen Bereich (z.B. an einen Betrieb gewerblicher Art bzw. einen unternehmerisch tätigen Bereich) abgibt (z.B. Überlassen von Personal), sind nicht steuerbar. Es handelt sich um Innenleistungen; vgl. Abschn. 2.11 Abs. 15 UStAE, Beispiel 1. Dabei muss aber geprüft werden, ob es durch diese Personalüberlassung zu einer **Wettbewerbsverzerrung** kommen kann.

Das gilt nicht für den umgekehrten Fall. Die Entnahme von Gegenständen aus dem Unternehmensbereich oder die Nutzung von Leistungen aus dem unternehmerischen Bereich im nichtunternehmerischen

[9] Gemäß Gesetzesbegründung zum Steueränderungsgesetz 2015.

Bereich ist grundsätzlich als unentgeltliche Leistung nach § 3 Abs. 1b Satz 1 Nr. 1 UStG oder § 3 Abs. 9a UStG anzusehen, die als Leistung gegen Entgelt anzusehen ist und somit unter den weiteren Voraussetzungen des § 1 Abs. 1 Nr. 1 UStG steuerbar sein kann.

Beispiel 1: Ein bisher von einem Betrieb gewerblicher Art bzw. einem unternehmerisch tätigen Bereich genutztes Gebäude einer juristischen Person des öffentlichen Rechts wird in Zukunft ausschließlich von dem Finanzamt der Gemeinde genutzt.
Lösung: Die Überführung des Grundstücks aus dem Unternehmen in die nichtunternehmerische Sphäre stellt eine Lieferung i.S.d. § 3 Abs. 1b Satz 1 Nr. 1 UStG dar, die als Lieferung gegen Entgelt gilt. Die im Inland nach § 3f UStG ausgeführte Lieferung ist nach § 1 Abs. 1 Nr. 1 UStG steuerbar, aber als Umsatz, der unter das Grunderwerbsteuergesetz fällt, nach § 4 Nr. 9 Buchst. a UStG steuerfrei. Soweit die jPöR innerhalb der letzten zehn Jahren (Berichtigungszeitraum nach § 15a UStG) aus der Anschaffung oder der Errichtung des Gebäudes oder aus größeren Instandsetzungsmaßnahmen Vorsteuer abgezogen hat, ist eine Vorsteuerberichtigung nach § 15a UStG durchzuführen.

Achtung! Bei einer von Beginn an gemischten Nutzung im unternehmerischen und im nichtunternehmerischen (nichtwirtschaftlichen) Bereich hat nach der Rechtsprechung des EuGH sofort eine Aufteilung der Vorsteuer bei Leistungsbezug zu erfolgen[10].

4.2 Hoheitsbetrieb und Betrieb gewerblicher Art/unternehmerische Betätigung

Wenn die wirtschaftliche Betätigung unlösbar mit dem Hoheitsbetrieb verbunden ist, liegt eine einheitliche, insgesamt als hoheitlich (nichtunternehmerisch) zu beurteilende Tätigkeit vor. Hoheitliche und wirtschaftliche Betätigung greifen dann so ineinander über, dass eine genaue Abgrenzung nicht möglich und nicht zumutbar ist. In der Rechtsprechung sind allerdings Tätigkeiten selten als untrennbar beurteilt worden.

Sind die Tätigkeiten dagegen voneinander lösbar, behält die Betätigung gewerblicher Art ihren unternehmerischen Charakter, auch wenn sie organisatorisch mit der hoheitlichen Betätigung verbunden ist.

4.3 Leistungen für den nichtunternehmerischen Bereich

Da die jPöR sich nur im Rahmen des § 2 Abs. 3 bzw. § 2b UStG als Unternehmer betätigt, verwirklicht sie Lieferungen nach § 3 Abs. 1b UStG oder sonstige Leistungen nach § 3 Abs. 9a UStG, wenn sie „für" das Unternehmen zugeordnete Gegenstände für unternehmensfremde Zwecke entnimmt oder zeitweise für außerhalb des Unternehmens liegende Zwecke nutzt. Voraussetzung ist eine vom Willen des Unternehmers gesteuerte Wertabgabe aus dem Unternehmen für unternehmensfremde Zwecke.

4.4 Juristische Person des öffentlichen Rechts als Steuerschuldner

Die jPöR ist **Steuerschuldner** i.S.d. § 13a Abs. 1 UStG, denn sie verwirklicht den Umsatzsteueranspruch in ihrer eigenen Person. Gegen sie richtet sich der Anspruch aus dem Steuerschuldverhältnis. Der Umsatzsteuerbescheid ergeht gegen die jPöR. Die Beifügung eines auf den Betrieb gewerblicher Art hindeutenden Zusatzes ist nicht erforderlich. Die Benennung des gesetzlichen Vertreters der jPöR auf dem Steuerbescheid ist nicht notwendig. Neben der Bezeichnung des Steuerschuldners reicht es für die wirksame Bekanntgabe aus, dass der Bekanntgabeempfänger im Anschriftenfeld des Bescheids genannt wird.

Darüber hinaus kann eine jPöR auch in ihrem nichtunternehmerischen Bereich Steuerschuldner nach § 13b UStG sein, wenn sie eine Leistung erhält, die unter das Reverse-Charge-Verfahren fällt. Vgl. dazu Stichwort Steuerschuldnerverfahren.

---

[10] EuGH, Urteil v. 12.2.2009, C-515/07 – VNLTO, BFH/NV 2009, 682; vgl. auch BFH, Urteil v. 3.3.2011, V R 23/10, BStBl II 2012, 74. Die Finanzverwaltung wendet dies in allen noch offenen Fällen an, beanstandete es aber nicht, wenn für alle bis zum 31.12.2012 ausgeführten Leistungen noch ein vollständiger Vorsteuerabzug vorgenommen wurde. In diesem Fall musste dann aber für die nichtwirtschaftliche Nutzung eine Besteuerung nach § 3 Abs. 9a UStG erfolgen.

4.5 Juristische Person des öffentlichen Rechts als Erwerber nach § 1a UStG

Eine juristische Person des öffentlichen Rechtes kann auch in dem hoheitlichen Bereich einen **innergemeinschaftlichen Erwerb nach § 1a UStG** verwirklichen. Die jPöR ist – unabhängig von der unternehmerischen Eigenschaft – als möglicher Erwerber im § 1a Abs. 1 Nr. 2 Buchst. b UStG genannt. Allerdings ist – soweit nicht verbrauchsteuerpflichtige Waren nach § 1a Abs. 5 UStG erworben werden – die Ausnahme des § 1a Abs. 3 UStG zu beachten. Nur wenn die jPöR im Vorjahr oder voraussichtlich im laufenden Jahr Einkäufe in anderen Mitgliedstaaten für mehr als 12.500 € tätigt, übersteigt sie die sogenannte **Erwerbsschwelle** und muss somit einen innergemeinschaftlichen Erwerb besteuern. Übersteigt sie die Erwerbsschwelle nicht, greift die Ausnahme vom innergemeinschaftlichen Erwerb nach § 1a Abs. 3 UStG. Allerdings ist zu beachten, dass bei der Prüfung auf die gesamte juristische Person und nicht auf die einzelnen Untergliederungen abzustellen ist, Abschn. 1a.1 Abs. 3 UStAE.

Beispiel 2: Die deutsche Feuerwehr kauft in Frankreich ein neues Feuerwehrfahrzeug ein.
Lösung: Grundsätzlich ist bei einzelnen Organisationseinheiten von jPöR davon auszugehen, dass die Erwerbsschwelle überschritten ist; vgl. Abschn. 1a.1 Abs. 3 UStAE. Damit muss die jPöR aus dem Erwerb des Fahrzeugs einen innergemeinschaftlichen Erwerb besteuern. Ein Vorsteuerabzug aus der Erwerbsteuer nach § 15 Abs. 1 Satz 1 Nr. 3 UStG scheidet aus, da die jPöR insoweit nicht Unternehmer ist.

Kleinbetragsrechnung

Kleinbetragsrechnung auf einen Blick

1. **Rechtsquellen**
   § 14 Abs. 6 und § 15 Abs. 7 UStG
   § 33 und § 35 UStDV
   Abschn. 14.6 und Abschn. 15.4 UStAE
2. **Bedeutung**
   Regelt den Sonderfall einer Rechnung, bei der auch ohne Angaben des Leistungsempfängers und des Steuerbetrags eine ordnungsgemäße Rechnung vorliegt. Die Kleinbetragsrechnung ist von der Höhe des Rechnungsbetrags abhängig. Seit dem 1.1.2017 beträgt die Grenze für Kleinbetragsrechnungen 250 €.
3. **Weitere Stichworte**
   → Rechnung, → Vorsteuerabzug

Das Umsatzsteuergesetz stellt besondere Anforderungen an die Inhalte einer **ordnungsgemäßen Rechnung**. Um aber die Abwicklung des Massengeschäfts zu erleichtern, kann zur Vereinfachung bei der Rechnungserstellung nach § 33 UStDV bei Rechnungen, deren Gesamtbetrag nicht mehr als 250 €[1] ausweist, auf bestimmte Angaben in der Rechnung verzichtet werden. Es ist nach dieser Vorschrift ausreichend, wenn in der Rechnung anstelle des Steuerbetrags nur der Steuersatz ausgewiesen wird. Auf **die Angabe des Leistungsempfängers** in einer Kleinbetragsrechnung kann ebenfalls verzichtet werden.

Wichtig! Der Grenzbetrag von 250 € ist ein Bruttobetrag, er enthält also die vom leistenden Unternehmer geschuldete Umsatzsteuer.

Eine Kleinbetragsrechnung muss nach § 33 UStDV mindestens die folgenden **Angaben** enthalten:

- Den vollständigen Namen und die vollständige Anschrift des leistenden Unternehmers,
- das Ausstellungsdatum,
- die Menge und die Art der gelieferten Gegenstände oder den Umfang und die Art der sonstigen Leistung und
- das Entgelt und den darauf entfallenden Steuerbetrag für die Lieferung oder sonstigen Leistung in einer Summe sowie den anzuwendenden Steuersatz oder im Fall einer Steuerbefreiung einen Hinweis auf die Steuerbefreiung.

Achtung! In einer Kleinbetragsrechnung muss nicht die Steuernummer oder die USt-IdNr. des leistenden Unternehmers angegeben werden.

In einer Kleinbetragsrechnung kann über **mehrere erbrachte Leistungen** einheitlich abgerechnet werden. Soweit in der Kleinbetragsrechnung über Leistungen abgerechnet wird, die unterschiedlichen Steuersätzen unterliegen, müssen die Entgelte und die darauf entfallenden Steuerbeträge nach Steuersätzen getrennt werden. Der **Gesamtbetrag der Rechnung** darf auch in diesem Fall den Gesamtbetrag von 250 € nicht übersteigen.

Beispiel 1: Handwerker H erwirbt in einem Baumarkt im Juni 2018 ein Werkzeug für 247 €. Er kauft bei dieser Gelegenheit auch noch Schrauben und Nägel für insgesamt 6 € ein. Er erhält über die gelieferten Gegenstände eine einheitliche Rechnung, in der er als Leistungsempfänger nicht aufgeführt ist.

---

1 Zum 1.1.2017 ist der neue Betrag von 250 € (rückwirkend) durch das Zweite Bürokratieentlastungsgesetz eingeführt worden. Bis zum 31.12.2016 galt eine Betragsgrenze von 150 €.

Lösung: H hat keinen Vorsteuerabzugsanspruch aus der Rechnung, da es sich nicht um eine ordnungsgemäße Rechnung handelt. Es liegt auch keine Kleinbetragsrechnung vor, da der Gesamtbetrag der Rechnung 250 € übersteigt.

Soweit von einem Unternehmer eine einheitliche Leistung ausgeführt wird, kann nicht mit mehreren Kleinbetragsrechnungen abgerechnet werden.

Beispiel 2: Elektriker E erwirbt in einem Baumarkt im Juni 2018 ein Prüfgerät für 299 €. Er erhält eine Teilrechnung des Baumarkts über 250 € und eine Teilrechnung über 49 €. Auf die Angabe des Leistungsempfängers in den Rechnungen wurde verzichtet.
Lösung: Es liegen hier zwar zwei Rechnungen vor, da die Abrechnung aber über eine einheitliche Lieferung erfolgte, können die Rechnungen zusammen nicht als Kleinbetragsrechnung angesehen werden. Damit kann E den Vorsteuerabzug aus diesen beiden Abrechnungen nicht vornehmen.

Tipp! Soweit die Rechnung den Gesamtbetrag von 250 € überschreitet, hat der Leistungsempfänger einen Rechtsanspruch, eine ordnungsgemäße Rechnung zu erhalten. Dieser Rechtsanspruch kann auch nicht durch Allgemeine Geschäftsbedingungen o.ä. ausgeschlossen werden, ist aber nur auf dem Zivilrechtsweg geltend zu machen. Die Verjährungsfrist auf Ausstellung einer ordnungsgemäßen Rechnung beträgt drei Jahre.

In einer Kleinbetragsrechnung muss der **Steuersatz als Zahl** (19 % oder 7 %) in der Rechnung angegeben sein. Eine Angabe, wie „inklusive gesetzlicher Umsatzsteuer" oder „inklusive Regelsteuersatz" ist nicht ausreichend und eröffnet bei dem Leistungsempfänger keinen Vorsteuerabzugsanspruch.

Wichtig! Der Steuersatz in einer Kleinbetragsrechnung kann aber zu einem unberechtigten Steuerausweis oder einem unrichtigen Steuerausweis führen[2]. Rechnet ein Kleinunternehmer mit einer Kleinbetragsrechnung ab, in der er „enthält 19 % Umsatzsteuer" angibt, ist dies ein unberechtigter Steuerausweis – der Kleinunternehmer schuldet aus dem angegebenen Gesamtbetrag 19 % Umsatzsteuer nach § 14c Abs. 2 UStG. Gibt ein regelbesteuerter Unternehmer in einer Kleinbetragsrechnung für eine dem ermäßigten Steuersatz von 7 % unterliegende Lieferung fehlerhafter Weise „enthält 19 % Umsatzsteuer" an, schuldet er den Differenzbetrag zu 7 % als unrichtig ausgewiesene Umsatzsteuer nach § 14c Abs. 1 UStG.

Unter den allgemeinen Voraussetzungen des § 15 Abs. 1 Satz 1 Nr. 1 UStG ist der Leistungsempfänger bei einer Kleinbetragsrechnung berechtigt, die in dem Gesamtbetrag enthaltene Umsatzsteuer mit den folgenden Prozentsätzen herauszurechnen:

Steuersatz	Prozentsatz des Gesamtbetrags	Faktor als Bruch
19 % (§ 12 Abs. 1 UStG)	15,9664	19/119
7 % (§ 12 Abs. 2 UStG)	6,5421	7/107

Nicht mit einer Kleinbetragsrechnung darf in den folgenden Fällen abgerechnet werden:

- Es wird eine Lieferung ausgeführt, deren Ort sich bei einer Lieferung zwischen zwei Mitgliedstaaten nach § 3c UStG in den Bestimmungsmitgliedstaat verlagert.
- Es wird eine steuerbare aber steuerfreie innergemeinschaftliche Lieferung nach § 6a UStG ausgeführt.
- Es wird eine Leistung ausgeführt, bei der der Leistungsempfänger nach § 13b UStG zum Steuerschuldner wird.

---

[2] BFH, Urteil v. 25.9.2013, XI R 41/12, BStBl II 2014, 135.

Wichtig! In den genannten Ausnahmefällen muss mit einer normalen Rechnung abgerechnet werden, in der die notwendigen Rechnungstatbestände alle aufgeführt sind. Allerdings darf in den Rechnungen über die steuerfreie innergemeinschaftliche Lieferung sowie in den Fällen der Übertragung der Steuerschuldnerschaft auf den Leistungsempfänger keine Umsatzsteuer gesondert ausgewiesen werden. Es sind neben § 14 UStG auch die besonderen Rechnungsanforderungen des § 14a UStG zu beachten.

Kleinunternehmer

Kleinunternehmer auf einen Blick

1. **Rechtsquellen**
   § 19 UStG
   Abschn. 19.1 bis Abschn. 19.5 UStAE
2. **Bedeutung**
   Für die Umsätze von Kleinunternehmern wird die geschuldete Umsatzsteuer nicht erhoben, soweit der Gesamtumsatz im vorangegangenen Kalenderjahr 17.500 € nicht überstiegen hat und im laufenden Kalenderjahr 50.000 € voraussichtlich nicht übersteigen wird. Der Kleinunternehmer kann die ihm berechneten Umsatzsteuerbeträge nicht als Vorsteuer abziehen. Der Unternehmer hat die Möglichkeit, auf die Anwendung der Kleinunternehmerbesteuerung zu verzichten.
3. **Weitere Stichworte**
   → Hilfsgeschäft, → Innergemeinschaftlicher Erwerb, → Innergemeinschaftliches Dreiecksgeschäft, → Steuerschuldnerverfahren, → Unberechtigter Steuerausweis, → Unternehmenseinheit

1. Anwendungsbereich

Das Umsatzsteuergesetz sieht für Unternehmer, die nur Umsätze in geringem Umfang ausführen, eine Erleichterung dahin gehend vor, dass die für die ausgeführten Umsätze **geschuldete Umsatzsteuer nicht erhoben** wird. Damit sich in diesen Fällen aber kein Steuerausfall ergibt, darf der Kleinunternehmer in seiner Rechnung keine Umsatzsteuer ausweisen. Der Kleinunternehmer ist darüber hinaus vom Vorsteuerabzug ausgeschlossen.

Achtung! Die Kleinunternehmerbesteuerung kann nur für Unternehmer angewendet werden, die im Inland oder in den Gebieten nach § 1 Abs. 3 UStG (z.B. Freihäfen) ansässig sind.

2. Voraussetzungen

Um die Kleinunternehmerbesteuerung in Anspruch nehmen zu können, darf der **Gesamtumsatz des Unternehmers** im vorangegangenen Jahr nicht mehr als 17.500 € betragen haben und im laufenden Kalenderjahr voraussichtlich nicht mehr als 50.000 € betragen. Zur Überprüfung, ob die maßgeblichen Umsatzgrenzen nicht überschritten werden, ist jeweils vom Gesamtumsatz i.S.d. § 19 Abs. 3 UStG (= Berechnungsgrundlage) auszugehen. Dabei ist stets der Gesamtumsatz nach vereinnahmten Entgelten (Istbesteuerung) zuzüglich der darauf entfallenden Umsatzsteuer (**Brutto-Ist-Gesamtumsatz**) zugrunde zu legen. Zu beachten ist, dass bei der Berechnung der Umsatz im gesamten Unternehmen des Kleinunternehmers zu betrachten ist (vgl. Stichwort Unternehmenseinheit).

Hat der Unternehmer im vorangegangenen Kalenderjahr die **Umsatzgrenze von 17.500 € überschritten**, ist für ihn die Anwendung des § 19 UStG im laufenden Kalenderjahr grundsätzlich nicht möglich, er muss dann die Regelbesteuerung anwenden.

Tipp! Hat der Unternehmer im vorangegangenem Kalenderjahr die Gesamtumsatzgrenze von 17.500 € überschritten, ist im laufenden Kalenderjahr die Kleinunternehmerbesteuerung nicht mehr anwendbar, selbst wenn für dieses Jahr mit einem Gesamtumsatz von nicht mehr als 17.500 € gerechnet wird[1].

Ist die **Umsatzgrenze von 17.500 € im vorangegangenem Kalenderjahr nicht überschritten**, muss der Unternehmer anhand einer **Schätzung** auf der Grundlage der zu Beginn des Kalenderjahrs maßge-

[1] BFH, Beschluss v. 18.10.2007, V B 164/06, BStBl II 2008, 263.

benden Verhältnisse feststellen, ob er im laufenden Kalenderjahr die Grenze von 50.000 € überschreiten wird oder nicht.

Wichtig! Soweit sich nach der sachgerechten Schätzung ein Gesamtumsatz für das laufende Kalenderjahr von nicht mehr als 50.000 € ergibt, entfällt die Besteuerung als Kleinunternehmer nicht rückwirkend, selbst wenn die Umsatzgrenze tatsächlich überschritten werden sollte[2].

Beispiel 1: Unternehmer U hat im Kalenderjahr 2017 einen Gesamtumsatz i.H.v. 15.000 € erzielt. Aufgrund einer sachgerechten Schätzung geht er davon aus, dass er im Kalenderjahr 2018 45.000 € Gesamtumsatz erzielen wird. Am Ende des Kalenderjahrs 2018 stellt er fest, dass der Gesamtumsatz tatsächlich 52.000 € betragen hat.
Lösung: Da U im Rahmen einer sachgerechten Schätzung nach den Verhältnissen zu Beginn des Kalenderjahrs zulässigerweise die Besteuerung nach § 19 UStG vornehmen konnte, erfolgt keine Nachversteuerung seiner Umsätze. Im Kalenderjahr 2019 muss U dann allerdings zwingend die Regelbesteuerung anwenden.

Für die **Berechnung des maßgeblichen Gesamtumsatzes nach § 19 Abs. 1 UStG** ergibt sich folgendes Schema:

	Steuerbare Umsätze nach § 1 Abs. 1 Nr. 1 UStG, berechnet nach vereinnahmten Entgelten
./.	steuerfreie Umsätze nach § 4 Nr. 8i, § 4 Nr. 9b und § 4 Nr. 11 bis Nr. 28 UStG
./.	steuerfreie Hilfsumsätze nach § 4 Nr. 8a bis 8h, § 4 Nr. 9a und 10 UStG (vgl. Stichwort Hilfsgeschäft)
=	**Gesamtumsatz, gegebenenfalls hochgerechnet auf einen Jahresumsatz**
./.	Umsätze von Wirtschaftsgütern des Anlagevermögens (Verkauf und Entnahme)
=	**Umsatz nach § 19 Abs. 1 Satz 2 UStG**
+	Umsatzsteuer (soweit Umsatz steuerpflichtig)
=	**Umsatz i.S.d. § 19 Abs. 1 UStG**

Wichtig! Die Umsatzgrenzen von 17.500 € und 50.000 € sind Bruttoumsätze, sind somit nicht um eine darin enthaltene (rechnerische) Umsatzsteuer zu kürzen.

Eine Besonderheit ergibt sich bei einem Unternehmer, der erst im Laufe eines Kalenderjahrs seine Tätigkeit aufnimmt. Da bei ihm kein Vorjahresumsatz vorliegt, ist der voraussichtliche (hochgerechnete) Umsatz des laufenden Jahres mit 17.500 € und nicht mit 50.000 € zu vergleichen[3]. Dabei sind angefangene Kalendermonate als volle Kalendermonate zu behandeln, es sei denn, dass die Umrechnung nach Tagen zu einem geringeren Gesamtumsatz führt.

Beispiel 2: Unternehmer U hat am 20.4.2018 seine unternehmerische Tätigkeit begonnen. Er schätzt, dass er in 2018 voraussichtlich einen Umsatz inklusive Umsatzsteuer i.H.v. 12.000 € erzielen wird.
Lösung: Hochgerechnet auf das gesamte Jahr ergibt sich ein Gesamtumsatz i.H.v. 16.000 €, sodass U für 2018 die Kleinunternehmerbesteuerung in Anspruch nehmen kann.

Tipp! Die Unternehmereigenschaft beginnt nicht erst mit den ersten erzielten Umsätzen, sondern schon mit den ersten Vorbereitungshandlungen, sodass für die Berechnung der Umsatzgrenze des ersten Jahres auch Kalendermonate einbezogen werden können, in denen noch keine Umsätze erzielt worden sind.

---

2 Abschn. 19.1 Abs. 3 UStAE.

3 Abschn. 19.2 Abs. 4 UStAE sowie auch BFH, Beschluss v. 2.4.2009, V B 15/08, BFH/NV 2009, 1284.

Ein Problem ergibt sich bei Unternehmern, die über einen längeren Zeitraum **stark schwankende Umsätze** haben. In diesen Fällen ist es fraglich ob – insbesondere, wenn einige Jahre keine Umsätze erzielt werden – durchgehend die Unternehmereigenschaft besteht. Die Finanzverwaltung[4] geht davon aus, dass die Unternehmereigenschaft auch dann fortbesteht, wenn – bei der festen Absicht auch später wieder Leistungen zu erbringen – in einzelnen Jahren keine Umsätze ausgeführt werden. Damit ist in den Jahren, in denen Umsätze ausgeführt werden, auf die Umsätze des Vorjahres zurückzugreifen.

Beispiel 3: Der gemeinnützige Verein V führt alle drei Jahre ein Fest aus, bei dem ein Umsatz von jeweils 25.000 € erwartet wird.
Lösung: V ist durchgängig als Unternehmer anzusehen. Damit kann für die Feste jeweils die Kleinunternehmerbesteuerung in Anspruch genommen werden, da im Vorjahr des Fests Umsätze von 0 € ausgeführt wurden und im laufenden Jahr der Umsatz voraussichtlich nicht mehr als 50.000 € betragen wird. Würde die Unternehmereigenschaft des V unterbrochen werden, könnte er die Kleinunternehmerbesteuerung nicht in Anspruch nehmen, da dann jeweils ein „Erstjahr" vorliegen würde, bei dem bei dem voraussichtlichen Umsatz auf die Umsatzgrenze von 17.500 € abzustellen wäre.

Achtung! Ab dem 1.1.2010 sind bei Unternehmern, die ihre Bemessungsgrundlagen im Rahmen einer Margenbesteuerung (Besteuerung von Reiseleistungen nach § 25 UStG oder der Differenzbesteuerung nach § 25a UStG) ermitteln, in die Ermittlung des Gesamtumsatzes nicht nur die Marge, sondern die insgesamt erhaltenen Entgelte einzubeziehen[5].

3. Rechtsfolgen

Kleinunternehmer müssen **keine Umsatzsteuervoranmeldungen** abgeben. Die für steuerbare und steuerpflichtige Umsätze geschuldete Umsatzsteuer wird bei ihnen nicht erhoben. In ihren **Rechnungen** dürfen sie keine Umsatzsteuer gesondert ausweisen. Soweit Umsatzsteuer in Rechnungen gesondert ausgewiesen wird, schuldet der Kleinunternehmer diese nach § 14c Abs. 2 UStG (vgl. Stichwort Unberechtigter Steuerausweis). Die einem Kleinunternehmer in Rechnungen ausgewiesene Umsatzsteuer für bezogene Leistungen darf von ihm nicht als Vorsteuer abgezogen werden.

Die Vorschriften über die Erhebung der Einfuhrumsatzsteuer, die **Besteuerung von innergemeinschaftlichen Erwerben** sowie die **Steuerschuldnerschaft nach § 13b UStG** – bei erhaltenen Leistungen – (vgl. Stichwort Steuerschuldnerverfahren) und § 25b Abs. 2 UStG (vgl. Stichwort Innergemeinschaftliches Dreiecksgeschäft) gelten auch für den Kleinunternehmer.

Achtung! Führt ein Kleinunternehmer eine Leistung aus, für die der Leistungsempfänger nach § 13b UStG zum Steuerschuldner werden würde (z.B. bei bestimmten Bauleistungen oder Gebäudereinigungsleistungen), greift das Steuerschuldnerverfahren nicht; § 13b Abs. 5 Satz 4 UStG.

Der **Wechsel von der Kleinunternehmerbesteuerung zur Regelbesteuerung** oder umgekehrt kann auch eine **Vorsteuerberichtigung nach § 15a UStG** auslösen. Dies dürfte allerdings in der Praxis nur bei Anlagevermögen eine Rolle spielen, da eine Vorsteuerberichtigung nur dann vorgenommen werden kann, wenn die Umsatzsteuer aus einem Leistungsbezug mehr als 1.000 € betragen hat[6]. Da grundsätzlich auf jedes einzelne Wirtschaftsgut bzw. auf jede einzelne bezogene Leistung abzustellen ist, wird diese Voraussetzung bei Umlaufvermögen (Warenvorräten) kaum zu erfüllen sein.

---

4 OFD Karlsruhe v. 9.12.2002, n.v.

5 BMF, Schreiben v. 16.6.2009 sowie Abschn. 19.3 Abs. 1 UStAE. Anders aber FG Köln, Urteil v. 13.4.2016, 9 K 667/14, BB 2016, 1749 – Revision beim BFH anhängig unter XI R 7/16. Der BFH hat in dieser Frage den EuGH angerufen, BFH, Beschluss vom 7.2.2018, XI R 7/16.

6 § 44 Abs. 1 UStDV; bei allen Leistungsbezügen bis 31.12.2004 muss die Vorsteuer mehr als 250 € betragen haben.

4. Optionsmöglichkeit

Unternehmer, die unter § 19 Abs. 1 UStG fallen, können auf dessen Anwendung gemäß § 19 Abs. 2 UStG verzichten; das heißt, sie müssen dann ihre Umsätze wie alle der Regelbesteuerung unterliegenden Unternehmer besteuern und die für ihre Umsätze geschuldete Umsatzsteuer an ihr zuständiges Finanzamt entrichten. In diesen Fällen sind sie berechtigt, die von ihnen geschuldete Umsatzsteuer in ihren Rechnungen gesondert auszuweisen. Sie erhalten ebenfalls den Vorsteuerabzug nach § 15 Abs. 1 UStG. Soweit eine Optionserklärung abgegeben worden ist, gilt diese von Beginn des Kalenderjahrs an, für das die Erklärung abgegeben worden ist.

Tipp! Die Option auf die Regelbesteuerung ist insbesondere dann für den Kleinunternehmer sinnvoll, wenn er seine Leistungen auch an vorsteuerabzugsberechtigte Unternehmer ausführt. In diesem Fall kann er die Umsatzsteuer zusätzlich in Rechnung stellen und hat einen Vorsteuerabzug aus seinen bezogenen Leistungen.

Der **Antrag auf die Besteuerung nach den allgemeinen Grundsätzen** ist an keine bestimmte Form gebunden. Der Unternehmer kann die Erklärung jederzeit bis zur Unanfechtbarkeit der Steuerfestsetzung bei seinem Finanzamt abgeben. Ebenso kann der Antrag bis zur Unanfechtbarkeit der Steuerfestsetzung wieder zurückgezogen werden, in diesen Fällen können eventuell mit Umsatzsteuerausweis erstellte Rechnungen nach § 14c Abs. 2 UStG berichtigt werden, vgl. zum Berichtigungsverfahren Stichwort Unberechtigter Steuerausweis. Die **Unanfechtbarkeit der Steuerfestsetzung** tritt ein, wenn die erstmalige Steuerfestsetzung für das Kalenderjahr formell bestandskräftig ist (in der Regel nach Ablauf von einem Monat nach Erlass des Bescheids/Abgabe der Jahressteuererklärung, soweit kein Rechtsbehelf gegen die Festsetzung eingelegt worden ist), dies gilt auch in den Fällen, in denen der Bescheid unter dem Vorbehalt der Nachprüfung ergangen ist.

Wenn der Unternehmer nach § 19 Abs. 2 UStG die Regelbesteuerung gewählt hat, ist er **fünf Jahre** an diese Erklärung gebunden. Erst nach Ablauf von fünf Jahren seit erstmaliger Besteuerung kann der Unternehmer wieder zur Besteuerung nach § 19 Abs. 1 UStG zurückkehren. Die **Überschreitung der Umsatzgrenzen** gilt aber nicht als Erklärung zur Besteuerung nach den allgemeinen Grundsätzen.

Beispiel 4: Unternehmer U hat im Kalenderjahr 2017 einen Gesamtumsatz i.H.v. 18.000 € erzielt. Eine Erklärung zur Besteuerung nach den allgemeinen Grundsätzen hat er in den vergangenen Jahren nicht abgegeben.
Lösung; Im Kalenderjahr 2018 muss U seine Umsätze nach den allgemeinen Grundsätzen besteuern. Soweit er im Kalenderjahr 2018 die Umsatzgrenze von 17.500 € nicht überschreitet, kann er für 2019 wieder die Besteuerung als Kleinunternehmer in Anspruch nehmen.

Achtung! Bei einem Wechsel von der Besteuerung als Kleinunternehmer zur Regelbesteuerung oder umgekehrt sind die Umsätze jeweils nach den Grundsätzen des Besteuerungsverfahrens zu behandeln, die zum Zeitpunkt der Ausführung des Umsatzes anzuwenden waren. Die Vereinnahmung des Entgelts ist in diesem Fall nicht von Bedeutung.

Kommissionsgeschäft

Kommissionsgeschäft auf einen Blick

1. **Rechtsquellen**
   § 3 Abs. 3 UStG
   Abschn. 1a.2 Abs. 7, Abschn. 3.1 Abs. 3, Abschn. 3.12 Abs. 2 UStAE
2. **Bedeutung**
   Bei einem Kommissionsgeschäft liegen zwischen dem Kommittenten und dem Kommissionär ausschließlich Lieferungen vor. Dabei ist die Lieferung des Kommittenten zeitlich mit der Lieferung des Kommissionärs verknüpft.
3. **Weitere Stichworte**
   → Differenzbesteuerung, → Innergemeinschaftlicher Erwerb, → Leistungskommission, → Lieferung/Definition, → Lieferung/Ort
4. **Besonderheiten**
   Für Kommissionsgeschäfte im Binnenmarkt ergibt sich für die Besteuerung des innergemeinschaftlichen Erwerbs als Wahlrecht auch die Möglichkeit, dass der Kommissionär bei Erhalt der Ware einen innergemeinschaftlichen Erwerb besteuern kann.

1. Voraussetzungen des Kommissionsgeschäfts

Bei einem **Kommissionsgeschäft** tritt ein Kaufmann (**Kommissionär**) in eigenem Namen, aber für fremde Rechnung (des **Kommittenten**) gegenüber einem fremden Dritten als Lieferer auf. Während das Kommissionsgeschäft zivilrechtlich als Besorgungsleistung ausgestaltet ist (und damit einer Dienstleistung des Kommissionärs entspricht), führt das Kommissionsgeschäft umsatzsteuerlich zwingend zu einer **Lieferung** zwischen Kommittent und Kommissionär, § 3 Abs. 3 UStG.

Tipp! Obwohl bei Kommissionsgeschäften häufig (aus zivilrechtlichen Gründen) eine „Provision" vereinbart wird, liegen ausschließlich Lieferungen vor; es ist nicht zusätzlich noch eine Dienstleistung zu besteuern. Die „Provision" stellt umsatzsteuerrechtlich die vertraglich vereinbarte Handelsmarge für den Kommissionär dar.

Ein **Kommissionsgeschäft** liegt immer dann vor, wenn der eingeschaltete Unternehmer:

- **in eigenem Namen** gegenüber dem fremden Dritten auftritt. Dies bedeutet, dass der Kommissionär gegenüber dem fremden Dritten so auftritt, als wenn er der Eigentümer der Ware wäre, und
- **für fremde Rechnung** handelt. Dies bedeutet, dass das wirtschaftliche Risiko des Geschäfts bei dem Kommittenten verbleibt. Ob der Unternehmer für eigene oder für fremde Rechnung handelt, hat nichts mit dem Abrechnungspapier i.S.d. § 14 UStG zu tun.

Achtung! Auf die Bezeichnung des Vertrags kommt es bei einem Kommissionsgeschäft nicht an, die steuerliche Beurteilung folgt ausschließlich dem tatsächlichen Ablauf des Geschäfts.

2. Abwicklung des Kommissionsgeschäfts

Bei einem Kommissionsgeschäft ist zwischen der **Einkaufskommission** und der **Verkaufskommission** zu unterscheiden. Während zivilrechtlich der Kommissionär keine Verfügungsmacht an den gelieferten Gegenständen erhält, wird für umsatzsteuerliche Zwecke eine Lieferung zwischen Kommittenten und Kommissionär fingiert, § 3 Abs. 3 UStG.

Da der Kommissionär zivilrechtlich keine Verfügungsmacht an der Ware erhält, kann auch umsatzsteuerlich noch keine Lieferung zwischen Kommittent und Kommissionär zu dem Zeitpunkt vorliegen, in dem die Ware körperlich zu dem Kommissionär gelangt. Die Lieferung (= Verschaffung der Verfügungsmacht) zwischen Kommittent und Kommissionär ist deshalb erst in dem Moment ausgeführt, in dem der Kommissionär die Ware an den Abnehmer liefert[1]. Mit dieser zeitlichen Verknüpfung ist in der Regel auch eine räumliche Verknüpfung für den Ort der Lieferung verbunden, sodass die Lieferung zwischen Kommittenten und Kommissionär regelmäßig eine unbewegte Lieferung nach § 3 Abs. 7 Satz 1 UStG ist[2].

Verkaufskommission:

Einkaufskommission:

Beispiel 1: Möbelproduzent P transportiert im März 2018 Möbel als Kommissionsware von seinem Lager in Stuttgart zu dem Möbelhändler H nach Zürich. Im Mai 2018 gelingt H der Verkauf der Kommissionsware in der Schweiz.

Lösung: Eine Lieferung zwischen P und H liegt erst im Mai 2018 vor. Der Ort der Lieferung bestimmt sich nach § 3 Abs. 7 Satz 1 UStG mit dem Ort, an dem sich der Gegenstand der Lieferung zu diesem Zeitpunkt befindet, also in der Schweiz. Der Warentransport von Stuttgart nach Zürich ist dieser Lieferung nicht zuzurechnen. Die Lieferung zwischen P und H ist in Deutschland nicht steuerbar.

Achtung! Wenn der Umsatz im Ausland ausgeführt wird, muss sich der Unternehmer darüber informieren, welche steuerlichen Folgen sich daraus für ihn im Bestimmungsland ergeben.

Unabhängig, wie die „Vergütung" des Kommissionärs in dem Vertrag zwischen Kommittenten und Kommissionär bezeichnet ist, unterliegt beim Kommissionär immer das **Gesamtentgelt**, welches er vom Abnehmer (bei der Verkaufskommission) oder vom Kommittenten (bei der Einkaufskommission) erhält, der Besteuerung. Darüber hinaus hat der Kommissionär den Vorsteuerabzug (soweit eine ordnungsgemäße Rechnung oder Gutschrift vorliegt) aus der erhaltenen Lieferung.

Achtung! Die Umsatzsteuer entsteht bei der Verkaufskommission auch für die Lieferung zwischen Kommittent und Kommissionär der Höhe nach erst zu dem Zeitpunkt, zu dem der Kommissionär dem Abnehmer die Verfügungsmacht verschafft.

Beispiel 2: Kommissionär K hat mit dem Produzenten P einen Kommissionsvertrag abgeschlossen, in dem als „Provision" ein Betrag i.H.v. 20 % des Nettoverkaufspreises zuzüglich Umsatzsteuer vereinbart wurde. Im Mai 2018 kann K Ware im Nettowert von 10.000 € verkaufen.

Lösung: K liefert die Kommissionsware in eigenem Namen an die Kunden. Soweit die Kunden an ihn 10.000 € zuzüglich 19 % Umsatzsteuer zahlen, muss K für diese Warenverkäufe an sein Finanzamt 1.900 € (19 %) abführen. Gleichzeitig liegt eine Lieferung des Kommittenten (P) an ihn vor. K kann gegenüber dem Kommittenten mit Gutschrift über die an ihn gelieferte Ware im Nettowert von 8.000 € (sein Nettoverkaufspreis abzüglich seines Anteils von 20 %) zuzüglich Umsatzsteuer i.H.v. 1.520 € (19 %) abrechnen. Diese in der Gutschrift ausgewiesene Umsatzsteuer kann K als Vorsteuer abziehen, sodass sich seine Zahllast aus diesem Geschäft für den Mai 2018 auf (Umsatzsteuer 1.900 € abzüglich Vorsteuer 1.520 € =) 380 € beläuft.

---

[1] BFH, Urteil v. 25.11.1986, V R 102/78, BStBl II 1987, 278 sowie Abschn. 3.1 Abs. 3 UStAE.

[2] Abschn. 3.12 Abs. 2 UStAE.

Soweit die Voraussetzungen vorliegen, kann sich bei einem Kommissionsgeschäft auch die **Sonderregelung der Differenzbesteuerung nach § 25a UStG** ergeben. Typischer Anwendungsfall dafür sind Secondhandshops oder Kunsthändler.

Beispiel 3: Unternehmer U betreibt einen Secondhandshop für Kinderkleidung. U nimmt gebrauchte Kinderkleidung in Kommission und rechnet je nach Verkauf mit den Einlieferern ab – tritt somit in eigenem Namen und für fremde Rechnung auf.
Lösung: Da die Kinderkleidung von Privatpersonen verkauft wird, erwirbt U als Wiederverkäufer, wobei bei der Lieferung an U keine Umsatzsteuer geschuldet wurde. Damit kann die Umsatzsteuer für die von U erbrachten Lieferungen aus der Differenz zwischen Einkaufs- und Verkaufspreis berechnet werden, vgl. Stichwort Differenzbesteuerung.

Das Kommissionsgeschäft nach § 3 Abs. 3 UStG bezieht sich ausschließlich auf Lieferungen. Allerdings sind in § 3 Abs. 11 und Abs. 11a UStG vergleichbare Lösungen für sonstige Leistungen geregelt, vgl. Stichwort Leistungskommission.

3. Sonderregelung im Binnenmarkt

Wenn Kommissionsware im Rahmen einer Verkaufskommission bei der Zurverfügungstellung vom Kommittenten an den Kommissionär **von einem Mitgliedstaat der Europäischen Union** in einen anderen Mitgliedstaat gelangt, handelt es sich regelmäßig um ein innergemeinschaftliches Verbringen i.S.d. § 1a Abs. 2 UStG und § 3 Abs. 1a UStG. Im Rahmen dieses Verbringens müsste der Kommittent im Bestimmungsland einen innergemeinschaftlichen Erwerb besteuern. Anschließend würde sich dann für ihn eine ruhende Lieferung (Lieferung Kommittent an Kommissionär) im Bestimmungsland zu dem Zeitpunkt ergeben, an dem die Ware von dem Kommissionär an den Abnehmer veräußert wird.

Aus **Vereinfachungsgründen** hat die Finanzverwaltung[3] es jedoch zugelassen, dass (als **Wahlrecht**) schon gleich bei dem Transport der Ware zwischen Kommittent und Kommissionär ein innergemeinschaftlicher Erwerb beim Kommissionär zu besteuern ist. Für den Kommittenten ergibt sich damit im Bestimmungsland weder ein innergemeinschaftlicher Erwerb noch eine darauf folgende steuerbare Lieferung, er hat lediglich in seinem Heimatstaat eine steuerbare aber steuerfreie innergemeinschaftliche Lieferung direkt gegenüber dem Kommissionär.

Beispiel 4: Produzent P transportiert im Juni 2018 Kommissionsware aus Belgien zu dem Kommissionär in Leipzig.
Lösung: Soweit das Wahlrecht nach Abschn. 1a.2 Abs. 7 UStAE in Anspruch genommen wird, liegt im Juni 2018 für den Kommittenten (P) in Belgien eine steuerbare Lieferung vor, die aber als innergemeinschaftliche Lieferung steuerfrei ist. Der Kommissionär hat im Juni 2018 nach § 1a Abs. 1 UStG einen innergemeinschaftlichen Erwerb zu besteuern. Besteuerungsfolgen in Deutschland ergeben sich für den belgischen Kommittenten in diesem Fall nicht. In dem Moment, in dem der Kommissionär den Gegenstand in Deutschland verkaufen kann, führt er eine Lieferung aus, für den Kommittenten ergeben sich keine steuerlichen Folgen mehr.

Achtung! Bei Inanspruchnahme der Vereinfachungsregelung müssen sich Kommittent und Kommissionär vorab darüber einigen, welche Bemessungsgrundlage für diese innergemeinschaftliche Lieferung anzugeben ist, da unabhängig vom späteren Verkaufserfolg der Kommissionsware schon im Zeitpunkt des Verbringens der Kommittent in seiner Zusammenfassenden Meldung und der Erwerber in seiner Voranmeldung diesen Vorgang angeben müssen. Soweit sich später die Bemessungsgrundlage ändern sollte, ist aus Vereinfachungsgründen von einer Berichtigung abzusehen, wenn der Kommissionär bezüglich der Erwerbsteuer in vollem Umfang zum Vorsteuerabzug berechtigt ist.

---

[3] Abschn. 1a.2 Abs. 7 UStAE.

Konsignationslager

Konsignationslager auf einen Blick

1. **Rechtsquellen**
   § 1a Abs. 2 und § 3 UStG
2. **Bedeutung**
   Bei Lieferungen über ein Konsignationslager wird der Gegenstand der Lieferung regelmäßig vom liefernden Unternehmer erst einmal in eine Lagerstätte bei dem Leistungsempfänger verbracht. Erst zu einem späteren Zeitpunkt wird die Verfügungsmacht an dem Gegenstand (durch Entnahme aus dem Konsignationslager) an den Abnehmer übertragen.
3. **Weitere Stichworte**
   → Innergemeinschaftliches Verbringen, → Lieferung/Ort
4. **Besonderheiten**
   Der BFH hat in zwei Entscheidungen grundsätzlich zur Frage der Lieferung über ein Konsignationslager Stellung genommen. Die Finanzverwaltung wendet die Urteile an.

Achtung! Ein Konsignationslager ist ein Warenlager eines Lieferanten oder Dienstleisters, welches sich in der Nähe des Kunden (Abnehmers) befindet. Die Ware verbleibt solange im Eigentum des Lieferanten, bis der Kunde sie aus dem Lager entnimmt. Erst zum Zeitpunkt der Entnahme findet eine Lieferung als Grundlage der Rechnungsstellung statt. Rechtlich handelt es sich in Deutschland beim Konsignationslagervertrag um einen Lagervertrag nach § 467 HGB mit kaufrechtlichen Elementen[1].

Bei der Lieferung eines Gegenstands über ein sog. **Konsignationslager** ist insbesondere die Frage des Orts der Lieferung von Bedeutung. Nach der bisherigen Auffassung der Finanzverwaltung[2] bleibt bei einem Konsignationslager der Lieferer (Konsignant) zivilrechtlicher Eigentümer der im Lager befindlichen Ware. Erst wenn der Abnehmer (Konsignatar) die Ware entnimmt, geht das Eigentum an dieser vom Konsignanten auf den Konsignatar über. Danach waren nach Auffassung der Finanzverwaltung die folgenden Möglichkeiten denkbar:

- Liefert ein im Drittlands- oder Gemeinschaftsgebiet ansässiger Unternehmer Waren aus dem Drittland oder dem Gemeinschaftsgebiet in ein von ihm in Deutschland unterhaltenes Konsignationslager, aus dem der inländische Abnehmer Waren bei Bedarf entnimmt, verschafft er grundsätzlich erst im Zeitpunkt der Warenentnahme aus dem Konsignationslager die Verfügungsmacht i.S.d. § 3 Abs. 1 UStG an den Abnehmer. Gleichzeitig verwirklicht er nach § 3 Abs. 6 UStG eine im Inland steuerbare und steuerpflichtige Lieferung.
- Verbringt ein im übrigen Gemeinschaftsgebiet ansässiger Unternehmer Waren in sein in Deutschland belegenes Konsignationslager, verwirklicht er in Deutschland einen innergemeinschaftlichen Erwerb nach § 1a Abs. 2 Satz 1 UStG. Im Zeitpunkt der Entnahme durch den Leistungsempfänger aus dem Konsignationslager bewirkt der Unternehmer wiederum eine in Deutschland steuerbare und steuerpflichtige Lieferung. Dies hat zur Folge, dass der im übrigen Gemeinschaftsgebiet ansässige Unternehmer verpflichtet ist, sich in Deutschland für umsatzsteuerliche Zwecke registrieren zu lassen.

Nachdem aber schon das Hessische FG[3] zu dem Ergebnis gekommen war, dass Lieferungen eines spanischen Unternehmers in ein deutsches Konsignationslager nicht erst bei der Entnahme aus dem Lager der Umsatzsteuer unterlägen, sofern bei der Einlieferung der Abnehmer bereits verbindlich feststehe, hat

---

1 Definition nach Wikipedia.

2 OFD Frankfurt/Main, Verfügung v. 15.12.2015.

3 Hessisches Finanzgericht, Urteil v. 25.8.2015, 1 K 2519/10, EFG 2015, 2229. Vergleichbar auch FG Düsseldorf, Urteil v. 6.11.2015, 1 K 1983/13 U, EFG 2016, 234.

der BFH[4] im Revisionsverfahren diese Rechtsauffassung bestätigt und sich gegen die recht undifferenzierte Sichtweise der Finanzverwaltung in der früheren Fassung des Abschn. 1a.2 Abs. 6 Satz 1 UStAE gewandt. Darüber hinaus hat der BFH[5] aber in einer weiteren Entscheidung deutlich gemacht, dass eine Lieferung erst im Konsignationslager ausgeführt sein kann, wenn entweder der Abnehmer noch nicht feststeht oder es noch nicht feststeht, ob der Gegenstand überhaupt von dem Käufer erworben wird (fehlende Abnahmeverpflichtung).

Wichtig! Der BFH hat in seinen Entscheidungen eindeutig festgestellt, dass eine Beförderungs- oder Versendungslieferung im Ausgangsmitgliedstaat nur dann vorliegen kann, wenn der Abnehmer schon bei Beginn der Beförderung oder Versendung feststeht und er den Gegenstand auch verbindlich abnimmt. Liegt dies vor, steht es aber einer Beförderungs- oder Versendungslieferung nicht entgegen, wenn der Liefergegenstand nach dem Beginn der Beförderung oder Versendung für kurze Zeit in einem Auslieferungslager gelagert wird.

Die **Finanzverwaltung**[6] hat die Entscheidungen des BFH umgesetzt und entsprechend den UStAE ergänzt. Gelangt der Gegenstand bei der Beförderung oder Versendung aus einem Mitgliedstaat in einen anderen Mitgliedstaat und steht der Abnehmer der Ware eindeutig fest, steht es der Annahme einer steuerfreien innergemeinschaftlichen Lieferung im Ausgangsmitgliedstaat nicht entgegen, wenn die Ware kurzzeitig in einem auf Initiative des Abnehmers eingerichteten Auslieferungs- oder Konsignationslager zwischengelagert wird.

Beispiel 1: Unternehmer N aus den Niederlanden transportiert Ware in ein beim Abnehmer (Unternehmer) D in Deutschland unterhaltenes Warenlager (Konsignationslager). D hat die Ware verbindlich bei N bestellt, die Ware wird aber noch vier Wochen im Konsignationslager bei D zwischengelagert, bevor die Ware von D entnommen und weiterverarbeitet wird. Eine Zahlungsverpflichtung für D besteht erst bei Entnahme der Ware.
Lösung: Da D die Ware verbindlich bei N bestellt hatte, gilt die Lieferung schon mit dem Beginn der Beförderung/Versendung in den Niederlanden als ausgeführt. N hat in den Niederlanden eine steuerbare, aber steuerbefreite innergemeinschaftliche Lieferung zu erfassen; D muss in Deutschland einen innergemeinschaftlichen Erwerb der Besteuerung unterwerfen.

Achtung! Keine Festlegung enthält das BMF-Schreiben, wie lange „kurzzeitig" sein kann. Es wird lediglich festgestellt, dass dies einige Tage oder Wochen sein können. In dem vom BFH entschiedenen Fall waren es wohl max. 12 Wochen, sodass dies als grobe Richtschnur herangezogen werden kann.

Steht der **Abnehmer** aber bei Beginn der Beförderung oder Versendung **noch nicht fest** oder liegt **keine tatsächliche Abnahmeverpflichtung** eines bestimmten Abnehmers vor, kann die Lieferung zu diesem Zeitpunkt noch nicht als ausgeführt angesehen werden. In diesen Fällen ist ein innergemeinschaftliches Verbringen mit anschließender Lieferung durch den liefernden Unternehmer anzunehmen.

Wichtig! Eine nur wahrscheinliche Begründung einer Abnehmerstellung ohne tatsächliche Abnahmeverpflichtung reicht nicht aus, um schon mit dem Transport eine Lieferung an den Abnehmer anzunehmen.

Beispiel 2: Unternehmer N aus den Niederlanden transportiert Ware in ein beim Abnehmer (Unternehmer) D in Deutschland unterhaltenes Warenlager (Konsignationslager). D hat die Ware noch nicht

---

4 BFH, Urteil v. 20.10.2015, V R 31/15, BStBl II 2017, 1076.

5 BFH, Urteil v. 16.11.2016, V R 1/16, BStBl II 2017, 1079.

6 BMF, Schreiben v. 10.10.2017, BStBl I 2017, 1442 sowie BMF, Schreiben v. 14.12.2017, BStBl I 2017, 1673.

verbindlich bei N bestellt, sondern behält sich auch vor, die Ware nicht abzunehmen. Soweit D die Ware abnimmt, besteht für ihn eine Zahlungsverpflichtung bei Entnahme der Ware.
Lösung: Da D die Ware noch nicht verbindlich bei N bestellt hatte, muss N ein innergemeinschaftliches Verbringen der Besteuerung unterwerfen. Er hat in den Niederlanden eine steuerbare, aber steuerbefreite Lieferung im Rahmen des innergemeinschaftlichen Verbringens und muss in Deutschland einen steuerbaren und steuerpflichtigen innergemeinschaftlichen Erwerb der Besteuerung unterwerfen. Die Lieferung des N ist erst in Deutschland ausgeführt[7] und damit im Inland steuerbar und steuerpflichtig. N muss sich zwingend in Deutschland umsatzsteuerrechtlich registrieren lassen, Erklärungen abgeben und USt abführen. D hat in Deutschland keinen innergemeinschaftlichen Erwerb, ist aber aus der Lieferung des N zum Vorsteuerabzug berechtigt, soweit die weiteren Voraussetzungen für den Vorsteuerabzug erfüllt sind.

Tipp! Die Grundsätze aus dem Schreiben der Finanzverwaltung sind in allen offenen Fällen anzuwenden. Für Lieferungen, die vor dem 1.1.2019[8] ausgeführt werden, wird es von der Finanzverwaltung allerdings nicht beanstandet, wenn auch in den Fällen der sofortigen Lieferung an den Abnehmer von einem innergemeinschaftlichen Verbringen und einer anschließenden ruhenden Lieferung ausgegangen wird. In diesem Fall hat auch der Leistungsempfänger aus der Rechnung des liefernden Unternehmers den Vorsteuerabzug.

Achtung! Die Aussagen aus der Rechtsprechung des BFH sind nur unmittelbar in den Fällen anwendbar, in denen Waren aus dem übrigen Gemeinschaftsgebiet in das Inland gelangen, nicht aber in den Fällen des Verkaufs von Waren über in anderen Mitgliedstaaten unterhaltene Konsignationslager. Teilweise haben aber auch andere Mitgliedstaaten nationale Vereinfachungsregelungen, nach denen bei der Warenverlagerung in ein Konsignationslager nicht von einem innergemeinschaftlichen Verbringen in das Lager auszugehen ist, sondern von einer innergemeinschaftlichen Lieferung im Zeitpunkt der Entnahme aus dem Lager an den dortigen Abnehmer[9].
Die Vereinfachungsregelung dieser Mitgliedstaaten hat zur Folge, dass nicht der liefernde deutsche Unternehmer, sondern sein Abnehmer die Erwerbsbesteuerung in dem Bestimmungsmitgliedstaat durchzuführen hat. Für den deutschen Unternehmer besteht daher in dem anderen Mitgliedstaat keine Registrierungspflicht, sodass er keine USt-IdNr. für seinen in dem anderen Mitgliedstaat belegenen Unternehmensteil erhält. Dies führt dazu, dass der deutsche Lieferer nicht in der Lage ist, den für die steuerfreie innergemeinschaftliche Lieferung erforderlichen Buchnachweis nach § 17c Abs. 3 UStDV zu erbringen.
Solange die EU-Kommission das Problem noch nicht aufgegriffen und gelöst hat, kann nach dem Ergebnis der Erörterung der obersten Finanzbehörden des Bundes und der Länder im Einzelfall zugelassen werden, dass der Unternehmer den Tatbestand der Warenentnahme aus dem ausländischen Konsignationslager – parallel zur Erwerbsbesteuerung des Leistungsempfängers im anderen Mitgliedstaat – als innergemeinschaftliche Lieferung behandelt. Damit entfällt die umsatzsteuerliche Erfassung als innergemeinschaftliches Verbringen beim Transport der Ware in das Konsignationslager. Die „innergemeinschaftlichen Lieferungen“ an den Abnehmer sind dementsprechend in der Zusammenfassenden Meldung nach § 18a UStG anzugeben.

---

7 § 3 Abs. 5a i.V.m. § 3 Abs. 7 Satz 1 UStG.

8 Ursprünglich war eine Nichtbeanstandungsregelung bis zum 31.12.2017 eingeräumt worden. Die Frist ist mit BMF, Schreiben v. 14.12.2017, BStBl I 2017, 1673 bis Ende 2018 verlängert worden.

9 Gem. OFD Frankfurt/Main, Verfügung v. 7.12.2017, UR 2018, 219. In dieser Verfügung sind auch die Vereinfachungsregelungen der einzelnen Mitgliedstaaten dargestellt.

Kryptowährungen

Kryptowährungen auf einen Blick

1. **Rechtsquellen**
   § 1 Abs. 1 Nr. 1 und § 10 Abs. 1 UStG
2. **Bedeutung**
   Kryptowährungen (virtuelle Währungen) haben in den vergangenen Jahren immer mehr an wirtschaftlicher Bedeutung gewonnen. In den Blick der Öffentlichkeit sind sie aber erst aufgrund erheblicher Wertzuwächse und Wertschwankungen geraten. Obwohl sich die Aufmerksamkeit hauptsächlich auf die Wertentwicklung von Bitcoin und Co. richtete, ergaben sich auch Fragen rund um die umsatzsteuerrechtliche Beurteilung. Die Finanzverwaltung hat jetzt ein Schreiben zu den wichtigsten Fragen rund um die Kryptowährungen veröffentlicht.
3. **Weitere Stichworte**
   → Leistungsaustausch, → Umrechnung ausländischer Währungen

Obwohl der **Bitcoin** als die erste relevante Form einer Kryptowährung[1] schon 2009 entstanden war, erreichte er eine wirtschaftliche Bedeutung erst in den letzten Jahren. Öffentliche Aufmerksamkeit erlangte der Bitcoin durch starke Wertzuwächse aber auch erhebliche Wertschwankungen. Der EuGH[2] hatte sich schon 2015 mit Tauschvorgängen von konventionellen Währungen in virtuelle Währungen (und umgekehrt) beschäftigen müssen. Der EuGH hatte in diesem Zusammenhang festgestellt, dass virtuelle, beidseitig handelbare Währungen wie z.B. der Bitcoin, die im Rahmen von Umtauschgeschäften gegen konventionelle Währungen getauscht werden, nicht als Gegenstand i.S.d. § 3 Abs. 1 UStG[3] eingestuft werden können. Der Zweck einer virtuellen Währung besteht ausschließlich in der Verwendung als Zahlungsmittel. Umsätze rund um solche virtuellen Währungen können damit nur als sonstige Leistungen (Dienstleistungen) eingeordnet werden. Weiter hatte der EuGH ausgeführt, dass die Tauschleistungen in den Anwendungsbereich des Art. 135 Abs. 1 Buchst. e MwStSystRL (in Deutschland § 4 Nr. 8 Buchst. b UStG) fallen und somit umsatzsteuerfrei sind.

Wichtig! Keine Aussagen hat der EuGH zur Frage der Schaffung von Kryptowährungen getroffen.

Die Finanzverwaltung[4] hat erstmals zu den Vorgängen Stellung genommen, die sich im Zusammenhang mit Kryptowährungen ergeben. Dabei werden zum **Umtausch von Kryptowährungen** in konventionelle Währungen (und umgekehrt) die Vorgaben aus der Rechtsprechung des EuGH[5] umgesetzt. Die Finanzverwaltung nimmt aber auch zur Schaffung („Schürfen“) der Kryptowährungen und den weiteren, mit diesen Währungen verbundenen Tätigkeiten Stellung.

Wichtig! Kryptowährungen werden den gesetzlichen Zahlungsmitteln gleichgestellt, soweit sie von den an Transaktionen Beteiligten als alternatives vertragliches und unmittelbares Zahlungsmittel akzeptiert worden sind und keinem anderen Zweck als der Verwendung als Zahlungsmittel dienen.

Der Umtausch von Bitcoins (oder vergleichbaren Kryptowährungen) in konventionelle Währungen (oder umgekehrt) vollzieht sich im Rahmen von sonstige Leistungen, die – soweit der Ort der Leistung im

---

1 Virtuelle Währung oder digitale Währung.

2 EuGH, Urteil v. 22.10.2015, C-264/14 – Hedqvist, DStRE 2015, 1404.

3 Art. 14 MwStSystRL.

4 BMF, Schreiben v. 27.2.2018, BStBl I 2018, 316 zur Einführung eines neuen Abschn. 4.8.3 Abs. 3a UStAE.

5 EuGH, Urteil v. 22.10.2015, C-264/14 – Hedqvist, DStRE 2015, 1404.

Inland liegt – steuerbar aber nach § 4 Nr. 8 Buchst. b UStG steuerfrei[6] sind. Die Steuerfreiheit schließt den Vorsteuerabzug aus damit im Zusammenhang stehenden Leistungen aus.

Wichtig! Der Ort der Leistung richtet sich nach den allgemeinen Grundsätzen: Ist der Leistungsempfänger ein Unternehmer, der die Leistung für Zwecke seines Unternehmens bezieht, bestimmt sich der Ort der sonstigen Leistung mit dem Ort, an dem der Leistungsempfänger sein Unternehmen betreibt[7]. Dieselbe Rechtsfolge ergibt sich, wenn der Leistungsempfänger nicht Unternehmer ist oder die Leistung nicht für Zwecke seines Unternehmens bezieht und aus dem Drittlandsgebiet stammt[8]. Ist der Leistungsempfänger ein Nichtunternehmer aus dem Gemeinschaftsgebiet, ist der Ort der sonstigen Leistung dort, wo der leistende Unternehmer sein Unternehmen betreibt[9].

Die Bezahlung von Leistungen durch Bitcoins oder vergleichbaren Kryptowährungen wird der Verwendung von konventionellen Zahlungsmitteln gleichgesetzt, soweit sie keinem anderen Zweck als dem eines reinen Zahlungsmittels dienen. Damit ist die Hingabe von Bitcoins nicht steuerbar.

Wichtig! Die Bitcoins, die der leistende Unternehmer als Gegenleistung für eine Lieferung oder sonstige Leistung erhält, muss in Euro[10] umgerechnet werden. Die Finanzverwaltung führt dazu aus, dass die Umrechnung in analoger Anwendung des Art. 91 Abs. 2 MwStSystRL zum letzten veröffentlichten Verkaufskurs zu dem Zeitpunkt zu erfolgen hat, zu dem die Leistung ausgeführt wird. Dazu kann auf die Umrechnungsportale im Internet zurückgegriffen werden. Der leistende Unternehmer hat dazu den Umrechnungskurs zu dokumentieren.

Im Zusammenhang mit Kryptowährungen können sich aber noch andere Vorgänge ergeben, die nach Auffassung der Finanzverwaltung wie folgt zu beurteilen sind:

- **„Mining"**: Bitcoins oder ähnliche Kryptowährungen werden im Rahmen rechnergestützter Verfahren geschaffen (sog. „Schürfen"). Dabei stellen „Miner" Rechnerkapazitäten zur Verfügung, zeichnen Transaktionen auf und überführen diese in die „Blockchain". Die Finanzverwaltung vertritt dazu die Auffassung, dass die Leistungen der „Miner" nicht steuerbare Leistungen sind. Die sog. Transaktionsgebühr, welche die „Miner" von anderen Nutzern des Systems erhalten können, wird freiwillig gezahlt und steht in keinem unmittelbaren Zusammenhang mit den Leistungen. Auch der Erhalt neuer Bitcoins durch das System selbst stellt kein Entgelt im Rahmen eines Leistungsaustauschs dar.
- **„Wallets"** (elektronische Geldbörsen[11]): Unternehmer, die sog. Wallets betreiben und dafür eine Gebühr (Entgelt) verlangen, erbringen steuerbare Leistungen, soweit der Leistungsort im Inland liegt – es handelt sich hierbei um elektronisch ausgeführt Leistungen[12]. Die Leistungen unterliegen keiner Steuerbefreiung, führen damit zu steuerpflichtigen Umsätzen.
- **Handelsplattformen:** Betreiber, die Handelsplattformen als technischen Marktplatz zum An- und Verkauf von Kryptowährungen zur Verfügung stellen, erbringen ebenfalls elektronische Dienstleistungen die – soweit im Inland ausgeführt – nicht zu einer Steuerbefreiung führen. Wenn der Betreiber der Plattform aber den An- und Verkauf im eigenen Namen vornimmt, kann unter den weiteren Voraussetzungen die Steuerbefreiung nach § 4 Nr. 8 Buchst. b UStG angewendet werden.

---

[6] Unter den Bedingungen des § 9 Abs. 1 UStG könnte der leistende Unternehmer auf die Steuerfreiheit des Umsatzes verzichten.

[7] § 3a Abs. 2 UStG; gilt auch, wenn der Leistungsempfänger eine juristische Person ist, der eine USt-IdNr. erteilt worden ist.

[8] Sog. Katalogleistung nach § 3a Abs. 4 Satz 2 Nr. 6 i.V.m. Satz 1 UStG.

[9] § 3a Abs. 1 UStG.

[10] Wenn die Leistung in einem anderen Währungsgebiet ausgeführt wird, die dort gültige Landeswährung.

[11] Dienen der Aufbewahrung der Kryptowährungen und können auf Computern, Tablet oder Smartphone gespeichert werden.

[12] Der Leistungsort bestimmt sich damit bei B2B-Leistungen nach § 3a Abs. 2 UStG, bei B2C-Leistungen nach § 3a Abs. 5 UStG.

Achtung! Die Ausführungen des BMF beziehen sich vorrangig auf Bitcoins. Die Finanzverwaltung stellt aber klar, dass sich die Aussagen analog auch auf andere Kryptowährungen beziehen. Ausgenommen davon ist aber virtuelles Spielgeld (sog. Spielwährungen oder Ingame-Währungen, insbesondere in Onlinespielen), da es sich hierbei nicht um Zahlungsmittel im Unionsrecht handelt. Insbesondere kann damit nicht die Steuerbefreiung auf Umtauschleistungen angewendet werden.

Leistungsaustausch

Leistungsaustausch auf einen Blick

1. **Rechtsquellen**
   § 1 Abs. 1 Nr. 1 UStG
   Abschn. 1.1 UStAE
2. **Bedeutung**
   Lieferungen und sonstige Leistungen sind nur steuerbar, wenn sie „gegen Entgelt" erbracht werden (§ 1 Abs. 1 Nr. 1 Satz 1 UStG); d.h., wenn ein Leistungsaustausch vorliegt.
3. **Weitere Stichworte**
   → Kryptowährungen, → Lieferung/Definition, → Sonstige Leistung/Definition

Ein Leistungsaustausch liegt vor, wenn sich die Leistung auf den **Erhalt einer Gegenleistung** richtet und damit die gewollte, erwartete oder erwartbare Gegenleistung auslöst, sodass schließlich die wechselseitig erbrachten Leistungen miteinander innerlich verbunden sind.

Wichtig! Leistung und Gegenleistung müssen durch den Zweck des Handelns („innerlich") verbunden sein. Der Unternehmer leistet in Erwartung einer Gegenleistung. Der Leistungsempfänger erbringt die Gegenleistung, weil er die Leistung erhalten hat oder erhalten will. Voraussetzung ist immer die Absicht, eine Gegenleistung zu erzielen. Dabei muss die Gegenleistung in Geld bewertbar sein.

Ein Leistungsaustausch kann auch vorliegen, wenn der Unternehmer **ohne rechtliche oder ohne rechtsgeschäftlich begründete Verpflichtung** leistet. Seine Leistung erfolgt zweckgerichtet, wenn er bei freiwilligen Leistungen mit einer Gegenleistung rechnet, weil sie für die erbrachte Leistung üblich ist oder weil sie dafür zwar nicht üblich, aber doch erwartbar, das heißt nicht unwahrscheinlich ist.

Beispiel: Ein Verlag schickt einem Leser unaufgefordert ein Buch zu, bittet um Zahlung, lässt aber erkennen, dass er dem Leser das Buch auch für den Fall der Nichtzahlung überlassen will. Der Leser zahlt den angeforderten Preis.
Lösung: Der Verlag führt eine steuerbare und steuerpflichtige Leistung aus. Er zielt mit der freiwilligen Übereignung des Buchs auf die (nicht unwahrscheinliche) Gegenleistung ab.

Die für den Leistungsaustausch notwendige Zweckgerichtetheit des Handelns fehlt, wenn der leistende Unternehmer den sich aus den Gesamtumständen ergebenden Willen hat, für seine Leistung kein Entgelt zu nehmen. Er muss erkennbar dem Leistungsempfänger gegenüber die Möglichkeit der Entgegennahme einer Gegenleistung ausgeschlossen haben. In folgenden Fällen liegt **kein Leistungsaustausch** vor:

- **Schenkung einschließlich Gefälligkeiten und Sachspenden:** Auch wenn der Schenker für sein Geschenk unerwartet eine Gegenleistung (Gegengeschenk) erhält, wird dadurch nicht nachträglich ein Leistungsaustausch geschaffen. Um allerdings einen unversteuerten Letztverbrauch zu verhindern, wird über § 3 Abs. 1b Satz 1 Nr. 3 UStG für diese Fälle eine Lieferung gegen Entgelt fingiert, sofern eine Vorsteuerabzugsberechtigung bestand.
- **Erbanfall und Erbauseinandersetzung:** Bei einer Erbauseinandersetzung zwischen Miteigentümern findet kein Austausch von Leistung und Gegenleistung statt.
- **Lotterie- und Wettgewinne:** Der steuerbare Leistungsaustausch beschränkt sich auf die Zuwendung der Gewinnchance gegen den Kaufpreis für das Lotterielos oder den Wetteinsatz. Auslobungen im Rahmen eines Preisausschreibens eines Unternehmers können allerdings zu einem entgeltlichen

Umsatz nach § 3 Abs. 1b Satz 1 Nr. 3 UStG führen, um einen unversteuerten Endverbrauch zu vermeiden; vgl. Stichwort Unentgeltliche Lieferung.

- **Darlehensrückzahlungen:** Beim Darlehen liegt ein steuerbarer Umsatz nur durch zeitweise Überlassung von Kapital und vertretbaren Sachen (Sachdarlehen) gegen Darlehenszins vor. Die Rückgabe des Darlehensgegenstands vollzieht sich außerhalb des Leistungsaustauschs.
- **Anwachsung:** Durch das Ausscheiden eines von zwei Gesellschaftern aus einer Personengesellschaft wächst das gesamte Vermögen der Gesellschaft dem verbleibenden Gesellschafter von Gesetzes wegen als Gesamtrechtsnachfolger zu.

Achtung! Gibt ein Unternehmer einen Gutschein in Umlauf, der dessen Besitzer berechtigt, eine Leistung des Unternehmers kostenlos in Anspruch zu nehmen, liegt in der Regel kein entgeltlicher Leistungsaustausch vor[1].

[1] BFH, Urteil v. 19.11.2014, V R 55/13, BStBl II 2015, 911.

Leistungskommission

Leistungskommission auf einen Blick

1. **Rechtsquellen**
   § 3 Abs. 11 und (seit 1.1.2015:) § 3 Abs. 11a UStG
   Abschn. 3.15 UStAE
2. **Bedeutung**
   Erbringt ein Unternehmer in eigenem Namen aber für fremde Rechnung gegenüber einem Dritten eine sonstige Leistung, gilt diese sonstige Leistung als an ihn und vom ihm selbst erbracht (Leistungskette).
3. **Weitere Stichworte**
   → Kommissionsgeschäft, → Reiseleistung, → Sonstige Leistung/Definition, → Sonstige Leistung/Ort
4. **Besonderheiten**
   Bei der Einschaltung eines Unternehmers in die Vermietung von Ferienimmobilien im Rahmen einer Leistungskommission sieht die Finanzverwaltung – spätestens für alle nach dem 31.12.2012 ausgeführten Umsätze – eine Reiseleistung. Ob dies aber tatsächlich so ist, ist derzeit Gegenstand eines Vorabentscheidungsersuchen beim EuGH.
   Mit Wirkung zum 1.1.2015 ist in § 3 Abs. 11a UStG eine Fiktion der Leistungskommission aufgenommen, wenn ein Unternehmer in die Erbringung einer sonstigen Leistung eingeschaltet wird, die über ein Telekommunikationsnetz, eine Schnittstelle oder ein Portal erbracht wird.

1. Voraussetzung der Leistungskommission

Der Begriff der **Kommission** war früher beschränkt auf Lieferungen (vgl. Stichwort Kommissionsgeschäft). Nach diversen Urteilen des BFH[1] wurde 2004 § 3 Abs. 11 UStG den Vorgaben des Unionsrechts angepasst und die Leistungskommission (auch als **Dienstleistungskommission** bezeichnet) eingeführt.

Eine **Leistungskommission** liegt immer dann vor, wenn ein eingeschalteter Unternehmer:

- In eigenem Namen gegenüber einem fremden Dritten auftritt,
- für fremde Rechnung handelt (er trägt kein eigenes wirtschaftliches Risiko; das Abrechnungspapier i.S.d. § 14 UStG ist damit nicht gemeint) und
- eine sonstige Leistung ausführt.

Achtung! Auf die Bezeichnung des Vertrags kommt es nicht an, die steuerliche Beurteilung folgt ausschließlich dem tatsächlichen Ablauf des Geschäfts.

Wichtig! Bei einer Leistungskommission wird eine Leistungskette fingiert. Die zivilrechtlich zwischen den Vertragsparteien vereinbarte Geschäftsbesorgungsleistung ist umsatzsteuerrechtlich unbeachtlich.

2. Abwicklung der Leistungskommission

Eine Leistungskommission kann sowohl im Rahmen des Einkaufs einer Leistung („**Leistungseinkauf**“) wie auch im Rahmen des Verkaufs einer Leistung („**Leistungsverkauf**“) erfolgen.

2.1 Leistungsverkauf

Bei einem **Leistungsverkauf** soll ein Unternehmer im Auftrag eines Auftraggebers in eigenem Namen aber für fremde Rechnung eine sonstige Leistung am Markt erbringen. Der eingeschaltete Unternehmer tritt gegenüber dem Dritten in eigenem Namen auf (handelt ihm gegenüber also so, als wenn er selbst

[1] U.a. BFH, Urteil v. 31.1.2002, V R 40, 41/00, BStBl II 2004, 315.

die Leistung ausführen würde), das wirtschaftliche Ergebnis des Umsatzes trifft aber den Auftraggeber (der eingeschaltete Unternehmer tritt „für fremde Rechnung“ auf).

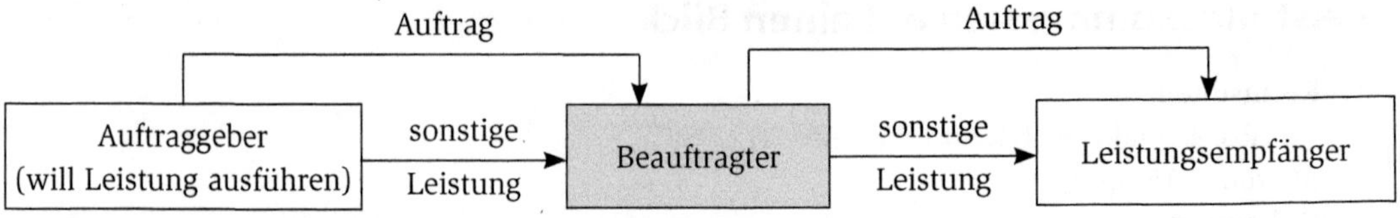

Beispiel 1: Ein ausländisches Kreditinstitut K beauftragt die inländische Anlagegesellschaft A mit der Anlage von Termingeldern bei deutschen Banken in eigenem Namen aber für fremde Rechnung.
Lösung: A ist als Unternehmer in die Erbringung einer sonstigen Leistung (Kreditgewährungsleistung nach § 4 Nr. 8 Buchst. a UStG) eingeschaltet und tritt dabei in eigenem Namen aber für fremde Rechnung auf. Die Leistung gilt als von K an A und als von A an die Banken als ausgeführt, § 3 Abs. 11 UStG. Die zivilrechtlich vereinbarte Geschäftsbesorgungsleistung ist umsatzsteuerrechtlich unbeachtlich. Beide Leistungen sind im Inland steuerbar ausgeführt (Ort nach § 3a Abs. 2 UStG am Sitz des jeweiligen Leistungsempfängers) unterliegen jedoch jeweils der Steuerbefreiung nach § 4 Nr. 8 Buchst. a UStG.

Ein typischer Fall der Leistungskommission war früher die Einschaltung eines Unternehmers in die **Vermietung von Ferienimmobilien**, wobei der eingeschaltete Unternehmer in eigenem Namen aber für Rechnung des Eigentümers handeln musste. Tritt der eingeschaltete Unternehmer in eigenem Namen, aber für fremde Rechnung auf, ging die Finanzverwaltung früher davon aus, dass der Eigentümer gegenüber dem eingeschalteten Unternehmer eine kurzfristige Vermietung ausführte und der eingeschaltete Unternehmer seinerseits gegenüber dem Reisenden eine kurzfristige Vermietung bewirkte.

Allerdings hatte der BFH[2] 1999 festgestellt, dass eine **Reiseleistung** auch dann vorliegen kann, wenn der Unternehmer nur eine Leistung erbringt. So unterlag nach Auffassung des BFH die Weitervermietung von Ferienwohnungen ohne Anreise und Verpflegung der Besteuerung nach § 25 UStG.

Achtung! Liegen die Voraussetzungen für die Reiseleistung nach § 25 UStG vor, erfolgt die Besteuerung zwingend im Rahmen dieser Sonderregelung. Der Unternehmer hat kein Wahlrecht und kann die Leistung dann nicht mehr im Rahmen der Regelbesteuerung erfassen.

2006 hatte der BFH[3] dann festgestellt, dass eine Reiseleistung auch dann vorliegen kann, wenn der Unternehmer in eigenem Namen, aber für fremde Rechnung am Markt auftritt und somit eine Dienstleistungskommission nach § 3 Abs. 11 UStG vorliegt.

Die **Finanzverwaltung** hat die Vorgaben des BFH übernommen und entsprechend die Anweisungen im UStAE angepasst (Abschn. 3.15 und Abschn. 25.1 UStAE). Danach hat ein Unternehmer, der eine Reiseleistung gegenüber einem Dritten ausführt, § 25 UStG auch dann anzuwenden, wenn er eine Ferienwohnung im eigenen Namen aber für fremde Rechnung vermarktet. Es kommt für die umsatzsteuerrechtliche Beurteilung nicht auf die zivilrechtlichen Leistungsbeziehungen, sondern auf die tatsächliche Leistungserbringung an.

Diese Sichtweise verändert nicht die Besteuerungsfolgen des **Eigentümers der Ferienwohnung**. Bei ihm ergeben sich die folgenden Rechtsfolgen:

- Es liegt eine Leistung im Zusammenhang mit einem Grundstück vor, der Leistungsort ist immer dort, wo das Grundstück liegt, § 3a Abs. 3 Nr. 1 Buchst. a UStG.
- Soweit die Leistung im Inland ausgeführt wurde, handelt es sich um eine steuerpflichtige (kurzfristige) Vermietung, eine Steuerbefreiung liegt nicht vor, § 4 Nr. 12 Satz 2 UStG.

---

[2] BFH, Urteil v. 7.10.1999, V R 79, 80/98, BStBl II 2004, 308.

[3] BFH, Urteil v. 2.3.2006, V R 25/03, BStBl II 2006, 788.

- Als kurzfristige Vermietung für Beherbergungszwecke unterliegt der Umsatz dem ermäßigten Steuersatz nach § 12 Abs. 2 Nr. 11 UStG von 7 %.

Erhebliche Auswirkungen hat die Regelung auf die Leistung und den Vorsteuerabzug des **eingeschalteten Unternehmers**. Bei ihm ergeben sich die folgenden Rechtsfolgen:

- Es liegt keine Leistung im Zusammenhang mit einem Grundstück vor, eine Reiseleistung ist nach § 25 Abs. 1 i.V.m. § 3a Abs. 1 UStG immer dort ausgeführt, wo der leistende Unternehmer sein Unternehmen betreibt.
- Wird die Reisevorleistung im Drittlandsgebiet in Anspruch genommen (z.B. Dienstleistungskommission bei einem im Drittlandsgebiet belegenen Mietobjekt), ist die Reiseleistung nach § 25 Abs. 2 UStG steuerfrei.
- Soweit die Reiseleistung steuerbar und steuerpflichtig ist, unterliegt nur die Differenz zwischen dem vom Reisenden erhaltenen Entgelt und den Reisevorleistungen der Umsatzbesteuerung.
- Die Reiseleistung unterliegt immer dem Regelsteuersatz von 19 %.
- Der Unternehmer ist nicht zum Vorsteuerabzug berechtigt, § 25 Abs. 4 UStG.
- Der Unternehmer muss in seiner Rechnung auf die Reiseleistung hinweisen, § 14a Abs. 6 UStG.

Beispiel 2: Auftraggeber A besitzt eine Ferienwohnung. Er beauftragt den Beauftragten B diese Ferienwohnung für seine Rechnung aber im Namen des B an ständig wechselnde Feriengäste zu vermieten. Der Beauftragte tritt damit gegenüber dem Feriengast eigenständig auf, aus Sicht des Feriengasts wird die Leistung unmittelbar von dem Beauftragten ausgeführt. Der Beauftragte trägt aber kein eigenes wirtschaftliches Risiko, da er für Leerstandszeiten keine Zahlungen gegenüber dem Auftraggeber leisten muss. B berechnet den Feriengästen pro Woche 1.070 € und zahlt an den A 700 € zuzüglich 7 % USt, insgesamt 749 € aus.

Lösung: Nach § 3 Abs. 11 UStG gilt die sonstige Leistung als von A an den B und von dem B an die Feriengäste (= Leistungsempfänger) erbracht. Damit erbringt A gegenüber dem B eine steuerbare Vermietungsleistung als Unternehmer, diese Vermietungsleistung ist auch nicht steuerfrei nach § 4 Nr. 12 Satz 2 UStG, da dem Grunde nach eine kurzfristige Vermietung vorliegt. Als kurzfristige Vermietung für Beherbergungszwecke unterliegt die Vermietung dem ermäßigten Steuersatz, Bemessungsgrundlage sind 700 €, die Umsatzsteuer des A beträgt 49 €.

B erbringt ebenfalls Leistungen an die jeweiligen Feriengäste. Früher wurde davon ausgegangen, dass die Leistung ebenfalls eine steuerbare und steuerpflichtige kurzfristige Vermietung darstellt, die dem ermäßigten Steuersatz unterliegt. B musste auf die 1.000 € Umsatzsteuer i.H.v. 70 € bei seinem Finanzamt anmelden. Er war – soweit eine ordnungsgemäße Rechnung vorlag – zum Vorsteuerabzug i.H.v. 49 € aus der Leistung des A berechtigt.

Nach der derzeitigen Sichtweise erbringt B gegenüber den Reisenden eine Reiseleistung nach § 25 Abs. 1 UStG deren Ort dort ist, wo er sein Unternehmen betreibt. Die Leistung ist steuerbar und steuerpflichtig im Inland und unterliegt mit der Differenz zwischen den vereinnahmten Reisepreis (1.070 €) und den Reisevorleistungen (749 €) der Umsatzsteuer. Aus der Differenz (1.070 € ./. 749,00 € =) 321 € ist die Umsatzsteuer mit 19 % herauszurechnen. B muss deshalb eine Bemessungsgrundlage von 269,75 € und eine Umsatzsteuer von 51,25 € anmelden. Einen Vorsteuerabzug hat B nicht mehr.

Achtung! Der BFH[4] hat aber Zweifel bekommen, ob in diesen Fällen tatsächlich eine Reiseleistung vorliegen kann. Er hat deshalb den EuGH[5] angerufen, der nun entscheiden muss, ob diese Fälle unter § 25 UStG fallen oder nicht. Darüber hinaus muss der EuGH darüber entscheiden – wenn eine Reiseleistung vorliegen sollte – ob die Marge nur dem ermäßigten Steuersatz unterliegt.

---

4 BFH, Beschluss v. 3.8.2017, V R 60/16, BStBl II 2018, 37.

5 Beim EuGH anhängig unter C-552/17 – Alpenchalets Resorts. Der Generalanwalt beim EuGH hat in seiner Beschlussempfehlung vom 5.9.2018 aber die Auffassung der Finanzverwaltung unterstützt und die Anwendung des ermäßigten Steuersatzes abgelehnt.

2.2 Leistungseinkauf

Bei einem **Leistungseinkauf** wird ein Unternehmer von einem anderen beauftragt, in eigenem Namen aber für Rechnung des Auftraggebers am Markt eine sonstige Leistung einzukaufen.

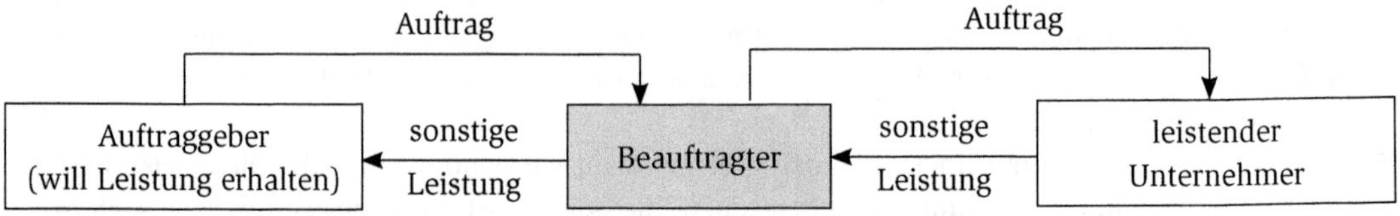

Beispiel 3: Spediteur S (Beauftragter) besorgt für den Unternehmer U (Auftraggeber) die Beförderung eines Gegenstands von Hamburg nach München. Er erteilt dazu dem Frachtführer F (leistender Unternehmer) in eigenem Namen aber für Rechnung des U den Auftrag, diese Beförderungsleistung zu erbringen.

Lösung: Es liegen zwei Umsätze vor: Zum einen erbringt der Frachtführer F eine Beförderungsleistung an Spediteur S, S erbringt seinerseits eine sonstige Leistung an U, die ebenfalls nach den Grundsätzen der sonstigen Leistung zu besteuern ist. Im Ergebnis rechnen sowohl der Frachtführer wie auch der eingeschaltete Spediteur gegenüber ihren Vertragspartnern so ab, als wenn sie die Beförderungsleistung selbst erbracht hätten (in diesem Fall jeweils sonstige Leistungen, deren Ort sich nach § 3a Abs. 2 UStG am Sitzort des jeweiligen Leistungsempfängers befindet).

Tipp! Im Ergebnis unterliegt damit die Leistung des eingeschalteten Unternehmers den gleichen Besteuerungsgrundsätzen wie die Leistung des tatsächlich die Leistung ausführenden Unternehmers, lediglich die Bemessungsgrundlage wird eine andere sein, da der eingeschaltete Unternehmer seinem Auftraggeber mehr in Rechnung stellen wird, als der leistende Unternehmer ihm berechnet hat.
Allerdings lassen sich individuelle Merkmale bei einem Unternehmer nicht auf die Leistungen anderer Unternehmer in der Leistungskette übertragen. Ist z.B. einer der Unternehmer in der Leistungskette ein Kleinunternehmer und wird die Umsatzsteuer deshalb bei ihm nicht erhoben, hat dies auf die Besteuerung der anderen Leistung in der Leistungskette keinen Einfluss.

3. Fiktion einer Leistungskommission (seit dem 1.1.2015)

Im Zusammenhang mit der Einführung neuer Regelungen zur Besteuerung der elektronischen Dienstleistungen, der Telekommunikationsleistungen und der Rundfunk- und Fernsehdienstleistungen im Gemeinschaftsgebiet ist mit Wirkung zum 1.1.2015 in § 3 Abs. 11a UStG eine **Fiktion der Leistungskommission** eingeführt worden. Danach gilt, dass ein Unternehmer als in eigenem Namen und für fremde Rechnung handelnd gilt, wenn er in die Erbringung einer sonstigen Leistung eingeschaltet ist, die über ein Telekommunikationsnetz, eine Schnittstelle oder ein Portal erbracht wird. In diesen Fällen gilt die sonstige Leistung als an den eingeschalteten Unternehmer ausgeführt und gleichzeitig als von ihm an den Leistungsempfänger erbracht.

Hintergrund der Regelung ist die Vereinfachung bei Abwicklungen über insbesondere Telekommunikationsnetze, wenn ein Unternehmer unter Einschaltung eines Telekommunikationsnetzbetreibers Leistungen an Endverbraucher erbringt (z.B. Download von Apps). Da der leistende Unternehmer im Regelfall nicht weiß, wer der Endabnehmer ist und wo dieser ansässig ist, wird hier eine Leistungskette (leistender Unternehmer – Telekommunikationsdienstleister – Endverbraucher) fingiert.

Achtung! Die Fiktion gilt allerdings dann nicht, wenn der Anbieter der sonstigen Leistung von dem Unternehmer aufgrund der vertraglichen Vereinbarung als leistender Unternehmer benannt wird und der leistende Unternehmer und die sonstige Leistung in den von jedem an der Erbringung beteiligten Unternehmer und dem Leistungsempfänger ausgestellten oder verfügbar gemachten Rechnungen angegeben sind[6].

---

6 Allerdings gibt es von dieser Ausnahme wiederum Rückausnahmen, vgl. § 3 Abs. 11a Satz 3 UStG (in der seit dem 1.1.2015 geltenden Fassung).

Lieferung/Definition

Lieferung auf einen Blick

1. **Rechtsquellen**
   § 3 UStG
   Abschn. 3.1 UStAE
2. **Bedeutung**
   Der Begriff der Lieferung beschreibt einen der beiden Leistungstatbestände des Umsatzsteuerrechts. Erst wenn festgestellt ist, dass eine Lieferung (in Abgrenzung zur sonstigen Leistung) vorliegt, können die weiteren umsatzsteuerrechtlichen Rechtsfolgen wie Ort, Steuerpflicht und Meldepflichten geprüft werden.
3. **Weitere Stichworte**
   → Ausfuhrlieferung, → Inland, → Innergemeinschaftliche Lieferung, → Innergemeinschaftliches Dreiecksgeschäft, → Innergemeinschaftliches Verbringen, → Kommissionsgeschäft, → Lieferung/Ort, → Transporthilfsmittel, → Unentgeltliche Lieferungen, → Werklieferung

1. Bedeutung der Lieferung

Der **Leistungstatbestand Lieferung** stellt neben dem Leistungstatbestand „sonstige Leistung“ den **Kernbegriff für Leistungen** eines Unternehmers dar. Damit eine steuerbare Lieferung eines Unternehmers vorliegen kann – und damit eine Umsatzsteuer für den leistenden Unternehmer entstehen kann – muss überprüft werden, ob eine Lieferung vorliegt und wo der Ort dieser Lieferung ist.

2. Grunddefinition der Lieferung

Der **Begriff der Lieferung** wird über die gesetzliche Legaldefinition **„Verschaffung der Verfügungsmacht an einem Gegenstand“** im § 3 Abs. 1 UStG beschrieben. Damit müssen Wert, Substanz und Ertrag an einem Gegenstand auf den Abnehmer übergehen[1].

2.1 Gegenstand

Gegenstände i.S.d. Rechtsvorschrift stellen:

- **Sachen** i.S.d. § 90 BGB und
- **Tiere** i.S.d. § 90a BGB dar.

Allerdings werden auch Wirtschaftsgüter im Rahmen einer Lieferung übertragen, die im **wirtschaftlichen Verkehr** als körperliche Sachen angesehen werden (z.B.: elektrischer Strom, Wärme oder Wasserkraft)[2]. Auch **Sachgesamtheiten** (Zusammenfassung mehrerer selbstständiger Gegenstände zu einem einheitlichen Ganzen, das wirtschaftlich als ein anderes Verkehrsgut angesehen wird, als die Summe der einzelnen Gegenstände – z.B. ein Blumenstrauß) werden im Rahmen einer Lieferung übertragen.

Achtung! Rechte (z.B. Gesellschaftsrechte, Forderungen, Patente etc.) werden nicht geliefert, sondern im Rahmen einer sonstigen Leistung übertragen.

2.2 Verschaffung der Verfügungsmacht

Die **Verschaffung der Verfügungsmacht** setzt voraus, dass der Erwerber über den Gegenstand wirtschaftlich verfügen kann. Die Übertragung auch des zivilrechtlichen Eigentums ist nicht zwingend erforderlich. Der Abnehmer muss faktisch in der Lage sein, mit dem Gegenstand nach Belieben zu verfahren, insbesondere ihn wie ein Eigentümer zu nutzen und veräußern zu können[3]. Aus diesem Grunde liegt

---

1 BFH, Urteil v. 29.9.1987, X R 13/81, BStBl II 1988, 153.
2 Abschn. 3.1 Abs. 1 UStAE.
3 BFH, Urteil v. 12.5.1993, XI R 56/90, BStBl II 1993, 847.

eine Lieferung nach § 3 Abs. 1 UStG auch schon dann vor, wenn ein Unternehmer einem Abnehmer einen Gegenstand unter Eigentumsvorbehalt liefert[4].

Achtung! Die Lieferung wird meistens mit dem bürgerlich-rechtlichen Eigentumsübergang verbunden sein, dies ist aber nicht zwingende Voraussetzung.

Die **Eigentumsübertragung bei beweglichen Sachen** geschieht meist durch Einigung und Übergabe nach § 929 Satz 1 BGB.

Beispiel 1: Das Eigentum an einem bestellten Fahrzeug wird dem Käufer durch die Übergabe des Fahrzeugs, der Schlüssel und der Papiere übertragen.

Ist dagegen der **Erwerber schon im Besitz des Gegenstands**, reicht es aus, wenn sich Lieferer und Abnehmer entsprechend einigen, § 929 Satz 2 BGB.

Beispiel 2: Ein Kunde hat einen Gegenstand gemietet. Nach einiger Zeit will er den Gegenstand erwerben. Die Lieferung erfolgt durch die Einigung der Beteiligten über den Eigentumsübergang.

Einigen sich Erwerber und Verkäufer über den Eigentumsübergang, genügt es, wenn dem Erwerber durch **Einräumung eines Besitzmittlungsverhältnisses** der mittelbare Besitz verschafft wird, § 868 und § 930 BGB.

Beispiel 3: Der Kunde erwirbt einen Gegenstand, den er allerdings bis zur erstmaligen Ingebrauchnahme noch beim Verkäufer belässt, z.B. dort unterstellt. Mit der Einigung der Beteiligten über den Eigentumsübergang und dem anschließenden Abschluss, z.B. eines Verwahrungsvertrags, ist das Eigentum an der Sache auf den Käufer übergegangen.

Die Besitzübergabe kann auch durch die **Übergabe eines sog. Traditionspapiers** ersetzt werden. Solche Papiere sind der Orderschein, der Ladeschein im Binnenschifffahrtsverkehr und das Konnossement der Seeschifffahrt.

Tipp! Bei einer Lieferung auf Probe (der Gegenstand wird dem Kunden zugesandt, der Kunde entscheidet nach Erhalt des Gegenstands, ob er ihn behalten möchte), liegt eine Lieferung erst dann vor, wenn der Kunde den Gegenstand abnimmt[5]. Damit kann sich dann auch erst der Ort der Lieferung zu diesem Zeitpunkt ergeben (Ort der Lieferung dann nach § 3 Abs. 7 Satz 1 UStG).

3. Sonderfälle der Lieferung

3.1 Eigentumsvorbehalt

Der Käufer erlangt die tatsächliche Sachherrschaft und sein Anwartschaftsrecht auf Eigentumserwerb, wenn der Lieferer den Gegenstand der Lieferung unter Eigentumsvorbehalt herausgibt. Der Verkäufer verschafft dem Käufer eine eigentümerähnliche Rechtsposition an der Sache, solange er seine Verpflichtungen aus dem Kaufvertrag erfüllt.

Beispiel 4: Einzelhändler E verkauft an einen Kunden Waren, ohne dass dieser sofort bezahlen muss. Bis zur Bezahlung bleibt die Ware Eigentum des E. Das Eigentum geht erst bei vollständiger Bezahlung des Kunden auf diesen über. Da aber mit Übergabe der Ware E dem Kunden die Verfügungsmacht verschafft hat, liegt eine Lieferung nach § 3 Abs. 1 UStG vor.

Macht der Lieferer dagegen von seinem **Vorbehaltsrecht** Gebrauch, wird der Liefergegenstand – nicht steuerbar – zurückgegeben. Wird ein derartiger Vertrag rückabgewickelt, muss der Vorbehaltskäufer für

---

4 Abschn. 3.1 Abs. 3 UStAE.

5 BFH, Urteil v. 6.12.2007, V R 24/05, BStBl II 2009, 490.

die bis dahin erfolgte Gebrauchsüberlassung ein Nutzungsentgelt bezahlen. Dieses Entgelt ist Gegenleistung für eine sonstige Leistung und nicht für eine Lieferung. Da der Kunde den ihm unter Eigentumsvorbehalt überlassenen Gegenstand nutzen konnte, ist das Nutzungsentgelt auch nicht als Schadensersatz anzusehen, da hier ein Leistungsaustausch vorliegt.

3.2 Verpfändung und Sicherungsübereignung

Wird eine Sache verpfändet, stellt dies allein noch keine Lieferung dar. Eine Lieferung liegt erst vor, wenn der Pfandgläubiger das Recht erlangt, das Pfand zu verwerten.

Erst mit dem Ablauf der dem Verpfänder zur Pfandeinlösung eingeräumten Frist erfolgt die Lieferung der Pfandsache an den Pfandgläubiger, da der Verpfänder hierdurch seine Verfügungsmacht verliert. Durch den Pfandverkauf (Versteigerung) wird der Pfandgläubiger befriedigt. Da der Pfandgläubiger im eigenen Namen tätig wird, denn er verfügt im eigenen Namen über fremdes Eigentum, bewirkt er eine steuerbare Lieferung.

Wichtig! Auch bei der Verwertung sicherungsübereigneter Gegenstände (Sicherungsübereignung) liegen Lieferungen zwischen dem Sicherungsgeber und dem Sicherungsnehmer und zwischen dem Sicherungsnehmer und dem Erwerber des Gegenstands vor (sog. Doppelumsatz). Die Lieferung des Sicherungsgebers an den Sicherungsnehmer liegt aber erst dann vor, wenn der Sicherungsnehmer seinerseits den Gegenstand verwertet. Vgl. auch Stichwort Sicherungsübereignung.

3.3 Bauten auf fremdem Grund und Boden

Errichtet der Besteller/Auftraggeber auf einem nicht in seinem Eigentum bzw. nicht in seinem Alleineigentum stehenden Grundstück ein Gebäude, liegen **Bauten auf fremdem Grund und Boden** vor. Der als zivilrechtlicher Vertragspartner anzusehende Besteller/Auftraggeber gilt auch als Leistungsempfänger nach § 3 Abs. 1 UStG[6]. Mit der Übergabe des fertiggestellten Bauwerks erlangt der Besteller die Verfügungsmacht[7]. Ob der Besteller das rechtliche oder wirtschaftliche Eigentum an dem Grundstück erlangt, ist ohne Bedeutung.

Zu überprüfen ist später, ob der Bauherr, sobald ihm die Verfügungsmacht des auf fremdem Grund und Boden erstellten Gebäudes verschafft wurde, es an den Grundstücks-Alleineigentümer bzw. die -Miteigentümer weiterliefert, also ihnen die Verfügungsmacht daran verschafft. Allein dadurch, dass dem Grundstückseigentümer das Eigentum am Gebäude bürgerlich-rechtlich zuwächst (§§ 946, 94 BGB), findet nicht zwangsläufig die umsatzsteuerliche Verschaffung der Verfügungsmacht statt[8]. Hierzu ist der Willen der Beteiligten notwendig, dass der Besteller die Verfügungsmacht verliert. Zudem muss er dem Grundstückseigentümer Substanz, Wert und Ertrag des Bauwerks zuwenden, damit dem Eigentümer die volle körperliche und wirtschaftliche Sachherrschaft über das Bauwerk verschafft wird. Erst diese führt zu einer uneingeschränkten Verfügungsberechtigung über die wirtschaftliche Substanz[9].

4. Durchführung der Lieferung

Eine Lieferung kann dadurch vorgenommen werden, dass „der Unternehmer oder in seinem Auftrag ein Dritter den Abnehmer oder in dessen Auftrag einen Dritten“ befähigt, **über den Gegenstand zu verfügen**. Es ergeben sich die folgenden Möglichkeiten bei der Lieferung:

- Der Unternehmer verschafft dem **Abnehmer** unmittelbar die Verfügungsmacht, z.B. der Einzelhändler übergibt dem Kunden selbst die Waren.
- Der Unternehmer verschafft **einem Dritten** im Auftrag des Abnehmers die Verfügungsmacht, z.B. der Kunde lässt einen Geschenkkorb vom Einzelhändler direkt an ein befreundetes Hochzeitspaar schicken.

---

6 BFH, Urteil v. 11.12.1986, V R 57/76, BStBl II 1987, 233.

7 BFH, Urteil v. 26.2.1976, V R 132/73, BStBl II 1976, 309.

8 BFH, Urteil v. 11.12.1986, V R 57/76, BStBl II 1987, 233.

9 BFH, Urteil v. 6.12.1979, V R 87/72, BStBl II 1980, 279.

- Ein Dritter verschafft im **Auftrag des Unternehmers** dem Abnehmer die Verfügungsmacht, z.B. der Einzelhändler lässt seinem Kunden die Waren direkt durch seinen Lieferanten aushändigen.
- Ein Dritter verschafft im Auftrag des Unternehmers dem vom Abnehmer benannten Dritten die Verfügungsmacht, z.B. der Einzelhändler lässt einem vom Kunden benannten befreundeten Hochzeitspaar den Geschenkkorb direkt durch seinen Lieferanten aushändigen.

5. Ergänzungstatbestände

Da sich mit der Grunddefinition der Lieferung nicht alle Sonderfälle umsatzsteuerlicher Lieferungen beschreiben lassen, sind in den Vorschriften des § 3 Abs. 1a bis Abs. 5 UStG Sonderdefinitionen von Lieferungen erfasst.

5.1 Innergemeinschaftliches Verbringen

Soweit ein Unternehmer aus einem Mitgliedstaat der Union einen Gegenstand in einen anderen Mitgliedstaat zur eigenen Verfügung verbringt, wird dieser Vorgang in dem Ursprungsstaat als **Lieferung gegen Entgelt** behandelt, § 3 Abs. 1a UStG. Eine Ausnahme besteht lediglich in den Fällen, in denen der Unternehmer den Gegenstand nur zum Zweck einer vorübergehenden Verwendung in den anderen Mitgliedstaat verbringt. Zu den Einzelheiten vgl. Stichwort Innergemeinschaftliches Verbringen.

5.2 Unentgeltliche Lieferungen

Einer Lieferung gegen Entgelt wird nach § 3 Abs. 1b UStG auch die **unentgeltliche Abgabe von Gegenständen** gleichgestellt. Darunter fallen Vorgänge, bei denen der Unternehmer entweder Gegenstände aus unternehmensfremden Zwecken unentgeltlich aus dem Unternehmen entnimmt, dem Personal unentgeltlich Gegenstände für dessen privaten Bedarf (Ausnahme Aufmerksamkeiten) zuwendet oder andere unentgeltliche Zuwendungen eines Gegenstands vornimmt, § 3 Abs. 1b UStG. Voraussetzung ist, dass die Gegenstände der wirtschaftlichen Tätigkeit des Unternehmers zugeordnet werden konnten und ihm ein Vorsteuerabzug zustand. Zu den Einzelheiten vgl. Stichwort Unentgeltliche Lieferungen.

5.3 Kommissionsgeschäft als Lieferung

Bei einem **Kommissionsgeschäft** wird nach § 3 Abs. 3 UStG zwischen dem Kommittenten und dem Kommissionär eine Lieferung fingiert, obwohl zivilrechtlich nur eine Besorgungsleistung vorliegt. Dabei ist zu beachten, dass diese Lieferung bei einer Verkaufskommission erst dann ausgeführt ist, wenn der Kommissionär seinerseits den Gegenstand geliefert hat. Zu den Einzelheiten vgl. Stichwort Kommissionsgeschäft.

5.4 Werklieferung

Bei einheitlichen Leistungen, die sowohl die Verschaffung der Verfügungsmacht an Gegenständen wie auch die Ausführung von sonstigen Leistungen umfassen und bei denen der leistende Unternehmer auch Gegenstände Dritter be- oder verarbeitet, muss unterschieden werden, ob der Unternehmer im Ergebnis eine (Werk-)Lieferung oder eine (Werk-)Leistung ausführt. Soweit der Unternehmer bei der Ausführung dieser Leistung auch selbst beschaffte Stoffe verwendet, die nicht nur Nebensachen oder Zutaten darstellen, handelt es sich bei der Leistung um eine **Werklieferung**. In diesen Fällen richten sich alle weiteren umsatzsteuerrechtlichen Folgen nach den Vorschriften über Lieferungen. Zu den Einzelheiten vgl. Stichwort Werklieferung.

5.5 Gehaltslieferung

Wenn der Unternehmer einem Abnehmer gegenüber eine Lieferung erbringt und der Abnehmer dem liefernden Unternehmer **Neben- oder Abfallprodukte**, die bei der Bearbeitung oder Verarbeitung der Gegenstände anfallen, zurückgeben muss, liegt kein Tausch vor, sondern es handelt sich nur um eine Lieferung, die von dem Gehalt dessen bestimmt wird, was dem Leistungsempfänger verbleibt, § 3 Abs. 5 UStG.

Beispiel 5: Schrotthändler S verkauft an einen Edelmetallverarbeiter E alte Katalysatoren. E gewinnt aus den gelieferten Katalysatoren die enthaltenen Platinreste und gibt S im Anschluss den restlichen Metallschrott zurück.
Lösung: Das Entgelt, das E an S bezahlt, bestimmt sich nach dem Platingehalt. Es handelt sich um eine Lieferung von Platin. Zur Bemessungsgrundlage bei S gehört nur das, was E für die Lieferung aufwendet.

Bei einer **Gehaltslieferung** müssen die folgenden **Voraussetzungen** erfüllt sein:

- Das Liefergeschäft muss sich auf einen ganz bestimmten Bestandteil (= lieferfähiger Gehalt) eines Gegenstands beziehen.
- Der Vorgang der Lieferung muss als Gehaltslieferung im Wirtschaftsleben üblich sein.
- Die Rückgabe der Nebenerzeugnisse oder Abfälle muss von vornherein vereinbart worden sein.
- Die hingegebenen und dann wieder zurückgegebenen Gegenstände dürfen nicht artgleich sein.

Eine **Gehaltslieferung** i.S.d. § 3 Abs. 5 UStG liegt auch dann vor, wenn der Leistungsempfänger dem liefernden Unternehmer nicht die Abfall- oder Nebenerzeugnisse aus dieser Lieferung, sondern Gegenstände gleicher Art zurückgibt, wie sie bei der Bearbeitung anfallen.

Fortsetzung Beispiel 5: Schrotthändler S erhält von E nicht den Metallschrott seiner Katalysatoren zurück, sondern eine vergleichbare Menge Metallschrott aus anderen Lieferungen. Auch in diesem Fall handelt es sich nur um die Lieferung des Edelmetalls, die Rückgabe des Metallschrotts vollzieht sich außerhalb des Leistungsaustauschprozesses.

6. Besonderheiten bei Lieferungen

6.1 Rückgabe

Eine Lieferung kann durch **Rückgabe des Liefergegenstands** rückgängig gemacht werden. Die Rückgabe liegt vor, wenn eine Lieferung unter Rückabwicklung des zugrunde liegenden Verpflichtungsgeschäfts rückgängig gemacht wird. Die Initiative geht dabei vom Abnehmer aus.

Tipp! Umsatzsteuerlich ist im Rahmen einer Voranmeldung nichts zu unternehmen, wenn die Lieferung rückgängig gemacht wird, solange die Steuer noch nicht entstanden ist. Wird die Lieferung dagegen erst rückgängig gemacht, wenn die Steuer entstanden ist, also nach Ablauf des Voranmeldungszeitraums, bleibt die Besteuerung für diesen Zeitraum bestehen, eine korrigierte Voranmeldung für den zurückliegenden Meldezeitraum ist nicht abzugeben. Die Umsatzsteuer kann dann erst im Besteuerungszeitraum der Rückgängigmachung korrigiert werden, § 17 Abs. 1 Satz 7 UStG.

Im Fall der Rückgängigmachung kann der Lieferer für die Zeit, in der der Empfänger des Gegenstands diesen nutzen konnte, ein Entgelt erhalten. An die Stelle der Lieferung tritt eine sonstige Leistung, die **Nutzungsüberlassung gegen Entgelt**. Fälle der Rückgabe sind z.B.:

- Rückgabe durch den Abnehmer innerhalb der üblichen Fristen,
- Wandlung aufgrund von Sachmängeln,
- Rücktritt durch den Abnehmer aufgrund eines vereinbarten Rücktrittrechts.

6.2 Rücklieferung

Eine **Rücklieferung** liegt vor, wenn nicht das Verpflichtungsgeschäft rückabgewickelt wird, sondern ein **neues Verpflichtungsgeschäft** über denselben Gegenstand in umgekehrter Richtung abgeschlossen wird. Ob eine Rückgängigmachung oder eine Rücklieferung vorliegt, ist aus der Position des ursprünglichen Leistungsempfängers zu beurteilen.

Bei der Rücklieferung bleibt die ursprüngliche Lieferung zwischen den Beteiligten bestehen, und die Übergabe des Gegenstands an den ursprünglichen Lieferer stellt eine zweite Lieferung dar. Liegen die Voraussetzungen des § 1 Abs. 1 Nr. 1 UStG vor, ist dieser Umsatz steuerbar.

Beispiel 6: Bauer B hat sich einen Rübenernter gekauft. Nachdem er drei Monate später alle Rüben geerntet hat, vereinbart er mit dem Händler, den Rübenernter gegen einen Abschlag von 20 % auf den Neupreis dem Händler zurückzugeben.
Lösung: Es handelt sich nicht um eine Rückgängigmachung des ursprünglichen Liefervorgangs, sondern um eine Rücklieferung. Sowohl der Händler hatte eine steuerbare und steuerpflichtige Lieferung wie auch drei Monate später B.

Tipp! Bei der Rücklieferung besteht die Gefahr, sie als Rückgabe bzw. Rücknahme zu behandeln, vor allem dann, wenn der ursprüngliche Empfänger der Lieferung nicht vorsteuerabzugsberechtigt ist. Aufgrund von Indizien versucht die Verwaltung zu prüfen, ob eine Rücklieferung vorliegt.

Anhaltspunkte für eine Rücklieferung wären z.B.:
- Ein unüblich großer Zeitabstand zwischen Lieferung und Rückgabe bzw. Rücknahme,
- die Änderung der Marktgängigkeit aufgrund Abnutzung oder Alters vor Rücktritt,
- Verrechnungsbasis für Einbehaltungen am bezahlten Kaufpreis ist der Marktwert im Zeitpunkt der Rücknahme.

Tipp! Bietet ein Umzugsunternehmen seinen Kunden an, die von ihm verkauften Umzugskartons in verwertbarem Zustand gegen ein bestimmtes Entgelt zurückzunehmen, ist nicht die Bemessungsgrundlage für die ursprüngliche Lieferung zu verringern. Es handelt sich um eine Rücklieferung der Umzugskartons[10].

6.3 Umtausch

Beim **Umtausch** wird ein Gegenstand gegen einen anderen unter Rückgabe des ursprünglich gelieferten Gegenstands ausgetauscht. Es spielt dabei keine Rolle, ob ein gleichartiger Gegenstand oder ein völlig anderer erworben wird. Der ursprüngliche Kaufvertrag wird aufrechterhalten.

Beim Umtausch wird die erste Lieferung rückgängig gemacht und eine neue Lieferung ausgeführt. Soweit keine Zuzahlung oder Teilerstattung des ursprünglichen Kaufpreises erfolgt und sich auch keine systematischen steuerrechtlichen Änderungen zwischen der ersten und der zweiten Lieferung ergeben haben, führt dies nicht zu umsatzsteuerrechtlichen Konsequenzen. Sollte sich aber in der Zwischenzeit der Steuersatz geändert haben, ist der Steuersatz maßgebend, der zum Zeitpunkt der (zweiten) Lieferung gilt.

6.4 Rücknahme

Die **Rücknahme** liegt vor, wenn eine Lieferung unter Rückabwicklung des zugrunde liegenden Verpflichtungsgeschäfts **rückgängig gemacht** wird. Die Initiative geht dabei vom Lieferanten aus (Gegensatz zur Rückgabe).

Auch hier kommt es darauf an, ob die Rücknahme im gleichen Voranmeldungszeitraum wie die Lieferung vorgenommen wird. Geschieht dies, sind sowohl die Lieferung als auch die Rücknahme nicht in die Voranmeldung aufzunehmen. Erfolgt die Rücknahme dagegen in einem späteren Voranmeldungszeitraum, bleibt die Besteuerung der ursprünglichen Lieferung bestehen. Im Voranmeldungszeitraum der Rücknahme muss der Lieferer seine Umsatzsteuer und der Abnehmer seinen möglicherweise vorgenommenen Vorsteuerabzug berichtigen (§ 17 UStG).

Tipp! Besonderheiten bestehen bei der Überlassung von selbstständigen Transporthilfsmitteln und von Warenumschließungen, vgl. dazu Stichwort Transporthilfsmittel.

---

[10] BFH, Urteil v. 12.11.2008, XI R 46/07, BStBl II 2009, 558.

Lieferung/Ort

Lieferung/Ort auf einen Blick

1. **Rechtsquellen**
   § 3, § 3c, § 3e, § 3f und § 3g UStG
   Abschn. 3.12 bis Abschn. 3.14, Abschn. 3e.1 UStAE
2. **Bedeutung**
   Liegt eine Lieferung vor, kann sich ein steuerbarer Umsatz nur dann ergeben, wenn die Lieferung auch im Inland ausgeführt ist. Um festzustellen, ob sich der Ort der Lieferung im Inland befindet, muss nach der systematischen Reihenfolge des § 3 Abs. 5a UStG geprüft werden, ob eine Sondervorschrift zur Bestimmung des Orts der Lieferung einschlägig ist oder ob sich der Ort nach den Grundvorschriften des § 3 Abs. 6 oder Abs. 7 UStG bestimmt.
3. **Weitere Stichworte**
   → Ausfuhrlieferung, → Fiskalvertreter, → Inland, → Innergemeinschaftliche Lieferung, → Innergemeinschaftliches Dreiecksgeschäft, → Konsignationslager, → Lieferung/Definition, → Reihengeschäft, → Werklieferung

1. Ort der Lieferung

Ein Umsatz kann im Inland nach § 1 Abs. 1 Nr. 1 UStG nur dann steuerbar sein, wenn der **Ort der Lieferung** im Inland i.S.d. § 1 Abs. 2 UStG liegt. Damit muss für die Prüfung der umsatzsteuerlichen Konsequenzen immer geprüft werden, wo sich der Ort der Lieferung befindet.

Achtung! Grundsätzlich hat der Ort der Lieferung keinen Einfluss auf den Zeitpunkt der Lieferung. Nach der Rechtsprechung des BFH[1] bestimmt sich aber der Zeitpunkt einer Beförderungs- oder Versendungslieferung nach § 3 Abs. 6 UStG nach dem Tag, an dem die Beförderung beginnt oder die Ware dem Beauftragten übergeben wird.

Da die Rechtsvorschriften, die den Ort einer Lieferung regeln, im Gesetz an unterschiedlichen Stellen erfasst sind, ist im § 3 Abs. 5a UStG eine hierarchische Reihenfolge für die **Prüfung des Orts der Lieferung** vorgegeben.

§ 3c UStG	Ort der Lieferung in besonderen Fällen (sog. **Versandhandelsregelung**): Lieferung in einen anderen Mitgliedstaat an Privatpersonen oder nicht regelbesteuerte Unternehmer (= im Regelfall Abnehmer, die ohne eine USt-IdNr. auftreten).
§ 3e UStG	Ort der Lieferung von Gegenständen während einer Beförderung an Bord eines Schiffs, eines Flugzeugs oder einer Eisenbahn innerhalb des Gemeinschaftsgebiets.
§ 3f UStG	Ort der Lieferung bei einer unentgeltlicher Wertabgabe (einer entgeltlichen Lieferung gleichgestellten Leistung) nach § 3 Abs. 1b UStG.
§ 3g UStG	Ort der Lieferung von Gas über das Gasleitungsnetz, von Elektrizität sowie von Wärme oder Kälte durch ein Fernleitungsnetz.

[1] BFH, Urteil v. 6.12.2007, V R 24/05, BStBl II 2009, 490 sowie Abschn. 13.1 Abs. 2 UStAE.

§ 3 Abs. 6 UStG	Grunddefinition der bewegten Lieferung: Ort der (waren-)bewegten Lieferung ist dort, wo die Warenbewegung (Beförderung oder Versendung) beginnt. Unerheblich ist, ob der liefernde Unternehmer oder der Abnehmer den Gegenstand befördert oder versendet.
§ 3 Abs. 6 Satz 5 UStG	Definition und Ortsbestimmung für den Ort der bewegten Lieferung im Rahmen eines Reihengeschäfts (nur eine der Lieferungen im Rahmen eines Reihengeschäfts kann eine bewegte Lieferung sein).
§ 3 Abs. 7 Satz 1 UStG	Eine ruhende Lieferung (Verschaffung der Verfügungsmacht über einen Gegenstand ohne Warenbewegung) ist dort ausgeführt, wo sich der Gegenstand zum Zeitpunkt der Verschaffung der Verfügungsmacht befindet.
§ 3 Abs. 7 Satz 2 UStG	Ruhende Lieferung im Rahmen eines Reihengeschäfts. Die Ortsbestimmung erfolgt in Abhängigkeit davon, ob die ruhende Lieferung vor oder nach der bewegten Lieferung erfolgt.
§ 3 Abs. 8 UStG	Verlagerung des Orts der Lieferung in das Inland, wenn der Gegenstand aus dem Drittlandsgebiet eingeführt wird und der Lieferer der Schuldner der Einfuhrumsatzsteuer ist.

Wichtig! Der Ort der Lieferung ist immer in dieser Reihenfolge abzuprüfen. Liegt ein Sonderfall der § 3c, § 3e, § 3f oder § 3g UStG vor, kann sich der Ort der Lieferung nicht nach den Grundregeln des § 3 Abs. 6 bis Abs. 8 UStG ergeben.

2. Ort der Lieferung nach § 3c UStG

Achtung! Die Regelung des § 3c UStG (Versandhandelsregelung) wird zum 1.1.2021 aufgehoben und mit den Grundsätzen für die elektronischen Dienstleistungen im B2C-Verkehr innerhalb der Europäischen Union verschmolzen. Der Leistungsort wird dann bei diesen Lieferungen – bis auf eine einheitliche Bagatellgrenze in Höhe von 10.000 € (einheitlich für alle Mitgliedstaaten der Europäischen Union) – im jeweiligen Bestimmungsland sein. Gleichzeitig können aber die Umsätze für den liefernden Unternehmer über die bisherige Mini-One-Stop-Shop-Regelung mit erfasst werden, sodass die zwingende umsatzsteuerrechtliche Erfassung im Bestimmungsland entfällt.

Die **Ortsbestimmung nach § 3c UStG** ist eine Sondervorschrift im Zusammenhang mit der Ausführung von Lieferungen im Binnenmarkt. Unter den Voraussetzungen des § 3c UStG wird der Ort einer Lieferung dahin verlagert, wo sich der Gegenstand am Ende der Beförderung befindet („**Bestimmungslandprinzip**"). Da diese Regelung hauptsächlich im Versandhandel zur Anwendung kommt, wird sie auch **Versandhandelsregelung** genannt. Die Verlagerung des Orts der Lieferung ist an bestimmte Voraussetzungen gebunden:

- es handelt sich um eine Lieferung, bei der der Lieferer den Gegenstand der Lieferung befördert oder versendet, § 3c Abs. 1 UStG,
- der Abnehmer ist nach § 3c Abs. 2 UStG entweder
  - kein Unternehmer i.S.d. Umsatzsteuergesetzes und auch keine juristische Person oder
  - ein besonderer Unternehmer (vgl. unten) der die Erwerbsschwelle nicht überschritten hat und
- der Lieferer hat nach § 3c Abs. 3 UStG die Lieferschwelle (vgl. unten) überschritten oder er hat auf die Anwendung der Lieferschwellenregelung nach § 3c Abs. 4 UStG verzichtet.

Soweit die Voraussetzungen des § 3c UStG vorliegen, muss der liefernde Unternehmer die Lieferung in dem Land der Besteuerung unterwerfen, in dem die **Warenbewegung endet**. Damit hat der Unternehmer in diesem Land einen steuerbaren und in der Regel auch steuerpflichtigen Umsatz. Er muss sich dort steuerlich erfassen lassen, die Steuer nach den Vorschriften dieses Lands berechnen und alle dort vorhandenen umsatzsteuerlichen Sondervorschriften beachten. Die Umsatzsteuer ist an das für ihn zuständige Finanzamt in diesem Land zu entrichten.

Wichtig! Der Unternehmer, der Lieferungen erbringt, die unter die Regelungen des § 3c UStG fallen, wird in dem Bestimmungsland wie ein dort ansässiger Unternehmer behandelt. Gegebenenfalls kann er in diesem Land einen Vertreter (vgl. Stichwort Fiskalvertreter) bestellen.

2.1 Warenlieferung durch den Lieferer

Voraussetzung für die Anwendung des § 3c UStG ist, dass der **liefernde Unternehmer** den Gegenstand der Lieferung in das übrige Gemeinschaftsgebiet befördert oder versendet hat. Der Gegenstand muss tatsächlich von einem Mitgliedstaat in einen anderen Mitgliedstaat gelangen.

Achtung! § 3c UStG kann nie zur Anwendung kommen, wenn der Abnehmer den Gegenstand der Lieferung selbst befördert oder versendet (z.B. im Falle der Abholung; Mitnahme von Gegenständen durch Touristen)[2].

2.2 Voraussetzungen für den Abnehmer

Die Verlagerung des Orts der Lieferung nach § 3c UStG kann nur dann infrage kommen, wenn der **Abnehmer der Lieferung** bestimmte Voraussetzungen erfüllt. Nach der Grundidee des Binnenmarkts soll die Regelung des § 3c UStG nur dann zur Anwendung kommen, wenn der **Erwerber keinen innergemeinschaftlichen Erwerb** besteuern muss. Systematisch wurde dieses so umgesetzt, dass der Erwerber entweder:

- nicht zu den in § 1a Abs. 1 Nr. 2 UStG genannten Personen gehört. Da in dieser Vorschrift Unternehmer und juristische Personen (auch soweit die juristische Person nicht Unternehmer ist oder Gegenstände nicht für das Unternehmen erworben werden) aufgeführt sind, darf der Abnehmer nicht zu diesem Personenkreis gehören, oder
- der Abnehmer ist ein besonderer Unternehmer, der die Erwerbsschwelle nicht überschritten hat und auch nicht auf die Anwendung verzichtet hat. Zu den besonderen Unternehmern gehören Personen, die zwar die Voraussetzungen der Unternehmereigenschaft des § 2 UStG erfüllen (und somit eigentlich nach § 1a Abs. 1 UStG einen innergemeinschaftlichen Erwerb besteuern müssten), aber aus bestimmten Gründen aus dem normalen Besteuerungsverfahren ausscheiden (z.B. Unternehmer, die nur steuerfreie, den Vorsteuerabzug ausschließende Umsätze ausführen oder Kleinunternehmer) und deshalb nach der Ausnahmeregelung des § 1a Abs. 3 UStG keinen innergemeinschaftlichen Erwerb besteuern muss. Zu den Einzelheiten vgl. Stichwort Innergemeinschaftlicher Erwerb.

Wichtig! § 3c UStG findet nie Anwendung, wenn der Abnehmer mit einer zutreffenden USt-IdNr. aus einem anderen Mitgliedstaat auftritt.

---

[2] Die Regelung ist auch interessant im Zusammenhang mit dem zum 3.12.2018 Inkrafttreten des Verbots des sog. Geoblockings in der Europäischen Union. Ab diesen Zeitpunkt ist es – bis auf wenige Ausnahmen – u.a. einem Versandhändler in der Europäischen Union nicht mehr erlaubt, ausländische Besteller grundlos die Lieferung zu verwehren. Um dem Händler aber nicht in die Besteuerung im Bestimmungsstaat hineinzudrängen, kann der Händler bestimmen, dass die Ware von dem Kunden abgeholt werden muss oder der Kunde den Frachtführer beauftragen muss.

Beispiel 1: Einzelhändler E aus Frankfurt/Oder verkauft häufig Waren an Privatpersonen aus Polen. Die Kunden erwerben die Waren in seinem Ladengeschäft und nehmen die Waren selbst mit nach Polen.
Lösung: Der Ort der Lieferung kann sich nicht nach § 3c Abs. 1 UStG bestimmen, da die Abnehmer die Gegenstände befördern. Damit sind die Lieferungen nach § 3 Abs. 6 Satz 1 UStG dort ausgeführt, wo die Warenbewegung beginnt. Da dies im Inland ist, sind die Lieferungen im Inland steuerbar nach § 1 Abs. 1 Nr. 1 UStG und auch in Ermangelung einer Steuerbefreiung im Inland steuerpflichtig. E schuldet aus diesen Lieferungen Umsatzsteuer im Inland.

2.3 Voraussetzungen für den Lieferer

Damit die Rechtsfolge des § 3c UStG nicht auch in den Fällen eintritt, in denen der leistende Unternehmer in einzelne Mitgliedstaaten nur Waren in geringerem Umfang liefert, muss er die sog. **Lieferschwelle** in dem betreffenden Land überschreiten. Als Lieferschwelle wird der Gesamtbetrag der Entgelte verstanden, die der Unternehmer für seine Lieferung in einen bestimmten Mitgliedstaat erhält. Diese Lieferschwelle wird von den einzelnen Mitgliedstaaten gesondert festgesetzt. Der liefernde Unternehmer muss sich jeweils nach der **Lieferschwelle des Bestimmungslands** richten.

Achtung! In die Lieferschwelle ist nur der Wert der Lieferungen mit einzubeziehen, die an die Abnehmer nach § 3c Abs. 2 UStG ausgeführt werden, nie die Lieferungen an Unternehmer mit USt-IdNr.

Die **Lieferschwellen und die Erwerbsschwellen** sind von den einzelnen Mitgliedstaaten wie folgt festgesetzt worden[3]:

Mitgliedstaat	Erwerbsschwelle	Lieferschwelle
Belgien	11.200 €	35.000 €
Bulgarien	20.000 BGN	70.000 BGN
Bundesrepublik Deutschland	12.500 €	100.000 €
Dänemark	80.000 DKK	280.000 DKK
Estland	10.000 €	35.000 €
Finnland	10.000 €	35.000 €
Frankreich	10.000 €	35.000 €
Griechenland	10.000 €	35.000 €
Irland	41.000 €	35.000 €
Italien	10.000 €	35.000 €
Kroatien	77.000 HRK	270.000 HRK
Lettland	10.000 €	35.000 €
Litauen	14.000 LTL/€	35.000 LTL/€
Luxemburg	10.000 €	100.000 €
Malta	10.000 €	35.000 €
Niederlande	10.000 €	100.000 €
Österreich	11.000 €	35.000 €
Polen	50.000 PLN	160.000 PLN
Portugal	10.000 €	35.000 €

3 Vgl. auch Abschn. 3c.1 UStAE.

Mitgliedstaat	Erwerbsschwelle	Lieferschwelle
Rumänien	34.000 RON	118.000 RON
Schweden	90.000 SEK	320.000 SEK
Slowakei	13.941 €	35.000 €
Slowenien	10.000 €	35.000 €
Spanien	10.000 €	35.000 €
Tschechien	326.000 CZK	1.140.000 CZK
Ungarn	10.000 €	35.000 €
Vereinigtes Königreich	83.000 GBP	70.000 GBP
Zypern	10.251 €	35.000 €

Wichtig! Ein deutscher Unternehmer, der in einen anderen Mitgliedstaat Waren an solche (bestimmte) Abnehmer versendet, muss sich immer nach der Lieferschwelle des Bestimmungslands richten.

Die **Lieferschwelle** wird von einem Unternehmer immer dann in dem Bestimmungsland überschritten, wenn er die Grenze im vorangegangenen Jahr überschritten hat. Wenn die Lieferschwelle im vorangegangenen Jahr nicht überschritten wurde, ist die Rechtsfolge des § 3c UStG im laufenden Jahr erst ab dem Zeitpunkt anzuwenden, ab dem diese Grenze überschritten wurde, § 3c Abs. 3 Satz 1 UStG.

Wichtig! Wurde im vorangegangenen Jahr die Lieferschwelle nicht überschritten, kann es im laufenden Kalenderjahr zu einem Systemwechsel kommen, wenn die Lieferschwelle im laufenden Jahr überschritten wird. Dabei ist schon die Lieferung, mit der die Lieferschwelle überschritten wird, im Bestimmungsland zu besteuern.

Beispiel 2: Lieferant L aus München versendet an den Nichtunternehmer F aus Frankreich eine Porzellanvase. L muss überprüfen, ob er die Lieferschwelle von Frankreich überschreitet.
Lösung: L hat den Wert aller Lieferungen zusammenzurechnen, die er im vorangegangenen Kalenderjahr an Abnehmer nach § 3c Abs. 2 UStG in Frankreich ausgeführt hat. Wenn er im vorangegangenen Kalenderjahr die Lieferschwelle von Frankreich i.H.v. 35.000 € überschritten hat, muss er sich mit allen diesen Lieferungen im laufenden Kalenderjahr in Frankreich der Besteuerung unterwerfen[4]. Die Lieferungen sind dann in Deutschland nicht steuerbar, L muss sich aber wie ein in Frankreich ansässiger Unternehmer dort der Besteuerung unterwerfen.
Wurde diese Grenze von ihm im vorangegangenen Kalenderjahr nicht überschritten, muss er prüfen, in welchem wertmäßigen Umfang er im laufenden Kalenderjahr schon Lieferungen an diese Abnehmergruppe des § 3c Abs. 2 UStG erbracht hat. Hat er mit seinen Lieferungen in diesem Jahr an die Abnehmer nach § 3c Abs. 2 UStG bis zu dem Lieferzeitpunkt die Lieferschwelle noch nicht überschritten und überschreitet er auch unter Einbeziehung dieser Lieferung die Lieferschwelle von Frankreich nicht, ist auch auf diese Lieferung § 3c UStG nicht anzuwenden. In diesem Fall sind die Lieferungen in Deutschland ausgeführt (§ 3 Abs. 6 Satz 1 UStG) und unterliegen in Deutschland als steuerbarer und steuerpflichtiger Umsatz der Umsatzbesteuerung. L muss für die Warenlieferung in Deutschland Umsatzsteuer abführen. Hat er aber (erstmalig) in diesem Kalenderjahr die Lieferschwelle schon überschritten oder überschreitet er mit dieser Lieferung die Lieferschwelle in Frankreich, ist die Lieferung in Frankreich steuerbar und steuerpflichtig und in Deutschland nicht der Besteuerung zu unterwerfen. Er muss dann französische Umsatzsteuer berechnen und abführen.

[4] Darüber hinaus war auch schon im vorangegangenen Kalenderjahr – spätestens ab Erreichen der Lieferschwelle – der Ort dieser Lieferungen in Frankreich.

Achtung! Wenn im vorangegangenen Kalenderjahr die Lieferschwelle überschritten ist, sind alle Lieferungen des laufenden Jahrs an Personen i.S.d. § 3c Abs. 2 UStG im Bestimmungsland zu besteuern. Auf die Umsätze des laufenden Kalenderjahrs kommt es dann nicht an.

2.4 Option auf die Lieferschwelle

Wenn der Lieferer nicht die Lieferschwelle im Bestimmungsland überschritten hat, kann er gegenüber den zuständigen Finanzbehörden des Bestimmungslands auf die Lieferschwelle optieren. Dies bedeutet, dass er so behandelt wird, als wenn er die Lieferschwelle in diesem Land überschreiten würde. Damit muss er dann die Lieferungen an diesen Abnehmerkreis im Bestimmungsland besteuern.

Wegen des hohen Verwaltungsaufwands, der mit der steuerlichen Erfassung in einem anderen Mitgliedstaat verbunden ist, ist eine **Option auf die Lieferschwelle** in der Regel nicht sinnvoll. Eine Option kann nur dann wirtschaftlich sinnvoll sein, wenn die Lieferung aus einem Hochsteuerland in einen Mitgliedstaat mit einer vergleichsweise niedrigen Umsatzsteuerbelastung erfolgt oder wenn der Unternehmer in einem Kalenderjahr unterhalb der Lieferschwelle lag, aber sein Besteuerungssystem nicht ändern möchte.

An die Option ist der Unternehmer mindestens **zwei Jahre gebunden**.

Wichtig! Die Option auf die Lieferschwelle ist immer auf einen Mitgliedstaat beschränkt, hat also keine Auswirkungen auf Lieferungen in andere Mitgliedstaaten.

2.5 Sondervorschriften für besondere Waren

Die Sondervorschrift des § 3c UStG kommt nie zur Anwendung, wenn es sich um **eine Lieferung eines neuen Fahrzeugs** i.S.d. Unionsrechts (vgl. Stichwort Fahrzeuglieferung) handelt; dies ist systematisch auch nicht notwendig, da bei der Lieferung eines neuen Fahrzeugs der Erwerber immer einen innergemeinschaftlichen Erwerb besteuern muss und damit die Besteuerung der Lieferung im Bestimmungsland sichergestellt ist. Außerdem gelten bei der **Lieferung von verbrauchsteuerpflichtiger Ware** (Mineralöle, Alkohol, alkoholische Getränke sowie Tabakwaren) die folgenden Besonderheiten:

- Ist der Abnehmer ein Unternehmer oder eine juristische Person, kommt die Anwendung des § 3c UStG grundsätzlich nicht infrage. Dies betrifft auch die Lieferungen an die besonderen Unternehmer i.S.d. § 3c Abs. 2 Nr. 2 UStG. Der Erwerber hat dann immer einen steuerbaren und steuerpflichtigen Erwerb im Bestimmungsland und der Lieferer liefert in seinem Heimatstaat steuerbar aber als innergemeinschaftliche Lieferung steuerfrei.
- Ist der Abnehmer eine Privatperson und befördert oder versendet der liefernde Unternehmer den Gegenstand der Lieferung, ist der Ort der Lieferung verbrauchsteuerpflichtiger Ware stets im Bestimmungsland. Auf die Lieferschwelle kommt es in diesen Fällen nicht an. Der Lieferer muss dann in dem Bestimmungsland den Umsatz als steuerbaren und steuerpflichtigen Umsatz erfassen.

Vgl. dazu auch Stichwort Innergemeinschaftlicher Erwerb.

3. Ort der Lieferung nach § 3e UStG

In § 3e UStG wird der Ort der Lieferung von Gegenständen geregelt, die in einem Beförderungsmittel (**Schiff, Flugzeug, Eisenbahn**) geliefert werden, das **innerhalb des Gemeinschaftsgebiets** verkehrt. In diesen Fällen ist der Ort der Lieferung dort, wo das Beförderungsmittel gestartet ist (z.B. ist bei der Fährüberfahrt von Deutschland nach Dänemark jeder während dieser Überfahrt gelieferte Gegenstand mit einem Ort in Deutschland geliefert, auf der Rückfahrt von Dänemark sind alle Lieferungen in Dänemark ausgeführt).

Achtung! Die Vorschrift des § 3e UStG gilt nicht für Lieferungen von Gegenständen in Omnibussen.

Voraussetzung für die Anwendung des § 3e UStG ist, dass das Beförderungsmittel keinen Aufenthalt in einem Drittland hat. Ein Zwischenhalt, an dem nicht Passagiere ein- und aussteigen können, gilt aber nicht als ein solcher Zwischenaufenthalt[5].

Beispiel 3: Unternehmer U betreibt an Bord eines Kreuzfahrtschiffs eine Boutique. Die Kreuzfahrten starten jeweils in Kiel (DE) und enden in Genua (IT) sowie umgekehrt. Auf den Kreuzfahrten werden auch Drittlandshäfen (z.B. in Casablanca/Marokko) angelaufen. Die Passagiere buchen jeweils die gesamte Kreuzfahrt (keine Teilstrecken).

Lösung: Die Verkäufe an Bord des Kreuzfahrtschiffs sind jeweils dort ausgeführt, wo das Kreuzfahrtschiff gestartet ist, somit unterliegen die Lieferungen teilweise in Deutschland (auf der Route Kiel – Genua) und teilweise in Italien (auf der Route Genua – Kiel) der Umsatzbesteuerung.

4. Ort der Lieferung nach § 3f UStG

Die Vorschrift des § 3f UStG regelt den **Ort von unentgeltlichen Lieferungen**. Diese Rechtsvorschrift legt fest, dass unentgeltliche Lieferungen grundsätzlich dort ausgeführt werden, wo der Unternehmer sein Unternehmen betreibt. Wird der Gegenstand von einer Betriebsstätte des Unternehmers aus abgegeben, ist der Ort der Betriebsstätte maßgeblich.

Beispiel 4: Der deutsche Elektrogerätehändler E schenkt seinem in der Schweiz studierenden Sohn einen Fernseher. Der Fernseher wird von dem Sohn aus dem Auslieferungslager des E in der Schweiz abgeholt.

Lösung: Die unentgeltliche Lieferung nach § 3 Abs. 1b Satz 1 Nr. 1 UStG ist nach § 3f UStG am Ort der Betriebsstätte in der Schweiz ausgeführt und damit in Deutschland nicht steuerbar. Die Besteuerung in der Schweiz richtet sich nach dem Mehrwertsteuergesetz der Schweiz.

5. Ort der Lieferung nach § 3g UStG

Zum 1.1.2005 wurde über die **Richtlinie Gas und Energie der Europäischen Gemeinschaft** die Bestimmung des Orts bei der Lieferung von Gas (über das Gasnetz) und von Elektrizität geregelt. Zum 1.1.2011 erfolgte eine Ausweitung auch auf die Lieferung von Wärme oder Kälte durch ein Fernleitungsnetz. Nach dieser Vorschrift ergeben sich insbesondere die folgenden Rechtsfolgen[6]:

- Bei der **Lieferung an einen Energiehändler** ist der Ort der Lieferung dort, wo der Leistungsempfänger sein Unternehmen betreibt; § 3g Abs. 1 UStG.
- Bei der **Lieferung an einen anderen Abnehmer** ist der Ort dort, wo der Abnehmer die Energie verbraucht; § 3g Abs. 2 UStG.

Tipp! Die Regelung des § 3g UStG wird insbesondere durch die Einbeziehung dieser Leistungen in das Steuerschuldnerverfahren nach § 13b Abs. 2 Nr. 5 Buchst. a UStG ergänzt, sodass bei einer Lieferung durch einen ausländischen Unternehmer der inländische Unternehmer als Leistungsempfänger zum Steuerschuldner wird.

Zu den Einzelheiten vgl. Stichwort Energielieferung.

6. Ort der Lieferung nach § 3 Abs. 6 UStG

Die **Bestimmung des Orts der Lieferung nach § 3 Abs. 6 UStG** ist der Grundfall für die Lieferung. Voraussetzung für die Anwendung dieser Rechtsvorschrift ist, dass der Gegenstand der Lieferung im Zusammenhang mit der Verschaffung der Verfügungsmacht **befördert oder versendet** wird.

---

[5] Zur Lieferung an Bord eines Kreuzfahrtschiffs vgl. EuGH, Urteil v. 15.9.2005, C-58/04 – Antje Köhler, BStBl II 2007, 150.

[6] Vgl. dazu auch Abschn. 3g.1 UStAE.

6.1 Grundtatbestand des Beförderns oder Versendens

Wichtig! Für die Anwendung des § 3 Abs. 6 UStG ist es unerheblich, ob der Lieferer oder der Abnehmer den Gegenstand der Lieferung befördert oder versendet.

Eine Beförderung eines Gegenstands liegt immer dann vor, wenn der Gegenstand bewegt wird. Damit ist eine Beförderung auch das einfache Mitnehmen des Gegenstands im Rahmen einer Abhollieferung (sog. **Handkauf**)[7]. Der Ort der Beförderungslieferung ist dort, wo sich der Gegenstand am Anfang der Beförderung befindet.

Eine **Versendungslieferung** liegt dann vor, wenn der Gegenstand durch einen selbstständigen Beauftragten befördert wird. In diesem Fall ist der Ort der Lieferung dort, wo der Gegenstand an den Beauftragten übergeben wird.

Achtung! Wird der Gegenstand der Lieferung am Bestimmungsort noch einer Bearbeitung unterzogen (z.B. Einbau, Fundamentierung oder Abstimmung auf andere Maschinen), handelt es sich nicht um eine bewegte Lieferung, da sich die Warenbewegung auf einen Gegenstand anderer Marktgängigkeit bezieht[8].

Beispiel 5: Unternehmer U liefert ein Förderband für eine Produktionsstraße an einen Unternehmer in Polen. Es ist vereinbart worden, dass das Förderband von U in Polen eingebaut und auf die Maschinen der Produktionsstraße abgestimmt wird.
Lösung: Es handelt sich nicht um eine Beförderungs- oder Versendungslieferung nach § 3 Abs. 6 UStG, da der Gegenstand der Lieferung noch in Polen einer wesensverändernden Bearbeitung unterzogen wird. Der Ort der Lieferung befindet sich nach § 3 Abs. 7 Satz 1 UStG in Polen, damit ist die Lieferung in Deutschland nicht steuerbar. Da sich nach entsprechender Anwendung des Unionsrechts in Polen der Ort der Lieferung in Polen bestimmt, führt dies zu einem steuerbaren und steuerpflichtigen Umsatz in Polen. Die Steuerschuldnerschaft für die Lieferung in Polen bestimmt sich nach den nationalen Regelungen Polens.

Wichtig! Gegenstände die nur zum Zweck eines besseren Transports auseinandergenommen und am Bestimmungsort wieder zusammengesetzt werden, sind am Beginn der Warenbewegung geliefert[9].

§ 3 Abs. 6 UStG regelt außerdem (zum Teil) die Behandlung des **Reihengeschäfts** im Umsatzsteuerrecht. Bei einem Reihengeschäft kann immer nur eine Lieferung eine bewegte Lieferung im Rahmen des § 3 Abs. 6 UStG sein. Alle anderen Lieferungen müssen dann unbewegte Lieferungen nach § 3 Abs. 7 Satz 2 UStG sein. Zu den Einzelheiten vgl. Stichwort Reihengeschäft.

6.2 Gebrochene Lieferungen

Werden mehrere selbstständige Dritte mit einem Transport beauftragt, liegt eine sog. **gebrochene Versendung** vor. Für die Beurteilung als Versendung ist insgesamt maßgebend, dass der Lieferer im Zeitpunkt der Übergabe des Gegenstands alles getan hat, dass der Liefergegenstand den schon feststehenden Abnehmer erreicht. Das ist der Fall, wenn der Lieferer den Gegenstand dem selbstständigen Transportunternehmer zur Beförderung an einen weiteren, von ihm beauftragten Transportunternehmer übergibt. Dabei muss der **Abnehmer zu diesem Zeitpunkt schon feststehen**, dies muss sich aber nicht zwingend aus den Frachtpapieren ergeben[10]. Die Lieferung gilt schon mit der Übergabe an den ersten selbstständigen Beauftragten als ausgeführt.

---

7 Abschn. 3.12 Abs. 1 UStAE.

8 Abschn. 3.12 Abs. 4 UStAE.

9 Unschädlich ist auch ein am Bestimmungsort durchgeführter Probelauf, Abschn. 3.12 Abs. 4 UStAE.

10 BFH, Urteil v. 30.7.2008, XI R 67/07, BStBl II 2009, 552.

Befördert der Lieferer den Liefergegenstand nur teilweise selbst und teilweise durch einen selbstständigen Beauftragten zum Abnehmer, wird von einer **gebrochenen Beförderungsversendungslieferung** gesprochen. Meist wird sie in der Form vorkommen, dass der Lieferer den Gegenstand zum selbstständigen Beauftragten befördert und dieser dann den Weitertransport zum Abnehmer vornimmt. Maßgebend für die Bestimmung des Orts der Lieferung ist dann immer der erste Beförderungsteil.

Beispiel 6: Großhändler G aus Bremerhaven lässt durch einen eigenen Arbeitnehmer eine Maschine zum Flughafen Hamburg befördern. Dort übernimmt eine Spedition den Weitertransport zum Abnehmer nach Frankreich.
Lösung: Die Lieferung ist schon mit Beginn der Beförderung bei G in Bremerhaven ausgeführt. Es liegt eine steuerbare Lieferung vor, die aber unter den weiteren Voraussetzungen des § 6a UStG steuerfrei ist.

Tipp! Zu den Anwendungsgrundsätzen bei gebrochenen Lieferungen, insbesondere auch zu den Voraussetzungen für Ausfuhrlieferungen und innergemeinschaftlichen Lieferungen hat die Finanzverwaltung in einem ausführlichen BMF-Schreiben[11] Stellung genommen. Insbesondere bei grenzüberschreitenden gebrochenen Lieferungen ist auf die Einhaltung der Voraussetzungen für die jeweiligen Steuerbefreiungsregelungen zu achten.

6.3 Sammelladung

Von einer **Sammelladung** bzw. **Beipacksendung** wird gesprochen, wenn der liefernde Unternehmer die für mehrere Unternehmer bestimmten **Teilmengen von vertretbaren Sachen** (§ 91 BGB) unaufgegliedert transportiert und sich aufgrund einer beigefügten Liste genau ergibt, welche Waren in welcher Menge für den einzelnen Abnehmer bestimmt sind. Damit sind auch Beförderungs- und Versendungslieferungen in diesen Fällen gegeben.

Beispiel 7: Heizölgroßhändler H aus Leipzig beauftragt das Spezialtransportunternehmen S, insgesamt 300.000 Liter Heizöl an verschiedene Kunden in Sachsen auszuliefern. Mit der Abfüllung in Leipzig übergibt H dem S eine Liste der Abnehmer und der jeweiligen Mengenangabe.
Lösung: Es handelt sich um eine Sammelladung. Mit der Übergabe des Heizöls und aufgrund der Liste der Abnehmer gelten alle Lieferungen entsprechend der Regelung zu den Versendungslieferungen und damit an dem Ort als bewirkt, an dem die Beförderung beginnt.

6.4 Umkartierung

Während einer schon begonnenen Beförderungs- oder Versendungslieferung kann es immer wieder vorkommen, dass die betreffende Ware **umdisponiert** wird. Der Grund dafür kann z.B. darin bestehen, dass der Lieferer selbst die Lieferung an den vorgesehenen Abnehmer rückgängig machen will oder der Abnehmer nachträglich den Lieferer bittet, die Waren nicht zu der bislang angegebene Adresse zu transportieren, sondern an eine andere.

In diesen Fällen wird die ursprüngliche Lieferung rückgängig gemacht und die Lieferung an den neuen Abnehmer bzw. an die neue Anschrift des alten Abnehmers dort ausgeführt, wo sich die Ware im Zeitpunkt der Umkartierung befindet. Bei der Umkartierung greift die Regelung der Beförderungs- bzw. Versendungslieferung nur, wenn der Liefergegenstand tatsächlich umgeleitet worden ist, also alles getan wurde, um die Ware an den neuen Abnehmer gelangen zu lassen. Dies ist regelmäßig bei Änderung der Warenbegleitpapiere gegeben.

[11] BMF, Schreiben v. 7.12.2015, BStBl I 2015, 1014.

7. Ort der Lieferung nach § 3 Abs. 7 UStG

Wird der Gegenstand der Lieferung im Zusammenhang mit der Verschaffung der Verfügungsmacht nicht befördert oder versendet (sog. **ruhende Lieferung**), bestimmt sich der Ort der Lieferung nach § 3 Abs. 7 Satz 1 UStG nach dem Ort, wo sich der Gegenstand der Lieferung zum Zeitpunkt der Verschaffung der Verfügungsmacht befindet.

Typische Fälle für **ruhende Lieferungen** i.S.d. § 3 Abs. 7 Satz 1 UStG sind:

- Lieferung eines Grundstücks; der Ort ist immer dort, wo sich das Grundstück befindet,
- Werklieferung im Zusammenhang mit einem Grundstück (z.B. Bau eines Hauses, umfangreiche Reparatur eines Gebäudes); der Ort ist dort, wo sich das Gebäude befindet, da die Verfügungsmacht erst mit Abnahme der Werklieferung an den Leistungsempfänger übergeht und der Gegenstand der Werklieferung dann nicht mehr befördert oder versendet wird,
- Lieferung durch Übergabe eines handelsrechtlichen Traditionspapiers, der Ort der Lieferung ist dort, wo sich die Ware zum Zeitpunkt der Verschaffung der Verfügungsmacht befindet,
- Ware wird auf Probe zugesendet; die Lieferung ist erst dann ausgeführt, wenn der Kunde die Ware behalten will – der Ort der Lieferung ist dann dort, wo der Gegenstand sich in diesem Zeitpunkt befindet[12],
- Lieferung im Anschluss an eine Nutzungsüberlassung.

Beispiel 8: Unternehmer U vermietet an Unternehmer B in der Schweiz eine Büromaschine. Nach Ablauf der Grundmietzeit kauft B die Maschine. A sendet dem B die Papiere in die Schweiz.

Lösung: Es handelt sich um eine ruhende Lieferung nach § 3 Abs. 7 Satz 1 UStG, da der Gegenstand der Lieferung im Zusammenhang mit der Verschaffung der Verfügungsmacht nicht befördert oder versendet wurde. Die Warenbewegung zu Beginn des Mietverhältnisses ist der Lieferung nicht zuzurechnen. Da sich der Gegenstand zum Zeitpunkt der Lieferung in der Schweiz befindet, ist die Lieferung in Deutschland nicht steuerbar. Die Besteuerung in der Schweiz richtet sich nach den nationalen Vorschriften der Schweiz.

§ 3 Abs. 7 Satz 2 UStG regelt den **zweiten Teil des Reihengeschäfts**. Da nach § 3 Abs. 6 Satz 5 UStG im Reihengeschäft nur eine Lieferung die bewegte Lieferung sein kann, müssen alle anderen Lieferungen ruhende Lieferungen i.S.d. § 3 Abs. 7 Satz 2 UStG sein. Zu den Einzelheiten vgl. Stichwort Reihengeschäft.

8. Ort der Lieferung nach § 3 Abs. 8 UStG

§ 3 Abs. 8 UStG ist eine **Sondervorschrift zu § 3 Abs. 6 UStG** und verlagert den Ort einer Lieferung unter bestimmten Voraussetzungen vom Ort, wo der Gegenstand sich zum Beginn der Warenbewegung befindet, in das Inland.

Voraussetzungen für die Verlagerung des Orts der Lieferung nach § 3 Abs. 8 UStG sind:

- Der Gegenstand gelangt aus dem Drittlandsgebiet in das Inland und
- der Lieferer oder sein Beauftragter ist der Schuldner der bei der Einfuhr aus dem Drittlandsgebiet zu entrichtenden Einfuhrumsatzsteuer.

Unter diesen Voraussetzungen ergeben sich bei einer Lieferung, bei der der Gegenstand aus dem Drittlandsgebiet in das Inland gelangt, grundsätzlich zwei verschiedene Möglichkeiten:

- Der Lieferer liefert **„unverzollt und unversteuert“**. Dies bedeutet, dass der Leistungsempfänger der Schuldner der Einfuhrumsatzsteuer ist. Der Ort der Lieferung für den Lieferer ist nach § 3 Abs. 6 UStG dort, wo die Warenbewegung beginnt, also im Drittland. Damit ist die Lieferung im Inland nicht steuerbar. Die Einfuhrumsatzsteuer ist für den Abnehmer unter den allgemeinen Voraussetzungen des § 15 Abs. 1 Satz 1 Nr. 2 UStG als Vorsteuer abzugsfähig.
- Der Lieferer liefert **„verzollt und versteuert“**. Dies bedeutet, dass der Lieferer der Schuldner der Einfuhrumsatzsteuer ist. Der Ort der Lieferung wird für den Lieferer nach § 3 Abs. 8 UStG in das Inland

[12] BFH, Urteil v. 6.12.2007, V R 24/05, BStBl II 2009, 490.

verlagert. Die Lieferung ist steuerbar und (in der Regel) auch steuerpflichtig im Inland. Der Lieferer muss sich im Inland zur Umsatzsteuer erfassen lassen. Er hat im Inland unter den allgemeinen Voraussetzungen den Vorsteuerabzug aus der Einfuhrumsatzsteuer nach § 15 Abs. 1 Satz 1 Nr. 2 UStG.

Wichtig! Die Regelung des § 3 Abs. 8 UStG ist nur in den Fällen des Imports aus dem Drittlandsgebiet anzuwenden. In Exportfällen ist § 3 Abs. 8 UStG nicht anwendbar.

Beispiel 9: Unternehmer S aus der Schweiz liefert an einen Abnehmer in Stuttgart ein Haushaltsgerät. Es wurde vereinbart, dass S verzollt und versteuert liefert. Entsprechend hat S den Gegenstand für sein Unternehmen in das Inland eingeführt.

Lösung: Die Lieferung würde eigentlich nach § 3 Abs. 6 UStG dort ausgeführt sein, wo die Warenbewegung beginnt (Schweiz). Da der Lieferer aber der Schuldner der Einfuhrumsatzsteuer ist und der Gegenstand aus dem Drittlandsgebiet in das Inland gelangt, wird der Ort der Lieferung nach § 3 Abs. 8 UStG in das Inland verlagert. Damit ist die Lieferung des S in Deutschland steuerbar und steuerpflichtig, er muss in Deutschland die Umsatzsteuer für die Lieferung abführen (zusätzlich zu der schon gleich bei Einfuhr entstandenen Einfuhrumsatzsteuer). S ist aber in Deutschland zum Vorsteuerabzug für die von ihm entrichtete Einfuhrumsatzsteuer nach § 15 Abs. 1 Satz 1 Nr. 2 UStG berechtigt.

Lohnveredelung

Lohnveredelung auf einen Blick

1. **Rechtsquellen**
   § 4 Nr. 1 Buchst. a und § 7 UStG
   § 8 bis § 13 UStDV
   Abschn. 7.1 bis Abschn. 7.4 UStAE
2. **Bedeutung**
   Wenn nach einer Bearbeitung oder Verarbeitung eines Gegenstands der be- oder verarbeitete Gegenstand in das Drittland gelangt, kann es sich unter bestimmten Voraussetzungen um eine steuerfreie Lohnveredelung handeln. Die Voraussetzungen sind durch den leistenden Unternehmer nachzuweisen.
3. **Weitere Stichworte**
   → Ausfuhrlieferung, → Drittlandsgebiet, → Sonstige Leistung/Ort, → Werkleistung

1. Allgemeines

Unter einer **Lohnveredelung** ist die Bearbeitung oder die Verarbeitung eines Gegenstands zu verstehen, der im Anschluss an die Be- oder Verarbeitung aus dem Inland in das Drittlandsgebiet gelangt. Der leistende Unternehmer erbringt in diesem Fall eine sonstige Leistung in der Form einer Werkleistung. Voraussetzung für eine Lohnveredelung ist aber immer, dass es sich um einen im Inland steuerbaren Umsatz handelt, der Ort der sonstigen Leistung muss damit im Inland liegen.

Bei der **Bestimmung des Orts der sonstigen Leistung** hatten sich seit dem 1.1.2010 erhebliche Veränderungen ergeben, die auch auf die Anwendung der Steuerbefreiungsnorm der Lohnveredelung Einfluss haben. Es ergeben sich für die Bestimmung des Orts der sonstigen Leistung – die für die Lohnveredelung Bedeutung haben – die folgenden Möglichkeiten:

- Wird ein Gegenstand **für einen Nichtunternehmer** be- oder verarbeitet, ist der Ort der sonstigen Leistung dort, wo der leistende Unternehmer für diesen Auftrag ausschließlich oder überwiegend tätig geworden ist, § 3a Abs. 3 Nr. 3 Buchst. c UStG.
- Wird die Leistung an einen **anderen Unternehmer** für dessen Unternehmen ausgeführt[1], ist der Ort der Bearbeitung eines beweglichen körperlichen Gegenstands dort, wo der Leistungsempfänger sein Unternehmen betreibt oder eine die Leistung empfangende Betriebsstätte unterhält, § 3a Abs. 2 UStG.

Achtung! Bei der Be- oder Verarbeitung eines Gegenstands vor dem 1.1.2010 bestimmte sich der Ort der sonstigen Leistung unabhängig von der Eigenschaft des Leistungsempfängers regelmäßig mit dem Ort, wo der leistende Unternehmer für diesen Umsatz tätig geworden war, § 3a Abs. 2 Nr. 3 Buchst. c UStG a.F.

Eine **Steuerbefreiung** für eine Lohnveredelung kann sich – soweit der Ort der Leistung im Inland ist und damit die Leistung in Deutschland nach § 1 Abs. 1 Nr. 1 UStG steuerbar ist – unter den Voraussetzungen des § 4 Nr. 1 Buchst. a UStG i.V.m. § 7 UStG ergeben.

Achtung! Eine steuerfreie Lohnveredelung kann sich nur ergeben, wenn der Gegenstand vom Auftraggeber zum Zweck der Bearbeitung in das Gemeinschaftsgebiet eingeführt worden ist oder zum Zweck der Bearbeitung im Gemeinschaftsgebiet erworben worden ist[2]. Wird ein Gegenstand nicht

---

[1] Dies gilt auch bei einer Leistung an eine juristische Person, die nicht Unternehmer ist, der aber eine USt-IdNr. erteilt worden ist.

[2] Vgl. dazu Abschn. 7.1 Abs. 3 bis Abs. 5 UStAE.

zum Zweck der Bearbeitung eingeführt oder im Inland erworben (z.B. bei Beschädigung eines Fahrzeugs im Inland bei einem Unfall und einer anschließenden Reparatur, die als Werkleistung anzusehen ist), kann keine steuerfreie Lohnveredelung an dem Gegenstand ausgeführt werden.

Da bei einer **steuerfreien Lohnveredelung** je nach Art der Warenbewegung verschiedene Voraussetzungen für die Steuerfreiheit vorliegen, sind die folgenden Fälle zu unterscheiden, in jedem Fall muss aber belegmäßig nachgewiesen werden, dass der be- oder verarbeitete Gegenstand tatsächlich in das Drittlandsgebiet gelangt ist:

- Der **leistende Unternehmer befördert oder versendet** den be- oder verarbeiteten Gegenstand in das Drittlandsgebiet, ausgenommen in die deutschen Freihäfen und die Gewässer und Watten zwischen der Hoheitsgrenze und der jeweiligen Strandlinie, § 7 Abs. 1 Satz 1 Nr. 1 UStG.
- Der **Auftraggeber befördert oder versendet** den be- oder verarbeiteten Gegenstand in das Drittlandsgebiet. Der Auftraggeber muss ein ausländischer Auftraggeber sein, § 7 Abs. 1 Satz 1 Nr. 2 UStG.
- Der leistende Unternehmer befördert oder versendet den be- oder verarbeiteten Gegenstand in einen deutschen Freihafen oder die Gewässer und Watten zwischen der Hoheitsgrenze und der jeweiligen Strandlinie. Der Auftraggeber muss ein ausländischer Auftraggeber oder ein Unternehmer sein, der im Inland oder im Freihafen ansässig ist und den be- oder verarbeiteten Gegenstand für Zwecke seines Unternehmens verwendet, § 7 Abs. 1 Satz 1 Nr. 3 UStG.

Wichtig! Der be- oder verarbeitete Gegenstand kann vor der Ausfuhr auch noch durch weitere Beauftragte weiter be- oder verarbeitet werden. Es ist in diesen Fällen darauf zu achten, dass alle Beteiligten die belegmäßigen Nachweise (z.B. durch Kopie der Ausfuhrpapiere) führen können.

2. Beförderung oder Versendung durch den liefernden Unternehmer

Wenn der leistende Unternehmer den be- oder verarbeiteten Gegenstand selbst in das Drittlandsgebiet befördert oder durch einen von ihm Beauftragten in das Drittlandsgebiet versendet, liegt eine **steuerfreie Lohnveredelung** vor, wenn der Auftraggeber den Gegenstand zum Zweck der Be- oder Verarbeitung in das Gemeinschaftsgebiet eingeführt oder er den Gegenstand zu diesem Zweck im Gemeinschaftsgebiet erworben hat, § 7 Abs. 1 Satz 1 Nr. 1 UStG. Ausgenommen davon sind lediglich die Fälle, bei denen der Gegenstand in die Gebiete i.S.d. § 1 Abs. 3 UStG (deutsche Freihäfen und die Gewässer und Watten zwischen der Hoheitsgrenze und der jeweiligen Strandlinie) gelangt, da in diesen Fällen besondere Vorschriften im § 7 Abs. 1 Satz 1 Nr. 3 UStG enthalten sind.

Beispiel 1: Die nichtunternehmerisch tätige Gebietskörperschaft aus der Schweiz transportiert im Mai 2018 aus der Schweiz Stahlteile zu dem deutschen Lohnveredler L, der die Stahlteile entrostet und neu lackiert. Anschließend transportiert L noch im Mai 2018 die Stahlteile wieder in die Schweiz.
Lösung: Die Werkleistung des L ist in Deutschland steuerbar, aber als Lohnveredelung nach § 4 Nr. 1 Buchst. a i.V.m. § 7 Abs. 1 Satz 1 Nr. 1 UStG steuerbefreit.
Würde die Leistung gegenüber einem Unternehmer aus der Schweiz für dessen unternehmerische Zwecke ausgeführt werden, wäre die Leistung nach § 3a Abs. 2 UStG dort, wo der Leistungsempfänger sein Unternehmen betreibt, in der Schweiz. Die Leistung wäre damit in Deutschland nicht steuerbar.

Der leistende Unternehmer muss die Ausfuhr des Gegenstands sowohl belegmäßig wie auch buchmäßig nachweisen, § 7 Abs. 4 UStG. Die einzelnen Vorschriften zum **Nachweis der Voraussetzungen der Steuerfreiheit** sind in der UStDV geregelt. Dabei sind nach § 12 und § 13 UStDV die gleichen Aufzeichnungsvorschriften zu beachten wie bei einer steuerfreien Ausfuhrlieferung nach § 6 UStG; vgl. dazu Stichwort Ausfuhrlieferung. Allerdings gilt auch hier:

Achtung! Ohne Ausfuhrbeleg keine Steuerfreiheit der Lohnveredelung. Bis alle Voraussetzungen der Steuerfreiheit vorliegen, muss der Unternehmer den Umsatz steuerpflichtig behandeln.

3. Beförderung oder Versendung durch den Auftraggeber

Wenn der **Auftraggeber** den be- oder verarbeiteten Gegenstand in das Drittlandsgebiet befördert oder versendet, sind die oben dargestellten Voraussetzungen ebenfalls zu erfüllen, § 7 Abs. 1 Satz 1 Nr. 2 UStG. Darüber hinaus ist zu beachten, dass der Auftraggeber ein **ausländischer Auftraggeber** sein muss. Dabei wird für die Voraussetzungen des ausländischen Auftraggebers durch § 7 Abs. 2 UStG auf die Vorschriften zu dem ausländischen Unternehmer i.S.d. § 6 Abs. 2 UStG verwiesen (vgl. Stichwort Ausfuhrlieferung).

Achtung! Auch in diesem Fall ist es erforderlich, dass der zu bearbeitende oder zu verarbeitende Gegenstand zum Zweck der Bearbeitung in das Gemeinschaftsgebiet gelangt, oder zu diesem Zweck im Gemeinschaftsgebiet erworben wurde.

Beispiel 2: Privatperson P aus der Schweiz transportiert eine von ihm privat genutzte Wasserpumpe von der Schweiz zu einem Unternehmer in Singen (DE), um die Pumpe umfassend warten zu lassen.
Lösung: Der Ort der sonstigen Leistung ist nach § 3a Abs. 3 Nr. 3 Buchst. c UStG dort, wo der leistende Unternehmer tätig geworden ist. Die Leistung ist in Deutschland steuerbar nach § 1 Abs. 1 Nr. 1 UStG aber als Lohnveredelung nach § 4 Nr. 1 Buchst. a i.V.m. § 7 Abs. 1 Satz 1 Nr. 2 UStG steuerfrei. P ist ein ausländischer Abnehmer nach § 7 Abs. 2 i.V.m. § 6 Abs. 2 UStG.

4. Lieferungen in die Freihäfen oder den Küstenstreifen durch den leistenden Unternehmer

Wenn der leistende Unternehmer den be- oder verarbeiteten Gegenstand in die **Freihäfen** oder den Küstenstreifen zwischen der jeweiligen Strandlinie und der Hoheitsgrenze befördert oder versendet, kann eine steuerfreie Lohnveredelung nach § 7 Abs. 1 Satz 1 Nr. 1 UStG nicht vorliegen. In diesem Fall ist die Sondervorschrift des § 7 Abs. 1 Satz 1 Nr. 3 UStG zu beachten. Eine steuerfreie Lohnveredelung kann nur dann vorliegen, wenn:

- Der Auftraggeber ein ausländischer Auftraggeber ist oder
- ein Unternehmer ist, der im Inland oder im Freihafen ansässig ist und den be- oder verarbeiteten Gegenstand für sein Unternehmen verwendet.

5. Lohnveredelung bei unentgeltlichen Leistungen

Unentgeltliche sonstige Leistungen können unter den Voraussetzungen des § 3 Abs. 9a Nr. 2 UStG zu einer sonstigen Leistung gegen Entgelt und damit zu einem steuerbaren Umsatz führen. Unabhängig davon, ob der be- oder verarbeitete Gegenstand im Zusammenhang mit einer solchen sonstigen Leistung in das Drittlandsgebiet gelangt, kann sich keine Steuerbefreiung für diese Leistung nach § 7 Abs. 5 UStG ergeben.

6. Sonstige Leistungen an Gegenständen, die in das übrige Gemeinschaftsgebiet gelangen

Eine **Steuerbefreiung nach § 7 UStG** setzt zwingend voraus, dass der be- oder verarbeitete Gegenstand tatsächlich in das Drittlandsgebiet ausgeführt wird. Wenn der Gegenstand in das übrige Gemeinschaftsgebiet gelangt, kann keine Lohnveredelung vorliegen.

Achtung! Im Gemeinschaftsgebiet gibt es keine vergleichbare Regelung wie die Lohnveredelung an Gegenständen der Ausfuhr. Die Be- oder Verarbeitung eines Gegenstands (Werkleistung), der anschließend in einen anderen Mitgliedstaat gelangt, ist damit nicht steuerfrei. Wo sich der Ort der Leistung befindet, richtet sich danach, wer der Auftraggeber ist.

Messen und Ausstellungen

Messen und Ausstellungen auf einen Blick

1. **Rechtsquellen**
   § 3a Abs. 2, § 3a Abs. 8 UStG
   Abschn. 3a.4 UStAE
2. **Bedeutung**
   Um Produkte weltweit anbieten zu können, müssen mittlerweile auch kleinere Unternehmen grenzüberschreitend an Messen und Ausstellungen teilnehmen. Umsatzsteuerrechtlich ist zu prüfen, wo sich der Ort von Messedienstleistungen befindet. Dies ist nicht nur für den Unternehmer wichtig, der Leistungen im Zusammenhang mit Messen und Ausstellungen ausführt, auch der Leistungsempfänger solcher Leistungen muss prüfen, wo eine ihm gegenüber erbrachte Leistung ausgeführt ist, da er im Inland zum Steuerschuldner werden kann. Da im Zusammenhang mit Messen und Ausstellungen unterschiedliche Arten von Leistungen ausgeführt werden können, ergeben sich auch verschiedene Möglichkeiten der Bestimmung des Orts der sonstigen Leistung.
3. **Weitere Stichworte**
   → Sonstige Leistung/Definition, → Sonstige Leistung/Ort, → Steuerschuldnerverfahren
4. **Besonderheiten**
   Die Finanzverwaltung hat klargestellt, dass diese Regelungen auch für Kongresse gelten.

1. Allgemeines

Führt ein Unternehmer im Rahmen seines Unternehmens gegen Entgelt eine sonstige Leistung aus, muss geprüft werden, wo sich der Ort der Leistung befindet. Die zutreffende umsatzsteuerrechtliche Beurteilung ist davon abhängig, wem gegenüber die Leistung ausgeführt wird und was der wirtschaftliche Gehalt der Leistung ist.

Wird eine sonstige Leistung **an einen Unternehmer für dessen Unternehmen** ausgeführt, ist der Ort der sonstigen Leistung nach der Grundregelung des § 3a Abs. 2 UStG dort, wo der Leistungsempfänger sein Unternehmen betreibt bzw. er eine die Leistung empfangende Betriebsstätte unterhält. In Ausnahmefällen kann es aber nach den Ausnahmeregelungen des § 3a Abs. 3 ff. UStG zu abweichenden Orten der sonstigen Leistung kommen. In Betracht kommen hier insbesondere **Leistungen im Zusammenhang mit einem Grundstück** (§ 3a Abs. 3 Nr. 1 UStG), Gewährung von Eintrittsberechtigungen zu Messen und Ausstellungen (§ 3a Abs. 3 Nr. 5 UStG) oder Sonderregelungen bei Veranstaltungsleistungen im Drittlandsgebiet (§ 3a Abs. 8 UStG).

Ist der **Leistungsempfänger** der sonstigen Leistung im Zusammenhang mit Messen und Ausstellungen **ein Nichtunternehmer**, bestimmt sich der Ort der sonstigen Leistung grundsätzlich nach § 3a Abs. 1 UStG. Damit ist der Ort dort, wo der leistende Unternehmer sein Unternehmen betreibt bzw. eine die Leistung ausführende Betriebsstätte unterhält. Allerdings kann sich auch in diesen Fällen über Sonderregelungen eine abweichende Bestimmung des Orts der sonstigen Leistung ergeben. Insbesondere kommt hier zur Bestimmung des Orts § 3a Abs. 3 Nr. 1 UStG in Betracht, wenn es sich um eine Leistung im Zusammenhang mit einem Grundstück handelt, es könnte aber auch der Tätigkeitsort nach § 3a Abs. 3 Nr. 3 Buchst. a UStG in Frage kommen, wenn es sich um Leistungen im Zusammenhang mit Messen und Ausstellungen handelt. Soweit die Leistung an einen Nichtunternehmer mit Sitz oder Wohnsitz im Drittlandsgebiet ausgeführt wird, kann sich in Abhängigkeit der wirtschaftlichen Art der ausgeführten Leistung der Ort der sonstigen Leistung auch am Wohnsitz oder Sitz des Leistungsempfängers ergeben.

Neben sonstigen Leistungen im Zusammenhang mit Messen und Ausstellungen können auch **Lieferungen** ausgeführt werden, deren Ort sich dann nach den Grundvorschriften für Lieferungen richtet.

So ist die Lieferung eines Messestands (der leistende Unternehmer verwendet bei der Errichtung des Messestands von ihm beschafftes Material, das nicht nur Nebensachen oder Zutaten darstellt) nach § 3 Abs. 4 UStG eine Werklieferung, deren Ort nach § 3 Abs. 7 Satz 1 UStG dort ist, wo der Gegenstand sich im Zeitpunkt der Verschaffung der Verfügungsmacht befindet – im Regelfall der Messeort. Bei der Ausführung von **Werklieferungen** ist es nicht von Bedeutung, ob der Leistungsempfänger ein Unternehmer ist und die Leistung für sein Unternehmen bezieht oder nicht.

Beispiel 1: Tischler T aus Deutschland wird von einem deutschen Auftraggeber (Unternehmer) beauftragt, für eine Messe in Riga (Lettland) einen Messestand zu planen, aus eigenem Material zu bauen und am Messeort aufzubauen.
Lösung: Es handelt sich um eine Werklieferung nach § 3 Abs. 4 UStG, da T nach qualitativer Beurteilung nicht nur Nebensachen oder Zutaten bei der Ausführung seiner Leistung verwendet (T verwendet Hauptstoff). Der Ort der Lieferung ist dort, wo der Messestand aufgebaut wird, § 3 Abs. 5a i.V.m. Abs. 7 Satz 1 UStG. Der Ort der Lieferung ist damit in Riga. Die Werklieferung ist deshalb in Deutschland nicht steuerbar. Die Leistung ist aber in dem anderen Mitgliedstaat ausgeführt und dort nach vergleichbaren Regelungen steuerbar und steuerpflichtig. Wer dort zum Steuerschuldner wird, richtet sich nach den jeweiligen nationalen Regelungen des Bestimmungslands[1].

Werden Werklieferungen im Drittlandsgebiet ausgeführt, muss der leistende Unternehmer nach den dort geltenden Regelungen prüfen, welche umsatzsteuerrechtlichen Folgen sich für ihn dort ergeben können. Dazu ist nach den dort geltenden Regelungen zu prüfen, ob es überhaupt zu einem im Bestimmungsstaat steuerbaren und steuerpflichtigen Umsatz kommt und wer dann dort der Steuerschuldner wird.

2. Leistungen der Veranstalter von Messen und Ausstellungen an Unternehmer

Ist der Leistungsempfänger:

- ein Unternehmer, der die Leistung für sein Unternehmen bezieht oder
- eine juristische Person, die nicht Unternehmer ist, der aber eine USt-IdNr. erteilt worden ist,

bestimmt sich der Ort der sonstigen Leistung eines Veranstalters von Messen und Ausstellungen nach der Art der ausgeführten Leistung. Dabei kann es zu folgenden Ergebnissen kommen:

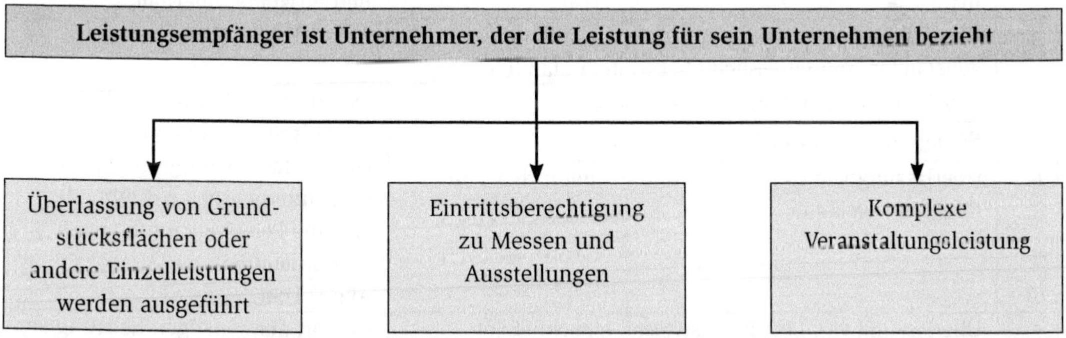

2.1 Überlassung von Grundstücken oder andere Einzelleistungen

Überlässt der Veranstalter einer Messe oder Ausstellung **Standflächen** an Aussteller, handelt es sich nach Festlegung der Finanzverwaltung um eine sonstige Leistung im Zusammenhang mit einem Grundstück, sodass sich der Ort immer dort befindet, wo das Grundstück liegt, § 3a Abs. 3 Nr. 1 UStG i.V.m. Abschn. 3a.4 Abs. 1 UStAE.

Eine **Leistung im Zusammenhang mit einem Grundstück** liegt danach auch dann vor, wenn Räume und ihre Einrichtungen auf einem Messegelände für Informationsveranstaltungen und Parkplätze auf

1 Hier sind in der Europäischen Union nur Kannvorschriften über die Übertragung der Steuerschuldnerschaft vorhanden, Art. 194 MwStSystRL.

dem Messegelände überlassen werden. Übliche Nebenleistungen (z.B. Überlassung von Mikrofonanlagen und Simultandolmetscheranlagen sowie Bestuhlungsdienste, Garderobendienste und Hinweisdienste) teilen das Schicksal der Hauptleistung und sind damit auch immer dort ausgeführt, wo das Grundstück belegen ist.

Neben der Überlassung von Grundstücksflächen können im Zusammenhang mit Messen und Ausstellungen auch **weitere Einzelleistungen** ausgeführt werden. Der Ort dieser Leistungen bestimmt sich je nach Art der Leistung.

Leistung an Unternehmer für dessen Unternehmen		
Nr.	**Art der Leistung**	**Leistungsort**
1A	Technische Versorgung der überlassenen Stände. Hierzu gehören z.B.: Herstellung der Anschlüsse für Strom, Gas, Wasser, Wärme, Druckluft, Telefon, Telex, Internetzugang und Lautsprecheranlagen.	Es handelt sich um eine B2B-Grundleistung, deren Ort dort ist, wo der Leistungsempfänger sein Unternehmen betreibt oder eine die Leistung empfangende Betriebsstätte unterhält, § 3a Abs. 2 UStG[2].
1B	Zur technischen Versorgung der überlassenen Stände gehören auch: Die Abgabe von Energie, z.B. Strom, Gas, Wasser und Druckluft, wenn diese Leistungen umsatzsteuerrechtlich Nebenleistungen zur Hauptleistung der Überlassung der Standflächen darstellen.	Es handelt sich als Nebenleistung zur Grundstücksüberlassung im Zusammenhang mit Grundstücken, deren Ort nach § 3a Abs. 3 Nr. 1 UStG dort ist, wo das Grundstück belegen ist.
2	Planung, Gestaltung sowie Aufbau, Umbau und Abbau von Ständen. Unter die „Planung" fallen insbesondere Architektenleistungen, z.B. Anfertigung des Entwurfs für einen Stand. Zur „Gestaltung" zählt z.B. die Leistung eines Gartengestalters oder eines Beleuchtungsfachmanns.	Es handelt sich um eine B2B-Grundleistung, deren Ort dort ist, wo der Leistungsempfänger sein Unternehmen betreibt oder eine die Leistung empfangende Betriebsstätte unterhält, § 3a Abs. 2 UStG.
3	Überlassung von Standbauteilen und Einrichtungsgegenständen, einschließlich Miet-System-Ständen	
4	Standbetreuung und Standbewachung	Es handelt sich um eine B2B-Grundleistung, deren Ort dort ist, wo der Leistungsempfänger sein Unternehmen betreibt oder eine die Leistung empfangende Betriebsstätte unterhält, § 3a Abs. 2 UStG[3].
5	Reinigung von Ständen	
6	Überlassung von Garderoben und Schließfächern auf dem Messegelände	
7	Überlassung von Eintrittsausweisen einschließlich Eintrittskarten	Der Ort der sonstigen Leistung ist am Veranstaltungsort, § 3a Abs. 3 Nr. 5 UStG.

[2] Hier ging die Finanzverwaltung bis zum 31.12.2012 von einer Leistung im Zusammenhang mit einem Grundstück aus, BMF, Schreiben v. 18.12.2012, BStBl I 2012, 1272.

[3] Hier ging die Finanzverwaltung bis zum 31.12.2012 von einer Leistung im Zusammenhang mit einem Grundstück aus, BMF, Schreiben v. 18.12.2012, BStBl I 2012, 1272.

Leistung an Unternehmer für dessen Unternehmen		
Nr.	**Art der Leistung**	**Leistungsort**
8	Überlassung von Telefonapparaten, Telefaxgeräten und sonstigen Kommunikationsmitteln zur Nutzung durch die Aussteller	Es handelt sich um eine B2B-Grundleistung, deren Ort dort ist, wo der Leistungsempfänger sein Unternehmen betreibt oder eine die Leistung empfangende Betriebsstätte unterhält, § 3a Abs. 2 UStG.
9	Überlassung von Informationssystemen, z.B. von Bildschirmgeräten oder Lautsprecheranlagen, mit deren Hilfe die Besucher der Messen und Ausstellungen unterrichtet werden sollen	
10	Schreibdienste und ähnliche sonstige Leistungen auf dem Messegelände	
11	Beförderung und Lagerung von Ausstellungsgegenständen wie Exponaten und Standausrüstungen	Der Ort der sonstigen Leistung ist grundsätzlich dort, wo der Leistungsempfänger sein Unternehmen betreibt oder eine die Leistung empfangende Betriebsstätte unterhält, § 3a Abs. 2 UStG. Wird die Leistung ausschließlich im Drittlandsgebiet erbracht, gilt die Leistung als im Drittlandsgebiet ausgeführt, § 3a Abs. 8 UStG.
12	Übersetzungsdienste	Es handelt sich um eine B2B-Grundleistung, deren Ort dort ist, wo der Leistungsempfänger sein Unternehmen betreibt oder eine die Leistung empfangende Betriebsstätte unterhält, § 3a Abs. 2 UStG.
13	Eintragungen in Messekatalogen, Aufnahme von Werbeanzeigen usw. in Messekatalogen, Zeitungen, Zeitschriften usw., Anbringen von Werbeplakaten, Verteilung von Werbeprospekten und ähnliche Werbemaßnahmen	
14	Besuchermarketing	
15	Vorbereitung und Durchführung von Foren und Sonderschauen, von Pressekonferenzen, von Eröffnungsveranstaltungen und Ausstellerabenden	
16	Gestellung von Hosts und Hostessen	

2.2 Ausführung komplexer Veranstaltungsleistungen

Der EuGH[4] hatte schon 2006 entschieden, dass umfassende Leistungen, die der Veranstalter einer Messe oder Ausstellung gegenüber den Ausstellern erbringt, keine Leistungen im Zusammenhang mit einem Grundstück darstellen. Seit dem 1.1.2011[5] bestimmt sich danach eine solche komplexe Veranstaltungsleistung grundsätzlich nach § 3a Abs. 2 UStG, sodass der Ort der sonstigen Leistung dort ist, wo der Leistungsempfänger sein Unternehmen oder eine die Leistung empfangende Betriebsstätte unterhält.

Beispiel 2: Unternehmer U aus Deutschland nimmt an einer Ausstellung in Paris (Frankreich) teil. Der Veranstalter V führt gegenüber U eine komplexe Messedienstleistung auf dem Messegelände in Paris aus.
Lösung: Der Ort der sonstigen Leistung bestimmt sich nach § 3a Abs. 2 UStG und ist in Deutschland, da U dort sein Unternehmen betreibt. Die Leistung ist in Deutschland steuerbar und steuerpflichtig, Steuerschuldner wird nach § 13b Abs. 1 i.V.m. Abs. 5 Satz 1 UStG der Leistungsempfänger U.

4 EuGH, Urteil v. 9.3.2006, C-114/05 – Gillan Beach, BFH/NV Beilage 2006, 278.

5 Bis zum 31.12.2010 ergab sich der Ort solcher komplexer Veranstaltungsleistungen nach § 3a Abs. 3 Nr. 3 Buchst. a UStG a.F. immer dort, wo der leistende Unternehmer die Leistung tatsächlich ausgeführt hat.

Rückwirkend zum 1.7.2011[6] war allerdings gesetzlich eine **Ausnahme** für die Bestimmung des Orts solcher **komplexer Veranstaltungsleistungen** geregelt worden: Zur Vermeidung eine Doppelbesteuerung ist die Leistung als im Drittlandsgebiet ausgeführt zu behandeln, wenn die Leistung ausschließlich im Drittlandsgebiet genutzt oder ausgewertet wird, § 3a Abs. 8 UStG[7]. Diese Voraussetzung ist dann erfüllt, wenn die Leistung tatsächlich nur dort in Anspruch genommen werden kann.

Beispiel 3: Unternehmer U aus Deutschland nimmt an einer Ausstellung in Moskau (Russland) teil. Der Veranstalter V führt gegenüber U eine komplexe Messedienstleistung auf dem Messegelände in Moskau aus.
Lösung: Der Ort der sonstigen Leistung würde sich grundsätzlich nach § 3a Abs. 2 UStG bestimmen und damit zu einer in Deutschland steuerbaren Leistung führen. Da sich bei solchen Leistungen im Drittlandsgebiet aber die Gefahr einer Doppelbesteuerung ergibt, da auch im Veranstaltungsland eine Umsatzsteuer bei dem leistenden Unternehmer erhoben werden kann, gilt die Leistung – unabhängig davon, ob im Drittland tatsächlich eine Umsatzsteuer erhoben wird – nach § 3a Abs. 8 UStG als in Russland erbracht. Die Leistung ist damit in Deutschland nicht steuerbar. Ob die Leistung im Drittland einer Umsatzbesteuerung unterliegt, kann nur nach den dort geltenden nationalen Vorschriften bestimmt werden.

Es gibt **keine gesetzliche Definition** dafür, in welchen Fällen von einer solchen **komplexen Veranstaltungsleistung** auszugehen ist. Auch aus den unionsrechtlichen Vorgaben ergeben sich keine Hinweise auf eine praxisgerechte Abgrenzung. Die Finanzverwaltung nimmt im Rahmen einer **Vereinfachungsregelung** nach Abschn. 3a.4 Abs. 2 Satz 5 UStAE an, dass eine solche Veranstaltungsleistung dann vorliegt, wenn der leistende Unternehmer neben der Überlassung von Standflächen zumindest noch **drei weitere Leistungen** der oben aufgeführten typischen Leistungen im Zusammenhang mit Messen und Ausstellungen vertraglich vereinbart und auch tatsächlich ausgeführt hat. Werden zwischen dem leistenden Unternehmer und dem Leistungsempfänger nachträglich die Ausführung weiterer solcher typischen Leistungen vereinbart und damit erst die Grenze von drei weiteren Leistungen erreicht, wird diese Vertragsergänzung in die Beurteilung mit einbezogen.

Beispiel 4: Messeveranstalter M aus Leipzig vereinbart mit dem Aussteller A aus Helsinki (Finnland) die Überlassung einer Messestandfläche auf der Leipziger Messe. Außerdem werden noch die technische Versorgung und der Aufbau des Messestands vertraglich vereinbart. Nachdem der Aussteller nach Deutschland angereist ist, wird im Rahmen einer Vertragsergänzung auch noch die Reinigung des Messestands und die Standbewachung vereinbart und auch tatsächlich ausgeführt. A ist gegenüber dem M mit seiner zutreffenden USt-IdNr. aus Finnland aufgetreten.
Lösung: Es handelt sich unter Berücksichtigung auch der nachträglich vereinbarten Dienstleistungen um eine komplexe Veranstaltungsleistung, deren Ort sich nach § 3a Abs. 2 UStG richtet. Die Leistung ist damit in Finnland (Sitz des Leistungsempfängers) ausgeführt und nicht in Deutschland steuerbar. Die Leistung unterliegt – soweit Finnland der von der deutschen Finanzverwaltung vertretenen Auffassung über die Abgrenzung komplexer Veranstaltungsleistungen folgt – in Finnland als steuerbarer und steuerpflichtiger Umsatz der Besteuerung. Steuerschuldner wird in Finnland nach Art. 196 MwStSystRL der Leistungsempfänger[8].

In Ermangelung eindeutiger unionsrechtlicher Regelungen beanstandet es die Finanzverwaltung aber nicht, wenn die Bestimmung des Orts solcher komplexer Messedienstleistungen aufgrund nationaler Regelungen anderer Mitgliedstaaten nach anderen Grundsätzen bestimmt wird.

---

6 Gesetz zur Umsetzung der Beitreibungsrichtlinie sowie zur Änderung steuerlicher Vorschriften v. 7.12.2011, BGBl I 2011, 2592.

7 Vgl. auch BMF, Schreiben v. 18.1.2012 zur Änderung des UStAE.

8 In Deutschland ist dies entsprechend in § 13b Abs. 1 i.V.m. Abs. 5 Satz 1 UStG geregelt.

Die Rechtsfolge der komplexen Veranstaltungsleistungen ergibt sich auch, wenn ein beauftragter Unternehmer für die Ausführung einzelner Leistungen **Subunternehmer** beauftragt, gegenüber seinem Auftraggeber aber die gesamte Leistung (einheitlich) schuldet. In diesem Fall können sich in der Leistungskette unterschiedliche Orte der sonstigen Leistung ergeben.

Beispiel 5: Messeveranstalter M aus München veranstaltet in München eine Messe für ungarische Spezialprodukte, bei der er den ungarischen Ausstellern Komplettpakete anbietet. Neben der Überlassung der Standflächen überlässt er den Ausstellern auch die Messestände, versorgt diese technisch, übernimmt die Bewachung und Reinigung sowie weitere Dienstleistungen. Zur grenzüberschreitenden Vermarktung beauftragt M eine österreichische Werbeagentur, den Messekatalog herzustellen und die weiteren Werbemaßnahmen auszuführen.

Lösung: M führt gegenüber seinen Vertragspartnern aus Ungarn komplexe Veranstaltungsleistungen aus, deren Ort sich nach § 3a Abs. 2 UStG in Ungarn ergibt. Die Leistungen sind in Deutschland nicht steuerbar, unterliegen – soweit Ungarn der Abgrenzung der deutschen Finanzverwaltung folgen sollte – in Ungarn aber als steuerbare und steuerpflichtige Leistungen der Umsatzsteuer. Die Leistungsempfänger werden nach Art. 196 MwStSystRL zum Steuerschuldner in Ungarn.

Die Werbeleistung gegenüber M wird von einem in einem anderen Mitgliedstaat ansässigen Unternehmer ausgeführt und ist ebenfalls eine unter § 3a Abs. 2 UStG fallende sonstige Leistung. Die Leistung ist in Deutschland steuerbar und steuerpflichtig. M wird nach § 13b Abs. 1 i.V.m. Abs. 5 Satz 1 UStG zum Steuerschuldner für die ihm gegenüber ausgeführte Leistung.

2.3 Eintrittsberechtigungen für Messen und Ausstellungen

Eine Sonderregelung bei der Bestimmung des Orts der sonstigen Leistung im Zusammenhang mit Messen und Ausstellungen ist in § 3a Abs. 3 Nr. 5 UStG für die **Gewährung von Eintrittsberechtigungen** zu solchen Veranstaltungen enthalten. Diese Leistungen sind immer dort ausgeführt, wo die Veranstaltung tatsächlich durchgeführt wird.

Beispiel 6: Unternehmer U aus Deutschland reist nach Warschau (Polen), um dort als Fachbesucher eine Ausstellung zu besuchen. An der Tageskasse erwirbt U eine Eintrittskarte.

Lösung: Es handelt sich um die Gewährung einer Eintrittsberechtigung zu einer Messe oder Ausstellung. Ohne Sonderregelung würde sich eigentlich der Ort der sonstigen Leistung nach § 3a Abs. 2 UStG bestimmen und zu einem steuerbaren Umsatz in Deutschland führen. Da dies bei einem Verkauf einer Eintrittskarte an der Tageskasse weder festgestellt noch verifiziert werden kann, ist über § 3a Abs. 3 Nr. 5 UStG geregelt, dass diese Leistung immer am Veranstaltungsort ausgeführt ist. Die Leistung ist damit in Polen steuerbar und steuerpflichtig. Eine dort entrichtete Umsatzsteuer kann nach den jeweils im Ausführungsland geltenden nationalen Vorschriften gegebenenfalls im Rahmen des Vorsteuervergütungsverfahrens geltend gemacht werden.

Die Sonderregelung des § 3a Abs. 3 Nr. 5 UStG gilt nicht nur für Eintrittsberechtigungen zu Messen und Ausstellungen, sondern für **alle Arten kultureller, künstlerischer, wissenschaftlicher oder ähnlicher Veranstaltungen**. Allgemein sind unter der Gewährung der Eintrittsberechtigungen die Dienstleistungen zu verstehen, deren wesentliche Merkmale darin bestehen, gegen Eintrittskarte oder eine Vergütung, auch in Form eines Abonnements, einer Zeitkarte oder einer regelmäßigen Gebühr, das Recht auf Eintritt zu einer Veranstaltung zu gewähren[9].

Tipp! Die Regelung gilt auch für den Verkauf von Eintrittskarten durch einen anderen Unternehmer als den Veranstalter.

---

[9] Vgl. dazu auch Art. 32 Abs. 1 MwStVO.

Unter die Anwendung der Regelung des § 3a Abs. 3 Nr. 5 UStG gehören auch die mit den Veranstaltungen und der Gewährung der Eintrittsberechtigung zusammenhängenden Leistungen. Dazu gehört insbesondere die Nutzung von Garderoben oder die Nutzung von sanitären Einrichtungen, auch wenn dafür ein gesondertes Entgelt verlangt wird[10].

Achtung! Nicht unter den Anwendungsbereich des § 3a Abs. 3 Nr. 5 UStG fällt hingegen die Vermittlung von solchen Eintrittsberechtigungen[11]; wird eine solche Vermittlungsleistung gegenüber einem Unternehmer für dessen Unternehmen ausgeführt, bestimmt sich der Ort der sonstigen Leistung nach § 3a Abs. 2 UStG und ist dort, wo der Leistungsempfänger sein Unternehmen betreibt bzw. die die Leistung empfangende Betriebsstätte unterhält, Abschn. 3a.6 Abs. 13 Satz 7 UStAE.

3. Leistungen der Veranstalter von Messen und Ausstellungen an Nichtunternehmer

Ist der **Leistungsempfänger** einer sonstigen Leistung im Zusammenhang mit einer Messe oder Ausstellung **kein Unternehmer**, der die Leistung für sein Unternehmen bezieht und auch keine juristische Person, der eine USt-IdNr. erteilt worden ist, bestimmt sich der Ort der sonstigen Leistung nach § 3a Abs. 1 UStG mit dem Ort, von dem aus der leistende Unternehmer sein Unternehmen betreibt oder wo er eine die Leistung ausführende Betriebsstätte unterhält, soweit keine vorrangigen Rechtsvorschriften nach § 3a Abs. 3 bis Abs. 6 UStG zur Anwendung kommen. Für die Abgrenzung, ob es sich um eine unter eine Sonderregelung fallende Leistung handelt, kommt es auf den wirtschaftlichen Gehalt der Leistung an.

Insbesondere kann es sich bei den Leistungen im Zusammenhang mit Messen und Ausstellungen gegenüber Nichtunternehmern um die folgenden **Arten von Leistungen** handeln:

1. **Leistungen im Zusammenhang mit einem Grundstück** (§ 3a Abs. 3 Nr. 1 UStG). Diese Leistungen sind immer dort ausgeführt, wo das Grundstück belegen ist. Darunter fallen insbesondere:
   - Vermietung von Standflächen
   - Technische Versorgung der überlassenen Stände, soweit es sich um Nebenleistungen handelt (vgl. oben, Tabelle Nr. 1B).
2. Leistungen, die am jeweiligen **Tätigkeitsort ausgeführt** werden (§ 3a Abs. 3 Nr. 3 Buchst. a UStG). Zu den am Tätigkeitsort ausgeführten Leistungen gehören:
   - Ausführung von komplexen Veranstaltungsleistungen (vgl. zur Definition oben)
   - Überlassung von Eintrittsausweisen einschließlich Eintrittskarten
   - Planung, Gestaltung sowie Aufbau, Umbau und Abbau von Ständen im Zusammenhang mit Messen und Ausstellungen, wenn der Stand für eine bestimmte Messe oder Ausstellung im Bereich der Kultur, der Künste, des Sports, der Wissenschaft, des Unterrichts, der Unterhaltung oder einem ähnlichen Gebiet bestimmt ist.
3. Leistungen, die dort ausgeführt sind, wo der **Leistungsempfänger seinen Sitz oder Wohnsitz hat**, wenn es sich bei dem **Leistungsempfänger** um einen **Nichtunternehmer aus dem Drittlandsgebiet** handelt (§ 3a Abs. 4 Satz 1 UStG). Infrage kommen die folgenden Leistungen:
   - Werbeleistungen (Eintragungen in Messekatalogen, Aufnahme von Werbeanzeigen usw. in Messekatalogen, Zeitungen, Zeitschriften usw., Anbringen von Werbeplakaten, Verteilung von Werbeprospekten und ähnliche Werbemaßnahmen), § 3a Abs. 4 Satz 2 Nr. 2 UStG
   - Planung, Gestaltung sowie Aufbau, Umbau und Abbau von Ständen im Zusammenhang mit Messen und Ausstellungen, wenn der Stand für Werbezwecke verwendet wird (§ 3a Abs. 4 Satz 2 Nr. 2 UStG)
   - Übersetzungsleistungen (§ 3a Abs. 4 Satz 2 Nr. 3 UStG)

---

[10] Art. 33 MwStVO sowie Abschn. 3a.6 Abs. 13 Satz 5 UStAE.

[11] Art. 33 Unterabs. 2 MwStVO.

- Vermietung von Standbauteilen und Einrichtungsgegenständen im Zusammenhang mit Messen und Ausstellungen, wenn die Vermietung ein wesentliches Element der Dienstleistung darstellt (§ 3a Abs. 4 Satz 2 Nr. 10 UStG).
- Telekommunikationsdienstleistungen, Überlassung von Telefonapparaten, Telefaxgeräten und sonstigen Kommunikationsmitteln zur Nutzung durch die Aussteller (§ 3a Abs. 4 Satz 2 Nr. 11 UStG).

4. In bestimmten Fällen kann sich der **Ort einer sonstigen Leistung**, der eigentlich im Ausland wäre, noch **in das Inland verlagern**, wenn der leistende Unternehmer aus dem Drittlandsgebiet kommt und der Leistungsempfänger eine im Inland ansässige juristische Person ist (§ 3a Abs. 6 Satz 1 Nr. 2 UStG). Dazu können gehören:
   - Telekommunikationsdienstleistungen, Überlassung von Telefonapparaten, Telefaxgeräten und sonstigen Kommunikationsmitteln zur Nutzung durch die Aussteller,
   - Übersetzungsleistungen,
   - Werbeleistungen.
5. Leistungen, die dort ausgeführt sind, wo der **leistende Unternehmer sein Unternehmen betreibt** bzw. eine die Leistung abgebende Betriebsstätte unterhält (Grundfall der B2C-Leistungen nach § 3a Abs. 1 UStG) – jeweils aber nur dann, wenn die Leistung **nicht unter eine der vorgenannten Regelungen fällt:**
   - Standbetreuung und Standbewachung[12],
   - Reinigung von Ständen[13],
   - Überlassung von Garderoben und Schließfächern auf dem Messegelände[14],
   - Überlassung von Standbauteilen und Einrichtungsgegenständen,
   - Überlassung von Informationssystemen, z.B. von Bildschirmgeräten oder Lautsprecheranlagen, mit deren Hilfe die Besucher der Messen und Ausstellungen unterrichtet werden sollen,
   - Schreibdienste und ähnliche sonstige Leistungen auf dem Messegelände,
   - Telekommunikationsdienstleistungen, Überlassung von Telefonapparaten, Telefaxgeräten und sonstigen Kommunikationsmitteln zur Nutzung durch die Aussteller,
   - Übersetzungsleistungen,
   - Werbeleistungen,
   - Besuchermarketing (soweit es sich nicht um Werbeleistungen handelt),
   - Vorbereitung und Durchführung von Foren und Sonderschauen, von Pressekonferenzen, von Eröffnungsveranstaltungen und Ausstellerabenden.

Beschränkt sich die Leistung auf die **Beförderung und Lagerung von Ausstellungsgegenständen** wie Exponaten und Standausrüstungen, bestimmt sich der Ort der sonstigen Leistung nach § 3b Abs. 1 oder Abs. 2 UStG und ist dort, wo die Beförderung tatsächlich stattfindet. Lediglich bei einer Beförderung zwischen zwei Mitgliedstaaten ist der Ort der Beförderungsleistung jeweils am Beginn der Beförderungsstrecke, § 3b Abs. 3 UStG.

Ist der Ort der sonstigen Leistung nach den dargestellten Regelungen im Inland, liegt ein steuerbarer Umsatz vor, der regelmäßig auch **nicht steuerbefreit** ist. Ist der Ort der sonstigen Leistung danach im Ausland, kann im Gemeinschaftsgebiet davon ausgegangen werden, dass nach den dort geltenden – über die MwStSystRL harmonisierten – Regelungen die Leistungen in dem anderen Mitgliedstaat steuerbar und steuerpflichtig sind. Bei Leistungen, deren Ort nach den dargestellten Grundsätzen im Dritt-

[12] Hier ging die Finanzverwaltung bis zum 31.12.2012 von einer Leistung im Zusammenhang mit einem Grundstück aus, BMF, Schreiben v. 18.12.2012, BStBl I 2012, 1272.

[13] Hier ging die Finanzverwaltung bis zum 31.12.2012 von einer Leistung im Zusammenhang mit einem Grundstück aus, BMF, Schreiben v. 18.12.2012, BStBl I 2012, 1272.

[14] Hier ging die Finanzverwaltung bis zum 31.12.2012 von einer Leistung im Zusammenhang mit einem Grundstück aus, BMF, Schreiben v. 18.12.2012, BStBl I 2012, 1272.

landsgebiet liegt, muss nach den jeweils in diesem Land geltenden Regelungen geprüft werden, welche umsatzsteuerrechtlichen Folgen sich ergeben.

4. Einzelleistungen im Zusammenhang mit Messen und Ausstellungen

Leistungen im Zusammenhang mit Messen und Ausstellungen können nicht nur von Veranstaltern ausgeführt werden, solche Leistungen können auch von **dritten Unternehmern** ausgeführt werden. In diesen Fällen sind ebenfalls die umsatzsteuerrechtlichen Konsequenzen für den leistenden Unternehmer und den Leistungsempfänger zu prüfen.

Wichtig! Für die Bestimmung des Orts der sonstigen Leistung kommt es entscheidend darauf an, ob der Leistungsempfänger ein Unternehmer ist, der die Leistung für sein Unternehmen bezieht[15] oder ob es sich um einen Nichtunternehmer handelt. Außerdem kommt es auf den wirtschaftlichen Gehalt der ausgeführten Leistung an.

Während die deutsche Finanzverwaltung früher regelmäßig davon ausging, dass Leistungen im Zusammenhang mit Messen und Ausstellungen als Leistungen im Zusammenhang mit einem Grundstück anzusehen seien, konnte dies nach einem Urteil des EuGH[16] nicht mehr aufrecht erhalten werden. Insbesondere die **Planung, Gestaltung sowie der Aufbau, Umbau und Abbau von Ständen** im Zusammenhang mit Messen und Ausstellungen sind keine Leistungen, die als Leistungen im Zusammenhang mit einem Grundstück anzusehen sind[17].

Ist der Leistungsempfänger einer separat ausgeführten sonstigen Leistung im Zusammenhang mit Messen und Ausstellungen ein **Unternehmer**, der die Leistung für sein Unternehmen bezieht, bestimmt sich der Ort der Leistung nach den oben genannten Grundsätzen (vgl. dazu Tabelle). Allerdings können sich bei ausgeführten Einzelleistungen keine komplexen Veranstaltungsleistungen ergeben, da nach Auffassung der Finanzverwaltung eine solche komplexe Veranstaltungsleistung nur dann vorliegen kann, wenn mehrere Leistungen neben der Überlassung von Standflächen auf einem Messe- oder Ausstellungsgelände ausgeführt werden.

Wird die sonstige Leistung an einen **Nichtunternehmer**[18] ausgeführt, bestimmt sich der Ort der sonstigen Leistung nach den oben dargestellten Grundsätzen.

Eine Besonderheit besteht, wenn im Rahmen von Messen und Ausstellungen sog. Durchführungsgesellschaften eingeschaltet werden. Durchführungsgesellschaften sind Unternehmer, die im eigenen Namen eine Gemeinschaftsausstellung organisieren (insbesondere in den Fällen, in denen Ausstellungen von mehreren, im Ausland ansässigen Ausstellern durchgeführt werden). Wird eine Durchführungsgesellschaft zwischengeschaltet, erbringt der Veranstalter die Leistungen an die Durchführungsgesellschaft und die Durchführungsgesellschaft führt die Leistungen an die beteiligten Aussteller durch, Abschn. 3a.4 Abs. 4 UStAE. Die Orte der sonstigen Leistungen bestimmen sich dann nach den oben dargestellten Grundsätzen.

5. Steuerschuldner für Leistungen bei Messen und Ausstellungen

Grundsätzlich schuldet der leistende Unternehmer eine Umsatzsteuer, wenn er eine steuerbare und steuerpflichtige Leistung ausführt. Allerdings kann unter bestimmten Voraussetzungen die Steuerschuldnerschaft auch auf den Leistungsempfänger übergehen (**Reverse-Charge-Verfahren**), § 13b UStG. Im Zusammenhang mit **sonstigen Leistungen bei Messen und Ausstellungen** kann es insbesondere zu den folgenden Fällen kommen:

---

[15] Gleichgestellt ist die nichtunternehmerisch tätige juristische Person, der eine USt-IdNr. erteilt worden ist.

[16] EuGH, Urteil v. 27.10.2011, C-530/09 – Inter-Mark Group, BFH/NV 2011, 2220.

[17] BMF, Schreiben v. 19.1.2012 zur Änderung des UStAE.

[18] Gilt auch für eine Leistung an einen Unternehmer für dessen nichtunternehmerischen Bereich und eine nichtunternehmerisch tätige juristische Person, der keine USt-IdNr. erteilt worden ist.

- Ein deutscher Unternehmer führt gegenüber einem Unternehmer in einem anderen Mitgliedstaat eine Leistung aus, deren Ort sich nach § 3a Abs. 2 UStG bestimmt und die im Bestimmungsland auch keiner Steuerbefreiung unterliegt. In diesen Fällen ist – zwingend in allen Mitgliedstaaten – der Leistungsempfänger der Steuerschuldner für die ihm gegenüber ausgeführte Leistung, Art. 196 MwStSystRL. Der deutsche Unternehmer benötigt dafür die USt-IdNr. des Leistungsempfängers. Die Leistung ist in der Zusammenfassenden Meldung und separat in der Umsatzsteuer-Voranmeldung anzugeben.
- Ein deutscher Unternehmer führt gegenüber einem Unternehmer in einem anderen Mitgliedstaat oder im Drittlandsgebiet eine Leistung aus, deren Ort sich nach einer anderen Vorschrift als nach § 3a Abs. 2 UStG im Ausland befindet und die im Bestimmungsland auch keiner Steuerbefreiung unterliegt. Wer in dem anderen Mitgliedstaat der Steuerschuldner wird, bestimmt sich nach den nationalen Vorschriften des jeweiligen Bestimmungslands.
- Ein Unternehmer erhält eine sonstige Leistung, deren Ort sich nach § 3a Abs. 2 UStG im Inland befindet. Die im Inland ausgeführte steuerbare und steuerpflichtige Leistung wird durch einen in einem anderen Mitgliedstaat ansässigen Unternehmer ausgeführt, § 13b Abs. 7 UStG[19]. Der Leistungsempfänger wird nach § 13b Abs. 1 i.V.m. Abs. 5 Satz 1 UStG zum Steuerschuldner. Die Umsatzsteuer entsteht im Voranmeldungszeitraum der Ausführung der Leistung.
- Ein Unternehmer erhält von einem im Drittlandsgebiet ansässigen Unternehmer eine sonstige Leistung, deren Ort sich im Inland befindet und die auch keiner Steuerbefreiung unterliegt. Der Leistungsempfänger wird nach § 13b Abs. 2 Nr. 1 i.V.m. Abs. 5 Satz 1 und Abs. 7 UStG zum Steuerschuldner. Die Umsatzsteuer entsteht im Voranmeldungszeitraum der Ausstellung der Rechnung, spätestens mit Ablauf der Ausführung der Leistung folgenden Monats. Gleiches gilt, wenn ein Unternehmer aus dem übrigen Gemeinschaftsgebiet eine sonstige Leistung ausführt, deren Ort nach einer anderen Vorschrift als nach § 3a Abs. 2 UStG im Inland ist.

Werden **Werklieferungen** (§ 3 Abs. 4 UStG) ausgeführt, kann es ebenfalls zur Übertragung der Steuerschuldnerschaft auf den Leistungsempfänger kommen, wenn ein im Ausland ansässiger Unternehmer die Leistung an einen Unternehmer oder eine juristische Person ausführt, § 13b Abs. 2 Nr. 1 i.V.m. Abs. 5 Satz 1 und Abs. 7 UStG.

In besonderen Fällen kann es auch bei der **Ausführung von Leistungen zwischen zwei inländischen Unternehmern** zu einer Übertragung der Steuerschuldnerschaft auf den Leistungsempfänger kommen, wenn es sich um eine sog. Bauleistung handelt, die an einen Leistungsempfänger ausgeführt wird, der als bauleistender Unternehmer anzusehen ist, § 13b Abs. 2 Nr. 4 i.V.m. Abs. 5 Satz 2 UStG. Dies wird sich in der Praxis nur dann ergeben, wenn Subunternehmer in die Ausführung von Bauleistungen eingeschaltet werden. Bauleistungen i.S.d. Regelung sind alle Arbeiten, die der Herstellung, Instandsetzung, Instandhaltung, Änderung oder Beseitigung von Bauwerken dienen. Ausgenommen sind allerdings ausdrücklich Planungs- und Überwachungsleistungen. Der Leistungsempfänger muss ein bauleistender Unternehmer sein, also selbst mindestens 10 % seiner weltweit ausgeführten Umsätze als Bauleistungen ausführen; dies bestätigt ihm regelmäßig das für ihn zuständige Finanzamt mit der Bescheinigung USt 1 TG, Abschn. 13b.3 UStAE.

Ausnahmen von der Anwendung des Reverse-Charge-Verfahrens ergeben sich in den folgenden Fällen:

- Die Leistung besteht in der Einräumung der Eintrittsberechtigung für Messen, Ausstellungen und Kongressen im Inland.
- Die sonstige Leistung im Zusammenhang mit der Veranstaltung von Messen und Ausstellungen wird von einer Durchführungsgesellschaft an im Ausland ansässige Unternehmer ausgeführt.

---

[19] Ob es sich bei dem leistenden Unternehmer um einen ausländischen Unternehmer handelt, bestimmt sich vorrangig nach dem unternehmerischen Sitz des leistenden Unternehmers, EuGH, Urteil v. 6.10.2011, C-421/10 – Stoppelkamp, BFH/NV 2011, 2219.

Mini-One-Stop-Shop-Regelung

Mini-One-Stop-Shop-Regelung auf einen Blick (MOSS)

1. **Rechtsquellen**
   § 3 und § 18 UStG
2. **Bedeutung**
   Elektronische Dienstleistungen, Rundfunk- und Fernsehdienstleistungen sowie Telekommunikationsdienstleistungen sind seit dem 1.1.2015 grundsätzlich dort ausgeführt, wo der Leistungsempfänger ansässig ist. Änderungen ergeben sich deshalb bei Leistungen gegenüber einem Nichtunternehmer in einem anderen Mitgliedstaat – hier war bis zum 31.12.2014 der Ort der Leistung dort, wo der leistende Unternehmer ansässig ist. Um die Besteuerung des leistenden Unternehmers in den anderen Mitgliedstaaten zu erleichtern, kann die Besteuerung – aber nur dieser Leistungen – in den anderen Mitgliedstaaten über eine „Kleine Einzige Anlaufstelle" (KEA) erfolgen. Hier ist außerhalb des normalen Besteuerungsverfahrens eine besondere Mehrwertsteuererklärung elektronisch abzugeben.
3. **Weitere Stichworte**
   → Electronic Commerce, → Sonstige Leistung/Ort
4. **Besonderheiten**
   Die Anmeldung für die Mini-One-Stop-Shop-Regelung ist freiwillig; wenn der Unternehmer dies aber nicht wünscht oder nicht rechtzeitig vornimmt, muss er sich für die elektronischen Dienstleistungen, Rundfunk- und Fernsehdienstleistungen sowie Telekommunikationsdienstleistungen ab 2015 in allen Mitgliedstaaten der Europäischen Union erfassen lassen, wenn er an in diesen Ländern ansässige Nichtunternehmer Leistungen ausführt. Die Anmeldung für die neue Form der Besteuerung dieser Umsätze war ab dem 1.10.2014 möglich. Per Ende 2015 hatten sich in Deutschland 2.588 Teilnehmer für die Mini-One-Stop-Shop-Regelung angemeldet.
   Zum 1.1.2021 wird die Mini-One-Stop-Shop-Regelung auch auf die Versandhandelslieferungen ausgeweitet werden[1]. Unternehmer, die im B2C-Verkehr grenzüberschreitend Waren an Nichtunternehmer liefern, müssen sich dann nicht mehr zwingend unmittelbar in dem Bestimmungsstaat umsatzsteuerrechtlich erfassen lassen, sondern können dies über die nationale einzige Anlaufstelle abwickeln; aus der Mini-One-Stop-Shop-Regelung soll dann die „One-Stop-Shop-Regelung" werden.

1. Grundsätze

Elektronische Dienstleistungen, Telekommunikationsdienstleistungen und auch Rundfunk- und Fernsehdienstleistungen haben entsprechend der technischen Entwicklung in den letzten Jahren enorm an Bedeutung gewonnen. Durch die technischen Möglichkeiten ergeben sich aber auch Schwierigkeiten, zutreffende umsatzsteuerrechtliche Folgerungen für die ausgeführten Leistungen zu ziehen. Dabei ist insbesondere zu beachten, dass sich erhebliche Probleme aufgrund der Anonymität der handelnden Personen ergeben.

Im Binnenmarkt war schon 2003 versucht worden, zumindest bei elektronischen Dienstleistungen, die von einem Unternehmer aus dem Drittlandsgebiet ausgeführt werden, die Besteuerung im Gemeinschaftsgebiet sicherzustellen – bis 31.12.2014 § 3a Abs. 5 UStG. Zum 1.1.2015 wurden für elektronisch erbrachte Dienstleistungen, Telekommunikationsdienstleistungen und Rundfunk- und Fernsehdienstleistungen neue Regelungen aufgenommen. Danach soll in jedem Fall die Besteuerung im Bestimmungsland

[1] Aktionsplan v. 1.12.2016 der Kommission „Ein digitaler Binnenmarkt – Modernisierung der Mehrwertsteuer für den grenzüberschreitenden elektronischen Handel"; die entsprechende Richtlinie wurde am 5.12.2017 verabschiedet und noch im Dezember 2017 im Amtsblatt der EU veröffentlicht.

sichergestellt werden. Dies ist verbunden mit der Einführung der sog. **Mini-One-Stop-Shop-Regelung** (MOSS), nach der bei diesen Leistungen ein Unternehmer alle seine im Gemeinschaftsgebiet an Nichtunternehmer ausgeführten Leistungen über eine Anlaufstelle (Kleine Einzige Anlaufstelle – KEA) erklären kann.

Zur bisherigen Abwicklung der elektronischen Dienstleistungen vgl. Stichwort Electronic Commerce.

2. Neuregelungen seit dem 1.1.2015

Seit dem 1.1.2015 sind neue Regelungen für elektronisch erbrachte Dienstleistungen, Telekommunikationsdienstleistungen sowie Rundfunk- und Fernsehdienstleistungen über **Art. 58 MwStSystRL** umgesetzt worden. In Deutschland ist dies – soweit es den Ort der sonstigen Leistung betrifft – in § 3a Abs. 5 UStG umgesetzt worden. Danach sind solche Leistungen gegenüber einem Nichtunternehmer immer dort ausgeführt, wo der Leistungsempfänger ansässig ist oder seinen Wohnsitz oder seinen gewöhnlichen Aufenthaltsort hat.

Achtung! Da auch Leistungen gegenüber einem Unternehmer für sein Unternehmen – wie auch schon vor dem 1.1.2015 – immer am Sitz des Leistungsempfängers ausgeführt sind, erfolgt mit der Neuregelung die vollständige Umsetzung des Bestimmungslandprinzips. Veränderungen haben sich aber seit dem 1.1.2015 in der Praxis nur bei den Leistungen gegenüber Nichtunternehmern im übrigen Gemeinschaftsgebiet ergeben, da die Leistungen gegenüber Nichtunternehmern im Drittlandsgebiet auch schon vor dem 1.1.2015 über die sog. Katalogleistungen als im Drittlandsgebiet ausgeführt galten, § 3a Abs. 4 Satz 1 und Satz 2 Nr. 11 bis Nr. 13 UStG[2].

2.1 Definitionen und Abgrenzungen

Voraussetzung für eine gemeinschaftlich abgestimmte Umsetzung der Neuregelungen für die elektronischen Dienstleistungen, die Rundfunk- und Fernsehdienstleistungen sowie die Telekommunikationsdienstleistungen sind einheitliche Definitionen.

Gleichzeitig mit den Änderungen der MwStSystRL sind deshalb auch die Vorgaben in der **MwStVO**[3] angepasst und ergänzt worden, die **Definitionen und Abgrenzungen** vorgeben.

Tipp! Die Vorgaben der MwStVO sind unmittelbar anwendbares Recht in den einzelnen Mitgliedstaaten und sind von der Finanzverwaltung[4] zum 1.1.2015 in den Abschn. 3a.9a UStAE mit übernommen worden.

In **Art. 6a MwStVO**[5] werden **Telekommunikationsdienstleistungen** definiert; solche Dienstleistungen sind insbesondere:

- Festnetz- und Mobiltelefondienste zur wechselseitigen Ton-, Daten- und Videoübertragung einschließlich Telefondienstleistungen mit bildgebender Komponente (Videofonie);
- über das Internet erbrachte Telefondienste einschließlich VoIP-Diensten (Voice over Internet Protocol);
- Sprachspeicherung (Voicemail), Anklopfen, Rufumleitung, Anruferkennung, Dreiwegeanruf und andere Anrufverwaltungsdienste;
- Personenrufdienste (Paging-Dienste);
- Audiotextdienste;
- Fax, Telegrafie und Fernschreiben;
- den Zugang zum Internet einschließlich des World Wide Web;

[2] § 3a Abs. 4 Satz 2 Nr. 11 bis Nr. 13 UStG sind seit dem 1.1.2015 aufgehoben worden, da dies nun über die Grundregelung des § 3a Abs. 5 UStG mit gleichem Rechtsergebnis geregelt ist.

[3] ABl. EU v. 26.10.2013, L 284, 1.

[4] BMF, Schreiben v. 11.12.2014, BStBl I 2014, 1631.

[5] In Deutschland umgesetzt in Abschn. 3a.10 UStAE.

- private Netzanschlüsse für Telekommunikationsverbindungen zur ausschließlichen Nutzung durch den Dienstleistungsempfänger.

In **Art. 6b MwStVO**[6] werden die **Rundfunk- und Fernsehdienstleistungen** näher definiert. Rundfunkdienstleistungen umfassen Dienstleistungen in Form von Audio- und audiovisuellen Inhalten wie Rundfunk- oder Fernsehsendungen, die auf der Grundlage eines Sendeplans über Kommunikationsnetze durch einen Mediendiensteanbieter unter dessen redaktioneller Verantwortung der Öffentlichkeit zum zeitgleichen Anhören oder Ansehen zur Verfügung gestellt werden. Dazu gehören insbesondere:

- Rundfunk- oder Fernsehsendungen, die über einen Rundfunk- oder Fernsehsender verbreitet oder weiterverbreitet werden;
- Rundfunk- oder Fernsehsendungen, die über das Internet oder ein ähnliches elektronisches Netzwerk (IP-Streaming) verbreitet werden, wenn sie zeitgleich zu ihrer Verbreitung oder Weiterverbreitung durch einen Rundfunk- oder Fernsehsender übertragen werden.

Nicht zu den Rundfunk- und Fernsehdienstleistungen gehören:

- die Bereitstellung von Informationen über bestimmte auf Abruf erhältliche Programme;
- die Übertragung von Sende- oder Verbreitungsrechten;
- das Leasing von Geräten und technischer Ausrüstung zum Empfang von Rundfunkdienstleistungen;
- Rundfunk- oder Fernsehsendungen, die über das Internet oder ein ähnliches elektronisches Netz (IP-Streaming) verbreitet werden, es sei denn, sie werden zeitgleich zu ihrer Verbreitung oder Weiterverbreitung durch herkömmliche Rundfunk- oder Fernsehsender übertragen.

Art. 7 MwStVO[7] definiert die **elektronisch ausgeführten Dienstleistungen**. Sie umfassen Dienstleistungen, die über das Internet oder ein ähnliches elektronisches Netz erbracht werden, deren Erbringung aufgrund ihrer Art im Wesentlichen automatisiert und nur mit minimaler menschlicher Beteiligung erfolgt und ohne Informationstechnologie nicht möglich wäre. Dazu gehören insbesondere:

- Überlassung digitaler Produkte allgemein, z.B. Software und zugehörige Änderungen oder Upgrades;
- Dienste, die in elektronischen Netzen eine Präsenz zu geschäftlichen oder persönlichen Zwecken, z.B. eine Website oder eine Webpage, vermitteln oder unterstützen;
- von einem Computer automatisch generierte Dienstleistungen über das Internet oder ein ähnliches elektronisches Netz auf der Grundlage spezifischer Dateninputs des Dienstleistungsempfängers;
- Einräumung des Rechts, gegen Entgelt eine Leistung auf einer Website, die als Online-Marktplatz fungiert, zum Kauf anzubieten, wobei die potenziellen Käufer ihr Gebot im Wege eines automatisierten Verfahrens abgeben und die Beteiligten durch eine automatische, computergenerierte E-Mail über das Zustandekommen eines Verkaufs unterrichtet werden;
- Internet-Service-Pakete, in denen die Telekommunikations-Komponente ein ergänzender oder untergeordneter Bestandteil ist (d.h. Pakete, die mehr ermöglichen als nur die Gewährung des Zugangs zum Internet und die weitere Elemente wie etwa Nachrichten, Wetterbericht, Reiseinformationen, Spielforen, Webhosting, Zugang zu Chatlines usw. umfassen);
- diverse Einzelleistungen, die im Anhang I zur MwStVO aufgeführt werden.

Grundsätzlich sind die elektronisch erbrachte Dienstleistungen, Telekommunikationsdienstleistungen sowie Rundfunk- und Fernsehdienstleistungen **immer im Bestimmungsland ausgeführt**. Allerdings wird mit Wirkung zum 1.1.2019 eine neue **Bagatellgrenze von 10.000 €** eingeführt. Diese Grenze gilt einheitlich für alle in den anderen Mitgliedstaaten an Nichtunternehmer ausgeführte Leistungen dieser Art. Soweit diese Grenze im vorangegangenen Kalenderjahr und im laufenden Kalenderjahr bisher nicht überschritten wurde, wird der Ort der sonstigen Leistung nicht in den anderen Mitgliedstaat verlagert, die Leistung bleibt in dem jeweiligen Ausgangsmitgliedstaat der Besteuerung unterworfen[8]. Der leistende

[6] In Deutschland umgesetzt in Abschn. 3a.11 UStAE.

[7] In Deutschland umgesetzt in Abschn. 3a.12 UStAE.

[8] Art. 58 Abs. 2 MwStSystRL in der ab dem 1.1.2019 geltenden Fassung. In Deutschland wird dies durch Ergänzung in § 3a Abs. 5 UStG mit aufgenommen.

Unternehmer kann aber auf die Anwendung dieser Bagatellregelung verzichten. Ist der Leistungsort in einem anderen Mitgliedstaat, ist für die Festlegung, wer der Steuerschuldner im Bestimmungsland ist, weiterhin die Unterscheidung notwendig, ob der Leistungsempfänger als Unternehmer handelt oder nicht.

Wichtig! Ist der Leistungsempfänger ein Unternehmer, der die Leistung für sein Unternehmen bezieht, wird der Leistungsempfänger zum Steuerschuldner, wenn die Leistung von einem ausländischen Unternehmer ausgeführt wird[9]. Ist der Leistungsempfänger ein Nichtunternehmer, bleibt der leistende Unternehmer der Steuerschuldner.

Was die Bestimmung des Steuerschuldners angeht, soll der Leistungserbringer den **Status eines Leistungsempfängers** allein danach bestimmen können, ob der Leistungsempfänger ihm seine persönliche USt-IdNr. mitteilt, Art. 18 Abs. 2 Unterabs. 2 MwStSystRL[10]. Entsprechend den allgemeinen Bestimmungen ist dies zu berichtigen, wenn der Leistungsempfänger seine USt-IdNr. später mitteilt. Ergeht keine derartige Mitteilung, bleibt der Leistungserbringer weiterhin Schuldner der Umsatzsteuer.
Ist ein **Nichtunternehmer** in verschiedenen Ländern ansässig oder hat er seinen Wohnsitz in einem Land und seinen gewöhnlichen Aufenthaltsort in einem anderen Land, ist der Ort vorrangig, an dem am ehesten die Besteuerung am Ort des tatsächlichen Verbrauchs gewährleistet ist. Nach Art. 24 MwStVO wird geregelt, dass eine solche sonstige Leistung, die an einen Nichtunternehmer erbracht wird, der in verschiedenen Ländern ansässig ist oder seinen Wohnsitz in einem Land und seinen gewöhnlichen Aufenthaltsort in einem anderen Land hat, der folgende Ort vorrangig ist:

- im Fall einer nichtunternehmerisch tätigen juristischen Person der Ort, an dem die Handlungen der zentralen Verwaltung ausgeführt werden, es sei denn, es liegen Anhaltspunkte dafür vor, dass die Dienstleistung tatsächlich an dem Ort einer Betriebsstätte in Anspruch genommen wird;
- im Fall einer natürlichen Person der gewöhnliche Aufenthaltsort, es sei denn, es liegen Anhaltspunkte dafür vor, dass die Dienstleistung am Wohnsitz der betreffenden Person in Anspruch genommen wird.

Darüber hinaus werden bestimmte **Vermutungen über die Ausführung des Orts** bestimmter Arten von sonstigen Leistungen in Art. 24a MwStVO[11] getroffen:

- Für die Anwendung der Regelungen wird vermutet, dass wenn ein Dienstleistungserbringer Telekommunikations-, Rundfunk- oder elektronisch erbrachte Dienstleistungen an Orten wie **Telefonzellen, Kiosk-Telefonen, WLAN-Hot-Spots, Internetcafés**, Restaurants oder Hotellobbys erbringt, und der Dienstleistungsempfänger an diesem Ort physisch anwesend sein muss, damit ihm die Dienstleistung durch diesen Dienstleistungserbringer erbracht werden kann, der Dienstleistungsempfänger an dem betreffenden Ort ansässig ist oder seinen Wohnsitz oder seinen gewöhnlichen Aufenthaltsort hat und dass die Dienstleistung an diesem Ort tatsächlich genutzt und ausgewertet wird.
- Befindet sich der Ort dieser Leistungen **an Bord eines Schiffs, eines Flugzeugs oder in einer Eisenbahn** während einer Personenbeförderung, die innerhalb der Union stattfindet, so ist das Land, in dem sich der Ort befindet, das Abgangsland der Personenbeförderung.

Für die Zwecke der Anwendung von Art. 58 MwStSystRL gilt, wenn einem **Nichtunternehmer Telekommunikations-, Rundfunk- oder elektronisch erbrachte Dienstleistungen** gegenüber ausführt werden, nach Art. 24b MwStVO[12] Folgendes:

- Werden die Leistungen über seinen Festnetzanschluss erbracht, gilt die Vermutung, dass der Dienstleistungsempfänger an dem Ort ansässig ist, seinen Wohnsitz oder seinen gewöhnlichen Aufenthaltsort hat, an dem sich der Festnetzanschluss befindet.

---

9 Im Gemeinschaftsgebiet geregelt über Art. 196 MwStSystRL, in Deutschland über § 13b Abs. 1 UStG.
10 In Deutschland Abschn. 3a.9a Abs. 1 Satz 2 UStAE.
11 In Deutschland Abschn. 3a.9a Abs. 3 UStAE.
12 In Deutschland Abschn. 3a.9a Abs. 4 UStAE.

- Werden die Leistungen über mobile Netze erbracht, gilt die Vermutung, dass der Dienstleistungsempfänger in dem Land ansässig ist, seinen Wohnsitz oder seinen gewöhnlichen Aufenthaltsort hat, das durch den Ländercode der bei Inanspruchnahme der Dienstleistungen verwendeten SIM-Karte bezeichnet wird.
- Werden Leistungen erbracht, für die ein Decoder oder ein ähnliches Gerät oder eine Programm- oder Satellitenkarte verwendet werden muss und wird kein Festnetzanschluss verwendet, gilt die Vermutung, dass der Dienstleistungsempfänger an dem Ort, an dem sich der Decoder oder das ähnliche Gerät befindet, oder, wenn dieser Ort unbekannt ist, an dem Ort, an den die Programm- oder Satellitenkarte zur Verwendung gesendet wird, ansässig ist oder seinen Wohnsitz oder seinen gewöhnlichen Aufenthaltsort hat.

Werden Leistungen unter anderen als den in den Art. 24a MwStVO und in den vorigen Regelungen genannten Bedingungen erbracht, gilt die Vermutung, dass der Dienstleistungsempfänger an dem Ort ansässig ist oder seinen Wohnsitz oder seinen gewöhnlichen Aufenthaltsort hat, der vom Leistungserbringer unter Verwendung von zwei[13] einander nicht widersprechenden Beweismitteln gemäß Art. 24f MwStVO als solcher bestimmt wird. Dazu gelten die folgenden Vermutungsregelungen[14]:

- die Rechnungsanschrift des Dienstleistungsempfängers;
- die Internet-Protokoll-Adresse (IP-Adresse) des von dem Dienstleistungsempfänger verwendeten Geräts oder jedes Verfahren der Geolokalisierung;
- Bankangaben wie der Ort, an dem das für die Zahlung verwendete Bankkonto geführt wird oder die der Bank vorliegende Rechnungsanschrift des Dienstleistungsempfängers;
- der Mobilfunk-Ländercode (Mobile Country Code – MCC) der Internationalen Mobilfunk-Teilnehmerkennung (International Mobile Subscriber Identity – IMSI), der auf der von dem Dienstleistungsempfänger verwendeten SIM-Karte (Teilnehmer-Identifikationsmodul – Subscriber Identity Module) gespeichert ist;
- der Ort des Festnetzanschlusses des Dienstleistungsempfängers, über den ihm die Dienstleistung erbracht wird;
- sonstige wirtschaftlich relevante Informationen.

Der leistende Unternehmer kann aber die vorgenannten **Vermutungen** über die Bestimmung des Orts der sonstigen Leistung auch **widerlegen**. Dazu gilt zuerst nach Art. 24d MwStVO Folgendes:

- Erbringt ein Leistungserbringer eine in Art. 58 MwStSystRL aufgeführte sonstige Leistung, kann er eine Vermutung nach Art. 24a oder Art. 24b Buchst. a, b oder c MwStVO durch drei einander nicht widersprechende Beweismittel widerlegen, aus denen hervorgeht, dass der Leistungsempfänger an einem anderen Ort ansässig ist oder seinen Wohnsitz oder seinen gewöhnlichen Aufenthaltsort hat[15].
- Die Finanzverwaltung kann Vermutungen nach Art. 24a, Art. 24b oder Art. 24c MwStVO widerlegen, wenn es Hinweise auf falsche Anwendung oder Missbrauch durch den Leistungserbringer gibt[16].

2.2 Leistungsort seit dem 1.1.2015

Elektronische Dienstleistungen, Telekommunikationsdienstleistungen sowie Rundfunk- und Fernsehdienstleistungen werden seit dem 1.1.2015 immer dort ausgeführt, wo der Leistungsempfänger ansässig ist (**Bestimmungslandprinzip**). Dabei ist es unerheblich, ob der Leistungsempfänger ein Unternehmer ist, der die Leistung für sein Unternehmen bezieht oder ob der Leistungsempfänger ein Nichtunternehmer

[13] Zum 1.1.2019 wird hier eine Vereinfachung im Binnenmarkt umgesetzt. Werden Leistungen von nicht mehr als 100.000 € an Leistungsempfänger in anderen Mitgliedstaaten ausgeführt, kann der Nachweis auch nur mit einem der aufgeführten Beweismittel geführt werden. Allerdings muss es sich dabei um ein Beweismittel handeln, das über einen Dritten verifizierbar ist (ausgeschlossen ist damit z.B. der alleinige Nachweis über die Rechnungsanschrift des Leistungsempfängers).

[14] Art. 24f MwStVO sowie Abschn. 3a.9a Abs. 6 Satz 2 UStAE.

[15] In Deutschland Abschn. 3a.9a Abs. 6 UStAE.

[16] In Deutschland Abschn. 3a.9a Abs. 7 UStAE.

ist. Ebenso ist es unerheblich, ob der leistende Unternehmer aus dem Gemeinschaftsgebiet oder aus dem Drittlandsgebiet kommt. Allerdings wird mit Wirkung zum 1.1.2019 eine neue **Bagatellgrenze von 10.000 €** eingeführt. Diese Grenze gilt einheitlich für alle in den anderen Mitgliedstaaten an Nichtunternehmer ausgeführte Leistungen dieser Art. Soweit diese Grenze im vorangegangenen Kalenderjahr und im laufenden Kalenderjahr bisher nicht überschritten wurde, wird der Ort der sonstigen Leistung nicht in den anderen Mitgliedstaat verlagert, die Leistung bleibt in dem jeweiligen Ausgangsmitgliedstaat der Besteuerung unterworfen[17]. Der leistende Unternehmer kann aber auf die Anwendung dieser Bagatellregelung verzichten.

Die **Unterscheidung, ob der Leistungsempfänger Unternehmer** ist oder nicht, hat danach – wenn von der ab 2019 geltenden Bagatellregelung abgesehen wird – seit dem 1.1.2015 nur noch eine Bedeutung für die **Bestimmung des Steuerschuldners**.

Achtung! In der Praxis ergeben sich seit dem 1.1.2015 für die Bestimmung des Orts der sonstigen Leistungen insbesondere Veränderungen bei der Ausführung von Leistungen gegenüber einem Nichtunternehmer aus einem anderen Mitgliedstaat. Während bisher der Ort am Sitz des leistenden Unternehmers war (wenn der leistende Unternehmer aus der EU kam), wird er jetzt in das Bestimmungsland verlegt.

2.3 Steuerschuldner und Mini-One-Stop-Shop

Ist der **Leistungsempfänger für elektronisch ausgeführte sonstige Leistungen, Telekommunikationsdienstleistungen oder Rundfunk- und Fernsehdienstleistungen ein Nichtunternehmer**, ist der Ort der sonstigen Leistung mit Ausnahme der ab 2019 geltenden Bagatellregelung dort, wo der Leistungsempfänger ansässig ist, § 3a Abs. 5 UStG. Ist der leistende Unternehmer in diesem Land nicht ansässig, müsste er sich nach den bisherigen Regelungen in dem jeweiligen Zielland registrieren lassen und dort dann die Umsatzsteuer anmelden und abführen. Um dies für die beteiligten Unternehmer zu vermeiden, ist seit dem 1.1.2015 die Mini-One-Stop-Shop-Regelung (MOSS) zur Umsetzung der „Kleinen Einzigen Anlaufstelle" (KEA) eingeführt worden.

Tipp! Die Regelungen sind in Deutschland im Wesentlichen in § 18h UStG zum 1.1.2015 umgesetzt worden. Ausführlich hat auch die Kommission in einem Leitfaden zur Umsetzung von KEA Stellung genommen[18].

Die Regelung für die **kleine einzige Anlaufstelle** ist am 1.1.2015 in Kraft getreten. Sie erlaubt es Unternehmern, die Nichtunternehmern in anderen Mitgliedstaaten, in denen sie selbst nicht ansässig sind, Telekommunikations-, Rundfunk- und Fernsehdienstleistungen oder elektronische Dienstleistungen erbringen, die auf diese Umsätze geschuldete Umsatzsteuer über ein Internetportal in dem Mitgliedstaat abzurechnen, in dem sie steuerlich identifiziert sind. In Deutschland erfolgt die Anmeldung über das Bundeszentralamt für Steuern Die **Teilnahme an der Regelung ist freiwillig**. Nachdem sich der Ort der Dienstleistung nicht mehr im Mitgliedstaat des leistenden Unternehmers, sondern im Mitgliedstaat des Kunden befindet, bedeutet dies eine Vereinfachung. Aufgrund der Regelung müssen sich diese Unternehmer nicht mehr in jedem Mitgliedstaat der Leistungserbringung umsatzsteuerlich registrieren lassen. Die kleine einzige Anlaufstelle entspricht der bis 2015 geltenden Regelung für elektronisch erbrachte Dienstleistungen an Nichtunternehmer durch nicht in der Europäischen Union ansässige Dienstleister.

In der Praxis bedeutet die Regelung, dass ein Steuerpflichtiger, der in einem Mitgliedstaat (im Regelfall dem Mitgliedstaat seiner steuerlichen Anmeldung) für die kleine einzige Anlaufstelle registriert ist, auf elektronischem Wege für **jedes Quartal eine Umsatzsteuererklärung** mit genauen Angaben zu den

[17] Art. 58 Abs. 2 MwStSystRL in der ab dem 1.1.2019 geltenden Fassung.

[18] Den vollständigen Wortlaut des Leitfadens mit den Anlagen finden Sie auf der Internetseite der Kommission.

Telekommunikations-, Rundfunk- und Fernsehdienstleistungen oder elektronischen Dienstleistungen abgibt, die er für Nichtunternehmer in anderen Mitgliedstaaten (den Mitgliedstaaten des Verbrauchs) erbracht hat, und die anfallende Umsatzsteuer abführt. Diese Steuererklärungen werden dann zusammen mit der entrichteten Umsatzsteuer vom Mitgliedstaat der Registrierung des Unternehmers über ein sicheres Kommunikationsnetz an die entsprechenden Mitgliedstaaten des Verbrauchs übermittelt.

Die über die kleine einzige Anlaufstelle übermittelten Erklärungen ergänzen die Umsatzsteuererklärungen, die der Unternehmer nach Maßgabe der nationalen Vorschriften bei den für ihn zuständigen nationalen Finanzbehörden abgibt.

Tipp! Die Erklärungen, die der deutsche Unternehmer gegenüber dem Bundeszentralamt für Steuern im Rahmen der Mini-One-Stop-Shop-Regelung quartalsweise abgibt, sind abschließende Erklärungen für den jeweiligen Meldezeitraum. Es handelt sich aber um Steuererklärungen für die jeweiligen Bestimmungsländer, es ist kein deutsches Besteuerungsverfahren.

Die kleine einzige Anlaufstelle kann sowohl von in der EU ansässigen Unternehmern (**EU-Regelung**) als auch von nicht in der EU ansässigen Unternehmern (**Nicht-EU-Regelung**) in Anspruch genommen werden. Ohne diese Anlaufstelle müsste sich der Anbieter in jedem Mitgliedstaat, in dem er Dienstleistungen für seine Kunden erbringt, umsatzsteuerlich registrieren lassen. Unternehmer können selbst entscheiden, ob sie die Anlaufstelle nutzen wollen.

Wenn sich ein Unternehmer für die Inanspruchnahme der kleinen einzigen Anlaufstelle entscheidet, muss er die Regelung in allen Mitgliedstaaten anwenden, in denen er solche sonstigen Leistungen erbringt. Dass die Regelung optional ist, bedeutet nicht, dass er sie nur in Bezug auf einzelne Mitgliedstaaten anwenden kann.

2.3.1 Registrierung

Ein Unternehmer, der die kleine einzige Anlaufstelle in Anspruch nehmen möchte, muss sich im **Mitgliedstaat des Sitzes des Unternehmers** (Unionsrechtlich: Mitgliedstaat der Identifizierung) **registrieren** lassen. Im Rahmen der **EU-Regelung** ist dies der Mitgliedstaat, in dem sich der Sitz der wirtschaftlichen Tätigkeit des Steuerpflichtigen befindet.

Wenn sich der Sitz der wirtschaftlichen Tätigkeit des Unternehmers nicht in der EU befindet, muss er sich in dem Mitgliedstaat registrieren lassen, in dem er eine feste Niederlassung hat. Hat der Unternehmer mehr als eine feste Niederlassung in der Europäischen Union, kann er selbst entscheiden, in welchem dieser Mitgliedstaaten die Anmeldung für die Mini-One-Stop-Shop-Regelung erfolgen soll. Nur in diesem Fall kann der Unternehmer im Rahmen der EU-Regelung den Mitgliedstaat der Anmeldung selbst wählen. Für die Dauer des Kalenderjahrs, in dem er die Entscheidung getroffen hat, und die beiden folgenden Kalenderjahre ist er an diese Entscheidung gebunden.

Tipp! Im Rahmen der EU-Regelung hat jeder Unternehmer die gleiche individuelle Umsatzsteuer-Identifikationsnummer für die kleine einzige Anlaufstelle, die auch für die Umsatzsteuererklärungen in seinem Mitgliedstaat gilt.

In beiden Fällen (EU- und Nicht-EU-Regelung) kann der Unternehmer **nur einen Mitgliedstaat der Registrierung** haben. Wenn der Unternehmer die kleine einzige Anlaufstelle in Anspruch nehmen will, muss er alle Telekommunikations-, Rundfunk- und Fernsehdienstleistungen und elektronischen Dienstleistungen, die er für Nichtunternehmer in einem Mitgliedstaat erbracht hat, in dem sich nicht der Sitz seiner wirtschaftlichen Tätigkeit befindet, über diese Anlaufstelle angeben.

2.3.2 Anmeldung, Abmeldung und Ausschluss

Der Unternehmer kann sich **jederzeit** (frühestens war dies ab dem 1.10.2014 mit Wirkung zum 1.1.2015 möglich gewesen) für das neue Meldeverfahren **anmelden**. Dies erfolgt elektronisch über ein Portal der einzigen Anlaufstelle (in Deutschland das Bundeszentralamt für Steuern). Der Unternehmer erhält darüber eine Anmeldebestätigung. Es ist aber auch fortlaufend eine Anmeldung möglich. Die Anmeldung muss aber vor Beginn eines Meldezeitraums, bei Neuaufnahme einer solchen Tätigkeit spätestens bis zum zehnten des auf den Monat der Ausführung von Leistungen folgenden Monats erfolgt sein; ansonsten muss sich der leistende Unternehmer individuell in den anderen Mitgliedstaaten besteuern lassen.

Der Unternehmer kann die Anwendung der Regelung freiwillig beenden (**Abmeldung**) oder vom Mitgliedstaat der Registrierung **ausgeschlossen** werden. Je nachdem, welche Gründe zur Abmeldung oder zum Ausschluss geführt haben, kann der Steuerpflichtige für eine bestimmte Zeit von der betreffenden Regelung (EU-Regelung oder Nicht-EU-Regelung) oder von beiden Regelungen ausgeschlossen werden. Dieser Zeitraum ist die sogenannte Sperrfrist.

Die Sperrfrist ist der Zeitraum, in dem der Unternehmer von der Anwendung einer der beiden Regelungen oder beider Regelungen in der kleinen einzigen Anlaufstelle ausgeschlossen ist. Eine **Sperrfrist** wird nur in folgenden Fällen verhängt:

- Der Unternehmer teilt dem Mitgliedstaat der Identifizierung mit, dass er keine Telekommunikations-, Rundfunk- und Fernsehdienstleistungen oder elektronischen Dienstleistungen mehr erbringt. In dem Fall dauert die Sperrfrist zwei Quartale ab dem Zeitpunkt des Ausschlusses. Die Sperrfrist gilt nur für die Regelung, die der Unternehmer in Anspruch genommen hat.
- Der Unternehmer verzichtet von sich aus auf die Anwendung der Regelung. In dem Fall gilt eine Sperrfrist von zwei Quartalen ab dem Zeitpunkt des Ausschlusses. Die Sperrfrist gilt nur für die Regelung, die der Unternehmer in Anspruch genommen hat.
- Der Unternehmer verstößt wiederholt gegen die Bestimmungen der Sonderregelung. In diesem Fall gilt eine Sperrfrist von acht Quartalen ab dem Zeitpunkt des Ausschlusses. Diese Sperrfrist gilt für beide Regelungen.
- Der Unternehmer wird ausgeschlossen, weil er die Voraussetzungen für die Inanspruchnahme der betreffenden Sonderregelung nicht mehr erfüllt. Hierfür gilt keine Sperrfrist.
- Es wird angenommen, dass der Unternehmer seine Tätigkeit, für die er die Sonderregelung in Anspruch genommen hat, eingestellt hat, nachdem er in acht aufeinanderfolgenden Quartalen keine Leistungen im Rahmen dieser Regelung mehr erbracht hat. Hierfür gilt keine Sperrfrist.

Von einem **Verstoß gegen die Verpflichtungen** aus der Mini-One-Stop-Shop-Regelung ist insbesondere auszugehen, wenn der Unternehmer[19]:

- für drei unmittelbar vorausgegangene Besteuerungszeiträume an die Abgabe der Erklärung erinnert wurde und die Erklärungen nicht für jeden dieser Zeiträume bis zum 10. Tag nach der Erinnerung abgegeben hat,
- für drei unmittelbar vorausgegangene Besteuerungszeiträume an die Zahlung der Steuer erinnert wurde und der Gesamtbetrag der Steuer nicht für jeden dieser Zeiträume bis zum 10. Tag nach der Erinnerung gezahlt wurde, dies gilt aber nicht, wenn der rückständige Betrag weniger als 100 € für jeden dieser Besteuerungszeiträume beträgt oder
- nach einer Aufforderung zur elektronischen Zurverfügungstellung der besonderen Aufzeichnungen und einer Erinnerung die Unterlagen nicht innerhalb eines Monats nach Erteilung der Erinnerung zur Verfügung stellt.

2.3.3 Abgabe der Erklärungen

Ein Unternehmer, der eine der Sonderregelungen in Anspruch nimmt, muss bei der kleinen einzigen Anlaufstelle auf elektronischem Wege für **jedes Quartal eine Umsatzsteuererklärung** einreichen, unabhängig davon, ob er in dem betreffenden Quartal tatsächlich Telekommunikations-, Rundfunk- und Fernsehdienstleistungen oder elektronische Dienstleistungen erbracht hat (wenn in dem Quartal keine entsprechenden Leistungen in der EU erbracht worden sind, wird eine sogenannte „Null-Erklärung"

[19] Abschn. 18.7a Abs. 6 Satz 2 UStAE.

abgegeben). Die über die Anlaufstelle eingereichte Umsatzsteuererklärung (mit der entsprechenden Zahlung) ist **innerhalb von 20 Tagen nach Ablauf des Erklärungszeitraums** abzugeben.

Achtung! Die Zahlung hat ebenfalls innerhalb dieser Frist zu erfolgen. Nach den gemeinschaftsrechtlichen Vorgaben verschiebt sich der Termin nicht, selbst wenn der 20. Tag auf einen Sonntag fällt.

Die über die Anlaufstelle abgegebene **Umsatzsteuererklärung** enthält genaue Angaben zu den Dienstleistungen, die der Unternehmer, der die Regelung in Anspruch nimmt, und im Rahmen der EU-Regelung auch jede feste Niederlassung für Kunden in jedem Mitgliedstaat des Verbrauchs erbracht hat.

Tipp! In der elektronischen Erklärung sind die Umsätze getrennt nach den einzelnen Mitgliedsländern, den dort ausgeführten Umsätzen an Nichtunternehmer, den eventuell vorhandenen unterschiedlichen Steuersätzen und den sich daraus ergebenden Steuerbeträgen anzugeben.

Der Meldestaat schlüsselt die bei der Anlaufstelle eingegangene Umsatzsteuererklärung nach Mitgliedstaaten des Verbrauchs auf und leitet die Angaben an die jeweiligen Mitgliedstaaten des Verbrauchs und Mitgliedstaaten der Niederlassung weiter.

Der Mitgliedstaat der Registrierung vergibt für jede bei der kleinen einzigen Anlaufstelle eingegangene Erklärung eine **einmalige Bezugsnummer** und teilt sie dem Unternehmer mit. Diese Nummer ist wichtig, da der Unternehmer sie bei der entsprechenden Zahlung angeben muss.

Der Unternehmer entrichtet die fällige Umsatzsteuer beim Mitgliedstaat der Registrierung. Er zahlt den gesamten in der Umsatzsteuererklärung angegebenen Betrag (für alle Mitgliedstaaten des Verbrauchs). Der Mitgliedstaat der Registrierung leitet die jeweiligen Beträge an die verschiedenen Mitgliedstaaten des Verbrauchs weiter. Im Rahmen der EU-Regelung behält der Mitgliedstaat der Registrierung einen Prozentsatz der Summe bis zum 31.12.2018 ein (Einbehaltungsfrist).

Der leistende Unternehmer muss bei Teilnahme an der Mini-One-Stop-Shop-Regelung der jeweiligen einzigen Anlaufstelle auf Anforderung elektronisch **besondere Aufzeichnungen** zur Verfügung stellen. Dies sind insbesondere[20]:

- Der EU-Mitgliedstaat, in dessen Gebiet der Leistungsort liegt;
- die Art der erbrachten sonstigen Leistung;
- das Datum der Leistungserbringung;
- die Bemessungsgrundlage unter Angabe der verwendeten Währung;
- jede anschließende Änderung der Bemessungsgrundlage;
- der anzuwendende Steuersatz;
- der Betrag der zu zahlenden Umsatzsteuer unter Angabe der verwendeten Währung;
- das Datum und den Betrag der erhaltenen Zahlungen;
- alle vor Erbringung der Leistung erhaltenen Anzahlungen;
- falls eine Rechnung ausgestellt wurde, die darin enthaltenen Informationen;
- soweit bekannt den Namen des Leistungsempfängers;
- Informationen zur Bestimmung des Orts, an dem der Leistungsempfänger seinen Wohnsitz, seinen gewöhnlichen Aufenthaltsort oder seinen Sitz hat.

Wichtig! Die Aufbewahrungspflicht beträgt zehn Jahre.

2.3.4 Mahnung

Wenn der Unternehmer den fälligen Betrag nicht oder nicht vollständig überweist, schickt ihm der Mitgliedstaat der Registrierung **am zehnten Tag** nach Ablauf des Tages, an dem die Zahlung fällig

[20] Art. 63c MwStVO sowie Abschn. 22.3a UStAE.

war, eine **elektronische Mahnung**. Wenn der Unternehmer für drei aufeinanderfolgende Quartale Mahnungen erhält und er nicht jeweils innerhalb von zehn Tagen nach einer Mahnung den gesamten Umsatzsteuerbetrag entrichtet, gilt dies als wiederholter Verstoß gegen die Bestimmungen der betreffenden Regelung, was seinen **Ausschluss** zur Folge hat, es sei denn, dass für jedes Quartal weniger als 100 € fällig waren.

Für **weitere Mahnungen und Maßnahmen zur Eintreibung** der Umsatzsteuer ist der Mitgliedstaat des Verbrauchs zuständig. Wenn der Mitgliedstaat des Verbrauchs eine Mahnung verschickt, ist der fällige Betrag nicht mehr an den Mitgliedstaat der Registrierung, sondern direkt an den Mitgliedstaat des Verbrauchs zu überweisen. Wenn der Betrag dennoch an den Mitgliedstaat der Registrierung überwiesen wird, wird er von diesem nicht an den Mitgliedstaat des Verbrauchs weitergeleitet, sondern an den Unternehmer zurück überwiesen. Bußgelder und Gebühren für den Zahlungsverzug werden nicht über die kleine einzige Anlaufstelle verhängt. Dafür ist der Mitgliedstaat des Verbrauchs zuständig, und es gelten seine Vorschriften und Verfahren.

2.3.5 Besonderheiten bei Niederlassungen

Besonderheiten bestehen, wenn der Unternehmer über **Niederlassungen in anderen Mitgliedstaaten** verfügt. Wenn ein Unternehmer, der die EU-Regelung in Anspruch nimmt, feste Niederlassungen außerhalb des Mitgliedstaats der Identifizierung hat, sind bei der Anmeldung für die Anlaufstelle die USt-IdNr. oder die Steuernummer sowie Name und Anschrift jeder dieser Niederlassungen in anderen Mitgliedstaaten anzugeben. Dabei spielt es keine Rolle, ob die feste Niederlassung Telekommunikations-, Rundfunk- und Fernsehdienstleistungen sowie elektronische Dienstleistungen erbringen wird oder nicht. Für die EU-Regelung gilt ferner: Wenn der Unternehmer in einem anderen Mitgliedstaat umsatzsteuerlich registriert ist, obwohl er dort keine Betriebsstätte oder Niederlassung hat (wenn er beispielsweise für seine Versandverkäufe dort registriert sein muss), ist diese USt-IdNr. bei der Anmeldung für die Anlaufstelle anzugeben. Wenn der Unternehmer eine Betriebsstätte oder Niederlassung in der EU hat oder aus anderen Gründen in der EU für Umsatzsteuerzwecke registriert sein muss, kann er die Nicht-EU-Regelung nicht in Anspruch nehmen.

Wenn der Unternehmer eine Niederlassung in einem Mitgliedstaat hat, sind alle Telekommunikations-, Rundfunk- und Fernsehdienstleistungen oder elektronischen Dienstleistungen, die er für private Kunden in dem Mitgliedstaat erbringt, in der inländischen Umsatzsteuererklärung für die betreffende Niederlassung und nicht in der über die kleine einzige Anlaufstelle übermittelten Erklärung anzugeben. Das gilt sowohl für Dienstleistungen der Niederlassungen des Unternehmers außerhalb des Mitgliedstaats als auch für Dienstleistungen der Niederlassung in dem Mitgliedstaat. Es gilt nicht für Mitgliedstaaten, in denen der Unternehmer zwar umsatzsteuerlich registriert ist, aber keine feste Niederlassung hat.

Beispiel: Unternehmer U hat seinen Hauptsitz in Deutschland und feste Niederlassungen in Frankreich und Belgien. Vom Hauptsitz aus werden Telekommunikationsdienstleistungen für Privatpersonen in Frankreich und Schweden erbracht. Die feste Niederlassung in Belgien erbringt Telekommunikationsdienstleistungen für Privatpersonen in Frankreich und Schweden.

Lösung: U gibt seine in Schweden erbrachten Leistungen in der Erklärung bei der Anlaufstelle im Deutschland an, während er seine in Frankreich erbrachten Leistungen in seiner inländischen Umsatzsteuererklärung für die feste Niederlassung in Frankreich angeben muss.

Mitgliederbeiträge

Mitgliederbeiträge auf einen Blick

1. **Rechtsquellen**
   § 1 Abs. 1 und § 2 Abs. 1 UStG
   Abschn. 1.4 und Abschn. 2.10 UStAE
2. **Bedeutung**
   Mitgliederbeiträge werden in Deutschland dann als nicht steuerbarer Umsatz angesehen, wenn keine konkrete Gegenleistung gegenüber dem Mitglied ausgeführt wird. Nach der Rechtsprechung von EuGH und BFH kann aber auch bei Mitgliederbeiträgen ein Leistungsaustausch gegeben sein, der gegebenenfalls steuerfrei sein kann.
3. **Weitere Stichworte**
   → Unternehmer, → Vereine und Vereinigungen
4. **Besonderheiten**
   Die Rechtsprechung des EuGH ist noch nicht vollständig in nationales Recht umgesetzt worden, wird aber vom BFH in Einzelfällen angewendet.

Nach nationalem Recht können Vereinigungen gegenüber ihren Mitgliedern im Rahmen nicht steuerbarer echter Mitgliederbeiträge oder im Rahmen sog. unechter Mitgliederbeiträge tätig werden. **Nicht steuerbare echte Mitgliederbeiträge** liegen danach nach Abschn. 1.4 Abs. 1 und Abschn. 2.10 Abs. 1 UStAE dann vor, wenn die Vereinigung in Wahrnehmung der allgemeinen satzungsmäßigen Gemeinschaftszwecke gegenüber den Mitgliedern tätig wird. Der EuGH hatte dagegen 2002[1] entschieden, dass auch die Zahlung von Mitgliederbeiträgen ohne direkte, individuelle Gegenleistung zu einer steuerbaren Leistung des Vereins führt. Unerheblich für die Annahme des Leistungsaustauschs sei es, dass das einzelne Mitglied des Vereins unabhängig der individuellen Nutzung der von der Vereinigung angebotenen Leistungen verpflichtet ist, den Jahresbeitrag des Vereins zu bezahlen. Damit liegt ein direkter Zusammenhang zwischen der Leistung der Vereinigung und der Gegenleistung des Mitglieds vor – zumindest dann, wenn das Mitglied ein **Leistungsangebot** erhält. Auch in den Fällen, in denen passiven Mitgliedern zwar Nutzungsmöglichkeiten eingeräumt werden, aber das Mitglied die Leistungen tatsächlich nicht oder nur in sehr geringem Umfang in Anspruch nimmt, liegt noch ein solcher direkter Leistungszusammenhang vor (sog. **Leistungsbereitschaft**).

Achtung! Nur in den Fällen, in denen das Mitglied keine Leistung erhält, ergibt sich danach ein nicht steuerbarer Umsatz, der die Unternehmereigenschaft der Vereinigung insoweit ausschließt (z.B. ein Förderverein einer Schule erbringt gegenüber den Mitgliedern keine Leistungen). Der Verein ist insoweit nichtwirtschaftlich tätig.

Nach Art. 132 Abs. 1 Buchst. m MwStSystRL sind aber bestimmte, in engem Zusammenhang mit **Sport und Körperertüchtigung** stehende Dienstleistungen, die Einrichtungen ohne Gewinnstreben an Personen erbringen, die Sport oder Körperertüchtigung ausüben, steuerfrei[2]. Allerdings kann diese Steuerbefreiung nach dem Unionsrecht für Einrichtungen, die keine Einrichtungen des öffentlichen Rechts sind, von der Erfüllung einzelner Bedingungen abhängig gemacht werden. Solche Bedingungen können unter anderem sein, dass keine systematische Gewinnerzielung angestrebt wird und etwaige Gewinne nicht an die Mitglieder verteilt werden dürfen, dass die Leitung und Verwaltung im Wesentlichen ehrenamtlich

1 EuGH, Urteil v. 21.3.2002, C-174/00 – Kennemer Golf & Country-Club, BFH/NV Beilage 2002, 95.

2 Dies setzt aber voraus, dass eine „sportliche“ Leistung ausgeführt wird. Nach der Rechtsprechung des EuGH (Urteil v. 26.10.2017, C-90/16 – The English Bridge Union Limited, UR 2018, 197) ist dazu erforderlich, dass ein Mindestmaß an körperlicher Betätigung notwendig ist.

tätig ist und kein unmittelbares Interesse an den Ergebnissen der Tätigkeit besteht oder dass die Befreiung nicht zu einer Wettbewerbsverzerrung zulasten der der Umsatzsteuer unterliegenden gewerblichen Unternehmer führt.

In seinem Urteil hat der EuGH festgestellt, dass für die Beurteilung des Gewinnstrebens einer Einrichtung sämtliche Tätigkeiten einzubeziehen sind, die diese Einrichtung ausführt. Eine Beschränkung auf bestimmte Teilbereiche der Einrichtung – hier der Leistungen nach Art. 132 Abs. 1 Buchst. m MwStSystRL – hat somit nicht zu erfolgen.

Wichtig! Auch nach nationaler Anpassung der Rechtsvorschriften an die Rechtsprechung des EuGH wird sich für viele Vereine (z.B. Sportvereine) keine praktische Änderung ergeben, da dann zwar ihre Mitgliederbeiträge steuerbar sind, aber einer Steuerbefreiung unterliegen müssen.

Der BFH hat sich nach dem EuGH-Urteil mehrfach mit dieser Thematik auseinandersetzen müssen, da eine Anpassung des nationalen Rechts an das Unionsrecht bisher noch nicht erfolgt ist. Es ergeben sich aus der **Rechtsprechung des BFH** die folgenden Eckpunkte:

- Ein Luftsportverein, der seinen Mitgliedern vereinseigene Flugzeuge zur Nutzung überlässt, führt damit keine „sportliche Veranstaltung" i.S.d. § 4 Nr. 22 Buchst. b UStG durch. Dass ein Luftsportverein seinen Mitgliedern die Nutzung von Einrichtungen auf dem Flughafengelände ermöglicht, hat keinen unmittelbaren Einfluss auf die von den Mitgliedern durchgeführten Sportflüge und ist insofern nicht Teil einer organisatorischen Maßnahme des Vereins. Mitgliedsbeiträge können Entgelt für die Leistungen eines Sportvereins an seine Mitglieder sein[3].
- Ein Golf-Klub, der seinen Mitgliedern die vereinseigenen Golfanlagen zur Nutzung überlässt, führt damit keine „sportliche Veranstaltung" i.S.d. § 4 Nr. 22 Buchst. b UStG durch. Mitgliedsbeiträge und Aufnahmegebühren können Entgelt für die Leistungen eines Sportvereins an seine Mitglieder sein[4].
- Die Überlassung von Golfbällen und die Nutzungsüberlassung einer Golfanlage an Nichtmitglieder eines gemeinnützigen Golfvereins kann nach Art. 132 Abs. 1 Buchst. m MwStSystRL steuerfrei sein. Leistungen eines gemeinnützigen Golfvereins, die den Kernbereich der Befreiung des Art. 132 Abs. 1 Buchst. m MwStSystRL betreffen, sind nicht nach Art. 134 MwStSystRL von der Befreiung ausgeschlossen[5].
- Leistungen eines Vereins, die dem konkreten Individualinteresse der Vereinsmitglieder dienen, sind steuerbar. Die Werbung für ein von den Mitgliedern verkauftes Produkt dient dem konkreten Individualinteresse der Vereinsmitglieder. Leistungen eines Vereins erfolgen auch dann gegen Entgelt, wenn nicht für alle Mitglieder ein einheitlicher Beitragsbemessungsmaßstab besteht[6].

Ebenfalls von Bedeutung sind die Ausführungen des EuGH zu der Frage, wann ein **Gewinnstreben der Einrichtung** vorliegt. Hier kommt es nach den Ausführungen des EuGH zuerst darauf an, welchen Zweck die Einrichtung verfolgt. Eine Einrichtung, die nach Ihrer Satzung nicht auf das Erzielen von Gewinnen für ihre Mitglieder ausgerichtet ist, erfüllt somit diese Anforderung. Unschädlich ist in diesem Fall, wenn später tatsächlich Überschüsse erzielt werden, wenn diese Überschüsse nicht an die Mitglieder ausgeschüttet werden, sondern Rücklagen zugeführt werden, die dann später der Verbesserung der Dienstleistungen dienen sollen (z.B. Verbesserung der Anlagen oder größere Instandhaltungen). Nach der eindeutigen Aussage verbietet es das Unionsrecht den Einrichtungen nicht, das Geschäftsjahr mit einem positiven Saldo abzuschließen. Der EuGH geht in seinem Urteil aber noch darüber hinaus. Eine Einrichtung ohne Gewinnstreben im Sinne der vorliegenden Regelungen des Unionsrechts liegt auch dann vor, wenn eine solche Einrichtung später systematisch danach strebt, Überschüsse zu erwirtschaf-

---

3 BFH, Urteil v. 9.8.2007, V R 27/04, BFH/NV 2007, 2213.
4 BFH, Urteil v. 11.10.2007, V R 69/06, BFH/NV 2008, 322.
5 BFH, Urteil v. 3.4.2008, V R 74/07, BFH/NV 2008, 1631.
6 BFH, Urteil v. 3.4.2008, V R 74/07, BFH/NV 2008, 1631.

ten, soweit eine Verteilung dieser Überschüsse an die Mitglieder ausgeschlossen wird und die Überschüsse der Durchführung der begünstigten Leistungen dienen sollen.

Wichtig! Allerdings ist zu beachten, dass diese Rechtsprechung bisher national noch nicht gesetzlich umgesetzt worden ist. Vereine oder Vereinigungen können sich aber – auch selektiv – auf die einzelnen Vorgaben des Unionsrechts berufen. Zur Frage, inwieweit für gemeinnützige Vereine die Möglichkeit besteht, sich bezüglich der Steuerbefreiung auf das Unionsrecht zu berufen, hat der BFH (Beschluss vom 21.6.2018, V R 20/17, UR 2018, 669) den EuGH angerufen.

Nebenleistungen

Nebenleistungen auf einen Blick

1. **Rechtsquellen**
   Abschn. 3.10 Abs. 5 UStAE
2. **Bedeutung**
   Eine Nebenleistung teilt das Schicksal der Hauptleistung und wird umsatzsteuerlich wie die ihr zugrunde liegende Hauptleistung behandelt. Abzugrenzen ist, ob es sich um mehrere – eigenständig zu beurteilende – Hauptleistungen handelt oder eine einheitliche Leistung vorliegt.
3. **Weitere Stichworte**
   → Durchlaufender Posten
4. **Besonderheiten**
   Nach der Rechtsprechung des EuGH ist umstritten, in welchem Umfang Nebenkosten bei Vermietungsumsätzen als Nebenleistungen angesehen werden können. Wenn aber Nebenleistungen vorliegen, müssen diese immer mit demselben Steuersatz erfasst werden, wie die Hauptleistung.

1. Grundsätze der Nebenleistungen

Ein Unternehmer erbringt oft in der Folge der vereinbarten Hauptleistung auch Leistungen, an denen der Leistungsempfänger kein eigenständiges Interesse hat. **Nebenleistungen** sind im Vergleich zur Hauptleistung nebensächlich, hängen eng mit ihr zusammen und kommen üblicherweise in ihrem Gefolge vor[1]. Solche üblichen Nebenleistungen, die der Unternehmer im Zusammenhang mit der von ihm erbrachten Lieferung oder sonstigen Leistung abrechnet, sind mit in der Rechnung aufzunehmen (z.B. Frachtkosten, Verpackungskosten, Versicherungen). Diese Nebenleistungen **teilen umsatzsteuerrechtlich das Schicksal der Hauptleistung** und sind damit umsatzsteuerlich so zu behandeln wie die zugrunde liegende Hauptleistung. Dabei kann die Nebenleistung gesondert abgerechnet und aufgeführt werden, sie kann aber auch als Teil des Gesamtrechnungsbetrags in der Rechnung ausgewiesen werden. Nebenleistungen unterliegen nach der Rechtsprechung des EuGH[2] immer demselben Steuersatz, wie die zugrunde liegende Hauptleistung.

Wichtig! Auch die getrennte Abrechnung über Nebenleistungen ändert nichts an der umsatzsteuerlichen Behandlung der Nebenleistung[3].

Beispiel 1: Unternehmer U liefert an einen Abnehmer im Mai 2018 einen Schrank für einen Gesamtpreis von 1.785 € (netto 1.500 €). Versicherung und Transport werden vereinbarungsgemäß zusätzlich in Rechnung gestellt.

Lösung: Die Rechnung des U muss lauten:

Lieferung Schrank Birke rustikal	1.500 €
Transport und Versicherung	100 €
Zwischensumme	**1.600 €**
zuzüglich Umsatzsteuer 19 %	304 €
Gesamtpreis	**1.904 €**

Zu beachten ist aber, dass eine Leistung nur dann als Nebenleistung zu einer Hauptleistung angesehen werden kann, wenn sie für den Leistungsempfänger **keinen eigenen Zweck hat**, sondern nur das Mittel darstellt, um die Hauptleistung des Leistenden unter optimalen Bedingungen in Anspruch zu

1 BFH, Urteil v. 12.12.1985, V R 15/80, BStBl II 1986, 499.
2 EuGH, Urteil v. 18.1.2018, C-463/16 – Stadion Amsterdam, DStR 2018, 246.
3 Abschn. 3.10 Abs. 5 UStAE.

nehmen[4]. So hat der BFH[5] entschieden, dass die Vermittlung einer Reiserücktrittskostenversicherung eine eigenständige Leistung ist und nicht als Nebenleistung zur Vermittlung einer Reise angesehen werden kann.

Wichtig! Bei der Garantiezusage eines Autoverkäufers, die beim Verkauf eines Fahrzeugs gegen gesondert vereinbartes und berechnetes Entgelt angeboten wird, handelt es sich auch um eine selbstständige Leistung und nicht um eine Nebenleistung. Ob diese Leistung steuerfrei sein kann (§ 4 Nr. 10 UStG) hängt von den einzelnen Vertragsbedingungen ab[6].

Achtung! Voraussetzung für das Vorliegen einer Nebenleistung zu einer Hauptleistung ist aber immer, dass die Vertragsparteien von Haupt- und Nebenleistung identisch sein müssen.

Nebenleistungen, **die das Schicksal der Hauptleistung teilen**, liegen in der Praxis insbesondere in den folgenden Fällen vor:

- Transportkosten und Transportversicherung im Zusammenhang mit Leistungen, die der Unternehmer ausgeführt hat.
- Nebenkosten im Zusammenhang mit der Vermietung von Grundstücken[7]; vgl. dazu Stichwort Vermietung. Nach der Rechtsprechung des EuGH[8] ist dies aber umstritten.
- Vermietung von Parkplätzen im Zusammenhang mit der Vermietung von Wohnräumen oder Gewerbeeinheiten.

Wichtig! Der EuGH[9] musste sich in einem Verfahren mit der Frage auseinander setzen, ob die typischen Nebenkosten, die einem Mieter vom Vermieter weiterberechnet werden, als Nebenleistungen angesehen werden können. Der EuGH hat hier den nationalen Gerichten zwar einen Ermessensspielraum eingeräumt, grundsätzlich aber festgestellt, dass bei den weiterberechneten Kosten, bei denen der Mieter durch sein individuelles Verhalten einen Einfluss auf die Höhe der Kosten hat (z.B. Wasserverbrauch, Wärmelieferung), keine Nebenleistungen vorliegen. Inwieweit sich dadurch auch national Änderungen ergeben werden, bleibt abzuwarten.

2. Abgrenzung zur einheitlichen Leistung

Ein **Haupt- und Nebenleistungsverhältnis** kann nur dann vorliegen, wenn die von dem Unternehmer erbrachte Leistung nicht schon grundsätzlich eine einheitliche Leistung darstellt. Einheitliche Leistungen, die nicht in einzelne selbstständige Leistungen unterteilt werden dürfen, liegen dann vor, wenn sie wirtschaftlich zusammengehören und ein unteilbares Ganzes darstellen.

Dabei ist immer auf das Wesentliche des Umsatzes und die Sichtweise eines Durchschnittsverbrauchers abzustellen. Nicht von entscheidender Bedeutung ist dabei, ob die einzelnen Teile einer Leistung nach einem einheitlichen Vertrag geschuldet werden. Die zwangsweise Koppelung getrennt zu betrachtender Leistungen führt noch nicht automatisch zu einer einheitlichen Leistung.

---

4 BFH, Urteil v. 31.5.2001, V R 97/98, BFH/NV 2001, 1358.

5 BFH, Urteil v. 13.7.2006, V R 24/02, BStBl II 2006, 935.

6 Vgl. dazu BFH, Urteil v. 9.10.2002, V R 67/01, BStBl II 2003, 378 und v. 10.2.2010, XI R 49/07, BStBl II 2010, 1109 sowie auch BMF, Schreiben v. 15.12.2010, BStBl I 2010, 1502.

7 So BFH, Urteil v. 24.1.2008, V R 12/05, BStBl II 2009, 60 zu Nebenleistungen bei der Vermietung von Standplätzen auf Wochenmärkten und BFH, Urteil v. 15.1.2009, V R 91/07, BStBl II 2009, 615 zur Überlassung von Strom an Dauercamper als Nebenleistung.

8 EuGH, Urteil v. 16.4.2015, C-42/14 – Wojskowa Agencja Mieszkaniowa w Warszawie, BFH/NV 2015, 941.

9 EuGH, Urteil v. 16.4.2015, C-42/14 – Wojskowa Agencja Mieszkaniowa w Warszawie, BFH/NV 2015, 941.

Beispiel 2: Unternehmer U liefert Landwirt L Saatgut und übernimmt auch die Einsaat des Getreides. U berechnet für die Lieferung des Saatguts 7 % Umsatzsteuer (gemäß § 12 Abs. 2 Nr. 1 UStG i.V.m. Anlage 2 zum UStG) und für die Einsaat 19 % Umsatzsteuer. Beide Leistungen sind wertmäßig ungefähr gleichwertig.
Lösung: Nach Auffassung des BFH[10] liegen hier zwei getrennt zu beurteilende Leistungen vor, sodass die Abrechnung des U nicht zu beanstanden war. Es sei ohne große Schwierigkeiten möglich, die Lieferung des Getreides von der Einsaat zu trennen, da die Einsaat in der Praxis auch häufig von selbstständigen Lohnarbeitern ausgeführt werden könne. Eine zwingende – logische – Verknüpfung zwischen Lieferung und Einsaat liegt somit nicht vor.

Aber auch umgekehrt kann eine willkürliche Aufspaltung eines einheitlichen wirtschaftlichen Vorgangs – auch bei Zustimmung des Leistungsempfängers – nicht zu verschiedenen Leistungen führen.

Beispiel 3: Bei einem Unfall wird das Fahrzeug des Rentners R aus der Schweiz in Deutschland erheblich beschädigt. Zur Reparatur verwendet der Kfz-Meister M im Umfang von 800 € Teile, die nicht als Hauptstoff anzusehen sind. Auf die Arbeitsleistung entfallen 2.000 €.
Lösung: Da es sich bei der Reparaturleistung um eine Werkleistung[11] handelt, kommt eine Steuerbefreiung als Lohnveredelung nach § 7 Abs. 1 UStG nicht in Betracht[12]. Um zumindest anteilig in die Steuerfreiheit der Leistung zu kommen, rechnet M in zwei getrennten Rechnungen eine „Werklieferung Stahlblech“[13] und eine „Werkleistung Lackier- und Lohnarbeiten“ ab. Da es sich um eine einheitliche Leistung handelt, die auch bei Zustimmung des Leistungsempfängers nicht aufgeteilt werden kann, ist die getrennte Abrechnung hier unerheblich, die Leistung ist insgesamt steuerbar und steuerpflichtig.

Einheitliche Leistungen liegen insbesondere in den folgenden Fällen vor:
- Vermietung von Sportplätzen an Nutzer als insgesamt steuerpflichtige Leistung[14].
- Kreditgewährung im Zusammenhang mit Leistungen, wenn keine eindeutige Trennung zwischen der Kreditgewährung und der Lieferung oder der sonstigen Leistung vorliegt[15].
- Neben einer entgeltlichen Leistung werden auch noch unentgeltlich weitere Gegenstände gleicher oder anderer Art abgegeben[16].

---

10 BFH, Urteil v. 9.10.2002, V R 5/02, BFH/NV 2003, 434.

11 Bei einem Materialanteil von 800 € kann nicht von einer Werklieferung ausgegangen werden, vgl. auch Abschn. 3.8 Abs. 6 UStAE.

12 Voraussetzung für die Steuerfreiheit wäre, dass der Gegenstand zum Zweck der Reparatur eingeführt oder im Gemeinschaftsgebiet erworben worden wäre, vgl. auch Abschn. 7.4 Abs. 1 UStAE.

13 Die Werklieferung wäre als Ausfuhrlieferung nach § 6 Abs. 1 Nr. 2 UStG steuerfrei; § 6 Abs. 3 UStG würde hier nicht einschlägig sein; Abschn. 6.4 Abs. 1 Satz 3 UStAE.

14 BFH, Urteil v. 31.5.2001, V R 97/98, BStBl II 2001, 658, Abschn. 4.12.11 UStAE.

15 Vgl. zur Abgrenzung Abschn. 3.11 UStAE sowie BMF, Schreiben v. 8.11.2017, BStBl I 2017, 1517.

16 Vgl. Abschn. 3.3 Abs. 10 bis Abs. 20 UStAE.

Option zur Umsatzsteuer

Option zur Umsatzsteuer auf einen Blick

1. **Rechtsquellen**
   § 4 und § 9 UStG
   Abschn. 9.1 und Abschn. 9.2 UStAE
2. **Bedeutung**
   Bestimmte, nach § 4 UStG steuerbefreite Umsätze können nach § 9 UStG steuerpflichtig behandelt werden. Damit eröffnet sich dem leistenden Unternehmer die Möglichkeit, den Vorsteuerabzug für damit im Zusammenhang stehende Eingangsleistungen vorzunehmen.
3. **Weitere Stichworte**
   → Geschäftsveräußerung, → Steuerbefreiung, → Steuerschuldnerverfahren, → Vorsteuerabzug, → Vorsteuerberichtigung
4. **Besonderheiten**
   Entgegen der Auffassung der Finanzverwaltung hat der BFH[1] entschieden, dass eine Option für die Vergangenheit noch solange zurückgenommen werden kann, wie die Steuerfestsetzung anfechtbar oder nach § 164 AO änderbar ist.
   Die Option bei Veräußerung eines Grundstücks kann – entgegen der bisherigen Rechtsauffassung der Finanzverwaltung – nur in dem notariellen Kaufvertrag und nicht auch noch in einer notariellen Ergänzungserklärung ausgeübt werden. Die Finanzverwaltung gewährt hier eine Übergangsregelung.

1. Allgemeine Voraussetzungen zur Option

Der Unternehmer hat die Möglichkeit, bestimmte steuerbefreite Umsätze steuerpflichtig zu behandeln. Dies ist dann von Bedeutung, wenn der Unternehmer ansonsten keinen Vorsteuerabzug haben würde. Damit kommen systematisch für die Option zur Umsatzsteuer nur die Umsätze in Betracht, für die bei Steuerbefreiung keine Ausnahme vom Abzugsverbot der Vorsteuer nach § 15 Abs. 3 UStG infrage kommen kann. Darüber hinaus hat der Gesetzgeber den **Anwendungsbereich für die Option** durch die Regelung des § 9 Abs. 1 UStG auf die folgenden steuerbefreiten Umsätze beschränkt:

- § 4 Nr. 8 Buchst. a bis Buchst. g UStG: Umsätze im Zusammenhang mit **Geldgeschäften**, insbesondere die Gewährung und Vermittlung von Krediten, Umsätze im Geschäft mit Forderungen, Umsätze und die Vermittlung der Umsätze im Einlagengeschäft und Kontokorrentverkehr, Umsätze im Geschäft mit Wertpapieren, Umsätze und die Vermittlung von Umsätzen von Anteilen an Gesellschaften sowie die Übernahme von Verbindlichkeiten und Bürgschaften;
- § 4 Nr. 9 Buchst. a UStG: Umsätze, die unter das **Grunderwerbsteuergesetz** fallen;
- § 4 Nr. 12 UStG: die **Vermietung und Verpachtung von Grundstücken**, die Überlassung von Grundstücken zur Nutzung aufgrund eines auf Übertragung von Eigentum gerichteten Vertrags sowie die Bestellung, die Übertragung und die Überlassung der Ausübung von dinglichen Nutzungsrechten an Grundstücken;
- § 4 Nr. 13 UStG: bestimmte Leistungen, die **Wohnungseigentümergemeinschaften** an die Wohnungseigentümer und Teileigentümer erbringen;
- § 4 Nr. 19 UStG: bestimmte **Umsätze von Blinden** und Inhabern von Blindenwerkstätten.

Tipp! Grundsätzlich ist eine Option aber immer nur dann möglich, wenn der Empfänger der Leistung ein Unternehmer ist und die Leistung auch für sein Unternehmen verwendet, § 9 Abs. 1 UStG.

---

[1] BFH, Urteil v. 19.12.2013, V R 6/12, BFH/NV 2014, 1126.

Beispiel 1: Immobilienbesitzer I errichtet ein Gebäude im Inland, das er sowohl an Privatpersonen zu Mietwohnzwecken als auch an die Gemeinde zur Nutzung als Bürgeramt vermietet.
Lösung: Die Vermietungen sind im Inland steuerbar und grundsätzlich steuerfrei nach § 4 Nr. 12 Buchst. a UStG. I kann nicht auf die Steuerfreiheit der Vermietungsumsätze nach § 9 Abs. 1 UStG verzichten, da seine Mieter Nichtunternehmer sind. Die Gemeinde tritt im Rahmen des Bürgeramts nicht im Rahmen einer unternehmerischen Betätigung auf und erlangt somit nicht Unternehmereigenschaft.

2. Die Ausübung der Option

Die **Ausübung der Option zur Umsatzsteuerpflicht** ist an **keine bestimmte Form** gebunden[2]. Der Unternehmer muss auch nicht bei der Option gegenüber dem Leistungsempfänger auf die Steuerpflicht optieren, es genügt, wenn er den betreffenden Umsatz in seiner Voranmeldung und Erklärung als steuerpflichtigen Umsatz behandelt. Zu beachten sind aber die Ausnahmen nach § 9 Abs. 3 UStG für Umsätze, die unter das Grunderwerbsteuergesetz fallen.

Tipp! Die durch Option steuerpflichtig behandelten Umsätze sind von dem Unternehmen normal in der Umsatzsteuer-Voranmeldung als steuerpflichtige Umsätze anzumelden. In der Jahressteuererklärung sind die Umsätze dann zusätzlich in der Anlage UR in der Zeile 51 anzugeben (Jahressteuererklärung 2017).

Für den **Verzicht und die Rücknahme des Verzichts** gelten keine gesetzlichen Regelungen. Eine Option auf die Umsatzsteuerpflicht kann jederzeit für die Zukunft ausgeübt werden. Die Finanzverwaltung ging früher davon aus, dass der Verzicht wie auch die Rücknahme des Verzichts solange möglich war, wie die Steuerfestsetzung für diese Leistung noch vorgenommen werden konnte. Der Verzicht war deshalb auch dann noch möglich, wenn eine Steuerfestsetzung aufgehoben oder geändert wurde[3].

Der BFH[4] hatte dann aber – in einem Verfahren zum rückwirkenden Wechsel der Besteuerung von der Ist- zur Sollbesteuerung – die Rückgängigmachung der Optionen nach den §§ 9, 19, 23 UStG als auch die Rückgängigmachung der Istbesteuerung im Rahmen des § 20 UStG gleichgestellt und einen rückwirkenden Antrag sowie die rückwirkende Rücknahme desselben nur bis zum **Eintritt der formellen Bestandskraft** für zulässig erachtet.

Wichtig! Formelle Bestandskraft tritt ein, wenn die Rechtsbehelfsfrist im Verwaltungsverfahren und die Klagefrist bzw. die Rechtsmittelfrist im gerichtlichen Verfahren abgelaufen und daher Unanfechtbarkeit eingetreten ist. Die Bestandskraft kann nur bei Vorliegen bestimmter, gesetzlich geregelter Tatbestände durchbrochen werden.

Die Finanzverwaltung hatte die Grundsätze aus dem BFH-Urteil auch für den Widerruf der Option angewandt[5]. Damit kann nach Auffassung der Finanzverwaltung der Verzicht auf die Steuerbefreiung wie auch die nachträgliche Rücknahme des Verzichts nur bis zur formellen Bestandskraft vorgenommen werden. Der BFH[6] hat dagegen klargestellt, dass dies nicht für den Widerruf bei der Option gelten soll; der Widerruf kann solange erfolgen, wie die **Steuerfestsetzung anfechtbar oder nach § 164 AO änderbar** ist. Grundsätzlich müsste dies in diesen Fällen auch für die Ausübung der Option für die Vergangenheit gelten. Mit Schreiben v. 2.8.2017 hat die Finanzverwaltung sowohl den Verzicht wie auch den Widerruf bis zur materiellen Bestandskraft der Veranlagung zugelassen.

---

2 Abschn. 9.1 Abs. 3 UStAE.
3 So noch Abschn. 148 Abs. 3 UStR 2008.
4 BFH, Urteil v. 10.12.2008, XI R 1/08, BStBl II 2009, 1026.
5 Vgl. Abschn. 9.1 Abs. 3 UStAE.
6 BFH, Urteil v. 19.12.2013, VR 6/12, BStBl II 2017, 837.

Tipp! Die Ausübung der Option ist an keine Frist gebunden, sie kann jederzeit für die Zukunft wieder zurückgenommen werden. Gegebenenfalls erfolgt dann aber eine Vorsteuerberichtigung nach § 15a UStG.

Ein einmal ausgeübter **Verzicht auf die Steuerbefreiung** kann unter den oben dargestellten Voraussetzungen auch wieder rückgängig gemacht werden. Der Leistungsempfänger muss dieser Rückgängigmachung nicht zustimmen.

Tipp! Soweit eine ausgeübte Option wieder rückgängig gemacht wird, muss der leistende Unternehmer die in den Rechnungen gesondert ausgewiesene Umsatzsteuer berichtigen, da er sie ansonsten nach § 14c Abs. 1 UStG schuldet. Im Regelfall besteht hier zivilrechtlich ein Rückforderungsanspruch des Leistungsempfängers auf die an den Unternehmer bezahlte Umsatzsteuer. Die Berichtigung der Umsatzsteuer kann nur erfolgen, wenn eine Zustimmung des Finanzamts zu dieser Berichtigung vorliegt und somit sicher-gestellt ist, dass der Vorsteuerabzug beim Leistungsempfänger nicht vorgenommen wurde oder wieder rückgängig gemacht worden ist (die „Gefährdung des Steueraufkommens muss ausgeschlossen sein")[7].

3. Einschränkungen der Option nach § 9 Abs. 2 UStG

Soweit sich die Option auf Nutzungen von Grundstücken bezieht (in der Regel bei Vermietungen von Grundstücken oder Grundstücksteilen, die grundsätzlich steuerfrei nach § 4 Nr. 12 Buchst. a UStG sind), sind über die Voraussetzungen des § 9 Abs. 1 UStG hinaus auch die Einschränkungen des § 9 Abs. 2 UStG zu berücksichtigen. Dabei ist insbesondere zu beachten, dass die Einschränkung der Optionsmöglichkeit nach § 9 Abs. 2 UStG in der Vergangenheit mehreren Änderungen unterlegen hat.

Tipp! Da die Anwendung des § 9 Abs. 2 UStG ausschließlich von dem Bau- bzw. Fertigstellungsjahr der Immobilie abhängt, kann diese Vorschrift nur im Zusammenhang mit der Anwendungsvorschrift des § 27 Abs. 2 UStG umgesetzt werden.

Die einzelnen Möglichkeiten der Option im zeitlichen Zusammenhang mit der Errichtung des Gebäudes verdeutlicht die folgende Abbildung über die Zusammenhänge des § 9 Abs. 1 bis Abs. 3 UStG:

[7] Dies entspricht der Vorgabe des § 14c Abs. 2 UStG, die auch für die nachträgliche Änderung bei einem Verzicht auf die Steuerfreiheit anzuwenden ist.

1. Stufe: § 9 Abs. 1 UStG: ⇒ Leistung wird an einen Unternehmer für dessen Unternehmen erbracht
⇒ Optionsfähiger Umsatz (steuerfreier Umsatz nach § 4 Nr. 8 Buchst. a bis Buchst. g, Nr. 9 Buchst. a, Nr. 12, Nr. 13 oder Nr. 19 UStG)

↓

2. Stufe: § 9 Abs. 2 UStG: Einschränkung bei
⇒ Bestellung und Übertragung von Erbbaurechten
⇒ Vermietung oder Verpachtung nach § 4 Nr. 12 Buchst. a UStG oder Umsätzen nach § 4 Nr. 12 Buchst. b und c UStG

↓

Baubeginn vor dem 1.6.1984 und
⇒ wenn Wohnzwecken dienend: Fertigstellung vor dem 1.4.1985
⇒ wenn anderen nichtunternehmerischen Zwecken dienend: Fertigstellung vor dem 1.1.1986

⇒ **Keine Einschränkung der Option,** aber § 42 AO beachten

Baubeginn vor dem 11.11.1993 und Fertigstellung bis 31.12.1997 und
⇒ wenn Wohnzwecken dienend: Baubeginn ab dem 1.6.1984 oder Fertigstellung ab 1.4.1985
⇒ wenn anderen nichtunternehmerischen Zwecken dienend: Baubeginn ab dem 1.6.1984 oder Fertigstellung ab 1.1.1986

⇒ Option nur zulässig, wenn Einheit nicht Mietwohnzwecken oder anderen nichtunternehmerischen Zwecken dient oder zu dienen bestimmt ist, § 27 Abs. 2 UStG

Baubeginn ab dem 11.11.1993 oder **Fertigstellung nach dem 31.12.1997**

⇒ Option nur zulässig, wenn Mieter das Grundstück ausschließlich (Bagatellegrenze von 5 %) für Umsätze nutzt, die den Vorsteuerabzug nicht ausschließen, vgl. Abschn. 9.2 Abs. 3 UStAE

Ausübung der Option ist bei Lieferungen von Grundstücken im Zwangsversteigerungsverfahren durch den Vollstreckungsschuldner an den Ersteher nur bis zur Aufforderung zur Abgabe von Geboten im Versteigerungstermin zulässig; bei anderen Grundstückslieferungen kann nur im notariellen Kaufvertrag Option ausgeübt werden (§ 9 Abs. 3 UStG).

Beispiel 2: Vermieter V ist Eigentümer einer Immobilie in München. Mit Mietvertrag vom 1.3.2018 vermietet er eine Einheit an den Augenarzt A.

Lösung: Die Möglichkeit, bei der Vermietung auf die Steuerpflicht zu optieren, hängt davon ab, wann mit dem Bau des Gebäudes begonnen worden ist bzw. wann das Gebäude fertiggestellt worden ist. Wenn mit dem Bau vor dem 11.11.1993 begonnen und das Gebäude bis zum 31.12.1997 fertiggestellt wurde, kann der Vermieter bei der Vermietung auf die Steuerpflicht optieren. Bei Baubeginn ab dem 11.11.1993 oder Fertigstellung ab dem 1.1.1998 ist eine Option auf die Steuerpflicht bei der Vermietung nicht möglich. Unerheblich ist dabei, ob und wenn ja, wann V das Haus erworben hat oder wann der Mietvertrag abgeschlossen wurde.

3.1 Besonderheiten bei Gebäuden mit Baubeginn vor dem 11.11.1993 und Fertigstellung bis 31.12.1997

Bei Gebäuden, bei denen mit dem **Baubeginn** (vgl. dazu 3.3) **vor dem 11.11.1993** begonnen worden ist und die auch vor dem 1.1.1998 fertiggestellt worden sind, kann der Vermieter die Vermietung steuerpflichtig behandeln, wenn der Mieter ein Unternehmer ist und er die Räume für seine unternehmerischen Zwecke (allerdings keine Mietwohnzwecke) verwendet. Soweit diese Voraussetzungen gegeben sind, kommt es nicht darauf an, ob der Leistungsempfänger zum Vorsteuerabzug bezüglich der ihm in Rechnung gestellten Umsatzsteuer berechtigt ist.

Damit können insbesondere Vermietungen steuerpflichtig behandelt werden, bei denen an Ärzte, Kreditinstitute oder Versicherungsunternehmen vermietet wird.

Tipp! Da die Umsatzsteuer bei den nicht zum Vorsteuerabzug berechtigten Unternehmern Kosten darstellt, ist diese Umsatzsteuer meist nicht auf den Mieter zu überwälzen. Aus diesem Grunde ist – insbesondere nach Ablauf des zehnjährigen Berichtigungszeitraums nach § 15a UStG – laufend zu überprüfen, ob eine Vermietung steuerpflichtig behandelt werden sollte. Dabei ist zu berücksichtigen, dass auch größere Instandsetzungsarbeiten einen eigenständigen Vorsteuerberichtigungszeitraum auslösen können; vgl. dazu Stichwort Vorsteuerberichtigung.

Soweit in einem späteren Zeitraum auf die Steuerfreiheit nicht mehr verzichtet werden soll, muss der Vermieter den **Mietvertrag** entsprechend ändern, da der Mietvertrag als Dokument i.S.d. § 14 UStG gilt. Gegebenenfalls muss eine Änderungsmitteilung an den Mieter zum Gegenstand des Mietvertrags gemacht werden.

3.2 Besonderheiten bei Gebäuden, bei denen mit dem Bau ab dem 11.11.1993 begonnen wurde oder die ab dem 1.1.1998 fertiggestellt worden sind

Wurde mit dem Bau eines Gebäudes **ab dem 11.11.1993 begonnen** oder das Gebäude erst ab dem 1.1.1998 fertiggestellt, ist eine Option auf die Steuerpflicht bei der Vermietung nur dann möglich, wenn der Mieter bezüglich der ihm in Rechnung gestellten Umsatzsteuer voll zum Vorsteuerabzug berechtigt ist. Zu den Unternehmern, die zum Vorsteuerabzug berechtigt sind, gehören auch Unternehmer, die die Vorsteuerbeträge nach Durchschnittssätzen (§ 23 und § 23a UStG) berechnen, die Umsätze nach den Sondervorschriften für land- und forstwirtschaftliche Erzeuger nach § 24 UStG besteuern, Reiseleistung i.S.d. § 25 UStG erbringen oder die Umsatzsteuer nach den Vorschriften über die Differenzbesteuerung nach § 25a UStG ermitteln.

Achtung! Bei der Vermietung an einen Kleinunternehmer nach § 19 Abs. 1 UStG ist eine Option auf die Steuerpflicht bei der Vermietung nicht möglich, da der Kleinunternehmer nicht berechtigt ist, Vorsteuerbeträge abzuziehen.

Soweit die Option grundsätzlich nach § 9 Abs. 1 UStG möglich ist, kann sie auf die kleinste Einheit des Grundstücks, den **einzelnen Raum**, beschränkt werden.

Fortsetzung Beispiel 2: Augenarzt A führt in einem separaten Raum auch den Verkauf und die Anpassung von Kontaktlinsen aus. Diese steuerpflichtige Tätigkeit schließt den Vorsteuerabzug nach § 15 Abs. 2 UStG nicht aus, sodass der Vermieter für diesen Raum auf die Steuerpflicht selbst dann optieren kann, wenn es sich um ein Gebäude handelt, bei dem mit dem Bau ab dem 11.11.1993 begonnen worden ist oder das ab dem 1.1.1998 fertiggestellt worden ist.

Darüber hinaus ist zu beachten, dass der Mieter auch in **geringfügigem Umfang** (bis maximal 5 %) Umsätze tätigen kann, die den Vorsteuerabzug ausschließen, ohne dass davon die Option auf die Steuerpflicht des Vermieters berührt wird[8].

[8] Abschn. 9.2 Abs. 3 UStAE.

Beispiel 3: Vermieter V vermietet an den Handelsvertreter H Gewerberäume. H vermittelt auch gelegentlich Versicherungen. Die Vermittlung von Versicherungen führt zu steuerfreien Ausgangsumsätzen nach § 4 Nr. 11 UStG, die bei H die Vorsteuerabzugsberechtigung insoweit ausschließen. Wenn die Versicherungsvermittlung nicht mehr als 5 % der Ausgangsleistungen des H ausmacht, kann V in vollem Umfang bei der Vermietung auf die Steuerfreiheit verzichten. Sollten die steuerfreien, den Vorsteuerabzug ausschließenden Leistungen aber über 5 % betragen und auch nicht einzelnen Teilen des Mietobjekts zuzurechnen sein, wäre eine Option des V für diese Mieteinheit insgesamt ausgeschlossen.

Wichtig! Der BFH[9] hat bestätigt, dass der Verzicht gemäß § 9 Abs. 2 Satz 1 UStG auch teilweise für einzelne Flächen eines Mietobjekts wirksam sein kann, wenn diese Teilflächen eindeutig bestimmbar sind.

Der Vermieter ist verpflichtet, die notwendigen Voraussetzungen für den Verzicht auf die Steuerbefreiung **nachzuweisen**. Dieser Nachweis ist an keine bestimmte Form gebunden.

Achtung! Wenn der Vermieter auf die Steuerfreiheit der Vermietungsumsätze verzichtet, sollte er sich grundsätzlich von seinem Mieter bestätigen lassen, dass der Mieter keine den Vorsteuerabzug ausschließenden Umsätze ausführt. Gegebenenfalls kann hier eine jährliche Bestätigung des Mieters notwendig sein, wenn die Vermutung besteht, dass der Mieter den Vorsteuerabzug ausschließende Umsätze ausführt.

3.3 Abgrenzungskriterium Baubeginn

Für die Abgrenzung der anzuwendenden Rechtsvorschrift bei der Option auf die Steuerpflicht in Abhängigkeit der Nutzung des Objekts kommt es entscheidend darauf an, wann mit dem Bau begonnen wurde.

Als **Baubeginn** ist dabei die Ausführung von tatsächlichen Bauhandlungen zu sehen, der Antrag auf Baugenehmigung ist nicht entscheidend. Nach Auffassung der Finanzverwaltung[10] sind solche **Bauhandlungen** insbesondere:

- Beginn der Ausschachtungsarbeiten,
- Erteilung eines spezifizierten Bauauftrags an den Bauunternehmer oder
- Anfuhr nicht unbedeutender Mengen von Baumaterial auf dem Bauplatz.

Auch in den Fällen, in denen ein **Altgebäude** so **umfassend instand gesetzt** wird, dass ertragsteuerlich ein anderes Wirtschaftsgut entsteht, wird das Gebäude wie ein Neubau behandelt. Die Beurteilung richtet sich hier nach ertragsteuerlichen Gesichtspunkten. Ein Neubau liegt insbesondere dann vor, wenn das bisherige Wirtschaftsgut im Wesen so geändert und so tief greifend umgestaltet oder in einem solchen Ausmaß erweitert wird, dass die eingefügten neuen Teile der Gesamtsache das Gepräge geben und die verwendeten Altteile wertmäßig untergeordnet erscheinen. Dass bei einer **Sanierung eines Gebäudes** aber ertragsteuerlich nachträgliche Herstellungskosten entstanden sind, führt nicht automatisch zu einem neuen Wirtschaftsgut i.S.d. § 9 Abs. 2 UStG[11].

4. Besonderheiten bei der Lieferung von Grundstücken

Bei der **Lieferung von Grundstücken** kann es sich grundsätzlich um eine nicht steuerbare **Geschäftsveräußerung** nach § 1 Abs. 1a UStG oder um einen steuerbaren Umsatz handeln.

---

9 BFH, Urteil v. 24.4.2014, V R 27/13, BStBl II 2014, 732.

10 Abschn. 9.2 Abs. 5 Satz 2 UStAE.

11 Vgl. BFH, Urteil v. 5.6.2003, V R 32/02, BStBl II 2004, 28.

Achtung! Bevor die Möglichkeiten der Option geprüft werden, muss überprüft werden, ob nicht eine nicht steuerbare Geschäfts- oder Teilbetriebsveräußerung vorliegt; vgl. Stichwort Geschäftsveräußerung.

Bei einem **steuerbaren Verkauf eines Grundstücks**, das im Inland belegen ist, ergibt sich wegen der Grunderwerbsteuerbarkeit grundsätzlich eine **Steuerbefreiung** für diese Lieferung nach § 4 Nr. 9 Buchst. a UStG. Auf diese Steuerbefreiung kann unter den allgemeinen Voraussetzungen des § 9 Abs. 1 UStG verzichtet werden.

Wichtig! Die einschränkenden Voraussetzungen des § 9 Abs. 2 UStG sind bei Grundstücksverkäufen grundsätzlich nicht anzuwenden. Allerdings sind die Voraussetzungen des § 9 Abs. 3 UStG zu beachten. Damit kommt es nicht darauf an, ob der Leistungsempfänger zum Vorsteuerabzug berechtigt ist, er muss aber in jedem Fall das Grundstück als Unternehmer für sein Unternehmen erwerben.

Da sich bei einer steuerfreien Veräußerung des Grundstücks gegebenenfalls eine **Vorsteuerberichtigung** nach § 15a UStG zulasten des Unternehmers ergibt, falls der Verkauf innerhalb eines zehnjährigen Berichtigungszeitraums nach § 15a UStG erfolgt, kann ein Verzicht auf die Steuerbefreiung sinnvoll sein. Dabei können sich für den Verkäufer und den Käufer die folgenden Möglichkeiten ergeben:

	Verkäufer	Käufer
Vollständiger Verzicht auf die Steuerbefreiung	Der Verkäufer hat keine Umsatzsteuer abzuführen, da der Vorgang unter das Steuerschuldnerverfahren fällt. Soweit das Grundstück innerhalb von zehn Jahren seit erstmaliger Verwendung verkauft wird, kann eine Vorsteuerberichtigung nach § 15a UStG zugunsten des Unternehmers in Betracht kommen, wenn bei Errichtung des Gebäudes nicht der volle Vorsteuerabzug möglich war.	Der Käufer wird zum Steuerschuldner für die ihm gegenüber ausgeführte Grundstückslieferung. Er kann die Vorsteuer insoweit aus dem Kaufpreis geltend machen, wie er das Grundstück zu vorsteuerabzugsberechtigenden Umsätzen verwendet.
Kein Verzicht auf die Steuerfreiheit	Der Verkäufer hat keine Umsatzsteuer abzuführen. Soweit das Grundstück innerhalb von zehn Jahren seit erstmaliger Verwendung verkauft wird, kann eine Vorsteuerberichtigung nach § 15a UStG zulasten des Unternehmers in Betracht kommen, wenn bei Errichtung des Gebäudes ein Vorsteuerabzug möglich war.	Der Käufer schuldet keine Umsatzsteuer, da der Verkauf steuerfrei erfolgte. Eine Vorsteuerabzugsberechtigung für den Käufer ergibt sich nicht.

	Verkäufer	Käufer
Teilweiser Verzicht auf die Steuerbefreiung	Der Verkäufer hat keine Umsatzsteuer abzuführen, da der Vorgang unter das Steuerschuldnerverfahren fällt. Da in der Regel nur für die Teile des Gebäudes auf die Steuerfreiheit verzichtet wird, die bei der Anschaffung oder Herstellung zum Vorsteuerabzug berechtigten und die innerhalb des Vorsteuerberichtigungszeitraums von zehn Jahren verkauft werden, ergibt sich für den Verkäufer keine Vorsteuerberichtigung.	Der Käufer wird zum Steuerschuldner für die ihm gegenüber ausgeführte Grundstückslieferung. Er hat die Umsatzsteuer insoweit abzuführen, wie der Verkäufer auf die Steuerbefreiung verzichtet hat. Der Käufer hat den Vorsteuerabzug für den Teil des Gebäudes, für den der Verkäufer auf die Steuerpflicht optiert hat, soweit der Käufer diesen Teil für Umsätze verwendet, die den Vorsteuerabzug nach § 15 Abs. 2 UStG nicht ausschließen.

Wichtig! Die vorstehende Tabelle gilt entsprechend auch für größere Instandsetzungsarbeiten an einem Gebäude, da diese ebenfalls einen eigenständigen Vorsteuerberichtigungszeitraum auslösen können, vgl. Stichwort Vorsteuerberichtigung.

Eine **Teiloption** auf bestimmte Teile des Grundstücks kann insbesondere bei verschiedenen Nutzungsarten in Betracht kommen (z.B. teilweise Vermietung zu Wohnzwecken und teilweise Vermietung für gewerbliche Zwecke)[12]. Unter Zugrundelegung unterschiedlicher wirtschaftlicher Funktionen ist auch eine Aufteilung nach räumlichen Gesichtspunkten möglich. Eine rein quotale Aufteilung ist hingegen nicht möglich.

Wichtig! Ein getrennter Verzicht auf die Steuerbefreiung bei Grund und Boden und Gebäude ist bei einem bebauten Grundstück nicht möglich[13].

Bei der **Zwangsversteigerung eines Grundstücks** durch den Vollstreckungsschuldner an den Ersteher ist darüber hinaus zu beachten, dass ein Verzicht auf die Steuerbefreiung nur bis zur Aufforderung zur Abgabe von Geboten im Zwangsversteigerungstermin zulässig ist, § 9 Abs. 3 Satz 1 UStG.

Für **alle anderen Grundstückslieferungen** ist in § 9 Abs. 3 Satz 2 UStG eine weitere Voraussetzung für die Option bei der Lieferung eines Grundstücks enthalten: Ein wirksamer Verzicht auf die Steuerfreiheit kann nur in dem nach § 311b Abs. 1 BGB[14] notariell zu beurkundenden Vertrag erklärt werden. Diese Beschränkung steht im Zusammenhang mit der Übertragung der Steuerschuldnerschaft auf den Leistungsempfänger nach § 13b Abs. 2 Nr. 3 UStG auf alle Grundstückslieferungen, die unter das Grunderwerbsteuergesetz fallen. Um den Erwerber eines Grundstücks vor einer Steuerschuld durch nachträgliche Option des Veräußerers zu schützen, war diese Ergänzung in § 9 Abs. 3 Satz 2 UStG notwendig.

Wichtig! Die Finanzverwaltung ging früher davon aus, dass der Verzicht auf die Steuerbefreiung auch in einer notariellen Ergänzungsurkunde ausgeübt werden konnte[15], eine rein privatschriftliche Vereinbarung aber nicht zu einer Steuerpflicht des Verkaufsumsatzes führen durfte.

---

12 BFH, Urteil v. 26.6.1996, XI R 43/90, BStBl II 1997, 98 sowie auch Abschn. 9.1 Abs. 6 UStAE.

13 EuGH, Urteil v. 8.6.2000, C-400/98 – Brigitte Breitsohl, BStBl II 2003, 452.

14 Soweit – z.B. bei dem Übergang von Gebäuden auf fremden Grund und Boden – eine notarielle Beurkundung nicht möglich ist, ist eine Option auch ohne diese Voraussetzung möglich, OFD Chemnitz v. 6.6.2006, n.v.

15 BMF, Schreiben v. 31.3.2004, BStBl I 2004, 453. Mit Schreiben v. 2.8.2017, BStBl I 2017, 1240 beanstandet die Finanzverwaltung in Altfällen die Optionserklärung in einer notariellen Ergänzungserklärung nicht und gewährt für bis Ende 2017 abgegebene Erklärungen Vertrauensschutz.

Der BFH[16] hat dementgegen festgestellt, dass der Verzicht ausschließlich in dem notariell zu beurkundenden Kaufvertrag ausgesprochen werden muss, eine Optionserklärung in einer späteren notariellen Ergänzungserklärung würde nicht mehr wirksam sein. Die Finanzverwaltung[17] wendet dies mittlerweile so an.

Tipp! Der Erwerber eines Grundstücks muss darauf achten, dass er sowohl bei einer Zwangsversteigerung eines Grundstücks wie auch bei dem normalen Erwerb eines Grundstücks nach § 13b Abs. 2 Nr. 3 UStG zum Steuerschuldner der Umsatzsteuer wird, wenn der Verkäufer zulässiger Weise auf die Steuerbefreiung des Umsatzes verzichtet.

16 BFH, Urteil v. 21.10.2015, XI R 40/13, BStBl II 2017, 852.

17 BMF, Schreiben v. 2.8.2017, BStBl I 2017, 1240.

Organschaft

Organschaft auf einen Blick

1. Rechtsquellen
§ 2 Abs. 2 Nr. 2 UStG
Abschn. 2.8 und Abschn. 2.9 UStAE

2. Bedeutung
Wenn eine juristische Person des Zivil- oder Handelsrechts in das Unternehmen eines anderen Unternehmers eingegliedert ist, wird sie als Organgesellschaft unselbstständiger Bestandteil des anderen Unternehmers. Es ist eine einheitliche Umsatzsteuererklärung für den ganzen Organkreis abzugeben. Zwischen den Organen im Inland liegen nicht steuerbare Innenumsätze vor.

3. Weitere Stichworte
→ Bauabzugsteuer, → Holding, → Inland, → Innenumsatz

4. Besonderheiten
Die Eingliederungskriterien wurden in der letzten Zeit durch die Rechtsprechung wie auch durch die Finanzverwaltung erheblich verändert.
Nachdem strittig war, ob auch Personengesellschaften als unselbstständige Einheiten in einen Organkreis eingebunden werden können und ob die strengen Unter-/Überordnungskriterien für die Eingliederung mit dem Unionsrecht vereinbar sind, ergeben sich nach der Entscheidung des EuGH Differenzen in der Interpretation der Vorgaben des Unionsrechts zwischen den beiden mit der Umsatzsteuer betrauten Senaten des BFH. Die Finanzverwaltung sieht in Ausnahmefällen auch eine Eingliederung einer Personengesellschaft in einen einheitlichen Organkreis, wenn alle Anteile an der Personengesellschaft sich in der Hand des Organkreises befinden.

1. Der Streit um die richtige Auslegung

Eine Organschaft kann nach der eindeutigen nationalen gesetzlichen Vorschrift des § 2 Abs. 2 Nr. 2 Satz 1 UStG nur zwischen einem **Unternehmer** (natürliche Person, Personengesellschaft oder juristische Person) **als Organträger** und einer juristischen Person des Zivil- oder Handelsrechts (in der Regel Aktiengesellschaft oder Gesellschaft mit beschränkter Haftung) als Organgesellschaft bestehen. Wenn bei dem potenziellen Organträger keine Unternehmereigenschaft vorliegt, kann auch keine **umsatzsteuerliche Organschaft** gegeben sein[1]. Insbesondere bei Holdinggesellschaften kann es an der Unternehmereigenschaft der Holdingmutter scheitern, wenn es sich um eine sog. **Finanzholding** handelt[2]; vgl. dazu Stichwort Holding.

Achtung! Liegen die Voraussetzungen der umsatzsteuerrechtlichen Organschaft vor, besteht für die Unternehmer kein Wahlrecht für die Rechtsfolgen des § 2 Abs. 2 Nr. 2 UStG[3].

Wichtig! Umstritten war, ob nicht auch eine Personengesellschaft als eingegliederte Organgesellschaft unselbstständig sein kann. Nach Art. 11 MwStSystRL kann eine „Person" in ein anderes Unternehmen eingegliedert sein. Person i.S.d. Regelung muss nicht nur eine juristische Person sein. Insoweit hatte das Finanzgericht München[4] die Eingliederung einer Personengesellschaft (KG) in eine GmbH bejaht. Der BFH hatte dazu u.a. den EuGH angerufen und u.a. gefragt, ob es mit dem Gebot der Rechtsformneutralität vereinbar ist, wenn nur juristische Personen eingegliedert sein können. Darüber hinaus

---

1 Bestätigt durch BFH, Urteil v. 2.12.2015, V R 67/14, BStBl II 2017, 560.
2 EuGH, Urteil v. 27.9.2001, C 16/00, Societe Cibo Participations, BFH/NV Beilage 2002, 6. Die Finanzholding hält lediglich die Beteiligungen, ohne gegen Sonderentgelt Dienstleistungen an die Töchtergesellschaften zu erbringen.
3 BFH, Urteil v. 29.10.2008, XI R 74/07, BStBl II 2009, 256.
4 FG München, Urteil v. 13.3.2013, 3 K 235/10, EFG 2013, 1434.

ging es in diesen Verfahren weiterhin um die Anwendbarkeit der nationalen Eingliederungsvoraussetzungen.

Der EuGH[5] hat dazu festgestellt, dass Art. 11 MwStSystRL dahingehend auszulegen ist, dass er einer nationalen Regelung entgegensteht, die die in dieser Bestimmung vorgesehene Möglichkeit, eine Gruppe von Personen zu bilden, die als ein Mehrwertsteuerpflichtiger behandelt werden können, allein den Einheiten vorbehält, die juristische Personen sind und mit dem Organträger dieser Gruppe durch ein Unterordnungsverhältnis verbunden sind, es sei denn, dass diese beiden Anforderungen Maßnahmen darstellen, die für die Erreichung der Ziele der Verhinderung missbräuchlicher Praktiken oder Verhaltensweisen und der Vermeidung von Steuerhinterziehung oder -umgehung erforderlich und geeignet sind, was das vorlegende Gericht zu prüfen hat.

Konkret bedeutet dies für die Anwendung der Organschaftsregelungen in Deutschland, dass die Beschränkung der Eingliederung von juristischen Personen in den Organkreis als unselbstständige Bestandteile nicht den Vorgaben des Unionsrechts entspricht – insoweit liegt ein Verstoß gegen die Rechtsformneutralität vor. Damit sind – soweit den unionsrechtlichen Vorgaben gefolgt wird – auch Organkreise denkbar, bei denen Personengesellschaften als unselbstständige Teile eingegliedert werden können.

Achtung! Eine Beschränkung kann dies nur dort erfahren, wo es zum Zwecke der Verhinderung einer Steuerumgehung oder einer Steuerhinterziehung notwendig ist (Verhinderung missbräuchlicher Gestaltungen).

Der EuGH ist in seiner Entscheidung aber noch weiter gegangen. Auch das in Deutschland normierte Unter- und Überordnungsverhältnis, das in den letzten Jahren durch die Rechtsprechung des BFH immer weiter ausgeweitet worden ist, entspricht nicht den Vorgaben des Unionsrechts. Die unionsrechtlich vorgegebene enge Verbundenheit kann nicht den Einheiten vorbehalten sein, die sich in einem Unterordnungsverhältnis zum Organträger befinden. Damit wird sich national die Frage stellen, ob es – wie bisher – einer finanziellen Eingliederung bedarf, die zwingend die Mehrheit der Stimmen in der Gesellschafterversammlung voraussetzt und ob die in den letzten Jahren verschärften Voraussetzungen für die organisatorische Eingliederung über die Personalunion haltbar sind. Damit wären – soweit die Vorgaben des EuGH umgesetzt werden – auch Organstrukturen gleichgeordneter Gesellschaften – unabhängig ihrer rechtlichen Stellung als Kapital- oder Personengesellschaft – denkbar.

Wichtig! Der EuGH hat aber in seiner Entscheidung auch deutlich klargestellt, dass sich der einzelne Unternehmer nicht unmittelbar auf das für ihn günstigere Unionsrecht beziehen kann.
Außerdem hatte er dem BFH eine Hintertür offen gelassen – die dann der BFH auch ausgiebig genutzt hat –, dass diese Vorgaben immer vor dem Hintergrund der Verhinderung missbräuchlicher Gestaltungen umzusetzen sind.

Der BFH hat sich in der Folge der Rechtsprechung des EuGH mit den Folgen für die nationale Umsetzung der Organschaftsvoraussetzungen auseinander gesetzt. Leider sind die beiden mit der Umsatzsteuer befassten Senate des BFH[6] hier nicht zu einheitlichen Ergebnissen gekommen. Derzeit sind die folgenden Feststellungen getroffen worden:

- Der BFH[7] hält an seiner Auffassung fest, dass der **Organträger Unternehmer** sein muss. Die Organschaft setzt als Vereinfachungsmaßnahme die eigene Unternehmerstellung des Organträgers zur Verhinderung missbräuchlicher Praktiken voraus. Ist der potenzielle Organträger mangels eigener

[5] EuGH, Urteil v. 16.7.2015, C-108/14 – Beteiligungsgesellschaft Larentia + Minerva mbH & Co. KG/C-109/14 – Marenave Schiffahrts AG, BFH/NV 2015, 1549.

[6] Beim BFH ist sowohl der V. Senat wie auch der XI. Senat für die Umsatzsteuer zuständig.

[7] BFH, Urteil v. 2.12.2015, V R 67/14, BStBl II 2017, 560.

Unternehmerstellung nicht zum Vorsteuerabzug berechtigt, würde die Bildung einer Organschaft auch ohne eigene Unternehmerstellung eine Umgehung dieses Abzugsverbots bedeuten.

- Der V. Senat des BFH[8] hält weiterhin daran fest, dass die Organschaft eine **eigene Mehrheitsbeteiligung** des Organträgers an der Tochtergesellschaft voraussetzt und dass zudem im Regelfall eine personelle Verflechtung über die Geschäftsführung bestehen muss. Eine enge finanzielle Verbindung zwischen mehreren Personen kann nicht Voraussetzung für die Organschaft sein. Das nationale Steuerrecht sieht für die Organschaft weder einen Antrag noch ein anderes Verfahren zur Feststellung der Voraussetzungen der Organschaft vor. Eine einfache finanzielle Verbindung würde es nicht ermöglichen, die Person rechtssicher zu bestimmen, die die Verpflichtungen als Steuerschuldnerin zu erfüllen hat, dazu gehören auch Durchgriffsrechte. Die Organschaft soll auch dem Zweck der Vereinfachung dienen. Ohne die eindeutige Feststellung der Voraussetzungen der Organschaft kann der Organträger nicht seine Verantwortung als der Unternehmer übernehmen. Die Rechtsprechung führt nach Auffassung des BFH auch nicht zu einem Widerspruch zur Vorgabe des EuGH. Die notwendigen Eingliederungsvoraussetzungen dienen der Verwaltungsvereinfachung und der Missbrauchsverhinderung.
- Eine Änderung an der bisherigen Rechtsauffassung hat der V. Senat des BFH[9] bezüglich der **Eingliederungsmöglichkeit einer Personengesellschaft** vorgenommen. Neben einer juristischen Person kann auch eine Personengesellschaft in das Unternehmen des Organträgers eingegliedert sein, wenn Gesellschafter der Personengesellschaft neben dem Organträger nur Personen sind, die nach § 2 Abs. 2 Nr. 2 UStG in das Unternehmen des Organträgers finanziell eingegliedert sind. Rechtlich bestehen zwischen Personengesellschaften und Kapitalgesellschaften erhebliche Unterschiede. Nach dem Urteil des BFH rechtfertigen diese Unterschiede aber nicht den Ausschluss auch von Tochterpersonengesellschaften, an denen nur der Organträger und andere von ihm finanziell beherrschte Gesellschaften beteiligt sind. Die Beherrschung kann dann nicht in Frage gestellt werden.
- Der XI.-Senat des BFH[10] lässt in wesentlichen Teilen offen, ob er dem V. Senat im Ergebnis und Begründung folgt. Allerdings kommt er auch – mit einer anderen Begründung – zu der Entscheidung, dass eine GmbH & Co. KG (Personengesellschaft) als Organgesellschaft eingegliedert sein kann. Der BFH ist zu dem Ergebnis gelangt, dass § 2 Abs. 2 Nr. 2 Satz 1 UStG jedenfalls insoweit unionsrechtswidrig ist, als die Vorschrift vorsieht, dass eine GmbH & Co. KG allein aufgrund ihrer Rechtsform nicht Organgesellschaft sein kann. Dieser Ausschluss ist weder zur Verhinderung missbräuchlicher Praktiken oder Verhaltensweisen noch zur Vermeidung von Steuerhinterziehung oder -umgehung erforderlich und angemessen. Weiter hat der BFH entschieden, dass § 2 Abs. 2 Nr. 2 Satz 1 UStG richtlinienkonform dahingehend ausgelegt werden kann, dass der Begriff „juristische Person" auch eine GmbH & Co. KG umfasst. Er knüpft dabei an Rechtsprechung des Bundesverfassungsgerichts und des Bundesverwaltungsgerichts an, die dieselbe Auslegung in anderem Zusammenhang bereits ebenfalls vorgenommen haben. Ob die weitere Voraussetzung des § 2 Abs. 2 Nr. 2 Satz 1 UStG, dass die Organgesellschaft nach dem Gesamtbild der tatsächlichen Verhältnisse finanziell, wirtschaftlich und organisatorisch in das Unternehmen des Organträgers eingegliedert sein muss, mit dem Unionsrecht vereinbar ist, hat der XI. Senat des BFH ausdrücklich offen gelassen, da das Finanzgericht zu diesen Fragen keine Feststellungen getroffen hatte.

Wichtig! Damit liegen der V. Senat und der XI. Senat des BFH in zwei wesentlichen Punkten auseinander: Zum einen ist die Begründung für die Einbeziehung auch einer Personengesellschaft unterschiedlich, was zwar in den entschiedenen Fällen nicht zu Problemen führt, aber die Übertragbarkeit der Ergebnisse auf andere Fälle in der Praxis doch erheblich einschränkt.

---

8 BFH, Urteil v. 2.12.2015, V R 15/14, BStBl II 2017, 553.

9 BFH, Urteil v. 2.12.2015, V R 25/13, BStBl II 2017, 547.

10 BFH, Urteil v. 19.1.2016, XI R 38/12, BStBl II 2017, 567 sowie BFH, Urteil v. 1.6.2016, XI R 17/11, BStBl II 2017, 581.

Andererseits bleibt offen, ob der XI. Senat ebenfalls – wie der V. Senat – bei dem Über- und Unterordnungsverhältnis bleiben will. Die Formulierung in dem Urteil lässt zumindest Zweifel aufkommen, dass der BFH bei dieser wichtigen Voraussetzung für die Organschaft mit einer Stimme spricht. Die Finanzverwaltung[11] hatte zuerst die Urteile über den entschiedenen Fall hinaus nicht angewendet. Nur wenn die Voraussetzungen beider Senate bei einer GmbH & Co. KG vorliegen, konnten sich die Beteiligten einheitlich darauf berufen.
In einem weiteren Schreiben hat das BMF[12] dann allerdings in Ausnahmefällen die Möglichkeit eingeräumt, dass auch eine Personengesellschaft in den einheitlichen Organkreis eingegliedert sein kann. Wegen des bei Personengesellschaften regelmäßig geltenden Einstimmigkeitsprinzips ist es aber Voraussetzung, dass sich alle Anteile an der Personengesellschaft in der Hand des Organträgers oder anderer Organgesellschaften befinden. Soweit noch außenstehende Personen Anteile an der Personengesellschaft halten, kann die Personengesellschaft nicht unselbstständig eingegliedert sein. Diese Grundsätze sind in allen noch offenen Fällen anzuwenden, gegen den Willen der Beteiligten aber frühestens für Umsätze, die nach dem 31.12.2018 ausgeführt werden.

Beispiel 1:

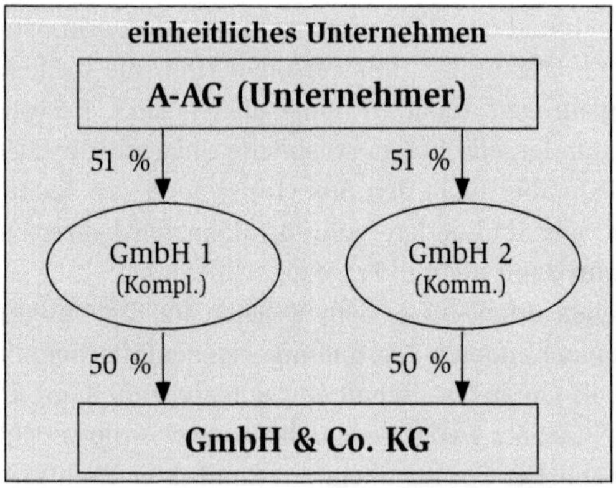

Beispiel 2:

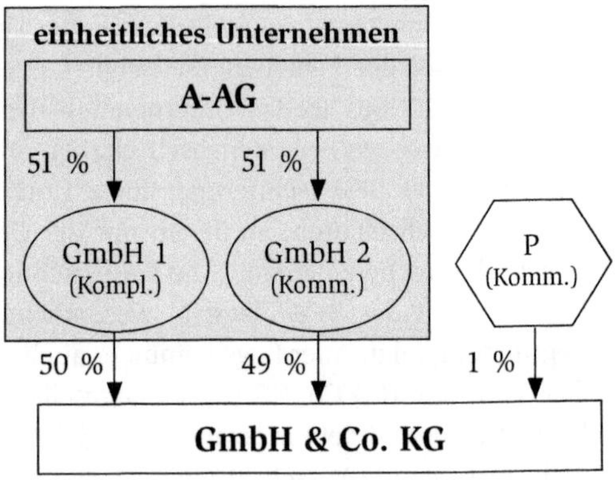

2. Nationale Voraussetzungen der Organschaft

Die **Organgesellschaft** muss nach den derzeitigen Vorgaben aus der nationalen Rechtsprechung dem Gesamtbild der Verhältnisse in das Unternehmen des Organträgers eingegliedert sein, wobei sich die Eingliederung auf die folgenden drei Voraussetzungen bezieht, die alle vorliegen, jedoch nicht gleich stark ausgeprägt sein müssen[13]:

Voraussetzung	Umsetzung
Finanzielle Eingliederung	Der Organträger muss die Mehrheit der Stimmen in der Gesellschafterversammlung der Organgesellschaft haben. Dies kann auch bei einer Beteiligung von weniger als 50 % am Kapital der Organgesellschaft gegeben sein, wenn z.B. die Gesellschaft eigene Anteile hält oder Stimmrechtsbeschränkungen vorliegen. Die finanzielle Eingliederung ist zwingende Voraussetzung für die Organschaft. Die Anteile an der Organgesellschaft müssen sich aber direkt im Unternehmen des Organträgers oder einer zwischengeschalteten Gesellschaft befinden. Eine Ableitung der finanziellen Eingliederung in den Fällen, in denen die Anteile einer

[11] OFD Frankfurt/M., Rundverfügung v. 24.5.2016, DStR 2016, 1611.
[12] BMF, Schreiben v. 26.5.2017, BStBl I 2017, 790.
[13] BFH, Urteil v. 14.2.2008, V R 12/06, BFH/NV 2008, 1365. Vgl. auch Abschn. 2.8 Abs. 1 UStAE.

Voraussetzung	Umsetzung
	Organgesellschaft sich im Sonderbetriebsvermögen von Gesellschaftern einer Personengesellschaft befinden, ist spätestens seit dem 1.1.2012 nicht mehr möglich[14]. Soweit eine Personengesellschaft in den Organkreis eingegliedert sein soll, müssen sich sämtliche Anteile an ihr in der Hand des Organkreises befinden.
Organisatorische Eingliederung	Der Organträger muss auch im täglichen Geschäft in der Lage sein, seinen Willen in der Organgesellschaft umzusetzen. Regelmäßige Voraussetzung dafür ist, dass eine personelle Verflechtung[15] zwischen dem Organträger und der Organgesellschaft besteht (sog. **Personalunion**). Es kommt darauf an, dass der Organträger die Organgesellschaft durch die Art und Weise der Geschäftsführung beherrscht und seinen Willen in der Organgesellschaft durchsetzen kann. Nicht ausreichend ist, dass eine vom Organträger abweichende Willensbildung in der Organgesellschaft ausgeschlossen ist[16]. Die personelle Verflechtung kann sich aber auch daraus ergeben, dass Mitarbeiter des Organträgers als Geschäftsführer der Organgesellschaft tätig sind, lediglich die Stellung als Prokurist ist aber nicht ausreichend[17]. In diesem Fall übt der Organträger über seine Mitarbeiter dieselben Einflussmöglichkeiten auf die Geschäftsführung der Organgesellschaft aus, wie bei einer Personalunion in der Geschäftsführung von Organträger und Organgesellschaft[18]. Bisher war die Finanzverwaltung davon ausgegangen, dass die Eingliederung über Mitarbeiter nur durch leitende Mitarbeiter erfolgen kann. Diese Anforderung hat die Finanzverwaltung[19] aber aufgegeben. Voraussetzung ist, dass die Möglichkeit der organisatorischen Beherrschung auch tatsächlich von dem Organträger wahrgenommen wird. Sind in der Organgesellschaft Geschäftsführer tätig, die nicht in der Geschäftsleitung des Organträgers tätig sind oder dort leitende Mitarbeiter sind (sog. „Fremdgeschäftsführer"),muss durch institutionell abgesicherte unmittelbare Eingriffsmöglichkeiten in den ureigenen Bereich der laufenden Geschäftsführung sichergestellt sein, dass jederzeit der Wille des Organträgers in der Organgesellschaft durchgesetzt wird[20]. Die Finanzverwaltung[21] hat sich umfassend zu diesen Vorgaben des BFH geäußert und gewährte zur Anpassung eine verlängerte Übergangsfrist bis zum 31.12.2014[22].

14 BFH, Urteil v. 22.4.2010, V R 9/09, BStBl II 2011, 597 sowie BFH, Urteil v. 1.12.2010, XI R 43/08, BStBl II 2011, 600. Die Finanzverwaltung hatte es aber nicht beanstandet, wenn bis 31.12.2011 auch bei der Eingliederung einer Kapitalgesellschaft über das Sonderbetriebsvermögen einer Personengesellschaft von einer Organschaft ausgegangen wurde, BMF, Schreiben v. 5.7.2011, BStBl I 2011, 703.

15 Nach BFH, Urteil v. 3.4.2008, V R 76/05, BStBl II 2008, 905 setzt die organisatorische Eingliederung im Regelfall eine personelle Verflechtung voraus.

16 Abschn. 2.8 Abs. 7 UStAE mit Hinweis auf BFH, Urteil v. 8.8.2013 V R 18/13, BFH/NV 2013, 1747 sowie BFH, Urteil v. 2.12.2015, V R 15/14, BStBl II 2017, 553.

17 BFH, Urteil v. 28.10.2010, V R 7/10, BStBl II 2011, 391.

18 BFH, Urteil v. 20.8.2009, V R 30/06, BStBl II 2010, 863.

19 BMF, Schreiben v. 5.5.2014, BStBl I 2014, 820.

20 BFH, Urteil v. 3.4.2008, V R 76/05, BStBl II 2008, 905.

21 BMF, Schreiben v. 7.3.2013, BStBl I 2013, 333.

22 Verlängerung der Übergangsfrist durch BMF, Schreiben v. 11.12.2013, BStBl I 2013, 1625.

Voraussetzung	Umsetzung
Wirtschaftliche Eingliederung	Organträger und Organgesellschaft müssen sich **wirtschaftlich fördern** und ergänzen, nicht erforderlich ist, dass die Organgesellschaft ausschließlich oder überwiegend für den Organträger tätig ist, die Organgesellschaft muss im Gefüge des übergeordneten Organträgers als dessen Bestandteil erscheinen[23]. Es ist ausreichend, wenn mehr als nur unerhebliche wirtschaftliche Beziehungen bestehen[24], diese müssen aber entgeltlich sein. Für die Beurteilung der wirtschaftlichen Eingliederung kommt es auch auf die Entstehungsgeschichte des Organschaftsverhältnisses an.

Die **Eingliederungsvoraussetzungen** müssen immer gegenüber einem **übergeordneten Unternehmen** erfüllt sein. Aus diesem Grunde kann eine Eingliederung dann nicht bestehen, wenn die Anteile von Kapitalgesellschaften ausschließlich von natürlichen Personen gehalten werden, die nicht Unternehmer sind[25].

Beispiel 1: Privatperson P hält die Mehrheit der Anteile an der A-GmbH sowie die Mehrheit der Anteile an der B-GmbH. P ist nicht unternehmerisch tätig.
Lösung: Ein Organschaftsverhältnis zwischen der A-GmbH und der B-GmbH besteht nicht, da es an der finanziellen Eingliederung in ein übergeordnetes Unternehmen fehlt.

Achtung! Eine finanzielle Eingliederung kann nach der Rechtsprechung des BFH[26] nicht bestehen, wenn als Organträger eine Personengesellschaft fungiert und die Anteile an der Kapitalgesellschaft sich nicht im Besitz der Personengesellschaft als solcher befinden, sondern den Gesellschaftern der Personengesellschaft selbst zustehen.

3. Rechtsfolgen der Organschaft

Die Organschaft im Umsatzsteuerrecht führt dazu, dass die **Organgesellschaft nicht selbstständig tätig** ist und somit keine Unternehmereigenschaft entfaltet. Sämtliche Rechte und Pflichten, die sich für einen Unternehmer ergeben, werden von dem Organträger wahrgenommen.

Wichtig! Steuerschuldner der Umsatzsteuer im Organkreis ist immer der Organträger. Lediglich in Sonderfällen kann sich eine Haftung der Organgesellschaft für die Umsatzsteuer ergeben, § 73 AO.

Die **Frage der umsatzsteuerlichen Unternehmereigenschaft** hat auch in anderen Bereichen des Steuerrechts Auswirkungen. So ist z.B. der Organträger der Abzugsverpflichtete für die Bauabzugsteuer für eine an die Organgesellschaft erbrachte Bauleistung.

Die **Umsätze des gesamten Organkreises** sind in einer einheitlichen Umsatzsteuer-Voranmeldung und einer einheitlichen Umsatzsteuerjahreserklärung zusammenzufassen. Die Umsatzsteuererklärungen sind bei dem Finanzamt des Organträgers einzureichen.

Da die Organgesellschaft nur unselbstständiger Bestandteil des Unternehmens des Organträgers ist, kann zwischen dem Organträger und der Organgesellschaft kein steuerbarer Umsatz vorliegen, Leistungen werden ausschließlich im Rahmen von nicht steuerbaren Innenumsätzen erbracht.

Achtung! Wird in einem Abrechnungspapier über einen nicht steuerbaren Innenumsatz eine Umsatzsteuer gesondert ausgewiesen (weil z.B. die Organschaft nicht erkannt worden ist), wird die ausgewiesene Umsatzsteuer nicht nach § 14c Abs. 2 UStG geschuldet, das Abrechnungspapier wird nur als unternehmensinterner Buchungsbeleg angesehen[27].

---

23 BFH, Urteil v. 20.8.2009, V R 30/06, BStBl II 2010, 863.

24 Abschn. 2.8 Abs. 6 Satz 2 UStAE.

25 BFH, Urteil v. 18.12.1996, XI R 25/94, BStBl II 1997, 441.

26 BFH, Urteil v. 1.12.2010, XI R 43/08, BStBl II 2011, 600.

27 Abschn. 14.1 Abs. 4 UStAE. Bestätigt durch BFH, Urteil v. 28.10.2010, V R 7/10, BStBl II 2011, 391.

Da die Organgesellschaft zivilrechtlich weiterhin selbstständig nach außen in Erscheinung tritt, kann sie weiterhin unter ihrem Namen Abrechnungen gegenüber Dritten erstellen. In den Rechnungen ist aber die Steuernummer des Organträgers anzugeben. Alternativ kann aber auch die dem Organträger oder der Organgesellschaft[28] erteilte USt-IdNr. angegeben werden. Auch ist der Organträger aus Rechnungen, die an die Organgesellschaft gerichtet sind – unter den übrigen Voraussetzungen des § 15 UStG –, zum Vorsteuerabzug berechtigt.

4. Beginn und Ende der Organschaft

Bei der umsatzsteuerlichen Organschaft gibt es **keine zeitlichen Beschränkungen**. Eine Organschaft liegt zwingend ab dem Zeitpunkt vor, an dem alle drei Eingliederungsvoraussetzungen erstmals gleichzeitig vorliegen.

Wichtig! Die umsatzsteuerliche Organschaft ist nicht an volle Kalenderjahre oder Voranmeldungszeiträume gebunden.

Da die Organschaft aber nach dem Gesamtbild der Verhältnisse ein auf gewisse Dauer angelegtes einheitliches Unternehmen darstellen soll, kann eine Organschaft bei – zufälligem – kurzfristigen Vorliegen aller Eingliederungsvoraussetzungen (von wenigen Tagen oder Wochen) noch nicht vorliegen[29]. Bei der Beurteilung der Organschaft ist nur der jeweilige Veranlagungszeitraum zu beurteilen. Es ist bei dieser Prüfung ohne Bedeutung, ob und warum die Eingliederungsvoraussetzungen in den vorigen Veranlagungszeiträumen nicht vorgelegen haben[30].

Das **Organschaftsverhältnis ist beendet**, wenn alle drei Eingliederungsvoraussetzungen nicht mehr gleichzeitig vorliegen.

Mit **Einleitung eines Insolvenzverfahrens** war nach früherer Rechtsauffassung das Organschaftsverhältnis nicht automatisch beendet. Solange der vorläufige Insolvenzverwalter keine gegen den Willen der beteiligten Parteien gerichteten Entscheidungen bei der Organgesellschaft durchsetzen konnte, war die organisatorische Eingliederung nicht beendet (sog. schwacher Insolvenzverwalter)[31]. Soweit aber über das Vermögen der Organgesellschaft das Insolvenzverfahren eröffnet ist, ist die organisatorische Eingliederung nicht mehr gegeben, die Organschaft ist beendet.

Wichtig! Der BFH[32] hatte allerdings – zuerst in einem Verfahren zur Gewährung vorläufigen Rechtsschutzes – grundsätzliche Zweifel an der bisherigen Rechtsauffassung geäußert. Danach war es grundsätzlich zweifelhaft, ob die Organschaft im Insolvenzverfahren fortbestehen kann. Dies gilt unabhängig davon, ob das Insolvenzgericht einen Insolvenzverwalter bestellt oder Eigenverwaltung anordnet. In einer späteren Entscheidung hat der BFH[33] dann klargestellt, dass mit der Insolvenzeröffnung über das Vermögen des Organträgers die Organschaft endet. Unabhängig von den Verhältnissen beim Organträger endet die Organschaft jedenfalls mit der Insolvenzeröffnung bei der Organgesellschaft. Die Bestellung eines Sachwalters im Rahmen der Eigenverwaltung nach §§ 270 ff. InsO in den Insolvenzverfahren des bisherigen Organträgers und der bisherigen Organgesellschaft ändert hieran nichts.

Wenn das **Organschaftsverhältnis beendet** ist, muss die bis dahin unselbstständige Organgesellschaft ab diesem Zeitpunkt ihre Umsätze eigenständig versteuern. Ebenso liegen ab diesem Zeitpunkt steuerbare Umsätze zwischen dem ehemaligen Organträger und seiner ehemaligen Organgesellschaft vor.

---

28 Da die USt-IdNr. auch eine Identifikationsfunktion im Binnenmarkt hat, verfügt die Organgesellschaft im Regelfall über eine eigene USt-IdNr., § 27a Abs. 1 UStG.

29 FG Hamburg, Urteil v. 4.6.1998, II 179/96, GmbHR 1998, 1188.

30 BFH, Beschluss v. 25.4.2002, V B 128/01, BFH/NV 2002, 1058.

31 BFH, Beschluss v. 27.6.2008, XI B 224/07, n.v.

32 BFH, Beschluss v. 19.3.2014, V B 14/14, BFH/NV 2014, 999.

33 BFH, Urteil v. 15.12.2016, V R 14/16, BStBl II 2017, 600.

Soweit Steuerbeträge erst nach Beendigung der Organschaft entstehen, aber auf Leistungen vor Beendigung der Organschaft zurückzuführen sind, sind diese dem Organträger zuzurechnen. Ebenso richtet sich die Berichtigung von Steuerbeträgen nach § 17 UStG für alle vor dem Ende der Organschaft ausgeführten Leistungen auch nach Beendigung der Organschaft gegen den Organträger. Davon besteht nur dann eine Ausnahme, wenn bei Beendigung der Organschaft der Grund für die Berichtigung noch nicht gegeben war.

Tipp! Ist die Organschaft beendet, muss die ehemalige Organgesellschaft selbst Umsatzsteuer-Voranmeldungen bzw. Jahressteuererklärungen abgeben. Die Finanzverwaltung beanstandet es für die Prüfung, ob monatliche oder vierteljährliche Voranmeldungen abzugeben sind nicht, wenn auf den Turnus des bisherigen Organkreises abgestellt wird[34]. Lediglich in den Fällen, in denen die ehemalige Organgesellschaft in diesem oder im vorigen Jahr gegründet worden war, muss zwingend eine monatliche Voranmeldung abgegeben werden[35].

Wenn der Organträger während des Organschaftsverhältnisses **Anzahlungen** erhalten hat, die Leistung von der Organgesellschaft aber erst nach Beendigung der Organschaft ausgeführt (abgeschlossen) wird, sind die bei dem Organträger besteuerten Anzahlungen bei diesem nicht zu berichtigen. Da die Umsatzsteuer auf Anzahlungen nach § 13 Abs. 1 Nr. 1 Buchst. a Satz 4 UStG einen selbstständigen und abschließenden Steuerentstehungstatbestand darstellt, hat die Organgesellschaft die Leistung nur insoweit zu besteuern, wie sie während des Organschaftsverhältnisses noch nicht besteuert wurde[36].

Beispiel 2: Organgesellschaft OG hat im Januar 2018 für eine im April 2018 auszuführende Bauleistung 119.000 € als Anzahlung erhalten. Die Umsatzsteuer aus der Anzahlung i.H.v. 19.000 € wurde von dem Organträger in der Voranmeldung Januar 2018 an das Finanzamt abgeführt. Im April wird die Bauleistung ausgeführt.
Lösung: Zum Zeitpunkt der Ausführung der Leistung ist die Organschaft beendet. OG erhält von dem Leistungsempfänger eine weitere – abschließende – Zahlung i.H.v. 119.000 €. Bei der jetzt selbstständigen OG entsteht mit Ausführung der Bauleistung nur auf die bisher noch nicht versteuerten Zahlungen eine Umsatzsteuer, somit im April 2018 19.000 €.

Zu den **Rechtsfolgen der Beendigung der Organschaft** hat die OFD Hannover[37] Stellung genommen:

- Nach Ende der Organschaft stellen Organträger und Organgesellschaft zwei umsatzsteuerlich selbstständige Rechtssubjekte dar.
- Umsätze, die von der Organgesellschaft vor Beendigung der Organschaft ausgeführt wurden, sind stets dem Organträger zuzurechnen und von diesem zu versteuern, auch dann, wenn die Umsatzsteuer erst nach Beendigung der Organschaft entsteht.
- Umsätze nach Beendigung der Organschaft sind von der Organgesellschaft zu versteuern. Allerdings wird eine schon durchgeführte Anzahlungsbesteuerung nicht rückgängig gemacht, die vom Organträger entrichtete Umsatzsteuer auf die Anzahlung wird bei der Organgesellschaft bei Leistungserbringung angerechnet.
- Der Vorsteuerabzug aus Leistungsbezügen der Organgesellschaft vor Beendigung der Organschaft steht auch dann dem Organträger zu, wenn die Rechnung erst nach Beendigung der Organschaft bei der Organgesellschaft eingeht und von dieser beglichen wird.
- Der vorgezogene Vorsteuerabzug für Anzahlungen steht auch dann weiterhin dem Organträger zu, wenn die Leistungen erst nach Beendigung der Organschaft durch die Organgesellschaft bezogen werden.

[34] Abschn. 18.2 Abs. 1 UStAE.

[35] § 18 Abs. 2 Satz 4 UStG sowie Abschn. 18.7 Abs. 1 UStAE.

[36] BFH, Urteil v. 21.6.2001, V R 68/00, BFH/NV 2001, 1683.

[37] OFD Hannover, Verf. v. 3.7.2002, n.v.

- Durch die Beendigung der Organschaft wird der Berichtigungszeitraum nach § 15a UStG nicht unterbrochen.
- Auch nach der Beendigung der Organschaft haftet die Organgesellschaft für die vom Organträger geschuldeten Umsatzsteuer- und Vorsteuerrückforderungsbeträge nach § 73 AO, soweit diese vor Beendigung der Organschaft entstanden sind.

5. Beschränkungen der Organschaft

Nach § 2 Abs. 2 Nr. 2 Satz 2 UStG sind die **Wirkungen der Organschaft auf Innenleistungen** zwischen den im Inland gelegenen Unternehmensteilen beschränkt. Dies bedeutet, dass eine grenzüberschreitende Organschaft zwar bestehen kann, diese aber keine Wirkungen entfaltet. Somit sind Umsätze zwischen im Inland belegenen Teilen des Organkreises und den im Ausland belegenen Teilen des Organkreises nicht als Innenumsätze zu behandeln.

Zu den **inländischen Unternehmensteilen** im Rahmen einer grenzüberschreitenden Organschaft gehören insbesondere[38]:

- der Organträger, sofern er im Inland ansässig ist,
- die im Inland ansässigen Organgesellschaften des Organträgers,
- die im Inland gelegenen Betriebsstätten (z.B. auch Zweigniederlassungen, Betriebsstätte des Organträgers[39] und seiner im Inland und Ausland ansässigen Organgesellschaften),
- die im Inland ansässigen Organgesellschaften eines Organträgers, der im Ausland ansässig ist,
- die im Inland gelegenen Betriebsstätten des im Ausland ansässigen Organträgers und seiner im Inland und Ausland ansässigen Organgesellschaften.

Bisher war davon ausgegangen worden, dass eine **im Inland belegene Betriebsstätte eines im Ausland ansässigen Organträgers** einerseits zu dem inländischen, einheitlichen Unternehmen der Organschaft gehört, andererseits aber auch immer ein nicht steuerbarer Innenumsatz zwischen dem im Ausland ansässigen Organträger und seiner im Inland belegenen Betriebsstätte möglich ist. Damit ergab sich insbesondere dann, wenn der Organträger sonstige Leistungen an das einheitliche Unternehmen im Inland ausführen wollte und im Inland keine Vorsteuerabzugsberechtigung vorlag, eine interessante Gestaltungsmöglichkeit.

Wichtig! Der EuGH[40] hat dem entgegen entschieden, dass die von einer Hauptniederlassung in einem Drittland zugunsten einer Zweigniederlassung in einem Mitgliedstaat erbrachten Dienstleistungen steuerbare Umsätze sind, wenn die Zweigniederlassung einer Gruppe von Personen angehört, die als ein einziger Unternehmer angesehen werden können. Damit wird die bisherige nationale Sichtweise zu überdenken sein.

Ist der **Organträger im Inland** ansässig, nimmt er die umsatzsteuerlichen Pflichten für den gesamten inländischen Organkreis wahr. Wenn der **Organträger nicht im Inland** ansässig ist, übernimmt der im Inland wirtschaftlich bedeutendste Unternehmensteil des Organkreises die Rechte und Pflichten des Unternehmers.

Tipp! Führt ein ausländischer Teil des Organkreises an einen im Inland ansässigen Teil des Organkreises im Inland eine steuerbare und steuerpflichtige Werklieferung oder sonstige Leistung aus, wird der die Leistung empfangene inländische Unternehmer zum Steuerschuldner nach § 13b UStG für die an ihn ausgeführte Leistung.

---

38 Vgl. Abschn. 2.9 Abs. 3 UStAE.

39 Anders aber EuGH, Urteil v. 17.9.2014, C-7/13 – Skandia America Corp., BFH/NV 2014, 1870.

40 EuGH, Urteil v. 17.9.2014, C-7/13 – Skandia America Corp., BFH/NV 2014, 1870.

Pauschalierung der Umsatzsteuer

Pauschalierung der Umsatzsteuer auf einen Blick

1. **Rechtsquellen**
   § 23 und § 23a UStG
   § 69 und § 70 UStDV
   Abschn. 23.1 bis Abschn. 23.4 UStAE
2. **Bedeutung**
   Unternehmer mit geringen Umsätzen können unter bestimmten Voraussetzungen die Vorsteuerbeträge pauschal im Verhältnis zu ihrem Umsatz ermitteln. Damit ergeben sich für diese Unternehmer Vereinfachungen bei der Aufzeichnung der Vorsteuerabzugsbeträge. Für Körperschaften, Personenvereinigungen und Vermögensmassen, die gemeinnützigen, mildtätigen oder kirchlichen Zwecken dienen, können nach § 23a UStG eine besondere Vorsteuerpauschalierung vornehmen.
3. **Weitere Stichworte**
   → Vereine und Vereinigungen, → Vorsteuerabzug, → Vorsteueraufteilung

1. Allgemeines zur Pauschalierung nach § 23 UStG

Der Gesetzgeber hat in § 23 UStG die Möglichkeit eröffnet (als Ermächtigungsvorschrift für das Bundesministerium der Finanzen), sowohl die geschuldete Umsatzsteuer wie auch die **Vorsteuerbeträge pauschal** im Verhältnis zu den erbrachten Umsätzen zu ermitteln. Von dieser Ermächtigung ist aber nur im Bereich der Vorsteuerbeträge Gebrauch gemacht worden. Der Unternehmer, der die Pauschalierung nach § 23 UStG in Anspruch nehmen will, kann bestimmte Vorsteuerbeträge in Abhängigkeit von der Höhe seiner Ausgangsumsätze pauschal ermitteln.

Wichtig! Eine pauschale Ermittlung der Bemessungsgrundlage für die Ausgangsumsätze ist dem Unternehmer hingegen nicht möglich.

Grundsätzlich kennt die **Besteuerung nach Durchschnittssätzen** im Bereich der abziehbaren Vorsteuerbeträge zwei Verfahren: zum einen die sog. **Vollpauschalierung**; bei dieser Form der Pauschalierung werden sämtliche Vorsteuerbeträge durch die Durchschnittssätze erfasst, ein weiterer Vorsteuerabzug ist in diesem Fall nicht möglich. Davon abzugrenzen ist die sog. Teilpauschalierung; hier werden nicht alle Vorsteuerbeträge von der Anwendung der Durchschnittssätze erfasst, es ist nach § 70 Abs. 2 UStDV daneben noch in eingeschränktem Umfang ein Vorsteuerabzug nach den allgemeinen Grundsätzen des § 15 UStG möglich.

Ziel der Vorschrift ist es, den betroffenen Unternehmern Vereinfachungen bei der Ermittlung dieser Besteuerungsgrundlagen zu gewähren, insbesondere wird es den Unternehmern erspart, umfangreiche Aufzeichnungsvorschriften zum buchmäßigen Nachweis der jeweiligen Besteuerungsgrundlagen befolgen zu müssen.

2. Voraussetzungen für die Anwendung der Durchschnittssätze nach § 23 UStG

2.1 Keine Buchführungspflicht

Der Unternehmer darf nicht aufgrund gesetzlicher Vorschriften zur Führung von Büchern verpflichtet sein. Die Verpflichtung zur Führung von Büchern kann sich sowohl aus handelsrechtlichen Grundsätzen wie auch aus Vorschriften der Abgabenordnung ergeben.

Nach handelsrechtlichen Grundsätzen ist der Kaufmann nach § 238 i.V.m. § 1 Abs. 2 HGB zur Führung von Büchern verpflichtet, es sei denn, dass sein Unternehmen nach Art oder Umfang einen in kaufmännischer Weise eingerichteten Geschäftsbetrieb nicht erfordert. Alternativ ist eine Buchführungsverpflichtung auch dann gegeben, wenn nach § 2 HGB die Firma des Unternehmers in den Fällen, in denen ein in kaufmännischer Weise eingerichteter Geschäftsbetrieb nicht vorhanden ist, in das Handelsregister eingetragen ist. Eine gesetzliche Buchführungspflicht ergibt sich auch bei Kapitalgesellschaften (z.B. § 3 Abs. 1 AktG bei Aktiengesellschaften oder § 13 Abs. 3 GmbHG bei Gesellschaften mit beschränkter Haftung). Da die handelsrechtliche Buchführungspflicht kraft Gesetzes entsteht, kommt es in diesen Fällen nicht darauf an, ob der Unternehmer tatsächlich Bücher führt. Allein aufgrund der gesetzlichen Verpflichtung scheidet er aus dem Kreis der anwendungsberechtigten Unternehmer aus.

Die **Verpflichtung zur Führung von Büchern** kann sich aber auch aus abgabenrechtlichen Vorschriften ergeben. So ist nach § 141 Abs. 1 AO der gewerbliche Unternehmer zur Führung von Büchern und zur Aufstellung von Abschlüssen aufgrund jährlicher Bestandsaufnahmen verpflichtet, wenn der Umsatz mehr als 600.000 € (ohne steuerfreie Umsätze nach § 4 Nr. 8 bis Nr. 10 UStG) im Kalenderjahr übersteigt oder der Gewinn aus Gewerbebetrieb mehr als 60.000 € im Kalenderjahr übersteigt. Freiberufliche Unternehmer können nach § 141 AO nicht zur Führung von Büchern verpflichtet sein.

Da sich die Buchführungspflicht nach § 141 AO nach der ausdrücklichen Regelung in § 141 Abs. 2 AO erst dann ergibt, wenn die Finanzbehörde den Unternehmer auf den Beginn dieser Verpflichtung hingewiesen hat, kann allein aus dem Überschreiten der Grenzen noch keine Nichtanwendbarkeit der Durchschnittssätze nach § 23 UStG abgeleitet werden. Erst ab dem Beginn des auf die Mitteilung des Finanzamts folgenden Kalenderjahrs wäre dann die Anwendung der Durchschnittssätze für den betreffenden Unternehmer nicht mehr möglich.

2.2 Umsatzgrenze zur Anwendung der Durchschnittssätze

Nach § 69 Abs. 3 UStDV darf ein Unternehmer, der im vorangegangenen Kalenderjahr einen **Umsatz von mehr als 61.356 €** erzielt hat, die Durchschnittssätze nicht in Anspruch nehmen.

Die Umsatzgrenzen beziehen sich auf die **jeweiligen Berufs- oder Gewerbezweige** i.S.d. Anlage zur UStDV. Es ist somit für jeden dieser Bereiche der Umsatz i.S.d. § 69 Abs. 3 UStDV getrennt zu ermitteln und zu überprüfen, ob hier eine Ermittlung nach Durchschnittssätzen in Betracht kommt.

Beispiel 1: Unternehmer U hat im Kalenderjahr 2017 Umsätze von insgesamt 120.000 € erzielt. Von diesem Umsatz entfallen 40.000 € auf den Betrieb einer Eisdiele und 80.000 € auf den Betrieb einer Bäckerei.

Lösung: U kann im Kalenderjahr 2018 für den Betrieb der Eisdiele die Durchschnittssätze nach § 23 UStG in Anspruch nehmen, da der Umsatz in diesem Betrieb nicht über der Grenze des § 69 Abs. 3 UStDV liegt. Im Betrieb der Bäckerei kann er in 2018 die Durchschnittssätze nicht in Anspruch nehmen, da der maßgebliche Umsatz die Grenze von 61.356 € überschritten hat.

Wichtig! Zu beachten ist aber, dass die innerhalb eines Berufs- oder Gewerbezweiges i.S.d. Anlage zur UStDV ausgeführten verschiedenen Tätigkeiten zusammenzurechnen sind.

Wenn der Unternehmer seinen Betrieb im vorangegangenem Kalenderjahr eröffnet und somit Umsätze nur in einem Teil des vorangegangenen Kalenderjahrs ausgeübt hat, ist der in dem Vorjahr erzielte Umsatz auf einen Jahresumsatz umzurechnen; die Vorschriften zu § 19 Abs. 3 UStG (vgl. Stichwort Kleinunternehmer) gelten insoweit sinngemäß.

Bei der Eröffnung eines Betriebs in einem Kalenderjahr sind für die Prüfung der Umsatzgrenze die voraussichtlichen Umsätze des Jahres i.S.d. § 69 Abs. 2 UStDV maßgeblich. Sollte die Umsatzgrenze des § 69 Abs. 3 UStDV dann – entgegen der Prognose – doch überschritten werden, ist dies für die laufende Periode unbeachtlich.

3. Der Antrag auf Besteuerung nach Durchschnittssätzen

Die Regelung des § 23 UStG ist ein **Wahlrecht** für den Unternehmer, der die maßgeblichen Voraussetzungen erfüllt. Um § 23 UStG in Anspruch nehmen zu können, muss der Unternehmer einen Antrag bei seinem zuständigen Finanzamt stellen.

Der Antrag ist an **keine bestimmte Form** gebunden[1]. Er kann gegenüber dem Finanzamt formlos abgegeben werden, er kann aber auch durch schlüssiges Verhalten als gestellt angesehen werden. So ist z.B. in der Berechnung der Vorsteuerbeträge nach Durchschnittssätzen in der Voranmeldung oder der Jahreserklärung ein Antrag auf Besteuerung nach § 23 UStG zu sehen.

Der Unternehmer kann den Antrag auf Besteuerung nach Durchschnittssätzen nach § 23 Abs. 3 UStG bis zur Unanfechtbarkeit der Steuerfestsetzung stellen. Dies kann durch Ablauf der Rechtsbehelfsfrist, durch Rücknahme eines eingelegten Rechtsbehelfs eintreten oder wenn gegen eine gerichtliche Entscheidung kein weiterer Rechtsbehelf mehr möglich ist. Eine Steuerfestsetzung kann auch unanfechtbar werden, wenn der Bescheid unter dem Vorbehalt der Nachprüfung nach § 164 AO steht.

Ist der Unternehmer im Bereich mehrerer Berufs- oder Gewerbezweige i.S.d. Anlage zur UStDV tätig, kann er den Antrag auf einzelne Bereiche beschränken.

Der Unternehmer kann den **Antrag** auf Besteuerung nach den Durchschnittssätzen nur mit Wirkung vom Beginn eines Kalenderjahrs **widerrufen**. Der Widerruf ist ebenso wie der Antrag nicht formgebunden. Der Widerruf muss nicht ausdrücklich gegenüber dem Finanzamt erklärt werden, er kann auch stillschweigend durch schlüssiges Handeln erklärt werden, indem z.B. die Durchschnittssätze nicht mehr angewendet werden und stattdessen die Vorsteuer nach den allgemeinen Regeln des § 15 UStG abgezogen wird.

Nach dem Widerruf des Antrags auf Besteuerung nach den Durchschnittssätzen ist ein **erneuter Antrag** nach § 23 UStG frühestens nach Ablauf von fünf Jahren möglich.

4. Rechtsfolgen der Anwendung der Durchschnittssätze

4.1 Vollpauschalierung nach § 70 Abs. 1 UStDV

Für die meisten in die Besteuerung nach § 23 UStG einbezogenen Unternehmer gilt die **Vollpauschalierung nach § 70 Abs. 1 UStDV**. Diese Berufs- oder Gewerbezweige sind im Abschnitt A der Anlage zur UStDV zusammengestellt. Bei Vorliegen der Vollpauschalierung werden sämtliche Vorsteuerbeträge des Unternehmers durch den Durchschnittssatz abgegolten. Ein darüber hinausgehender Vorsteuerabzug nach § 15 UStG ist nicht möglich.

Hat der Unternehmer **mehrere Betriebe**, für die er nicht einheitlich die Vorsteuerbeträge entweder nach den Durchschnittssätzen oder den Regelvorschriften des § 15 UStG ermittelt, hat eine Zuordnung der Vorsteuerbeträge zu den einzelnen Betrieben nach objektiven wirtschaftlichen Kriterien zu erfolgen. Kann eine eindeutige Zuordnung des Leistungsbezugs zu einem der Betriebe nicht erfolgen, erfolgt eine Aufteilung der Vorsteuerbeträge nach den Grundsätzen der Vorsteueraufteilung.

4.2 Teilpauschalierung nach § 70 Abs. 2 UStDV

Für die in Abschnitt B der Anlage zur UStDV aufgeführten Unternehmer kommt eine **Teilpauschalierung der Vorsteuerbeträge** nach § 70 Abs. 2 UStG infrage. Bei diesen Unternehmern können neben den Durchschnittssätzen noch die folgenden Vorsteuerbeträge unter den allgemeinen Voraussetzungen des § 15 UStG abgezogen werden:

- Vorsteuerbeträge für Gegenstände, die der Unternehmer zur Weiterveräußerung erworben oder eingeführt hat, einschließlich der Vorsteuerbeträge für Rohstoffe, Halberzeugnisse, Hilfsstoffe und Zutaten;
- Vorsteuerbeträge für die Lieferung von Gebäuden, Grundstücken und Grundstücksteilen;
- Vorsteuerbeträge für Ausbauten, Einbauten, Umbauten und Instandsetzungen bei Gebäuden, Grundstücken und Grundstücksteilen;
- Vorsteuerbeträge für Leistungen i.S.d. § 4 Nr. 12 UStG (insbesondere Vermietung und Verpachtung von Grundstücken), dies gilt allerdings nicht für Betriebsvorrichtungen (vgl. Stichwort Vermietung).

[1] Abschn. 23.4 Abs. 2 UStAE.

4.3 Bemessungsgrundlage für die Durchschnittssätze

Die Berechnung der im Rahmen der Durchschnittssätze abziehbaren Vorsteuerbeträge bestimmt sich nach einem Prozentsatz von dem im Rahmen des jeweiligen Berufs- oder Gewerbezweigs erzielten Umsatz nach § 69 Abs. 2 UStDV. Nach der Definition des § 69 Abs. 2 UStDV zählt zum **maßgeblichen Umsatz**:

- Steuerbare Umsätze im Inland im Rahmen des bezeichneten Berufs- oder Gewerbezweigs,
- ohne Einfuhren nach § 1 Abs. 1 Nr. 4 UStG,
- ohne innergemeinschaftliche Erwerbe nach § 1 Abs. 1 Nr. 5 UStG,
- ohne steuerfreie Umsätze nach § 4 Nr. 8 UStG (insbes. Kredit-, Geld-, Wertpapierumsätze und Umsätze im Geschäft mit Forderungen),
- ohne steuerfreie Umsätze nach § 4 Nr. 9 Buchst. a UStG (unter das GrEStG fallende Umsätze),
- ohne steuerfreie Umsätze nach § 4 Nr. 10 UStG (Versicherungsumsätze),
- ohne steuerfreie Umsätze nach § 4 Nr. 21 UStG (Umsätze, die Schul- und Bildungszwecken dienen).

Grundsätzlich muss der von dem Unternehmer ausgeführte Umsatz **im Inland steuerbar** sein. Damit sind Umsätze, die der Unternehmer im Ausland erbringt, die er unentgeltlich erbringt, oder auch die Geschäftsveräußerung nach § 1 Abs. 1a UStG nicht mit in die Berechnung einzubeziehen.

Zu den zu berücksichtigenden Umsätzen des Unternehmers gehören nicht nur die Umsätze aus den Grundgeschäften, sondern auch die **Hilfsgeschäfte**, die sich aus der Führung des Unternehmens üblicherweise ergeben.

Die heranzuziehenden Umsätze stellen grundsätzlich die Entgelte i.S.d. § 10 UStG dar, sind also **Nettobeträge**. Für die Anwendung der Durchschnittssätze ist es unerheblich, ob der Unternehmer im betreffenden Kalenderjahr tatsächlich Leistungsbezüge hatte oder ihm in Rechnungen gesondert Umsatzsteuer ausgewiesen worden ist.

Um dem eigentlichen Ziel der Besteuerung nach Durchschnittssätzen, nämlich der Vereinfachung bei der Steuerberechnung, nahe zu kommen, ist der betroffene Unternehmer nach § 66 UStDV von den Aufzeichnungspflichten nach § 22 Abs. 2 Nr. 5 und Nr. 6 UStG befreit. Damit braucht der Unternehmer keine Aufzeichnungen über die an ihn ausgeführten steuerpflichtigen Lieferungen und sonstigen Leistungen sowie der von ihm bewirkten Einfuhren zu führen. Die Aufzeichnungsvorschriften für innergemeinschaftliche Erwerbe hat der Unternehmer aber in vollem Umfang zu befolgen.

5. Durchschnittssätze für die Berechnung sämtlicher Vorsteuerbeträge nach § 70 Abs. 1 UStDV – Abschnitt A der Anlage zur UStDV

Achtung! Trotz Anhebung des Regelsteuersatzes auf 19 % zum 1.1.2007 wurden die pauschalierten Vorsteuerbeträge nicht angehoben.

5.1 Handwerk

Für die Branchen des Handwerks gelten folgende Durchschnittsätze.

Handwerk	Vorsteuer in % des Umsatzes
Bau- und Möbeltischlerei	9,0
Beschlag-, Kunst- und Reparaturschmiede	7,5
Buchbinderei	5,2
Buchbinderei	5,2
Druckerei	6,4
Elektroinstallation	9,1
Fliesen- und Plattenlegerei, sonstige Fußbodenlegerei und -kleberei	8,6
Friseure	4,5

Gewerbliche Gärtnerei	5,8
Glasergewerbe	9,2
Hoch- und Ingenieurhochbau	6,3
Klempnerei, Gas- und Wasserinstallation	8,4
Maler- und Lackierergewerbe, Tapezierer	3,7
Polsterei- und Dekorateurgewerbe	9,5
Putzmacherei	12,2
Reparatur von Kraftfahrzeugen	9,1
Schlosserei und Schweißerei	7,9
Schneiderei	6,0
Schuhmacherei	6,5
Steinbildhauerei und Steinmetzerei	8,4
Stuckateurgewerbe	4,4
Winder und Scherer	2,0
Zimmerei	8,1

5.2 Einzelhandel

Für die Branchen des Einzelhandels gelten folgende Durchschnittsätze.

Einzelhandel	Vorsteuer in % des Umsatzes
Blumen und Pflanzen	5,7
Brennstoffe	12,5
Drogerien	10,9
Elektrotechnische Erzeugnisse, Leuchten, Rundfunk-, Fernseh- und Phonogeräte	11,7
Fahrräder und Mopeds	12,2
Fische und Fischererzeugnisse	6,6
Kartoffeln, Gemüse, Obst und Südfrüchte	6,4
Lacke, Farben und sonstiger Anstrichbedarf	11,2
Milch, Milcherzeugnisse, Fettwaren und Eier	6,4
Nahrungs- und Genussmittel	8,3
Oberbekleidung	12,3
Reformwaren	8,5
Schuhe und Schuhwaren	11,8
Süßwaren	6,6
Textilwaren verschiedener Art	12,3
Tiere und zoologischer Bedarf	8,8
Unterhaltungszeitschriften und Zeitungen	6,3
Wild und Geflügel	6,4

5.3 Sonstige Gewerbebetriebe

Für die Sonstigen Gewerbebetriebe gelten folgende Durchschnittsätze.

Sonstige Gewerbebetriebe	Vorsteuer in % des Umsatzes
Eisdielen	5,8
Fremdenheime und Pensionen	6,7
Gast- und Speisewirtschaften	8,7
Gebäude- und Fensterreinigung	1,6
Personenbeförderung mit Personenkraftwagen	6,0
Wäschereien	6,5

5.4 Freie Berufe

Für die Freien Berufe gelten folgende Durchschnittsätze:

Freie Berufe	Vorsteuer in % des Umsatzes
Bildhauer	7,0
Grafiker (nicht Gebrauchsgrafiker)	5,2
Kunstmaler	5,2
Selbstständige Mitarbeiter bei Bühne, Film, Funk, Fernsehen und Schallplattenproduzenten	3,6
Hochschullehrer	2,9
Journalisten	4,8
Schriftsteller	2,6

6. Durchschnittssätze für die Berechnung eines Teils der Vorsteuerbeträge nach § 70 Abs. 2 UStDV – Abschnitt B der Anlage zur UStDV

Für die Berufe mit Teilpauschalierung gelten folgende Durchschnittsätze:

Berufe mit Teilpauschalierung	Vorsteuer in % des Umsatzes
Architekten	1,9
Hausbandweber	3,2
Patentanwälte	1,7
Rechtsanwälte und Notare	1,5
Schornsteinfeger	1,6
Wirtschaftliche Unternehmensberatung, Wirtschaftsprüfung	1,7

7. Vorsteuerpauschalierung nach § 23a UStG für bestimmte Einrichtungen

Durch das **Vereinsförderungsgesetz**[2] ist mit Wirkung seit dem 1.1.1990 eine Gesamtpauschalierung der abzugsfähigen Vorsteuern eingeführt worden, § 23a UStG. Danach werden die abzugsfähigen Vorsteuern mit einem Durchschnittssatz von 7 % des steuerpflichtigen Umsatzes – mit Ausnahme der Einfuhr und seit 1993 auch des innergemeinschaftlichen Erwerbs – festgesetzt. Der Durchschnittssatz kann in Anspruch genommen werden, wenn der **steuerpflichtige Vorjahresumsatz 35.000 €** nicht überschritten hat. Die steuerpflichtigen Umsätze aus Zweckbetrieben sind dabei mit einzurechnen. Ein weiterer Vorsteuerabzug ist ausgeschlossen.

Für die Anwendung des Durchschnittssatzes sind folgende Voraussetzungen erforderlich:

- Es muss sich um Körperschaften, Personenvereinigungen und Vermögensmassen i.S.d. § 5 Abs. 1 Nr. 9 KStG handeln.
- Es darf keine Verpflichtung bestehen, Bücher zu führen und aufgrund jährlicher Bestandsaufnahmen regelmäßig Abschlüsse zu machen.
- Die Einrichtung muss dem Finanzamt spätestens bis zum zehnten Tag nach Ablauf des ersten Voranmeldungszeitraums eines Kalenderjahrs erklären, dass er den Durchschnittssatz in Anspruch nehmen will.

Zu den infrage kommenden Unternehmern gehören unter diesen Voraussetzungen Körperschaften, die ausschließlich und unmittelbar gemeinnützigen, mildtätigen oder kirchlichen Zwecken dienen, z.B. gemeinnützige Sportvereine oder kulturelle Vereine.

Der Durchschnittssatz beträgt 7 % des steuerpflichtigen Umsatzes, jedoch mit Ausnahme der Einfuhr und des innergemeinschaftlichen Erwerbs. Welchem Steuersatz der steuerpflichtige Umsatz unterliegt, ist hierbei unerheblich.

---

2 Gesetz zur Verbesserung und Vereinfachung der Vereinsbesteuerung vom 18.12.1989.

Beispiel 2: Ein Verein hat folgende Umsätze:

• steuerfreie Verpachtungsumsätze	7.200,00 €
• steuerpflichtige Umsätze (netto) aus einem Zweckbetrieb (7 %)	4.000,00 €
• steuerpflichtige Umsätze aus einem wirtschaftlichen Geschäftsbetrieb (19 %)	9.000,00 €
• steuerpflichtiger innergemeinschaftlicher Erwerb (19 %)	1.750,00 €
Entscheidet sich der Verein zur Anwendung des Durchschnittssatzes, beträgt die abzugsfähige Vorsteuer 7 % aus 13.000 € (= Summe der steuerpflichtigen Umsätze ohne den innergemeinschaftlichen Erwerb), mithin	910,00 €
Die Umsatzsteuer-Zahllast ermittelt sich wie folgt:	
• Umsatzsteuer auf 7 %ige Umsätze	280,00 €
• Umsatzsteuer auf 19 %ige Umsätze	1.710,00 €
• Umsatzsteuer auf 19 %igen innergemeinschaftlichen Erwerb	332,50 €
Gesamtumsatzsteuer	**2.322,50 €**
abzüglich abzugsfähige Vorsteuer	./. 910,00 €
Zahllast	**1.412,50 €**

Die Vorsteuerpauschalierung bedeutet für die betroffenen Einrichtungen eine **wesentliche Erleichterung**. Insbesondere sind sie von der oft sehr schwierigen Zuordnung der Vorsteuern zu der besteuerten Tätigkeit und der durch Mitgliederbeiträge abgegoltenen nicht besteuerten Vereinstätigkeit entbunden. Eine Zuordnung der Leistungsbezüge entfällt völlig. Soweit die Einrichtung keine 19 %igen Umsätze tätigt, führt die Vorsteuerpauschalierung außerdem zu einer Zahllast von Null!

Tipp! Einrichtungen, die von der Vorsteuerpauschalierung Gebrauch machen, sind von der Aufzeichnung der Entgelte für steuerpflichtige Leistungen an die Einrichtung befreit. Auch dies führt zu entsprechenden Erleichterungen.

Die Einrichtung hat ein Wahlrecht, die abzugsfähigen Vorsteuern einzeln zu ermitteln oder die Vorsteuerpauschalierung in Anspruch zu nehmen. Es gilt die Faustregel, dass die Vorsteuerpauschalierung regelmäßig dann günstiger sein wird, wenn wenige bzw. keine Anlagenzugänge vorhanden sind. Je mehr vorsteuerabzugsberechtigte Anlagenzugänge vorhanden sind, desto weniger wird sich die Vorsteuerpauschalierung für diesen Zeitraum lohnen. Sollte die Einrichtung für seinen unternehmerischen Bereich häufig Waren aus dem übrigen Gemeinschaftsgebiet beziehen (innergemeinschaftliche Erwerbe), ist eine Vorsteuerpauschalierung ggf. nicht günstig. Denn aus den innergemeinschaftlichen Erwerben gibt es – wie bereits ausgeführt – keine Vorsteuerpauschalierung, aber einen Vorsteuerabzug außerhalb dieser Pauschalierung.

Wichtig! Die Vorsteuerpauschalierung kann nie zu einem Vergütungsanspruch, sondern günstigstenfalls zu einer Steuer von Null führen.

Die Vorsteuerpauschalierung kann jedoch durchaus auch zu **echten Steuervorteilen** führen, da sich die Pauschalierung von 7 % auf den Ausgangsumsatz des Vereins und nicht nur auf den Leistungseingang beim Verein bezieht. Die Pauschalierung wird damit auch auf die „Handelsspanne“ vorgenommen.

Personengesellschaft

Personengesellschaft auf einen Blick

1. **Rechtsquellen**
   § 2 UStG
2. **Bedeutung**
   Eine Personengesellschaft ist Unternehmer, wenn sie die Voraussetzungen nach § 2 Abs. 1 UStG erfüllt. Der Gesellschafter wird nicht alleine wegen seiner Gesellschafterstellung zum Unternehmer, kann aber die Unternehmereigenschaft durch Leistungen gegenüber der Gesellschaft erlangen.
3. **Weitere Stichworte**
   → Gesellschafterbeitrag, → Geschäftsführungsleistungen, → Unternehmensgründung, → Unternehmer

1. Die Personengesellschaft als Unternehmer

Grundsätzlich kann **jeder Personenzusammenschluss** Unternehmer nach § 2 Abs. 1 UStG sein, soweit der Personenzusammenschluss selbstständig, nachhaltig und mit Einnahmeerzielungsabsicht im Rahmen **wirtschaftlicher Tätigkeit** am Markt Umsätze erbringt. Die Tätigkeit der Personengesellschaft wird dabei der Gesellschaft als solcher und nicht den Gesellschaftern zugerechnet. Unerheblich für die umsatzsteuerliche Beurteilung ist, ob die Gesellschafter als Mitunternehmer nach § 15 EStG anzusehen sind oder nicht[1]. Dabei kommt es nicht auf die zivilrechtliche Form an, insbesondere werden damit die folgenden Zusammenschlüsse als Unternehmer anzusehen sein:

- Offene Handelsgesellschaft (oHG),
- Kommanditgesellschaft (KG),
- GmbH & Co. KG,
- Gesellschaft bürgerlichen Rechts (GbR)[2],
- Bruchteilsgemeinschaft.

Insbesondere bei der **Verwaltung gemeinschaftlichen Eigentums** ist zu prüfen, ob dies in der Rechtsform der GbR oder einer Bruchteilsgemeinschaft erfolgt. Ist nicht ausdrücklich zwischen den Gemeinschaftern eine GbR vereinbart, liegt eine Bruchteilsgemeinschaft vor[3]. Unterschiede ergeben sich hier insbesondere bei der Vermögenszuordnung (z.B. Gesamthandseigentum bei der GbR), bei den Rechtsfolgen bei einer Veräußerung oder der Eintragung im Grundbuch[4].

Tipp! Die Personengesellschaft ist als solche Steuersubjekt und hat die von ihr erbrachten Umsätze in eigenen Steueranmeldungen und Steuererklärungen anzugeben.

2. Die Gründung der Personengesellschaft

Die Personengesellschaft setzt einen Vertrag[5] voraus, durch den sich mehrere Personen zur Verfolgung eines **gemeinsamen Zwecks** zusammenschließen. Insbesondere verpflichten sie sich in aller Regel, die vereinbarten Beträge zur Erreichung dieses Ziels zu entrichten. Aber auch ohne einen schriftlichen Vertrag kann ein willentlicher Zusammenschluss mehrerer Personen zur Erreichung eines gemeinsamen Ziels die Unternehmereigenschaft nach § 2 UStG begründen.

---

1 Abschn. 2.1 Abs. 2 UStAE.
2 BFH, Beschluss v. 30.4.1997, V B 99/96, BFH/NV 1997, 815.
3 BFH, Urteil v. 22.11.2007, V R 5/06, BStBl II 2008, 448.
4 Die GbR ist als solche im Grundbuch einzutragen, BGH, Beschluss v. 4.12.2008, V ZB 74/08, DStR 2009, 284.
5 Vgl. zur GbR § 705 BGB.

Tipp! Zur Dokumentation der gegenseitigen Rechte und Pflichten und zum Nachweis gegenüber den Finanzbehörden sollte grundsätzlich ein schriftlicher Vertrag bei der Gründung einer Personengesellschaft abgeschlossen werden – mit Ausnahme der Verwaltung gemeinschaftlichen Eigentums in der Form einer Bruchteilsgemeinschaft.

2.1 Selbstständigkeit

Die **Selbstständigkeit eines Personenzusammenschlusses** wird über § 2 Abs. 2 Nr. 1 UStG negativ definiert. Danach ist die Selbstständigkeit nicht gegeben, wenn der Personenzusammenschluss in ein Unternehmen so eingegliedert ist, dass er den Weisungen des Unternehmers zu folgen verpflichtet ist. Eine Personengesellschaft des Handelsrechts ist aber nach der Rechtsprechung des BFH[6] regelmäßig selbstständig tätig, kann also nicht unselbstständig in das Unternehmen eines anderen Unternehmers eingegliedert sein.

Achtung! In Ausnahmefällen (insbesondere bei der GmbH & Co. KG) kann auch eine Personengesellschaft als unselbstständiger Teil (Organgesellschaft) in einen Organkreis eingebunden sein, vgl. dazu Stichwort Organschaft.

Eine **Unselbstständigkeit** von Personenzusammenschlüssen i.S.d. § 2 Abs. 2 Nr. 1 UStG kann sich dann ergeben, wenn sich Arbeitnehmer zu einer Personenvereinigung zusammenschließen und ihre Arbeitsleistung so zusammengeschlossen gegenüber einem Arbeitgeber erbringen[7].

2.2 Nachhaltige Tätigkeit zur Einnahmeerzielung

Wie jeder andere Unternehmer muss auch die Personengesellschaft eine **nachhaltige Tätigkeit zur Erzielung von Einnahmen** ausüben. Dabei kommt es nach der Rechtsprechung des EuGH auf die ernsthafte Absicht an, Umsätze zu erzielen[8].

Obwohl eine nachhaltige Tätigkeit ein mehrfaches Tun oder zumindest die Absicht, mehrfach unter Ausnutzung derselben Verhältnisse Leistungen erbringen zu wollen, voraussetzt, kann in bestimmten Fällen auch bei der Ausführung nur eines Ausgangsumsatzes eine nachhaltige wirtschaftliche Tätigkeit angenommen werden. Das Kriterium der Nachhaltigkeit ist auf die Abgrenzung der gewerblichen Tätigkeit von der privaten Tätigkeit gerichtet[9], sodass auch die einmalige Ausführung eines Umsatzes durch eine Personengesellschaft (insbesondere einer Arbeitsgemeinschaft des Baugewerbes)[10] zu einer nachhaltigen Tätigkeit zur Erzielung von Einnahmen führen kann.

Beispiel 1: Drei Bauunternehmer schließen sich zu der Arbeitsgemeinschaft „Brücke über die Elbe" – ARGE – zusammen, um gegenüber dem Auftraggeber die ausgeschriebene Bauleistung Errichtung einer Brücke über die Elbe auszuführen. Die ARGE schließt den Vertrag mit der zuständigen Baudirektion ab und rechnet auch als ARGE gegenüber dem Auftraggeber ab.

Lösung: Obwohl die ARGE sich von Beginn an nur zur Ausführung eines einzelnen Umsatzes zusammengefunden hat, ist sie Unternehmerin nach § 2 Abs. 1 UStG.

2.3 Zeitpunkt des Beginns der Unternehmereigenschaft

Die **Unternehmereigenschaft** beginnt grundsätzlich mit dem ersten, nach außen erkennbaren Tätigwerden der Personengesellschaft. Die Unternehmereigenschaft kann auch schon durch Abgabe eines Angebots gegenüber einem späteren Auftraggeber begründet werden.

---

6 Vgl. Abschn. 2.2 Abs. 5 UStAE.

7 BFH, Urteil v. 8.2.1979, V R 101/78, BStBl II 1979, 362.

8 Abschn. 2.6 Abs. 1 UStAE.

9 BFH, Urteil v. 21.5.1971, V R 117/67, BStBl II 1971, 540.

10 Vgl. Abschn. 2.1 Abs. 4 UStAE.

Beispiel 2: Mehrere Forscher schließen sich zu einer Forschungs-GbR zusammen und erstellen für einen Auftraggeber eine detaillierte Aufgabenstellung für ein Forschungsprojekt. Bei der Erarbeitung der Grundlagen nehmen sie Leistungen von selbstständigen Schreibkräften in Anspruch. Nach Auftragserteilung für das Forschungsprojekt erbringt die GbR gegenüber dem Auftraggeber die Forschungsleistung.

Lösung: Die Unternehmereigenschaft der GbR beginnt schon mit der Erarbeitung der Aufgabenstellung für das Forschungsprojekt. Damit können von der GbR in Anspruch genommene Vorleistungen bei ihr schon zu einem Vorsteuerabzug nach § 15 Abs. 1 UStG führen.

Wichtig! Wenn die Personengesellschaft eine Leistung in Auftrag gibt und der Leistungsempfänger ist, muss die Eingangsrechnung auch auf die Personengesellschaft ausgestellt sein. Eine auf einen Gesellschafter ausgestellte Rechnung eröffnet der Personengesellschaft nicht den Vorsteuerabzug[11].

2.4 Umsätze bei Gründung der Personengesellschaft

Eine Personengesellschaft ist bei der **Ausgabe neuer Anteile** gegen Bar- oder Sacheinlage grundsätzlich nicht unternehmerisch tätig[12]. Bei der Aufnahme neuer Gesellschafter gegen Zahlung einer Baraufgabe führt die (Personen-)Gesellschaft keine Leistung gegen Entgelt aus.

Von besonderer Bedeutung ist die Frage der Ausgangsleistung bei Gründung oder Ausgabe von Anteilen im Zusammenhang mit dem **Vorsteuerabzug aus den Ausgabekosten**. Die Aufwendungen im Zusammenhang mit der Ausgabe von Gesellschaftsanteilen gehören zu den allgemeinen Kosten der Gesellschaft und hängen deshalb grundsätzlich und unmittelbar mit der wirtschaftlichen Tätigkeit der Gesellschaft zusammen[13]. Damit sind grundsätzlich die Kosten im Zusammenhang mit der Ausgabe von Anteilen vorsteuerabzugsberechtigt, wenn[14]:

- die Ausgabe der neuen Anteile erfolgt, um das Kapital des Unternehmens zugunsten seiner wirtschaftlichen Tätigkeit im Allgemeinen zu stärken,
- die Kosten der Leistungen, die der Unternehmer in diesem Zusammenhang bezogen hat, Teil seiner allgemeinen Kosten sind und somit zu den Preiselementen seiner Produkte gehören und
- die Ausgabe der Anteile aus dem unternehmerischen Bereich der Gesellschaft heraus erfolgt (dies wäre z.B. nicht gegeben bei einer nichtunternehmerisch tätigen Holding).

Wichtig! Der Vorsteuerabzug aus den Gründungs- und Konzeptionskosten einer Personengesellschaft ist damit von den tatsächlichen oder den geplanten Ausgangsumsätzen abhängig. Soweit die Gesellschaft keine vorsteuerabzugsschädlichen Ausgangsumsätze plant, ist sie grundsätzlich zum Vorsteuerabzug auch der Gründungskosten berechtigt.

Der Vorsteuerabzug setzt aber regelmäßig voraus, dass die Personengesellschaft über eine auf sie ausgestellte Rechnung verfügt[15].

Achtung! Nach einem Urteil des EuGH[16] kann eine Personengesellschaft auch aus Gründungskosten, die in Rechnungen an die Gesellschafter berechnet worden sind, den Vorsteuerabzug vornehmen.

---

11 Vgl. dazu aber BMF, Schreiben v. 9.5.2008, DStR 2008, 1095.

12 EuGH, Urteil v. 26.6.2003, C-442/01 – KapHag Renditefonds, BFH/NV Beilage 2003, 228.

13 BFH, Urteil v. 1.7.2004, V R 32/00, BStBl II 2004, 1022.

14 BMF, Schreiben v. 4.10.2006, BStBl I 2006, 614.

15 Der BFH hatte dieses Problem nicht thematisiert; insbesondere blieb unbehandelt, ob die Personengesellschaft Empfänger der Gründungsleistung sein kann, wenn die Leistung von den Gesellschaftern in Auftrag gegeben wurde.

16 EuGH, Urteil v. 1.3.2012, C-280/10 – Polski Travertyn, BFH/NV 2012, 908.

Ob bei der **Gründung von Personengesellschaften** Leistungen der Gesellschafter gegenüber der zu gründenden Personengesellschaft vorliegen, hängt entscheidend von der Stellung der Gesellschafter ab. Soweit der Gesellschafter nicht Unternehmer nach § 2 Abs. 1 UStG ist, liegt kein steuerbarer Umsatz vor. Durch das Erwerben oder Halten von Anteilen an einer Personengesellschaft wird auch keine Unternehmereigenschaft begründet[17].

Ist der Gesellschafter hingegen Unternehmer i.S.d. § 2 Abs. 1 UStG und bringt er im Rahmen einer Sachgründung Gegenstände in die neu zu gründende Personengesellschaft aus seinem Unternehmen ein, vollzieht sich dieser Vorgang im Rahmen eines tauschähnlichen Umsatzes nach § 3 Abs. 12 Satz 2 UStG. Die Lieferung der Gegenstände ist damit eine steuerbare Lieferung nach § 1 Abs. 1 Nr. 1 UStG.

3. Ende der Personengesellschaft

Eine Personengesellschaft besteht solange als Unternehmer nach § 2 Abs. 1 UStG fort, bis alle gemeinsamen Rechtsbeziehungen der Gesellschaft beendet sind. Zu diesen Rechtsbeziehungen gehören auch die Beziehungen zu dem Finanzamt[18]. Solange bis die Unternehmereigenschaft beendet ist, hat die Personengesellschaft alle Rechte und Pflichten, die sich aus der Unternehmereigenschaft ergeben.

4. Leistungen zwischen Gesellschaft und Gesellschafter

Eine nachhaltige Tätigkeit zur Erzielung von Einnahmen stellt nach der ausdrücklichen gesetzlichen Regelung des § 2 Abs. 1 Satz 3 UStG jede Tätigkeit einer Personenvereinigung gegenüber ihren Mitgliedern dar. Aber auch ein Gesellschafter kann als Unternehmer gegenüber seiner Gesellschaft tätig werden; vgl. dazu die Stichworte Gesellschafterbeitrag und Geschäftsführungsleistungen.

Wichtig! Die laufende Überlassung von Gegenständen (z.B. eines Fahrzeugs) oder eines Mandantenstamms durch einen Gesellschafter an seine Personengesellschaft setzt eine entgeltliche Leistung voraus. Der EuGH[19] hat entschieden, dass die unentgeltliche Überlassung eines Mandantenstamms nicht zu einer wirtschaftlichen Tätigkeit des Gesellschafters führt und deshalb keinen Vorsteuerabzug für die Anschaffung des Mandantenstamms auslöst. Eine unternehmerische Betätigung kann sich nur dann ergeben, wenn die unentgeltliche Überlassung des Mandantenstamms selbst im Rahmen der (beabsichtigten) unternehmerischen Tätigkeit als Geschäftsführer der GbR erfolgt und die Kosten aus diesem Erwerb zu den allgemeinen Aufwendungen seiner Tätigkeit als Geschäftsführer gehören[20].

5. Zurechnung von Umsätzen und Vorsteuerabzug

Ein besonderes Problem ergibt sich immer dann, wenn eine Personengemeinschaft selbst nicht unternehmerisch tätig ist, aber Leistungen von Dritten in Anspruch nimmt. Ist dann einer der Gesellschafter unternehmerisch tätig, stellt sich die Frage, ob und in welchem Umfang er zu einem Vorsteuerabzug berechtigt ist.

Insbesondere ist dies bei **nichtunternehmerisch tätigen Ehegattengemeinschaften**[21] häufig gegeben. Für den Vorsteuerabzug kann dabei der unternehmerisch tätige Ehegatte als Leistungsempfänger angesehen werden. Soweit er die Leistung für sein Unternehmen verwendet, kann er den Vorsteuerabzug insoweit vornehmen, wie ihm das Wirtschaftsgut zivilrechtlich zuzurechnen ist[22].

---

17 Auch national bestätigt durch BFH, Urteil v. 16.5.2002, V R 4/01, BFH/NV 2002, 1347 und BMF, Schreiben v. 26.1.2007, BStBl I 2007, 211.

18 BFH, Urteil v. 21.5.1971, V R 117/67, BStBl II 1971, 540.

19 EuGH, Urteil v. 13.3.2014, C-204/13 – Heinz Malburg, BFH/NV 2014, 813.

20 BFH, Urteil v. 26.8.2014, XI R 26/10, BFH/NV 2015, 121.

21 Dies gilt aber entsprechend auch für andere nicht eheliche Gemeinschaften.

22 Abschn. 15.2 Abs. 16 und Abs. 21 UStAE und BMF, Schreiben v. 1.12.2006, BStBl I 2007, 90.

Wichtig! Dies gilt aber nur für den Vorsteuerabzug, nicht aber für Leistungen, die Dritte gegenüber der nichtunternehmerisch tätigen Ehegattengemeinschaft ausführen[23]. Dies kann insbesondere bei steuerfreien Leistungen an eine Ehegattengemeinschaft eine Rolle spielen, bei der der leistende Unternehmer auf die Steuerfreiheit des Umsatzes nach § 9 Abs. 1 UStG verzichten möchte. In diesen Fällen soll nach Auffassung der Finanzverwaltung die (nichtunternehmerisch tätige) Ehegattengemeinschaft der Leistungsempfänger sein.

Beispiel 3: Eheleute F und M mieten gemeinsam ein Gebäude an, in dem nur M ein Restaurant betreibt. Ebenfalls gemeinsam beauftragen die Eheleute einen Handwerker, der an dem Gebäude Umbauarbeiten ausführt.

Lösung: Unternehmer i.S.d. UStG ist nur M, da nur er am Markt selbstständig, nachhaltig und mit Einnahmeerzielungsabsicht auftritt. Die Ehegattengemeinschaft ist nicht selbst unternehmerisch tätig. Aus der den Eheleuten gegenüber ausgeführten Bauleistung ist M insoweit zum Vorsteuerabzug berechtigt, wie er an dem Gebäude wirtschaftlich beteiligt ist[24]. Dem würde auch nicht entgegenstehen, wenn die Rechnung auf die Ehegattengemeinschaft ausgestellt ist[25].

Der Vermieter kann bei der von ihm ausgeführten steuerbaren und nach § 4 Nr. 12 Buchst. a UStG steuerfreien Vermietung nicht auf die Steuerpflicht nach § 9 Abs. 1 UStG optieren, da der Leistungsempfänger die nichtunternehmerische Ehegattengemeinschaft ist[26].

Zu beachten ist, dass eine **Vermietung eines „Miteigentumsanteils"** von einem Ehepartner an den anderen Ehepartner nicht zu einer wirtschaftlichen Tätigkeit des „Vermieters" führt. Der BFH[27] hat entschieden, dass bei der Herstellung eines Gebäudes durch eine aus zwei Personen bestehenden Miteigentümergemeinschaft, das einer der beiden Gemeinschafter teilweise für Zwecke seiner wirtschaftlichen Tätigkeit verwendet, der unternehmerisch genutzte Grundstücksteil (hier das Büro) direkt an den Unternehmer geliefert wird. Der „Miteigentumsteil" des nicht unternehmerisch tätigen Ehepartners kann deshalb nicht Gegenstand einer Vermietung sein.

---

23 BMF, Schreiben v. 9.5.2008, DStR 2008, 1095.

24 Abschn. 15.2 Abs. 16 UStAE.

25 EuGH, Urteil v. 21.4.2005, C-25/03 – HE, BStBl II 2007, 23 sowie BFH, Urteil v. 6.10.2005, V R 40/01, BStBl II 2007, 13.

26 Der BFH sah hier die Möglichkeit einer teilweisen Option durch den Vermieter, BFH, Urteil v. 1.2.2001, V R 79/99, BFH/NV 2001, 989. Die Finanzverwaltung wendet das Urteil über den entschiedenen Fall hinaus nicht an, BMF, Schreiben v. 9.5.2008, DStR 2008, 1095.

27 BFH, Urteil v. 7.7.2011, V R 41/09, BFH/NV 2011, 1978.

Privatnutzung von Unternehmensfahrzeugen

Privatnutzung von Unternehmensfahrzeugen auf einen Blick

1. **Rechtsquellen**
   § 3 Abs. 9a und § 10 Abs. 4 UStG
   Abschn. 10.6 und Abschn. 15.23 UStAE
2. **Bedeutung**
   Die private Mitbenutzung eines Fahrzeugs durch den Unternehmer führt zu einem steuerbaren Ausgangsumsatz bei dem Unternehmer. Voraussetzung ist, dass der Unternehmer das Fahrzeug seinem Unternehmen zuordnen konnte und dies auch getan hat. Die Umsatzsteuer für die private Nutzung des Fahrzeugs berechnet sich nach den Vorgaben des § 10 Abs. 4 Nr. 2 UStG, sodass nur die den Vorsteuerabzug zulassenden Ausgaben in die Berechnung mit einzubeziehen sind.
3. **Weitere Stichworte**
   → Dienstwagen, → Unentgeltliche sonstige Leistung, → Vorsteuerabzug
4. **Besonderheiten**
   Die Besteuerung der privaten Nutzung ist in der Umsatzsteuer-Voranmeldung 2018 in der Zeile 26 (unter den normalen steuerpflichtigen Umsätzen), in der Jahressteuererklärung 2017 in der Zeile 40 anzugeben.

1. Allgemeines

Die **Nutzung eines dem Unternehmen zugeordneten Fahrzeugs** kann aus umsatzsteuerlicher Sicht grundsätzlich wie folgt erfolgen:

- Nutzung des Fahrzeugs für unternehmerisch veranlasste Fahrten,
- Nutzung des Fahrzeugs für private Fahrten des Personals (Dienstwagen) oder
- Nutzung des Fahrzeugs für private Fahrten des Unternehmers.

Wenn das Fahrzeug dem Unternehmen zugeordnet wurde, kann die nichtunternehmerische Nutzung des Fahrzeugs durch den Unternehmer zu einem steuerbaren Ausgangsumsatz des Unternehmers führen.

Allerdings hängt die Behandlung der Privatnutzung eines Fahrzeugs durch einen Unternehmer auch vom **Anschaffungszeitpunkt des Fahrzeugs** ab, da in einer Übergangsfrist durch die mittlerweile wieder aufgehobene Vorsteuerbeschränkung nach § 15 Abs. 1b UStG a.F. der Unternehmer für ein solch gemischt genutztes Fahrzeug nur zu 50 % zum Vorsteuerabzug berechtigt war, allerdings im Gegenzug keine Besteuerung der privaten Verwendung vornehmen musste. Nach der Rechtsprechung des EuGH[1] war diese Regelung zwingendes Recht in der Zeit seit der Verkündung einer entsprechenden Genehmigung durch den Rat der Europäischen Union (5.3.2000) bis zu dem Zeitpunkt, an dem die befristete Genehmigung abgelaufen war (31.12.2002). Da die Regelung in der Zeit vom 1.4.1999 bis 31.12.2003 im Umsatzsteuergesetz stand, konnte der Unternehmer aber in der Zeit vom 1.4.1999 bis 4.3.2000 und in 2003 wahlweise diese Regelung in Anspruch nehmen. Die damalige Behandlung kann auch heute noch zu Folgewirkungen kommen. Die Behandlung der Eigennutzung und der Vorsteuerabzug aus allen Eingangsleistungen im Zusammenhang mit einem solchen Fahrzeug ergeben sich in Abhängigkeit der Anschaffung und des Zeitraums der Nutzung wie folgt[2]:

---

[1] EuGH, Urteil v. 29.4.2004, C-17/01 – Walter Sudholz, BStBl II 2004, 806 sowie BFH, Urteil v. 15.7.2004, V R 30/00, BStBl II 2004, 1025.

[2] Vgl. auch BMF, Schreiben v. 27.8.2004, BStBl I 2004, 864.

Behandlung auch privat genutzter Fahrzeuge	
Anschaffungszeitpunkt	**Umsatzsteuerliche Behandlung**
Anschaffung des Fahrzeugs in der Zeit vom 5.3.2000 bis zum 31.12.2002	Zwingend halber Vorsteuerabzug für die Anschaffungskosten nach § 15 Abs. 1b UStG a.F. sowie aus den laufenden Kosten in der Zeit bis zum 31.12.2003 (wahlweise nur bis 31.12.2002). Keine Besteuerung der privaten Nutzung bis 31.12.2003 (wahlweise bis 31.12.2002). Ab 1.1.2004 (wahlweise 1.1.2003) voller Vorsteuerabzug aus laufenden Kosten, bezüglich Vorsteuerberichtigung nach § 15a UStG besteht Wahlrecht. Private Nutzung ist mit den laufenden Kosten und – soweit Vorsteuerberichtigung – mit den über den Berichtigungszeitraum verteilten Anschaffungskosten zu besteuern.
Anschaffung des Fahrzeugs in der Zeit vom 1.4.1999 bis zum 4.3.2000 oder **Anschaffung des Fahrzeugs in 2003**	Wahlrecht zur Anwendung des § 15 Abs. 1b UStG a.F.: Wenn § 15 Abs. 1b UStG a.F. nicht angewendet wird: Voller Vorsteuerabzug aus allen Kosten, Besteuerung der privaten Nutzung. Wenn § 15 Abs. 1b UStG a.F. angewendet wird: Halber Vorsteuerabzug aus allen Kosten, keine Besteuerung der privaten Nutzung bis 31.12.2003 (wahlweise bis 31.12.2002). Ab 1.1.2004 (wahlweise 1.1.2003) voller Vorsteuerabzug aus laufenden Kosten, bezüglich Vorsteuerberichtigung nach § 15a UStG besteht Wahlrecht. Private Nutzung ist mit den laufenden Kosten und – soweit Vorsteuerberichtigung – mit den über den Berichtigungszeitraum verteilten Anschaffungskosten zu besteuern.
Anschaffung des Fahrzeugs ab dem 1.1.2004 oder **Anschaffung des Fahrzeugs bis zum 31.3.1999**	Voller Vorsteuerabzug aus Anschaffungskosten und laufenden Kosten. Besteuerung der Privatnutzung nach § 3 Abs. 9a Nr. 1 UStG.

Voraussetzung für eine umsatzsteuerliche Berücksichtigung eines Fahrzeugs ist dabei, dass das Fahrzeug dem Unternehmen zugeordnet werden konnte und auch tatsächlich zugeordnet worden ist (vgl. Stichwort Unternehmensvermögen). Eine Notwendigkeit, einen auch privat genutzten Gegenstand dem Unternehmen zuordnen zu müssen, ist im Umsatzsteuerrecht nicht vorhanden.

Beispiel: Rechtsanwalt R nutzt ein Fahrzeug zu 60 % für unternehmerische und zu 40 % für private Fahrten.
Lösung: Während das Fahrzeug ertragsteuerlich notwendiges Betriebsvermögen darstellt, kann das Fahrzeug umsatzsteuerlich in der Privatsphäre gehalten werden, dem Unternehmen ganz zugeordnet werden oder aber auch nur anteilig (zu 60 %) dem Unternehmen zugeordnet werden. Wird ein Fahrzeug aber auch nichtwirtschaftlich mitbenutzt, ist zwingend eine Aufteilung (Aufteilungsgebot) vorzunehmen. Wird ein Fahrzeug neben der unternehmerischen Verwendung auch nichtwirtschaftlich mitbenutzt, ist zwingend eine Aufteilung (Aufteilungsgebot) vorzunehmen.

Achtung! Für Fahrzeuge, die ab dem 1.4.1999[3] in das Unternehmen erworben wurden, ist allerdings Voraussetzung, dass sie zu mindestens 10 % für unternehmerische Zwecke verwendet werden müssen, da ansonsten kein Erwerb für das Unternehmen vorliegt. Diese 10 %-Grenze ist derzeit unionsrechtlich bis zum 31.12.2018 abgesichert.

Fahrzeuge, die **nicht zu mindestens 10 % für unternehmerische Fahrten verwendet** werden, dürfen nicht dem Unternehmen zugeordnet werden, § 15 Abs. 1 Satz 2 UStG. In diesem Fall darf ein Vorsteuerabzug für das erworbene Fahrzeug grundsätzlich nicht vorgenommen werden. Als Ausnahme sind lediglich die Vorsteuerbeträge abzugsfähig, die auf eindeutig abgrenzbare unternehmerische Fahrten entfallen, z.B. Reparaturaufwendungen für Unfallkosten auf einer unternehmerisch veranlassten Fahrt oder Benzinkosten für eine längere Geschäftsreise. Wird ein nicht dem Unternehmen zugeordnetes Fahrzeug gelegentlich dem Unternehmen überlassen, können die im Zusammenhang mit dem Betrieb des Fahrzeugs anfallenden Vorsteuerbeträge – soweit eine ordnungsgemäße Rechnung vorliegt – im Verhältnis der unternehmerischen zu der nichtunternehmerischen Nutzung abgezogen werden[4].

Achtung! Die unternehmerische Mindestnutzung von 10 % gilt nur für Fahrzeuge, die von dem Unternehmer angeschafft, eingeführt oder innergemeinschaftlich erworben wurden, nicht jedoch für gemietete (geleaste) Fahrzeuge; hier hat schon bei Leistungsbezug eine Aufteilung der Vorsteuerbeträge zu erfolgen.

Keine unentgeltliche Nutzung eines Fahrzeugs nach § 3 Abs. 9a Nr. 1 UStG liegt vor, wenn ein von einer Personengesellschaft (oder Kapitalgesellschaft) erworbenes Fahrzeug einem Gesellschafter überlassen wird und der Gesellschafter dafür eine Zahlung an die Gesellschaft leistet oder das Privatkonto des Gesellschafters belastet wird. In diesem Fall handelt es sich um einen entgeltlichen Vorgang, der steuerbar und steuerpflichtig ist. In die Bemessungsgrundlage geht alles das ein, was der Gesellschafter aufwendet bzw. was dem Privatkonto des Gesellschafters belastet wird – unabhängig davon, wie diese Belastungen ertragsteuerrechtlich zu beurteilen sind[5].

2. Erwerb eines Fahrzeugs ohne Anwendung des § 15 Abs. 1b UStG a.F.

Erwirbt ein Unternehmer ein Fahrzeug für sein Unternehmen und ordnet dieses Fahrzeug unverzüglich dem Unternehmen[6] zu und nutzt dieses Fahrzeug auch für private Fahrten, kann er den Vorsteuerabzug für alle Eingangsleistungen in voller Höhe vornehmen (soweit er keine vorsteuerabzugsschädlichen Ausgangsleistungen damit bewirkt), muss aber entsprechend dem Anteil der privaten Nutzung eine Besteuerung der nichtunternehmerischen Verwendung nach § 3 Abs. 9a Nr. 1 UStG vornehmen. Diese **Rechtsfolge** ergibt sich für ihn in den folgenden Fällen:

- Das Fahrzeug wurde vor dem 1.4.1999 erworben,
- das Fahrzeug wurde in 2003 oder in der Zeit vom 1.4.1999 bis 4.3.2000 erworben oder ein ab dem 1.4.1999 erworbenes Fahrzeug wurde in 2003 genutzt, wenn der Unternehmer sich auf das für ihn günstigere Unionsrecht beruft,
- das Fahrzeug wurde ab dem 1.1.2004 erworben oder ein ab dem 1.4.1999 erworbenes Fahrzeug wird ab dem 1.1.2004 genutzt.

---

3 Allerdings ergeben sich hier aus dem Unionsrecht heraus auch Zeitabschnitte, in denen diese Regelung nicht anwendbar ist; vgl. dazu Stichwort Unternehmensvermögen.

4 Abschn. 15.2c Abs. 3 S. 2 UStAE.

5 BFH, Urteil v. 1.9.2010, V R 6/10, BFH/NV 2011, 80.

6 Ein Zuordnungswahlrecht besteht aber nur dann, wenn das Fahrzeug zu mindestens 10 % für unternehmerische Zwecke genutzt wird. Wird das Fahrzeug in vollem Umfang für unternehmerische Zwecke genutzt, besteht kein Zuordnungswahlrecht, der Gegenstand ist automatisch dem Unternehmen zuzuordnen (Zuordnungsgebot).

Wenn der Unternehmer ein solches auch privat genutztes Fahrzeug erworben hat, kann er den vollen Vorsteuerabzug vornehmen, es sei denn, er nutzt das Fahrzeug auch für vorsteuerabzugsschädliche Ausgangsleistungen nach § 15 Abs. 2 UStG (z.B. als Arzt oder Versicherungsvertreter).

Achtung! Die Einfuhr und der innergemeinschaftliche Erwerb eines Fahrzeugs gelten insoweit auch als Erwerb.

Zum Ausgleich der nichtunternehmerischen Nutzung muss der Unternehmer allerdings für die private Nutzung einen Ausgangsumsatz besteuern. Diese unentgeltliche sonstige Leistung gilt als sonstige Leistung gegen Entgelt nach § 3 Abs. 9a Nr. 1 UStG. Da der Ort dieser Leistung – unabhängig davon, wo der Unternehmer tatsächlich fährt – nach § 3f UStG dort ist, wo er sein Unternehmen betreibt, führt diese private Nutzung zu einem steuerbaren und steuerpflichtigen Ausgangsumsatz für den Unternehmer.

Die Bemessungsgrundlage für diesen Umsatz bestimmt sich grundsätzlich nach § 10 Abs. 4 Nr. 2 UStG nach den bei diesem Umsatz entstandenen Ausgaben, soweit diese Ausgaben ganz oder teilweise den Vorsteuerabzug zugelassen hatten.

Wichtig! Die Fahrten zwischen Wohnung und Betriebsstätte sowie die Familienheimfahrten wegen einer betrieblich begründeten doppelten Haushaltsführung erfolgen nicht für Zwecke, die außerhalb des Unternehmens liegen[7]. Eine Umsatzsteuer für diese Fahrten entsteht nicht.

In der Praxis werden die folgenden Möglichkeiten zur Ermittlung der Bemessungsgrundlage angewendet[8].

2.1 Fahrtenbuchmethode

Soweit der Unternehmer ein **ordnungsgemäßes Fahrtenbuch** führt, sind die Kosten (im Gesetz „Ausgaben"), die sich aus der Nutzung des Fahrzeugs ergeben, entsprechend dem Verhältnis der unternehmerischen zu den privaten Fahrten aufzuteilen. Dabei sind allerdings die Kosten aus der Bemessungsgrundlage auszuscheiden, für die der Unternehmer keinen Vorsteuerabzug hatte. Die umsatzsteuerliche Behandlung der üblichen Kosten aus der Nutzung eines Fahrzeugs kann aus der folgenden Übersicht entnommen werden:

Kostenart	Einbeziehung in die Bemessungsgrundlage	
	ja	nein
Über den maßgeblichen Vorsteuerberichtigungszeitraum[9] (maximal fünf Jahre) verteilte Anschaffungskosten, wenn das Fahrzeug von einem anderen Unternehmer mit Ausweis von Umsatzsteuer erworben wurde	x	
Verteilte Anschaffungskosten, wenn das Fahrzeug privat eingelegt, von einem Nichtunternehmer oder ohne Ausweis von Umsatzsteuer erworben wurde		x
Laufende Betriebskosten (Benzin, Öl etc.), soweit im Inland mit Vorsteuerabzug bezogen	x	
Reparaturkosten, soweit im Inland mit Vorsteuerabzug bezogen	x	
Unfallkosten, soweit im Inland mit Vorsteuerabzug bezogen	x	
Kfz-Versicherungen		x

7 BFH, Urteil v. 5.6.2014, XI R 36/12, BStBl II 2015, 43 sowie Abschn. 15.23 Abs. 2 Satz 2 UStAE.
8 Vgl. auch BMF, Schreiben v. 5.6.2014, BStBl I 2014, 896 sowie Abschn. 15.23 UStAE.
9 Für alle Nutzungen ab dem 1.7.2004, BFH, Urteil v. 19.4.2007, V R 56/04, BStBl II 2007, 676.

Kostenart	Einbeziehung in die Bemessungsgrundlage	
	ja	nein
Kfz-Steuern		x
Sonstige Kosten, aus denen der Unternehmer einen Vorsteueranspruch hat	x	
Sonstige Kosten, aus denen der Unternehmer keinen Vorsteueranspruch hat		x

2.2 Schätzung der privaten Fahrten

Wenn der Unternehmer kein Fahrtenbuch führt, kann der Anteil der privaten Fahrten anhand geeigneter Unterlagen geschätzt werden. Solche geeigneten Unterlagen können z.B. ein nicht ordnungsgemäß geführtes Fahrtenbuch oder verkürzte Aufzeichnungen über private Fahrten darstellen. Liegen keine Unterlagen vor, aus denen sich der Anteil der privaten Fahrten näherungsweise ermitteln lässt, kann der Anteil der privaten Nutzung sachgerecht geschätzt werden.

Achtung! Die Finanzverwaltung[10] geht bei der Schätzung von einem mindestens 50 %igen privaten Nutzungsanteil aus, wenn keine Anhaltspunkte für eine andere sachgerechte Schätzung dargelegt werden können.

Die Ermittlung der Bemessungsgrundlage erfolgt nach Feststellung des Anteils der nichtunternehmerischen Fahrten entsprechend wie bei der Fahrtenbuchmethode (vgl. 2.1) anhand der vorsteuerabzugsbehafteten Ausgaben.

Wichtig! Ist ein vom Unternehmer geführtes Fahrtenbuch nicht ordnungsgemäß, kann dies trotzdem noch als Grundlage für die Ermittlung der privaten und unternehmerischen Fahrten herangezogen werden.

2.3 Vereinfachte Schätzungsmethode (1 %-Regel)

Die Finanzverwaltung bietet dem Steuerpflichtigen zur Ermittlung der Bemessungsgrundlage auch eine **vereinfachte Schätzung** anhand der ertragsteuerlichen **1 %-Regelung** an. Die Anwendung der 1 %-Regelung setzt aber voraus, dass das Fahrzeug zu mehr als 50 % betrieblich genutzt wird. Ertragsteuerliche Kürzungen für Elektro- und Hybridelektrofahrzeuge sind aber nicht zu übernehmen. Da diese Ermittlungsmethode vom BFH[11] nicht als zulässige Schätzmethode anerkannt worden ist, kann die Ermittlung der Bemessungsgrundlage **nicht gegen den Willen des Steuerpflichtigen** nach dieser vereinfachten Ermittlungsmethode erfolgen.

Soweit der Steuerpflichtige diese Methode jedoch anwenden möchte, kann die Bemessungsgrundlage nach der folgenden Berechnungsmethode ermittelt werden:

Grundlage	Wert	€
1 % vom Bruttolistenneupreis des Fahrzeugs		
pauschaler Abschlag für nicht vorsteuerbehaftete Kosten in Höhe von 20 % des vorigen Werts		
Bemessungsgrundlage pro Monat		
darauf 19 % Umsatzsteuer (seit 1.1.2007)		

[10] BMF, Schreiben v. 5.6.2014, BStBl I 2014, 896 sowie Abschn. 15.23 Abs. 5 Nr. 3 UStAE.

[11] BFH, Urteil v. 11.3.1999, V R 78/98, BFH/NV 1999, 1178.

Zu beachten ist, dass diese vereinfachte Berechnungsmethode auch zu unbilligen Ergebnissen führen kann, wenn der so ermittelte Wert **über den tatsächlich entstandenen Kosten** liegt. Die im Ertragsteuerrecht in diesen Fällen gewährte Deckelung bei den tatsächlichen Kosten wird im Umsatzsteuerrecht nicht zu einem befriedigenden Ergebnis führen; in diesem Fall sollte die Methode der Schätzung der privaten Fahrten (vgl. 2.2) angewendet werden.

Achtung! Auch bei billigeren Reimporten oder beim Erwerb eines gebrauchten Fahrzeugs wendet die Finanzverwaltung den inländischen Bruttolistenneupreis an.

Tipp! Der Unternehmer sollte in jedem Fall überprüfen, ob die Schätzung der privaten Fahrten und die Ermittlung der Bemessungsgrundlage anhand der tatsächlichen Kosten nicht zu einem für ihn günstigeren Ergebnis führt.

In jedem Fall kann der Unternehmer sich **nicht einzelne Elemente der unterschiedlichen Methoden** zu einer eigenen Berechnungsmaßnahme zusammenstellen. So hat der BFH[12] entschieden, dass bei der Anwendung der 1 %-Regelung der Unternehmer diese dann auch so umsetzen muss, wie die Finanzverwaltung dies vorgibt. Es kann nicht der Nutzungswert des Fahrzeugs mit 1 % des Bruttolistenneupreises ermittelt werden und dann die nicht mit Vorsteuerabzugsrecht behafteten Aufwendungen nach den tatsächlich angefallenen Aufwendungen davon abgezogen werden. Allerdings kann aus diesem Urteil nicht abgeleitet werden, dass ein Unternehmer, der ertragsteuerrechtlich die 1 %-Regelung anwendet, auch umsatzsteuerrechtlich die 1 %-Regelung anwenden muss.

3. Erwerb eines Fahrzeugs mit Anwendung des § 15 Abs. 1b UStG a.F.

Wenn der Unternehmer ein Fahrzeug in der Zeit zwischen dem 5.3.2000 und dem 31.12.2002 angeschafft hat, in das Inland eingeführt, innergemeinschaftlich erworben oder gemietet hat, konnte das Fahrzeug der Vorsteuerabzugsbeschränkung des § 15 Abs. 1b UStG a.F. unterliegen. Voraussetzung dafür war, dass das Fahrzeug auch für private oder andere nichtunternehmerische Fahrten verwendet wird. Die Finanzverwaltung ließ es jedoch zu, dass bei einer nur geringfügigen nichtunternehmerischen Nutzung **von bis zu 5 %** der Vorsteuerabzug in vollem Umfang in Anspruch genommen wird. Bei Fahrzeugen, die überwiegend dem Transport von Gegenständen dienen (z.B. Lkw), dürfte diese Voraussetzung grundsätzlich gegeben sein. In diesen Fällen war § 15 Abs. 1b UStG a.F. nicht anzuwenden, zu den Rechtsfolgen vgl. 2.

Bei den Fahrzeugen, die zu **mehr als 5 %** für private (nichtunternehmerische) Fahrten verwendet und vom Unternehmer seinem Unternehmensvermögen zugeordnet werden, war die Vorsteuer nach § 15 Abs. 1b UStG a.F. grundsätzlich auf 50 % beschränkt. Diese Beschränkung bezog sich sowohl auf die Vorsteuerbeträge aus der Anschaffung des Fahrzeugs wie auch auf die laufenden Unterhaltskosten. Unerheblich war in diesem Fall, in welchem Umfang das Fahrzeug für private Fahrten genutzt wurde, es musste jedoch zu mindestens 10 % für unternehmerische Fahrten verwendet werden. Wenn die Beschränkung der Vorsteuer auf 50 % nach § 15 Abs. 1b UStG a.F. anzuwenden war, unterlag die private Nutzung des Fahrzeugs keiner Besteuerung als Ausgangsumsatz mehr, § 3 Abs. 9a Satz 2 UStG.

Achtung! Wurde das Fahrzeug in der Zeit vom 1.4.1999 bis 4.3.2000 oder in 2003 erworben, innergemeinschaftlich erworben oder eingeführt, hatte der Unternehmer ein Wahlrecht. Er konnte bei der Anschaffung des Fahrzeugs § 15 Abs. 1b UStG a.F. anwenden, musste es aber nicht.

4. Übergangsregelungen

Bei Fahrzeugen, die unter Anwendung des § 15 Abs. 1b UStG a.F. erworben wurden, kommt es in den Folgejahren bei der Besteuerung der privaten Verwendung zu einem Problem: Da der Unternehmer nach

[12] BFH, Urteil v. 19.5.2010, XI R 32/08, BStBl II 2010, 1079.

Wegfall der Regelung des § 15 Abs. 1b UStG a.F. (spätestens ab 1.1.2004) wieder aus allen laufenden Unterhaltskosten den vollen Vorsteuerabzug vornehmen konnte, unterliegen nach überwiegend vertretener Auffassung diese Aufwendungen auch der Besteuerung für die private Verwendung (vgl. 2.).

Durch § 27 Abs. 5 UStG ist geregelt, dass auch für Fahrzeuge, die vor dem 1.1.2004 erworben wurden, für alle laufenden Aufwendungen (laufende Betriebskosten, Miet- oder Leasingraten) der volle Vorsteuerabzug vorgenommen werden kann. Soweit der maßgebliche Vorsteuerberichtigungszeitraum nach § 15a Abs. 1 UStG für ein solches Fahrzeug noch nicht abgelaufen ist, kann sich aus den Anschaffungs- oder Herstellungskosten eine Vorsteuerberichtigung nach § 15a UStG ergeben, wenn der Vorsteuerabzug nach § 15 Abs. 1b UStG a.F. nur zu 50 % möglich war, vgl. Stichwort Vorsteuerberichtigung.

Für die Behandlung der Anschaffungskosten gewährt die Finanzverwaltung die folgenden Wahlmöglichkeiten:

- Der Unternehmer nimmt eine Vorsteuerberichtigung nach § 15a UStG vor, soweit der Vorsteuerberichtigungszeitraum (vgl. Stichwort Vorsteuerberichtigung) noch nicht abgelaufen ist. Der Unternehmer muss dann aber die über den Vorsteuerberichtigungszeitraum verteilten Anschaffungskosten mit in Bemessungsgrundlage für die Eigennutzung einbeziehen.
- Der Unternehmer verzichtet auf eine Vorsteuerberichtigung. In die Bemessungsgrundlage für die Eigennutzung sind nur die laufenden Aufwendungen einzubeziehen, soweit sie zum Vorsteuerabzug berechtigt hatten. Die Anschaffungskosten sind nicht anteilig mit einzubeziehen.

Tipp! Soweit der Unternehmer das Fahrzeug nachweislich zu mehr 50 % für unternehmerische Fahrten verwendet, ist die Möglichkeit der Vorsteuerberichtigung die für den Unternehmer günstigere Regelung.

Prüfungen

Prüfungen auf einen Blick

1. **Rechtsquellen**
   § 27b UStG, §§ 193 f. AO
   Abschn. 27b.1 UStAE
2. **Bedeutung**
   Zur Sicherung des Steueraufkommens und zur Kontrolle, ob einschlägige Rechtsvorschriften bei dem Unternehmer korrekt angewendet worden sind, kann die Finanzverwaltung bei dem Steuerpflichtigen Prüfungen durchführen. Dabei kann das Finanzamt neben der allgemeinen Betriebsprüfung auch eine Umsatzsteuer-Sonderprüfung oder eine unangekündigte Umsatzsteuer-Nachschau durchführen. Mittelbar können umsatzsteuerrechtlich relevante Sachverhalte auch über die nach § 146b AO ab 2018 durchzuführenden unangekündigten Kassennachschauen überprüft werden.

1. Allgemeines

Das Finanzamt kann zur Überprüfung aller steuerlichen Gegebenheiten bei dem Steuerpflichtigen Prüfungen vornehmen. Dabei stehen je nach Größe des Unternehmens oder je nach individuellem Klärungsbedarf der Finanzverwaltung verschiedene Instrumente zur Prüfung zur Verfügung.

2. Allgemeine Betriebsprüfung

Eine **allgemeine Betriebsprüfung** wird je nach Größe des zu prüfenden Unternehmens regelmäßig oder unregelmäßig durchgeführt. Während große Unternehmen laufend geprüft werden, kann es bei kleineren Unternehmen vorkommen, dass eine allgemeine Betriebsprüfung gar nicht oder nur sehr selten anberaumt wird. Die Betriebsprüfung ist dem Unternehmer vorher durch Bescheid bekannt zu geben, der Unternehmer kann sich gegen die Prüfungsanordnung mit dem Rechtsbehelf des Einspruchs sowie des gerichtlichen Verfahrens wehren. Es bleibt allerdings festzustellen, dass es kaum stichhaltige Gründe gibt, sich erfolgreich und nachhaltig gegen eine allgemeine Betriebsprüfung zu wehren.

Im Rahmen einer solchen allgemeinen Betriebsprüfung werden alle steuerlichen Verhältnisse des Unternehmens – zu seinen Gunsten wie auch zu seinen Lasten – einer Prüfung unterzogen. Erfahrungsgemäß liegt das Schwergewicht dieser Prüfungen im Bereich der Ertragsteuern und weniger im Bereich der Umsatzsteuer.

Achtung! Seit dem 1.1.2002 kann der Betriebsprüfer auch alle steuerlich relevanten Daten im EDV-System des Unternehmers einsehen sowie sich diese Daten nach seinen Wünschen aufbereiten lassen.

Tipp! Soweit technisch umsetzbar, sollten die steuerlich relevanten Daten (Buchhaltung, Rechnungsausgang etc.) von den anderen Bereichen des unternehmensinternen EDV-Systems abgegrenzt werden, um hier im Prüfungsfall keinen Einblick in das gesamte EDV-System zu ermöglichen.

Der Unternehmer hat im Rahmen einer allgemeinen Betriebsprüfung **Mitwirkungsverpflichtungen**. So ist er für alle Vorgänge, die für die Besteuerung wichtig sind, zur Auskunft verpflichtet. Allerdings muss der Unternehmer die Auskünfte nicht selbst erbringen, er kann dazu auch Auskunftspersonen benennen. Darüber hinaus kann der Prüfer alle Geschäftsräume besichtigen sowie alle für die Feststellung der Besteuerungsgrundlagen wichtigen Dokumente einsehen.

Wichtig! Soweit sich aus den Prüfungshandlungen der Anfangsverdacht einer Steuerstraftat ergibt, ist der Prüfer verpflichtet, dies dem Unternehmer mitzuteilen. Ab diesem Zeitpunkt kann der Unternehmer zu diesen Vorwürfen die weitere Auskunft verweigern.

3. Umsatzsteuer-Sonderprüfung

Neben einer allgemeinen Betriebsprüfung kann auch eine spezielle **Umsatzsteuer-Sonderprüfung** vorgenommen werden, bei der sich die Prüfungshandlung ausschließlich auf Umsatzsteuersachverhalte beschränkt. Soweit bei dieser Prüfung allerdings andere Sachverhalte mit aufgedeckt werden sollten, können diese im Besteuerungsverfahren berücksichtigt werden.

Die Umsatzsteuer-Sonderprüfung ist dem Unternehmer ebenfalls vorher anzukündigen. Auch diese Ankündigung stellt einen Verwaltungsakt dar, der verfahrensrechtlich überprüft werden kann.

Eine Umsatzsteuer-Sonderprüfung wird **insbesondere in den folgenden Fällen** anberaumt:

- Neugründungen von Unternehmen,
- ungewöhnlich hohe Vorsteuerabzüge,
- Vorsteuerabzug bei steuerfreien Ausgangsleistungen (Prüfung der Vorsteueraufteilung, Prüfung Option zur Umsatzsteuer),
- Inanspruchnahme von Steuerbefreiungen,
- auffällige branchenuntypische Schwankungen bei den Umsätzen,
- Inanspruchnahme des ermäßigten Steuersatzes,
- Anwendung der Regelung zur Übertragung der Steuerschuldnerschaft nach § 13b UStG,
- Besteuerung von innergemeinschaftlichen Erwerben sowie
- Hinweise auf Vorsteuerabzüge aus Scheinrechnungen.

Eine Umsatzsteuer-Sonderprüfung kann sich nur auf **einzelne Voranmeldungszeiträume**, aber auch auf die Steuererklärung für ein Kalenderjahr beziehen. Da sich die Sonderprüfung in aller Regel nur auf bestimmte Sachverhalte erstreckt, bleibt der Vorbehalt der Nachprüfung für die jeweiligen Prüfungszeiträume bestehen. Dies bedeutet, dass die Veranlagung auch später noch verändert werden kann.

Achtung! Die Umsatzsteuer-Sonderprüfung soll sich nicht nur auf eine formelle Prüfung der Buchführung sowie der buch- und belegmäßigen Nachweise beschränken. Es ist darüber hinaus auch regelmäßig zu prüfen, ob der Unternehmer seine Geschäfte auch tatsächlich in der von ihm dargestellten Weise abgewickelt hat.

Im Rahmen einer Umsatzsteuer-Sonderprüfung hat der Unternehmer dieselben **Mitwirkungspflichten** wie bei einer allgemeinen Betriebsprüfung.

4. Umsatzsteuer-Nachschau

Mit Wirkung vom 1.1.2002[1] ist durch § 27b UStG auch eine **Umsatzsteuer-Nachschau** in das Umsatzsteuergesetz aufgenommen worden. Dabei können die mit der Prüfung beauftragten Amtsträger bei dem Unternehmer ohne vorherige Ankündigung die Geschäftsräume des Unternehmers **während der Geschäfts- und Arbeitszeiten** betreten, um Sachverhalte festzustellen, die für die Besteuerung erheblich sein können.

Wohnräume dürfen gegen den Willen des Inhabers nur dann betreten werden, wenn dies zur Verhütung dringender Gefahren für die öffentliche Sicherheit und Ordnung notwendig ist. In der Praxis wird sich dies kaum ergeben.

Im Rahmen der Umsatzsteuer-Nachschau sind den Prüfern auf Verlangen alle Aufzeichnungen, Bücher, Geschäftspapiere und andere Urkunden vorzulegen, die für die Feststellung der Besteuerungsgrundlagen von Bedeutung sind. Ebenso sind alle notwendigen Auskünfte zu erteilen.

Tipp! Durch das Steuervereinfachungsgesetz ist mit Wirkung zum 1.7.2011 in § 27b Abs. 2 UStG zusätzlich gesetzlich verankert worden, dass die mit der Umsatzsteuer-Nachschau betrauten Amtsträger auf Verlangen auch elektronisch gespeicherte Daten über die der Umsatzsteuer-Nachschau unterliegenden Sachverhalte einsehen und soweit erforderlich hierfür das Datenverarbeitungssystem nutzen können. Dies gilt auch für elektronische Rechnungen nach § 14 Abs. 1 Satz 8 UStG.

---

[1] Durch das Steuerverkürzungsbekämpfungsgesetz.

Erkenntnisse, die im Rahmen einer Umsatzsteuer-Nachschau gewonnen werden, können auch **für andere Besteuerungszwecke** herangezogen werden.

Die Umsatzsteuer-Nachschau ist keine Außenprüfung nach § 193 AO. Sie ist ein besonderes Verfahren zur zeitnahen Aufklärung möglicher steuererheblicher Sachverhalte. Deshalb gelten die Vorschriften für eine Außenprüfung (§§ 193 ff. AO) nicht.

Achtung! Die Umsatzsteuer-Nachschau wird vom Finanzamt nicht vorher angekündigt.

Anlass für eine Umsatzsteuer-Nachschau können nach Auffassung des BMF[2] die folgenden Fälle sein:

- Existenzprüfungen bei neu gegründeten Unternehmen,
- Entscheidungen im Zustimmungsverfahren nach § 168 Satz 2 AO,
- Erledigung von Auskunftsersuchen zum Vorsteuerabzug anderer Finanzämter,
- Erledigung von Amtshilfeersuchen anderer EU-Mitgliedstaaten.

Mit dem Instrument der Umsatzsteuer-Nachschau sollen **umsatzsteuerrechtlich erhebliche Sachverhalte** festgestellt werden. Solche Sachverhalte sind z.B.:

- Unternehmerexistenz,
- Vorhandensein von Anlage- und Umlaufvermögen,
- einzelne Eingangs- oder Ausgangsrechnungen,
- einzelne Buchungsvorgänge,
- Verwendungsverhältnisse.

Sobald der **Amtsträger** der Öffentlichkeit nicht zugängliche Geschäftsräume betreten will, den Steuerpflichtigen auffordert, Aufzeichnungen, Bücher, Geschäftspapiere und andere umsatzsteuerrelevante Urkunden vorzulegen oder den Steuerpflichtigen auffordert, Auskunft zu erteilen, hat er sich **auszuweisen**.

Im Rahmen der Umsatzsteuer-Nachschau dürfen grundsätzlich nur Grundstücke und Räume betreten werden, die gewerblich oder beruflich selbstständig genutzt werden; unschädlich ist, wenn sie auch zu Wohnzwecken genutzt werden. Das Betreten muss dazu dienen, Sachverhalte festzustellen, die für die Umsatzbesteuerung erheblich sein können. Ein Durchsuchungsrecht gewährt die Umsatzsteuer-Nachschau nicht. Das bloße Betreten oder Besichtigen von Grundstücken ist noch keine Durchsuchung. Ein Betreten der Grundstücke und Räume ist während der Geschäfts- und Arbeitszeiten zulässig. Die Nachschau kann auch außerhalb der Geschäftszeiten vorgenommen werden, wenn im Unternehmen schon oder noch gearbeitet wird.

Der Unternehmer hat auf Verlangen dem Amtsträger Aufzeichnungen, Bücher, Geschäftspapiere und andere Urkunden vorzulegen und Auskünfte zu erteilen. Kommt der Unternehmer seinen Mitwirkungspflichten im Rahmen der Umsatzsteuer-Nachschau nicht nach, kann der Amtsträger, **zu einer Außenprüfung nach § 193 AO übergehen**. Der Prüfer kann einen solchen Verwaltungsakt grundsätzlich auch mit Zwangsmitteln gemäß §§ 328 ff. AO (insbesondere durch unmittelbaren Zwang nach § 331 AO) durchsetzen.

Tipp! Bei einer unangekündigten Umsatzsteuer-Nachschau sollten Aufzeichnungen darüber geführt werden, welche Unterlagen der Amtsträger eingesehen hat. Eine Aufforderung, „alle Unterlagen" vorzulegen, ist mit dem Ziel der Umsatzsteuer-Nachschau nicht vereinbar und würde wohl einen Einspruch gegen die Prüfungsanordnung wie auch gegebenenfalls dienstrechtliche Folgen nach sich ziehen können.

Wichtig! Im Rahmen einer Umsatzsteuer-Nachschau kann ohne vorherige Prüfungsanordnung zu einer Außenprüfung übergegangen werden. Auf den Übergang ist der Unternehmer schriftlich hinzuweisen.

---

2 Vgl. Abschn. 27b.1 Abs. 2 UStAE.

Der **Übergang zu einer Umsatzsteuer-Sonderprüfung** ist regelmäßig geboten, wenn die sofortige Sachverhaltsaufklärung (z.B. Feststellung der Besteuerungsgrundlagen, vollständige Erfassung von Umsätzen, rechtliche Beurteilung von steuerfreien Umsätzen) zweckmäßig erscheint und wenn anschließend auch die gesetzlichen Folgen einer Außenprüfung für die Steuerfestsetzung eintreten sollen. Der Übergang zu einer Umsatzsteuer-Sonderprüfung ist dem Unternehmer schriftlich bekannt zu geben. Der Beginn einer Außenprüfung nach erfolgter Umsatzsteuer-Nachschau ist unter Angabe von Datum und Uhrzeit aktenkundig zu machen.

Der **Beginn der Umsatzsteuer-Nachschau** hemmt den Ablauf der Festsetzungsfrist gemäß § 171 Abs. 4 AO nicht. Die Änderungssperre des § 173 Abs. 2 AO findet keine Anwendung. Soweit eine Steuer gemäß § 164 AO unter dem Vorbehalt der Nachprüfung festgesetzt worden ist, muss diese nach Durchführung der Umsatzsteuer-Nachschau nicht aufgehoben werden.

Wichtig! Wenn gegen die Umsatzsteuer-Nachschau Einspruch eingelegt wurde, kann die Finanzverwaltung trotzdem Erkenntnisse aus der Nachschau verwerten. Wird ein Steuerbescheid aufgrund dieser Erkenntnisse erlassen, muss gegen diesen Bescheid ebenfalls Einspruch eingelegt werden, da auch bei erfolgreichem Abschluss des Einspruchsverfahrens gegen die Umsatzsteuer-Nachschau kein automatisches Verwertungsverbot zu den Feststellungen der Nachschau eintritt.

Achtung! Mittelbar können umsatzsteuerrechtlich relevante Sachverhalte auch nach der über § 146b AO ab 2018[3] geregelten unangekündigten Kassennachschau geprüft werden.

---

3 Art. 97 § 30 AOEG 1977.

Rechnung

Rechnung auf einen Blick

1. **Rechtsquellen**
   § 14 bis § 14c UStG
   § 31 bis § 34 UStDV
   Abschn. 14.1 bis Abschn. 14c.2 UStAE
2. **Bedeutung**
   Die Rechnung hat eine zentrale Dokumentationsfunktion für die vom leistenden Unternehmer geschuldete Umsatzsteuer. Sie ist Voraussetzung beim Leistungsempfänger für den Vorsteuerabzug. Nur eine ordnungsgemäße Rechnung ermöglicht es dem Leistungsempfänger, die Vorsteuer aus der erhaltenen Leistung abzuziehen.
3. **Weitere Stichworte**
   → Anzahlungen, → Aufbewahrung von Rechnungen, → Elektronische Rechnungen, → Fahrausweise, → Kleinbetragsrechnung, → Nebenleistungen, → Rechnungsberichtigung, → Unberechtigter Steuerausweis, → Unrichtiger Steuerausweis
4. **Besonderheiten**
   Die Voraussetzungen an eine ordnungsgemäße Rechnung unterliegen sowohl durch Rechtsprechung wie auch Gesetzgebung ständigen Verschärfungen. In Betriebsprüfungen ergeben sich aufgrund von Mängeln in Rechnungen häufig Probleme mit dem Vorsteuerabzug. Nachdem der EuGH grundsätzlich die Rückwirkung einer Rechnungsberichtigung akzeptiert hatte, ist für die Praxis noch nicht abschließend geklärt, unter welchen Voraussetzungen ein Vorsteuerabzug auch bei einer formell nicht ordnungsgemäßen Rechnung gegebenenfalls geltend gemacht werden kann.

1. Der Rechnungsbegriff

1.1 Allgemeines

Grundsätzlich sind für alle Rechnungen – unabhängig, ob auf Papier ausgestellt oder auf elektronischem Weg übertragen – die allgemeinen Anforderungen in § 14 Abs. 1 UStG aufgenommen. Danach muss die Echtheit der Herkunft der Rechnung, die Unversehrtheit ihres Inhalts und ihre Lesbarkeit gewährleistet werden. **Echtheit der Herkunft** bedeutet die Sicherheit der Identität des Rechnungsausstellers. **Unversehrtheit des Inhalts** bedeutet, dass die nach diesem Gesetz erforderlichen Angaben nicht geändert wurden. Jeder Unternehmer legt selbst fest, in welcher Weise die Echtheit der Herkunft, die Unversehrtheit des Inhalts und die Lesbarkeit der Rechnung gewährleistet werden. Dies kann durch jegliche **innerbetriebliche Kontrollverfahren** erreicht werden, die einen **verlässlichen Prüfpfad** zwischen Rechnung und Leistung schaffen können.

Nach § 14 Abs. 1 Satz 1 UStG ist eine Rechnung **jedes Dokument**, mit dem über eine Lieferung oder sonstige Leistung abgerechnet wird. Dabei ist es unerheblich, ob dieses Dokument auch als Rechnung bezeichnet wird. Damit können auch Verträge (z.B. Kaufverträge), langfristige Verträge (z.B. Mietverträge), Kassenbons, Quittungen und alle anderen Abrechnungen, mit denen über eine Lieferung oder eine sonstige Leistung abgerechnet wird, ohne ausdrücklich als Rechnung bezeichnet zu werden, als eine Rechnung i.S.d. § 14 UStG anerkannt werden. Schriftstücke, die sich nur auf den Zahlungsverkehr beziehen (z.B. Mahnungen oder Kontoauszüge[1]), stellen hingegen keine Rechnungen nach § 14 UStG dar, selbst wenn sie ansonsten alle Bestandteile einer Rechnung nach § 14 Abs. 4 UStG enthalten.

---

[1] Ein Kontoauszug, den ein Kreditinstitut über eine von ihm ausgeführte Leistung erstellt, kann aber als Rechnung i.S.d. § 14 Abs. 1 UStG anerkannt werden, Abschn. 14.1 Abs. 1 UStAE.

Wichtig! Seit dem 1.1.2004 kann eine Rechnung im umsatzsteuerlichen Sinne nur noch anerkannt werden, wenn sie auf Papier erstellt oder auf elektronischem Weg übertragen wurde. Für eine auf elektronischem Weg übermittelte Rechnung ist es erforderlich, dass der Empfänger der Rechnung dem zustimmt.

Zum 1.7.2011 wurden die auf Papier ausgestellten Rechnungen und die elektronisch übermittelten Rechnungen systematisch gleichgestellt. Dadurch sind aber nicht die Anforderungen an die Ordnungsmäßigkeit von auf Papier ausgestellten Rechnungen erhöht worden.

1.2 Innerbetriebliches Kontrollverfahren

Ein „**innerbetriebliches Kontrollverfahren**" soll nicht dazu dienen, die allgemeinen für den Vorsteuerabzug notwendigen Rechnungsbestandteile zu überprüfen. Mit dem innerbetrieblichen Kontrollverfahren wird lediglich die **korrekte Übermittlung von Rechnungen** sichergestellt. Eine inhaltlich richtige Rechnung, die die richtige Leistung, die richtigen Vertragsparteien und die korrekten Rechnungsbeträge aufnimmt, rechtfertigt die Annahme, dass bei der Übermittlung keine die Echtheit der Herkunft oder die Unversehrtheit des Inhalts beeinträchtigenden Fehler vorgekommen sind; die Rechnung wurde also weder ge- oder verfälscht oder auf andere Weise verändert.

Wichtig! Ist der Nachweis erbracht, dass die Voraussetzungen des Vorsteuerabzugs nach § 15 UStG gegeben sind, soll der Frage der Durchführung des innerbetrieblichen Kontrollverfahrens im Einzelfall keine eigenständige Bedeutung mehr zukommen – insbesondere soll es dann nicht mehr zur Versagung des Vorsteuerabzugs kommen können.

Ein innerbetriebliches Kontrollverfahren ist jedes Verfahren, dass der Unternehmer intern einsetzt, um zu überprüfen, ob die **in der Rechnung angegebenen Inhalte auch den Tatsachen entsprechen**, insbesondere, ob sich aus der Rechnung eine Zahlungsverpflichtung gegenüber dem Rechnungsaussteller ergibt. Er wird deshalb insbesondere überprüft:

- ob die durch die Rechnung abgerechnete Leistung auch tatsächlich erbracht worden ist, ob sich also ein Zahlungsanspruch dem Grunde nach ergibt,
- ob die Leistung in dem Umfang und der Qualität ausgeführt worden ist, wie es in der Rechnung angegeben ist,
- ob der Rechnungsaussteller korrekt angegeben worden ist und ob seine Kontoverbindung korrekt ist.

Tipp! Unternehmer werden regelmäßig auch aus nichtsteuerlichen Gründen darauf achten, dass sie keine unberechtigten Rechnungen bezahlen werden. Diese „Vorsichtsmaßnahmen" können schon ein solches innerbetriebliches Kontrollverfahren darstellen. Je nach Größe des Unternehmens können solche innerbetrieblichen Kontrollverfahren umfassende elektronische Kontrollverfahren (z.B. bei Beteiligung mehrerer Abteilungen eines Unternehmens) aber auch einfache „Abzeichnungen" von Eingangsrechnungen bei kleinen Unternehmen sein.

1.3 Verlässlicher Prüfpfad

Ein innerbetriebliches Kontrollverfahren erfüllt die Anforderungen des § 14 Abs. 1 UStG, wenn es einen verlässlichen Prüfpfad gibt, durch den ein Zusammenhang zwischen der Rechnung und der zugrunde liegenden Leistung hergestellt werden kann. Regelmäßig erfolgt dies durch ein **ordnungsgemäß eingerichtetes Rechnungswesen**, aus dem die Verknüpfung der Eingangsleistung, der Eingangsrechnung bis hin zur Bezahlung dargestellt werden kann. Es kann aber auch durch einen manuellen Abgleich der Rechnung mit den weiteren vorhandenen geschäftlichen Unterlagen erfolgen, z.B. Abgleich mit:

- einer Kopie der Bestellung,
- dem Auftrag,
- dem Kaufvertrag,

- dem Lieferschein und
- einem Überweisungs- oder Zahlungsbeleg.

Achtung! Für das innerbetriebliche Kontrollverfahren und den verlässlichen Prüfpfad bestehen keine eigenständigen Dokumentationspflichten. Es muss damit nicht gesondert aufgezeichnet und dokumentiert werden, wie das innerbetriebliche Kontrollverfahren und der Prüfpfad strukturiert sind.

2. Verpflichtung und Berechtigung zur Rechnungsausstellung

Nach § 14 Abs. 2 UStG ist der Unternehmer grundsätzlich berechtigt, über eine von ihm erbrachte Lieferung oder sonstige Leistung eine Rechnung zu erteilen. Der Unternehmer ist aber nicht nur berechtigt, eine Rechnung auszustellen, in den folgenden Fällen ist er nach § 14 Abs. 2 Satz 1 UStG auch verpflichtet, eine Rechnung **innerhalb von sechs Monaten** nach Ausführung der Leistung zu erstellen:

- Wenn der Unternehmer eine steuerpflichtige Werklieferung oder sonstige Leistung in Zusammenhang mit einem Grundstück ausführt oder
- wenn der Unternehmer eine andere Leistung an einen Unternehmer oder an eine juristische Person (auch wenn sie nicht Unternehmer ist) ausführt. Die Verpflichtung besteht allerdings dann nicht, wenn es sich um eine nach § 4 Nr. 8 bis Nr. 28 UStG steuerfreie Leistung handelt[2].

Wichtig! Bei einer Werklieferung oder sonstigen Leistung an einem Grundstück muss der Unternehmer auch eine Rechnung erteilen, wenn er die Leistung an eine Privatperson ausführt. Diese Rechnung oder eine andere beweiskräftige Unterlage muss der Leistungsempfänger zwei Jahre aufbewahren (Laufzeit der Aufbewahrungsfrist beginnt am Ende des Kalenderjahrs).

Eine **Werklieferung oder sonstige Leistung** im Zusammenhang mit einem Grundstück liegt dann vor, wenn eine solche Leistung in einem engen Zusammenhang mit einem Grundstück steht. Ein solch enger Zusammenhang liegt vor, wenn sich die Werklieferung oder sonstige Leistung nach den tatsächlichen Umständen überwiegend auf die Bebauung, Verwertung, Nutzung oder Unterhaltung des Grundstücks selbst bezieht. Insbesondere sollen alle Arten von Bauleistungen (auch Reparaturleistungen und auch Planungsleistungen), Gartenarbeiten, Reinigungsarbeiten sowie alle Arten von Reparaturleistungen an Grundstücken von dieser Regelung erfasst werden[3]. Die Verpflichtung besteht nicht nur bei Ausführung einer solchen Art Leistung an den Eigentümer des Grundstücks, sondern auch bei Ausführung der **Leistung an den Mieter** einer Wohnung. Von der Regelung ausgenommen sind lediglich Lieferungen, bei denen der leistende Unternehmer keine Be- oder Verarbeitung des Gegenstands vornimmt, z.B. die Lieferung von Baumaterial oder der Verkauf von Baumaterial in einem Ladengeschäft.

Achtung! Nicht von dieser Regelung sind aber steuerpflichtige Vermietungsleistungen betroffen. So müssen die Rechnungen für Hotelübernachtung oder Parkplatzquittungen nicht aufbewahrt werden[4].

Verstößt der leistende Unternehmer gegen die Verpflichtung zur Ausstellung der Rechnung oder stellt er seine Rechnung erst nach Ablauf von mehr als sechs Monaten nach Ausführung der Leistung aus, kann nach § 26a UStG ein **Bußgeld** von bis zu 5.000 € gegen den Unternehmer verhängt werden. Wird eine Rechnung zwar ausgestellt, ist die Rechnung aber nicht ordnungsgemäß, kann kein Bußgeld verhängt werden.

---

2 Die Ausnahme von der Verpflichtung zur Ausstellung einer Rechnung ist zum 1.1.2009 eingeführt worden.
3 Abschn. 14.2 UStAE.
4 BMF, Schreiben v. 24.11.2004, BStBl I 2004, 1122.

Achtung! Der Anspruch auf Rechnungserteilung ist zwar im Umsatzsteuerrecht geregelt, kann aber von dem Leistungsempfänger nur auf zivilrechtlicher Basis als Schadensersatzanspruch gegenüber dem leistenden Unternehmer geltend gemacht werden, wenn der leistende Unternehmer eine Rechnung trotz vorliegender Verpflichtung nicht ordnungsgemäß erteilt.

Der Anspruch des Leistungsempfängers auf Ausstellung einer ordnungsgemäßen Rechnung ist eine aus § 242 BGB abgeleitete zivilrechtliche Nebenpflicht aus dem zugrunde liegenden Schuldverhältnis. Da ein **Schadensersatzanspruch bei Nichtausstellung einer Rechnung zivilrechtlicher Natur** ist, kann er nicht vor dem Finanzgericht, sondern nur vor den Zivilgerichten geltend gemacht werden. Der Anspruch auf Ausstellung einer ordnungsgemäßen Rechnung verjährt dabei innerhalb von drei Jahren, da in Ermangelung einer anderen ausdrücklichen Bestimmung der Anspruch auf Ausstellung einer ordnungsgemäßen Rechnung der regelmäßigen Verjährung nach § 195 BGB unterliegt.

Grundsätzlich kann nur der leistende Unternehmer eine Rechnung ausstellen. Eine Rechnung kann aber auch im Namen und für Rechnung des Unternehmers von einem Dritten ausgestellt werden. Ein am Leistungsaustausch Beteiligter kann aber nicht ein solcher „Dritter" sein. Eine Abrechnung durch den Leistungsempfänger kann allerdings durch eine Gutschrift (Gutschrift ist die von dem Leistungsempfänger ausgestellte Rechnung; vgl. Stichwort Gutschrift) erfolgen. Die Grundsätze treffen auch auf Änderungen und Berichtigungen der Rechnung zu.

Wichtig! Insbesondere darf nicht der Leistungsempfänger Änderungen oder Ergänzungen an der Rechnung vornehmen.

Die **Verpflichtung zur Ausstellung einer Rechnung mit gesondertem Steuerausweis** trifft nicht nur den inländischen Unternehmer, sondern auch den im Ausland ansässigen Unternehmer, soweit er im Inland steuerbare und steuerpflichtige Leistungen erbringt, es sei denn, der Leistungsempfänger wird Steuerschuldner nach § 13b UStG (vgl. Stichwort Steuerschuldnerverfahren). In diesem Fall ist aber der Leistende trotzdem zur Ausstellung einer Rechnung – allerdings ohne gesonderten Steuerausweis – verpflichtet.

Achtung! Sowohl den leistenden Unternehmer als auch den Rechnungsempfänger treffen bestimmte Aufbewahrungspflichten für die Rechnungen. Vgl. dazu Stichwort Aufbewahrung von Rechnungen.

3. Nachweisverpflichtungen

Für den Leistungsempfänger hat die Rechnung eine deutlich höhere Bedeutung, als für den leistenden Unternehmer. Hat der leistende Unternehmer eine Rechnung ausgestellt, können sich für ihn – mit Ausnahme einer vorsätzlich fehlerhaften Angabe oder eines zu hohen Steuerausweises – kaum umsatzsteuerrechtlich nachteilige Konsequenzen ergeben. Für den Leistungsempfänger kann aber eine auch nur geringfügig nicht den Anforderungen entsprechende Rechnung zur Versagung des Vorsteuerabzugs führen. Damit hat der Leistungsempfänger eine besondere Verpflichtung, die Inhalte der Rechnung zu prüfen.

Die ordnungsgemäße Rechnung muss nicht nur den in § 14 Abs. 1 UStG normierten Ansprüchen entsprechen (vgl. dazu oben 1.), die Rechnung muss auch bestimmte in § 14 Abs. 4 UStG aufgeführte Elemente enthalten, nur in bestimmten Sonderfällen kann aus Vereinfachungsgründen von diesen Vorgaben abgewichen werden.

Achtung! Ist eine Rechnung nicht ordnungsgemäß im Sinne der gesetzlichen Vorgaben, kann sich nach den bisherigen Rechtserkenntnissen kein Vorsteuerabzug für den Leistungsempfänger ergeben. Damit trägt regelmäßig der Leistungsempfänger ein höheres wirtschaftliches Risiko bezüglich der Ordnungsmäßigkeit der Rechnung als der die Leistung ausführende Unternehmer.

Der EuGH[5] hatte aber zuletzt die Rechnungsvorausssetzungen nur als formelle Voraussetzungen angesehen, die bei Vorliegen aller materiell-rechtlichen Voraussetzungen den Vorsteuerabzug nicht ausschließen dürfen. Allerdings ist aus der Rechtsprechung des EuGH nicht ersichtlich, unter welchen Voraussetzungen der Vorsteuerabzug bei einer nicht formell ordnungsgemäßen Rechnung trotzdem möglich sein könnte. Deshalb sollte nach den derzeitigen Erkenntnissen weiterhin zeitnah die Ordnungsmäßigkeit der Rechnung geprüft werden. Erst in Streitfällen mit der Finanzverwaltung – und wenn keine rückwirkende Rechnungsberichtigung möglich ist – sollte über die Notwendigkeit der ordnungsgemäßen Rechnung diskutiert werden.

4. Bestandteile der Rechnung

Nach § 14 Abs. 4 UStG muss eine **ordnungsgemäße Rechnung** die folgenden Merkmale aufweisen:

- Den vollständigen Namen und die vollständige Anschrift des leistenden Unternehmers und des Leistungsempfängers,
- die dem leistenden Unternehmer vom Finanzamt erteilte Steuernummer oder die ihm vom Bundeszentralamt für Steuern erteilte USt-IdNr.,
- das Ausstellungsdatum,
- eine fortlaufende Nummer mit einer oder mehreren Zahlenreihen, die zur Identifizierung der Rechnung einmalig vergeben wird,
- die Menge und die Art (handelsübliche Bezeichnung) der gelieferten Gegenstände oder den Umfang und die Art der sonstigen Leistung,
- den Zeitpunkt der Lieferung oder der sonstigen Leistung, bei der Vereinnahmung des Entgelts oder eines Teils des Entgelts bei Anzahlungen den Zeitpunkt der Vereinnahmung, soweit der Zeitpunkt feststeht und nicht mit dem Ausstellungsdatum identisch ist,
- das nach Steuersätzen und einzelnen Steuerbefreiungen aufgeschlüsselte Entgelt für die Lieferung oder die sonstige Leistung (§ 10 UStG) sowie jede im Voraus vereinbarte Minderung des Entgelts, sofern sie nicht bereits im Entgelt berücksichtigt ist,
- den anzuwendenden Steuersatz sowie den auf das Entgelt entfallenden Steuerbetrag oder einen Hinweis darauf, dass für die Lieferung oder sonstige Leistung eine Steuerbefreiung gilt,
- einen Hinweis auf die Aufbewahrungspflicht der Rechnung, wenn eine steuerpflichtige Werklieferung oder sonstige Leistung an einem Grundstück an einen Nichtunternehmer ausgeführt wird und
- (seit dem 30.6.2013; mit Übergangsregelung der Finanzverwaltung ab dem 1.1.2014) in den Fällen der Ausstellung der Rechnung durch den Leistungsempfänger oder durch einen von ihm beauftragten Dritten die Angabe „Gutschrift".

Achtung! Die notwendigen Pflichtinhalte der Rechnung müssen nicht unmittelbar in der Rechnung enthalten sein. Es können auch andere Geschäftsunterlagen herangezogen werden, wenn das Abrechnungsdokument selbst darauf verweist und diese eindeutig bezeichnet sind[6]. Die in Bezug genommenen Geschäftsunterlagen müssen der Rechnung nicht beigefügt sein[7].

4.1 Vollständiger Name und vollständige Anschrift des leistenden Unternehmers und des Leistungsempfängers

Die **Angabe des leistenden Unternehmers** ist in der Rechnung erforderlich, um den Steuerschuldner für die offen ausgewiesene Umsatzsteuer feststellen zu können. Darüber hinaus ist die Angabe des Leistenden erforderlich, damit aufseiten des Leistungsempfängers nach § 15 Abs. 1 UStG festgestellt werden kann, ob die Voraussetzungen der Unternehmereigenschaft des Leistenden vorliegen.

---

5 Z.B. EuGH, Urteil v. 22.10.2015, C-277/14 – PPUH Stehcemp, BFH/NV 2015, 1790, EuGH, Urteil v. 15.9.2016, C-518/14 – Senatex GmbH, BFH/NV 2016, 1870.

6 BFH, Urteil v. 10.11.1994, V R 45/93, BStBl II 1995, 395.

7 BFH, Urteil v. 16.1.2014, V R 28/13, BStBl II 2014, 867.

Zur Identifizierung des **Leistungsempfängers** und der Zurechnung der ausgeführten Leistung sind in der Rechnung der vollständige Name und dessen vollständige Anschrift des Leistungsempfängers notwendig.

Name und Anschrift müssen „vollständig" angegeben werden. Nach § 31 Abs. 1 UStDV ist es aber ausreichend, wenn sich Name und Anschrift des leistenden Unternehmers oder des Leistungsempfängers auch aus anderen Unterlagen ergeben, soweit eine leichte Nachprüfbarkeit gegeben ist. In diesem Fall muss in der Rechnung auf die weiteren Unterlagen hingewiesen werden. Soweit die Angaben in der Rechnung ausreichend sind, den Namen und die Anschrift des leistenden Unternehmers oder des Leistungsempfängers eindeutig festzustellen, ist den Anforderungen genüge getan, § 31 Abs. 2 UStDV. Weiterhin sind **Kurzzeichen, Firmenname oder Symbole**, die leicht und eindeutig entschlüsselt werden können, als Angaben in einer Rechnung ausreichend, § 31 Abs. 3 UStDV. Anstelle der Anschrift ist nach Auffassung der Finanzverwaltung auch die Angabe des Postfachs oder der Großkundenadresse ausreichend[8].

Wichtig! Aus der Rechtsprechung des BFH schien sich kurzzeitig etwas anderes zu ergeben. Der BFH[9] hatte festgestellt, dass das Merkmal „vollständige Anschrift" nur die Angabe der zutreffenden Anschrift des leistenden Unternehmers erfüllt, unter der er seine wirtschaftlichen Aktivitäten entfaltet. Es war danach aber fraglich, ob die Angabe der Großkundenadresse bzw. des Postfachs in Zukunft noch ausreichend sein kann. Allerdings kamen aufgrund der Vorgaben aus der Rechtsprechung des EuGH dem BFH[10] offensichtlich Zweifel an seiner bisherigen Rechtsauffassung. Der EuGH[11] hat zu der vollständigen Anschrift in einer Rechnung entschieden, dass der Begriff der Anschrift weit auszulegen ist und nicht den Ort der „wirtschaftlichen Aktivitäten" enthalten muss. Auch eine sog. „Briefkastenadresse", unter der der leistende Unternehmer postalisch erreichbar ist, kann ausreichend sein kann. Die Mitgliedstaaten können die Ausübung des Rechts auf Vorsteuerabzug nicht nach eigenem Gutdünken von der Erfüllung von Voraussetzungen betreffend den Inhalt der Rechnungen abhängig machen, die in den Bestimmungen der MwStSystRL nicht ausdrücklich vorgesehen sind.

Zu einer ordnungsgemäßen Rechnung gehört es aber, dass die postalische Erreichbarkeit **des leistenden Unternehmers** zu dem Zeitpunkt der Ausführung der Leistung korrekt in der Rechnung angegeben ist – der Leistungsempfänger muss sich von der Richtigkeit der Angaben in der Rechnung vergewissern[12].

Tipp! Bei Ungenauigkeiten (Schreibfehler oder Zahlendreher) ist die Rechnung trotzdem noch ordnungsgemäß, wenn die Beteiligten identifizierbar sind.

Achtung! Die Finanzverwaltung geht aber davon aus, dass eine an einen Beauftragten versandte „c/o-Rechnung" keine ordnungsgemäße Rechnung darstellt[13].

Beispiel 1: Bauunternehmer B erbringt eine Bauleistung an die Bauherrengemeinschaft „Rathausstraße 13 GbR", die ihren Sitz in der Bahnhofstraße 25 in 12345 Neustadt hat. Die Rechnung wird wie folgt ausgestellt:

---

8 Abschn. 14.5 Abs. 2 Satz 3 UStAE.

9 BFH, Urteil v. 22.7.2015, V R 23/14, BStBl II 2015, 914.

10 BFH, Beschluss v. 6.4.2016, V R 25/15, BFH/NV 2016, 1401 sowie BFH, Beschluss v. 6.4.2016, XI R 20/14, BFH/NV 2016, 1405 – beim EuGH anhängig unter C-374/16 – Rochus Geissel.

11 EuGH, Urteil v. 15.11.2017, C-375/16 – Igor Butin sowie C-374/16 – Rochus Geissel, BFH/NV 2018, 173. Nachfolgend BFH, Urteil vom 21.6.2018, V R 25/15 und V R 28/16.

12 Dies gilt unabhängig der Rechtsform des leistenden Unternehmers, BFH, Urteil v. 6.12.2007, V R 61/05, BStBl II 2008, 695.

13 BMF, Schreiben v. 28.3.2006, BStBl I 2006, 345.

> Bauherrengemeinschaft „Rathausstraße 13 GbR"
> c/o Architekt Frank Neumann
> Marktplatz 30
> 12346 Altstadt
>
> **Lösung:** Die Rechnung weist nicht die zutreffende Anschrift des Leistungsempfängers aus, sodass der Leistungsempfänger keinen Vorsteuerabzug aus der Rechnung hat.
> Soweit der Auffassung des Finanzamts gefolgt werden sollte, würde sich für den B eine Steuerschuld aus der von ihm ausgeführten Bauleistung sowie eventuell – zusätzlich – wegen des unberechtigten Steuerausweises nach § 14c Abs. 2 UStG ergeben.

Zu beachten ist, dass der leistende Unternehmer nicht verpflichtet ist, sich über die Richtigkeit der Angaben des Leistungsempfängers zu vergewissern.

> **Wichtig!** Wenn der leistende Unternehmer jedoch bewusst eine falsche Bezeichnung des Leistungsempfängers in der Rechnung aufnimmt, kann unter Umständen eine Steuerschuld nach § 14c Abs. 2 UStG (unberechtigter Steuerausweis) für den Rechnungsaussteller infrage kommen.

4.2 Steuernummer oder USt-IdNr.

In der Rechnung muss der leistende Unternehmer seine Steuernummer, unter der er zur Umsatzsteuer veranlagt wird oder (als Wahlrecht) auch seine ihm vom Bundeszentralamt für Steuern erteilte **USt-IdNr.** angeben.

> **Achtung!** Ein Vorsteuerabzug kann vom Leistungsempfänger nicht vorgenommen werden, wenn die Steuernummer oder die USt-IdNr. des leistenden Unternehmers fehlt. Eine Ausnahme besteht hier lediglich bei den Kleinbetragsrechnungen bis 250 €[14].

Die Vorschrift gilt auch bei der Abrechnung durch **Gutschriften**. In diesem Fall muss der die Gutschrift ausstellende Leistungsempfänger die Steuernummer oder die USt-IdNr. des **leistenden Unternehmers** angeben.

> **Tipp!** Bei einer Neuanmeldung eines Unternehmens erteilt das Finanzamt teilweise eine vorläufige Registrierungsnummer zur Wiedervorlage (Wv-Nummer), bevor eine Steuernummer vergeben wird. Der BFH[15] hat dazu entschieden, dass dies keine zutreffende Steuernummer ist und damit der Leistungsempfänger aus einer Rechnung, die nur eine solche Wv-Nummer enthält, einen Vorsteuerabzug nicht geltend machen kann.

Die Angabe der Steuernummer oder der USt-IdNr. des leistenden Unternehmers ist auch in der Rechnung eines Kleinunternehmers (§ 19 UStG), eines Unternehmers, der ausschließlich über steuerfreie Umsätze abrechnet sowie in den Fällen, in denen der Leistungsempfänger nach § 13b UStG zum Steuerschuldner wird, anzugeben, obwohl in diesen Fällen von dem leistenden Unternehmer keine Umsatzsteuer geschuldet wird.

> **Wichtig!** Auch bei einer Dauerschuldleistung (z.B. bei einer Vermietungsleistung) muss in der Rechnung die Steuernummer oder USt-IdNr. des leistenden Unternehmers angegeben werden. Als Rechnung kann hier aber auch der Vertrag (z.B. der Mietvertrag) gelten. Ändert sich in diesen Fällen die Steuernummer des leistenden Unternehmers (z.B. bei Umzug), hat der Unternehmer dies dem Leistungsempfänger in geeigneter Weise mitzuteilen[16].

---

14 Seit dem 1.1.2017; bis 31.12.2016: 150 €.

15 BFH, Urteil v. 2.9.2010, V R 55/09, BStBl II 2011, 235.

16 Abschn. 14.5 Abs. 9 UStAE.

4.3 Ausstellungsdatum

In der Rechnung muss auch das **Ausstellungsdatum** vorhanden sein. In der Praxis wird diese Voraussetzung keine großen Schwierigkeiten bereiten, da das Rechnungsdatum inhaltlich unproblematisch ist und von dem leistenden Unternehmer schon alleine wegen eigener Zuordnungskriterien angeben wird.

Achtung! Das Rechnungsdatum ist aber nicht automatisch identisch mit dem Datum der Leistung! Die Angabe von Leistungsdatum und Rechnungsdatum verstößt auch nicht gegen den Verhältnismäßigkeitsgrundsatz der Verfassung[17].

4.4 Rechnungsnummer

Eine Rechnung muss zur Identifizierung eine fortlaufende, einmalig vergebene **Rechnungsnummer** enthalten. Dabei kann der Unternehmer verschiedene Abrechnungskreise bilden (z.B. nach unterschiedlichen Leistungsarten, nach unterschiedlichen Abrechnungszeiträumen oder nach verschiedenen Betriebsstätten). Innerhalb dieser unterschiedlichen Rechnungskreise sind die Rechnungen dann aber wieder fortlaufend zu nummerieren, obwohl die Nummernkreise nicht zwingend lückenlos sein müssen[18].

Wichtig! Werden die Rechnungsnummern durch ein Abrechnungsprogramm automatisch vergeben und eine Rechnung dann nicht versandt (z.B. weil die Leistung tatsächlich nicht erbracht wurde) sollte die nicht verwendete Rechnung aufbewahrt werden, um die fortlaufende Nummerierung zu dokumentieren.

Bei **Dauerleistungen** (z.B. Mietverträgen) muss in der Rechnung oder dem Vertrag – soweit die Dauerleistung ab dem 1.1.2004 vereinbart wurde – ebenfalls eine einmalige Nummer (z.B. Wohnungs- oder Objektnummer) erhalten sein. Für Altverträge muss spätestens bei einer Vertragsänderung dieser Mangel beseitigt werden. Zahlungsbelege müssen keine fortlaufende Nummer erhalten. Kleinbetragsrechnungen und Fahrausweise müssen ebenfalls keine fortlaufende Nummer enthalten.

Auch bei **Gutschriften** muss eine fortlaufende – einmalige – Rechnungsnummer angegeben werden. Diese ist aber vom Aussteller der Gutschrift (Leistungsempfänger) zu vergeben.

4.5 Menge und Bezeichnung der Leistung

Der leistende Unternehmer hat in seiner Rechnung die von ihm erbrachte Leistung **hinreichend genau zu beschreiben**, um eine Identifizierbarkeit der gelieferten Ware oder der erbrachten Leistung zu ermöglichen. Dies bedeutet, dass bei einer Lieferung von Gegenständen, die Menge und die handelsübliche Bezeichnung des gelieferten Gegenstands in die Rechnung aufgenommen werden muss, bei einer sonstigen Leistung die Art und der Umfang der sonstigen Leistung, genau beschrieben sein muss. Diese Angaben sind zum einen deshalb erforderlich, um die Richtigkeit der ausgestellten Rechnung überprüfen zu können (z.B. bezüglich der Steuerpflicht der erbrachten Leistung oder des angewendeten Steuersatzes für die erbrachte Leistung). Zum anderen erleichtert es dem Leistungsempfänger, den Nachweis über die Zuordnung der erhaltenen Leistung zu seinem Unternehmen zu dokumentieren. Eine allgemeine Angabe in einer Rechnung wie „für technische Beratung und Kontrolle im Jahr ..." sah der BFH nicht als eine ausreichende Leistungsbeschreibung an[19]. Auch unter Berücksichtigung der Rechtsprechung des EuGH hat der BFH[20] festgestellt, dass die Leistungsbeschreibung so exakt sein muss, dass es der Finanzverwaltung ermöglicht wird, die **Entrichtung der geschuldeten Steuer** und das Bestehen des Vorsteuerabzugs zu kontrollieren. Bei der Lieferung von Fahrzeugen wurden die folgenden Leistungs-

[17] BFH, Urteil v. 17.12.2008, XI R 62/07, BStBl II 2009, 432.

[18] Abschn. 14.5 Abs. 10 Satz 4 UStAE.

[19] BFH, Urteil v. 8.10.2008, V R 59/07, BStBl II 2009, 218.

[20] BFH, Urteil v. 1.3.2018, V R 18/17.

beschreibungen vom BFH insoweit nicht als ausreichend angesehen: „Werbungskosten laut Absprache", „Akqusitions-Aufwand", „Überführungskosten[21]".

Ausreichend im Sinne der Vorschrift sind auch **handelsübliche Sammelbezeichnungen**, wenn sie die Bestimmung des anzuwendenden Steuersatzes eindeutig ermöglichen. So können z.B. die Angaben Schnittblumen, Tabakwaren etc. als ausreichende Sammelbezeichnungen im Geschäftsverkehr angesehen werden; zu allgemein darf die Beschreibung allerdings auch nicht sein. Nicht ausreichend sind Angaben allgemeiner Art, die Gruppen verschiedenartiger Gegenstände umfassen können, wie z.B. Geschenkartikel. Abkürzungen, Zahlen oder Symbole dürfen verwendet werden, wenn ihre Bedeutung allgemein bekannt ist. Auch Hinweise auf Vorschriften einer festgelegten Gebührenordnung (z.B. beim Rechtsanwalt, Steuerberater oder Arzt) können als ausreichende Leistungsbezeichnung angesehen werden.

Achtung! Der BFH hat jedoch entschieden, dass – insbesondere bei hochpreisigen Waren (z.B. Goldschmuck) – die Art der Gegenstände eindeutig bezeichnet sein muss[22]. Die Sammelbezeichnung „Goldschmuck" ist zu allgemein, sodass eine solche Rechnung nicht ordnungsgemäß ist.

Für die **Mengenangaben** ist auf die im Wirtschaftsverkehr allgemein üblichen Mengen- und Größenangaben Bezug zu nehmen. So können Angaben über Menge, Größe oder Gewicht ausreichende Mengenangaben darstellen. Die handelsübliche Bezeichnung eines gelieferten Gegenstands ist gewahrt, wenn er nach Art, Marke oder Stück eindeutig identifizierbar ist (Beispiel: Computer, Hersteller, Artikelnummer). Soweit es im Geschäftsverkehr üblich ist, sind auch Angaben nur der Art nach als ausreichende Rechnungsinhalte anzuerkennen (Beispiel: Gartenmöbel).

Achtung! Eine Serien- oder Gerätenummer ist nicht notwendiger Rechnungsbestandteil. Soweit die Angabe aber im Geschäftsverkehr üblich ist (z.B. bei Handys die IMEI-Nr.), will die Finanzverwaltung bei Fehlen der Nummer prüfen, ob überhaupt eine Lieferung vorgenommen wurde oder eventuell eine Scheinrechnung vorliegt[23].

Die **Leistungsbeschreibung** als solche muss aber **nicht direkt in der Rechnung mit angegeben** sein. Es ist auch ausreichend, wenn in der Rechnung auf eine andere Geschäftsunterlage verwiesen wird, aus der sich die Leistungsbeschreibung eindeutig ableiten lässt. Der BFH[24] hat ausdrücklich festgestellt, dass zur Identifizierung einer abgerechneten Leistung andere Geschäftsunterlagen herangezogen werden können, wenn das Abrechnungsdokument selbst darauf verweist und diese eindeutig bezeichnet sind. Die in Bezug genommenen Geschäftsunterlagen müssen der Rechnung nicht beigefügt sein.

Eine **falsche Leistungsbeschreibung** führt aber grundsätzlich zu einer nicht ordnungsgemäßen Rechnung und damit zu einem Ausschluss vom Vorsteuerabzug beim Leistungsempfänger. So ist ein Vorsteuerabzug unberechtigt, wenn in einer Rechnung über „Bauleistungen" abgerechnet wird, obwohl Baumaterial geliefert worden ist.

Wichtig! Bei einer falschen Leistungsbeschreibung schuldet der leistende Unternehmer nicht nur die Umsatzsteuer für die von ihm tatsächlich ausgeführte Leistung, sondern – zusätzlich – auch die unberechtigt ausgewiesene Umsatzsteuer nach § 14c Abs. 2 UStG.

4.6 Zeitpunkt der Leistung

Nach § 14 Abs. 4 Satz 1 Nr. 6 UStG muss der Unternehmer in seiner Rechnung auch den Zeitpunkt angeben, zu dem er den Umsatz erbracht hat. In Einzelfällen kann dies auch ein Leistungszeitraum sein[25].

21 Ohne weitere Bezugnahme auf die Lieferung eines Fahrzeugs o.ä.
22 BFH, Beschluss v. 29.11.2002, V B 119/02, BFH/NV 2003, 518.
23 BMF, Schreiben v. 1.4.2009, DStR 2009, 802.
24 BFH, Urteil v. 16.1.2014, V R 28/13, BFH/NV 2014, 807.
25 Grundsätzlich dazu EuGH, Urteil v. 15.9.2016, C-516/14 – Barlis 06, BFH/NV 2016, 1870.

Dies muss nicht zwingend mit dem Datum der Rechnungserstellung übereinstimmen. Die Angabe über den **Zeitpunkt der Leistungserbringung** ist zum einen deshalb wichtig, weil anhand dieser Angabe der Zeitpunkt der Steuerentstehung bei dem leistenden Unternehmer überprüft werden kann. Zum anderen ist der Zeitpunkt der Leistungserbringung auch für die inhaltliche Überprüfung der Rechnung von Bedeutung, da die Umsatzsteuer der Höhe nach immer nach den Vorschriften zum Zeitpunkt der Leistungserbringung entsteht. Dieses kann insbesondere bei einem Steuersatzwechsel wie auch bei anderen Rechtsänderungen von Bedeutung sein.

Wichtig! Zu beachten ist aber für den Leistungsempfänger, dass der Vorsteuerabzug nach § 15 Abs. 1 Satz 1 Nr. 1 UStG erst dann möglich ist, wenn er eine ordnungsgemäße Rechnung nach § 14 UStG vorzuliegen hat. Der Zeitpunkt der Leistungserbringung ist somit nicht das allein entscheidende Kriterium für den Vorsteuerabzug.

Der Zeitpunkt der Leistungserbringung sollte **so exakt wie möglich**, also nach Tag, Monat und Jahr, angegeben werden. Nach § 31 Abs. 4 UStDV ist es jedoch ausreichend, wenn der Kalendermonat der Leistungserbringung angegeben wird.

Grundsätzlich galt, dass auch in den Fällen, in denen das Datum der Rechnung mit dem Datum der Leistungserbringung identisch ist, trotzdem beide Daten auf der Rechnung angegeben sein sollten – auch dann, wenn es sich um Barverkäufe handelt (sog. **Lieferung über die Theke**)[26]. Allerdings hat der BFH[27] jetzt entschieden, dass die Angabe des Leistungszeitpunkts s**ich auch aus dem Ausstellungsdatum der Rechnung ergeben kann**, wenn nach den Verhältnissen des jeweiligen Einzelfalls davon auszugehen ist, dass die Leistung in dem Monat bewirkt wurde, in dem die Rechnung ausgestellt worden ist – der BFH bejahte dies in dem zu entscheidenden Fall bei der Lieferung eines Pkw, da in diesem Fall davon ausgegangen werden kann, dass die Rechnung zeitnah zu der Lieferung erstellt worden ist. Bei zeitraumbezogenen Leistungen, die über einen längeren Zeitraum erbracht werden, sind aber strengere Anforderungen zu stellen.

Wichtig! In jedem Fall wird es in der Praxis als ausreichend angesehen, wenn ein Hinweis in der Rechnung enthalten ist, dass das Datum der Lieferung dem Rechnungsdatum entspricht[28]. Zumindest bis die Finanzverwaltung der sich jetzt etwas lockeren Sichtweise des BFH angeschlossen hat, sollte weiterhin dieser Zusatz auch bei Einzelverkäufen „über die Theke" beibehalten werden, um Streitfälle mit der Finanzverwaltung zu vermeiden.

Das Lieferdatum kann sich auch aus anderen Unterlagen ergeben. Eine solche Unterlage kann z.B. ein **Lieferschein** sein. Wenn sich das Lieferdatum aus dem Lieferschein ergeben soll, muss zum einen in der Rechnung auf den Lieferschein verwiesen werden und zum anderen in dem Lieferschein dann auch noch ausdrücklich das Lieferdatum angegeben werden (das Datum des Lieferscheins stellt nicht automatisch das Datum der Lieferung dar!).

Auch über eine **noch nicht erbrachte Leistung** ist mittels einer Rechnung nach § 14 UStG abzurechnen, wenn ein Entgelt oder ein Teilentgelt vereinnahmt wird (Vorausrechnung oder Anzahlungsrechnung). In diesem Fall ist der Zeitpunkt der Vereinnahmung in der Rechnung mit anzugeben. Steht dieser noch nicht fest, sollte in der Rechnung jedoch angegeben werden, dass es sich dabei um eine **Voraus- oder Anzahlungsrechnung** handelt. Dies kann z.B. dadurch geschehen, dass die Angabe des voraussichtlichen Zeitpunkts der Leistungserbringung angegeben wird. Vgl. dazu auch Stichwort Anzahlungen.

4.7 Entgelt für die Leistung

In der Rechnung ist das **Entgelt** aufzunehmen, das der Leistungsempfänger für die erhaltene Leistung aufwenden muss. Dies stellt in der Regel den **Nettobetrag** – also ohne enthaltene Umsatzsteuer – dar.

---

26 So noch BFH, Urteil v. 17.12.2008, XI R 62/07, BStBl II 2009, 432.

27 BFH, Urteil v. 1.3.2018, V R 18/17, BFH/NV 2018, 916.

28 BFH, Urteil v. 17.12.2008, XI R 62/07, BStBl II 2009, 432 sowie Abschn. 14.5 Abs. 16 UStAE.

Wird in der Rechnung ein Bruttopreis angegeben, muss aus diesem die Umsatzsteuer herausgerechnet werden; trotzdem muss in der Rechnung immer auch noch der Nettobetrag angegeben werden. Regelmäßig ist der vereinbarte Preis ein Bruttobetrag, sofern nicht ausdrücklich die Zahlung von Umsatzsteuer vertraglich zusätzlich vereinbart worden ist.

Früher war es für die **Ordnungsmäßigkeit einer Rechnung** nach § 14 UStG ausreichend, wenn der Steuerbetrag auf den Nettobetrag heraufgerechnet wurde oder in der Rechnung nur der Bruttobetrag und die darin enthaltene Umsatzsteuer gesondert angegeben wurden. Nach der Rechtsprechung des BFH[29] ist es aber zwingend erforderlich, dass der Nettobetrag für die erbrachte Leistung zuzüglich des gesonderten Umsatzsteuerbetrags ausgewiesen werden muss.

Wichtig! Sind in der Rechnung nicht der Nettobetrag und die darauf entfallende Umsatzsteuer gesondert ausgewiesen, kann keine ordnungsgemäße Rechnung vorliegen. Lediglich in den Fällen der Kleinbetragsrechnungen – bis zu einem Gesamtbetrag von 250 €[30] – ist es ausreichend, wenn der Gesamtbetrag inklusive der darin enthaltenen Umsatzsteuer angegeben wird.

Werden in einer Rechnung **mehrere verschiedene Leistungen** abgerechnet, ist eine Zusammenfassung der einzelnen Leistungen zulässig, soweit sie dem gleichen Steuersatz unterliegen. Werden hingegen in einer Rechnung verschiedene Lieferungen oder sonstige Leistungen abgerechnet, die verschiedenen Steuersätzen unterliegen, sind die Entgelte und die Steuerbeträge jeweils nach Steuersätzen zu trennen, § 14 Abs. 4 Satz 1 Nr. 7 UStG und § 32 UStDV. Im Falle einer maschinellen Rechnungserstellung ist der Ausweis des Steuerbetrags in einer Summe zulässig, wenn für die einzelnen Posten der Rechnung der Steuersatz angegeben wird.

Darüber hinaus muss bei im **Voraus vereinbarten Entgeltsminderungen** (z.B. Skonti oder Boni) in der Rechnung ein Hinweis auf diese Vereinbarung enthalten sein. Steht die Entgeltsminderung bei Ausstellung der Rechnung der Höhe nach noch nicht fest, ist in der Rechnung zumindest auf die Vereinbarung hinzuweisen. Dazu ist es ausreichend, wenn in der Rechnung auf die Rabatt- oder Bonusvereinbarung hingewiesen wird, soweit diese Angaben leicht und eindeutig nachprüfbar sind; § 31 Abs. 1 Satz 3 UStDV. Eine leichte und eindeutige Nachprüfbarkeit ist gegeben, wenn die Dokumente über die Entgeltsminderung in Schriftform vorhanden sind und auf Nachfrage ohne Zeitverzögerung bezogen auf die jeweilige Rechnung vorgelegt werden können. Dabei ist ein Hinweis wie „Es ergeben sich Entgeltminderungen aufgrund von Rabatt- oder Bonusvereinbarungen" als hinreichend anzusehen, wenn die Angaben leicht und eindeutig nachprüfbar sind.

Zur Abrechnung von Nebenleistungen vgl. Stichwort Nebenleistungen.

4.8 Angabe von Steuersatz, Steuerbetrag oder Steuerbefreiung

In der Rechnung muss neben dem **Steuersatz** auch der **Steuerbetrag** gesondert ausgewiesen sein.

Achtung! Die Angabe nur des Steuersatzes oder nur des Steuerbetrags reicht für eine ordnungsgemäße Rechnung nicht aus.

Die **gesondert ausgewiesene Umsatzsteuer** ist Grundlage für die Vorsteuerabzugsberechtigung nach § 15 Abs. 1 Satz 1 Nr. 1 UStG für den Leistungsempfänger. Nur durch diesen Steuerausweis kann der als Vorsteuer abziehbare Betrag für den Leistungsempfänger nachgewiesen werden. Für den leistenden Unternehmer hängt dagegen die Entstehung der Steuerschuld nicht von der ausgewiesenen Umsatzsteuer ab. Auch in den Fällen, in denen der Unternehmer keine Rechnung für seine erbrachte Leistung ausstellt oder eine Rechnung ohne gesonderten Steuerausweis oder mit einer zu niedrig ausgewiesenen Umsatzsteuer ausstellt, entsteht bei ihm die Umsatzsteuer ausstellt, entsteht bei ihm die Umsatzsteuer nach den allgemeinen Grundsätzen nach erbrachter Leistung und dem für die Leistung erhaltenen Entgelt.

---

29 BFH, Urteil v. 27.7.2000, V R 55/99, BStBl II 2001, 426.

30 Seit dem 1.1.2017; bis 31.12.2016: 150 €.

In der Rechnung ist auch ein Hinweis auf eine eventuell einschlägige **Steuerbefreiung** aufzunehmen. Dabei ist es ausreichend, wenn die Steuerbefreiung umgangssprachlich beschrieben wird (z.B. steuerfreie Ausfuhrlieferung). Eine entsprechende gesetzliche Vorschrift des Umsatzsteuergesetzes oder des Unionsrechts muss nicht enthalten sein.

4.9 Hinweis auf die Aufbewahrungsverpflichtung des Leistungsempfängers

Führt der Unternehmer eine **steuerpflichtige Werklieferung** oder **eine sonstige Leistung im Zusammenhang mit einem Grundstück** aus, ist der Leistungsempfänger, der entweder nicht Unternehmer ist oder aber ein Unternehmer ist, der die Leistung nicht für seinen unternehmerischen Bereich verwendet, verpflichtet, die ihm erteilte Rechnung sowie einen Zahlungsbeleg oder eine andere beweiskräftige Unterlage **zwei Jahre** lang aufzubewahren. Die Aufbewahrungsfrist beginnt mit Ablauf des Jahrs, in dem die Rechnung ausgestellt wurde. Da der Leistungsempfänger von dieser gesetzlichen Regelung eventuell keine Kenntnis hat, hat der Gesetzgeber den leistenden Unternehmer verpflichtet, in seiner Rechnung auf diese **Aufbewahrungspflicht** hinzuweisen.

Achtung! Die Aufbewahrungspflicht des Leistungsempfängers ist aber nicht von dem Hinweis in der Rechnung abhängig.

4.10 Hinweis auf Abrechnung durch eine Gutschrift

Eigentlich hätte für alle **nach dem 31.12.2012 ausgeführten Leistungen** in einer Rechnung, die von dem Leistungsempfänger oder einem von ihm beauftragten Dritten ausgestellt worden ist, auch die Angabe **„Gutschrift“** mit aufgenommen werden müssen. Die Regelung ist dann erst mit Verkündung des Amtshilferichtlinie-Umsetzungsgesetzes zum 30.6.2013 umgesetzt worden und führt zu einer weiteren Pflichtangabe in den Rechnungen. Die Finanzverwaltung hat darüber hinaus eine Nichtbeanstandungsregelung bis zum 31.12.2013 getroffen[31].

Wichtig! Als „Gutschriften“ werden ausschließlich Rechnungen bezeichnet, die von dem Leistungsempfänger oder einem von ihm beauftragten Dritten ausgestellt werden (Abrechnungslast hat der Leistungsempfänger). Abzugrenzen davon sind Berichtigungen von Rechnungen, vgl. auch Stichwort Gutschriften.
Werden nach Inkrafttreten der Regelung Gutschriften ausgestellt, ohne dass der Begriff „Gutschrift“ aufgenommen worden ist, ergibt sich für den Aussteller der Gutschrift (dies ist der Leistungsempfänger) kein Vorsteuerabzug.
Die Finanzverwaltung beanstandet es aber nicht, wenn der Hinweis „Gutschrift“ in jeder Amtssprache der MwStSystRL aufgenommen wird, zu den Begriffen vgl. Stichwort Gutschrift.

5. Fehlende Angaben in einer Rechnung

Soweit der leistende Unternehmer keine Rechnung ausstellen sollte oder einzelne Bestandteile für eine ordnungsgemäße Rechnung nicht mit in der Rechnung aufführt, ergibt sich für den **leistenden Unternehmer** aus umsatzsteuerlicher Sicht keine Folgerung, lediglich im Falle der Nichtausstellung der Rechnung oder wenn die Rechnung später als sechs Monate nach Leistungserbringung ausgestellt wurde, kann sich ein Bußgeld nach § 26a UStG ergeben. Unabhängig davon schuldet der leistende Unternehmer die Umsatzsteuer immer nach den Vorschriften, die zum Zeitpunkt der Leistungserbringung anzuwenden waren. Dies ist unabhängig davon, ob eine Rechnung ausgestellt wurde oder nicht. Der **Leistungsempfänger** hat aber nach der nicht unumstrittenen derzeitigen nationalen Sichtweise bei nicht ordnungsgemäßer Ausstellung einer Rechnung keinen Vorsteuerabzug. Der Leistungsempfänger hat zwar einen zivilrechtlichen Anspruch auf Ausstellung einer ordnungsgemäßen Rechnung, gegebenenfalls einen Schadensersatzanspruch, die Vorsteuerabzugsberechtigung kann aber dadurch nicht ersetzt werden.

---

[31] BMF, Schreiben v. 25.10.2013, BStBl I 2013, 1305.

Enthält eine Rechnung einen Fehler oder ist sie nicht vollständig, kann der Rechnungsaussteller diese **Rechnung berichtigen** – dies ist ausdrücklich in § 31 Abs. 5 UStDV geregelt worden. In der Berichtigung können nur die fehlerhaften oder fehlenden Bestandteile berichtigt oder ergänzt werden. Allerdings muss in der Berichtigung ein eindeutiger Hinweis auf die zu berichtigende Rechnung erfolgen (z.B. unter Hinweis auf die einmalige Rechnungsnummer). Ansonsten müssen die Berichtigungen – auch bei elektronischen Rechnungen – alle Voraussetzungen für Rechnung erfüllen.

Wichtig! Die Rechnungsberichtigung kann aber immer nur von dem Rechnungsaussteller erfolgen. Veränderungen oder Ergänzungen einer Rechnung durch den Leistungsempfänger sind nicht zulässig und führen zu einer nicht ordnungsgemäßen Rechnung; eine Ausnahme besteht lediglich in den Fällen der Abrechnung mit einer Gutschrift.

Beispiel 2: Unternehmer U erwirbt in einem Baumarkt für sein Unternehmen ein Baugerät über das er eine Rechnung über 260 € erhält. Bis auf den Leistungsempfänger entspricht die Rechnung den gesetzlichen Anforderungen. Bei Erfassung des Belegs stellt U fest, dass er nicht als Leistungsempfänger auf der Rechnung angegeben ist und ergänzt handschriftlich die Rechnung.
Lösung: Die Rechnung ist nicht ordnungsgemäß, U kann keinen Vorsteuerabzug aus der Rechnung vornehmen. Die Rechnungsergänzung/Rechnungsberichtigung kann nur von dem leistenden Unternehmer durchgeführt werden.

Zu den Einzelheiten – insbesondere zu dem Problem der rückwirkenden Rechnungsberichtigung – vgl. Stichwort Rechnungsberichtigung.

6. Anwendbares Recht bei grenzüberschreitend ausgeführten Leistungen

Werden Leistungen grenzüberschreitend ausgeführt, stellt sich immer die Frage, nach welchem Recht sich die Anforderungen an die auszustellenden Rechnungen richten. Während früher grundsätzlich immer das Recht des Staates anzuwenden war, in dem die Leistung ausgeführt wurde, hätten sich eigentlich für alle ab dem 1.1.2013 ausgeführten Leistungen teilweise Veränderungen nach dem Unionsrecht ergeben müssen. In Deutschland ist die Regelung erst durch das Amtshilferichtlinie-Umsetzungsgesetz zum 30.6.2013 umgesetzt worden, die Finanzverwaltung hat auch hier eine Nichtbeanstandungsregelung für alle bis zum 31.12.2013 ausgestellten Rechnungen getroffen. Nach der Neuregelung gilt: Führt ein Unternehmer einen Umsatz im Inland aus, für den der Leistungsempfänger die Steuer nach § 13b UStG schuldet (Reverse-Charge-Verfahren), und hat der leistende Unternehmer im Inland weder seinen Sitz, seine Geschäftsleitung, eine Betriebsstätte, von der aus der Umsatz ausgeführt wird oder die an der Erbringung dieses Umsatzes beteiligt ist, noch in Ermangelung eines Sitzes seinen Wohnsitz oder gewöhnlichen Aufenthalt im Inland, gelten für die Rechnungserteilung die Vorschriften des Mitgliedstaats, in dem der leistende Unternehmer seinen Sitz, seine Geschäftsleitung, eine Betriebsstätte, von der aus der Umsatz ausgeführt wird, oder in Ermangelung eines Sitzes seinen Wohnsitz oder gewöhnlichen Aufenthalt hat. Dies gilt aber dann nicht, wenn mit einer Gutschrift abgerechnet wird.

Beispiel 3: Unternehmer U erhält im Juli 2018 von einem schwedischen Rechtsanwalt eine Beratungsleistung.
Lösung: Die Beratungsleistung ist nach § 3a Abs. 2 UStG in Deutschland ausgeführt und damit in Deutschland steuerbar und steuerpflichtig. Da U nach § 13b Abs. 1 UStG zum Steuerschuldner für die ihm gegenüber ausgeführte Leistung wird, gilt nach § 14 Abs. 7 UStG für die Rechnungsinhalte schwedisches Recht (Recht des Mitgliedstaats, aus dem der Rechtsanwalt kommt).

Tipp! Wesentliche Veränderungen haben sich in der Praxis dadurch nicht ergeben, da sowohl die Übertragung der Steuerschuldnerschaft auf den Leistungsempfänger nach § 13b UStG wie auch die Vorsteuerabzugsberechtigung des Leistungsempfängers in diesen Fällen nicht von der Vorlage einer ordnungsgemäßen Rechnung abhängig ist.
Insbesondere ist aber der Hinweis auf die Übertragung der Steuerschuldnerschaft in diesen Fällen immer in den jeweiligen Landessprachen anzugeben. Für Leistungen, die ein deutscher Unternehmer in einem anderen Mitgliedstaat ausführt und für die der Leistungsempfänger dort zum Steuerschuldner wird, muss in der Rechnung nach deutschem Recht mit den Worten „Steuerschuldnerschaft des Leistungsempfängers" hingewiesen werden. Allerdings lässt es die Finanzverwaltung zu, dass der Hinweis in den Amtssprachen aller Fassungen der MwStSystRL enthalten sein kann; vgl. dazu auch 7.

7. Zusätzliche Anforderungen in bestimmten Fällen

Bei bestimmten Leistungen – insbesondere im Umsatzsteuer-Binnenmarkt – muss der Unternehmer über die allgemeinen Anforderungen des § 14 Abs. 4 UStG hinaus noch weitere Angaben und Hinweise in seiner Rechnung mit aufnehmen, § 14a UStG:

- (**galt bis zum 29.6.2013**) Führt der (ausländische) Unternehmer eine sonstige Leistung nach § 3a Abs. 2 UStG im Inland aus und schuldet der Leistungsempfänger die Umsatzsteuer nach § 13b UStG, ist der leistende Unternehmer verpflichtet eine Rechnung auszustellen, in der die USt-IdNr. des Leistungsempfängers und seine eigene USt-IdNr. angegeben ist, § 14a Abs. 1 UStG[32].
- (**gilt seit 30.6.2013**[33]) Hat der **Unternehmer seinen Sitz**, seine Geschäftsleitung, eine Betriebsstätte, von der aus der Umsatz ausgeführt wird, oder in Ermangelung eines Sitzes seinen Wohnsitz oder gewöhnlichen Aufenthalt **im Inland**, und führt er einen Umsatz in einem anderen Mitgliedstaat aus, an dem eine Betriebsstätte in diesem Mitgliedstaat nicht beteiligt ist, ist er zur Ausstellung einer Rechnung mit der Angabe „**Steuerschuldnerschaft des Leistungsempfängers**" verpflichtet, wenn die Steuer in dem anderen Mitgliedstaat von dem Leistungsempfänger geschuldet wird und keine Gutschrift vereinbart worden ist. Führt der Unternehmer eine sonstige Leistung i.S.d. § 3a Abs. 2 UStG in einem anderen Mitgliedstaat aus, ist die Rechnung **bis zum fünfzehnten Tag des Monats**, der auf dem Monat folgt, in dem der Umsatz ausgeführt worden ist, **auszustellen**. In dieser Rechnung sind die USt-IdNr. des Unternehmers und die des Leistungsempfängers anzugeben, § 14a Abs. 1 UStG[34].
- Führt der Unternehmer Lieferungen aus, deren Ort sich nach § 3c UStG im Inland befindet (Ort der Lieferung ist in diesen Fällen dort, wo sich der Gegenstand am Ende der Beförderung oder Versendung befindet – insbesondere in Fällen des Versandhandels zwischen zwei Mitgliedstaaten an Nichtunternehmer), hat der leistende Unternehmer zwingend eine Rechnung auszustellen, § 14a Abs. 2 UStG.
- Erbringt der Unternehmer steuerfreie innergemeinschaftliche Lieferungen nach § 6a UStG im Umsatzsteuer-Binnenmarkt, hat er in der Rechnung seine USt-IdNr. sowie die USt-IdNr. des Leistungsempfängers mit aufzunehmen, § 14a Abs. 3 UStG.

Wichtig! Bei allen innergemeinschaftlichen Lieferungen, die seit dem 30.6.2013[35] ausgeführt werden, ist der leistende Unternehmer zur Ausstellung einer Rechnung bis zum 15. Tag des Monats, der auf dem Monat folgt, in dem der Umsatz ausgeführt worden ist, verpflichtet.

- Bei einer Lieferung eines neuen Fahrzeugs nach § 1b Abs. 2 und Abs. 3 UStG müssen in der Rechnung die relevanten Merkmale für das neue Fahrzeug mit enthalten sein; § 14a Abs. 4 UStG.

---

[32] In der bis 29.6.2013 gültigen Fassung.
[33] Übergangsregelung der Finanzverwaltung für alle Rechnungen, die bis zum 31.12.2013 ausgestellt worden sind.
[34] In der seit dem 30.6.2013 geltenden Fassung.
[35] Übergangsregelung der Finanzverwaltung für alle Rechnungen, die bis zum 31.12.2013 ausgestellt worden sind.

Wichtig! Bei der Lieferung eines neuen Fahrzeugs ist seit dem 1.7.2010 auch noch eine Meldung nach der Fahrzeuglieferungs-Meldepflichtverordnung abzugeben.

- Bei einer Leistung, für die nicht der leistende Unternehmer Steuerschuldner ist, sondern der Leistungsempfänger zum Steuerschuldner wird (vgl. Stichwort Steuerschuldnerverfahren), ergeben sich ebenfalls Sonderregelungen. In diesen Fällen hat der leistende Unternehmer nach § 14a Abs. 5 UStG eine Rechnung auszustellen und in der Rechnung auf den Übergang der Steuerschuldnerschaft nach § 13b UStG hinzuweisen. Eine Umsatzsteuer darf für diese Leistungen nicht gesondert ausgewiesen werden. Für alle **seit dem 30.6.2013** ausgeführten Leistungen, für die der Leistungsempfänger nach § 13b Abs. 2 und Abs. 5 UStG die Umsatzsteuer schuldet, muss in der Rechnung **„Steuerschuldnerschaft des Leistungsempfängers"** angegeben werden. Die Finanzverwaltung[36] lässt hier aber auch die Formulierungen aller anderen Sprachfassungen der MwStSystRL zu; vgl. dazu unten.

Sprache	Begriff „Steuerschuldnerschaft des Leistungsempfängers"
Bulgarisch	обратно начисляване
Dänisch	omvendt betalingspligt
Englisch	Reverse charge
Estnisch	pöördmaksustamine
Finnisch	käännetty verovelvollisuus
Französisch	Autoliquidation
Griechisch	Αντίστροφη επιβάρυνση
Italienisch	inversione contabile
Lettisch	nodokļa apgrieztā maksāšana
Litauisch	Atvirkštinis apmokestinimas
Maltesisch	Inverżjoni tal-ħlas
Niederländisch	Btw verlegd
Polnisch	odwrotne obciążenie
Portugiesisch	Autoliquidação
Rumänisch	taxare inversă
Schwedisch	omvänd betalningsskyldighet
Slowakisch	prenesenie daňovej povinnosti
Slowenisch	Reverse Charge
Spanisch	inversión del sujeto pasivo
Tschechisch	daň odvede zákazník
Ungarisch	fordított adózás

- Erbringt der Unternehmer eine Leistung, die der Besteuerung nach § 25 UStG (vgl. Stichwort Reiseleistungen) oder nach § 25a UStG (vgl. Stichwort Differenzbesteuerung) unterliegt, hat er in seiner Rechnung auf diese Sonderform der Besteuerung hinzuweisen. Umsatzsteuer darf er in der Rechnung nicht ausweisen, § 14a Abs. 6 UStG.
  Für alle **ab dem 30.6.2013** ausgeführten Leistungen müssen diese Hinweise in bestimmter Form angegeben werden:

[36] BMF, Schreiben v. 25.10.2013, BStBl I 2013, 1305.

- bei Reiseleistungen muss „Sonderregelung für Reisebüros"[37] angegeben sein;
- bei differenzbesteuerten Leistungen muss „Gebrauchtgegenstände/Sonderregelung", „Kunstgegenstände/Sonderregelung" oder „Sammlungsstücke oder Antiquitäten/Sonderregelung" angegeben sein.

Die Finanzverwaltung lässt hier aber auch die Formulierungen aller anderen Sprachfassungen der MwStSystRL zu[38].

- Ist der Unternehmer ein mittlerer Unternehmer in einem innergemeinschaftlichen Reihengeschäft nach § 25b UStG, hat er auf das Vorliegen des innergemeinschaftlichen Reihengeschäfts hinzuweisen und die USt-IdNr. des Leistungsempfängers und seine eigene USt-IdNr. mit aufzunehmen. Auch hier darf eine Steuer in der Rechnung nicht ausgewiesen werden, § 14a Abs. 7 UStG.

8. Abrechnungen innerhalb eines Unternehmens

Der Unternehmensbegriff ist nach § 2 Abs. 1 Satz 2 UStG umfassend. Alle unternehmerischen Aktivitäten eines Unternehmens werden zu einem einheitlichen Unternehmen zusammengefasst. Damit werden ertragsteuerlich getrennt zu behandelnde Tätigkeiten, die zu unterschiedlichen Einkunftsarten gehören, im Umsatzsteuerrecht als eine Einheit angesehen (vgl. Stichwort Unternehmenseinheit).

Soweit der Unternehmer zwischen verschiedenen Teilen seines Unternehmens Abrechnungen erstellt, in denen er die Umsatzsteuer gesondert ausweist, werden diese Abrechnungen nicht als Rechnungen i.S.d. § 14 UStG angesehen[39]. Gleiches gilt auch für Abrechnungen innerhalb eines Organkreises, der umsatzsteuerrechtlich auch als ein einheitliches Unternehmen behandelt wird.

---

[37] Der Hinweis auf „Reisebüros" ist zwar irreführend, entspricht aber dem Wortlaut der MwStSystRL.

[38] Vgl. dazu BMF, Schreiben v. 25.10.2013, BStBl I 2013, 1305.

[39] Abschn. 14.1 Abs. 4 UStAE. Bestätigt durch BFH, Urteil v. 28.10.2010, V R 7/10, BStBl II 2011, 391.

9. Beispiel für eine ordnungsgemäße Rechnung – Normalfall

Ernst Meyer OHG
Getränkegroßhandel
Bahnhofstraße 17
36253 Bad Hersfeld

1. Vollständiger Name und vollständige Anschrift des leistenden Unternehmers

Herrn
Alwin Schröder
Gaststätte zum Hirschen
Waldstraße 1a
36253 Bad Hersfeld

1. Vollständiger Name und vollständige Anschrift des Leistungsempfängers

Rechnung

Bestellung vom	Kunden-Nr.	Rechnungsdatum	Rechnungsnummer
13.08.2018	G 3527/89	16.08.2018	G-4653/2018

3. Ausstellungsdatum

4. Einmalige Rechnungsnummer

Aufgrund unserer allgemeinen Geschäftsbedingungen lieferten wir Ihnen am 16.08.2018 die folgenden Getränke:

6. Lieferdatum

Menge	Artikel-Nummer	Bezeichnung	Einzelpreis netto	Rabatte	Gesamtpreis netto	Steuersatz
200 Stück	C-300	Coca-Cola 0,3 l Flasche	0,40 €	0 %	80,00 €	19 %
400 Stück	M-300	Mineralwasser 0,3 l Flasche	0,30 €	0 %	120,00 €	19 %
150 Stück	W-500	Weizenbier – klar 0,5 l Flasche	0,60 €	10 %	81,00 €	19 %
1.000 Liter	B-050	Pilsner – ohne Verpackung	1,00 €	10 %	900,00 €	19 %
20 kg	K-001	Kaffee, lose	5,00 €	0 %	100,00 €	7 %

5. Menge und handelsübliche Bezeichnung

8. Steuersatz und Steuerbetrag

7. Nach Steuersätzen aufgeschlüsseltes Entgelt

Steuersatz	Umsatz-netto	Steuerbetrag	Gesamtbetrag
19 %	1.181,00 €	224,39 €	1.405,39 €
7 %	100,00 €	7,00 €	107,00 €
Gesamtzahlungsbetrag			1.512,39 €

Wir bitten um Überweisung bis zum 26.08.2018 auf unser unten angegebenes Bankkonto. Bezüglich der Lieferung von Pilsner (Artikel Nr. B-050) verweisen wir auf die mit Ihnen am 24.04.2015 getroffene Bonifikationsregelung in Abhängigkeit der Jahresabnahmemenge.

9. Im Voraus vereinbarte Entgeltsminderung (Hinweis)

2. USt-IdNr. des leistenden Unternehmers

Bankkonto bei der Hersfelder Sparkasse, IBAN DE05 3205 0070 5863 3087 00
Unsere USt-IdNr. DE 328748962

10. Beispiel für eine ordnungsgemäße Rechnung – Leistung im Zusammenhang mit einem Grundstück

Frank Müller
Fensterreinigung
Am Rathaus 17
09648 Mittweida

1. Vollständiger Name und vollständige Anschrift des leistenden Unternehmers

Frau
Erna Friedrich
Heimstättenweg 3c
09648 Mittweida

1. Vollständiger Name und vollständige Anschrift des Leistungsempfängers

---

Rechnung

Rechnungsdatum
17.08.2018

3. Ausstellungsdatum

Rechnungsnummer
F-0175/2018

4. Einmalige Rechnungsnummer

Für die Fensterreinigung in Ihrem Einfamilienhaus am 16.08.2018 berechne ich Ihnen vereinbarungsgemäß

6. Leistungsdatum

5. Umfang und Art der sonstigen Leistung

Fensterreinigung/Einfamilienhaus gemäß Angebot	125,00 €
zuzüglich 19 % Umsatzsteuer	23,75 €
Gesamtbetrag	148,75 €

8. Steuersatz und Steuerbetrag

Ich bitte um Überweisung bis zum 16.09.2018 auf mein unten angegebenes Bankkonto. Bei Zahlung bis zum 27.08.2018 2 % Skontoabzug möglich.

7. Im Voraus vereinbarte Entgeltsminderung (Hinweis)

Nach § 14b Abs. 1 UStG sind Sie verpflichtet, die Rechnung oder einen Zahlungsbeleg bis zwei Jahre nach Ablauf des Jahres, in dem die Rechnung ausgestellt wurde, aufzubewahren (31.12.2020).

9. Hinweis auf Aufbewahrungspflicht des Leistungsempfängers

2. Steuernummer des leistenden Unternehmers

Bankkonto bei der Sparkasse Chemnitz, IBAN DE06 8705 0000 3573 0040 04
Meine Steuernummer 222/214/00308

Rechnungsberichtigung

Rechnungsberichtigung auf einen Blick

1. **Rechtsquellen**
   § 14 UStG
   § 31 bis § 34 UStDV
2. **Bedeutung**
   Hat der leistende Unternehmer eine nicht zutreffende oder eine unvollständige Rechnung ausgestellt, kann diese Rechnung vom Rechnungsaussteller berichtigt werden. Diese Rechnungsberichtigung ist unter bestimmten Voraussetzungen auch mit Wirkung für die Vergangenheit möglich.
3. **Weitere Stichworte**
   → Rechnung

Der Vorsteuerabzug setzt sowohl nach nationalem Recht als auch nach dem Unionsrecht regelmäßig eine ordnungsgemäße Rechnung voraus. Fehlende oder fehlerhafte Rechnungsangaben können berichtigt werden. Wegen der nationalen Verzinsung von Steuernachzahlungen nach § 233a AO war lange strittig, ob eine Rechnungsberichtigung mit Wirkung für die Vergangenheit vorgenommen werden kann. Der EuGH hat dies im Grundsatz für zulässig erklärt, wobei er sich zumindest teilweise über nationale wie unionsrechtliche Rechtsnormen hinwegsetzt. Weitere Fragen im Zusammenhang mit der rückwirkenden Rechnungsberichtigung sind jetzt durch den BFH geklärt worden.

1. Rechnungsberichtigung als langjähriger Streitfall

Der Vorsteuerabzug ist einer der wesentlichen Bausteine des gemeinsamen Mehrwertsteuerrechts in der EU. Voraussetzung für den Vorsteuerabzug ist – soweit der leistende Unternehmer die Umsatzsteuer schuldet – eine ordnungsgemäße Rechnung. Neben dem sofortigen Erkennen einer nicht ordnungsgemäßen Rechnung ergeben sich Probleme für den Leistungsempfänger immer dann, wenn er den Vorsteuerabzug in Annahme einer ordnungsgemäßen Rechnung vorgenommen hatte, in einer Außenprüfung aber der Vorsteuerabzug wegen eines tatsächlichen Mangels an der Rechnung versagt wird. Wenn dann noch während des Prüfungsverfahrens eine korrigierte Rechnung vorgelegt wird, wurde diese in der Vergangenheit regelmäßig nicht für den Prüfungszeitraum anerkannt, sodass sich ein entsprechendes Prüfungsmehrergebnis nach § 233a AO verzinste. Nach bisheriger Rechtsauffassung des BFH[1] konnten Mängel in einer Rechnung nicht mit Wirkung für die Vergangenheit durch eine berichtigte Rechnung beseitigt werden. In verschiedenen Urteilen hatte der EuGH[2] sich schon ansatzweise mit der Frage der rückwirkenden Rechnungsberichtigung auseinander gesetzt, jedoch zumindest für die Praxis keine eindeutige, belastbare Feststellung getroffen. Es muss dem EuGH zugutegehalten werden, dass es in den damaligen Verfahren nur mittelbar um die Frage der rückwirkenden Rechnungsberichtigung gegangen war, und insoweit die sich an die Entscheidungen anknüpfende kontroverse Diskussion sich weniger an Fakten als an Vermutungen über die Intention des EuGH orientierte.

Die Möglichkeit einer rückwirkenden Rechnungsberichtigung war nach den bisherigen Urteilen des EuGH in Deutschland überwiegend abgelehnt worden. Sowohl die Finanzverwaltung[3] als auch die Finanzgerichte[4] waren mehrheitlich davon ausgegangen, dass eine rückwirkende Rechnungsberichti-

---

1 BFH, Urteil v. 24.8.2006, V R 16/05, BStBl II 2007, 340.

2 EuGH, Urteil v. 15.7.2010, C-368/09 – Pannon Gép Centrum kft, BFH/NV 2010, 1762 und EuGH, Urteil v. 8.5.2013, C-271/12 – Petroma Transports, DStRE 2013, 1213.

3 BMF, Schreiben v. 16.3.2011, IV D 2 S 7500/0 :003.

4 Niedersächsisches FG, Urteil v. 25.10.2010, 5 K 425/08, DStRE 2011, 1337; FG Berlin-Brandenburg, Urteil v. 13.11.2014, 5 K 5083/14, DStRE 2015, 934 – im Revisionsverfahren vom BFH, Urteil v. 20.10.2016, V R 64/14, BFH/NV 2017, 490 anders entschieden.

gung nicht möglich sei; erste Zweifel an der Versagung der Rückwirkung wurden vom BFH[5] 2012 geäußert. Das Niedersächsische FG[6] hat dann in der Hoffnung auf eine abschließende und überschaubare Klärung dieser Rechtsfrage erneut den EuGH angerufen. In dem Verfahren hatte das Gericht dem EuGH die folgenden Fragen zur Vorabentscheidung vorgelegt.

- Ist die vom EuGH in der Rechtssache „Terra Baubedarf-Handel" (Urteil vom 29.4.2004, C-152/02) festgestellte ex nunc-Wirkung einer erstmaligen Rechnungserstellung für den – hier vorliegenden – Fall der Ergänzung einer unvollständigen Rechnung durch die EuGH Entscheidungen „Pannon Gép" (Urteil vom 15.7.2010, C-368/09) und „Petroma Transport" (Urteil vom 8.5.2013, C-271/12) insoweit relativiert, als der EuGH in einem solchen Fall im Ergebnis eine Rückwirkung zulassen wollte?
- Welche Mindestanforderungen sind an eine der Rückwirkung zugängliche berichtigungsfähige Rechnung zu stellen? Muss die ursprüngliche Rechnung bereits eine Steuernummer oder Umsatzsteuer-Identifikationsnummer enthalten oder kann diese später ergänzt werden mit der Folge, dass der Vorsteuerabzug aus der ursprünglichen Rechnung erhalten bleibt?
- Ist die Rechnungsberichtigung noch rechtzeitig, wenn sie erst im Rahmen eines Einspruchsverfahrens erfolgt, das sich gegen die abschließende Entscheidung (Änderungsbescheid) der Finanzbehörde richtet?

2. Grundsätze der Rechnungsberichtigung aus der Rechtsprechung

2.1 Grundsatzaussage des EuGH

Der EuGH[7] hat mit Urteil vom 15.9.2016 auf die vom Niedersächsischen FG vorgelegten Fragen (teilweise) geantwortet und darüber hinaus in einem portugiesischen Parallelverfahren[8] weitere Hinweise zum Vorsteuerabzug gegeben.

In dem deutschen Verfahren der Senatex GmbH ging es um Rechnungen, in denen weder die Steuer-Nr. noch die USt-IdNr. der leistenden Unternehmer angegeben waren. Noch im Außenprüfungsverfahren wurden dem Betriebsprüfer um die Steuer-Nr. bzw. USt-IdNr. ergänzte Rechnungen vorgelegt, die vom Finanzamt zwar dem Grunde nach als ordnungsgemäß anerkannt wurden, aber nicht rückwirkend für den Zeitraum des erstmaligen Vorsteuerabzugs. In dem portugiesischen Verfahren Barlis ging es um den Vorsteuerabzug bei unzureichenden Leistungsbeschreibungen[9] in den vorliegenden Rechnungen.

Im Verfahren der Senatex GmbH hat der EuGH die Rechnungsberichtigung mit Wirkung für die Vergangenheit zugelassen. Er hat festgestellt, dass Mitgliedstaaten zwar Sanktionen für den Fall der Nichterfüllung der formellen Bedingungen für die Ausübung des Vorsteuerabzugsrechts vorsehen können, die Versagung des Vorsteuerabzugs für das Jahr der Rechnungsausstellung kann aber nicht als eine solche Sanktion in Betracht kommen.

Achtung! Als eine mögliche Sanktion sieht der EuGH die Auferlegung einer Geldbuße oder eine finanzielle Sanktion, die aber in einem angemessenen Verhältnis zur Schwere des Verstoßes stehen muss. Eine pauschale Versagung des Vorsteuerabzugs zum Zeitpunkt der Vorlage der Ursprungsrechnung würde wegen der Verzinsung der sich daraus ergebenden Nachzahlung nach § 233a AO und dem erst im Zeitpunkt der Vorlage der berichtigten Rechnung vorzunehmenden Vorsteuerabzugs in jedem Fall eine finanzielle Sanktion darstellen, die sich ohne Berücksichtigung der Umstände des Einzelfalls ergeben würde. Dies würde über die unionsrechtlichen Ziele der genauen Erhebung der Steuer und der Verhinderung von Steuerhinterziehung hinausgehen und einen Verstoß gegen den Neutralitätsgrundsatz darstellen.

---

[5] BFH, Beschluss v. 20.7.2012, V B 82/11, BStBl II 2012, 809.

[6] Niedersächsisches FG, Urteil v. 3.7.2014, 5 K 40/14, EFG 2015, 80.

[7] EuGH, Urteil v. 15.9.2016, C-518/14 – Senatex GmbH, BFH/NV 2016, 1870.

[8] EuGH, Urteil v. 15.9.2016, C-516/14 – Barlis 06, BFH/NV 2016, 1870.

[9] In Rechnungen über juristische Dienstleistungen wurde u.a. „Honorare für bis zum heutigen Tage erbrachte juristische Dienstleistungen" angegeben.

Die ebenfalls dem EuGH gestellte Frage, ob eine Rechnungsberichtigung noch rechtzeitig erfolgt ist, wenn die berichtigte Rechnung erst im Rahmen des Rechtsbehelfsverfahrens vorgelegt wird, wurde vom EuGH nicht beantwortet. Da im vorliegenden Verfahren die Finanzverwaltung erklärt hatte, dass die berichtigten Rechnungen noch im Bp-Verfahren vorgelegt worden waren und damit nicht „als verspätet" vorgelegt angesehen werden können, war diese Frage aus Sicht des EuGH nicht klärungsbedürftig.

In dem Verfahren Barlis 06 stellte der EuGH fest, dass die vorliegenden Rechnungen zwar nicht die notwendigen obligatorischen Voraussetzungen nach Art. 226 MwStSystRL[10] erfüllten, dass Art. 178 Buchst. a MwStSystRL[11] die nationalen Finanzbehörden aber daran hindert, den Vorsteuerabzug wegen dieses Verstoßes zu versagen, wenn die Finanzbehörden über alle notwendigen Informationen verfügen, um zu prüfen, ob die materiellen Voraussetzungen für die Ausübung des Rechts auf Vorsteuerabzug vorliegen.

2.2 Reichweite der Entscheidungen des EuGH und nationale Umsetzung

2.2.1 Rückwirkende Berichtigung der Steuer-Nr. bzw. USt-IdNr.

Die Frage, ob eine Rechnung mit Wirkung für die Vergangenheit berichtigt werden kann, ist vom EuGH – zumindest in den Fällen, in denen die Steuer-Nr. oder die USt-IdNr. nicht in dem Abrechnungspapier enthalten war – eindeutig beantwortet worden. In diesen Fällen entfaltet die Ergänzung der Rechnung Wirkung für die Vergangenheit, sodass eine Verzinsung nach § 233a AO ausgeschlossen ist.

2.2.2 Weitere rückwirkende Berichtigungen zulässig?

Offen ließ der EuGH allerdings, auf welche fehlenden oder fehlerhaften anderen Inhalte einer Rechnung sich diese Aussage beziehen kann. Inhaltlich hat sich der EuGH in seiner Entscheidung dazu nicht geäußert, hat aber seine Aussage auch nicht ausdrücklich auf den Bestandteil „Steuer-Nr. oder USt-IdNr." beschränkt. Die fehlende Steuer-Nr. oder USt-IdNr. wird regelmäßig als eine der Nebenbedingungen einer ordnungsgemäßen Rechnung angesehen. Deshalb scheint es geboten, die Aussagen des EuGH auch auf vergleichbare Nebenbedingungen wie das Leistungsdatum, das Rechnungsdatum oder die fortlaufende Rechnungsnummer zu übertragen. Wenn in einer Rechnung aber wesentliche Angaben fehlen sollten (der zutreffende Leistungsempfänger, die zutreffende Leistungsbeschreibung oder die gesondert ausgewiesene USt), ist die Übertragung der Grundsätze aus dem EuGH-Urteil nicht möglich. Auch der BFH[12] hat bisher angenommen, dass die Rückwirkung einer Rechnungsberichtigung zumindest bestimmte Mindestanforderungen voraussetzt. Insbesondere die fehlende oder völlig fehlerhafte Angabe des tatsächlichen Leistungsempfängers kann damit nicht rückwirkend über eine Rechnungsberichtigung geheilt werden, da der EuGH in seinen Entscheidungen auch ausdrücklich seine Rechtsprechung[13] zur Versagung des rückwirkenden Vorsteuerabzugs bei erstmaliger verspäteter Vorlage einer Rechnung bestätigt hatte. Der BFH[14] hat in einer Folgeentscheidung diese Überlegungen wieder aufgenommen und festgestellt, dass berichtigungsfähige Rechnungen zu den wesentlichen Bestandteilen (Angaben zum Rechnungsaussteller, zum Leistungsempfänger, zur Leistungsbeschreibung, zum Entgelt und zur gesondert ausgewiesenen Umsatzsteuer) Angaben enthalten müssen. Allerdings reicht es aus, dass sie diesbezüglich Angaben enthalten und die Angaben nicht in so hohem Maße unbestimmt, unvollständig oder offensichtlich unzutreffend sind, dass sie fehlenden Angaben gleichstehen.

Ist in einer Rechnung ein unzutreffender Leistungsempfänger aufgeführt, hat m.E. bei dem zutreffenden Leistungsempfänger ein berichtigungsfähiges Abrechnungsdokument bisher noch nicht vorgelegen, sodass die Voraussetzung für eine Rechnungsberichtigung mit Wirkung für die Vergangenheit nicht gegeben sein kann, sondern die „Berichtigung" vielmehr der erstmaligen Ausstellung einer Rechnung entspricht.

---

10 Entspricht den in § 14 Abs. 4 Satz 1 UStG enthaltenen Anforderungen an eine ordnungsgemäße Rechnung.

11 Entspricht teilweise den in § 15 Abs. 1 Satz 1 Nr. 1 UStG enthaltenen Voraussetzungen für den Vorsteuerabzug.

12 BFH, Beschluss v. 20.7.2012, V B 82/11, BStBl II 2012, 809.

13 EuGH, Urteil v. 29.04.2004, C-152/02 – Terra Baubedarf, BFH/NV Beilage 2004, 229.

14 BFH, Urteil v. 20.10.2016, V R 26/15, BFH/NV 2017, 252

2.2.3 Übertragung der Grundsätze auch bei erkennbaren Rechnungsmängeln?

Aus der Rechtsprechung des EuGH ergibt sich aber noch ein weiteres Problem: Es ist zwar nunmehr als geklärt anzusehen, dass eine Berichtigung zumindest der Nebenbedingungen einer Rechnung mit Wirkung für die Vergangenheit möglich ist. Allerdings betraf das Fälle, in denen die Unzulänglichkeit der Rechnung vom Unternehmer oder dessen Berater offensichtlich nicht erkannt worden war. Gefährlich erscheint eine Übertragung dieser Grundsätze auf die Fälle, in denen die Rechnungsmängel dem den Vorsteuerabzug begehrenden Unternehmer oder seinem Berater sofort aufgefallen sind, der Vorsteuerabzug aber vor dem Hintergrund einer späteren Berichtigungsmöglichkeit bei Beanstandung durch die Finanzverwaltung sofort vorgenommen worden ist. In diesem Fall liegen – zumindest wenn man den nationalen Vorgaben für den Vorsteuerabzug folgen sollte – die Voraussetzungen des Vorsteuerabzugs nicht vor, sodass die Finanzverwaltung bei erkennbaren Rechnungsmängeln Sanktionen nach verfahrensrechtlichen Grundsätzen verhängen kann. Darüber hinaus besteht immer die Gefahr, später keine berichtigte Rechnung vom leistenden Unternehmer zu erhalten, falls dieser Anspruch nicht mehr zivilrechtlich durchzusetzen ist oder der leistende Unternehmer nicht mehr existieren sollte.

2.2.4 Rechnungsberichtigungszeitpunkt und -form

Bedauerlicher Weise hat der EuGH in dem Verfahren Senatex GmbH keine Aussage zu dem Zeitpunkt getroffen hat, bis zu dem die berichtigte Rechnung vorgelegt werden muss, da die vom FG vorgelegte Frage in dem zu entscheidenden Fall nicht entscheidungserheblich war. Ob daraus abgeleitet werden kann, dass die Rechnungsberichtigung nach den zur Vorlage von Nachweisen für steuerfreie Leistungen entwickelten Grundsätzen des BFH bis zur letzten mündlichen Verhandlung beim Finanzgericht vorgenommen werden kann, mag zwar naheliegen, ergab sich aber m.E. nicht zwangsläufig. Der BFH[15] hat in einer Folgeentscheidung aufgrund der fehlenden Vorgaben des EuGH und aufgrund von fehlenden nationalen Einschränkungen in diesem Bereich in Anwendung der Grundsätze zur Ergänzung von Rechnungen bei Ausfuhrlieferungen festgelegt, dass die Rechnung bis zur letzten mündlichen Verhandlung vor dem Finanzgericht berichtigt werden kann.

Tipp! Ergänzungen fehlerhafter Rechnungen sollten darüber hinaus auch nicht durch die in der Praxis so beliebten „Stornorechnungen" und Neuausstellungen von Rechnungen vorgenommen werden, sondern immer durch eine Ergänzung der damaligen Rechnungsdokumente. Eine „Stornorechnung" hebt wohl die damalige Rechnung auf und stellt an deren Stelle ein neues, erst jetzt erstelltes Dokument, sodass eine Wirkung für die Vergangenheit bezweifelt werden kann.

2.2.5 In welchen Fällen ist die Berichtigung notwendig?

Aus den Entscheidungsgründen des EuGH im Verfahren Barlis 06 ergibt sich aber noch eine weitergehende Frage: Wenn der EuGH ausführt, dass es der Finanzverwaltung verwehrt ist, den Vorsteuerabzug wegen eines Verstoßes gegen die formellen Rechnungsanforderungen zu versagen, wenn die Finanzbehörden über alle notwendigen Informationen verfügen, um zu prüfen, ob die materiellen Voraussetzungen für die Ausübung des Rechts auf Vorsteuerabzug vorliegen, muss gefragt werden, ob eine Rechnungsberichtigung dann überhaupt noch notwendig sein muss. In der Konsequenz führt das dann bei Fortführung der Logik des EuGH zur Frage, ob die in Art. 226 MwStSystRL angegebenen – obligatorischen – Rechnungsangaben unbeachtliche Wunschbedingungen des Unionsrechtsgebers sind oder doch Voraussetzungen für den Vorsteuerabzug nach Art. 178 MwStSystRL. Nachdem der EuGH mehrfach festgestellt hatte, dass es für den Vorsteuerabzug nicht auf das Vorliegen aller formellen Rechnungsvoraussetzungen ankommt, die Rahmenbedingungen, unter denen dann der Vorsteuerabzug möglich ist, aber nicht eindeutig beschrieben sind, wird in der Praxis der Ordnungsmäßigkeit der Rechnung weiterhin

[15] BFH, Urteil v. 20.10.2016, V R 26/15, BFH/NV 2017, 252.

Bedeutung zukommen. Bisher ist – so jedenfalls der BFH[16] – zwischen der Entstehung des Vorsteuerabzugsanspruchs und der Ausübung des Rechts auf Vorsteuerabzug zu unterscheiden.

[16] BFH, Urteil v. 20.10.2016, V R 26/15, BFH/NV 2017, 252.

Regenerative Energien

Regenerative Energien auf einen Blick

1. **Rechtsquellen**
   § 2 Abs. 1, § 3 Abs. 1b, § 10 Abs. 4 Nr. 1 UStG
   Abschn. 2.5 UStAE
2. **Bedeutung**
   Der Energiemarkt in der Bundesrepublik Deutschland befindet sich nach der Energiewende in einem Umbruch. Um den Ausstieg aus der Kernenergie umzusetzen, müssen die regenerativen Energien verstärkt ausgebaut werden. Dabei ist es notwendig, die Energieerzeugung dezentral zu organisieren, sodass einer Vielzahl von Unternehmern die Rolle des Energieproduzenten zukommt. Im Mittelpunkt der Überlegungen steht dabei, in welchem Umfang Eingangsleistungen dem Unternehmen zugeordnet werden können, wann und wie diese Zuordnung erfolgen muss und in welchem Umfang sich daraus ein Vorsteuerabzug ergibt. Darüber hinaus haben die unterschiedlichen Anwendungsregelungen des EEG Auswirkungen auf die Besteuerung.
3. **Weitere Stichworte**
   → Unentgeltliche Lieferungen, → Unternehmensvermögen, → Unternehmen
4. **Besonderheiten**
   Durch die Novellierung des EEG zum 1.4.2012 haben sich auch erhebliche Auswirkungen für die Umsatzsteuer ergeben. Für Anlagen, die ab dem 1.4.2012 ans Netz gegangen sind, wird nur der tatsächlich eingespeiste Strom vergütet. Soweit produzierter Strom für private Zwecke verwendet wird, muss eine unentgeltliche Wertabgabe – regelmäßig bewertet nach Einkaufspreisen – besteuert werden. Wird selbst produzierter Strom für nichtwirtschaftliche Zwecke verwendet, kann die Anlage insoweit nicht dem Unternehmen zugeordnet werden.

Die Erzeugung von regenerativen Energien muss systembedingt dezentral erfolgen. Damit können auch Personen, die früher nicht unternehmerisch tätig geworden sind durch die Errichtung und den Betrieb einer Photovoltaikanlage Unternehmereigenschaft erlangen. Wird eine Photovoltaikanlage für die Erzeugung von Energie verwendet, muss zuerst geprüft werden, in welchem Umfang diese Anlage für unternehmerische Zwecke verwendet wird. Regelmäßig werden dabei auch bauliche Einrichtungen genutzt, die neben der unternehmerischen Nutzung für private Zwecke verwendet werden. In diesen Fällen muss geprüft werden, in welcher Höhe ein Vorsteuerabzug aus dem Leistungsbezug möglich ist und wie eine private Mitbenutzung umsatzsteuerrechtlich zu beurteilen ist.

1. Unternehmereigenschaft

Die Einspeisung von regenerativer Energie gegen eine Vergütung stellt eine **unternehmerische Betätigung** dar, es handelt sich um eine selbstständige Tätigkeit, die auch nachhaltig zur Erzielung von Einnahmen ausgeführt wird[1]. Die Betreiber von Photovoltaikanlagen (PV-Anlagen) sind damit den Regelungen des UStG unterworfen.

Tipp! Selbst wenn – bei den Betreibern kleinerer PV-Anlagen – die Grenzen der Kleinunternehmereigenschaft nicht überschritten sind, wird wegen der Überwälzbarkeit der Umsatzsteuer auf der Leistungsausgangsseite zur Erlangung des Vorsteuerabzugs aus der Errichtung der Anlage auf die Anwendung der Kleinunternehmerbesteuerung regelmäßig verzichtet.

Die **Regelungen des EEG**[2] haben dabei entscheidenden Einfluss auf die umsatzsteuerrechtliche Behandlung der Umsätze und den Vorsteuerabzug des Betreibers der PV-Anlage. Während bis 31.12.2008 nur

---

1 BFH, Urteil v. 18.12.2008, V R 80/07, BStBl II 2011, 292.

2 Gesetz für den Ausbau erneuerbarer Energien.

der tatsächlich eingespeiste Strom vergütet wurde und der vom Erzeuger dezentral verbrauchte Strom nicht durch das EEG begünstigt war, ergab sich durch die Veränderungen des EEG für die in der Zeit vom 1.1.2009 bis 31.3.2012 ans Netz angeschlossenen Anlagen auch eine Vergütung des dezentral (z.B. für private Zwecke) verbrauchten Stroms. In diesem Modell wurde im Rahmen der sog. „kaufmännisch-bilanziellen" Einspeisung von einer vollständigen Lieferung des erzeugten Stroms an den Netzbetreiber und einem Rückkauf (Rücklieferung) des dezentral verbrauchten Stroms ausgegangen. Für die Anlagen, die seit dem 1.4.2012 an das Netz gegangen sind, ergibt sich nunmehr wieder nur eine Vergütung des tatsächlich in das Netz eingespeisten Stroms.

Diese – sich aus den unterschiedlichen Förderbedingungen des EEG ergebenden – unterschiedlichen **Vergütungsstrukturen** wirken sich nicht nur auf die Besteuerung der Ausgangsumsätze des Betreibers der PV-Anlage aus, sondern haben auch einen unmittelbaren Einfluss auf die Unternehmerstellung, die Vorsteuerabzugsberechtigung und auf Zuordnungsentscheidungen. Die Unterschiede lassen sich wie folgt darstellen:

- **Inbetriebnahme der PV-Anlage bis zum 31.12.2009 sowie ab dem 1.4.2012:** Nur die tatsächlich eingespeiste Energiemenge wird als Lieferung gegenüber dem Leistungsempfänger (im Regelfall der Netzbetreiber) steuerbar und steuerpflichtig ausgeführt. Soweit nicht der insgesamt erzeugte Strom in das Netz eingespeist wird, wird die PV-Anlage nicht ausschließlich für unternehmerische Umsätze verwendet. Abhängig davon, ob der Unternehmer den nicht eingespeisten Strom für private Zwecke oder nichtwirtschaftliche Zwecke verwendet, ergibt sich bei Leistungsbezug ein Aufteilungsgebot für die PV-Anlage oder ein Zuordnungswahlrecht. Soweit die PV-Anlage berechtigterweise dem Unternehmen voll zugeordnet worden ist, muss der dezentral verbrauchte Strom als unentgeltliche Wertabgabe nach § 3 Abs. 1b Satz 1 Nr. 1 UStG besteuert werden.
- **Inbetriebnahme der PV-Anlage in der Zeit zwischen dem 1.1.2009 und dem 31.3.2012:** Da der gesamte erzeugte Strom als in das Netz eingespeist galt, war die PV-Anlage zwingend dem Unternehmen zuzuordnen – ein Zuordnungswahlrecht, ausgeübt durch bestimmte Dokumentationspflichten, ergab sich nicht. Da der dezentral verbrauchte Strom als vom Netzbetreiber an den Unternehmer (für dessen nichtunternehmerischen Bereich) geliefert galt, ergaben sich keine weiteren Rechtsfolgen; insbesondere muss der Unternehmer keinen Eigenverbrauch der Besteuerung unterwerfen. Der tatsächlich in das Netz eingespeiste Strom wie auch der selber verbrauchte Strom (technisch wird hier von einer Einspeisung und einem Rückkauf – Tausch nach § 3 Abs. 12 Satz 1 UStG – ausgegangen) ist der Umsatzbesteuerung zu unterwerfen.

2. Zuordnung und Vorsteuerabzug

Soweit der Betreiber der PV-Anlage den erzeugten Strom gegen Entgelt in das Netz einspeist, ist er als Unternehmer im Rahmen seines Unternehmens tätig. Bezüglich der Vorsteuerabzugsberechtigung muss unterschieden werden, ob er erzeugten Strom auch für nichtwirtschaftliche Zwecke (z.B. eine Gemeinde versorgt u.a. auch das Rathaus aus einer PV-Anlage) oder für private Zwecke verwendet. Für die Rechtsfolgen wendet die Finanzverwaltung die Grundsätze aus den BMF-Schreiben vom 2.1.2012[3] und vom 2.1.2014[4] an. Damit ergeben sich die folgenden Möglichkeiten:

- Die PV-Anlage wird **ausschließlich zur Erzeugung von eingespeistem Strom** verwendet[5]: Die PV-Anlage ist zwingend dem Unternehmen zuzuordnen; der Unternehmer hat den vollen Vorsteuerabzug aus Errichtung und Unterhalt der Anlage.
- Die PV-Anlage wird zu **mindestens 10 % zur Erzeugung von eingespeistem Strom** verwendet, ansonsten wird der Strom für **nichtwirtschaftliche Zwecke** verwendet: Die PV-Anlage kann nur insoweit dem Unternehmen zugeordnet werden, wie sie auch für die unternehmerischen Zwecke

[3] BMF, Schreiben v. 2.1.2012, BStBl I 2012, 60.

[4] BMF, Schreiben v. 2.1.2014, BStBl I 2014, 119 sowie Abschn. 15.2 ff. UStAE.

[5] Dies betrifft sowohl die physisch eingespeiste Strommenge wie auch den kaufmännisch-bilanziell weitergegebenen Strom.

verwendet werden soll (Aufteilungsgebot). Die Besteuerung einer unentgeltlichen Wertabgabe entfällt. Wird die Anlage später in höherem Umfang unternehmerisch verwendet, als dies ursprünglich geplant war, ergibt sich nach Auffassung der Finanzverwaltung im Rahmen einer Billigkeitsregelung[6] eine Vorsteuerberichtigung nach § 15a UStG zugunsten des Unternehmers. Wird die Anlage später in geringerem Umfang für unternehmerische Zwecke verwendet, als dies ursprünglich bei Leistungsbezug geplant war, muss eine unentgeltliche Wertabgabe nach § 3 Abs. 1b Satz 1 Nr. 1 UStG besteuert werden.

Tipp! Eine nichtwirtschaftliche Nutzung ist eine nichtunternehmerische Verwendung, die aber nicht für einen privaten Bereich des Unternehmers ausgeführt wird (z.B. Verwendung im hoheitlichen Bereich einer juristischen Person des öffentlichen Rechts oder im nichtunternehmerischen Bereich eines Vereins).

- Die PV-Anlage wird zu **mindestens 10 % zur Erzeugung von eingespeistem Strom** verwendet, ansonsten wird der Strom für **private Zwecke** verwendet: Der Unternehmer hat ein Zuordnungswahlrecht; er kann die Anlage ganz, teilweise oder gar nicht seinem Unternehmen zuordnen. Ordnet er die Anlage dem Unternehmen vollständig zu, hat er zwar den vollen Vorsteuerabzug aus den Anschaffungskosten und den Unterhaltskosten, den privat verbrauchten Strom muss er aber der Besteuerung nach § 3 Abs. 1b Satz 1 Nr. 1 UStG unterwerfen. Wird die Anlage nur teilweise dem Unternehmen zugeordnet, hat er nur den anteiligen Vorsteuerabzug, der Verbrauch des privat verbrauchten Stroms unterliegt keiner Besteuerung[7]. Wird die Anlage gar nicht dem Unternehmen zugeordnet (dies wird regelmäßig nicht dem Willen des Unternehmers entsprechen), ergibt sich für ihn kein Vorsteuerabzug, der privat genutzte Strom muss keiner Besteuerung unterworfen werden[8].

Wichtig! Will der Unternehmer die vollständige Zuordnung der PV-Anlage zum Unternehmen vornehmen (dies wird in der Praxis die gewünschte Variante sein), muss er dies eindeutig und zeitnah (bis zum 31.5. des Folgejahrs; ab dem Veranlagungszeitraum 2018: bis zum 31.7. des Folgejahrs) gegenüber dem Finanzamt dokumentieren.

- Die PV-Anlage wird zu **weniger als 10 % für unternehmerische Zwecke** verwendet[9]: Die Anlage darf dem Unternehmen wegen § 15 Abs. 1 Satz 2 UStG nicht zugeordnet werden.

Achtung! Die PV-Anlage stellt einen einheitlichen Gegenstand dar. Daneben kann eine Batterie, die zur Speicherung von Strom verwendet wird, ebenfalls ein eigenständiges Zuordnungsobjekt darstellen. Die Zuordnung der Batterie zu dem Unternehmen richtet sich dann nach der Verwendung der Batterie. Sie kann nur dann dem Unternehmen nach den genannten Grundsätzen zugeordnet werden, wenn sie mindestens zu 10 % für unternehmerische Zwecke verwendet wird.

3. Behandlung anderer Anlagen

Regelmäßig werden für die Installation der Photovoltaikanlagen andere Gebäude (**Haus, Scheune, Schuppen, Carport**) mitbenutzt. In diesen Fällen ist für den Vorsteuerabzug aus den Herstellungskosten und den Instandhaltungskosten grundsätzlich zu unterscheiden, ob das Gebäude noch für andere Zwecke genutzt wird oder nicht.

---

6 Abschn. 15a.1 Abs. 7 UStAE.

7 Wird die Anlage später in höheren Umfang für unternehmerische Zwecke verwendet, ist eine Vorsteuerberichtigung ausgeschlossen; wird die Anlage später in geringerem Umfang unternehmerisch verwendet, muss die Differenz der Besteuerung nach § 3 Abs. 1b Satz 1 Nr. 1 UStG unterworfen werden.

8 Dennoch muss der an den Netzbetreiber gelieferte Strom der Besteuerung unterworfen werden, wenn der Unternehmer nicht von der Kleinunternehmerbesteuerung Gebrauch machen kann.

9 Die 10 %-Grenze ist derzeit unionsrechtlich abgesichert bis zum 31.12.2018.

- Wird das Gebäude auch noch für andere unternehmerische Zwecke verwendet, die den Vorsteuerabzug nicht ausschließen (z.B. Errichtung einer Photovoltaikanlage auf dem Lagerschuppen eines regelbesteuerten Unternehmers), ist die gesamte Vorsteuer aus der Errichtung und der Unterhaltung des Gebäudes abzugsfähig.
- Wird das Gebäude auch noch für andere unternehmerische Zwecke verwendet, die den Vorsteuerabzug ausschließen (z.B. Errichtung einer Photovoltaikanlage auf einem Mietwohnhaus), muss eine Vorsteueraufteilung vorgenommen werden. Neben den direkt der Photovoltaikanlage zuzurechnenden Aufwendungen kann die Vorsteuer aus Errichtung und Unterhaltung des Gebäudes nur anteilig nach § 15 Abs. 4 UStG abgezogen werden. Aufteilungsmaßstab könnte hier das Verhältnis der Umsätze sein, die sich aus der Vermietung des Gebäudes und der (fiktiven) Vermietung der Dachfläche ergeben würde[10].
- Wird das Gebäude neben der Verwendung für die Photovoltaikanlage noch für private Zwecke verwendet (z.B. Errichtung der Photovoltaikanlage auf einem privat genutzten Einfamilienhaus oder einem zur Unterstellung des privat genutzten Fahrzeugs errichteten Carport), muss zuerst geprüft werden, ob das Gebäude insgesamt zu mindestens 10 % für unternehmerische Zwecke genutzt wird (§ 15 Abs. 1 Satz 2 UStG[11]). Ist diese Voraussetzung gegeben, kann die bauliche Einrichtung insgesamt dem Unternehmen zugeordnet werden. Bei Errichtung aufgrund eines Bauantrags oder eines obligatorischen Kaufvertrags bis zum 31.12.2010[12] konnte in diesen Fällen der Vorsteuerabzug in vollem Umfang vorgenommen werden, die private Nutzung musste dann aber der Umsatzbesteuerung unterworfen werden. Für bauliche Einrichtungen, die ab dem 1.1.2011 errichtet worden sind, ist der Vorsteuerabzug auf den Teil der Nutzung für unternehmerische Zwecke beschränkt, § 15 Abs. 1b UStG.
- Wird das Gebäude neben der Verwendung für die Photovoltaikanlage nicht weiter genutzt (z.B. Errichtung der Photovoltaikanlage auf einem nicht anderweitig genutzten – alten – Schuppen), kann der Vorsteuerabzug für Instandsetzungsmaßnahmen nur anteilig – analog dem § 15 Abs. 4 UStG – abgezogen werden. Als Aufteilungsmaßstab könnte hier das Verhältnis der fiktiven Mieteinnahmen für die Nutzfläche der baulichen Einrichtung zu den fiktiven Mieteinnahmen aus der Vermietung der Dachfläche an einen Betreiber einer Photovoltaikanlage herangezogen werden.

4. Besteuerung der nichtunternehmerischen Verwendung

Soweit der Unternehmer die PV-Anlage in vollem Umfang dem Unternehmen zugeordnet hat, er aber auch erzeugten Strom für private Zwecke verwendet, ist eine steuerbare und steuerpflichtige Wertabgabe (unentgeltliche Lieferung für private Zwecke) nach § 3 Abs. 1 Satz 1 Nr. 1 UStG der Besteuerung zu unterwerfen. Die Bemessungsgrundlage für die Wertabgabe richtet sich dabei nach § 10 Abs. 4 Nr. 1 UStG.

Wichtig! Bei der Ermittlung der Bemessungsgrundlage sind die Grundsätze der Rechtsprechung des BFH[13] zu berücksichtigen. Danach sind grundsätzlich die Wiederbeschaffungskosten (Einkaufspreis zuzüglich der Nebenkosten zum Zeitpunkt des Umsatzes) anzusetzen. Nur wenn sich am Markt keine Wiederbeschaffungskosten ergeben, kann auf die Selbstkosten abgestellt werden. Da sich bei PV-Anlagen im Regelfall ein Bezugspreis am Markt ergeben wird, kommen die Selbstkosten nicht zum Ansatz.

Bezieht der Unternehmer auch noch Strom von einem von ihm gewählten Anbieter, liegt ein dem selbsterzeugten Strom vergleichbarer Gegenstand vor, sodass die **Bezugskosten für den fremderworbenen**

---

10 Vgl. dazu BFH, Urteil v. 19.7.2011, XI R 29/09, BStBl II 2012, 430.

11 Die 10 %-Grenze ist derzeit unionsrechtlich abgesichert bis zum 31.12.2018.

12 Vgl. dazu § 27 Abs. 16 UStG.

13 BFH, Urteil v. 12.12.2012, XI R 3/10, BStBl II 2014, 809.

Strom anzusetzen sind. Dabei soll ein ggf. zu zahlender Grundpreis mit berücksichtigt werden. Falls der Unternehmer keinen Strom hinzukauft, sind die Strompreise des jeweiligen regionalen Grundversorgers (auch hier unter Einbeziehung eines eventuellen Grundpreises) heranzuziehen.

Achtung! Im Regelfall wird die Menge des dezentral verbrauchten Stroms anhand der Differenz eines Zählers, der die erzeugte Strommenge und eines Zählers, der die eingespeiste Strommenge erfasst, ermittelt. Bei Anlagen (z.B. Anlagen mit einer Leistung von bis zu 10 kW), die keinen Zähler für die insgesamt erzeugten Strommenge haben, kann aus Vereinfachungsgründen die erzeugte Strommenge unter Berücksichtigung einer durchschnittlichen Volllaststundenzahl von 1.000 kWh/kWp[14] geschätzt werden.

Tipp! Die Finanzverwaltung erläutert die Berechnung anhand eines umfangreichen Beispiels in einem BMF-Schreiben[15], das auch in Abschn. 2.5 Abs. 16 UStAE mit aufgenommen worden ist.

Nur in den Fällen, in denen **keine Ermittlung eines Einkaufspreises möglich** ist – was bei einer flächendeckenden Stromversorgung in Deutschland in diesem Fall kaum denkbar sein dürfte –, können die Selbstkosten für die dezentral verbrauchte Strommenge angesetzt werden.

Achtung! Im Rahmen einer Übergangsregelung beanstandete es die Finanzverwaltung aber nicht, wenn für Entnahmen vor dem 1.1.2015 die Bemessungsgrundlage für den dezentral verbrauchten Strom noch nach den Selbstkosten ermittelt wurde. In diesem Fall waren sämtliche – vorsteuerbelasteten und nicht vorsteuerbelasteten – Kosten sowie die über den ertragsteuerrechtlichen Abschreibungszeitraum verteilten Anschaffungskosten in die Bemessungsgrundlage mit einzubeziehen.

5. Weitere Feststellungen für PV-Anlagen

Die Finanzverwaltung[16] hat über die grundsätzlichen Aussagen für PV-Anlagen noch Aussagen zu den folgenden Bereichen getroffen:

- **Zahlungen nach dem Marktprämienmodell**[17]**:** Die Zahlung der Marktprämie, die der Betreiber der PV-Anlage bei Direktvermarktung vom Übertragungsnetzbetreiber erhält, stellt einen echten, nicht steuerbaren Zuschuss dar. Dies gilt auch, wenn die Abwicklung der Marktprämie durch einen Dritten vorgenommen wird, da der Betreiber der PV-Anlage der Berechtigte für die Marktprämie bleibt.
- **Ausgleich zwischen Netzbetreiber und Übertragungsnetzbetreiber:** Der nach § 35 Abs. 1a EEG vorzunehmende Ausgleich zwischen Übertragungsnetzbetreiber und Verteilnetzbetreiber für die ausgezahlten Prämien ist kein Entgelt für eine Leistung. Die Vergütung, die der Verteilnetzbetreiber vom Übertragungsnetzbetreiber für die geförderte Strommenge nach § 35 Abs. 1 EEG zu zahlen hat, ist Entgelt für die tatsächlich erbrachte Stromlieferung.

6. Behandlung von KWK-Anlagen

In einer Kraft-Wärme-Kopplungsanlage (KWK-Anlage) wird elektrische und thermische Energie erzeugt.

Wichtig! Anders als bei den PV-Anlagen wird bei den KWK-Anlagen auch weiterhin (auch bei nach dem 31.3.2012 ans Netz gegangenen Anlagen) der dezentral erzeugte Strom gefördert. Damit bleibt es in diesen Fällen bei der kaufmännisch-bilanziellen Einspeisung (Lieferung der gesamten Strommenge und Rücklieferung des dezentral verbrauchten Stroms).

---

[14] Jährlich erzeugte Kilowattstunden pro Kilowatt installierter Leistung.

[15] BMF, Schreiben v. 19.9.2014, BStBl I 2014, 1287.

[16] BMF, Schreiben v. 19.9.2014, BStBl I 2014, 1287.

[17] Bei der Direktvermarktung erhält der Betreiber vom Verteilnetzbetreiber eine Marktprämie, da der am Markt zu erzielende Preis regelmäßig unter der Einspeisevergütung nach dem EEG liegt.

Wird selbst erzeugte Wärme aus einer KWK-Anlage für unternehmensfremde Zwecke verwendet (nichtwirtschaftliche Zwecke oder private Zwecke), ergeben sich die selben Rechtsfolgen bezüglich des Vorsteuerabzugs; bei einer nichtwirtschaftlichen Mitverwendung gilt das Aufteilungsgebot, bei einer privaten Mitverwendung hat der Unternehmer ein **Zuordnungswahlrecht**.

Besonderheiten ergeben sich beim dezentralen Verbrauch von erzeugter Wärme für private Zwecke, soweit die Anlage dem Unternehmen in vollem Umfang zugeordnet worden ist: Die verbrauchte Wärme ist als unentgeltliche Wertabgabe nach § 3 Abs. 1b Satz 1 Nr. 1 UStG der Umsatzsteuer zu unterwerfen. Da sich im Regelfall kein Marktpreis eines vergleichbaren Gegenstands ergeben wird[18] (Einkaufspreis i.S.d. § 10 Abs. 4 Nr. 1 UStG), sind hier die Selbstkosten anzusetzen. Diese umfassen alle vorsteuerbelasteten und nicht vorsteuerbelasteten Kosten sowie die über den ertragsteuerrechtlichen Abschreibungszeitraum verteilten Anschaffungs- oder Herstellungskosten der Anlage.

Tipp! Die Finanzverwaltung lässt es aber aus Vereinfachungsgründen zu, dass die unentgeltliche Wärmeabgabe nach dem bundesweit einheitlichen durchschnittlichen Fernwärmepreis des jeweiligen Vorjahrs auf Basis der jährlichen Veröffentlichungen des Bundesministeriums für Wirtschaft und Energie (sog. Energiedaten) bemessen wird.

Achtung! Wird die Wärme an eine nahestehende Person entgeltlich abgegeben, muss die Mindestbemessungsgrundlage nach § 10 Abs. 5 Nr. 1 UStG beachtet werden. Mindestens ist das der Besteuerung zu unterwerfen, was sich bei einer unentgeltlichen Wertabgabe ergeben würde. Allerdings ist höchstens ein marktübliches Entgelt anzusetzen.

7. Steuerschuldnerschaft bei Stromlieferung

Mit Wirkung zum 1.9.2013[19] ist das **Reverse-Charge-Verfahren** auch in bestimmten Fällen auf die Lieferung von Strom durch inländische Unternehmer erweitert worden[20]. Allerdings wird der Leistungsempfänger nur dann zum Steuerschuldner, wenn sowohl der Lieferer als auch der Käufer sog. „Wiederverkäufer“ (gewerbliche Händler) sind.

Wichtig! Im Regelfall sind die Betreiber von PV-Anlagen und KWK-Anlagen nicht Wiederverkäufer, sodass der Betreiber Steuerschuldner nach § 13a Abs. 1 Nr. 1 UStG ist. Betreibt ein Stromhändler (er veräußert mehr als die Hälfte der von ihm erworbenen Energie) aber auch eine PV-Anlage, unterliegt die gesamte verkaufte Menge an Strom dem Reverse-Charge-Verfahren.

8. Übergangsregelungen

Die dargestellten Grundsätze, die auch in den UStAE eingearbeitet worden sind, gelten in allen noch offen Fällen. Die Finanzverwaltung hat aber einige Nichtbeanstandungsregelungen mit aufgenommen, die teilweise schon vorher in separaten Schreiben geregelt worden waren; insbesondere:

- Für vor dem 1.1.2013[21] gelieferte Strommengen wird es nicht beanstandet, wenn die Markt- bzw. Flexibilitätsprämie mit Umsatzsteuer abgerechnet wurde.
- Für die Entnahme von Strom bis zum 31.12.2014 wird es nicht beanstandet, wenn die Bemessungsgrundlage noch nach den Selbstkosten berechnet wird.

---

18 Die Finanzverwaltung geht nur in den Fällen von einem Einkaufspreis aus, wenn das Grundstück tatsächlich an ein Fernwärmenetz eines Energieversorgungsunternehmens angeschlossen ist.

19 Übergangsregelung der Finanzverwaltung bis zum 31.12.2013.

20 § 13b Abs. 2 Nr. 5 Buchst. b UStG.

21 BMF, Schreiben v. 6.11.2012, BStBl I 2012, 1095.

Reihengeschäft

Reihengeschäft auf einen Blick

1. **Rechtsquellen**
   § 3 Abs. 6 Satz 5 und Satz 6 und § 3 Abs. 7 Satz 2 UStG
   Abschn. 3.14 UStAE
2. **Bedeutung**
   Bei einem Reihengeschäft schließen mehrere Unternehmer über denselben Gegenstand Umsatzgeschäfte ab, während der Gegenstand unmittelbar vom ersten Unternehmer zum letzten Abnehmer gelangt. Es liegen bei nur einer körperlichen Warenbewegung mehrere Umsatzgeschäfte (Lieferungen) vor.
3. **Weitere Stichworte**
   → Ausfuhrlieferung, → Innergemeinschaftliche Lieferung, → Innergemeinschaftliches Dreiecksgeschäft, → Lieferung/Ort
4. **Besonderheiten**
   In bestimmten Fällen ist die Rechtsauffassung der Finanzverwaltung für die Zuordnung der bewegten Lieferung im Reihengeschäft und die sich aus der Rechtsprechung ergebenden Grundsätze nicht identisch. Der BFH hat zumindest in einigen Fällen einen Vertrauensschutz für den ersten Lieferer in eine innergemeinschaftliche Lieferung ermöglicht. Die Pläne für eine nationale Regelung der Reihengeschäfte (Neuregelung in § 3 Abs. 6a UStG) sind vorerst wieder aufgegeben worden, da eine unionseinheitliche Regelung angestrebt wird.

1. Allgemeines

Bei einem Reihengeschäft schließen mehrere Unternehmer (mindestens zwei Unternehmer) Umsatzgeschäfte über einen Gegenstand ab, der Gegenstand wird aber von einem der am Reihengeschäft beteiligten Personen unmittelbar vom ersten Unternehmer in der Reihe zum letzten Abnehmer in der Reihe befördert oder versendet. Bei einem solchen Reihengeschäft liegen jeweils separat zu beurteilende Lieferungen[1] der einzelnen Unternehmer in der Reihe vor. Die umsatzsteuerlichen Lieferungen folgen dem Rechnungslauf.

Beispiel 1: Abnehmer A aus Berlin bestellt bei Unternehmer U_2 in Potsdam eine Ware, die dieser nicht vorrätig hat. U_2 bestellt die Ware bei Großhändler U_1 in Hamburg mit der Bitte, die Ware unmittelbar zu A nach Berlin zu transportieren.
Lösung: Es liegen zwei eigenständig zu beurteilende Lieferungen vor, die jeweils auf Steuerbarkeit und Steuerpflicht zu prüfen sind. Es liegt zum einen zwischen U_1 aus Hamburg und U_2 aus Potsdam und zum anderen zwischen U_2 aus Potsdam und A aus Berlin jeweils eine Lieferung (Rechtsgeschäft) vor.

Das Reihengeschäft setzt voraus, dass die **Beförderung oder Versendung des Gegenstands** nur von einem an dem Reihengeschäft Beteiligten durchgeführt wird. Bei einer Warenbewegung, die von mehreren an dem Reihengeschäft beteiligten Personen durchgeführt wird (sog. gebrochene Beförderungen oder Versendungen), liegt kein Reihengeschäft vor[2].

Beispiel 2: Abnehmer A aus Berlin bestellt bei Unternehmer U_2 in Potsdam eine Ware, die dieser nicht vorrätig hat. U_2 bestellt die Ware bei Großhändler U1 in Hamburg. Die Ware wird zuerst von U_1 zu U_2 nach Potsdam befördert, von dort wird die Ware vom Abnehmer A abgeholt.

---

[1] Die Lieferungen ergeben sich aus den Rechtsgeschäften der beteiligten Vertragsparteien.
[2] Abschn. 3.14 Abs. 4 UStAE.

Lösung: Es liegt kein Reihengeschäft vor, da zwei an dem Reihengeschäft Beteiligte den Gegenstand befördert haben; eine unmittelbare Warenbewegung vom Ersten in der Leistungskette (U_1) zum Letzten (A) liegt nicht vor.

2. Ort der Lieferung

Von besonderer Bedeutung ist beim Reihengeschäft die **Bestimmung des Orts der Lieferung**. Bei einem Reihengeschäft liegt immer nur eine Lieferung vor, deren Ort sich nach § 3 Abs. 6 UStG (sog. bewegte Lieferung) bestimmt. Alle anderen Lieferungen bei einem Reihengeschäft bestimmen sich nach § 3 Abs. 7 Satz 2 UStG (sog. ruhende Lieferungen). Abhängig davon, welche der am Reihengeschäft beteiligten Person den Gegenstand befördert oder versendet, ist die Zuordnung der bewegten Lieferung vorzunehmen.

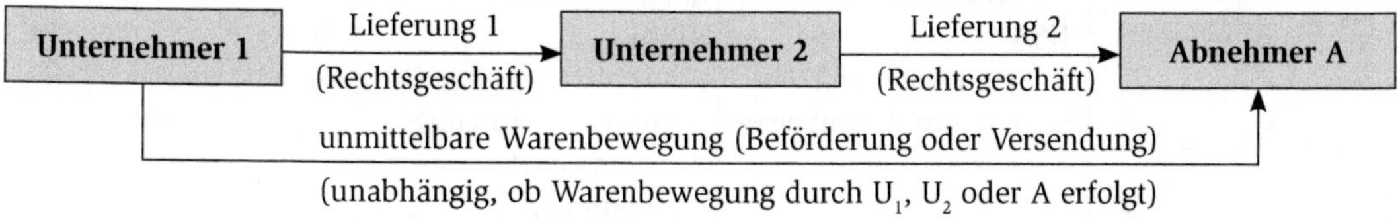

Wichtig! Bei einem Reihengeschäft kann sich immer nur eine der Lieferungen nach der Rechtsvorschrift des § 3 Abs. 6 UStG als bewegte Lieferung bestimmen. Diese ist dann immer dort ausgeführt, wo die Warenbewegung tatsächlich beginnt oder wo die Ware an den Beauftragten (z.B. Frachtführer) übergeben wird. Alle anderen Lieferungen sind dann unbewegte Lieferungen nach § 3 Abs. 7 Satz 2 UStG, deren Ort sich in Abhängigkeit davon bestimmt, ob diese ruhende Lieferung vor oder nach der bewegten Lieferung ausgeführt wird.

Für die **unbewegten Lieferungen** bestimmt § 3 Abs. 7 Satz 2 UStG grundsätzlich zwei verschiedene Lösungen:

- § 3 Abs. 7 Satz 2 Nr. 1 UStG: Eine ruhende Lieferung, **die vor der bewegten Lieferung** kommt (oben im Schaubild die Lieferung 1, wenn die Lieferung 2 die Beförderungs- oder Versendungslieferung ist, z.B. wenn Abnehmer A sich verpflichtet hat, den Gegenstand zu befördern oder zu versenden), ist dort ausgeführt, wo die Warenbewegung tatsächlich beginnt – in diesem Fall wären die Orte der Beförderungs- oder Versendungslieferung und der ruhenden Lieferung mit Beginn der Warenbewegung bei Unternehmer 1.
- § 3 Abs. 7 Satz 2 Nr. 2 UStG: Eine ruhende Lieferung, **die nach der bewegten Lieferung** kommt (oben im Schaubild die Lieferung 2, wenn die Lieferung 1 die Beförderungs- oder Versendungslieferung ist, z.B. wenn Unternehmer 1 sich verpflichtet hat, den Gegenstand zu befördern oder zu versenden), ist dort ausgeführt, wo die Warenbewegung endet (hier bei Abnehmer A) – in diesem Fall wären die Orte der Beförderungs- oder Versendungslieferung und der ruhenden Lieferung an unterschiedlichen Orten (Unternehmer U_1 würde im Rahmen der bewegten Lieferung dort seinen Umsatz ausführen, wo die Warenbewegung beginnt; U_2 würde im Rahmen der nach der bewegten Lieferung kommenden ruhenden Lieferung seinen Umsatz dort ausführen, wo die Ware sich am Ende der Beförderung- oder Versendung befindet).

Tipp! Die Feststellung des Orts der Lieferung für die im Rahmen des Reihengeschäfts ausgeführten Lieferungen bestimmt sich immer in Abhängigkeit von der tatsächlichen Warenbewegung, nicht in Abhängigkeit von den Rechtsgeschäften. Damit ist insbesondere die Herkunft des mittleren Unternehmers (oder der mittleren Unternehmer) für die Ortsbestimmung unbeachtlich.

Insgesamt ergeben sich im Regelfall die folgenden Möglichkeiten[3]:

	U_1 befördert/versendet	U_2 befördert/versendet	Abnehmer A befördert/versendet
Lieferung 1 (U_1 an U_2)	**§ 3 Abs. 6 UStG:** Bewegte Lieferung. Ort ist dort, wo Warenbewegung beginnt.	**§ 3 Abs. 6 Satz 6 UStG:** Widerlegbare Vermutung, bewegte Lieferung. Ort ist dort, wo Warenbewegung beginnt.	**§ 3 Abs. 7 Satz 2 Nr. 1 UStG:** Ruhende Lieferung. Ort ist dort, wo Warenbewegung beginnt.
Lieferung 2 (U_2 an Abnehmer)	**§ 3 Abs. 7 Satz 2 Nr. 2 UStG:** Ruhende Lieferung. Ort ist dort, wo Warenbewegung endet.	**§ 3 Abs. 7 Satz 2 Nr. 2 UStG:** Ruhende Lieferung. Ort ist dort, wo Warenbewegung endet soweit Vermutung nach § 3 Abs. 6 Satz 6 UStG nicht widerlegt.	**§ 3 Abs. 6 UStG:** Bewegte Lieferung. Ort ist dort, wo Warenbewegung beginnt.

Wenn der **erste Unternehmer** in der Reihe den Gegenstand selbst befördert oder versendet, ist die von ihm ausgeführte Lieferung die bewegte Lieferung, deren Ort sich nach § 3 Abs. 6 UStG mit dem Ort bestimmt, an dem die Warenbewegung beginnt bzw. wo der Gegenstand dem beauftragten Dritten übergeben wird[4]. Alle anderen – danach folgenden – Lieferungen sind nach § 3 Abs. 7 Satz 2 Nr. 2 UStG dort ausgeführt, wo sich der Gegenstand am Ende der Warenbewegung befindet.

Achtung! Eine Steuerbefreiung als Ausfuhrlieferung oder als innergemeinschaftliche Lieferung kann nur für die Lieferung infrage kommen, die als bewegte Lieferung nach § 3 Abs. 6 UStG eingestuft worden ist. Bei einer ruhenden Lieferung kann eine solche Steuerbefreiung nie in Betracht kommen[5].

Wenn der **letzte Abnehmer** in der Reihe den Gegenstand selbst befördert oder versendet, ist die an ihn ausgeführte Lieferung die bewegte Lieferung, deren Ort sich nach § 3 Abs. 6 UStG mit dem Ort bestimmt, an dem die Warenbewegung beginnt bzw. wo der Gegenstand dem beauftragten Dritten übergeben wird[6]. Alle anderen – davor ausgeführten – Lieferungen sind nach § 3 Abs. 7 Satz 2 Nr. 1 UStG – aber als ruhende Lieferungen – ebenfalls dort ausgeführt, wo sich der Gegenstand am Beginn der Warenbewegung befindet.

Achtung! Nach der Rechtsprechung des EuGH[7] kommt es entscheidend darauf an, wer sich verpflichtet hat, den Gegenstand zu transportieren (in wessen Namen der Transport stattfindet).

Wenn ein am Reihengeschäft beteiligter Unternehmer den Gegenstand befördert oder versendet, der **nicht der erste Unternehmer** in der Reihe **oder der letzte Abnehmer** in der Reihe ist, ist nach der widerlegbaren Vermutung des § 3 Abs. 6 Satz 6 UStG die an den mittleren Unternehmer ausgeführte Lieferung die bewegte Lieferung, deren Ort sich nach § 3 Abs. 6 Satz 1 UStG bestimmt (im Beispiel oben: Lieferung 1). Die Lieferung des mittleren Unternehmers stellt dann eine ruhende Lieferung nach

[3] Ausnahmen sind aber in Abhängigkeit, wann dem Letzten in der Reihe die Verfügungsmacht verschafft wird, möglich.

[4] Abschn. 3.14 Abs. 8 Satz 1 UStAE.

[5] Grundsätzlich bestätigt durch EuGH, Urteil v. 6.4.2006, C-245/04 – Handel Eder oHG, BFH/NV Beilage 2006, 294.

[6] Abschn. 3.14 Abs. 8 Satz 2 UStAE.

[7] EuGH, Urteil v. 16.12.2010, C-430/09 – Euro Tyre Holding BV, BFH/NV 2011, 397.

§ 3 Abs. 7 Satz 2 Nr. 2 UStG dar, die dort ausgeführt ist, wo die körperliche Warenbewegung endet (im Beispiel oben Lieferung 2). Allerdings kann er diese sog. widerlegbare Vermutung nach § 3 Abs. 6 Satz 6 UStG auch widerlegen, wenn er nachweist, dass er den Gegenstand in seiner Eigenschaft als Lieferer befördert oder versendet hat. Wenn diese Widerlegung erfolgt, ist die von dem mittleren Unternehmer ausgeführte Lieferung (im Beispiel oben: Lieferung 2) die bewegte Lieferung, deren Ort dort ist, wo die Beförderung oder Versendung beginnt (bei Unternehmer 1), die Lieferung an den mittleren Unternehmer (im Beispiel oben: Lieferung 1) ist dann die ruhende Lieferung, deren Ort nach § 3 Abs. 7 Satz 2 Nr. 1 UStG ebenfalls am Beginn der Beförderung oder Versendung ist. Diese Widerlegung stellt sich aber nur dann für einen deutschen Unternehmer in der Praxis als sinnvoll dar, wenn es sich um ein Reihengeschäft handelt, bei dem sich der Gegenstand am Ende der Warenbewegung in einem anderen Mitgliedstaat befindet, da ansonsten der Ort für ihn in dem anderen Mitgliedstaat liegen würde und er sich damit in diesem Staat der Besteuerung unterwerfen müsste.

Beispiel 3: Unternehmer A aus Warschau (PL) bestellt bei dem Unternehmer U_2 in Potsdam eine Ware, die dieser nicht vorrätig hat. U_2 bestellt die Ware bei Großhändler U_1 in Hannover. Da U_1 derzeit keine Transportkapazitäten frei hat, wird die Ware mit einem Lieferfahrzeug des U_2 in Hannover abgeholt und unmittelbar zu dem Abnehmer nach Warschau befördert.
Lösung: Nach der widerlegbaren Vermutung wäre der Ort der Lieferung für den Unternehmer U_2 in Warschau, die Beförderungslieferung würde der Lieferung an ihn zugeordnet, er hätte selbst einen Ort der Lieferung nach § 3 Abs. 7 Satz 2 Nr. 2 UStG. Damit müsste er sich in Polen der Besteuerung unterwerfen, da aus polnischer Sicht der Umsatz ein in Polen[8] steuerbarer und steuerpflichtiger Umsatz ist. Um dieser Rechtsfolge zu entgehen, kann die Vermutung widerlegt werden mit der Wirkung, dass die von ihm ausgeführte Lieferung als die bewegte Lieferung nach § 3 Abs. 6 UStG gilt, die in Deutschland (dort, wo die Warenbewegung beginnt = Hannover) ausgeführt wird. Somit erbringt U_2 eine in Deutschland steuerbare, aber – soweit die Voraussetzungen des § 6a Abs. 1 UStG erfüllt sind – steuerfreie innergemeinschaftliche Lieferung.

Wichtig! Die Regelungen über das Reihengeschäft sind nur in der Europäischen Union harmonisiert. Es kann damit grundsätzlich davon ausgegangen werden, wenn der Ort der Lieferung in einem anderen Mitgliedstaat ist, dass dann auch nach dem Recht des anderen Mitgliedstaats der Ort der Lieferung dort ist und sich somit in diesem Mitgliedstaats ein steuerbarer Umsatz für den leistenden Unternehmer – unabhängig seiner Nationalität – ergibt. Bei drittlandsgrenzüberschreitenden Reihengeschäften können diese Grundsätze aber nicht angewandt werden, da im Drittlandsgebiet immer die dort geltenden Rechtsvorschriften maßgeblich sind.

Die **Vermutung des § 3 Abs. 6 Satz 6 UStG** kann von dem Unternehmer, der weder der Erste noch der Letzte in der Reihe ist, nach Auffassung der Finanzverwaltung unter folgenden Voraussetzungen widerlegt werden[9]:

- Verwendung der USt-IdNr. des Mitgliedstaats, in dem die Warenbewegung beginnt[10], und

---

[8] Die Regelungen über die Bestimmung des Orts der Lieferungen – auch in den Fällen des Reihengeschäfts – sind in der Europäischen Union harmonisiert, sodass auf einen deutschen Unternehmer in einem anderen Mitgliedstaat tatsächliche steuerliche Pflichten zukommen, wenn er einen Ort der Lieferung in diesem anderen Mitgliedstaat hat.

[9] Abschn. 3.14 Abs. 9 ff. UStAE.

[10] Dies ist deshalb wichtig, da der Ort der Lieferung für den mittleren Unternehmer von Bestimmungsland (Land in dem sich der Gegenstand am Ende der Beförderung befindet) in das Ursprungsland (Land, in dem sich der Gegenstand am Beginn der Beförderung befindet) verlagert wird. Dies macht umsatzsteuerlich nur Sinn, wenn der leistende (mittlere) Unternehmer auch in dem Land steuerlich registriert ist, in dem die Besteuerung stattfindet – dieser Nachweis erfolgt durch die Verwendung der USt-IdNr.

- Übernahme der Kosten und der Gefahren des Transportes (in der Regel Nachweis durch die Incoterms [handelsübliche Lieferkonditionen]).

Wichtig! Der EuGH und der BFH haben dem entgegen die Zuordnung der bewegten Lieferung nach anderen Kriterien vorgenommen: Gefahrentragungsvereinbarungen spielen für die Zuordnung der bewegten und der ruhenden Lieferung keine Rolle, es kommt darauf an, in wessen Namen der Transport erfolgt. So hat der EuGH[11] entschieden, dass in den Fällen, in denen der mittlere Unternehmer gegenüber dem ersten Unternehmer seine Absicht bekundet, einen Gegenstand in einen anderen Mitgliedstaat zu befördern, die innergemeinschaftliche Lieferung der ersten Lieferung zuzuordnen ist. Der BFH[12] hat dementsprechend entschieden, dass bei einem Reihengeschäft mit zwei Lieferungen und drei Beteiligten die erste Lieferung als innergemeinschaftliche Lieferung (bewegte Lieferung) steuerfrei ist, wenn der erste Abnehmer einen Beauftragten eine Vollmacht zur Abholung und Beförderung des gelieferten Gegenstands in das übrige Gemeinschaftsgebiet erteilt, die Kosten der Beförderung aber vom zweiten Unternehmer getragen werden[13]. Der XI. Senat des BFH[14] hat sich nun allerdings in der Nachfolgeentscheidung zu dem Urteil des EuGH vom 27.9.2012 teilweise gegen die Entscheidung des BFH vom 11.8.2011 gewandt und pauschal festgestellt, dass bei einem Reihengeschäft mit drei Beteiligten die erforderliche Zuordnung der bewegten Lieferung eine umfassende Würdigung aller besonderen Umstände des Einzelfalls erfordert und insbesondere die Feststellung voraussetzt, ob zwischen dem Erstabnehmer und dem Zweitabnehmer die Übertragung der Befähigung, wie ein Eigentümer über den Gegenstand zu verfügen, stattgefunden hat, bevor die innergemeinschaftliche Versendung erfolgt. Leider hat es der BFH unterlassen, auch nur annähernd Hinweise zu geben, wie und vor allem woran dies festzustellen ist.

Der BFH[15] hat nachfolgend mit zwei Urteilen nochmals zu den Reihengeschäften Stellung bezogen. Er hat dabei eindeutig festgelegt, dass bei Reihengeschäften die Prüfung, welche der Lieferungen als innergemeinschaftliche Lieferung nach § 4 Nr. 1 Buchst. b i.V.m. § 6a Abs. 1 UStG steuerfrei ist, anhand der objektiven Umstände und nicht anhand der Erklärungen der Beteiligten vorzunehmen ist; Erklärungen des Erwerbers können allerdings im Rahmen der Prüfung des Vertrauensschutzes (§ 6a Abs. 4 UStG) von Bedeutung sein.

Achtung! Der BFH hat nochmals eindeutig festgestellt: Liefert ein Unternehmer (A) Waren an einen anderen Unternehmer (B), der diese an einen dritten Unternehmer/Abnehmer (C) weiterliefert, kann nur diejenige Lieferung steuerfrei sein, der der Warentransport in den anderen Mitgliedstaat zuzuordnen ist.

In dem ersten Verfahren ging es um die Folgeentscheidung zum Urteil VStR des EuGH[16]. Nach Ansicht des EuGH ist bei Reihengeschäften regelmäßig die Lieferung von A an B umsatzsteuerfrei; anders ist es jedoch, wenn B der C bereits Verfügungsmacht an der Ware verschafft hat, bevor die Ware das Inland verlassen hat. Dies ist anhand aller objektiven Umstände des Einzelfalls und nicht lediglich anhand der Erklärungen des B zu prüfen. A, das FA und das Finanzgericht konnten im Nachhinein nicht mehr ermitteln, wann B die Verfügungsmacht an den Waren der C verschafft hatte. Das FG gab deshalb der Klage statt. Der BFH bestätigte dieses Ergebnis. § 3 Abs. 6 Satz 6 Halbs. 1 UStG enthalte die gesetzliche

---

[11] EuGH, Urteil v. 16.12.2010, C-430/09 – Euro Tyre Holding BV, BFH/NV 2011, 397. Im Grundsatz bestätigt durch EuGH, Urteil v. 27.9.2012, C-587/10 – Vogtländische Straßen-, Tief- und Rohrleitungsbau, BFH/NV 2012, 1919.

[12] BFH, Urteil v. 11.8.2011, V R 3/10, BFH/NV 2011, 2208.

[13] Dies sieht die Finanzverwaltung in Abschn. 3.14 Abs. 8 Satz 2 UStAE (noch) anders.

[14] BFH, Urteil v. 28.5.2013, XI R 11/09, BFH/NV 2013, 1524.

[15] BFH, Urteil v. 25.2.2015, XI R 15/14, BFH/NV 2015, 772 und v. 25.2.2015, XI R 30/13, BFH/NV 2015, 769.

[16] EuGH, Urteil v. 27.9.2012, C-587/10 – Vogtländische Straßen-, Tief- und Rohrleitungsbau GmbH, BFH/NV 2012, 1919.

Vermutung, dass im Zweifel die erste Lieferung (von A an B) steuerfrei sei. Diese Grundvermutung greift im Streitfall durch. Trotz der bestehenden praktischen Schwierigkeiten ist nach derzeitiger Rechtslage an den genannten Rechtsgrundsätzen festzuhalten. Eventuelle Rechtsänderungen vorzunehmen ist Aufgabe des Gesetz- oder Richtliniengebers.

Tipp! Im Rahmen dieses Urteils zeigt der BFH außerdem eine für die Unternehmer bestehende Absicherungsmöglichkeit auf: Nach Auffassung des BFH kann sich z.B. A von B versichern lassen, dass B die Befugnis, über den Gegenstand der Lieferung wie ein Eigentümer zu verfügen (Verschaffung der Verfügungsmacht = Lieferung), nicht auf einen Dritten übertragen wird, bevor der Gegenstand der Lieferung das Inland verlassen hat. Verstößt B gegen diese Versicherung, kommt die Gewährung von Vertrauensschutz für A in Betracht und B schuldet gegebenenfalls die deutsche Umsatzsteuer, § 6a Abs. 4 UStG.

In dem zweiten Urteil (XI R 30/13) hat der BFH klargestellt, dass auch dann, wenn der zweite Erwerber (C) eine Spedition mit der Abholung von Waren beim Unternehmer (A) beauftragt, eine Steuerbefreiung der Lieferung des A an B möglich ist, wenn C die Verfügungsmacht an den Waren erst erhalten hat, nachdem diese das Inland verlassen haben. Dies sei bei einer Beförderung durch eine von C beauftragte Spedition zwar eher unwahrscheinlich, aber nicht ausgeschlossen.

Achtung! Erschwerend kommt hinzu, dass nach der Rechtsprechung des EuGH[17] bei einer falschen Zuordnung der bewegten Lieferung der letzte Abnehmer keinen Vertrauensschutz in einen Vorsteuerabzug hat, wenn der mittlere Unternehmer in der Annahme einer am Ende der Warenbewegung ausgeführten ruhenden Lieferung seinem Kunden Umsatzsteuer gesondert berechnet hat.

Grundsätzlich können an einem Reihengeschäft auch mehr als drei Personen beteiligt sein. In diesen Fällen ergeben sich aber auch nur die oben dargestellten Möglichkeiten, da immer eine Lieferung als Beförderungs- oder Versendungslieferung festgelegt werden muss, alle anderen Lieferungen sind dann ruhende Lieferungen nach § 3 Abs. 7 Satz 2 UStG.

Wenn an einem **Reihengeschäft drei Unternehmer** beteiligt sind, die aus drei verschiedenen Mitgliedstaaten der Union kommen, kann ein **innergemeinschaftliches Dreiecksgeschäft** vorliegen, für das die Sonderregelungen des § 25b UStG einschlägig sind; vgl. dazu Stichwort Dreiecksgeschäft.

[17] EuGH, Urteil v. 21.2.2018, C-628/16 – Kreuzmayr GmbH, BFH/NV 2018, 511.

Reisekosten

Reisekosten auf einen Blick

1. **Rechtsquellen**
   § 15 Abs. 1 UStG
2. **Bedeutung**
   Reisekosten des Unternehmers sowie seines Personals stellen grundsätzlich Leistungsbezüge für das Unternehmen des Unternehmers dar. Reisekosten sind nur dann zum Vorsteuerabzug zugelassen, wenn diese Aufwendungen durch ordnungsgemäße Rechnungen nachgewiesen sind. Ein Vorsteuerabzug aus Reisekostenpauschalen ist nicht möglich.
3. **Weitere Stichworte**
   → Bewirtungskosten, → Hotellerieumsätze, → Reiseleistung, → Vorsteuerabzug

1. Allgemeines

Reisekosten, die ein Unternehmer aus **unternehmerischen Gründen** aufwendet, können grundsätzlich nach § 15 Abs. 1 UStG der unternehmerischen Sphäre zugeordnet werden. Eine 1999 eingeführte Beschränkung des Vorsteuerabzugs für Reisekosten (hier von unternehmerischen Übernachtungskosten) wurde schon in 2000 vom BFH[1] als nicht mit dem Unionsrecht vereinbar abgelehnt. Zum 1.1.2004 wurde deshalb die bisher in § 15 Abs. 1a UStG[2] enthaltene Einschränkung aufgehoben. Reisekosten sind damit in die folgenden **Kategorien** zu unterteilen:

- Reisekosten, die aus direkt an den Unternehmer erbrachten Leistungen resultieren,
- Reisekosten, die aus den Arbeitnehmern gegenüber erbrachten Leistungen resultieren,
- Reisekosten, die aus angesetzten oder erstatteten Pauschalbeträgen entstehen.

Die **Vorsteuerabzugsberechtigung** kann demnach grundsätzlich wie folgt abgegrenzt werden:

Zum Vorsteuerabzug zugelassene Reisekosten	Nicht zum Vorsteuerabzug zugelassene Reisekosten
Nachgewiesene Übernachtungskosten des Unternehmers oder seines Personals, bei denen der Unternehmer als Leistungsempfänger anzusehen ist.	Nachgewiesene Übernachtungskosten des Personals eines Unternehmers, bei denen der Arbeitnehmer als Leistungsempfänger anzusehen ist. Erstattete Übernachtungspauschalen.
Durch Rechnungen nachgewiesene Verpflegungsaufwendungen des Unternehmers und für Arbeitnehmer, soweit der Unternehmer die Leistung bestellt hat.	Verpflegungsmehraufwendungen des Unternehmers oder seines Personals, soweit die Erstattung pauschal erfolgt sowie Verpflegungsaufwendungen, für die die Arbeitnehmer als Leistungsempfänger anzusehen sind.
Aufwendungen für Mietfahrzeuge und für Firmenfahrzeuge die durch auf das Unternehmen ausgestellte Rechnungen nachgewiesen sind.	Kilometerpauschalen für nicht dem Unternehmen zugeordnete Fahrzeuge sowie Kilometerpauschalen für Fahrzeuge des Personals.

2. Vorsteuerbeträge aus Reisekosten, die an den Unternehmer erbracht werden

Vorsteuerbeträge, die der Unternehmer für Reisekosten seines Unternehmens aufwendet, sind grundsätzlich nach § 15 Abs. 1 Satz 1 Nr. 1 UStG abzugsfähig. Voraussetzung ist, dass der Unternehmer eine

[1] BFH, Urteil v. 23.11.2000, V R 49/00, BStBl II 2001, 266.

[2] Damals in § 15 Abs. 1a Nr. 2 UStG a.F. enthalten.

Leistung (Lieferung oder sonstige Leistung) von einem anderen Unternehmer für sein Unternehmen erhält und er eine ordnungsgemäße Rechnung auf den Namen seines Unternehmens vorweisen kann.

Voraussetzung für den Vorsteuerabzug ist aber, dass die Leistung direkt an den Unternehmer erbracht wird. Dieses wird im Regelfall durch die auf den Unternehmer ausgestellte Rechnung nachgewiesen. Unerheblich ist in diesem Fall, ob der Unternehmer selbst die Leistung in Anspruch nimmt oder ob Arbeitnehmer des Unternehmers Nutzer der Leistung sind.

Beispiel 1: Wirtschaftsprüfer W bucht für sich und den ihn begleitenden Mitarbeiter M Hotelzimmer für Übernachtungen, die während einer Prüfungshandlung bei einer auswärtigen Betriebsstätte eines Mandanten notwendig sind.
Lösung: Die Leistungen sind an den Unternehmer W erbracht und berechtigen ihn zum Vorsteuerabzug nach § 15 Abs. 1 Satz 1 Nr. 1 UStG.

Wichtig! Der Vorsteuerabzug aus Reisekosten setzt immer eine ordnungsgemäße Rechnung voraus, die auf den Unternehmer ausgestellt sein muss. Bei Beträgen bis zu 250 €[3] reicht eine Rechnung aus, in der der Leistungsempfänger nicht genannt werden muss (vgl. Stichwort Kleinbetragsrechnung). Eine auf den Arbeitnehmer ausgestellte Rechnung mit einem Gesamtbetrag bis zu 250 € berechtigt den Unternehmer aber nicht zum Vorsteuerabzug, da in diesem Fall die Leistung offensichtlich nicht an den Unternehmer ausgeführt worden ist.

Die Vorsteuerabzugsberechtigung erstreckt sich sowohl auf **Übernachtungskosten des Unternehmers** wie auch auf **Verpflegungsaufwendungen des Unternehmers**. Soweit tatsächlich durch Belege nachgewiesene Verpflegungsaufwendungen für den Unternehmer anfallen, sind die darin enthaltenen Vorsteuerbeträge uneingeschränkt abzugsfähig.

Achtung! Ein Vorsteuerabzug aus Verpflegungspauschalen ist grundsätzlich nicht möglich.

Beispiel 2: Unternehmer U hat durch Rechnungen nachgewiesene Verpflegungsaufwendungen i.H.v. 119 € inklusive Umsatzsteuer von 19 € (19 %). Die Dienstreise dauerte 12 Stunden.
Lösung: Nach § 4 Abs. 5 Satz 1 i.V.m. § 9 Abs. 4a EStG können 12 € bei einer Dienstreise von mindestens 8 Stunden (pauschal) angesetzt werden. Der Unternehmer kann trotzdem den Vorsteuerabzug i.H.v. 19 € vornehmen.

Tipp! Der Unternehmer sollte aus diesem Grunde auch dann die Rechnungen (oder Kleinbetragsrechnungen) aufbewahren, wenn die Verpflegungspauschale höher ist, da ein Vorsteuerabzug nur aus den tatsächlichen Verpflegungsaufwendungen vorzunehmen ist.

Wenn der Unternehmer im Rahmen einer Dienstreise einen **Pkw** benutzt, der nicht seinem Unternehmen zugeordnet werden konnte oder nicht zugeordnet wurde, kann er für die ertragsteuerliche Gewinnermittlung pro gefahrenen Kilometer Pauschalbeträge als Betriebsausgaben ansetzen. Eine **Vorsteuerabzugsberechtigung** ergibt sich für ihn in diesem Zusammenhang aber nicht, er kann lediglich für bestimmte, eindeutig der unternehmerischen Verwendung zuzuordnenden Kosten einen Vorsteuerabzug aus Einzelrechnungen (z.B. aus Benzinrechnungen einer längeren Dienstreise oder aus Unfallkosten, die einer Dienstreise zuzuordnen sind) vornehmen – es kann aber auch ein anteiliger Vorsteuerabzug aus den unternehmerisch veranlassten Kosten vorgenommen werden[4].

[3] Seit dem 1.1.2017; bis 31.12.2016: 150 €.

[4] Vgl. Abschn. 15.2c Abs. 3 UStAE sowie auch Stichwort Dienstwagen.

3. Vorsteuerabzug aus Reisekosten, die an den Arbeitnehmer erbracht werden

Der Vorsteuerabzug nach § 15 Abs. 1 Satz 1 Nr. 1 UStG setzt voraus, dass der **Unternehmer** von einem anderen Unternehmer eine Leistung erhalten muss. Liegt ein solches Leistungsaustauschverhältnis zwischen zwei Unternehmern nicht vor, kann der Unternehmer grundsätzlich keine Vorsteuer geltend machen. Aus diesem Grund ist eine Vorsteuerabzugsberechtigung in den Fällen ausgeschlossen, in denen die Übernachtungsleistung oder die Verpflegungsleistung – nachgewiesen durch entsprechende, auf den Arbeitnehmer ausgestellte Rechnungen – nicht dem Unternehmer, sondern dem Arbeitnehmer gegenüber erbracht worden sind. Die Leistungen müssen vom Arbeitgeber empfangen und in voller Höhe getragen werden[5].

In Ermangelung einer an ihn ausgeführten Leistung wie auch in Ermangelung einer auf ihn ausgestellten Rechnung kann der Unternehmer keinen Vorsteuerabzug aus Leistungen in Anspruch nehmen, die der **Arbeitnehmer erhalten** hat, unabhängig davon, ob der Unternehmer seinem Arbeitnehmer die entstandenen Kosten erstattet.

Wenn die Leistung aber – nachgewiesen durch eine **auf den Unternehmer ausgestellte Rechnung** – an den Unternehmer erbracht wird, ist ein Vorsteuerabzug auch dann möglich, wenn die Leistung nicht von dem Unternehmer persönlich, sondern von dem Arbeitnehmer genutzt wird.

Tipp! Es sollte insbesondere bei Übernachtungskosten darauf geachtet werden, dass für die reisenden Arbeitnehmer die Hotelzimmer im Namen des Arbeitgebers gebucht werden und eine auf den Unternehmer ausgestellte Rechnung erstellt wird oder eine Kleinbetragsrechnung (ohne auf den Namen des Mitarbeiters ausgestellt zu sein) vorliegt.

Bei **Verpflegungsmehraufwendungen**, die der Arbeitgeber seinem Personal aufgrund von Einzelbelegen erstattet, vertritt die Finanzverwaltung[6] die Auffassung, dass ein Vorsteuerabzug in der Regel nicht möglich ist, da die Leistung nicht an den Unternehmer erbracht worden ist. Nur in den Fällen, in denen die Verpflegungsleistung anlässlich einer unternehmerisch bedingten Auswärtstätigkeit des Arbeitnehmers vom Arbeitgeber empfangen und in voller Höhe getragen worden ist, soll der Arbeitgeber daraus den Vorsteuerabzug in Anspruch nehmen können. Ein solcher Fall liegt aus der Sicht der Finanzverwaltung nur dann vor, wenn der Arbeitgeber auch der Besteller der Leistung ist.

Beispiel 3: Montageunternehmer M bestellt für eine Montagegruppe seines Unternehmens bei einer Gastwirtschaft für eine auswärtige Montagearbeit neben der Unterbringung der Montagegruppe auch die Verpflegung.
Lösung: Da der Besteller der Leistung der Unternehmer ist, kann er aus der an ihn erbrachten Leistung den Vorsteuerabzug vornehmen.

4. Vorsteuerbeträge aus Pauschalbeträgen

Rechtlich unstrittig haben Unternehmer seit dem 1.4.1999 **keinen Vorsteuerabzug** mehr aus angesetzten Pauschalbeträgen, wie pauschale Verpflegungsmehraufwendungen, dem Personal pauschal erstattete Fahrtkosten oder bei dem Ansatz von Kilometerpauschalen für Fahrten des Unternehmers mit einem nicht zum Unternehmen gehörenden Fahrzeug.

Wichtig! Seit dem 1.4.1999 darf grundsätzlich keine Vorsteuer mehr aus pauschalierten Reisekosten gezogen werden, da hier naturgemäß keine Einzelrechnungen vorliegen können.

---

5 BMF, Schreiben v. 28.3.2001, BStBl I 2001, 251.

6 BMF, Schreiben v. 28.3.2001, BStBl I 2001, 251.

Reiseleistung

Reiseleistung auf einen Blick

1. **Rechtsquellen**
   § 25 UStG, § 72 UStDV
   Abschn. 25.1 bis Abschn. 25.5 UStAE
2. **Bedeutung**
   Führt ein Unternehmer gegenüber einem Kunden eine Reiseleistung aus, kann es sich um eine regelbesteuerte Leistung handeln. Führt er eine solche Leistung gegenüber einem Nichtunternehmer aus und nimmt er hierfür Leistungen anderer Unternehmer in Anspruch, die unmittelbar den Reisenden zugutekommen (sog. Reisevorleistungen), liegen Reiseleistungen i.S.d. § 25 UStG vor, die zwingend zur Margenbesteuerung führen. Es gelten in diesem Fall besondere Vorschriften zur Ermittlung des Orts der Leistung, der Steuerbefreiungen sowie der Bemessungsgrundlage.
3. **Weitere Stichworte**
   → Hotellerieumsätze, → Reisekosten, → Sonstige Leistung/Ort
4. **Besonderheiten**
   Entgegen der nationalen Gesetzesfassung ist unionsrechtlich die Besteuerung nach der Sonderregelung als Reiseleistung auch dann anzuwenden, wenn die Leistung an einen Unternehmer ausgeführt wird. Der EuGH hat die Bundesrepublik Deutschland in einem Vertragsverletzungsverfahren verurteilt, da die unionsrechtlichen Vorgaben nicht ordnungsgemäß umgesetzt wurden.

1. Allgemeine Voraussetzungen für Reiseleistungen

Erbringt ein Unternehmer gegenüber einem Vertragspartner eine Leistung, die im weitesten Sinne im **Zusammenhang mit der Ausführung von Reisen** steht, können sich in Abhängigkeit davon, wer der Leistungsempfänger ist und wie die Leistung ausgeführt wird, unterschiedliche Besteuerungsfolgen ergeben:

- Der **Leistungsempfänger ist ein Unternehmer**, der die Leistung für sein Unternehmen bezieht. In diesem Fall greift nach der nationalen Regelung keine umsatzsteuerrechtliche Sonderregelung ein, die Leistungen, die der ausführende Unternehmer erbringt, sind nach den allgemeinen Grundregelungen des Umsatzsteuergesetzes zu prüfen.

Beispiel 1: Reiseveranstalter R stellt für seinen Auftraggeber, der die Leistung als Unternehmer für sein Unternehmen bezieht, eine Reise zusammen. Im Rahmen dieser Reise werden Mitarbeiter mit einem Bus von Deutschland in die Schweiz befördert und dort in einem Hotel untergebracht.
Lösung: Da R die Leistung an einen Unternehmer für dessen Unternehmen ausführt, kann die Sonderregelung des § 25 UStG nach der nationalen Gesetzeslage nicht angewendet werden. R führt damit eine Beförderungsleistung gegenüber dem Leistungsempfänger aus, deren inländischer Streckenanteil in Deutschland steuerbar und steuerpflichtig ist; der in der Schweiz zurückgelegte Streckenanteil ist in Deutschland nicht steuerbar, § 3b Abs. 1 UStG. Die Hotelleistung stellt eine Leistung im Zusammenhang mit einem Grundstück dar und ist nach § 3a Abs. 3 Nr. 1 UStG am Grundstücksort ausgeführt, die Leistung ist in Deutschland nicht steuerbar.

Wichtig! Der Unternehmer kann sich aber in diesen Fällen auf das für ihn günstigere Unionsrecht berufen, wenn er dies will. Der EuGH[1] hatte schon 2013 festgestellt, dass die Margenbesteuerung bei Reiseleistungen auch auf Umsätze angewendet werden kann, die nicht mit Reisenden,

[1] EuGH, Urteil v. 26.9.2013, C-189/11 – Kommission/Spanien, DStR 2013, 2106.

sondern mit allen Arten von Kunden getätigt werden. Entsprechend hat der BFH[2] es dem Unternehmer ermöglicht, sich auf diese Rechtslage zu berufen und auch Leistungen gegenüber Unternehmern unter § 25 UStG zu fassen. In einem Vertragsverletzungsverfahren gegen die Bundesrepublik Deutschland hat der EuGH[3] festgestellt, dass gegen die unionsrechtlichen Vorschriften verstoßen wird, wenn diese Leistungen nicht der Besteuerung nach § 25 UStG unterworfen werden. Bis es allerdings national zu einer Anpassung der gesetzlichen Vorschriften kommt, können sich Unternehmer noch auf die alte Fassung des § 25 UStG berufen.

- Der **Leistungsempfänger ist ein Nichtunternehmer** oder ein Unternehmer, der die Leistung für seinen nichtunternehmerischen Bereich bezieht. Der leistende Unternehmer erbringt gegenüber dem Kunden nur Leistungen, die er selbst ausführt; Leistungen dritter Unternehmer werden nicht an die Reisenden ausgeführt. Es handelt sich um Leistungen, die je nach Art der ausgeführten Leistung der Umsatzbesteuerung unterliegen, es liegt kein Fall der Reiseleistung nach § 25 UStG vor.

Beispiel 2: Hotelbesitzer H stellt für Kunden ein besonderes Programm zusammen: Neben der Übernachtung kann auch der Wellnessbereich des Hotels mit bestimmten Anwendungen genutzt werden. Darüber hinaus wird den Kunden Vollpension im Hotelrestaurant geboten.
Lösung: H erbringt zwar Leistungen an Nichtunternehmer, es handelt sich aber nicht um Reiseleistungen i.S.d. § 25 UStG, da keine Reisevorleistungen in Anspruch genommen werden. Die Hotelleistungen sind am Grundstücksort nach § 3a Abs. 3 Nr. 1 UStG ausgeführt, die Verpflegungsleistungen sind als Nebenleistungen ebenfalls nach § 3a Abs. 3 Nr. 1 UStG am Grundstücksort ausgeführt.

- Der **Leistungsempfänger ist ein Nichtunternehmer** oder ein Unternehmer, der die Leistung für seinen nichtunternehmerischen Bereich bezieht. Der leistende Unternehmer erbringt gegenüber dem Kunden Leistungen, die andere Unternehmer an ihn ausführen, die aber unmittelbar den Reisenden zugutekommen (sog. **Reisevorleistungen**). Der leistende Unternehmer führt eine Reiseleistung nach § 25 UStG aus, die ein Leistungsbündel darstellt und am Sitzort des leistenden Unternehmers ausgeführt ist. Die Leistung ist der Margenbesteuerung zu unterwerfen, soweit die Reisevorleistungen im Drittlandsgebiet ausgeführt werden, ist die Reiseleistung steuerfrei.

Achtung! Ist ein Unternehmer in die Vermietung einer Ferienimmobilie eingebunden und tritt er dabei in eigenem Namen, aber für fremde Rechnung auf (Leistungskommission), geht die Finanzverwaltung davon aus, dass der eingeschaltete Unternehmer – soweit er die Leistung gegenüber Nichtunternehmer erbringt – eine Reiseleistung ausführt, selbst wenn er keine weiteren Leistungen ausführt. Spätestens für alle nach dem 31.12.2012 ausgeführten Leistungen ist dies anzuwenden – allerdings ist mittlerweile diesbezüglich ein Vorabentscheidungsverfahren beim EuGH[4] anhängig; vgl. ausführlich Stichwort Leistungskommission.

2. Reiseleistungen nach § 25 UStG

Wichtig! Reiseleistungen i.S.d. § 25 UStG können nach der nationalen Fassung des UStG nur dann vorliegen, wenn die Leistung nicht an einen Unternehmer für dessen Unternehmen ausgeführt wird. Die Finanzverwaltung[5] geht davon aus, dass diese Voraussetzung vorliegt, wenn der Leistungsempfänger nicht ausdrücklich feststellt, dass er die Leistung als Unternehmer für sein Unternehmen

[2] BFH, Urteil v. 21.11.2013, V R 11/11, DStR 2014, 700.
[3] EuGH, Urteil v. 8.2.2018, C-380/16 – Kommission/Bundesrepublik Deutschland, DStR 2018, 346.
[4] EuGH, Verfahren C-552/17 – Alpenchalets Resorts.
[5] Abschn. 25.1 Abs. 3 UStAE.

bezieht. Nach dem Unionsrecht (vgl. oben) kann sich der Unternehmer aber auf das für ihn günstigere Unionsrecht berufen und auch Leistungen gegenüber anderen Leistungsempfängern der Margenbesteuerung nach § 25 UStG unterwerfen. Zeitnah muss wegen des Verstoßes gegen das Unionsrecht eine gesetzliche Anpassung erfolgen.

Führt ein Unternehmer Reiseleistungen an einen Nichtunternehmer aus und nimmt hierfür sog. Reisevorleistungen – Leistungen dritter Unternehmer, die den Reisenden unmittelbar zugutekommen – in Anspruch, erfolgt zwingend die Besteuerung der Leistung im Rahmen des § 25 UStG. Dies gilt auch für kurzfristige Sprach- und Studienreisen und auch für längere Studienaufenthalte im Ausland, die mit einer Reise kombiniert sind[6].

Achtung! Liegen die Voraussetzungen des § 25 UStG vor, besteht für den leistenden Unternehmer kein Wahlrecht zur Anwendung der Reiseleistungsbesteuerung.

Wichtig! Die Sonderregelung der Besteuerung von Reiseleistungen ist dann nicht anwendbar, wenn es sich um den isolierten Verkauf von Opernkarten durch ein Reisebüro ohne Ausführung weiterer Leistungen handelt[7].

2.1 Steuerbarkeit der Reiseleistung

Führt der Unternehmer Reiseleistungen nach § 25 UStG aus, ergibt sich der Ort seiner Leistung über § 25 Abs. 1 UStG und § 3a Abs. 1 UStG immer dort, wo der leistende Unternehmer sein Unternehmen betreibt bzw. eine die Leistung ausführende Betriebsstätte unterhält. Wo die Reiseleistung dann tatsächlich ausgeführt wird, ist für die Ermittlung des Orts der Leistung unerheblich. Der leistende Unternehmer erbringt gegenüber seinen Kunden mit der Reiseleistung ein **einheitliches Leistungsbündel**.

Beispiel 3: Reiseveranstalter N, der sein Unternehmen von den Niederlanden aus betreibt, veranstaltet für Reisende eine Rundreise durch Deutschland. Dazu nimmt N die Leistungen eines deutschen Busunternehmers in Anspruch und bucht eine entsprechende Anzahl von Hotelzimmern bei verschiedenen deutschen Hotels. Darüber hinaus nimmt er auch die Leistungen eines deutschen Fremdenführers in Anspruch.

Lösung: N erbringt eine Reiseleistung nach § 25 Abs. 1 UStG, da er Reisevorleistungen von anderen Unternehmern in Anspruch nimmt und diese Leistungen unmittelbar den Reisenden zugutekommen. Die Reiseleistung ist nach § 3a Abs. 1 UStG in den Niederlanden ausgeführt und damit in Deutschland nicht steuerbar.

Die Beförderungsleistung (§ 3b Abs. 1 UStG) und die Leistungen der Hoteliers (§ 3a Abs. 3 Nr. 1 Buchst. a UStG) sind in Deutschland steuerbare und steuerpflichtige sonstige Leistungen. Aus diesen Einzelleistungen ist N in Deutschland nicht zum Vorsteuerabzug berechtigt, § 25 Abs. 4 UStG[8]. Die Leistung des selbstständigen Fremdenführers ist dort ausgeführt, wo der Leistungsempfänger sein Unternehmen betreibt, § 3a Abs. 2 UStG (damit ist Leistung in Deutschland nicht steuerbar). Für die in den Niederlanden steuerbare und steuerpflichtige sonstige Leistung wird N zum Steuerschuldner; ein Vorsteuerabzug für diese Leistung ist in den Niederlanden ausgeschlossen.

2.2 Steuerpflicht der Reiseleistung

Für die **Besteuerung von Reiseleistungen** ergibt sich eine besondere Vorschrift zur Steuerbefreiung nach § 25 Abs. 2 UStG. Die Reiseleistung des Unternehmers ist steuerfrei, soweit sie im Drittlandsgebiet ausgeführt wird. Die Voraussetzung der Steuerbefreiung muss vom Unternehmer nachgewiesen sein, in

---

6 BFH, Urteil v. 1.6.2006, V R 104/01, BStBl II 2007, 142.

7 EuGH, Urteil v. 9.12.2010, C-31/10 – Minerva Kulturreisen GmbH, DStR 2010, 2576.

8 Eine Vorsteuervergütung der in Deutschland berechneten Umsatzsteuer kann nicht in Betracht kommen

§ 72 UStDV sind von der Finanzverwaltung die entsprechenden Vorgaben zur Aufzeichnung der notwendigen Voraussetzungen aufgenommen worden.

Beispiel 4: Reiseveranstalter D, der sein Unternehmen von Deutschland aus betreibt, veranstaltet für Reisende aus Deutschland im Rahmen einer Pauschalreise eine Safari durch Kenia. Neben dem Flug von Deutschland werden den Reisenden durch lokale Dienstleister die Unterbringung, Verpflegung und Flugleistung sowie der Transport in Kenia erbracht.
Lösung: D erbringt eine Reiseleistung nach § 25 Abs. 1 UStG, da er Reisevorleistungen von anderen Unternehmern in Anspruch nimmt und diese Leistungen unmittelbar den Reisenden zugutekommen. Die Reiseleistung ist nach § 3a Abs. 1 UStG in Deutschland ausgeführt und damit nach § 1 Abs. 1 Nr. 1 UStG steuerbar. Da die Reisevorleistungen der anderen Unternehmer gegenüber D aber im Drittlandsgebiet ausgeführt werden[9], ist die Reiseleistung in Deutschland steuerfrei nach § 25 Abs. 2 UStG.

Tipp! Grenzüberschreitende Flüge können von dem Unternehmer im Rahmen einer Vereinfachungsregelung (Abschn. 25.2 Abs. 4 UStAE) insgesamt dem Drittlandsgebiet zugeordnet werden, wenn der Zielort im Drittlandsgebiet liegt. Der Unternehmer kann die Flüge aber auch entsprechend dem im Gemeinschaftsgebiet zurückgelegten Streckenanteil und dem im Drittlandsgebiet zurückgelegten Streckenanteil aufteilen (Abschn. 25.2 Abs. 3 UStAE)[10]. Macht ein Reiseveranstalter aber von der Vereinfachungsregelung Gebrauch, muss er diese Regelung bei allen von ihm veranstalteten Reisen anwenden.

Entfällt nur ein Teil der Reisevorleistungen auf das Drittlandsgebiet, ist nur ein entsprechender Anteil der Reiseleistung nach § 25 Abs. 2 UStG steuerfrei. Der Unternehmer muss eine entsprechende Aufteilung der Einnahmen im Verhältnis der Reisevorleistungen vornehmen.

2.3 Bemessungsgrundlage

Ist die von dem leistenden Unternehmer ausgeführte Leistung steuerbar und steuerpflichtig, unterliegt nur die Marge (Differenz zwischen Einnahmen und Aufwendungen für die Reisevorleistungen) der Umsatzbesteuerung, § 25 Abs. 3 Satz 1 UStG. Von dieser „**Bruttomarge**" ist die Umsatzsteuer abzuziehen.

Beispiel 5:

Der Reisepreis (inklusive Umsatzsteuer) beträgt	1.000,00 €
./. Reisevorleistungen (inklusive deutscher und ausländischer Umsatzsteuer)	./. 700,00 €
Differenz (Bruttomarge)	**300,00 €**
./. Umsatzsteuer (bei einem Satz von 19 %)	./. 47,90 €
Bemessungsgrundlage = „Nettomarge"	**252,10 €**
Umsatzsteuer 19 %	**47,90 €**

Wichtig! Die Finanzverwaltung lässt zu, dass der Unternehmer die Bemessungsgrundlage pauschal für Gruppen von Leistungen oder für die gesamten innerhalb eines Besteuerungszeitraums erbrachten Leistungen ermitteln kann. Allerdings hat der EuGH[11] auch hierin einen Verstoß gegen das Unionsrecht gesehen und die Bundesrepublik Deutschland insoweit wegen Verstoßes gegen das Unionsrecht verurteilt. Es ist deshalb zu erwarten, dass die Finanzverwaltung diese Wahlmöglichkeit demnächst streicht. In der Praxis wird dies allerdings zu ganz erheblichen Schwierigkeiten führen, da die zeitnahe Ermittlung einer individuellen Marge für jede einzelne Reiseleistung kaum möglich sein wird.

---

9 Auch der Flug von Deutschland nach Kenia und zurück gilt insgesamt als im Drittlandsgebiet ausgeführt, da der Zielort im Drittlandsgebiet liegt, Abschn. 25.2 Abs. 4 UStAE.

10 In dieses Prinzip werden die Zu- und Abbringerflüge mit einbezogen, Abschn. 25.2 Abs. 4 UStAE.

11 EuGH, Urteil v. 8.2.2018, C-380/16 – Kommission/Bundesrepublik Deutschland, DStR 2018, 346.

Hinweise auf diese praktischen Schwierigkeiten hat der EuGH in seinem Urteil mit einem Hinweis auf eine dann notwendige Änderung der MwStSystRL abgetan.

2.4 Abrechnung und Vorsteuerabzug

Der Reiseunternehmer hat **keinen Vorsteueranspruch** für die Reisevorleistungen, § 25 Abs. 4 UStG. Er hat jedoch in jedem Fall einen Vorsteueranspruch auf die sonstigen Leistungsbezüge, die nicht Reisevorleistungen darstellen (z.B. allgemeine Betriebskosten, Investitionen). Auch in den Fällen, in denen die Reiseleistung nach § 25 Abs. 2 UStG steuerfrei ist, kann Vorsteuer aus allgemeinen Leistungsbezügen abgezogen werden, da der Ausschluss vom Vorsteuerabzug nach § 15 Abs. 2 Nr. 1 UStG nach § 15 Abs. 3 Nr. 1 Buchst. a UStG nicht eintritt.

Ein Steuerausweis in der Rechnung für die Margenumsatzsteuer darf nicht erfolgen.

Wichtig! Seit dem 1.1.2004 hat der Unternehmer, der Leistungen nach § 25 UStG erbringt, in seiner Rechnung auf die Anwendung der Sonderregelung hinzuweisen; § 14a Abs. 6 UStG. Für alle ab dem 30.6.2013[12] ausgeführten Leistungen muss in diesem Fall mit den Worten „Sonderregelung für Reisebüros" auf die Anwendung des § 25 UStG hingewiesen werden. Der Unternehmer kann aber mit allen Begriffen der anderen Sprachfassungen der MwStSystRL darauf hinweisen.

3. Mischfälle

Zu beachten ist, dass bei sogenannten **gemischten Umsätzen** grundsätzlich eine Aufteilung vorzunehmen ist. Eine solche gemischte Leistung liegt vor, wenn der Unternehmer eine Reiseleistung erbringt, hierfür aber nur zum Teil Reisevorleistungen in Anspruch nimmt. Dies liegt z.B. vor, wenn ein Reisebusunternehmer eine Pauschalreise anbietet, Reiseleistungen für Hotel und Verpflegung in Anspruch nimmt, aber mit seinem eigenen Reisebus fährt. In diesem Fall ist das Entgelt für die Pauschalreise aufzuteilen. Zum einen erbringt er eine „normale" sonstige Leistung als Beförderungsleistung nach § 3b UStG, zum anderen erbringt er eine Reiseleistung nach § 25 UStG für die Reiseleistungen, für die er Reisevorleistungen in Anspruch nimmt. Zur Aufteilung des Entgelts vgl. Abschn. 25.1 Abs. 8 UStAE.

---

[12] Inkrafttreten des Amtshilferichtlinie-Umsetzungsgesetz, allerdings mit Nichtbeanstandungsregelung der Finanzverwaltung bis zum 31.12.2013.

Restaurationsumsätze

Restaurationsumsätze auf einen Blick

1. **Rechtsquellen**
   § 3 Abs. 9, § 12 UStG, Art. 6 MwStVO
   Abschn. 3.6 UStAE
2. **Bedeutung**
   Führt der Unternehmer Restaurationsumsätze aus, kann es sich um eine Lieferung von Speisen handeln, es kann aber auch eine einheitliche Dienstleistung vorliegen. Die Unterscheidung hat nicht nur Auswirkungen auf die Steuerbarkeit und die Steuerpflicht des Umsatzes, insbesondere ist dies für die Festlegung des zutreffenden Steuersatzes von Bedeutung.
3. **Weitere Stichworte**
   → Sonstige Leistung, → Steuersatz
4. **Besonderheiten**
   Nachdem der EuGH und der BFH neue Grundsätze für die Lieferung von Speisen (regelmäßig 7 % Umsatzsteuer) und Dienstleistungen bei der Abgabe von Speisen (19 % Umsatzsteuer) vorgegeben hatte, muss für alle seit dem 1.7.2011 ausgeführten Umsätze auch Art. 6 MwStVO berücksichtigt werden. Danach kommt der Intensität der Zubereitung von Speisen und dem Transport zum Verbrauchsort keine Bedeutung mehr zu.

1. Abgrenzungskriterium: Lieferung oder Dienstleistung?

Das Umsatzsteuergesetz kennt nur **zwei Grundtypen von Leistungen**: Die Lieferung und die sonstige Leistung (im Unionsrecht auch als Dienstleistung bezeichnet). Ist der Umsatz als Lieferung zu qualifizieren, ergeben sich alle weiteren Folgen für die Umsatzsteuer nach den Rechtsvorschriften für diese Lieferung: Der Ort der Lieferung, eventuelle Steuerbefreiungen und eben gerade der Steuersatz bestimmt sich in diesem Fall nach den Vorschriften für die Lieferung. Ist der Umsatz als Dienstleistung einzustufen, ergeben sich alle weiteren Rechtsfolgen nach den Vorschriften für sonstige Leistungen.

Nun gibt es in der Praxis Leistungen, die weder ausschließlich Lieferungen noch ausschließlich sonstige Leistungen darstellen, sondern Elemente beider Leistungsarten enthalten. Soweit die Leistung wirtschaftlich als eine einheitliche Leistung anzusehen ist, kann sie für die Umsatzsteuer nicht in einzelne Leistungselemente aufgeteilt werden.

Beispiel 1: Die Abgabe von Speisen in einem Restaurant kann nicht in einen Umsatz „Lieferung von Lebensmittel" und einen Umsatz „Dienstleistung" aufgeteilt werden.

Enthält die **einheitliche Leistung** sowohl Elemente der Lieferung und der sonstigen Leistung, muss entschieden werden, was die Leistung prägt. Dabei kommt es nicht auf eine quantitative Betrachtung („welches Leistungselement ist mehr Wert"), sondern auf eine **qualitative Beurteilung** („welches Leistungselement ist für die Leistung bestimmend") an. Dazu ist der wirtschaftliche Gehalt der Leistung im Rahmen einer Gesamtbetrachtung zu ermitteln[1].

Achtung! Bei der Abgabe von Speisen und Getränken zum sofortigen Verzehr handelt es sich im Regelfall um solche „komplexen Leistungen", die sowohl Elemente der Lieferung wie auch Elemente der sonstigen Leistungen enthalten.

1 BFH, Urteil v. 10.8.2006, V R 55/04, BStBl II 2007, 480.

Nach Art. 6 MwStVO[2] gilt als **Restaurant- und Verpflegungsdienstleistung** die Abgabe zubereiteter oder nicht zubereiteter Speisen und/oder Getränke, zusammen mit ausreichenden unterstützenden Dienstleistungen, die den sofortigen Verzehr ermöglichen. Die Abgabe von Speisen und/oder Getränken ist dabei nur eine Komponente der gesamten Leistung, bei der der Dienstleistungsanteil überwiegt. **Restaurantdienstleistungen** sind dabei die Erbringung solcher Dienstleistungen in den Räumlichkeiten des Dienstleistungserbringers, während die **Verpflegungsdienstleistungen** die Erbringung solcher Dienstleistungen an einen anderen Ort als den Räumlichkeiten des Dienstleistungserbringers bezeichnen. Die Abgabe von zubereiteten oder nicht zubereiteten Speisen und/oder Getränken (mit oder ohne Beförderung), jedoch ohne andere unterstützende Dienstleistungen, gilt jedoch nicht als Restaurant- oder Verpflegungsdienstleistung.

1.1 Lieferung von Speisen und Getränken

Ist die Leistung des Unternehmers darauf gerichtet, dem Kunden nur eine Ware zu überlassen und sind die damit im Zusammenhang ausgeführten Dienstleistungen von untergeordneter Bedeutung, handelt es sich um eine Lieferung nach § 3 Abs. 1 UStG. Dabei muss beachtet werden, dass jede Art Lieferung auch immer Dienstleistungselemente enthält. So werden Waren in Regale eingeräumt und die Entgelte für die Ware kassiert. Diese typischen **Dienstleistungselemente** treten selbstverständlich gegenüber der Lieferung in den Hintergrund und prägen in keiner Weise die Art der Leistung.

Beispiel 2: In einem Fleischerfachgeschäft werden Waren ausgestellt, auf Wunsch des Kunden zugeschnitten und verpackt.
Lösung: Es handelt sich um Lieferungen nach § 3 Abs. 1 UStG, da der qualitative Gehalt der Dienstleistung eindeutig hinter dem Lieferelement zurücktritt.

Wichtig! Damit eine Lieferung i.S.d. § 3 Abs. 1 UStG vorliegen kann, dürfen die vom Unternehmer zusätzlich ausgeführten Dienstleistungen nicht über die üblichen Tätigkeiten im Zusammenhang mit der Handels- und Verteilerfunktion des Lebensmittelhandels hinausgehen.

1.2 Abgabe von Speisen und Getränken als Dienstleistung

Eine **sonstige Leistung** (im Unionsrecht der Europäischen Union wird in diesem Zusammenhang von einer Dienstleistung gesprochen) liegt vor, wenn die Dienstleistungselemente bei einer Leistung qualitativ überwiegen. Das bedeutet, dass die Übereignung der Waren als solche hinter weiteren, als „Dienstleistung" anzusehenden Elementen in den Hintergrund treten muss.

Bei der Abgabe von Speisen und Getränken wird im Regelfall immer auch ein Leistungselement „Lieferung" mit dabei sein. Zwar sind auch **reine Dienstleistungen** denkbar, wenn der leistende Unternehmer keine Waren stellt, sondern die Lebensmittel von dem Auftraggeber kommen. In diesem Fällen ergibt sich ohne Abgrenzungsschwierigkeit eine sonstige Leistung nach § 3 Abs. 9 Satz 1 UStG.

Beispiel 3: Der selbstständig tätige Koch kann tageweise für bestimmte Events gebucht werden. Außer seinem persönlichen Messerset benutzt er ausschließlich Gegenstände und Lebensmittel der Auftraggeber.
Lösung: Es handelt sich um eine sonstige Leistung. Da keine Elemente einer Lieferung vorliegen, ergeben sich auch keine Abgrenzungsschwierigkeiten.

---

[2] Verordnung (EU) Nr. 282/11 des Rates v. 15.3.2011, ABl. EU Nr. L 77, 1, gilt seit dem 1.7.2011. Die MwStVO ist grundsätzlich in allen Mitgliedstaaten anwendbares Recht und muss nicht erst zur Anwendung in den einzelnen Mitgliedstaaten umgesetzt werden.

1.3 Abgrenzung bei komplexen Leistungen

1.3.1 Leistungen bis zum 30.6.2011

Tipp! Diese Grundsätze haben für aktuell ausgeführte Leistungen keine Bedeutung mehr. In Betriebsprüfungen, die noch Veranlagungszeiträume bis 2011 betreffen (oder daran anschließende Rechtsstreitigkeiten), spielen diese Abgrenzungskriterien immer noch eine Rolle.

Seit Jahrzehnten ist die Abgrenzung bei der Abgabe von verzehrfertigen Speisen ein Streitpunkt: Liegt eine Lieferung von Speisen vor, die dem ermäßigten Steuersatz unterliegt, oder handelt es sich um eine Dienstleistung, die zur Anwendung des Regelsteuersatzes führt? In insgesamt vier **Vorabentscheidungsersuchen** hatte sich der EuGH mit dieser Rechtsfrage beschäftigen müssen. Dabei musste er sich mit einem Partyservice[3], mit der Abgabe von Popcorn in einem Multiplexkino[4] und zwei Imbissständen[5] auseinandersetzen. In allen Fällen unterwarf die Finanzverwaltung nach Prüfungen Umsätze aus der Abgabe von Speisen dem Regelsteuersatz, während die Steuerpflichtigen die Umsätze dem ermäßigten Steuersatz unterwarfen. Die Finanzgerichte beurteilten die Umsätze unterschiedlich – teilweise ermäßigt besteuert, teilweise regelbesteuert.

Achtung! Auch verzehrfertig zubereitete Speisen dienen der Ernährung der Verbraucher und fallen damit unter den Begriff der Nahrungsmittel im Unionsrecht.

Grundsätzlich sind die **allgemeinen Grundsätze für die Abgrenzung** von Lieferung und sonstiger Leistung zu berücksichtigen. Bei dieser Abgrenzung sind sämtliche Umstände zu berücksichtigen, unter denen die Umsätze abgewickelt werden. Dabei kommt es aus der Sicht eines Durchschnittsverbrauchers im Wesentlichen darauf an, welche Elemente qualitativ der Leistung das Gepräge geben.

Bei der Abgrenzung sind die schon früher aus der Rechtsprechung des EuGH entwickelten Grundsätze zu beachten[6], bei denen der EuGH die Abgabe von verzehrfertigen Speisen an Bord eines Fährschiffs als eine Dienstleistung angesehen hatte sowie die Abgrenzungen bei der Beurteilung der kommunalen Getränkesteuer[7]. Diese Urteile waren bisher die Grundlage, auf der sich in den letzten Jahren die Rechtsprechung des BFH sowie auch die Finanzverwaltung[8] bei ihrer Auffassung zur Abgrenzung von Lieferung und sonstiger Leistung gestützt hatte.

Im Wesentlichen stellte der EuGH 2011 fest:

- Kochen, Backen, Braten oder Aufwärmen von Speisen stellt ein Dienstleistungselement dar. Abzugrenzen ist aber, ob diese Dienstleistung von einer solchen Bedeutung ist, um die Gesamtleistung als Dienstleistung zu qualifizieren ist, oder nicht.

  Wichtig! Handelt es sich bei der Zubereitung von warmen Speisen um im Regelfall einfache, standardisierte Handlungen, bei denen vorgefertigte Speisen bereitgehalten werden, stellt die Zubereitung nicht den überwiegenden Bestandteil des Umsatzes dar.

- Die Bereitstellung von behelfsmäßigen Vorrichtungen (Verzehrtheken ohne Sitzgelegenheit, regelmäßig im Freien) kann die Leistung nicht zu einer Dienstleistung machen – in diesem Fall handelt es sich nur um geringfügige Nebenleistungen, die an dem Charakter der Lieferung nichts ändern.

  Wichtig! Nicht von Bedeutung ist es nach Auffassung des Gerichts, ob die Einrichtung regelmäßig genutzt wird oder nicht.

---

[3] EuGH, Urteil v. 10.3.2011, C-502/09 – Fleischerei Nier, BFH/NV 2011, 956.

[4] EuGH, Urteil v. 10.3.2011, C-499/09 – CinemaxX, BFH/NV 2011, 956.

[5] EuGH, Urteil v. 10.3.2011, C-497/09 – Bog und C-501/09 – Lohmeyer, BFH/NV 2011, 956.

[6] EuGH, Urteil v. 2.5.1996, C-231/94 – Faaborg-Gelting Linien, UR 1996, 220.

[7] EuGH, Urteil v. 10.3.2005, C-491/03 – Ottmar Hermann, BFH/NV Beilage 2005, 210.

[8] Vgl. BMF, Schreiben v. 16.10.2008, BStBl I 2008, 949.

Anders hat es der EuGH im Fall des Partyservice gesehen, hier wurde dem Steuerpflichtigen nicht Recht gegeben. Die Abgabe von Speisen bei einem Partyservice kann nur dann eine mit dem ermäßigten Steuersatz zu besteuernde Lieferung sein, wenn Standardspeisen ohne weitere Dienstleistungselemente geliefert werden. Regelmäßig werden aber bei einem Partyservice individuell Speisen hergerichtet, die nach den Wünschen des Kunden gefertigt werden. Darüber hinaus erfordert – soweit vereinbart – die Überlassung von weiteren Gegenständen (Geschirr, Ausstattungsgegenstände etc.) normalerweise einen besonderen personellen Einsatz, um die Gegenstände zu transportieren und zu reinigen.

Der BFH[9] hatte in der Folgezeit die Urteile des EuGH auf die strittigen Fälle angewandt und die folgenden Punkte festgestellt:

- Entscheidendes Kriterium zur Abgrenzung von Lieferung (7 %) und sonstiger Leistung (19 %) ist nach Auffassung des BFH, ob nur einfach zubereitete Speisen (Bratwürste, Pommes Frites oder ähnliche standardisiert zubereitete Speisen) abgegeben werden.
- Kunden dürfen nur behelfsmäßige Verzehreinrichten zur Verfügung gestellt werden (Theken oder Ablagebretter) und die Speisen müssen im Stehen eingenommen werden, damit Lieferungen angenommen werden können. Die Bereitstellung von Tischen mit Sitzgelegenheit führt zu einer Dienstleistung.
- Tische und Stühle von Dritten sind allerdings – entgegen früherer Auffassung – dafür unerheblich.
- Die Leistungen eines Partyservice stellen grundsätzlich sonstige Leistungen (Dienstleistungen) dar, die dem Regelsteuersatz unterliegen. Etwas anderes gilt nur, wenn der Partyservice lediglich Standardspeisen ohne zusätzliches Dienstleistungselement liefert oder wenn besondere Umstände belegen, dass die Lieferung der Speisen der dominierende Bestandteil des Umsatzes ist.

Wichtig! Wegen des Inkrafttretens von Art. 6 MwStVO zum 1.7.2011 sind diese Abgrenzungsgrundsätze nur für alle bis zum 30.6.2011 ausgeführten Umsätze anzuwenden. Soweit die Urteile für die Beurteilung eines Umsatzes an die Komplexität der Zubereitung von Speisen anknüpfen, sind sie für nach dem 30.6.2011 ausgeführte Umsätze nicht mehr anzuwenden.

1.3.2 Leistungen seit dem 1.7.2011

Zum 1.7.2011 ist Art. 6 MwStVO in Kraft getreten, die die früheren Regelungen zur Abgrenzung von Lieferung (7 %) und sonstiger Leistung (19 %) bei den Restaurationsleistungen vereinfacht. Die Finanzverwaltung[10] hat **mit Wirkung zum 1.7.2011** (Inkrafttreten von Art. 6 MwStVO) die Grundsätze zur Abgrenzung von Lieferung und sonstiger Leistung bei der Abgabe verzehrfertiger Speisen neu gefasst und wendet nunmehr die Vorgaben des Unionsrechts konsequent an.

Achtung! Die Grundsätze gelten für alle Abgaben verzehrfertiger Speisen, vom Imbissstand über Fast-Food-Restaurants, Restaurants bis hin zu Verpflegungsleistungen in Kindertagesstätten, Schulen, Kantinen, Krankenhäusern und Alten- und Pflegeheimen. Auch Catering-Unternehmen und Mahlzeitendienste („Essen auf Rädern") unterliegen diesen Abgrenzungsgrundsätzen.

Alleine die **Zubereitung** kann – unabhängig von ihrer Intensität – die Abgabe der Speisen nicht zu einer sonstigen Leistung machen. Damit eine sonstige Leistung bei einer einheitlichen Leistung anzunehmen ist, müssen neben die Abgabe der Speisen noch weitere Dienstleistungselemente treten, die für die Abgabe der Speisen nicht notwendig sind.

---

9 BFH, Urteil v. 30.6.2011, V R 35/08 (Folgeurteil Bog), BStBl II 2013, 244; Urteil v. 30.6.2011, V R 3/07 (Folgeurteil CinemaxX), BStBl II 2013, 241; Urteil v. 8.6.2011, XI R 37/08 (Folgeurteil Lohmeyer), BStBl II 2013, 238; Urteil v. 23.11.2011, XI R 6/08 (Folgeurteil Fleischerei Nier), BStBl II 2013, 253 sowie Urteil v. 12.10.2011, V R 66/09, BStBl II 2013, 350.

10 BMF, Schreiben v. 20.3.2013, BStBl I 2013, 444.

Wichtig! Führt der leistende Unternehmer auch noch Dienstleistungselemente aus, die nicht notwendig für die Vermarktung der Speisen als solche sind, führt dies in der Regel zu einer – einheitlichen – sonstigen Leistung.

Die Finanzverwaltung[11] führt exemplarisch Leistungen auf, die notwendig mit der **Vermarktung verzehrfertiger Speisen** verbunden sind, bzw. Leistungen, die nicht mit der Vermarktung verbunden sind:

Mit der Vermarktung von Speisen verbundene Leistungen (sind bei der Beurteilung nicht zu berücksichtigen)	Mit der Vermarktung von Speisen nicht verbundene Leistungen (führen im Regelfall zur Annahme einer sonstigen Leistung)
• Darbietung von Waren in Regalen • Zubereitung der Speisen • Transport der Speisen und Getränke zum Ort des Verzehrs einschließlich der damit in Zusammenhang stehenden Leistungen wie Kühlen oder Wärmen, der hierfür erforderlichen Nutzung von besonderen Behältnissen und Geräten sowie der Vereinbarung eines festen Lieferzeitpunkts • Übliche Nebenleistungen (z.B. Verpacken, Beigabe von Einweggeschirr oder -besteck) • Bereitstellung von Papierservietten • Abgabe von Senf, Ketchup, Mayonnaise, Apfelmus oder ähnlicher Beigaben • Bereitstellung von Abfalleimern an Kiosken, Verkaufsständen, Würstchenbuden usw. • Bereitstellung von Einrichtungen und Vorrichtungen, die in erster Linie dem Verkauf von Waren dienen (z.B. Verkaufstheken und -tresen sowie Ablagebretter an Kiosken, Verkaufsständen, Würstchenbuden usw.) • Bloße Erstellung von Leistungsbeschreibungen (z.B. Speisekarten oder -pläne) • Allgemeine Erläuterung des Leistungsangebots • Einzug des Entgelts für Schulverpflegung von den Konten der Erziehungsberechtigten	• Bereitstellung einer die Bewirtung fördernden Infrastruktur • Servieren der Speisen und Getränke • Gestellung von Bedienungs-, Koch- oder Reinigungspersonal • Durchführung von Service-, Bedien- oder Spülleistungen im Rahmen einer die Bewirtung fördernden Infrastruktur oder in den Räumlichkeiten des Kunden • Nutzungsüberlassung von Geschirr oder Besteck • Überlassung von Mobiliar (z.B. Tische und Stühle) zur Nutzung außerhalb der Geschäftsräume des Unternehmers • Reinigung bzw. Entsorgung von Gegenständen, wenn die Überlassung dieser Gegenstände ein berücksichtigungsfähiges Dienstleistungselement darstellt • Individuelle Beratung bei der Auswahl der Speisen und Getränke • Beratung der Kunden hinsichtlich der Zusammenstellung und Menge von Mahlzeiten für einen bestimmten Anlass

Wichtig! Die Überlassung von Platten, Geschirr oder anderer Verpackungen infiziert die einheitliche Leistung zur Dienstleistung, wenn sie mehr als nur Verpackungsfunktion erfüllt.

Besondere Bedeutung kommt der Bereitstellung einer die **Bewirtung fördernden Infrastruktur** zu. Werden von dem leistenden Unternehmer Vorrichtungen gestellt, die den bestimmungsgemäßen Verzehr der Speisen und Getränke an Ort und Stelle fördern sollen, prägt das die Leistung zur sonstigen Leistung. Auf die Qualität der zur Verfügung gestellten Infrastruktur soll es dabei nicht ankommen. Allerdings muss es sich um mehr als nur einfache, behelfsmäßige Verzehreinrichtungen handeln.

[11] Abschn. 3.6 UStAE.

Wichtig! Nach der Rechtsprechung des BFH[12] führt die Bereitstellung von Verzehrtheken ohne Sitzgelegenheiten, Stehtischen sowie Abstellbrettern grundsätzlich nicht zu einer sonstigen Leistung. Auch Vorrichtungen, die nach ihrer Zweckbestimmung nicht dazu dienen, den Verzehr von Speisen und Getränken zu erleichtern (z.B. Sitzgelegenheiten in einem Kinofoyer, Parkbänke, Nachttische in Kranken- und Pflegezimmern), führen nicht zu einer sonstigen Leistung.

Gemeinschaftseinrichtungen, an denen der leistende Unternehmer beteiligt ist, führen aber dazu (soweit es sich nicht nur um behelfsmäßige Einrichtungen handelt), dass der leistende Unternehmer eine sonstige Leistung ausführt.

Beispiel 4: In einem Bahnhof betreibt Unternehmer U in einer Verzehrzeile eine Pizzabäckerei. Die Unternehmer in der Verzehrzeile haben gemeinsam eine Verzehrinsel eingerichtet, in der an Tischen und Stühlen die Speisen eingenommen werden können.
Lösung: Pizzen, die U an Kunden verkauft, die diese in der Verzehrinsel verzehren wollen, unterliegen dem Regelsteuersatz.

Werden **Dienstleistungselemente von fremden Dritten** ausgeführt, sind diese grundsätzlich nicht dem leistenden Unternehmer zuzurechnen. Dies gilt aber nur dann, wenn der Dritte seine Leistung unmittelbar gegenüber dem Leistungsempfänger ausführt. Leistet der Dritte an den Unternehmer und dieser dann im Rahmen einer einheitlichen Leistung gegenüber seinem Kunden, müssen die Dienstleistungselemente im Rahmen der Gesamtbetrachtung berücksichtigt werden.

Beispiel 5: Eine Großküche kocht für eine Schule das Mittagessen und transportiert die Speisen in Warmhaltebehältern zur Schule. In der Schule werden die Speisen von Mitarbeitern eines Schulvereins portioniert, ausgegeben. Das Geschirr wird hinterher von Mitarbeitern des Schulvereins gereinigt.
Lösung: Die Großküche führt eine mit dem ermäßigten Steuersatz zu besteuernde Lieferung verzehrfertiger Speisen aus. Die Ausgabe der Speisen, Reinigung etc. ist ihr nicht zuzurechnen.

Führt der Unternehmer Leistungen aus, bei denen der Kunde zusätzliche Dienstleistungselemente in Anspruch nehmen kann oder auch nicht (z.B. Verkauf von Speisen in einem **Fast-Food-Restaurant** sowohl zum Mitnehmen wie auch zum Verzehr an Ort und Stelle), kommt es darauf an, ob der Kunde die Speisen vor Ort verzehren will oder nicht. Möchte der Kunde die Speisen vor Ort verzehren, nimmt sie dann aber anschließend doch mit, soll es bei der Anwendung des Regelsteuersatzes bleiben.

Beispiel 6: In einem Fast-Food-Restaurant werden Hamburger sowohl außer Haus wie auch zum Verzehr im Restaurant angeboten.
Lösung: Möchte der Kunde die Speisen im Restaurant verspeisen, unterliegt die Leistung auch dann dem Regelsteuersatz (als sonstige Leistung), selbst wenn der Kunde entgegen seiner geäußerten Absicht die Speisen mitnehmen sollte. Der Außer-Haus-Verkauf der Speisen unterliegt aber (als Lieferung) dem ermäßigten Steuersatz.

Tipp! Der Transport der verzehrfertigen Speisen zum Kunden stellt in jedem Fall kein berücksichtigungsfähiges Dienstleistungselement dar. Die Zubereitung von verzehrfertigen Speisen, Transport zum Kunden (z.B. eine Schule, Kindertagesstätte oder ein Krankenhaus) und Reinigung der Transportbehälter führt nicht zu einer regelbesteuerten Dienstleistung.

Teilweise können schon **kleine über die Zubereitung und den Transport hinausgehende Leistung die ganze Leistung** zu einer regelbesteuerten Dienstleistung werden lassen. Ob der häufig zur Beurtei-

[12] BFH, Urteil v. 30.6.2011, V R 3/07, BStBl II 2013, 241.

lung herangezogene „Durchschnittsbetrachter" dies ebenso sehen würde, kann im Einzelfall bezweifelt werden. So soll auch bei der Herrichtung eines Buffets eine insgesamt dem Regelsteuersatz unterliegende sonstige Leistung gegeben sein, wenn der leistende Unternehmer die Speisen in Warmhalteverpackungen beim Kunden aufstellt und „festlich dekoriert". Ohne genauer zu beschreiben, was die Finanzverwaltung unter „festlich dekorieren" versteht, wird hier pauschal von einem Überwiegen der Dienstleistungselemente ausgegangen. Auch soll die Entsorgung von Einweggeschirr ein zum Regelsteuersatz führendes Dienstleistungselement darstellen.

Beispiel 7: Der Betreiber eines Partyservice liefert auf speziellen Wunsch des Kunden zubereitete, verzehrfertige Speisen zu einem festgelegten Zeitpunkt für eine Party seines Auftraggebers an. Der Auftraggeber erhält darüber hinaus Servietten, Einweggeschirr und -besteck. Der Betreiber des Partyservice hat sich verpflichtet, das Einweggeschirr und -besteck abzuholen und zu entsorgen. Alternativ entsorgt der Kunde das Geschirr selbst.
Lösung: Wenn das Einweggeschirr vom leistenden Unternehmer entsorgt wird, soll der Dienstleistungscharakter überwiegen und insoweit eine einheitliche, insgesamt dem Regelsteuersatz unterliegende sonstige Leistung vorliegen.
Entsorgt der Kunde das Einweggeschirr selbst, vertritt die Finanzverwaltung die Auffassung, dass dann eine dem ermäßigten Steuersatz unterliegende Lieferung von Speisen vorliegt.

Die **Regelungen zur Abgrenzung** von Lieferung und sonstiger Leistung bei der Abgabe verzehrfertiger Speisen gelten (rückwirkend) seit dem 1.7.2011 und ersetzen die BMF-Schreiben vom 16.10.2008[13] und vom 29.3.2010[14]. Sollte sich nach der bisherigen Auffassung für den Unternehmer ein günstigeres Ergebnis ergeben, wird es von der Finanzverwaltung nicht beanstandet (**Übergangsregelung**), wenn für alle vor dem 1.10.2013 ausgeführte Umsätze der Unternehmer sich darauf beruft. Da die bisherige Rechtsauffassung regelmäßig für den leistenden Unternehmer aber nicht vorteilhafter war, wird sich dies kaum in der Praxis ergeben. Die Finanzverwaltung[15] hat dazu klargestellt, dass dies auch für bisher ungünstigere Rechtsfolgen gilt – dies ist für den Vorsteuerabzug des Leistungsempfängers notwendig.

Ein typischer Streitfall in **Betriebsprüfungen**, ob Ablagebretter oder ähnliche einfachste Einrichtungen eine Leistung als sonstige Leistung qualifizieren können, dürfte damit der Vergangenheit angehören. Abgrenzungsschwierigkeiten werden sich aber auch in der Zukunft ergeben – was eine Leistung qualitativ prägt, wird bei unterschiedlichen Sachverhalten immer individuell zu klären sein.

Führt der Unternehmer nach diesen Abgrenzungskriterien eine sonstige Leistung nach § 3 Abs. 9 UStG aus, ist der **Ort der Leistung** immer dort, wo der Unternehmer diese Leistung tatsächlich erbringt, § 3a Abs. 3 Nr. 3 Buchst. b UStG. Dies gilt allerdings dann nicht, wenn die Speisen und Getränke in einem Beförderungsmittel abgegeben werden, das im Gemeinschaftsgebiet verkehrt. Werden Speisen und Getränke zum Verzehr an Bord eines Schiffs, eines Flugzeugs oder einer Eisenbahn während der Beförderung im Gemeinschaftsgebiet abgegeben, ist die sonstige Leistung immer dort ausgeführt, wo das Beförderungsmittel gestartet ist, § 3e Abs. 1 UStG. Nicht von Bedeutung ist, wo die Abgabe tatsächlich stattgefunden hat.

2. Der maßgebliche Steuersatz und die Umsatzsteuer

In Abhängigkeit der Einstufung der Leistung als Lieferung oder sonstige Leistung bestimmt sich der Steuersatz für den Umsatz des Unternehmers. Allerdings ergeben sich bei der Lieferung auch Sonderfälle, da nicht nur ausschließlich unter die Anlage 2 zum Umsatzsteuergesetz fallende Gegenstände geliefert werden.

---

[13] BMF, Schreiben v. 16.10.2008, BStBl I 2008, 949.

[14] BMF, Schreiben v. 29.3.2010, BStBl I 2010, 330.

[15] BMF, Schreiben v. 4.11.2013, BStBl I 2013, 1385.

Unter den ermäßigten Steuersatz nach § 12 Abs. 2 Nr. 1 UStG können nur die Lieferungen fallen, die in der Anlage 2 zum UStG aufgeführt sind. Voraussetzung dabei ist, dass nach den oben dargestellten Abgrenzungskriterien eine Lieferung im umsatzsteuerrechtlichen Sinne vorliegt.

Grundsätzlich sind die Lieferungen von Lebensmitteln und bestimmten Getränken in der Anlage 2 zum UStG aufgeführt, sodass die Lieferung im Regelfall mit dem ermäßigten Steuersatz zu besteuern ist. Allerdings ergeben sich auch Ausnahmen. Im Einzelnen ergibt sich die folgende Abgrenzung:

Lieferung von Speisen und Getränken (das Dienstleistungselement ist von untergeordneter Bedeutung)	
unter den ermäßigten Steuersatz (7 %) fallen	**unter den Regelsteuersatz (19 %) fallen**
• Lieferung von Lebensmitteln auch verzehrfertiger Speisen ohne individuelle Zubereitung und weitere Dienstleistungen – Ausnahme sind die Lieferungen der nebenstehenden Speisen • Lieferung Suppe (z.B. Bouillon aus Getränkeautomaten) • Lieferung von Milchmischgetränken (z.B. von Kakao) mit einem Anteil von Milch von mindestens 75 % des Fertigerzeugnisses	• Lieferung von Kaviar (zubereitet), Langusten, Hummer, Austern oder Schnecken • Lieferung von Getränken (mit Ausnahme von Bouillon und bestimmte Milchmischgetränke), auch Kaffee, Tee und Frucht- und Gemüsesäfte • Lieferung von Wasser in Fertigverpackungen

3. Einzelfälle

Die Beurteilung, ob bei der Abgabe von Speisen und Getränken eine dem Regelsteuersatz unterliegende sonstige Leistung oder eine (im Regelfall) dem ermäßigten Steuersatz unterliegende Lieferung vorliegt, muss jeweils im **Einzelfall** beurteilt werden. Dabei ist jeweils für jeden einzelnen Umsatz zu bestimmen, welches Element qualitativ überwiegt. Aus der bisherigen Rechtsprechung bzw. aus Verwaltungsanweisungen lassen sich für bestimmte Einzelfälle die folgenden Rechtsfolgen feststellen:

- **Außer-Haus-Verkauf**: Bei einem Außer-Haus-Verkauf liegt eine Lieferung vor, die – soweit die abgegebene Speise unter die Anlage 2 zum UStG fällt – mit dem ermäßigten Steuersatz besteuert wird. Ein Außer-Haus-Verkauf liegt vor, wenn die Speisen ohne weitere Dienstleistungen des Unternehmers dem Kunden für einen Verzehr außerhalb der Verkaufsstelle mitgegeben werden (z.B. in speziellen Warmhaltepackungen). Soweit der Unternehmer auch eine Infrastruktur vorhält, die für ein Verweilen am Abgabeort geeignet ist (Verzehreinrichtungen, die nicht nur behelfsmäßigen Charakter haben – in der Regel Sitzgelegenheiten), muss der Außer-Haus-Verkauf getrennt von den übrigen Verzehrumsätzen aufgezeichnet werden (z.B. bei Verkauf „über die Theke" in einem Fast-Food-Restaurant).
- **Catering-Unternehmen** (auch Partyservice): Ein Catering-Unternehmer wird im Regelfall eine sonstige Leistung ausführen, die mit dem Regelsteuersatz zu besteuern ist. Erfahrungsgemäß werden im Rahmen solcher Leistungen auch weitere Darreichungsleistungen ausgeführt, die die Leistung als Dienstleistung qualifizieren (Stellung von Personal, Überlassung von Geschirr etc., Reinigungsleistungen). Nur wenn sich die Leistung ausschließlich auf die Lieferung von Speisen bezieht (z.B. Lieferung von belegten Brötchen, Buffet), kann der ermäßigte Steuersatz für die Lieferung von Lebensmitteln angewendet werden. Eine Trennung der einzelnen Leistungselemente kann auch nicht erfolgen. So liegt nach dem BFH[16] eine einheitliche sonstige Leistung vor, wenn neben der Lieferung zubereiteter Speisen auch Geschirr zur Verfügung gestellt wird. Nach Auffassung der Finanzverwaltung

[16] BFH, Urteil v. 18.12.2008, V R 55/06, BFH/NV 2009, 673.

(Abschn. 3.6 UStAE) können geringfügige Unterschiede in der Art der ausgeführten Leistung dazu führen, dass aus einer Lieferung eine sonstige Leistung wird.

- „**Coffee-to-go**“: Bei einem Verkauf von Kaffee außer Haus liegt zwar eine Lieferung vor. Da der Verkauf von Kaffee (auch Tee) nach Auffassung der Finanzverwaltung[17] als Lieferung des nicht begünstigten Kaffeegetränks anzusehen ist, ist der Regelsteuersatz anzuwenden. Dies gilt entsprechend auch für die Abgabe von solchen Getränken (außer bestimmten Milchmischgetränken[18] und Bouillon) aus Getränkeautomaten.
- **Fingerfood**: Die Abgabe von warmem Popcorn oder Nachos in einem Kino als sog. Fingerfood stellt eine Lieferung dar, die dem ermäßigten Steuersatz unterliegt. Die eventuell in einem Foyer zur Verfügung gestellten Sitzgelegenheiten werden nicht berücksichtigt, wenn sie nicht ausschließlich dazu bestimmt sind, den Verzehr der Lebensmittel zu erleichtern. Damit werden neben der Lieferung der verzehrfertigen Lebensmittel keine weiteren Leistungen ausgeführt[19].
- **Imbissstand**: An einem Imbissstand werden regelmäßig bei der Zubereitung des warmen Endprodukts nur standardisierte, einfache Handlungen vorgenommen (z.B. bei vorgehaltenen warmen Speisen), die der Gesamtleistung nicht den Charakter einer Dienstleistung verleihen können. Behelfsmäßige Vorrichtungen (z.B. Verzehrtheken ohne Sitzgelegenheit), sind nur Elemente einer geringfügigen Nebenleistung und ändern nichts am Charakter einer Lieferung. Die Abgabe der Speisen unterliegt deshalb regelmäßig dem ermäßigten Steuersatz. Die Abgabe von Getränken unterliegt aber dem Regelsteuersatz, da es sich nicht um in der Anlage 2 zum UStG aufgeführte Gegenstände handelt.
- **Mahlzeitendienst** („Essen auf Rädern“): Bei einem Mahlzeitendienst kommt es darauf an, ob er neben der Lieferung der Speisen noch weitere Dienstleistungen ausführt. Der Transport der Speisen ist dabei nicht zu berücksichtigen. Überlässt der Unternehmer dem Kunden Geschirr, das im Wesentlichen nur Transportfunktion erfüllt, prägt das die Leistung ebenfalls nicht als sonstige Leistung. Regelmäßig ist nach Auffassung der Finanzverwaltung[20] eine Lieferung anzunehmen, wenn der Mahlzeitendienst verzehrfertige Speisen in Warmhaltevorrichtungen auf vom Mahlzeitendienst zur Verfügung gestelltem Geschirr, auf dem die Speisen nach dem Abheben der Warmhaltehaube als Einzelportionen verzehrfertig angerichtet sind, dem Kunden überlässt und hinterher das Geschirr zurückgenommen und gereinigt wird.
- **Schulkantinen**: Gibt ein Unternehmer in einer Schulkantine warme Speisen an die Schüler portioniert ab, räumt ab und reinigt anschließend die Räume und das Geschirr, liegt insgesamt eine dem Regelsteuersatz unterliegende sonstige Leistung vor[21]. Dies gilt auch dann, wenn die Speisen in Schulräumen eingenommen werden und das Geschirr und Besteck im Eigentum der Schule steht. Übernimmt aber z.B. ein Schulverein die Verteilung der Speisen sowie das Reinigen der Räume und des Geschirrs und beschränkt sich die Leistung des Unternehmers nur auf die Zubereitung der Speisen und den Transport der Speisen an den Verbrauchsort, liegt für den Unternehmer nur eine dem ermäßigten Steuersatz unterliegende Lieferung vor; die Leistungen des Schulvereins sind dem Unternehmer nicht zuzurechnen. Werden die Speisen als Tiefkühlgerichte bereitgestellt und stellt der leistende Unternehmer dem Leistungsempfänger Auftaugeräte (Regeneriertechnik) zur Verfügung, liegt eine begünstigte Lieferung vor, da die Überlassung der Auftautechnik kein relevantes Dienstleistungselement darstellt.

---

[17] BMF, Schreiben v. 5.8.2004, BStBl I 2004, 638.

[18] Mindestens 75 % Kuhmilchanteil.

[19] BFH, Urteil v. 18.2.2009, V R 90/07, BFH/NV 2009, 1551 sowie EuGH, Urteil v. 10.3.2011, C-499/09 – CinemaxX, BFH/NV 2011, 956.

[20] Abschn. 3.6 UStAE.

[21] BFH, Urteil v. 10.8.2006, V R 38/05, BStBl II 2007, 482.

Rücklieferung

Rücklieferung auf einen Blick

1. **Rechtsquellen**
   Abschn. 1.1 Abs. 4 UStAE
2. **Bedeutung**
   Während die Rückgängigmachung einer Lieferung zu einer Änderung der früheren Bemessungsgrundlage führt, begründet die Rücklieferung einen neuen Leistungsaustausch.
3. **Weitere Stichworte**
   → Änderung der Bemessungsgrundlage, → Lieferung/Definition, → Transporthilfsmittel

Eine **Rücklieferung eines Gegenstands** begründet einen neuen, eigenständigen Umsatz, während die Rückgängigmachung (z.B. bei Rückgabe, Umtausch oder Ausübung des Eigentumsvorbehalts) zu einer Änderung der Bemessungsgrundlage führt und damit die ursprünglich geschuldete Umsatzsteuer entfällt. Damit kommt der Abgrenzung zwischen Rücklieferung und Rückgängigmachung eine erhebliche Bedeutung zu; vgl. auch Stichwort Lieferung/Definition.

Eine **Rückgängigmachung einer Lieferung** ist anzunehmen, wenn der Leistungsempfänger das der Lieferung zugrunde liegende Umsatzgeschäft beseitigt oder sich auf dessen Unwirksamkeit beruft, die zuvor begründete Erwartung des Lieferers auf ein Entgelt dadurch entfällt und der Leistungsempfänger den empfangenen Gegenstand in Rückabwicklung des Umsatzgeschäfts zurückgibt. Dagegen ist eine Rücklieferung gegeben, wenn die Beteiligten ein neues Umsatzgeschäft eingehen wollen und der Leistungsempfänger dem ursprünglichen Lieferer die Verfügungsmacht an dem Gegenstand in Erwartung einer Gegenleistung überträgt.

Beispiel: Computerhändler C hat vom Hersteller H Computer erworben und auf sein Lager genommen. Aufgrund des allgemeinen Preisverfalls kann C die Computer nicht vollständig absetzen. Damit die Computer nicht verramscht werden, bietet der Hersteller dem C an, die Computer zum Einstandspreis zurückzunehmen.
Lösung: Es liegt eine Rücklieferung vor. C bewirkt gegenüber dem Hersteller eine steuerbare Lieferung.

Häufig wird in der Praxis versucht, durch eine vermeintliche Rückgängigmachung einer Lieferung zu einer Verringerung einer Umsatzsteuerbelastung zu kommen. Dies wird aber häufig eine Rücklieferung darstellen, die zu einem erneuten Entstehen einer Umsatzsteuer führt. So hat der BFH[1] entschieden, dass in dem Fall, bei dem ein (Umzugs-)Unternehmen seinen Kunden anbietet, von ihm verkaufte Umzugskartons in verwertbarem Zustand gegen ein bestimmtes Entgelt zurückzunehmen, und die Kunden davon Gebrauch machen, nicht die Bemessungsgrundlage für die ursprüngliche Lieferung zu berichtigen ist. Vielmehr liegt eine **selbstständige Rücklieferung** vor.

Achtung! Soweit ein Gegenstand von einem Nichtunternehmer im Rahmen einer Rücklieferung zurückgenommen wird und der Unternehmer den zurückgenommenen Gegenstand dann weiterveräußert, kann die Differenzbesteuerung zur Anwendung kommen.

Wichtig! Bei der Rückgabe von Transportmitteln ist zu unterscheiden, ob es sich um eine Warenumschließung oder um ein selbstständiges Transporthilfsmittel handelt; vgl. Stichwort Transporthilfsmittel.

1 BFH, Urteil v. 12.11.2008, XI R 46/07, BStBl II 2009, 558.

Sachzuwendungen an das Personal

Sachzuwendungen an das Personal auf einen Blick

1. **Rechtsquellen**
   § 3 und § 10 UStG
   Abschn. 1.8 UStAE
2. **Bedeutung**
   Zuwendungen des Arbeitgebers an sein Personal können zu einer steuerbaren und steuerpflichtigen Leistung des Arbeitgebers führen. Eine Zuwendung kann aber auch, wenn sie aus überwiegendem Interesse des Arbeitgebers erfolgt, zu einem nicht steuerbaren Umsatz führen. Bezieht der Unternehmer Leistungen, um sie unmittelbar im Rahmen unentgeltlicher Ausgangsleistungen gegenüber seinem Personal zu verwenden, liegt kein Bezug für das Unternehmen vor.
3. **Weitere Stichworte**
   → Arbeitnehmer-Sammelbeförderung, → Aufmerksamkeit, → Bemessungsgrundlage, → Betriebsveranstaltung, → Dienstwagen

1. Allgemeines

Wenn ein Arbeitgeber gegenüber seinem Personal eine Lieferung oder eine sonstige Leistung ausführt, kann dies grundsätzlich im Rahmen der folgenden Umsätze erfolgen:

- Die Leistung des Arbeitgebers erfolgt ohne Gegenleistung durch den Arbeitnehmer, aber im **überwiegenden betrieblichen Interesse des Arbeitgebers**. Diese Leistung ist nicht steuerbar.
- Die Leistung des Arbeitgebers erfolgt ohne Gegenleistung durch den Arbeitnehmer, aber nicht im überwiegenden betrieblichen Interesse des Arbeitgebers, sondern **für den privaten Bedarf des Arbeitnehmers**. Diese Leistungen des Arbeitgebers führen zu steuerbaren und steuerpflichtigen Ausgangsleistungen bei dem Arbeitgeber. Soweit der Arbeitgeber aber eine Leistung unmittelbar bezieht, um sie unentgeltlich gegenüber seinem Personal für dessen private Zwecke zu verwenden (z.B. bei Betriebsveranstaltungen) ist der Unternehmer schon beim Leistungsbezug nicht zum Vorsteuerabzug berechtigt und erbringt auch gegenüber seinem Personal keine steuerbare Ausgangsleistung[1].
- Die Leistung des Arbeitgebers erfolgt im **Leistungsaustausch** mit dem Arbeitnehmer. Die Gegenleistung des Arbeitnehmers kann entweder in einer Bezahlung oder in der Arbeitsleistung des Arbeitnehmers bestehen. Diese Leistungen des Arbeitgebers führen zu steuerbaren und steuerpflichtigen Ausgangsleistungen des Arbeitgebers.

2. Leistungen im überwiegenden Interesse des Arbeitgebers

Leistungen im überwiegenden Interesse des Arbeitgebers liegen dann vor, wenn diese Leistungen durch das betriebliche Interesse veranlasst sind. Diese Maßnahmen können auch die Befriedigung eines privaten Bedarfs des Arbeitnehmers zur Folge haben, diese Folge wird aber durch den mit den Maßnahmen angestrebten betrieblichen Zweck überlagert.

Solche **nicht steuerbaren Leistungen des Arbeitgebers** sind insbesondere[2]:

- Leistungen zur Verbesserung der Arbeitsbedingungen wie die Bereitstellung von Aufenthalts- und Erholungsräumen sowie von betriebseigenen Duschräumen, die grundsätzlich von allen Betriebsangehörigen genutzt werden können;

---

1 BFH, Urteil v. 9.12.2010, V R 17/10, BStBl II 2012, 53. Die Finanzverwaltung hatte mit Schreiben v. 2.1.2012 dazu grundsätzlich Stellung genommen, BStBl I 2012, 60; gewährte aber eine Übergangsfrist zur Anwendung bis zum 31.12.2012, BMF, Schreiben v. 24.4.2012, BStBl I 2012, 533.

2 Vgl. dazu auch Abschn. 1.8 Abs. 4 UStAE.

- Bereitstellung von Bade- und Sportanlagen, soweit darin kein geldwerter Vorteil zu sehen ist (z.B. bei Fußball- und Handballplätzen). Ein geldwerter Vorteil liegt jedoch bei Tennis- und Golfplätzen vor;
- betriebsärztliche Betreuung und Vorsorgeuntersuchungen, soweit sie im Interesse des Arbeitgebers liegen;
- betriebliche Fort- und Weiterbildungsmaßnahmen;
- Überlassung von Arbeitsmitteln zur beruflichen Nutzung, auch von typischer Arbeitskleidung und Arbeitsschutzkleidung, soweit eine private Nutzung so gut wie ausgeschlossen ist;
- unentgeltliche Zurverfügungstellen von Parkplätzen auf dem Betriebsgelände;
- übliche Zuwendungen im Rahmen von Betriebsveranstaltungen, vgl. dazu Stichwort Betriebsveranstaltungen;
- Zurverfügungstellen von Betriebskindergärten;
- Zurverfügungstellen von Übernachtungsmöglichkeiten in gemieteten Zimmern, wenn der Arbeitnehmer an weit von seinem Heimatort entfernten Tätigkeitsstellen eingesetzt wird;
- Schaffung und Förderung der Rahmenbedingungen für die Teilnahme an einem Verkaufswettbewerb[3];
- bestimmte Sammelbeförderungen, soweit im Interesse des Arbeitgebers, vgl. dazu Stichwort Arbeitnehmer-Sammelbeförderung;
- unentgeltliche Abgabe von Speisen anlässlich und während eines außergewöhnlichen Arbeitseinsatzes, z.B. während einer außergewöhnlichen betrieblichen Besprechung oder Sitzung[4].

Wichtig! Überlässt ein Unternehmer seinem Personal gegen Kostenbeteiligung selbst angemietete Parkplätze, erbringt der Unternehmer gegenüber seinem Personal steuerbare und steuerpflichtige Leistungen. Dies gilt selbst dann, wenn aufgrund der Parkplatznot in der Umgebung Außendienstmitarbeiter bei Aufsuchen des Unternehmens nur schwer Parkplätze finden können[5].

Tipp! Die Nachweispflicht für die überwiegenden betrieblichen Interessen des Arbeitgebers liegt beim Arbeitgeber. Aus diesem Grunde sollte schon im Vorfeld solcher Maßnahmen – eventuell durch schriftliche Vereinbarung mit dem Arbeitnehmer – das betriebliche Interesse dokumentiert werden.

Liegen solche **überwiegenden betrieblichen Interessen** vor, erbringt der Unternehmer keine steuerbaren Ausgangsleistungen. Soweit mit diesen nicht steuerbaren Zuwendungen **Vorsteuerbeträge** im Zusammenhang stehen, sind diese Vorsteuerbeträge nicht grundsätzlich vom Vorsteuerabzug ausgeschlossen. Es muss hier eine Zuordnung zu den damit verfolgten allgemeinen unternehmerischen Zielen erfolgen. Die Vorsteuerabzugsberechtigung richtet sich dann nach der umsatzsteuerlichen Beurteilung dieser Ziele.

Beispiel 1: Rechtsanwalt R führt eine Betriebsveranstaltung durch, die Aufwendungen übersteigen nicht den Rahmen des Üblichen[6].
Lösung: Die Umsatzsteuerbeträge, die R im Rahmen der Betriebsveranstaltung (Speisen und Getränke, Rahmenprogramm etc.) berechnet werden, können von ihm als Vorsteuer abgezogen werden, da seine Ausgangsumsätze als Rechtsanwalt den Vorsteuerabzug nicht ausschließen.

---

3 BFH, Urteil v. 16.3.1995, V R 128/92, BStBl II 1995, 651.

4 EuGH, Urteil v. 11.12.2008, C-371/07 – Dannfoss und AstraZeneca, BFH/NV 2009, 336.

5 BFH, Urteil v. 14.1.2016, V R 63/14, BFH/NV 2016, 705.

6 Derzeit liegt die Grenze bei 110 € pro teilnehmenden Arbeitnehmer, vgl. Stichwort Betriebsveranstaltung. Obwohl dies seit dem 1.1.2015 ertragsteuerrechtlich als Freibetrag ausgestaltet ist, wird dies umsatzsteuerrechtlich weiter als Freigrenze angesehen.

Beispiel 2: Orthopäde O schickt zwei Mitarbeiter seiner Arztpraxis auf ein Fortbildungsseminar.
Lösung: Die Umsatzsteuer, die dem O für das Seminar berechnet wird, würde zwar grundsätzlich als Vorsteuer nach § 15 Abs. 1 UStG abzugsfähig sein. Da O als Orthopäde aber nur steuerfreie, den Vorsteuerabzug ausschließende Ausgangsumsätze bewirkt, kann die Vorsteuer nach § 15 Abs. 2 UStG nicht abgezogen werden.

Achtung! Die im Ertragsteuerrecht vorhandene Befreiung der Überlassung von betrieblichen Personalcomputern und Telekommunikationseinrichtungen (§ 3 Nr. 45 EStG) kann auf das Umsatzsteuerrecht nicht in vollem Umfang übertragen werden, da die Einführung neuer Steuerbefreiungen im Umsatzsteuerrecht gegen Unionsrecht verstößt. Insoweit kann umsatzsteuerlich eine Überlassung dieser Einrichtungen nur dann nicht steuerbar sein, wenn sie im überwiegenden betrieblichen Interesse des Arbeitgebers erfolgt (z.B. Handy bei Rufbereitschaft).

3. Steuerbare Leistungen ohne besonderes Entgelt

Wird dem Arbeitnehmer von seinem Arbeitgeber eine Leistung erbracht, die **nicht im überwiegenden betrieblichen Interesse** des Arbeitgebers ausgeführt worden ist und für die der Arbeitnehmer auch keine Gegenleistung aufgewendet hat, können sich in Abhängigkeit der Art der erbrachten Leistung unterschiedliche Rechtsfolgen ergeben.

Wichtig! Nach der Rechtsprechung des BFH[7] kann sich aber eine Ausgangsleistung nach § 3 Abs. 1b UStG (unentgeltliche Wertabgabe eines Gegenstands) oder § 3 Abs. 9a UStG (unentgeltlich ausgeführte sonstige Leistung) dann nicht ergeben, wenn die Leistung ausschließlich dafür bezogen wurde, für eine dem Grunde nach unentgeltliche Wertabgabe nach § 3 Abs. 1b oder § 3 Abs. 9a UStG verwendet zu werden. Der Unternehmer ist dann gleich vom Vorsteuerabzug ausgeschlossen, da er die Leistung nicht für seine wirtschaftliche Tätigkeit bezogen hat.

Beispiel 3: Unternehmer U erwirbt von einem Juwelier eine goldene Armbanduhr um diese einem Mitarbeiter zum 25. Dienstjubiläum zu schenken.
Lösung: Nach der früheren Auffassung war U zum Vorsteuerabzug berechtigt, da er eine Leistung für sein Unternehmen bezogen hatte. Allerdings unterlag die Wertabgabe an das Personal nach § 3 Abs. 1b Satz 1 Nr. 2 UStG der Besteuerung. Diese Lösung war im Rahmen der Übergangsregelung der Finanzverwaltung maximal bis zum 31.12.2012 umsetzbar. Nach der geänderten Rechtsauffassung des BFH ist der U schon beim Leistungsbezug nicht zum Vorsteuerabzug berechtigt, da die Wertabgabe an das Personal nicht zu seiner wirtschaftlichen Tätigkeit gehört. Da U nicht zum Vorsteuerabzug berechtigt ist, ergibt sich für ihn auch keine zu besteuernde Ausgangsleistung.

Soweit der Unternehmer aber Leistungen an sein Personal unentgeltlich ausführt, ohne dabei direkt selbst erworbene Leistungen zu verwenden, ergeben sich in Abhängigkeit der ausgeführten Leistungen die folgenden Rechtsfolgen:

---

7 BFH, Urteil v. 9.12.2010, V R 17/10, BStBl II 2012, 53 sowie BFH, Urteil v. 13.1.2011, V R 12/08, BStBl II 2012, 61. Die Finanzverwaltung hatte mit Schreiben v. 2.1.2012 dazu grundsätzlich Stellung genommen, BStBl I 2012, 60; gewährte aber eine Übergangsfrist zur Anwendung bis zum 31.12.2012, BMF, Schreiben v. 24.4.2012, BStBl I 2012, 533. Vgl. auch Abschn. 15.15 UStAE.

Leistung	Unentgeltliche Zuwendung eines Gegenstands	Unentgeltliche Überlassung eines Gegenstands	Unentgeltliche Ausführung einer anderen sonstigen Leistung
Rechtsvorschrift	§ 3 Abs. 1b Satz 1 Nr. 2 UStG, soweit Gegenstand ganz oder teilweise zum Vorsteuerabzug geführt hat	§ 3 Abs. 9a Nr. 1 UStG	§ 3 Abs. 9a Nr. 2 UStG
Ort	§ 3f UStG, wo Unternehmer sein Unternehmen oder seine Betriebsstätte betreibt		
Steuerbarkeit	ja, wenn der Ort der Leistung im Inland liegt		
Ausnahme	keine Steuerbarkeit, soweit eine Aufmerksamkeit (Wert bis 60 €[8]) vorliegt		
Steuerpflicht	ja, soweit keine Steuerbefreiung nach § 4 UStG einschlägig ist		
Bemessungsgrundlage	§ 10 Abs. 4 Nr. 1 UStG, Anschaffungskosten eines vergleichbaren Gegenstands	§ 10 Abs. 4 Nr. 2 UStG, Ausgaben die bei der Ausführung des Umsatzes entstanden sind, soweit sie zum Vorsteuerabzug geführt hatten[9]	§ 10 Abs. 4 Nr. 3 UStG, Ausgaben die bei der Ausführung des Umsatzes entstanden sind
Steuersatz	Regelsteuersatz nach § 12 Abs. 1 UStG, soweit keine Ermäßigung nach § 12 Abs. 2 UStG in Betracht kommt		
Steuerentstehung	Steuer entsteht mit Ablauf des Voranmeldungszeitraums, in dem die Leistung ausgeführt worden ist		
Beispiel	Der Arbeitnehmer erhält aus dem Warenbestand einen Gegenstand unentgeltlich für seinen privaten Gebrauch	Geringfügige Überlassung von Firmenfahrzeugen an Arbeitnehmer für private Fahrten an weniger als fünf Tagen im Monat[10]	Im Unternehmen wird ein Gegenstand (z.B. Pkw) des Arbeitnehmers unentgeltlich repariert

Wichtig! Eine unentgeltliche Leistung liegt nur dann vor, wenn der Arbeitnehmer weder eine Zahlung für die Leistung aufwendet, noch die Arbeitsleistung des Arbeitnehmers als Gegenleistung anzusehen ist.

Achtung! Keine steuerbare Leistung ist dann gegeben, wenn es sich um eine Aufmerksamkeit des Arbeitgebers handelt.

In einigen Fällen wird die Ermittlung der Bemessungsgrundlage nach § 10 Abs. 4 UStG zu Schwierigkeiten führen. Die Finanzverwaltung lässt es deshalb zu, dass in bestimmten Fällen aus **Vereinfachungsgründen** die Bemessungsgrundlage abweichend von § 10 Abs. 4 UStG nach den **lohnsteuerlichen Werten** ermittelt werden kann. Solche Fälle sind insbesondere:

8 Bis 31.12.2014 betrug die Wertgrenze 40 €.

9 Anschaffungs- oder Herstellungskosten sind dabei – soweit sie mindestens 500 € betragen – über den maßgeblichen Vorsteuerberichtigungszeitraum nach § 15a UStG zu verteilen.

10 Abschn. 15.23 Abs. 12 UStAE.

- Bei freier Unterkunft und freier Verpflegung kann von den in der Sozialversicherungsentgeltverordnung angegebenen Werten ausgegangen werden, bei der Überlassung von einer Wohnung wird aber – soweit keine kurzfristige Beherbergung vorliegt – die Steuerfreiheit nach § 4 Nr. 12 Buchst. a UStG anzuwenden sein[11].
- Bei der unentgeltlichen Abgabe von Mahlzeiten durch eine unternehmenseigene Kantine kann aus Vereinfachungsgründen auch von den Werten der Sozialversicherungsentgeltverordnung ausgegangen werden[12].
- Bei unentgeltlicher kurzfristiger Überlassung von Fahrzeugen (vgl. Stichwort Dienstwagen) können auch die lohnsteuerlichen Werte angesetzt werden[13].

4. Steuerbare Leistungen gegen Entgelt

Erbringt der Arbeitgeber gegenüber seinem Arbeitnehmer eine **Lieferung gegen Entgelt** oder eine **sonstige Leistung gegen Entgelt**, greifen die allgemeinen Grundsätze des Umsatzsteuerrechts. In diesen Fällen wird nicht unterschieden, ob es sich um eine Leistung gegenüber einem fremden Dritten oder gegenüber einem Mitarbeiter des Unternehmens handelt.

Damit bestimmt sich die Steuerbarkeit, Steuerpflicht, Bemessungsgrundlage und der Steuersatz wie bei entgeltlichen Umsätzen gegenüber fremden Dritten.

Achtung! Bei einer entgeltlichen Leistung an einen Arbeitnehmer oder einer ihm nahestehenden Person ist grundsätzlich die Mindestbemessungsgrundlage zu prüfen (vgl. Stichwort Bemessungsgrundlage).

5. Abgabe von Speisen in Kantinen und Gaststätten

Bei der **Abgabe von Speisen und Getränken in Kantinen und Gaststätten** kann es zu verschiedenen Rechtsfolgen kommen[14]:

- Unentgeltliche Abgabe von Mahlzeiten in unternehmenseigenen Kantinen. Bemessungsgrundlage für diese unentgeltliche Wertabgabe wären eigentlich die Gesamtkosten, die bei der Ausführung dieser Umsätze entstanden sind. Aus Vereinfachungsgründen lässt die Finanzverwaltung allerdings den Ansatz der lohnsteuerlichen Sachbezugswerte zu.
- Entgeltliche Abgabe in einer unternehmenseigenen Kantine. Hier handelt es sich um einen entgeltlichen Umsatz, für den sich die Bemessungsgrundlage grundsätzlich aus dem errechnet, was der Leistungsempfänger (Arbeitnehmer) aufwendet, um die Leistung zu erhalten, mindestens ist hier aber das anzusetzen, was sich als Wert nach der Sozialversicherungsentgeltverordnung ergibt.
- Abgabe von Mahlzeiten in einer vom Arbeitgeber nicht selbst betriebenen Kantine oder Gaststätte. Die Abrechnung erfolgt zwischen dem Gastwirt und dem Arbeitgeber, der Arbeitgeber behält einen Anteil am Essenspreis von den Arbeitnehmern ein. Es liegt zum einen ein steuerbarer Umsatz zwischen dem Gastwirt und dem Arbeitgeber vor. Der Gastwirt muss alles das der Besteuerung unterwerfen, was der Arbeitgeber ihm für die Leistung bezahlt. Der Arbeitgeber kann die Vorsteuer aus dieser Leistung abziehen, soweit die weiteren Voraussetzungen des § 15 UStG erfüllt sind. Der Arbeitgeber erbringt gegenüber seinem Arbeitnehmer darüber hinaus ebenfalls eine sonstige Leistung, die mit den bei dem Unternehmer entstandenen Kosten der Besteuerung zu unterwerfen ist.

Beispiel 4: Arbeitnehmer des Arbeitgebers A können mittags in der Gastwirtschaft G Mahlzeiten einnehmen. Der Arbeitgeber hat mit dem Gastwirt vereinbart, pro Mahlzeit 4 € zu bezahlen. Von den Arbeitnehmern behält A für jede Mahlzeit 2 € ein.

[11] Abschn. 1.8 Abs. 9 UStAE.
[12] Abschn. 1.8 Abs. 10 ff. UStAE.
[13] Abschn. 15.23 UStAE.
[14] Vgl. Abschn. 1.8 Abs. 10 ff. UStAE.

Lösung: Es liegt eine Leistung des G gegenüber A vor, Bemessungsgrundlage für die steuerbare und steuerpflichtige sonstige Leistung des G sind pro Mahlzeit 3,36 € (bei 19 % USt), die Umsatzsteuer beträgt pro Mahlzeit 0,64 €. Die ihm in Rechnung gestellte Umsatzsteuer kann A als Vorsteuer abziehen. Darüber hinaus erbringt A gegenüber seinen Arbeitnehmern entgeltliche sonstige Leistungen, die ebenfalls steuerbar und steuerpflichtig sind. Grundsätzlich würde sich die Bemessungsgrundlage aus den 2 € pro Mahlzeit berechnen, da aber die Kosten höher sind, kommt die Mindestbemessungsgrundlage[15] zur Anwendung. Damit muss A pro Mahlzeit ebenfalls 3,36 € der Besteuerung unterwerfen.

- Abgabe von Mahlzeiten in einer vom Arbeitgeber nicht selbst betriebenen Kantine oder Gastwirtschaft. Der Arbeitnehmer bezahlt die Mahlzeit – gegebenenfalls vermindert um einen Arbeitgeberzuschuss – selbst. Es liegt nur eine sonstige Leistung zwischen Arbeitnehmer und dem Gastwirt vor. Der Gastwirt muss alles das der Besteuerung unterwerfen, was er von dem Arbeitnehmer und gegebenenfalls von dem Arbeitgeber erhält. Ein Leistungsaustausch zwischen Arbeitgeber und Arbeitnehmer liegt nicht vor.

Beispiel 5: Der Arbeitnehmer kauft eine Mahlzeit in einer Gaststätte für 4 €. Er bezahlt selbst 3 € und übergibt dem Gastwirt G eine Essenmarke seines Arbeitgebers A im Wert von 1 €. Der Gastwirt rechnet über die Essenmarken direkt mit dem Arbeitgeber ab.
Lösung: Der Gastwirt erbringt gegenüber dem Arbeitnehmer eine sonstige Leistung, die steuerbar und steuerpflichtig ist. Die Bemessungsgrundlage beträgt für die Mahlzeit 3,36 € (19 % USt), die Umsatzsteuer beträgt 0,64 €. Zwischen dem Gastwirt und dem Arbeitgeber sowie zwischen dem Arbeitgeber und dem Arbeitnehmer besteht kein Leistungsaustauschverhältnis. Der Arbeitgeber hat keinen Vorsteuerabzugsanspruch aus der Abrechnung des Gastwirts.

Achtung! Die lohnsteuerlichen Sachbezugswerte stellen Bruttowerte dar, aus denen die Umsatzsteuer herauszurechnen ist.

Wichtig! Entgegen der Auffassung der Finanzverwaltung[16] hat der BFH[17] entschieden, dass in dem Fall, dass ein Unternehmer einen „Zuschuss" zu den Bewirtschaftungskosten seiner von einem Dritten (Caterer) in dessen Namen und für dessen Rechnung betriebenen Betriebskantine leistet, der „Zuschuss" Entgelt für eine vom Unternehmer bezogene Eingangsleistung „Kantinenbewirtschaftung" sein kann. Der Unternehmer ist aus einer von ihm bezogenen Leistung „Kantinenbewirtschaftung" aber dann nicht zum Vorsteuerabzug berechtigt, wenn diese Leistung ausschließlich dazu dienen soll, als sog. unentgeltliche Wertabgabe seinen Arbeitnehmern die Möglichkeit zu verschaffen, in der Betriebskantine verbilligt Speisen und Getränke zu beziehen.

Die Sachbezugswerte werden durch die Sozialversicherungsentgeltverordnung festgesetzt. Die Sachbezugswerte sind wie folgt festgesetzt worden:

	2017[18]	**2018**[19]
Für ein Frühstück	1,70 €	1,73 €
Für ein Mittag- oder Abendessen	3,17 €	3,23 €

---

15 § 10 Abs. 5 Nr. 2 UStG i.V.m. § 10 Abs. 4 Nr. 3 UStG; vgl. auch Stichwort Bemessungsgrundlage.
16 Abschn. 1.8 Abs. 12 Nr. 3 Beispiel 3 UStAE.
17 BFH, Urteil v. 29.1.2014, XI R 4/12, BFH/NV 2014, 992.
18 BMF, Schreiben v. 8.12.2016, BStBl I 2016, 1437.
19 BMF, Schreiben v. 21.12.2017, BStBl I 2018, 63.

Schadensersatz

Schadensersatz auf einen Blick

1. **Rechtsquellen**
   Abschn. 1.3 UStAE
2. **Bedeutung**
   Bei einem Schadensersatz fehlt es an einem Leistungsaustausch, der Schadensersatz ist nicht steuerbar.
3. **Weitere Stichworte**
   → Unberechtigter Steuerausweis

Wird einem Unternehmer ein Schaden zugefügt und dieser Schaden von dem Schädiger ersetzt, liegt ein **nicht steuerbarer Schadensersatz** vor. Da zwischen dem Schädiger und dem Geschädigten kein Leistungsaustausch vorliegt, fehlt es an einem Kriterium des § 1 Abs. 1 UStG für die Steuerbarkeit eines Umsatzes.

Aus dem erhaltenen Schadensersatz braucht der Geschädigte keine Umsatzsteuer abzuführen. Er darf auch keine Umsatzsteuer in einer Rechnung oder einem anderen Dokument ausweisen, da er ansonsten die gesondert ausgewiesene Umsatzsteuer nach § 14c Abs. 2 UStG (vgl. Stichwort Unberechtigter Steuerausweis) schuldet. Der den Schadensersatz Leistende (Schädiger) hat in jedem Fall keinen Vorsteuerabzugsanspruch aus dem geleisteten Schadensersatz.

Typische Fälle des Schadensersatzes sind[1]:

- Ersatz eines zugefügten materiellen Schadens (z.B. Versicherungserstattung nach Verkehrsunfall),
- Mahngebühren, Kosten des gerichtlichen Mahn- oder Vollstreckungsverfahrens,
- Vertragsstrafen bei Überschreitung vereinbarter Fristen (z.B. im Baugewerbe),
- Ersatzleistung einer Warenkreditversicherung.

Achtung! Wird ein Beratungsvertrag zwischen zwei Vertragsparteien einvernehmlich aufgelöst und wegen der Auflösung eine „Vertragsstrafe" gezahlt, liegt nach Auffassung des BFH[2] kein nicht steuerbarer Schadensersatz vor, sondern Entgelt für einen Leistungsaustausch. Dies gilt aber nur insoweit, wie durch die Zahlung eine Aufgabe einer Rechtsposition abgegolten wird. Bei einem Dienstleistungsvertrag steht dem Auftraggeber kein einseitiges Kündigungsrecht zu, sodass es der Zustimmung des Vertragspartners bedarf, um den Vertrag aufzulösen. In dieser Zustimmung wird eine Leistung des Vertragspartners gesehen. Bei der (einseitigen) Auflösung eines Werkvertrags steht dem Auftragnehmer ein Schadensersatzanspruch[3] zu, sodass in diesem Fall ein Schadensersatz angenommen wird[4].

Abzugrenzen ist der Schadensersatz von den Fällen, in denen zwar ein Schaden ersetzt wird, aber auch eine Leistung erbracht wird. In diesen Fällen liegt ein Leistungsaustausch vor, für den der leistende Unternehmer Umsatzsteuer schuldet.

Beispiel 1: Ein Auftraggeber erteilt einem Tischler den Auftrag, fünfzig Holzfenster zu fertigen. Nach Auftragserteilung storniert der Auftraggeber den Auftrag gegen eine Zahlung von 10.000 €. Vereinbarungsgemäß werden die schon zugeschnittenen Rahmen dem Auftraggeber ausgehändigt.
Lösung: Es liegt kein Schadensersatz vor[5], da auch ein Leistungsaustausch gegeben ist. Aus der Zahlung von 10.000 € ist die Umsatzsteuer herauszurechnen. Soweit bei der Kündigung des Werk-

---

1 Vgl. auch Abschn. 1.3 UStAE.
2 BFH, Urteil v. 7.7.2005, V R 34/03, BStBl II 2007, 66; vgl. auch Abschn. 1.1 Abs. 8a UStAE.
3 § 649 BGB.
4 Abschn. 1.3 Abs. 5 UStAE.
5 Abschn. 1.3 Abs. 5 UStAE.

lieferungsvertrags keine angefangenen Arbeiten herausgegeben werden, liegt bei einer Entschädigungszahlung des Auftraggebers ein echter, nicht steuerbarer Schadensersatz vor.

Wenn der Geschädigte den ihm zugefügten Schaden im Auftrag des Schädigers selbst beseitigt, liegt ein Fall des sogenannten **unechten Schadensersatzes** vor[6], der ebenfalls zu einem Leistungsaustausch und damit zur Steuerbarkeit führt.

Beispiel 2: Auf einer betrieblichen Fahrt wird der Lkw eines Inhabers einer Kfz-Werkstatt beschädigt. Der schadensersatzpflichtige Schädiger beauftragt den Inhaber der Kfz-Werkstatt, den ihm zugefügten Schaden selbst zu beseitigen.
Lösung: Der Inhaber der Kfz-Werkstatt muss die Leistung mit Umsatzsteuer berechnen, da ein Leistungsaustausch vorliegt. Auch in den Fällen, in denen eine Versicherung den Schaden erstattet, liegt ein solcher unechter Schadensersatz vor (Hinweis: Soweit der Schädiger ein zum Vorsteuerabzug berechtigter Unternehmer ist, erstattet die Versicherung den Schaden ohne Umsatzsteuer, die Umsatzsteuer muss dann von dem Schädiger gezahlt werden – die er bei Vorlage einer ordnungsgemäßen Rechnung als Vorsteuer abziehen kann).

Tipp! Die Abgrenzung eines Schadensersatzes von einem entgeltlichen Leistungsaustausch ist ansonsten einzelfallbezogen zu prüfen. So sind Anzahlungen für eine Zimmerreservierung, die bei der vertragsmäßigen Stornierung der Reservierung einbehalten werden, echter Schadensersatz[7].

Will ein Unternehmer eine sonstige Leistung ausführen und erhält er dafür eine Anzahlung, muss im Moment des Zahlungszuflusses der geplante Umsatz der Besteuerung unterworfen werden (vgl. Stichwort Anzahlung). Wenn dann später die Leistung nicht ausgeführt wird, ändert sich nichts an der Natur der vom Kunden gezahlten Gegenleistung. So hat der EuGH[8] entschieden, dass bei dem Verkauf von für bestimmte Flüge gültigen **Flugtickets**, bei denen eine Erstattung bei Nichtantritt der Reise nicht erfolgte, die „verlorene" Anzahlung für die Fluggesellschaft keinen nicht steuerbaren Schadensersatz darstellt. Es bleibt bei der Besteuerung der geplanten Leistung. Dies kann entsprechend auch für die Besteuerung nicht in Anspruch genommener Gutscheine gelten, wenn es sich um Gutscheine handelt, bei denen eine Vorauszahlung für eine genau definierte Leistung erfolgte.

Umstritten war die Behandlung des sog. **Minderwertausgleichs bei Leasingverträgen**. Nachdem die Finanzverwaltung 2008[9] den vertraglichen Minderwertausgleich bei der Beendigung eines Leasingvertrags als Leistungsaustausch und nicht als nicht steuerbaren Schadensersatz angesehen hatte, entschied der BFH[10] in 2013 dagegen, dass in den Fällen, in denen sich der Leasingnehmer in einem Leasingvertrag verpflichtet, für am Leasingfahrzeug durch eine nicht vertragsgemäße Nutzung eingetretene Schäden nachträglich einen Minderwertausgleich zu zahlen, ein nicht steuerbarer Schadensersatz vorliegt.

Die Finanzverwaltung hat daraufhin Abschn. 1.3 Abs. 17 UStAE entsprechend angepasst und behandelt den Minderwertausgleich für Schäden wegen einer nicht vertragsgemäßen Nutzung als nicht steuerbaren Schadensersatz.

---

6 Abschn. 1.3 Abs. 11 UStAE.

7 EuGH, Urteil v. 18.7.2007, C-277/05 – Societé thermale, BFH/NV Beilage 2007, 424. Nach Auffassung der Finanzverwaltung (Abschn. 1.3 Abs. 9 Nr. 2 i.V.m. Abschn. 25.1 Abs. 14 UStAE) gilt dies aber nur, wenn dem Kunden ein vertragliches Rücktrittsrecht zustand. War kein vertragliches Rücktrittsrecht vereinbart, soll nach Auffassung der Finanzverwaltung ein Leistungsaustausch vorliegen (Bereithalten der Räume).

8 EuGH, Urteil v. 23.12.2015, C-250/14 – Air France – KLM, MwStR 2016, 197.

9 BMF, Schreiben v. 22.5.2008, BStBl I 2008, 632.

10 BFH, Urteil v. 20.3.2013, XI R 6/11, BFH/NV 2013, 1509.

Wichtig! Die Finanzverwaltung bleibt aber dabei: Vergütungen für Mehr- oder Minderkilometer wie auch Vergütungen zum Ausgleich einer Restwertdifferenz sind kein nicht steuerbarer Schadensersatz sondern nachträgliches Entgelt für eine steuerbare und steuerpflichtige Leistung; die Finanzverwaltung erfasst dies als Ausgleichszahlungen, die darauf gerichtet sind, Ansprüche aus dem Leasingverhältnis an die tatsächliche Nutzung des Leasinggegenstands durch den Leasingnehmer anzupassen. Dies gilt auch in den Fällen, in denen eine Entschädigung für eine verspätete Rückgabe des Leasingfahrzeugs zu leisten ist. Soweit es zu einer Rückzahlung an den Leasingnehmer kommt, stellt dies eine Minderung des Entgelts dar.

Selbstständige Tätigkeit

Selbstständige Tätigkeit auf einen Blick

1. **Rechtsquellen**
   § 2 Abs. 1 UStG
   Abschn. 2.2 UStAE
2. **Bedeutung**
   Die Unternehmereigenschaft ist nur dann gegeben, wenn der Handelnde selbstständig tätig ist. Liegt keine selbstständige Tätigkeit vor, kann Unternehmereigenschaft nicht vorliegen.
3. **Weitere Stichworte**
   → Organschaft, → Unternehmenseinheit, → Unternehmer

Unternehmer ist, wer eine berufliche oder gewerbliche Tätigkeit selbstständig ausübt. Eine **selbstständige Tätigkeit** liegt vor, wenn sie auf eigene Rechnung und auf eigene Verantwortung ausgeübt wird. Nach § 2 Abs. 2 UStG liegt keine selbstständige Tätigkeit vor, wenn:

- eine **natürliche Person** oder ein Personenzusammenschluss nach dem Gesamtbild der Verhältnisse in ein anderes Unternehmen weisungsgebunden eingegliedert ist, § 2 Abs. 2 Nr. 1 UStG oder
- eine **Organschaft** zwischen einem Unternehmen und einer juristischen Person vorliegt (vgl. dazu Stichwort Organschaft).

Dabei kommt es bei der Beurteilung der Selbstständigkeit immer auf das Gesamtbild der Verhältnisse an.

Tipp! Über die Frage der Selbstständigkeit ist für die Umsatzsteuer, die Einkommensteuer und die Gewerbesteuer nach denselben Grundsätzen zu entscheiden[1].

Grundsätzlich kann eine Person – auch in derselben Branche – sowohl selbstständig wie auch nicht selbstständig tätig sein[2].

Beispiel: Der in einer Tierklinik angestellte Tierarzt T betreibt darüber hinaus auch auf eigene Rechnung und Verantwortung eine Tierarztpraxis.
Lösung: Im Rahmen der Tierarztpraxis ist T selbstständig tätig und damit Unternehmer nach § 2 UStG. Als Angestellter ist T nichtselbstständig tätig.

Für die Frage, ob eine natürliche Person im Einzelfall selbstständig oder nicht selbstständig tätig wird, kommt es immer auf das **Gesamtbild der Verhältnisse** an. Die Beurteilung muss somit immer die Besonderheiten des Einzelfalls würdigen. Dabei müssen alle Umstände, die für und gegen eine selbstständige Tätigkeit sprechen, gegeneinander abgewogen werden. Für eine **Arbeitnehmereigenschaft** können danach insbesondere folgende Merkmale sprechen:

- Weisungsgebundenheit hinsichtlich Ort, Zeit und Inhalt der Tätigkeit, Eingliederung in den Betrieb,
- persönliche Abhängigkeit,
- Ausübung der Tätigkeit gleichbleibend an einem bestimmten Ort,
- feste Arbeitszeiten und feste Bezüge, Überstundenvergütungen,
- Urlaubsanspruch und Anspruch auf sonstige Sozialleistungen,
- Fortzahlung der Bezüge im Krankheitsfall,
- Unselbstständigkeit in Organisation und Durchführung der Tätigkeit,
- kein Unternehmerrisiko und keine Unternehmerinitiative,
- Notwendigkeit der engen ständigen Zusammenarbeit mit anderen Mitarbeitern.

---

[1] BFH, Urteil v. 2.12.1998, X R 83/96, BStBl II 1999, 534 sowie Urteil v. 11.10.2007, V R 77/05, BStBl II 2008, 443.

[2] Abschn. 2.2 Abs. 4 UStAE.

Wichtig! Grundsätzlich können auch Personenzusammenschlüsse weisungsgebunden eingegliedert sein. Nach der Rechtsprechung des BFH[3] kann sich eine solche Eingliederung jedoch nur dann ergeben, wenn sich Arbeitnehmer zu einer Personengesellschaft zusammenschließen. Personengesellschaften des Handelsrechts (offene Handelsgesellschaft oder Kommanditgesellschaft) sind hingegen immer selbstständig tätig. Unter bestimmten Voraussetzungen kann aber auch eine Personengesellschaft als sog. Organgesellschaft in das Unternehmen eines übergeordneten Unternehmens weisungsgebunden eingegliedert sein, wenn sich alle Anteile an der Personengesellschaft in der Hand des Organkreises befinden; vgl. dazu Stichwort Organschaft.

---

3 BFH, Urteil v. 8.2.1979, V R 101/78, BStBl II 1979, 362.

Sicherungsübereignung

Sicherungsübereignung auf einen Blick

1. **Rechtsquellen**
   § 3 Abs. 1 und § 13b UStG
   Abschn. 1.2 UStAE
2. **Bedeutung**
   Bei der Sicherungsübereignung liegt eine Lieferung zwischen dem Sicherungsgeber und dem Sicherungsnehmer erst dann vor, wenn der Sicherungsnehmer von seinem Verwertungsrecht Gebrauch macht. Der Sicherungsnehmer hat die Vorschriften über die Steuerschuldnerschaft zu beachten.
3. **Weitere Stichworte**
   → Differenzbesteuerung, → Lieferung/Definition, → Steuerschuldnerverfahren

Die **Sicherungsübereignung** ist ein Vertrag, durch den der Schuldner dem Gläubiger zur Sicherung einer Schuld das Eigentum an einer beweglichen Sache oder einer Sachgesamtheit überträgt. Dabei wird das Eigentum an den zur Sicherheit übereigneten Sachen nach Tilgung der Schuld wieder dem Schuldner übertragen oder fällt von selbst wieder an ihn zurück. Die **Nutzungsbefugnis** verbleibt bis zur Ausübung des Verwertungsrechts beim Schuldner (Sicherungsgeber).

Umsatzsteuerlich führt die Vereinbarung der Sicherungsübereignung noch nicht zu einer Lieferung zwischen dem Sicherungsgeber und dem Sicherungsnehmer, da die wirtschaftliche Verschaffung der Verfügungsmacht noch nicht gegeben ist und somit **keine Lieferung** vorliegt.

Erst wenn der Sicherungsnehmer von seinem Verwertungsrecht Gebrauch macht, liegt im Rahmen eines sog. **Doppelumsatzes** eine Lieferung zwischen dem Sicherungsgeber und dem Sicherungsnehmer sowie zwischen Sicherungsnehmer und einem Erwerber (in der Regel im Rahmen einer öffentlichen Verwertung des Sicherungsguts) vor[1]. Beide Lieferungen erfolgen erst zu dem Zeitpunkt, zu dem der Sicherungsnehmer das Sicherungsgut veräußert.

Achtung! Nach § 13b Abs. 2 Nr. 2 i.V.m. Abs. 5 Satz 1 UStG wird der Sicherungsnehmer Steuerschuldner (vgl. Stichwort Steuerschuldnerverfahren) für die Umsatzsteuer aus der Lieferung des Sicherungsgebers, soweit die Verwertung außerhalb des Insolvenzverfahrens erfolgt und der Sicherungsnehmer Unternehmer ist.

Soweit alle an dem Geschäft Beteiligten Unternehmereigenschaft haben, ergeben sich die folgenden **Zahlungsströme**:

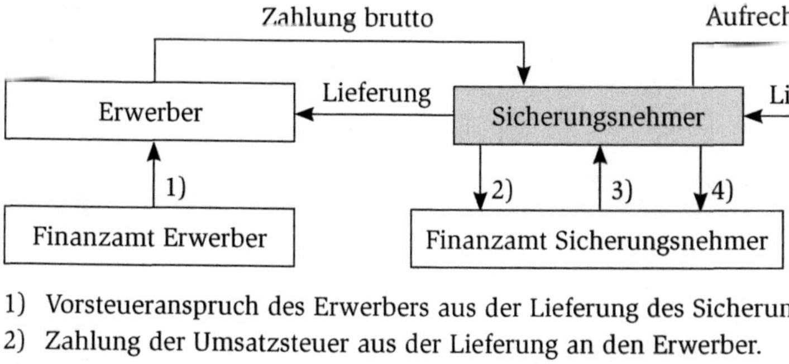

1) Vorsteueranspruch des Erwerbers aus der Lieferung des Sicherungsnehmers.
2) Zahlung der Umsatzsteuer aus der Lieferung an den Erwerber.
3) Vorsteueranspruch aus der Lieferung des Sicherungsgebers nach § 15 Abs. 1 Satz 1 Nr. 4 UStG.
4) Steuerschuldnerschaft nach § 13b Abs. 2 Nr. 2 UStG aus der erhaltenen Lieferung des Sicherungsgebers.

[1] Abschn. 1.2 Abs. 1 UStAE.

Beispiel: Das in Frankfurt ansässige Kreditinstitut K hat Einzelhändler E den Kauf eines betrieblichen Fahrzeugs finanziert und sich das Fahrzeug zur Sicherheit übereignen lassen. Da E mit der Zahlung der vereinbarten Kreditraten in Verzug kommt, verwertet K das Fahrzeug im Rahmen einer öffentlichen Versteigerung.
Lösung: Es kommt dabei zu einer steuerbaren und steuerpflichtigen Lieferung von E an K sowie zu einer Lieferung von K an den Erwerber. Für die Lieferung des Sicherungsgebers (E) an den Sicherungsnehmer (K) wird K zum Steuerschuldner nach § 13b Abs. 2 Nr. 2 i.V.m. Abs. 5 Satz 1 UStG.

Achtung! Wenn der Sicherungsgeber kein Unternehmer oder ein Kleinunternehmer ist, kann sich für den Sicherungsnehmer die Differenzbesteuerung für den Weiterverkauf ergeben.

Wichtig! Falls ein Sicherungsgeber einen zur Sicherheit übereigneten Gegenstand in eigenem Namen aber für fremde Rechnung (vgl. dazu Stichwort Kommissionsgeschäft) verkauft, kann sich dies im Rahmen eines sog. Dreifachumsatzes vollziehen[2].

Die **Bemessungsgrundlage** für die Lieferung des Sicherungsgebers an den Sicherungsnehmer und die Bemessungsgrundlage für die Lieferung des Sicherungsnehmers an den Erwerber des Gegenstands ergibt sich im Regelfall aus dem Verkaufserlös des Sicherungsnehmers. Regelmäßig wird der Sicherungsnehmer aber den Kaufpreis mit den vorhandenen Schulden des Sicherungsgebers verrechnen, dies hat aber keinen Einfluss auf die Bestimmung der Bemessungsgrundlage.

Beispiel (Fortsetzung): Das Kreditinstitut kann bei der Verwertung des Fahrzeugs einen Verkaufserlös von 10.000 € zuzüglich 19 % Umsatzsteuer erzielen. Der Sicherungsgeber hat gegenüber dem Kreditinstitut noch eine Darlehensverbindlichkeit i.H.v. 8.000 €.
Lösung: Für die steuerbare und steuerpflichtige Lieferung des K an den Erwerber des Fahrzeugs bestimmt sich die Bemessungsgrundlage mit 10.000 €, die Umsatzsteuer entsteht i.H.v. 1.900 €, Steuerschuldner ist K, § 13a Abs. 1 Nr. 1 UStG. Für die ebenfalls steuerbare und steuerpflichtige Lieferung des Fahrzeugs zwischen dem Sicherungsgeber und dem Sicherungsnehmer beträgt die Bemessungsgrundlage 10.000 € zuzüglich 1.900 € Umsatzsteuer. Diese Umsatzsteuer schuldet K gegenüber seinem Finanzamt, § 13b Abs. 2 Nr. 2 i.V.m. Abs. 5 Satz 1 UStG. Das Kreditinstitut kann damit aus dem Verkaufserlös noch 2.000 € an den Sicherungsgeber auszahlen. Das Kreditinstitut schuldet zweimal 1.900 € an Umsatzsteuer und kann sich einmal 1.900 € als Vorsteuer abziehen.

[2] Vgl. dazu Abschn. 1.2 Abs. 1 UStAE sowie BFH, Urteil v. 6.10.2005, V R 20/04, BStBl II 2006, 931.

Sollbesteuerung

Sollbesteuerung auf einen Blick

1. **Rechtsquellen**
   § 16 und § 13 Abs. 1 Nr. 1 Buchst. a UStG
   Abschn. 13.1 bis Abschn. 13.5 UStAE
2. **Bedeutung**
   Die Sollbesteuerung (Besteuerung nach vereinbarten Entgelten) stellt den Grundfall der Besteuerung im Umsatzsteuerrecht dar. Dabei entsteht die Umsatzsteuer grundsätzlich dann, wenn der Unternehmer die Leistung oder eine Teilleistung erbracht hat. Soweit der Unternehmer schon eine Anzahlung vor Ausführung der Leistung vereinnahmt, entsteht die Umsatzsteuer schon für die erhaltene Anzahlung.
3. **Weitere Stichworte**
   → Änderung der Bemessungsgrundlage, → Anzahlungen, → Istbesteuerung, → Steuersatzwechsel, → Umsatzsteuer-Voranmeldung, → Vorsteuerabzug

1. Allgemeines

Die **Sollbesteuerung** (Besteuerung nach vereinbarten Entgelten) ist der Normalfall der Besteuerung in der Umsatzsteuer. Jeder Unternehmer, bei dem aufgrund eines von ihm ausgeführten Umsatzes eine Umsatzsteuer entsteht, muss die Umsatzsteuer nach der Sollbesteuerung ermitteln. Als Ausnahme gilt hier lediglich nach § 20 UStG die antragsgebundene Istbesteuerung, vgl. dazu Stichwort Istbesteuerung. Wenn die Voraussetzungen für die Istbesteuerung nicht vorliegen oder der Unternehmer keinen Antrag nach § 20 UStG gestellt hat, muss er die Umsatzsteuer für seine Umsätze nach den allgemeinen Regelungen des § 16 Abs. 1 UStG ermitteln.

2. Rechtsfolgen der Sollbesteuerung

Bei der Sollbesteuerung muss der Unternehmer die Umsatzsteuer nach **vereinbarten Entgelten** berechnen. Dies bedeutet, dass die Umsatzsteuer grundsätzlich dann entsteht, wenn die Leistung oder eine Teilleistung von dem Unternehmer ausgeführt worden ist.

Wichtig! Für die Entstehung sowie auf den Zeitpunkt der Steuerentstehung kommt es nicht auf die Ausstellung einer Rechnung an.

2.1 Umsatzsteuerentstehung bei Leistungserbringung

Nach § 13 Abs. 1 Nr. 1 Buchst. a Satz 1 UStG entsteht die Umsatzsteuer mit Ablauf des Voranmeldungszeitraums (vgl. Stichwort Umsatzsteuer-Voranmeldung), in dem die **Leistung ausgeführt** worden ist.

Achtung! Es kommt bei der Sollbesteuerung ausschließlich darauf an, wann die Leistung tatsächlich erbracht ist.

Für die **Ausführung von Leistungen** gilt Folgendes:

- **Lieferungen** sind grundsätzlich dann ausgeführt, wenn der Leistungsempfänger die Verfügungsmacht an dem Gegenstand erlangt. Die Verfügungsmacht an einem Gegenstand hat der Leistungsempfänger dann erhalten, wenn er wirtschaftlich über den Gegenstand verfügen kann; dies ist in aller Regel dann der Fall, wenn Wert, Substanz und Ertrag an dem Gegenstand auf den Erwerber übergehen (wirtschaftliches Eigentum).
- Bei einem **Kauf auf Probe** im Versandhandel ist die Leistung noch nicht mit Zusendung der Ware, sondern erst nach Ablauf der vom Verkäufer eingeräumten Billigungsfrist oder durch Zahlung des Kaufpreises ausgeführt.

- Bei einem **Kauf mit Rückgaberecht** oder einem Verkauf unter Eigentumsvorbehalt ist die Leistung schon mit der Aushändigung der Ware ausgeführt.
- Bei **Bauleistungen** (vgl. Stichwort Werklieferungen) ist die Leistung in der Regel mit der Übergabe und der Abnahme der Bauleistung ausgeführt.
- Lieferungen von Strom, Wasser o.Ä. sind am Ende des Abrechnungszeitraums erbracht.
- **Sonstige Leistungen** sind grundsätzlich mit ihrer Vollendung ausgeführt.

2.2 Umsatzsteuerentstehung bei Teilleistung

Eine Umsatzsteuer entsteht nach § 13 Abs. 1 Nr. 1 Buchst. a Satz 2 UStG auch schon dann mit Ablauf des jeweiligen Voranmeldungszeitraums, wenn der Unternehmer eine Teilleistung ausgeführt hat. Damit eine Teilleistung vorliegt, muss es sich um wirtschaftlich sinnvoll teilbare Leistungen handeln und die Leistung muss auch als Teilleistung geschuldet werden. Zu den Einzelheiten vgl. Stichwort Teilleistung.

2.3 Umsatzsteuerentstehung bei Anzahlungen

Wenn der Unternehmer noch keine Leistung oder Teilleistung ausgeführt hat, aber trotzdem schon eine Zahlung (**Anzahlung oder Vorauszahlung**) erhält, entsteht insoweit schon eine Umsatzsteuer nach § 13 Abs. 1 Nr. 1 Buchst. a Satz 4 UStG. Der Unternehmer muss für den Voranmeldungszeitraum, in dem er die Gegenleistung (Zahlung oder ihm gegenüber ausgeführte Leistung) erhält, die Umsatzsteuer nach den zum Zeitpunkt der Vereinnahmung geltenden Rechtsvorschriften ermitteln und an sein Finanzamt abführen. Zu den Einzelheiten vgl. Stichwort Anzahlungen.

Achtung! Rechtsänderungen, die nach Vereinnahmung der Anzahlung eintreten, entfalten auch eine Wirkung für die Anzahlung, gegebenenfalls muss die Anzahlung bei Steuersatzänderung nachversteuert oder bei Änderungen der Rechtsvorschriften zur Prüfung der Steuerbarkeit oder der Steuerpflicht angepasst werden, § 27 Abs. 1 UStG.

2.4 Uneinbringlichkeit der Forderung

Hat der Unternehmer nach Ausführung seiner Leistung die Umsatzsteuer angemeldet und an sein Finanzamt abgeführt, liegt eine Änderung der Bemessungsgrundlage nach § 17 Abs. 2 Nr. 1 UStG vor, wenn der Unternehmer die Forderung nicht einziehen kann (z.B. bei Insolvenz des Vertragspartners). Nach der Rechtsprechung des BFH[1] liegt bei einem der Sollbesteuerung unterliegenden Unternehmer, der seinen Entgeltanspruch aufgrund eines vertraglichen Einbehalts zur Absicherung von Gewährleistungsansprüchen über einen Zeitraum von zwei bis fünf Jahren nicht verwirklichen kann, bereits für den Voranmeldungszeitraum der Leistungserbringung eine Uneinbringlichkeit nach § 17 Abs. 2 Nr. 1 UStG vor, sodass zwar die Umsatzsteuer für die gesamte Leistung im Moment der Ausführung der Leistung entsteht, der Unternehmer aber gleichzeitig seine Umsatzsteuer wieder korrigieren kann; vgl. auch Stichwort Änderung der Bemessungsgrundlage.

Achtung! Ob sich diese Grundsätze auch auf andere Fälle übertragen lassen, bei denen eine Zahlung erst weit nach der Fälligkeit der Umsatzsteuer realisiert werden kann, ist derzeit Gegenstand eines Vorabentscheidungsverfahrens beim EuGH[2]. In dem Fall geht es um die verdiente Provision eines Vermittlers, der aufgrund individueller Vereinbarungen seine Provision erst in mehreren Jahresraten ausgezahlt bekommt. In dem Verfahren vor dem Niedersächsischen FG[3] ist das Gericht zu dem Ergebnis gekommen, dass die Umsatzsteuer insoweit uneinbringlich ist, wie die Zahlungen erst in der Zukunft realisiert werden können. Im Revisionsverfahren hat der BFH[4] diese Frage dem EuGH vorgelegt.

---

1 BFH, Urteil v. 24.10.2013, V R 31/12, BStBl II 2015, 674 sowie BMF, Schreiben v. 3.8.2015, BStBl I 2015, 624.

2 Beim EuGH anhängig unter C-548/17 – baumgarten sports & more.

3 Niedersächsisches FG, Urteil v. 18.8.2016, 5 K 288/15, EFG 2016, 1925.

4 BFH, Beschluss v. 21.6.2017, V R 51/16, BFH/NV 2017, 1576.

3. Wechsel der Besteuerungsform

Bei einem **Wechsel zwischen der Ist- und der Sollbesteuerung** ist darauf zu achten, dass keine Umsätze doppelt oder gar nicht besteuert werden. Bei dem Wechsel von der Sollbesteuerung zur Istbesteuerung sind die Umsätze, die im Rahmen der Sollbesteuerung bei Leistungserbringung schon der Besteuerung unterworfen worden sind, bei Zahlungseingang nicht noch einmal zu besteuern. Beim Wechsel von der Istbesteuerung zur Sollbesteuerung verbleibt es bei der Besteuerung erst im Zahlungszufluss, vgl. auch Stichwort Istbesteuerung.

Sonstige Leistung/Definition

Sonstige Leistung/Definition auf einen Blick

1. **Rechtsquellen**
   § 3 UStG
   Abschn. 3.5, Abschn. 3.6 und Abschn. 3.15 UStAE.
2. **Bedeutung**
   Der Begriff der sonstigen Leistung beschreibt neben dem Begriff der Lieferung den Haupttatbestand der Leistung im Umsatzsteuerrecht. In Abhängigkeit, ob es sich um eine Lieferung oder eine sonstige Leistung handelt, bestimmen sich die umsatzsteuerrechtlichen Rechtsfolgen.
3. **Weitere Stichworte**
   → Beförderungsleistungen, → Leistungskommission, → Lohnveredelung, → Restaurationsumsätze, → Sonstige Leistung/Ort, → Steuerschuldnerverfahren, → Unentgeltliche sonstige Leistungen, → Werkleistung
4. **Besonderheiten**
   Die bisher in § 3 Abs. 9 Satz 3 UStG aufgenommene Leistungsfiktion für Urheberrechte, die über Verwertungsgesellschaften erhoben werden, soll mit Wirkung zum 1.1.2019 aufgehoben werden, da ein Verstoß gegen Unionsrecht vorliegt[1].

1. Bedeutung der sonstigen Leistung

Der **Begriff der sonstigen Leistung** ist neben dem Begriff der Lieferung ein Kernbegriff des Umsatzsteuerrechts. Diese beiden Begriffe beschreiben alle Möglichkeiten, die im Rahmen eines Leistungsaustauschprozesses gegeben sind. Damit eine Leistung im Inland steuerbar sein kann, muss überprüft werden, um welche Art Leistung es sich handelt und wo sich der Ort dieser Leistung befindet.

2. Definition der sonstigen Leistung

Während der Begriff der Lieferung eigenständig als Verschaffung der Verfügungsmacht nach § 3 Abs. 1 UStG beschrieben ist, ist der Begriff der sonstigen Leistung als **Ausschlussdefinition zum Begriff der Lieferung** im § 3 Abs. 9 UStG definiert: Alle Leistungen, die keine Lieferung darstellen, sind nach dieser Definition als sonstige Leistung anzusehen. Dabei ist der Begriff der Leistung nicht nur als **positives Tun** auszulegen, sondern es besteht eine Leistung auch in dem **Dulden** oder dem **Unterlassen einer Handlung**.

Sonstige Leistungen liegen insbesondere in den folgenden Fällen vor[2]:

- Dienstleistungen,
- Gebrauchs- und Nutzungsüberlassungen (Vermietung, Verpachtung, Darlehensgewährung, Einräumung von Nießbrauchsrechten, Einräumung, Übertragung und Wahrnehmung von Patenten, Urheberrechten, Markenzeichenrechten und ähnlichen Rechten),
- Überlassung von Firmenwert, Kundenstamm,
- Reiseleistungen nach § 25 Abs. 1 UStG.

Beispiel 1: Vermieter V überlässt dem Mieter einen Gegenstand zur Nutzung.
Lösung: V duldet die Benutzung des Gegenstands durch den Mieter.

[1] Gemäß Entwurf für das Jahressteuergesetz 2018.
[2] Abschn. 3.1 Abs. 4 UStAE.

Beispiel 2: Handelsvertreter H schließt mit einem Kollegen einen Vertrag, in einem bestimmten Gebiet, in dem H Umsätze tätigen könnte, keine Tätigkeit zu entfalten.
Lösung: H unterlässt es, eine Leistung zu erbringen, da dies gegen Entgelt und auf Dauer geschieht, erbringt H eine sonstige Leistung.

Bisher waren auch die Vergütungen, die **Verwertungsgesellschaften** und Urheber nach § 27 des Urheberrechtsgesetzes (Vergütung für den Urheber bei Vermieten oder Verleihen von Kopien seines Werks durch eine der Öffentlichkeit zugängliche Einrichtung, z.B. Bücherei) oder nach § 54 des Urheberrechtsgesetzes (Vergütungsanspruch des Urhebers gegen Hersteller von Geräten, Bild- oder Tonträgern, die erkennbar zur Vornahme von Vervielfältigungen produziert sind, z.B. Abgabe bei Fotokopiergeräten oder Leerkassetten) erhalten, nach § 3 Abs. 9 Satz 3 UStG als sonstige Leistungen definiert worden. Dabei wurde eine Leistungskette Urheber – Verwertungsgesellschaft – Nutzer des Urheberrechts fingiert. Nachdem der EuGH[3] festgestellt hatte, dass die Urheber in diesen Fällen aber keine sonstige Leistung im Sinne des Unionsrechts ausführen, soll die Regelung zum 1.1.2019[4] ersatzlos gestrichen werden. Die Urheber führen dann mit den über die Verwertungsgesellschaften (z.B. GEMA, VG-Wort) erhaltenen Vergütungen keine steuerbaren Leistungen aus.

2.1 Abgabe von Speisen und Getränken zum Verzehr an Ort und Stelle

Die **Abgabe von Speisen und Getränken** kann sich als Lieferung oder im Rahmen einer sonstigen Leistung vollziehen. Früher ergab sich in Deutschland eine besondere Regelung in § 3 Abs. 9 Satz 4 und Satz 5 UStG[5]. Nach Aufhebung der Regelungen erfolgt die Abgrenzung, ob eine Lieferung oder eine sonstige Leistung bei der Abgabe von Speisen und Getränken vorliegt, nach den allgemeinen Grundsätzen. Damit ist eine Lieferung gegeben, wenn die Lieferelemente qualitativ überwiegen, eine sonstige Leistung liegt vor, wenn die **Dienstleistungselemente qualitativ überwiegen**, dabei ist die Rechtsprechung des EuGH und des BFH sowie Art. 6 MwStVO zu berücksichtigen. Vgl. dazu und zu den Rechtsfolgen Stichwort Restaurationsumsätze.

2.2 Unentgeltliche sonstige Leistungen

Zu den **sonstigen Leistungen gegen Entgelt** gehören auch die unentgeltlichen sonstigen Leistungen, bei denen der Unternehmer unentgeltlich aus unternehmensfremden Gründen oder gegenüber seinem Personal sonstige Leistungen erbringt. Zu den Einzelheiten vgl. Stichwort Unentgeltliche sonstige Leistungen.

2.3 Werkleistungen

Soweit ein Unternehmer eine einheitliche Leistung erbringt, die sich sowohl aus der Verschaffung der Verfügungsmacht (Lieferung nach § 3 Abs. 1 UStG) wie auch aus einer Dienstleistung (sonstige Leistung nach § 3 Abs. 9 UStG) zusammensetzt, muss diese Leistung entweder als Werklieferung oder als Werkleistung eingestuft werden. Eine **Werkleistung** liegt dann vor, wenn der Unternehmer bei der Ausführung der Leistung **nur Nebensachen oder Zutaten** verwendet, ansonsten aber keinen von ihm selbst beschafften Hauptstoff stellt. Eine Werkleistung liegt aber auch dann vor, wenn der leistende Unternehmer gar kein von ihm selbst beschafftes Material verwendet, aber einen Gegenstand be- oder verarbeitet[6]. Eventuell verwendete Materialien dürfen aus der Sicht eines Durchschnittsverbrauchers nicht das Wesen des Umsatzes bestimmen[7]. Zu den Einzelheiten vgl. Stichworte Werklieferung und Werkleistung.

Ein besonderer Fall der Werkleistung wird in § 3 Abs. 10 UStG geregelt (sog. „**Umtauschmüllerei**"). Danach liegt eine Werkleistung auch in den Fällen vor, in denen einem Unternehmer zur Be- oder Ver-

---

3 EuGH, Urteil v. 18.1.2017, C-37/16 – SAWP, BFH/NV 2017, 558.
4 Gemäß Entwurf für das Jahressteuergesetz 2018.
5 Diese Regelungen sind zum 20.12.2007 aufgehoben worden.
6 Abschn. 3.8 Abs. 1 UStAE.
7 BFH, Urteil v. 9.6.2005, V R 50/02, BStBl II 2006, 98.

arbeitung ein Gegenstand überlassen wird, der Unternehmer dem Abnehmer aber anstelle des be- oder verarbeiteten Gegenstands einen Gegenstand gleicher Art und Güte zurückgibt.

Beispiel 3: Müller M erhält von einem Bauern Getreide zum Mahlen. Anstelle des gemahlenen Getreides des Bauern erhält der Bauer eine entsprechende Menge gemahlenen Getreides zurück.
Lösung: Obwohl hier das gemahlene Getreide nicht stoffidentisch mit dem überlassenen Getreide ist, liegt nach § 3 Abs. 10 UStG eine Werkleistung vor.

2.4 Leistungskommission

Wird ein Unternehmer dergestalt in die Erbringung einer sonstigen Leistung eingebunden, dass er in eigenem Namen aber für Rechnung eines Anderen gegenüber einem Dritten eine sonstige Leistung ausführt, wird eine Leistungskette fingiert, die sog. **Leistungskommission** nach § 3 Abs. 11 UStG; zum 1.1.2015 ist in § 3 Abs. 11a UStG eine Fiktion der Leistungskommission bei über Telekommunikationsnetze oder Portale ausgeführte sonstige Leistungen eingeführt worden. Die sonstige Leistung gilt von dem eingeschalteten Unternehmer ausgeführt und gleichzeitig als an ihn ausgeführt. Zu den Einzelheiten vgl. Stichwort Leistungskommission.

Sonstige Leistung/Ort

Sonstige Leistung/Ort auf einen Blick

1. **Rechtsquellen**
   § 3a und § 3b, § 3e und § 3f UStG
   Abschn. 3a.1 bis Abschn. 3b.4, Abschn. 3e.1 sowie Abschn. 3f.1 UStAE.
2. **Bedeutung**
   Nur eine im Inland ausgeführte sonstige Leistung kann zu einem steuerbaren Umsatz führen. Deshalb muss bei jeder sonstigen Leistung festgestellt werden, nach welcher Vorschrift sich der Ort der sonstigen Leistung bestimmt und welches die Rechtsfolgen aus der Anwendung dieser Vorschrift sind. Aber nicht nur der leistende Unternehmer muss den Ort der sonstigen Leistung bestimmen, auch ein Leistungsempfänger muss prüfen, wo sich der Ort einer ihm gegenüber ausgeführten sonstigen Leistung befindet, da er der Steuerschuldner für eine ihm gegenüber ausgeführten sonstigen Leistung sein kann.
   In Abhängigkeit der Rechtsnorm, nach der sich der Ort der sonstigen Leistung bestimmt, ergeben sich für die betroffenen Unternehmer auch unterschiedliche Meldepflichten, die zur Vermeidung von Prüfungen beachtet werden sollten.
3. **Weitere Stichworte**
   → Beförderungsleistungen, → Betriebsstätte, → Electronic Commerce und Telekommunikation, → Inland, → Messen und Ausstellungen, → Mini-One-Stop-Shop-Regelung, → Sonstige Leistung/Definition, → Steuerschuldnerverfahren, → Unentgeltliche sonstige Leistungen
4. **Besonderheiten**
   Die Regelungen zum Ort der sonstigen Leistung sind mit Wirkung zum 1.1.2010 vollständig neu gefasst und zum 1.1.2011 und Mitte 2013 erneut verändert worden. Zum 1.1.2015 ist für elektronische Dienstleistungen, Telekommunikationsleistungen sowie Rundfunk- und Fernsehdienstleistungen, die gegenüber einem Nichtunternehmer ausgeführt werden, das Bestimmungslandprinzip umgesetzt werden; mit Wirkung zum 1.1.2019 wird für diese Leistungen noch eine Bagatellgrenze eingeführt.

1. Ort der sonstigen Leistung seit dem 1.1.2010

1.1 Allgemeines zum Ort der sonstigen Leistung

Wichtig! Zum 1.1.2010 haben sich die Grundsätze für die Bestimmung des Orts der sonstigen Leistung erheblich verändert. Zum 1.1.2011, zum 30.6.2013 und zum 1.1.2015 sind weitere Änderungen umgesetzt worden. Kurze Informationen zur Rechtslage bis 31.12.2009 sind unter 2. aufgeführt. Die letzte Stufe des sog. Mehrwertsteuerpakets zur Änderung des Orts der sonstigen Leistung war zum 1.1.2015 die Bestimmung des Orts der sonstigen Leistung für elektronische Dienstleistungen, Telekommunikationsleistungen sowie Rundfunk- und Fernsehdienstleistungen, die gegenüber einem Nichtunternehmer ausgeführt werden. Da sich in der Praxis teilweise Schwierigkeiten bei der Umsetzung ergeben haben, wird mit Wirkung zum 1.1.2019 für die Rundfunk- und Fernsehdienstleistungen, die Telekommunikationsdienstleistungen und die elektronischen Dienstleistungen eine Bagatellgrenze von 10.000 € eingeführt, bis zu der sich der Ort der sonstigen Leistung bei Ausführung an einen Nichtunternehmer in einem anderen Mitgliedstaat nicht in den Bestimmungsstaat verlagert.

Eine sonstige Leistung kann nur dann im Inland steuerbar sein, wenn der Ort dieser sonstigen Leistung nach den Vorschriften des deutschen Umsatzsteuergesetzes im Inland liegt. Bei der Prüfung des Orts der sonstigen Leistung ist unbedingt die **systematische Prüfungsreihenfolge** zu beachten.

Wenn eine sonstige Leistung von einem im **Ausland ansässigen Unternehmer** im Inland ausgeführt wird, kann der Leistungsempfänger zum Steuerschuldner für die Umsatzsteuer nach § 13b UStG werden (vgl. Stichwort Steuerschuldnerverfahren). Dabei ist zu unterscheiden, nach welcher Rechtsvorschrift sich der Ort der sonstigen Leistung bestimmt, da sich in Abhängigkeit von der jeweiligen Rechtsvorschrift für den leistenden Unternehmer oder den Leistungsempfänger unterschiedliche Meldeverpflichtungen sowie auch unterschiedliche Zeitpunkte der Steuerentstehung ergeben.

Ausführung einer sonstigen Leistung

Leistung an einen Unternehmer (für dessen Unternehmen) oder eine juristische Person, die mit USt-IdNr. auftritt ⇒ Ort: § 3a Abs. 2 UStG, wo Leistungsempfänger sein Unternehmen (Betriebsstätte) unterhält.

Leistung an einen Nichtunternehmer ⇒ Ort: § 3a Abs. 1 UStG, wo leistender Unternehmer sein Unternehmen (Betriebsstätte) unterhält.

Sonderfälle

- Beförderung von Personen: Ort nach § 3b Abs. 1 UStG ⇒ Beförderungsstrecke.
- Abgabe von Speisen und Getränken in Beförderungsmitteln: Ort nach § 3e UStG ⇒ Startort.
- Unentgeltliche sonstige Leistungen: Ort nach § 3f UStG ⇒ Sitz des Unternehmers/Betriebsstätte.
- Leistungen im Zusammenhang mit einem Grundstück: § 3a Abs. 3 Nr. 1 UStG ⇒ Grundstücksort.
- Kurzfristige Vermietung von Beförderungsmitteln (30/90 Tage): Ort nach § 3a Abs. 3 Nr. 2 UStG ⇒ Ort der Zurverfügungstellung.
- Abgabe von Speisen und Getränken außerhalb Beförderungsmitteln: Ort nach § 3a Abs. 3 Nr. 3 Buchst. b UStG ⇒ Ausführungsort.
- Eintrittsberechtigungen für kulturelle u.ä. Veranstaltungen an Unternehmer ⇒ § 3a Abs. 3 Nr. 5 UStG.
- Elektronische Dienstleistungen, Rundfunk- und Fernsehdienstleistungen oder Telekommunikationsdienstleistungen ⇒ Sitz oder Wohnsitz des Leistungsempfängers (ab 1.1.2019 mit Bagatellregelung bei Nichtunternehmern).

Ausnahmen

- langfristige Vermietung eines Beförderungsmittels: Ort nach § 3a Abs. 3 Nr. 2 Satz 3 UStG ⇒ wo Leistungsempfänger Wohnsitz/Sitz hat. Lediglich bei Sportbooten bestehen Ausnahmen.
- Kulturelle, künstlerische u.ä. Leistungen: Ort nach § 3a Abs. 3 Nr. 3 Buchst. a UStG: ⇒ Tätigkeitsort.
- Arbeiten an beweglichen körperlichen Gegenständen sowie Begutachtung: Ort nach § 3a Abs. 3 Nr. 3 Buchst. c UStG ⇒ Tätigkeitsort.
- Vermittlung eines Umsatzes: Ort nach § 3a Abs. 3 Nr. 4 UStG ⇒ Ort, wo vermittelter Umsatz ausgeführt ist.
- Besondere Katalogfälle an Nichtunternehmer außerhalb des Gemeinschaftsgebiets: Ort nach § 3a Abs. 4 UStG ⇒ Ort, wo Leistungsempfänger Wohnsitz/Sitz hat.
- Beförderung von Gegenständen: Ort nach § 3b Abs. 1 UStG ⇒ Beförderungsstrecke; Ausnahme i.g. Beförderung: Ort nach § 3b Abs. 3 UStG ⇒ Beginn der Beförderung.

1.2 Die beiden Grundsätze: Leistungsempfänger Unternehmer oder Nichtunternehmer

Sonstige Leistungen, deren Ort nicht in den Sondervorschriften des § 3b UStG, § 3e UStG, § 3f UStG oder § 3a Abs. 3 ff. UStG aufgeführt sind, werden nach zwei Grundvorschriften bestimmt. Die Bestimmung des Orts der sonstigen Leistung ist durch zwei allgemeine Grundsätze gekennzeichnet:

1. Der **Leistungsempfänger ist ein Unternehmer**, der die Leistung für sein Unternehmen bezieht. In diesem Fall ist der Ort der sonstigen Leistung nach § 3a Abs. 2 UStG dort, wo der Leistungsempfänger sein Unternehmen betreibt oder eine, die Leistung empfangende Betriebsstätte unterhält. Dem Unternehmer gleichgestellt ist eine juristische Person, die entweder nur zum Teil unternehmerisch tätig ist bei allen Leistungsbezügen (auch für ihren nichtunternehmerischen Bereich) sowie eine juristische Person, die insgesamt nicht unternehmerisch tätig ist, wenn ihr in der Europäischen Union eine USt-IdNr. erteilt worden ist.
2. Der **Leistungsempfänger ist kein Unternehmer** (gehört nicht zu der ersten Kategorie). In diesem Fall ist der Ort der sonstigen Leistung nach § 3a Abs. 1 UStG dort, wo der leistende Unternehmer sein Unternehmen betreibt oder eine, die Leistung ausführende Betriebsstätte unterhält.

Wichtig! Diese beiden Grundsätze werden aber in vielen Einzelfällen durch vorrangige Spezialregelungen in § 3a Abs. 3 bis Abs. 8 sowie § 3b, § 3e oder § 3f UStG durchbrochen.

1.2.1 Leistungsempfänger ist Unternehmer

Ist der **Leistungsempfänger ein Unternehmer** und bezieht er die sonstige Leistung für sein Unternehmen, ist der Ort der sonstigen Leistung dort, wo der Leistungsempfänger sein Unternehmen betreibt, § 3a Abs. 2 Satz 1 UStG. Dies gilt entsprechend, wenn die sonstige Leistung an eine Betriebsstätte des Leistungsempfängers ausgeführt wird.

Beispiel 1: Der in Frankfurt/Main ansässige Rechtsanwalt R führt eine Rechtsberatungsleistung gegenüber einem Unternehmer in Zürich (Schweiz) für dessen Unternehmen aus.
Lösung: Die sonstige Leistung wird an einen anderen Unternehmer für dessen Unternehmen ausgeführt. Der Ort der sonstigen Leistung ist nach § 3a Abs. 2 Satz 1 UStG in der Schweiz. Der Umsatz ist in Deutschland nicht steuerbar.

Dieselbe Rechtsfolge gilt, wenn der **Leistungsempfänger eine juristische Person** ist, die nur zum Teil unternehmerisch tätig ist sowie eine juristische Person, die insgesamt nicht unternehmerisch tätig ist, der aber eine USt-IdNr. erteilt worden ist. Dies betrifft insbesondere staatliche oder halbstaatliche Organisationen oder Hoheitsbetriebe.

Wichtig! Dies gilt aber nicht für sonstige Leistungen, die ausschließlich für den privaten Bedarf des Personals oder eines Gesellschafters bestimmt sind.

Die Finanzverwaltung geht davon aus, dass Gebietskörperschaften **des Bundes und der Länder** immer hoheitlich und unternehmerisch tätig sind, sodass in diesem Fall der Ort der sonstigen Leistung immer nach § 3a Abs. 2 UStG zu bestimmen ist[1].

Wird die sonstige Leistung **an eine Betriebsstätte** des Leistungsempfängers ausgeführt, ist der Ort der die Leistung empfangenden Betriebsstätte maßgebend. Eine Betriebsstätte ist jede feste Einrichtung oder Anlage, die der Tätigkeit des Unternehmers dient. Sie muss in der Lage sein, Leistungen mit eigenem Personal und eigenen Sachmitteln auszuführen[2].

[1] Abschn. 3a.2 Abs. 14 UStAE.

[2] Abschn. 3a.1 Abs. 3 UStAE.

Beispiel 2: Der in Frankfurt/Main ansässige Rechtsanwalt R führt eine Rechtsberatungsleistung an die Frankfurter Betriebsstätte eines in Zürich (Schweiz) ansässigen Unternehmers aus.
Lösung: Die sonstige Leistung wird an einen anderen Unternehmer für dessen Unternehmen ausgeführt. Der Ort der sonstigen Leistung ist nach § 3a Abs. 2 Satz 2 UStG dort, wo die die Leistung empfangende Betriebsstätte des Leistungsempfängers unterhalten wird. Der Umsatz ist in Deutschland steuerbar.

Wird eine sonstige Leistung, für die keine Sonderregelung anzuwenden ist, an einen Unternehmer für dessen Unternehmen ausgeführt und nutzt der Leistungsempfänger diese Leistung **auch für nichtunternehmerische Zwecke**, bestimmt sich der Ort der sonstigen Leistung einheitlich nach § 3a Abs. 2 UStG[3].

In bestimmten Ausnahmefällen kann sich der Ort aber abweichend von § 3a Abs. 2 UStG nach § 3a Abs. 8 UStG richten, vgl. dazu 1.3.11.

1.2.2 Leistungsempfänger ist nicht Unternehmer

Eine sonstige Leistung ist nach § 3a Abs. 1 UStG – vorbehaltlich der Ausnahmeregelungen – dort ausgeführt, wo der leistende Unternehmer sein Unternehmen betreibt oder eine, die Leistung ausführende Betriebsstätte unterhält, wenn der Leistungsempfänger:

- kein Unternehmer i.S.d. Umsatzsteuergesetzes ist,
- zwar Unternehmer ist, aber die Leistung nicht für sein Unternehmen bezieht oder
- eine nichtunternehmerisch tätige juristische Person ist, der auch keine USt-IdNr. erteilt worden ist.

1.2.3 Abgrenzung und Nachweise für die Eigenschaft des Leistungsempfängers

Entscheidendes Kriterium für die **richtige Bestimmung des Orts der sonstigen Leistung** ist nach den Grundsätzen des § 3a Abs. 1 und Abs. 2 UStG, ob der Leistungsempfänger Unternehmer ist und die Leistung für sein Unternehmen bezieht, oder nicht. Unerheblich für diese Rechtsfolge ist, ob die Leistung für **steuerbare Ausgangsleistungen** oder für **nicht steuerbare Ausgangsleistungen** (z.B. für nicht steuerbare Geschäftsveräußerungen) verwendet wird.

Achtung! Der leistende Unternehmer muss gegenüber seinem Finanzamt nachweisen können, ob der Leistungsempfänger Unternehmer ist oder nicht.

Will der leistende Unternehmer den **Nachweis** führen, dass der Leistungsempfänger ein Unternehmer ist, der die Leistung für sein Unternehmen bezogen hat, muss grundsätzlich unterschieden werden, ob der Leistungsempfänger aus dem übrigen Gemeinschaftsgebiet kommt oder ob er aus dem Drittlandsgebiet kommt.

Kommt der **Leistungsempfänger** aus einem anderen **Mitgliedstaat der Europäischen Union**, ist der Nachweis über die Verwendung der USt-IdNr. des Leistungsempfängers zu führen. Hat der Leistungsempfänger eine ihm aus einem anderen Mitgliedstaat erteilte USt-IdNr. verwendet, kann der leistende Unternehmer davon ausgehen, dass der Leistungsempfänger als Unternehmer und auch für sein Unternehmen die Leistung bezogen hat. Dies gilt entsprechend, wenn eine nichtunternehmerisch tätige juristische Person mit einer USt-IdNr. aufgetreten ist. Dies gilt auch dann, wenn sich später herausstellen sollte, dass der Leistungsempfänger die sonstige Leistung nicht für sein Unternehmen bezogen hat[4].

Beispiel 3: Der in München ansässige Übersetzer Ü übersetzt für einen österreichischen Auftraggeber ein Dokument. Der Auftraggeber verwendet gegenüber Ü seine zutreffende österreichische USt-IdNr.

[3] Abschn. 3a.2 Abs. 8 UStAE.
[4] Abschn. 3a.2 Abs. 9 UStAE.

Lösung: Die sonstige Leistung des Ü ist nach § 3a Abs. 2 UStG in Österreich ausgeführt und damit in Deutschland nicht steuerbar. Selbst wenn sich später herausstellen sollte, dass die Übersetzung für private Zwecke des Auftraggebers erfolgt ist, verbleibt es bei dem Ort der sonstigen Leistung in Österreich.

Wichtig! Führt der leistende Unternehmer eine sonstige Leistung an einen Leistungsempfänger in einem anderen Mitgliedstaat aus, die typischerweise für private Zwecke verwendet werden, reicht es seit dem 1.1.2013 nicht mehr aus, wenn der Leistungsempfänger mit seiner USt-IdNr. auftritt. Nach Abschn. 3a.2 Abs. 11a UStAE muss der Bezug für Zwecke des Unternehmens in diesen Fällen durch weitere Nachweise geführt werden. Dies kann z.B. durch eine schriftliche Bestätigung des Leistungsempfängers über den Bezug zum Unternehmen erfolgen. Solche sonstigen Leistungen, die typischerweise für nichtunternehmerische Zwecke bezogen werden, sind insbesondere: Krankenhausbehandlungen und ärztliche Heilbehandlungen, von Zahnärzten und Zahntechnikern erbrachte sonstige Leistungen, persönliche und häusliche Pflegeleistungen, sonstige Leistungen im Bereich der Sozialfürsorge und der sozialen Sicherheit, Betreuung von Kindern und Jugendlichen, Erziehung von Kindern und Jugendlichen, Schul- und Hochschulunterricht, Nachhilfeunterricht für Schüler oder Studierende, sonstige Leistungen im Zusammenhang mit sportlicher Betätigung einschließlich der entgeltlichen Nutzung von Anlagen wie Turnhallen und vergleichbaren Anlagen, Wetten, Lotterien und sonstige Glücksspiele mit Geldeinsatz, Herunterladen von Filmen und Musik, Bereitstellen von digitalisierten Texten einschließlich Büchern, ausgenommen Fachliteratur, Abonnements von Online-Zeitungen und Zeitschriften, mit Ausnahme von Online-Fachzeitungen und -Fachzeitschriften, Online-Nachrichten einschließlich Verkehrsinformationen und Wettervorhersagen, Beratungsleistungen in familiären und persönlichen Angelegenheiten, Beratungsleistungen im Zusammenhang mit der persönlichen Einkommensteuererklärung und Sozialversicherungsfragen.

Der leistende Unternehmer muss sich grundsätzlich über die **Richtigkeit** der dem Leistungsempfänger erteilten **USt-IdNr. vergewissern**. Dazu sollte die Gültigkeit der USt-IdNr. sowie Namen und Anschrift der Person, der die USt-IdNr. erteilt worden ist, nach § 18e UStG beim Bundeszentralamt für Steuern in Saarlouis bestätigt werden[5].

Die USt-IdNr. soll dabei grundsätzlich schon vor der Ausführung des Umsatzes verwendet werden. Dabei muss die **USt-IdNr**. von dem Auftraggeber **bewusst verwendet** werden. Dass der leistende Unternehmer die USt-IdNr. des Auftraggebers zufällig (z.B. aus einem Briefkopf) kennt, führt nicht zu einer „Verwendung" einer USt-IdNr. In Ausnahmefällen kann auch eine verwendete USt-IdNr. ausgetauscht werden oder erst nachträglich verwendet werden. In diesen Fällen sind die Abrechnungen und Meldungen zu ändern.

Kommt der **Leistungsempfänger nicht aus einem Mitgliedstaat** der Europäischen Union (also aus dem Drittlandsgebiet), muss der Nachweis auf andere Weise geführt werden. In Betracht kommen hier **Bestätigungen der ausländischen Finanzbehörden** über die Unternehmereigenschaft oder andere Unterlagen (z.B. Registerauszüge).

Tipp! Der Nachweis der Unternehmereigenschaft bei Leistungen an einen Unternehmer aus dem Drittlandsgebiet ist aber nur dann notwendig, wenn die Leistung bei Ausführung gegenüber einem Nichtunternehmer zu einem Ort in Deutschland führen würde. So braucht z.B. bei einer Rechtsberatungsleistung gegenüber einem Leistungsempfänger aus dem Drittlandsgebiet kein besonderer Nachweis geführt werden, da die Leistung gegenüber einem Nichtunternehmer aus dem Drittlandsgebiet nach § 3a Abs. 4 UStG auch nicht im Inland ausgeführt wäre.

---

5 Im Internet www.BZSt.de.

Wird die sonstige Leistung an eine Betriebsstätte des Leistungsempfängers erbracht, muss auch nachgewiesen werden, dass sie tatsächlich **ausschließlich oder überwiegend** gegenüber der Betriebsstätte ausgeführt wurde. Wer dem leistenden Unternehmer den Auftrag erteilt hat, ist für die Bestimmung des Orts der sonstigen Leistung nicht entscheidend, es kommt nur darauf an, für welchen Unternehmensteil die Leistung wirtschaftlich bestimmt ist.

Beispiel 4: Die in Deutschland ansässige Werbeagentur W erhält von der deutschen Versicherung V den Auftrag, eine Werbekampagne für die im Aufbau befindliche russische Betriebsstätte zu entwickeln. W erstellt die Werbekampagne in russischer Sprache.
Lösung: Die sonstige Leistung der Werbeagentur ist – unabhängig davon, dass der Auftrag von dem deutschen Hauptsitz erteilt wurde – an die russische Betriebsstätte erbracht und damit in Deutschland nicht steuerbar.

Tipp! Hat der Auftraggeber eine seiner Betriebsstätte erteilte USt-IdNr. bei der Erteilung des Auftrags verwendet, kann davon ausgegangen werden, dass die Leistung auch für die Betriebsstätte bestimmt ist.

1.2.4 Die richtige Abrechnung

Achtung! Eine Verpflichtung zur Rechnungsausstellung ergibt sich für den leistenden Unternehmer nach § 14 Abs. 2 UStG.
Zum 1.1.2019 wird eine Vereinfachungsregelung eingeführt, nach der bei Rundfunk- und Fernsehdienstleistungen, Telekommunikationsdienstleistungen und elektronischen Dienstleistungen die an Nichtunternehmer in einem anderen Mitgliedstaat ausgeführt werden, die Rechnung nach den Rechnungsanforderungen des Ursprungslands ausgestellt werden kann.

Ist der Ort der sonstigen Leistung **nicht im Inland**, können sich für den leistenden Unternehmer die folgenden Möglichkeiten ergeben:

- Der **Leistungsempfänger ist Unternehmer** und ist mit einer **USt-IdNr. aus einem anderen Mitgliedstaat** aufgetreten: Die Leistung ist in Deutschland nicht steuerbar, ist aber in dem anderen Mitgliedstaat steuerbar und steuerpflichtig[6]. Steuerschuldner wird der Leistungsempfänger, Art. 196 MwStSystRL. Der deutsche Unternehmer darf in seiner Rechnung weder deutsche Umsatzsteuer noch ausländische Umsatzsteuer ausweisen, in der Rechnung ist nur der Nettobetrag aufzunehmen. Auf die Übertragung der Steuerschuldnerschaft („Steuerschuldnerschaft des Leistungsempfängers") ist hinzuweisen und die USt-IdNr. von dem leistenden und dem leistungsempfangenden Unternehmer muss angegeben werden. Der leistende Unternehmer hat in Deutschland bestimmte Meldeverpflichtungen (Umsatzsteuer-Voranmeldung[7] und Zusammenfassende Meldung). Seit dem 30.6.2013[8] ist die Rechnung bis zum 15. Tag nach Ablauf des Monats der Leistungserbringung auszustellen, § 14a Abs. 1 UStG.
- Der **Leistungsempfänger kommt aus dem Drittlandsgebiet**: Die Leistung ist in Deutschland nicht steuerbar, der Umsatz ist nur in der Voranmeldung als nicht steuerbarer Umsatz aufzunehmen[9]. Ob die Leistung in dem anderen Land der Besteuerung unterliegt und wer dort eventuell die Umsatzsteuer schuldet, bestimmt sich ausschließlich nach den Rechtsvorschriften des anderen Staats.

---

6 Soweit keine nationale Befreiungsvorschrift anwendbar ist.

7 In der Umsatzsteuer-Voranmeldung 2018 in der Zeile 41 (Kennziffer 21) einzutragen.

8 Mit Übergangsregelung der Finanzverwaltung bis zum 31.12.2013.

9 In der Umsatzsteuer-Voranmeldung 2018 in der Zeile 42 (Kennziffer 45) einzutragen.

Wichtig! Die Regelungen über die Bestimmung des Orts der sonstigen Leistung sind in der Europäischen Union harmonisiert. Ist nach deutschem Recht der Ort der sonstigen Leistung in einem anderen Mitgliedstaat, ist nach den nationalen Vorschriften des anderen Mitgliedstaats der Ort der sonstigen Leistung ebenfalls dort, damit führt dies in dem anderen Mitgliedstaat zu einem steuerbaren Umsatz.

1.2.5 Der Steuerschuldner

Grundsätzlich ist der leistende Unternehmer Steuerschuldner für eine von ihm ausgeführte Leistung, § 13a Abs. 1 Nr. 1 UStG. Wird eine sonstige Leistung aber von einem im Ausland ansässigen Unternehmer ausgeführt, wird in der Europäischen Union der Leistungsempfänger zum Steuerschuldner für die ihm gegenüber ausgeführte sonstige Leistung. In Deutschland ist dies in § 13b UStG geregelt.

Tipp! Aus diesem Grund muss auch der Leistungsempfänger einer sonstigen Leistung immer genau den Ort der ihm gegenüber ausgeführten Leistung prüfen.

Für die **Bestimmung der Steuerschuldnerschaft** ergeben sich für einen in Deutschland ansässigen Unternehmer die folgenden Möglichkeiten:

- Der in Deutschland ansässige Unternehmer führt eine sonstige Leistung nach § 3a Abs. 2 UStG an einen Unternehmer in Deutschland aus. Die Leistung ist in Deutschland steuerbar und – soweit keine Steuerbefreiung anwendbar ist – steuerpflichtig, Steuerschuldner ist der leistende Unternehmer, § 13a Abs. 1 Nr. 1 UStG.
- Der in Deutschland ansässige Unternehmer führt eine sonstige Leistung nach § 3a Abs. 2 UStG an einen Unternehmer in einem anderen Mitgliedstaat aus. Die Leistung ist in dem anderen Mitgliedstaat steuerbar und – soweit keine nationale Steuerbefreiung einschlägig ist – steuerpflichtig. Nach Art. 196 MwStSystRL[10] wird der Leistungsempfänger in dem anderen Mitgliedstaat zum Steuerschuldner, der deutsche Unternehmer muss nur die Meldevorschriften in Deutschland beachten[11], Verpflichtungen in dem anderen Mitgliedstaat ergeben sich für ihn nicht.
- Der in Deutschland ansässige Unternehmer führt eine sonstige Leistung nach § 3a Abs. 2 UStG an einen Unternehmer im Drittlandsgebiet aus. Die sonstige Leistung ist in Deutschland nicht steuerbar. Ob sich eine Steuerbarkeit in dem anderen Staat ergibt und wer dann dort zum Steuerschuldner wird, bestimmt sich ausschließlich nach den Rechtsvorschriften des anderen Staates.
- Der in Deutschland ansässige Unternehmer erhält eine sonstige Leistung von einem in Deutschland ansässigen Unternehmer. Die Leistung ist in Deutschland steuerbar und – soweit keine Steuerbefreiung anwendbar ist – steuerpflichtig, Steuerschuldner ist der leistende Unternehmer, § 13a Abs. 1 Nr. 1 UStG.
- Der in Deutschland ansässige Unternehmer erhält eine sonstige Leistung von einem im Ausland (übriges Gemeinschaftsgebiet oder Drittlandsgebiet) ansässigen Unternehmer. Der Leistungsempfänger wird nach § 13b Abs. 1 UStG (wenn der leistende Unternehmer aus dem übrigen Gemeinschaftsgebiet kommt und eine sonstige Leistung nach § 3a Abs. 2 UStG ausführt) oder nach § 13b Abs. 2 Nr. 1 UStG (in allen andern Fällen der in Deutschland ausgeführten sonstigen Leistungen ausländischer Unternehmer) zum Steuerschuldner nach § 13b Abs. 5 Satz 1 UStG, er muss darauf achten, dass ihm keine (deutsche oder ausländische) Umsatzsteuer berechnet wird, gegebenenfalls kann aber zusätzlich Umsatzsteuer im Drittlandsgebiet entstehen. Der Leistungsempfänger muss auf den ihm berechneten Nettobetrag die deutsche Umsatzsteuer herauf rechnen – soweit keine Steuerbefreiung anwendbar ist – und die Steuer bei seinem Finanzamt anmelden. Er kann den entstan-

---

10 In Deutschland in § 13b Abs. 1 UStG geregelt.

11 In der USt-VA 2018 in Zeile 41 (Kennziffer 21) und in der Zusammenfassenden Meldung mit Angabe des Kennzeichens „1" bzw. ankreuzen im entsprechenden Textfeld.

denen Steuerbetrag als Vorsteuer abziehen, soweit er keine vorsteuerabzugsschädlichen Ausgangsleistungen ausführt.

Beispiel 5: Der in Deutschland ansässige Unternehmer U erhält eine Beratungsleistung von einem in Italien ansässigen Rechtsanwalt. Bei Auftragserteilung hat U dem Rechtsanwalt seine deutsche USt-IdNr. angegeben. Der Rechtsanwalt berechnet dem U nach Abschluss der Beratungsleistung 10.000 €.
Lösung: Die Beratungsleistung des Rechtsanwalts ist nach § 3a Abs. 2 UStG in Deutschland steuerbar und steuerpflichtig. U wird in Deutschland zum Steuerschuldner für die ihm gegenüber ausgeführte Leistung, § 13b Abs. 1 i.V.m. Abs. 5 Satz 1 UStG. Er muss auf die 10.000 € 19 % Umsatzsteuer (= 1.900 €) berechnen und bei seinem Finanzamt im Voranmeldungszeitraum der Ausführung der Leistung anmelden. Soweit U zum Vorsteuerabzug berechtigt ist, kann er die Umsatzsteuer nach § 15 Abs. 1 Satz 1 Nr. 4 UStG als Vorsteuer im selben Voranmeldungszeitraum abziehen. Auf die Vorlage einer ordnungsgemäßen Rechnung (in der die deutsche Umsatzsteuer sowieso nicht ausgewiesen werden darf!), kommt es nicht an.

1.3 Die Sonderfälle

Neben den beiden Grundregelungen nach § 3a Abs. 1 und Abs. 2 UStG können sich in diversen Fällen auch abweichende Orte der sonstigen Leistung durch die Sonderregelungen nach § 3a Abs. 3 bis Abs. 8, § 3b, § 3e oder § 3f UStG ergeben. Diese **Sonderfälle** gehen systematisch den beiden Grundregelungen vor und sind damit immer vorab zu prüfen.

Tipp! Werden die nachfolgenden Leistungen von einem deutschen Unternehmer im Ausland ausgeführt, muss er sich nach den Rechtsvorschriften des jeweiligen Bestimmungslands richten. Im Gemeinschaftsgebiet sind zwar in diesen Fällen die Bestimmungen zum Ort der sonstigen Leistungen harmonisiert, die Regelungen zur Steuerschuldnerschaft sind aber nicht abschließend harmonisiert, sodass immer geprüft werden muss, wer im Ausland zum Steuerschuldner wird.
Werden die nachfolgenden sonstigen Leistungen von einem im Ausland ansässigen Unternehmer in Deutschland steuerbar und steuerpflichtig an einen Unternehmer (auch für dessen privaten Bereich) ausgeführt, wird der Leistungsempfänger zum Steuerschuldner nach § 13b UStG.

1.3.1 Sonstige Leistungen im Zusammenhang mit einem Grundstück

Führt der Unternehmer eine sonstige Leistung im Zusammenhang mit einem Grundstück aus, ist der Ort dieser Leistung immer dort, wo sich das Grundstück befindet, § 3a Abs. 3 Nr. 1 UStG. Unerheblich ist dabei, ob der Leistungsempfänger ein Unternehmer oder ein Nichtunternehmer ist und ob sich das Grundstück im Inland oder im Ausland befindet.

Der **Grundstücksbegriff** bestimmt sich dabei nicht nach nationalen zivilrechtlichen Grundsätzen, sondern ist unionsrechtlich auszulegen[12]. Grundstücke i.S.d. Regelung sind:

- ein bestimmter über- oder unterirdischer Teil der Erdoberfläche, an dem Eigentum und Besitz begründet werden kann,
- jedes mit oder in dem Boden über oder unter dem Meeresspiegel befestigte Gebäude oder jedes derartige Bauwerk, das nicht leicht abgebaut oder bewegt werden kann,
- jede Sache, die einen wesentlichen Bestandteil eines Gebäudes oder eines Bauwerks bildet, ohne die das Gebäude oder das Bauwerk unvollständig ist, wie z.B. Türen, Fenster, Dächer, Treppenhäuser und Aufzüge,
- Sachen, Ausstattungsgegenstände oder Maschinen, die auf Dauer in einem Gebäude oder einem Bauwerk installiert sind, und die nicht bewegt werden können, ohne das Gebäude oder das Bauwerk zu zerstören oder zu verändern.

[12] BMF, Schreiben v. 18.12.2012, BStBl II 2012, 1272 sowie Abschn. 3a.3 Abs. 2 UStAE. Unionsrechtlich in Art. 13b MwStVO geregelt.

Leistungen im Zusammenhang mit einem Grundstück sind insbesondere:

- Vermietung von Grundstücken, Grundstücksteilen, Gebäuden oder Gebäudeteilen (§ 3a Abs. 3 Nr. 1 Buchst. a UStG; vgl. Stichwort Vermietung),
- sonstige Leistungen in Zusammenhang mit der Veräußerung oder dem Erwerb von Grundstücken, z.B. Leistung des Maklers oder eines den Kaufvertrag beurkundenden Notars (§ 3a Abs. 3 Nr. 1 Buchst. b UStG) sowie
- sonstige Leistungen, die der Erschließung von Grundstücken oder der Vorbereitung oder der Ausführung von Bauleistungen dienen, z.B. Leistungen eines Architekten oder eines Fachingenieurs, Ausführung von Reparaturleistungen, soweit kein Material verwendet wird, das als Hauptstoff anzusehen ist (§ 3a Abs. 3 Nr. 1 Buchst. c UStG) sowie Wartungs-, Renovierungs- und Reparaturarbeiten an einem Gebäude oder an Gebäudeteilen und deren wesentlichen Bestandteilen.

Beispiel 6: Der polnische Architekt A erbringt für einen deutschen Baumarkt eine Planungsleistung für einen in Frankfurt/Oder zu errichtenden Baumarkt. A erbringt diese Planungsleistung ausschließlich in seinem polnischen Büro.

Lösung: Der Ort der sonstigen Leistung ist nach § 3a Abs. 3 Nr. 1 Buchst. c UStG dort, wo das Grundstück liegt. Damit ist die Planungsleistung des Architekten eine in Deutschland steuerbare und steuerpflichtige sonstige Leistung. Der Leistungsempfänger als Unternehmer wird in diesem Fall zum Steuerschuldner nach § 13b Abs. 2 Nr. 1 i.V.m. Abs. 5 Satz 1 UStG für die von A ausgeführte Leistung.

In **engem Zusammenhang** mit einem Grundstück stehen auch:

- die Einräumung dinglicher Rechte, z.B. dinglicher Nießbrauch, Dienstbarkeiten, Erbbaurechte, sowie sonstige Leistungen, die dabei ausgeführt werden, z.B. Beurkundungsleistungen eines Notars;
- die Vermittlung von Vermietungen von Grundstücken, nicht aber die Vermittlung der kurzfristigen Vermietung von Zimmern in Hotels, Gaststätten oder Pensionen, von Fremdenzimmern, Ferienwohnungen, Ferienhäusern und vergleichbaren Einrichtungen;
- Lagerung von Gegenständen, wenn zur Lagerung ausschließlich ein ganz bestimmtes Grundstück oder ein bestimmter Grundstücksteil zwischen den Vertragspartnern festgelegt worden ist;
- Reinigung von Gebäuden oder Gebäudeteilen;
- Wartung und Überwachung von auf Dauer angelegten Konstruktionen, wie Gas-, Wasser- oder Abwasserleitungen;
- Hausverwaltungsleistungen;
- Wartung und Überwachung von Maschinen oder Ausrüstungsgegenständen, soweit diese wesentliche Bestandteile des Grundstücks sind, dies kann sich auch auf Fernwartungsleistungen beziehen;
- grundstücksbezogene Sicherheitsleistungen.

Der EuGH[13] hatte sich in einem Verfahren mit der Frage des Zusammenhangs von Leistungen mit einem Grundstück beschäftigt und dabei zwei wesentliche Grundsätze für eine solche Leistung aufgestellt[14]:

- Die sonstige Leistung muss mit einem **ausdrücklich bestimmten Grundstück** in Zusammenhang stehen und
- das Grundstück muss selbst Gegenstand der sonstigen Leistung sein.

Wichtig! Das Grundstück ist nach Auffassung des EuGH dann selbst Gegenstand der sonstigen Leistung, wenn das ausdrücklich bestimmte Grundstück als wesentlicher (zentraler und unverzichtbarer) Bestandteil einer Leistung anzusehen ist.

Besonderheiten bestehen bei der Ausführung von sonstigen Leistungen im Zusammenhang mit Messen und Ausstellungen, vgl. dazu Stichwort Messen und Ausstellungen.

---

13 EuGH, Urteil v. 27.6.2013, C-155/12 – RR Donnelley Global Turnkey Solutions Poland, DStRE 2013, 1015.

14 Dies entspricht auch den unionsrechtlichen Vorgaben in Art. 31a und Art. 31b MwStVO.

Keine Leistungen in Zusammenhang mit einem Grundstück liegen in den folgenden Fällen vor[15]:

- Erstellung von Bauplänen für Gebäude oder Gebäudeteile, die keinem bestimmten Grundstück oder Grundstücksteil zugeordnet werden können,
- Installation oder Montage, Arbeiten an sowie Kontrolle und Überwachung von Maschinen und Ausstattungsgegenständen, die kein wesentlicher Bestandteil eines Grundstücks sind oder werden,
- Vermittlung der kurzfristigen Vermietung von Zimmern in Hotels, Ferienwohnungen u.ä.,
- Verkauf von Anteilen und die Vermittlung der Umsätze von Anteilen an Grundstücksgesellschaften,
- Veröffentlichung von Immobilienanzeigen,
- Finanzierung und Finanzierungsberatung im Zusammenhang mit dem Erwerb eines Grundstücks und dessen Bebauung,
- sonstige Leistungen einschließlich Beratungsleistungen, die die Vertragsbedingungen eines Grundstücksvertrags, die Durchsetzung eines solchen Vertrags oder den Nachweis betreffen, dass ein solcher Vertrag besteht, sofern diese Leistungen nicht mit der Übertragung von Rechten an Grundstücken zusammenhängen, z.B. allgemeine Rechts- und Steuerberatung in Grundstückssachen,
- Planung, Gestaltung sowie Aufbau, Umbau und Abbau von Ständen im Zusammenhang mit Messen und Ausstellungen,
- Lagerung von Gegenständen auf einem Grundstück, wenn hierfür zwischen den Vertragsparteien kein bestimmter Teil eines Grundstücks zur ausschließlichen Nutzung festgelegt worden ist,
- Werbeleistungen, selbst wenn sie die Nutzung eines Grundstücks einschließen,
- Zurverfügungstellen von Gegenständen oder Vorrichtungen, mit oder ohne Personal für deren Betrieb, mit denen der Leistungsempfänger Arbeiten im Zusammenhang mit einem Grundstück durchführt (z.B. Vermietung eines Baugerüsts), wenn der leistende Unternehmer mit dem Zurverfügungstellen keinerlei Verantwortung für die Durchführung der genannten Arbeiten übernimmt.

Tipp! Zur Abgrenzung der Leistungen bei der Errichtung eines Windparks vgl. Abschn. 3a.3 Abs. 9 und Abs. 10 UStAE. Zur Abgrenzung der juristischen Beratungsleistungen im Zusammenhang mit Grundstücken vgl. Abschn. 3a.3 Abs. 9 UStAE[16].

1.3.2 Kurzfristige Vermietung von Beförderungsmitteln sowie langfristige Vermietung an Nichtunternehmer

Als Sonderfall ist die kurzfristige Vermietung von Beförderungsmitteln geregelt. Als kurzfristige Vermietung gilt eine Vermietung von bis zu 90 Tagen bei Wasserfahrzeugen, in allen anderen Fällen von bis zu 30 Tagen. Wird die Frist einer ursprünglich vereinbarten kurzfristigen Vermietung aus Gründen überschritten, die die Vertragsparteien nicht zu vertreten haben (z.B. bei höherer Gewalt), hat dies keinen Einfluss auf die Beurteilung dieser Leistung.

Tipp! Zur Definition des Beförderungsmittels vgl. Abschn. 3a.5 Abs. 2 UStAE.

Führt ein Unternehmer eine solche kurzfristige Vermietung eines Beförderungsmittels aus, ist der Ort der sonstigen Leistung dort, wo das **Beförderungsmittel dem Nutzer überlassen wird**, § 3a Abs. 3 Nr. 2 UStG. Es kommt dabei nicht darauf an, ob der Leistungsempfänger ein Unternehmer ist oder nicht, eine USt-IdNr. verwendet, im Inland oder im Ausland ansässig ist.

Tipp! Der Ort der Überlassung des Fahrzeugs ist dort, wo der leistende Unternehmer dem Kunden das Fahrzeug tatsächlich übergibt.

Beispiel 7: Der deutsche Caravan-Vermieter C vermietet an den deutschen Urlauber ein Wohnmobil für drei Wochen. Das Wohnmobil wird dem Urlauber an der französischen Übergabestelle übergeben.

---

15 Abschn. 3a.3 Abs. 10 UStAE.

16 Die Regelungen wurden präzisiert durch BMF, Schreiben v. 6.12.2017, BStBl I 2017, 1658.

Lösung: Der Ort der sonstigen Leistung ist dort, wo dem Nutzer das Wohnmobil in Frankreich überlassen wurde, § 3a Abs. 3 Nr. 2 UStG. C muss den Umsatz in Frankreich besteuern, er ist Steuerschuldner für die in Frankreich entstehende Umsatzsteuer und muss sich in Frankreich zur Umsatzsteuer anmelden.

Der Ort der **langfristigen Vermietung eines Beförderungsmittels** an einen Nichtunternehmer hätte zur Anpassung der Regelungen an das Unionsrecht[17] eigentlich schon zum 1.1.2013 neu geregelt werden müssen. Durch das Amtshilferichtlinie-Umsetzungsgesetz ist erst mit Wirkung vom 30.6.2013 der Ort der langfristigen Vermietung eines Beförderungsmittels nach § 3a Abs. 3 Nr. 2 UStG dort, wo der Leistungsempfänger seinen Wohnsitz oder Sitz hat, wenn er weder Unternehmer ist, der die Leistung für sein Unternehmen bezieht, noch eine nicht unternehmerisch tätige juristische Person ist, der eine USt-IdNr. erteilt worden ist.

Die Ortsbestimmung erfolgt unabhängig davon, wo das Fahrzeug tatsächlich genutzt wird.

Beispiel 8: Der niederländische Tourist T mietet für sechs Wochen in Deutschland ein Fahrzeug beim deutschen Autovermieter A. Das Fahrzeug wird ihm in Köln übergeben. T fährt mit dem Fahrzeug nur in Deutschland.
Lösung: A führt mit der Vermietung des Fahrzeugs eine sonstige Leistung aus, deren Ort sich nach § 3a Abs. 3 Nr. 2 Satz 3 UStG bestimmt. Es handelt sich um die langfristige Vermietung eines Beförderungsmittels. Da T seinen Wohnsitz in den Niederlanden hat, ist die Vermietungsleistung in den Niederlanden ausgeführt. Die Leistung ist in Deutschland nicht steuerbar, A muss diesen Umsatz aber in den Niederlanden der Besteuerung unterwerfen.

Eine Ausnahme besteht lediglich bei der langfristigen (mehr als 90 Tage) **andauernden Vermietung** eines Sportboots. Diese Vermietung ist grundsätzlich auch dort ausgeführt, wo der nichtunternehmerische Leistungsempfänger seinen Wohnsitz oder Sitz hat; dies gilt jedoch nicht, wenn der Vermieter seinen Sitz, die Geschäftsleitung oder eine Betriebsstätte am Übergabeort hat. In diesen Fällen ist der Ort der Vermietungsleistung weiterhin dort, wo das Sportboot übergeben wird.

Tipp! Sportboote i.S.d. Regelung sind unabhängig von der Antriebsart sämtliche Boote mit einer Rumpflänge von 2,5–24 m, die ihrer Bauart nach für Sport- und Freizeitzwecke bestimmt sind, insbesondere Segelyachten, Motoryachten, Segelboote, Ruderboote, Paddelboote oder Motorboote[18].

Die Veränderung bei der langfristigen Vermietung von Beförderungsmitteln an Nichtunternehmer wird insbesondere in den folgenden Fällen in der Praxis von Bedeutung sein:

- **Leasing von Fahrzeugen durch Nichtunternehmer** von einem in einem anderen Land ansässigen Leasinggeber.
- **Überlassung von Fahrzeugen an das Personal**, wenn das Personal seinen Wohnsitz in einem anderen Land hat.

Wichtig! Soweit ein deutscher Arbeitgeber seinem im Ausland wohnenden Personal Fahrzeuge zur privaten Nutzung überlässt und in entsprechender Anwendung der unionsrechtlichen Regelungen zur Ortsbestimmung dies zu einem steuerbaren und steuerpflichtigen Umsatz in dem anderen Mitgliedstaat führt, muss jeweils geprüft werden, nach welchen Grundsätzen sich in dem anderen Mitgliedstaat die Bemessungsgrundlage bestimmt. Soweit in Deutschland die Bemessungsgrundlage vereinfachend nach der sog. 1 %-Regelung bestimmt wird, kann dieses Ergebnis nicht analog auf andere Mitgliedstaaten übertragen werden, da es sich hier lediglich um eine von der deutschen

[17] Art. 56 Abs. 2 MwStSystRL.
[18] Abschn. 3a.5 Abs. 12 UStAE.

Finanzverwaltung vorgeschlagene pauschale Ermittlungsmethode handelt. Insoweit muss in jedem Mitgliedstaat geprüft werden, nach welchen Grundsätzen dort die Besteuerungsgrundlage der Überlassung eines Fahrzeugs an das Personal ermittelt wird.

1.3.3 Kulturelle, künstlerische, sportliche oder ähnliche Leistungen sowie Leistungen bei Messen und Ausstellungen

Werden bestimmte **kulturelle, künstlerische und ähnliche Leistungen**, sowie auch **Leistungen in Zusammenhang mit Messen und Ausstellungen** von einem Unternehmer ausgeführt, muss seit dem 1.1.2011 unterschieden werden, ob diese Leistung an einen Unternehmer für dessen Unternehmen ausgeführt wird[19] oder ob der Leistungsempfänger ein Nichtunternehmer ist.

- Wird die sonstige Leistung an einen **Nichtunternehmer** ausgeführt, ist der Leistungsort dort, wo der leistende Unternehmer diese Leistung tatsächlich ausführt, § 3a Abs. 3 Nr. 3 Buchst. a UStG. Ohne Bedeutung ist dabei, wo der Erfolg der Tätigkeit eintritt oder die sonstige Leistung sich auswirkt[20].
- Werden solche kulturellen, künstlerischen u.ä. Leistungen **an einen Unternehmer für dessen Unternehmen** ausgeführt, bestimmt sich der Ort der sonstigen Leistung nach der B2B-Grundregelung des § 3a Abs. 2 UStG und ist dort, wo der Leistungsempfänger sein Unternehmen betreibt oder eine die Leistung empfangende Betriebsstätte unterhält[21]. Eine Ausnahme besteht lediglich bei der Gewährung von Eintrittsberechtigungen zu solchen Veranstaltung nach § 3a Abs. 3 Nr. 5 UStG.

Tipp! Besonderheiten bestehen auch bei Leistungen, die im Zusammenhang mit Messen und Ausstellungen ausgeführt werden, vgl. dazu Stichwort Messen und Ausstellungen.

Die in § 3a Abs. 3 Nr. 3 Buchst. a UStG aufgeführten Leistungen sind wie folgt abzugrenzen:

Leistung	Besonderheit
Kulturelle oder künstlerische Leistungen	Die kulturelle und künstlerische Betätigung wird im Wesentlichen durch die eigene, freie schöpferische Gestaltung, in der Eindrücke, Erfahrungen und Erlebnisse des Künstlers zur Anschauung gebracht werden, bestimmt[22]. Es muss allerdings eine Abgrenzung zu den Fällen erfolgen, bei denen der Unternehmer Rechte nach dem Urheberrechtsgesetz überlässt (z.B. gesondertes Entgelt für Aufzeichnungen während eines Konzerts).
Wissenschaftliche Leistungen	Eine wissenschaftliche Tätigkeit liegt dann vor, wenn der Unternehmer methodisch, nach objektiven und sachlichen Kriterien Fragen oder Vorgänge erforscht oder auf konkrete Vorgänge anwendet. Es muss eine Abgrenzung zu konkreten Beratungsleistungen erfolgen. Eine wissenschaftliche Leistung setzt voraus, dass keine konkrete Entscheidungshilfe für den Auftraggeber mit der Leistung verbunden ist. Soweit eine Entscheidungshilfe zur Lösung konkreter technischer, wirtschaftlicher oder rechtlicher Fragen im Vordergrund steht, handelt es sich um eine Beratungsleistung[23].

[19] Gleichgestellt ist eine juristische Person, die nicht Unternehmer ist, der aber eine USt-IdNr. erteilt worden ist.
[20] BFH, Urteil v. 4.4.1974, V R 161/72, BStBl II 1974, 532.
[21] Bis zum 31.12.2010 waren diese Leistungen auch immer dort ausgeführt, wo der leistende Unternehmer tätig geworden war.
[22] Abschn. 3a.6 Abs. 5 UStAE.
[23] BVerfG, Urteil v. 24.2.1971, 1 BvR 435/68, NJW 1971, 1645.

Unterrichtende Leistungen	Vermittlung von Kenntnissen oder Fähigkeiten jeglicher Art durch einen Lehrer. Eventuell kann eine Steuerbefreiung nach § 4 Nr. 21 UStG in Betracht kommen.
Sportliche Leistungen	Sportliche Leistungen sind Leistungen, die im Wesentlichen auf eine körperliche Ertüchtigung durch Leibesübungen oder gleichgestellte Betätigungen gerichtet sind.
Unterhaltende Leistungen	Leistungen ohne künstlerischen Rang (Leistungen eines Schlagersängers, eines Conférenciers, Varietéleistungen).
Leistungen, der jeweiligen Veranstalter	Alle Veranstalter von Konzerten, sportlichen Turnieren und ähnlichen Veranstaltungen fallen unter diese Regelung.
Damit zusammenhängende Leistungen, die für die genannten Leistungen unerlässlich sind	Soweit ein Unternehmer eine Leistung erbringt, die für eine der genannten Tätigkeiten unerlässlich ist (z.B. tontechnische Leistungen im Zusammenhang mit einer künstlerischen oder unterhaltenden Leistung), ist diese Leistung ebenfalls dort ausgeführt, wo sie ausschließlich oder überwiegend ausgeführt wird.
Leistungen im Zusammenhang mit Messen und Ausstellungen	Alle Leistungen, die im Zusammenhang mit Messen und Ausstellungen ausgeführt werden, insbesondere die Leistungen der Veranstalter von Messen und Ausstellungen. Hier kann es zur Ausführung von Einzelleistungen mit unterschiedlichen Leistungsorten oder auch zur Ausführung von einheitlichen Veranstaltungsleistungen kommen, vgl. Stichwort Messen und Ausstellungen.

Beispiel 9: Kleinkünstler K aus den Niederlanden bietet Zauberveranstaltungen sowohl für Kinder wie auch für größere Veranstaltungen an. Im Juli 2018 wird er für einen privaten Kindergeburtstag in Aachen engagiert. Außerdem wird K von der D-GmbH für eine Firmenfeier in Aachen gebucht.

Lösung: K erbringt als Unternehmer im Rahmen seines Unternehmens sonstige Leistungen (unterhaltende Leistungen) gegen Entgelt.

Die Leistung auf dem privaten Kindergeburtstag ist nach § 3a Abs. 3 Nr. 3 Buchst. a UStG in Deutschland ausgeführt, wo K die Leistung tatsächlich ausgeführt hat. Die Leistung ist in Deutschland steuerbar und steuerpflichtig, Steuerschuldner für die Leistung ist K.

Die Leistung gegenüber der D-GmbH ist eine Leistung, die an einen Unternehmer für dessen Unternehmen ausgeführt wird, der Ort bestimmt sich nach § 3a Abs. 2 UStG und ist dort, wo die GmbH ihr Unternehmen betreibt. Damit ist die Leistung ebenfalls in Deutschland steuerbar und steuerpflichtig, Steuerschuldner wird aber die D-GmbH als Leistungsempfänger nach § 13b Abs. 1 i.V.m. Abs. 5 Satz 1 UStG, da K ein ausländischer Unternehmer ist.

1.3.4 Abgabe von Speisen und Getränken zum Verzehr

Gibt der Unternehmer **Speisen und Getränke zum Verzehr an Ort und Stelle** – im Gesetz als Restaurationsleistungen bezeichnet – ab, ist der Ort der sonstigen Leistung immer dort, wo die Leistung tatsächlich erbracht wird, § 3a Abs. 3 Nr. 3 Buchst. b UStG. Vgl. auch Stichwort Restaurationsumsätze. Dies gilt aber dann nicht, wenn die Speisen und Getränke an **Bord eines Schiffs**, einer Eisenbahn oder in einem Flugzeug während einer **Beförderung im Gemeinschaftsgebiet** abgegeben werden.

Werden Speisen und Getränke zum Verzehr an Bord eines Schiffs, eines Flugzeugs oder einer Eisenbahn während der Beförderung im Gemeinschaftsgebiet abgegeben, ist die sonstige Leistung immer dort ausgeführt, wo das Beförderungsmittel gestartet ist, § 3e Abs. 1 UStG. Nicht von Bedeutung ist, wo die Abgabe tatsächlich stattgefunden hat.

Beispiel 10: In einem Zug von Paris nach Köln werden im Bordbistro eines Zugs der Deutschen Bahn AG Speisen und Getränke zum Verzehr an Ort und Stelle abgegeben.
Lösung: Der Ort der sonstigen Leistung ist in Frankreich, da das Beförderungsmittel in Paris gestartet ist. Unerheblich ist, wo sich der Zug in dem Moment befindet, in dem die Speisen verkauft werden oder wo der Reisende in den Zug gestiegen ist.

Tipp! Nimmt ein Unternehmer in einem ausländischen Beförderungsmittel (z.B. in einem von Hamburg nach Prag fahrenden Zug der tschechischen Eisenbahn) eine solche Restaurationsleistung in Anspruch, würde eigentlich der Unternehmer für diese Leistung zum Steuerschuldner nach § 13b UStG werden. Nach § 13b Abs. 6 Nr. 6 UStG gilt hier aber eine Ausnahme, sodass der leistende ausländische Unternehmer der Steuerschuldner bleibt.

1.3.5 Arbeiten an beweglichen körperlichen Gegenständen

Führt der leistende Unternehmer **Arbeiten an beweglichen körperlichen Gegenständen** (z.B. Reparaturleistungen oder Wartungsarbeiten an beweglichen körperlichen Gegenständen) aus oder begutachtet er solche Gegenstände, ist die sonstige Leistung dort ausgeführt, wo der leistende Unternehmer die **Leistung tatsächlich erbringt**, § 3a Abs. 3 Nr. 3 Buchst. c UStG, wenn der **Leistungsempfänger kein Unternehmer** ist für dessen Unternehmen die Leistung ausgeführt wird und auch keine juristische Person ist, der eine USt-IdNr. erteilt worden ist.

Tipp! Wird eine solche Leistung an einen Unternehmer für dessen Unternehmen oder an eine juristische Person, die nicht Unternehmer ist, aber mit einer USt-IdNr. auftritt, ausgeführt, ist die sonstige Leistung nach der B2B-Grundregelung des § 3a Abs. 2 UStG dort, wo der Leistungsempfänger sein Unternehmen betreibt oder eine Betriebsstätte unterhält[24]. Wird eine solche sonstige Leistung aber ausschließlich im Drittlandsgebiet ausgeführt (z.B. Reparatur eines Fahrzeugs eines deutschen Unternehmers in Russland), kommt es zur Rückverlagerung des Orts in das Drittlandsgebiet, § 3a Abs. 8 UStG.

Arbeiten an beweglichen körperlichen Gegenständen werden in aller Regel dann vorliegen, wenn der Unternehmer eine **Werkleistung** (vgl. Stichwort Werkleistung) an einem beweglichen körperlichen Gegenstand ausführt. Solche Leistungen liegen insbesondere auch bei **Wartungsarbeiten** an Maschinen und Anlagen vor, bei denen der leistende Unternehmer keinen Hauptstoff verwendet. Arbeiten im Zusammenhang mit einem Grundstück sind aber immer dort ausgeführt, wo das Grundstück liegt.

Auch die **Begutachtung eines beweglichen Gegenstands** führt zu einem Ort der Leistung nach § 3a Abs. 3 Nr. 3 Buchst. c UStG, soweit die Leistung an einen Nichtunternehmer ausgeführt wird. Die Vorschrift hat Vorrang vor § 3a Abs. 4 UStG.

Voraussetzung für die Anwendung dieser Vorschrift ist, dass der Unternehmer bei der Ausführung dieser Leistung **nur selbst beschaffte Nebensachen oder Zutaten** verwendet. Verwendet er Gegenstände, die als Hauptstoffe anzusehen sind (sie prägen qualitativ die Leistung), handelt es sich um eine Werklieferung, deren Ort sich nach den Vorschriften für Lieferungen bestimmt.

Beispiel 11: Unternehmer U aus Deutschland beauftragt den aus der Schweiz stammenden Kunsttischler, in seinem Ferienhaus im Kinzigtal (Schwarzwald) einen antiken Bauernschrank zu reparieren. Der Tischler reist zu dem Ferienhaus des U an und führt dort die notwendige Reparatur aus. Bei der Reparatur verwendet er nur Nebensachen (Schleifmaterial, Spachtelmasse, Farbe).

---

[24] Für Leistungen bis zum 31.12.2010 bestimmte sich auch der Ort der Leistung gegenüber einem Unternehmer am jeweiligen Tätigkeitsort.

Lösung: Die sonstige Leistung ist an einen Unternehmer, aber nicht für sein Unternehmen ausgeführt. Da es sich um eine Arbeit an einem beweglichen Gegenstand handelt, ist der Ort der sonstigen Leistung im Inland, wo der leistende Unternehmer die Leistung tatsächlich ausgeführt hat, § 3a Abs. 3 Nr. 3 Buchst. c UStG. Die Leistung ist in Deutschland steuerbar und steuerpflichtig. Da U ein Unternehmer ist, wird er nach § 13b Abs. 2 Nr. 1 i.V.m. Abs. 5 Satz 1 und Satz 6 UStG zum Steuerschuldner, obwohl er die Leistung nicht für sein Unternehmen bezogen hat. U muss die Umsatzsteuer bei seinem Finanzamt anmelden und an das Finanzamt abführen. Ein Vorsteuerabzug ergibt sich für ihn nicht.

1.3.6 Vermittlung von Umsätzen

Vermittelt der Unternehmer einen Umsatz, ist der Vermittlungsumsatz dort ausgeführt, wo der vermittelte Umsatz ausgeführt ist, § 3a Abs. 3 Nr. 4 UStG, wenn der Leistungsempfänger weder ein Unternehmer ist, für dessen Unternehmen die Leistung ausgeführt wird oder eine nicht unternehmerisch tätige juristische Person ist, der keine USt-IdNr. erteilt wurde, vgl. dazu auch Stichwort Vermittlungsleistungen.

Allerdings sind im Zusammenhang mit Vermittlungsleistungen auch Sondervorschriften zu beachten, sodass der **Ort von Vermittlungsleistungen** in der folgenden **Reihenfolge** zu bestimmen ist:

- Vermittlungen im Zusammenhang mit **Grundstücksumsätzen**: Der Ort der Vermittlungsleistung ist dort, wo das Grundstück liegt (§ 3a Abs. 3 Nr. 1 UStG).
- Vermittlungen von **sonstigen Umsätzen**: Der Ort der Vermittlungsleistung ist dort, wo der vermittelte Umsatz ausgeführt wurde (§ 3a Abs. 3 Nr. 4 UStG).
- Vermittlungsleistungen, denen **kein Umsatz** zugrunde liegt (z.B. Heiratsvermittlung): Der Ort der Vermittlungsleistung ist dort, wo der leistende Unternehmer sein Unternehmen betreibt oder seine Betriebsstätte innehat (§ 3a Abs. 1 UStG).

Achtung! Wird eine solche Leistung an einen Unternehmer für dessen Unternehmen oder an eine juristische Person, die nicht Unternehmer ist, aber mit einer USt-IdNr. auftritt, ausgeführt, ist die sonstige Leistung nach der Grundregelung des § 3a Abs. 2 UStG dort, wo der Leistungsempfänger sein Unternehmen betreibt oder seine Betriebsstätte unterhält[25]. Dies gilt aber nicht bei Vermittlungsleistungen i.Z.m. Grundstücken, diese Leistungen sind immer am Grundstücksort ausgeführt.

1.3.7 Eintrittsberechtigungen

Werden Eintrittsberechtigungen im kulturellen, künstlerischen Bereich oder bei Messen und Ausstellungen gegenüber einem Unternehmer für dessen Unternehmen oder einer nichtunternehmerischen juristischen Person, der aber eine USt-IdNr. erteilt worden ist, gewährt, ist der Ort der Leistung immer dort, wo die Veranstaltung tatsächlich durchgeführt wird, § 3a Abs. 3 Nr. 5 UStG.

Tipp! Die Regelung ist systematisch zwingend notwendig, da ansonsten der Verkauf jeder Eintrittskarte an einen Unternehmer für dessen Unternehmen immer dort ausgeführt wäre, wo der Leistungsempfänger ansässig ist. Dies würde in der Praxis in Ermangelung der Kenntnis über die Herkunft der Besucher von Veranstaltungen gar nicht umgesetzt werden können.

Nicht exakt aus dem Gesetzestext ist ersichtlich, wie weit der **Begriff der „Eintrittsberechtigung"** reicht. Die Finanzverwaltung stellt dazu in Abschn. 3a.6 Abs. 13 UStAE klar, dass unter Eintrittsberechtigungen (sowie die damit unmittelbar zusammenhängenden Leistungen wie Nutzung der Garderoben, sanitärer Anlagen) insbesondere die folgenden Sachverhalte fallen:

[25] Für Leistungen bis zum 31.12.2010 war der Ort der Leistung gegenüber einem Unternehmer ebenfalls dort, wo der vermittelte Umsatz ausgeführt wurde.

- Das Recht auf Zugang zu **Theateraufführungen**, Zirkusvorstellungen, Konzerten, Ausstellungen und ähnlichen kulturellen Veranstaltungen. Unerheblich ist dabei, ob das Eintrittsgeld als Einzelentgelt, als Jahresbeitrag oder im Abonnement gezahlt wird.
- Das Recht auf Zugang zu **Sportveranstaltungen** (Spiele und Wettkämpfe), unerheblich davon, ob das Entgelt für eine Veranstaltung, einen Zeitraum oder eine fest vereinbarte Anzahl von Veranstaltungen entrichtet wird.
- Das Recht auf Zugang zu **der Allgemeinheit offen stehenden Veranstaltungen** auf dem Gebiet des Unterrichts und der Wissenschaft wie z.B. Konferenzen und Seminare. Dies gilt unabhängig davon, ob der leistungsempfangende Unternehmer selbst oder seine Mitarbeiter an dieser Veranstaltung teilnehmen.

Tipp! Unter die Anwendungsregelung des § 3a Abs. 3 Nr. 5 UStG fallen damit auch Seminare, die von allen interessierten Personen gebucht werden können, nicht dagegen geschlossene Seminare, die nur gegenüber einem Unternehmer und deren Mitarbeitern ausgeführt werden (z.B. sog. Inhouse-Seminare).

Keine Gewährung von Eintrittsberechtigungen nach § 3a Abs. 3 Nr. 5 UStG liegt aber immer dann vor, wenn Eintrittskarten nur vermittelt werden.

Achtung! Die Einräumung von Eintrittsberechtigungen gegenüber von Nichtunternehmern sind nach § 3a Abs. 3 Nr. 3 Buchst. a UStG ebenfalls immer am jeweiligen Veranstaltungsort ausgeführt. Der leistende Unternehmer muss deshalb bei diesen Umsätzen nicht differenzieren, ob er die Leistung an einen Unternehmer ausführt oder nicht.

1.3.8 Bestimmte Leistungen, die an Nichtunternehmer im Drittlandsgebiet ausgeführt werden

Bei bestimmten – in § 3a Abs. 4 Satz 2 UStG abschließend aufgeführten – Leistungen (sog. „**Katalogleistungen**“), die ein Unternehmer an einen Nichtunternehmer, Unternehmer für dessen nichtunternehmerischen Bereich oder eine nichtunternehmerisch tätige juristische Person ohne USt-IdNr. mit **Sitz oder Wohnsitz im Drittlandsgebiet** ausführt, ist der Ort der sonstigen Leistung dort, wo der Leistungsempfänger seinen Wohnsitz oder Sitz hat, § 3a Abs. 4 Satz 1 UStG.

Tipp! Die Regelung entspricht im Wesentlichen der auch schon bis zum 31.12.2009 in § 3a Abs. 4 und Abs. 3 UStG a.F. enthaltenen Regelung. Lediglich bei der Ausführung der Leistung an einen Unternehmer für dessen Unternehmen war dies bisher auch ein Sonderfall des alten Rechts, ist ab dem 1.1.2010 aber ergebnisgleich über die Grundregelung nach § 3a Abs. 2 UStG geregelt.

Katalogleistungen nach 3a Abs. 4 Satz 2 UStG	
Rechtsvorschrift	**Art der ausgeführten Leistung**
§ 3a Abs. 4 Satz 2 Nr. 1 UStG	Einräumung, Übertragung und Wahrnehmung von Patenten, Urheberrechten, Markenrechten und ähnlichen Rechten
§ 3a Abs. 4 Satz 2 Nr. 2 UStG	Sonstige Leistungen, die der Werbung oder der Öffentlichkeitsarbeit dienen, dies gilt auch für die Leistungen der Werbungsmittler und der Werbeagenturen

§ 3a Abs. 4 Satz 2 Nr. 3 UStG	Sonstige Leistungen aus der Tätigkeit als Rechtsanwalt, Patentanwalt, Steuerberater, Steuerbevollmächtigter, Wirtschaftsprüfer, vereidigter Buchprüfer, Sachverständiger, Ingenieur, Aufsichtsratsmitglied, Dolmetscher und Übersetzer sowie ähnlicher Leistungen anderer Unternehmer, insbesondere die rechtliche, wirtschaftliche und technische Beratung
§ 3a Abs. 4 Satz 2 Nr. 4 UStG	Datenverarbeitung
§ 3a Abs. 4 Satz 2 Nr. 5 UStG	Überlassung von Informationen einschließlich gewerblicher Verfahren und Erfahrungen
§ 3a Abs. 4 Satz 2 Nr. 6a UStG	Bestimmte, in § 4 Nr. 8 Buchst. a bis Buchst. h UStG genannte Umsätze sowie deren Vermittlung (Geld- und Finanzumsätze). Darüber hinaus Versicherungsumsätze der in § 4 Nr. 10 UStG genannten Art und die Verwaltung von Krediten und Kreditsicherheiten
§ 3a Abs. 4 Satz 2 Nr. 6b UStG	Sonstige Leistungen im Geschäft mit Gold, Silber und Platin, nicht jedoch für Münzen und Medaillen aus diesen Edelmetallen
§ 3a Abs. 4 Satz 2 Nr. 7 UStG	Gestellung von Personal
§ 3a Abs. 4 Satz 2 Nr. 8 UStG	Verzicht auf die Ausübung des Rechts auf Einräumung, Übertragung und Wahrnehmung von Patenten, Urheberrechten, Markenrechten und ähnlichen Rechten
§ 3a Abs. 4 Satz 2 Nr. 9 UStG	Verzicht, ganz oder teilweise, eine gewerbliche oder berufliche Tätigkeit auszuüben
§ 3a Abs. 4 Satz 2 Nr. 10 UStG	Vermietung beweglicher körperlicher Gegenstände mit Ausnahme von Beförderungsmitteln
§ 3a Abs. 4 Satz 2 Nr. 11 UStG	aufgehoben seit dem 1.1.2015 (bis 31.12.2014: Sonstige Leistungen auf dem Gebiet der Telekommunikation)
§ 3a Abs. 4 Satz 2 Nr. 12 UStG	aufgehoben seit dem 1.1.2015 (bis 31.12.2014: Rundfunk- und Fernsehdienstleistungen)
§ 3a Abs. 4 Satz 2 Nr. 13 UStG	aufgehoben seit dem 1.1.2015 (bis 31.12.2014: Sonstige Leistungen, die auf elektronischem Weg erbracht werden)
§ 3a Abs. 4 Satz 2 Nr. 14 UStG	Die Gewährung des Zugangs zum Erdgasnetz, zum Elektrizitätsnetz oder zu Wärme- oder Kältenetzen sowie weitere sonstige Leistungen im Zusammenhang mit solchen Netzen

Achtung! Die in § 3a Abs. 4 Satz 2 Nr. 11 bis Nr. 13 UStG enthaltenen Leistungen sind seit dem 1.1.2015 Bestandteil der neu gefassten Regelung zu den elektronischen Dienstleistungen, den Telekommunikationsdienstleistungen sowie den Rundfunk- und Fernsehdienstleistungen.

Beispiel 12: Rechtsanwalt R aus Deutschland führt Rechtsberatungsleistungen
a) an einen Unternehmer in Frankreich,
b) an eine Privatperson in der Schweiz und
c) an eine Privatperson in Polen aus.

Lösung:

a) Die Beratungsleistung an den Unternehmer in Frankreich ist nach § 3a Abs. 2 UStG in Frankreich ausgeführt und damit in Deutschland nicht steuerbar. Der Leistungsempfänger in Frankreich wird der Steuerschuldner.

b) Die Beratungsleistung an die Privatperson in der Schweiz ist nach § 3a Abs. 4 Satz 2 Nr. 3 i.V.m. Satz 1 UStG in der Schweiz ausgeführt und damit in Deutschland nicht steuerbar. Die umsatzsteuerlichen Folgen im Drittlandsgebiet sind zu prüfen.

c) Die Beratungsleistung an die Privatperson aus Polen ist nach § 3a Abs. 1 UStG in Deutschland ausgeführt. Ein Sonderfall des § 3a Abs. 4 UStG liegt nicht vor, da der Leistungsempfänger als Nichtunternehmer nicht aus dem Drittlandsgebiet stammt. R muss für diese Leistung in Deutschland Umsatzsteuer abführen, er ist der Steuerschuldner.

1.3.9 Elektronische Dienstleistungen, Telekommunikationsdienstleistungen und Rundfunk- und Fernsehdienstleistung

Zum 1.1.2015 sind in der Europäischen Union die Regelungen für elektronische Dienstleistungen, Rundfunk- und Fernsehdienstleistungen sowie Telekommunikationsleistungen geändert worden. Werden diese Leistungen gegenüber einem Nichtunternehmer ausgeführt, ist der Ort der sonstigen Leistungen immer im Bestimmungsland – unabhängig davon, ob die Leistungen an Nichtunternehmer im Gemeinschaftsgebiet oder im Drittlandsgebiet ausgeführt werden. National ist die Regelung in § 3a Abs. 5 UStG umgesetzt worden; vgl. Stichwort Electronic Commerce und Telekommunikation. Es ist seit dem 1.1.2015 – mit Ausnahme einer zum 1.1.2019 einzuführenden Bagatellgrenze von 10.000 € – auch egal, ob der leistende Unternehmer aus dem Gemeinschaftsgebiet oder dem Drittlandsgebiet kommt. Verbunden ist dies mit der Möglichkeit, sich jeweils für diese Leistungen nur in einem Mitgliedstaat erfassen zu lassen; vgl. Stichwort Mini-One-Stop-Shop-Regelung.

Bis zum 31.12.2014 war in § 3a Abs. 5 UStG nur der Fall geregelt, dass ein Unternehmer, der sein **Unternehmen vom Drittlandsgebiet** aus betreibt, eine auf elektronischem Weg ausgeführte Leistung an einen **Leistungsempfänger**, der **kein Unternehmer** ist oder die Leistung nicht für sein Unternehmen bezieht oder an eine nichtunternehmerische juristische Person ohne USt-IdNr. im Gemeinschaftsgebiet ausführt. In diesem Fall war der Ort der sonstigen Leistung dort, wo der Leistungsempfänger ansässig war, § 3a Abs. 5 a.F. UStG; vgl. Stichwort Electronic Commerce und Telekommunikation.

Wichtig! Allerdings wird mit Wirkung zum 1.1.2019 eine neue **Bagatellgrenze von 10.000 €** eingeführt. Diese Grenze gilt einheitlich für alle in den anderen Mitgliedstaaten an Nichtunternehmer ausgeführte Leistungen dieser Art. Soweit diese Grenze im vorangegangenen Kalenderjahr und im laufenden Kalenderjahr bisher nicht überschritten wurde, wird der Ort der sonstigen Leistung nicht in den anderen Mitgliedstaat verlagert, die Leistung bleibt in dem jeweiligen Ausgangsmitgliedstaat der Besteuerung unterworfen[26]. Der leistende Unternehmer kann aber auf die Anwendung dieser Bagatellregelung verzichten.

1.3.10 Verlagerung des Orts in Ausnahmefällen des Drittlandsverkehrs

Nach **§ 3a Abs. 6 UStG** wird der Ort der sonstigen Leistung bei bestimmten, abschließend aufgeführten **Leistungen aus dem Drittlandsgebiet in das Inland verlagert**, wenn der leistende Unternehmer im

[26] Art. 58 Abs. 2 MwStSystRL in der ab dem 1.1.2019 geltenden Fassung.

Drittlandsgebiet ansässig ist oder dort eine leistungserbringende Betriebsstätte hat. Weitere Voraussetzung ist, dass die Leistung im Inland genutzt oder ausgewertet wird.

Diese Regelung betrifft insbesondere die folgenden Leistungen:

- eine kurzfristige oder langfristige Vermietung von Beförderungsmitteln wird ausgeführt,
- eine in § 3a Abs. 4 Satz 2 Nr. 1 bis Nr. 10 UStG aufgeführte sonstige Leistung (vgl. dazu 1.3.8) wird an eine im Inland ansässige juristische Person des öffentlichen Rechts ausgeführt oder
- es wird eine sonstige Leistung auf dem Gebiet der Telekommunikation oder eine Rundfunk- und Fernsehleistung ausgeführt.

Nach **§ 3a Abs. 7 UStG** wird der Ort der kurzfristigen Vermietung bestimmter Fahrzeuge (Schienenfahrzeuge, Kraftomnibusse oder ausschließlich zur Beförderung von Gegenständen bestimmte Straßenfahrzeuge) an einen im Drittlandsgebiet ansässigen Unternehmer für dessen Unternehmen in das Drittlandsgebiet verlagert, wenn das Fahrzeug im Drittlandsgebiet genutzt wird.

1.3.11 Rückverlagerung des Orts nach § 3a Abs. 8 UStG in das Drittlandsgebiet

In bestimmten Fällen ergeben sich für inländische Unternehmer Probleme, wenn sie Leistungen für ihr Unternehmen beziehen, diese Leistungen aber ausschließlich im Drittlandsgebiet ausgeführt wurden. So war z.B. der Ort einer ausschließlich im Drittlandsgebiet ausgeführten Beförderungsleistung gegenüber einem deutschen Unternehmer nach § 3a Abs. 2 UStG in Deutschland steuerbar, da der Leistungsempfänger sein Unternehmen im Inland betreibt, die Leistung wird aber im Regelfall auch im Drittlandsgebiet einer Umsatzbesteuerung unterliegen – es würde eine Doppelbesteuerung erfolgen.

Zur **Vermeidung einer Doppelbesteuerung** wird deshalb über § 3a Abs. 8 UStG der Ort der sonstigen Leistung in bestimmten Fällen wieder in das Drittlandsgebiet zurückverlagert[27].

Bei den in § 3a Abs. 8 Satz 1 UStG abschließend aufgeführten Leistungen, die gegenüber einem Unternehmer für dessen Unternehmen ausgeführt werden und deren Ort eigentlich nach § 3a Abs. 2 UStG am Sitzort des Leistungsempfängers wäre, wird die Leistung **als im Drittlandsgebiet ausgeführt behandelt**, wenn diese Leistung dort genutzt oder ausgewertet wird. Dies betrifft die folgenden Leistungen:

- Güterbeförderungsleistungen,
- mit der Beförderung im Zusammenhang stehende Dienstleistungen (Beladen, Entladen oder Umschlagen etc.),
- Arbeiten an beweglichen körperlichen Gegenständen sowie die Begutachtung dieser,
- Veranstaltungsleistungen im Zusammenhang mit Messen und Ausstellungen sowie
- Reisevorleistungen nach § 25 Abs. 1 Satz 5 UStG.

Wichtig! Die Leistungen müssen aber tatsächlich im Drittlandsgebiet genutzt oder ausgewertet werden.

Beispiel 13: Unternehmer U aus Deutschland beauftragt den Frachtführer F aus Russland, Ware in Russland (von Moskau nach St. Petersburg) zu transportieren.

Losung: Die Leistung wäre in Deutschland steuerbar nach § 3a Abs. 2 UStG, da der Leistungsempfänger U die Leistung für sein Unternehmen bezieht und im Inland ansässig ist. Die Leistung wird im Regelfall im Drittlandsgebiet der (nationalen) Umsatzbesteuerung unterliegen, da Russland nicht auf sein nationales Besteuerungsrecht verzichten wird. Die Leistung wird deshalb nach § 3a Abs. 8 UStG als im Drittlandsgebiet ausgeführt behandelt und unterliegt in Deutschland nicht der Umsatzsteuer.

Tipp! Die Finanzverwaltung setzt die gesetzliche Formulierung „im Drittlandsgebiet genutzt oder ausgewertet" so um, dass darunter Leistungen fallen, die tatsächlich ausschließlich dort in Anspruch genommen werden können.

---

27 Die Regelung wurde zum 1.1.2011 in das Gesetz aufgenommen und zum 1.7.2011 erweitert. Die Finanzverwaltung wandte dies für Sachverhalte in 2010 aber auch schon auf dem Verwaltungswege entsprechend an.

Wichtig! Diese Sonderregelung des § 3a Abs. 8 UStG gilt aber dann nicht, wenn die Leistungen in den Gebieten nach § 1 Abs. 3 UStG (Freihäfen, Küstenstreifen zwischen der jeweiligen Strandlinie und der Hoheitsgrenze) ausgeführt werden.

Darüber hinaus war bis zum 31.12.2014[28] in § 3a Abs. 8 Satz 2 UStG auch geregelt, dass **Telekommunikationsdienstleistungen** abweichend von § 3a Abs. 1 UStG als im Drittlandsgebiet ausgeführt zu behandeln sind, wenn sie dort genutzt oder ausgewertet werden. Diese Regelung kann nur Leistungen **gegenüber einem Nichtunternehmer** betreffen, der im Gemeinschaftsgebiet ansässig ist, sich aber vorübergehend im Drittlandsgebiet aufhält, in allen anderen Fällen der Telekommunikationsleistungen kann es nicht zur Bestimmung des Orts nach § 3a Abs. 1 UStG kommen. Die Finanzverwaltung setzt diese gesetzliche Regelung so um, dass sie nur dann zur Anwendung kommt, wenn die Telekommunikationsdienstleistung tatsächlich nur im Drittlandsgebiet in Anspruch genommen werden kann, z.B. bei einer vertraglichen Vereinbarung, dass diese Leistung nur in einem Drittlandsnetz in Anspruch genommen werden kann. Gelegentlich in Anspruch genommene Telefonate im Drittlandsgebiet (z.B. im Urlaub) können nicht unter diese Regelung fallen.

Achtung! Zum 1.1.2015 ist § 3a Abs. 8 Satz 2 UStG ersatzlos aufgehoben worden, da die Telekommunikationsdienstleistungen gegenüber Nichtunternehmern über § 3a Abs. 5 UStG grundsätzlich dort ausgeführt sind, wo der Leistungsempfänger ansässig ist.

1.3.12 Personenbeförderungsleistungen

Führt der leistende Unternehmer eine **Personenbeförderungsleistung** aus, bestimmt sich der Ort der sonstigen Leistung nach den Vorgaben des **§ 3b Abs. 1 UStG**. Die Beförderungsleistung ist jeweils dort ausgeführt, wo sie bewirkt wird. Das bedeutet, dass jeder im Inland gefahrene Kilometer zu einer steuerbaren und auch steuerpflichtigen Leistung führt, jeder im Ausland gefahrene Kilometer im Inland nicht steuerbar ist. Vgl. dazu auch Stichwort Beförderungsleistungen.

1.3.13 Güterbeförderungsleistungen

Wird eine **Güterbeförderungsleistung gegenüber einem Unternehmer für dessen Unternehmen** oder gegenüber einer nichtunternehmerisch tätigen juristischen Person, der eine USt-IdNr. erteilt worden ist, ausgeführt, ist die Beförderungsleistung immer dort erbracht, wo der Leistungsempfänger sein Unternehmer betreibt oder eine die, die Leistung empfangende **Betriebsstätte** unterhält, § 3a Abs. 2 UStG. Es kommt dabei nicht darauf an, wo die Beförderung tatsächlich erfolgt, gegebenenfalls ist aber die Sonderregelung des § 3a Abs. 8 UStG zu beachten (vgl. dazu 1.3.11).

Lediglich in den Fällen, in denen es sich um eine **drittlandsgrenzüberschreitende Güterbeförderung** handelt, kann es unter den Voraussetzungen des § 4 Nr. 3 Buchst. a UStG zu einer Steuerbefreiung kommen.

Bei einer **Güterbeförderung gegenüber einem Nichtunternehmer** bestimmt sich der Ort nach der jeweiligen Beförderungsstrecke, wenn es sich um eine inländische Beförderung, eine Beförderung im Drittlandsgebiet oder zwischen Inland und Drittlandsgebiet handelt, § 3b Abs. 1 UStG. Der inländische Teil kann dann aber nach § 4 Nr. 3 Buchst. a UStG steuerbefreit sein, wenn es sich um eine drittlandsgrenzüberschreitende Beförderung handelt.

Beginnt und endet die Beförderung eines Gegenstands, die gegenüber einem Nichtunternehmer ausgeführt wird, in zwei verschiedenen Mitgliedstaaten (**innergemeinschaftliche Beförderung eines Gegenstands**), bestimmt sich der Ort der Beförderungsleistung nach § 3b Abs. 3 UStG und ist immer dort, wo die Beförderung beginnt. Diese Beförderung unterliegt keiner Steuerbefreiung.

[28] Die Regelung ist zum 1.1.2015 aufgehoben worden.

Tipp! Vgl. zu den Einzelheiten Stichwort Beförderungsleistungen.

1.3.14 Unentgeltliche Leistungen

Wenn der Unternehmer unentgeltliche Leistungen i.S.d. § 3 Abs. 9a UStG ausführt, ist der Ort dieser Leistung nach **§ 3f UStG** grundsätzlich dort, wo der Unternehmer sein Unternehmen betreibt. Lediglich wenn er die Leistung von einer Betriebsstätte aus erbringt, ist der Ort der Betriebsstätte maßgebend. Zu den Einzelheiten vgl. Stichwort Unentgeltliche Leistungen.

2. Ort der sonstigen Leistung bis zum 31.12.2009

2.1 Die Grundlagen

Bei der **Feststellung des Orts einer sonstigen Leistung** waren die Vorschriften bis zum 31.12.2009 in der folgenden Reihenfolge zu prüfen (die Rechtsvorschriften beziehen sich jeweils auf den Rechtsstand 2009):

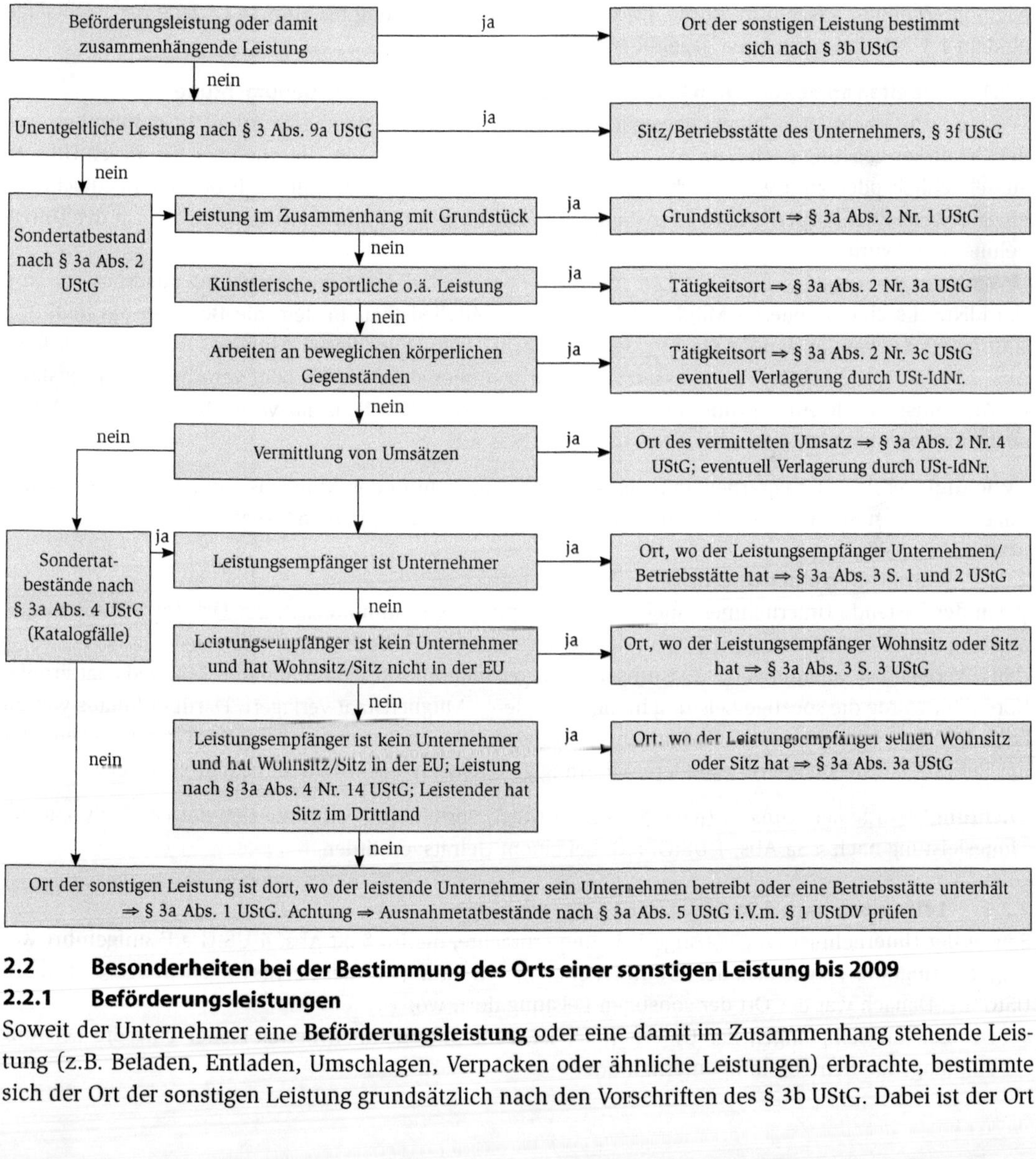

2.2 Besonderheiten bei der Bestimmung des Orts einer sonstigen Leistung bis 2009

2.2.1 Beförderungsleistungen

Soweit der Unternehmer eine **Beförderungsleistung** oder eine damit im Zusammenhang stehende Leistung (z.B. Beladen, Entladen, Umschlagen, Verpacken oder ähnliche Leistungen) erbrachte, bestimmte sich der Ort der sonstigen Leistung grundsätzlich nach den Vorschriften des § 3b UStG. Dabei ist der Ort der Leistung im Regelfall dort, wo die Beförderungsleistung bewirkt wurde (entsprechend der zurückgelegten Fahrstrecke). Bei der Beförderung von Gegenständen zwischen zwei Mitgliedstaaten ergaben sich hier aber nach § 3b Abs. 3 UStG a.F. Ausnahmen.

2.2.2 Leistungen im Zusammenhang mit einem Grundstück

Eine sonstige Leistung im Zusammenhang mit einem Grundstück war auch bis 31.12.2009 immer dort ausgeführt, wo das Grundstück liegt (sog. **Belegenheitsprinzip**), § 3a Abs. 2 Nr. 1 UStG a.F. Bei dem Umfang der Leistungen, die als Leistungen im Zusammenhang mit einem Grundstück gelten, vgl. die Rechtslage ab dem 1.1.2010.

2.2.3 Kulturelle, künstlerische und ähnliche Leistungen

Kulturelle, künstlerische u.ä. Leistungen wurden bis zum 31.12.2009 nach § 3a Abs. 2 Nr. 3 Buchst. a UStG a.F. immer dort ausgeführt, wo der leistende Unternehmer für die Ausführung dieses Umsatzes tatsächlich tätig wurde – unabhängig davon, ob die Leistung gegenüber einem Unternehmen oder einem Nichtunternehmer ausgeführt wurde. Damit entsprach die Regelung bis zum 31.12.2009 der Rechtslage ab dem 1.1.2011 bei Leistungen gegenüber Nichtunternehmern.

2.2.4 Arbeiten an beweglichen körperlichen Gegenständen und die Begutachtung

Wenn ein Unternehmer an einem beweglichen körperlichen Gegenstand eine Arbeit ausgeführt hat, war der Ort dieser Leistung nach § 3a Abs. 2 Nr. 3c UStG a.F. dort, wo der Unternehmer für diesen Umsatz ausschließlich oder zum wesentlichen Teil tätig geworden war. Dies galt auch bei der Begutachtung eines beweglichen körperlichen Gegenstands. Die Leistung war immer dort ausgeführt, wo der Unternehmer tätig wurde.

Wenn der Auftraggeber einer solchen sonstigen Leistung bei der Auftragserteilung ausdrücklich eine USt-IdNr. aus einem anderen Mitgliedstaat (als dem Mitgliedstaat, in dem die Be- oder Verarbeitung stattfindet) verwandte, wurde der Ort der sonstigen Leistung in diesen Mitgliedstaat verlagert, § 3a Abs. 2 Nr. 3c Satz 2 UStG a.F. Voraussetzung dafür war aber, dass der be- oder verarbeitete Gegenstand im Anschluss an die Ausführung der Leistung nicht in dem Mitgliedstaat verblieb, in dem die Arbeit ausgeführt worden war, § 3a Abs. 2 Nr. 3c Satz 3 UStG a.F.

Wichtig! Der be- oder verarbeitete Gegenstand musste nicht in den Mitgliedstaat gelangen, aus dem die USt-IdNr. stammte, es reichte aus, dass der Gegenstand nicht in dem Tätigkeitsland verblieb.

2.2.5 Vermittlung eines Umsatzes

Wenn der leistende Unternehmer einen Umsatz vermittelte, bestimmte sich der **Ort der Vermittlungsleistung** grundsätzlich mit dem Ort, an dem der vermittelte Umsatz ausgeführt war, § 3a Abs. 2 Nr. 4 UStG. Verwendete allerdings der Leistungsempfänger eine ihm in einem anderen Mitgliedstaat erteilte USt-IdNr., wurde die sonstige Leistung in diesen anderen Mitgliedstaat verlagert. Darüber hinaus war zu beachten, dass bei bestimmten Vermittlungsleistungen (z.B. im Zusammenhang mit Grundstücken oder mit Beförderungsleistungen) besondere – vorrangige – Rechtsvorschriften zu beachten waren.

Achtung! Wurde kein Umsatz (nach § 1 Abs. 1 UStG) vermittelt, bestimmte sich der Ort der Vermittlungsleistung nach § 3a Abs. 1 UStG, z.B. bei einem Heiratsvermittler.

2.2.6 Leistungen nach § 3a Abs. 4 UStG

Soweit der Unternehmer eine sonstige Leistung erbrachte, die im § 3a Abs. 4 UStG a.F. aufgeführt war (sog. **Katalogfälle**), ergab sich der Ort dieser sonstigen Leistung aus der Rechtsvorschrift des § 3a Abs. 3 UStG a.F. Danach war der Ort der sonstigen Leistung dort, wo:

- Der Leistungsempfänger, der Unternehmer ist, sein Unternehmen betreibt oder eine die Leistung empfangende Betriebsstätte unterhält oder

- wenn die Leistung an einen Nichtunternehmer aus dem Drittlandsgebiet ausgeführt wurde, wo der Leistungsempfänger ansässig ist.

Tipp! Der Leistungskatalog des § 3a Abs. 4 UStG a.F. entsprach fast vollständig auch der seit dem 1.1.2010 geltenden Fassung des § 3a Abs. 4 Satz 2 UStG.

2.2.7 Andere sonstigen Leistungen

Alle sonstigen Leistungen, die nicht in den Vorschriften des § 3b UStG, § 3f UStG oder § 3a Abs. 2 und Abs. 4 UStG aufgeführt waren, wurden nach der Grundvorschrift des § 3a Abs. 1 UStG a.F. grundsätzlich dort ausgeführt, wo der leistende Unternehmer sein Unternehmen betreibt. Wenn die Leistung von einer Betriebsstätte aus erbracht wird, war der Ort der Betriebsstätte maßgebend.

Achtung! In den Fällen, in denen sich der Ort der sonstigen Leistung nach § 3a Abs. 1 UStG bestimmt, waren die Ausnahmen des § 1 UStDV zu prüfen.

2.2.8 Verlagerung des Orts der sonstigen Leistung nach § 1 UStDV

Bei bestimmten sonstigen Leistungen, deren Ort ansonsten nach § 3a Abs. 1 UStG a.F. zu bestimmen gewesen wäre, konnte eine Verlagerung des Orts der sonstigen Leistung nach § 1 UStDV infrage kommen.

In den folgenden Fällen wurde der Ort der sonstigen Leistung abweichend von § 3a Abs. 1 UStG a.F. aus dem Drittlandsgebiet in das Inland **verlagert**:

- Ein im Drittlandsgebiet ansässiger Unternehmer erbrachte eine im § 3a Abs. 4 Nr. 1 bis Nr. 11 UStG genannte sonstige Leistung an eine im Inland ansässige juristische Person des öffentlichen Rechts, soweit diese kein Unternehmer war, und die Leistung im Inland genutzt oder ausgewertet wurde.
- Ein im Drittlandsgebiet ansässiger Unternehmer erbrachte eine im § 3a Abs. 4 Nr. 12 UStG a.F. (Telekommunikationsleistung) oder in § 3a Abs. 4 Nr. 13 UStG a.F. (Rundfunk- und Fernsehdienstleistung) bezeichnete sonstige Leistung, die im Inland genutzt wurde.
- Ein im Drittlandsgebiet ansässiger Unternehmer vermietete ein Beförderungsmittel, das im Inland genutzt wurde.

Nach § 1 Abs. 2 UStDV wurde eine sonstige Leistung aus dem Inland in das Drittlandsgebiet verlagert, wenn ein Unternehmer, der sein Unternehmen vom Inland aus betrieb, ein Schienenfahrzeug, einen Kraftomnibus oder ein ausschließlich zur Beförderung von Gegenständen bestimmtes Straßenfahrzeug an einen im Drittlandsgebiet ansässigen Unternehmer vermietete und das Fahrzeug im Drittlandsgebiet genutzt wurde.

Steuerbefreiungen

Steuerbefreiungen auf einen Blick

1. **Rechtsquellen**
   § 4 bis § 9 UStG
   § 8 bis § 24 UStDV
   Abschn. 4.1.1 bis Abschn. 9.2 UStAE
2. **Bedeutung**
   Ein Umsatz, der von einem Unternehmer im Inland ausgeführt wird, kann unter bestimmten Voraussetzungen steuerfrei sein. Die Steuerfreiheit setzt immer zwingend eine ausdrückliche gesetzliche Regelung voraus. Darüber hinaus muss die Steuerbefreiung vom leistenden Unternehmer in den meisten Fällen buch- und belegmäßig nachgewiesen werden.
3. **Weitere Stichworte**
   → Abtretung von Forderungen, → Ausfuhrlieferung, → Beförderungsleistungen, → Glücksspielumsätze, → Innergemeinschaftliche Lieferung, → Lohnveredelung, → Option zur Umsatzsteuer, → Steuerlager, → Vermittlungsleistung

1. Allgemeines

Eine Leistung, die ein Unternehmer im Rahmen seines Unternehmens im Inland ausführt, führt zu einem steuerbaren Umsatz. Dieser steuerbare Umsatz ist auf die Steuerpflicht hin zu überprüfen. Das Umsatzsteuerrecht ist dadurch geprägt, dass es eine **Vielzahl von einzelnen Steuerbefreiungstatbeständen** gibt, die teilweise wiederum eine Fülle von Einzelvoraussetzungen zur Bedingung haben. Dabei sind die Voraussetzungen für Steuerbefreiungen nach der Rechtsprechung des EuGH[1] **eng auszulegen**, für analoge Anwendungen auf nicht direkt in den Steuerbefreiungsvorschriften aufgeführte Leistungen besteht kein Raum.

Die Steuerbefreiungsvorschriften für Lieferungen und sonstige Leistungen sind im § 4 UStG aufgeführt, wobei einige Befreiungsvorschriften durch weitere Rechtsvorschriften konkretisiert werden (z.B. verweist § 4 Nr. 1 Buchst. a UStG auf die Ausfuhrlieferung als steuerfreie Lieferung, konkretisiert werden die Voraussetzungen für eine solche steuerfreie Ausfuhrlieferung im § 6 UStG; § 4 Nr. 1 Buchst. b UStG erfasst die innergemeinschaftliche Lieferung als steuerfreien Umsatz, die innergemeinschaftliche Lieferung wird dann in § 6a UStG definiert).

Wichtig! Die Steuerbefreiungstatbestände sind grundsätzlich in befreite Leistungen zu unterteilen, die dem Unternehmer für damit im Zusammenhang stehenden Eingangsleistungen trotzdem den Vorsteuerabzug ermöglichen (sog. echte Steuerbefreiungen) und steuerfreie Ausgangsleistungen, die den Vorsteuerabzug ausschließen (sog. unechte Steuerbefreiungen). Führt der Unternehmer steuerfreie Ausgangsleistungen aus, die ihm den Vorsteuerabzug aus damit zusammenhängenden Eingangsleistungen verwehren, kann in bestimmten Fällen auf die Steuerbefreiung verzichtet werden, vgl. Stichwort Option zur Umsatzsteuer.

Die folgende Übersicht enthält eine **Zusammenstellung der wichtigsten Steuerbefreiungsvorschriften** des § 4 UStG (verkürzte Zusammenstellung unter Vernachlässigung von Nebenvorschriften):

§ 4 UStG	Leistung	Vorsteuerabzug	Optionsfähig
Nr. 1 Buchst. a	Ausfuhrlieferung und Lohnveredelungen (im Drittlandsverkehr)	ja	–
Nr. 1 Buchst. b	Innergemeinschaftliche Lieferungen	ja	–
Nr. 2	Umsätze für die Seeschifffahrt und für die Luftfahrt	ja	–

[1] Vgl. z.B. EuGH, Urteil v. 8.5.2003, C-269/00 – Seeling, BStBl II 2004, 378.

§ 4 UStG	Leistung	Vorsteuer-abzug	Options-fähig
Nr. 3 Buchst. a	Grenzüberschreitende Beförderungen im Drittlandsverkehr sowie damit im Zusammenhang stehende Leistungen	ja	–
Nr. 3 Buchst. b	Beförderung von Gegenständen zu und von den autonomen Regionen Azoren und Madeira	ja	–
Nr. 3 Buchst. c	Bestimmte sonstige Leistungen im Zusammenhang mit zollamtlich vorübergehend verwendeten Gegenständen	ja	–
Nr. 4	Lieferung von Gold an Zentralbanken	ja	–
Nr. 4a	Lieferungen und sonstige Leistungen im Zusammenhang mit einem Steuerlager	ja	–
Nr. 4b	Bestimmte, vor einer Einfuhr im Inland ausgeführte Lieferungen	ja	–
Nr. 5	Befreiungen für bestimmte Vermittlungsleistungen (insbesondere im Drittlandsverkehr, nicht im Zusammenhang mit innergemeinschaftlichen Leistungen)	ja	–
Nr. 6 Buchst. a	Bestimmte Leistungen der Eisenbahnen des Bundes	ja	–
Nr. 6 Buchst. c	Bestimmte Lieferungen ins Drittlandsgebiet, soweit sich die Gegenstände im Rahmen einer zollamtlichen vorübergehenden Verwendung befinden	ja	–
Nr. 6 Buchst. d	Personenbeförderung mit Seeschiffen im Helgolandverkehr	ja	–
Nr. 6 Buchst. e	Abgabe von Speisen und Getränken auf Seeschiffen, nicht bei Fahrstrecke zwischen inländischen Häfen	ja	–
Nr. 7	Bestimmte Lieferungen an NATO Partner und diplomatische Vertretungen	ja	–
Nr. 8 Buchst. a	Umsätze und Vermittlungen von Krediten	bedingt*	ja
Nr. 8 Buchst. b	Umsätze und Vermittlungen von gesetzlichen Zahlungsmitteln, soweit nicht wegen des Metallgehalts oder des Sammlerwerts umgesetzt	bedingt*	ja
Nr. 8 Buchst. c	Umsätze und Vermittlungen im Geschäft mit Forderungen, ausgenommen ist die Einziehung von Forderungen	bedingt*	ja
Nr. 8 Buchst. d	Umsätze und Vermittlungen im Einlagengeschäft, Kontokorrentverkehr u.ä.	bedingt*	ja
Nr. 8 Buchst. e	Umsätze und Vermittlungen im Geschäft mit Wertpapieren, ausgenommen die Verwaltung	bedingt*	ja
Nr. 8 Buchst. f	Umsätze und Vermittlungen von Anteilen an Gesellschaften und anderen Vereinigungen	bedingt*	ja
Nr. 8 Buchst. g	Übernahme von Verbindlichkeiten, von Bürgschaften und anderen Sicherheiten sowie die Vermittlung dieser Umsätze	bedingt*	ja
Nr. 8 Buchst. h	Verwaltung von Investmentfonds i.S.d. Investmentsteuergesetzes und die Verwaltung von Versorgungseinrichtungen i.S.d. Versicherungsaufsichtsgesetzes	nein	nein
Nr. 8 Buchst. i	Umsätze der im Inland gültigen amtlichen Wertzeichen zum aufgedruckten Wert	nein	nein
Nr. 9 Buchst. a	Umsätze, die unter das Grunderwerbsteuergesetz fallen	nein	ja
Nr. 9 Buchst. b	Umsätze, die unter das Rennwett- und Lotteriegesetz fallen	nein	nein

* Eine Vorsteuerabzugsberechtigung besteht nur, wenn sich der Umsatz unmittelbar auf Gegenstände bezieht, die in das Drittlandsgebiet ausgeführt werden bzw. soweit die Leistung im Ausland oder ohne Entgelt ausgeführt wird, wenn der Leistungsempfänger im Drittlandsgebiet ansässig ist.

§ 4 UStG	Leistung	Vorsteuer-abzug	Options-fähig
Nr. 10	Leistungen aufgrund eines Versicherungsverhältnisses	bedingt*	nein
Nr. 11	Umsätze von Bausparkassen-, Versicherungsvertretern und Versicherungsmaklern	nein	nein
Nr. 11b	Universalpostdienstleistungen	nein	nein
Nr. 12	Vermietung und Verpachtung von Grundstücken und Grundstücksteilen mit bestimmten Ausnahmen	nein	bedingt[2]
Nr. 13	Bestimmte Leistungen von Wohnungseigentümergemeinschaften	nein	ja
Nr. 14	Umsätze aus heilberuflichen Tätigkeiten	nein	nein
Nr. 15	Umsätze gesetzlicher Träger der Sozialversicherung	nein	nein
Nr. 16	Bestimmte Umsätze aus dem Betrieb Einrichtungen zur Betreuung oder Pflege körperlich, geistig oder seelisch hilfsbedürftiger Personen; Leistungen der Berufsbetreuer	nein	nein
Nr. 17	Lieferung von menschlichen Organen u.ä; Beförderung kranker Personen	nein	nein
Nr. 18	Bestimmte Leistungen von Verbänden der Wohlfahrtspflege	nein	nein
Nr. 19	Bestimmte Umsätze von Blinden	nein	ja
Nr. 20	Theater, Orchester u.ä. Einrichtungen des Bundes, der Länder und Gemeinden	nein	nein
Nr. 21	Schul- und Bildungszwecken dienende Leistungen, wenn Ersatzschulen oder bei Vorbereitung auf öffentliche Prüfung sowie Leistungen selbstständiger Lehrer	nein	nein
Nr. 22 Buchst. a	Vorträge, Kurse u.ä. von juristischen Personen des öffentlichen Rechts, gemeinnützigen Einrichtungen u.ä. Institutionen, wenn Einnahmen nur der Kostendeckung dienen	nein	nein
Nr. 22 Buchst. b	Kulturelle und sportliche Veranstaltungen der Einrichtungen nach Nr. 22 Buchst. a, soweit Teilnahmegebühren erhoben werden	nein	nein
Nr. 23	Beherbergung und Beköstigung von Jugendlichen	nein	nein
Nr. 24	Leistungen des Jugendherbergswerks	nein	nein
Nr. 25	Bestimmte Leistungen der Jugendhilfe; Leistungen von Vormündern oder Ergänzungspflegern	nein	nein
Nr. 26	Bestimmte ehrenamtliche Tätigkeiten	nein	nein
Nr. 27	Bestimmte Abstellung von Mitgliedern geistlicher Einrichtungen und bestimmte Gestellung von land- und forstwirtschaftlichen Arbeitskräften	nein	nein
Nr. 28	Lieferung von Gegenständen, für die die Vorsteuer nach § 15 Abs. 1a UStG ausgeschlossen ist oder die gelieferten Gegenstände wurden ausschließlich für steuerfreie Umsätze nach § 4 Nr. 8 bis Nr. 27 UStG genutzt worden sind	nein	nein

[2] Die Einschränkungen des § 9 Abs. 2 UStG sind zu beachten (vgl. Stichwort Option zur Umsatzsteuer).

Nach der Rechtsprechung des EuGH[3] gehen die speziellen Befreiungstatbestände nach § 4 Nr. 8 bis Nr. 28 UStG den allgemeinen Befreiungstatbeständen (bei denen sich eine Vorsteuerabzugsberechtigung ergibt) vor.

2. Einzelheiten zu wichtigen Steuerbefreiungsvorschriften

2.1 Ausfuhrlieferung und Lohnveredelung

Soweit ein Gegenstand bei einer Lieferung in das **Drittlandsgebiet** gelangt, kann unter bestimmten Voraussetzungen eine steuerfreie Ausfuhrlieferung vorliegen. Zu den Einzelheiten vgl. Stichwort Ausfuhrlieferung.

Wird ein Gegenstand im Inland be- oder verarbeitet und gelangt er im Anschluss an diese Be- oder Verarbeitung in das Drittland, kann unter bestimmten Voraussetzungen eine steuerfreie Lohnveredelung vorliegen. Zu den Einzelheiten vgl. Stichwort Lohnveredelung.

2.2 Innergemeinschaftliche Lieferung

Eine steuerfreie innergemeinschaftliche Lieferung liegt dann vor, wenn ein Gegenstand bei einer Lieferung von einem Mitgliedstaat **in einen anderen Mitgliedstaat** gelangt und sichergestellt ist, dass der Erwerb des Gegenstands bei dem Abnehmer in dem anderen Mitgliedstaat der Besteuerung unterliegt (vgl. Stichwort Innergemeinschaftlicher Erwerb).

Wichtig! Ohne Angabe der zutreffenden USt-IdNr. des Leistungsempfängers kann regelmäßig keine steuerfreie innergemeinschaftliche Lieferung vorliegen.

Zu den Einzelheiten vgl. Stichwort Innergemeinschaftliche Lieferung.

2.3 Umsätze für die Seeschifffahrt und die Luftfahrt

Nach § 4 Nr. 2 UStG i.V.m. § 8 UStG führen bestimmte **Umsätze für die Seeschifffahrt und die Luftfahrt** zu einem steuerfreien Umsatz des Unternehmers. Unter die Steuerbefreiung fallen insbesondere[4]:

- Lieferung, Umbau, Instandsetzungen, Wartungen, Vercharterungen und Vermietungen von Wasserfahrzeugen für die Seeschifffahrt, die dem Erwerb durch die Seeschifffahrt oder der Rettung Schiffbrüchiger zu dienen bestimmt sind, sowie die Ausrüstungsgegenstände dazu.
- Lieferungen von Gegenständen, die zur Versorgung der genannten Wasserfahrzeuge für die Seeschifffahrt dienen (ohne Küstenfischerei).
- Lieferung, Umbau, Instandsetzungen, Wartungen, Vercharterungen und Vermietungen von Luftfahrzeugen, die zur Verwendung durch Unternehmer bestimmt sind, die im entgeltlichen Luftverkehr überwiegend grenzüberschreitende Beförderungen oder Beförderungen auf ausschließlich im Ausland gelegenen Strecken durchführen, sowie die Ausrüstungsgegenstände dazu.
- Lieferungen von Gegenständen, die zur Versorgung der genannten Luftfahrzeuge dienen.

Tipp! Umsätze an einen Betreiber eines Seeschiffs sind nach § 8 Abs. 1 UStG steuerbefreit. Die Finanzverwaltung[5] fasst unter den Betreiber eines Seeschiffs auch den Reeder und den Bereederer von Seeschiffen.

2.4 Grenzüberschreitende Beförderungen von Gegenständen

Bei einer **drittlandsgrenzüberschreitenden Beförderung von Gegenständen** kann es sich bei dem inländischen Streckenanteil um eine steuerfreie Beförderungsleistung handeln, wenn die Voraussetzungen des § 4 Nr. 3 UStG erfüllt sind.

Wichtig! Beförderungsleistungen von Personen (auch im Drittlandsverkehr) oder von Gegenständen oder Personen im Gemeinschaftsverkehr sind nicht steuerfrei.

---

[3] EuGH, Urteil v. 7.12.2006, C-240/05 – Eurodental, BFH/NV Beilage 2007, 204.

[4] Vgl. dazu auch Abschn. 8.1 und Abschn. 8.2 UStAE.

[5] BMF, Schreiben v. 24.7.2009, BStBl I 2009, 822.

Tipp! Für eine Steuerbefreiung einer drittlandsgrenzüberschreitenden Güterbeförderung ist es nicht erforderlich, dass die Beförderung im Inland beginnt oder endet. So ist auch eine Güterbeförderung von Frankreich in die Schweiz für einen Auftraggeber aus Deutschland, die in Deutschland steuerbar[6] ist, steuerfrei nach § 4 Nr. 3 Buchst. a UStG[7].

Zu den Einzelheiten vgl. Stichwort Beförderungsleistungen.

2.5 Leistungen im Zusammenhang mit einem Steuerlager

Bestimmte, in der Anlage 1 zum UStG abschließend aufgeführte Gegenstände können im Inland **in ein Steuerlager**, innerhalb eines Steuerlagers oder zwischen zwei Steuerlagern steuerfrei geliefert werden. Wird ein solcher Gegenstand aus dem Steuerlager entnommen (Auslagerung), entsteht eine Umsatzsteuer, § 4 Nr. 4a Buchst. a UStG. Auch sonstige Leistungen, die im Zusammenhang mit Gegenständen in einem Steuerlager stehen, können steuerfrei erbracht werden, § 4 Nr. 4a Buchst. b UStG. Zu den Einzelheiten vgl. Stichwort Steuerlager.

2.6 Steuerbefreiung für bestimmte, Einfuhren vorgelagerte Lieferungen

In mittelbaren Zusammenhang mit der Steuerlagerregelung sind in § 4 Nr. 4b UStG auch Regelungen über eine Steuerbefreiung getroffen, wenn sich die Gegenstände in einem **Zollverfahren** befinden sowie für Lieferungen, die einer Einfuhr vorangehen.

Durch die Regelung werden Lieferungen von Gegenständen befreit, die sich in einem **Zollverfahren** (Nichterhebungsverfahren) befinden, wenn der Abnehmer der Lieferung oder ein späterer Abnehmer dieses Verfahren beendet. Eine Besteuerung wird durch die Erhebung der Einfuhrumsatzsteuer sichergestellt. Unternehmer, die nur Drittlandswaren liefern, die sich nicht im zoll- und steuerrechtlich freien Verkehr befinden, müssen sich nicht im Inland für Umsatzsteuerzwecke erfassen lassen.

Die Befreiung gilt nicht, wenn der Lieferer oder dessen Beauftragter den Gegenstand einführt. Dadurch wird ein unversteuerter Letztverbrauch in den Fällen vermieden, in denen der Abnehmer nicht oder nicht in vollem Umfang zum Vorsteuerabzug berechtigt ist. Eine doppelte Belastung wird durch den Abzug der Einfuhrumsatzsteuer als Vorsteuer beim Lieferer nach § 15 Abs. 1 Satz 1 Nr. 2 UStG ausgeschlossen.

Beispiel 1: Unternehmer U aus Deutschland bestellt bei dem Unternehmer S_2 aus der Schweiz Waren. Da S_2 die Ware nicht am Lager hat, bestellt S_2 diese Ware bei dem ebenfalls in der Schweiz ansässigen S_1. S_1 transportiert die Ware aus der Schweiz zu dem Abnehmer U nach Leipzig. Die Ware wird für U zum freien Verkehr abgefertigt, U zahlt entsprechend die Einfuhrumsatzsteuer.
Lösung: Es handelt sich um ein Reihengeschäft nach § 3 Abs. 6 Satz 5 UStG, da mehrere Unternehmer über denselben Gegenstand Umsatzgeschäfte abschließen und der Gegenstand unmittelbar vom ersten Unternehmer an den Abnehmer gelangt. Die bewegte Lieferung nach § 3 Abs. 6 UStG ist der Lieferung des S_1 an den S_2 zuzuordnen. Damit ist diese Lieferung in der Schweiz ausgeführt und in Deutschland nicht steuerbar. Für S_1 ergeben sich keine Steuerpflichten in Deutschland. Die Lieferung des S_2 an U ist eine in Deutschland steuerbare ruhende Lieferung nach § 3 Abs. 7 Satz 2 Nr. 2 UStG. Der Ort ist dort, wo der Gegenstand sich am Ende der Beförderung befindet. S_2 führt somit eine in Deutschland steuerbare Lieferung aus. Nach § 4 Nr. 4b UStG ist diese Lieferung aber steuerfrei, da es sich um eine, einer Einfuhr vorangehende Lieferung von Gegenständen handelt. Der Abnehmer – Unternehmer U – führt den Gegenstand ein, da der Gegenstand für ihn zum freien Verkehr abgefertigt wird, § 1 Abs. 1 Nr. 4 UStG. Da der Gegenstand für U eingeführt wird, kann U – unter den übrigen

6 Eine Güterbeförderung gegenüber einem Unternehmer für dessen Unternehmen ist immer dort ausgeführt, wo der Leistungsempfänger sein Unternehmen betreibt, § 3a Abs. 2 UStG.

7 Abschn. 4.3.2 Abs. 1 Satz 5 UStAE.

Voraussetzungen des § 15 UStG – den Vorsteuerabzug aus der entstandenen Einfuhrumsatzsteuer vornehmen, § 15 Abs. 1 Satz 1 Nr. 2 UStG.

2.7 Vermittlungsleistungen

Vermittlungsleistungen, die im Zusammenhang mit Drittlandsgeschäften stehen, können unter den Voraussetzungen des § 4 Nr. 5 UStG steuerfrei sein.

Wichtig! Vermittlungsleistungen im Zusammenhang mit Umsätzen im Gemeinschaftsgebiet sind nicht nach § 4 Nr. 5 UStG steuerfrei.

Zu den Einzelheiten vgl. Stichwort Vermittlungsleistung.

2.8 Kreditumsätze

Steuerbefreit sind **Kreditgewährungen** (Kapitalüberlassungen auf Zeit gegen Entgelt), wenn sie als selbstständige Leistungen anzusehen sind. Fälle **steuerfreier Kreditgewährung** sind insbesondere:

- Kreditgewährungen von Kreditinstituten, Hypothekenbank oder Bausparkassen;
- Kredite bei Abzahlungsgeschäften. Dies sind Warenlieferungen gegen Bewilligung von Teilzahlungen und gegen besonders vereinbarte und berechnete Teilzahlungszuschläge;
- abredegemäße Verzinsung einer Kaufpreisschuld;
- sonstige gesondert vereinbarte Kreditgewährungen:
  - Stundungszinsen (Leistungsempfänger darf nach Fälligkeit zahlen),
  - Zielzinsen (Leistungsempfänger wählt statt Barpreis den höheren Zielpreis),
  - Kontokorrentzinsen; § 355 HGB.

Soweit die Kreditgewährung (z.B. im Zusammenhang mit einem Verkauf eines Gegenstands) nicht als gesondert vereinbarte Leistung anzusehen ist, teilt sie als Nebenleistung das Schicksal der Hauptleistung. Voraussetzungen für **eigenständige Rechtsgeschäfte** sind insbesondere:

- Die Lieferung oder die sonstige Leistung und die Kreditgewährung mit den dafür aufgewendeten Entgelten müssen bei Abschluss des Umsatzgeschäfts je für sich gesondert vereinbart worden sein. Das für ein Umsatzgeschäft vereinbarte Entgelt kann nicht nachträglich in ein Entgelt für die Lieferung oder sonstige Leistung und ein Entgelt für die Kreditgewährung aufgeteilt werden.
- Eigenständige Bildung von Leistungspreisen.
- Die Entgelte für die beiden Leistungen müssen getrennt abgerechnet werden.

Wichtig! Früher war die Finanzverwaltung davon ausgegangen, dass eine Trennung der steuerfreien Kreditgewährung von einer gleichzeitig erfolgten Lieferung nur dann möglich ist, wenn in der Kreditvereinbarung auch der Jahreszins mit angegeben ist. Nach der dem entgegenstehenden Rechtsprechung des BFH[8] hat die Finanzverwaltung[9] die Verwaltungsanweisungen in Abschn. 3.11 UStAE angepasst. Darüber hinaus sind auch Hinweise über die Finanzierung sog. PPP-Projekte[10] aufgenommen worden.

2.9 Forderungsumsätze

Steuerfrei nach § 4 Nr. 8 Buchst. c UStG ist die entgeltliche Abtretung oder die entgeltliche **Übertragung einer Forderung** auf Zahlung eines Geldbetrags, auch wenn die übertragene Forderung dinglich gesichert worden ist oder wenn sie mit der Übergabe von Wertpapieren (Wechsel, Scheck) verbunden ist. Darüber hinaus sind auch Geschäfte über Warenforderungen (z.B. Optionen im Warentermingeschäft) von der Steuerbefreiung erfasst.

---

8 BFH, Urteil v. 13.11.2013, XI R 24/11, BStBl II 2017, 1147.

9 BMF, Schreiben v. 8.11.2017, BStBl I 2017, 1517.

10 Public-Private-Partnership.

Nicht steuerbefreit sind Leistungen im Zusammenhang mit dem Factoring, nach der Rechtsprechung des EuGH[11] sowohl beim **unechten Factoring** (Unternehmer übernimmt kein Ausfallwagnis) wie auch beim echten Factoring (Unternehmer übernimmt das volle Ausfallwagnis). Vgl. zu den Einzelheiten Stichwort Abtretung von Forderungen.

2.10 Umsätze, die unter das Grunderwerbsteuergesetz fallen

Umsätze, die unter das **Grunderwerbsteuergesetz** fallen, sind grundsätzlich steuerfrei, um eine doppelte Belastung dieses Umsatzes mit einer an den Umsatz anknüpfenden Steuer (Umsatzsteuer und Grunderwerbsteuer) zu vermeiden, § 4 Nr. 9 Buchst. a UStG. Typische Fälle sind der Verkauf einer Immobilie oder auch die unentgeltliche Übertragung der Immobilie.

Wichtig! Nicht erforderlich ist, dass auch tatsächlich eine Grunderwerbsteuer anfällt; so sind auch die Umsätze umsatzsteuerfrei, die einer Befreiung bei der Grunderwerbsteuer unterliegen (z.B. Übertragung zwischen Ehegatten oder zwischen Eltern und Kind sowie Schenkungen und Übergänge im Rahmen von Erbschaften).

Achtung! Zuerst muss geprüft werden, ob es sich bei einer Übertragung eines Grundstücks nicht um eine nicht steuerbare Geschäftsveräußerung im Ganzen nach § 1 Abs. 1a UStG handelt, vgl. dazu Stichwort Geschäftsveräußerung.

Bei einem steuerfreien Umsatz, der unter das Grunderwerbsteuergesetz fällt, besteht grundsätzlich die Möglichkeit, auf die **Steuerpflicht zu optieren**, soweit die Leistung an einen anderen Unternehmer für dessen Unternehmen erbracht wird, vgl. Stichwort Option zur Umsatzsteuer.

Achtung! Soweit der leistende Unternehmer zulässigerweise auf die Steuerpflicht nach § 9 UStG optiert, wird der Leistungsempfänger zum Steuerschuldner nach § 13b Abs. 2 Nr. 3 i.V.m. Abs. 5 Satz 1 UStG.

Tipp! Auch die Entnahme eines Grundstücks aus dem Unternehmen fällt unter die Befreiung nach § 4 Nr. 9 Buchst. a UStG[12].

2.11 Versicherungsumsätze

Steuerbefreit sind nach § 4 Nr. 10 Buchst. a UStG Leistungen aus **Versicherungsverträgen**, die dem Versicherungsteuergesetz unterliegen. Der Versicherer gewährt Versicherungsschutz und zahlt bei Eintritt des Versicherungsfalls die Versicherungssumme oder erbringt eine Sachleistung. Die Steuerbefreiung nach § 4 Nr. 10 Buchst. a UStG beschränkt sich auf die Leistung „Gewährung von Versicherungsschutz" und etwaige Sachleistungen (z.B. in der Glas- oder Krankenversicherung).

Steuerfrei ist auch die **Verschaffung von Versicherungsschutz**, den ein Unternehmer durch Versicherungsvertrag einem Dritten, z.B. einem **Arbeitnehmer** oder einem anderen Begünstigten, zuwendet. Der Versicherungsschutz umfasst alle Versicherungsarten.

Die Frage, ob **Garantien**, die **im Zusammenhang mit der Lieferung eines gebrauchten Fahrzeugs** gewährt werden, unter § 4 Nr. 10 Buchst. a UStG fallende steuerbefreite Versicherungsleistungen darstellen oder nicht, hat schon in der Vergangenheit die (nationalen) Gerichte beschäftigt. Grundsätzlich gilt nach der Rechtsprechung des BFH Folgendes:

- Die Verschaffung von Versicherungsschutz durch einen Gebrauchtwagenverkäufer ist keine unselbständige Nebenleistung zur Fahrzeuglieferung; sie ist eine eigenständige, nach § 4 Nr. 10 Buchst. b UStG steuerfreie Leistung[13].

---

11 EuGH, Urteil v. 26.6.2003, C-305/01 – MKG Kraftfahrzeuge Factoring GmbH, BStBl II 2004, 688.

12 BMF, Schreiben v. 22.9.2008, BStBl I 2008, 895 sowie Abschn. 4.9.1 Abs. 2 Nr. 6 UStAE.

13 BFH, Urteil v. 9.10.2002, V R 67/01, BStBl II 2003, 378.

- Die Garantiezusage eines Autoverkäufers, durch die der Käufer gegen Entgelt nach seiner Wahl einen Reparaturanspruch gegenüber dem Verkäufer oder einen Reparaturkostenersatzanspruch gegenüber einem Versicherer erhält, ist steuerpflichtig[14].

Nachdem der EuGH[15] entschieden hatte, dass ein vom Verkäufer eines Gebrauchtwagens unabhängiger Wirtschaftsteilnehmer, der mechanische Ausfälle bestimmter Teile eines Gebrauchtwagens gegen Zahlung eines Pauschalbetrags versichert, einen steuerbefreiten Versicherungsumsatz[16] ausführt, hat die Finanzverwaltung[17] die bisherigen Angaben im UStAE um die Feststellung ergänzt, dass in diesen Fällen ein steuerfreier Versicherungsumsatz nach § 4 Nr. 10 Buchst. a UStG vorliegt.

2.12 Umsätze als Versicherungsvertreter oder Bausparkassenvertreter

Begünstigt sind Leistungen der selbstständig tätigen

- Bausparkassenvertreter,
- Versicherungsvertreter,
- Versicherungsmakler

aus ihrer typischen Berufstätigkeit. Eine Anwendung der Befreiungsvorschrift auf andere Berufe ist nicht möglich.

Wichtig! Der BFH[18] hat entschieden, dass die in § 4 Nr. 11 UStG genannten Begriffe des Versicherungsvertreters und des Versicherungsmaklers richtlinienkonform entsprechend Art. 135 Abs. 1 Buchst. a MwStSystRL und nicht handelsrechtlich nach den Begriffen des Versicherungsvertreters und des Handelsmaklers i.S.d. § 92 und § 93 HGB auszulegen sind.

Daraus ergibt sich, dass es zu den wesentlichen Aspekten einer steuerfreien **Versicherungsvermittlungstätigkeit** gehört, Kunden zu suchen und diese mit dem Versicherer zusammenzuführen. Das bloße Erheben von Kundendaten erfüllt nicht die spezifischen und wesentlichen Funktionen einer Versicherungsvermittlungstätigkeit. Allgemein sind Unterstützungsleistungen für die Ausübung der dem Versicherer selbst obliegenden Aufgaben steuerpflichtig. Auch Dienstleistungen wie z.B. die Festsetzung und Auszahlung von Provisionen der Versicherungsvertreter, das Halten der Kontakte mit diesen und die Weitergabe von Informationen an die Versicherungsvertreter gehören nicht zu den Tätigkeiten eines Versicherungsvertreters.

Auch die **Betreuung, Überwachung oder Schulung** von nachgeordneten selbstständigen Vermittlern kann zur berufstypischen Tätigkeit eines Bausparkassenvertreters, Versicherungsvertreters oder Versicherungsmaklers gehören. Dies setzt aber voraus[19], dass der Unternehmer, der die Leistungen der Betreuung, Überwachung oder Schulung übernimmt, durch Prüfung eines jeden Vertragsangebots mittelbar auf eine der Vertragsparteien einwirken kann. Dabei ist auf die Möglichkeit abzustellen, eine solche Prüfung im Einzelfall durchzuführen. Bei Verwendung von Standardverträgen und standardisierten Vorgängen genügt es, dass der Unternehmer durch die einmalige Prüfung und Genehmigung der Standardverträge und standardisierten Vorgänge mittelbar auf eine der Vertragsparteien einwirken kann[20].

Tipp! Sogenannte „Backoffice-Leistungen" – Leistungen, die darin bestehen, gegen Vergütung allgemeine Dienstleistungen gegenüber Versicherungsgesellschaften auszuführen – führen nicht zur Steuerbefreiung nach § 4 Nr. 11 UStG[21].

---

14 BFH, Urteil v. 10.2.2010, XI R 49/07, BStBl II 2010, 1109.

15 EuGH, Urteil v. 16.7.2015, C-584/13 – Mapfre warranty SpA, UR 2015, 714.

16 Art. 135 Abs. 1 Buchst. a MwStSystRL.

17 BMF, Schreiben v. 30.11.2017, BStBl I 2017, 1599.

18 BFH, Urteil v. 6.9.2007, V R 50/05, BStBl II 2008, 829.

19 Vgl. dazu BFH, Urteil v. 9.7.1998, V R 62/97, BStBl II 1999, 253.

20 So jetzt auch Abschn. 4.11.1 Abs. 23 UStAE.

21 EuGH, Urteil v. 3.3.2005, C-472/03 – Arthur Andersen, BFH/NV Beilage 2005, 188

2.13 Steuerbefreiung für Postdienstleistungen

Nach diversen gesetzlichen Anläufen wurde zum 1.7.2010[22] die Steuerbefreiung für die Postdienstleistungen umfassend geändert. Während bisher die unmittelbar dem Postwesen dienenden Umsätze der Deutschen Post steuerbefreit waren, sind jetzt – unabhängig des leistenden Unternehmers – die Universaldienstleistungen im Postwesen steuerbefreit[23].

Voraussetzung zur Erfüllung der gesetzlichen Vorgaben des § 4 Nr. 11 Buchst. b UStG ist, dass der Unternehmer ein **Mindestangebot an Postdienstleistungen flächendeckend** in der gesamten Bundesrepublik Deutschland ausführt. Daneben sind bestimmte Qualitätsmerkmale einzuhalten und die Leistungen zu einem erschwinglichen Preis auszuführen.

Tipp! Ob grundsätzlich steuerbegünstigte Leistungen ausgeführt werden, hängt von der Einhaltung der im Postgesetz (PostG) und in der Post-Universaldienstleistungsverordnung (PUDLV) festgelegten Voraussetzungen ab.

Die Steuerbegünstigung kann sich auf alle **Universalpostdienstleistungen** oder auch nur auf einzelne Bereiche der Universalpostdienstleistungen beschränken. Will der Unternehmer Universalpostdienstleistungen nur für einen bestimmten Bereich ausführen, muss er in diesem Bereich aber das gesamte Leistungsangebot flächendeckend anbieten.

Beispiel 2: Postdienstleister P hat sich verpflichtet, Briefsendungen bis zu einem Gewicht von 2.000 Gramm im gesamten Gebiet der Bundesrepublik Deutschland zuzustellen. Paketsendungen werden von ihm bis zu einem Gewicht von 5 Kilogramm bundesweit zugestellt.
Lösung: Die Briefzustellung ist eine steuerbefreite Universalpostdienstleistung nach § 4 Nr. 11 Buchst. b UStG, da er in diesem Bereich das gesamte Leistungsangebot anbietet (Briefe bis zu 2.000 Gramm). Die Paketzustellung ist nicht steuerbefreit nach § 4 Nr. 11 Buchst. b UStG, da im Paketdienst die Zustellung von Paketen von bis zu 10 Kilogramm notwendig wäre.

Wichtig! Wird die Ausführung der Leistungen auf eine bestimmte Region beschränkt, handelt es sich nicht um steuerbefreite Leistungen. Dies gilt auch dann, wenn in dieser Region das gesamte Leistungsangebot vorliegt (z.B. Briefzustellung von Briefen bis 2.000 Gramm in Hessen).
Nach der Rechtsprechung des BFH[24] setzt die Steuerbefreiung auch voraus, dass die Postzustellung an sechs Arbeitstagen pro Woche erfolgt.

Die Voraussetzungen müssen von dem leistenden Unternehmer (**Postdienstleister**) **nachgewiesen** werden. Die Feststellung, ob ein Unternehmer die Voraussetzungen des § 4 Nr. 11 Buchst. b UStG erfüllt, trifft nicht das für den Unternehmer zuständige Finanzamt, sondern das **Bundeszentralamt für Steuern**. Der Unternehmer hat dort einen formlosen Antrag zu stellen und muss darlegen, welche steuerbefreiten Leistungen er ausführen will. Weiterhin muss er sich verpflichten, die Leistungen flächendeckend in ganz Deutschland auszuführen. Liegen nach der Prüfung des BZSt die Voraussetzungen vor, erteilt es darüber dem Unternehmer eine Bescheinigung.

Achtung! Das Bundeszentralamt für Steuern kann die Bescheinigung wieder zurücknehmen, wenn die Voraussetzungen nicht (mehr) vorliegen. Die Rücknahme kann auch rückwirkend erfolgen.

Grundsätzlich ist es auch möglich, dass **Unternehmenszusammenschlüsse** sich gemeinsam verpflichten, die Universalpostdienstleistungen flächendeckend auszuführen.

Die Steuerbefreiung nach § 4 Nr. 11 Buchst. b UStG setzt weiter voraus, dass **keine individuellen Preisabsprachen** zwischen Einlieferern und dem Anbieter getroffen werden. Dadurch wird die Bindung

22 Gesetz zur Umsetzung steuerlicher EU-Vorgaben sowie zur Änderung steuerlicher Vorschriften v. 8.4.2010.

23 So auch EuGH, Urteil v. 23.4.2009, C-357/07 – TNT Post UK, BFH/NV 2009, 1056.

24 BFH, Urteil v. 2.3.2016, V R 20/15, BStBl II 2016, 548.

von Großkunden an einen Postdienstleister dann erschwert, wenn dieser nicht oder nicht vollständig zum Vorsteuerabzug berechtigt ist (z.B. Banken und Versicherungen).

Beispiel 3: Postdienstleister P befördert Briefe bis 50 Gramm zu einem Preis von 50 Cent. Gegenüber Großkunden, die die Briefe direkt bei ihm einliefern, berechnet er 40 Cent pro Brief.
Lösung: Während die Briefbeförderung zu dem normalen Tarif steuerbefreit ist, sind die Voraussetzungen für die Briefbeförderung für den Großkunden nicht erfüllt. Aus dem Entgelt von 40 Cent ist die Umsatzsteuer mit 19 % herauszurechnen, sodass ein Nettoentgelt von knapp 34 Cent verbleibt. Soweit der Kunde – bei Großkunden kann die Unternehmereigenschaft regelmäßig vorausgesetzt werden – zum Vorsteuerabzug berechtigt ist, kann aber alternativ auf die 40 Cent die Umsatzsteuer zusätzlich berechnet werden.

Tipp! Weitere Einzelheiten finden sich im Abschn. 4.11b.1 UStAE.

Wichtig! Zur Frage der Steuerbefreiung von Postdienstleistungen bei förmlicher Zustellung von Schriftstücken hat der BFH[25] den EuGH angerufen.

2.14 Vermietungsumsätze

Umsätze, die als **Nutzungsüberlassungen von Grundstücken** einzustufen sind, führen zu einer Steuerbefreiung nach § 4 Nr. 12 UStG. Unter diese Umsätze fallen insbesondere:

- Vermietung und Verpachtung von Grundstücken,
- Überlassung von Grundstücken und Grundstücksteilen zur Nutzung aufgrund eines auf Übertragung des Eigentums gerichteten Vertrags oder
- die Bestellung, die Übertragung und die Überlassung der Ausübung von dinglichen Nutzungsrechten an Grundstücken.

Wichtig! Soweit eine steuerfreie Vermietungsleistung vorliegt, kann unter den Voraussetzungen des § 9 Abs. 1 und Abs. 2 UStG eine Option zur Umsatzsteuer in Betracht kommen.

Nicht befreit sind hingegen:

- Vermietung von Wohn- und Schlafräumen, die ein Unternehmer zur kurzfristigen Beherbergung von Fremden bereithält,
- die Vermietung von Plätzen für das Abstellen von Fahrzeugen[26],
- die kurzfristige Vermietung auf Campingplätzen und
- die Vermietung von Betriebsvorrichtungen.

Achtung! Nicht unter die Steuerbefreiung fällt die steuerbare Privatnutzung von Räumen, die der Unternehmer seinem Unternehmen zugeordnet hat, vgl. dazu Stichwort Unentgeltliche sonstige Leistungen.

Zu den Einzelheiten vgl. Stichwort Vermietung.

2.15 Umsätze von Wohnungseigentümergemeinschaften

Die **Gemeinschaft der Wohnungseigentümer** verwaltet ihr gemeinschaftliches Eigentum (Grundstück sowie die Gebäudeteile, die nicht im Sondereigentum eines Wohnungseigentümers oder eines Dritten stehen) und erbringt dabei nicht steuerbare Gemeinschaftsleistungen für die Gesamtbelange aller Gemeinschafter, aber auch steuerbare Sonderleistungen an einzelne Wohnungseigentümer.

---

25 BFH, Beschluss v. 31.5.2017, V R 8/16, BFH/NV 2018, 311 (beim EuGH anhängig unter C-5/18 – Eisenbeis) und V R 30/15, BFH/NV 2018, 307 (anhängig beim EuGH unter C-4/18 – Winterhoff).

26 Vgl. Abschn. 4.12.2 UStAE.

Durch die Lieferung von Wärme und Wasser, durch die Duldung der Benutzung der Waschküche und der Waschmaschinen, durch Instandhaltung und Instandsetzung des gemeinschaftlichen Eigentums, durch Straßenreinigung, Entwässerung und Müllabfuhr führt die Gemeinschaft der Wohnungseigentümer als Unternehmer Lieferungen und sonstige Leistungen gegen Entgelt (sog. **Umlagen**) aus, die nach § 4 Nr. 13 UStG steuerfrei sind.

Die Instandhaltung und Verwaltung des Sondereigentums oder die Lieferung von Brennstoffen an einzelne Wohnungseigentümer ist dagegen nicht nach § 4 Nr. 13 UStG steuerfrei.

Wichtig! Die Wohnungseigentümergemeinschaft kann unter den Voraussetzungen des § 9 Abs. 1 UStG auf die Steuerfreiheit verzichten.

2.16 Umsätze aus heilberuflicher Tätigkeit

Heilbehandlungen im Bereich der Humanmedizin unterliegen der Steuerbefreiung nach § 4 Nr. 14 UStG. Unter die Befreiung als ärztliche Leistungen können nach der Rechtsprechung des EuGH[27] nur die Leistungen fallen, die der Vorbeugung, Diagnose, Behandlung und – so weit wie möglich – der Heilung von Krankheiten oder Gesundheitsstörungen dienen.

In § 4 Nr. 14 UStG sind die Befreiungsvorschriften der Heilbehandlung im Bereich der Humanmedizin zusammengefasst. Im Wesentlichen entsprechen diese Regelungen den Vorgaben des Unionsrechts[28].

Tipp! Ausführliche Anwendungsvorschriften zu der Steuerbefreiung ärztlicher Leistungen finden sich in Abschn. 4.14.1 bis 4.14.9 UStAE.

Grundsätzlich erfasst § 4 Nr. 14 UStG **ambulante wie auch stationäre Leistungen**, die der medizinischen Betreuung von Personen durch das Diagnostizieren und Behandeln von Krankheiten oder anderen Gesundheitsstörungen dienen. Dabei ist in § 4 Nr. 14 UStG nicht nur die Behandlung von Ärzten erfasst, sondern auch die Krankenhausbehandlung und die ärztliche Heilbehandlung in Einrichtungen mit sozialer Zweckbestimmung. Entscheidendes Abgrenzungskriterium für die Unterscheidung in die Befreiung nach § 4 Nr. 14 Buchst. a UStG (**Heilbehandlungen im Bereich der Humanmedizin**, die im Rahmen der Ausübung der Tätigkeit als Arzt, Zahnarzt, Heilpraktiker, Physiotherapeut, Hebamme oder einer ähnlichen heilberuflichen Tätigkeit durchgeführt werden) und in die Befreiung nach § 4 Nr. 14 Buchst. b UStG (**Krankenhausbehandlungen** und ärztliche Heilbehandlungen einschließlich der Diagnostik, Befunderhebung, Vorsorge, Rehabilitation, Geburtshilfe und Hospizleistungen sowie damit eng verbundene Umsätze) ist weniger die Art der Leistung als vielmehr der Ort der Leistung.

Achtung! Eine ärztliche Behandlung nach § 4 Nr. 14 Buchst. a UStG erfolgt im Regelfall außerhalb von Krankenhäusern oder ähnlichen Einrichtungen und ist durch ein persönliches Vertrauensverhältnis zwischen dem Arzt und dem Patienten geprägt. Die Krankenhausbehandlungen nach § 4 Nr. 14 Buchst. b UStG sind eher dadurch gekennzeichnet, dass sie in Einrichtungen mit sozialer Zweckbestimmung ausgeführt werden.

Eine heilberufliche Leistung liegt aber nur dann vor, wenn es sich um eine Leistung handelt, bei der ein **therapeutischer Zweck** im Vordergrund steht. Ausdrücklich **nicht steuerfrei** sind demnach die folgenden Leistungen[29]:

- die schriftstellerische oder wissenschaftliche Tätigkeit, auch soweit es sich dabei um Berichte in einer ärztlichen Fachzeitschrift handelt;
- die Vortragstätigkeit, auch wenn der Vortrag vor Ärzten im Rahmen einer Fortbildung gehalten wird;
- die Lehrtätigkeit;

[27] EuGH, Urteil v. 6.11.2003, C-45/01 – Dornier, BFH/NV Beilage 2004, 40 und EuGH, Urteil v. 20.11.2003, C-307/01 – Peter d'Ambrumenil und Dispute Resolution Services, BFH/NV Beilage 2004, 115.

[28] Art. 132 Abs. 1 Buchst. b MwStSystRL.

[29] Vgl. dazu Abschn. 4.14.1 Abs. 5 UStAE.

- die Lieferungen von Hilfsmitteln, z.B. Kontaktlinsen, Schuheinlagen;
- die entgeltliche Nutzungsüberlassung von medizinischen Großgeräten;
- die Erstellung von Alkohol-Gutachten, Zeugnissen oder Gutachten über das Sehvermögen, über Berufstauglichkeit oder in Versicherungsangelegenheiten, Einstellungsuntersuchungen, Untersuchungsleistungen wie z.B. Röntgenaufnahmen zur Erstellung eines umsatzsteuerpflichtigen Gutachtens;
- kosmetische Leistungen von Podologinnen/Podologen in der Fußpflege;
- ästhetisch-plastische Leistungen, soweit ein therapeutisches Ziel nicht im Vordergrund steht (**Schönheitsoperationen**). Indiz hierfür kann sein, dass die Kosten regelmäßig nicht durch Krankenversicherungen übernommen werden;
- Leistungen zur Prävention und Selbsthilfe i.S.d. § 20 SGB V, die keinen unmittelbaren Krankheitsbezug haben, weil sie lediglich „den allgemeinen Gesundheitszustand verbessern und insbesondere einen Beitrag zur Verminderung sozial bedingter Ungleichheiten von Gesundheitschancen erbringen" sollen;
- Supervisionsleistungen;
- die Durchführung einer Leichenschau, soweit es sich um die zweite Leichenschau oder weitere handelt sowie das spätere Ausstellen der Todesbescheinigung als Genehmigung zur Feuerbestattung[30].

Die ärztliche Leistung ist nur dann steuerbefreit, wenn es sich um eine Leistung im Zusammenhang mit **Humanmedizin** handelt. Leistungen von Tierärzten können somit grundsätzlich nicht steuerbefreit sein.

Tipp! Schönheitsoperationen, denen keine medizinische Indikation zugrunde liegt, sind nicht steuerbefreit[31], dies betrifft auch z.B. die Leistungen eines selbstständigen Anästhesisten, der die Narkoseleistung im Zusammenhang mit einer nicht medizinisch indizierten Schönheitsoperation übernimmt. Soweit Schönheitsoperationen nach Unfällen oder Krankheiten notwendig sind, sind sie aber nach § 4 Nr. 14 UStG steuerfrei[32]. Ebenfalls sind ästhetische Behandlungen, die sich als Folgen einer notwendigen Heilbehandlung ergeben, steuerfreie ärztliche Leistungen[33].

Wichtig! Maßnahmen der Schwangerschaftsverhütung und des Schwangerschaftsabbruchs sind nach Festlegung des BMF[34] steuerfreie Leistungen nach § 4 Nr. 14 UStG. Obwohl insbesondere die Frage der Maßnahmen zur Empfängnisverhütung umstritten war[35], werden sowohl die ärztlichen Maßnahmen zur Empfängnisverhütung wie auch die Maßnahmen im Bereich des Schwangerschaftsabbruchs als Leistungen der Gesundheitsvorsorge angesehen.

Für bestimmte heilberufliche Tätigkeiten sind darüber hinaus besondere Voraussetzungen zu berücksichtigen:

- **Tätigkeit als Heilpraktiker;** die Leistungen erfassen die berufsmäßige Ausübung der Heilkunde am Menschen – dies setzt eine Erlaubnis nach § 1 Abs. 1 Heilpraktikergesetz voraus.
- **Tätigkeit als Physiotherapeut;** die Leistungen bestehen vornehmlich darin, Störungen des Bewegungssystems zu beheben und die sensomotorische Entwicklung zu fördern. Teilbereich ist dabei die Krankengymnastik.

---

30 Vgl. dazu aber BFH, Urteil v. 3.7.2014, V R 1/14, BFH/NV 2014, 2024.

31 Vom Grundsatz her bestätigt durch EuGH, Urteil v. 21.3.2013, C-91/12 – PFC Clinic, DStR 2013, 674.

32 Zum Nachweis der medizinischen Notwendigkeit vgl. BFH, Urteil v. 4.12.2014, V R 16/12, BFH/NV 2015, 645. Steuerfrei kann aber z.B. eine Zahnaufhellung (Bleaching) sein, die ein Zahnarzt zur Beseitigung behandlungsbedingter Zahnverdunkelungen vornimmt, BFH, Urteil v. 19.3.2015, V R 60/14, BStBl II 2015, 946.

33 BFH, Urteil v. 19.3.2015, V R 60/14, BStBl II 2015, 946 zur Zahnaufhellung (Bleaching) nach einer behandlungsbedingten Verfärbung von Zähnen.

34 Abschn. 4.14.2 Abs. 3 UStAE.

35 Das Niedersächsische FG sah die Leistung bei Einsetzen einer Spirale zur Empfängnisverhütung als eine steuerpflichtige Leistung an, Niedersächsisches FG, Urteil v. 18.10.2007, 5 K 282/06, EFG 2008, 339.

Achtung! Die Finanzverwaltung[36] vertritt die Auffassung, dass Leistungen der Physiotherapeuten nur dann steuerfrei sind, wenn für die Leistungen eine ärztliche Verordnung vorliegt. Die medizinische Indikation der Leistung leitet sich aus der ärztlichen Verordnung ab. Auch Behandlungen im Anschluss/Nachgang einer ärztlichen Diagnose, für die die Patienten die Kosten selbst tragen, sind grundsätzlich nicht als steuerfreie Heilbehandlung anzusehen. Sofern für diese Anschlussbehandlungen keine ärztliche Verordnung vorliegt, handelt es sich hierbei um steuerpflichtige Präventionsmaßnahmen. Für diese Leistungen kann dann aber der ermäßigte Steuersatz nach § 12 Abs. 2 Nr. 9 UStG angewendet werden. Regelmäßig wird es von der Finanzverwaltung für vor dem 1.1.2012 ausgeführte Umsätze aber nicht beanstandet, wenn noch Leistungen steuerfrei behandelt werden, die im Anschluss an eine ärztliche Verordnung ausgeführt worden sind.

- **Tätigkeit als Hebamme** bzw. eines Geburtshelfers; umfasst alle Leistungen der eigenverantwortlichen Betreuung, Beratung und Pflege der Frau während der gesamten Schwangerschaft bis zum Abschluss der Stillzeit.
- **Tätigkeiten der Angehörigen ähnlicher heilberuflicher Tätigkeiten;** für die Anerkennung ist insbesondere eine entsprechende Qualifikation des Behandelnden[37] notwendig. Dafür müssen vergleichbare berufsrechtliche Regelungen über die Ausbildung, Prüfung, staatliche Anerkennung sowie die staatliche Erlaubnis und Überwachung der Berufsausübung vorliegen. Soweit eine berufsrechtliche Regelung fehlt, kann trotzdem eine Steuerbefreiung gegeben sein; z.B. durch Aufnahme von Leistungen der betreffenden Art in den Leistungskatalog der gesetzlichen Krankenkasse[38]. Zur Aufzählung der ähnlichen heilberuflichen Tätigkeiten sowie der nicht ähnlichen heilberuflichen Tätigkeiten vgl. Abschn. 4.14.4 Abs. 11 UStAE.

Wichtig! Voraussetzung ist, dass die Personen einen entsprechenden Befähigungsnachweis haben. Früher war die Finanzverwaltung davon ausgegangen, dass dies nur dann vorliegt, wenn dem Steuerpflichtigen eine Erlaubnis nach den jeweiligen Berufsgesetzen erteilt worden ist. Der BFH[39] hatte dagegen zur Frage der Steuerfreiheit von Podologen entschieden, dass es für den Nachweis der Befähigung ausreichend ist, wenn der Unternehmer die staatliche Prüfung zum Podologen nach § 4 PodG mit Erfolg abgelegt hat. Die Finanzverwaltung hat diese Rechtsprechung aufgenommen und Abschn. 4.14.4 Abs. 11 UStAE geändert. Es ist für die Gewährung der Steuerbefreiung nach § 4 Nr. 14 Buchst. a UStG für Personen, die in einem nichtärztlichen Heil- und Gesundheitsberuf tätig sind ausreichend, wenn sie die nach dem jeweiligen Berufszulassungsgesetz vorgesehene staatliche Prüfung mit Erfolg abgelegt haben.
Bei medizinisch indizierten fußpflegerischen Leistungen i.S.d. § 3 PodG, die Podologen erbringen, handelt es sich um umsatzsteuerfreie Heilbehandlungen, während „selbstindizierte" Behandlungen keine Heilbehandlungen sind[40]. Zur Steuerbefreiung muss für jede Leistung eine entsprechende Verordnung vorliegen, um die medizinische Indikation nachzuweisen.

Tipp! Die Rechtsform des leistenden Unternehmers ist für die Gewährung der Steuerbefreiung nicht von Bedeutung. Dabei ist zu beachten, dass „Einrichtungen" i.S.d. Vorschrift auch Einzelpersonen sein können.

---

36 Z.B. FinMin Nordrhein-Westfalen v. 4.7.2011, S 7170 – 26 – V A 4, n.v.

37 EuGH, Urteil v. 27.6.2006, C-443/04 – Solleveld, BFH/NV Beilage 2006, 299.

38 BFH, Urteil v. 11.11.2004, V R 34/02, BStBl II 2005, 316.

39 BFH, Urteil v. 7.2.2013, V R 22/12, BFH/NV 2013, 880.

40 BFH, Urteil v. 1.10.2014, XI R 13/14, BFH/NV 2015, 451.

Die Steuerbefreiung als ärztliche Leistung kann auch dann gewährt werden, wenn die Leistung mit **Hilfe von Arbeitnehmern** ausgeführt wird, die die entsprechende Qualifikation aufweisen. Wie die Einkünfte ertragsteuerrechtlich zu qualifizieren sind, ist für die umsatzsteuerrechtliche Beurteilung nicht von Bedeutung.

Bei den **Krankenhausbehandlungen** und ärztlichen Heilbehandlungen nach § 4 Nr. 14 Buchst. b UStG ist Voraussetzung, dass diese Leistungen durch eine Einrichtung des öffentlichen Rechts oder von anderen, aufgezählten Einrichtungen ausgeführt werden[41]. Die Finanzverwaltung[42] hat jeweils die gesetzlich aufgeführten Einrichtungen mit ihren sich aus den einschlägigen Rechtsvorschriften der Sozialgesetzbücher ergebenden Besonderheiten dargestellt.

Achtung! Die Leistungen sind sowohl im Bereich gesetzlicher Versicherungen steuerfrei als auch bei Vorliegen eines privaten Versicherungsschutzes. Dies umfasst auch Leistungen, die über den Leistungskatalog der gesetzlichen Krankenversicherung hinausgehen. Die Rechtsform des Unternehmens ist auch hier nicht von Bedeutung[43].

Auch **eng mit Krankenhausbehandlungen verbundene Umsätze** können unter die Steuerbefreiung nach § 4 Nr. 14 Buchst. b UStG fallen[44]. Nach § 4 Nr. 14 Buchst. d UStG sind auch die Leistungen der **Praxis- und Apparategemeinschaften** steuerfrei. Solche Leistungen bestehen insbesondere in der Zurverfügungstellung von medizinischen Einrichtungen, Apparaten und Geräten. Es können aber auch mit eigenem medizinisch-technischem Personal Laboruntersuchungen, Röntgenaufnahmen oder andere medizinisch-technische Leistungen ausgeführt werden. Voraussetzung für die Befreiung ist aber, dass diese Leistungen nur an **Mitglieder der Gemeinschaft** ausgeführt werden und die Leistungen unmittelbar für steuerfreie Leistungen nach § 4 Nr. 14 Buchst. a oder Buchst. b UStG verwendet werden. Leistungen an Nichtmitglieder fallen nicht unter die Befreiung. Die Befreiung setzt aber nicht voraus, dass die Leistungen stets allen Mitgliedern gegenüber erbracht werden[45].

Tipp! Die Überlassung von Praxisräumen stellt aber im Regelfall eine steuerfreie Leistung nach § 4 Nr. 12 Satz 1 Buchst. a UStG dar. Nicht unter eine Befreiung fallen aber Leistungen im Bereich der Buchführung, der Rechtsberatung oder die Tätigkeit als ärztliche Verrechnungsstelle.

Wichtig! Der EuGH[46] hat festgestellt, dass die Bundesrepublik Deutschland dadurch gegen Unionsrecht verstößt, dass die Möglichkeit der Steuerbefreiung auf Kosten- oder Apparategemeinschaften (auch sog. Poolingleistungen) im heilkundlichen Bereich beschränkt ist. Grundsätzlich muss es allen Unternehmern, die dem Gemeinwohl dienende Leistungen i.S.d. Art. 132 MwStSystRL erbringen[47], unter den Voraussetzungen, dass nur solche Unternehmer Gesellschafter sind und nur die Kosten anteilig umgelegt werden möglich sein, steuerfreie Leistungen im Rahmen solcher Gemeinschaften auszuführen. Es muss zeitnah eine Anpassung der nationalen Rechtsvorschriften erfolgen. Bis dahin können sich betroffenen Unternehmer auf die für sie günstigere Rechtslage nach dem Unionsrecht berufen.

---

[41] Betreibt der Unternehmer eine private Krankenanstalt, kann er sich für die Steuerfreiheit auf Art. 132 Abs. 1 Buchst. b MwStSystRL gegenüber der aufgrund eines Bedarfsvorbehalts unionsrechtswidrigen Regelung in § 4 Nr. 14 Buchst. b Satz 2 Doppelbuchst. aa UStG i.V.m. §§ 108, 109 SGB V berufen; BFH, Urteil v. 23.10.2014, V R 20/14, BFH/NV 2015, 631.

[42] Abschn. 4.14.5 UStAE.

[43] Abschn. 4.14.7 UStAE.

[44] Vgl. dazu und zu den weiteren Quellenangaben Abschn. 4.14.6 Abs. 2 UStAE.

[45] EuGH, Urteil v. 11.12.2008, C-407/07 – Stichting, BFH/NV 2009, 337.

[46] EuGH, Urteil v. 21.9.2017, C-616/15 – Kommission/Bundesrepublik Deutschland, UR 2017, 792.

[47] Beschränkung auf dem Gemeinwohl dienende Leistungen durch EuGH, Urteil v. 21.9.2017, C-326/15 – DNB Banka AS, UR 2017, 806 sowie C-605/15 – Aviva, UR 2017, 801.

Achtung! Die Verabreichung von Zytostatika im Rahmen einer ambulant in einem Krankenhaus durchgeführten ärztlichen Heilbehandlung, die dort individuell für den einzelnen Patienten in einer Apotheke dieses Krankenhauses hergestellt werden, ist als ein mit der ärztlichen Heilbehandlung eng verbundener Umsatz gemäß § 4 Nr. 16 Buchst. b UStG steuerfrei[48].

Durch das Amtshilferichtlinie-Umsetzungsgesetz ist mit Wirkung vom 1.7.2013 auch die zur Verhütung von nosokomialen Infektionen und zur Vermeidung der **Weiterverbreitung von Krankheitserregern** (insbesondere solcher mit Resistenzen) erbrachten Leistungen eines Arztes oder einer Hygienefachkraft an begünstigte Einrichtungen steuerbefreit, § 4 Nr. 14 Buchst. e UStG.

2.17 Umsätze der Sozialversicherungsträger

Lieferungen und sonstige Leistungen von **Trägern der Sozialversicherung**, Sozialhilfe und Kriegsopferversorgung untereinander und an Versicherte, an Empfänger von Sozialhilfe oder Versorgungsberechtigte sind steuerfrei nach § 4 Nr. 15 UStG.

2.18 Umsätze von sozialen Betreuungsleistungen

Nach § 4 Nr. 16 UStG sind die eng mit der **Sozialfürsorge** und der sozialen Sicherheit verbundenen Umsätze unter bestimmten allgemeinen Voraussetzungen befreit.

Nach Art. 132 Abs. 1 Buchst. g der MwStSystRL befreien die Mitgliedstaaten eng mit der Sozialfürsorge und der sozialen Sicherheit verbundene Dienstleistungen und Lieferungen von Gegenständen, einschließlich derjenigen, die durch **Altenheime**, Einrichtungen des öffentlichen Rechts oder andere von dem betreffenden Mitgliedstaat als Einrichtungen mit sozialem Charakter anerkannte Einrichtungen bewirkt werden.

Tipp! Ausführliche Hinweise sind in Abschn. 4.16.1 bis Abschn. 4.16.6 UStAE auch zur Abgrenzung der nicht befreiten Tätigkeiten vorhanden.

Voraussetzung für die Steuerbefreiung ist die **Ausführung von Betreuungs- und Pflegeleistungen gegenüber hilfsbedürftigen Personen**:

- **Hilfsbedürftige Personen** sind Personen, die aufgrund ihres körperlichen, geistigen oder seelischen Zustands der Betreuung oder der Pflege bedürfen. Dies sind insbesondere Personen, die krank, behindert oder von einer Behinderung bedroht sind. Darunter fallen auch Personen, bei denen ein Grundpflegebedarf oder eine erhebliche Einschränkung der Alltagskompetenz besteht[49]. Hilfsbedürftig sind Personen, denen Haushaltshilfen – z.B. im Fall der Arbeitsunfähigkeit – gestellt werden[50].
- **Betreuungs- und Pflegeleistungen** sind alle Leistungen, die mit dem Betrieb von Einrichtungen zur Betreuung oder Pflege hilfsbedürftiger Personen eng verbunden sind. Nicht entscheidend ist, ob die Leistungen stationär oder ambulant erbracht werden. Bei stationärer Aufnahme kommt es auch nicht darauf an, ob die Personen dauerhaft oder vorübergehend aufgenommen werden. Unter die steuerfreien Leistungen fallen auch die Leistungen der hauswirtschaftlichen Versorgung gegenüber hilfsbedürftigen Personen.

Grundsätzlich sind die Leistungen steuerfrei, wenn sie von Einrichtungen des öffentlichen Rechts erbracht werden. Dies gilt aber auch für alle anerkannten Einrichtungen mit sozialem Charakter.

Wichtig! Eine Einrichtung liegt unabhängig von der Rechts- oder Organisationsform des leistenden Unternehmers vor und erfasst sowohl natürliche als auch juristische Personen.

---

48 BFH, Urteil v. 24.9.2014, V R 19/11, BFH/NV 2015, 284; anders noch Abschn. 4.14.6 Abs. 3 Nr. 3 UStAE.

49 § 45a SGB XI.

50 Z.B. nach dem KVLG 1989 (Krankenversicherung der Landwirte), ALG (Alterssicherung der Landwirte) oder dem SGB VII (gesetzliche Unfallversicherung).

Zu den **steuerbegünstigten Tätigkeiten** gehören insbesondere:

- Haushaltshilfeleistungen,
- Leistungen der häuslichen Pflege,
- Leistungen der Altenheime, Pflegeheime und Altenwohnheime,
- Leistungen der Integrationsfachdienste (Maßnahmen zur Teilhabe schwerbehinderter Menschen am Arbeitsleben),
- Leistungen der Werkstätten für behinderte Menschen,
- niedrigschwellige Betreuungsangebote (z.B. Betreuungsgruppen für Pflegebedürftige mit demenzbedingten Fähigkeitsstörungen, mit geistigen Behinderungen oder mit physischen Erkrankungen; Helferinnen- und Helferkreise),
- Sozialhilfeleistungen,
- interdisziplinäre Frühförderstellen (familien- und wohnortnahe Dienste zur Früherkennung, Behandlung und Förderung von Kindern) und
- sonstige Betreuungs- und Pflegeleistungen (z.B. Leistungen zur Betreuung hilfsbedürftiger Personen zum Erwerb praktischer Kenntnisse und Fähigkeiten).

Tipp! Insbesondere bei den Haushaltshilfeleistungen und den Leistungen der häuslichen Pflege kommt es auf den Abschluss von Verträgen nach den Sozialgesetzbüchern an.

Bei der häuslichen Krankenpflege unterliegen sowohl die **Grundpflegeleistungen** als auch die Leistungen zur hauswirtschaftlichen Versorgung der Steuerbefreiung nach § 4 Nr. 16 UStG. Die Leistungen der Behandlungspflege fallen nicht unter die Befreiung nach § 4 Nr. 16 UStG, können aber unter den weiteren Voraussetzungen des § 4 Nr. 14 UStG als Heilbehandlungsleistungen steuerfrei sein.

Eine Steuerbefreiung für private Altenheime setzt grundsätzlich voraus, dass die Leistungen im vorangegangenem Kalenderjahr in 25 %[51] der Fälle von den gesetzlichen Trägern der Sozialversicherung ganz oder zum überwiegenden Teil vergütet worden sind. Bei einem Altenwohnheim liegt grundsätzlich eine nach § 4 Nr. 12 UStG steuerfreie Vermietung vor, soweit die Vermietung nicht durch Betreuungs- oder Pflegeleistungen überlagert wird. Soweit neben der Vermietung auch noch Leistungen zur Betreuung oder Pflege erbracht werden, können diese unter den Voraussetzungen des § 4 Nr. 16 UStG befreit sein.

Achtung! Werden Pflege- oder Betreuungsleistungen in stationären Einrichtungen erbracht, ist die Inanspruchnahme der Steuerbefreiung nicht zu beanstanden, wenn die Leistungen in nicht mehr als 10 % der Fälle auch an nicht hilfsbedürftige Personen ausgeführt werden.

Tipp! Führt ein Unternehmer Leistungen verschiedener Art aus, muss er die Voraussetzungen für die Steuerbefreiung für jede ausgeführte Leistung gesondert nachweisen.

Die Leistungen sind steuerbefreit, soweit es sich ihrer Art nach um Leistungen handelt, auf die sich die Anerkennung, der Vertrag oder die Vereinbarung nach Sozialrecht oder die Vergütung bezieht, § 4 Nr. 16 Satz 2 UStG. Damit sind auch Leistungen erfasst, für die ggf. keine vertraglichen Vereinbarungen nach dem Sozialgesetzbuch bestehen.

Beispiel 4: Unternehmer U erbringt Haushaltshilfeleistungen aufgrund eines Vertrags nach § 132 SGB V mit einer gesetzlichen Krankenkasse. Daneben erbringt er gleichartige Leistungen an Privatpersonen und Privatversicherte.
Lösung: Die gesamten Leistungen sind als Haushaltshilfeleistungen steuerfrei.

Nach **§ 4 Nr. 16 Satz 1 Buchst. l UStG** kann eine Steuerbefreiung auch dann gegeben sein, wenn eine Einrichtung nicht nach Sozialrecht anerkannt ist und mit dieser auch kein Vertrag nach Sozialrecht

[51] Bis 30.6.2013: 40 %.

abgeschlossen wurde. Voraussetzung ist, dass im vorangegangenen Kalenderjahr die Betreuungs- und Pflegekosten zu mindestens 25 % der Fälle[52] dieser Einrichtung von den gesetzlichen Trägern der Sozialversicherung oder der Sozialhilfe ganz oder zum überwiegenden Teil vergütet worden sind. Für die Auslegung der „Fälle" im Sinn dieser Regelung ist von der Anzahl der hilfsbedürftigen Personen im Lauf eines Kalendermonats auszugehen. Bei der Erbringung von ambulanten Betreuungs- oder Pflegeleistungen gelten alle Leistungen gegenüber einer Person in einem Monat als Fall. Schulungskurse und Beratungen im Auftrag der Pflegekassen sind eng mit den Pflegeleistungen verbundene Umsätze, die ebenfalls steuerfrei sind, sie zählen aber nicht als „Fall" und sind bei der Berechnung der 25 %-Grenze nicht zu beachten.

Tipp! Überwiegend werden die Kosten von den Trägern übernommen, wenn sie die Kosten des „Falls" allein oder gemeinsam zu mehr als 50 % übernehmen. Es kommt dabei nicht auf den Zeitpunkt des Zahlungszuflusses an. Erstattungen privater Krankenkassen sind den eigenen Aufwendungen der hilfsbedürftigen Person zuzurechnen.

Wichtig! Betreuungs- und Pflegeleistungen von Subunternehmern, die diese gegenüber begünstigten Einrichtungen erbringen, sind nicht steuerbefreit, wenn der Subunternehmer nicht selbst eine begünstigte Einrichtung nach § 4 Nr. 16 UStG ist.

Die Voraussetzungen für die Steuerbefreiung müssen von dem Unternehmer buch- und belegmäßig nachgewiesen werden. Diese **Nachweise** umfassen insbesondere:

- Nachweis der Pflegebedürftigkeit und deren Dauer durch eine Bestätigung oder ein Attest (z.B. der Krankenkasse, des Arztes oder des Sozialhilfeträgers),
- Nachweis der Kosten des „Falls" und der Höhe der Kostenerstattung,
- Namen und Anschrift der hilfsbedürftigen Person und
- Summe aller „Fälle" eines Kalenderjahrs sowie der Fälle mit überwiegender Kostentragung durch Träger der Sozialhilfe oder Sozialversicherung.

Steuerbegünstigt sind auch die **eng mit dem Betrieb** von Einrichtungen zur Betreuung oder Pflege der körperlich, geistig oder seelisch hilfsbedürftigen Personen **verbundene Umsätze**. Dazu gehören insbesondere:

- Die stationäre oder teilstationäre Aufnahme von hilfsbedürftigen Personen einschließlich der Lieferungen der zur Betreuung oder Pflege erforderlichen Medikamente oder Hilfsmittel,
- die ambulante Betreuung oder Pflege hilfsbedürftiger Personen,
- Lieferung von Gegenständen, die im Wege der Arbeitstherapie hergestellt worden sind – dies gilt aber nicht, wenn ein nennenswerter Wettbewerb zur gewerblichen Wirtschaft (z.B. bei Werbung für den Absatz der Produkte) besteht sowie
- die Gestellung von Personal an andere begünstigte Einrichtungen.

Achtung! Nicht zu den eng verbundenen Leistungen gehört die entgeltliche Abgabe von Speisen und Getränken an Besucher, die Telefongestellung und Vermietung von Fernsehern an hilfsbedürftige Personen, die Unterbringung von Begleitpersonen und die Lieferung und Überlassung von medizinischen Pflegemitteln oder Pflegehilfsmitteln.

Zum 1.7.2013 sind **rechtliche Betreuungsleistungen** von der Umsatzsteuer befreit worden. Darunter fallen Leistungen von:

---

52 Durch das Amtshilferichtlinie-Umsetzungsgesetz ist die Grenze auf 25 % herabgesetzt worden; bis 30.6.2013: 40 %.

- Einrichtungen, die als Betreuer nach § 1896 Abs. 1 BGB bestellt worden sind (Unternehmer, die im Regelfall alte, demenzkranke Personen rechtlich betreuen **„Berufsbetreuer“**), sofern es sich nicht um Leistungen handelt, die nach § 1908i Abs. 1 i.V.m. § 1835 Abs. 3 BGB vergütet werden[53] und
- Einrichtungen, die als **Vormünder** nach § 1773 BGB oder als **Ergänzungspfleger** nach § 1909 BGB bestellt worden sind, sofern es sich nicht um Leistungen handelt, die nach § 1835 Abs. 3 BGB vergütet werden[54].

Wichtig! Der Begriff der Einrichtung erfasst alle Arten von leistenden Unternehmern, sowohl juristische Personen, Personengemeinschaften als auch natürliche Personen.

Nicht unter die Steuerbefreiung fallen aber – sowohl nach der ausdrücklichen gesetzlichen Regelung wie auch nach der Rechtsprechung des BFH – die Leistungen, die die Betreuer im Rahmen ihrer eigentlichen beruflichen Tätigkeit ausführen. So sind z.B. Rechtsberatungsleistungen von als Betreuer bestellten Rechtsanwälten oder Steuerberatungsleistungen von als Betreuer bestellten Steuerberatern nicht steuerfrei.

Sonstige Pflegschaften nach dem BGB werden allerdings nicht von der Steuerbefreiung erfasst. Solche dann steuerpflichtigen Leistungen im Zusammenhang mit Pflegschaften sind insbesondere:

- Abwesenheitspflegschaft für abwesende Volljährige nach § 1911 BGB;
- Nachlasspflegschaft nach §§ 1960 ff. BGB;
- Sammlungspflegschaft nach § 1914 BGB;
- Pflegschaften für einen unbekannten Beteiligten nach § 1913 BGB;
- Pflegschaft für eine Leibesfrucht nach § 1912 BGB;
- Verfahrenspfleger und Verfahrensbeistände.

Allerdings hatte der BFH[55] – während des Gesetzgebungsverfahrens – entschieden, dass sich ein nach § 1896 BGB bestellter Berufsbetreuer unmittelbar für die Befreiung seiner Leistung auf Art. 132 Abs. 1 Buchst. g MwStSystRL berufen kann. Danach können Betreuer sich auch für die **Zeiträume vor dem 1.7.2013** unmittelbar auf die Steuerbefreiung nach dem Unionsrecht berufen.

Achtung! Die Finanzverwaltung ermöglicht es Berufsbetreuern, Vormündern und Ergänzungspflegern, sich rückwirkend auch für Zeiträume vor dem 1.7.2013 auf die Steuerbefreiung zu berufen. Übergangsregelungen enthält das entsprechende BMF-Schreiben[56].

Tipp! Besondere Probleme können sich für Vermieter ergeben, die Praxisräume an Berufsbetreuer vermieten. Soweit es sich bei den vermieteten Räumen um „Neubauten“ (Baubeginn ab dem 11.11.1993 – vgl. dazu auch Stichwort Option) handelt, kann der Vermieter nicht auf die Steuerfreiheit des Vermietungsumsatzes verzichten, wenn der Mieter mehr als 5 % vorsteuerabzugsschädliche Ausgangsleistungen ausführt, Abschn. 9.2 Abs. 3 UStAE.

2.19 Lieferung von menschlichen Organen und die Beförderung von kranken und verletzten Personen

Steuerfrei ist die **Lieferung von menschlichen Organen, menschlichem Blut und Frauenmilch**; § 4 Nr. 17 Buchst. a UStG. Die Lieferung entsprechender chemischer oder mechanischer Erzeugnisse ist nicht steuerbefreit.

Die Beförderung von kranken und verletzten Personen mit Fahrzeugen, die hierfür besonders eingerichtet sind, ist nach § 4 Nr. 17 Buchst. b UStG steuerfrei. Die Steuerbefreiung ist davon abhängig,

53 § 4 Nr. 16 Buchst. k UStG.

54 § 4 Nr. 25 Satz 3 Buchst. c UStG.

55 BFH, Urteil v. 25.4.2013, V R 7/11, BFH/NV 2013, 1521.

56 BMF, Schreiben v. 22.11.2013, BStBl I 2013, 1590.

dass die Beförderung mit einem nach seiner Bauart und Ausstattung besonders für Krankentransporte bestimmten Fahrzeug durchgeführt wird.

Achtung! Krankenbeförderung durch ein Taxi ist nicht steuerbefreit.

2.20 Leistungen der amtlich anerkannten Verbände der freien Wohlfahrtspflege

Nach § 4 Nr. 18 UStG sind **Leistungen der amtlich anerkannten Verbände der freien Wohlfahrtspflege** (vgl. § 23 UStDV) und der ihnen als Mitglieder angeschlossenen Körperschaften, Personenvereinigungen oder Vermögensmassen, die der freien Wohlfahrtspflege dienen, steuerfrei.

Ohne die Verbandzugehörigkeit oder die Mitgliedschaft ist eine Tätigkeit, die der freien Wohlfahrtspflege dient, nicht nach § 4 Nr. 18 UStG steuerfrei.

Weitere **Voraussetzungen** sind:

- Der Unternehmer muss ausschließlich und unmittelbar gemeinnützigen, mildtätigen oder kirchlichen Zwecken dienen,
- die Leistungen unmittelbar dem nach der Satzung, Stiftung oder sonstigen Verfassung begünstigten Personenkreis zugutekommen lassen und
- die Entgelte für die in Betracht kommenden Leistungen müssen hinter den durchschnittlich für gleichartige Leistungen von Erwerbsunternehmen verlangten Entgelten zurückbleiben.

Beispiel 5: Das dem Deutschen Paritätischen Wohlfahrtsverband e.V. als Mitglied angeschlossene und der freien Wohlfahrtspflege dienende gemeinnützige Studentenwerk einer Universität (Anstalt des öffentlichen Rechts) ist mit den Umsätzen in der Mensa und in der Cafeteria, soweit sie an die nach der Satzung begünstigten Studenten erbracht (§ 4 Nr. 18 Buchst. b UStG) und zu niedrigen Entgelten ausgeführt werden (§ 4 Nr. 18 Buchst. c UStG), steuerfrei.

Die Leistungen an Dritte sind steuerpflichtig, können aber nach § 12 Abs. 2 Nr. 8 UStG steuerermäßigt sein.

2.21 Umsätze von Blinden

Blinde Unternehmer, die nicht mehr als (nach der Arbeitsleistung berechnet) zwei Arbeitnehmer beschäftigen, können steuerfreie Umsätze nach § 4 Nr. 19 Buchst. a Satz 1 UStG ausführen. Ausgenommen von der Steuerfreiheit ist die Lieferung von Branntweinen und von Energieerzeugnissen, soweit dafür Energiesteuern oder Branntweinabgaben zu entrichten sind oder Lieferungen ausgeführt werden, für die bei der Entnahme aus einem Steuerlager eine Umsatzsteuer entsteht.

Wichtig! Als Arbeitnehmer zählen nicht der Ehegatte, der eingetragene Lebenspartner, die minderjährigen Abkömmlinge, die Eltern des Blinden und die Lehrlinge.

Anerkannte **Blindenwerkstätten** können ebenfalls steuerfreie Leistungen erbringen, wenn sie die folgenden Umsätze ausführen:

- Lieferung von Blindenware und Zusatzwaren i.S.d. SGB IX oder
- sonstige Leistungen, soweit bei ihrer Ausführung ausschließlich Blinde mitgewirkt haben.

2.22 Umsätze von Theatern, Orchestern und ähnlichen Einrichtungen des Bundes, der Länder oder der Gemeinden

Steuerfrei sind die Umsätze folgender **Einrichtungen des Bundes**, der Länder, der Gemeinden oder der Gemeindeverbände: Theater, Orchester, Kammermusikensembles, Chöre, Museen, Botanische und Zoologische Gärten, Tierparks, Archive, Büchereien sowie Denkmäler der Bau- und Gartenkunst; § 4 Nr. 20 Buchst. a Satz 1 UStG. Auch andere Einrichtungen können unter diese Steuerbefreiung fallen, wenn die zuständige **Landesbehörde bescheinigt**, dass die gleichen kulturellen Aufgaben ausgeführt werden.

Wichtig! Ohne Bescheinigung der zuständigen Landesbehörde kann die Steuerbefreiung nicht gewährt werden. Für die Erteilung der Bescheinigung gelten die Verfahrensvorschriften für die gesonderte Feststellung nach § 181 Abs. 1 und Abs. 5 AO entsprechend.

Die **Veranstaltung von Vorführungen oder Konzerten** durch andere Unternehmer ist ebenfalls steuerfrei, wenn die Darbietungen von den in § 4 Nr. 20 Buchst. a UStG bezeichneten Theater, Orchester, Kammermusikensembles oder Chören erbracht werden. Die Steuerbefreiung ist auch gegeben, wenn mehrere Veranstalter beteiligt sind (z.B. ein Tourneeveranstalter und der örtliche Veranstalter).

Tipp! Auf die Art der Musik kommt es nicht an[57].

Bei der **Durchführung von Konzerten oder Theatervorführungen** kann nach § 12 Abs. 2 Nr. 7 Buchst. a UStG der ermäßigte Steuersatz von dem Veranstalter gegenüber den Besuchern berechnet werden. Wirken an einer Veranstaltung **mehrere Veranstalter** mit, ging die Finanzverwaltung früher nach Abschn. 12.5 Abs. 4 UStAE davon aus, dass jeder Veranstalter den ermäßigten Steuersatz berechnen konnte. Bei sog. **Tournee-Veranstaltungen**[58] konnte sowohl der örtliche Veranstalter wie auch der Tournee-Veranstalter den ermäßigten Steuersatz berechnen.

Spätestens für alle **nach dem 31.12.2012** ausgeführten Leistungen hat die Finanzverwaltung ihre Auffassung geändert[59]: Nur noch der Veranstalter kann die Steuerermäßigung nach § 12 Abs. 2 Nr. 7 Buchst. a UStG in Anspruch nehmen, der dem Besucher die Eintrittsberechtigung verschafft. Damit kann bei Tournee-Veranstaltungen regelmäßig nur der örtliche Veranstalter den ermäßigten Steuersatz in Anspruch nehmen.

Achtung! Nach der Rechtsprechung des EuGH[60] ist die Steuerbefreiung auch zu gewähren, wenn es sich um einen Solokünstler handelt. Damit können grundsätzlich auch Einzelkünstler oder Dirigenten unter die Steuerbefreiung fallen – sie benötigen aber eine entsprechende Bescheinigung der zuständigen Verwaltungsbehörde. Nicht befreit war aber bis zum 30.6.2013 (Änderung ist zum 1.7.2013 durch das Amtshilferichtlinie-Umsetzungsgesetz erfolgt) die Inszenierung einer Oper durch einen selbstständigen Regisseur[61]. Diese Leistung unterliegt dem Regelsteuersatz.

Seit dem 1.7.2013 gilt die Steuerbefreiung auch für die Leistungen von **Bühnenregisseuren** und **Bühnenchoreografen**, wenn sie ihre Leistungen an begünstigte Einrichtungen ausführen und die zuständige Landesbehörde bescheinigt, dass deren künstlerische Leistungen diesen Einrichtungen unmittelbar dienen, § 4 Nr. 20 Buchst. a Satz 3 UStG.

2.23 Schul- und Bildungszwecken dienende Leistungen

Steuerfrei sind die unmittelbar dem **Schul- und Bildungszweck dienenden Leistungen** privater Schulen oder anderer allgemeinbildender oder berufsbildender Einrichtungen, wenn sie als Ersatzschulen staatlich genehmigt oder nach Landesrecht erlaubt sind, § 4 Nr. 21 Buchst. a UStG, oder wenn die zuständige Landesbehörde bescheinigt, dass sie auf einen Beruf oder eine vor einer juristischen Person der öffentlichen Rechts abzulegende Prüfung ordnungsgemäß vorbereitet, § 4 Nr. 21 Buchst. a UStG.

Tipp! Auch ein Kurs „Sofortmaßnahmen am Unfallort“ kann steuerfrei sein[62]. Ebenfalls kann Schwimmunterricht als von Privatlehrern erteilter Schulunterricht steuerfrei sein[63].

---

57 Vgl. Abschn. 4.20.2 UStAE.

58 Bei einer Tournee-Veranstaltung erbringt regelmäßig der Veranstalter einer kulturellen Leistung eine Leistung gegenüber einem örtlichen Veranstalter.

59 BMF, Schreiben v. 21.3.2012, BStBl I 2012, 343.

60 EuGH, Urteil v. 3.4.2003, C-144/00 – Hoffmann, BStBl II 2003, 679.

61 BFH, Urteil v. 4.5.2011, XI R 44/08, BStBl II 2014, 200.

62 BFH, Urteil v. 10.1.2008, V R 52/06, BFH/NV 2008, 725.

63 BFH, Urteil v. 5.6.2014, V R 19/13, BFH/NV 2014, 1687.

Voraussetzung ist, dass ein feststehendes Lehrprogramm und Lehrpläne zur Vermittlung eines Unterrichtsstoffs für die Erreichung eines bestimmten Lehrgangsziels sowie geeigneter Unterrichtsräume oder -vorrichtungen vorhanden sind.

Wichtig! Auf die Rechtsform des Trägers der Einrichtung kommt es nicht an.

Wichtig! Eine für 2013 geplante umfassende Änderung der Steuerbefreiung für Schulungsleistungen ist nicht umgesetzt worden. Leider ist dadurch der Gesamtbereich der „Schulungsleistungen" aus umsatzsteuerrechtlicher Sicht problematisch und muss immer unter Auslegung des Unionsrechts beurteilt werden. So ist derzeit umstritten, ob die Erteilung von Fahrschulunterricht (Fahrerlaubnisklasse A und B) als ein steuerfreier Unterricht angesehen werden kann. In einem rechtkräftigen Beschluss des FG Berlin-Brandenburg[64] zur Aussetzung der Vollziehung eines Steuerbescheids wurden zumindest ernsthafte Zweifel an der Steuerpflicht dieser Fahrschulleistungen geäußert. Das Niedersächsische FG[65] kam hingegen zu dem Ergebnis, dass keine Steuerbefreiung vorliegen würde. Mittlerweile hat der BFH[66] in dieser Frage den EuGH angerufen.

2.24 Leistungen selbstständiger Lehrer

Soweit selbstständige Lehrer an begünstigten Einrichtungen Unterricht im Rahmen von allgemeinen Lehrplänen erteilen, sind auch diese Leistungen steuerfrei.

Wichtig! Die Befreiungsvorschrift ist nicht von der Rechtsform abhängig, somit kommt die Steuerbefreiung nicht nur für natürliche Personen, sondern auch für Personenzusammenschlüsse oder andere Rechtsformen in Betracht.

Eine solche **begünstigte Unterrichtstätigkeit** liegt vor, wenn Kenntnisse im Rahmen festgelegter Lehrprogramme und Lehrpläne vermittelt werden. Die Steuerbefreiung ist auch dann zu gewähren, wenn der Privatlehrer seine Unterrichtsleistung nicht direkt an die Schüler oder Hochschüler als Leistungsempfänger, sondern an eine Schule oder Hochschule erbringt[67]. Dies erfasst auch die Aus- und Fortbildung, sodass es nicht darauf ankommt, ob sich der Privatlehrer an Schüler oder Hochschüler wendet oder ob es sich um einen in einen Lehr- oder Studienplan eingebetteten Unterricht handelt[68]. Die Finanzbehörden der Länder haben aber einvernehmlich geregelt, dass die Erstellung von Lehrbriefen für Fernlehrgangsanbieter nicht mehr steuerfrei ausgeführt werden kann. Bis 31.12.2017 wird die steuerfreie Ausführung dieser Leistungen aber nicht beanstandet[69].

Achtung! Der BFH[70] hatte noch 2008 festgestellt, dass auf einzelne Vorträge die Steuerbefreiung nicht anzuwenden ist. Unter Aufgabe dieser Rechtsprechung hat der BFH[71] jetzt festgestellt, dass es nicht darauf ankommt, dass der Privatlehrer an einer Schule oder Hochschule tätig ist, sich an Schüler oder Hochschüler wendet oder es sich um einen in einen Lehr- oder Studienplan eingebetteten Unterricht handelt, da sich das Unionsrecht auf jegliche Aus- und Fortbildung bezieht, die nicht den Charakter

---

64 FG Berlin-Brandenburg, Beschluss v. 10.11.2015, 5 V 5144/15, n.V.

65 Niedersächsisches FG, Urteil v. 26.5.2016, 11 K 10284/15, EFG 2016, 1481.

66 BFH, Beschluss v. 16.3.2017, V R 38/16, DStR 2017, 1655; beim EuGH anhängig unter 449/17 – A & G Fahrschulakademie. In diesem Verfahren geht es u.a. auch darum, ob eine Kapitalgesellschaft „Privatlehrer" i.S.d Unionsrechts sein kann.

67 EuGH, Urteil v. 14.6.2007, C-445/05 – Haderer, UR 2007, 592 sowie BFH, Urteil v. 27.9.2007, V R 75/03, BStBl II 2008, 323.

68 BFH, Urteil v. 20.3.2014, V R 3/13, BFH/NV 2014, 1175.

69 LfSt Bayern, Fachinfo v. 11.10.2017, DStR 2017, 2496.

70 BFH, Urteil v. 17.4.2008, V R 58/05, BFH/NV 2008, 1418.

71 BFH, Urteil v. 20.3.2014, V R 3/13, BFH/NV 2014, 1175.

bloßer Freizeitgestaltung hat. Entgegen der Auffassung des FA ist ein Lehrplan nicht unabdingbar für die Steuerfreiheit.
Auch ein für den Besucherdienst des Deutschen Bundestags tätiger Dozent erbringt mit seinen Führungen und Vorträgen zwar nicht unmittelbar nach nationalem Recht steuerfreie Leistungen, kann sich aber nach Auffassung des BFH[72] nach Art. 132 Abs. 1 Buchst. i MwStSystRL auf die Steuerbefreiung nach dem Unionsrecht berufen.

Wichtig! Bisher ist es Verwaltungspraxis[73], dass die begünstigte Einrichtung, der eine Bescheinigung der zuständigen Landesbehörde vorliegt, eine Unterbescheinigung an den selbstständigen Lehrer erteilt. Der BFH[74] hält es demgegenüber für notwendig, dass der selbstständige Lehrer eine eigene Bescheinigung der zuständigen Landesbehörde hat. Es reicht nicht aus, dass eine derartige Bescheinigung der Bildungseinrichtung erteilt worden ist, an der die Person unterrichtet. Ob dies vor dem Hintergrund der aktuellen Urteile des BFH haltbar ist, kann aber bezweifelt werden.

2.25 Kurse und Vorträge juristischer Personen und gemeinnütziger Einrichtungen

Veranstaltungen wissenschaftlicher oder belehrender Art (z.B. **Vorträge, Kurse**), die von **juristischen Personen des öffentlichen Rechts**, von Verwaltungs- und Wirtschaftsakademien, von Volkshochschulen oder von Einrichtungen, die gemeinnützigen Zwecken oder dem Zweck eines Berufsverbands dienen, durchgeführt werden, sind steuerfrei, wenn die Einnahmen überwiegend zur Deckung der Kosten verwendet werden, § 4 Nr. 22 Buchst. a UStG.

2.26 Kulturelle und sportliche Veranstaltungen juristischer Personen und gemeinnütziger Einrichtungen

Steuerfrei nach § 4 Nr. 22 Buchst. b UStG sind andere **kulturelle und sportliche Veranstaltungen** der in § 4 Nr. 22 Buchst. a UStG bezeichneten Unternehmer (vgl. 2.25), sofern das Entgelt in Teilnehmergebühren besteht. Teilnehmergebühren sind Entgelte, die gezahlt werden, um an den Veranstaltungen aktiv teilnehmen zu können (z.B. Startgelder und Meldegelder).

Achtung! Nicht unter die Befreiung fallen Eintrittsgelder der Zuschauer oder Werbeeinnahmen.

2.27 Beherbergung und Beköstigung von Jugendlichen

Achtung! Der Begriff der Einrichtung umfasst nach dem Unionsrecht auch natürliche Personen. Aus diesem Grund können „Einrichtungen“ im Sinne dieser Regelung auch einzelne Personen sein.

Einrichtungen, die überwiegend **Jugendliche** (Personen vor Vollendung des 27. Lebensjahrs) für **Erziehungs-, Ausbildungs- oder Fortbildungszwecke** oder für Zwecke der Säuglingspflege bei sich aufnehmen, führen Leistungen durch entgeltliche Beherbergung, Beköstigung und die üblichen Nebenleistungen an Jugendliche und die bei ihrer Erziehung, Ausbildung, Fortbildung und Pflege tätigen Personen steuerfrei aus, § 4 Nr. 23 UStG.

Achtung! Nicht befreit ist die Beherbergung und Verköstigung von Jugendlichen auf einem Ferienbauernhof[75]. Ebenfalls nicht befreit ist die Beherbergung und Beköstigung während kurzfristiger Urlaubsaufenthalten oder Fahrten, die von Sport- und Freizeitangeboten geprägt sind[76].

---

72 BFH, Urteil v. 10.8.2016, V R 38/15, BFH/NV 2016, 1864.
73 Abschn. 4.21.3 UStAE.
74 BFH, Urteil v. 23.8.2007, V R 4/05, BFH/NV 2007, 2215.
75 BFH, Urteil v. 30.7.2008, V R 66/06, BStBl II 2010, 507.
76 BFH, Urteil v. 12.5.2009, V R 35/07, BStBl II 2009, 1032.

2.28 Leistungen des deutschen Jugendherbergswerks

Unmittelbar den Satzungszwecken dienende Leistungen des **Deutschen Jugendherbergswerks** einschließlich der ihm angeschlossenen Untergliederungen, Einrichtungen und Jugendherbergen sind nach § 4 Nr. 24 UStG steuerfrei.

2.29 Leistungen für die Kinder- und Jugendhilfe

Durch § 4 Nr. 25 UStG sind unter bestimmten Voraussetzungen alle Leistungen nach § 2 Abs. 2 SGB VIII (**Jugendhilfe**) und § 42 SGB VIII (**Inobhutnahme**) von der Umsatzsteuer befreit. Voraussetzungen für die Steuerbefreiung sind sowohl in der Person des Leistungserbringers wie auch in der Person des Leistungsempfängers zu erfüllen.

Tipp! Zu den begünstigten Leistungen nach § 4 Nr. 25 UStG gehören die Leistungen der Jugendhilfe nach § 2 Abs. 2 SGB VIII (Angebote der Jugendarbeit, Jugendsozialarbeit, erzieherischer Kinder- und Jugendschutz, Angebote zur Förderung der Erziehung in der Familie oder von Kindern in Tageseinrichtungen/Tagespflege, Hilfe zur Erziehung, Hilfe für seelisch behinderte Kinder und Jugendliche, Hilfe für junge Volljährige und Nachbetreuung) und der Inobhutnahme nach § 42 SGB VIII (Unterbringung von Kindern und Jugendlichen bei einer geeigneten Person oder in einer geeigneten Einrichtung).

Die Leistungen sind nur steuerfrei, wenn sie durch einen **Träger der öffentlichen Jugendhilfe** oder eine andere Einrichtung mit sozialem Charakter erbracht werden. Dies sind insbesondere die anerkannten Träger der freien Jugendhilfe, Kirchen- und Religionsgemeinschaften des öffentlichen Rechts und amtlich anerkannte Verbände der freien Wohlfahrtspflege. Darüber hinaus können unter weiteren Voraussetzungen auch Einrichtungen, die für ihre Leistungen eine Erlaubnis nach dem SGB VIII besitzen oder Tätigkeiten ausführen, für die keine Erlaubnis notwendig ist (z.B. bei Vollzeitpflege) sowie Einrichtungen, die im vorangegangenen Kalenderjahr ganz oder überwiegend von anderen begünstigten Einrichtungen vergütet wurden, die Steuerbefreiung in Anspruch nehmen.

Wichtig! Betreuungsleistungen einer juristischen Person sind unter Berufung auf Art. 132 Abs. 1 Buchst. h MwStSystRL steuerfrei, wenn ihr die Erlaubnis zum Betrieb einer Einrichtung zur Betreuung von Kindern und Jugendlichen nach § 45 SGB VIII erteilt wurde und die Kosten für diese Leistungen über einen Träger der freien Jugendhilfe abgerechnet und damit mittelbar von öffentlichen Trägern der Kinder- und Jugendhilfe gezahlt werden[77]. Allerdings kann nach der Rechtsprechung des BFH[78] ein selbständiger Erziehungsbeistand sich für die Steuerfreiheit der von ihm erbrachten Betreuungsleistungen auf Art. 132 Abs. 1 Buchst. h MwStSystRL auch dann berufen, wenn die Kosten für diese Leistungen über eine Personengesellschaft abgerechnet und damit (nur) mittelbar von einem öffentlichen Träger der Kinder- und Jugendhilfe getragen werden.

Da die Leistungen im Wesentlichen auch auf eine **Verbesserung des Eltern-Kind-Verhältnisses** abzielen, sind sowohl die Leistungsberechtigten, wie auch die Empfänger der Leistungen (Leistungsadressaten) die Eltern wie auch die Kinder.

Achtung! Gesetzlich nicht geregelt ist der Begriff des „Jugendlichen" (früher alle Personen bis zur Erreichung des 27. Lebensjahrs). Damit können Angebote der Jugendarbeit auch in angemessenem Umfang Personen nach Vollendung des 27. Lebensjahrs mit einbeziehen.

Ebenfalls steuerbefreit sind **kulturelle oder sportliche Veranstaltungen**, die von den begünstigten Einrichtungen durchgeführt werden oder wenn die Einnahmen überwiegend zur Deckung der Kosten verwendet werden und die Leistungen in engem Zusammenhang mit den begünstigten Zwecken stehen.

---

[77] BFH, Urteil v. 6.4.2016, V R 55/14, BFH/NV 2016, 1126.

[78] BFH, Urteil v. 22.6.2016, V R 46/15, BFH/NV 2016, 1530.

Die Leistungen müssen nicht mehr nur an die Jugendlichen erbracht werden und können somit auch die Eltern mit einbeziehen. In die Steuerbefreiung sind auch die Beherbergung, Beköstigung und andere Naturalleistungen mit einbezogen.

Wichtig! Durch § 4 Nr. 23 Satz 4 UStG ist klargestellt, dass die dort geregelte Befreiung für Unterkunft und Verpflegung an Jugendliche nicht greift, wenn Leistungen nach dem SGB VIII ausgeführt werden. In diesen Fällen kann sich die Befreiung nur unter den Voraussetzungen des § 4 Nr. 25 UStG ergeben.

Neben der Art der ausgeführten Leistung ist immer zu beachten, dass der leistende Unternehmer auch unter die in § 4 Nr. 25 UStG aufgeführten Unternehmer fällt. Dabei sind auch Einrichtungen begünstigt, die im vorangegangenen Kalenderjahr ganz oder überwiegend durch Träger der öffentlichen Jugendhilfe vergütet wurden.

In 2013 sind – mit Wirkung zum 1.7.2013 – auch die **Leistungen der Vormünder und Ergänzungspfleger** in die Steuerbefreiung mit aufgenommen worden. Da die Leistungen den Vorsteuerabzug ausschließen, muss dann für Eingangsleistungen beachtet werden, dass mit den Vertretungsleistungen zusammenhängende Eingangsleistungen den Vorsteuerabzug nicht mehr zulassen. Soweit Eingangsleistungen nicht exakt zugerechnet werden können, muss eine Vorsteueraufteilung vorgenommen werden. Unter Berufung auf Art. 132 MwStSystRL können die Unternehmer aber auch für Leistungen, die vor dem 1.7.2013 ausgeführt worden sind, die Steuerbefreiung in Anspruch nehmen; vgl. dazu auch 2.18 zu den Berufsbetreuern.

Tipp! Besondere Probleme können sich für Vermieter ergeben, die Praxisräume an Vormünder oder Ergänzungspfleger vermieten. Soweit es sich bei den vermieteten Räumen um „Neubauten" (Baubeginn ab dem 11.11.1993 – vgl. dazu auch Stichwort Option) handelt, kann der Vermieter nicht auf die Steuerfreiheit des Vermietungsumsatzes verzichten, wenn der Mieter mehr als 5 % vorsteuerabzugsschädliche Ausgangsleistungen ausführt, Abschn. 9.2 Abs. 3 UStAE.

2.30 Steuerbefreiung für ehrenamtliche Tätigkeit

Eine ehrenamtliche Tätigkeit kann steuerbefreit sein, wenn sie:

- für juristische Personen des öffentlichen Rechts ausgeführt wird (§ 4 Nr. 26 Buchst. a UStG) oder
- wenn das Entgelt für diese Tätigkeit nur in Auslagenersatz und einer angemessenen Entschädigung für Zeitversäumnis besteht (§ 4 Nr. 26 Buchst. b UStG).

Achtung! Der Begriff des „Ehrenamts" ist umsatzsteuerrechtlich nicht definiert. Nach der Rechtsprechung des BFH[79] werden ehrenamtlich u.a. jene Tätigkeiten ausgeübt, die in einem anderen Gesetz als dem UStG ausdrücklich als solche bezeichnet werden. Dabei ist der zur Definition der ehrenamtlichen Tätigkeit verwendete Gesetzesbegriff enger als der des § 4 AO und umfasst keine Satzungen juristischer Personen des öffentlichen Rechts. Soweit eine Tätigkeit nur in einer Satzung als „ehrenamtlich" bezeichnet wird, liegt keine Steuerbefreiung im umsatzsteuerrechtlichen Sinne vor. Die Finanzverwaltung[80] hat sich dieser Rechtsauffassung angeschlossen aber bei Berufung auf die Ehrenamtlichkeit im Rahmen einer öffentlich-rechtlichen Satzung noch eine Übergangsfrist bis 31.12.2018 gewährt.

Nach § 4 Nr. 26 Buchst. b UStG ist ein Umsatz steuerfrei, wenn eine ehrenamtliche Tätigkeit ausgeführt wird, wenn das Entgelt für diese Tätigkeit nur in Auslagenersatz und einer angemessenen Entschädigung für Zeitversäumnis besteht. Nachdem die Finanzverwaltung Anfang 2012[81] Anhaltspunkte für die Abgrenzung der steuerfreien Tätigkeit durch Einführung einer Betragsgrenze vorgegeben hatte (im Regelfall war von einer noch angemessenen Entschädigung in Höhe von bis zu 50 € je Tätigkeitsstunde

---

[79] BFH, Urteil v. 17.12.2015, V R 45/14, BFH/NV 2016, 703.

[80] BMF, Schreiben v. 8.6.2017, BStBl I 2017, 858 zur Anpassung des Abschn. 4.26.1 Abs. 1 UStAE.

[81] BMF, Schreiben v. 2.1.2012, BStBl I 2012, 59.

auszugehen), wurden die Vorgaben für die steuerfreien Entschädigungen für Zeitversäumnis in 2013 präzisiert[82].

Wichtig! Die von der Finanzverwaltung vorgegebene betragsmäßige Abgrenzung ist eine Nichtbeanstandungsgrenze, bis zu deren Höhe die Finanzverwaltung grundsätzlich auf eine Angemessenheitsüberprüfung verzichtet. Im Einzelfall kann auch bei Überschreiten der Grenze noch von einer steuerfreien Entschädigung ausgegangen werden.

Die Finanzverwaltung stellt – außerhalb der Änderung des UStAE – klar, dass bei der Frage der Angemessenheit der Entschädigung für Zeitversäumnis der Begriff des „Ehrenamts" nach den Vorgaben der Rechtsprechung des BFH auszulegen ist. Dabei kann keine Orientierung am Marktwert der jeweiligen Leistung erfolgen. Der ehrenamtlich Tätige hat keinen Anspruch auf eine Bezahlung, sondern allenfalls auf eine Entschädigung besonderer Art, die einen angemessenen Ausgleich zwischen den öffentlichen und den beruflich-privaten Interessen schaffen soll.

Wichtig! Die Referatsleiter Umsatzsteuer[83] haben festgelegt, dass die Tätigkeit in Gremien der Sparkassen oder sparkassennahen Einrichtungen keine ehrenamtliche Tätigkeit i.S.d. § 4 Nr. 26 Buchst. a UStG darstellt. Die Anwendung der Steuerbefreiung ist deshalb nicht möglich.

Keine Steuerbefreiung kann sich dann ergeben, wenn der Tätigkeit ein eigennütziges Erwerbsstreben bzw. eine Hauptberuflichkeit zugrunde liegt oder der Einsatz nicht für eine fremdnützig bestimmte Einrichtung erbracht wird. In diesen Fällen kommt es auch nicht auf die Höhe der Vergütung an – die Vergütung kann nicht steuerfrei sein.

Tipp! Die Finanzverwaltung geht davon aus, dass ein Entgelt, das nicht lediglich im Sinne einer Entschädigung für Zeitversäumnis oder eines Verdienstausfalls gezahlt wird, sondern sich an der Qualifikation des Tätigen und seiner Leistung orientiert, nicht unter den Begriff der ehrenamtlichen Tätigkeit zu erfassen ist.

Die Finanzverwaltung bleibt dabei, dass eine Entschädigung in Höhe von bis zu 50 € je Tätigkeitsstunde regelmäßig noch als angemessen anzusehen ist. Allerdings setzt das voraus, dass die Vergütungen für die gesamten ehrenamtlichen Tätigkeiten den Betrag von 17.500 € im Jahr nicht übersteigen. Allerdings wird jetzt klarstellend darauf hingewiesen, dass zur Ermittlung der Jahresgrenze auf die tatsächliche Höhe der Aufwandsentschädigung im Vorjahr sowie die voraussichtliche Höhe der Aufwandsentschädigung im laufenden Jahr abzustellen ist, Abschn. 4.26.1 Abs. 4 UStAE.

Tipp! Ein echter Auslagenersatz (z.B. für entstandene Fahrtkosten nach lohnsteuerrechtlichen Regelungen) ist in die Prüfung dieser Grenze nicht mit einzubeziehen.

Eine **laufend gezahlte pauschale Vergütung** (z.B. monatlich oder jährlich), die unabhängig vom tatsächlichen Zeitaufwand gezahlt wird, kann nicht zu der Rechtsfolge des § 4 Nr. 26 Buchst. b UStG führen. Dieses gilt auch für gesondert gezahlte Urlaubs-, Weihnachts- bzw. Krankheitsgelder. In diesem Fall sollen sämtliche für diese Tätigkeiten gezahlten Vergütungen (auch ein eventuell gezahlter Auslagenersatz oder die tatsächlich als Entschädigung für Zeitaufwand gezahlten Beträge) der Umsatzsteuer unterliegen.

Eine Ausnahme besteht für pauschal gezahlte Beträge dann, wenn die gezahlte **Aufwandsentschädigung aufgrund Vertrag, Satzung** oder Beschluss eines laut Satzung hierzu befugten Gremiums eine Pauschale vorsieht, zugleich aber festgehalten ist, dass der ehrenamtlich Tätige durchschnittlich eine

---

[82] BMF, Schreiben v. 27.3.2013, BStBl I 2013, 452.

[83] Gem. Information des BayLfSt, Verfügung v. 17.1.2013, UR 2013, 283. Aus Vertrauensschutzgründen wird es aber nicht beanstandet, wenn diese Regelung erst für Umsätze angewendet wird, die nach dem 1.1.2013 ausgeführt werden.

bestimmte Anzahl an Stunden pro Woche, Monat oder Jahr für die fremdnützige Einrichtung tätig ist und die allgemeinen Betragsgrenzen (50 € pro Stunde, 17.500 € pro Jahr) nicht überschritten werden.

Wichtig! Aus Vereinfachungsgründen kann die Steuerbefreiung auch ohne weitere Prüfung gewährt werden, wenn der Jahresgesamtbetrag der Entschädigungen den Freibetrag nach § 3 Nr. 26 EStG nicht übersteigt. Es müssen dann nur Angaben zur Tätigkeit und zur Höhe der erhaltenen Entschädigungen gemacht werden.

Die Vorgaben der Finanzverwaltung sind auf **alle nach dem 31.12.2012 ausgeführten Umsätze anzuwenden**. Für die pauschale Vergütung, die aufgrund eines Vertrags, der Satzung oder eines Gremiumsbeschlusses gezahlt wird und für die eine durchschnittliche Anzahl von Stunden bestimmt wird, ist es ausreichend, wenn der Vertrag, die Satzung oder der Beschluss bis zum 31.3.2014 entsprechend angepasst wird. Die Möglichkeit der pauschalen Vergütung mit einer fest vereinbarten durchschnittlichen Tätigkeit des ehrenamtlich Tätigen, wird für die Vereine eine praxisgerechte Möglichkeit darstellen, die aber einen entsprechenden Anpassungsbedarf an die vertraglichen/satzungsmäßigen Grundlagen bis zum 31.3.2014 erfordert.

Beispiel 6[84]**:** Der ehrenamtlich tätige E erhält für seine Tätigkeit für sieben Stunden pro Woche eine monatliche Entschädigung für Zeitversäumnis von 1.200 € im Monat. Urlaubs- und krankheitsbedingt ist er nur 44 Woche im Jahr tätig. Eine weitere ehrenamtliche Tätigkeit wird von ihm nicht ausgeführt.
Lösung: E erhält die Entschädigung für Zeitversäumnis nach § 4 Nr. 26 Buchst. b UStG steuerfrei. Der durchschnittliche Stundensatz beträgt knapp 47 €/Stunde, im Jahr erhält E 14.400 €, sodass beide Betragsgrenzen nicht überschritten sind.

2.31 Lieferungen von Gegenständen ohne Vorsteuerabzug nach § 15 Abs. 1a UStG oder bisher steuerfrei genutzter Gegenstände

Ohne die **Steuerbefreiung nach § 4 Nr. 28 UStG** würden steuerfrei tätige Unternehmer, die einen ausschließlich für ihre steuerfreie Tätigkeit genutzten Gegenstand veräußern, oder Unternehmer, die wegen der Vorschrift des § 15 Abs. 1a UStG nicht zum Vorsteuerabzug berechtigt waren (Eingangsleistungen, die ertragsteuerlich nicht zum Abzug als Betriebsausgaben berechtigen), diesen Gegenstand veräußern, steuerpflichtige Umsätze bewirken und den (versagten) Vorsteuerabzug berichtigen können, soweit der Berichtigungszeitraum noch nicht abgelaufen ist, § 15a UStG. Die Steuerbefreiung nach § 4 Nr. 28 UStG vermeidet diese Folge und verhindert die Doppelbelastung für Unternehmer, die beim Erwerb dieser Gegenstände keine Vorsteuer abziehen konnten.

Wichtig! Der BFH[85] hat festgestellt, dass die Regelung des § 4 Nr. 28 UStG im Einklang mit dem Unionsrecht steht. Der Zweck des § 4 Nr. 28 UStG gebietet es, Veräußerungsumsätze steuerfrei zu behandeln, wenn der Abzug der Vorsteuer aus der Anschaffung der veräußerten Gegenstände ausgeschlossen war.

2.31.1 Lieferung gemäß § 4 Nr. 28 UStG

Nach § 4 Nr. 28 UStG ist die **Lieferung von Gegenständen befreit**, die der Unternehmer ausschließlich für Tätigkeiten verwendet hat, die nach § 4 Nr. 8 bis Nr. 27 UStG steuerfrei sind.

---

[84] Gem. Abschn. 4.26.1 Abs. 5 Beispiel 2 UStAE.

[85] BFH, Urteil v. 21.9.2016, V R 43/15, BStBl II 2017, 1203.

Beispiel 7: Ein Arzt veräußert (Lieferung) ein Röntgengerät, mit dem er ausschließlich nach § 4 Nr. 14 UStG steuerfreie Umsätze ausgeführt hat. Der Verkauf ist ein steuerbarer Umsatz nach § 1 Abs. 1 Nr. 1 UStG (sog. Hilfsgeschäft), unterliegt aber der Steuerbefreiung nach § 4 Nr. 28 UStG.
Ein Versicherungsvertreter veräußert seinen Pkw, den er für seine nach § 4 Nr. 11 UStG steuerfreie Tätigkeit verwendet hat, steuerbar, aber steuerfrei nach § 4 Nr. 28 UStG.

Die in § 4 Nr. 28 UStG vorausgesetzte **ausschließlich steuerfreie Verwendung** des Gegenstands muss während des **gesamten Verwendungszeitraums** bestanden haben, nicht nur in dem Kalenderjahr der Veräußerung.

Als **Vereinfachungsregelung** ist das Tatbestandsmerkmal „ausschließlich" aber auch dann erfüllt, wenn der Unternehmer den Gegenstand in geringfügigem Umfang (das heißt bis zu höchstens 5 %[86]) für Tätigkeiten verwendet hat, die nicht nach § 4 Nr. 8 bis Nr. 27 UStG steuerbefreit sind. Der Unternehmer darf dann aber keinen anteiligen Vorsteuerabzug für diesen Gegenstand geltend gemacht haben.

Beispiel 8: Ein Arzt hat einen Pkw veräußert, den er außer für seine steuerfreie Tätigkeit als Arzt (§ 4 Nr. 14 UStG) auch im Umfang von 5 % im Zusammenhang mit steuerpflichtigen Vermietungsumsätzen genutzt hat.
Lösung: Der Verkauf ist steuerbar, aber steuerfrei nach § 4 Nr. 28 UStG. Allerdings durfte der Arzt für diesen Gegenstand keinen anteiligen Vorsteuerabzug im Zusammenhang mit der grundsätzlich vorsteuerabzugsberechtigenden Vermietung geltend machen.

2.31.2 Repräsentationsgegenstände (§ 4 Nr. 28 UStG)

Ebenfalls steuerfrei ist die **Lieferung eines Gegenstands**, wenn der Unternehmer bei der Anschaffung des Gegenstands **nach § 15 Abs. 1a UStG keinen Vorsteuerabzug** geltend machen konnte. Dies liegt in den Fällen vor, in denen der eingekaufte Gegenstand für Tätigkeiten verwendet wird, die ertragsteuerlich einen Abzug als Betriebsausgaben nach § 4 EStG nicht zulassen (vgl. Stichwort Vorsteuerabzug). Voraussetzung ist allerdings, dass die gesamten Vorsteuerbeträge aus der Anschaffung oder Herstellung, den Anschaffungsnebenkosten und etwaigen nachträglichen Herstellungskosten nicht abzugsfähig waren.

Beispiel 9: Unternehmer U aus Ulm veräußert im Juni 2018 die im April 2016 angeschaffte, bisher ausschließlich für unternehmerische Zwecke (Repräsentationszwecke) genutzte Segeljacht.
Lösung: Die Aufwendungen für die Segeljacht (Anschaffungskosten, laufende Aufwendungen) waren nicht zum Vorsteuerabzug nach § 15 Abs. 1a UStG zugelassen, da es sich um Repräsentationsaufwendungen handelt, die nach § 4 Abs. 5 EStG nicht zum Betriebsausgabenabzug zugelassen sind. Der Verkauf der Jacht ist ein steuerbares Hilfsgeschäft, das aber steuerfrei nach § 4 Nr. 28 UStG ist.

[86] Abschn. 4.28.1 Abs. 2 UStAE.

Steuerlager

Steuerlager auf einen Blick

1. **Rechtsquellen**
   § 4 Nr. 4a UStG
   Abschn. 4.4a.1 UStAE
2. **Bedeutung**
   Durch die sog. Steuerlagerregelung können bestimmte Gegenstände steuerfrei in ein Steuerlager, in einem Steuerlager oder zwischen zwei Steuerlagern geliefert werden. Bei der Auslagerung aus dem Steuerlager entsteht eine Umsatzsteuer. Ziel der Regelung ist es, die Lieferung bestimmter Gegenstände durch die Steuerbefreiung zu erleichtern.
3. **Weitere Stichworte**
   → Steuerbefreiung

1. Allgemeines

Durch die sog. 2. Vereinfachungsrichtlinie[1] der EU sind in das Unionsrecht Rahmenbedingungen zur Gewährung einer Steuerbefreiung für bestimmte Umsätze im Zusammenhang mit einem von jedem EU-Mitgliedstaat selbst zu definierenden Umsatzsteuerlager festgesetzt worden. Durch die Regelung soll eine Gleichbehandlung von bestimmten Unionswaren mit Drittlandswaren in Zolllagern erreicht werden.

Als **Umsatzsteuerlager** kommt jeder Ort im Inland in Betracht, der zur Lagerung der in der Anlage 1 zum Gesetz bezeichneten Gegenstände geeignet ist. Umsatzsteuerlager können auch in den Räumen oder an jedem anderen Ort, der als Zolllager zugelassen wurde, errichtet werden.

Als **Lagerhalter** kommt jeder Unternehmer in Betracht, der die begünstigten Gegenstände in seinem Unternehmen lagern kann. Die Einrichtung und der Betrieb eines Umsatzsteuerlagers müssen **vom zuständigen Finanzamt bewilligt** worden sein. Der Lagerhalter soll hierzu in seinem schriftlichen Antrag insbesondere folgende Angaben machen:

- Ort und Anschrift des Umsatzsteuerlagers sowie der dazugehörigen Lagerstätten,
- Zeitpunkt der beabsichtigten Inbetriebnahme,
- Beschreibung der Gegenstände gemäß Anlage 1 zum Gesetz, die gelagert werden sollen.

Außerdem ist das **wirtschaftliche Bedürfnis** für den Betrieb des Umsatzsteuerlagers darzulegen. Dieses kann regelmäßig angenommen werden, wenn die zu lagernden Gegenstände mehrfach ohne Warenbewegung umgesetzt werden sollen (z.B. an Warenterminbörsen).

2. Leistungen im Zusammenhang mit einem Steuerlager

2.1 Steuerfreie Leistungen

Die Steuerbefreiung im Zusammenhang mit einem Steuerlager betrifft sowohl die **Lieferung in ein Steuerlager**, die (ruhende) **Lieferung innerhalb eines Steuerlagers** sowie die (bewegte) **Lieferung zwischen zwei Steuerlagern**.

Wichtig! Im Zusammenhang mit einem Steuerlager können nicht alle Gegenstände steuerfrei geliefert werden, sondern nur die abschließend in einer Anlage 1 zum UStG aufgeführten Gegenstände. Dies sind insbesondere Wirtschaftsgüter, die warenterminfähig sind.

[1] Richtlinie 95/7/EWG des Rates vom 10.4.1995.

Beispiel 1: Unternehmer A liefert Rohzucker (gemäß Anlage 1 zum Gesetz) an den Unternehmer B. A verbringt den Rohzucker von Hamburg in ein Umsatzsteuerlager beim Lagerhalter L_1 in München.
Lösung: Die Lieferung des A ist eine im Inland steuerbare Lieferung (Ort nach § 3 Abs. 6 Satz 1 UStG in Hamburg, Beförderungslieferung), sie ist aber nach § 4 Nr. 4a Satz 1 Buchst. a UStG eine steuerfreie Lieferung in ein Steuerlager.

Beispiel 2: Unternehmer B liefert den Rohzucker (vgl. Beispiel 1) an den Unternehmer C. Die Verfügungsmacht an dem Rohzucker geht durch Vereinbarung über, der Gegenstand verbleibt in dem Umsatzsteuerlager beim Lagerhalter L_1 in München.
Lösung: Die Lieferung des B ist eine steuerbare Lieferung (Ort nach § 3 Abs. 7 Satz 1 UStG in München, ruhende Lieferung), die aber nach § 4 Nr. 4a Satz 1 Buchst. a UStG eine steuerfreie Lieferung in einem Steuerlager darstellt.

Beispiel 3: Unternehmer C liefert den Rohzucker (vgl. Beispiel 2) an den Unternehmer D. Im Auftrag des C verbringt der Frachtführer F den Rohzucker von München aus dem Steuerlager des L_1 in ein Umsatzsteuerlager beim Lagerhalter L_2 in Berlin.
Lösung: Die Lieferung des C ist eine im Inland steuerbare Lieferung (Ort nach § 3 Abs. 6 Satz 1 UStG in München, Versendungslieferung), die aber nach § 4 Nr. 4a Satz 1 Buchst. a UStG eine steuerfreie Lieferung zwischen zwei Steuerlagern darstellt.

Die Steuerbefreiung im Zusammenhang mit einem Steuerlager erstreckt sich auch auf **bestimmte sonstige Leistungen** im Zusammenhang mit der Einlagerung, der Erhaltung, der Verbesserung der Gegenstände oder ähnlicher Leistungen.

Beispiel 4: Um einen Schädlingsbefall vorzubeugen, behandelt der Unternehmer D den eingelagerten Rohzucker.
Lösung: Die sonstige Leistung ist im Inland steuerbar aber nach § 4 Nr. 4a Satz 1 Buchst. b UStG als sonstige Leistung im Zusammenhang mit der Erhaltung der eingelagerten Ware steuerfrei.

2.2 Auslagerung

Wenn der Gegenstand aus dem Steuerlager ausgelagert wird, ist der der Auslagerung vorangegangene Umsatz zu besteuern. Steuerschuldner ist in diesem Fall grundsätzlich der Auslagerer.

Auslagerung ist der tatsächliche Vorgang der **endgültigen Herausnahme** eines Gegenstands aus einem Umsatzsteuerlager. Auslagerung kann auch die nicht begünstigte Verwendung oder Aufbereitung eines Gegenstands sein (z.B. Lieferung an einen Nichtunternehmer oder Entnahme für nichtunternehmerische Zwecke).

Beispiel 5: Unternehmer D liefert den Rohzucker (vgl. Beispiel 3) an den Unternehmer E. E möchte den Rohzucker weiterverarbeiten und in Haushaltsverpackungen abfüllen. D befördert den Rohzucker aus dem Steuerlager bei L_2 zu seinem Abnehmer E nach Potsdam.
Lösung: Die Lieferung des D an seinen Abnehmer E ist eine im Inland steuerbare Lieferung (Ort nach § 3 Abs. 6 Satz 1 UStG in Berlin). Es handelt sich um eine Entnahme aus einem Steuerlager. Steuerschuldner für die Lieferung aus dem Steuerlager (Auslagerung) ist nach § 13a Abs. 1 Nr. 6 UStG der Unternehmer D (= Auslagerer). Damit ist die Lieferung des D zwar noch eine im Steuerlager ausgeführte Lieferung, die grundsätzlich steuerfrei wäre, durch die eine ideelle Sekunde später stattfindende Auslagerung entfällt die Steuerfreiheit der Lieferung an den E.

Achtung! Der Vorgang der Auslagerung setzt keine Leistung zwischen zwei Leistungspartnern voraus.

Beispiel 6: Unternehmer D (vgl. Beispiel 3) entschließt sich zwei Monate nach Erwerb von Unternehmer C, den Rohzucker in seiner Betriebsstätte in Brandenburg zu verarbeiten. Er holt den Zucker aus dem Steuerlager bei L_2 ab. Die ursprünglich für die Lieferung des C an D gewährte Steuerbefreiung entfällt, da der Gegenstand aus dem Steuerlager entnommen wurde.
Lösung: Somit ist die Lieferung des C an D eine steuerbare und steuerpflichtige Lieferung, § 4 Nr. 4a Satz 1 Buchst. a Satz 2 UStG. Steuerschuldner für diese Lieferung ist nicht C, sondern Unternehmer D, § 13a Abs. 1 Nr. 6 UStG. Unter den allgemeinen Voraussetzungen des § 15 UStG kann D den Vorsteuerabzug vornehmen, § 15 Abs. 1 Satz 1 Nr. 5 UStG.

Auslagerer ist der Unternehmer, der im Zeitpunkt der Auslagerung die Verfügungsmacht über den Gegenstand hat. Dem Auslagerer muss eine **inländische USt-IdNr.** erteilt worden sein. Nicht im Inland ansässige Auslagerer müssen sich daher im Inland bei dem örtlich zuständigen Finanzamt registrieren lassen. In bestimmten Fällen (z.B. bei einer auf eine Auslagerung folgenden steuerfreien innergemeinschaftlichen Lieferung) kann sich der Auslagerer auch durch einen **Fiskalvertreter** vertreten lassen. In diesem Fall ist die USt-IdNr. des Fiskalvertreters aufzuzeichnen.

Falls der Gegenstand beim Auslagern in das Drittlandsgebiet oder das übrige Gemeinschaftsgebiet gelangt, kann unter den übrigen Voraussetzungen eine steuerfreie Ausfuhrlieferung nach § 4 Nr. 1 Buchst. a UStG oder eine steuerfreie innergemeinschaftliche Lieferung nach § 4 Nr. 1 Buchst. b UStG vorliegen.

Beispiel 7: Unternehmer D liefert den Rohzucker (vgl. Beispiel 3) an den Unternehmer F in Frankreich. Im Auftrag des D verbringt der Spediteur S den Rohzucker von Berlin aus dem Steuerlager des L_2 nach Paris.
Lösung: Die Lieferung des D ist ein im Inland ausgeführter steuerbarer Umsatz (Ort nach § 3 Abs. 6 Satz 3 UStG in Berlin).
Die Lieferung ist nicht nach § 4 Nr. 4a UStG steuerfrei, da der Gegenstand aus dem Steuerlager ausgelagert wird. Unter den übrigen Voraussetzungen des § 4 Nr. 1 Buchst. b UStG i.V.m. § 6a UStG ist die Lieferung aber eine steuerfreie innergemeinschaftliche Lieferung, beim Empfänger in Frankreich ergibt sich ein steuerbarer innergemeinschaftlicher Erwerb.

Tipp! Die Finanzverwaltung[2] hat in einem ausführlichen Schreiben diverse Beispiele für die Anwendung der Steuerbefreiung nach § 4 Nr. 4a UStG zusammengestellt.

2.3 Pflichten des Lagerhalters

Der **Lagerhalter** ist verpflichtet, bestimmte **Aufzeichnungen** zu führen, § 22 Abs. 4c Satz 2 UStG. Verstößt er gegen diese Aufzeichnungsvorschriften, wird er neben dem Auslagerer zum Gesamtschuldner für die aus der Auslagerung entstehende Umsatzsteuer.

Beispiel 8: Unternehmer D (vgl. Beispiel 3) entschließt sich mehrere Monate nach Erwerb des Rohzuckers, den Gegenstand aus dem Steuerlager bei L_2 zu entnehmen. Entgegen der Verpflichtung nach § 22 Abs. 4c Satz 2 UStG zeichnet der Lagerhalter nicht den Namen und die USt-IdNr. des D auf.
Lösung: Nach § 13a Abs. 1 Nr. 6 UStG wird der Lagerhalter neben Unternehmer D zum Gesamtschuldner für die aus der Auslagerung entstehende Umsatzsteuer. Ein Vorsteuerabzug nach § 15 Abs. 1 Satz 1 Nr. 5 UStG steht dem L_2 aber nicht zu, da der Rohzucker nicht für sein Unternehmen aus dem Steuerlager entnommen wurde.

[2] BMF, Schreiben v. 28.1.2004, BStBl I 2004, 242.

Steuersatz

Steuersatz auf einen Blick

1. **Rechtsquellen**
   § 12 UStG
   § 30 UStDV
   Abschn. 12.1 bis Abschn. 12.16 UStAE
2. **Bedeutung**
   Soweit ein Unternehmer im Inland einen steuerbaren und steuerpflichtigen Umsatz ausführt, muss er auf der Grundlage der Bemessungsgrundlage eine Umsatzsteuer abführen. Die Umsatzsteuer berechnet sich aus der maßgeblichen Bemessungsgrundlage und dem anzuwendenden Steuersatz. Der Regelsteuersatz beträgt 19 %. In bestimmten Fällen ermäßigt sich dieser Steuersatz auf 7 %.
3. **Weitere Stichworte**
   → Bemessungsgrundlage, → Hotellerieumsätze, → Steuersatzwechsel, → Unrichtiger Steuerausweis
4. **Besonderheiten**
   Es haben sich verschiedene Änderungen bei der Anwendung des ermäßigten Steuersatzes ergeben: Zum 1.1.2014 ist der ermäßigte Steuersatz bei Sammlungsstücken und Kunstgegenständen teilweise aufgehoben worden. Zum 1.1.2015 ist der ermäßigte Steuersatz für die Lieferung von Hörbüchern eingeführt worden. Zum 1.7.2015 ist der ermäßigte Steuersatz für die Anwendung von Heilbädern verändert worden, sodass Saunabäder nicht mehr dem ermäßigten Steuersatz unterliegen. Spätestens ab dem 1.1.2017 unterliegen Fotobücher nicht mehr dem ermäßigten Steuersatz.

1. Allgemeines

Der Steuersatz ist die für die **Berechnung einer Umsatzsteuer** neben der Bemessungsgrundlage entscheidende Größe. Neben dem Irrtum über eine eventuell vorliegende Steuerbefreiung stellt der Irrtum über den anzuwendenden Steuersatz die Hauptursache für eine unrichtig in Rechnung gestellte Steuer dar.

Wichtig! Wenn der leistende Unternehmer in der Rechnung aufgrund eines falschen Steuersatzes eine zu hohe Umsatzsteuer gesondert ausweist, schuldet er auch diese zu hoch ausgewiesene Umsatzsteuer (vgl. Stichwort Unrichtiger Steuerausweis) nach § 14c Abs. 1 UStG. Der Leistungsempfänger darf aber trotzdem nur die sich für die Leistung ergebende gesetzliche Umsatzsteuer als Vorsteuer abziehen.

Die Vorschriften für den Steuersatz nach § 12 UStG kommen nur für die Umsätze nach § 1 Abs. 1 UStG infrage, die **im Inland steuerpflichtig** ausgeführt werden. Auf die Nationalität des leistenden Unternehmers kommt es nicht an. Soweit ein deutscher Unternehmer einen Umsatz in einem anderen Staat ausführt, kommt grundsätzlich der Steuersatz dieses Staats zur Anwendung.

2. Der Regelsteuersatz

Der **Regelsteuersatz** beträgt seit dem 1.1.2007 **19 %**. Er bewegt sich damit im unteren Mittelfeld der in der Europäischen Union vorliegenden Regelsteuersätze von 17 % bis 27 %[1].

In Deutschland kamen seit Einführung des derzeitigen Umsatzsteuersystems die folgenden Steuersätze zur Anwendung:

Anwendungszeit	Regelsteuersatz	Ermäßigter Steuersatz
vom 1.1.1968 bis 30.6.1968	10 %	5 %
vom 1.7.1968 bis 31.12.1977	11 %	5,5 %
vom 1.1.1978 bis 30.6.1979	12 %	6 %

[1] Unionrechtlich gibt es einen Rahmen von 15 % bis 25 % für den Regelsteuersatz.

Anwendungszeit	Regelsteuersatz	Ermäßigter Steuersatz
vom 1.7.1979 bis 30.6.1983	13 %	6,5 %
vom 1.7.1983 bis 31.12.1992	14 %	7 %
vom 1.1.1993 bis 31.3.1998	15 %	7 %
vom 1.4.1998 bis 31.12.2006	16 %	7 %
seit dem 1.1.2007	19 %	7 %

Der **Regelsteuersatz** nach § 12 Abs. 1 UStG kommt immer dann zur Anwendung, wenn ein steuerpflichtiger Umsatz vorliegt, für den keine Ermäßigung nach § 12 Abs. 2 UStG in Betracht kommt.

3. Der ermäßigte Steuersatz

Die Ermäßigung des Steuersatzes auf derzeit 7 % kommt in den in § 12 Abs. 2 UStG abschließend aufgezählten Fällen in Betracht. Im Einzelnen ergeben sich **Ermäßigungen** in den folgenden Fällen:

- Die Lieferung, die Einfuhr und der innergemeinschaftliche Erwerb der in der Anlage 2 zum Umsatzsteuergesetz bezeichneten Gegenstände; ausgenommen sind hier aber die in der Anlage 2 Nr. 49 Buchst. f (Briefmarken und dergleichen als Sammlungsstücke), Nr. 53 (Kunstgegenstände) und Nr. 54 (Sammlungsstücke) aufgeführten Gegenstände,
- die Vermietung der in der Anlage 2 zum Umsatzsteuergesetz bezeichneten Gegenstände mit Ausnahme der in Nr. 49 Buchst. f, Nr. 53 und Nr. 54 aufgeführten Gegenstände,
- für die Aufzucht und das Halten von Vieh, die Anzucht von Pflanzen und die Teilnahme an Leistungsprüfungen für Tiere,
- die Leistungen, die unmittelbar der Vatertierhaltung, der Förderung der Tierzucht, der künstlichen Tierbesamung oder der Leistungs- und Qualitätsprüfung in der Tierzucht und in der Milchwirtschaft dienen,
- die Leistungen aus der Tätigkeit als Zahntechniker sowie die Lieferung oder Wiederherstellung von Zahnprothesen und kieferorthopädischen Geräten, soweit der Unternehmer sie in seinem Unternehmen hergestellt oder wiederhergestellt hat,
- die Eintrittsberechtigung für Theater, Konzerte, Museen sowie den Theateraufführungen und Konzerten vergleichbaren Dienstleistungen ausübender Künstler,
- die Überlassung von Filmen zur Auswertung und Vorführung sowie die Filmvorführungen, soweit die Filme vor dem 1.1.1970 uraufgeführt worden sind. Soweit sie nach dem 31.12.1969 erstaufgeführt worden sind, kommt die Ermäßigung nur in Betracht, soweit der Film nach § 6 Abs. 3 Nr. 1 bis 5 des Gesetzes zum Schutz der Jugend in der Öffentlichkeit oder nach § 14 Abs. 2 Nr. 1 bis Nr. 5 des Jugendschutzgesetzes gekennzeichnet ist,
- die Einräumung, Übertragung und Wahrnehmung von Rechten, die sich aus dem Urheberrechtsgesetz ergeben,
- die Zirkusvorführungen, die Leistungen aus der Tätigkeit als Schausteller sowie die unmittelbar mit dem Betrieb der zoologischen Gärten verbundenen Umsätze,
- die Leistungen der Körperschaften, die ausschließlich und unmittelbar gemeinnützige, mildtätige oder kirchliche Zwecke verfolgen, nicht aber für Leistungen im Rahmen eines wirtschaftlichen Geschäftsbetriebs, sowie die Leistungen der nichtrechtsfähigen Personenvereinigungen und Gemeinschaften, der genannten Körperschaften, wenn diese Leistungen, falls die Körperschaften sie anteilig selbst ausführen, nach dieser Vorschrift ermäßigt besteuert würden,
- die unmittelbar mit dem Betrieb der Schwimmbäder verbundenen Umsätze sowie die Verabreichung von Heilbädern. Dies gilt auch für die Bereitstellung von Kureinrichtungen, soweit als Entgelt eine Kurtaxe zu entrichten ist,
- Leistungen zur Beförderung von Personen im Schienenbahnverkehr, im Verkehr mit Oberleitungsomnibussen im genehmigten Linienverkehr mit Kraftfahrzeugen, im Verkehr mit Taxen, mit Draht-

seilbahnen und sonstigen mechanischen Aufstiegshilfen[2] und die Beförderung im Fährverkehr innerhalb einer Gemeinde oder wenn die Beförderungsstrecke nicht mehr als 50 Kilometer beträgt,

- die Vermietung von Wohn- und Schlafräumen, die ein Unternehmen zur kurzfristigen Beherbergung von Freunden bereithält, sowie die kurzfristige Vermietung von Campingflächen – allerdings gilt dies nur für die unmittelbar der Vermietung dienenden Umsätze,
- (seit dem 1.1.2014) die Einfuhr der in Anlage 2 Nr. 49 Buchst. f (Briefmarken und dergleichen als Sammlungsstücke), Nr. 53 (Kunstgegenstände) und Nr. 54 (Sammlungsstücke) aufgeführten Gegenstände,
- (seit dem 1.1.2014) die Lieferungen und der innergemeinschaftliche Erwerb der in Nr. 53 der Anlage 2 (Kunstgegenstände) bezeichneten Gegenstände, wenn die Lieferungen entweder vom Urheber der Gegenstände oder seinem Rechtsnachfolger durchgeführt wurden oder wenn sie von einem Unternehmer – der aber kein Wiederverkäufer (gewerblicher Händler) sein darf – durchgeführt wird und die Gegenstände vom Unternehmer in das Gemeinschaftsgebiet eingeführt wurden, von ihrem Urheber oder dessen Rechtsnachfolger an den Unternehmer geliefert wurden oder den Unternehmer zum vollen Vorsteuerabzug berechtigt hatten.

3.1 Lieferung, Einfuhr und innergemeinschaftlicher Erwerb der in der Anlage 2 zum Gesetz bezeichneten Gegenstände

Eine **Ermäßigung** ergibt sich für die Lieferung der folgenden Gegenstände, die in der Anlage 2 zum Umsatzsteuergesetz bezeichnet sind, sowie für die Vermietung dieser Gegenstände:

Aufstellung der dem ermäßigten Steuersatz unterliegenden Gegenstände		
Lfd. Nr.	**Warenbezeichnung**	**Zolltarif: Kapitel, Position, Unterposition**
1	Lebende Tiere, und zwar	
	a) (weggefallen; bis 30.06.2012: Pferde einschließlich reinrassiger Zuchttiere, ausgenommen Wildpferde)	aus Position 0101
	b) Maultiere und Maulesel,	aus Position 0101
	c) Hausrinder einschließlich reinrassiger Zuchttiere,	aus Position 0102
	d) Hausschweine einschließlich reinrassiger Zuchttiere,	aus Position 0103
	e) Hausschafe einschließlich reinrassiger Zuchttiere,	aus Position 0104
	f) Hausziegen einschließlich reinrassiger Zuchttiere,	aus Position 0104
	g) Hausgeflügel (Hühner, Enten, Gänse, Truthühner und Perlhühner),	Position 0105
	h) Hauskaninchen,	aus Position 0106
	i) Haustauben,	aus Position 0106
	j) Bienen,	aus Position 0106
	k) ausgebildete Blindenführhunde	aus Position 0106
2	Fleisch und genießbare Schlachtnebenerzeugnisse	Kapitel 2
3	Fische und Krebstiere, Weichtiere und andere wirbellose Wassertiere, ausgenommen Zierfische, Langusten, Hummer, Austern und Schnecken	aus Kapitel 3
4	Milch und Milcherzeugnisse; Vogeleier und Eigelb, ausgenommen ungenießbare Eier ohne Schale und ungenießbares Eigelb; natürlicher Honig	aus Kapitel 4
5	Andere Waren tierischen Ursprungs, und zwar	

[2] Drahtseilbahnen und mechanische Aufstiegshilfen sind mit Wirkung zum 1.1.2008 in das Gesetz aufgenommen worden.

Aufstellung der dem ermäßigten Steuersatz unterliegenden Gegenstände		
Lfd. Nr.	Warenbezeichnung	Zolltarif: Kapitel, Position, Unterposition
	a) Mägen von Hausrindern und Hausgeflügel,	aus Position 0504 00 00
	b) (weggefallen)	
	c) rohe Knochen	aus Position 0506
6	Bulben, Zwiebeln, Knollen, Wurzelknollen und Wurzelstöcke, ruhend, im Wachstum oder in Blüte; Zichorienpflanzen und -wurzeln	Position 0601
7	Andere lebende Pflanzen einschließlich ihrer Wurzeln, Stecklinge und Pfropfreiser; Pilzmyzel	Position 0602
8	Blumen und Blüten sowie deren Knospen, geschnitten, zu Binde- oder Zierzwecken, frisch	aus Position 0603
9	Blattwerk, Blätter, Zweige und andere Pflanzenteile, ohne Blüten und Blütenknospen, sowie Gräser, Moose und Flechten, zu Binde- oder Zierzwecken, frisch	aus Position 0604
10	Gemüse, Pflanzen, Wurzeln und Knollen, die zu Ernährungszwecken verwendet werden, und zwar	
	a) Kartoffeln, frisch oder gekühlt,	Position 0701
	b) Tomaten, frisch oder gekühlt,	Position 0702 00 00
	c) Speisezwiebeln, Schalotten, Knoblauch, Porree/Lauch und andere Gemüse der Allium-Arten, frisch oder gekühlt,	Position 0703
	d) Kohl, Blumenkohl/Karfiol, Kohlrabi, Wirsingkohl und ähnliche genießbare Kohlarten der Gattung Brassica, frisch oder gekühlt,	Position 0704
	e) Salate (Lactuca sativa) und Chicorée (Cichorium-Arten), frisch oder gekühlt,	Position 0705
	f) Karotten und Speisemöhren, Speiserüben, rote Rüben, Schwarzwurzeln, Knollensellerie, Rettiche und ähnliche genießbare Wurzeln, frisch oder gekühlt,	Position 0706
	g) Gurken und Cornichons, frisch oder gekühlt,	Position 0707 00
	h) Hülsenfrüchte, auch ausgelöst, frisch oder gekühlt,	Position 0708
	i) anderes Gemüse, frisch oder gekühlt,	Position 0709
	j) Gemüse, auch in Wasser oder Dampf gekocht, gefroren,	Position 0710
	k) Gemüse, vorläufig haltbar gemacht (z.B. durch Schwefeldioxid oder in Wasser, dem Salz, Schwefeldioxid oder andere vorläufig konservierend wirkende Stoffe zugesetzt sind), zum unmittelbaren Genuss nicht geeignet,	Position 0711
	l) Gemüse, getrocknet, auch in Stücke oder Scheiben geschnitten, als Pulver oder sonst zerkleinert, jedoch nicht weiter zubereitet,	Position 0712
	m) getrocknete, ausgelöste Hülsenfrüchte, auch geschält oder zerkleinert,	Position 0713
	n) Topinambur	aus Position 0714
11	Genießbare Früchte und Nüsse	Positionen 0801 bis 0813
12	Kaffee, Tee, Mate und Gewürze	Kapitel 9
13	Getreide	Kapitel 10

Aufstellung der dem ermäßigten Steuersatz unterliegenden Gegenstände		
Lfd. Nr.	**Warenbezeichnung**	**Zolltarif: Kapitel, Position, Unterposition**
14	Müllereierzeugnisse, und zwar	
	a) Mehl von Getreide,	Positionen 1101 00 und 1102
	b) Grobgrieß, Feingrieß und Pellets von Getreide,	Position 1103
	c) Getreidekörner, anders bearbeitet; Getreidekeime, ganz, gequetscht, als Flocken oder gemahlen	Position 1104
15	Mehl, Grieß, Pulver, Flocken, Granulat und Pellets von Kartoffeln	Position 1105
16	Mehl, Grieß und Pulver von getrockneten Hülsenfrüchten sowie Mehl, Grieß und Pulver von genießbaren Früchten	aus Position 1106
17	Stärke	aus Position 1108
18	Ölsamen und ölhaltige Früchte sowie Mehl hiervon	Positionen 1201 00 bis 1208
19	Samen, Früchte und Sporen, zur Aussaat	Position 1209
21	Rosmarin, Beifuß und Basilikum in Aufmachungen für den Küchengebrauch sowie Dost, Minzen, Salbei, Kamilleblüten und Haustee	aus Position 1211
20	(weggefallen)	
22	Johannisbrot und Zuckerrüben, frisch oder getrocknet, auch gemahlen; Steine und Kerne von Früchten sowie andere pflanzliche Waren (einschließlich nichtgerösteter Zichorienwurzeln der Varietät Cichorium intybus sativum) der hauptsächlich zur menschlichen Ernährung verwendeten Art, anderweit weder genannt noch inbegriffen; ausgenommen Algen, Tange und Zuckerrohr	aus Position 1212
23	Stroh und Spreu von Getreide sowie verschiedene zur Fütterung verwendete Pflanzen	Positionen 1213 00 00 und 1214
24	Pektinstoffe, Pektinate und Pektate	Unterposition 1302 20
25	(weggefallen)	
26	Genießbare tierische und pflanzliche Fette und Öle, auch verarbeitet, und zwar	
	a) Schweineschmalz, anderes Schweinefett und Geflügelfett,	aus Position 1501 00
	b) Fett von Rindern, Schafen oder Ziegen, ausgeschmolzen oder mit Lösungsmitteln ausgezogen,	aus Position 1502 00
	c) Oleomargarin,	aus Position 1503 00
	d) fette pflanzliche Öle und pflanzliche Fette, sowie deren Fraktionen, auch raffiniert,	aus Positionen 1507 bis 1515
	e) tierische und pflanzliche Fette und Öle sowie deren Fraktionen, ganz oder teilweise hydriert, umgeestert, wiederverestert oder elaidiniert, auch raffiniert, jedoch nicht weiterverarbeitet, ausgenommen hydriertes Rizinusöl (sog. Opalwachs),	aus Position 1516
	f) Margarine; genießbare Mischungen und Zubereitungen von tierischen oder pflanzlichen Fetten und Ölen sowie von Fraktionen verschiedener Fette und Öle, ausgenommen Form- und Trennöle	aus Position 1517
27	(weggefallen)	

Aufstellung der dem ermäßigten Steuersatz unterliegenden Gegenstände		
Lfd. Nr.	**Warenbezeichnung**	**Zolltarif: Kapitel, Position, Unterposition**
28	Zubereitungen von Fleisch, Fischen oder von Krebstieren, Weichtieren und anderen wirbellosen Wassertieren, ausgenommen Kaviar sowie zubereitete oder haltbar gemachte Langusten, Hummer, Austern und Schnecken	aus Kapitel 16
29	Zucker und Zuckerwaren	Kapitel 17
30	Kakaopulver ohne Zusatz von Zucker oder anderen Süßmitteln sowie Schokolade und andere kakaohaltige Lebensmittelzubereitungen	Positionen 1805 00 00 und 1806
31	Zubereitungen aus Getreide, Mehl, Stärke oder Milch; Backwaren	Kapitel 19
32	Zubereitungen von Gemüse, Früchten, Nüssen oder anderen Pflanzenteilen, ausgenommen Frucht- und Gemüsesäfte	Positionen 2001 bis 2008
33	Verschiedene Lebensmittelzubereitungen	Kapitel 21
34	Wasser[3], ausgenommen	
	– Trinkwasser, einschließlich Quellwasser und Tafelwasser, das in zur Abgabe an den Verbraucher bestimmten Fertigpackungen in den Verkehr gebracht wird,	
	– Heilwasser und	
	– Wasserdampf	aus Unterposition 2201 90 00
35	Milchmischgetränke mit einem Anteil an Milch oder Milcherzeugnissen (z.B. Molke) von mindestens 75 Prozent des Fertigerzeugnisses	aus Position 2202
36	Speiseessig	Position 2209 00
37	Rückstände und Abfälle der Lebensmittelindustrie; zubereitetes Futter	Kapitel 23
38	(weggefallen)	
39	Speisesalz, nicht in wässriger Lösung	aus Position 2501 00
40	a) Handelsübliches Ammoniumcarbonat und andere Ammoniumcarbonate,	Unterposition 2836 99 17
	b) Natriumhydrogencarbonat (Natriumbicarbonat)	Unterposition 2836 30 00
41	D-Glucitol (Sorbit), auch mit Zusatz von Saccharin oder dessen Salzen	Unterpositionen 2905 44 und 2106 90
42	Essigsäure	Unterposition 2915 21 00
43	Natriumsalz und Kaliumsalz des Saccharins	aus Unterposition 2925 11 00
44	(weggefallen)	
45	Tierische oder pflanzliche Düngemittel mit Ausnahme von Guano, auch untereinander gemischt, jedoch nicht chemisch behandelt; durch Mischen von tierischen oder pflanzlichen Erzeugnissen gewonnene Düngemittel	aus Position 3101 00 00
46	Mischungen von Riechstoffen und Mischungen (einschließlich alkoholischer Lösungen) auf der Grundlage eines oder mehrerer dieser Stoffe, in Aufmachungen für den Küchengebrauch	aus Unterposition 3302 10
47	Gelatine	aus Position 3503 00

3 Darunter fällt auch das Verlegen eines Hauswasseranschlusses, selbst wenn der Anschluss nicht durch den Lieferer des Wassers hergestellt wird, BFH, Urteil v. 7.2.2018, XI R 17/17, DStR 2018, 742.

Aufstellung der dem ermäßigten Steuersatz unterliegenden Gegenstände		
Lfd. Nr.	**Warenbezeichnung**	**Zolltarif: Kapitel, Position, Unterposition**
48	Holz, und zwar	
	a) Brennholz in Form von Rundlingen, Scheiten, Zweigen, Reisigbündeln oder ähnlichen Formen,	Unterposition 4401 10 00
	b) Sägespäne, Holzabfälle und Holzausschuss, auch zu Pellets, Briketts, Scheiten oder ähnlichen Formen zusammengepresst	Unterposition 4401 30
49	Bücher, Zeitungen und andere Erzeugnisse des grafischen Gewerbes mit Ausnahme der Erzeugnisse, für die Beschränkungen als jugendgefährdende Trägermedien bzw. Hinweispflichten nach § 15 Abs. 1 bis 3 und 6 des Jugendschutzgesetzes in der jeweils geltenden Fassung bestehen, sowie der Veröffentlichungen, die überwiegend Werbezwecken (einschließlich Reisewerbung) dienen, und zwar	
	a) Bücher[4], Broschüren und ähnliche Drucke, auch in Teilheften, losen Bogen oder Blättern, zum Broschieren, Kartonieren oder Binden bestimmt, sowie Zeitungen und andere periodische Druckschriften kartoniert, gebunden oder in Sammlungen mit mehr als einer Nummer in gemeinsamem Umschlag (ausgenommen solche, die überwiegend Werbung enthalten),	aus Positionen 4901, 9705 00 00 und 9706 00 00
	b) Zeitungen und andere periodische Druckschriften, auch mit Bildern oder Werbung enthaltend (ausgenommen Anzeigenblätter, Annoncen-Zeitungen und dergleichen, die überwiegend Werbung enthalten),	aus Position 4902
	c) Bilderalben, Bilderbücher und Zeichen- oder Malbücher, für Kinder,	aus Position 4903 00 00
	d) Noten, handgeschrieben oder gedruckt, auch mit Bildern, auch gebunden,	aus Position 4904 00 00
	e) kartographische Erzeugnisse aller Art, einschließlich Wandkarten, topografischer Pläne und Globen, gedruckt,	aus Position 4905
	f) Briefmarken und dergleichen (z.B. Ersttagsbriefe, Ganzsachen) als Sammlungsstücke. Seit dem 1.1.2014 ist der ermäßigte Steuersatz nur noch bei Einfuhren aus dem Drittlandsgebiet anzuwenden, § 12 Abs. 2 Nr. 12 UStG	aus Positionen 4907 00 und 9704 00 00
50	(seit dem 1.1.2015) Platten, Bänder, nicht flüchtige Halbleiterspeichervorrichtungen, „intelligente Karten (smart cards)" und andere Tonträger oder ähnliche Aufzeichnungsträger, die ausschließlich die Tonaufzeichnung der Lesung eines Buches enthalten, mit Ausnahme der Erzeugnisse, für die Beschränkungen als jugendgefährdende Trägermedien bzw. Hinweispflichten nach § 15 Abs. 1 bis 3 und 6 des Jugendschutzgesetzes in der jeweils geltenden Fassung bestehen	aus Position 8523

4 Fotobücher stellen keine Bücher i.S.d. Regelung dar. Die Finanzverwaltung beanstandete es aber für alle vor dem 1.1.2017 ausgeführten Lieferungen nicht, wenn Fotobücher noch mit dem ermäßigten Steuersatz besteuert wurden, BMF, Schreiben v. 20.4.2016, BStBl I 2016, 483.

Aufstellung der dem ermäßigten Steuersatz unterliegenden Gegenstände		
Lfd. Nr.	**Warenbezeichnung**	**Zolltarif: Kapitel, Position, Unterposition**
51	Rollstühle und andere Fahrzeuge für Behinderte, auch mit Motor oder anderer Vorrichtung zur mechanischen Fortbewegung	Position 8713
52	Körperersatzstücke, orthopädische Apparate und andere orthopädische Vorrichtungen sowie Vorrichtungen zum Beheben von Funktionsschäden oder Gebrechen, für Menschen, und zwar:	
	a) künstliche Gelenke, ausgenommen Teile und Zubehör,	aus Unterposition 9021 31 00
	b) orthopädische Apparate und andere orthopädische Vorrichtungen einschließlich Krücken sowie medizinisch-chirurgischer Gürtel und Bandagen, ausgenommen Teile und Zubehör,	aus Unterposition 9021 10
	c) Prothesen, ausgenommen Teile und Zubehör,	aus Unterpositionen 9021 21, 9021 29 00 und 9021 39
	d) Schwerhörigengeräte, Herzschrittmacher und andere Vorrichtungen zum Beheben von Funktionsschäden oder Gebrechen, zum Tragen in der Hand oder am Körper oder zum Einpflanzen in den Organismus, ausgenommen Teile und Zubehör	Unterpositionen 9021 40 00 und 9021 50 00, aus Unterposition 9021 90
53	Kunstgegenstände (seit dem 1.1.2014 ist der ermäßigte Steuersatz nur noch bei Einfuhren aus dem Drittlandsgebiet, § 12 Abs. 2 Nr. 12 UStG sowie bestimmten Lieferungen und innergemeinschaftlichen Lieferungen, § 12 Abs. 2 Nr. 13 UStG anzuwenden), und zwar:	
	a) Gemälde und Zeichnungen, vollständig mit der Hand geschaffen, sowie Collagen und ähnliche dekorative Bildwerke,	Position 9701
	b) Originalstiche, -schnitte und -steindrucke,	Position 9702 00 00
	c) Originalerzeugnisse der Bildhauerkunst, aus Stoffen aller Art	Position 9703 00 00
54	Sammlungsstücke, (seit dem 1.1.2014 wird der ermäßigte Steuersatz nur noch bei Einfuhren aus dem Drittlandsgebiet angewendet, § 12 Abs. 2 Nr. 12 UStG)	
	a) zoologische, botanische, mineralogische oder anatomische, und Sammlungen dieser Art,	aus Position 9705 00 00
	b) von geschichtlichem, archäologischem, paläontologischem oder völkerkundlichem Wert,	aus Position 9705 00 00
	c) von münzkundlichem Wert, und zwar	
	aa) kursungültige Banknoten einschließlich Briefmarkengeld und Papiernotgeld,	aus Position 9705 00 00
	bb) Münzen aus unedlen Metallen,	aus Position 9705 00 00
	cc) Münzen und Medaillen aus Edelmetallen, wenn die Bemessungsgrundlage für die Umsätze dieser Gegenstände mehr als 250 Prozent des unter Zugrundelegung des Feingewichts berechneten Metallwerts ohne Umsatzsteuer beträgt	aus Positionen 7118, 9705 00 00 und 9706 00 00

Wichtig! Die Bundesrepublik Deutschland war von der Kommission der Europäischen Union aufgefordert worden, den ermäßigten Steuersatz für Kunstgegenstände und Sammlungsstücke aufzuheben. Mit Wirkung zum 1.1.2014 sind diese Vorgaben umgesetzt worden.

Achtung! Zum 1.1.2015 ist die Regelung zur Anwendung des ermäßigten Steuersatzes für Hörbücher in die Anlage 2 mit aufgenommen worden. Danach unterliegen aber nur Hörbücher dem ermäßigten Steuersatz (nicht Hörspiele, Hörzeitungen oder Hörzeitschriften). Ermäßigt besteuert ist nur die (körperliche) Lieferung der Hörbücher, nicht der Download über das Internet[5].

Besondere Probleme ergeben sich, wenn der Unternehmer einheitlich zu besteuernde Waren liefert, die zwar Elemente von ermäßigt zu besteuernden Bestandteilen enthält, darüber hinaus aber auch Bestandteile enthält, die dem Regelsteuersatz unterliegen (sog. **Kombiprodukte**).

Die Finanzverwaltung[6] hat dazu eine **Vereinfachungsregelung** getroffen: Beträgt das Verkaufsentgelt für die erste Lieferung des Warensortiments nicht mehr als 20 % und sind die Waren so aufgemacht, dass sie zur direkten Abgabe an den Verbraucher geeignet sind, kann das Sortiment insgesamt dem ermäßigten Steuersatz unterworfen werden, wenn die Wertanteile der Warenteile, die unter die Anlage 2 zum UStG fallen, mindestens 90 % des Gesamtwerts der Waren ausmacht. Dies gilt dann auf allen Handelsstufen. Liegt der Wertanteil der dem ermäßigten Steuersatz unterliegenden Warenteile unter 90 %, kann aus Vereinfachungsgründen insgesamt der Regelsteuersatz angewendet werden. Die Abgrenzung der Wertanteile erfolgt auf Basis der Einkaufspreise (incl. Nebenkosten) oder der Selbstkosten, soweit keine Einkaufspreise vorliegen.

Achtung! Bis auf die letzte Handelsstufe muss in allen anderen Handelsstufen auf die Anwendung dieser Vereinfachungsregelung hingewiesen werden.

Wichtig! Ausgenommen von dieser Vereinfachungsregelung sind Warensortimente, die nach den Wünschen des Kunden zusammengestellt werden (z.B. Präsentkörbe).

3.2 Leistungen im Zusammenhang mit der Tier- und Pflanzenzucht

Bestimmte Leistungen von Unternehmern, die nicht die Sonderregelung des § 24 UStG (für land- und forstwirtschaftliche Betriebe) in Anspruch nehmen, sind dem ermäßigten Steuersatz zu unterwerfen. Dazu gehören insbesondere Umsätze im Zusammenhang mit der **Aufzucht und dem Halten von Vieh**, der Anzucht von Pflanzen, der Vatertierhaltung, der Tierzucht sowie ähnlicher Leistungen.

Achtung! Nicht erforderlich ist, dass der Unternehmer als Land- oder Forstwirt tätig ist.

Beispiel 1: Unternehmer U werden von einem Pflanzenzüchter Sämlinge überlassen, die dieser auf seinem Grundstück einpflanzt, pflegt und dem Pflanzenzüchter auf Abruf zurückgibt.
Lösung: Die Leistung des U unterliegt dem ermäßigten Steuersatz.

Das **Einstellen und Betreuen von Reitpferden**, die von ihren Eigentümern zur Ausübung von Freizeitsport genutzt werden, fällt nicht unter den Begriff „Halten von Vieh" i.S.d. § 12 Abs. 2 Nr. 3 UStG und ist deshalb nicht mit dem ermäßigten, sondern mit dem allgemeinen Steuersatz zu besteuern[7]. Dies gilt auch für Pferde, die zu selbstständigen oder gewerblichen, nicht landwirtschaftlichen Zwecken genutzt werden (z.B. durch Berufsreiter oder Reitlehrer).

[5] Der Download eines Hörbuchs – wie auch eines E-Books – ist eine sonstige Leistung, die immer dem Regelsteuersatz unterliegt. Allerdings sind hier unionsrechtlich Änderungen geplant, sodass es eventuell zeitnah zu einer Gleichstellung von elektronisch übermittelten Büchern mit der Lieferung von Büchern kommen kann.

[6] BMF, Schreiben v. 21.3.2006, BStBl I 2006, 286.

[7] BFH, Urteil v. 22.1.2004, V R 41/02, BStBl II 2004, 757.

Tipp! Ein Landwirt hat auch keinen Anspruch auf die Anwendung der Durchschnittssatzbesteuerung für im Rahmen einer Pensionspferdehaltung zu Zuchtzwecken erbrachte Dienstleistungen, wenn die Pferde nicht zu land- oder forstwirtschaftlichen Zwecken genutzt werden[8].

3.3 Umsätze der Zahntechniker

Der ermäßigte Steuersatz ist auf alle **Umsätze aus der Tätigkeit als Zahntechniker** einschließlich der unentgeltlichen Wertabgaben anzuwenden. Begünstigt ist auch die Lieferung von halbfertigen Zahnprothesen.

Wichtig! Nicht von Bedeutung ist die Rechtsform, in der das zahntechnische Labor betrieben wird[9].

Zahnärzte, die zahntechnische Leistungen in ihrem Unternehmen ausführen (Lieferung oder Wiederherstellung von Zahnprothesen, kieferorthopädische Apparate), erbringen insoweit keine steuerfreien Leistungen nach § 4 Nr. 14 UStG. Diese Leistungen unterliegen aber dem ermäßigten Steuersatz nach § 12 Abs. 2 Nr. 6 UStG.

Achtung! Hilfsgeschäfte (Verkauf von Anlagegegenständen, Bohrern, Material) unterliegen nicht dem ermäßigten Steuersatz.

3.4 Eintrittsberechtigung für Theater, Konzerte und Museen usw.

Die **Eintrittsberechtigung für Theater, Konzerte und Museen**, sowie die den Theatervorführungen und Konzerten vergleichbaren Darbietungen ausübender Künstler unterliegen dem ermäßigten Steuersatz nach § 12 Abs. 2 Nr. 7 Buchst. a UStG.

Achtung! Die Ermäßigung trifft nur die Unternehmer, die nicht schon nach § 4 Nr. 20 Buchst. a UStG steuerfreie Leistungen erbringen, wie z.B. Einrichtungen des Bundes, der Länder, der Gemeinden oder Gemeindeverbände, vgl. Stichwort Steuerbefreiungen.

Zu den Leistungen von **Theatern** gehören auch die Vorführungen von pantomimischen Werken einschließlich Werken der Tanzkunst, Kleinkunst- und Varieté-Theatervorführungen sowie Puppenspiele und Eisrevuen. Konzerte sind musikalische und gesangliche Aufführungen durch einzelne oder mehrere Personen. Auch eine Unterhaltungsshow kann unter die Steuerermäßigung fallen[10].

Achtung! Nicht begünstigt sind aber gesangliche, kabarettistische oder tänzerische Darbietungen im Rahmen einer sportlichen Veranstaltung oder zur Unterhaltung der Besucher einer Gaststätte. Ebenso unterliegen die Leistungen im Zusammenhang mit einer sog. Dinner-Show dem Regelsteuersatz[11].

Der EuGH[12] hatte entschieden, dass für die **Solistenleistungen an Konzertveranstalter** – wie für Ensembles – der ermäßigte Steuersatz gewährt werden muss. Er hebt dabei auf den Grundsatz der Steuerneutralität ab, der einer umsatzsteuerlichen Ungleichbehandlung gleichartiger Waren oder Dienstleistungen, die miteinander im Wettbewerb stehen, entgegensteht. Die Vorgabe des Gerichts wurde zum 1.1.2005 durch die Neufassung des § 12 Abs. 2 Nr. 7 Buchst. a UStG dergestalt umgesetzt, dass für die Leistungen der ausübenden Künstler, die mit denen der Theater, Orchester, Kammermusikensembles und Chöre vergleichbar sind, der ermäßigte Steuersatz anzuwenden ist.

Tipp! Leistungen von Artisten sind nicht begünstigt. Leistungen von Zauberkünstlern können aber der Steuerermäßigung unterliegen[13].

---

8 BFH, Urteil v. 21.1.2015, XI R 13/13, BStBl II 2015, 730.
9 Abschn. 12.4 Abs. 1 UStAE.
10 BFH, Urteil v. 9.10.2003, V R 86/01, BFH/NV 2004, 984.
11 BFH, Urteil v. 10.1.2013, V R 31/10, BStBl II 2013, 352.
12 EuGH, Urteil v. 23.10.2003, C-109/02 – Hoffmann, BStBl II 2004, 337.
13 Finanzministerium Hessen, Erlass v. 15.3.1988, UR 1988, 263.

Die Steuerermäßigung für ausübende Künstler nach § 12 Abs. 2 Nr. 7 Buchst. a UStG hängt nicht davon ab, ob von den Zuschauern oder Zuhörern eine „Eintrittsberechtigung“ verlangt wird.

Tipp! Nach der Rechtsprechung des BFH kann auch ein Trauer- oder Hochzeitsredner „ausübender Künstler“ sein, wenn seine Leistungen eine schöpferische Gestaltungshöhe erreichen[14].

3.5 Überlassung von Filmen und Filmvorführungen

Die **Überlassung von Filmen zur Auswertung** sowie die **Filmvorführungen** sind nach § 12 Abs. 2 Nr. 7 Buchst. b UStG dann begünstigt

- wenn der Film vor dem 1.1.1970 erstaufgeführt wurde oder
- wenn der Film ab dem 1.1.1970 erstaufgeführt worden ist und der Film nach § 6 Abs. 3 Nr. 1 bis 5 des Gesetzes zum Schutz der Jugend in der Öffentlichkeit oder nach § 14 Abs. 2 Nr. 1 bis Nr. 5 des Jugendschutzgesetzes gekennzeichnet ist. Begünstigt sind danach auch die mit „Nicht freigegeben unter achtzehn Jahren“ gekennzeichneten Filme.

Wichtig! Auch bespielte Videokassetten stellen Filme dar. Nicht begünstigt ist aber die Ausleihe von Videokassetten zum privaten Gebrauch.

Tipp! Die Ausstrahlung eines Fernsehprogramms im Bezahlfernsehen ist keine Filmvorführung i.S.d. Regelung[15].

Auch das Abspielen von Filmen durch Hotelbesitzer wie auch das Vorführen von Filmen in einem dem Nutzer zur alleinigen Nutzung überlassenen Raum (z.B. Einzelkabinen in Erotikläden) unterliegt nicht dem ermäßigten Steuersatz[16].

3.6 Einräumung, Übertragung und Wahrnehmung urheberrechtlicher Schutzrechte

Die **Einräumung, Übertragung und Wahrnehmung von Rechten**, die sich aus dem Urheberrechtsgesetz ergeben, fallen unter die Steuerbegünstigung des § 12 Abs. 2 Nr. 7 Buchst. c UStG.

Achtung! Eine Begünstigung kann danach nur dann in Betracht kommen, wenn es sich um eine Leistung handelt, die unter das Urheberrechtsgesetz fällt. Bei der Anwendung des ermäßigten Steuersatzes bei der Einräumung, Übertragung und Wahrnehmung urheberrechtlicher Schutzrechte ist es nicht Voraussetzung, dass die Leistungsbezeichnung in der Rechnung (z.B. „Übertragung von Nutzungsrechten“ oder „künstlerische Tätigkeit“) aufgenommen ist[17].

Zu den Leistungen, die unter das Urheberrechtsgesetz fallen, gehören insbesondere:

Leistung	Besonderheiten
Schriftsteller	Nicht entscheidend ist die Übergabe des Manuskripts, es kommt vielmehr auf die Vereinbarung über die Nutzungsrechte an dem Werk an. Lesungen, Autogrammstunden etc. unterliegen dem Regelsteuersatz.
Journalisten und Presseagenturen	Erfasst werden alle Arten journalistischer Betätigung, ausgenommen ist lediglich das Sammeln von Informationen, ohne diese gesammelten Daten redaktionell zu bearbeiten (z.B. Börsennotizen, Wettervorhersagen, Kinospielpläne).
Übersetzungen und andere Bearbeitungen	Unerheblich ist, ob die Übersetzung als Buch veröffentlicht wird oder es sich um eine Übersetzung für ein Filmdrehbuch handelt. Auch die Übersetzung von Nachrichtensendungen in die Gebärdensprache kann dem ermäßigten Steuersatz unterliegen[18].

---

14 BFH, Urteil v. 3.12.2015, V R 61/14, BFH/NV 2016, 694.

15 BFH, Urteil v. 26.1.2006, V R 70/03, BStBl II 2006, 387.

16 EuGH, Urteil v. 18.3.2010, C-3/09 – Erotic Center BVBA, BFH/NV 2010, 1068.

17 Abschn. 12.7 Abs. 1 Satz 3 UStAE.

18 BFH, Urteil v. 18.8.2005, V R 42/03, BStBl II 2006, 44.

Leistung	Besonderheiten
Vorträge und Reden	Vorträge und Reden[19] unterliegen insoweit dem ermäßigten Steuersatz, wie z.B. der Vortrag in einer Fachzeitschrift veröffentlicht wird oder von Rundfunk- oder Fernsehanstalten gesendet wird.
Werke der Musik	Alle Musikwerke, soweit Rechte eingeräumt werden.
Werke der bildenden Künste und der angewandten Kunst	Werke von Gebrauchsgrafikern und Grafik-Designern sind nur insoweit begünstigt, als ausdrücklich das Nutzungsrecht an den Werken übertragen wird. Die Tätowierung ist keine dem ermäßigten Steuersatz zu unterwerfende Leistung.
Lichtbildwerke und Lichtbilder	Ermäßigt besteuert werden die Leistungen der Bildjournalisten, Bildagenturen, Kameramänner/-frauen. Nicht begünstigt ist allerdings die Übergabe von Fotopositiven (z.B. bei Hochzeitsfotos, Passfotos). Bei Fotografen geht bei der Übergabe von bestellten Positiven oder Bilddateien (z.B. bei Passbildern, Familien- oder Gruppenaufnahmen) die Rechtsübertragung in der nicht begünstigten Lieferung auf.
Darbietungen ausübender Künstler	Ein ausübender Künstler ist, wer ein Werk vorträgt oder ausführt oder hierbei künstlerisch mitwirkt (z.B. Schauspieler, Sänger, Musiker, Tänzer, Dirigenten, Regisseure). Nicht begünstigt sind aber künstlerische Darbietungen, die weder von Rundfunk- und Fernsehanstalten gesendet noch auf Bild- und Tonträger aufgenommen und vervielfältigt werden.
Computerprogramme	Der ermäßigte Steuersatz ist anzuwenden, wenn der Leistungsempfänger die Rechte auf Vervielfältigung und Verbreitung erhält[20]. Dem Regelsteuersatz unterliegen Leistungen, bei denen der Gehalt des Vorgangs nicht auf die Verbreitung des Programms, sondern überwiegend auf seine Anwendung für die Bedürfnisse des Leistungsempfängers gerichtet ist, so z.B. immer bei Standardsoftware.

Grundsätzlich können mit einer Tätigkeit mehrere Leistungen verbunden sein, die dann entsprechend gesondert umsatzsteuerrechtlich zu prüfen sind.

Beispiel 2: Dirigent D wird für ein Konzert engagiert. Dieses Konzert wird auch von einer Musikproduktion aufgezeichnet, um das Konzert auf Tonträgern zu verkaufen. D erhält von dem Musikproduzenten ein Entgelt.
Lösung: Bei der Zahlung des Musikproduzenten handelt es sich um eine ermäßigt zu besteuernde Leistung, die unter das Urheberrechtsgesetz fällt.

3.7 Zirkusunternehmer, Schausteller und zoologische Gärten

Zirkusvorführungen, Leistungen aus der Tätigkeit als **Schausteller** sowie die unmittelbar mit dem Betrieb der **zoologischen Gärten** verbundenen Umsätze unterliegen nach § 12 Abs. 2 Nr. 7 Buchst. d UStG dem ermäßigten Steuersatz.

Achtung! Eintrittsgelder, die eine Gemeinde von Besuchern eines von ihr veranstalteten Dorffestes für von ihr organisierte „Schaustellungen, Musikaufführungen, unterhaltende Vorstellungen oder sonstige Lustbarkeiten“ verlangt, unterliegen dem ermäßigten Umsatzsteuersatz nach § 12 Abs. 2 Nr. 7 Buchst. d UStG[21].

---

19 Zum Trauer- und Hochzeitsredner vgl. BFH, Urteil v. 3.12.2015, V R 61/14, BFH/NV 2016, 694.
20 BFH, Urteil v. 27.9.2001, V R 14/01, BStBl II 2002, 114.
21 BFH, Urteil v. 5.11.2014, XI R 42/12, BStBl II 2017, 849.

Unter die Steuerermäßigung fallen auch die üblichen **Nebenleistungen** (z.B. Verkauf von Programmen, Garderobe). Verkäufe von Anlagegegenständen fallen aber nicht unter diese Regelung.

Schausteller sind Unternehmer, die ein Reisegewerbe betreiben, also von Ort zu Ort ziehen, und ihre der Unterhaltung dienenden Leistungen auf Jahrmärkten, Volksfesten oder ähnlichen Festen erbringen[22]. Darunter fallen nach § 30 UStDV auch die Leistungen der Schau- und Belustigungsgeschäfte, der Fahrgeschäfte und der Ausspielungen. Voraussetzung ist, dass die Leistungen an ständig wechselnden Orten erbracht werden.

Achtung! Nach der Rechtsprechung des BFH[23] ist es für die Steuerermäßigung nicht Voraussetzung, dass der Unternehmer selbst von Ort zu Ort zieht. Es ist ausreichend, wenn die Leistung von seinen Arbeitnehmern oder Erfüllungsgehilfen in seinem Namen erbracht wird.

3.8 Leistungen bestimmter begünstigter Körperschaften

Nach § 12 Abs. 2 Nr. 8 UStG sind Leistungen begünstigt, die eine **gemeinnützigen, mildtätigen oder kirchlichen Zwecken dienende Körperschaft** außerhalb eines wirtschaftlichen Geschäftsbetriebs erbringt.

Wichtig! Ein im Verfassungsschutzbericht des Bundes ausdrücklich erwähnter (islamistischer) Verein kann nicht gemeinnützig sein[24].

Durch das Jahressteuergesetz 2007 wurde die Vorschrift zur Anwendung des ermäßigten Steuersatzes nach § 12 Abs. 2 Nr. 8 Buchst. a UStG für Leistungen der Zweckbetriebe von Körperschaften, die ausschließlich und unmittelbar steuerbegünstigte Zwecke verfolgen, ergänzt. Mit der Gesetzesergänzung sollten Missbrauchsfälle verhindert werden, wenn begünstigte Einrichtungen zur Erzielung zusätzlicher Einnahmen in unmittelbaren Wettbewerb mit anderen Unternehmen treten.

Früher waren Leistungen von Körperschaften, die **ausschließlich und unmittelbar gemeinnützige, mildtätige oder kirchliche Zwecke** verfolgen, in jedem Fall dem ermäßigten Steuersatz zu unterwerfen. Ausgeschlossen war dies aber dann, wenn die Leistung im Rahmen eines wirtschaftlichen Geschäftsbetriebs ausgeführt worden war. Diese Vorschrift wurde durch einen Satz 3 dahin gehend ergänzt, dass für Leistungen, die im Rahmen eines Zweckbetriebs ausgeführt werden der ermäßigte Steuersatz nur dann Anwendung finden kann, wenn der Zweckbetrieb nicht in erster Linie der Erzielung zusätzlicher Einnahmen durch die Ausführung von Umsätzen dient, die in unmittelbarem Wettbewerb mit dem Regelsteuersatz unterliegenden Leistungen anderer Unternehmer stehen. Gleiches gilt, wenn die Körperschaft mit diesen Leistungen ihrer in § 66 bis § 68 AO bezeichneten Zweckbetriebe ihre steuerbegünstigten, satzungsgemäßen Zwecke selbst verwirklicht.

Durch die Regelung sollen **Missbrauchsfälle** verhindert werden, bei denen begünstigte Körperschaften Leistungen dem ermäßigten Steuersatz unterwerfen könnten, die nicht unmittelbar mit den begünstigten Zwecken im Zusammenhang stehen, bei denen Wettbewerber den Regelsteuersatz anwenden müssten. Die sich daraus ergebenden Wettbewerbsverzerrungen (und damit verbundenen Steuerausfällen) werden durch diese Regelung verhindert.

Tipp! Zu dem wirtschaftlichen Geschäftsbetrieb und dem Zweckbetrieb vgl. auch Abschn. 12.9 UStAE.

Unter den ermäßigten Steuersatz können nach § 12 Abs. 2 Nr. 8 Buchst. b UStG auch Zusammenschlüsse steuerbegünstigter Einrichtungen fallen, vgl. auch Abschn. 12.10 UStAE.

---

[22] BFH, Urteil v. 12.1.2006, V R 67/03, BFH/NV 2006, 1360.

[23] BFH, Urteil v. 18.7.2002, V R 89/01, BStBl II 2004, 88.

[24] BFH, Urteil v. 14.3.2018, V R 36/16, DStR 2018, 955.

3.9 Schwimm- und Heilbäder, Bereitstellung von Kureinrichtungen

Leistungen, die unmittelbar mit dem **Betrieb der Schwimmbäder** verbunden sind, sowie die **Verabreichung von Heilbädern** unterliegen dem ermäßigten Steuersatz nach § 12 Abs. 2 Nr. 9 UStG. Dazu gehört auch die Bereitstellung von Kureinrichtungen, soweit als Entgelt eine Kurtaxe zu entrichten ist.

Leistungen, die im Zusammenhang mit dem Betrieb eines Schwimmbads stehen, sind insbesondere:

- Die Benutzung der Schwimmbäder, unabhängig davon, ob durch Einzelbesucher, Gruppen oder Vereine,
- ergänzende Nebenleistungen – z.B. Benutzung von Einzelkabinen –,
- die Erteilung von Schwimmunterricht sowie
- Hilfsleistungen wie Vermietung von Schwimmgürteln, Handtüchern und Badebekleidung, Aufbewahrung von Garderobe oder Benutzung von Haartrocknern.

Nicht mit dem Betrieb eines Schwimmbads eng verbundene Leistungen und deshalb **nicht begünstigt** sind:

- Verabreichung von Reinigungsbädern,
- Verkauf von Seife und Haarwaschmitteln,
- Vermietung von Liegestühlen oder Strandkörben oder
- Vermietung von Unterhaltungseinrichtungen (z.B. Minigolf).

Achtung! Wird ein Schwimmbad insgesamt an einen Nutzer überlassen, kann ein gemischter Vertrag vorliegen, vgl. Stichwort Vermietung.

Wichtig! Auslegungsbedürftig ist, wann ein „Schwimmbad" i.S.d. Regelung vorliegt. Der EuGH[25] geht wohl in seiner Rechtsprechung davon aus, dass „schwimmen" zumindest auch eine sportliche Komponente beinhaltet. Damit können sich Abgrenzungsprobleme bei sog. „Spaßbädern" ergeben. Die Finanzverwaltung[26] hat dazu lediglich ausgeführt, dass ein Schwimmbad dazu bestimmt und geeignet sein muss, Gelegenheit zum Schwimmen zu bieten. Dies setzt voraus, dass insbesondere die Wassertiefe und die Größe des Beckens das Schwimmen oder andere sportliche Betätigungen ermöglichen. Die sportliche Betätigung muss nicht auf einem bestimmten Niveau oder in einer bestimmten Art und Weise, etwa regelmäßig oder organisiert oder im Hinblick auf die Teilnahme an sportlichen Wettkämpfen ausgeübt werden.

Eine Neuorientierung hat die Finanzverwaltung bezüglich der Heilbäder vorgenommen. Der BFH[27] hatte schon 2005 entschieden, dass die Verabreichung von Saunabädern regelmäßig nicht mit dem ermäßigten Steuersatz besteuert werden darf. Der BFH stellte dabei grundsätzlich fest, dass die Verabreichung eines Heilbads der Behandlung einer Krankheit oder einer anderen Gesundheitsstörung und damit dem Schutz der menschlichen Gesundheit dienen muss. Bei der Nutzung einer Sauna in einem Fitnessstudio kommt dies nicht Betracht, da sie regelmäßig lediglich dem allgemeinen Wohlbefinden dient.

Nachdem eine gegen die Entscheidung des BFH eingelegte Verfassungsbeschwerde vom BVerfG nicht zur Entscheidung angenommen worden war[28], hatte die Finanzverwaltung[29] einen Nichtanwendungserlass veröffentlicht, da – entgegen der Auffassung des BFH – davon ausgegangen wurde, dass ein Saunabad allgemeinen Heilzwecken dient und damit die Voraussetzungen nach § 12 Abs. 2 Nr. 9 UStG erfüllt sind. Die Finanzverwaltung hat jetzt **für alle nach dem 30.6.2015 ausgeführten Umsätze** den Nichtanwendungserlass aufgehoben, vgl. auch Abschn. 12.11 Abs. 1 und Abs. 3 UStAE[30].

---

25 EuGH, Urteil v. 21.2.2013, C-18/12 – Mesto Zamberk, DStR 2013, 407.

26 BMF, Schreiben v. 7.7.2015, BStBl I 2015, 562.

27 BFH, Urteil v. 12.5.2005, V R 54/02, BStBl II 2007, 283.

28 BVerfG, Beschluss v. 4.7.2006, 1 BvR 1563/05, n.v.

29 BMF, Scheiben v. 20.3.2007, BStBl I 2007, 307.

30 BMF, Schreiben v. 28.10.2014, BStBl I 2014, 1439.

Tipp! Die Verabreichung eines Heilbads, das zur Anwendung des ermäßigten Steuersatzes führen kann, muss der Behandlung einer Krankheit oder einer anderen Gesundheitsstörung und damit dem Schutz der menschlichen Gesundheit dienen. Dazu muss das Heilbad nach dem Heilmittelkatalog verordnungsfähig sein. Ist das Heilbad dem Grunde nach verordnungsfähig, kommt es nicht darauf an, ob im Einzelfall tatsächlich eine Verordnung vorliegt.

Nach der Heilmittel-Richtlinie sind z.B. als verordnungsfähig anerkannt: Peloidbäder und -packungen, Inhalationen, Elektrotherapie, Heilmassage, Heilgymnastik und Unterwasserdruckstrahl-Massagen. Als nicht verordnungsfähig (und damit **nicht als Heilbäder ermäßigt besteuert**) sind nach Abschn. 12.11 Abs. 3 UStAE die folgenden Leistungen anzusehen:

- Maßnahmen, deren therapeutischer Nutzen nicht nachgewiesen ist (z.B. Höhlentherapie, nicht-invasive Magnetfeldtherapie, Fußreflexzonenmassage);
- Maßnahmen, die der persönlichen Lebensführung zuzuordnen sind (z.B. Ganzkörpermassagen, Teil- und Wannenbäder soweit nicht verordnungsfähig, Sauna, römisch-irische und russisch-römische Bäder, Bodybuilding, Fitness-Training).

Tipp! Die Heilmittel-Richtlinie und der Katalog verordnungsfähiger Heilmittel können auf https://www.g-ba.de/informationen/richtlinien/12/ eingesehen werden.

Achtung! Ab dem 1.7.2015 unterliegt damit insbesondere das Angebot von Saunabädern nicht mehr dem ermäßigten Steuersatz. Bei Kombiangeboten (Sauna- und Schwimmbadleistungen) muss eine Aufteilung der Bemessungsgrundlage vorgenommen werden. Besondere Abgrenzungsprobleme ergeben sich auch bei Hotels, die ihren Gästen ohne gesonderte Berechnung den Zugang zu einer hoteleigenen Saunaanlage ermöglichen. Wenigstens im Rahmen einer sachgerechten Schätzung muss ein Anteil des Übernachtungsentgelts dem Regelsteuersatz unterworfen werden[31]. Grundsätzlich hat sich die Finanzverwaltung[32] zur Aufteilung der Bemessungsgrundlage bei Schwimmbädern mit Sauna noch einmal 2017 geäußert. Sie hat dabei klargestellt, dass bei einer einheitlichen Leistung insgesamt der Regelsteuersatz zur Anwendung kommt.

3.10 Begünstigte Personenbeförderungen

3.10.1 Personenbeförderung mit Schiffen

Für alle **bis zum 31.12.2011 ausgeführte Leistungen** war nach § 12 Abs. 2 Nr. 10 Buchst. a UStG die Beförderungen von Personen mit Schiffen mit dem ermäßigten Steuersatz zu besteuern. Diese befristete Sonderregelung ist nicht verlängert worden. Voraussetzung war, dass die Leistung überhaupt im Inland ausgeführt worden ist, vgl. dazu Stichwort Beförderungsleistungen.

Soweit im Zusammenhang mit der Beförderungsleistung auch **Unterbringungs- und Verpflegungsleistungen** verbunden sind, unterliegen diese in aller Regel als Nebenleistung zur Beförderungsleistung ebenfalls dem ermäßigten Steuersatz (z.B. bei Pauschalreisen mit Kabinenschiffen auf Binnenwasserstraßen). Die gegen Sonderentgelt ausgeführten Lieferungen von Getränken, Tabakwaren etc. sind aber nicht als Nebenleistung anzusehen.

Achtung! Seit dem 1.1.2012 unterliegen diese Beförderungen – soweit keine Steuerbefreiungen einschlägig sind – dem Regelsteuersatz.

3.10.2 Personenbeförderungen innerhalb einer Gemeinde oder bis zu 50 Kilometern

Die folgenden **Personenbeförderungen** (z.T. auch Güterbeförderungen) unterliegen nach § 12 Abs. 2 Nr. 10 UStG (bis 31.12.2011: § 12 Abs. 2 Nr. 10 Buchst. b UStG) dem ermäßigten Steuersatz, wenn sie **innerhalb einer Gemeinde** ausgeführt werden (dann kommt es auf die Länge der **Beförderungsstrecke**

[31] Vgl. BMF, Schreiben v. 21.10.2015, BStBl I 2015, 835.

[32] BMF, Schreiben v. 12.4.2017, BStBl I 2017, 710.

nicht an) oder wenn die Beförderungsstrecke (die die Grenze einer Gemeinde überschreitet) **nicht mehr als 50 Kilometer** beträgt:

- Verkehr im Schienenbahnverkehr; unter den Schienenbahnverkehr fallen alle Haupt- und Nebenbahnen (insbesondere die Deutsche Bahn AG sowie die private Konkurrenz). Darunter fallen auch Straßenbahnen, Untergrundbahnen oder Bergbahnen.
- Verkehr mit Oberleitungsomnibussen; darunter fallen elektrisch angetriebene, nicht an Schienen gebundene Straßenfahrzeuge, die ihre Antriebsenergie einer Fahrleitung entnehmen.
- Genehmigter Linienverkehr mit Kraftfahrzeugen; zum Linienverkehr gehören zwischen bestimmten Ausgangs- und Endpunkten eingerichtete, regelmäßige Verkehrsverbindungen. Ein fester Fahrplan oder Zwischenstationen sind nicht erforderlich. Damit fallen auch Fahrten im Berufsverkehr, Schülerfahrten (nicht jedoch für Klassenreisen) oder Kindergartenfahrten. Begünstigt ist die Leistung aber nur, wenn sie genehmigt oder unter eine Genehmigungsfreistellung nach dem Personen-Beförderungsgesetz fällt.
- Verkehr mit Drahtseilbahnen und sonstigen mechanischen Aufstiegshilfen aller Art[33]. Zu den sonstigen mechanischen Aufstiegshilfen gehören auch Seilschwebebahnen, Sessellifte und Skilifte, nicht jedoch Sommer- oder Winterrodelbahnen.
- Verkehr mit Taxen; nicht begünstigt ist aber die Vermietung von Fahrzeugen.
- Beförderungen im Fährverkehr; (die Beförderung von Personen im Fährverkehr war bis zum 31.12.2011 grundsätzlich nach § 12 Abs. 2 Nr. 10 Buchst. a UStG begünstigt, die Güterbeförderung war bis 31.12.2011 nach § 12 Abs. 2 Nr. 10 Buchst. b UStG begünstigt, seit dem 1.1.2012 sind alle Beförderungen im Fährverkehr mit dem ermäßigten Steuersatz zu besteuern).

Wichtig! Wenn die Beförderungsleistung die Gemeindegrenze überschreitet und insgesamt länger als 50 Kilometer ist, unterliegt die Gesamtleistung dem Regelsteuersatz nach § 12 Abs. 1 UStG.

Bei **Beförderungsleistungen mit Taxen** ist insbesondere zu beachten, dass in den Fällen, in denen die Beförderung eindeutig nicht innerhalb einer Gemeinde ausgeführt wird, sich der ermäßigte Steuersatz nur dann ergeben kann, wenn die **einzelne Beförderung** nicht mehr als 50 Kilometer beträgt. Abzugrenzen ist, ob die Hin- und Rückfahrt von Fahrgästen (oftmals Patienten bei Krankenfahrten) als eine (einheitliche) Beförderungsstrecke anzusehen ist oder ob es sich jeweils um eine eigenständige Beförderungsstrecke handelt. Wenn nach der Vereinbarung der Fahrer auf den jeweiligen Fahrgast (= Patient) wartet und in der Zwischenzeit weder tatsächlich weitere Fahrten durchführt noch für Fahrten zur Verfügung steht, handelt es sich um eine einheitliche Beförderungsleistung, die am Wohnort des Patienten beginnt und dort auch wieder endet[34].

Tipp! Wenn das Taxi nach Durchführung der Hinfahrt zum Bestimmungsort nicht auf den Kunden wartet, sondern der Kunde später erneut mit einem Taxi am Bestimmungsort abgeholt und zu dem ursprünglichen Ausgangsort zurückbefördert wird, liegt keine einheitliche Beförderung, sondern liegen zwei getrennt zu beurteilende Beförderungsleistungen vor. Dies gilt auch dann, wenn die Abholung schon von Anfang an zwischen den Beteiligten vereinbart worden war[35].

Der ermäßigte Umsatzsteuersatz für Personenbeförderungsleistungen im Nahverkehr durch Taxen gilt grundsätzlich nicht für entsprechende von Mietwagenunternehmern erbrachte Leistungen[36].

---

33 Bis 31.12.2007 waren diese Leistungen mit dem Regelsteuersatz zu besteuern.

34 BFH, Urteil v. 19.7.2007, V R 68/05, BStBl II 2008, 208.

35 BFH, Urteil v. 31.5.2007, V R 18/05, BStBl II 2008, 206.

36 BFH, Urteil v. 2.7.2014, XI R 22/10, BStBl II 2015, 416.

Wichtig! Die Finanzverwaltung[37] hat sich unter Bezugnahme auf die Rechtsprechung des BFH[38] der Auffassung angeschlossen, dass es sich bei den mit dem Betrieb einer sog. „Coaster-Bahn[39]“ zusammenhängenden Umsätzen nicht um ermäßigt besteuerte Beförderungsleistungen handelt.

3.11 Kurzfristige Vermietung in Hotels und auf Campingplätzen

Durch das Wachstumsbeschleunigungsgesetz ist mit Wirkung zum 1.1.2010 der ermäßigte Steuersatz für die Vermietung von Wohn- und Schlafräumen eingeführt worden, die der Unternehmer zur kurzfristigen Beherbergung von Fremden bereithält. Dies gilt auch für die kurzfristige Vermietung von Plätzen auf Campingplätzen. Allerdings unterliegen dem ermäßigten Steuersatz nur die unmittelbar der Überlassung dienenden Umsätze. So sollen Anteile für Frühstück und andere Leistungen von dem ermäßigten Steuersatz ausgeschlossen sein (kann nach Rechtsprechung des EuGH fraglich sein). Vgl. dazu auch Stichwort Hotellerieumsätze.

3.12 Einfuhr von Kunstgegenständen und Sammlungsstücken

Die bis 31.12.2013 geltende Ermäßigung des Steuersatzes nach § 12 Abs. 2 Nr. 1 und Nr. 2 i.V.m. den Nrn. 49 Buchst. f, 53 und 54 der Anlage 2 zum UStG verstieß gegen die verbindlichen Vorgaben des Unionsrechts, indem sie uneingeschränkt auf sämtliche Umsätze und die Vermietung dieser Gegenstände anwendbar war. Der Verstoß betraf insbesondere den **gewerblichen Kunsthandel** sowie die Vermietung von Kunstgegenständen und Sammlungsstücken. Mit den Änderungen ist die im UStG enthaltene Steuerermäßigung für Kunstgegenstände und Sammlungsstücke auf das unionsrechtlich zulässige Maß beschränkt worden. Die Änderungen schließen insbesondere die Lieferungen von Sammlungsstücken sowie die Vermietung von Sammlungsstücken und Kunstgegenständen von der Anwendung des ermäßigten Umsatzsteuersatzes aus. Diese Umsätze unterliegen seit dem 1.1.2014 dem Regelsteuersatz.

Weiterhin bleibt – auch für Vorgänge ab dem 1.1.2014 – der ermäßigte Steuersatz anwendbar für die auf die **Einfuhr** von Briefmarken und dergleichen als Sammlungsstücke, Kunstgegenständen und Sammlungsstücken, § 12 Abs. 2 Nr. 12 UStG (in der Fassung ab 1.1.2014).

3.13 Lieferung von Kunstgegenständen

§ 12 Abs. 2 Nr. 13 UStG (in der Fassung 2014) regelt die Anwendung des ermäßigten Umsatzsteuersatzes auf die Lieferungen und innergemeinschaftlichen Erwerbe von Kunstgegenständen. Die Umsatzsteuerermäßigung ist nur noch auf die Lieferungen und innergemeinschaftlichen Erwerbe von **Kunstgegenständen** anwendbar, wenn der Gegenstand vom Urheber selbst bzw. seinem Rechtsnachfolger oder von einem Unternehmer verkauft wird, der kein Wiederverkäufer (§ 25a Abs. 1 Nr. 1 Satz 2 UStG) ist, und der Gegenstand:

a) vom Unternehmer in das Gemeinschaftsgebiet eingeführt wurde,

b) von ihrem Urheber oder dessen Rechtsnachfolger an den Unternehmer geliefert wurde oder

c) den Unternehmer zum vollen Vorsteuerabzug berechtigt hatte.

Im **gewerblichen Kunsthandel** (z.B. Galeristen und Kunsthändler) kommt der ermäßigte Umsatzsteuersatz seit dem 1.1.2014 nicht mehr zur Anwendung.

---

37 Abschn. 12.13 Abs. 10 Satz 2 UStAE.

38 BFH, Urteil v. 20.2.2013, XI R 12/11, BStBl II 2013, 645.

39 Schienengebundene Schlittenbahn.

Steuersatzwechsel (Rechtsänderungen)

Steuersatzwechsel (Rechtsänderungen) auf einen Blick

1. **Rechtsquellen**
   § 12 Abs. 1 und § 29 UStG
2. **Bedeutung**
   Der letzte Steuersatzwechsel beim Regelsteuersatz wurde zum 1.1.2007 von 16 % auf 19 % vorgenommen. Alle an einem Leistungsaustausch Beteiligten müssen verschiedene Rechtsfragen beachten, wenn ein Steuersatzwechsel ansteht. Soweit andere Rechtsänderungen (Steuerbarkeit/ Steuerpflicht) in Kraft treten, sind diese Besonderheiten entsprechend zu berücksichtigen.
3. **Weitere Stichworte**
   → Sollbesteuerung, → Steuersatz, → Teilleistung

1. Allgemeines zu Änderungen im Umsatzsteuerrecht

Bei einem **Wechsel des Steuersatzes** (im Regelfall eine Steuersatzanhebung) oder anderer Rechtsänderungen muss insbesondere darauf geachtet werden, wann eine Leistung tatsächlich ausgeführt worden ist, da die Steuerentstehung – auch der Höhe nach – ausschließlich vom Zeitpunkt der Leistungserbringung abhängig ist.

Achtung! Für die Anwendung der maßgeblichen Steuergrundsätze ist es unerheblich, wann der Vertrag abgeschlossen wurde, wann die Zahlung erfolgte oder ob der leistende Unternehmer seine Umsätze nach vereinbarten oder vereinnahmten Entgelten besteuert.

Bei einer **Änderung der Steuervorschriften** sind die Bestimmungen für die Entstehung der Umsatzsteuer grundsätzlich entsprechend anzuwenden; vgl. dazu auch Stichwort Sollbesteuerung. Allerdings ist zu beachten, dass nach § 27 Abs. 1 UStG die Umsatzsteuer nach den „alten" Grundsätzen nur insoweit entsteht, wie bis zum Zeitpunkt des Eintritts der Änderungsvorschrift die Leistung oder die Teilleistung durch den Unternehmer erbracht worden ist. Dazu muss dokumentiert werden, dass die Leistung bis zu diesem Stichtag abgenommen oder die sonstige Leistung bis zu diesem Stichtag abgeschlossen ist.

Wichtig! Nur wenn eine Leistung bis zum Tag der Rechtsänderung tatsächlich ausgeführt wurde oder eine abgrenzbare Teilleistung erbracht wurde, kann die Leistung noch nach den bisherigen Grundsätzen abgerechnet werden.

Von besonderer Bedeutung ist, dass angeforderte oder **erhaltene Anzahlungen**, die der leistende Unternehmer noch vor Eintritt der Rechtsänderung erhält, den alten Zustand nicht konservieren. Die erhaltene und zu den bisherigen Grundsätzen besteuerte Anzahlung muss nach § 27 Abs. 1 Satz 3 UStG in dem Monat der Ausführung der Leistung oder der Teilleistung berichtigt werden, sodass sich im Monat der Leistungserbringung eine Nachversteuerung oder – soweit durch Veränderungen der Steuerbarkeit oder der Steuerpflicht – eine Steuererstattung ergibt.

Die Grundsätze für die Auswirkungen bei Steuersatzänderungen oder anderen Rechtsänderungen sind unabhängig davon, ob der leistende Unternehmer seine Umsätze nach vereinbarten Entgelten (Sollbesteuerung) oder nach vereinnahmten Entgelten (Istbesteuerung) besteuert. Auch bei der Istbesteuerung entsteht die Umsatzsteuer der Höhe nach jeweils nach den gesetzlichen Voraussetzungen, die zum Zeitpunkt der Ausführung der Leistung oder der Teilleistung gelten. Die Zahlung des Entgelts ist für die Entstehung der Umsatzsteuer der Höhe nach ohne Bedeutung.

2. Anpassung langfristiger Verträge

Bei einer **Erhöhung des Steuersatzes** oder anderer Rechtsänderungen ist für die Prüfung der wirtschaftlichen Auswirkungen immer festzustellen, wer von den Vertragsparteien die Erhöhung der Steuer zu tragen hat. Darüber hinaus ist die Vorsteuerabzugsberechtigung von entscheidender Bedeutung, da bei voller Vorsteuerabzugsberechtigung des Leistungsempfängers eine Überwälzung der Umsatzsteuer auf den Leistungsempfänger keine Probleme bereiten sollte.

Ist der **Leistungsempfänger aber nicht zum Vorsteuerabzug berechtigt**, muss geprüft werden, welcher der Vertragspartner die Umsatzsteuer zu tragen hat. Besonderheiten ergeben sich bei **langfristigen Verträgen** (Abschluss vor mehr als vier Monaten vor Eintritt der Rechtsänderung).

Der maßgebliche Vertrag muss zwischen den Vertragsparteien vor dem jeweiligen Stichtag der Gesetzesänderung rechtskräftig abgeschlossen worden sein, § 29 Abs. 1 i.V.m. Abs. 2 UStG. Die Frage, ob ein Vertrag vor dem Stichtag abgeschlossen worden ist, oder ob er nach dem Stichtag abgeschlossen wurde und damit nicht unter die Regelung des § 29 UStG fällt, bestimmt sich nach **zivilrechtlichen Vorschriften**. Dazu ist insbesondere erforderlich, dass nicht nur ein verbindliches Vertragsangebot vorliegt, der Leistungsempfänger muss das Vertragsangebot auch angenommen haben. Für Verträge, bei denen zwar ein verbindliches Angebot vor dem Stichtag abgegeben worden ist, der Leistungsempfänger das Vertragsangebot aber erst nach dem Stichtag annimmt, kann ein Ausgleich der Mehr- oder Minderbelastung nicht nach § 29 UStG erfolgen.

Ein **Ausgleich der Mehrbelastung** nach § 29 UStG kann nur erfolgen, wenn dem Vertrag keine anderen Regelungen zugrunde liegen, § 29 Abs. 1 Satz 2 UStG. Vereinbarungen zwischen den Vertragsparteien können sowohl ausdrücklich in individuellen vertraglichen Regelungen bestehen, sie können sich aber auch schlüssig aus dem Verhalten der beteiligten Vertragsparteien ergeben.

Voraussetzung für eine Anwendung des § 29 Abs. 1 UStG ist darüber hinaus, dass der Vertrag nicht später als vier Monate vor dem Inkrafttreten der Gesetzesänderung abgeschlossen worden ist.

Beispiel 1: Tischlermeister T hatte am 15.8.2006 (alternativ: 15.9.2006) einen Vertrag über den Einbau von Fenstern zu einem Preis von 100.000 € abgeschlossen (keine Festpreisvereinbarung). Eine vertragliche Vereinbarung über die Umsatzsteuer wurde nicht getroffen. Der Einbau der Fenster ist am 19.1.2007 abgeschlossen.
Lösung: Damit unterliegt die Leistung dem Regelsteuersatz von 19 %. T kann im Grundfall einen Ausgleich der höheren Umsatzsteuerbelastung verlangen, da der Vertrag mehr als vier Monate vor Eintritt der Änderung abgeschlossen wurde. In der Alternative kann kein Ausgleich verlangt werden.

Wenn die Tatbestandsvoraussetzungen für einen Ausgleich der umsatzsteuerlichen Mehr- oder Minderbelastung vorliegen, muss die **Höhe des angemessenen Ausgleichs** ermittelt werden. Eine Ausgleichspflicht kann sich nur dann ergeben, wenn es – unter Berücksichtigung aller Aspekte – tatsächlich zu einer Mehr- oder Minderbelastung kommt. So ergibt sich z.B. trotz Änderung der Steuersätze dann keine Mehrbelastung, wenn der leistende Unternehmer unter die Kleinunternehmerbesteuerung nach § 19 UStG fällt.

Eine **umsatzsteuerliche Mehr- oder Minderbelastung** kann sich auch aus dem Verschulden eines der Vertragspartner ergeben. Dies ist insbesondere dann der Fall, wenn einer der Vertragspartner in Verzug gerät. Durch den Verzug kann die Leistung erst zu einem späteren Zeitpunkt erbracht werden. Dadurch kann sich eine höhere Umsatzsteuerbelastung ergeben, wenn zwischen dem vereinbarten Ausführungstermin und dem tatsächlichen Ausführungstermin die Steuersatzänderung in Kraft tritt. Auch in diesen Fällen ist – wenn die weiteren Voraussetzungen des § 29 UStG vorliegen – ein Ausgleichsanspruch gegeben, da die Gründe für eine Ausführung der Leistung nach der Gesetzesänderung für die Anwendung des § 29 UStG keine Rolle spielen. Da der Ausgleichsanspruch nach § 29 UStG aber eine **zivilrechtliche Forderung** darstellt, muss der in Verzug geratene Vertragspartner aber den Verzugsschaden ausgleichen.

Beispiel 2: Bauunternehmer B hat sich mit Vertrag vom 1.8.2006 verpflichtet, ein Einfamilienhaus schlüsselfertig zum 15.12.2006 fertigzustellen. Wegen von ihm zu vertretender Umstände kann die Leistung erst am 15.1.2007 erbracht werden.

Lösung: Der gesamte Umsatz ist nach § 13 Abs. 1 Nr. 1 Buchst. a UStG i.V.m. § 12 Abs. 1 UStG mit 19 % der Umsatzsteuer zu unterwerfen. B hat nach § 29 UStG einen Anspruch auf Ausgleich der Mehrbelastung. In gleicher Höhe muss er sich allerdings einen Verzugsschaden nach § 286 BGB zurechnen lassen.

3. Besondere Regelungen bei einem Steuersatzwechsel

Tipp! Die Angaben beziehen sich auf den letzten Steuersatzwechsel zum 1.1.2007 – sie sind aber entsprechend auf weitere Steuersatzwechsel anzuwenden.

Wurde zwischen den Vertragsparteien ein Vertrag abgeschlossen, in dem **keine Teilleistungen** vereinbart wurden, hat die Finanzverwaltung in der Vergangenheit bei Steuersatzänderungen zugelassen, dass der Vertrag vor Eintritt der Steuersatzänderung noch dahin gehend abgeändert wird, dass Teilleistungen erbracht werden.

Beispiel 3: Bauunternehmer B hat im Dezember 2005 einen Vertrag über die schlüsselfertige Erstellung eines Zweifamilienhauses abgeschlossen. Besondere Vereinbarungen über Teilleistungen wurden nicht getroffen. Obwohl geplant war, das Gebäude in 2006 fertigzustellen, verzögert sich die Fertigstellung, sodass die letzten Arbeiten erst im Januar 2007 erbracht werden können.
Lösung: B und sein Auftraggeber können – vor dem 1.1.2007 – den Vertrag noch dahin gehend abändern, dass die Ausführung von Teilleistungen vereinbart wird. Soweit dann bis zum 31.12.2006 eine Abnahme der bis dahin ausgeführten Teilleistungen erfolgt, entsteht eine Umsatzsteuer i.H.v. 19 % nur auf die nicht bis zum 31.12.2006 ausgeführten Teilleistungen. Würde eine solche Vertragsänderung nicht vorgenommen werden, würde die gesamte Leistung mit dem erhöhten Steuersatz besteuert werden.

Die Anhebung des Steuersatzes führt in vielen Bereichen zu **Anpassungsproblemen**, insbesondere in den Bereichen, in denen sich Leistungen und deren Abwicklung über den Stichtag des Steuersatzwechsels hinweg ziehen. Insbesondere sind hier zu nennen:

- **Dauerleistungen** (z.B. im Falle der Vermietung): Bei Dauerleistungen handelt es sich im Regelfall um Leistungen, die in Teilleistungen ausgeführt werden. Damit entsteht die Umsatzsteuer der Höhe nach zu dem Zeitpunkt, zu dem die Teilleistung ausgeführt worden ist – im Regelfall der Kalendermonat.
- **Änderungen des Entgelts** (z.B. Bonifikationen, Rabatte, Skontoabzug): Änderungen des Entgelts (vgl. dazu auch Stichwort Änderung der Bemessungsgrundlage) führen bei dem leistenden Unternehmer zu einer Änderung der geschuldeten Umsatzsteuer und bei dem Leistungsempfänger zu einer Änderung des Vorsteuerabzugs. Dabei ist in jedem Fall – auch wenn die Änderung der Bemessungsgrundlage erst nach der Änderung eintritt, die Leistung, auf die sich die Änderung der Bemessungsgrundlage bezieht, aber vor Änderung ausgeführt worden ist – mit dem alten Steuersatz zu berichtigen.
- **Umtausch**: Wird ein Gegenstand umgetauscht, dann wird der ursprüngliche Umsatz rückgängig gemacht und an dessen Stelle tritt ein neuer Umsatz. Soweit der umgetauschte Gegenstand vor der Rechtsänderung eingekauft wurde, der neue Gegenstand aber erst nach der Rechtsänderung abgegeben wird, muss die Umsatzsteuer für den zurückgegebenen Gegenstand mit dem alten Steuersatz berichtigt und die Lieferung des neuen Gegenstands mit dem aktuellen Steuersatz besteuert werden.
- **Gaststättenumsätze**: Die Abgabe von Speisen und Getränken zum Verzehr an Ort und Stelle unterliegt dem Regelsteuersatz. Damit wären eigentlich alle Abgaben in Gaststätten ab Tag des Steuersatzwechsels 0:00 Uhr dem erhöhten neuen Steuersatz zu unterwerfen. Die Finanzverwaltung hat es jedoch regelmäßig zugelassen, die in der Nacht des Steuersatzwechsels ausgeführten Leistungen

grundsätzlich mit dem alten Steuersatz zu besteuern. Dies **gilt aber nicht für Übernachtungsleistungen** und damit zusammenhängende Leistungen.

- **Strom- und Gaslieferungen:** Grundsätzlich ist die Strom- oder Gaslieferung am Tag Ablesung ausgeführt. Zahlungen bis zu diesem Zeitpunkt stellen nur Anzahlungen dar. Damit müssten die Lieferungen mit dem aktuellen Steuersatz abgerechnet werden, wenn die turnusmäßige Ablesung nach dem Stichtag stattgefunden hat. Die Finanzverwaltung hat regelmäßig Vereinfachungsregelungen zugelassen[1].

---

1 Vgl. BMF, Schreiben v. 11.8.2006, BStBl I 2006, 477.

Steuerschuldnerverfahren (Reverse-Charge-Verfahren)

Steuerschuldnerverfahren auf einen Blick

1. **Rechtsquellen**
   § 13b, § 14a Abs. 5, § 15 Abs. 1 Satz 1 Nr. 4 UStG
   § 30a UStDV
   Abschn. 13b.1 bis Abschn. 13b.18 UStAE
2. **Bedeutung**
   Wird im Inland eine steuerbare und steuerpflichtige Leistung ausgeführt, ist im Regelfall der leistenden Unternehmer der Steuerschuldner. In bestimmten Fällen ist aber die Erhebung der Umsatzsteuer bei dem leistenden Unternehmer durch tatsächliche Gegebenheiten erschwert oder durch Missbrauchsmöglichkeiten gefährdet. In diesen Fällen greift bei gesetzlich genau beschriebenen Tatbestandsvoraussetzungen die Steuerschuld des Leistungsempfängers ein. Das Steuerschuldnerverfahren (auch Reverse-Charge-Verfahren) greift insbesondere bei im Inland ausgeführten Werklieferungen oder sonstigen Leistungen ausländischer Unternehmer sowie bei Bauleistungen, die an Unternehmer ausgeführt werden, die selbst solche Bauleistungen ausführen.
3. **Weitere Stichworte**
   → Anzahlungen, → Sicherungsübereignung, → Sonstige Leistung/Ort, → Unternehmer, → Vorsteuerabzug, → Werklieferung
4. **Besonderheiten**
   Die geschuldete Umsatzsteuer ist in den Zeilen 48 bis 52 der Umsatzsteuer-Voranmeldung 2018 einzutragen, die Vorsteuer in der Zeile 58.
   Durch die Rechtsprechung des BFH war 2014 die Übertragung der Steuerschuld bei ausgeführten Bauleistungen erheblich verändert worden. Mit Wirkung zum 1.10.2014 sind diese Veränderungen durch eine Gesetzesänderung weitestgehend wieder aufgehoben worden. Der Leistungsempfänger muss die Eigenschaft als bauleistender Unternehmer regelmäßig durch das Formular USt 1 TG nachweisen.
   Zum 1.10.2014 ist die Anwendung des Steuerschuldnerverfahrens auch noch auf die Lieferung von Tablet-Computer und Spielekonsolen sowie die Lieferung von Edelmetall und unedlen Metallen ausgeweitet worden.

1. Allgemeines

Das Steuerschuldnerverfahren nach § 13b UStG (auch **Reverse-Charge-Verfahren**) wurde in Deutschland mit Wirkung vom 1.1.2002 eingeführt und ersetzte das bis dahin gültige Abzugsverfahren. Nach dieser Regelung wird ein Leistungsempfänger direkt Steuerschuldner der Umsatzsteuer, die aufgrund einer an ihn ausgeführten Leistung entsteht. Ziel des Verfahrens ist es, die Erhebung der Umsatzsteuer für den Fiskus einfacher zu gestalten (z.B. bei der Übertragung der Steuerschuldnerschaft auf den Leistungsempfänger bei einer von einem ausländischen Unternehmer im Inland ausgeführten Werklieferung oder sonstigen Leistung) oder die Gefährdung des Steueraufkommens zu verringern (z.B. bei der Übertragung der Steuerschuldnerschaft auf den Leistungsempfänger bei bestimmten Bauleistungen oder bei Gebäudereinigungsleistungen).

Wichtig! Die Regelung über die Steuerschuldnerschaft ist auch dann anzuwenden, wenn es sich bei der Gegenleistung des Leistungsempfängers um eine Lieferung oder eine sonstige Leistung handelt, somit also ein Tausch oder ein tauschähnlicher Umsatz vorliegt.

Eine **Ausnahme** von der Steuerschuldnerschaft für eine bezogene Leistung ergibt sich bei gesetzlich abschließend aufgeführten Fällen nach § 13b Abs. 6 UStG.

Achtung! Das Reverse-Charge-Verfahren unterliegt fast permanent Änderungen. Zum 1.7.2010 war die Vorschrift völlig neu gefasst worden, zum 1.1.2011 und zum 1.7.2011 sind neue Anwendungsfälle in die Vorschrift mit aufgenommen worden. Zum 1.9.2013 ist eine Erweiterung bei der Lieferung von Gas oder Elektrizität durch inländische Unternehmer in bestimmten Fällen in Kraft getreten.
Nach den durch die Rechtsprechung notwendig gewordenen Änderungen in der Anwendung des Reverse-Charge-Verfahrens in 2014, wurde zum 1.10.2014 in einem umfassenden Gesetzesvorhaben die früher von der Finanzverwaltung vertretene Auffassung bei den Bauleistungen wie auch bei den Gebäudereinigungsleistungen durch gesetzliche Regelungen wieder aufgenommen. Darüber hinaus ist das Reverse-Charge-Verfahren in einer neuen Regelung zu § 13b Abs. 2 Nr. 11 UStG i.V.m. einer Anlage 4 zum UStG um die Lieferung von Edelmetallen und unedlen Metallen ergänzt worden.

2. Anwendungsbereich

Die Übertragung der Steuerschuldnerschaft auf den Leistungsempfänger tritt in den folgenden **Fällen** ein:

- Ein im Ausland ansässiger Unternehmer erbringt im Inland eine steuerpflichtige Werklieferung oder eine sonstige Leistung (§ 13b Abs. 1 und Abs. 2 Nr. 1 UStG),
- im Rahmen einer Sicherungsübereignung werden Gegenstände durch den Sicherungsgeber an den Sicherungsnehmer außerhalb des Insolvenzverfahrens geliefert (§ 13b Abs. 2 Nr. 2 UStG),
- soweit ein Umsatz ausgeführt wird, der unter das Grunderwerbsteuergesetz fällt – im Regelfall also die Lieferung eines Grundstücks, die vom liefernden Unternehmer durch Option nach § 9 UStG steuerpflichtig ausgeführt wird (§ 13b Abs. 2 Nr. 3 UStG),
- wenn ein Unternehmer Werklieferungen oder sonstige Leistungen ausführt, die der Herstellung, Instandsetzung, Instandhaltung, Änderung oder Beseitigung von Bauwerken dienen, mit Ausnahme von Planungs- und Überwachungsleistungen. Voraussetzung ist aber, dass die Leistung an einen Unternehmer ausgeführt wird, der selbst solche Arten von Bauleistungen ausführt (§ 13b Abs. 2 Nr. 4 UStG); dies gilt auch für Leistungen i.Z.m. Betriebsvorrichtungen,
- es wird Gas, Elektrizität oder Wärme- oder Kälte durch ein Fernnetz von einem im Ausland ansässigen Unternehmer nach § 3g UStG im Inland steuerpflichtig geliefert (§ 13b Abs. 2 Nr. 5 Buchst. a UStG),
- (seit dem 1.9.2013) es wird Gas von einem inländischen Unternehmer an einen Gashändler oder Elektrizität durch einen inländischen Stromhändler an einen anderen Stromhändler steuerpflichtig geliefert (§ 13b Abs. 2 Nr. 5 Buchst. b UStG),
- es werden bestimmte Treibhausgasemissionsrechte übertragen (§ 13b Abs. 2 Nr. 6 UStG),
- es werden bestimmte, abschließend in einer Anlage 3 zum Umsatzsteuergesetz aufgeführte Reststoffe geliefert (§ 13b Abs. 2 Nr. 7 UStG),
- es werden Gebäudereinigungsleistungen gegenüber einem Gebäudereiniger ausgeführt (§ 13b Abs. 2 Nr. 8 UStG),
- es erfolgt die Lieferung von Gold in Rohform oder als Halbzeug mit einem Goldfeingehalt von mindestens 325/1.000 (§ 13b Abs. 2 Nr. 9 UStG),
- es werden Mobilfunkgeräte oder integrierte Schaltkreise vor Einbau mit jeweils einem Entgelt von mindestens 5.000 € geliefert (§ 13b Abs. 2 Nr. 10 UStG). Seit dem 1.10.2014 unterliegt auch die Lieferung von Tablet-Computern und Spielekonsolen ab einem Entgelt von 5.000 € dem Reverse-Charge-Verfahren,
- (seit dem 1.10.2014) es werden in einer Anlage 4 zum UStG aufgeführte Edelmetalle oder unedle Metalle (seit dem 1.1.2015: mit einem Entgelt von mindestens 5.000 €) an einen Unternehmer geliefert.

Achtung! Voraussetzung für die Anwendung des § 13b UStG ist jedoch immer, dass der Ort der Leistung im Inland ist, da nur für im Inland steuerbare Leistungen eine Umsatzsteuer in Deutschland entstehen kann, deren Steuerschuld auf einen Leistungsempfänger übertragen werden kann.

Die im Inland steuerbare Leistung des leistenden Unternehmers muss darüber hinaus auch steuerpflichtig sein, das bedeutet, dass keine Steuerbefreiung nach § 4 UStG für die im Inland ausgeführte Leistung einschlägig sein darf.

2.1 Werklieferung oder sonstige Leistung eines im Ausland ansässigen Unternehmers

Ein Hauptanwendungsfall für das Steuerschuldnerverfahren ist die **Ausführung von Werklieferungen** nach § 3 Abs. 4 UStG oder die Ausführung von **sonstigen Leistungen** durch einen im Ausland ansässigen Unternehmer. Da der Begriff der sonstigen Leistung auch die Werkleistung mit erfasst, ist nur die (reine, den Gegenstand nicht mehr verändernde) Lieferung eines ausländischen Unternehmers aus der Anwendung des Steuerschuldnerverfahrens auszuscheiden.

Achtung! Wegen unterschiedlicher Steuerentstehungszeitpunkte sind seit dem 1.7.2010 diese Fälle in § 13b Abs. 1 und § 13b Abs. 2 Nr. 1 UStG aufgeteilt worden.

2.1.1 Sonstige Leistung

Die Regelung über die Steuerschuldnerschaft kann grundsätzlich bei jeder sonstigen Leistung einschlägig sein, die der **im Ausland ansässige Unternehmer** im Inland steuerbar und steuerpflichtig ausführt. Voraussetzung ist aber auch hier wieder, dass zuerst zu prüfen ist, ob der **Ort der sonstigen Leistung** nach den gesetzlichen Vorschriften **im Inland** ist. Insbesondere kommt hier die sonstige Leistung in Betracht, deren Ort sich nach § 3a Abs. 2 UStG bei dem unternehmerisch tätigen Leistungsempfänger befindet. Zu den Einzelheiten vgl. Stichwort Sonstige Leistungen.

Seit dem 1.7.2010 hat der Gesetzgeber die Anspruchsgrundlagen für diese Anwendungsfälle des **Reverse-Charge-Verfahrens** in zwei verschiedene Vorschriften eingestellt. Dies erfolgte ausschließlich wegen der unionsrechtlich notwendigen unterschiedlichen Zeitpunkte der Steuerentstehung (vgl. dazu auch 6. Steuerentstehung).

- Führt ein in einem **anderen Mitgliedstaat der Europäischen Union ansässiger Unternehmer** eine sonstige Leistung an einen Unternehmer für dessen Unternehmen oder eine nicht unternehmerisch tätige juristische Person aus, der aber eine USt-IdNr. erteilt worden ist und ist der Ort der sonstigen Leistung nach **§ 3a Abs. 2 UStG** im Inland, ist dieser Vorgang in **§ 13b Abs. 1 UStG** aufgeführt. In diesem Fall entsteht beim Leistungsempfänger die Steuer immer in dem Voranmeldungszeitraum, in dem die Leistung ausgeführt worden ist.
- Alle anderen Fälle von im Inland ausgeführten sonstigen Leistungen ausländischer Unternehmer (oder die Ausführung von Werklieferungen durch im Ausland ansässige Unternehmer) sind in **§ 13b Abs. 2 Nr. 1 UStG** erfasst. In diesen Fällen entsteht die Umsatzsteuer mit Ausstellung der Rechnung, spätestens mit Ablauf des Monats, der auf die Ausführung der Leistung folgt.

Wichtig! Voraussetzung ist immer, dass der leistende Unternehmer ein im übrigen Gemeinschaftsgebiet oder im Ausland ansässiger Unternehmer ist, vgl. dazu 4.

Um den zutreffenden Zeitpunkt der Steuerentstehung festlegen zu können, muss immer geprüft werden, von wo aus der leistende Unternehmer handelt und nach welcher Rechtsvorschrift sich der Ort der sonstigen Leistung im Inland bestimmt.

Beispiel 1: Unternehmer U aus Deutschland erhält von einem in Frankreich ansässigen Rechtsanwalt eine Beratungsleistung. Die Leistung wird im März 2018 ausgeführt, der Rechtsanwalt stellt seine Rechnung aber erst im April 2018 aus.

Lösung: Die Leistung des Rechtsanwalts aus Frankreich ist in Deutschland ausgeführt, § 3a Abs. 2 UStG – in Deutschland steuerbar und steuerpflichtig. U wird nach § 13b Abs. 1 i.V.m. Abs. 5 Satz 1 UStG zum Steuerschuldner für die in Deutschland entstandene Umsatzsteuer, da der Rechtsanwalt ein Unternehmer aus dem übrigen Gemeinschaftsgebiet ist. Die Umsatzsteuer entsteht mit Ausführung der Leistung im März 2018. U muss den Vorgang in seiner Umsatzsteuer-Voranmeldung März 2018 angeben.

Beispiel 2: Unternehmer U aus Deutschland erhält von einem in der Schweiz ansässigen Rechtsanwalt eine Beratungsleistung. Die Leistung wird im März 2018 ausgeführt, der Rechtsanwalt stellt seine Rechnung aber erst im April 2018 aus.
Lösung: Die Leistung des Rechtsanwalts aus der Schweiz ist in Deutschland ausgeführt, § 3a Abs. 2 UStG – in Deutschland steuerbar und steuerpflichtig. U wird nach § 13b Abs. 2 Nr. 1 i.V.m. Abs. 5 Satz 1 UStG zum Steuerschuldner für die in Deutschland entstandene Umsatzsteuer, da der Rechtsanwalt ein Unternehmer aus dem Ausland, nicht aber aus dem übrigen Gemeinschaftsgebiet ist. Die Umsatzsteuer entsteht mit Ausstellung der Rechnung im April 2018. U muss den Vorgang in seiner Umsatzsteuer-Voranmeldung April 2018 angeben.

Beispiel 3: Architekt A aus Polen übernimmt für einen Unternehmer aus Deutschland die Planungsleistungen für einen Industriebau in Deutschland.
Lösung: Die Leistung des A aus Polen ist in Deutschland ausgeführt, § 3a Abs. 3 Nr. 1 UStG (Leistung im Zusammenhang mit einem Grundstück) – in Deutschland steuerbar und steuerpflichtig. Der Leistungsempfänger wird nach § 13b Abs. 2 Nr. 1 i.V.m. Abs. 5 Satz 1 UStG zum Steuerschuldner für die in Deutschland entstandene Umsatzsteuer, da der Architekt zwar ein Unternehmer aus dem übrigen Gemeinschaftsgebiet ist, die Leistung aber nicht nach § 3a Abs. 2 UStG, sondern nach § 3a Abs. 3 Nr. 1 UStG in Deutschland ausgeführt ist. Der Leistungsempfänger muss den Vorgang in seiner Umsatzsteuer-Voranmeldung angeben, wenn die Rechnung für die Leistung ausgestellt ist, spätestens mit Ablauf des der Leistung folgenden Monats.

2.1.2 Werklieferung

Der **Begriff der Werklieferung** wird in § 3 Abs. 4 UStG definiert. Dabei kommt es entscheidend darauf an, dass der leistende Unternehmer bei einer von ihm ausgeführten Leistung auch **Material** verwendet, das nicht nur als Nebensache oder Zutat einzustufen ist und einen Gegenstand des Auftraggebers be- oder verarbeitet. Nicht erforderlich ist, dass der Werkunternehmer das gesamte Material für die von ihm erbrachte Leistung verwendet. Zu den weiteren Einzelheiten vgl. Stichwort Werklieferung.

Beispiel 4: Der dänische Bauunternehmer errichtet für Dachdecker D aus Flensburg eine neue Lagerhalle. Das Material für die Lagerhalle besorgt sich der dänische Unternehmer selbst, jedoch stellt D dem Werkunternehmer das Material für die Dacheindeckung bei.
Lösung: Es handelt sich bei der Leistung des dänischen Unternehmers um eine Werklieferung nach § 3 Abs. 4 UStG, die nach § 3 Abs. 7 Satz 1 UStG im Inland ausgeführt ist und auch nicht steuerfrei ist. Nach § 13b Abs. 2 Nr. 1 i.V.m. § 13b Abs. 5 Satz 1 UStG wird D zum Steuerschuldner für die an ihn ausgeführte Werklieferung. Die Steuer entsteht mit Ausstellung der Rechnung, spätestens mit Ablauf des der Leistung folgenden Monats.

Tipp! Bei den Werklieferungen ist es unerheblich, ob der leistende Unternehmer aus dem übrigen Gemeinschaftsgebiet oder aus dem Drittlandsgebiet kommt, die Steuerschuldnerschaft geht in jedem Fall der Werklieferung durch einen ausländischen Unternehmer unter den weiteren Voraussetzungen nach § 13b Abs. 2 Nr. 1 i.V.m. Abs. 5 Satz 1 UStG auf den Leistungsempfänger über.

2.2 Lieferung sicherungsübereigneter Gegenstände

Das Steuerschuldnerverfahren kommt nach § 13b Abs. 2 Nr. 2 UStG auch bei der **Lieferung von sicherungsübereigneten Gegenständen** vom Sicherungsgeber an den Sicherungsnehmer außerhalb des Insolvenzverfahrens zur Anwendung.

Beispiel 5: Das in Frankfurt ansässige Kreditinstitut K hat dem Einzelhändler E den Kauf eines betrieblichen Fahrzeugs finanziert und sich das Fahrzeug zur Sicherheit übereignen lassen. Da E mit der Zahlung der vereinbarten Kreditraten in Verzug kommt, verwertet K das Fahrzeug im Rahmen einer öffentlichen Versteigerung.
Lösung: Es kommt dabei zu einer steuerbaren und steuerpflichtigen Lieferung von E an K sowie zu einer Lieferung von K an den Erwerber. Für die Lieferung des Sicherungsgebers (E) an den Sicherungsnehmer (K) wird K zum Steuerschuldner nach § 13b Abs. 2 Nr. 2 i.V.m. Abs. 5 Satz 1 UStG. Das Kreditinstitut schuldet damit zweimal Umsatzsteuer; einmal aus der selbst ausgeführten Lieferung und zusätzlich nach § 13b UStG aus der erhaltenen Lieferung.

Achtung! Die Steuerschuldnerschaft greift nur bei der Sicherungsverwertung außerhalb des Insolvenzverfahrens.

Zu den weiteren Rechtsfolgen vgl. Stichwort Sicherungsübereignung.

2.3 Umsätze, die unter das Grunderwerbsteuergesetz fallen

Nach § 13b Abs. 2 Nr. 3 UStG fallen alle Umsätze unter das Reverse-Charge-Verfahren, die unter das Grunderwerbsteuergesetz fallen. Dies sind im Regelfall alle **Lieferungen von Grundstücken**. Voraussetzung ist aber, dass auch eine Umsatzsteuer tatsächlich entsteht. Gerade bei der Lieferung von Grundstücken kann es dazu kommen, dass der Umsatz entweder nicht steuerbar ist oder einer Steuerbefreiung unterliegt. Deshalb sollte bei einer Lieferung eines Grundstücks (oder einem anderen Grundstücksumsatz) immer in der folgenden Reihenfolge geprüft werden:

- Es liegt **keine nicht steuerbare Geschäftsveräußerung** nach § 1 Abs. 1a UStG vor. Insbesondere bei der Veräußerung von Miet- oder Gewerbeimmobilien kann eine solche Betriebs- oder Teilbetriebsveräußerung vorliegen.
- Der Verkäufer konnte bei dem Verkauf auf die gesetzlich vorgeschriebene **Steuerbefreiung** nach § 4 Nr. 9 Buchst. a UStG verzichten – Option auf die Steuerpflicht nach § 9 UStG[1].

Achtung! Bei jeder steuerpflichtigen Grundstückslieferung geht die Steuerschuld auf den Leistungsempfänger über, da die Voraussetzungen für den Verzicht auf die Steuerbefreiung strenger sind, als die Voraussetzungen für die Übertragung der Steuerschuldnerschaft auf den Leistungsempfänger.

Beispiel 6: Bauunternehmer B hat ein unbebautes Grundstück als Vorratsgrundstück erworben. Im Mai 2018 verkauft er das Grundstück an einen befreundeten Bauunternehmer, in dem notariellen Kaufvertrag wird auf die Steuerfreiheit des Umsatzes verzichtet.
Lösung: Der Erwerber wird zum Steuerschuldner der aus der Lieferung entstehenden Umsatzsteuer nach § 13b Abs. 2 Nr. 3 i.V.m. Abs. 5 Satz 1 UStG.

Achtung! Bei der Zwangsversteigerung von Grundstücken darf nach § 9 Abs. 3 Satz 1 UStG nur bis zur Aufforderung zur Abgabe eines Gebots im Versteigerungstermin auf die Umsatzsteuer optiert werden. Bei anderen steuerfreien Umsätzen muss in dem notariellen Vertrag auf die Steuerfreiheit verzichtet werden.

---

[1] Der Verzicht auf die Steuerbefreiung setzt nach § 9 Abs. 1 UStG voraus, dass der Verkauf an einen anderen Unternehmer für dessen Unternehmen ausgeführt wird. Darüber hinaus muss der Verkäufer schon im notariellen Vertrag auf die Steuerfreiheit verzichtet haben (§ 9 Abs. 3 UStG).

Zu den Einzelheiten bei der Option auf die Steuerpflicht bei den Umsätzen, die unter das Grunderwerbsteuergesetz fallen vgl. Stichwort Option zur Umsatzsteuer.

Wichtig! Aber nicht nur Verkäufe von Grundstücken können unter die Regelung des Steuerschuldnerverfahrens fallen. Auch die Zahlungen aufgrund eines Erbbaurechtsvertrags können – soweit der Erbbauverpflichtete auf die Steuerfreiheit der Umsätze nach § 9 UStG verzichtet hat – unter das Steuerschuldnerverfahren fallen[2].

2.4 Ausführung von Bauleistungen

Nach § 13b Abs. 2 Nr. 4 UStG unterliegt auch die **Ausführung von Bauleistungen** dem Steuerschuldnerverfahren, wenn die Leistung an einen Unternehmer ausgeführt wird, der selbst solche Leistungen erbringt, § 13b Abs. 5 Satz 2 UStG. Es unterliegen nur Leistungen, die der Herstellung, Instandsetzung, Instandhaltung, Änderung oder Beseitigung von Bauwerken dienen, dem Steuerschuldnerverfahren. Allerdings sind Planungs- und Überwachungsleistungen (z.B. von Architekten oder Ingenieuren) von dieser Regelung ausgenommen.

Achtung! Der Leistungsempfänger wird nur dann zum Steuerschuldner, wenn er ein Unternehmer ist, der selbst solche Arten von Bauleistungen ausführt, § 13b Abs. 5 Satz 2 UStG.

Beispiel 7: Bauunternehmer B hat mit Privatperson P einen Werkvertrag über die schlüsselfertige Errichtung eines Einfamilienhauses auf einem P gehörenden Grundstück geschlossen. B beauftragt den Dachdecker D mit den Dacharbeiten.

Lösung: D erbringt gegenüber B eine im Inland steuerbare und steuerpflichtige Werklieferung. Da es sich um eine Leistung zur Herstellung eines Gebäudes handelt und der Erwerber (B) selbst nachhaltig Bauleistungen ausführt, wird B nach § 13b Abs. 2 Nr. 4 i.V.m. § 13b Abs. 5 Satz 2 UStG zum Steuerschuldner für die an ihn ausgeführte Werklieferung. Für die von B an den P ausgeführte Werklieferung bleibt B Steuerschuldner nach § 13a Abs. 1 Nr. 1 UStG.

2.4.1 Ausführung von Bauleistungen

Eine **Bauleistung** i.S.d. Vorschrift liegt vor, wenn eine Werklieferung oder sonstige Leistung ausgeführt wird, die der Herstellung, Instandsetzung, Instandhaltung, Änderung oder Beseitigung von Bauwerken dient. Dabei ist der **Begriff des Bauwerks weit auszulegen** und soll nicht nur Gebäude, sondern alle mit dem Erdboden verbundenen Anlagen erfassen. Die Abgrenzung erfolgt im Wesentlichen entsprechend der bei der Bauabzugssteuer festgelegten Unterscheidungen. Dabei muss der Unternehmer selbst Bauleistungen erbringen (nicht erfasst wird damit die reine Lieferung von Grundstücken). Es ist ausreichend, wenn er sich dabei von ihm beauftragter **Subunternehmer** bedient.

Einen Überblick über die **Bauleistungen** gibt die folgende Zusammenstellung[3]:

Abgrenzung der Bauleistungen nach § 13b Abs. 2 Nr. 4 UStG (alphabetisch)	
Als Bauleistungen gelten	**Nicht als Bauleistungen gelten**
Abbrucharbeiten an einem Bauwerk	Analyse von Baustoffen
Aufzugeinbau	Anlegen von Bepflanzungen
Ausbauarbeiten an einem Bauwerk	Anliefern von Beton
Baugeräte, wenn Vermietung mit Bedienpersonal für substanzverändernde Arbeiten	Arbeitnehmerüberlassung, auch wenn überlassene Arbeitnehmer Bauleistungen erbringen
Bauteilelieferung, wenn der liefernde Unternehmer auch den Einbau schuldet	Aufstellen von Messeständen

[2] Vgl. auch OFD Hannover, Verf. v. 5.10.2009, DStR 2009, 2318.

[3] Vgl. auch Abschn. 13b.2 UStAE.

Abgrenzung der Bauleistungen nach § 13b Abs. 2 Nr. 4 UStG (alphabetisch)	
Als Bauleistungen gelten	**Nicht als Bauleistungen gelten**
Beton, Anlieferung und fachgerechtes Verarbeiten durch Anlieferer	Autokran (oder Kran), bloße Vermietung oder wenn Vermietung mit Bedienpersonal, wenn die Güter lediglich nach Weisung des Anmietenden am Haken befördert werden
Betriebsvorrichtung, Einbau, wenn fest mit dem Grund und Boden verbunden	Baugeräte, bloße Vermietung
Bodenbeläge (Einbau)	Bauleitung als selbstständige Leistung
Brunnenbau	Baustellenabsicherung als selbstständige Leistung
Dachbegrünung eines Hauses	Baustoffe (Lieferung)
Einbauküche (Einbau)	Bauteilelieferung, wenn der liefernde Unternehmer lediglich das Bauteil schuldet
Einbau von Bestandteilen (Fenstern, Türen, Garagentore, Markisen etc.)	Beton, bloße Anlieferung
Einbau von Einrichtungsgegenständen, soweit mit dem Gebäude fest verbunden (Schaufensteranlagen, Gaststätteneinrichtungen)	Betriebsvorrichtung, Einbau, wenn beweglich
Elektroinstallation	Energielieferung
Erdarbeiten im Zusammenhang mit der Erstellung eines Bauwerks	Entsorgung von Baumaterial/Bauschutt
Fassadenreinigung mit Veränderung (z.B. Abschliff/Abstrahlen) der Oberfläche)	Fassadenreinigung ohne Veränderung der Oberfläche
Fertighaus/-teile (Aufbau oder Anlieferung und Aufbau)	Fertighaus/-teile, wenn bloße Anlieferung
Hausanschlüsse (Strom, Wasser) soweit eigenständige Leistung	Gerüstbau
Heizungseinbau	Hubarbeitsbühne bloße Vermietung oder wenn Vermietung mit Bedienpersonal, wenn die Bühne lediglich nach Weisung des Anmietenden eingesetzt wird
Holz- und Bautenschutz	Künstlerische Leistungen an Bauwerken, wenn der Künstler nur Planung und Überwachung schuldet
Kanalbau	LKW/LKW-Ladekran, bloße Vermietung oder wenn Vermietung mit Bedienpersonal, wenn Gegenstand lediglich nach Weisung des Anmietenden verwendet wird
Künstlerische Leistungen an Bauwerken, soweit der Künstler auch die Ausführung des Werks schuldet	Lieferung von Wasser und Energie
Malerarbeiten	Maschineneinbau, wenn beweglich
Pflasterarbeiten	Materialcontainer (Aufstellen)
Reinigungsarbeiten, bei denen die Oberfläche verändert wird (Sandstrahlarbeiten)	Materiallieferungen

Abgrenzung der Bauleistungen nach § 13b Abs. 2 Nr. 4 UStG (alphabetisch)	
Als Bauleistungen gelten	**Nicht als Bauleistungen gelten**
Reparaturarbeiten (Erhaltungsarbeiten), soweit die Nichtaufgriffsgrenze von 500 € überschritten wird	Mobiles Toilettenhaus (Aufstellen)
Straßen- und Wegebau	Planungs- und Überwachungsleistungen (Architekten, Fachingenieure)
Substanzbeseitigende Arbeiten	Prüfingenieur
Substanzerhaltende Arbeiten	Reinigung von Räumlichkeiten oder Flächen
Substanzerweiternde Arbeiten	Reparatur- und Wartungsarbeiten, wenn das Nettoentgelt nicht mehr als 500 € beträgt
Substanzverbessernde Arbeiten	Schuttabfuhr durch Abfuhrunternehmer
Tapezierarbeiten	Überlassung von Betonpumpen oder anderen Maschinen
Teichfolie (Einbau)	Wartungsarbeiten wenn keine Teile verändert, bearbeitet oder ausgetauscht werden oder Nettoentgelt nicht mehr als 500 €
Teppichboden (verlegen oder Lieferung und verlegen)	
Wartungsarbeiten soweit Teile verändert, bearbeitet oder ausgetauscht werden und Nettoentgelt mehr als 500 €	
Werklieferungen von Photovoltaikanlagen, die auf einem Gebäude oder Bauwerk installiert werden (z.B. dachintegrierte Anlagen, Auf-Dach-Anlagen oder Fassadenmontagen)	
Zaunbau	

Wichtig! Für Wartungs- und Reparaturleistungen ist eine Nichtaufgriffsgrenze i.H.v. bis zu 500 € (netto) vorhanden, bis zu der die Anwendung des Steuerschuldnerverfahrens nicht in Betracht kommt. Damit eine Wartungsleistung aber überhaupt unter das Steuerschuldnerverfahren fallen kann, müssen Teile ausgetauscht, verändert oder bearbeitet werden[4]. Bei dieser Ausnahmeregelung handelt es sich nicht um ein Wahlrecht; soweit das (Netto-)Entgelt für eine solche Leistung 500 € nicht überschreitet, geht die Steuerschuldnerschaft nicht auf den Leistungsempfänger über.

Weiterhin sind die folgenden Abgrenzungskriterien für Bauleistungen zu beachten:

- Der Begriff der Bauleistung ist weit auszulegen und umfasst nicht nur Gebäude, sondern auch darüber hinaus sämtliche irgendwie mit dem Erdboden verbundenen oder infolge ihrer eigenen Schwere auf ihm ruhenden, aus Baustoffen oder Bauteilen hergestellten Anlagen (z.B. Brücken, Straßen oder Tunnel, Versorgungsleitungen, Schiffshebewerke, Windkraftanlagen).
- Bei **Einrichtungsgegenständen**, die mit dem Gebäude fest verbunden werden, liegt eine Bauleistung nicht vor, wenn die Gegenstände ohne größeren Aufwand wieder getrennt werden können.
- **Überlassung von Baugeräten** (dies erfasst auch Großgeräte wie Krane u.ä.) – auch mit Personal – stellt an sich noch keine Bauleistung dar. Werden darüber hinaus aber Leistungen erbracht, die in die Bausubstanz eingreifen, liegt eine Bauleistung vor.
- Anlegen von **Gärten**, **Wegen in Gärten**, das Anschütten von Hügeln und Böschungen zur Landschaftsgestaltung sind keine Bauleistungen.

[4] Abschn. 13b.2 Abs. 7 Nr. 15 UStAE.

- **EDV- oder Telefonanlagen**, die fest mit dem Bauwerk verbunden werden, führen zu einer Bauleistung; die Lieferung von Endgeräten ist keine Bauleistung.
- Montage und Anschließen von **Beleuchtungssystemen** (in Kaufhäusern oder Fabrikhallen) stellt eine Bauleistung dar.
- **Verkehrssicherungsleistungen** stellen keine Bauleistungen dar, das Aufbringen von Endmarkierungen oder das Aufstellen von Verkehrszeichen, die dauerhaft aufgestellt werden, sind Bauleistungen.

Führt der leistende Unternehmer **mehrere Leistungen** aus, bei denen auch Bauleistungen mit erbracht werden, ist entscheidend, welche Leistung im Vordergrund steht. Die Leistung fällt nur dann insgesamt unter das Steuerschuldnerverfahren, wenn die Bauleistung als Hauptleistung anzusehen ist. Soweit unabhängige Einzelleistungen erbracht werden, muss die Leistung jedoch aufgeteilt werden.

Die Anwendung des § 13b Abs. 4 Nr. 2 UStG setzt unter anderem voraus, dass eine Tätigkeit im Zusammenhang mit einem **Bauwerk** ausgeführt wird. Der BFH[5] hatte im August 2014 entgegen der Auffassung der Finanzverwaltung festgestellt, dass **Betriebsvorrichtungen** nicht zu den Bauwerken gehören und demnach Arbeiten an oder die Errichtung von Betriebsvorrichtungen nicht in den Anwendungsbereich des § 13b UStG fallen.

Achtung! Betriebsvorrichtungen dienen gegenüber einem Bauwerk eigenständigen Zwecken. Sie haben keine Funktion für das Bauwerk, sondern sind dort lediglich untergebracht[6]. Ein Einbau von Betriebsvorrichtungen führt zu keiner Änderung des Bauwerks.

Die Finanzverwaltung[7] hatte zu dem Urteil des BFH einen Nichtanwendungserlass herausgegeben und wandte die Schlussfolgerungen des BFH über den entschiedenen Fall hinaus nicht an. Nach Auffassung der Finanzverwaltung können auch Betriebsvorrichtungen in den Anwendungsbereich des § 13b Abs. 2 Nr. 4 UStG fallen. Im Wesentlichen geht es um die Auslegung des Begriffs der Bauleistungen nach Art. 199 Abs. 1 Buchst. a MwStSystRL. Dabei sei der Begriff der Bauleistung nicht nur auf Leistungen im Zusammenhang mit einem Grundstück beschränkt, sondern weiter auszulegen. Die Angabe „im Zusammenhang mit Grundstücken" soll sich nur auf die Angabe „Reparatur-, Reinigungs- Wartungs-, Umbau- und Abbruchleistungen" beziehen. Bei Bauleistungen muss hingegen nicht zwingend ein Zusammenhang mit einem Grundstück gegeben sein. Zutreffend stellt die Finanzverwaltung fest, dass die Begriffe nicht nach nationalem Bewertungsrecht[8] auszulegen sind.

Tipp! Unter Bezugnahme auf die Definition des Grundstücksbegriffs in Art. 13b MwStVO – die von der Finanzverwaltung in Abschn. 3a.3 UStAE übernommen worden war – wird insbesondere darauf abgestellt, dass darunter auch „Sachen, Ausstattungsgegenstände oder Maschinen gehören, die auf Dauer in einem Gebäude oder einem Bauwerk installiert sind, und die nicht bewegt werden können, ohne das Gebäude oder das Bauwerk zu zerstören oder zu verändern".

Wichtig! Betriebsvorrichtungen sind nach Auffassung der Finanzverwaltung nur dann nicht als „Grundstück" im unionsrechtlichen Sinne anzusehen, wenn sie nicht auf Dauer installiert sind oder bewegt werden können, ohne das Gebäude oder das Bauwerk zu zerstören oder zu verändern.

Der Gesetzgeber hat schnell reagiert und noch im Steueränderungsgesetz 2015 § 13b Abs. 2 Nr. 4 UStG ergänzt. Die von der Finanzverwaltung schon im BMF-Schreiben mit aufgenommene Formulierung aus der MwStVO ist mit in das Gesetz aufgenommen worden, sodass die gesetzliche Vorgabe jetzt Art. 13b MwStVO entspricht.

---

5 BFH, Urteil v. 28.8.2014, V R 7/14, BStBl II 2015, 131.

6 BGH, Urteil v. 15.5.1997, VII ZR 287/95.

7 BMF, Schreiben v. 28.7.2015, BStBl I 2015, 623.

8 Z.B. § 68 Abs. 2 Satz 1 Nr. 2 BewG.

2.4.2 Bauleistender Unternehmer als Leistungsempfänger

Im Gesetz ist ausdrücklich geregelt, dass nur in dem Fall, in dem der leistende Unternehmer Werklieferungen und sonstige Leistungen, die der Herstellung, Instandsetzung, Instandhaltung, Änderung oder Beseitigung von Bauwerken dienen, jedoch mit Ausnahme von Planungs- und Überwachungsleistungen („Bauleistungen" i.S.d. § 13b Abs. 2 Nr. 4 UStG) gegenüber einem Unternehmer ausführt, der selbst solche Leistungen erbringt, der Leistungsempfänger zum Steuerschuldner wird, § 13b Abs. 5 Satz 2 UStG. Dabei ist im Gesetz nicht abschließend geregelt, unter welchen Voraussetzungen der Leistungsempfänger als „bauleistender Unternehmer" anzusehen ist.

a) Definition des bauleistenden Unternehmers bis zum 14.2.2014

Die **Finanzverwaltung** hatte zur Eigenschaft des Leistungsempfängers geregelt, dass er dann als bauleistender Unternehmer anzusehen ist, wenn er selbst im vorangegangenen Kalenderjahr **mehr als 10 % seiner weltweit ausgeführten Umsätze als Bauleistungen** erbracht hatte[9]. Diese 10 %-Grenze sollte eine Ausschlussgrenze darstellen. Es sollte dabei nicht darauf ankommen, ob die dem Unternehmer gegenüber ausgeführte Bauleistung unmittelbar in eine am Markt ausgeführte Bauleistung einging oder in den allgemeinen unternehmerischen Bereich des Leistungsempfängers einging (z.B. Reparatur am Verwaltungsgebäude eines bauleistenden Unternehmers). Darüber hinaus hatte die Finanzverwaltung auch geregelt, dass die beiden Vertragsparteien sich auf die Anwendung des Reverse-Charge-Verfahrens einigen können, selbst wenn die Voraussetzungen dafür nicht vorlagen; Voraussetzung war dafür, dass dies dann auch von den Vertragsparteien so abgewickelt wurde[10].

Besondere Brisanz erhielt die Frage der Übertragung der Steuerschuldnerschaft auf den Leistungsempfänger, als die Finanzverwaltung[11] ausdrücklich auch die **Bauträger** mit in die Regelung einbezogen hatte, wenn diese unabhängig ihrer Bauträgerumsätze (in der Regel steuerfreie Lieferungen nach § 4 Nr. 9 Buchst. a UStG und keine Bauleistungen) daneben auch noch „Bauleistungen" i.S.d. § 13b Abs. 2 Nr. 4 UStG zu mindestens mehr als 10 % weltweit ausführten. Die Folge waren erhebliche Anpassungen in der Praxis verbunden mit Übergangsregelungen.

Tipp! Abzugrenzen sind Leistungen der Bauträger von denen der Generalunternehmer. Bauträger bauen auf eigenen Grundstücken und führen anschließend in der Regel steuerfreie Lieferungen von Grundstücken oder Grundstücksteilen nach § 4 Nr. 9 Buchst. a UStG aus, während Generalunternehmer Bauleistungen auf fremden Grundstücken ausführen.

Der BFH[12] hatte 2011 **grundsätzliche Bedenken**, ob die nationalen Regelungen des § 13b UStG in diesem Bereich mit der gemeinschaftlichen Ermächtigung des Rates der Europäischen Union vereinbar waren und legte dem EuGH diverse Fragen zur Entscheidung vor. Der EuGH[13] ging aber – offensichtlich entgegen der Bedenken des BFH – davon aus, dass die gesetzliche Umsetzung im Wesentlichen den Vorgaben der Ermächtigung des Rates entsprach, stellte aber allgemein fest, dass die Regelungen dem Grundsatz der **steuerlichen Neutralität** sowie den allgemeinen Grundsätzen des Unionsrechts, wie insbesondere den **Grundsätzen der Verhältnismäßigkeit und der Rechtssicherheit** entsprechen muss. Zu prüfen, ob die nationalen Regelungen diesen Grundsätzen entsprechen würden, sei aber Aufgabe der nationalen Gerichte.

Im **Anschlussverfahren** sah der BFH[14] zumindest wesentliche Vorgaben der Finanzverwaltung bei der Umsetzung der Regelungen als **nicht mit dem Grundsatz der Rechtssicherheit vereinbar** an, da von

9 Abschn. 13b.3 Abs. 2 UStAE a.F.

10 Abschn. 13b.8 UStAE.

11 BMF, Schreiben v. 11.3.2010, BStBl I 2010, 254.

12 BFH, Beschluss v. 30.6.2011, V R 37/10, BStBl II 2011, 842.

13 EuGH, Urteil v. 13.12.2012, C-395/11 – BLV Wohn- und Gewerbebau GmbH, BFH/NV 2013, 333.

14 BFH, Urteil v. 22.8.2013, V R 37/10, BStBl II 2014, 128, sowie anschließend auch BFH, Urteil v. 11.12.2013, XI R 21/11, BStBl II 2014, 425 „im Interesse einer einheitlichen Rechtsprechung".

den Vertragsparteien nicht mit der notwendigen Sicherheit zur Anwendung der Übertragung der Steuerschuldnerschaft erkannt werden könne, ob der Leistungsempfänger als bauleistender Unternehmer anzusehen sei. Insbesondere hat der BFH die **folgenden Vorgaben als unzulässig** angesehen:

- Die 10 %-Grenze, nach der der Leistungsempfänger als bauleistender Unternehmer anzusehen sei, wenn er selbst mehr als 10 % seiner weltweit ausgeführten Umsätze im Bereich der Bauleistungen ausführen würde.
- Die Möglichkeit der Vereinbarung zwischen den Vertragsparteien, dass § 13b UStG angewendet werden kann, selbst wenn die Voraussetzungen dafür nicht vorliegen.

Wichtig! Als rechtssichere Voraussetzung der Anwendung des Reverse-Charge-Verfahrens sah der BFH es nur an, wenn eine vom leistenden Unternehmer ausgeführte Bauleistung bei dem Leistungsempfänger selbst unmittelbar in eine ausgeführte Bauleistung eingeht. Zwar würde es hier auch Schwierigkeiten für den leistenden Unternehmer geben, diese Voraussetzung zu erkennen und nachzuweisen, dennoch hielt der BFH dies für die einzig umsetzbare Auslegung der gesetzlichen Vorgaben. Unerheblich sei es dabei, in welchem Umfang der Leistungsempfänger selbst Bauleistungen ausführt.

b) Definition des bauleistenden Unternehmers vom 15.2.2014 bis 30.9.2014

Die Finanzverwaltung[15] hatte relativ schnell zu dem Urteil des BFH[16] Stellung genommen und die Anweisungen im UStAE geändert, die Grundsätze gelten ab der Veröffentlichung des Urteils im BStBl (14.2.2014) bis zur erneuten Gesetzesänderung zum 1.10.2014.

Die Finanzverwaltung hatte ihre in der Vergangenheit umstrittene „10 %-Grenze" aufgegeben und ging davon aus, dass der **Leistungsempfänger dann ein bauleistender Unternehmer** sei, wenn er die bezogene Bauleistung **selbst – unmittelbar – für eine derartige Leistung verwendet**[17]. Der Anteil der vom Leistungsempfänger selbst ausgeführten Bauleistungen war für die Übertragung der Steuerschuldnerschaft auf den Leistungsempfänger unerheblich.

Wichtig! Der leistende Unternehmer konnte in der Zeit vom 15.2.2014 bis 30.9.2014 den Nachweis mit allen geeigneten Belegen und Beweismitteln führen, dass der Leistungsempfänger ein Unternehmer ist, der die an ihn erbrachte Bauleistung selbst für die Ausführung einer derartigen Leistung verwendet. Legte der Leistungsempfänger dem leistenden Unternehmer eine im Zeitpunkt der Ausführung der Bauleistung gültige Freistellungsbescheinigung nach § 48b EStG (Bauabzugssteuer) ausdrücklich für umsatzsteuerliche Zwecke für diesen Umsatz vor, galt dies als Indiz dafür, dass der Leistungsempfänger die an ihn erbrachte Leistung seinerseits für eine Bauleistung verwendete[18]. Darüber hinaus war geregelt worden, dass als Nachweis eine schriftliche Bestätigung des Leistungsempfängers galt, in der er gegenüber dem leistenden Unternehmer bestätigte, die Leistung selbst für eine von ihm zu erbringende Bauleistung zu verwenden. Der Leistungsempfänger wurde danach auch dann zum Steuerschuldner, wenn er entgegen dieser abgegebenen Bestätigung die Leistung nicht selbst (unmittelbar) für eine Bauleistung verwenden sollte; eine Ausnahme bestand lediglich dann,

15 BMF, Schreiben v. 5.2.2014, BStBl I 2014, 233; dieses Schreiben ist mit Datum vom 14.2.2014 im BStBl veröffentlicht worden und damit zu diesem Zeitpunkt offiziell „bekannt gegeben". Ergänzend dazu hat das Bundesfinanzministerium mit Schreiben v. 8.5.2014, BStBl I 2014, 823 Stellung genommen und insbesondere die Anzahlungsfälle bei der Anwendung der neuen Grundsätze geregelt.

16 BFH, Urteil v. 22.8.2013, V R 37/10, BStBl II 2014, 128, sowie anschließend auch BFH, Urteil v. 11.12.2013, XI R 21/11, BStBl II 2014, 425 „im Interesse einer einheitlichen Rechtsprechung".

17 Abschn. 13b.3 UStAE in der ab dem 14.2.2014 geltenden Fassung.

18 BMF, Schreiben v. 5.2.2014, BStBl I 2014, 233.

wenn der leistende Unternehmer von der Unrichtigkeit der Bestätigung Kenntnis hatte. Die Bestätigung des Leistungsempfängers konnte schon in dem von den Beteiligten abgeschlossenen Vertrag abgegeben werden, konnte aber auch (später) separat erteilt werden. Bei einer separaten Bestätigung musste dann aber das jeweilige Bauvorhaben konkret benannt werden.

Ausdrücklich wurde von der Finanzverwaltung festgestellt, dass der Leistungsempfänger – selbst wenn er ansonsten am Markt Bauleistungen ausführt – nicht mehr zum Steuerschuldner wurde, wenn die ihm gegenüber ausgeführten Bauleistungen nicht unmittelbar zur Erbringung eigener Bauleistungen verwendet wurden[19]. Damit durften auch Leistungen, die in den privaten Bereich des Leistungsempfängers ausgeführt werden, nicht mehr dem Reverse-Charge-Verfahren unterliegen.

Beispiel 8: Bauunternehmer B beauftragte Dachdecker D im Mai 2014, das Dach des Verwaltungsgebäudes von B neu einzudecken.
Lösung: D führt gegenüber B eine Bauleistung aus, B ist auch Unternehmer, der selbst am Markt Bauleistungen ausführt. Da aber die Bauleistung des D nicht unmittelbar in eine Bauleistung des B einging, ging die Steuerschuldnerschaft für die Leistung des D nicht auf B über. Die Leistung musste von D versteuert werden.

Nicht umfassend gab die Finanzverwaltung ihre **Vereinfachungsregelung** in Abschn. 13b.8 UStAE auf, nach der die Beteiligten einvernehmlich die Anwendung des § 13b UStG vereinbaren konnten, wenn die Anwendung fraglich war oder sich später als nicht zutreffend herausstellte. Diese Vereinfachungsregelung wurde grundsätzlich beibehalten, es wurde aber lediglich die Anwendung für die Bauleistungen aus dieser Regelung herausgenommen.

Achtung! Die Regelungen galten für alle Leistungen die nach Veröffentlichung des BMF-Schreibens (14.2.2014) ausgeführt worden waren. Für bis zu diesem Zeitpunkt ausgeführte Leistungen wurde es von der Finanzverwaltung nicht beanstandet, wenn die Beurteilung noch nach der alten Rechtsauffassung getroffen wurde und die Steuer von dem Leistungsempfänger (soweit er nach der ab dem 15.2.2015 geltenden Sichtweise nicht mehr der Steuerschuldner sein sollte) auch gegenüber dem Finanzamt angemeldet wurde.

c) Definition des bauleistenden Unternehmers seit dem 1.10.2014

Da die vom BFH vorgegebene Verknüpfung der Eingangsbauleistung unmittelbar mit einer Ausgangsbauleistung von Finanzverwaltung und Gesetzgeber nicht als praxisgerechte Lösung angesehen worden ist, wurde durch das „Kroatiengesetz“[20] deshalb mit Wirkung zum 1.10.2014 eine Neufassung in § 13b Abs. 5 UStG zu den Bauleistungen aufgenommen.

Wichtig! Im Wesentlichen ist damit der Zustand wieder hergestellt worden, der bis zum 14.2.2014 (bzw. vor dem Urteil des BFH) herrschte. Allerdings wurde der Plan aufgegeben, die Bauträger ausdrücklich in die gesetzliche Regelung mit einzubeziehen. Ursprünglich war angedacht, auch die Lieferung von Grundstücken als Bauleistung zu definieren.

Grundsätzlich sind an der allgemeinen Voraussetzung – der Bauleistung als solcher – in § 13b Abs. 2 Nr. 4 UStG keine Änderungen vorgenommen worden. Lediglich in § 13b Abs. 5 Satz 2 UStG ist gesetzlich klargestellt worden, dass der Leistungsempfänger dann zum Steuerschuldner für eine ihm gegenüber ausgeführte Bauleistung wird, wenn er selbst solche Leistungen **nachhaltig** ausführt. Ob die Leistung

---

[19] Abschn. 13b.3 Abs. 8 und Abs. 10 UStAE.

[20] Gesetz zur Anpassung des nationalen Steuerrechts an den Beitritt Kroatiens zur EU und zur Änderung weiterer steuerlicher Vorschriften – KroatienG – v. 25.7.2014, BGBl I 2014, 1266.

unmittelbar für eine Bauleistung verwendet wird, ist nach der ausdrücklichen gesetzlichen Regelung unerheblich.

Das Gesetz enthält aber unmittelbar keine Aussage, unter welchen Voraussetzungen davon auszugehen ist, dass der Leistungsempfänger ein Unternehmer ist, der nachhaltig Bauleistungen ausführt. Allerdings wird gesetzlich festgeschrieben, dass davon auszugehen ist, wenn er eine von der Finanzverwaltung ausgestellte Bescheinigung[21] besitzt, die ihm diese Eigenschaft bestätigt.

Achtung! Im Gesetz ist nicht ausdrücklich geregelt, unter welchen Voraussetzungen diese Bescheinigung durch die Finanzverwaltung erteilt werden soll. Allerdings wird in der Gesetzesbegründung vorgegeben, dass die Bescheinigung dann auszustellen ist, wenn der Leistungsempfänger im vorangegangenen Kalenderjahr mindestens 10 % seiner weltweit ausgeführten Leistungen als Bauleistungen ausgeführt hat.

Damit lassen sich die folgenden Anwendungsregelungen unterscheiden[22]:

- **Bauleistungen bis zum 14.2.2014[23]:** Der Leistungsempfänger wird dann zum Steuerschuldner für eine ihm gegenüber ausgeführte Bauleistung, wenn er selbst im vorangegangenen Kalenderjahr mehr als 10 % seiner weltweit ausgeführten Leistungen als Bauleistungen i.S.d. Regelung ausgeführt hat. Ob er die Bauleistung für eine Ausgangsbauleistung, für eigene unternehmerische Zwecke oder auch für private Zwecke bezogen hatte, war nicht von Bedeutung.
- **Bauleistungen ab dem 15.2.2014 bis zum 30.9.2014:** Der Leistungsempfänger wird nur dann zum Steuerschuldner für eine ihm gegenüber ausgeführte Bauleistung, wenn er die Bauleistung unmittelbar für eine Bauleistung einsetzt. In welchem Umfang er ansonsten selbst Bauleistungen ausführt, ist nicht von Bedeutung.
- **Bauleistungen ab dem 1.10.2014:** Der Leistungsempfänger wird zum Steuerschuldner für eine ihm gegenüber ausgeführte Bauleistung, wenn er selbst nachhaltig solche Leistungen ausführt. Dies ist regelmäßig durch eine besondere Bescheinigung nachzuweisen (USt 1 TG). Es kommt nicht mehr darauf an, ob die Bauleistung unmittelbar für eine Bauleistung verwendet wird.

Wichtig! Unternehmer können sich für Bauleistungen, die vor dem 15.2.2014 ausgeführt worden sind und die nicht unmittelbar für eine Ausgangsbauleistung verwendet werden, auf die Rechtsprechung des BFH berufen[24].

Die Finanzverwaltung hat mit **Wirkung zum 1.10.2014 die Definition des bauleistenden Unternehmers als Leistungsempfänger** in Abschn. 13b.3 UStAE fast vollständig neu gefasst. Dabei werden inhaltlich die Vorgaben aus der Gesetzesbegründung übernommen. Es ist davon auszugehen, dass der Unternehmer als bauleistender Unternehmer anzusehen ist, wenn er mindestens 10 % seines Weltumsatzes (Summe seiner im Inland steuerbaren und nicht steuerbaren Umsätze) als Bauleistungen erbringt. Hat der Unternehmer noch keine Bauleistungen ausgeführt, muss er glaubhaft machen, dass er voraussichtlich mehr als 10 % seines Weltumsatzes als Bauleistungen ausführen wird.

Tipp! Bei einer umsatzsteuerrechtlichen **Organschaft** sind zur Berechnung der 10 %-Grenze nur die Bemessungsgrundlagen der Umsätze zu berücksichtigen, die dieser Teil des Organkreises erbracht hat.

---

21 USt 1 TG.

22 Zu den Übergangsregelungen und Nichtbeanstandungsregelungen vgl. BMF, Schreiben v. 8.5.2014, BStBl I 2014, 823.

23 BFH, Urteil v. 22.8.2013, V R 37/10 wurde im BStBl II am 14.2.2014 veröffentlicht.

24 Zu den Erstattungsfällen und deren Abwicklung vgl. § 27 Abs. 19 UStG sowie BMF, Schreiben v. 31.7.2014, BStBl I 2014, 1073.

Ist dem Unternehmer von seinem zuständigen Finanzamt bestätigt worden, dass er ein solcher bauleistender Unternehmer ist, wird der Leistungsempfänger unabhängig davon, wofür er die Bauleistung bezieht, zum Steuerschuldner für die ihm gegenüber ausgeführte Bauleistung. Dies gilt auch dann, wenn er die Bescheinigung nicht gegenüber seinem Vertragspartner verwenden sollte.

Wichtig! Das Finanzamt bescheinigt dem Unternehmer auf dem Vordruck USt 1 TG[25] die Eigenschaft als bauleistender Unternehmer. Die Bescheinigung kann auf Antrag, aber auch von Amts wegen erteilt werden und ist längstens drei Jahre gültig. Sie kann nur mit Wirkung für die Zukunft widerrufen werden.

Ist ein Unternehmer als bauleistender Unternehmer einzustufen, wird er auch dann zum Steuerschuldner für eine ihm gegenüber ausgeführte Bauleistung, wenn er die Leistung für seinen privaten Bereich bezieht. Ausgenommen sind ausdrücklich Leistungen, die in dem hoheitlichen Bereich von juristischen Personen des öffentlichen Rechts bezogen werden.

Achtung! Die Finanzverwaltung[26] stellt eindeutig klar, dass die Bebauung von eigenen Grundstücken zum Zweck des Verkaufs keine Bauleistung darstellen kann. Der Verkauf eines bebauten Grundstücks ist eine Lieferung und keine Werklieferung. Dies gilt auch dann, wenn die Verträge mit dem Erwerber bereits zu einem Zeitpunkt geschlossen werden, in dem dieser noch Einfluss auf die Bauausführung und Baugestaltung – unabhängig vom Umfang – nehmen kann. Bauträger werden (aber wieder) zum Steuerschuldner für ihnen gegenüber ausgeführte Bauleistungen, wenn sie selbst – z.B. da sie auch als Generalunternehmer[27] tätig sind –, die Umsatzgrenze für Bauleistungen überschreiten.

Bezüglich der **Übergangsregelungen bei den Bauleistungen** (wie auch bei den Gebäudereinigungsleistungen) hat die Finanzverwaltung[28] verschiedene Möglichkeiten zusammengestellt, die jeweils davon abhängig sind, ob die Steuerschuldnerschaft zum 1.10.2014 vom leistenden Unternehmer auf den Leistungsempfänger oder umgekehrt übergeht, anzuwenden sind. Zusammengefasst ergeben sich die folgenden Möglichkeiten:

	Leistungsempfänger ist zum Zeitpunkt der Leistung Steuerschuldner	**Leistender Unternehmer ist zum Zeitpunkt der Leistung Steuerschuldner**
Schlussrechnung über nach dem 30.9.2014 erbrachte Leistungen bei Abschlagsrechnung vor dem 1.10.2014	Grundsätzlich ist die Anzahlungsrechnung zu berichtigen. Es wird aber nicht beanstandet (Nichtbeanstandungsregelung), wenn der leistende Unternehmer die Anzahlungsrechnung nicht berichtigt und in der Schlussrechnung nur den um das vereinnahmte Entgelt geminderten Betrag angibt.	Grundsätzlich ist die Anzahlungsrechnung zu berichtigen. Die Berichtigung kann unterbleiben, wenn der leistende Unternehmer in seiner Schlussrechnung die USt für das gesamte Entgelt anfordert; die Anrechnung der Anzahlung erfolgt mit dem Nettoentgelt.

[25] (Zweite) überarbeitete Fassung, die für alle Fälle seit dem 1.10.2014 zur Anwendung kommt, BMF, Schreiben v. 1.10.2014, BStBl I 2014, 1322.

[26] Abschn. 13b.3 Abs. 8 UStAE.

[27] Ein Generalunternehmer errichtet Gebäude auf fremden Grundstücken und führt gegenüber seinem Auftraggeber eine Werklieferung nach § 3 Abs. 4 UStG aus.

[28] BMF, Schreiben v. 26.9.2014, BStBl I 2014, 1297.

	Leistungsempfänger ist zum Zeitpunkt der Leistung Steuerschuldner	Leistender Unternehmer ist zum Zeitpunkt der Leistung Steuerschuldner
		Ist der Leistungsempfänger zum vollen Vorsteuerabzug berechtigt, wird es nicht beanstandet (Nichtbeanstandungsregelung), wenn in der Schlussrechnung nur das um das vor dem 1.10.2014 vereinnahmte Entgelt geminderte Entgelt zugrunde gelegt wird.
Berichtigung einer vor dem 1.10.2014 erstellten Rechnung über Anzahlungen, wenn die Zahlung nach dem 30.9.2014 erfolgt	Der Leistungsempfänger ist mit Zahlungszufluss Steuerschuldner für die ihm gegenüber ausgeführte Leistung; soweit in der Anzahlungsrechnung USt ausgewiesen wurde, ist diese zu berichtigen.	Der leistende Unternehmer ist mit Zahlungszufluss Steuerschuldner für die von ihm ausgeführte Leistung; soweit in der Anzahlungsrechnung keine USt ausgewiesen wurde, ist diese zu berichtigen[29].
Abrechnung nach dem 30.9.2014 über Leistungen, die vor dem 1.10.2014 erbracht worden sind	Der Leistungsempfänger bleibt Steuerschuldner; die Rechnung ist ohne USt und mit dem Hinweis auf den Übergang der Steuerschuldnerschaft auszustellen.	Der leistende Unternehmer bleibt Steuerschuldner; die Rechnung ist mit gesondert ausgewiesener USt auszustellen.
Berichtigung nach dem 30.9.2014 einer vor dem 1.10.2014 erstellten und bezahlten Rechnung über Anzahlungen	Wurde die Anzahlungsrechnung vorher nicht berichtigt, erfolgt eine Berichtigung nur insoweit, als der überzahlte Betrag zurückgezahlt wurde. Der Leistungsempfänger wird bei Anwendung der Nichtbeanstandungsregelung nur insoweit zum Steuerschuldner, wie ein weiteres Entgelt vereinnahmt wird.	Wurde in der Schlussrechnung nur das um das vor dem 1.10.2014 vereinnahmte Entgelt geminderte Entgelt zugrunde gelegt wird, ist die Rechnung nur insoweit zu berichtigen, als der überzahlte Betrag zurückgezahlt wurde. Der leistende Unternehmer wird bei Anwendung der Nichtbeanstandungsregelung nur insoweit zum Steuerschuldner, wie ein weiteres Entgelt vereinnahmt wird.

2.4.3 Die Pflichten der Beteiligten

Der **Unternehmer, der Bauleistungen erbringt,** hat die folgenden Verpflichtungen (ab dem 1.10.2014):

- Überprüfung der Eigenschaft des Leistungsempfängers anhand der Bescheinigung USt 1 TG. Kann der Nachweis nicht über diese Bescheinigung geführt werden, sollte der leistende Unternehmer keine Rechnung ohne gesondert ausgewiesene Umsatzsteuer ausstellen. Da danach nicht nachgewiesen werden kann, dass der Leistungsempfänger ein bauleistender Unternehmer ist, würde der leistende Unternehmer die Umsatzsteuer schulden.

---

[29] Das bisherige Nettoentgelt ist als Bruttoentgelt anzusehen.

- Ausstellung einer Rechnung ohne Umsatzsteuer in der auf den Übergang der Steuerschuld hingewiesen wird (mit den Worten „Steuerschuldnerschaft des Leistungsempfängers"), wenn die Tatbestandsvoraussetzungen des § 13b Abs. 2 Nr. 4 UStG vorliegen.
- Beachtung der Aufzeichnungspflichten nach § 22 Abs. 2 Nr. 8 UStG.

Der **Leistungsempfänger** hat dementsprechend die folgenden Verpflichtungen:

- Feststellung, ob er als Unternehmer anzusehen ist, der Bauleistungen erbringt, liegen diese Voraussetzungen vor, muss unbedingt die Bescheinigung USt 1 TG beantragt werden.
- Mitteilung an den leistenden Unternehmer, wenn er Unternehmer ist, der als bauleistender Unternehmer anzusehen ist – Überlassung einer Kopie der Bescheinigung USt 1 TG.
- Prüfung der Eingangsrechnungen auf Nettoausweis und Berechnung der von ihm geschuldeten Umsatzsteuer. Die Umsatzsteuer ist in der Voranmeldung anzugeben; soweit eine Vorsteuerabzugsberechtigung besteht, kann die geschuldete Umsatzsteuer als Vorsteuer abgezogen werden; § 15 Abs. 1 Satz 1 Nr. 4 UStG.
- Beachtung der Aufzeichnungspflichten nach § 22 Abs. 2 Nr. 8 UStG.

Wichtig! Der Leistungsempfänger wird nicht nur (und erst dann) zum Steuerschuldner für eine ihm gegenüber ausgeführte Bauleistung, wenn er die Bescheinigung USt 1 TG vorweisen kann. Die Übertragung der Steuerschuldnerschaft findet auch dann statt, wenn der Leistungsempfänger zwar nachhaltig Bauleistungen ausführt, aber ohne diese Bescheinigung auftritt. Da der leistende Unternehmer in diesem Fall eine Rechnung mit gesondert ausgewiesener Umsatzsteuer ausstellen wird, hat der Leistungsempfänger das wirtschaftliche Risiko, da er dennoch die Umsatzsteuer nach § 13b UStG schuldet, die gesondert ausgewiesene Umsatzsteuer aber als unrichtig ausgewiesene Steuer nicht als Vorsteuer abziehen kann[30].

2.5 Lieferung von Gas, Elektrizität oder Fernwärme und Fernkälte durch ausländischen Unternehmer; ab 2013 auch durch inländische Unternehmer

Wird Gas über ein Leistungsnetz, Elektrizität oder (seit dem 1.1.2011) auch Fernwärme oder Fernkälte über ein entsprechendes Fernleitungsnetz geliefert, bestimmt sich der Ort der Lieferung nach den Vorschriften des § 3g UStG. Bezieht der Leistungsempfänger diese Gegenstände für Zwecke des Weiterverkaufs („**Energiehändler**"), ist der Ort der Lieferung dort, wo der Leistungsempfänger sein Unternehmen betreibt, § 3g Abs. 1 UStG. Bezieht der Leistungsempfänger die Gegenstände für den eigenen Verbrauch, ist der Ort der Lieferung dort, wo der Verbrauch stattfindet, § 3g Abs. 2 UStG.

Bezieht ein Unternehmer als Leistungsempfänger **von einem ausländischen Unternehmer** solche Gegenstände und ist der Ort der Lieferung nach § 3g UStG im Inland, wird der Leistungsempfänger zum Schuldner für die Umsatzsteuer, § 13b Abs. 2 Nr. 5 Buchst. a UStG.

Beispiel 9: Gasversorger G mit Sitz in Leipzig bezieht von einem russischen Erdgaslieferanten über das Erdgasleitungsnetz Erdgas.
Lösung: Der Ort der Lieferung ist nach § 3g Abs. 1 UStG in Leipzig (am Sitz des Leistungsempfängers). Damit führt der russische Lieferant in Deutschland eine steuerbare und steuerpflichtige Lieferung aus. Steuerschuldner für die ausgeführte Lieferung ist aber G aus Leipzig (§ 13b Abs. 2 Nr. 5 Buchst. a i.V.m. Abs. 5 Satz 1 UStG).

Mit Wirkung zum 1.9.2013 ist der Übergang der Steuerschuldnerschaft auf den Leistungsempfänger erweitert worden auf die entsprechenden **Lieferungen von Gas über das Erdgasnetz und von Elektrizität durch einen im Inland ansässigen Unternehmer** an einen anderen Unternehmer, der selbst derartige Leistungen erbringt, § 13b Abs. 2 Nr. 5 Buchst. b UStG. Die Finanzverwaltung[31] hatte hier aber noch eine Nichtbeanstandungsregelung bis zum 31.12.2013 gewährt.

---

30 § 14c Abs. 1 UStG, vgl. Stichwort unrichtiger Steuerausweis.

31 BMF, Schreiben v. 19.9.2013, BStBl I 2013, 1212.

Achtung! Unverändert bleibt die Übertragung der Steuerschuldnerschaft auf den Leistungsempfänger, wenn der Lieferer von Elektrizität, Gas oder Fernwärme und Fernkälte ein ausländischer Unternehmer ist und der Leistungsempfänger ein Unternehmer ist.

Ist bei der Lieferung von Gas oder Elektrizität der leistende Unternehmer ein Inländer, geht die Steuerschuldnerschaft noch nicht automatisch auf den Leistungsempfänger über. Bei der **Lieferung von Gas** muss der Leistungsempfänger ein Unternehmer sein, der selbst Gas liefert. Dies sind Unternehmer, die Wiederverkäufer von Gas nach § 3g Abs. 1 UStG sind – damit muss deren Hauptleistung auf den Erwerb und die Lieferung von Gas ausgerichtet und deren eigener Verbrauch darf nur von untergeordneter Bedeutung sein.

Bei der **Lieferung von Elektrizität** müssen beide Vertragsparteien Wiederverkäufer sein; auch in diesem Fall muss bei beiden Vertragsparteien die Hauptleistung in dem Erwerb und der Lieferung von Elektrizität bestehen und der eigene Verbrauch darf nur von untergeordneter Bedeutung sein.

Wichtig! Damit unterliegen die Erzeuger regenerativer Energien (Betreiber von Windkraftanlagen oder Betreiber von Photovoltaikanlagen) nicht der Übertragung der Steuerschuldnerschaft auf den Leistungsempfänger.

Tipp! Erfüllt bei einer Organschaft nur einer der Teile des einheitlichen Unternehmens die Voraussetzungen als Wiederverkäufer i.S.d. Regelung, greift die Übertragung der Steuerschuldnerschaft nur insoweit, wie dieser Unternehmensteil an dem Geschäft beteiligt ist.

Von einer **Lieferung von Energie** ist (auch) auszugehen, bei:

- Der Lieferung von Elektrizität aus dezentralen Stromgewinnungsanlagen durch Verteilernetzbetreiber und Übertragungsnetzbetreiber zum Zweck der Vermarktung an der Strombörse EEX,
- der Energiebeschaffung zur Deckung von Netzverlusten,
- dem horizontalen Belastungsausgleich der Übertragungsnetzbetreiber (physikalischer Ausgleich der Elektrizitätsmengen zwischen den einzelnen Regelzonen im Übertragungsnetz),
- der Abrechnung von Mehr- oder Mindermengen Strom zwischen einem Verteilnetzbetreiber und dem Lieferanten bzw. Kunden sowie
- der Regelenergielieferung (positiver Preis).

Keine Lieferung von Elektrizität liegt vor bei:

- Dem Bilanzkreis- und Regelzonenausgleich sowie der Bilanzkreisabrechnung,
- der Netznutzung in Form der Bereithaltung und Vorhaltung des Netzes bzw. des Netzzugangs durch den Netzbetreiber (Verteilernetzbetreiber bzw. Übertragungsnetzbetreiber) gegenüber seinen Netzkunden,
- der Regelleistung (Bereitstellung von Regelleistungskapazität zur Aufrechterhaltung der Systemstabilität des Stromnetzes) sowie
- der Regelenergielieferung, soweit sich ein negativer Preis ergibt. In diesem Fall liegt eine Dienstleistung desjenigen vor, der gegen Entgelt Strom aus dem Netz entnimmt.

Die korrekte Anwendung des Reverse-Charge-Verfahrens setzt aber voraus, dass die Vertragsparteien jeweils Kenntnis von der Stellung des anderen haben. Die Finanzverwaltung hat deshalb ein **Formular (USt 1 TH)**[32] vorgestellt, das dem jeweiligen Unternehmer die „Wiederverkäufereigenschaft" bestätigt. Wird unter den weiteren Voraussetzungen von den Vertragsparteien dieses Formular verwendet, kann davon ausgegangen werden, dass der Leistungsempfänger zum Steuerschuldner nach § 13b UStG wird.

---

32 BMF, Schreiben v. 19.9.2013, BStBl I 2013, 1217, überarbeitet durch BMF, Schreiben v. 17.6.2015.

2.6 Übertragung von Treibhausgasemissionsrechten

Neu in dem Katalog der dem Reverse-Charge-Verfahren unterliegenden Leistungen ist seit dem 1.7.2010 die in § 13b Abs. 2 Nr. 6 UStG aufgenommene **Übertragung von Treibhausgasemissionsrechten**. Werden Berechtigungen nach § 3 Nr. 3 TEHG[33], Emissionsreduktionseinheiten nach § 2 Nr. 20 PMG[34] oder zertifizierte Emissionsreduktionen nach § 2 Nr. 21 PMG übertragen, wird der Leistungsempfänger zum Steuerschuldner, wenn es sich um eine in Deutschland steuerpflichtige Leistung handelt. Der Gesetzgeber hat mit dieser Regelung auf den bekannt gewordenen Karussellbetrug[35] reagiert und setzt ein Wahlrecht des neu eingeführten Art. 199a MwStSystRL um[36].

2.7 Lieferung bestimmter Reststoffe

In einer **Anlage 3 zum UStG** werden abschließend **bestimmte Reststoffe** (Schlacke, Abfälle, Schrott von: Kunststoffen, Glas, Edelmetallen, Akkus und Batterien etc.) aufgeführt. Werden diese Reststoffe an einen Unternehmer geliefert, geht die Steuerschuld auf den Leistungsempfänger über, § 13b Abs. 2 Nr. 7 i.V.m. § 13b Abs. 5 Satz 1 UStG.

Achtung! Die Regelung gilt für alle Umsätze, die nach dem 31.12.2010 ausgeführt worden sind.

Von besonderer Bedeutung ist die Abgrenzung der unter das Reverse-Charge-Verfahren fallenden **Lieferungen von Industrieschrott, Altmetallen und sonstigen Abfallstoffen**[37]. Hier kommt es auf die jeweilige Abgrenzung in Abhängigkeit der einzelnen Zolltarifnummern an.

Tipp! Unternehmer, die mit Altstoffen handeln, müssen genau diese Abgrenzungen beachten, die teilweise sehr detaillierte technische Abgrenzungen enthalten.

Neben den direkt in der Anlage 3 genannten Gegenständen können auch andere, **aus solchen Stoffen bestehende Gegenstände** unter das Reverse-Charge-Verfahren fallen. Dabei sind insbesondere zu nennen:

- Unter die Nummer 4 der Anlage 3 zum UStG gehören u.a. auch Styropor sowie gebrauchte (leere) **Tonerkartuschen** und Tintenpatronen.
- Unter die Nummer 5 der Anlage 3 zum UStG gehören auch zum **Runderneuern ungeeignete gebrauchte Reifen** sowie Granulate daraus. Nicht unter das Reverse-Charge-Verfahren fallen jedoch zum Runderneuern geeignete gebrauchte Reifen.
- Unter die Nummer 7 der Anlage 3 zum UStG, die **Abfälle und Schrott von Edelmetallen** oder Edelmetallplattierungen umfasst, gehören auch durch Zerbrechen, Zerschlagen oder Abnutzung für ihren ursprünglichen Verwendungszweck unbrauchbar gewordene alte Waren (Tischgeräte, Gold- und Silberschmiedewaren, Katalysatoren in Form von Metallgeweben usw.); ausgenommen sind aber Waren, die – mit oder ohne Reparatur oder Aufarbeiten – für ihren ursprünglichen Zweck brauchbar sind oder – ohne Anwendung eines Verfahrens zum Wiedergewinnen des Edelmetalls – zu anderen Zwecken gebraucht werden können.

---

33 Treibhausgas-Emissionshandelsgesetz.

34 Projekt-Mechanismen-Gesetz.

35 So erfolgte im April 2010 eine groß angelegte Razzia bei diversen Unternehmen in der Bundesrepublik Deutschland wegen des Vorwurfs des Karussellbetrugs beim Handel mit solchen Emissionszertifikaten. Dabei soll es – für den Ermittlungszeitraum Frühjahr 2009 bis April 2010 – in diesem Fall um einen hinterzogenen Betrag von bis zu 180 Mio. € gehen.

36 Art. 199a MwStSystRL ist durch Richtlinie 2010/23/EU v. 16.3.2010, ABl. EU 2010, L 72, 1 eingeführt worden und ist (vorerst) bis 31.12.2018 befristet.

37 Vgl. dazu auch Abschn. 13b.4 UStAE.

Tipp! Bestehen beim leistenden Unternehmer oder beim Leistungsempfänger Zweifel, ob die gelieferten Gegenstände unter das Reverse-Charge-Verfahren fallen, kann bei dem Bildungs- und Wissenschaftszentrum der Bundesfinanzverwaltung eine **unverbindliche Zolltarifauskunft für Umsatzsteuerzwecke (uvZTA)** eingeholt werden[38].

Werden von einem Unternehmer sowohl Gegenstände geliefert, die unter § 13b Abs. 2 Nr. 7 UStG fallen als auch andere Gegenstände geliefert, die nicht unter die Übertragung der Steuerschuldnerschaft auf den Leistungsempfänger fallen, muss eine entsprechende Abgrenzung vorgenommen werden, Abschn. 13b.4 Abs. 2 UStAE. Dabei ist auf eine korrekte Ausstellung der Rechnung zu achten. Nur für die gelieferten Gegenstände, die nicht unter § 13b UStG fallen, darf der leistende Unternehmer eine Umsatzsteuer in seiner Rechnung gesondert ausweisen.

Wichtig! Die Regelungen gelten nicht nur in den Fällen, in denen der leistende Unternehmer den Gegenstand gegen eine Geldzahlung ausführt, auch bei einem Tausch oder einem tauschähnlichen Umsatz müssen der leistende Unternehmer und der Leistungsempfänger auf die Anwendung des Reverse-Charge-Verfahrens achten. Dies liegt insbesondere dann vor, wenn ein Unternehmer im Auftrag eines anderen Unternehmers zur Verfügung gestellte Stoffe be- oder verarbeitet und die werthaltigen Abfallstoffe unter Anrechnung auf den Werklohn behalten darf.

Liefert ein Unternehmer **Mischungen oder Warenzusammensetzungen**, die sowohl unter § 13b Abs. 2 Nr. 7 UStG fallende Reststoffe enthalten, in denen aber auch nicht unter diese Norm fallende Reststoffe enthalten sind, muss grundsätzlich eine unterschiedliche Betrachtung der Reststoffe vorgenommen werden. Soweit eine getrennte Beurteilung nicht möglich ist, unterliegt die gesamte Lieferung dem Reverse-Charge-Verfahren, wenn die unter § 13b Abs. 2 Nr. 7 und Anlage 3 zum UStG fallenden Stoffe der gelieferten Sache ihren wesentlichen Charakter verleihen.

Wichtig! Auch Maschinen, Elektro- und Elektronikgeräte und Heizkessel fallen unter § 13b Abs. 2 Nr. 7 UStG, wenn sie durch Bruch, Verschleiß oder aus ähnlichen Gründen nicht mehr gebrauchsfähig sind. Eine Ausnahme besteht lediglich bei landwirtschaftlich genutzten Geräten, soweit diese unter die Durchschnittssatzbesteuerung nach § 24 UStG fallen, hier ist § 13b UStG nicht anzuwenden.

2.8 Gebäudereinigungsleistungen

Seit dem 1.1.2011 fallen auch die **Gebäudereinigungsleistungen** unter das Steuerschuldnerverfahren, wenn diese Leistungen an einen Unternehmer ausgeführt werden, der selbst solche Arten von Leistungen ausführt, § 13b Abs. 2 Nr. 8 i.V.m. Abs. 5 Satz 5 UStG.

Wichtig! Gebäudereinigungsleistungen setzen voraus, dass es sich um ein „Gebäude“ handelt. Dazu gehören Baulichkeiten, die auf Dauer fest mit dem Grundstück verbunden sind. Nicht dazugehören Baulichkeiten, die nur zu einem vorübergehenden Zweck mit dem Grund und Boden verbunden und daher keine Bestandteile des Grundstücks sind (z.B. Büro- und Wohncontainer, Baubuden, Tribünen oder ähnliche Einrichtungen).

Darüber hinaus muss es sich bei der ausgeführten Leistung um eine „**Gebäudereinigungsleistung**“ handeln. Die Finanzverwaltung gibt in Abschn. 13b.5 Abs. 2 und Abs. 3 UStAE diverse Beispiele für Reinigungsleistungen und Leistungen, die nicht in den Anwendungsbereich der Regelung fallen, vor:

---

38 Ein entsprechendes Formular kann im Internet unter http://www.zoll.de unter der Rubrik Vorschriften und Vordrucke – Formularcenter herunter geladen werden.

Abgrenzung der Reinigungsleistungen nach § 13b Abs. 2 Nr. 8 UStG	
Gebäudereinigungsleistungen sind	**Keine Gebäudereinigungsleistungen sind**
Reinigung und pflegende und schützende Behandlung von Gebäuden und Gebäudeteilen	Schornsteinreinigung
Hausfassadenreinigung und Graffitientfernung	Schädlingsbekämpfung
Fensterreinigung	Winterdienst, soweit eigenständige Leistung
Dachrinnenreinigung, Reinigung von Fallrohren	Reinigung von Inventar (Möbel, Teppiche, Gardinen, Geschirr etc.), soweit es sich um eigenständige Leistungen handelt
Bauendreinigung	Arbeitnehmerüberlassung, auch wenn die Arbeitnehmer für den Leistungsempfänger Gebäudereinigungen ausführen
Reinigung von haustechnischen Anlagen	
Hausmeisterdienste und Objektbetreuung, soweit auch Gebäudereinigungsleistungen enthalten sind	

Nicht gesetzlich geregelt war bis zum 30.9.2014, unter welchen Voraussetzungen der Leistungsempfänger ein Unternehmer ist, der selbst Gebäudereinigungsleistungen ausführt. Die Finanzverwaltung hatte zur Definition des „Gebäudereinigers" als Leistungsempfänger grundsätzlich dieselbe Definition verwendet, die auch für die vergleichbare Regelung bei Bauleistungen in § 13b Abs. 2 Satz 1 Nr. 4 i.V.m. Abs. 5 Satz 5 UStG a.F. verwendet wurde. Danach war ein Unternehmer, der nachhaltig Gebäudereinigungsleistungen ausführt ein Unternehmer, der im **vorangegangenen Kalenderjahr mehr als 10 % seiner Leistungen** (weltweit) im Bereich der Gebäudereinigung ausführte. Im Zusammenhang mit der Änderung bei den Bauleistungen wurde die 10 %-Grenze von der Verwaltung auch bei den Gebäudereinigungsleistungen aufgehoben; es kam nur noch darauf an, ob der leistende Unternehmer eine Gebäudereinigungsleistung ausführt, die bei dem **Leistungsempfänger unmittelbar in eine Gebäudereinigungsleistung eingeht**. In welchem Umfang der Leistungsempfänger selbst Gebäudereinigungsleistungen am Markt ausführt, war in der Zeit vom 15.2.2014 bis 30.9.2014 unbeachtlich.

Beispiel 10: Gebäudereiniger G beauftragt den Subunternehmer S mit der Reinigung des eigenen Verwaltungsgebäudes des G sowie mit der Reinigung eines Fremdgebäudes.
Lösung: S führt gegenüber G Gebäudereinigungsleistungen aus. Da die Reinigungsleistung in dem Verwaltungsgebäude des G nicht unmittelbar in eine Gebäudereinigungsleistung einging, wurde G für diese ihm gegenüber ausgeführte Reinigungsleistung in der Zeit vom 15.2.2014 bis 30.9.2014 nicht zum Steuerschuldner, seit dem 1.10.2014 wird G wieder zum Steuerschuldner auch für diese Gebäudereinigungsleistung. Für die Reinigung des Fremdgebäudes wird G unabhängig des Zeitpunkts der Ausführung der Leistung zum Steuerschuldner, da diese Reinigungsleistung unmittelbar in eine Gebäudereinigungsleistung eingeht (wichtig für die Leistungen vom 15.2.2014 bis 30.9.2015) und G als Gebäudereiniger tätig ist.

Wichtig! Nachdem der Gesetzgeber auch hier wieder den alten Rechtszustand hergestellt hat, hat die Finanzverwaltung erneut den UStAE geändert und in Abschn. 13b.5 Abs. 4 UStAE klargestellt, dass der Leistungsempfänger zum Steuerschuldner für eine ihm gegenüber ausgeführte Gebäudereinigungsleistung wird, wenn er selbst nachhaltig solche Leistungen ausführt, unabhängig davon, ob er die Leistung für eine Gebäudereinigungsleistung verwendet.

Ob der Leistungsempfänger als Gebäudereiniger anzusehen ist, bestimmt sich – wie bei den Bauleistungen – danach, ob der Unternehmer im vorangegangenen Kalenderjahr mindestens 10 % seiner weltweit ausgeführten Umsätze als Gebäudereinigungsleistungen ausgeführt hat.

Es ist bei der Ausführung von Gebäudereinigungsleistungen davon auszugehen, dass der Leistungsempfänger als Gebäudereiniger anzusehen ist, wenn der Leistungsempfänger für diesen Auftrag einen gültigen **Nachweis gemäß dem Vordruck USt 1 TG** vorlegt[39]. Dies gilt allerdings nicht, wenn es sich um einen gefälschten Nachweis handelt oder wenn der leistende Unternehmer Kenntnis davon hat, dass die Gebäudereinigungsleistung nicht unmittelbar in eine Reinigungsleistung eingeht[40].

Wichtig! Die Bescheinigung zum Nachweis der Eigenschaft als Gebäudereiniger ist individuell befristet und soll längstens für einen Zeitraum von drei Jahren ausgestellt werden. Der leistende Unternehmer muss somit bei Ausführung jeder Leistung (auch bei Dauerschuldleistungen) überprüfen, ob ihm noch eine gültige Bescheinigung vorliegt. Die Bescheinigung kann nicht für die Vergangenheit widerrufen werden.

2.9 Lieferung bestimmter Goldprodukte

In § 13b Abs. 2 Nr. 9 UStG ist – für alle nach dem 31.12.2010 ausgeführten Umsätze – die Übertragung der Steuerschuldnerschaft auf den Leistungsempfänger für die **Lieferung von Gold oder Goldlegierungen in Rohform oder als Halbzeug** geregelt, soweit ein Feingehalt von mindestens 325/1.000 vorhanden ist, sowie von Goldplattierungen mit vergleichbaren Voraussetzungen. Werden solche Produkte geliefert, schuldet nicht der liefernde Unternehmer die Umsatzsteuer, sondern der Leistungsempfänger, sofern er Unternehmer ist.

Tipp! Goldplattierungen sind Waren, bei denen auf einer Metallunterlage auf einer oder mehrerer Seiten Gold in beliebiger Dicke aufgebracht ist.

Auch die **Lieferung von Anlagegold** – soweit durch Option nach § 25c Abs. 3 Satz 2 UStG steuerpflichtig – fällt unter die Anwendung des Reverse-Charge-Verfahrens.

Wichtig! Nicht unter die Anwendung des Steuerschuldnerverfahrens fällt die Lieferung von verarbeiteten Goldprodukten (z.B. Schmuck) – hier bleibt es in allen Fällen bei der Steuerschuldnerschaft des leistenden Unternehmers.

Unter die Anwendung kann neben der Lieferung von Anlagegold und Gold in Rohform (z.B. gegenüber Juwelieren) auch die **Lieferung von Goldlegierungen an Zahnärzte/Zahntechniker** (soweit der Goldfeingehalt mindestens 325/1.000 beträgt) oder Blattgold an Restauratoren/Künstler fallen.

2.10 Lieferung von Mobilfunkgeräten oder Halbleitern sowie von Tablet-Computern und Spielekonsolen

Achtung! Die Regelung ist zum 1.10.2014 um die Lieferung von Tablet-Computern und Spielkonsolen erweitert worden. Die Finanzverwaltung beanstandete es aber nicht, wenn bis 31.12.2014 noch von der Steuerschuld des leistenden Unternehmers ausgegangen wurde.

Zum 1.7.2011[41] war die Erweiterung des Anwendungsbereichs des Reverse-Charge-Verfahrens auf die **Lieferung von Mobilfunkgeräten und integrierte Halbleiter vor Einbau** eingeführt worden und mit

---

39 Gemäß BMF, Schreiben v. 10.12.2013, BStBl I 2013, 1621, überarbeitet durch BMF, Schreiben v. 1.10.2014, BStBl I 2014, 1322.

40 Abschn. 13b.5 Abs. 4 UStAE.

41 Durch das 6. Gesetz zur Änderung von Verbrauchsteuergesetzen.

Wirkung zum 1.10.2014 noch um die Lieferung von Tablet-Computer und Spielekonsolen erweitert worden.

Achtung! Die Regelung gilt sowohl bei der Lieferung durch einen inländischen wie auch durch einen ausländischen Unternehmer, soweit die Lieferung in Deutschland steuerbar und steuerpflichtig ist.

Damit wird für diese Lieferungen, deren **Entgelt im Rahmen eines wirtschaftlichen Vorgangs mindestens 5.000 €** betragen hat, der Leistungsempfänger der Steuerschuldner, wenn es sich um:

- **Mobilfunkgeräte** (Geräte, die zum Gebrauch mittels eines zugelassenen Netzes und auf bestimmten Frequenzen hergestellt oder hergerichtet wurden unabhängig von etwaigen weiteren Nutzungsmöglichkeiten),
- **integrierte Schaltkreise** (wie Mikroprozessoren und Zentraleinheiten für die Datenverarbeitung) vor Einbau in Endgeräte,
- **Tablet-Computer**[42] oder
- **Spielekonsolen**[43]

handelt.

Um zur Übertragung der Steuerschuldnerschaft auf den Leistungsempfänger zu kommen, muss erst einmal geprüft werden, ob es sich überhaupt um Gegenstände der in § 13b Abs. 2 Nr. 10 UStG aufgeführten Art handelt:

- **Mobilfunkgeräte** sind Geräte, über die Telekommunikationsleistungen in Form von Sprachübertragungen über drahtlose Mobilfunk-Netzwerke in Anspruch genommen werden können. Geräte, die keine akustischen Signale übertragen können, fallen nicht unter die Anwendung des § 13b Abs. 2 Nr. 10 UStG (z.B. Navigationsgeräte, mp3-Player, Spielekonsolen oder On-Board-Units). Auch CB-Funkgeräte sowie Walkie-Talkies fallen nicht unter die Anwendung des § 13b Abs. 2 Nr. 10 UStG.
- **Ein integrierter Schaltkreis** ist eine auf einem einzelnen (Halbleiter-)Substrat untergebrachte elektronische Schaltung (Chip). Dazu gehören insbesondere Mikroprozessoren und CPUs[44]. Diese Teile fallen unter das Reverse-Charge-Verfahren, wenn sie noch nicht in einen zur Lieferung auf der Einzelhandelsstufe geeigneten Gegenstand eingebaut wurden. Auch wenn sie elektronische Komponenten enthalten, fallen Antennen, elektronische Filter, Kondensatoren oder Sensoren nicht unter den Anwendungsbereich des § 13b Abs. 2 Nr. 10 UStG.
- **Tablet-Computer**[45] sind tragbare, flache Computer in besonders leichter Ausführung, die vollständig in einem Touchscreen-Gehäuse untergebracht sind und mit den Fingern oder einem Stift bedient werden können.
- **Spielekonsolen** sind Computer oder computerähnliche Geräte, die in erster Linie für Videospiele entwickelt werden. Neben dem Spielen können sie weitere Funktionen anbieten, z.B. Wiedergabe von Audio-CDs, Video-DVDs und Blue-ray Discs.

Besonderheiten bestehen bei den integrierten Schaltkreisen: Ist ein **integrierter Schaltkreis** in einen anderen Gegenstand **eingebaut oder verbaut** worden, handelt es sich bei dem dann gelieferten Gegenstand nicht mehr um ein Wirtschaftsgut, das unter § 13b Abs. 2 Nr. 10 UStG fällt. Es kommt dann nicht mehr darauf an, ob es sich um ein Endprodukt handelt und auf der Einzelhandelsstufe gehandelt werden kann. Als **verbaute integrierte Schaltkreise** – und damit nicht unter die Anwendung des § 13b UStG fallend – sind insbesondere die folgenden Produkte anzusehen:

- Platinen, die mit integrierten Schaltkreisen und ggf. mit verschiedenen anderen Bauelementen bestückt sind;
- Bauteile, in denen mehrere integrierte Schaltkreise zusammengefasst sind;

---

[42] Seit dem 1.10.2014 mit Übergangsfrist bis zum 31.12.2014.

[43] Seit dem 1.10.2014 mit Übergangsfrist bis zum 31.12.2014.

[44] Central Processing Unit – Hauptprozessor einer elektronischen Rechenanlage.

[45] Aus Unterposition 8471 30 00 des Zolltarifs.

- zusammengesetzte elektronische Schaltungen;
- Platinen, in die integrierte Schaltkreise integriert sind (Chips on board);
- Speicherkarten mit integrierten Schaltungen (Smart Cards);
- Grafikkarten, Flashspeicherkarten, Schnittstellenkarten, Soundkarten sowie Memory-Sticks.

Tipp! Ein Gegenstand ist für die Lieferung auf der Einzelhandelsstufe insbesondere dann geeignet, wenn er ohne eine weitere Be- oder Verarbeitung an einen Endverbraucher geliefert werden kann. So unterliegt die Lieferung von Computern nicht der Besteuerung nach § 13b UStG, obwohl in diesen Computern integrierte Schaltkreise eingebaut sind.

Voraussetzung für die Übertragung der Steuerschuldnerschaft auf den Leistungsempfänger – der Unternehmer sein muss – ist, dass die Summe der für die steuerpflichtigen Lieferungen dieser Gegenstände in Rechnung zu stellenden **Bemessungsgrundlagen mindestens 5.000 €** beträgt.

Wichtig! Bei der Prüfung der Grenze von mindestens 5.000 € muss auf alle im Rahmen eines zusammenhängenden wirtschaftlichen Vorgangs gelieferten Gegenstände abgestellt werden. Die Aufteilung einer einheitlichen Bestellung in mehrere Teillieferungen mit Teilrechnungen führt nicht zu einem anderen Ergebnis. Auch Anzahlungen für eine später auszuführende Lieferung führen unabhängig der Höhe der Anzahlung schon zur Übertragung der Steuerschuldnerschaft auf den Leistungsempfänger, wenn das Gesamtentgelt mindestens 5.000 € betragen soll.

Wichtig! Ausdrücklich ist gesetzlich klargestellt, dass eine spätere Verringerung der Bemessungsgrundlage (z.B. durch Skonto oder Rabatte) nicht zu einer rückwirkenden Veränderung der Zuordnung der Steuerschuldnerschaft führt.

Ein einheitlicher wirtschaftlicher Vorgang liegt insbesondere immer dann vor, wenn die Lieferungen im Rahmen eines **einheitlichen Erfüllungsgeschäfts** ausgeführt werden, selbst wenn mehrere Aufträge vorliegen oder mehrere Rechnungen ausgestellt werden. **Keine Lieferungen im Rahmen eines einheitlichen Vorgangs** sind aber in den folgenden Fällen gegeben:

- Lieferungen aus einem **Konsignationslager**, bei dem der Erwerber aus einem bei ihm unterhaltenen Lager des Lieferers Gegenstände jederzeit in beliebiger Menge entnehmen kann.
- Lieferungen aufgrund eines **Rahmenvertrags**, in dem lediglich die Lieferkonditionen und Preise, nicht aber die Menge der zu liefernden Wirtschaftsgüter geregelt sind.
- Lieferungen im Rahmen **dauerhafter Geschäftsbeziehungen**, bei denen die Lieferungen voneinander unabhängige Erfüllungsgeschäfte sind.

Beispiel 11: Großhändler H liefert an den Einzelhändler 35 Handys für einen Nettopreis von 5.050 €. Der Einzelhändler zieht bei der Zahlung 2 % Skonto ab.

Lösung: Bei der Lieferung der Handys handelt es sich um eine im Inland steuerbare und steuerpflichtige Lieferung. Da das Entgelt mit mindestens 5.000 € vereinbart war, kommt es nach § 13b Abs. 2 Nr. 10 i.V.m. § 13b Abs. 5 Satz 1 UStG zur Übertragung der Steuerschuld auf den Leistungsempfänger, da eine Lieferung von Mobilfunkgeräten vorliegt. Dass der Einzelhändler tatsächlich weniger als 5.000 € durch den Skontoabzug zahlt, ist unbeachtlich.

Da der Einzelhändler nach Abzug des Skontos an den Großhändler 4.949 € zahlt, entsteht bei ihm eine Umsatzsteuer (4.949 € × 19 % =) i.H.v. 940,31 €. Diese Umsatzsteuer muss er bei seinem Finanzamt anmelden, kann aber – da er zum Vorsteuerabzug berechtigter Unternehmer ist – in gleicher Höhe die Vorsteuer nach § 15 Abs. 1 Satz 1 Nr. 4 UStG abziehen.

2.11 Lieferung von Edelmetallen und unedlen Metallen

Zum 1.10.2014 waren durch das sog. „Kroatiengesetz“[46] die Vorschriften zur Übertragung der Steuerschuldnerschaft auf den Leistungsempfänger („Reverse-Charge-Verfahren“) u.a. auch auf die Lieferung von Edelmetallen und unedlen Metallen nach einer neuen Anlage 4 zum UStG erweitert worden. Da nach dieser Regelung auch Verarbeitungsprodukte und Lieferungen von Kleinmengen unter das Reverse-Charge-Verfahren gefallen wären, war die Regelung zum 1.1.2015 durch das „Zollkodexanpassungsgesetz“[47] durch folgende Maßnahmen angepasst worden:

- Einführung einer Mindestumsatzgrenze von 5.000 €. Erst wenn der Leistungsempfänger im Rahmen eines wirtschaftlichen Vorgangs mindestens 5.000 € aufwendet, kann die Steuerschuld auf ihn übergehen.
- Überarbeitung der Anlage 4 zum UStG; neben der Streichung von Gold und Selen wurden auch die Verarbeitungsprodukte weitestgehend aus der Anlage 4 zum UStG gestrichen.

In der **überarbeiteten Fassung der Anlage 4** zum UStG sind Edelmetalle und unedle Metalle aufgeführt (z.B. **Silber, Platin, Roheisen, Kupfer, Nickel, Aluminium, Blei, Zink, Zinn** etc.).

Achtung! Draht, Bänder, Folien, Bleche und andere flachgewalzte Erzeugnisse, Profile sowie Stangen (Stäbe) sind nicht mehr in der Anlage 4 zum UStG enthalten.

Die Finanzverwaltung[48] hat Abschn. 13b.7a UStAE an die seit dem 1.1.2015 geltende Rechtslage bei der Lieferung von Edelmetallen und unedlen Metallen angepasst. Da zum 1.1.2015 eine Mindestentgeltsgrenze von 5.000 € in § 13b Abs. 2 Nr. 11 UStG aufgenommen worden war, die vom Wortlaut her der schon in § 13b Abs. 2 Nr. 10 UStG enthaltenen Entgeltsgrenze bei der Lieferung von Mobilfunkgeräten, integrierten Schaltkreisen, Tablet-Computern sowie Spielekonsolen entspricht, verweist die Finanzverwaltung zur inhaltlichen Anwendung der neuen Entgeltsgrenze für Edelmetalle und unedle Metalle auf Abschn. 13b.7 Abs. 3 UStAE.

Bei der Prüfung der 5.000 €-Grenze muss auf alle im Rahmen eines zusammenhängenden wirtschaftlichen Vorgangs gelieferten Gegenstände abgestellt werden. Die Aufteilung einer einheitlichen Bestellung in mehrere Teillieferungen mit Teilrechnungen führt nicht zu einem anderen Ergebnis. Auch Anzahlungen für eine später auszuführende Lieferung führen unabhängig von der Höhe der Anzahlung schon zur Übertragung der Steuerschuldnerschaft auf den Leistungsempfänger, wenn das Gesamtentgelt mindestens 5.000 € betragen soll.

Hat das Entgelt mindestens 5.000 € betragen, ändert sich an der Anwendung des Reverse-Charge-Verfahrens nichts, wenn es später zu einer Entgeltsminderung kommt (z.B. Skontoabzug, Gewährung von Rabatten). Dies gilt auch, wenn es später zu einer Teilrückabwicklung kommt und dadurch das zu entrichtende Entgelt unter 5.000 € fällt.

Tipp! Ein einheitlicher wirtschaftlicher Vorgang liegt immer dann vor, wenn die Lieferungen im Rahmen eines einheitlichen Erfüllungsgeschäfts ausgeführt werden, selbst wenn mehrere Aufträge vorliegen oder mehrere Rechnungen ausgestellt werden.

3. Leistungsempfänger als Steuerschuldner

In § 13b Abs. 5 UStG ist geregelt, wer der Leistungsempfänger sein muss, damit das Steuerschuldnerverfahren auch tatsächlich Anwendung finden kann.

Ist der Leistungsempfänger ein **Unternehmer**, kommt es nicht darauf an, ob er steuerpflichtige Umsätze ausführt, ein Kleinunternehmer ist oder ob er die Leistung für sein Unternehmen erhält. Es ist

---

[46] Gesetz zur Anpassung des nationalen Steuerrechts an den Beitritt Kroatiens zur EU und zur Änderung weiterer steuerlicher Vorschriften – KroatienG – v. 25.7.2014, BGBl I 2014, 1266.

[47] Gesetz zur Anpassung der Abgabenordnung an den Zollkodex der Union und zur Änderung weiterer steuerlicher Vorschriften v. 22.12.2014, BGBl I 2014, 2417.

[48] BMF, Schreiben v. 13.3.2015, BStBl I 2015, 234.

allein entscheidend, ob er die Eigenschaft als Unternehmer i.S.d. § 2 UStG erfüllt. Auch **Kleinunternehmer** und Unternehmer, die ausschließlich Umsätze ausführen, die steuerfrei sind und keinen Vorsteuerabzug zulassen (z.B. Vermieter, die steuerfrei Mietwohnungen vermieten) werden zum Steuerschuldner, wenn ihnen gegenüber die genannten Leistungen ausgeführt werden.

Unter das Steuerschuldnerverfahren fallende Leistung	Leistungsempfänger muss sein
Werklieferung und sonstige Leistung eines im Ausland ansässigen Unternehmers, § 13b Abs. 1 und Abs. 2 Nr. 1 UStG	Unternehmer oder juristische Person
Lieferung sicherungsübereigneter Gegenstände durch den Sicherungsgeber an den Sicherungsnehmer außerhalb des Insolvenzverfahrens, § 13b Abs. 2 Nr. 2 UStG	Unternehmer oder juristische Person
Umsätze, die unter das Grunderwerbsteuergesetz fallen, § 13b Abs. 2 Nr. 3 UStG	Unternehmer oder juristische Person
Werklieferungen und sonstige Leistungen, die der Herstellung, Instandsetzung, Instandhaltung, Änderung oder Beseitigung von Bauwerken dienen (ohne Planungs- und Überwachungsleistungen), § 13b Abs. 2 Nr. 4 UStG	Unternehmer, der selbst Bauleistungen der genannten Art ausführt (die Eigenschaft muss mit dem Formular USt 1 TG nachgewiesen werden)
Lieferungen von Gas, Elektrizität, Fernwärme oder Fernkälte eines im Ausland ansässigen Unternehmers unter den in § 3g UStG genannten Bedingungen, § 13b Abs. 2 Nr. 5 Buchst. a UStG	Unternehmer
Lieferungen von Gas oder Elektrizität durch einen inländischen Unternehmer, § 13b Abs. 2 Nr. 5 Buchst. b UStG; bei der Lieferung von Elektrizität muss es sich um einen Wiederverkäufer (Händler) handeln	Unternehmer, der das Gas oder die Elektrizität nicht verbraucht, sondern als Wiederverkäufer (Händler) verwendet
Übertragung von Treibhausgasemissionen, § 13b Abs. 2 Nr. 6 UStG	Unternehmer
Lieferung der in der Anlage 3 zum UStG genannten Reststoffe, § 13b Abs. 2 Nr. 7 UStG	Unternehmer
Gebäudereinigungsleistungen, § 13b Abs. 2 Nr. 8 UStG	Unternehmer, der selbst solche Arten von Gebäudereinigungsleistungen ausführt (die Eigenschaft muss mit dem Formular USt 1 TG nachgewiesen werden)
Lieferungen von Gold in Rohform oder als Halbzeug mit mindestens 325/1.000 Goldfeingehalt, § 13b Abs. 2 Nr. 9 UStG	Unternehmer
Lieferungen von Mobilfunkgeräten, integrierten Schaltkreisen vor Einbau in Endgeräte, Tablet-Computern oder Spielekonsolen ab einem Gesamtentgelt von 5.000 €, § 13b Abs. 2 Nr. 10 UStG	Unternehmer

Unter das Steuerschuldnerverfahren fallende Leistung	Leistungsempfänger muss sein
Lieferungen von Edelmetallen und unedlen Metallen nach Anlage 4 zum UStG ab einem Gesamtentgelt von 5.000 €, § 13b Abs. 2 Nr. 11 UStG	Unternehmer

Achtung! Der Leistungsempfänger wird auch dann zum Steuerschuldner nach § 13b UStG, wenn er zwar Unternehmer ist, die Leistung aber nicht für sein Unternehmen bezieht, § 13b Abs. 5 Satz 6 UStG. Eine Ausnahme ist mit Wirkung zum 6.11.2015 in § 13b Abs. 5 Satz 10 UStG eingeführt worden: Juristische Personen des öffentlichen Rechts schulden für ihnen gegenüber ausgeführte Leistungen nach § 13b Abs. 2 Nr. 4, 5 Buchst. b und Nummer 7 bis 11 UStG keine Umsatzsteuer, wenn die Leistung für den nichtunternehmerischen Bereich bezogen wird.

Beispiel 12: Der praktische Arzt A aus Potsdam lässt sein privat genutztes Einfamilienhaus von einem polnischen Unternehmer renovieren.
Lösung: Da A Unternehmer i.S.d. § 2 UStG ist, wird er für die im Inland steuerbare und steuerpflichtige Werklieferung (soweit der Unternehmer auch einen Hauptstoff verwendet[49]) des polnischen Bauunternehmers zum Steuerschuldner nach § 13b Abs. 2 Nr. 1 i.V.m. Abs. 5 Satz 1 und 6 UStG. Ein Vorsteuerabzug für die von A geschuldete Umsatzsteuer ergibt sich nicht, da A die Leistung nicht seinem Unternehmen zuordnen kann.

Beispiel 13: Dachdecker D lässt an seinem privat genutzten Einfamilienhaus eine umfangreiche Reparatur der Heizung (mit Austausch von Teilen) durchführen.
Lösung: Die Reparatur stellt eine Bauleistung i.S.d. § 13b Abs. 2 Nr. 4 UStG dar. D ist ein Unternehmer, der selbst Bauleistungen ausführt. Obwohl die ihm gegenüber ausgeführte Bauleistung dem privaten Bedarf dient, wird der Leistungsempfänger zum Steuerschuldner[50]. Ein Vorsteuerabzug ergibt sich für D nicht, da er die Leistung für seinen privaten Bereich bezieht.

Wichtig! Auch ein im Ausland ansässiger Unternehmer wird zum Steuerschuldner nach § 13b UStG, wenn im Inland an ihn eine steuerbare und steuerpflichtige Leistung ausgeführt wird, die unter die Regelungen des § 13b Abs. 1 oder Abs. 2 UStG fällt.

Tipp! Ist der leistende Unternehmer ein Kleinunternehmer nach § 19 UStG, wird der Leistungsempfänger nicht zum Steuerschuldner, da bei dem leistenden Unternehmer keine Umsatzsteuer entstanden ist.

Beispiel 14: Gebäudereiniger G überträgt die Gebäudereinigung eines Objekts einem Subunternehmer, der Kleinunternehmer nach § 19 UStG ist. G verwendet gegenüber dem leistenden Unternehmer die Bescheinigung USt 1 TG.
Lösung: Die Gebäudereinigungsleistung fällt zwar dem Grunde nach unter § 13b Abs. 2 Nr. 8 i.V.m. Abs. 5 Satz 5 UStG, da der leistende Unternehmer aber Kleinunternehmer ist, entsteht bei G keine Umsatzsteuer, § 13b Abs. 5 Satz 8 UStG.

---

49 Verwendet der leistende Unternehmer keinen Hauptstoff, würde im Inland eine steuerbare und steuerpflichtige Werkleistung vorliegen, für die ebenfalls das Reverse-Charge-Verfahren zur Anwendung kommt.

50 Dies galt bis zur Veröffentlichung des Urteils des BFH, Urteil v. 22.8.2013, V R 37/10, BStBl II 2014, 128 entsprechend. In der Zeit vom 15.2.2014 bis 30.9.2014 wäre D aber nicht zum Steuerschuldner für die ihm gegenüber ausgeführte Leistung geworden, da er die erhaltene Bauleistung nicht unmittelbar für eine Bauleistung verwendet hätte.

Achtung! Die Kleinunternehmereigenschaft nach § 19 UStG kann sich aber immer nur bei einem im Inland ansässigen Unternehmer ergeben und kommt damit insbesondere bei der Ausführung von Bauleistungen oder Gebäudereinigungsleistungen in Betracht.

4. Im Ausland ansässiger Unternehmer

Voraussetzung für die Anwendung des Steuerschuldnerverfahrens in den in § 13b Abs. 1, Abs. 2 Nr. 1 und Abs. 2 Nr. 5 UStG aufgeführten Fällen ist, dass es sich bei dem leistenden Unternehmer um einen **im Ausland ansässigen Unternehmer** handeln muss. Dabei kommt es nicht darauf an, ob der leistende Unternehmer aus dem Drittlandsgebiet oder dem übrigen Gemeinschaftsgebiet kommt. Diese Unterscheidung ist nur für die Bestimmung des Zeitpunkts der in Deutschland entstehenden Umsatzsteuer von Bedeutung.

Tipp! Ein Sachverhalt des § 13b Abs. 1 UStG liegt nur vor, wenn eine nach § 3a Abs. 2 UStG in Deutschland ausgeführte sonstige Leistung vor einem im übrigen Gemeinschaftsgebiet ansässigen Unternehmer ausgeführt wird. Nur in diesem Fall entsteht die Umsatzsteuer schon mit Ausführung der Leistung.

Ein im Ausland ansässiger Unternehmer liegt nach § 13b Abs. 7 UStG vor, wenn der leistende Unternehmer weder im Inland noch auf der Insel Helgoland oder den Freihäfen oder dem Küstenstreifen zwischen der Hoheitsgrenze und der Strandlinie:

- einen Wohnsitz,
- seinen gewöhnlichen Aufenthalt,
- seinen Sitz,
- seine Geschäftsleitung oder
- eine Betriebsstätte[51], die die Leistung ausführt

hat.

Nachdem der EuGH[52] entschieden hatte, dass nach dem Unionsrecht der betreffende Steuerpflichtige bereits dann ein „im Ausland ansässiger Steuerpflichtiger" ist, wenn er den Sitz seiner wirtschaftlichen Tätigkeit im Ausland hat und es dann auf den privaten Wohnsitz nicht mehr ankommt, wurde die nationale Fassung angepasst. Der EuGH begründet dies – zutreffend – damit, dass der Leistungsempfänger im Regelfall gar nicht feststellen kann, ob der Vertragspartner einen privaten Wohnsitz im Inland oder Ausland hat. In § 13b Abs. 7 Satz 2 UStG ist deshalb klagestellt worden, dass der leistende Unternehmer auch dann ein ausländischer Unternehmer ist, wenn der Unternehmer ausschließlich einen Wohnsitz oder einen gewöhnlichen Aufenthaltsort im Inland hat, aber seinen Sitz, den Ort der Geschäftsleitung oder seine Betriebsstätte im Ausland hat.

Achtung! Eine von einer inländischen Betriebsstätte ausgeführte Leistung eines im Ausland ansässigen Unternehmers fällt nicht unter das Reverse-Charge-Verfahren des § 13b UStG. Wird die sonstige Leistung jedoch nicht von der inländischen Betriebsstätte aus erbracht, gilt der leistende Unternehmer aber als ausländischer Unternehmer, selbst wenn er im Inland über eine Betriebsstätte verfügt. Wenn die Leistung aber unter der USt-IdNr. der inländischen Betriebsstätte abgerechnet wird, gilt die Betriebsstätte an dem Umsatz beteiligt, sodass nicht von einem ausländischen Unternehmen auszugehen ist, Abschn. 13b.11 Abs. 1 UStAE (gilt so seit dem 1.7.2011).

Beispiel 15: Die international tätige Unternehmensberatungsgesellschaft U hat ihren Sitz in Österreich. Sie unterhält aber in Frankfurt/Main eine Betriebsstätte. Im Mai 2018 führt U von seiner Betriebsstätte in Frankfurt eine Leistung an den Unternehmer A in Deutschland aus, im Juni 2018 erbringt sie eine spezielle Beratungsleistung an den Unternehmer B in Deutschland von ihrem Hauptsitz in Wien aus, die Rechnung wird von Wien ausgestellt.

---

51 Bis 31.12.2009 war hier die Zweigniederlassung genannt.

52 EuGH, Urteil v. 6.10.2011, C-421/10 – Markus Stoppelkamp, BFH/NV 2011, 2219.

Lösung: Beide Beratungsleistungen werden gegenüber einem Unternehmer und für dessen Unternehmen ausgeführt. Der Ort der sonstigen Leistung ist nach § 3a Abs. 2 Satz 1 UStG in Deutschland, wo der Leistungsempfänger sein Unternehmen betreibt. Beide Leistungen sind in Deutschland steuerbar und steuerpflichtig. Für die im Mai gegenüber A ausgeführte Leistung ist U der Steuerschuldner nach § 13a Abs. 1 Nr. 1 UStG, da die Leistung von einer inländischen Betriebsstätte ausgeführt wird. Für die im Juni gegenüber B ausgeführte Beratungsleistung wird B zum Steuerschuldner nach § 13b Abs. 1, Abs. 5 Satz 1 und Abs. 7 UStG, da U zwar über eine inländische Betriebsstätte verfügt, die Leistung aber von seinem Hauptsitz ausführt.

Für die Frage, ob es sich um einen im Ausland ansässigen Unternehmer handelt, kommt es immer auf den **Zeitpunkt der Leistungserbringung** an. Dies ist dann der Fall, wenn die vertraglich geschuldete Leistung oder Teilleistung vollständig erbracht worden ist. Nicht erheblich ist, ob der leistende Unternehmer zum Zeitpunkt des Vertragsabschlusses oder zeitweilig während der Ausführung des Umsatzes die Eigenschaft als ausländischer Unternehmer besessen hat. Maßgeblich ist nur der Zeitpunkt der Ausführung des Umsatzes.

Wenn es **zweifelhaft** ist, ob der leistende Unternehmer ein ausländischer Unternehmer oder ein inländischer Unternehmer i.S.d. § 13b UStG ist, wird der Leistungsempfänger nur dann nicht zum Steuerschuldner, wenn ihm eine Bescheinigung des leistenden Unternehmers vorgelegt wird, dass es sich nicht um einen ausländischen Unternehmer handelt. Die Bescheinigung ist von dem für den leistenden Unternehmer zuständigen Finanzamt auf einem amtlichen Vordruckmuster (**USt 1 TS – Bescheinigung über die Ansässigkeit im Inland**[53]) zu erstellen.

Tipp! Sollte die Ansässigkeit des leistenden Unternehmers fraglich sein, sollte ohne Vorlage der amtlichen Bescheinigung über die Ansässigkeit im Inland keine Auszahlung einer in der Rechnung ausgewiesenen Umsatzsteuer erfolgen.

5. Rechnungserteilung des leistenden Unternehmers

Der leistende Unternehmer hat in den Fällen, in denen der Leistungsempfänger zum Steuerschuldner nach § 13b UStG wird, eine **besondere Rechnung** nach § 14a Abs. 5 UStG auszustellen. In dieser besonderen Rechnung muss er auf die Steuerschuldnerschaft nach § 13b UStG mit den Worten „Steuerschuldnerschaft des Leistungsempfängers“[54] hinweisen. Darüber hinaus darf er in der Rechnung die Umsatzsteuer für seine erbrachte Leistung nicht gesondert ausweisen. Für alle ab dem 30.6.2013 ausgeführten Umsätze muss der Hinweis mit den Worten „Steuerschuldnerschaft des Leistungsempfängers“ erfolgen.

Tipp! Der in einer solchen besonderen Rechnung ausgewiesene Rechnungsbetrag stellt somit einen Nettobetrag dar[55].

Wenn der leistende Unternehmer nicht auf die Steuerschuldnerschaft hinweist, entbindet dies den Leistungsempfänger grundsätzlich nicht davon, dass er nach der gesetzlichen Vorschrift des § 13b UStG zum Steuerschuldner für die an ihn ausgeführte Leistung wird.

Wichtig! Weist der leistende Unternehmer in den Fällen, in denen der Leistungsempfänger zum Steuerschuldner wird, trotzdem die Umsatzsteuer gesondert in der Rechnung aus, schuldet er die Umsatzsteuer nach § 14c Abs. 1 UStG[56] (vgl. Stichwort Unrichtiger Steuerausweis).

[53] Vgl. Abschn. 13b.11 Abs. 3 UStAE.

[54] Die Finanzverwaltung lässt aber alle anderen Begriffe der einzelnen Sprachfassungen der MwStSystRL zu, vgl. auch Stichwort Rechnungen.

[55] Abschn. 13b.13 Abs. 1 UStAE.

[56] Abschn. 13b.14 Abs. 1 UStAE.

Beispiel 16: Rechtsanwalt R aus der Schweiz erbringt im Januar 2018 an den inländischen Handelsvertreter H eine Rechtsberatungsleistung. Der Ort der Beratungsleistung ist nach § 3a Abs. 2 UStG im Inland, die Leistung ist in Deutschland steuerbar und steuerpflichtig. R weist in seiner Rechnung 19 % deutsche Umsatzsteuer aus.

Lösung: Leistungsempfänger H wird für die Leistung des R Steuerschuldner nach § 13b Abs. 2 Nr. 1 i.V.m. Abs. 5 Satz 1 UStG. Da R die Umsatzsteuer gesondert in der Rechnung ausgewiesen hat, schuldet er diese gesondert ausgewiesene Steuer in Deutschland nach § 14c Abs. 1 UStG. Die Rechnung kann jedoch berichtigt werden. H hat aus der erhaltenen Rechnung keinen Vorsteuerabzug (selbst wenn er fälschlicherweise den Bruttobetrag überwiesen hätte). Soweit er vorsteuerabzugsberechtigt ist, kann er aber für die von ihm geschuldete Umsatzsteuer nach § 15 Abs. 1 Satz 1 Nr. 4 UStG den Vorsteuerabzug vornehmen. Ein wirtschaftliches Risiko liegt somit insbesondere bei dem Leistungsempfänger, wenn er einen Bruttobetrag an den leistenden Unternehmer überweisen sollte.

Von der Rechnung hat sowohl der leistende Unternehmer wie auch der Leistungsempfänger ein Doppel zehn Jahre lang aufzubewahren, § 14b Abs. 1 UStG (vgl. Stichwort Aufbewahrung von Rechnungen).

Achtung! Nach § 33 Satz 3 UStDV gelten die Vorschriften über Kleinbetragsrechnungen nicht, wenn das Steuerschuldnerverfahren nach § 13b UStG anzuwenden ist.

6. Steuerentstehung

Bei Anwendung des Steuerschuldnerverfahrens entsteht die Steuer nicht nach den Grundregeln des § 13 Abs. 1 UStG, die **Soll- oder Istbesteuerung ist in diesem Fall nicht von Bedeutung**. § 13b UStG ist damit nicht nur eine Sonderregelung für die Bestimmung des Steuerschuldners, sondern auch eine Ausnahmevorschrift für den Zeitpunkt der Steuerentstehung.

6.1 Steuerentstehung bei bestimmten Leistungen im Gemeinschaftsgebiet

Führt ein Unternehmer aus einem anderen Mitgliedstaat der Europäischen Union eine sonstige Leistung gegenüber einem Unternehmer für dessen Unternehmen[57] aus, deren Ort nach § 3a Abs. 2 UStG im Inland ist, entsteht die Umsatzsteuer unabhängig von anderen Kriterien immer in dem Voranmeldungszeitraum, in dem die Leistung ausgeführt worden ist, § 13b Abs. 1 UStG, vgl. dazu oben Beispiel 1.

Tipp! Die Steuerentstehung ist harmonisiert mit den innergemeinschaftlichen Meldeverpflichtungen. Der leistende Unternehmer muss die in dem anderen Mitgliedstaat nach § 3a Abs. 2 UStG ausgeführte Leistung in seinem Heimatstaat in dem Leistungszeitraum anmelden, in dem die Leistung ausgeführt worden ist (in der Voranmeldung nach § 18b und in der Zusammenfassenden Meldung nach § 18a UStG).

6.2 Steuerentstehung bei anderen Leistungen

Für die anderen, in **§ 13b Abs. 2 UStG aufgeführten Leistungen** entsteht die Umsatzsteuer **mit Ausstellung der Rechnung** durch den leistenden Unternehmer, **spätestens jedoch mit Ablauf des der Ausführung der Leistung folgenden Kalendermonats,** § 13b Abs. 2 UStG. Damit sind grundsätzlich die folgenden Fälle für die Steuerentstehung nach § 13b Abs. 2 UStG denkbar (vgl. dazu auch oben Beispiel 2 und Beispiel 3):

---

[57] Gleiches gilt für eine sonstige Leistung an eine nichtunternehmerische juristische Person, der eine USt-IdNr. erteilt worden ist.

Vorgang	Steuerentstehung
Leistung ist ausgeführt, die Rechnung wird in dem gleichen Monat ausgestellt	Im Monat, in dem die Rechnung vom leistenden Unternehmer ausgestellt worden ist
Leistung ist ausgeführt, die Rechnung wird in dem folgenden Monat ausgestellt	Im Monat, in dem die Rechnung vom leistenden Unternehmer ausgestellt worden ist
Leistung ist ausgeführt, eine Rechnung wird jedoch nicht oder erst nach dem auf die Leistung folgenden Kalendermonat ausgestellt	Im auf die Ausführung der Leistung folgenden Kalendermonat

6.3 Fiktiver Leistungszeitraum nach § 13b Abs. 3 UStG

Führt ein Unternehmer eine sonstige Leistung über einem längeren Zeitraum aus, entsteht nach den Grundregelungen eine Umsatzsteuer grundsätzlich erst dann, wenn die Leistung insgesamt ausgeführt ist. Eine Ausnahme besteht lediglich in den Fällen, in denen die Leistung in Teilleistungen ausgeführt wurde oder wenn es zur Zahlung (Anzahlung oder Vorauszahlung) vor Ausführung der Leistung kommt.

Neu eingeführt wurde mit Wirkung zum 1.7.2010 für im Inland steuerbare und steuerpflichtige sonstige Leistungen ausländischer Unternehmer, bei denen der Leistungsempfänger der Steuerschuldner wird und die über einen Zeitraum von mehr als einem Jahr erbracht werden, dass die Umsatzsteuer spätestens mit Ablauf eines jeden Kalenderjahrs entsteht, in dem die Leistung tatsächlich erbracht wird, § 13b Abs. 3 UStG[58].

Beispiel 17: Unternehmer U aus Deutschland schließt am 1.7.2017 mit einem Softwareunternehmen aus den USA einen Vertrag über drei Jahre über Softwarewartung ab. Die Zahlung soll am Ende der Vertragslaufzeit i.H.v. 60.000 € erfolgen.

Lösung: Die Leistung des Softwareunternehmens ist in Deutschland ausgeführt, § 3a Abs. 2 UStG. U wird nach § 13b Abs. 2 Nr. 1 i.V.m. Abs. 5 Satz 1 UStG zum Steuerschuldner für die in Deutschland entstandene Umsatzsteuer. Die Besteuerung erfolgt aber nicht erst nach Ausführung der Leistung 2020, sondern abschnittsweise. Eine Umsatzsteuer entsteht am 31.12.2017 i.H.v. (10.000 € × 19 % =) 1.900 € § 13b Abs. 3 UStG. Am 31.12.2018 und am 31.12.2019 würde jeweils eine Umsatzsteuer i.H.v. (20.000 € × 19 % =) 3.800 € entstehen. Per 30.6.2020 – mit Vollendung der Leistung – entsteht dann auf den Rest die Umsatzsteuer i.H.v. (10.000 € × 19 % =) 1.900 €.

Im Regelfall werden bei sonstigen Leistungen, die über einen Zeitraum von mehr als einem Jahr ausgeführt werden, **Teilleistungen** i.S.d. § 13 Abs. 1 Nr. 1 Buchst. a Satz 2 und Satz 3 UStG vereinbart werden oder Vorauszahlungen erfolgen. In diesen Fällen entsteht die Umsatzsteuer schon mit Ausführung der Teilleistung bzw. mit Zahlungsfluss, § 13b Abs. 4 UStG.

Zur Anwendung des § 13b Abs. 3 UStG muss eine sonstige Leistung steuerpflichtig im Inland von einem ausländischen Unternehmer ausgeführt werden, die über einen Zeitraum von mehr als einem Jahr ausgeführt wird. Kalenderjahresübergreifende Leistungen von einer Dauer von weniger als einem Jahr unterliegen dieser Regelung nicht (z.B. Ausführung einer sonstigen Leistung von sechs Monaten vom 1.10.2017 bis 31.3.2018).

Tipp! Schwierig kann bei Anwendung des § 13b Abs. 3 UStG die Ermittlung der Bemessungsgrundlage sein, wenn die Höhe des zu zahlenden Entgelts nicht von dem Leistungsempfänger ermittelbar ist bzw. erst von Ereignissen am Ende der Vertragslaufzeit abhängt (z.B. Lizenzverträge oder Entgeltsvereinbarungen, die von einer Gesamtleistung abhängig sind). In diesem Fall kann die Bemessungsgrundlage nur sachgerecht geschätzt werden.

[58] Die Regelung entspricht Art. 64 Abs. 2 MwStSystRL.

6.4 Steuerentstehung bei Anzahlungen und Teilleistungen

Die Grundsätze über die Entstehung der Umsatzsteuer gelten entsprechend, wenn der leistende Unternehmer abgrenzbare **Teilleistungen** erbracht hat, § 13b Abs. 4 Satz 1 UStG.

Leistet der Empfänger der Leistung eine Zahlung schon vor der Ausführung der Leistung oder einer Teilleistung (**Anzahlung** oder **Vorauszahlung**), entsteht die Steuer schon in dem Voranmeldungszeitraum, in dem er diese Beträge verausgabt[59].

Achtung! Neu geregelt ist die Frage, wie zu verfahren ist, wenn bei Vereinnahmung der Anzahlung die Voraussetzungen für die Steuerschuld des Leistungsempfängers noch nicht vorlagen, dann aber bei Ausführung der Leistung eingetreten sind. Die Finanzverwaltung[60] geht davon aus, dass in diesem Fall die Besteuerung der Anzahlung nicht geändert werden muss; vgl. dazu auch Stichwort Anzahlungen.

6.5 Höhe der entstehenden Umsatzsteuer

Der Leistungsempfänger hat die Steuer immer nach den Grundsätzen zu berechnen, wie sie für den leistenden Unternehmer gelten. Da der leistende Unternehmer aber in seiner Rechnung keine Umsatzsteuer gesondert ausweisen darf, hat der Leistungsempfänger die Umsatzsteuer selbst zu ermitteln und auf den ausgewiesenen Nettobetrag (= **Bemessungsgrundlage** nach § 10 Abs. 1 UStG) heraufzurechnen.

Der **Steuersatz** für die nach § 13b UStG vom Leistungsempfänger geschuldete Umsatzsteuer berechnet sich immer nach den Grundsätzen des § 12 Abs. 1 UStG (Regelsteuersatz) oder nach § 12 Abs. 2 UStG (ermäßigter Steuersatz), soweit die Voraussetzungen für die Anwendung des ermäßigten Steuersatzes vorliegen.

Weist der leistende Unternehmer bei Anwendung des Steuerschuldnerverfahrens entgegen der gesetzlichen Vorschrift trotzdem eine Umsatzsteuer gesondert aus, muss es aus systematischen Gründen ausreichend sein, wenn der Leistungsempfänger die nach § 13b UStG zu berechnende Umsatzsteuer trotzdem auf den Nettobetrag berechnet[61].

7. Anmeldung der Steuer

Der Leistungsempfänger hat die Steuer grundsätzlich als Steuerschuldner in seiner Umsatzsteuer-Voranmeldung bei seinem zuständigen Finanzamt anzumelden und diese Steuer auch an dieses Finanzamt abzuführen.

Leistung	Entstandene Umsatzsteuer	Vorsteuer (soweit abzugsfähig)
Im Inland nach § 3a Abs. 2 UStG steuerpflichtige sonstige Leistung von im übrigen Gemeinschaftsgebiet ansässigen Unternehmern, § 13b Abs. 1 UStG	Zeile 48 USt-Voranmeldung 2018	Zeile 58 USt-Voranmeldung 2018
Andere Leistungen von im Ausland ansässiger Unternehmer, § 13b Abs. 2 Nr. 1 und Nr. 5 Buchst. a UStG	Zeile 49 USt-Voranmeldung 2018	Zeile 58 USt-Voranmeldung 2018

59 Der Gesetzgeber spricht hier zwar in § 13b Abs. 4 Satz 2 UStG davon, dass die Steuer mit Vereinnahmung entsteht. Da der Leistungsempfänger aber nur weiß, wann er die Zahlung geleistet hat (insbesondere bei Auslandszahlungen können hier mehrere Tagen zwischen Abbuchung und Gutschrift liegen), geht auch die Finanzverwaltung aus Vereinfachungsgründen davon aus, dass der Zeitpunkt der Zahlung maßgeblich ist, Abschn. 13b.12 Abs. 3 Satz 2 UStAE.

60 BMF, Schreiben v. 18.5.2018, BStBl I 2018, 695.

61 Die Finanzverwaltung stellt in Abschn. 13b.13 Abs. 1 UStAE lediglich fest, dass die Umsatzsteuer auf den in der Rechnung ausgewiesenen Betrag (Betrag ohne Umsatzsteuer) zu berechnen sei.

Leistung	Entstandene Umsatzsteuer	Vorsteuer (soweit abzugsfähig)
Lieferungen sicherungsübereigneter Gegenstände, § 13b Abs. 2 Nr. 2 UStG und Umsätze, die unter das Grunderwerbsteuergesetz fallen, § 13b Abs. 2 Nr. 3 UStG	Zeile 50 USt-Voranmeldung 2018	Zeile 58 USt-Voranmeldung 2018
Lieferungen von Mobilfunkgeräten, integrierten Schaltkreisen, Tablet-Computern und Spielekonsolen § 13b Abs. 2 Nr. 10 UStG	Zeile 51 USt-Voranmeldung 2018	Zeile 58 USt-Voranmeldung 2018
Alle übrigen unter das Reverse-Charge-Verfahren fallende Leistungen	Zeile 52 USt-Voranmeldung 2018	Zeile 58 USt-Voranmeldung 2018

Ist der Unternehmer bisher nicht verpflichtet gewesen, Voranmeldungen abzugeben (z.B. da er nur steuerfreie, den Vorsteuerabzug ausschließende Umsätze erbracht hat oder weil es sich um eine juristische Person des öffentlichen Rechts handelt), sind nur Voranmeldungen für die Voranmeldungszeiträume abzugeben, in denen Steuer für die Umsätze nach § 13b UStG zu erklären sind. Dies wird im Regelfall das Kalendervierteljahr sein.

8. Keine Anwendung bei Differenzbesteuerung

Zum 1.10.2014 wurde in § 13b Abs. 5 Satz 9 UStG mit aufgenommen, dass die Übertragung der Steuerschuldnerschaft auf den Leistungsempfänger dann nicht infrage kommen kann, wenn der leistende Unternehmer die Differenzbesteuerung anwendet. Diese Vorgabe ist zwangsläufig, da der Leistungsempfänger in den Fällen, in denen er zum Steuerschuldner wird, der leistende Unternehmer aber die Differenzbesteuerung anwendet, eine Ermittlung der zutreffenden Umsatzsteuer durch den Leistungsempfänger nicht möglich wäre, ohne dass der leistende Unternehmer seine Handelsmarge offen legt. Dem notwendigen Hinweis auf die Anwendung der Differenzbesteuerung in einer ordnungsgemäßen Rechnung[62] kommt damit besondere Bedeutung zu.

9. Allgemeine Vertrauensschutzregelung

Mit Wirkung zum 1.10.2014 ist eine neue gesetzliche **Vertrauensschutzregelung** in § 13b Abs. 5 Satz 7 UStG eingeführt worden. Durch diese Vertrauensschutzregelung wurde im Ergebnis eine bisher (vor dem Urteil des BFH zu den Bauleistungen) von der Finanzverwaltung auch schon im Verwaltungswege getroffene Nichtbeanstandungsregelung in das Gesetz mit aufgenommen. Liegen die Voraussetzungen für die Anwendung des Reverse-Charge-Verfahrens nicht vor, sind die Vertragsparteien aber davon ausgegangen, dass der Leistungsempfänger Steuerschuldner ist, wird es nicht beanstandet, wenn der Leistungsempfänger tatsächlich die Steuer angemeldet hat. Um Rechtssicherheit sowohl für den leistenden Unternehmer als auch für den Leistungsempfänger zu erlangen, war es erforderlich, die sich in Zweifelsfällen aus einer übereinstimmenden Handhabung und folgerichtigen Besteuerung ergebende Rechtsfolge einer Steuerschuld des Leistungsempfängers gesetzlich festzuschreiben.

Diese **Vertrauensschutzregelung** ist nicht nur auf Bauleistungen beschränkt, sondern betrifft auch die Lieferung von Erdgas und Elektrizität durch im Inland ansässige Unternehmer, die Lieferung von Schrott und Altmetall, die Gebäudereinigungsleistungen, die Lieferung von Gold, die Lieferung von Mobilfunkgeräten, Tablet-Computern und Spielekonsolen oder integrierten Schaltkreisen vor Einbau in einen zur Lieferung auf der Einzelhandelsstufe geeigneten Gegenstand sowie die Lieferung von Edelmetallen und unedlen Metallen.

Die Finanzverwaltung hat in Abschn. 13b.8 UStAE die Vereinfachungsregelungen angepasst, die sich jetzt auf § 13b Abs. 5 Satz 7 UStG stützen. Wenn der leistende Unternehmer und der Leistungsempfänger

---

[62] § 14a Abs. 6 UStG.

das Reverse-Charge-Verfahren angewendet haben, obwohl dies unter objektiven Kriterien unzutreffend war, gilt der Leistungsempfänger dennoch als Steuerschuldner, wenn kein Steuerausfall entsteht. Hat der Leistungsempfänger den Umsatz in zutreffender Höhe besteuert, gilt diese Voraussetzung als erfüllt.

Achtung! Die Vereinfachungsregelung gilt nicht bei allen Sachverhalten des Reverse-Charge-Verfahrens, sondern nur bei: Bauleistungen, der Lieferung von Erdgas und Elektrizität durch im Inland ansässige Unternehmer, der Lieferung von Schrott und Altmetall, den Gebäudereinigungsleistungen, der Lieferung von Gold, der Lieferung von Mobilfunkgeräten, Tablet-Computern und Spielekonsolen oder integrierten Schaltkreisen vor Einbau in einen zur Lieferung auf der Einzelhandelsstufe geeigneten Gegenstand sowie der Lieferung von Edelmetallen und unedlen Metallen.

Wichtig! Die Vereinfachungsregelung des § 13b Abs. 5 Satz 7 UStG gilt aber nicht, wenn fraglich war, ob die Voraussetzungen für die Anwendung des Reverse-Charge-Verfahrens in der Person der beteiligten Unternehmer (z.B. die Eigenschaft als Bauleistender) erfüllt sind. Hier kann der Nachweis nur durch das Formular USt 1 TG geführt werden.

10. Ausnahmen vom Steuerschuldnerverfahren

In bestimmten Fällen ergeben sich **Ausnahmen** von der Übertragung der Steuerschuldnerschaft für eine bezogene Leistung auf den Leistungsempfänger. In den folgenden, **abschließend aufgeführten Fällen** bleibt es auch bei Ausführung durch einen ausländischen Unternehmer bei der Steuerschuld des leistenden Unternehmers, § 13b Abs. 6 UStG:

- Personenbeförderung, die der Beförderungseinzelbesteuerung[63] unterlegen hat,
- Personenbeförderung, die mit einem Fahrzeug i.S.d. § 1b Abs. 2 Satz 1 Nr. 1 UStG[64] ausgeführt wird,
- grenzüberschreitende Personenbeförderung im Luftverkehr,
- Einräumung von Eintrittsberechtigungen für Messen, Ausstellungen und Kongressen im Inland,
- Leistungen einer Durchführungsgesellschaft an einen ausländischen Unternehmer im Zusammenhang mit einer im Inland stattfindenden Messe oder Ausstellung sowie
- (seit 1.1.2011[65]) Abgabe von Speisen und Getränken zum Verzehr an Ort und Stelle, wenn diese Abgabe an Bord eines Schiffs, in einem Luftfahrzeug oder in einer Eisenbahn erfolgt.

Beispiel 18: Unternehmer U fährt mit einem TGV von Köln nach Paris. Auf der Fahrt nach Paris nimmt U eine Mahlzeit im Bord Bistro ein.
Lösung: Die französische Eisenbahn führt damit eine sonstige Leistung nach § 3 Abs. 9 Satz 1 UStG aus, deren Ort nach § 3e UStG am Abgangsort des Beförderungsmittels ist (Köln). Die sonstige Leistung ist in Deutschland steuerbar und steuerpflichtig. Da die französische Bahn ein ausländischer Unternehmer nach § 13b Abs. 7 UStG und U ein Unternehmer ist, würde die Leistung dem Steuerschuldnerverfahren unterliegen. Da dies in der Praxis nicht umsetzbar ist, kommt es hier nicht zur Übertragung der Steuerschuld auf den U. Steuerschuldner für die in Deutschland entstehende Umsatzsteuer bleibt der leistende Unternehmer.

11. Vorsteuerabzug des Leistungsempfängers

Soweit der Leistungsempfänger die Leistung für sein Unternehmen bezieht, ist er grundsätzlich zum **Vorsteuerabzug** berechtigt, **§ 15 Abs. 1 Satz 1 Nr. 4 UStG**. Dass der leistende Unternehmer die Umsatz-

[63] In diesem Fall entsteht bei Überschreiten einer Drittlandsgrenze die Umsatzsteuer für jede einzelne Beförderungsleistung.

[64] Bis 30.9.2013 war an dieser Stelle der Begriff des Taxi angegeben.

[65] Die OFD Frankfurt am Main (DStR 2010, 1239) hat in einer Rundverfügung v. 7.5.2010 im Vorfeld der gesetzlichen Regelung auch schon für 2010 die Übertragung der Steuerschuld auf den Leistungsempfänger in diesen Fällen als nicht handhabbar erklärt.

steuer für seine Leistung nicht in der Rechnung gesondert ausweisen darf, ist in diesem Fall nach der ausdrücklichen gesetzlichen Regelung unbedeutend[66].

Die **Vorsteuer** aus einer solchen erhaltenen Leistung ist dann abziehbar, wenn die Leistung für sein Unternehmen ausgeführt worden ist; soweit die Steuer auf eine Zahlung vor Ausführung dieser Leistungen entfällt, ist sie abziehbar, wenn die Zahlung geleistet worden ist.

Tipp! Da die Entstehung der Umsatzsteuer nicht von einer Rechnung abhängig ist, kann die Vorsteuer für die vom Leistungsempfänger geschuldete Steuer auch ohne Vorlage einer Rechnung geltend gemacht werden.

12. Aufzeichnungs- und Aufbewahrungsvorschriften

In den Fällen der Übertragung der Steuerschuldnerschaft auf den Leistungsempfänger müssen sowohl beim leistenden Unternehmer wie auch beim Leistungsempfänger entsprechende **Aufzeichnungen** geführt werden, aus denen die erbrachten Leistungen ersichtlich sind (§ 22 Abs. 2 Nr. 1 und Nr. 2 UStG beim leistenden Unternehmer und § 22 Abs. 2 Nr. 8 UStG beim Leistungsempfänger). Dies gilt für den Leistungsempfänger auch in den Fällen, in denen er die Leistung nicht für sein Unternehmen bezieht, oder eine juristische Person ist, die nicht Unternehmer ist.

Der leistende Unternehmer wie auch der Leistungsempfänger müssen die ausgestellte Rechnung nach § 14b Abs. 1 UStG zehn Jahre aufbewahren. Die Frist beginnt am Ende des Kalenderjahrs, in dem die Rechnung ausgestellt wird. Während des gesamten Zeitraums müssen die Rechnungen lesbar sein. Wird gegen die Vorschrift zur Ausstellung der Rechnung verstoßen oder eine solche Rechnung vom Leistungsempfänger nicht aufbewahrt, kann ein Bußgeld von bis zu 5.000 € verhängt werden, § 26a UStG.

13. Übergangsregelung zu den Bauträgerfällen

Ein besonderes Problem hatte sich für die **Altfälle** (Leistungsausführung vor dem 15.2.2014) ergeben. Waren die Beteiligten bei **Leistungen bis zum 14.2.2014** davon ausgegangen, dass der Leistungsempfänger nach § 13b Abs. 2 Nr. 4 i.V.m. Abs. 5 Satz 2 UStG a.F. zum Steuerschuldner wurde und stellte sich dies in Anwendung der Rechtsprechung des BFH als nicht zutreffend heraus, ergab sich die Frage der umsatzsteuerrechtlichen Konsequenzen. Insbesondere war dies fraglich in den Fällen, in denen der Leistungsempfänger die Umsatzsteuer für die an ihn ausgeführte Leistung nach damaliger Auffassung der Finanzverwaltung schuldete, aber nicht zum Vorsteuerabzug berechtigt war (insbesondere **Bauträger**). Umstritten war dabei, ob der Leistungsempfänger die von ihm an das Finanzamt entrichtete Umsatzsteuer zurückfordern konnte und ob die Finanzverwaltung die Umsatzsteuer nachträglich beim leistenden Unternehmer einfordern konnte.

Im „Kroatiengesetz" hat der Gesetzgeber den Versuch einer Regelung unternommen. Beantragt der Leistungsempfänger für die vor dem 15.2.2014 an ihn erbrachten Leistungen die Erstattung der von ihm im Reverse-Charge-Verfahren berechneten und abgeführten Umsatzsteuer soll die **Vertrauensschutzregelung** des § 176 AO gegenüber dem leistenden Unternehmer nicht gelten. Die Steuerfestsetzung ist gegenüber dem leistenden Unternehmer – soweit nicht Festsetzungsverjährung gegeben ist – zu ändern. Allerdings kann der leistende Unternehmer die ihm nach der Gesetzeslage zustehende zivilrechtliche Forderung auf die Umsatzsteuer gegenüber dem Leistungsempfänger an das Finanzamt abtreten. Die Abtretung wirkt unter den Voraussetzungen des § 27 Abs. 19 UStG an Zahlungs statt.

Die Finanzverwaltung[67] hat einen Tag nach Verkündung des Gesetzes zu der Regelung des § 27 Abs. 19 UStG Stellung genommen. Neben den allgemeinen Grundsätzen, die sich aus der Rechtsprechung des BFH ergeben, stellt die Finanzverwaltung noch einmal besonders heraus, dass die Beteiligten auch in den Altfällen (Leistungen bis zum 14.2.2014) – einvernehmlich – an der bisherigen Behandlung festhal-

---

66 Vgl. auch Abschn. 15.10 UStAE.

67 BMF, Schreiben v. 31.7.2014, BStBl I 2014, 1073.

ten können. In diesen Fällen ergeben sich für alle Beteiligten keine Konsequenzen aus der Rechtsprechung des BFH; es besteht keine Notwendigkeit für die Anwendung des § 27 Abs. 19 UStG.

Beantragt der Leistungsempfänger aber die von ihm im Reverse-Charge-Verfahren berechnete und an das Finanzamt abgeführte Umsatzsteuer, da er in den Altfällen nach der Rechtsprechung des BFH nicht Steuerschuldner geworden sei, ist die Steuerfestsetzung gegenüber dem leistenden Unternehmer zu ändern, soweit nicht Festsetzungsverjährung eingetreten ist. Die Finanzverwaltung geht inhaltlich nicht auf eventuelle Vertrauensschutztatbestände für den leistenden Unternehmer ein und wiederholt lediglich die schon in § 27 Abs. 19 UStG enthaltene Aussage, dass der Änderung der Steuerfestsetzung gegen den leistenden Unternehmer § 176 AO nicht entgegensteht.

Achtung! Über diese schon im Gesetz enthaltene einfache Aussage – die auch in der Gesetzesbegründung nicht näher systematisch erläutert wird – wird es in der Zukunft Streit geben. Es ist fraglich, ob der Gesetzgeber – nur aus fiskalischen Gründen – ein verfahrensrechtliches Grundrecht einfach so außer Kraft setzen kann. Vertrauensschutztatbestände verlieren ihren Sinn, wenn der Gesetzgeber sie je nach Interessenslage rückwirkend außer Kraft setzt.

Der leistende Unternehmer kann die ihm jetzt gegen den Leistungsempfänger zustehende zivilrechtliche Forderung auf die Umsatzsteuer an sein Finanzamt abtreten. Die Abtretung wirkt an Zahlungs statt, wenn[68]:

- Der leistende Unternehmer eine Rechnung (erstmalig oder als geänderte Rechnung) mit gesondert ausgewiesener Umsatzsteuer erteilt hat;
- die Abtretung an das Finanzamt wirksam bleibt;
- dem Leistungsempfänger die Abtretung unverzüglich mit dem Hinweis angezeigt wird, dass eine Zahlung an den leistenden Unternehmer keine schuldbefreiende Wirkung hat und
- der leistende Unternehmer seiner Mitwirkungspflicht nachkommt.

Beantragt ein Leistungsempfänger gegenüber seinem Finanzamt die Erstattung einer bisher im Reverse-Charge-Verfahren berechneten Umsatzsteuer, hat er dem Finanzamt die folgenden Informationen zu übermitteln:

- Persönliche Daten des leistenden Unternehmers (Name, Anschrift und Steuernummer),
- Rechnungsinformationen (Datum, Nummer, Leistungsbezeichnung, Entgelt und – soweit schon eine berichtigte Rechnung vorliegt – Steuersatz, Steuerbetrag Zeitpunkt der Zahlung und/oder der Schlusszahlung der hierüber erteilten Rechnungen bzw. Gutschriften),
- Zahlungsinformationen (Zeitpunkt und Höhe geleisteter Anzahlungen oder Teilzahlungen) mit den jeweiligen Rechnungsdaten dazu,
- Zuordnung der bezogenen Bauleistung bzw. der geleisteten Anzahlung zu dem jeweiligen Ausgangsumsatz; dabei muss der Ausgangsumsatz konkret mit der Baumaßnahme angegeben werden, damit überprüft werden kann, ob nicht auch nach der Rechtsprechung des BFH der Leistungsempfänger zum Steuerschuldner wird (Verknüpfung mit einer von ihm selbst unmittelbar erbrachten Bauleistung).

Tipp! Die Finanzverwaltung soll den Leistungsempfänger darauf hinweisen, dass diese Daten auch zum Zweck der Besteuerung des jeweils leistenden Unternehmers verwendet werden.

Das Finanzamt des Leistungsempfängers informiert unverzüglich das für den leistenden Unternehmer zuständige Finanzamt darüber, dass der Leistungsempfänger sich auf das BFH-Urteil beruft. Darüber hinaus ist der leistende Unternehmer darauf hinzuweisen, dass:

- die Umsatzsteuer jetzt von ihm geschuldet wird,
- eine Änderung der Steuerfestsetzung nach § 27 Abs. 19 UStG beabsichtigt ist und
- er die Steuerschuld durch Abtretung der zivilrechtliche Forderung erfüllen kann.

---

[68] § 27 Abs. 19 UStG.

Achtung! Die Abtretung der Forderung auf Zahlung der Umsatzsteuer soll – zur Beschleunigung des Verfahrens – schon vor einer Änderung der Steuerfestsetzung erfolgen.
Die Entscheidung über die Erstattungsansprüche des Leistungsempfängers sollen so lange zurückgestellt werden, bis das für den leistenden Unternehmer zuständige Finanzamt mitgeteilt hat, ob eine wirksame Abtretung vorliegt.

Soweit es sich um Steueränderungen der Vergangenheit handelt, die mehr als 15 Monate zurückliegen, stellt sich die Frage der **Verzinsung nach § 233a AO**. Diese Frage löst die Finanzverwaltung pragmatisch: Der Erstattungswunsch des Leistungsempfängers wird als rückwirkendes Ereignis i.S.d. § 233a Abs. 2a AO angesehen, sodass der Zinslauf erst 15 Monate nach Ablauf des Kalenderjahrs beginnt, in der das rückwirkende Ereignis eingetreten ist.

Tipp! Im Ergebnis bedeutet dies, dass dem leistenden Unternehmer keine Verzinsung der Nachzahlungsverpflichtung droht. Dagegen ergibt sich für den Leistungsempfänger eine Verzinsung (mit 0,5 % pro Monat nach Ablauf der 15 Monate) rückwirkend für den damaligen Leistungszeitraum.

Die Grundsätze über die Abwicklung des § 27 Abs. 19 UStG sind von der Verwaltung indirekt in den UStAE aufgenommen worden, indem in Abschn. 27.1 Abs. 5 UStAE ein Hinweis auf das BMF-Schreiben aufgenommen wurde.

Es war von Anfang an klar, dass die Frage der Aushebelung des Rechtsschutzes nach § 176 AO die Gerichte beschäftigen würde. Endgültige Entscheidungen liegen nachvollziehbarer Weise noch nicht vor, diese werden wohl den höchsten Gerichten (wahrscheinlich Bundesverfassungsgericht) vorbehalten bleiben.

Im Zusammenhang mit der Frage, ob bei einer Steuerfestsetzung gegenüber dem leistenden Unternehmer Aussetzung der Vollziehung zu gewähren ist, liegen unterschiedliche Beschlüsse der Finanzgerichte vor:

- Das FG Berlin-Brandenburg[69] hat in einem Verfahren, in dem es um die Aussetzung der Vollziehung einer das Kalenderjahr 2009 betreffenden Leistung ging, die Aussetzung gewährt. Das Finanzgericht kam zu dem Ergebnis, dass ernsthafte Zweifel an der Verfassungsmäßigkeit des § 27 Abs. 19 UStG bestehen, da es eine rückwirkende Änderung der Steuerfestsetzung unter Suspendierung der Vertrauensschutzregelung des § 176 AO darstellt.
- Ebenso hat das FG Münster[70] Aussetzung der Vollziehung gewährt, da erhebliche Zweifel an der Verfassungsmäßigkeit vorliegen würden.
- Das Niedersächsische Finanzgericht[71] hat in einem Verfahren, in dem es um die Umsatzsteuer 2013 ging, die Aussetzung der Vollziehung abgelehnt. Das Finanzgericht hat zwar die grundsätzlichen Zweifel des Finanzgerichts Berlin-Brandenburg geteilt, da aber zum Zeitpunkt der Veröffentlichung der Anweisung der Finanzverwaltung zu § 13b UStG – gleichzeitig der Zeitpunkt der Veröffentlichung des Urteils des BFH im Bundessteuerblatt – nur Voranmeldungen, aber noch keine Jahressteuererklärung für 2013 abgegeben worden war, sieht das Gericht § 176 AO in der vorliegenden Konstellation nicht für anwendbar.
- Die Finanzgerichte Köln[72] und Düsseldorf[73] sind dagegen zu dem Ergebnis gekommen, dass eine Aussetzung der Vollziehung nicht in Betracht kommen kann, da zwar verfassungsrechtliche Bedenken bestehen könnten, aber durch die Abtretungsregelung eine gangbare Lösung für die betroffenen Unternehmer bestehen würde.

---

[69] FG Berlin-Brandenburg, Beschluss v. 3.6.2015, 5 V 5026/15, EFG 2015, 1490.

[70] FG Münster, Beschluss v. 12.8.2015, 15 V 2153/15 U, EFG 2015, 1863.

[71] Niedersächsisches FG, Beschluss v. 3.7.2015, 16 V 95/15, BB 2015, 2326.

[72] FG Köln, Beschluss v. 1.9.2015, 9 V 1376/15, EFG 2015, 2005.

[73] FG Düsseldorf, Beschluss v. 31.8.2015, 1 V 1486/15 A (U), EFG 2015, 2131.

- Der BFH[74] – beide Senate des BFH – hat unabhängig voneinander ebenfalls die Aussetzung der Vollziehung gewährt.

Die Bundesregierung hat sich in diesem Fall auch noch – aufgrund einer Kleinen Anfrage[75] – zu dem Thema geäußert. Aufgrund des Beschlusses des FG Berlin-Brandenburg sieht die Regierung noch keinen Anlass, von einer Verfassungswidrigkeit auszugehen. Die von der Finanzverwaltung dem leistenden Unternehmer nach § 27 Abs. 19 UStG vorgeschlagene Abtretung der Forderung aus der Umsatzsteuer gegenüber dem Leistungsempfänger soll von der Verwaltung unabhängig der zivilrechtlichen Realisierbarkeit angenommen werden. Fraglich kann die Abtretung nur dann sein, wenn dem leistenden Unternehmer (Abtretender) bekannt ist, dass der Leistungsempfänger berechtigte Gegenforderungen gestellt hat.

In einer Entscheidung, die Umsatzsteuerfestsetzung des leistenden Unternehmers betreffend, hat der BFH[76] jetzt Folgendes entschieden:

- Eine Umsatzsteuerfestsetzung kann nach § 27 Abs. 19 Satz 1 UStG gegenüber dem leistenden Unternehmer nur dann geändert werden, wenn ihm ein abtretbarer Anspruch auf Zahlung der gesetzlich entstandenen Umsatzsteuer gegen den Leistungsempfänger zusteht.
- Das Finanzamt hat eine Abtretung nach § 27 Abs. 19 Satz 3 UStG auch dann anzunehmen, wenn der Steueranspruch bereits durch Zahlung getilgt war. Auf das Vorliegen einer Rechnung mit gesondertem Steuerausweis kommt es nicht an.

Achtung! Voraussetzung für die Anwendung des § 27 Abs. 19 UStG ist, dass es einen abtretbaren Anspruch gegenüber dem Bauträger gibt. Dies bedeutet nicht, dass der Anspruch schon abgetreten sein muss, es ist alleine ausreichend, dass ein solcher Anspruch vorliegt. Wenn aber berechtigte Gewährleistungsansprüche dem gegenüber stehen, ist kein abtretbarer Anspruch mehr vorhanden, sodass es nicht zur Änderung einer Veranlagung gegenüber dem leistenden Unternehmer nach § 27 Abs. 19 UStG kommen kann. Ob ein solcher abtretbarer Anspruch vorhanden ist, ist damit Bestandteil des Steuerfestsetzungsverfahrens.
Liegen die Voraussetzungen vor, ist das Ermessen der Finanzverwaltung zur Annahme der Abtretung auf null reduziert.

---

74 BFH, Beschluss v. 17.12.2015, XI B 84/15, BStBl II 2016, 519 und Beschluss v. 27.1.2016, V B 87/15, BFH/NV 2016, 716.

75 BT-Drs. 18/5461.

76 BFH, Urteil v. 23.2.2017, V R 16, 24/16, BStBl II 2017, 760; vgl. zur Anwendung auch BMF, Schreiben v. 26.7.2017, BStBl I 2017, 1001.

Tausch

Tausch auf einen Blick

1. **Rechtsquellen**
   § 3 Abs. 12 und § 10 Abs. 2 Satz 2 UStG
   Abschn. 10.5 UStAE
2. **Bedeutung**
   Bei einem Tausch besteht die Gegenleistung für eine Lieferung in einer Lieferung. Es liegen zwei eigenständige Leistungen vor.
3. **Weitere Stichworte**
   → Tauschähnlicher Umsatz, → Verdeckter Preisnachlass

Bei einem **Tausch** besteht die Gegenleistung für eine Lieferung in einer Lieferung, gegebenenfalls verbunden mit einer Zuzahlung (sog. „**Tausch mit Baraufgabe**"). Dabei ist jede Lieferung für die umsatzsteuerliche Behandlung separat zu betrachten. Grundsätzlich können an einem Tausch zwei Unternehmer beteiligt sein, ein Tausch liegt aber auch dann vor, wenn nur ein Unternehmer an dem Vorgang beteiligt ist.

Beispiel 1: Zwischen Unternehmer A und Unternehmer B wird vereinbart, dass A an B im Mai 2018 eine Maschine im Wert von 35.700 € liefert und B an A ein Fahrzeug ebenfalls im Wert von 35.700 € liefert.
Lösung: Beide Unternehmer erbringen steuerbare und steuerpflichtige Lieferungen, für die bei beiden Unternehmern jeweils 5.700 € Umsatzsteuer im Monat der Lieferung entstehen (19 %). Ein Vorsteuerabzug ergibt sich nur bei Vorlage einer ordnungsgemäßen Rechnung.

Achtung! Eine Saldierung der Besteuerungsgrundlagen darf bei einem Tausch nicht erfolgen. Soweit beide Beteiligten Unternehmer sind, müssen sie ihre Leistungen der Umsatzsteuer unterwerfen.

Von besonderer Bedeutung bei einem Tausch ist die **Ermittlung der Bemessungsgrundlage.** Nach § 10 Abs. 2 Satz 2 UStG ermittelt sich die Bemessungsgrundlage bei einem Tausch, einem tauschähnlichen Umsatz sowie bei einer Hingabe an Zahlungs statt jeweils nach dem Wert der erhaltenen Leistung. Grundsätzlich bestimmt sich der Wert der Gegenleistung nach dem subjektiven Wert, den der wertabgebende Unternehmer der von ihm hingegebenen Leistung beimisst. Dieser (subjektive) Wert entspricht dem, was er für die ihm gegenüber ausgeführte Leistung aufzuwenden bereit ist[1]. Dazu gehören auch alle Nebenleistungen, z.B. Versandkosten[2]. Soweit ein solcher subjektiver Wert nicht feststellbar ist, geht die Finanzverwaltung für die erhaltene Leistung nach § 9 BewG von dem gemeinen Wert aus. Der gemeine Wert entspricht dem Verkehrswert (dem, was der Leistende am Markt für diesen Gegenstand erhalten könnte), wobei der Verkehrswert einem Bruttowert (inklusive Umsatzsteuer) entspricht.

Achtung! Hat der Leistungsempfänger konkrete Aufwendungen für die von ihm erbrachte Gegenleistung getätigt, ist der gemeine Wert dieser Gegenleistung nicht maßgebend, es sind die tatsächlichen Aufwendungen anzusetzen.

---

1 BFH, Urteil v. 16.4.2008, XI R 56/06, BStBl II 2008, 909 sowie EuGH, Urteil v. 2.6.1994, C-33/93 – Empire Stores Ltd., UR 1995, 64.

2 EuGH, Urteil v. 3.7.2001, C-380/99 – Bertelsmann AG, UR 2001, 346.

Die Bemessungsgrundlage lässt sich allgemein wie folgt ermitteln:

	Wert der erhaltenen Leistung (Brutto)
+/./.	Baraufgabe
=	**Bruttowert**
./.	darin enthaltene Umsatzsteuer für die erbrachte Leistung
=	**Bemessungsgrundlage für die erbrachte Leistung**

Beispiel 2: Kfz-Händler K verkauft an eine Privatperson ein Neufahrzeug im Juni 2018. Neben einer Barzahlung in Höhe von 23.750 € liefert der Käufer auch ein Gebrauchtfahrzeug, dessen gemeiner Wert 6.000 € beträgt. Der Käufer hat für dieses Fahrzeug keine konkreten Aufwendungen getätigt.

Lösung: Nach der oben angegebenen Berechnungsmethode erhält K insgesamt 29.750 € (gemeiner Wert des gelieferten Fahrzeugs zuzüglich der Baraufgabe). Aus diesem Betrag ist die Umsatzsteuer mit 19 %, hier also mit 4.750 €, herauszurechnen. Die Bemessungsgrundlage beträgt für die steuerbare und steuerpflichtige Lieferung somit 25.000 €.

Wenn der Unternehmer einen Gegenstand mit einem höheren Wert als dem gemeinen Wert auf den Kaufpreis anrechnet, liegt ein sog. **verdeckter Preisnachlass** vor; vgl. dazu Stichwort Verdeckter Preisnachlass.

Tauschähnlicher Umsatz

Tauschähnlicher Umsatz auf einen Blick

1. **Rechtsquellen**
   § 3 Abs. 12 und § 10 Abs. 2 Satz 2 UStG
   Abschn. 10.5 UStAE
2. **Bedeutung**
   Bei einem tauschähnlichen Umsatz besteht die Gegenleistung für eine sonstige Leistung in einer Lieferung oder einer sonstigen Leistung. Es liegen zwei eigenständige Leistungen vor.
3. **Weitere Stichworte**
   → Tausch
4. **Besonderheiten**
   Die Finanzverwaltung nimmt für die Abfallwirtschaft bei der Entsorgung werthaltiger Reststoffe ebenfalls einen tauschähnlichen Umsatz an.

1. Allgemeines

Bei einem **tauschähnlichen Umsatz** besteht die Gegenleistung für eine sonstige Leistung in einer Lieferung oder einer sonstigen Leistung, gegebenenfalls verbunden mit einer Zuzahlung („tauschähnlicher Umsatz mit Baraufgabe"). Dabei ist jede Leistung für die umsatzsteuerliche Behandlung separat zu betrachten – es muss jeweils separat geprüft werden, ob der Leistende Unternehmer ist, die Leistung im Rahmen seines Unternehmens ausführt, ob die Leistung im Inland ausgeführt ist und ob sie steuerpflichtig ist.

Die **Bemessungsgrundlage** für einen tauschähnlichen Umsatz ermittelt sich wie bei einem Tausch; vgl. dazu Stichwort Tausch.

Tipp! Ein tauschähnlicher Umsatz liegt auch vor, wenn ein Arbeitgeber einen Firmenwagen seinem Arbeitnehmer zur privaten Nutzung überlässt. Dies gilt auch, wenn er ein gesondertes Entgelt erhält, das aber nicht kostendeckend ist[1]. Vgl. dazu auch Stichwort Dienstwagen.

2. Besonderheiten bei der Abfallentsorgung

Bei der **Abfallentsorgung** kann es ebenfalls zu einem solchen tauschähnlichen Umsatz kommen, wenn der Entsorgungsunternehmer werthaltigen Abfall zu entsorgen hat. Fällt bei einem Unternehmer Abfall an, muss er diesen nach dem Krw-/AbfG[2] ordnungsgemäß entsorgen oder verwerten lassen. Gegebenenfalls bestehen nach anderen spezialgesetzlichen Vorschriften weitere Verpflichtungen, für eine ordnungsgemäße Entsorgung Sorge zu tragen. Im Regelfall wird der Unternehmer die fachgerechte Entsorgung nicht selbst ausführen, sondern sich eines darauf spezialisierten Unternehmers bedienen.

Wichtig! Als Abfall gelten nach § 3 Abs. 1 Krw-/AbfG alle beweglichen Sachen, deren sich der Besitzer entledigen will oder entledigen muss.

Grundsätzlich ist die Entsorgung von Abfall durch einen Unternehmer eine sonstige Leistung nach § 3 Abs. 9 Satz 1 UStG, wenn der Entsorgung eine eigenständige wirtschaftliche Bedeutung zuzumessen ist. Die Finanzverwaltung[3] ging davon insbesondere dann aus, wenn über die Entsorgung ein Entsorgungsnachweis ausgestellt wird. Dabei kann sich die Leistung im Rahmen eines Umsatzes oder im Rahmen

---

1 BFH, Urteil v. 31.7.2008, V R 74/05, BFH/NV 2009, 226.

2 Gesetz zur Förderung der Kreislaufwirtschaft und Sicherung der umweltverträglichen Beseitigung von Abfällen; in der Fassung v. 24.2.2012, BGBl I 2012, 212.

3 BMF, Schreiben v. 1.12.2008, BStBl I 2008, 992.

von zwei Umsätzen (tauschähnlicher Umsatz) vollziehen. Dies ist dann gegeben, wenn der Abfall werthaltig ist und dies auch den Leistungsaustausch beeinflusst hat.

Wichtig! Die Finanzverwaltung[4] hat das Schreiben aus dem Dezember 2008 vollständig überarbeitet. Dabei wurden insbesondere die Voraussetzungen präzisiert, in welchen Fällen von einer Entsorgungsleistung von eigenständiger wirtschaftlicher Bedeutung ausgegangen werden muss. Darüber hinaus werden die Bagatellgrenzen nach oben angepasst und die Ausnahmeregelungen ergänzt.

Tipp! In der überarbeiteten Fassung des BMF-Schreibens hat die Finanzverwaltung den Hinweis aufgegeben, dass insbesondere dann der Entsorgung eine eigenständige wirtschaftliche Bedeutung zukommt, wenn über die Entsorgung ein Entsorgungsnachweis ausgestellt wird. Der Ausstellung eines Entsorgungsnachweises kommt somit keine wirtschaftliche Bedeutung mehr zu.

In der überarbeiteten Fassung des BMF-Schreibens vom 20.9.2012 geht die Verwaltung erstmals ausführlich darauf ein, wann der Entsorgungsleistung eine **eigenständige wirtschaftliche Bedeutung** zukommt. Danach muss eine Vereinbarung über die Aufarbeitung oder Entsorgung der Abfälle getroffen worden sein – die Verpflichtung zur Einhaltung abfallrechtlicher Normen oder die Ausstellung eines Entsorgungsnachweises sind alleine nicht ausreichend. Insbesondere gilt:

- Von einer bloßen Abfalllieferung an den Entsorger ist auszugehen, wenn der Entsorger dem Abfallerzeuger eine Vergütung für den Abfallstoff zahlt, ohne dass der Entsorgungsleistung eine eigenständige wirtschaftliche Bedeutung zukommt.
- Haben die Abfallstoffe einen positiven Marktwert und werden sie unmittelbar im Produktionsprozess z.B. als Roh- oder Brennstoff eingesetzt, steht nicht die Entsorgungsleistung im Vordergrund, selbst wenn die Eigenschaft als Abfallstoff noch nicht verloren wurde.

Tipp! Dies gilt nach dem BMF-Schreiben insbesondere für sortiertes und gepresstes Papier, sortierte Kunststoffe oder sortenrein erfasste oder behandelte Altöle. Dies gilt auch für sortenrein gesammelte Produktionsabfälle.

- Beim Handel mit den vorgenannten Stoffen liegt ebenfalls keine Entsorgungsleistung vor, unabhängig, ob die Gegenstände einer Behandlung (z.B. Zerkleinern) unterzogen worden sind.

Kommt der Entsorgungsleistung eine eigenständige wirtschaftliche Bedeutung zu, muss sich die Lieferung des Altstoffs auch auf die Barvergütung für die Abfallentsorgung ausgewirkt haben. Die Finanzverwaltung geht aus Vereinfachungsgründen nur in den folgenden Fällen von dieser **gegenseitigen Beeinflussung** auszugehen, wenn:

- Die Beteiligten ausdrücklich entsprechende Vereinbarungen treffen, die einen Wert für die übernommenen Altstoffe aufnehmen oder
- wenn die wechselseitige Beeinflussung der beiden Leistungen offensichtlich ist.

Wichtig! Während die Verwaltung in ihrem Schreiben vom 1.12.2008 an dieser Stelle noch eine beispielhafte Aufzählung solcher offensichtlichen wechselseitigen Beeinflussungen vorgab, ist dies in der überarbeiteten Fassung vom 20.9.2012 eine abschließende Aufzählung.

Von einer solchen **offensichtlichen Beeinflussung** ist nach Auffassung der Finanzverwaltung nur auszugehen, wenn:

- In den Entsorgungsverträgen Preisanpassungsklauseln in Abhängigkeit des Marktwerts der Altstoffe vereinbart werden; dabei kommen Preisanpassungsklauseln, die nur für zukünftige Umsätze Auswirkungen haben, keine Bedeutung zu,
- die Art- und Güte des Abfalls zu Auf- oder Abschlägen führt,
- Vereinbarungen über die Verteilung eines Erlöses oder eines Mehrerlöses getroffen werden.

---

4 BMF, Schreiben v. 17.12.2012, BStBl I 2012, 1260 sowie Abschn. 10.5 Abs. 2 UStAE.

Tipp! Aufgegeben hat die Finanzverwaltung die Auffassung, dass es ausreichend ist, wenn ein allgemein zugänglicher Marktpreis (z.B. EUWID, Börsenpreis) vorliegt und eine Entsorgungsleistung ausdrücklich vereinbart worden ist.

Allerdings liegen nicht in allen Fällen tauschähnliche Umsätze vor. Die Finanzverwaltung nimmt in folgenden Fällen keinen tauschähnlichen Umsatz an:

- Die Barvergütung für die Entsorgungsleistung beträgt nicht mehr als 50 € und die entsorgte Menge Abfall übersteigt nicht ein Gewicht von 100 kg[5] je Umsatz (Bagatellregelung).
- Bei der Entsorgung von Altstoffen im Falle sog. Umleersammeltouren (z.B. Leerung von Altpapiertonnen oder Austausch von Altölsammelbehältern), bei denen die Menge und die Qualität des entsorgten Abfallstoffes im Einzelfall nicht feststellbar ist.
- Wenn die Werthaltigkeit der überlassenen Abfälle erst später festgestellt werden kann, ohne dass sich hierdurch Auswirkungen auf die Höhe der schon getätigten Umsätze ergeben; Auswirkungen auf spätere Umsätze sind unschädlich.
- Nebenerzeugnisse oder Abfälle werden im Rahmen einer Gehaltslieferung nach § 3 Abs. 5 UStG zurückgegeben.
- Wenn das angekaufte Material ohne weitere Bearbeitung marktfähig ist (z.B. an einer Rohstoffbörse handelbar ist). In diesem Fall liegt kein „Abfall", sondern ein lieferfähiger Rohstoff vor.
- Wenn die werthaltigen Bestandteile der Abfälle im Eigentum des Abfallerzeugers verbleiben und eine Barvergütung für die Entsorgungsleistung vereinbart worden ist.

Liegt ein solcher tauschähnlicher Umsatz vor, dann ergeben sich für die beteiligten Unternehmer die folgenden **Rechtsfolgen**:

- Der Entsorgungsunternehmer muss nicht nur die erhaltene Barvergütung der Besteuerung unterwerfen, er muss darüber hinaus auch den gemeinen Wert der erhaltenen Altstoffe als Gegenleistung für seine Entsorgungsleistung werterhöhend erfassen. Dabei ist auf den Wert der Abfallstoffe zum Zeitpunkt der Übergabe an den Entsorger abzustellen.
- Der Abfallerzeuger muss eine steuerbare und steuerpflichtige Lieferung der Besteuerung unterwerfen.

Wichtig! Es bestehen nach Auffassung der Finanzverwaltung keine Bedenken, wenn der zwischen den Beteiligten vereinbarte Wert der überlassenen Abfälle auch für die umsatzsteuerrechtliche Berechnung zugrunde gelegt wird.

Beispiel: Entsorgungsunternehmer E übernimmt für das Industrieunternehmen I die Entsorgung alter Maschinen und Elektronikgeräten. Pro Fuhre wird eine Pauschale von 500 € zuzüglich Umsatzsteuer vereinbart, die sich aber verringert, wenn ein bestimmter Anteil werthaltiger Metallteile in den Altgeräten überschritten ist.

Im August 2018 hat E 20 Fuhren durchgeführt, der von ihm aufgrund der festgestellten Metallanteile I zu vergütende Betrag beläuft sich auf (netto) 2.000 €.

Lösung: I führt mit der Überlassung des werthaltigen Schrotts eine steuerbare und steuerpflichtige Lieferung aus, für die Umsatzsteuer entsteht. Dabei ist zu beachten, dass die Lieferung des Schrotts unter das Reverse-Charge-Verfahren fällt (§ 13b Abs. 2 Nr. 7 i.V.m. Abs. 5 Satz 1 UStG)[6]. Damit wird E zum Steuerschuldner für die ihm gelieferten Altstoffe, die Bemessungsgrundlage nach § 10 Abs. 1 und Abs. 2 Satz 2 UStG bestimmt sich aus dem gemeinen Wert der Abfallentsorgungsleistung abzüglich der Baraufgabe – offensichtlich nach dem Willen der Beteiligten hier ein Wert von 2.000 €. Damit

[5] Hier war früher von einem Gewicht von 25 kg ausgegangen worden.

[6] Vereinfachungsregelung bei der Lieferung von alten Maschinen etc. nach Abschn. 13b.4 Abs. 3 Satz 3 UStAE.

entsteht aus der Lieferung der Altteile bei E im Reverse-Charge-Verfahren eine Umsatzsteuer von (19 %) 380 €.
Nach der Vereinbarung zwischen E und I ist davon auszugehen, dass E noch einen Anspruch auf Auszahlung von 9.520 € hat (Nettowert der Leistung des E [10.000 €] zuzüglich Umsatzsteuer [1.900 €] abzüglich Wert der erhaltenen Altstofflieferung [2.000 €] abzüglich übernommene Umsatzsteuerschuld [380 €]).
Die Leistung des E ist als sonstige Leistung ebenfalls steuerbar und steuerpflichtig, Steuerschuldner für die Entsorgungsleistung bleibt E, § 13a Abs. 1 Nr. 1 UStG. Der Bruttowert seiner Leistung (vgl. dazu oben) beträgt nach § 10 Abs. 1 und Abs. 2 Satz 2 UStG der Wert der erhaltenen Leistung [2.000 €] zuzüglich übernommene Umsatzsteuer [380 €] zuzüglich Baraufgabe [9.520 €] insgesamt 11.900 €, aus denen er 19 % herausrechnen muss. Die Bemessungsgrundlage beträgt damit (11.900 € : 1,19 =) 10.000 € und die abzuführende Umsatzsteuer beträgt 1.900 €.

Wichtig! Soweit die an diesem tauschähnlichen Umsatz beteiligten Unternehmer und auch zum Vorsteuerabzug berechtigt sind, können sie selbstverständlich die jeweils entstandene Umsatzsteuer als Vorsteuer abziehen. Dies setzt aber immer ordnungsgemäße Rechnungen der Beteiligten voraus. Die Abrechnung kann auch im Wege einer Gutschrift erteilt werden[7].

Die Finanzverwaltung hatte 2008 eine längere Übergangsvorschrift aufgenommen. Bei Verträgen, die vor dem 1.7.2009 abgeschlossen wurden, wurde es bis zum **31.12.2010** nicht beanstandet, wenn kein tauschähnlicher Umsatz angenommen wurde. Dies galt allerdings nicht für die Lieferung oder die Entsorgung von Materialabfall, der z.B. bei der Be- oder Verarbeitung bestimmter Materialien, die selbst keine Abfallstoffe sind, anfällt. Die Finanzverwaltung[8] hat ihre **Übergangsregelung** erweitert: Für Umsätze, die vor dem 1.1.2013 ausgeführt worden sind, wird es nicht beanstandet, wenn diese Umsätze nach den Grundsätzen des BMF-Schreibens vom 1.12.2008 behandelt werden.

---

7 Seit 30.6.2013 ist dabei darauf zu achten, dass in der Abrechnung auch der Begriff „Gutschrift" enthalten ist; § 14 Abs. 4 Nr. 10 UStG.

8 BMF, Schreiben v. 21.11.2013, BStBl I 2013, 1584.

Teilleistung

Teilleistung auf einen Blick

1. **Rechtsquellen**
   § 13 Abs. 1 Nr. 1 Buchst. a UStG
   Abschn. 13.4 UStAE
2. **Bedeutung**
   Ist bei der Sollbesteuerung eine Teilleistung ausgeführt, entsteht die Umsatzsteuer insoweit endgültig. Insbesondere bei Rechtsänderungen (z.B. Steuersatzwechsel) ist deshalb die Abgrenzung einer Teilleistung von Anzahlungen oder Vorauszahlungen wichtig.
3. **Weitere Stichworte**
   → Anzahlungen, → Sollbesteuerung

1. Allgemeines

Die Umsatzsteuer entsteht im Regelfall bei der **Sollbesteuerung** (Besteuerung nach vereinbarten Entgelten) dann, wenn der Unternehmer seine Leistung ausgeführt hat. Eine Umsatzsteuer entsteht aber nach § 13 Abs. 1 Nr. 1 Buchst. a Satz 2 UStG auch schon dann mit Ablauf des jeweiligen Voranmeldungszeitraumes, wenn der Unternehmer eine **Teilleistung** ausgeführt hat. Damit eine Teilleistung vorliegt, müssen die folgenden Voraussetzungen gemeinsam erfüllt sein:

- Es muss sich um **wirtschaftlich sinnvoll teilbare** Leistungen handeln[1] und
- die Leistung muss auch **als Teilleistung geschuldet** werden[2].

Eine wirtschaftlich sinnvoll teilbare Leistung liegt dann vor, wenn die Leistung in verschiedene Einzelleistungen aufteilbar ist.

Tipp! In der Praxis kann eine Orientierung daran erfolgen, ob es wirtschaftlich vertretbar wäre, diese Leistung auch von verschiedenen Unternehmern erbringen zu lassen.

Beispiel 1: Bauunternehmer B wird beauftragt, den Rohbau eines mehrgeschossigen Mietwohnhauses zu errichten.
Lösung: Die Fertigstellung von einzelnen Etagen stellt keine Teilleistung dar, da die einzelnen Etagen nicht sinnvoll wirtschaftlich aufteilbar sind.

Eine in Teilen geschuldete Leistung wird in aller Regel dann vorliegen, wenn für einzelne Leistungsteile gesonderte Entgeltabrechnungen durchgeführt werden. Mit diesen **Entgeltabrechnungen** ist dann auch eine abschließende Abnahme der Teilleistung – meistens verbunden mit einem Übergang der Gefahren an diesem Gegenstand – und eine endgültige Abrechnung verbunden.

Achtung! Die Vereinbarung von Teilleistungen hat nicht nur umsatzsteuerrechtliche Folgen. Wenn eine Teilabnahme eines Werks vorliegt, ergeben sich im Regelfall auch zivilrechtliche Folgen (Beginn der Gewährleistungsfrist etc.).

Beispiel 2: Installateur I wird der Auftrag erteilt, in einem Neubau die Be- und Entwässerungsanlagen einzubauen und darüber hinaus auch die Heizungsanlage einzubauen. Die Be- und Entwässerungsanlagen werden gesondert abgenommen und abgerechnet. Die Heizungsanlage wird später eingebaut und ebenfalls gesondert abgenommen und abgerechnet.

---

1 Dies ist ein objektives Kriterium, das nicht von den Vertragsparteien beeinflussbar ist.

2 Dies ist ein subjektives Kriterium, hier kommt es auf die individuelle vertragliche Vereinbarung der Vertragsparteien an.

Lösung: Es liegen Teilleistungen vor, da hier sowohl wirtschaftlich sinnvoll teilbare Leistungen vorliegen und auch eine gesonderte Entgeltsabrechnung vereinbart und durchgeführt wird. Die Gewährleistungsfristen beginnen jeweils nach Abnahme der Teilleistungen, soweit nicht ausdrücklich abweichende Vereinbarungen getroffen werden.

Wichtig! Soweit eine Teilleistung ausgeführt worden ist, ist die dafür zu berechnende Umsatzsteuer endgültig entstanden. Danach eintretende Rechtsänderungen (z.B. Änderung des Steuersatzes, Änderungen bei dem Ort der Leistung) führen nicht zu einer Nachbesteuerung der Teilleistung zum Zeitpunkt des Abschlusses der Gesamtleistung.

Achtung! Anzahlungen, Vorauszahlungen, Zahlungen nach der Makler- und Bauträgerverordnung (MaBV) sowie Zahlungen entsprechend dem Leistungsfortschritt stellen in keinem Fall Teilleistungen dar.

Teilleistungen liegen in der Praxis insbesondere in den folgenden Fällen vor:

- **Immobilien** oder bewegliche Gegenstände werden **vermietet**. In jedem Abrechnungszeitraum (in der Regel der Monat) wird eine Teilleistung erbracht.
- Eine **Leasinggesellschaft** erbringt gegenüber ihren Kunden gegen monatliche Zahlung der Leasingraten Teilleistungen.
- Bei einem Rahmenvertrag werden mehrere Einzellieferungen erbracht (z.B. bei Abschluss eines Rahmenvertrags über die Lieferung von Heizöl, das über das Jahr verteilt in einzelnen Lieferungen ausgefahren wird). Jede Lieferung stellt eine Teilleistung dar.

Achtung! Die Abrechnung von Architekten und Ingenieuren nach der HOAI führt nicht zu Teilleistungen, da eine einheitliche Leistung erbracht wird. Nur wenn zwischen den Beteiligten Zusatzvereinbarungen über die gesonderte Ausführung und Honorierung von Leistungsphasen vereinbart werden, können Teilleistungen vorliegen[3].

2. Besonderheiten im Baugewerbe

Insbesondere in der **Bauwirtschaft** ist die Frage der Teilleistungen für die fristgerechte Anmeldung einer entstandenen Umsatzsteuer von Bedeutung. Darüber hinaus ist auch bei einem Steuersatzwechsel auf eine korrekte Abgrenzung zu achten.

Beispiel 3: Rohbauunternehmer R hat die Errichtung eines sechs Stockwerke umfassenden Rohbaus übernommen. Insgesamt war im Rahmen einer Nettopreisvereinbarung ein Preis i.H.v. 1.200.000 € vereinbart worden. Bis zum Zeitpunkt des Steuersatzwechsels waren fünf Stockwerke fertiggestellt. Entsprechend dem Zahlungsplan hat R schon – netto – 800.000 € erhalten und darauf in seinen Voranmeldungen die „alte" Umsatzsteuer an sein Finanzamt abgeführt.

Lösung: Nach dem Steuersatzwechsel wird der Rohbau fertiggestellt. Damit entsteht die Umsatzsteuer für die Gesamtleistung mit der aktuellen Umsatzsteuer. R muss die bisher mit dem alten Steuersatz besteuerten Anzahlungen mit der Steuersatzdifferenz nachversteuern.

---

[3] Vgl. auch Abschn. 13.3 UStAE.

Als **sinnvolle Teilleistungen** im Baugewerbe gelten[4]:

<table>
<tr><th colspan="2">Abgrenzung der Teilleistungen im Baugewerbe</th></tr>
<tr><th>Art der Arbeit</th><th>Aufteilungsmaßstab</th></tr>
<tr><td>Erdarbeiten</td><td>Es kann eine haus- oder blockweise Aufteilung erfolgen.</td></tr>
<tr><td>Maurer- und Betonarbeiten</td><td>Bei Neubauten können Teilleistungen im Allgemeinen nur haus- oder blockweise bewirkt werden. Insbesondere bei herkömmlicher Bauweise und bei Skelettbauweise erscheint eine geschossweise Aufteilung grundsätzlich nicht zulässig.</td></tr>
<tr><td>Naturwerkstein- und Betonwerksteinplatten</td><td>Bei Objekten, die miteinander nicht verbunden sind, kann eine stückweise Aufteilung vorgenommen werden.</td></tr>
<tr><td>Außenputzarbeiten</td><td>Es bestehen keine Bedenken gegen eine haus- oder blockweise Aufteilung bzw. gegen eine Aufteilung bis zur Dehnungsfuge.</td></tr>
<tr><td>Zimmerarbeiten</td><td>Aufteilung haus- und blockweise zulässig.</td></tr>
<tr><td>Dachdeckerarbeiten</td><td>Aufteilung haus- und blockweise zulässig.</td></tr>
<tr><td>Klempnerarbeiten</td><td>Aufteilung ist je nach Art der Arbeit haus- oder stückweise zulässig (z.B. Regenrinne mit Abfallrohr hausweise, Fensterabdeckungen (außen) stückweise).</td></tr>
<tr><td>Putz- und Stuckarbeiten (innen)</td><td>Gegen eine Aufteilung nach Wohnungen oder Geschossen bestehen keine Bedenken.</td></tr>
<tr><td>Fliesen- und Plattenlegerarbeiten</td><td>Eine Aufteilung kann grundsätzlich nach einzelnen Räumen, z.B. Küchen und Bädern erfolgen, wenn für die einzelnen Leistungen Einzelpreise ermittelbar sind.</td></tr>
<tr><td>Tischlerarbeiten</td><td rowspan="3">Aufteilung erscheint je nach Art der Arbeit im Regelfall stückweise zulässig (z.B. bei Tischlerarbeiten je Tür und Fenster, z.B. bei Schlosserarbeiten je Balkongitter).</td></tr>
<tr><td>Schlosserarbeiten</td></tr>
<tr><td>Glaserarbeiten</td></tr>
<tr><td>Maler- und Tapeziererarbeiten</td><td>Die Aufteilung nach Wohnungen ist im Regelfall zulässig. Eine raumweise Aufteilung erscheint nicht vertretbar, wenn die Arbeiten untrennbar ineinanderfließen.</td></tr>
<tr><td>Bodenbelagsarbeiten</td><td>Im Allgemeinen bestehen gegen eine Aufteilung je Wohnung oder Geschoss keine Bedenken.</td></tr>
<tr><td>Ofen- und Herdarbeiten</td><td>Gegen eine stück- oder wohnungsweise Aufteilung bestehen keine Bedenken.</td></tr>
<tr><td>Gas-, Wasser- und Abwasserinstallation</td><td>Aufteilung der Installationsanlagen ist haus- oder blockweise zulässig. Bei der Installation z.B. von Waschbecken, Badewannen und WC-Becken bestehen im Allgemeinen auch gegen eine stückweise Aufteilung keine Bedenken.</td></tr>
<tr><td>Elektrische Anlagen</td><td>Eine Aufteilung ist bei Gesamtanlagen im allgemeinen blockweise vorzunehmen.</td></tr>
<tr><td>Anschlüsse an Entwässerungs- und Versorgungsanlagen</td><td>Aufteilung erfolgt je Anlage.</td></tr>
</table>

[4] Gem. BdF, Erlass v. 28.12.1970, über Teilleistungen in der Bauwirtschaft. So auch OFD Karlsruhe, Verfügung v. 19.9.2005, DStR 2005, 1736.

Abgrenzung der Teilleistungen im Baugewerbe	
Art der Arbeit	**Aufteilungsmaßstab**
Gartenanlagen	Aufteilung erfolgt je nach der Arbeit.
Straßenbau	Fertige Straßenbauabschnitte stellen Teilleistungen dar. Es bestehen auch keine Bedenken, dass auch der bis auf die Feinschicht fertiggestellte Straßenoberbau einerseits und die Feinschicht andererseits als Teilleistungen angenommen werden. Ebenfalls kann es sich bei größeren Erdarbeiten um Teilleistungen handeln.
Kanalbau	Eine abschnittsweise Aufteilung (z.B. von Schacht zu Schacht) ist zulässig.
Heizungsanlagen	Die Aufteilung kann haus- oder blockweise je Anlage vorgenommen werden. Bei selbständigen Etagenheizungen kann nach Wohnungen aufgeteilt werden.

Wichtig! Soweit eine wirtschaftlich teilbare Leistung vorliegt, muss dies auch vertraglich als Teilleistung vereinbart und praktisch (durch Abnahme) so durchgeführt sein.

Transporthilfsmittel

Transporthilfsmittel auf einen Blick

1. **Rechtsquellen**
   § 3 Abs. 12 und § 12 UStG
2. **Bedeutung**
   Im Groß- und Einzelhandel werden regelmäßig Warenumschließungen abgegeben. Dies kann gegen ein gesondert berechnetes Entgelt, unentgeltlich oder im Rahmen von Tauschsystemen geschehen. Dabei sind die umsatzsteuerrechtlichen Folgen aus der Überlassung von Transporthilfsmitteln und Warenumschließungen abzugrenzen. Bei der Überlassung von Transporthilfsmitteln im Rahmen von Tauschsystemen handelt es sich nach Auffassung der Finanzverwaltung nicht mehr um Lieferungen, sondern es ist von einem Sachdarlehen (sonstige Leistung) auszugehen.
3. **Weitere Stichworte**
   → Bemessungsgrundlage, → Lieferung, → Tausch
4. **Besonderheiten**
   Die Finanzverwaltung hat ihre – geänderte – Rechtsauffassung im November 2013 veröffentlicht. Es wurde allerdings eine (verlängerte) Anpassungsfrist bis zum 31.12.2014 gewährt.

1. Abgabe von Transporthilfsmitteln

Bei der Abgabe von Waren werden auf allen Handelsstufen Warenumschließungen mit abgegeben, die dem jeweiligen Leistungsempfänger teilweise gegen ein gesondertes Entgelt (Pfand), teilweise unentgeltlich abgegeben werden. In bestimmten Fällen (insbesondere bei Euro-Flachpaletten oder Euro-Güterboxpaletten) werden die Gegenstände in Tauschsystemen überlassen. Dabei kann es sowohl zur Berechnung von Abwicklungsentgelten („Handling“) wie auch zu Ausgleichszahlungen bei Nichtrückgabe kommen. Die Überlassung von Warenumschließungen kann sich aus umsatzsteuerrechtlicher Sicht als entgeltlicher Umsatz (Lieferung oder Rücklieferung), als Nebenleistung, die das Schicksal der Hauptleistung teilt, als unentgeltliche Wertabgabe oder als Sachdarlehen darstellen. Dabei kommt es jeweils darauf an, um welche Art Warenumschließung es sich handelt, und welche Vereinbarungen zwischen den Beteiligten getroffen wurden.

Achtung! Die zutreffende umsatzsteuerrechtliche Einordnung ist sowohl für die richtige Ermittlung der Umsatzsteuer des leistenden Unternehmers als auch für den Vorsteuerabzug des Leistungsempfängers von Bedeutung. Zudem ergeben sich erhebliche Unterschiede für die jeweilige Rechnung oder Gutschrift.

Grundsätzlich muss bei der Überlassung von Transportmitteln nach der Auffassung der Finanzverwaltung[1] unterschieden werden, ob diese gegen ein gesondert vereinbartes Pfandgeld oder im Rahmen von Tauschmitteln überlassen werden.

Die Grundsätze sind in allen noch offenen Fällen anzuwenden. Die Finanzverwaltung beanstandete es aber für alle bis zum 31.12.2014[2] ausgeführten Leistungen nicht, wenn:

- Bei der Hingabe von Transporthilfsmitteln gegen Pfand noch von einer Nebenleistung ausgegangen wird und
- bei Tauschsystemen noch von Lieferungen der Gegenstände (Paletten) ausgegangen wird und die Leistungen von den Unternehmern auch entsprechend besteuert werden.

---

1 BMF, Schreiben v. 5.11.2013, BStBl I 2013, 1386.

2 Ursprünglich war der 31.12.2013 angegeben. Durch BMF, Schreiben v. 12.6.2014, BStBl I 2014, 909 war die Frist aber bis zum 31.12.2014 verlängert worden.

2. Überlassung von Transportbehältnissen gegen Pfand

Für die zutreffende umsatzsteuerrechtliche Beurteilung muss unterschieden werden, ob es sich um ein selbstständiges Transporthilfsmittel oder um eine Warenumschließung handelt.

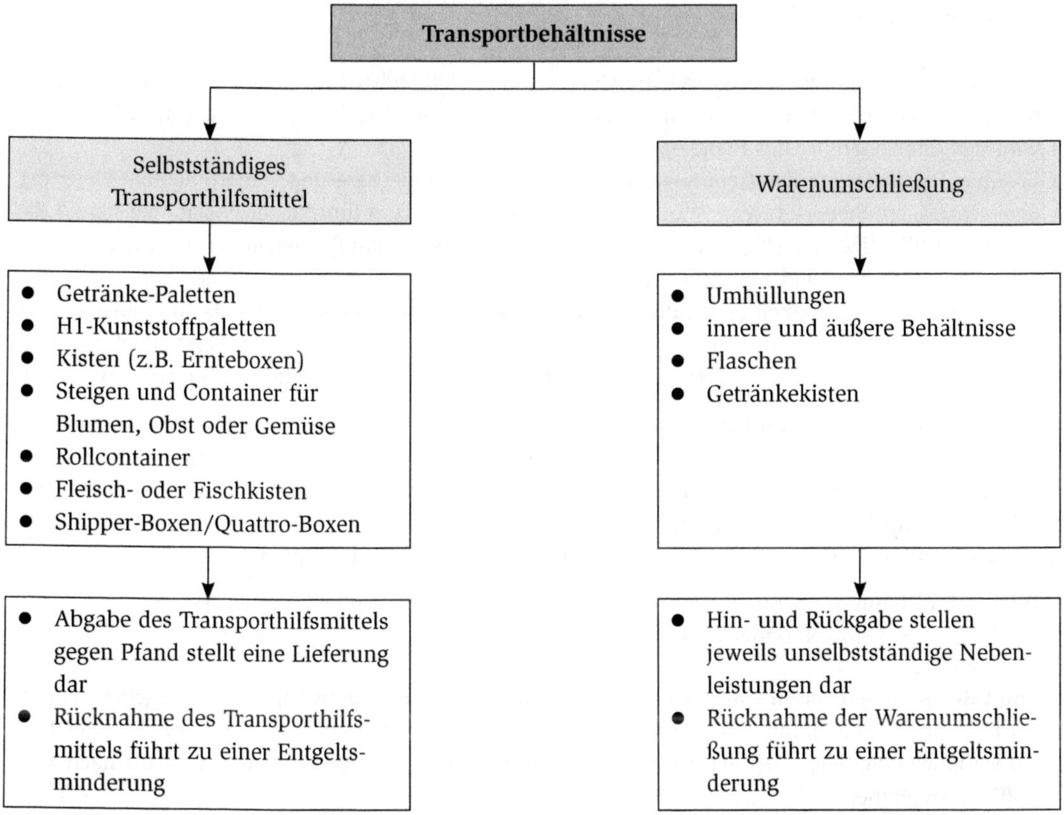

Wichtig! Selbstständige Transporthilfsmittel können auf allen Handelsstufen eingesetzt werden, werden aber grundsätzlich nicht an den Endverbraucher geliefert.

Liegen selbstständige Transporthilfsmittel vor, werden diese – soweit ein gesondertes Entgelt dafür verlangt wird (z.B. Pfand) – im Rahmen einer eigenständigen Lieferung abgegeben. Dabei kommt der Regelsteuersatz (19 %) zur Anwendung, unabhängig davon, für welche Art Waren diese Hilfsmittel verwendet werden. Der Empfänger des Transporthilfsmittels ist – soweit eine ordnungsgemäße Rechnung vorliegt – zum vollen Vorsteuerabzug berechtigt, da davon auszugehen ist, dass er selbst keine vorsteuerabzugsschädlichen Ausgangsleistungen ausführen wird.

Gibt der Empfänger der Transporthilfsmittel diese – regelmäßig gegen Rückzahlung des Pfands – an den Lieferer zurück, vollzieht sich dies im Rahmen einer Änderung der Bemessungsgrundlage. Der Unternehmer, der das selbstständige Transportmittel zurücknimmt und den Pfand zurückzahlt, muss seinen Ausgangsumsatz „Lieferung des Transporthilfsmittels" mindern, der Unternehmer, der das Transporthilfsmittel zurückgibt und den Pfand zurückerhält, muss seinen Vorsteuerabzug entsprechend mindern.

Tipp! Ursprünglich war die Finanzverwaltung[3] davon ausgegangen, dass sich die Rückgabe des Transporthilfsmittels im Rahmen einer eigenständigen Rücklieferung vollzieht. Später[4] hat sich die Finanzverwaltung dann aber anders festgelegt und sieht die Rückgabe als eine Minderung der Bemessungsgrundlage an.

Beispiel: Gemüsegroßhändler G verkauft Gemüse an Einzelhändler in Gitterboxen. Für die besonderen Gitterboxen berechnet er seinem Kunden 10 € (netto) als Pfand. Bei Rückgabe der Gitterboxen wird dem Einzelhändler das Pfand erstattet.

Lösung: Die Lieferung des Gemüses unterliegt bei G als steuerbare und steuerpflichtige Lieferung dem ermäßigten Steuersatz von 7 %. Die Abgabe der Gitterboxen führt als eigenständige steuerbare und steuerpflichtige Lieferung zum Regelsteuersatz. G muss seinem Einzelhändler für jede Kiste 10 € zzgl. 1,90 € Umsatzsteuer berechnen; der Einzelhändler kann einen entsprechenden Vorsteuerabzug vornehmen. Gibt der Einzelhändler die Gitterboxen gegen Rückzahlung des Pfands an G zurück, liegt eine Minderung der Bemessungsgrundlage vor. Der Einzelhändler muss seinen Vorsteuerabzug mindern und der Großhändler mindert das Entgelt seiner steuerbaren und steuerpflichtigen Lieferungen.

Die Überlassung von **Warenumschließungen** stellt eine **unselbstständige Nebenleistung** zu der eigentlichen Lieferung dar und führt somit nicht zu einer eigenständigen Leistung. Werden solche Warenumschließungen gegen Pfand an einen anderen Unternehmer abgegeben, und später wieder gegen Rückzahlung des Pfands zurückgegeben, mindert sich die Bemessungsgrundlage für die Lieferung des leistenden Unternehmers wie auch der Vorsteuerabzug beim Leistungsempfänger.

Wichtig! Warenumschließungen haben unabhängig von ihrer Verwendung als Verpackung keinen oder nur einen geringen dauernden selbstständigen Gebrauchswert.

Tipp! Bei der pfandweisen Überlassung von Warenumschließungen an Verbraucher ergeben sich zu der bisherigen Behandlung keine Abweichungen; sie stellen Nebenleistungen dar, die das Schicksal der Hauptleistung teilen. Bei der Rückgabe ist eine Minderung der Bemessungsgrundlage nach § 17 UStG vorzunehmen.

3. Überlassung von Transporthilfsmitteln bei Tauschsystemen

Bestimmte Transportmittel (z.B. Euro-Flachpaletten oder Euro-Gitterboxpaletten) werden häufig zwischen Unternehmern im Rahmen von **reinen Tauschsystemen** verwendet. Da es sich bei solchen Systemen um **Sachdarlehen** nach § 607 BGB handelt, liegen keine Lieferungen, sondern umsatzsteuerrechtlich sonstige Leistungen vor. Dabei sind folgende Konstellationen denkbar:

- Der Austausch der Transportmittel erfolgt **unentgeltlich**: In diesen Fällen liegen keine steuerbaren Leistungen vor. Eine unentgeltliche Wertabgabe nach § 3 Abs. 9a UStG liegt ebenfalls nicht vor, da die Wertabgabe aus unternehmerischen Gründen erfolgt.
- Erfolgt die Überlassung **entgeltlich** (z.B. auch bei Entgelten für die Palettenabwicklung – sog. „Handling" oder Palettenaustauschgebühren), liegen sonstige Leistungen vor, die dort ausgeführt sind, wo der Leistungsempfänger sein Unternehmen betreibt, § 3a Abs. 2 UStG. Regelmäßig wird dies zu steuerbaren und steuerpflichtigen Umsätzen führen. Der leistende Unternehmer hat den Vorsteuerabzug aus der Anschaffung oder Herstellung sowie der Reparatur der Gegenstände.

Tipp! Bei der unentgeltlichen Überlassung der Paletten im Rahmen von Sachdarlehen richtet sich der Vorsteuerabzug des leistenden Unternehmers nach dessen unternehmerischer Gesamttätigkeit.

---

[3] BMF, Schreiben v. 5.11.2013, BStBl I 2013, 1386.

[4] BMF, Schreiben v. 20.10.2014, BStBl I 2014, 1372.

Kommt der Empfänger der Gegenstände seiner Verpflichtung zur Rückgabe der Gegenstände nicht nach, weil diese durch Diebstahl oder Zerstörung nicht mehr zurückgegeben werden können, stellt die Ersatzzahlung einen nicht steuerbaren echten Schadensersatz dar.

Achtung! Echter Schadensersatz liegt auch dann vor, wenn ein Ausgleich auf Palettenkonten erfolgt, auf denen der jeweilige Saldo zwischen den erhaltenen und zurückgewährten Paletten aufgezeichnet und der Saldo in Geld ausgeglichen wird.

Wird später auf die Rücknahme der Gegenstände (z.B. Paletten) verzichtet, obwohl die Rückgabe erfolgen könnte, liegt eine an das Sachdarlehen anschließende Lieferung vor, die regelmäßig steuerbar und steuerpflichtig ist.

Bei sog. **Reparatur-Tausch-Programmen**, bei denen defekte Paletten eingeliefert werden und reparierte Paletten zurückgegeben werden, liegt ein Tausch nach § 3 Abs. 12 UStG (eventuell mit Baraufgabe) vor. Beide Unternehmer führen in diesem Fall steuerbare und steuerpflichtige Lieferungen aus. Die Bemessungsgrundlage nach § 10 Abs. 2 Satz 2 UStG kann im Rahmen einer Vereinfachungsregelung für beide Lieferungen mit dem gemeinen Wert der reparierten Paletten angenommen werden. Für die Entstehung der Steuer ist zu beachten, dass die Hingabe der defekten Paletten die Lieferung des einen Unternehmers darstellt, gleichzeitig aber auch die Anzahlung für den anderen Unternehmer ist, der (später) reparierte Paletten liefern wird.

Umrechnung ausländischer Beträge

Umrechnung ausländischer Beträge auf einen Blick

1. **Rechtsquellen**
   § 16 Abs. 6 UStG
   Abschn. 16.4 UStAE
2. **Bedeutung**
   Ein Unternehmer kann im Inland Leistungen erbringen, für die er die Rechnung in einer ausländischen Währung ausstellt. Ebenso kann ein Vorsteuerabzug aus einer Rechnung vorgenommen werden, die in einer ausländischen Währung ausgestellt ist. Für die Umsatzsteuer-Voranmeldung und die Jahreserklärung sind diese Beträge aber in Euro umzurechnen.
3. **Weitere Stichworte**
   → Istbesteuerung, → Kryptowährungen, → Sollbesteuerung, → Teilleistung

Nach § 16 Abs. 6 UStG sind **Werte in fremder Währung** zur Berechnung der Steuer und der abziehbaren Vorsteuer in Euro umzurechnen. Die Vorschrift belegt, dass der Unternehmer im Inland Leistungen ausführen und in fremder Währung berechnen kann. Ebenso kann er im Inland eine Leistung für sein Unternehmen beziehen, für die ihm sowohl ein Entgelt als auch der Steuerbetrag in fremder Währung berechnet werden kann. Die Umrechnung der Steuer und der Vorsteuerbeträge erfolgt nach § 16 Abs. 6 UStG, denn Steuer und Vorsteuer sind in Euro-Beträgen anzumelden, § 18 Abs. 1 UStG.

Die Umrechnung erfolgt nach **amtlichen Briefkursen**, die das Bundesministerium der Finanzen als Durchschnittskurse für den Monat öffentlich bekannt gibt (im Bundesanzeiger, im Bundessteuerblatt Teil I oder im Internet), in dem:

- bei der Besteuerung nach vereinbarten Entgelten die Leistung ausgeführt wird (vgl. Stichwort Sollbesteuerung) oder
- bei Sollbesteuerung das Entgelt oder Teilentgelt vor Ausführung der Leistung (§ 13 Abs. 1 Nr. 1 Buchst. a Satz 4 UStG) vereinnahmt wird (vgl. Stichwort Teilleistung) oder
- bei Besteuerung nach vereinnahmten Entgelten (§ 20 UStG, vgl. Stichwort Istbesteuerung) die Entgelte vereinnahmt werden.

Tipp! Aus Vereinfachungsgründen kann das Finanzamt gestatten, dass die Umrechnung regelmäßig nach den Durchschnittskursen vorgenommen wird, die das BMF für den Monat bekannt gegeben hat, der dem Monat vorangeht, in dem die Leistung ausgeführt oder das Entgelt vereinnahmt wird[1].

Grundsätzlich kann das Finanzamt auch eine **Umrechnung nach dem Tageskurs** durch Bankmitteilung oder Kurszettel gestatten, § 16 Abs. 6 Satz 3 UStG.

Bei Unternehmern aus dem Drittlandsgebiet, die für nach § 3a Abs. 5 UStG erbrachte Leistungen (elektronisch ausgeführte Umsätze, Telekommunikationsdienstleistungen oder Rundfunk- und Fernsehdienstleistungen) die Besteuerung in einem Mitgliedstaat (sog. **Einortregistrierung**) nach § 18 Abs. 4c UStG wählen, erfolgt die Umrechnung nach den Kursen, die von der Europäischen Zentralbank für den letzten Tag des Besteuerungszeitraums festgestellt wurde. Soweit zu diesem Tag kein Kurs festgestellt wurde, ist der Kurs vom nächsten Tag maßgebend, § 16 Abs. 6 Satz 4 und Satz 5 UStG.

Macht ein im übrigen Gemeinschaftsgebiet ansässiger Unternehmer, der Leistungen nach § 3a Abs. 5 UStG (ab dem 1.1.2015) im Bereich von elektronisch ausgeführten sonstigen Leistungen, Telekommunikationsdienstleistungen oder Rundfunk- und Fernsehdienstleistungen ausführt, von der Mini-One-Stop-Shop-Regelung in seinem Heimatstaat Gebrauch[2], hat er zur Berechnung der Steuer Werte in fremder

---

[1] Abschn. 16.4 Abs. 2 UStAE.

[2] § 18 Abs. 4e UStG.

Währung nach den Kursen umzurechnen, die für den letzten Tag des Besteuerungszeitraums nach § 16 Abs. 1b UStG von der Europäischen Zentralbank festgestellt worden sind. Soweit zu diesem Tag kein Kurs festgestellt wurde, ist der Kurs vom nächsten Tag maßgebend.

Umsatzsteuererklärung

Umsatzsteuererklärung auf einen Blick

1. **Rechtsquellen**
   § 18 UStG
2. **Bedeutung**
   Der Unternehmer hat grundsätzlich für ein Kalenderjahr eine Umsatzsteuererklärung abzugeben. In der Erklärung hat der Unternehmer alle steuerbaren Umsätze, alle Vorsteuerbeträge sowie sich gegebenenfalls ergebende Vorsteuerberichtigungsbeträge anzugeben. Darüber hinaus sind auch bestimmte nicht steuerbare Umsätze anzugeben.
3. **Weitere Stichworte**
   → Organschaft, → Umsatzsteuervoranmeldung, → Unternehmenseinheit, → Vorsteuerberichtigung
4. **Besonderheiten**
   Seit 2011 ist Jahressteuererklärung zwingend auf elektronischem Weg an das Finanzamt zu übertragen. Ab dem Besteuerungszeitraum 2018 ist die bisherige Anlage UR entfallen. Die bis einschließlich der Veranlagungen 2017 in der Anlage UR anzugebenden Sachverhalte sind – unter denselben Kennziffern – direkt in den Hauptvordruck integriert worden.

Unabhängig von der **Abgabe der Umsatzsteuer-Voranmeldungen** hat der Unternehmer nach amtlich vorgeschriebenem Datensatz durch Datenfernübertragung eine **Jahressteuererklärung** zu übermitteln. Die **Abgabefrist für die Steuererklärung** endet regelmäßig gemäß § 149 Abs. 2 AO fünf Monate nach Ablauf des Besteuerungszeitraums. Soweit Angehörige steuerberatender Berufe die Erklärungen erstellen, verlängert sich diese Frist regelmäßig bis zum Ende des folgenden Jahrs.

Achtung! Durch das Gesetz zur Modernisierung des Besteuerungsverfahrens ergeben sich für die Steuererklärungen ab dem Veranlagungszeitraum 2018 neue Erklärungsfristen. Die reguläre Erklärungsfrist endet dann am 31.7. des folgenden Jahres, für Steuerberater ergibt sich eine Abgabefrist bis zum Ende des Februars des übernächsten Jahres.

Wenn der Unternehmer in einem Kalenderjahr seine unternehmerische Betätigung beendet hat, ist er verpflichtet, innerhalb eines Zeitraums von einem Monat nach Beendigung der unternehmerischen Betätigung eine Steuererklärung für den kürzeren Zeitraum abzugeben.

Achtung! Besteuerungszeitraum bei der Umsatzsteuer ist grundsätzlich das Kalenderjahr, auch wenn der Unternehmer ertragsteuerlich ein abweichendes Wirtschaftsjahr hat.

Für alle nach dem 31.12.2010 endenden Besteuerungszeiträume (erstmals also für das **Kalenderjahr 2011**) ist die Jahressteuererklärung **zwingend elektronisch** an das Finanzamt zu übertragen – dabei ist die Steuererklärung nach amtlich vorgeschriebenem Datensatz zu übermitteln. Dazu ist vorher eine Registrierung notwendig.

Eine Ausnahme für die Abgabe der Erklärung auf elektronischem Weg besteht lediglich dann, wenn es für den Unternehmer eine **unbillige Härte** darstellt. Die Finanzverwaltung verweist dazu auf die schon für die Abgabe der Voranmeldungen festgelegten Gründe, in denen eine unbillige Härte für den Unternehmer vorliegt (vgl. Stichwort Umsatzsteuer-Voranmeldung).

Wichtig! Die Finanzverwaltung hat – beginnend für die Besteuerungszeiträume ab 2017 – die Jahressteuererklärungsvordrucke und die entsprechenden Dateien schon immer vor Beginn des jeweiligen Kalenderjahrs bereitgestellt. Damit kann auch in den Fällen des § 16 Abs. 3 oder Abs. 4 UStG (Einstellung der unternehmerischen Tätigkeit oder Gefährdung des Eingangs der Steuer) die Steueranmeldung binnen eines Monats nach Ablauf des kürzeren Besteuerungszeitraums auf elektronischem Weg übermittelt werden.

In der Umsatzsteuererklärung hat der Unternehmer **sämtliche steuerbaren Umsätze** anzugeben, die er in diesem Besteuerungszeitraum ausgeführt hat. Dabei sind die Umsätze in die verschiedenen Steuersätze und die verschiedenen Arten der Steuerbarkeit (entgeltliche und unentgeltliche Umsätze) aufzuteilen. Darüber hinaus muss er sämtliche **Vorsteuerbeträge** dieses Besteuerungszeitraums angeben. Soweit in diesem Besteuerungszeitraum eine Verwendungsänderung bei Gegenständen seines Anlagevermögens vorgekommen ist, für die eine Vorsteuerberichtigung vorzunehmen ist, ist auch der Berichtigungsbetrag in der Umsatzsteuererklärung aufzunehmen; vgl. Stichwort Vorsteuerberichtigung.

Darüber hinaus muss der Unternehmer in der **Anlage UR** – letztmalig für den Besteuerungszeitraum 2017, ab Besteuerungszeitraum 2018 sind die Angaben in den Hauptvordruck USt 2 A integriert worden – zur Umsatzsteuererklärung verschiedene weitere Meldepflichten erfüllen. Insbesondere sind in der Anlage UR die folgenden Vorgänge anzugeben:

- Angaben über steuerfreie und steuerpflichtige innergemeinschaftliche Erwerbe,
- Angaben über innergemeinschaftliche Dreiecksgeschäfte,
- Leistungen anderer Unternehmer, für die der Leistungsempfänger zum Steuerschuldner nach § 13b UStG wird,
- steuerfreie Umsätze, aufgegliedert in steuerfreie Umsätze mit Vorsteuerabzug und steuerfreie Umsätze ohne Vorsteuerabzug,
- Leistungen, bei denen der Leistungsempfänger zum Steuerschuldner nach § 13b UStG wird,
- Umsätze, die aufgrund einer Option zur Umsatzsteuer steuerpflichtig behandelt worden sind,
- Umsätze, bei denen sich der Ort der Lieferung nach § 3c UStG in den anderen Mitgliedstaat verlagert hat,
- nicht steuerbare Geschäftsveräußerungen im Ganzen nach § 1 Abs. 1a UStG,
- Umsätze, die im Inland nicht steuerbar sind, und
- Umsätze aus grenzüberschreitenden Personenbeförderungen im Luftverkehr nach § 26 Abs. 3 UStG, für die die Umsatzsteuer nicht erhoben wird.

In der Umsatzsteuererklärung hat der Unternehmer alle relevanten Vorgänge seines gesamten Unternehmens (**Unternehmenseinheit**) in einem einheitlichen Vordruck zu erklären. Dies gilt auch für alle Vorgänge, die im Rahmen eines Organkreises angefallen sind (vgl. Stichwort Organschaft).

Ergibt sich für den Unternehmer aus der Umsatzsteuererklärung ein **Nachzahlungsbetrag**, ist dieser innerhalb einer Frist von einem Monat nach Abgabe der Erklärung ohne weitere Aufforderung durch das Finanzamt abzuführen.

Achtung! Die Finanzverwaltung erlässt in der Regel einen Bescheid zur Umsatzsteuer nur, wenn von der Anmeldung des Unternehmers abgewichen wird. In diesen Fällen ist ein sich daraus ergebender Nachzahlungsbetrag innerhalb von einem Monat nach Bekanntgabe des Steuerbescheids fällig. Die Abgabe der Jahressteuererklärung stellt eine Steuerfestsetzung unter dem Vorbehalt der Nachprüfung nach § 164 AO dar (damit tritt die sog. formelle Bestandskraft ein).

Wenn die **Steuerzahllast** des Unternehmers aus der Jahressteuererklärung erheblich (ca. mehr als 1.000 €) von den in den Voranmeldungen erklärten angemeldeten Zahllasten abweicht, kann darin ein erster Hinweis auf eine Steuerverkürzung oder eine Steuerhinterziehung zu sehen sein, soweit sich dies nicht durch Besonderheiten in der Jahressteuererklärung (z.B. wegen einer Vorsteuerberichtigung) erklären lässt. Aus diesem Grunde sollten die in den Voranmeldungen erklärten Besteuerungsgrundlagen mit den Besteuerungsgrundlagen der Jahressteuererklärung weitestgehend übereinstimmen.

Tipp! Soweit bei der Erstellung der Jahreserklärung festgestellt wird, dass es zu einer Abweichung bei den Besteuerungsgrundlagen kommt, sollten für die betreffenden Voranmeldungszeiträume berichtigte Voranmeldungen abgegeben werden.

In besonderen Fällen müssen auch **Personen, die keine steuerbaren Leistungen erbringen**, eine Umsatzsteuererklärung abgeben. Solche Fälle sind insbesondere:

- Unternehmer oder juristische Personen schulden nur Steuerbeträge für innergemeinschaftliche Erwerbe oder als Steuerschuldner nach § 13b UStG,
- ein Unternehmer schuldet nur Umsatzsteuer als letzter Abnehmer in einem innergemeinschaftlichen Dreiecksgeschäft nach § 25b Abs. 2 UStG,
- eine Person liefert ein neues Fahrzeug an einen Abnehmer in einem anderen Mitgliedstaat und wird dadurch Unternehmer nach § 2a UStG (vgl. Stichwort Fahrzeuglieferung),
- ein Nichtunternehmer schuldet Umsatzsteuer nach § 14c Abs. 2 UStG (vgl. Stichwort Unberechtigter Steuerausweis),
- ein Abnehmer hat unrichtige Angaben gegenüber einem Lieferer im Rahmen einer steuerfreien innergemeinschaftlichen Lieferung gemacht und schuldet daher die nicht abgeführte Umsatzsteuer nach § 6a Abs. 4 UStG.

Umsatzsteuer-Identifikationsnummer

Umsatzsteuer-Identifikationsnummer auf einen Blick

1. **Rechtsquellen**
   § 6a, § 18e und § 27a UStG
   Abschn. 18e.1 und Abschn. 18e.2, Abschn. 27a.1 UStAE
2. **Bedeutung**
   Die Umsatzsteuer-Identifikationsnummer (USt-IdNr.) ist im Gemeinschaftsgebiet der Nachweis für den Leistungsempfänger, dass er eine Leistung als Unternehmer für sein Unternehmen in Anspruch nimmt. Die Vorlage der USt-IdNr. des Leistungsempfängers ist materielle Voraussetzung dafür, dass der Lieferer eine steuerfreie innergemeinschaftliche Lieferung ausführen kann. Darüber hinaus hat die USt-IdNr. bei bestimmten sonstigen Leistungen einen Einfluss auf den Ort der Leistung bzw. sie hat eine Nachweisfunktion für die Unternehmereigenschaft des Leistungsempfängers.
3. **Weitere Stichworte**
   → Innergemeinschaftliche Lieferung, → Innergemeinschaftlicher Erwerb, → Innergemeinschaftliches Kontrollverfahren, → Sonstige Leistung/Ort, → Steuerlager

1. Allgemeines

Die **Umsatzsteuer-Identifikationsnummer** (USt-IdNr.) ermöglicht im Gemeinschaftsgebiet die Unternehmereigenschaft des leistenden Unternehmers wie auch die des Leistungsempfängers nachzuweisen und zu prüfen.

Bei **innergemeinschaftlichen Warenbewegungen** soll eine Umsatzsteuer grundsätzlich dort entstehen, wo sich der Gegenstand am Ende der Beförderung oder Versendung befindet (**Bestimmungslandprinzip**). Dieses wird bei einem Unternehmer als Leistungsempfänger durch den Steuertatbestand des innergemeinschaftlichen Erwerbs umgesetzt. Da die Steuerfreiheit der innergemeinschaftlichen Lieferung davon abhängig ist, dass tatsächlich im Bestimmungsland eine Steuer auf den innergemeinschaftlichen Erwerb entrichtet wird, kommt der USt-IdNr. neben einer „Ausweisfunktion", die den Leistungsempfänger als Unternehmer ausweist, auch eine wesentliche Rolle in dem innergemeinschaftlichen Kontrollverfahren zu. Unter Angabe der USt-IdNr. hat der liefernde Unternehmer den Umsatz der steuerfreien innergemeinschaftlichen Lieferung in seiner Zusammenfassenden Meldung zu deklarieren.

Aber auch bei sonstigen Leistungen ist die USt-IdNr. im Binnenmarkt von entscheidender Bedeutung: Seit dem 1.1.2010 werden **sonstige Leistungen** an einen anderen Unternehmer für dessen Unternehmen nach § 3a Abs. 2 UStG – soweit keine Ausnahmeregelung einschlägig ist – dort ausgeführt, wo der Leistungsempfänger sein Unternehmen betreibt bzw. eine die Leistung empfangende Betriebsstätte unterhält. Zum **Nachweis der Unternehmereigenschaft des Leistungsempfängers** wird regelmäßig die USt-IdNr. verwendet. Darüber hinaus müssen diese Leistungen auch in der Zusammenfassenden Meldung unter Angabe der USt-IdNr. des Leistungsempfängers aus dem anderen Mitgliedstaat angegeben werden.

Bei der Lieferung von Waren im Zusammenhang mit einem **Steuerlager** kommt der USt-IdNr. eine Identifizierungsfunktion zu. Der Lagerhalter hat die USt-IdNr. des Auslagerers oder dessen Fiskalvertreters aufzuzeichnen, wenn ein Gegenstand aus einem Steuerlager ausgelagert wird, § 22 Abs. 4c UStG. Zeichnet er die USt-IdNr. nicht auf, wird der Lagerhalter neben dem Auslagerer zum Steuerschuldner, § 13a Abs. 1 Nr. 6 UStG. Zu den Einzelheiten vgl. Stichwort Steuerlager.

Tipp! Auch für Inlandssachverhalte kann die USt-IdNr. interessant sein. Da der leistende Unternehmer in einer ordnungsgemäßen Rechnung nach § 14 Abs. 4 UStG entweder seine Steuernummer, unter der er zur Umsatzsteuer veranlagt wird oder seine ihm vom Bundeszentralamt erteilte USt-IdNr. angeben muss, kann hier die Rechnungsangabe ohne Preisgabe der persönlichen Steuernummer[1] erfolgen.

2. Erteilung der USt-IdNr.

Die USt-IdNr. wird dem Unternehmer in Deutschland grundsätzlich vom **Bundeszentralamt für Steuern** – Dienstsitz Saarlouis – Ludwig-Karl-Balzer-Allee 2, 66740 Saarlouis (Telefon 0228-406-0) erteilt, § 27a UStG. Der Antrag auf Erteilung einer USt-IdNr. kann aber auch online über das Internetportal des Bundeszentralamts gestellt werden (www.bzst.de). Die **Bekanntgabe** der USt-IdNr. erfolgt aber immer nur auf postalischem Weg. Voraussetzung für die Erteilung der USt-IdNr. ist, dass der Unternehmer bei einem Finanzamt in Deutschland als Unternehmer zur Umsatzsteuer erfasst worden ist (Signal U muss gesetzt sein). In den Fällen, in denen der Unternehmer schon längere Zeit als Unternehmer bei einem Finanzamt erfasst ist, erfolgt die Erteilung einer USt-IdNr. in der Regel innerhalb weniger Tage. Wenn der Unternehmer noch nicht bei einem Finanzamt zur Umsatzsteuer erfasst wird, kann die Erteilung einer USt-IdNr. längere Zeit in Anspruch nehmen, da dem Bundeszentralamt für Steuern erst die Mitteilung über die steuerliche Erfassung vorliegen muss.

Tipp! Wenn bei Neuanmeldungen eines Unternehmers eine USt-IdNr. schnell benötigt wird, sollte der Antrag auf Erteilung der USt-IdNr. direkt beim Bundeszentralamt für Steuern gestellt werden und eine Bestätigung des zuständigen Finanzamts über die erteilte Steuernummer beigefügt werden, unter der der Unternehmer zur Umsatzsteuer erfasst wird.

Auf **gesonderten Antrag** werden auch Kleinunternehmern oder pauschal besteuerten Landwirten USt-IdNr. erteilt, wenn diese sie für innergemeinschaftliche Lieferungen oder innergemeinschaftliche Erwerbe benötigen.

Im Falle einer **Organschaft** kann jeder juristischen Person eine eigene USt-IdNr. erteilt werden, § 27a Abs. 1 UStG.

Juristische Personen, die nicht Unternehmer sind oder die Gegenstände nicht für ihr Unternehmen erwerben, können auch eine USt-IdNr. beantragen.

Wichtig! Wenn der Unternehmer umzieht oder eine neue Steuernummer erteilt bekommt, bleibt seine USt-IdNr. unverändert.

3. Kontrolle einer USt-IdNr.

Eine **innergemeinschaftliche Lieferung** darf nur dann von dem liefernden Unternehmer steuerfrei ausgeführt werden, wenn er die zutreffende USt-IdNr. des Leistungsempfängers buchmäßig aufgezeichnet hat. Dabei hat der leistende Unternehmer die Sorgfalt eines ordentlichen Kaufmanns walten zu lassen, § 6a Abs. 4 UStG. Er muss sich über die Richtigkeit der ihm mitgeteilten USt-IdNr. vergewissern. Gleiches gilt zum Nachweis der Unternehmereigenschaft bei sonstigen Leistungen nach § 3a Abs. 2 UStG und dem sich daraus bei grenzüberschreitend im Binnenmarkt ausgeführten sonstigen Leistungen ergebenden Ort in dem anderen Mitgliedstaat.

Grundsätzlich hat der leistende Unternehmer die formale Richtigkeit der ihm mitgeteilten USt-IdNr. zu überprüfen. Dabei sind die **Besonderheiten der jeweiligen Mitgliedstaaten** zu beachten:

[1] Unter der regelmäßig auch die Veranlagung zur Ertragsteuer stattfindet.

Mitgliedstaat	Code	Abkürzung	Aufbau/Anzahl der Stellen nach Länderkennzeichen
Belgien	BE	No°TVA BTW-Nr.	zehn, nur Ziffern (alte neunstellige Nummern werden durch Voranstellen der Ziffer 0 ergänzt)
Bulgarien	BG	DDS	neun oder zehn, nur Ziffern
Dänemark	DK	SE-Nr.	acht, nur Ziffern
Deutschland	DE	USt-IdNr.	neun, nur Ziffern
Estland	EE	KMKR-number	neun, nur Ziffern
Finnland	FI	ALV-NRO	acht, nur Ziffern
Frankreich	FR	keine	elf, nur Ziffern bzw. die erste und/oder die zweite Stelle kann ein Buchstabe sein
Griechenland	EL	A. φ M.	neun, nur Ziffern
Irland	IE	VAT No	acht, die zweite Stelle kann und die letzte Stelle muss ein Buchstabe sein
Italien	IT	P.IVA	elf, nur Ziffern
Kroatien	HR	keine	elf, ein Block, nur Ziffern
Lettland	LV	PVN registracijas numurs	elf, nur Ziffern
Litauen	LT	PVM moketojo kodas	neun oder zwölf, nur Ziffern
Luxemburg	LU	keine	acht, nur Ziffern
Malta	MT	VAT No	acht, nur Ziffern
Niederlande	NL	OB-Nummer	zwölf, die drittletzte Stelle muss der Buchstabe „B" sein
Österreich	AT	UID-Nr.	neun, die erste Stelle muss der Buchstabe „U" sein
Polen	PL	NIP	zehn, nur Ziffern
Portugal	PT	NIPC	neun, nur Ziffern
Rumänien	RO	TVA	maximal zehn, nur Ziffern; Ziffernfolge nicht mit 0 beginnend
Schweden	SE	MomsNr.	zwölf, nur Ziffern, die beiden letzten Stellen bestehen immer aus der Ziffernkombination „01"
Slowakei	SK	IC DPH	zehn, nur Ziffern
Slowenien	SI	DDV	acht, nur Ziffern
Spanien	ES	N.IVA	neun, die erste und die letzte Stelle bzw. die erste oder die letzte Stelle kann ein Buchstabe sein

Mitgliedstaat	Code	Abkürzung	Aufbau/Anzahl der Stellen nach Länderkennzeichen
Tschechische Republik	CZ	DIC	acht, neun oder zehn, nur Ziffern
Ungarn	HU		acht, nur Ziffern
Großbritannien (Vereinigtes Königreich)	GB	VAT Reg.No.	neun oder zwölf, nur Ziffern; für Verwaltungen und Gesundheitswesen: fünf, die ersten zwei Stellen GD oder HA
Zypern	CY		neun, die letzte Stelle muss ein Buchstabe sein

Neben der formalen Kontrolle der mitgeteilten USt-IdNr. kann sich der leistende Unternehmer beim Bundeszentralamt für Steuern – Dienstsitz Saarlouis – (Kontaktadresse siehe oben) die Gültigkeit der USt-IdNr. sowie den Namen und die Anschrift der Person **bestätigen** lassen, der die USt-IdNr. von einem anderen Mitgliedstaat erteilt worden ist.

Eine Anfrage zur ausschließlichen Bestätigung (**einfache Bestätigungsanfrage**) der Gültigkeit einer USt-IdNr. kann auch über das Internet (www.bzst.de) oder über ein wap-fähiges Mobilgerät gestellt werden.

Eine Anfrage, die auch die Bestätigung des Namens und der Anschrift des Leistungsempfängers enthält (sog. **qualifizierte Bestätigungsanfrage**, § 18e UStG), wird vom Bundeszentralamt für Steuern schriftlich beantwortet. Wenn der Unternehmer mehrere Anfragen stellt, sind diese Anfragen schriftlich zu stellen.

Achtung! Ein Nachweis über die Kontrolle der USt-IdNr. ist nur bei der qualifizierten Bestätigungsanfrage gegeben. In Zweifelsfällen sollte deshalb grundsätzlich die qualifizierte Bestätigungsanfrage gestellt werden.

Tipp! Bei einem neuen Kunden sollte regelmäßig die qualifizierte Bestätigung der USt-IdNr. beim Bundeszentralamt für Steuern eingeholt werden. Liegt diese vor, sollte in regelmäßigem Abstand online geprüft werden, ob die USt-IdNr. noch gültig ist.

Umsatzsteuer-Voranmeldung

Umsatzsteuer-Voranmeldung auf einen Blick

1. **Rechtsquellen**
   § 18 UStG
   § 46 bis § 48 UStDV
   Abschn. 18.1 bis Abschn. 18.9 UStAE
2. **Bedeutung**
   Der Unternehmer hat seine Ausgangsumsätze sowie seine Vorsteuerbeträge regelmäßig in Voranmeldungen bei seinem zuständigen Finanzamt anzumelden und gleichzeitig die von ihm berechnete Steuer an sein Finanzamt zu überweisen. Der Voranmeldungszeitraum ist regelmäßig das Kalendervierteljahr. In bestimmten Fällen ist der Voranmeldungszeitraum aber der Kalendermonat.
3. **Weitere Stichworte**
   → Dauerfristverlängerung, → Istbesteuerung, → Sollbesteuerung, → Umsatzsteuererklärung
4. **Besonderheiten**
   Bei neu gegründeten Unternehmen ist im ersten und im folgenden Jahr der Voranmeldungszeitraum immer der Kalendermonat. Die Regelung ist seit dem 1.1.2015 auch auf sog. Vorratsgesellschaften und bisher ruhende Gesellschaften erweitert worden. Nach dem Koalitionsvertrag der seit 2018 regierenden Parteien ist aber geplant, die zwingende monatliche Abgabe von Voranmeldungen in Neugründungsfällen wieder aufzugeben.
   Umsatzsteuervoranmeldungen sind elektronisch authentifiziert an das Finanzamt zu übertragen. Dazu ist seit Herbst 2013 eine elektronische Übertragung nur noch nach Registrierung möglich.

1. Voranmeldungszeiträume

Um die Steuerbeträge zeitnah nach den tatsächlichen Verhältnissen zu berechnen, muss der Unternehmer **laufend Umsatzsteuer-Voranmeldungen** abgeben, in denen er alle steuerlich relevanten Vorgänge erfasst. Gleichzeitig muss er die von ihm berechnete, nach Abzug der Vorsteuerbeträge verbleibende Umsatzsteuer an sein Finanzamt abführen.

Um den Besonderheiten bei den einzelnen Unternehmern Rechnung zu tragen, sind verschiedene Voranmeldungszeiträume im § 18 UStG geregelt worden. Der für den Unternehmer **maßgebliche Voranmeldungszeitraum** kann der folgenden Übersicht entnommen werden, dabei ist entscheidend, welche Umsatzsteuer der Unternehmer tatsächlich im vorangegangenen Kalenderjahr an sein Finanzamt abführen musste:

Umsatzsteuerergebnis im vorangegangenem Kalenderjahr	Umsatzsteuer-Voranmeldungszeitraum
Zahlbetrag: Mehr als 1.000 €, aber nicht mehr als 7.500 €	Voranmeldungszeitraum ist das Kalendervierteljahr.
Zahlbetrag: Mehr als 7.500 €	Voranmeldungszeitraum ist der Kalendermonat.
Zahlbetrag: 0 € bis zu 1.000 €	Es ist keine Voranmeldung abzugeben, es ist lediglich eine Jahreserklärung abzugeben.

Umsatzsteuerergebnis im vorangegangenem Kalenderjahr	Umsatzsteuer-Voranmeldungszeitraum
Erstattungsbetrag: Erstattung zur Umsatzsteuer („Vorsteuerüberhang") bis zu 7.500 €	Voranmeldungszeitraum ist das Kalendervierteljahr, dass Finanzamt wird jedoch Anträge auf Befreiung von der Abgabeverpflichtung im Regelfall stattgeben.
Erstattungsbetrag: Erstattung zur Umsatzsteuer („Vorsteuerüberhang") mehr als 7.500 €	Voranmeldungszeitraum ist das Kalendervierteljahr, der Unternehmer kann jedoch bis zum 10.2. des laufenden Kalenderjahrs beantragen, dass der Voranmeldungszeitraum der Kalendermonat ist. Wird der Antrag gestellt, ist der Unternehmer das gesamte Kalenderjahr daran gebunden.
Kein Umsatzsteuerergebnis des Vorjahrs, da neugegründetes Unternehmen, eine Vorratsgesellschaft[1] oder eine bisher ruhende juristische Person oder Personengesellschaft erworben wird[2]	Voranmeldungszeitraum ist im Jahr der Aufnahme der unternehmerischen Tätigkeit oder des Erwerbs und im Folgejahr grundsätzlich der Kalendermonat.

Wichtig! Bis auf den Unternehmer, der seine unternehmerische Betätigung erst im laufenden Kalenderjahr aufnimmt, den Erwerb einer Vorratsgesellschaft oder einer ruhenden Gesellschaft, kommt es ansonsten immer auf die Umsatzsteuerzahllast/Umsatzsteuererstattung des vorangegangenen Kalenderjahrs an.

1.1 Zahllast im vorangegangenem Kalenderjahr

Hat sich für den Unternehmer im vorangegangenem Kalenderjahr eine **Zahllast von mehr als 1.000 €** ergeben, ist er nach den oben dargestellten Grundsätzen zur Abgabe einer Voranmeldung verpflichtet. Ein Wahlrecht, anstelle der vierteljährlichen Voranmeldung eine monatliche Voranmeldung abgeben zu können, besteht für den Unternehmer nicht. Auch hat der Unternehmer kein Wahlrecht, eine vierteljährliche Voranmeldung abzugeben, wenn seine Zahllast im vorangegangenem Kalenderjahr mehr als 7.500 € betragen hat.

1.2 Erstattungsbetrag im vorangegangenem Kalenderjahr

Bei einem **Erstattungsbetrag im vorangegangenen Kalenderjahr** bleibt es grundsätzlich bei der Abgabe einer vierteljährlichen Voranmeldung. Die Finanzverwaltung wird hier jedoch bei einem entsprechenden Antrag den Unternehmer von der Abgabeverpflichtung einer Voranmeldung befreien, wenn sich keine Gesichtspunkte für eine Veränderung der Verhältnisse in dem laufenden Besteuerungszeitraum ergeben.

Soweit der Unternehmer im vorangegangenem Kalenderjahr einen **Überschuss zu seinen Gunsten** von mehr als 7.500 € hatte, kann er gegenüber dem Finanzamt bis spätestens zum 10.2. des laufenden Kalenderjahrs durch Abgabe einer Voranmeldung für den Januar des laufenden Kalenderjahrs beantragen, monatliche Voranmeldungen abzugeben, § 18 Abs. 2a UStG. Diese Frist ist grundsätzlich nicht verlängerbar[3], allerdings kann die Wiedereinsetzung in den vorigen Stand gewährt werden. Soweit der Unternehmer einen Antrag auf Dauerfristverlängerung abgegeben hat, verlängert sich diese Frist entsprechend.

1 Eine Vorratsgesellschaft ist eine Gesellschaft, die zwar zivilrechtlich gegründet und im Handelsregister eingetragen ist, aber noch keine gewerbliche oder berufliche Tätigkeit ausgeführt hat.

2 Die Regelung zu den Vorratsgesellschaften und den ruhenden Gesellschaften ist mit Wirkung zum 1.1.2015 eingeführt worden, § 18 Abs. 2 Satz 5 UStG; vgl. auch BMF, Schreiben v. 24.4.2015, BStBl I 2015, 456.

3 Abschn. 18.2 Abs. 1 UStAE.

Tipp! Soweit der Unternehmer im Regelfall eine Erstattung von Umsatzsteuer in den Voranmeldungen von mehr als 7.500 € hat, sollte er monatliche Voranmeldungen abgeben, um so früher die jeweiligen Erstattungsbeträge zu erhalten.

Achtung! Eine Vorsteuererstattung kann im Einvernehmen mit dem Unternehmer von einer Sicherheitsleistung abhängig gemacht werden, § 18f UStG.

1.3 Voranmeldungen bei Neugründungen und Übernahmen

Nimmt ein Unternehmer seine **unternehmerische Betätigung neu auf**, hat er im laufenden und im darauf folgenden Kalenderjahr grundsätzlich monatlich Voranmeldungen abzugeben. Es kommt insoweit nicht auf die voraussichtlichen Steuerbeträge an.

Tipp! Neugründungsfälle, in denen aufgrund der beruflichen oder gewerblichen Tätigkeit keine Umsatzsteuer festzusetzen ist (z.B. Unternehmer mit ausschließlich steuerfreien Umsätzen ohne Vorsteuerabzug – § 4 Nr. 8 ff. UStG –, Kleinunternehmer – § 19 Abs. 1 UStG –, Land- und Forstwirte – § 24 UStG –), fallen nicht unter die Regelung des § 18 Abs. 2 Satz 4 UStG.

Bisher musste ein Unternehmer, der seine unternehmerische Tätigkeit neu aufgenommen hatte, im Jahr der Aufnahme der unternehmerischen Betätigung sowie im Folgejahr monatliche Umsatzsteuer-Voranmeldungen abgeben. Die Regelung dient der Betrugs- und Missbrauchsbekämpfung, da sich Betrüger erfahrungsgemäß neu gegründeter Unternehmen bedienen.

Eine Umgehung dieser Bestimmungen lag jedoch dann vor, wenn eine Vorratsgesellschaft erworben wurde oder eine bisher ruhende Gesellschaft erworben wurde. In diesem Fall ergab sich die Verpflichtung zur Abgabe von Voranmeldungen nach dem Vorjahresumsatz, der in diesen Fällen bei 0 € liegt. Voranmeldungen mussten damit regelmäßig erst einmal nicht abgegeben werden. Der Gesetzgeber hat diese Lücke zum 1.1.2015 geschlossen, indem auch der Erwerber einer sog. Vorratsgesellschaft oder einer ruhenden Gesellschaft im Jahr der Übernahme und im Vorjahr monatliche Voranmeldungen abgeben muss. Dabei gilt Folgendes:

- **Vorratsgesellschaft**: eine im Handelsregister eingetragene noch nicht gewerblich oder beruflich tätig gewesene juristische Person oder Personengesellschaft, die objektiv belegbar die Absicht hat, eine gewerbliche oder berufliche Tätigkeit selbstständig auszuüben.
- Ruhende Gesellschaft (**Firmenmantel**): Übernahme einer juristischen Person oder Personengesellschaft, die bereits gewerblich oder beruflich tätig gewesen ist und zum Zeitpunkt der Übernahme ruht oder nur geringfügig gewerblich oder beruflich tätig ist.

Wichtig! Bei einer Vorratsgesellschaft ist ab dem Zeitpunkt des Beginns der tatsächlichen Ausübung der Tätigkeit und bei Übernahme eines Firmenmantels ab dem Zeitpunkt der Übernahme der Umsatzsteuer-Voranmeldungszeitraum im laufenden und im folgenden Kalenderjahr der Kalendermonat.

Achtung! Nach dem Koalitionsvertrag der seit 2018 regierenden großen Koalition soll die zwingende monatliche Abgabe von Voranmeldungen für Neugründungen aufgegeben werden.

2. Abgabe- und Zahlungsfrist

Die Umsatzsteuer-Voranmeldung ist grundsätzlich **bis zum zehnten Tag** nach Ablauf des jeweiligen Voranmeldungszeitraums abzugeben. Soweit diese Frist auf einen Sonnabend, Sonntag oder einen gesetzlichen Feiertag fällt, verlängert sich diese Frist bis zum Ablauf des nächsten Werktags, § 108 Abs. 3 AO. Daneben ist die Steuer ebenfalls bis zu dem entsprechenden Kalendertag an das Finanzamt zu leisten. Sollte die Zahlung nicht bis zu diesem Stichtag bei dem zuständigen Finanzamt eingehen, werden **Säumniszuschläge** (1 % des auf volle 50 € abgerundeten rückständigen Betrags) festgesetzt. Soweit die Zahlung aber innerhalb der dreitägigen Schonfrist nach § 240 Abs. 3 AO eingeht, wird ein Säumniszuschlag nicht erhoben. Zu beachten sind in Abhängigkeit des jeweiligen Zahlungswegs die jeweiligen **Zahlungszeitpunkte**. Dabei gilt nach § 224 AO Folgendes:

- Bei **Überweisung** oder Einzahlung auf ein Konto des Finanzamts (Finanzkasse) gilt die Zahlung an dem Tag als wirksam geleistet, an dem der Betrag dem Konto des Finanzamts (Finanzkasse) gutgeschrieben wird,
- bei **Scheckzahlung** gilt die Zahlung als an dem Tag geleistet, an dem der Scheck dem Finanzamt (Finanzkasse) zugegangen ist. In diesem Fall wird keine Zahlungs-Schonfrist gewährt. Säumniszuschläge entstehen daher, wenn der Scheck bei der zuständigen Finanzkasse erst nach Ablauf des Fälligkeitstags eingegangen ist,
- bei erteiltem **SEPA-Lastschriftmandat** an das Finanzamt ist die Verkürzung der Zahlungs-Schonfrist ohne Bedeutung, da bei Vorlage einer Einzugsermächtigung die Steuerschuld als am Fälligkeitstag entrichtet gilt.

Wichtig! Neben der Abschaffung der Abgabe-Schonfrist hat der Gesetzgeber durch Änderung des § 240 Abs. 3 AO mit Wirkung vom 1.1.2004 auch die sog. Zahlungs-Schonfrist von fünf auf drei Tage verkürzt. Damit werden für alle ab dem 1.1.2004 fälligen Steuern nach § 240 AO Säumniszuschläge erhoben, wenn die Zahlungen nicht bis zum Ablauf von drei Tagen nach Fälligkeit geleistet werden.

Die **Abgabefrist für die Voranmeldung** kann aber grundsätzlich auf Antrag des Unternehmers um einen Monat verlängert werden (vgl. Stichwort Dauerfristverlängerung). Diese **Dauerfristverlängerung** erfolgt bei Unternehmern, die vierteljährliche Voranmeldungen abzugeben haben, ohne eine Sondervorauszahlung. Bei Unternehmern, die monatliche Voranmeldungen abzugeben haben, ist die Gewährung der Dauerfristverlängerung von einer **Sondervorauszahlung** abhängig, die $^1/_{11}$ der Steuerzahllast des vorangegangenen Kalenderjahrs beträgt.

Wenn der Unternehmer keine Voranmeldungen abgibt, kann die Finanzverwaltung die Besteuerungsgrundlagen **schätzen**, § 162 AO. Darüber hinaus kann die Finanzverwaltung die Abgabe der Voranmeldung durch die Androhung und Festsetzung von **Zwangsgeldern** nach §§ 328 f. AO[4] durchsetzen.

Achtung! Zusätzlich kann die nicht fristgerechte Zahlung einer in einer Rechnung ausgewiesenen Umsatzsteuer nach § 26b UStG als Ordnungswidrigkeit angesehen werden, die mit einer Geldbuße bis zu 50.000 € geahndet werden kann.

Tipp! Soweit der Unternehmer für einen Voranmeldungszeitraum aus betrieblichen Gründen (z.B. Krankheit) keine Voranmeldung fristgerecht abgeben kann, sollten die Besteuerungsgrundlagen geschätzt werden und die Voranmeldung sollte auf der Basis der geschätzten Beträge abgegeben werden.
Soweit sich dann später andere Zahlen ergeben, sollte eine berichtigte Voranmeldung abgegeben werden. Dem zuständigen Finanzamt sollten die Grundlagen für die Schätzung mitgeteilt werden.

Die Umsatzsteuer-Voranmeldung ist grundsätzlich – seit 2005 – auf **elektronischem Weg** den zuständigen Finanzbehörden nach amtlich vorgeschriebenen Datensatz durch Datenfernübertragung zu übertragen[5]. Nur noch in Ausnahmefällen kann die Abgabe auf Papier genehmigt werden, wenn eine **unbillige Härte** vorliegt. Eine unbillige Härte liegt vor, wenn eine elektronische Übermittlung für den Unternehmer wirtschaftlich oder persönlich unzumutbar ist. Dies ist nach Auffassung der Finanzverwaltung[6] insbesondere dann der Fall, wenn die Schaffung der technischen Möglichkeiten für eine elektronische Übermittlung des amtlichen Datensatzes nur mit einem nicht unerheblichen finanziellen Aufwand mög-

---

4 Das einzelne Zwangsgeld darf 25.000 € nicht übersteigen.

5 Vgl. BMF, Schreiben v. 15.1.2007, BStBl I 2007, 95.

6 Abschn. 18.1 Abs. 1 UStAE.

lich wäre oder wenn der Unternehmer nach seinen individuellen Kenntnissen und Fähigkeiten nicht oder nur eingeschränkt in der Lage ist, die Möglichkeiten der Datenfernübertragung zu nutzen[7].

Soweit der Unternehmer die Übertragung nicht durch seinen Steuerberater oder – soweit er selbst angeschlossen ist – direkt über ein Rechenzentrum (z.B. DATEV e.G.) übermitteln lässt, kann die Übertragung durch das Elster-Verfahren der Finanzverwaltung erfolgen (www.elster.de); dabei muss seit Herbst 2013 die Übertragung aber auch zertifiziert erfolgen.

3. Wirkung der Voranmeldung

Die Umsatzsteuer-Voranmeldung ist eine **Steueranmeldung** und stellt somit – soweit sich daraus eine Steuerzahlung für den Unternehmer ergibt – eine Steuerfestsetzung unter dem Vorbehalt der Nachprüfung dar, § 168 Satz 1 AO. Der Vorbehalt der Nachprüfung bedeutet, dass die Steuerfestsetzung jederzeit noch verändert werden kann.

Führt die Steueranmeldung zu einer Steuervergütung, gilt die Anmeldung erst mit Zustimmung des zuständigen Finanzamts als Steuerfestsetzung unter dem Vorbehalt der Nachprüfung. Die Zustimmung des Finanzamts ist dabei an keine bestimmte Form gebunden, sie kann auch schlüssig, das heißt durch Auszahlung des Vergütungsbetrags an den Unternehmer, erfolgen.

4. Sonderfälle

In bestimmten Fällen müssen auch Voranmeldungen abgegeben werden, wenn die oben dargestellten Voraussetzungen nicht vorliegen.

Dies ist insbesondere in den folgenden Fällen gegeben:

- Fahrzeuglieferer nach § 2a UStG (vgl. Stichwort Fahrzeuglieferung),
- Unternehmer und juristische Personen, die nur innergemeinschaftliche Erwerbe nach § 1 Abs. 1 Nr. 5 UStG verwirklichen (vgl. Stichwort Innergemeinschaftlicher Erwerb),
- Unternehmer und juristische Personen, die nur Steuerbeträge als Steuerschuldner nach § 13b UStG schulden (vgl. Stichwort Steuerschuldnerverfahren),
- Personen, die keine Unternehmer sind und Steuerbeträge nach § 14c Abs. 2 UStG ausweisen (vgl. Stichwort Unberechtigter Steuerausweis),
- Personen, die keine Unternehmer sind und Steuerbeträge nach § 6a Abs. 4 UStG wegen unrichtiger Angaben im Zusammenhang mit einer an sie ausgeführten steuerfreien innergemeinschaftlichen Lieferung schulden (vgl. Stichwort Innergemeinschaftliche Lieferung).

---

[7] Der BFH hat grundsätzlich bestätigt, dass die Verpflichtung zur elektronischen Abgabe der Voranmeldung verfassungsgemäß ist, BFH, Urteil v. 14.3.2012, XI R 33/09, BFH/NV 2012, 893. Ist es dem Unternehmer aber persönlich oder wirtschaftlich unzumutbar, die Voranmeldung elektronisch abzugeben, muss das Finanzamt dem Antrag entsprechen.

Unberechtigter Steuerausweis

Unberechtigter Steuerausweis auf einen Blick

1. **Rechtsquellen**
   § 14c Abs. 2 UStG
   Abschn. 14c.2 UStAE
2. **Bedeutung**
   Wer in einem Abrechnungspapier einen Umsatzsteuerbetrag gesondert ausweist, ohne diese Umsatzsteuer aufgrund einer erbrachten Leistung zuschulden, oder wer als Nichtunternehmer oder Kleinunternehmer eine Umsatzsteuer gesondert ausweist, muss diese Umsatzsteuer an sein Finanzamt abführen.
3. **Weitere Stichworte**
   → Rechnung, → Schadensersatz, → Unrichtiger Steuerausweis, → Vorsteuerabzug
4. **Besonderheiten**
   Angaben in Zeile 65 der Umsatzsteuer-Voranmeldung 2018, Angabe in Zeile 102 der Umsatzsteuer-Jahreserklärung 2017.

1. Anwendungsfälle

Wer in einer **Rechnung** einen Steuerbetrag gesondert ausweist, obwohl er zum gesonderten Ausweis der Umsatzsteuer nicht berechtigt ist, schuldet den ausgewiesenen Betrag. Dies gilt auch, wenn jemand in einem **anderen Dokument**, mit dem er wie ein leistender Unternehmer abrechnet, einen Steuerbetrag gesondert ausweist, obwohl er nicht Unternehmer ist oder wenn er eine Lieferung oder sonstige Leistung nicht ausgeführt hat.

Achtung! Auch eine nicht geschäftsfähige Person kann unberechtigt eine Umsatzsteuer in einem Abrechnungspapier ausweisen.

Wichtig! Die Rechtsfolge des unberechtigten Steuerausweises tritt auch dann ein, wenn das Abrechnungspapier nicht alle für eine Rechnung notwendigen Bestandteile nach § 14 Abs. 4 UStG ausweist[1].

Die Inanspruchnahme einer Person für eine unberechtigt ausgewiesene Umsatzsteuer setzt voraus, dass diese Person an der Erstellung des Dokuments mitgewirkt hat. Dabei sind die Grundsätze der Stellvertretung, zu denen auch die Grundsätze der **Anscheins- und Duldungsvollmacht** gehören, mit zu berücksichtigen[2]. Dies gilt auch dann, wenn jemand in seinem eigenen Namen ein Gewerbe im Interesse eines Dritten anmeldet, der es dann tatsächlich betreibt.

Typische Anwendungsfälle für die Entstehung einer Umsatzsteuer nach § 14c Abs. 2 UStG sind in der Praxis die folgenden Fälle:

- Ein Nichtunternehmer rechnet über eine Leistung mit gesondert ausgewiesener Umsatzsteuer ab,
- ein Unternehmer verkauft einen Gegenstand, der nicht seinem Unternehmen zugeordnet war oder nicht zugeordnet werden konnte, mit gesondert ausgewiesener Umsatzsteuer,
- ein Unternehmer rechnet über einen erhaltenen Schadensersatz mit gesondert ausgewiesener Umsatzsteuer ab,
- ein Unternehmer rechnet über eine nicht erbrachte Lieferung oder sonstige Leistung mit gesondert ausgewiesener Umsatzsteuer ab (Schein- oder Gefälligkeitsrechnung),
- ein Unternehmer gibt in einer Rechnung eine andere als die eigentlich erbrachte Leistung an.

---

1 BFH, Urteil v. 17.2.2011, V R 39/09, BStBl II 2011, 734.

2 BFH, Urteil v. 7.4.2011, V R 44/09, BStBl II 2011, 954.

Beispiel 1: Malermeister M renoviert die Wohnräume eines Unternehmers, stellt aber eine Rechnung mit gesondert ausgewiesener Umsatzsteuer mit der Leistungsbezeichnung „Renovierung der Büroräume" aus.
Lösung: M schuldet aus der tatsächlich erbrachten Leistung (Renovierung der Wohnräume) die Umsatzsteuer – dies ist unabhängig davon, ob er für diese Leistung eine Rechnung ausgestellt hat. Aus der Abrechnung mit der falschen Leistungsbezeichnung („Renovierung der Büroräume") schuldet er zusätzlich die ausgewiesene Umsatzsteuer nach § 14c Abs. 2 UStG, somit schuldet M zweimal Umsatzsteuer.

Achtung! Für die Steuerschuld nach § 14c Abs. 2 UStG kommt es nicht darauf an, ob der Unternehmer die Rechnung vorsätzlich falsch ausgestellt hat oder ob er nur im Rechtsirrtum gehandelt hat. Die Entstehung der Umsatzsteuer ist lediglich daran geknüpft, dass ein Abrechnungspapier mit offen ausgewiesener Umsatzsteuer in den Verkehr gebracht worden ist.

2. Steuerentstehung

Wichtig! Zum 6.11.2015 ist eine Änderung bei dem Steuerentstehungszeitpunkt eingetreten. Während früher die Steuerentstehung bei unrichtigem Steuerausweis (§ 14c Abs. 1 UStG) und bei unberechtigtem Steuerausweis (§ 14c Abs. 2 UStG) unterschiedlich geregelt war, ist die Steuerentstehung jetzt einheitlich nach § 13 Abs. 1 Nr. 3 UStG mit Ausgabe der Rechnung festgelegt.

Im Falle des § 14c Abs. 2 UStG entsteht die Umsatzsteuer nach § 13 Abs. 1 Nr. 3 UStG[3] im Zeitpunkt der Ausgabe der Rechnung. **Steuerschuldner** ist in jedem Fall der Aussteller der Rechnung, unabhängig von der Unternehmereigenschaft.

Tipp! Eine unberechtigt ausgewiesene Umsatzsteuer ist bei späterer Feststellung durch die Finanzverwaltung grundsätzlich nach § 233a AO zu verzinsen[4].

Früher war nach der Rechtsprechung des BFH[5] davon auszugehen, dass die Steuerschuld nach § 14c Abs. 2 UStG nur dann entstehen kann, wenn überhaupt eine ordnungsgemäße Abrechnung vorliegt, die bei dem Abrechnungsempfänger den Vorsteuerabzug ermöglichen würde. Aus diesem Grunde war eine Steuerschuld nach § 14c Abs. 2 UStG dann nicht gegeben, wenn in der Abrechnung nicht die Bemessungsgrundlage (Nettobetrag) und darauf entfallende Umsatzsteuer gesondert ausgewiesen sind. An dieser Rechtsprechung hält der BFH nicht mehr fest[6]. Gegenstand der Regelung des § 14c UStG ist, die **Gefährdung des Steueraufkommens** durch Abrechnungsdokumente zu verhindern, die die elementaren Merkmale einer Rechnung aufweisen oder den Schein einer solchen Rechnung erwecken und den Empfänger zum Vorsteuerabzug verleiten. Dabei tritt eine solche Gefährdung nicht nur dann ein, wenn alle Voraussetzungen des § 14 Abs. 4 UStG vorliegen, da in einem Massenverfahren die Finanzverwaltung nicht in der Lage ist, die Voraussetzungen aller geltend gemachten Vorsteuerbeträge vollumfänglich zu überprüfen.

In den Fällen eines **unberechtigten Steuerausweises** (§ 14c Abs. 2 UStG) hat der Leistungsempfänger grundsätzlich **keinen Vorsteuerabzugsanspruch** nach § 15 Abs. 1 Satz 1 Nr. 1 UStG. In diesen Fällen scheitert der Vorsteuerabzugsanspruch an der Unternehmereigenschaft des leistenden Unternehmers oder an der nicht erbrachten Lieferung oder sonstigen Leistung – es kann bei dem Rechnungsaussteller

[3] Bis 5.11.2015 entstand die Umsatzsteuer bei unberechtigtem Steuerausweis nach § 13 Abs. 1 Nr. 4 UStG ebenfalls mit Ausgabe der Rechnung.

[4] BFH, Beschluss v. 6.4.2005, V B 60/04, BFH/NV 2005, 1976.

[5] BFH, Urteil v. 27.1.1994, V R 113/91, BStBl II 1994, 342, BFH, Urteil v. 18.1.2001, V R 83/97, BFH/NV 2001, 874 jeweils zur Altregelung des § 14 Abs. 3 UStG a.F.

[6] BFH, Urteil v. 17.2.2011, V R 39/09, BStBl II 2011, 734.

eine Umsatzsteuer nicht nach Gesetz für eine Lieferung oder sonstige Leistung geschuldet werden. Die Steuerschuldnerschaft nach § 14c Abs. 2 UStG alleine kann eine Vorsteuerabzugsberechtigung aufseiten des Leistungsempfängers nicht begründen.

Tipp! Der Empfänger einer Abrechnung muss aus diesem Grunde vor dem Vorsteuerabzug immer überprüfen, ob der Aussteller der Rechnung berechtigt gewesen ist, die Umsatzsteuer gesondert auszuweisen. Es gibt keinen guten Glauben an die Richtigkeit einer ausgestellten Rechnung.

3. Berichtigungsverfahren

Nach der Rechtsprechung des EuGH[7] kann eine **Berichtigung der zu Unrecht in Rechnung gestellten Umsatzsteuer** dann erfolgen, wenn der Aussteller der Rechnung die Gefährdung des Steueraufkommens rechtzeitig und vollständig beseitigt hat. Es kam in diesen Fällen nicht auf den guten Glauben des Rechnungsausstellers bei dem Steuerausweis an.

In § 14c Abs. 2 UStG ist dies gesetzlich umgesetzt. Derjenige, der in einem Abrechnungspapier unberechtigt eine Umsatzsteuer ausweist, ist grundsätzlich berechtigt, diesen Steuerausweis auch mit steuerlicher Wirkung zu berichtigen.

Wichtig! Eine Berichtigung kann auch dann erfolgen, wenn die Umsatzsteuer vorsätzlich falsch ausgewiesen worden ist, wenn die Gefährdung des Steueraufkommens vollständig beseitigt ist.

Danach ergibt sich, dass der Aussteller in jedem Fall die zu Unrecht ausgewiesene Umsatzsteuer berichtigen kann, wenn die Gefährdung des Steueraufkommens rechtzeitig und vollständig beseitigt ist. Eine **Beseitigung der Gefährdung des Steueraufkommens** ergibt sich, wenn sichergestellt ist, dass der Empfänger des Abrechnungspapiers einen Vorsteuerabzug nicht vorgenommen hat oder einen versehentlich vorgenommenen Vorsteuerabzug wieder rückgängig gemacht hat. Dies ist nur möglich, wenn der Rechnungsaussteller die Berichtigung bei seinem Finanzamt beantragt hat und das Finanzamt dieser Berichtigung zugestimmt hat.

Beispiel 2: Unternehmer A weist im März 2018 in einem Abrechnungspapier einen Steuerbetrag i.H.v. 1.900 € gesondert aus, obwohl von Anfang an beabsichtigt ist, die abgerechnete Leistung nicht zu erbringen (sog. Gefälligkeitsrechnung).

Lösung: A schuldet die gesondert ausgewiesene Umsatzsteuer nach § 14c Abs. 2 UStG. Im Mai 2018 stellt er bei seinem Finanzamt den Antrag, diesen ausgewiesenen Steuerbetrag zu berichtigen. Das Finanzamt des A informiert das für den Abrechnungsempfänger zuständige Finanzamt. Nachdem sich das Finanzamt des Abrechnungsempfängers davon überzeugt hat (eventuell durch eine unangekündigte Umsatzsteuer-Nachschau nach § 27b UStG), dass eine Vorsteuer beim Abrechnungsempfänger nicht abgezogen oder – soweit versehentlich abgezogen – wieder zurückgezahlt worden ist, informiert es nunmehr wieder das Finanzamt des A. Das Finanzamt des A erteilt dem A daraufhin die Genehmigung, den Umsatzsteuerbetrag i.H.v. 1.900 € zu berichtigen.

Achtung! Die Berichtigung der unberechtigt ausgewiesenen Umsatzsteuer ist erst in dem Voranmeldungszeitraum möglich, in dem feststeht, dass die Gefährdung des Steueraufkommens beseitigt ist. Dies wird im Regelfall erst dann der Fall sein, wenn die Genehmigung des Finanzamts vorliegt. Ist festgestellt worden, dass der Abrechnungsempfänger keinen Vorsteuerabzug vorgenommen hat, kann die geschuldete Umsatzsteuer (rückwirkend) für den Zeitraum berichtigt werden, in dem die Steuer nach § 13 Abs. 1 Nr. 3 UStG entstanden war.

---

[7] EuGH, Urteil v. 19.9.2000, C-454/98 – Strobel, BFH/NV Beilage 2001, 33.

Unentgeltliche Lieferungen

Unentgeltliche Lieferungen auf einen Blick

1. **Rechtsquellen**
   § 3 Abs. 1b, § 3f, § 10 Abs. 4 UStG
   Abschn. 3.2 und Abschn. 3.3, Abschn. 10.6 UStAE
2. **Bedeutung**
   Die Entnahme eines Gegenstands aus dem Unternehmen, die unentgeltliche Zuwendung an das Personal sowie jede andere unentgeltliche Zuwendung, mit Ausnahme von Geschenken von geringem Wert oder Warenmustern für Zwecke des Unternehmens, gilt als eine Lieferung gegen Entgelt. Damit hat der Unternehmer diese Wertabgabe aus seinem Unternehmen der Umsatzsteuer zu unterwerfen.
3. **Weitere Stichworte**
   → Aufmerksamkeit, → Bemessungsgrundlage, → Eigenverbrauch, → Lieferung/Definition, → Steuerbefreiungen, → Vorsteuerabzug
4. **Besonderheiten**
   Werden Leistungen bezogen, um sie unmittelbar für eine unentgeltliche Lieferung nach § 3 Abs. 1b UStG zu verwenden, ist die Leistung nicht für die wirtschaftliche Sphäre des Unternehmers bezogen, ein Vorsteuerabzug scheidet aus. Der Unternehmer hat aber auch keine Wertabgabe zu besteuern. Im Rahmen einer Übergangsregelung beanstandete es die Finanzverwaltung aber für alle bis zum 31.12.2012 ausgeführten Umsätze nicht, wenn entgegen dieser Grundsätze für Leistungsbezüge noch der Vorsteuerabzug vorgenommen und eine Ausgangsleistung besteuert wurde.

1. Arten unentgeltlicher Lieferungen

Zum 1.4.1999 wurden die bis dahin im § 1 Abs. 1 Nr. 2 UStG enthaltenen Steuertatbestände des Eigenverbrauchs zu **fiktiven Lieferungen gegen Entgelt** bzw. soweit es sich um Dienstleistungen handelt, zu fiktiven sonstigen Leistungen gegen Entgelt umdefiniert. Dabei wurde der Steuertatbestand der unentgeltlichen Lieferungen noch um einen Tatbestand der unentgeltlichen Lieferungen aus unternehmerischen Zwecken nach § 3 Abs. 1b Satz 1 Nr. 3 UStG erweitert.

Achtung! Voraussetzung für die Steuerbarkeit einer solchen unentgeltlichen Lieferung ist jedoch, dass der Gegenstand oder seine Bestandteile ganz oder teilweise zum Vorsteuerabzug berechtigt hatten, § 3 Abs. 1b Satz 2 UStG.

Wichtig! Eine unentgeltliche Lieferung i.S.d. § 3 Abs. 1b UStG setzt immer voraus, dass der Gegenstand dem Unternehmen zugeordnet werden konnte. Dafür muss der Gegenstand für die wirtschaftliche Tätigkeit des Unternehmers erworben worden sein[1].

Es kommt bei der Anwendung des § 3 Abs. 1b UStG nicht auf die Rechtsform des Unternehmens an. Somit können diese Steuertatbestände nicht nur von natürlichen Personen, sondern auch von Personenzusammenschlüssen und juristischen Personen verwirklicht werden, soweit sie Unternehmer i.S.d. Umsatzsteuerrechts sind.

1.1 Entnahme von Gegenständen für unternehmensfremde Zwecke

Bei der **Entnahme eines Gegenstands aus dem Unternehmen für unternehmensfremde Zwecke** liegt nach § 3 Abs. 1b Satz 1 Nr. 1 UStG eine Lieferung gegen Entgelt vor.

---

[1] BFH, Urteil v. 13.1.2011, V R 12/08, BStBl II 2012, 61. Die Finanzverwaltung beanstandet es aber für alle bis zum 31.12.2012 ausgeführten Umsätze nicht, wenn in diesen Fällen der Vorsteuerabzug noch vorgenommen und eine Ausgangsleistung besteuert wurde.

Beispiel 1: Der Unternehmer U schenkt seiner Tochter einen seinem Unternehmen zugeordneten Pkw, für den er bei Erwerb zum Vorsteuerabzug berechtigt gewesen war.
Lösung: Die Entnahme des Pkw ist einer Lieferung gegen Entgelt nach § 3 Abs. 1b Satz 1 Nr. 1 UStG gleichgestellt. Da der Ort der Lieferung dort ist, wo er sein Unternehmen betreibt (§ 3f UStG), ist die Entnahme nach § 1 Abs. 1 Nr. 1 UStG steuerbar.

Eine Lieferung aus unternehmensfremden Gründen liegt immer dann vor, wenn **private**, außerhalb des Unternehmens liegende **Motive** für die Wertabgabe bestimmend waren.

Tipp! Der Gegenstand muss aber auf Dauer aus dem Unternehmen entnommen werden. Eine vorübergehende private Verwendung (z.B. Urlaubsfahrt) führt nicht zu einer Entnahme.

1.2 Unentgeltliche Zuwendungen an das Personal

Bei einer **unentgeltlichen Zuwendung an das Personal** liegt ebenfalls eine Lieferung gegen Entgelt i.S.d. § 3 Abs. 1b Satz 1 Nr. 2 UStG vor. Eine Ausnahme ist lediglich dann gegeben, wenn es sich um eine Aufmerksamkeit handelt. Aufmerksamkeiten liegen vor, wenn sie nach Art und ihrem Wert Geschenken entsprechen, die im gesellschaftlichen Verkehr üblicherweise ausgetauscht werden und zu keiner ins Gewicht fallenden Bereicherung des Arbeitnehmers führen. Als Wertgrenze gelten hier seit dem 1.1.2015 60 €[2]. Zu den Einzelheiten vgl. Stichwort Aufmerksamkeiten.

Achtung! Es ist grundsätzlich zu prüfen, ob es sich bei einer Zuwendung an das Personal tatsächlich um eine unentgeltliche Zuwendung i.S.d. § 3 Abs. 1b Satz 1 Nr. 2 UStG handelt. In vielen Fällen ist die Zuwendung durch die Arbeitsleistung des Arbeitnehmers bedingt und gilt somit als entgeltliche Leistung (vgl. Stichwort Tauschähnlicher Umsatz).

Beispiel 2: Unternehmer U überlässt seinem Arbeitnehmer, ohne dass dieser dafür eine Gegenleistung aufwenden muss, ein noch gebrauchsfähiges Netbook für dessen private Zwecke mit einem Wiederbeschaffungswert von 100 €.
Lösung: Es liegt eine unentgeltliche Lieferung i.S.d. § 3 Abs. 1b Satz 1 Nr. 2 UStG vor, die zu einem steuerbaren Umsatz nach § 1 Abs. 1 Nr. 1 UStG führt. Eine Gegenleistung im Rahmen der Arbeitsleistung des Arbeitnehmers ist hier nicht gegeben. Die Bemessungsgrundlage für diese auch steuerpflichtige Leistung beträgt nach § 10 Abs. 4 Nr. 1 UStG 100 €. Somit entsteht eine Umsatzsteuer i.H.v. 19 €.

Nach der Rechtsprechung des BFH[3] ist es weiterhin Voraussetzung, dass der Gegenstand für die **wirtschaftlichen Zwecke** des Unternehmens erworben wurde. Ist der Gegenstand schon für den Zweck der unentgeltlichen Übergabe an das Personal oder für eine andere dem Grunde nach unentgeltliche Wertabgabe nach § 3 Abs. 1b UStG erworben worden, liegt kein Bezug für den wirtschaftlichen Bereich des Unternehmens vor, ein Vorsteuerabzug kann sich deshalb nicht ergeben. Da sich keine Vorsteuerabzugsberechtigung ergab und der Gegenstand insoweit wohl nicht dem Unternehmen zugeordnet werden konnte, muss er die Wertabgabe auch nicht der Besteuerung unterwerfen.

Achtung! Die Finanzverwaltung[4] hat ausführlich zu der Anwendung der geänderten Rechtsprechung Stellung genommen. Eine ursprünglich bis zum 31.3.2012 befristete Übergangsregelung wurde bis zum 31.12.2012 verlängert[5], vgl. Stichwort Unternehmensvermögen.

---

2 Bis 31.12.2014 galt hier eine Grenze von 40 € pro Aufmerksamkeit.

3 BFH, Urteil v. 13.1.2011, V R 12/08, BStBl II 2012, 61. Die Finanzverwaltung hat umfassend mit Schreiben v. 2.1.2012, BStBl I 2012, 60 dazu Stellung genommen.

4 BMF, Schreiben v. 2.1.2012, BStBl I 2012, 60.

5 BMF, Schreiben v. 24.4.2012, BStBl I 2012, 533.

Beispiel 3: Arbeitgeber A schenkt einem Arbeitnehmer aus Anlass des 25-jährigen Dienstjubiläums eine goldene Uhr, die er für diesen Zweck erworben hat. Der Einkaufspreis beträgt netto 1.000 € zuzüglich 190 € Umsatzsteuer.

Lösung: Nach der früheren Auffassung[6] lag eine unentgeltliche Lieferung i.S.d. § 3 Abs. 1b Satz 1 Nr. 2 UStG vor, die zu einem steuerbaren Umsatz nach § 1 Abs. 1 Nr. 1 UStG führte. Eine Gegenleistung im Rahmen der Arbeitsleistung des Arbeitnehmers war hier nicht gegeben. Die Bemessungsgrundlage für diese auch steuerpflichtige Leistung betrug nach § 10 Abs. 4 Nr. 1 UStG 1.000 €. Somit entstand eine Umsatzsteuer i.H.v. 190 €. Der Unternehmer hatte aber einen Vorsteuerabzugsanspruch aus dem Kauf der Uhr, sodass sich im Ergebnis keine Steuerbelastung bei ihm ergab.

Nach der derzeitigen Auffassung[7] besteht bei dem Kauf der Uhr kein Zusammenhang mit der wirtschaftlichen Tätigkeit des A, ein Vorsteuerabzug aus dem Kauf kann nicht erfolgen. Da die Uhr nicht dem wirtschaftlichen Bereich des A zugeordnet werden konnte, ergibt sich auch keine Notwendigkeit einer Besteuerung einer Ausgangsleistung. Im Ergebnis liegt ebenfalls keine steuerliche Belastung des A vor.

1.3 Andere unentgeltliche Lieferungen

Auch eine **unentgeltliche Zuwendung eines Gegenstands aus unternehmerischen Gründen** führt zu einer Lieferung gegen Entgelt nach § 3 Abs. 1b Satz 1 Nr. 3 UStG, wenn es sich nicht um Geschenke von geringem Wert oder Warenmuster für Zwecke des Unternehmens handelt.

Damit fallen insbesondere die folgenden unentgeltlichen Zuwendungen unter den Anwendungsbereich des § 3 Abs. 1b Satz 1 Nr. 3 UStG:

- Abgabe von Gegenständen zu Werbezwecken/Repräsentationsaufwendungen,
- Sachspenden an Vereine oder Schulen aus Werbegründen oder zur Imagepflege,
- Warenabgaben bei Preisausschreiben oder Verlosungen.

Wichtig! Die Vorschrift des § 3 Abs. 1b Satz 1 Nr. 3 UStG gilt nur für Lieferungen. Für unentgeltliche sonstige Leistungen aus unternehmerischen Gründen besteht keine vergleichbare Vorschrift.

Auch hier muss allerdings die **Rechtsprechung des BFH** berücksichtigt werden (vgl. 1.2). Erwirbt der Unternehmer einen Gegenstand schon in der festen Absicht, ihn für eine solche unentgeltliche Verwendung einzusetzen, ist gleich auf der Leistungseingangsseite der Vorsteuerabzug ausgeschlossen (z.B. der Unternehmer erwirbt einen Fernseher um ihn bei einem Preisausschreiben zu verwenden). Der BFH hat dies in seinem Urteil unterschiedslos auf alle Sachverhalte des § 3 Abs. 1b Satz 1 UStG bezogen, also auch auf die unentgeltlichen Ausgangsleistungen nach § 3 Abs. 1b Satz 1 Nr. 3 UStG. Ob dies systematisch eine zutreffende Sichtweise ist, kann aber bezweifelt werden – die Rechtsprechung wird allerdings (spätestens für alle nach dem 31.12.2012 ausgeführten Leistungen) so von der Finanzverwaltung angewendet.

Eine Ausnahme gibt es für die **Abgabe von Geschenken von geringem Wert**. Ein Geschenk von geringem Wert liegt dann vor, wenn der Wert der dem Empfänger im Kalenderjahr zugewendeten Gegenstände insgesamt 35 € nicht übersteigt.

Achtung! Bei der Wertgrenze von 35 € handelt es sich um alle Geschenke, die in einem Besteuerungszeitraum einem Empfänger zugewendet wurden.

Auch **Warenmuster für Zwecke des Unternehmens** führen nicht zu einer steuerbaren Lieferung. Solche Warenmuster liegen dann vor, wenn sie eine bestimmte Art von bereits hergestellten Waren darstellen oder die Modelle von Waren sind, deren Herstellung vorgesehen ist. Warenmuster sollen dem Empfänger

---

6 Bis 31.12.2012 konnte dies im Rahmen der Übergangsregelung noch so behandelt werden.

7 Diese Lösung ist spätestens für alle ab dem 1.1.2013 vorliegenden Fälle anzuwenden.

nicht den Kauf ersparen, sondern ihn gerade zum Kauf anregen[8]. Unerheblich ist, ob diese Warenmuster an Unternehmer oder Endverbraucher abgegeben werden. So ist z.B. die Abgabe sog. Probierpackungen im Getränke- und Lebensmittelhandel nicht steuerbar.

Verkaufshilfen (z.B. besondere Verkaufsständer) sowie Werbe- und Dekorationsmaterial führen ebenfalls nicht zu einer privaten Bereicherung des Empfängers und stellen somit keine Lieferungen i.S.d. § 3 Abs. 1b Satz 1 Nr. 3 UStG dar. Soweit aber diese Gegenstände nach Ablauf der Werbe- oder Verkaufsaktion bei dem Empfänger noch einen **Gebrauchswert** haben (z.B. bei Spielzeug sowie Sport- und Freizeitartikel), ist eine Lieferung i.S.d. § 3 Abs. 1b Satz 1 Nr. 3 UStG gegeben[9]. Allerdings könnte sich in diesem Fall gleich wieder der Ausschluss vom Vorsteuerabzug nach dem Urteil des BFH vom 13.1.2011 ergeben (vgl. oben). In diesem Fall ist der Gegenstand aber offensichtlich erst einmal für die wirtschaftliche Tätigkeit des Unternehmers bezogen, eine unterschiedslose Anwendung des BFH-Urteils auf alle unentgeltlichen Ausgangsleistungen erscheint systematisch wenig sinnvoll.

Wenn eine **Abgabe eines Gegenstands im Zusammenhang mit einer entgeltlichen Lieferung** steht, liegt ebenfalls kein Umsatz nach § 3 Abs. 1b Satz 1 Nr. 3 UStG vor, da hier eine Einheitlichkeit mit dem entgeltlichen Umsatz gegeben ist. Solche, zu dem entgeltlichen Umsatz gehörenden Wertabgaben liegen insbesondere in den folgenden Fällen vor[10]:

- Bei Abnahme einer bestimmten Menge an Ware erhält der Abnehmer zusätzliche Stücke derselben Ware, z.B. erhält der Käufer von 100 Flaschen Wein fünf Flaschen zusätzlich.
- Der Abnehmer erhält bei der Abnahme von Ware zusätzlich andere Gegenstände, z.B. erhält der Käufer einer Stereoanlage noch eine CD.
- Der Abnehmer erhält Zubehörteile unentgeltlich bei Abnahme von Waren, z.B. erhält der Käufer von Schuhen noch unentgeltlich Pflegemittel.
- Abgabe von Gegenständen im Zusammenhang mit dem Abschluss eines Dienstleistungsvertrags oder eines Liefervertrags, z.B. die unentgeltliche Abgabe eines Handys bei Abschluss eines Dienstleistungsvertrags[11].

Bei der unentgeltlichen Abgabe noch verzehrgeeigneter Lebensmittel von einem Lebensmittelhändler an eine karitative Einrichtung (z.B. eine „Tafel“) liegt keine der Umsatzsteuer unterliegende Wertabgabe vor[12]. Der Vorsteuerabzug für den Wareneinkauf bleibt für den Lebensmittelhändler bestehen.

Tipp! Gibt der Unternehmer Lebensmittel an karitative Einrichtungen ab und erhält dafür eine Zuwendungsbestätigung für Spendenzwecke, handelt es sich um eine entgeltlich ausgeführte Leistung des Unternehmers, die nach § 1 Abs. 1 Nr. 1 UStG steuerbar ist und – soweit keine Steuerbefreiung anwendbar ist – auch steuerpflichtig ist. Die „Gegenleistung“ besteht tatsächlich und der Höhe nach in der Zuwendungsbestätigung. Ob für die Abgabe der Regelsteuersatz oder der ermäßigte Steuersatz anzuwenden ist, hängt von der Art der abgegebenen Waren ab.

1.4 Voraussetzung: Vorsteuerabzug

Wenn ein Unternehmer einen seinem Unternehmen zugeordneten Gegenstand entnimmt, wird dieser Umsatz grundsätzlich nach § 3 Abs. 1b UStG als Lieferung gegen Entgelt behandelt. Nur in dem Ausnahmefall, dass der Unternehmer bei Erwerb des Gegenstands nicht zum Vorsteuerabzug berechtigt war, liegt nach § 3 Abs. 1b Satz 2 UStG keine solche Lieferung vor, die Entnahme ist nicht steuerbar; vgl. dazu auch 1.2 und 1.3 sowie die Auswirkungen der Rechtsprechung des BFH[13]. Es ist erforderlich, dass

---

8 Abschn. 3.3 Abs. 13 UStAE.

9 Abschn. 3.3 Abs. 15 UStAE.

10 Vgl. Abschn. 3.3 Abs. 18 ff. UStAE.

11 Zur Abgabe von „Gratis-Handys“ durch einen Vermittler von Mobilfunkverträgen vgl. BFH, Urteil v. 16.10.2013, XI R 39/12, BStBl II 2014, 1024.

12 LSF Sachsen, Verfügung v. 18.9.2012, DStR 2013, 199.

13 BFH, Urteil v. 13.1.2011, V R 12/08, BStBl II 2012, 61.

weder der Gegenstand noch seine Bestandteile zum **vollen oder teilweisen Vorsteuerabzug** berechtigt hatten. Gleiches gilt in den Fällen, in denen der Unternehmer den Gegenstand selbst in sein Unternehmen eingelegt hatte.

Bestandteile i.S.d. § 3 Abs. 1b UStG können sowohl Teile sein, die schon im Zeitpunkt des ursprünglichen Erwerbs des Gegenstands vorhanden waren, wie auch Teile, die erst zu einem späteren Zeitpunkt in den Gegenstand eingegangen waren. Ein solcher Bestandteil wird als ein gelieferter Gegenstand definiert, der zum einen aufgrund seines Einbaus in den zugrunde liegenden Gegenstand (z.B. einem Pkw) seine körperliche und wirtschaftliche Eigenart endgültig verloren und zum anderen zu einer dauerhaften, im Zeitpunkt der Entnahme noch nicht vollständig verbrauchten Werterhöhung des Gegenstands geführt hat[14].

Gegenstände, die ihre **körperliche und wirtschaftliche Eigenart nicht vollständig verloren** haben, können somit nicht Bestandteil im Sinne der Rechtsvorschrift sein. In diesem Fall liegt neben dem ursprünglichen Objekt ein weiterer, selbstständig zu beurteilender Gegenstand vor, der Inhalt einer Entnahme sein kann[15].

Wichtig! Bestandteile i.S.d. Vorschrift können aber nur greifbare und körperliche, in den Gegenstand integrierte Objekte sein. Damit ist eine Einbeziehung von sonstigen Leistungen in die Definition der Bestandteile nicht möglich.

Soweit es sich bei der in den Gegenstand eingegangenen Lieferung nicht um einen (weiterhin) selbstständigen Gegenstand handelt, sondern ein **Bestandteil** vorliegt, muss unterschieden werden: Hat dieser Bestandteil nur zur **Werterhaltung des Gegenstands** beigetragen und ist er im Zeitpunkt der Entnahme verbraucht? Oder hat dieser Bestandteil zu einer **dauerhaften Werterhöhung** geführt und ist diese im Zeitpunkt der Entnahme nicht vollständig verbraucht? Hat der Bestandteil nur zur Werterhaltung geführt und ist im Zeitpunkt der Entnahme wirtschaftlich verbraucht, werden der Gegenstand wie auch die Bestandteile nicht der Umsatzsteuer bei der Entnahme unterworfen.

Sind aber in das Objekt Bestandteile eingegangen, die zu einer dauerhaften, im Zeitpunkt der Entnahme noch nicht verbrauchten Werterhöhung des Gegenstands geführt haben, führt die Entnahme zu einem steuerbaren Umsatz i.S.d. § 3 Abs. 1b Satz 1 Nr. 1 UStG.

Wichtig! Die Finanzverwaltung[16] hat für die Entnahme von Fahrzeugen aus dem Unternehmen eine Bagatellregelung getroffen. Danach ist nur dann von einer Werterhöhung auszugehen, wenn die vorsteuerentlasteten Aufwendungen dafür mehr als 20 % der Anschaffungskosten des Gegenstands oder mehr als 1.000 € betragen. Mehrere in einem Veranlagungszeitraum durchgeführte Maßnahmen sind nicht zusammenzurechnen; für die Anwendung der Bagatellregelung ist jede Maßnahme für sich zu betrachten.

Danach ergeben sich in Abhängigkeit des Vorsteuerabzugs bei einer unentgeltlichen Lieferung eines Fahrzeugs die folgenden Möglichkeiten:

Unentgeltliche Lieferung eines Fahrzeugs (Entnahme)	
Vorsteuerabzug	**Rechtsfolge**
Bei der Anschaffung des Fahrzeugs war ein Vorsteuerabzug möglich.	Die Lieferung (Entnahme) ist steuerbar und steuerpflichtig, Bemessungsgrundlage sind die Anschaffungskosten eines vergleichbaren Fahrzeugs, § 10 Abs. 4 Nr. 1 UStG.

14 Abschn. 3.3 Abs. 2 und Abs. 3 UStAE.

15 Vgl. dazu auch EuGH, Urteil v. 17.5.2001, C-322/99 und C-323/99 – Fischer/Brandenstein, BFH/NV Beilage 2001, 177 sowie nachfolgend BFH, Urteil v. 20.12.2001, V R 8/98, BStBl II 2002, 557.

16 Abschn. 3.3 Abs. 4 UStAE.

Vorsteuerabzug	Rechtsfolge
Bei der Anschaffung des Fahrzeugs war kein Vorsteuerabzug möglich, Bestandteile sind in das Fahrzeug nicht eingegangen, oder ermöglichten keinen Vorsteuerabzug.	Die Lieferung (Entnahme) des Fahrzeugs ist nicht steuerbar.
Bei der Anschaffung des Fahrzeugs war kein Vorsteuerabzug möglich, es sind aber Bestandteile in das Fahrzeug eingegangen deren einzelner Wert jeweils weder 20 % der Anschaffungskosten des Fahrzeugs noch 1.000 € übersteigt.	Die Lieferung (Entnahme) des Fahrzeugs ist nicht steuerbar, da keine dauerhafte Werterhöhung anzunehmen ist.
Bei der Anschaffung des Fahrzeugs war kein Vorsteuerabzug möglich, es sind aber Bestandteile in das Fahrzeug eingegangen, deren einzelner Wert 20 % der Anschaffungskosten des Fahrzeugs oder 1.000 € übersteigt.	Die Lieferung (Entnahme) des Fahrzeugs ist steuerbar und steuerpflichtig, wenn die eingebauten Bestandteile noch einen Restwert besitzen. Die Bemessungsgrundlage ist dann der Restwert der Bestandteile. Haben die zugefügten Bestandteile keinen Restwert mehr, ist die Entnahme nicht steuerbar.

Die Bemessungsgrundlage für die in den Gegenstand eingegangenen Bestandteile bestimmt sich nach § 10 Abs. 4 Nr. 1 UStG, nämlich dem Einkaufspreis (in der Regel der Restwert) oder den Selbstkosten eines solchen Bestandteils, jeweils zum Zeitpunkt der Entnahme des Gegenstands.

Beispiel 4: Unternehmer A hat am 15.1.2016 einen gebrauchten Pkw von einer Privatperson für 10.000 € erworben, für den er nicht zum Vorsteuerabzug berechtigt war. Im Besteuerungszeitraum 2017 lässt er in das Fahrzeug eine Standheizung einbauen (Aufwand 2.500 € zuzüglich Umsatzsteuer) sowie eine Reparatur (Austausch der Windschutzscheibe) für 500 € zuzüglich Umsatzsteuer ausführen. Die jeweils gesondert ausgewiesene Umsatzsteuer hat A in 2017 als Vorsteuer abgezogen. Im Oktober 2018 entnimmt der A das Fahrzeug aus dem Unternehmen. Nach der Schwacke-Liste ist auf den Marktwert des Fahrzeugs wegen des Einbaus der Standheizung ein Zuschlag von 1.500 € vorzunehmen.

Lösung: Die Aufwendungen für die Windschutzscheibe haben weniger als 20 % der ursprünglichen Anschaffungskosten und auch nicht mehr als 1.000 € betragen, sodass nach der Vereinfachungsregelung nicht von einer dauerhaften Werterhöhung auszugehen ist. Das aufgewendete Entgelt für den Einbau der Standheizung beträgt 2.500 €, somit mehr als 20 % der Anschaffungskosten des Fahrzeugs. Mit dem Einbau der Standheizung in das Fahrzeug hat diese ihre körperliche und wirtschaftliche Eigenart endgültig verloren und damit zu einer dauerhaften, im Zeitpunkt der Entnahme nicht vollständig verbrauchten Werterhöhung des Gegenstands geführt. Die Entnahme des Fahrzeugs ist damit steuerbar nach § 3 Abs. 1b Satz 1 Nr. 1 UStG und wird mit der Bemessungsgrundlage nach § 10 Abs. 4 Nr. 1 UStG i.H.v. 1.500 € besteuert. Die Umsatzsteuer beträgt damit (19 %) 285 €.

Wird eine Werkleistung an einem ohne Vorsteuerabzugsberechtigung erworbenen Gegenstand ausgeführt, führt die Entnahme des Gegenstands weiterhin zu einem nicht steuerbaren Umsatz, da der Gegenstand als solcher nicht zum Vorsteuerabzug berechtigte, § 3 Abs. 1b Satz 2 UStG. Die an dem Gegenstand ausgeführten Dienstleistungen könnten jedoch zu einer Berichtigung der gezogenen Vorsteuerbeträge nach § 15a UStG führen; vgl. dazu Stichwort Vorsteuerberichtigung.

1.5 Zusammenhang zwischen Eingangsleistung, Vorsteuerabzug und Ausgangsleistung

Die Zusammenhänge zwischen dem Leistungsbezug, der Besteuerung einer Ausgangsleistung sowie den Rechtsfolgen bei einer Veränderung des Umfangs der unternehmerischen Nutzung können der folgenden **Übersicht** entnommen werden:

Wichtig! Die Regelungen sind im Rahmen einer Übergangsregelung spätestens für alle Leistungen ab dem 1.1.2013 anzuwenden[17].

	Ausschließliche Nutzung		**Teilunternehmerische Nutzung (unternehmerisch und nichtunternehmerisch)**	
	Nutzung ausschließlich unternehmerisch	**Nutzung ausschließlich nichtunternehmerisch**	**Nutzung unternehmerisch und nichtwirtschaftlich i.e.S.**	**Nutzung unternehmerisch und privat (unternehmensfremd)**
Zuordnung des Leistungsbezugs	Vollständige Zuordnung der Leistung zum Unternehmen.	Keine Zuordnung der Leistung zum Unternehmen möglich.	Zuordnung der Leistung zum Unternehmen nur insoweit, als eine unternehmerische Nutzung erfolgt. Soweit die Nutzung zu nichtwirtschaftlichen Zwecken erfolgen soll, kann der Leistungsbezug dem Unternehmen nicht zugeordnet werden.	Die Leistung kann dem Unternehmen ganz, gar nicht oder teilweise zugeordnet werden. Die vollständige Zuordnung setzt bei Gegenständen eine mindestens 10 %ige unternehmerische Nutzung voraus.
Vorsteuerabzug	Vollständiger Vorsteuerabzug soweit keine vorsteuerabzugsschädliche Verwendungsabsicht.	Kein Vorsteuerabzug möglich.	Anteiliger Vorsteuerabzug, soweit Zuordnung zum Unternehmen. Die Aufteilung erfolgt analog § 15 Abs. 4 UStG.	Soweit eine Zuordnung zum Unternehmen erfolgt, vollständiger Vorsteuerabzug, soweit keine vorsteuerabzugsschädliche Verwendungsabsicht; Vorsteuerabzugsbeschränkung bei gemischt genutzten Immobilien nach § 15 Abs. 1b UStG.
Besteuerung einer Ausgangsleistung	Eine Ausgangsleistung ist nicht zu besteuern, da eine ausschließliche unternehmerische Nutzung vorliegt.	Eine Ausgangsleistung ist nicht zu besteuern, da die bezogene Leistung nicht dem Unternehmen	Eine Ausgangsleistung ist nicht zu besteuern, da die bezogene Leistung nur insoweit dem Unternehmen	Soweit die bezogene Leistung dem Unternehmen zugeordnet wurde und für nichtunternehmerische Zwecke

[17] BMF, Schreiben v. 24.4.2012, BStBl I 2012, 533.

	Ausschließliche Nutzung		Teilunternehmerische Nutzung (unternehmerisch und nichtunternehmerisch)	
	Nutzung ausschließlich unternehmerisch	Nutzung ausschließlich nichtunterneh-merisch	Nutzung unter-nehmerisch und nichtwirtschaft-lich i.e.S.	Nutzung unter-nehmerisch und privat (unter-nehmensfremd)
		zugeordnet werden konnte.	zugeordnet werden konnte, wie sie unternehmerisch genutzt wird.	verwendet wird, erfolgt eine Besteue-rung einer Ausgangs-leistung nach § 3 Abs. 1b oder § 3 Abs. 9a UStG.
Folgen bei höherer unterneh-merischer Verwendung in der Folgezeit	Entfällt	Kein nachträglicher Vorsteuerabzug; keine Vorsteuer-berichtigung nach § 15a UStG.	Kein nachträglicher Vorsteuerabzug; aber Vorsteuer-berichtigung nach § 15a UStG im Billigkeitsweg.	Entfällt, soweit die Leistung dem Unter-nehmen vollständig zugeordnet wurde; wenn die Leistung bei Leistungsbezug nicht vollständig dem Unternehmen zugeordnet wurde, ergibt sich kein nachträglicher Vor--steuerabzug; keine Vorsteuerberichtigung nach § 15a UStG.
Folgen bei geringerer unterneh-merischer Verwendung in der Folgezeit	Besteuerung einer unentgeltlichen Wertabgabe nach § 3 Abs. 1b oder § 3 Abs. 9a UStG; keine Vorsteuer-berichtigung nach § 15a UStG.	Entfällt	Besteuerung einer unentgeltlichen Wertabgabe nach § 3 Abs. 1b oder § 3 Abs. 9a UStG; keine Vorsteuer-berichtigung nach § 15a UStG.	Besteuerung einer unentgeltlichen Wertabgabe nach § 3 Abs. 1b oder § 3 Abs. 9a UStG; keine Vorsteuer-berichtigung nach § 15a UStG.

2. Ort der unentgeltlichen Lieferung

Eine **unentgeltliche Lieferung** i.S.d. § 3 Abs. 1b UStG ist grundsätzlich dort ausgeführt, wo der Unternehmer sein Unternehmen betreibt, § 3f Satz 1 UStG[18]. Eine Ausnahme besteht nur dann, wenn die Leistung von einer Betriebsstätte aus abgegeben wird. In diesen Fällen ist der Ort der Betriebsstätte als Leistungsort maßgebend, § 3f Satz 2 UStG.

Achtung! Es ist für den Ort der unentgeltlichen Lieferung unerheblich, wo sich der Gegenstand zum Zeitpunkt der Entnahme tatsächlich befindet.

[18] Nach Auffassung des FG München, Urteil v. 1.12.2010, 3 K 1286/07, verstößt § 3f UStG gegen das Unionsrecht, soweit die Anwendung dieser Vorschrift im Einzelfall zu einem anderen Ort der Entnahme führt, als sich dies nach Art. 31 MwStSystRL ergeben würde.

3. Steuerpflicht der unentgeltlichen Lieferung

Für die **Steuerbefreiungen** von unentgeltlichen Lieferungen gelten grundsätzlich dieselben Voraussetzungen wie auch bei entgeltlichen Lieferungen, vgl. dazu Stichwort Steuerbefreiungen. Allerdings ist zu beachten, dass die Regelungen für steuerfreie Ausfuhrlieferungen nach § 4 Nr. 1 Buchst. a i.V.m. § 6 UStG ausdrücklich nicht für unentgeltliche Lieferungen nach § 3 Abs. 1b UStG gelten, § 6 Abs. 5 UStG.

Beispiel 5: Kfz-Händler K lobt im Rahmen eines Preisausschreibens einen Pkw des Typs Smart aus der sich schon in seinem Unternehmen befindet. Gewinner des Preisausschreibens ist eine Privatperson aus der Schweiz. Der Pkw gelangt im Rahmen der Auslieferung in die Schweiz.
Lösung: Die Abgabe des Pkw aus dem Unternehmen stellt eine unentgeltliche Lieferung nach § 3 Abs. 1b UStG dar, da das Fahrzeug dem Unternehmen zugeordnet war. Die Wertabgabe ist in Deutschland steuerbar. Eine Steuerbefreiung als Ausfuhrlieferung greift nicht, da § 6 Abs. 5 UStG dieses ausdrücklich ausschließt. Damit unterliegt die Wertabgabe der Besteuerung in Deutschland[19].

4. Bemessungsgrundlage der unentgeltlichen Lieferung

Soweit eine **steuerbare und steuerpflichtige unentgeltliche Lieferung** i.S.d. § 3 Abs. 1b UStG vorliegt, bestimmt sich die Bemessungsgrundlage nach § 10 Abs. 4 UStG. Dabei sind die folgenden Fälle zu unterscheiden:

- Abgabe von **Handelsware** (Umlaufvermögen), der Gegenstand darf aber nicht für den Zweck der unentgeltlichen Wertabgabe erworben sein: Als Bemessungsgrundlage für den Gegenstand ist der Einkaufspreis zuzüglich der Nebenkosten anzusetzen. Dabei kommt es nicht auf den historischen Einkaufspreis an, sondern auf den Preis, der zum Zeitpunkt der Ausführung der unentgeltlichen Lieferung zu bezahlen wäre. Dieser Preis entspricht in der Regel den Wiederbeschaffungskosten.
- Abgabe von **selbst produzierten Gegenständen**: Als Bemessungsgrundlage sind die Selbstkosten für diesen Gegenstand anzusetzen. Die Selbstkosten umfassen alle durch den betrieblichen Leistungsprozess bis zum Zeitpunkt der unentgeltlichen Lieferung entstandenen Kosten.

  Achtung! Die Selbstkosten sind aber nur dann anzusetzen, wenn ein Einkaufspreis für vergleichbare Gegenstände am Beschaffungsmarkt nicht ermittelbar ist[20].

- Abgabe eines bisher im Unternehmen genutzten Gegenstands (**Anlagevermögen**): Als Bemessungsgrundlage ist hier der Einkaufspreis eines vergleichbaren Wirtschaftsguts dieser Art und Güte (und dieses Abnutzungsgrads) anzusetzen (entspricht dem Wiederbeschaffungspreis eines solchermaßen abgenutzten Gegenstands).

5. Steuersatz der unentgeltlichen Lieferung

Der **Steuersatz für eine unentgeltliche Lieferung** bestimmt sich nach den allgemeinen Vorschriften des § 12 UStG, sodass in der Regel die Umsatzsteuer mit 19 % anzusetzen ist. Soweit Gegenstände aus der Anlage 2 zum UStG abgegeben werden (z.B. Lebensmittel), kommt der ermäßigte Steuersatz von 7 % zur Anwendung.

6. Rechnungsausstellung

Bei einer unentgeltlichen Lieferung nach § 3 Abs. 1b UStG ist nach der umstrittenen Auffassung der Finanzverwaltung[21] eine Rechnungserteilung mit gesondert ausgewiesener Umsatzsteuer grundsätzlich nicht möglich. Damit scheidet in jedem Fall auch ein Vorsteuerabzug des Empfängers des Gegenstands nach § 15 Abs. 1 UStG aus, selbst wenn er den Gegenstand als Unternehmer für sein Unternehmen erhält.

---

19 Ob dies systemgerecht ist, kann bezweifelt werden. Insbesondere auch deshalb, da der Gegenstand in der Schweiz der Einfuhrumsatzsteuer unterliegt und damit das „Bestimmungslandprinzip" realisiert wird.

20 BFH, Urteil v. 12.12.2012, XI R 3/10, BStBl II 2014, 809.

21 Abschn. 3.2 Abs. 2 UStAE.

Tipp! Insbesondere bei Übertragungen von Gegenständen zwischen nahestehenden Personen sollte eine unentgeltliche Lieferung vermieden werden, da der entstehenden Umsatzsteuer bei dem abgebenden Unternehmer nie ein Vorsteuerabzug bei dem Empfänger gegenüberstehen kann.

Beispiel 6: Unternehmer U überträgt seiner Tochter T, die sich gerade als Unternehmerin selbstständig macht, eine Maschine ohne Entgelt.
Lösung: Es liegt eine Lieferung nach § 3 Abs. 1b Satz 1 Nr. 1 UStG vor. Bei U entsteht eine Umsatzsteuer auf die Wiederbeschaffungskosten einer vergleichbaren Maschine. Die T kann keinen Vorsteuerabzug vornehmen. Wenn U seiner Tochter die Maschine verkauft hätte, könnte er – unabhängig von der Höhe des vereinbarten Kaufpreises – in einer Rechnung Umsatzsteuer auf die bei ihm anzuwendende Bemessungsgrundlage ausweisen, § 14 Abs. 4 Satz 2 UStG. Dies gilt sogar dann, wenn er zu einem sehr geringen Kaufpreis verkauft und damit bei ihm die Mindestbemessungsgrundlage (vgl. Stichwort Bemessungsgrundlage) Anwendung findet. Die T kann dann unter den Voraussetzungen des § 15 UStG die Vorsteuer abziehen.

Unentgeltliche sonstige Leistungen

Unentgeltliche sonstige Leistungen auf einen Blick

1. **Rechtsquellen**
   § 3 Abs. 9a, § 3f, § 10 Abs. 4 UStG
   Abschn. 3.2, Abschn. 3.4 und Abschn. 10.6 UStAE
2. **Bedeutung**
   Soweit der Unternehmer aus unternehmensfremden Gründen oder an sein Personal unentgeltliche sonstige Leistungen ausführt, wird dies unter den Voraussetzungen des § 3 Abs. 9a UStG als sonstige Leistung gegen Entgelt behandelt. Wird ein Gegenstand für unternehmensfremde Zwecke verwendet, sind bei der Ermittlung der Bemessungsgrundlage die Anschaffungs- oder Herstellungskosten auf den jeweiligen Vorsteuerberichtigungszeitraum zu verteilen.
3. **Weitere Stichworte**
   → Aufmerksamkeit, → Bemessungsgrundlage, → Dienstwagen, → Eigenverbrauch, → Privatnutzung von Unternehmensfahrzeugen, → Sonstige Leistung/Definition, → Sonstige Leistung/Ort
4. **Besonderheiten**
   Seit dem 1.1.2011 ergibt sich für die Selbstnutzung von dem Unternehmen zugeordneten Gebäudeteilen keine Vorsteuerabzugsberechtigung mehr, sodass auch keine steuerbare Ausgangsleistung mehr vorliegt. Dies gilt aber erst für Gebäude, die nach dem 31.12.2010 errichtet oder angeschafft wurden.
   Werden Leistungen bezogen, um sie unmittelbar für eine unentgeltliche Lieferung nach § 3 Abs. 9a UStG zu verwenden, ist die Leistung nicht für die wirtschaftliche Sphäre des Unternehmers bezogen, ein Vorsteuerabzug scheidet aus. Der Unternehmer hat aber auch keine Wertabgabe zu besteuern. Im Rahmen einer Übergangsregelung beanstandete es die Finanzverwaltung für alle bis zum 31.12.2012 ausgeführten Umsätze nicht, wenn entgegen dieser Grundsätze für Leistungsbezüge noch der Vorsteuerabzug vorgenommen und eine Ausgangsleistung besteuert wurde.

1. Arten von unentgeltlichen sonstigen Leistungen

Mit Wirkung vom 1.4.1999 wurde der bis dahin im § 1 Abs. 1 Nr. 2 UStG normierte Steuertatbestand des Leistungseigenverbrauchs zu Leistungen gegen Entgelt verändert. Damit gilt die **Ausführung der folgenden Dienstleistungen als sonstige Leistungen gegen Entgelt**:

- Die Verwendung eines dem Unternehmen zugeordneten Gegenstands, der zum vollen oder teilweisen Vorsteuerabzug berechtigt hat, durch einen Unternehmer für Zwecke, die außerhalb des Unternehmens liegen, oder für den privaten Bedarf des Personals, sofern keine Aufmerksamkeiten vorliegen, § 3 Abs. 9a Nr. 1 UStG.
- Die unentgeltliche Erbringung einer anderen sonstigen Leistung durch den Unternehmer für Zwecke, die außerhalb des Unternehmens liegen, oder für den privaten Bedarf seines Personals, sofern keine Aufmerksamkeiten vorliegen, § 3 Abs. 9a Nr. 2 UStG.

Wichtig! Wird eine sonstige Leistung unentgeltlich aus unternehmerischen Gründen abgegeben, liegt kein steuerbarer Ausgangsumsatz vor, die Leistung ist nicht steuerbar[1].

Beispiel 1: Friseur F veranstaltet ein Preisausschreiben. Der Hauptgewinn ist ein kostenloser Friseurbesuch. Die unentgeltliche Leistung wird aus unternehmerischen Gründen erbracht.
Lösung: In Ermangelung einer Anspruchsgrundlage ist die sonstige Leistung nicht steuerbar.

---

[1] Bei unentgeltlichen Lieferungen aus unternehmerischen Gründen kann nach § 3 Abs. 1b Satz 1 Nr. 3 UStG ein steuerbarer Vorgang vorhanden sein, vgl. Stichwort Unentgeltliche Lieferungen.

Voraussetzung für die Besteuerung einer solchen Leistung ist aber nach der Rechtsprechung des BFH immer, dass die Leistung für die **wirtschaftliche Tätigkeit** des Unternehmens bezogen worden ist und damit ein Vorsteuerabzug möglich war[2]. Führt ein Unternehmer für seine Arbeitnehmer Betriebsveranstaltungen aus, muss geprüft werden, ob diese für den privaten Bedarf des Personals oder aus überwiegenden unternehmerischen Interesse durchgeführt worden ist; vgl. dazu auch Stichwort Betriebsveranstaltung.

Eine **nichtunternehmerische Verwendung eines Gegenstands** liegt immer dann vor, wenn die Verwendung für private Zwecke des Unternehmers erfolgt oder private Motive für die Ausführung dieser Leistung vorliegen. Nach bisheriger nationaler Auffassung kann eine nichtunternehmerische Verwendung auch dann vorliegen, wenn eine juristische Person des öffentlichen Rechts aus einem Betrieb gewerblicher Art Leistungen an den hoheitlichen Bereich erbringt[3].

Beispiel 2: Ein gemeindeeigenes Schwimmbad, das ursprünglich nicht für den Schulsport verwendet werden sollte, wird später doch für Schulsport genutzt.
Lösung: Die Nutzungsüberlassung des Schwimmbads aus dem Betrieb gewerblicher Art der juristischen Person des öffentlichen Rechts (aus dem unternehmerischen Bereich) an die Schulen führt zu einer Leistung nach § 3 Abs. 9a Nr. 1 UStG[4].

1.1 Die Verwendung von Gegenständen

Die Verwendung eines Gegenstands für unternehmensfremde Zwecke oder für den privaten Bedarf des Personals kann zu einem Ausgangsumsatz i.S.d. § 3 Abs. 9a Nr. 1 UStG führen, wenn der Unternehmer für diesen Gegenstand den Vorsteuerabzug – ganz oder teilweise – vornehmen konnte.

Beispiel 3: Unternehmer U hat einen Computer erworben, für den ihm vom Verkäufer Umsatzsteuer berechnet worden ist. U nutzt den Computer auch für private Zwecke.
Lösung: Die Nutzung zu privaten Zwecken führt zu einem Umsatz nach § 3 Abs. 9a Nr. 1 UStG, da der Gegenstand zum Vorsteuerabzug berechtigte. Wenn U den Computer von einer Privatperson erworben oder ihn in sein Unternehmen eingelegt hätte, würde die Privatnutzung nicht zu einem Umsatz nach § 3 Abs. 9a Nr. 1 UStG führen, da ein Vorsteuerabzug nicht möglich war.

Achtung! Die Ausführung einer Leistung nach § 3 Abs. 9a Nr. 1 UStG setzt immer voraus, dass der Gegenstand auch zulässigerweise dem Unternehmen zugeordnet werden konnte (vgl. Stichwort Unternehmensvermögen).

Eine **unentgeltliche Zuwendung im Rahmen der Nutzungsüberlassung eines Gegenstands an das Personal** setzt voraus, dass der Gegenstand tatsächlich **ohne Gegenleistung** durch das Personal überlassen wird. Soweit das Personal eine Gegenleistung im Rahmen eines Entgelts oder durch Arbeitsleistung erbringt, liegt keine Leistung i.S.d. § 3 Abs. 9a Nr. 1 UStG vor. Insbesondere handelt es sich bei der Überlassung von Unternehmensfahrzeugen an das Personal für private Fahrten im Regelfall um entgeltliche sonstige Leistungen (vgl. Stichwort Dienstwagen). Außerdem führen unentgeltliche Leistungen nicht zur Besteuerung nach § 3 Abs. 9a Nr. 1 UStG, die als **Aufmerksamkeit** anzusehen sind. Eine Aufmerksam-

[2] BFH, Urteil v. 9.12.2010, V R 17/10, BStBl II 2012, 53. Die Finanzverwaltung beanstandete es aber für alle bis zum 31.12.2012 ausgeführten Umsätze nicht, wenn in diesen Fällen der Vorsteuerabzug noch vorgenommen und eine Ausgangsleistung besteuert wurde.

[3] Dies ist nach EuGH, Urteil v. 12.2.2009, C-515/07 – VNLTO, BFH/NV 2009, 682 zumindest dann nicht möglich, wenn Leistungen schon gleich für Zwecke der nichtwirtschaftlichen Mitverwendung bezogen werden. Eine Wertabgabenbesteuerung kann aber dann infrage kommen, wenn ein dem unternehmerischen Bereich zulässigerweise zugeordneter Gegenstand später auch für die nichtwirtschaftliche Sphäre verwendet wird.

[4] Vgl. auch Abschn. 2.11 Abs. 18 UStAE.

keit liegt vor, wenn die Zuwendung zu keiner ins Gewicht fallenden Bereicherung bei dem Arbeitnehmer führt. Die Finanzverwaltung hat hier als Nichtaufgriffsgrenze einen Wert von 60 €[5] festgelegt.

1.2 Die Ausführung anderer sonstiger Leistungen

Wenn der Unternehmer für unternehmensfremde Zwecke oder für den privaten Bedarf seines Personals – soweit keine Aufmerksamkeiten vorliegen – unentgeltlich **andere sonstige Leistungen** erbringt, die nicht in der Verwendung von Gegenständen bestehen, liegt ein Umsatz i.S.d. § 3 Abs. 9a Nr. 2 UStG vor.

Wichtig! Bei der Anwendung des § 3 Abs. 9a Nr. 2 UStG kommt es nicht darauf an, ob der Unternehmer für Vorleistungen einen Vorsteuerabzug hatte. Er muss die Leistung aber für den wirtschaftlichen Bereich seines Unternehmens bezogen haben.

Beispiel 4: Gartenbauunternehmer G lässt durch Personal seines Unternehmens den Garten seines privaten Einfamilienhauses pflegen.
Lösung: Die Gartenpflege führt zu einem steuerbaren Umsatz nach § 3 Abs. 9a Nr. 2 UStG bei G, obwohl G für die damit zusammenhängenden Kosten keinen Vorsteuerabzug hatte.

Typische **Anwendungsfälle** für die Rechtsvorschrift des § 3 Abs. 9a Nr. 2 UStG sind in der Praxis:

- die **Ausführung von Dienstleistungen** im privaten Bereich durch Arbeitnehmer des Unternehmens (vgl. oben Beispiel 4),
- die **Ausführung von Reparaturen** an privaten Gegenständen im Unternehmen (z.B. wird der private Fernseher im Unternehmen repariert, wobei nur Nebensachen bei der Reparatur verwendet werden),
- das Dienstleistungsangebot des Unternehmers wird von Familienangehörigen und Freunden unentgeltlich genutzt (z.B. kann die Tochter des Unternehmers mit ihren Freunden das Fitnessstudio unentgeltlich nutzen).

Bei der **unentgeltlichen Leistung an das Personal des Unternehmers** gilt das unter 1.1 Ausgeführte entsprechend.

2. Ort der unentgeltlichen sonstigen Leistung

Eine **unentgeltliche sonstige Leistung** i.S.d. § 3 Abs. 9a UStG ist grundsätzlich dort ausgeführt, **wo der Unternehmer sein Unternehmen betreibt**, § 3f Satz 1 UStG. Eine Ausnahme besteht nur dann, wenn die Leistung von einer Betriebsstätte aus abgegeben wird. In diesen Fällen ist der Ort der Betriebsstätte als Leistungsort maßgebend, § 3f Satz 2 UStG.

Achtung! Es ist für den Ort der unentgeltlichen sonstigen Leistung unerheblich, wo die Leistung tatsächlich ausgeführt wird.

3. Steuerpflicht der unentgeltlichen sonstigen Leistung

3.1 Allgemeines

Für die **Steuerbefreiungen von unentgeltlichen Lieferungen** gelten grundsätzlich dieselben Voraussetzungen wie auch bei entgeltlichen sonstigen Leistungen, vgl. dazu Stichwort Steuerbefreiungen. Allerdings ist zu beachten, dass die Regelungen für steuerfreie Lohnveredelungen nach § 4 Nr. 1 Buchst. a i.V.m. § 7 UStG ausdrücklich nicht für solche unentgeltlichen sonstigen Leistungen gelten, § 7 Abs. 5 UStG.

3.2 Sonderproblem: Privatnutzung eines dem Unternehmen zugeordneten Gebäudes

Eine Besonderheit besteht bei der **Nutzung von Wohnräumen**, die der Unternehmer seinem Unternehmen zugeordnet hat. Während früher der Vorsteuerabzug auch für solch nichtunternehmerisch genutzte Gebäudeteile möglich war, ist für alle nach dem 31.12.2010 angeschafften oder hergestellten Gebäude der Vorsteuerabzug auf den Teil des Gebäudes beschränkt, der unternehmerisch genutzt wird, § 15 Abs. 1b UStG.

---

[5] Bis 31.12.2014: 40 €.

Der EuGH[6] hatte in einem viel beachteten Urteil 2003 (sog. „**Seeling-Urteil**") festgestellt, dass die Eigennutzung von Gebäudeteilen, die dem Unternehmen zugeordnet sind, steuerbar und – entgegen der früheren nationalen Auffassung – auch nicht steuerfrei analog § 4 Nr. 12 UStG ist. Die Finanzverwaltung hatte daraufhin mit mehreren Schreiben reagiert, wobei insbesondere die Verteilung der Anschaffungs- oder Herstellungskosten über den maßgeblichen – bei Gebäuden zehnjährigen – Vorsteuerberichtigungszeitraum angeordnet wurde[7]. Bis dahin wurde die Bemessungsgrundlage für die nichtunternehmerische Nutzung von Gegenständen anhand der ertragsteuerrechtlich ermittelten Kosten festgestellt[8]. Der Gesetzgeber hatte dann (rückwirkend) die Verteilung der Anschaffungs- oder Herstellungskosten mit Wirkung vom 1.7.2004 gesetzlich in § 10 Abs. 4 Nr. 2 Satz 2 und Satz 3 UStG normiert.

Tipp! Umstritten war, ob die Verteilung über den maßgeblichen Vorsteuerberichtigungszeitraum unionsrechtlich zulässig ist und ob eine Anwendung auch schon für Zeiträume vor dem 1.7.2004 möglich ist. Mittlerweile ist unionsrechtlich und national geklärt, dass die Verteilung über den maßgeblichen Berichtigungszeitraum nicht gegen Unionsrecht verstößt, aber erst ab dem 1.7.2004 greifen kann[9].

Beispiel 5: Rechtsanwalt R hatte ein Gebäude (vor dem 1.1.2011 errichtet), das er zur Hälfte für seine Rechtsanwaltspraxis und zur anderen Hälfte für private Wohnzwecke verwendet. Er ordnete das gesamte Gebäude seinem Unternehmen zu. Von den Bauunternehmern wurden ihm auf die Baukosten von 1 Mio. € insgesamt 190.000 € Umsatzsteuer (19 %) in Rechnungen gesondert ausgewiesen.
Lösung: R konnte die 190.000 € als Vorsteuer nach § 15 Abs. 1 Satz 1 Nr. 1 UStG sofort abziehen. Eine Beschränkung des Vorsteuerabzugs nach § 15 Abs. 2 UStG lag nicht vor. R muss allerdings eine Ausgangsleistung nach § 3 Abs. 9a Nr. 1 UStG der Besteuerung unterwerfen. Dabei werden die Ausgaben berücksichtigt, die zum Vorsteuerabzug führten sowie die über den zehnjährigen Berichtigungszeitraum verteilten Herstellungskosten. Aus den Herstellungskosten entfallen auf den privat genutzten Teil des Hauses 500.000 €, sodass pro Jahr (bei zehn Jahren Berichtigungszeitraum) 50.000 € anzusetzen sind. Damit entsteht alleine aus den verteilten Herstellungskosten (19 % =) 9.500 € Umsatzsteuer aus der Eigennutzung[10].

Achtung! Die Umsatzsteuer entsteht jeweils auf die Bemessungsgrundlage nach dem in diesem Jahr gültigen Steuersatz.

Wichtig! Ein Vorsteuerabzug aus einem selbst genutzten Gebäudeteil kann aber nur dann vorgenommen werden, wenn der unternehmerisch genutzte Teil des Gebäudes den Vorsteuerabzug zulässt. Verwendet der Unternehmer den unternehmerisch genutzten Teil des Gebäudes z.B. für steuerfreie Vermietungsumsätze, liegt keine steuerbare Eigennutzung des privat genutzten Gebäudeteils vor[11]. Das Gebäude muss zu mindestens 10 % für unternehmerische, den Vorsteuerabzug berechtigende Zwecke verwendet werden. Voraussetzung ist auch, dass der Unternehmer das gemischt genutzte Gebäude wirksam und rechtzeitig seinem Unternehmen zugeordnet hat. Dies muss nach Auffassung des BFH[12] bis spätestens zum 31.5. des jeweils auf den Leistungsbezug folgenden Jahrs geschehen.

---

6 EuGH, Urteil v. 8.5.2003, C-269/00 – Wolfgang Seeling, BStBl II 2004, 378.

7 BMF, Schreiben v. 13.4.2004, BStBl I 2004, 468.

8 Vgl. Abschn. 155 Abs. 2 UStR 2000.

9 EuGH, Urteil v. 14.9.2006, C-72/05 – Hausgemeinschaft Wollny, BStBl II 2007, 32, BFH, Urteil v. 19.4.2007, V R 56/04, BStBl II 2007, 676 sowie BMF, Schreiben v. 10.8.2007, BStBl I 2007, 690.

10 Hinzu kommen noch die laufenden Ausgaben, die zum Vorsteuerabzug berechtigt hatten. Denen steht aber in derselben Periode ein gleich hoher Vorsteuerabzug gegenüber.

11 BFH, Urteil v. 8.10.2008, XI R 58/07, BStBl II 2009, 394.

12 BFH, Urteil v. 23.10.2014, V R 11/12, BStBl II 2015, 973.

Strittig war, ob die spätere **Entnahme** eines solchen, dem Unternehmen zugeordneten Gebäudes als steuerbarer und steuerpflichtiger Umsatz der Besteuerung unterliegt. Nach langem Streit und einem angedrohten Vertragsverletzungsverfahren hat die Finanzverwaltung[13] eingelenkt. Die nach § 3 Abs. 1b UStG steuerbare Entnahme eines Grundstücks ist – unabhängig eines Rechtsträgerwechsels – eine **steuerfreie Entnahme nach § 4 Nr. 9 Buchst. a UStG**. Damit unterliegt sowohl die Überführung eines solchen Grundstücks in das Privatvermögen eines Dritten wie auch die Entnahme des Grundstücks in das eigene Privatvermögen nicht der Umsatzsteuerpflicht.

Achtung! Kommt es aber zu einer Entnahme innerhalb von zehn Jahren seit Anschaffung oder Herstellung des Gebäudes oder nach Ausführung größerer Instandsetzungsmaßnahmen, die den Vorsteuerabzug zugelassen hatten, muss bei einer steuerfreien Entnahme des Gegenstands eine Vorsteuerberichtigung zulasten des Unternehmers nach § 15a UStG vorgenommen werden.

Beispiel 6: Rechtsanwalt R hatte in 2010 (erstmalige Nutzung zum 1.7.2010) ein Doppelhaus gebaut, das er zur Hälfte für seine unternehmerische Tätigkeit als Rechtsanwalt und zur anderen Hälfte für private Wohnzwecke nutzte. R hatte 2010 das Gebäude in vollem Umfang seinem Unternehmen zugeordnet und die ihm bei dem Bau des Hauses berechneten Umsatzsteuerbeträge von 120.000 € in vollem Umfang als Vorsteuer abgezogen. Die Eigennutzung der Hälfte des Gebäudes hat R seitdem ordnungsgemäß nach § 3 Abs. 9a Nr. 1 UStG besteuert. Nach Heirat in 2014 und der Geburt von Zwillingen im Sommer 2017 möchte R das Gebäude in Zukunft ausschließlich für private Wohnzwecke verwenden, er verlegt deshalb zum 31.12.2017 seine Rechtsanwaltskanzlei in Mieträume.

Lösung: Da R sein Haus nicht mehr für unternehmerische Zwecke nutzt und auch nicht in (naher) Zukunft wieder für unternehmerische Zwecke verwenden möchte, ist das Gebäude zwingend aus dem Unternehmen zu entnehmen. Die Entnahme ist nach § 3 Abs. 1b Satz 1 Nr. 1 UStG i.V.m. § 1 Abs. 1 Nr. 1 UStG steuerbar, aber nach § 4 Nr. 9 Buchst. a UStG steuerfrei. Damit hat sich innerhalb des Vorsteuerberichtigungszeitraums von zehn Jahren (1.7.2010 bis 30.6.2020) eine Verwendungsänderung ergeben. Dabei ist nach § 15a Abs. 8 und Abs. 9 UStG zu unterstellen, dass das Gebäude vom Zeitpunkt der Entnahme bis zum Ende des Berichtigungszeitraums für steuerfreie Zwecke verwendet wurde. Da von dem insgesamt 120 Monate umfassenden Berichtigungszeitraum vom 1.7.2010 bis zum 31.12.2017 erst 90 Monate vergangen sind, müssen noch 30 Monate berichtigt werden. Der Berichtigungsbetrag beläuft sich damit auf (120.000 € < Umsatzsteuerbetrag > × 30/120 < zu berichtigende Restzeit > × ./. 100 % < Verwendungsänderung > =) ./. 30.000 €. R muss in seiner Umsatzsteuervoranmeldung Dezember 2017[14] einen Vorsteuerberichtigungsbetrag i.H.v. 30.000 € zu seinen Lasten anmelden und in der gesetzlichen Frist an sein Finanzamt abführen, § 44 Abs. 4 UStDV.[15]

Achtung! Diese Regelungen gelten auch für andere nichtunternehmerische Verwendungen (z.B. unentgeltliche Überlassung von Räumen an Verwandte).

Zum 1.1.2011 ist diese Gestaltungsmöglichkeit faktisch – für die Zukunft – abgeschafft worden. Soweit ein Gebäude aufgrund eines nach dem 31.12.2010 abgeschlossenen Kaufvertrags erworben wurde oder aufgrund eines nach dem 31.12.2010 gestellten Bauantrags errichtet wurde[16], ist der Vorsteuerabzug nach § 15 Abs. 1b UStG auf den Teil des Gebäudes beschränkt, der für die unternehmerischen Zwecke genutzt wird. Die Privatnutzung ist somit vom Vorsteuerabzug ausgeschlossen. Klarstellend ist dazu in § 3 Abs. 9a Nr. 1 UStG mit aufgenommen worden, dass in diesem Fall eine Besteuerung einer Ausgangsleistung ausgeschlossen ist.

---

13 BMF, Schreiben v. 22.9.2008, BStBl I 2008, 895 sowie Abschn. 4.9.1 Abs. 2 Nr. 6 UStAE.

14 Soweit quartalsweise Voranmeldungen: Viertes Quartal 2017.

15 Jetzt § 44 Abs. 3 UStDV.

16 Vgl. § 27 Abs. 16 UStG.

Beispiel 7: Rechtsanwalt R errichtet ein Gebäude, für das der Bauantrag am 3.1.2011 (oder später) gestellt wurde. Er nutzt das Haus zur Hälfte für seine Rechtsanwaltspraxis und zur anderen Hälfte für private Wohnzwecke. Er ordnet das gesamte Gebäude seinem Unternehmen zu. Von den Bauunternehmern werden ihm auf die Baukosten von 1 Mio. € insgesamt 190.000 € Umsatzsteuer (19 %) in Rechnungen gesondert ausgewiesen.

Lösung: R kann nur 95.000 € als Vorsteuer nach § 15 Abs. 1 Satz 1 Nr. 1 UStG sofort abziehen. Das Gebäude kann zwar weiterhin in vollem Umfang dem Unternehmen zugeordnet werden, der Vorsteuerabzug ist aber auf den Teil des Gebäudes beschränkt, der tatsächlich für unternehmerische Zwecke verwendet wird. R muss allerdings die private Verwendung des Gebäudes nicht nach § 3 Abs. 9a Nr. 1 UStG der Besteuerung unterwerfen.

Achtung! Die Zuordnungsmöglichkeiten für das Gebäude sind dadurch aber nicht verändert worden. Der Unternehmer kann immer noch das Gebäude in vollem Umfang seinem Unternehmen zuordnen. Dies ist deshalb von Bedeutung, da sich für ihn in einer späteren Periode (innerhalb des maßgeblichen Vorsteuerberichtigungszeitraums) eine Vorsteuerberichtigung zu seinen Gunsten bei einer Erweiterung der unternehmerischen Nutzung nur dann ergeben kann, wenn er das Gebäude auch in vollem Umfang dem Unternehmen zugeordnet hatte. Die Zuordnungsentscheidung ist spätestens bis zum 31.5. des Folgejahrs auch gegenüber dem Finanzamt zu dokumentieren.

Ändert sich später etwas an der **Nutzung des Gebäudes** (z.B. ein bisher nichtunternehmerisch genutzter Gebäudeteil wird jetzt auch für unternehmerische, den Vorsteuerabzug nicht ausschließende Zwecke verwendet), kommt es innerhalb des maßgeblichen zehnjährigen Vorsteuerberichtigungszeitraums zu einer **Vorsteuerberichtigung** nach § 15a Abs. 6a UStG. Vgl. dazu auch Stichwort Vorsteuerberichtigung sowie Abschn. 15.6a UStAE.

Tipp! Für alle Gebäude, die bis zum 31.12.2010 erworben wurden bzw. für die ein Bauantrag bis zum 31.12.2010 gestellt worden war (auch wenn die Fertigstellung des Gebäudes dann erst in 2011 oder sogar erst in 2012 erfolgte), verbleibt es aber weiterhin bei der Besteuerung der unentgeltlichen Wertabgabe für die Privatnutzung. Aus laufenden Kosten oder größeren Instandhaltungen soll aber nach Auffassung der Finanzverwaltung[17] ein Vorsteuerabzug auch für die Altobjekte nur insoweit möglich sein, wie sie für die unternehmerischen Zwecke verwendet werden.

4. Bemessungsgrundlage der unentgeltlichen sonstigen Leistung

Soweit eine steuerbare und steuerpflichtige unentgeltliche sonstige Leistung i.S.d. § 3 Abs. 9a UStG vorliegt, bestimmt sich die **Bemessungsgrundlage** nach § 10 Abs. 4 UStG. Dabei sind die folgenden Fälle zu unterscheiden:

- Es handelt sich um eine sonstige Leistung i.S.d. § 3 Abs. 9a Nr. 1 UStG (**Verwendung eines Gegenstands**): Die Bemessungsgrundlage für einen solchen Umsatz ergibt sich aus den Ausgaben, die bei der Ausführung dieses Umsatzes entstanden sind. Allerdings werden hier nur die Ausgaben mit berücksichtigt, für die der Unternehmer einen Vorsteuerabzug – ganz oder teilweise – hatte, § 10 Abs. 4 Nr. 2 UStG. Anschaffungs- oder Herstellungskosten für einen dabei verwendeten Gegenstand gehören mit zur Bemessungsgrundlage, wobei diese Kosten auf den jeweiligen Vorsteuerberichtigungszeitraum zu verteilen sind, wenn sie mindestens 500 € betragen.
- Es handelt sich um eine sonstige Leistung i.S.d. § 3 Abs. 9a Nr. 2 UStG (**Ausführung von anderen sonstigen Leistungen**): Die Bemessungsgrundlage für einen solchen Umsatz ergibt sich aus den Ausgaben, die bei der Ausführung dieses Umsatzes entstanden sind. In diesem Fall kommt es nicht darauf an, ob der Unternehmer bezüglich dieser Ausgaben zum Vorsteuerabzug berechtigt gewesen

[17] Abschn. 15.6a Abs. 8 UStAE.

ist, § 10 Abs. 4 Nr. 3 UStG. Anschaffungs- oder Herstellungskosten für einen dabei verwendeten Gegenstand gehören mit zur Bemessungsgrundlage, wobei diese Kosten auf den jeweiligen Vorsteuerberichtigungszeitraum zu verteilen sind, wenn sie mindestens 500 € betragen.

Der Begriff der Ausgaben ist dabei nicht mehr entsprechend dem Ertragsteuerrecht auszulegen, dies ist insbesondere durch die zum 1.7.2004 rückwirkend in das Gesetz aufgenommene Verteilung der Anschaffungs- oder Herstellungskosten über den maßgeblichen Vorsteuerberichtigungszeitraum deutlich geworden.

Achtung! Die Verteilung der Anschaffungs- oder Herstellungskosten über den maßgeblichen Vorsteuerberichtigungszeitraum ist für alle unentgeltlichen Wertabgaben anzuwenden. So werden auch bei der Privatnutzung eines Fahrzeugs die Anschaffungskosten nicht über den sechsjährigen (ertragsteuerrechtlichen) Abschreibungszeitraum, sondern über den fünfjährigen Vorsteuerberichtigungszeitraum verteilt.

Wichtig! Nur bei der Verwendung von Gegenständen (Umsatz nach § 3 Abs. 9a Nr. 1 UStG) scheiden die Ausgaben aus der Bemessungsgrundlage aus, die nicht zum Vorsteuerabzug berechtigt haben.

5. Steuersatz der unentgeltlichen sonstigen Leistung

Der **Steuersatz für eine unentgeltliche sonstige Leistung** bestimmt sich nach den allgemeinen Vorschriften des § 12 UStG, sodass in der Regel die Umsatzsteuer mit 19 % anzusetzen ist.

6. Rechnungsausstellung

Bei einer unentgeltlichen sonstigen Leistung nach § 3 Abs. 9a UStG ist nach der umstrittenen Auffassung der Finanzverwaltung[18] eine **Rechnungserteilung** mit gesondert ausgewiesener Umsatzsteuer grundsätzlich nicht möglich. Damit scheidet in jedem Fall auch ein Vorsteuerabzug des Empfängers der sonstigen Leistung nach § 15 Abs. 1 UStG aus, selbst wenn er die Leistung als Unternehmer für sein Unternehmen erhält.

Tipp! Insbesondere bei sonstigen Leistungen zwischen nahestehenden Personen sollte eine unentgeltliche Leistung vermieden werden, da der entstehenden Umsatzsteuer bei dem leistenden Unternehmer kein Vorsteuerabzug bei dem Empfänger gegenüberstehen kann.

Beispiel 8: Unternehmer U überlässt seinem Sohn S, der sich gerade als Unternehmer selbstständig macht, eine bisher von ihm unternehmerisch genutzte Maschine ohne Entgelt zur vorübergehenden Nutzung.

Lösung: Es liegt eine sonstige Leistung nach § 3 Abs. 9a Nr. 1 UStG vor. Bei U entsteht eine Umsatzsteuer auf die Ausgaben, die sich aus der unentgeltlichen Überlassung ergeben (in der Regel mindestens die über den Vorsteuerberichtigungszeitraum verteilten Anschaffungskosten). S kann keinen Vorsteuerabzug vornehmen. Wenn U seinem Sohn die Maschine entgeltlich überlassen hätte, könnte er – unabhängig von der Höhe des vereinbarten Entgelts – in einer Rechnung Umsatzsteuer auf die bei ihm anzuwendende Bemessungsgrundlage ausweisen. Dies gilt sogar dann, wenn er zu einem sehr geringen Entgelt geleistet hätte und damit bei ihm die Mindestbemessungsgrundlage (siehe Stichwort Bemessungsgrundlage) Anwendung findet. S kann dann unter den Voraussetzungen des § 15 UStG die Vorsteuer abziehen.

[18] Abschn. 3.2 Abs. 2 UStAE.

Unrichtiger Steuerausweis

Unrichtiger Steuerausweis auf einen Blick

1. **Rechtsquellen**
   § 14c Abs. 1, § 15 Abs. 1 Satz 1 Nr. 1 UStG
   Abschn. 14c.1 UStAE
2. **Bedeutung**
   Der leistende Unternehmer schuldet auch einen in seiner Rechnung zu hoch ausgewiesenen Steuerbetrag, der Leistungsempfänger darf diese zu hoch ausgewiesene Umsatzsteuer nicht als Vorsteuer abziehen. Der leistende Unternehmer kann seine Rechnung und die geschuldete Umsatzsteuer berichtigen. In bestimmten Fällen ist die Berichtigung des unrichtig ausgewiesenen Steuerbetrags von der Genehmigung des Finanzamts abhängig.
3. **Weitere Stichworte**
   → Gutschrift, → Rechnung, → Unberechtigter Steuerausweis, → Vorsteuerabzug
4. **Besonderheiten**
   Angaben in Zeile 65 der Umsatzsteuer-Voranmeldung 2018, Angabe in Zeile 102 der Umsatzsteuer-Jahreserklärung 2017.
   Seit dem 6.11.2015 entsteht eine unrichtig ausgewiesene Umsatzsteuer grundsätzlich mit Ausgabe der Rechnung. Die Korrektur einer unrichtig ausgewiesenen Umsatzsteuer setzt – soweit sich eine Rückzahlungsverpflichtung ergibt – grundsätzlich auch die Rückzahlung eines überzahlten Betrags voraus.

1. Anwendungsfälle

§ 14c Abs. 1 UStG regelt den **unrichtigen Steuerausweis**. Grundsätzlich muss der Unternehmer berechtigt sein, für eine von ihm erbrachte Lieferung oder sonstige Leistung Umsatzsteuer in der Rechnung gesondert auszuweisen. Ein unrichtiger Steuerausweis entsteht überwiegend in den folgenden **Fällen**:

- Der Unternehmer verrechnet sich bei dem gesonderten Steuerausweis und weist eine zu hohe Umsatzsteuer aus,
- der Unternehmer irrt über den anzuwendenden Steuersatz,
- der Unternehmer behandelt eine steuerbefreite Leistung als steuerpflichtige Leistung,
- der Unternehmer irrt über den Ort der Leistung und stellt für eine im Ausland ausgeführte Leistung eine Rechnung mit gesondert ausgewiesener deutscher Umsatzsteuer aus,
- der Unternehmer weist Umsatzsteuer aus, obwohl der Leistungsempfänger die Umsatzsteuer nach § 13b UStG schuldet,
- der Unternehmer weist für eine Geschäftsveräußerung im Ganzen gesondert Umsatzsteuer aus.

Beispiel 1: Unternehmer U verkauft an einen Abnehmer im März 2018 ein Urheberrecht. Er berechnet dem Leistungsempfänger dafür 50.000,00 € zuzüglich 19 % Umsatzsteuer = 9.500,00 €. Der Leistungsempfänger zahlt die 59.500,00 €.
Lösung: Nach § 12 Abs. 2 Nr. 7 Buchst. c UStG unterliegt die Übertragung von Urheberrechten dem ermäßigten Steuersatz. Da der Abnehmer für die erhaltene Leistung 59.500,00 € aufwendet, schuldet der leistende Unternehmer für die von ihm erbrachte Leistung 7 % Umsatzsteuer aus dem von ihm vereinnahmten Betrag = 3.892,52 € (7 % Umsatzsteuer aus 59.500,00 €). Den Differenzbetrag zu der in der Rechnung ausgewiesenen Umsatzsteuer i.H.v. 5.607,48 € schuldet der leistende Unternehmer nach § 14c Abs. 1 UStG. Der Abnehmer kann nach § 15 Abs. 1 Satz 1 Nr. 1 UStG unabhängig davon lediglich einen Vorsteuerabzug in Höhe von 3.892,52 € beanspruchen[1].

---

[1] Abschn. 15.2 Abs. 3 UStAE.

Wichtig! Ein unrichtig hoher Steuerausweis kann auch dann vorliegen, wenn in einer Kleinbetragsrechnung ein unzutreffend hoher Steuersatz angegeben wird[2].

Die Regelung des § 14c Abs. 1 UStG ist grundsätzlich auch auf **Gutschriften** i.S.d. § 14 Abs. 2 Satz 2 UStG anzuwenden, soweit der Empfänger der Gutschrift einem zu hohen Steuerausweis in der Gutschrift nicht widerspricht. In diesem Fall schuldet jedoch nicht der Aussteller der Gutschrift (= Leistungsempfänger) die zu hoch ausgewiesene Umsatzsteuer, sondern der Empfänger der Gutschrift (= leistender Unternehmer) schuldet den zu hohen Steuerbetrag.

Achtung! Dieses gilt auch für Gutschriften, mit denen über steuerfreie Leistungen oder nicht im Inland steuerbare Leistungen abgerechnet werden, wenn der Empfänger der Gutschrift dem Steuerausweis nicht widerspricht.

2. Steuerentstehung

Im Falle des § 14c Abs. 1 UStG entsteht die Umsatzsteuer nach der ab dem 6.11.2015 geltenden Neufassung des § 13 Abs. 1 Nr. 3 UStG mit Ausgabe der Rechnung. Nach der bis zum 5.11.2015 anzuwendenden Fassung entstand die Umsatzsteuer in dem Zeitpunkt, in dem die Steuer für die Leistung nach den allgemeinen Grundregelungen entstand (vgl. Stichwort Sollbesteuerung). Dies war in der Regel der Zeitpunkt, zu dem die **Lieferung ausgeführt** wurde oder die **sonstige Leistung erbracht** worden war. Allerdings entstand die Umsatzsteuer **spätestens im Zeitpunkt der Ausstellung der Rechnung**. Steuerschuldner ist der leistende Unternehmer, § 13a Abs. 1 Nr. 1 UStG.

Achtung! Im Zusammenhang mit dem unrichtigen und dem unberechtigten Steuerausweis ist durch das Steueränderungsgesetz 2015 eine Vereinfachung für den Entstehungszeitpunkt dieser Steuern vorgenommen worden. Während bisher unterschiedliche Steuerentstehungszeitpunkte für den unrichtigen und den unberechtigten Steuerausweis vorhanden waren[3], kommt es jetzt unterschiedslos bei unrichtigem wie auch unberechtigtem Steuerausweis nur noch auf den Ausgabezeitpunkt der Rechnung an.

Der BFH[4] hat schon früher in einem Fall der Ausstellung einer **berichtigten Rechnung**, in der erstmalig ein zu hoher Steuerausweis erfolgte, entgegen der bisherigen Feststellung in Abschn. 13.7 UStAE entschieden, dass die nach § 14c Abs. 1 UStG geschuldete Mehrsteuer nicht vor Ablauf des Voranmeldungszeitraums entsteht, in dem die berichtigte Rechnung erteilt worden ist. Die Finanzverwaltung hatte dieses Urteil aufgenommen und legt den Wortlaut des § 13 Abs. 1 Nr. 3 UStG richtlinienkonform dahingehend aus, dass eine nach § 14c Abs. 1 UStG geschuldete Mehrsteuer grundsätzlich nicht vor Ablauf des Voranmeldungszeitraums entstehen kann, in dem die Rechnung erteilt worden ist. Durch die Gesetzesänderung ist jetzt eine einheitliche gesetzliche Regelung vorhanden.

Tipp! Regelmäßig wird der leistende Unternehmer aber nicht erkennen, dass es sich bei seinem Steuerausweis um einen (ganz oder teilweise) unrichtigen Steuerausweis handelt, da er ansonsten eine korrekte Rechnung ausgestellt hätte. Die Finanzverwaltung beanstandet es deshalb aus Vereinfachungsgründen nicht, wenn der Unternehmer den Mehrbetrag zusammen mit der für die Leistung geschuldeten Steuer anmeldet, auch wenn die Rechnung erst in einem späteren Voranmeldungszeitraum erteilt wird.

---

2 Abschn. 14c.1 Abs. 2 UStAE; BFH, Urteil v. 25.9.2013, XI R 41/12, BStBl II 2014, 134.
3 § 13 Abs. 1 Nr. 3 und Nr. 4 UStG.
4 BFH, Urteil v. 5.6.2014, XI R 44/12, BStBl II 2016, 187.

3. Berichtigungsverfahren

Nach § 14c Abs. 1 Satz 2 UStG kann der die Rechnung ausstellende Unternehmer den zu hohen Steuerausweis **zu jeder Zeit berichtigen**. Dabei sind die Vorschriften des § 17 UStG analog anzuwenden. Die Rechnungsberichtigung ist – bis auf zwei im Gesetz ausdrücklich geregelte Ausnahmen – an keine formalen Voraussetzungen geknüpft, die Berichtigung des Steuerbetrags muss lediglich **gegenüber dem Rechnungsempfänger** schriftlich erklärt werden[5]. Grundsätzlich ist es nicht erforderlich, dass der leistende Unternehmer das Original der unrichtigen Rechnung wieder zurückerhält.

Tipp! Für Dokumentationszwecke ist es in der Praxis jedoch anzuraten, das Original der Rechnung – soweit es vom Leistungsempfänger zurückerhalten werden kann – bei den Unterlagen aufzubewahren.

Da für die **Rechnungsberichtigung** die Vorschriften des § 17 UStG gelten, kann eine Berichtigung der zu hoch ausgewiesenen Umsatzsteuer erst für den Voranmeldungszeitraum vorgenommen werden, in dem die Rechnungsberichtigung erfolgt.

Fortsetzung Beispiel 1: Im Juni 2018 bemerkt der leistende Unternehmer den Fehler und berichtigt die Rechnung.
Lösung: Der zu hohe Steuerausweis kann erst in der USt-Voranmeldung des Juni 2018 korrigiert werden, § 17 Abs. 1 Satz 7 UStG.

Die Finanzverwaltung[6] hat für den **Zeitpunkt** der Berichtigung eines unrichtig ausgewiesenen Steuerbetrags die zur Änderung der Bemessungsgrundlage ergangene Rechtsprechung des BFH[7] übernommen. Die Änderung der Verwaltungsauffassung betrifft die Fälle, in denen der Unternehmer einen zu hoch ausgewiesenen Steuerbetrag auch schon von dem Leistungsempfänger erhalten hat. Wenn der leistende Unternehmer den zu hoch ausgewiesenen Steuerbetrag bereits vereinnahmt hat und dem Leistungsempfänger aus einer Rechnungsberichtigung ein **Rückforderungsanspruch** zusteht, ist die Berichtigung des vom Unternehmer geschuldeten Mehrbetrags erst nach einer entsprechenden Rückzahlung an den Leistungsempfänger zulässig.

Dabei sind grundsätzlich die Fälle zu unterscheiden, ob sich aus einem zu hoch ausgewiesenen Steuerbetrag ein Rückforderungsanspruch für den Leistungsempfänger ergibt. Ist eine Preisvereinbarung auf einer Bruttobasis vorgenommen worden, hat regelmäßig der Leistungsempfänger keinen Rückforderungsanspruch. In diesen Fällen ist die Rechnungsberichtigung auch ohne eine Rückgewähr des Entgelts anzuerkennen.

Beispiel 2: Unternehmer U hat für eine nach § 12 Abs. 2 UStG ermäßigt zu besteuernde Leistung dem Leistungsempfänger versehentlich 19 % Umsatzsteuer berechnet. Da er mit dem Kunden eine Bruttopreisvereinbarung getroffen hatte, ändert sich zwar in der berichtigten Rechnung der Steuerbetrag, der Gesamtrechnungsbetrag ändert sich jedoch nicht.
Lösung: Da sich kein Rückzahlungsanspruch des Kunden ergibt, kann die Berichtigung des unrichtig ausgewiesenen Steuerbetrags auch ohne eine Rückzahlung erfolgen.

Ergibt sich aus der Berichtigung einer zu hoch ausgewiesenen Umsatzsteuer ein Rückzahlungsanspruch des Leistungsempfängers, ist nicht nur die Berichtigung von der Rückzahlung abhängig, die Berichtigung kann auch erst dann vorgenommen werden, wenn die Rückzahlung erfolgt.

---

5 BFH, Urteil v. 10.12.1992, V R 73/90, BStBl II 1993, 383.

6 BMF, Schreiben v. 7.10.2015, BStBl I 2015, 782.

7 BFH, Urteil v. 18.9.2008, V R 56/06, BStBl II 2009, 250.

Beispiel 3: Unternehmer U hat für eine nach § 12 Abs. 2 UStG ermäßigt zu besteuernde Leistung dem Leistungsempfänger versehentlich 19 % Umsatzsteuer berechnet. Er hat auf einen Nettobetrag von 1.000 € 190 € Umsatzsteuer ausgewiesen. Da er mit dem Kunden eine Nettopreisvereinbarung getroffen hatte, ändert sich in der berichtigten Rechnung nicht nur der Steuerbetrag, sondern auch der Gesamtrechnungsbetrag. U stellt dem Kunden nach Aufdeckung des Fehlers im Juli eine berichtigte Rechnung aus, in der auf den Nettobetrag von 1.000 € nur eine Umsatzsteuer von 70 € ausgewiesen wird. Der überzahlte Betrag wird erst im August zurückgezahlt.
Lösung: Da der Rückzahlungsbetrag von 120 € dem Kunden erst im August zurückgezahlt wird, kann U eine Berichtigung des unrichtigen Steuerausweises erst im August vornehmen, da die Korrektur des unrichtigen Steuerausweises von der Rückzahlung abhängig ist.

In den Fällen eines unrichtigen Steuerausweises nach § 14c Abs. 1 UStG hat der Leistungsempfänger grundsätzlich nur einen **Vorsteuerabzugsanspruch** in Höhe der tatsächlich vom leistenden Unternehmer geschuldeten Umsatzsteuer.

Wichtig! Bei einem zu hohen Steuerausweis kann die vom leistenden Unternehmer nach § 14c Abs. 1 UStG geschuldete Differenz vom Leistungsempfänger nicht als Vorsteuer abgezogen werden.

In zwei besonderen Fällen zur Berichtigung der unrichtig ausgewiesenen Umsatzsteuer ist eine **Genehmigung des Finanzamts** nötig:

- Wenn der Unternehmer für eine **nicht steuerbare Geschäftsveräußerung** im Ganzen Umsatzsteuer unrichtig in einer Rechnung ausgewiesen hat oder
- wenn der Unternehmer einen **Verzicht auf eine Steuerbefreiung** nach § 9 UStG nachträglich **widerruft**.

Beispiel 4: Vermieter V hat in einem Gebäude eine Einheit unter Verzicht auf die Steuerbefreiung steuerpflichtig vermietet. V möchte die Option mit Wirkung für die Vergangenheit widerrufen.
Lösung: Wenn V die Umsätze rückwirkend steuerfrei erfasst, muss er auch eine in einer Rechnung (z.B. Mietvertrag) ausgewiesene Umsatzsteuer korrigieren. Eine Berichtigung der jetzt unrichtig ausgewiesenen Umsatzsteuer kann erst dann erfolgen, wenn V eine Genehmigung seines zuständigen Finanzamts hat. Diese Genehmigung kann nur erteilt werden, wenn das Finanzamt des Mieters geprüft hat, dass die ausgewiesene Umsatzsteuer vom Mieter nicht als Vorsteuer abgezogen wurde oder – soweit ein Vorsteuerabzug vorgenommen worden war – der Vorsteuerabzug wieder rückgängig gemacht worden ist.

Das Berichtigungsverfahren richtet sich in diesen beiden Fällen nach § 14c Abs. 2 UStG, vgl. dazu Stichwort Unberechtigter Steuerausweis.

4. Zu niedriger Steuerausweis

Weist der Unternehmer in einer ansonsten ordnungsgemäßen Rechnung einen **zu geringen Steuerbetrag** aus – z.B. weil er anstelle des zutreffenden Regelsteuersatzes versehentlich den ermäßigten Steuersatz ansetzt –, schuldet er die gesetzliche Umsatzsteuer. Allerdings ist die Steuer dann aus dem tatsächlich erhaltenen Betrag herauszurechnen.

Der Leistungsempfänger hat aber maximal einen Vorsteuerabzug in Höhe des gesondert ausgewiesenen Steuerbetrags.

Beispiel 5: Caterer C stattet in Deutschland ein Buffet aus. Er geht davon aus, dass es sich um die Lieferung von Lebensmitteln handelt, tatsächlich handelt es sich aber nach dem Gesamtbild der Verhältnisse um eine Dienstleistung, die dem Regelsteuersatz unterliegt. In seiner Rechnung weist C auf einen Nettobetrag von 10.000,00 € eine Umsatzsteuer von 7 % (= 700,00 €) aus. Der Kunde zahlt die 10.700,00 €.

Lösung: C schuldet gegenüber seinem Finanzamt aus dem erhaltenen Gesamtbetrag von 10.700,00 € 19 % Umsatzsteuer, damit ergibt sich eine Bemessungsgrundlage von (10.700,00 € ./. 1.708,40 € =) 8.991,60 € und eine Umsatzsteuer von (19 % =) 1.708,40 €. Der Leistungsempfänger kann – soweit er überhaupt zum Vorsteuerabzug berechtigt ist – höchstens eine Vorsteuer i.H.v. 700,00 € abziehen.

Unternehmenseinheit

Unternehmenseinheit auf einen Blick

1. **Rechtsquellen**
   § 2 Abs. 1 Satz 2 UStG
   Abschn. 2.7 und Abschn. 14.1 Abs. 4 UStAE
2. **Bedeutung**
   Ein Unternehmer kann immer nur ein Unternehmen haben. Zu diesem Unternehmen gehören alle Betriebe und beruflichen Tätigkeiten des Unternehmers. Für diese Beurteilung ist es unerheblich, ob sich die Unternehmensteile im Inland oder im Ausland befinden. Für das einheitliche Unternehmen sind immer nur eine Umsatzsteuer-Voranmeldung und eine Umsatzsteuererklärung abzugeben. Leistungen innerhalb des Unternehmens sind als Innenumsätze nicht steuerbar.
3. **Weitere Stichworte**
   → Innenumsatz, → Organschaft, → Umsatzsteuererklärung, → Umsatzsteuer-Voranmeldung, → Unternehmer

Jeder Unternehmer kann grundsätzlich immer nur **ein Unternehmen** haben. Zu diesem einheitlichen Unternehmen gehören alle Tätigkeiten, die der Unternehmer selbstständig, nachhaltig und mit Einnahmeerzielungsabsicht ausübt. Es kommt dabei nicht darauf an, wie diese Tätigkeiten ertragsteuerlich eingestuft werden, so führen auch Tätigkeiten, die zu unterschiedlichen Einkunftsarten des Einkommensteuergesetzes gehören, zu einem einheitlichen Unternehmen.

Beispiel 1: Autohändler A betreibt neben seiner Autohandlung noch ein Internet-Café. Darüber hinaus ist er Eigentümer mehrerer vermieteter Immobilien.
Lösung: Alle drei Tätigkeiten stellen umsatzsteuerlich das Unternehmen des A dar.

Auch im Rahmen einer **Organschaft** liegt zwischen dem Organträger und der Organgesellschaft ein einheitliches Unternehmen vor, soweit sich diese Unternehmensteile im Inland befinden.

Wichtig! Mit Ausnahme der Organschaft ist es unerheblich, ob sich die verschiedenen Unternehmensteile im Inland oder im Ausland befinden.

Soweit sich ein einheitliches Unternehmen ergibt, sind die folgenden **Rechtsfolgen** zu beachten:

- Für das gesamte Unternehmen ist nur **eine Umsatzsteuer-Voranmeldung** und eine Umsatzsteuererklärung abzugeben. Darin sind alle Umsätze und Vorsteuerabzugsbeträge des gesamten Unternehmens zusammenzufassen.
- Soweit zwischen den einzelnen Teilen des Unternehmens Leistungen ausgeführt werden, liegen **nicht steuerbare Innenumsätze** vor. Falls für diese Innenumsätze in Abrechnungspapieren Umsatzsteuer gesondert ausgewiesen worden ist, gelten die Belege als unternehmensinterne Buchungsunterlagen, eine Umsatzsteuer wird daraus nicht geschuldet[1].

Achtung! Obwohl – mit Ausnahme bei der Organschaft – auch grenzüberschreitend ein einheitliches Unternehmen gegeben ist, können sich bei grenzüberschreitenden Lieferungen im Drittlandsverkehr steuerbare Umsätze als Einfuhr und im Binnenmarkt im Rahmen des innergemeinschaftlichen Verbringens ergeben.

1 Abschn. 14.1 Abs. 4 UStAE. Bestätigt durch BFH, Urteil v. 28.10.2010, V R 7/10, BStBl II 2011, 391.

Beispiel 2: Unternehmer U aus München unterhält in der Schweiz und in Frankreich Betriebsstätten. Im Januar 2018 verbringt er aus der Betriebsstätte in der Schweiz Halbfertigprodukte und aus der Betriebsstätte in Frankreich Fertigprodukte zu seinem Stammsitz in München.
Lösung: Grundsätzlich liegen nicht steuerbare Innenumsätze vor, bei dem Verbringen der Gegenstände aus der Schweiz erfolgt aber in Deutschland eine nach § 1 Abs. 1 Nr. 4 UStG steuerbare Einfuhr, die auch nicht steuerbefreit ist. Die Ware aus Frankreich unterliegt in Deutschland einem innergemeinschaftlichen Erwerb im Rahmen des innergemeinschaftlichen Verbringens[2] nach § 1a Abs. 2 UStG. Der innergemeinschaftliche Erwerb ist nach § 1 Abs. 1 Nr. 5 UStG steuerbar und auch nicht steuerbefreit.

Zwischen einer **Personengesellschaft und einem Gesellschafter** sowie zwischen zwei Personengesellschaften kann grundsätzlich kein einheitliches Unternehmen vorliegen; gegebenenfalls können aber die Voraussetzungen der Organschaft vorliegen – vgl. dazu Stichwort Organschaft. Soweit hier Leistungen zwischen den Beteiligten erbracht werden, liegen – bei Unternehmereigenschaft – steuerbare Umsätze vor. Zu beachten ist aber, dass ein Gesellschafter einer Personengesellschaft die Unternehmereigenschaft aufgrund eigener Leistungen erlangen muss. So wird er nur unternehmerisch tätig, wenn er Leistungen gegen gesondertes Entgelt erbringt (zur Abgrenzung s. Stichwort Gesellschafterbeitrag).

---

[2] In Frankreich liegt eine Lieferung im Rahmen eines innergemeinschaftlichen Verbringens nach § 3 Abs. 1a UStG vor.

Unternehmensgründung

Unternehmensgründung auf einen Blick

1. **Rechtsquellen**
   § 1 und § 2 UStG
   Abschn. 2.6 UStAE
2. **Bedeutung**
   Erst mit Erlangung der Unternehmereigenschaft kann eine natürliche oder juristische Person sowie jeder Personenzusammenschluss steuerbare Leistungen ausführen und für Leistungsbezüge einen Vorsteuerabzug vornehmen. Je nach Unternehmensform sind Besonderheiten bei der Entstehung des Unternehmens zu beachten.
3. **Weitere Stichworte**
   → Unternehmer
4. **Besonderheiten**
   Nach der Rechtsprechung des BFH bestehen bezüglich des Vorsteuerabzugs erhebliche Unterschiede bei der Gründung eines Einzelunternehmens und einer Kapitalgesellschaft.

1. Allgemeines zur Unternehmensgründung

Die **Unternehmereigenschaft** ist unabhängig von der Rechtsform. Jede Art Gebilde kann Unternehmereigenschaft erlangen, soweit es selbstständig, nachhaltig und mit Einnahmeerzielungsabsicht tätig ist, § 2 Abs. 1 und Abs. 2 UStG.

Wichtig! Die Unternehmereigenschaft erstreckt sich auch schon auf Vorbereitungshandlungen, damit ist der Unternehmer auch schon für Leistungsbezüge vor Ausführung eigener Ausgangsumsätze zum Vorsteuerabzug berechtigt, wenn es sich um Vorbereitungshandlungen handelt[1].

Solche **Vorbereitungshandlungen** liegen ab dem ersten nach außen erkennbaren, auf eine Unternehmertätigkeit gerichteten Tätigwerden des Unternehmers vor. Unerheblich für den Beginn der Unternehmereigenschaft ist, ob später tatsächlich Umsätze getätigt werden können. Auch wenn keine Umsätze am Markt erzielt werden, ist die Unternehmereigenschaft nicht rückwirkend abzuerkennen, wenn der Unternehmer die Ernsthaftigkeit der Umsatzerzielungsabsicht nachweisen kann[2]. Dabei kommt es immer auf das Gesamtbild der Verhältnisse an. Für eine ernsthafte **Umsatzerzielungsabsicht** können insbesondere sprechen[3]:

- der Erwerb umfangreichen Inventars, z.B. Maschinen oder Fuhrpark,
- der Wareneinkauf vor Betriebseröffnung,
- die Anmietung oder die Errichtung von Büro- oder Lagerräumen,
- der Erwerb eines Grundstücks,
- die Anforderung einer Rentabilitätsstudie,
- die Beauftragung eines Architekten,
- die Durchführung einer größeren Anzeigenaktion,
- die Abgabe eines Angebots für eine Lieferung oder eine sonstige Leistung gegen Entgelt.

Achtung! Die Frage nach dem Beginn der Unternehmereigenschaft ist zu trennen von der Frage, ob überhaupt Unternehmereigenschaft vorliegt. Erst wenn die Unternehmereigenschaft dem Grunde nach bejaht worden ist, kann der Beginn der Unternehmereigenschaft geprüft werden.

---

1 Abschn. 2.6 Abs. 1 UStAE.

2 EuGH, Urteil v. 29.2.1996, C-110/94 – INZO, BStBl II 1996, 655; EuGH, Urteil v. 8.6.2000, C-400/98 – Breitsohl, BStBl II 2004, 452.

3 Abschn. 2.6 Abs. 2 UStAE.

Die Vorbereitungstätigkeit muss allerdings schon **erkennbar mit der unternehmerischen Betätigung im Zusammenhang** stehen.

Wichtig! Da eine bezogene Leistung nur dann einem Unternehmen zugeordnet werden kann, wenn zum Zeitpunkt des Leistungsbezugs das Unternehmen schon besteht, kann ein Vorsteuerabzug nur für Leistungen in Betracht kommen, die ab Beginn der Unternehmereigenschaft bezogen worden sind.

2. Die Gründung einer Personengesellschaft

Bei der **Gründung einer Personengesellschaft** ist zu unterscheiden, ob und ab wann die Gesellschaft Unternehmereigenschaft hat und wie die Umsätze bei der Gründung der Personengesellschaft zu beurteilen sind.

2.1 Unternehmereigenschaft der Personengesellschaft

Die **Unternehmereigenschaft** beginnt grundsätzlich mit dem ersten, nach außen erkennbaren Tätigwerden der Personengesellschaft. Die Unternehmereigenschaft kann auch schon durch Abgabe eines Angebots gegenüber einem späteren Auftraggeber begründet werden.

Beispiel 1: Mehrere Forscher schließen sich zu einer Forschungs-GbR zusammen und erstellen für einen Auftraggeber eine detaillierte Aufgabenstellung für ein Forschungsprojekt. Bei der Erarbeitung der Grundlagen nehmen sie Leistungen von Schreibkräften in Anspruch. Nach Auftragserteilung für das Forschungsprojekt erbringt die GbR gegenüber dem Auftraggeber die Forschungsleistung.
Lösung: Die Unternehmereigenschaft der GbR beginnt schon mit der Erarbeitung der Aufgabenstellung für das Forschungsprojekt. Damit können von der GbR in Anspruch genommene Vorleistungen bei ihr schon zu einem Vorsteuerabzug nach § 15 Abs. 1 UStG führen.

Achtung! Wenn die Personengesellschaft eine Leistung in Auftrag gibt und der Leistungsempfänger ist, sollte die Eingangsrechnung auch auf die Personengesellschaft ausgestellt sein. Eine auf einen Gesellschafter ausgestellte Rechnung eröffnete der Personengesellschaft bisher nicht den Vorsteuerabzug[4]. Nach einem Urteil des EuGH[5] kann eine Personengesellschaft aber auch aus Gründungskosten, die in Rechnungen an die Gesellschafter berechnet worden sind, den Vorsteuerabzug vornehmen. Es muss sich aber wohl um „Investitionsumsätze" handeln, also auf Leistungen beziehen, die in ein Unternehmen einlagefähig sind.

2.2 Umsätze bei Gründung der Personengesellschaft

Nach der Rechtsprechung des EuGH[6] ist die **Ausgabe von Anteilen** an einer (Publikums-)Personengesellschaft grundsätzlich keine unternehmerische Tätigkeit, sodass die Personengesellschaft bei Ausgabe der Anteile keine steuerbaren Umsätze ausführt. Dies betrifft sowohl die Erstausgabe der Anteile wie auch bei einer späteren **Kapitalerhöhung**.

Wichtig! Der Vorsteuerabzug aus den Gründungs- und Konzeptionskosten einer Personengesellschaft ist von den tatsächlichen oder den geplanten Ausgangsumsätzen abhängig. Soweit die Gesellschaft keine vorsteuerabzugsschädlichen Ausgangsumsätze plant, ist sie grundsätzlich zum Vorsteuerabzug auch der Gründungskosten berechtigt[7].

---

4 So BFH, Urteil v. 23.9.2009, XI R 14/08, BStBl II 2010, 367.

5 EuGH, Urteil v. 1.3.2012, C-280/10 – Polski Travertyn, BFH/NV 2012, 908.

6 EuGH, Urteil v. 26.6.2003, C-442/01 – KapHag Renditefonds, BFH/NV Beilage 2003, 228 sowie BFH, Urteil v. 1.7.2004, V R 32/00, BStBl II 2004, 1022.

7 Abschn. 15.21 UStAE.

Ob bei der Gründung von Personengesellschaften Leistungen der Gesellschafter gegenüber der zu gründenden Personengesellschaft vorliegen, hängt entscheidend von der **Stellung der Gesellschafter** ab. Soweit der Gesellschafter nicht Unternehmer nach § 2 Abs. 1 UStG ist, liegt kein steuerbarer Umsatz vor. Durch das Erwerben oder Halten von Anteilen an einer Personengesellschaft wird auch keine Unternehmereigenschaft begründet[8]. Ist der Gesellschafter hingegen Unternehmer i.S.d. § 2 Abs. 1 UStG und bringt er im Rahmen einer **Sachgründung** Gegenstände in die neu zu gründende Personengesellschaft aus seinem Unternehmen ein, vollzieht sich dieser Vorgang im Rahmen eines tauschähnlichen Umsatzes (vgl. Stichwort Tauschähnlicher Umsatz) nach § 3 Abs. 12 Satz 2 UStG.

3. Die Gründung einer Kapitalgesellschaft

Wird eine **Kapitalgesellschaft gegründet**, sind bei der Gründung **mehrere Phasen** zu unterscheiden, die für die umsatzsteuerrechtliche Beurteilung von Bedeutung sind:

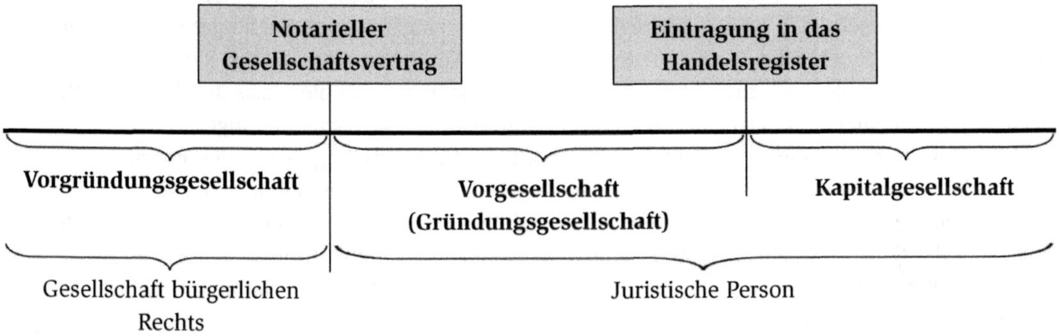

3.1 Die Vorgründungsgesellschaft

Die **Vorgründungsgesellschaft** (von der ersten Idee zur Gründung einer Kapitalgesellschaft bis zum Abschluss des notariellen Gesellschaftsvertrags oder der Satzung) stellt eine Gesellschaft des bürgerlichen Rechts (GbR) dar, soweit es sich um eine aus mehreren Gesellschaftern bestehende Kapitalgesellschaft handelt, oder ein Einzelunternehmen, wenn es sich später um eine Kapitalgesellschaft mit einem Gesellschafter handelt (z.B. die Ein-Mann-GmbH). Die Vorgründungsgesellschaft ist mit der später entstehenden Kapitalgesellschaft nicht identisch.

Die Vorgründungsgesellschaft kann die **Unternehmereigenschaft** i.S.d. § 2 UStG aus eigenem Recht heraus erlangen, wenn sie selbst nachhaltig Leistungen am Markt erbringt. Insoweit ist sie zum Vorsteuerabzug berechtigt.

Erbringt die Vorgründungsgesellschaft nicht selbst **Ausgangsleistungen**, ist sie nach der Rechtsprechung des EuGH[9] dann als Unternehmer anzusehen und für bezogene Leistungen zum Vorsteuerabzug berechtigt, wenn sie schon bezogene Leistungen im Rahmen eines **entgeltlichen Umsatzes** veräußert. Dies gilt auch, wenn sie die Wirtschaftsgüter im Rahmen einer **nicht steuerbaren Geschäftsveräußerung** nach § 1 Abs. 1a UStG auf die Vorgesellschaft überträgt.

> **Achtung!** Soweit die zu gründende Kapitalgesellschaft keine zum Vorsteuerabzug berechtigenden Ausgangsumsätze bewirken soll, kann sich eine Vorsteuerabzugsberechtigung der Vorgründungsgesellschaft nicht ergeben.

Werden von der Vorgründungsgesellschaft nur **Einzelleistungen** bezogen, die für sich genommen keinen eingerichteten Geschäftsbetrieb begründen, kann keine nicht steuerbare Geschäftsveräußerung

---

8 Ständige Rechtsprechung des EuGH, z.B. EuGH, Urteil v. 14.11.2000 – Berginvest, BFH/NV Beilage 2001, 37, vgl. auch Abschn. 2.3 Abs. 2 UStAE.

9 EuGH, Urteil v. 29.4.2004, C-137/02 – Faxworld, BFH/NV Beilage 2004, 225 sowie BFH, Urteil v. 15.7.2004, V R 84/99, BStBl II 2005, 155.

nach § 1 Abs. 1a UStG angenommen werden. In diesem Fall muss sich die Unternehmereigenschaft der Vorgründungsgesellschaft wohl aus anderen entgeltlichen Umsätzen ergeben.

Tipp! Um ein Restrisiko beim Vorsteuerabzug zu vermeiden, sollten bei der geplanten Gründung einer Kapitalgesellschaft von der Vorgründungsgesellschaft bezogene Vorleistungen im Rahmen eines entgeltlichen Vorgangs auf die Gründungsgesellschaft übertragen werden (zu beachten ist aber, dass zivilrechtlich bei einer entgeltlichen Übertragung der Vorleistungen an die zu gründende Kapitalgesellschaft eine verschleierte Sachgründung vorliegen kann). Ob in diesen Fällen immer eine nicht steuerbare Geschäftsveräußerung vorliegt, ist jeweils nach den Besonderheiten des Einzelfalls zu beurteilen und hängt von dem Umfang und der Art der übertragenen Vorleistungen ab.

3.2 Vorgesellschaft und Kapitalgesellschaft

Die Vorgesellschaft oder **Gründungsgesellschaft** (ab notariellem Gesellschaftsvertrag/Satzung bis zur Eintragung der Gesellschaft im Handelsregister) ist mit der eingetragenen Kapitalgesellschaft identisch. Damit sind alle entstehenden Umsatzsteuerbeträge und alle Vorsteuerbeträge im Rahmen der Veranlagung der Kapitalgesellschaft anzusetzen. Voraussetzung ist aber auch hier, dass die Kapitalgesellschaft nach den allgemeinen Grundsätzen überhaupt die Unternehmereigenschaft erlangt.

In **Sonderfällen**, in denen die Kapitalgesellschaft mangels Eintragung tatsächlich gar nicht entsteht, stellen die Vorgründungsgesellschaft und die Vorgesellschaft eine einheitliche Personengesellschaft (oder bei einer geplanten Ein-Mann-GmbH ein einheitliches Einzelunternehmen) dar. Für die Unternehmereigenschaft dieser Gesellschaft sind dann wieder die allgemeinen Grundsätze über die Beurteilung der Unternehmereigenschaft heranzuziehen. Insbesondere kommt es dann darauf an, ob ernsthaft die Umsatzerzielungsabsicht vorlag.

3.3 Gescheiterte Gründung einer Ein-Mann-GmbH

Der BFH[10] musste sich in einem Fall mit dem Vorsteuerabzug bei einer **missglückten GmbH-Gründung** auseinander setzen. Im Streitfall ging es um einen Arbeitnehmer, der über eine von ihm zu gründende GmbH eine unternehmerische Tätigkeit aufnehmen wollte. Die GmbH sollte die Betriebsmittel einer anderen Firma im Rahmen eines Unternehmenskaufs erwerben. Der Kläger wurde hierfür durch eine Unternehmensberatung für Existenzgründer und einen Rechtsanwalt beraten. GmbH-Gründung und Unternehmenskauf unterblieben. Der Arbeitnehmer ging gleichwohl davon aus, dass er zum Vorsteuerabzug nach § 15 UStG berechtigt ist.

Der BFH versagte dem Kläger den Anspruch auf Vorsteuerabzug. Maßgeblich hierfür ist nach Auffassung des BFH die rechtliche Eigenständigkeit der GmbH.

Achtung! Der BFH stellte aber fest, dass der Kläger zum Vorsteuerabzug berechtigt gewesen wäre, wenn er beabsichtigt hätte, das Unternehmen selbst zu kaufen, um es als Einzelunternehmer zu betreiben. Dem würde auch nicht die erfolglose Unternehmensgründung entgegenstehen.

Als Gesellschafter einer noch zu gründenden GmbH bestand für den Kläger aber kein Recht auf Vorsteuerabzug. Zwar kann auch ein Gesellschafter den Vorsteuerabzug in Anspruch nehmen, wenn er Vermögensgegenstände erwirbt, um diese auf die GmbH zu übertragen (sog. **Investitionsumsatz**). Unter Bezug auf das Urteil Polski Travertyn des EuGH[11] stellt der BFH fest, dass der Vorsteuerabzug z.B. dann in Betracht kommt, wenn er ein Grundstück erwirbt und dann in die GmbH einlegt. Dagegen waren die im vorliegenden Fall vom Kläger bezogenen **Beratungsleistungen** nicht übertragungsfähig, sodass Mangels Unternehmereigenschaft ein Vorsteuerabzug nicht in Betracht kam.

---

10 BFH, Urteil v. 11.11.2015, V R 8/15, BFH/NV 2016, 863.

11 EuGH, Urteil v. 1.3.2012, C-280/10 – Polski Travertyn, BFH/NV 2012, 908.

Wichtig! Der BFH bezieht sich in seinem Urteil zwar in wesentlichen Teilen auf das Urteil des EuGH „Polski Travertyn". In der Begründung geht er aber nur auf den einen Teil des Urteils – dem Erwerb und der Übertrag eines Grundstücks – ein. In diesem Verfahren hatten die Gründungsgesellschafter aber auch Notarkosten getragen, die für die Gründung und Anmeldung der Personengesellschaft notwendig waren. Auch für diese Eingangsleistungen hatte der EuGH in seiner Entscheidung den Vorsteuerabzug gewährt.

3.4 Beurteilung der Ausgabe von Anteilen an Kapitalgesellschaften

Werden **Anteile an Kapitalgesellschaften** ausgegeben, stellt dies aus Sicht der ausgebenden Kapitalgesellschaft nach der Rechtsauffassung des EuGH[12] keinen steuerbaren Umsatz dar, da eine wirtschaftliche Tätigkeit der Gesellschaft insoweit nicht vorliegt.

Wichtig! Der Vorsteuerabzug aus den mit der Ausgabe der Anteile im Zusammenhang stehenden Kosten ist von den tatsächlichen oder den geplanten Ausgangsumsätzen der Kapitalgesellschaft abhängig. Soweit die Gesellschaft keine vorsteuerabzugsschädlichen Ausgangsumsätze plant, ist sie grundsätzlich auch zum Vorsteuerabzug aus diesen Kosten berechtigt.

[12] EuGH, Urteil v. 26.5.2005, C-465/03 – Kretztechnik AG, BFH/NV Beilage 2005, 306.

Unternehmensvermögen

Unternehmensvermögen auf einen Blick

1. **Rechtsquellen**
   § 15 Abs. 1 UStG
   Abschn. 15.2 Abs. 21 UStAE
2. **Bedeutung**
   Soweit der Unternehmer eine Leistung von einem Anderen bezieht, muss er entscheiden, ob er diese Leistung seinem Unternehmen zuordnen muss, ob er ein Zuordnungswahlrecht hat oder ob er die Leistung seinem Unternehmen nicht zuordnen darf. Dieser Zuordnungsentscheidung kommt eine zentrale Bedeutung zu, da ihm nur für Leistungen, die er für sein Unternehmen bezogen hat, der Vorsteuerabzug nach § 15 UStG zusteht. Nur Gegenstände, die dem Unternehmen zugeordnet werden konnten, können auch wieder im Rahmen eines steuerbaren Umsatzes aus dem Unternehmen gelangen. Neben einem unternehmerischen und einem privaten Bereich kann bei einem Unternehmer auch ein nichtwirtschaftlicher Bereich im engeren Sinne vorhanden sein. In diesem nichtwirtschaftlichen Bereich i.e.S. werden keine unternehmerischen Leistungen ausgeführt, Leistungsbezüge für diesen Bereich sind nicht dem Unternehmen zuzuordnen.
3. **Weitere Stichworte**
   → Unentgeltliche Lieferungen, → Unentgeltliche sonstige Leistung, → Vorsteuerabzug
4. **Besonderheiten**
   Ertragsteuerliche Wahlrechte der Zuordnung zum Betriebsvermögen haben für die Umsatzsteuer keine Bindungswirkung.
   Werden Leistungen bezogen, um sie unmittelbar für eine unentgeltliche Lieferung nach § 3 Abs. 1b UStG oder einer unentgeltlichen sonstigen Leistung nach § 3 Abs. 9a UStG zu verwenden, ist die Leistung nicht für die wirtschaftliche Sphäre des Unternehmers bezogen, ein Vorsteuerabzug scheidet aus. Der Unternehmer hat aber auch keine Wertabgabe zu besteuern. Im Rahmen einer Übergangsregelung beanstandete es die Finanzverwaltung aber für alle bis zum 31.12.2012 ausgeführten Umsätze nicht, wenn entgegen dieser Grundsätze für Leistungsbezüge noch der Vorsteuerabzug vorgenommen und eine Ausgangsleistung besteuert wurde.
   Soweit ein Zuordnungswahlrecht besteht, muss der Unternehmer dieses bis zum 31.5. (ab Besteuerungszeiträume 2018: 31.7.) des nächsten Kalenderjahrs gegenüber dem Finanzamt dokumentieren.

1. Zuordnungsmöglichkeiten

Der Unternehmer hat nur einen Vorsteuerabzug für Leistungen, die er zulässigerweise seinem Unternehmen zuordnen kann. Dabei ist der **Grad der unternehmerischen Nutzung** von entscheidender Bedeutung. Weiterhin ist zu unterscheiden, ob es sich bei dem Leistungsbezug um einen Gegenstand oder eine sonstige Leistung handelt. Die Leistung muss aber für die wirtschaftliche Tätigkeit des Unternehmers bezogen werden[1].

Achtung! Unerheblich für die Frage der Zuordnung von Leistungen zum Unternehmen ist, ob der Unternehmer damit Leistungen im Inland oder im Ausland ausführt oder ob die Ausgangsleistungen steuerpflichtig oder steuerfrei sind.

---

[1] BFH, Urteil v. 13.1.2011, V R 12/08, BStBl II 2012, 61 sowie BFH, Urteil v. 9.12.2010, V R 17/10, BStBl II 2012, 53. Die Finanzverwaltung beanstandet es aber für alle bis zum 31.12.2012 ausgeführten Umsätze nicht, wenn in diesen Fällen der Vorsteuerabzug noch vorgenommen wird und eine Ausgangsleistung besteuert wurde.

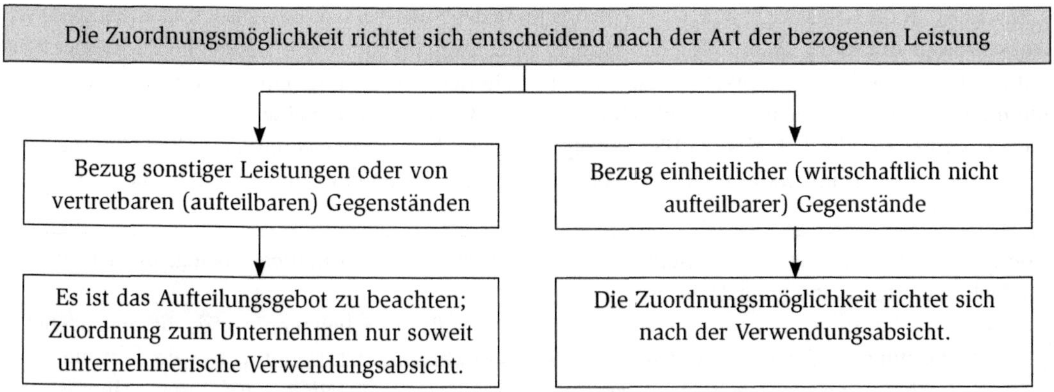

2. Verschiedene Sphären eines Unternehmers

Der EuGH hatte 2009 entschieden, dass ein Unternehmer, der sowohl einen unternehmerischen wie auch einen nichtwirtschaftlichen Bereich unterhält, bezogene Leistungen nur insoweit seinem Unternehmen zuordnen darf, wie er die Leistung auch für die unternehmerischen Umsätze verwendet[2]. Die Finanzverwaltung hat die Grundsätze in Abschn. 15.2 bis Abschn. 15.2d UStAE aufgenommen. Danach sind die folgenden **nichtunternehmerischen Verwendungen** möglich:

- **Unternehmensfremde (private) Nutzung**: Eine unternehmensfremde Nutzung ist der gesetzliche Sonderfall. Er liegt vor, wenn der Unternehmer einen Gegenstand auch für private Zwecke verwendet (Privatentnahmen nach § 3 Abs. 1b oder § 3 Abs. 9a UStG). Solche unentgeltlichen Ausgangleistungen können nur vorliegen, wenn der Unternehmer aus seinem Unternehmen heraus Leistungen in den privaten Lebensbereich oder für den privaten Bedarf des Personals ausführt.
- **Nichtwirtschaftliche Nutzung i.e.S.**: Eine nichtwirtschaftliche Nutzung im engeren Sinne liegt vor, wenn ein Unternehmer, der keinen „Privatbereich" haben kann, Leistungen für seine nichtwirtschaftlichen Zwecke nutzt (z.B. Verwendung von Gegenständen durch einen Verein im ideellen Bereich oder Nutzung im Hoheitsbereich einer juristischen Person des öffentlichen Rechts).

Eine **Zuordnung von Leistungen zum Unternehmen** kann nur dann erfolgen, wenn die bezogene Leistung für unternehmerische Zwecke oder für unternehmensfremde Nutzungen verwendet werden soll. Soweit bezogene Leistungen ganz oder teilweise für eine nichtwirtschaftliche Nutzung i.e.S. bezogen werden, kann die Leistung nicht dem Unternehmen zugeordnet werden.

Wichtig! Alle vor dem 31.12.2012 bezogenen Leistungen konnte der Unternehmer auch noch in vollem Umfang seinem Unternehmen zuordnen, wenn die Leistung auch für nichtwirtschaftliche Nutzungen i.e.S. verwendet werden sollte.

Beispiel 1: Ein Verein unterhält einen unternehmerischen Bereich und einen nichtwirtschaftlichen Bereich i.e.S. (ideeller Bereich des Vereins). Der Verein kauft ein Fahrzeug, das er zu 50 % für seine unternehmerischen Zwecke nutzen möchte.
Lösung: Der Verein kann das Fahrzeug nur zu 50 % seinem Unternehmen zuordnen, ein Vorsteuerabzug aus der Eingangsleistung ist damit auch nur zu 50 % möglich.

Ändert sich bei einem solchen nur zum Teil dem Unternehmen zugeordneten Gegenstand später das Verhältnis der unternehmerischen zur nichtwirtschaftlichen Nutzung i.e.S., ergibt sich im Rahmen einer **Billigkeitsregelung** der Finanzverwaltung die Möglichkeit einer **Vorsteuerberichtigung**[3].

---

2 EuGH, Urteil v. 12.2.2009, C-515/07 – VNLTO, BFH/NV 2009, 682.

3 Abschn. 15a.1 Abs. 7 UStAE.

Der BFH hat die Grundsätze aus der Rechtsprechung des EuGH weiter entwickelt und einen **weiteren Ausschlussgrund** für die Zuordnung von bezogenen Leistungen zum Unternehmen im Zusammenhang mit nichtwirtschaftlichen Tätigkeiten festgelegt: Bezieht der Unternehmer eine Leistung ausschließlich, um diese für eine unternehmensfremde Nutzung zu verwenden, für die eine Wertabgabenbesteuerung nach § 3 Abs. 1b oder § 3 Abs. 9a UStG erfolgen könnte, kann die Leistung nicht dem Unternehmen zugeordnet werden, insoweit entfällt ein Vorsteuerabzug. Eine unentgeltliche Wertabgabe ist nicht zu besteuern[4].

Beispiel 2: Unternehmer U veranstaltet für seine Mitarbeiter einen Betriebsausflug, für den er pro teilnehmenden Arbeitnehmer 150 € aufwendet.

Lösung: Da die Aufwendungen pro Arbeitnehmer mehr als 110 € betragen[5], ist davon auszugehen, dass die Leistung für den privaten Bedarf des Personals bestimmt ist. Damit würde die Leistung dem Grunde nach zu einer unentgeltlichen Wertabgabe nach § 3 Abs. 9a Nr. 2 UStG führen. Daher ist die Leistung nicht für den wirtschaftlichen Bereich des Unternehmens bezogen, sodass ein Vorsteuerabzug ausscheidet. Eine unentgeltliche Wertabgabe ergibt sich nicht.

Zum Zusammenhang zwischen Eingangsleistung, Vorsteuerabzug und Ausgangsleistung vgl. auch Stichwort Unentgeltliche Lieferungen.

3. Bezug teilbarer Leistungen und sonstiger Leistungen

Wenn der Unternehmer **vertretbare Sachen**[6] **sowie sonstige Leistungen** bezieht, ist die Leistung gleich auf der Leistungseingangsseite in eine für das Unternehmen bezogene Leistung und eine nicht für das Unternehmen bezogene Leistung aufzuteilen (Aufteilungsgebot)[7]. Als Beispiel sind hier Telekommunikationsleistungen zu nennen (der Unternehmer verwendet einen Telekommunikationsanschluss sowohl für unternehmerische wie auch für nichtunternehmerische Zwecke). Diese Leistung kann, soweit sie auch für private Zwecke verwendet wird, nicht in vollem Umfang dem Unternehmen zugeordnet werden.

Beispiel 3: Unternehmer U benutzt einen Telefonanschluss sowohl für unternehmerische wie auch für nichtunternehmerische Zwecke. Der Anteil der privaten Telefonate liegt bei 40 %. Im Juni bekommt der Unternehmer eine Rechnung der Telekom AG über Verbindungsentgelte i.H.v. 400,00 € zuzüglich 76 € Umsatzsteuer (19 %).

Lösung: U bezieht nur 60 % der Leistung für sein Unternehmen und kann somit auch nur Vorsteuerbeträge i.H.v. 60 %, hier also 45,60 €, abziehen. Die Vornahme des vollen Vorsteuerabzugs verbunden mit der Besteuerung einer unentgeltlichen Wertabgabe würde zwar zu einem vergleichbaren finanziellen Ergebnis führen, wäre aber systematisch falsch und könnte wegen des überhöhten Vorsteuerabzugs zu strafrechtlichen Vorwürfen führen.

4. Bezug einheitlicher Gegenstände

Bei **einheitlichen Gegenständen** bestehen unterschiedliche Zuordnungsmöglichkeiten, jeweils in Abhängigkeit des Verhältnisses der Nutzung für unternehmerische Zwecke und private Nutzungen, soweit eine Nutzung für nichtwirtschaftliche Zwecke erfolgen soll, ist eine Zuordnung zum Unternehmen nicht möglich:

---

[4] BFH, Urteil v. 9.12.2010, V R 17/10, BStBl II 2012, 53 sowie BFH, Urteil v. 13.1.2011, V R 12/08, BStBl II 2012, 61.

[5] Seit dem 1.1.2015 stellen die 110 € einen Freibetrag dar. Für die Umsatzsteuer wird aber an einer Freigrenzenregelung festgehalten. Damit bleibt es dabei, dass bei Überschreiten der 110 €-Grenze die Leistungen für die nichtwirtschaftliche Sphäre bezogen werden und insoweit kein Vorsteuerabzug vorliegt.

[6] Vertretbare Sachen sind beliebig aufteilbare Leistungsbezüge (z.B. Bestellung von 10.000 Liter Heizöl, von denen nur 6.000 Liter in den Tank des Unternehmens eingefüllt werden). Die Vorsteuer ist gleich bei Leistungsbezug aufzuteilen.

[7] Abschn. 15.2c Abs. 2 Nr. 1 UStAE. Bestätigt auch durch BFH, Urteil v. 14.10.2015, V R 10/14, BStBl II 2016, 717.

Grad der unternehmerischen Nutzung	Rechtsfolgen
0 % bis unter 10 % für unternehmerische Zwecke	Der Gegenstand darf dem Unternehmen nicht zugeordnet werden, § 15 Abs. 1 Satz 2 UStG (diese Regelung ist derzeit unionsrechtlich bis zum 31.12.2018 abgesichert) – **Zuordnungsverbot**.
10 % bis unter 100 % für unternehmerische Zwecke, ansonsten erfolgt eine Nutzung für nichtwirtschaftliche Zwecke	Der Gegenstand muss gleich bei Leistungsbezug aufgeteilt werden. Der Gegenstand darf nur insoweit dem Unternehmen zugeordnet werden, wie er unternehmerisch (und gegebenenfalls privat) genutzt werden soll. Soweit der Gegenstand für nichtwirtschaftliche Zwecke verwendet werden soll, muss er gleich bei Leistungsbezug dem nichtunternehmerischen Bereich zugeordnet werden – **Aufteilungsgebot**.
10 % bis unter 100 % für unternehmerische Zwecke, ansonsten erfolgt eine Nutzung für private Zwecke	• Der Gegenstand kann einheitlich dem Unternehmen zugeordnet werden. Der Vorsteuerabzug ist in diesem Fall vollständig möglich, die private Nutzung ist dann als unentgeltliche sonstige Leistung der Besteuerung zu unterwerfen. • Der Gegenstand kann auch einheitlich dem Privatvermögen zugeordnet werden. In diesem Fall ist ein Vorsteuerabzug nicht möglich. Die Privatnutzung unterliegt keiner Besteuerung. • Der Unternehmer kann den Gegenstand auch in einen dem Unternehmen zuzuordnenden Teil und einem dem Privatvermögen zuzuordnenden Teil aufteilen. Insoweit ist er nur für den unternehmerisch zugeordneten Teil zum Vorsteuerabzug berechtigt, eine Besteuerung der Privatnutzung ergibt sich nicht[8] – **Aufteilungswahlrecht**.
100 % für unternehmerische Zwecke	Der Gegenstand ist zwingend dem Unternehmen zuzuordnen – **Zuordnungsgebot**.

Wichtig! Bei Gegenständen, die der Unternehmer erwirbt, muss die unternehmerische Nutzung mindestens 10 % betragen, um den Gegenstand dem Unternehmen zuordnen zu können § 15 Abs. 1 Satz 2 UStG. Bei erhaltenen sonstigen Leistungen (z.B. Miete/Leasing eines Gegenstands) gibt es eine solche Mindestgrenze nicht; hier ergibt sich aber regelmäßig schon auf der Leistungseingangsseite ein Aufteilungsgebot.

Soweit das **Aufteilungsgebot** zur Anwendung kommt, soll die Aufteilung analog des § 15 Abs. 4 UStG vorgenommen werden. Bei der Anschaffung oder Herstellung von Gebäuden ist die Zuordnung auf der Grundlage der genutzten Flächen vorzunehmen. Soweit sich diesbezüglich kein vernünftiger Aufteilungsmaßstab ergibt (z.B. bei der Errichtung einer Photovoltaikanlage auf einem Gebäude mit Aufwendungen im Zusammenhang mit dem Gebäude), kann auch das Verhältnis der Vermietungsumsätze (z.B. das Verhältnis der Vermietungsumsätze für Dachflächen zu den Vermietungsumsätzen des Gebäudes) herangezogen werden. Soweit keine tatsächlichen Vermietungsumsätze vorliegen, können diese sachgerecht geschätzt werden.

Aufwendungen, die im Zusammenhang mit dem Gebrauch, der Nutzung oder der Erhaltung von einheitlichen Gegenständen stehen, die nur teilweise für unternehmerische Zwecke verwendet werden, sind grundsätzlich nur in Höhe der unternehmerischen Verwendung für die unternehmerische Nutzung

8 EuGH, Urteil v. 4.10.1995, C-291/92 – Armbrecht, BStBl II 1996, 392, vgl. auch Abschn. 15.2c Abs. 2 Nr. 2 UStAE.

der Gegenstände bezogen (**Aufteilungsgebot**). Soweit keine direkte Zuordnung der bezogenen Leistung zur unternehmerischen oder nichtunternehmerischen Nutzung möglich ist, soll eine Aufteilung analog des § 15 Abs. 4 UStG erfolgen.

Tipp! Für einheitliche Gegenstände, die trotz privater Mitbenutzung vollständig dem Unternehmen zugeordnet worden sind, lässt die Finanzverwaltung aus Vereinfachungsgründen zu, dass für die Aufwendungen zum Gebrauch, Nutzung und Erhaltung des Gegenstands der volle Vorsteuerabzug vorgenommen werden kann[9]; dann unterliegen diese Aufwendungen aber auch der Besteuerung der privaten Verwendung. Die Vereinfachungsregelung soll aber nicht für Grundstücke nach § 15 Abs. 1b UStG gelten.

Bei der Herstellung oder Anschaffung von Gegenständen kann es – insbesondere bei Gebäuden – dazu kommen, dass Leistungsbezüge und die erstmalige Verwendung des Gegenstands in **unterschiedliche Besteuerungszeiträume** fallen. In diesen Fällen muss schon bei jedem Leistungsbezug die Zuordnungsentscheidung anhand der zu diesem Zeitpunkt maßgeblichen Verwendungsabsicht beurteilt werden.

Aus dem Unionsrecht ist eine **Mindestgrenze der unternehmerischen Nutzung** nicht ableitbar. Die Bundesrepublik Deutschland hat sich aber diese Sonderregelung des § 15 Abs. 1 Satz 2 UStG durch den Rat der Europäischen Union genehmigen lassen. Eine solche, vom Unionsrecht abweichende Regelung ist aber nur unter bestimmten Voraussetzungen zulässig. Voraussetzung ist, dass die Genehmigung im Amtsblatt der EU veröffentlicht ist. In bestimmten Zeitabschnitten lag für diese – erst zum 1.4.1999 eingeführte – Regelung die Genehmigung nicht vor. Damit kann der Unternehmer Gegenstände, die er in den folgenden Zeitabschnitten erworben hatte, dem Unternehmen auch dann zuordnen, wenn er den Gegenstand nicht zu mindestens 10 % unternehmerisch nutzte[10]:

- vom 1.4.1999 bis 4.3.2000,
- vom 1.1.2003 bis 17.5.2003,
- vom 1.7.2004 bis 2.12.2004.

Achtung! Derzeit ist die Sonderregelung des § 15 Abs. 1 Satz 2 UStG bis zum 31.12.2018 unionsrechtlich abgesichert. Ob es zeitnah zu einer Verlängerung der Ausnahmegenehmigung kommt, wird sich erfahrungsgemäß erst Ende 2018 ergeben.

Wichtig! Für Leistungen, die bis zum 31.12.2015 bezogen wurden, gilt diese Grenze aber nur in den Fällen, in denen der Gegenstand sowohl für unternehmerische wie auch für private Zwecke verwendet wurde. Nach einem Urteil des EuGH[11] gilt für unternehmerische wie auch nichtwirtschaftliche Nutzung aufgrund der unionsrechtlichen Ermächtigungsvorschrift für die Bundesrepublik Deutschland diese Grenze nicht, sodass insbesondere juristische Personen des öffentlichen Rechts einen anteiligen Vorsteuerabzug hatten, auch wenn sie Gegenstände zu weniger als 10 % für ihre unternehmerischen Zwecke benutzten. Aufgrund geänderter unionsrechtlicher Genehmigung gilt seit dem 1.1.2016 die 10 %-Grenze aber auch in diesen Fällen.

Entgegen ertragsteuerrechtlicher Grundsätze können umsatzsteuerrechtlich einheitliche Gegenstände bei **teilweiser privater und teilweise unternehmerischer Nutzung** umsatzsteuerrechtlich aufgeteilt werden. Dies betrifft nicht nur Gebäude, sondern auch bewegliche wirtschaftliche Gegenstände (z.B. Computer, Fahrzeuge)[12].

---

[9] Abschn. 15.2c Abs. 2 Satz 6 UStAE.

[10] Vgl. auch OFD Koblenz, Verfügung v. 24.4.2006.

[11] EuGH, Urteil v. 15.9.2016, C-400/15 – Landkreis Potsdam Mittelmark, BFH/NV 2016, 1870 sowie nachfolgend BFH, Urteil v. 16.11.2016, XI R 15/13, BFH/NV 2017, 421.

[12] Abschn. 15.2c Abs. 2 UStAE.

Tipp! In der Regel dürfte eine Aufteilung eines einheitlichen Gegenstands in einen dem Unternehmen zugeordneten Teil und einen dem Privatvermögen zugeordneten Teil nicht sinnvoll sein, da dann bei einer späteren Nutzungsänderung die Möglichkeit der Vorsteuerberichtigung nicht mehr gegeben ist.

Beispiel 4: Unternehmer U errichtet 2018 ein Gebäude, in dem er im Erdgeschoss sein Unternehmen betreibt. In das Obergeschoss zieht er selbst ein.
Lösung: U kann das Gebäude insgesamt seinem Unternehmen zuordnen, er kann aber auch nur das Erdgeschoss seinem Unternehmen zuordnen. Wenn U innerhalb des zehnjährigen Berichtigungszeitraums nach § 15a UStG sein Unternehmen erweitert und auch die Räume des Obergeschosses für unternehmerische Zwecke nutzt, hat er insoweit nur einen Anspruch auf Vorsteuerberichtigung, wenn diese Teile des Gebäudes von Beginn an dem Unternehmen zugeordnet worden sind. Da das Gebäude nach dem 31.12.2010 errichtet wurde (Bauantrag), kann der Unternehmer zwar für den privat genutzten Teil des Gebäudes nach § 15 Abs. 1b UStG keinen Vorsteuerabzug mehr vornehmen, für eine später eventuell anfallende Vorsteuerberichtigung ist aber eine eindeutige Zuordnungsentscheidung notwendig. Diese Zuordnung muss der Unternehmer zeitnah (bis spätestens zum 31.7. des Folgejahrs; für Besteuerungszeiträume bis 2017: 31.5. des Folgejahrs) gegenüber der Finanzverwaltung erklären.

5. Ausübung und Dokumentation der Zuordnung

Der Unternehmer muss – soweit er ein Zuordnungswahlrecht hat – dieses Wahlrecht sofort bei Leistungsbezug ausüben. Ist eine bezogene Leistung (Lieferung oder sonstige Leistung) erst einmal der Privatsphäre zugeordnet worden, ist ein Vorsteuerabzug aus der erhaltenen Leistung nicht mehr möglich. Dabei muss – soweit es sich um ein Zuordnungswahlrecht handelt – die Zuordnung zeitnah zum Leistungsbezug vorgenommen werden.

Beispiel 5: Unternehmer U erwirbt ein Fahrzeug, das er sowohl für private als auch für unternehmerische Fahrten nutzen will. U ordnet das Fahrzeug insgesamt seinem Privatvermögen zu. Zwei Wochen nach Kauf möchte U das Fahrzeug aber seinem Unternehmen zuordnen.
Lösung: Die ursprüngliche Zuordnungsentscheidung kann U nicht rückgängig machen. Das Fahrzeug kann nur noch in das Unternehmen eingelegt werden, diese Einlage ermöglicht aber keinen nachträglichen Vorsteuerabzug – weder nach § 15 UStG noch nach § 15a UStG.

Wichtig! Werden Gegenstände von Anfang an ausschließlich für nichtunternehmerische Zwecke verwendet, ist davon auszugehen, dass der Gegenstand nicht für das Unternehmen bezogen worden ist. Eine Ausnahme besteht lediglich dann, wenn der Gegenstand zwar am Anfang ausschließlich nichtunternehmerisch genutzt wird, aber von Anfang an die Absicht einer unternehmerischen Nutzung besteht. Dabei soll das Verhältnis der vorübergehenden nichtunternehmerischen Nutzung zur Gesamtnutzungszeit maßgeblich sein. Die Zuordnung zum Unternehmen kann dann erfolgen, wenn die vorübergehende nichtunternehmerische Nutzungszeit im Verhältnis zur Gesamtnutzungszeit von untergeordneter Bedeutung ist[13].

Werden Leistungen ausschließlich für den wirtschaftlichen Bereich des Unternehmers bezogen, ist ein Zuordnungswahlrecht nicht vorhanden, entsprechend muss auch keine Zuordnungsentscheidung getroffen werden. Für den Leistungsbezug ist es ausreichend, wenn die **Absicht** besteht, die Leistung für die wirtschaftlichen Zwecke des Unternehmens zu verwenden[14].

Wird eine erhaltene Leistung sowohl unternehmerisch wie auch nichtunternehmerisch verwendet, muss sich die **Zuordnungsentscheidung** des Unternehmers **eindeutig** ergeben. Im Regelfall wird dies aus dem Vorsteuerabzug ermittelbar sein, wie der Unternehmer den Gegenstand dem Unternehmen

---

[13] Abschn. 15.2c Abs. 13 UStAE.

[14] EuGH, Urteil v. 22.3.2012, C-153/11 – Klub OOD, BFH/NV 2012, 908.

zugeordnet hat. In anderen Fällen, wo die Zuordnungsentscheidung nicht aus dem Vorsteuerabzug ablesbar ist, muss sich die Ausübung der Zuordnung aus anderen Unterlagen ergeben.

Beispiel 6: Versicherungsvertreter V erwirbt ein Fahrzeug, das er sowohl für private als auch für unternehmerische Fahrten verwenden will.
Lösung: Als Versicherungsvertreter ist V nach § 4 Nr. 11 i.V.m. § 15 Abs. 2 UStG nicht zum Vorsteuerabzug berechtigt. Damit kann sich die Zuordnung des Fahrzeugs nur aus anderen Unterlagen ergeben (z.B. Vermerk auf der Rechnung oder in den Unterlagen). Wichtig ist diese Entscheidung in den Fällen, in denen das Fahrzeug in den Folgejahren auch für vorsteuerabzugsberechtigende Umsätze verwendet wird, weil eine Vorsteuerberichtigung nur dann möglich ist, wenn das Fahrzeug zum Zeitpunkt des Leistungsbezugs dem Unternehmen zugeordnet wurde. Sicherheitshalber sollte in diesen Fällen auch eine Zuordnungsentscheidung gegenüber den Finanzbehörden dokumentiert werden.

Achtung! Kann die Zuordnung zum Unternehmen nicht nachgewiesen werden, wird davon ausgegangen, dass der Gegenstand nicht dem Unternehmen zugeordnet worden ist.

Dabei muss der Unternehmer nicht nur die Zuordnungsentscheidung – soweit ein Wahlrecht besteht – zeitnah treffen, er muss dies auch **zeitnah** gegenüber seinem **Finanzamt dokumentieren**. Nach der Rechtsprechung des BFH[15] muss der Unternehmer spätestens in der **Jahressteuererklärung**[16] dokumentieren, wie er den Gegenstand seinem Unternehmen zugeordnet hat. Dabei ist zu beachten, dass Jahressteuererklärungen **bis zum 31.5. des Folgejahrs**[17] abzugeben sind. Bei Fristverlängerung zur Abgabe der Jahressteuererklärung muss die Zuordnungsentscheidung dem Finanzamt bis zum 31.5. des Folgejahrs außerhalb der Steuererklärung mitgeteilt werden.

Achtung! Der BFH[18] sieht diese Zuordnungsfrist auch rückwirkend für die Jahre vor 2011. So hat er entschieden, dass ein Unternehmer, der 2002 ein Gebäude errichtet hat, welches er sowohl für private wie auch für unternehmerische Zwecke nutzen wollte, seinem Unternehmen nie zugeordnet hat, da die erste Umsatzsteuererklärung für 2002 erst 2005 abgegeben worden war.

Die Grundsätze gelten auch bei **längeren Investitionsmaßnahmen** (z.B. Bau eines Hauses). Auch hier muss die Zuordnungsentscheidung zeitnah zum jeweiligen Leistungsbezug vorgenommen und dokumentiert werden und nicht erst nach Fertigstellung des Gebäudes.

Wichtig! Eine in einer Umsatzsteuer-Voranmeldung unterlassene Dokumentation kann noch in der bis zum 31.5. des Folgejahrs abzugebenden Jahressteuererklärung (oder einer separaten Erklärung) nachgeholt werden.

Achtung! Eine Dokumentation einer Zuordnungsentscheidung ist nur dann vorzunehmen, wenn es für den Unternehmer ein Zuordnungswahlrecht gibt. Bei Gegenständen, die der Unternehmer ausschließlich unternehmerisch, ausschließlich nichtunternehmerisch oder sowohl zu unternehmerischen als auch zu nichtwirtschaftlichen Zwecken verwenden will, besteht kein Zuordnungswahlrecht. Damit ist die Dokumentation nur dann notwendig, wenn ein Gegenstand sowohl unternehmerisch als auch privat genutzt wird – nur dort ergibt sich ein Zuordnungswahlrecht.

Die **Finanzverwaltung** hat sich in Abschn. 15.2c UStAE ausführlich zur Dokumentation bei unternehmerisch und privat genutzten Gegenständen geäußert. Dies lässt sich wie folgt zusammenfassen:

- Die Zuordnungsentscheidung muss schon bei jedem Leistungsbezug getroffen werden; dies gilt auch bei Anzahlungen oder Vorauszahlungen.

---

[15] BFH, Urteil v. 7.7.2011, V R 42/09, BStBl II 2014, 76 sowie BFH, Urteil v. 7.7.2011, V R 21/10, BStBl II 2014, 81.

[16] BFH, Urteil v. 7.7.2011, V R 21/10, BStBl II 2014, 81.

[17] Für Veranlagungszeiträume ab 2018 tritt an die Stelle des 31.5. der 31.7.

[18] BFH, Urteil v. 23.10.2014, V R 11/12, BStBl II 2015, 973.

- Die Zuordnungsentscheidung muss zeitnah zum Leistungsbezug dokumentiert werden.
- Die Zuordnungsentscheidung wird sich im Regelfall durch die Höhe des Vorsteuerabzugs ergeben. Die Geltendmachung des Vorsteuerabzugs ist ein gewichtiges Indiz für die Zuordnung zum Unternehmen, die Unterlassung des Vorsteuerabzugs ein gewichtiges Indiz gegen die Zuordnung.
- Ggf. können auch unter Berücksichtigung aller Gegebenheiten des Sachverhalts andere Beweisanzeichen herangezogen werden (z.B. Bilanzierung der Netto- oder der Bruttoanschaffungskosten); dies gilt aber regelmäßig nicht für Gebäude.
- Die Zuordnungsentscheidung ist gegenüber der Finanzverwaltung spätestens bis zum 31.5. des Folgejahrs (gesetzliche Abgabefrist für Steuererklärungen) zu dokumentieren. Diese Frist gilt auch in den Fällen, in denen dem Unternehmer eine Fristverlängerung für die Abgabe der Steuererklärung eingeräumt worden ist.

Besonderheiten bestehen bei **Gebäuden, die für private und unternehmerische Zwecke** verwendet werden sollen. Wegen der steuerlichen Bedeutung werden an die Eindeutigkeit dieser Dokumentation erhöhte Anforderungen gestellt[19]. Kann die Zuordnung eines Gebäudes wegen eines teilweisen Vorsteuerabzugsverbots nicht anhand der Höhe der geltend gemachten Vorsteuer nachvollzogen werden, kann der Unternehmer gegenüber der Finanzverwaltung durch eine schriftliche Erklärung dokumentieren, in welchem Umfang er das Gebäude dem Unternehmen zugeordnet hat. Ergeben sich keine Beweisanzeichen für die Zuordnung zum Unternehmen, kann diese nicht unterstellt werden.

Wichtig! Bei einem sowohl für private als auch für unternehmerische Zwecke errichteten Gebäude kann – bei Anschaffung bzw. Antrag auf Baugenehmigung ab dem 1.1.2011[20] – der Vorsteuerabzug nur noch insoweit in Anspruch genommen werden, wie das Gebäude unternehmerisch genutzt wird, § 15 Abs. 1b UStG. In diesen Fällen kann die Zuordnung des Gebäudes nie aus der Höhe des geltend gemachten Vorsteuerabzugs abgeleitet werden. Soweit später eine Erhöhung der unternehmerischen Nutzung erfolgt, kann sich eine Vorsteuerberichtigung nur dann ergeben, wenn das Gebäude auch vollständig dem Unternehmen zugeordnet worden ist.

Bei der **Herstellung von Gebäuden** muss jeweils schon **bei jedem Leistungsbezug** die Zuordnungsentscheidung getroffen und dokumentiert werden. Die Höhe der geltend gemachten Vorsteuerbeträge richtet sich jeweils nach der zum Zeitpunkt des Leistungsbezugs geplanten Verwendung für unternehmerische Zwecke. Soweit sich im Laufe des Herstellungszeitraums Änderungen in der Höhe der unternehmerischen Verwendung ergeben, ist von einer durchschnittlichen Verwendungsabsicht auszugehen. Soweit die tatsächliche Nutzung dann von dieser durchschnittlichen Verwendungsabsicht abweicht, muss eine Vorsteuerberichtigung nach § 15a UStG geprüft werden. Dabei ergeben sich die folgenden **Möglichkeiten**:

- Ist der Anteil der durchschnittlichen Verwendungsabsicht für unternehmerische Zwecke höher als die tatsächliche unternehmerische Nutzung, ergibt sich eine Vorsteuerberichtigung zulasten des Unternehmers, soweit die Vereinfachungsregelungen des § 44 UStDV dem nicht entgegenstehen.
- Ist der Anteil der durchschnittlichen Verwendungsabsicht für unternehmerische Zwecke geringer, als die tatsächliche unternehmerische Nutzung, ergibt sich für den Unternehmer keine Möglichkeit der Vorsteuerberichtigung, soweit der Unternehmer dem Finanzamt die vollständige Zuordnung des Gebäudes nicht rechtzeitig mitgeteilt hat.

---

[19] Abschn. 15.2c Abs. 18 UStAE.

[20] § 27 Abs. 16 UStG.

Beispiel 7: Unternehmer U hat in 2017 und 2018 ein Gebäude errichtet. In 2017 wurden U 300.000 € zzgl. 57.000 € Umsatzsteuer und 2018 700.000 € zzgl. 133.000 € Umsatzsteuer ordnungsgemäß berechnet. Da U in 2017 davon ausging, das Gebäude zu 50 % für unternehmerische Zwecke zu verwenden, hat er in der bis zum 31.5.2018 abgegebenen Umsatzsteuererklärung 2017 (50 % von 57.000 € =) 28.500 € als Vorsteuer geltend gemacht[21]. Wegen einer Planänderung in 2018 geht U nunmehr davon aus, das Gebäude zu 60 % unternehmerisch zu nutzen. U zieht in der bis 31.7.2019 abzugebenden Jahreserklärung 2018 (60 % von 133.000 € =) 79.800 € als Vorsteuer ab.
Lösung: Damit hat U von den möglichen 190.000 € insgesamt (28.500 € + 79.800 € =) 108.300 € als Vorsteuer abgezogen; dies entspricht 57 % der gesamten Vorsteuer. Es ist damit davon auszugehen – da keine weitergehende Erklärung von U abgegeben wurde –, dass U das Gebäude zu 57 % dem Unternehmen zugeordnet hat. Wenn U das Gebäude nach Fertigstellung in 2019 tatsächlich – wie zuletzt angenommen – zu 60 % unternehmerisch nutzt, hat sich zwar die unternehmerische Nutzung des Gebäudes erhöht, da aber nur 57 % als dem Unternehmen zugeordnet gelten, kann sich keine Vorsteuerberichtigung nach § 15a UStG ergeben. Hätte U dem Finanzamt bis zum 31.5.2018 mitgeteilt, dass er das Gebäude in vollem Umfang dem Unternehmen zuordnet, würde sich eine Vorsteuerberichtigung zu seinen Gunsten ergeben. Bei der Vorsteuerberichtigung ist jedoch zu berücksichtigen, dass der Berichtigungsbetrag mehr als 1.000 € betragen muss, wenn die Verwendungsänderung nicht mindestens 10 % beträgt[22].

Ob die sowohl von der Finanzverwaltung wie auch vom BFH entwickelten Grundsätze zur Zuordnung und zur Dokumentation unionsrechtlich haltbar sind, ist aufgrund eines neuen Urteils des EuGH (EuGH, Urteil vom 25.7.2018, C-140/17 - Gmina Ryjewo, UR 2018, 687) allerdings fraglich. In Streitfällen sollten Sachverhalte derzeit offen gehalten werden.

6. Besonderheiten bei nachträglichen Herstellungskosten

Besonders zu beachten sind bei der Zuordnung zum Unternehmen **nachträgliche Herstellungskosten**. Vor dem Hintergrund der Rechtsprechung des EuGH[23] werden von der Finanzverwaltung nachträgliche Herstellungskosten als ein eigenständiges Zuordnungsobjekt angesehen. Demnach ist für die Frage der Zuordnung nur darauf abzustellen, wie das, was durch die nachträglichen Herstellungskosten geschaffen worden ist, verwendet werden soll. Etwas anderes kann nur dann gelten, wenn die nachträglichen Herstellungskosten in einem engen und sachlichen Zusammenhang mit anderen Herstellungskosten stehen.

Achtung! Die Aufstockung eines Gebäudes oder der Dachausbau eines Gebäudes stellt ein eigenständiges Investitionsgut dar. Die Möglichkeit der Zuordnung solcher bezogener Leistungen zum Unternehmen richtet sich deshalb ausschließlich nach der Verwendung dieses nachträglich hergestellten Gebäudeteils.

Ob Herstellungskosten, nachträgliche Herstellungskosten oder laufender Aufwand vorliegen, ist nach ertragsteuerrechtlichen Kriterien zu beurteilen. Lediglich die Umqualifizierung von Instandsetzungskosten zu anschaffungsnahen Aufwendungen und damit zu Herstellungs- oder Anschaffungskosten wird umsatzsteuerrechtlich nicht mit vollzogen. Solche anschaffungsnahen Aufwendungen bleiben für die Umsatzsteuer laufende Instandsetzungskosten.

---

21 Wegen § 15 Abs. 1b UStG ist der Vorsteuerabzug auf den Teil des Gebäudes beschränkt, der tatsächlich unternehmerisch genutzt wird.

22 § 44 Abs. 3 UStDV; im vorliegenden Fall würde sich eine Änderung der Verhältnisse um 3 % ergeben. Die Vorsteuerberichtigung würde sich pro Jahr auf (190.000 € × $^1/_{10}$ × 3 % =) 570 € belaufen, sodass die Berichtigung nicht erfolgen würde.

23 EuGH, Urteil v. 19.7.2012, C-334/10 – X, BFH/NV 2012, 1563.

Unternehmer

Unternehmer auf einen Blick

1. **Rechtsquellen**
   § 2 UStG
   Abschn. 2.1 bis Abschn. 2.11 UStAE
2. **Bedeutung**
   Nur ein Unternehmer kann im Umsatzsteuerrecht steuerbare Lieferungen oder sonstige Leistungen erbringen. Ebenso steht nur ihm ein Vorsteueranspruch nach § 15 UStG zu, wenn er eine Leistung für sein Unternehmen bezieht.
   Unternehmer ist, wer eine selbstständige Tätigkeit nachhaltig und mit Einnahmeerzielungsabsicht ausführt.
3. **Weitere Stichworte**
   → Innenumsatz, → Organschaft, → Selbstständige Tätigkeit, → Unternehmenseinheit, → Unternehmensgründung

1. Definition der Unternehmereigenschaft

Um **Unternehmereigenschaft** nach § 2 UStG zu erlangen, müssen die folgenden Voraussetzungen erfüllt sein:

- Es muss eine selbstständige Tätigkeit ausgeführt werden.
- Die Tätigkeit muss nachhaltig und mit Einnahmeerzielungsabsicht ausgeführt werden.

Wichtig! Die Unternehmereigenschaft ist unabhängig von der Rechtsform. So können natürliche Personen, Zusammenschlüsse von natürlichen Personen sowie juristische Personen Unternehmer sein.

Die Unternehmereigenschaft kann auch dann gegeben sein, wenn jemand unternehmerisch tätig werden möchte, dann aber tatsächlich keine Umsätze ausführen kann (sog. **erfolgloser Unternehmer**). Er muss jedoch nachweisen, dass er ernsthaft die Absicht hatte, Umsätze zu erzielen[1].

Beispiel 1: Privatperson P erwirbt ein Grundstück, um darauf eine Tankstelle zu errichten. P beauftragt einen Architekten mit der Planung sowie einen Unternehmensberater mit der Erstellung eines Investitionsplans. Da das Grundstück aber in einem Wasserschutzgebiet liegt, erhält P keine Bau- und Betriebserlaubnis für die Tankstelle, sodass P das Grundstück wieder verkauft.
Lösung: P hatte ernsthaft die Absicht, Umsätze zu erzielen, er ist Unternehmer nach § 2 Abs. 1 UStG geworden. Er hat somit den Vorsteuerabzug aus den Vorkosten, da die bezogenen Leistungen nicht für vorsteuerabzugsschädliche Ausgangsleistungen verwendet werden sollten.

Wenn ein Unternehmer mehrere **verschiedene Tätigkeiten** ausführt, muss er für jede dieser Tätigkeiten die Unternehmereigenschaft nach den genannten Voraussetzungen erlangen. In der Folge liegt dann aber für alle diese Tätigkeiten ein einheitliches Unternehmen (vgl. Stichwort Unternehmenseinheit) vor. Innerhalb dieses Unternehmens kann es nur zu Innenumsätzen kommen.

2. Voraussetzungen der Unternehmereigenschaft

2.1 Selbstständigkeit

Nach § 2 Abs. 1 Satz 1 UStG kann nur eine **selbstständige Tätigkeit** zur Unternehmereigenschaft führen. Die Frage, wann eine Tätigkeit selbstständig ausgeübt wird, wird dabei im Umsatzsteuerrecht nicht

1 Vgl. Abschn. 2.6 Abs. 1 UStAE.

positiv, sondern über § 2 Abs. 2 UStG **negativ abgegrenzt**. Die Tätigkeit wird danach in den folgenden Fällen nicht selbstständig ausgeführt:

- Eine **natürliche Person** ist in ein Unternehmen so eingegliedert, dass sie den Weisungen des Unternehmers zu folgen verpflichtet ist, § 2 Abs. 2 Nr. 1 UStG. Dabei kann es sich bei der eingegliederten Person um eine Einzelperson oder einen Personenzusammenschluss handeln. Maßgeblich ist dabei immer das Gesamtbild der Verhältnisse.
- Eine **juristische Person** ist nach dem Gesamtbild der tatsächlichen Verhältnisse finanziell, wirtschaftlich und organisatorisch in das Unternehmen eines anderen Unternehmers eingegliedert, § 2 Abs. 2 Nr. 2 UStG. In diesem Fall liegt eine Organschaft im Umsatzsteuerrecht vor.

Wichtig! Unter bestimmten Voraussetzungen kann auch eine Personengesellschaft als Organgesellschaft in einen Organträger eingegliedert sein; vgl. dazu Stichwort Organschaft.

Für die Frage, ob eine natürliche Person im Einzelfall selbstständig oder nicht selbstständig tätig wird, kommt es immer auf das **Gesamtbild der Verhältnisse** an. Die Beurteilung muss somit immer die Besonderheiten des Einzelfalls würdigen. Dabei müssen alle Umstände, die für und gegen eine selbstständige Tätigkeit sprechen, gegeneinander abgewogen werden[2]. Für eine Arbeitnehmereigenschaft können danach insbesondere folgende **Merkmale** sprechen[3]: persönliche Abhängigkeit, Weisungsgebundenheit hinsichtlich Ort, Zeit und Inhalt der Tätigkeit, Eingliederung in den Betrieb, feste Arbeitszeiten und feste Bezüge, Überstundenvergütungen, Ausübung der Tätigkeit gleichbleibend an einem bestimmten Ort, Urlaubsanspruch und Anspruch auf sonstige Sozialleistungen, Fortzahlung der Bezüge im Krankheitsfall, Unselbstständigkeit in Organisation und Durchführung der Tätigkeit, kein Unternehmerrisiko und keine Unternehmerinitiative, kein Kapitaleinsatz und keine Pflicht zur Beschaffung von Arbeitsmitteln, Notwendigkeit der engen ständigen Zusammenarbeit mit anderen Mitarbeitern.

Grundsätzlich können auch **Personenzusammenschlüsse** weisungsgebunden eingegliedert sein. Nach der Rechtsprechung kann eine solche Eingliederung jedoch nur dann vorliegen, wenn sich Arbeitnehmer zu einer Personengemeinschaft zusammenschließen[4]. Personengesellschaften des Handelsrechts sind hingegen immer selbstständig tätig, soweit nicht die Voraussetzungen der Organschaft vorliegen[5].

Juristische Personen sind dann nicht selbstständig, wenn sie finanziell, wirtschaftlich und organisatorisch in das Unternehmen eines anderen Unternehmers eingebunden sind. Zu den Einzelheiten vgl. Stichwort Organschaft.

2.2 Nachhaltige wirtschaftliche Tätigkeit zur Erzielung von Einnahmen

Die Tätigkeit muss eine **nachhaltige wirtschaftliche Tätigkeit** sein, die auf die Erzielung von Einnahmen gerichtet ist. Insgesamt kommt es bei der Beurteilung der Nachhaltigkeit einer Tätigkeit auf das Gesamtbild der Verhältnisse an. Aus der Rechtsprechung. hat sich eine **Vielzahl von Kriterien** herausgebildet, anhand derer durch Abwägen der für die Nachhaltigkeit und gegen die Nachhaltigkeit sprechenden Umstände eine Beurteilung stattfinden kann[6]: mehrjährige Tätigkeit, planmäßiges Handeln, auf Wiederholung angelegte Tätigkeit, die Ausführung mehr als nur einen Umsatzes, Vornahme mehrerer gleichartiger Handlungen unter Ausnutzung derselben Gelegenheit oder desselben dauernden Verhältnisses, langfristige Duldung eines Eingriffs in den eigenen Rechtskreis, Intensität des Tätigwerdens, Beteiligung am Markt, Auftreten wie ein Händler, Unterhalten eines Geschäftslokals, Auftreten nach außen, z.B. gegenüber Behörden.

Eine **Beurteilung der Nachhaltigkeit der Tätigkeit** kann nur anhand der Umsätze im Grundgeschäft erfolgen. Grundgeschäft ist dabei die Haupttätigkeit, die zur Erreichung des eigentlichen Unternehmens-

---

2 BFH, Urteil v. 26.4.1990, V R 55/85, BFH/NV 1992, 845.

3 BFH, Urteil v. 14.6.1985, VI R 150-152/82, BStBl II 1985, 661, nicht abschließende Aufzählung von Einzelkriterien.

4 BFH, Urteil v. 7.12.1978, V R 22/74, BStBl II 1979, 356.

5 BFH, Urteil v. 8.2.1979, V R 101/78, BStBl II 1979, 362 sowie Abschn. 2.2 Abs. 5 UStAE.

6 Abschn. 2.3 Abs. 5 UStAE.

zwecks ausgeübt wird. Hilfsgeschäfte oder Nebengeschäfte können die Nachhaltigkeit der Betätigung nicht begründen.

Wichtig! Es ist nicht erforderlich, dass der Unternehmer Gewinn erzielt. Damit kann auch ein ertragsteuerlicher Liebhabereibetrieb umsatzsteuerlich die Unternehmereigenschaft begründen.
Ein Berufspokerspieler ist insoweit nichtunternehmerisch tätig, wie er Preisgelder oder Spielgewinne erhält[7]. Antrittsgelder unterliegen aber der Umsatzsteuer.

2.3 Abgrenzung zur privaten Tätigkeit

Die **Häufigkeit der Ausführung von Umsätzen** ist kein abschließendes Kriterium zur Bestimmung der Unternehmereigenschaft. So kann die einmalige Ausführung eines Umsatzes schon die Nachhaltigkeit und damit die Unternehmereigenschaft begründen. Andererseits können auch Umsätze, die jemand unter Ausnutzung gleicher Umstände andauernd ausführt, noch der privaten Lebensführung zuzurechnen sein. Es kommt auch hier immer entscheidend auf das Gesamtbild der Verhältnisse an. So hat der BFH für den **Briefmarkensammler**[8] und für den Münzsammler[9] entschieden, dass diese beiden Sammler nicht als Unternehmer anzusehen sind, selbst wenn sie Sammlungsstücke wegtauschen und auf Sammlerbörsen einzelne Stücke an- und verkaufen. Auch die Veräußerung der Sammlung – in einen oder in mehreren Einzelverkäufen – sei noch als letzter Akt der privaten Lebensführung zuzuschreiben. In beiden Fällen haben sich die Personen bei dem Aufbau der Sammlung nicht wie Händler am Markt verhalten. Diese Grundsätze hat der BFH bestätigt[10].

Achtung! Zu dem Verkauf einer Vielzahl von Gegenständen über die Internet-Plattform „ebay" hat der BFH[11] festgestellt, dass dies eine der Umsatzsteuer unterliegende nachhaltige Tätigkeit sein kann. Die Beurteilung hängt dabei nicht davon ab, ob der Verkäufer schon bei Leistungsbezug eine Wiederverkaufsabsicht hat. Bei der laufenden Veräußerung von Gegenständen in erheblichem Umfang liegt keine nur private Vermögensverwaltung vor, wenn der Verkäufer aktive Schritte zum Vertrieb der Gegenstände unternimmt, indem er sich ähnlicher Mittel bedient, wie ein gewerblicher Händler. Wer aber planmäßig, wiederholt und mit erheblichem Organisationsaufwand mindestens 140 fremde Pelzmäntel über eine elektronische Handelsplattform in eigenem Namen verkauft, wird unternehmerisch tätig[12].

Aber auch die **Vermietung eines Freizeitgegenstands** (z.B. Wohnwagen, Segelboot, Motorboot) kann nach dem Gesamtbild der Verhältnisse nicht zu einer unternehmerischen Betätigung führen, wenn eine solche entgeltliche Nutzung nur gelegentlich erfolgt[13].

3. Juristische Personen des öffentlichen Rechts als Unternehmer

Juristische Personen des öffentlichen Rechts sind grundsätzlich als juristische Personen unternehmerfähig, sodass sich die Unternehmereigenschaft aus den allgemeinen Tatbestandsvoraussetzungen des § 2 Abs. 1 UStG ergibt. Wenn eine juristische Person des öffentlichen Rechts (jPöR) diese Voraussetzungen in ihrer Person erfüllt, sind allerdings bestimmte Einschränkungen über § 2 Abs. 3 UStG (bis 31.12.2016) bzw. über § 2b UStG (ab dem 1.1.2017) zu berücksichtigen. Nach der ausdrücklichen Regelung des § 2 Abs. 3 Satz 1 UStG sind die jPöR bis 31.12.2016 nur in den folgenden Fällen als Unternehmer anzusehen:

- Die jPöR betreibt einen Betrieb gewerblicher Art nach § 1 Abs. 1 Nr. 6 KStG i.V.m. § 4 KStG oder

---

7 BFH, Urteil v. 30.8.2017, XI R 37/14, BFH/NV 2017, 1689.
8 BFH, Urteil v. 29.6.1987, X R 23/82, BStBl II 1987, 744 sowie Abschn. 2.3 Abs. 6 Satz 2 UStAE.
9 BFH, Urteil v. 16.7.1987, X R 48/82, BStBl II 1987, 752 sowie Abschn. 2.3 Abs. 6 Satz 2 UStAE.
10 BFH, Urteil v. 27.1.2011, V R 21/09, BStBl II 2011, 524.
11 BFH, Urteil v. 26.4.2012, V R 2/11, BStBl II 2012, 634.
12 BFH, Urteil v. 12.8.2015, XI R 43/13, BStBl II 2015, 919.
13 Abschn. 2.3 Abs. 7 UStAE.

- die jPöR betreibt einen land- oder forstwirtschaftlichen Betrieb.

Wichtig! Soweit die jPöR eine hoheitliche – dem Staat vorbehaltene Tätigkeit – ausführt, kann sie nie Unternehmereigenschaft erhalten (§ 4 Abs. 5 KStG i.V.m. § 2 Abs. 3 UStG bzw. § 2b Abs. 1 UStG)[14].

Ab dem 1.1.2017 (mit Übergangsregelungen bis zum 31.12.2020) wird die unternehmerische Betätigung juristischer Personen des öffentlichen Rechts beschränkt durch die Vorgaben des § 2b UStG. Danach wird eine juristische Person des öffentlichen Rechts dann nicht unternehmerisch tätig, wenn sie ihr vorbehaltene Tätigkeiten ausführt und dies auch nicht zu einer größeren Wettbewerbsverzerrung führt.

Vgl. auch Stichwort Juristische Person des öffentlichen Rechts.

4. Beginn der unternehmerischen Tätigkeit

Die **Unternehmereigenschaft beginnt** mit dem ersten nach außen erkennbaren, auf eine Unternehmertätigkeit gerichteten Tätigwerden. Damit gehören auch schon **Vorbereitungshandlungen** zu den unternehmerischen Tätigkeiten. Diese Vorbereitungstätigkeit muss allerdings schon erkennbar mit der unternehmerischen Betätigung im Zusammenhang stehen.

Beispiel 2: Student S erwirbt im März ein neues Fahrzeug, das er nach Auslieferung privat benutzt. Im Juni beschließt er, sich als Stadtbote selbstständig zu machen.
Lösung: Das Fahrzeug ist nicht für sein Unternehmen erworben worden, da zum Zeitpunkt des Kaufs eine unternehmerische Tätigkeit noch nicht beabsichtigt war. Aus dem Kauf des Fahrzeugs hat S keinen Vorsteueranspruch.

Bei einer **juristischen Person** kann die Unternehmereigenschaft nach der herrschenden Meinung erst ab Abschluss des notariellen Gesellschaftsvertrags vorliegen. Die Vorgründungsgesellschaft (von der ersten Idee der Gründung einer Kapitalgesellschaft bis zum notariellen Gesellschaftsvertrag) kann nur dann Unternehmer werden, wenn sie selbst entgeltliche Umsätze ausführt; zu den Einzelheiten vgl. Stichwort Unternehmensgründung.

Tipp! Zur Vermeidung von Problemen beim Vorsteuerabzug sollte bei der geplanten Gründung einer Kapitalgesellschaft ein Leistungsbezug erst nach dem Abschluss des notariellen Gesellschaftervertrags erfolgen.

5. Das Ende der unternehmerischen Tätigkeit

Die unternehmerische Betätigung endet – unabhängig von der Rechtsform – mit dem **letzten nach außen erkennbaren Tätigwerden**[15].

Achtung! Die Unternehmereigenschaft einer Kapitalgesellschaft ist nicht von der Eintragung im Handelsregister abhängig[16].

Die letzte Tätigkeit ist in der Regel dann **abgeschlossen**, wenn alle Gegenstände des Unternehmens verkauft, entsorgt oder entnommen sind sowie alle rechtlichen Verpflichtungen erledigt sind. Dazu gehört unter anderem auch die Abgabe der letzten Steuererklärungen.

Beispiel 3: Einzelhändler E hat zum 31.12.2017 sein Ladengeschäft aufgegeben und noch in 2017 alle Gegenstände veräußert. Im Mai 2018 lässt er bei einem Steuerberater seine Bilanz und die betrieblichen Steuererklärungen für 2017 erstellen. Die Leistung des Steuerberaters ist noch an den Unternehmer E erbracht, somit hat E in 2018 noch einen Vorsteueranspruch.

---

[14] Vgl. auch Abschn. 2.11 UStAE.

[15] Vgl. Abschn. 2.6 Abs. 6 UStAE.

[16] BFH, Urteil v. 9.12.1993, V R 108/91, BStBl II 1994, 483.

Tipp! Die Abwicklungsphase kann sich auch auf längere Zeiträume erstrecken. So hat der EuGH[17] entschieden, dass auch in den Fällen, in denen ein Unternehmer nach Einstellung seiner unternehmerischen Aktivitäten noch einen fünf Jahre weiterlaufenden Mietvertrag bedienen musste, insoweit noch die Mietleistung im Rahmen seines Unternehmens erhalten konnte.

6. Ruhen der unternehmerischen Tätigkeit

Keine Beendigung der unternehmerischen Betätigung liegt vor, wenn der Unternehmer seine Tätigkeit nur **vorübergehend ruhen** lässt (vorübergehende Einstellung der Unternehmertätigkeit). Eine solche vorübergehende Einstellung der Unternehmertätigkeit ist dann anzunehmen, wenn aus den Begleitumständen die belegbare Absicht des Unternehmers erkennbar ist, die unternehmerische Betätigung, also das Bewirken von Umsätzen, wieder aufnehmen zu wollen. In die Prüfung der für die Erfüllung der Tatbestandsvoraussetzungen des Unternehmerbegriffs erforderlichen tatsächlichen Umstände sind auch die Verhältnisse in den Zeiträumen vor und nach dem jeweiligen Besteuerungszeitraum einzubeziehen[18]. Während des Ruhens der unternehmerischen Betätigung besteht das Unternehmen des Unternehmers unverändert fort. Dies bedeutet, dass z.B. ein Vorsteuerabzug für alle während dieser Zeit bezogenen Leistungen weiterhin nach § 15 Abs. 1 UStG möglich ist. Gleichermaßen unterliegt aber auch die private Verwendung von Gegenständen, die dem Unternehmen zugeordnet wurden, als unentgeltliche Leistung nach § 3 Abs. 9a UStG der Umsatzsteuer.

Wichtig! Auch die sog. Saisonbetriebe bestehen während des gesamten Kalenderjahrs fort, selbst wenn sie aufgrund der Art ihrer Umsätze nicht durchgehend das gesamte Kalenderjahr hindurch Umsätze am Markt erbringen[19].

Beispiel 4: Gastronom G betreibt an der Ostseeküste ein Eiscafé. Außerhalb der Saison schließt er regelmäßig von November bis März sein Eiscafé.
Lösung: G ist das gesamte Kalenderjahr hindurch als Unternehmer anzusehen. Somit sind sämtliche Vorsteuerbeträge – auch in der Zeit, in der er sein Café geschlossen hält – für G abzugsfähig.

---

17 EuGH, Urteil v. 3.3.2005, C-32/03 – Fini, BFH/NV Beilage 2005, 179.

18 BFH, Urteil v. 6.5.1993, V R 45/88, BStBl II 1993, 564.

19 BFH, Urteil v. 13.12.1963, V 77/61 U, BStBl III 1964, 90.

Verdeckter Preisnachlass

Verdeckter Preisnachlass auf einen Blick

1. **Rechtsquellen**
   Abschn. 10.5 UStAE
2. **Bedeutung**
   Bei einem verdeckten Preisnachlass nimmt der Unternehmer einen Gegenstand zu einem höheren Wert als dem gemeinen Wert in Zahlung.
3. **Weitere Stichworte**
   → Änderung der Bemessungsgrundlage, → Tausch, → Tauschähnlicher Umsatz, → Unrichtiger Steuerausweis

Wenn bei einem Tausch oder einem tauschähnlichen Umsatz der leistende Unternehmer einen Gegenstand zu einem höheren Wert als dem gemeinen Wert in Zahlung nimmt, liegt ein **verdeckter Preisnachlass** vor. Der verdeckte Preisnachlass hat bei dem leistenden Unternehmer einen Einfluss auf die **Ermittlung der Bemessungsgrundlage**.

Zur Ermittlung der Bemessungsgrundlage vgl. Stichwort Tausch. Wenn der Unternehmer den Gegenstand zu einem anderen als dem gemeinen Wert (in der Regel der Verkehrswert) in Zahlung nimmt, bestimmt sich die Bemessungsgrundlage grundsätzlich nach dem gemeinen Wert.

Beispiel: Kfz-Händler K verkauft im Mai 2018 an eine Privatperson ein Neufahrzeug. Als Kaufpreis für das Neufahrzeug wurden 30.000,00 € vereinbart. Neben einer Barzahlung i.H.v. 23.000,00 € liefert der Käufer auch ein Gebrauchtfahrzeug, dessen gemeiner Wert 5.000,00 € beträgt, für den K aber 7.000,00 € anrechnet. Insgesamt erhält K 28.000,00 € (gemeiner Wert des gelieferten Fahrzeugs zuzüglich der Baraufgabe).
Lösung: Aus diesem Betrag ist die Umsatzsteuer mit 19 %, hier also mit 4.470,59 €, herauszurechnen. Die Bemessungsgrundlage beträgt für die steuerbare und steuerpflichtige Lieferung somit 23.529,41 €.

Problematisch ist im Einzelfall die **Ermittlung des tatsächlichen gemeinen Werts** für den in Zahlung genommenen Gegenstand. Die Finanzverwaltung, ermöglicht es hier für Gebrauchtwagenhändler im Rahmen von **Vereinfachungsregeln** den gemeinen Wert wie folgt zu ermitteln[1]:

- Wenn ein Schätzpreis eines **amtlich bestellten Kfz-Sachverständigen** vorliegt, kann dieser als gemeiner Wert angesetzt werden.
- Wenn das Fahrzeug innerhalb von drei Monaten nach Übernahme weiter geliefert wird, kann der **Verkaufspreis abzüglich eines Pauschalabschlags** von bis zu 15 % für Verkaufskosten anerkannt werden. Eventuell angefallene Reparaturkosten – soweit nicht vom Kfz-Händler selbst verursacht – sind ebenfalls abzugsfähig.
- Wenn das Fahrzeug nicht innerhalb von drei Monaten weiter geliefert wird, kann der Verkaufspreis abzüglich angefallener Reparaturkosten – soweit nicht vom Kfz-Händler selbst verursacht – angesetzt werden.

In anderen Fällen, insbesondere dann, wenn der Unternehmer nicht regelmäßig Gebrauchtgegenstände in Zahlung nimmt, kann der gemeine Wert des Gegenstands nur aus dem späteren Verkaufspreis abgeleitet werden.

[1] Abschn. 10.5 Abs. 4 UStAE.

Wichtig! Soweit der Unternehmer zum Zeitpunkt der Übernahme des Gegenstands den tatsächlichen gemeinen Wert des in Zahlung genommenen Gegenstands noch nicht kennt, muss er in seiner USt-Voranmeldung für seine Lieferung den angerechneten Wert des Gegenstands mit berücksichtigen. Wenn sich in einem späteren Voranmeldungszeitraum dann ein anderer gemeiner Wert ermitteln lässt, ergibt sich eine Änderung der Bemessungsgrundlage.

Wenn der Unternehmer für die von ihm erbrachte Lieferung Umsatzsteuer auf der Basis des Anrechnungspreises in einer Rechnung gesondert ausgewiesen hat, schuldet er die Differenz zu der tatsächlich entstandenen Umsatzsteuer nach § 14c Abs. 1 UStG, vgl. Stichwort **Unrichtiger Steuerausweis**.

Fortsetzung Beispiel: Der Kfz-Händler erteilt dem Abnehmer eine Rechnung mit gesondert ausgewiesener Umsatzsteuer (25.210,08 € zuzüglich 19 % Umsatzsteuer i.H.v. 4.789,92 €).
Lösung: K schuldet neben der Umsatzsteuer für seine Lieferung i.H.v. 4.470,59 € auch die Differenz i.H.v. 319,33 € nach § 14c Abs. 1 UStG[2]. Er kann jedoch die Rechnung gegenüber seinem Kunden jederzeit berichtigen.

2 Vgl. Abschn. 10.5 Abs. 5 UStAE.

Vereine und Vereinigungen

Vereine und Vereinigungen auf einen Blick

1. **Rechtsquellen**
   § 2, § 12 und § 23a UStG
   Abschn. 1.4 und Abschn. 2.10 UStAE
2. **Bedeutung**
   Vereine und Vereinigungen sind im Regelfall Unternehmer i.S.d. Umsatzsteuerrechts. Sie haben damit alle Verpflichtungen zu erfüllen, die auch andere Unternehmer zu übernehmen haben. In Abhängigkeit der Tätigkeit des Vereins/der Vereinigung ergeben sich jedoch Sonderregelungen.
3. **Weitere Stichworte**
   → Mitgliederbeiträge, → Unternehmensvermögen, → Unternehmer, → Steuerbefreiung, → Steuersatz
4. **Besonderheiten**
   Die Beurteilung, ob ein Verein Unternehmer ist, richtet sich nicht danach, ob der Verein gemeinnützig ist.
   Im nichtwirtschaftlichen Bereich kann der Verein keinen Vorsteuerabzug geltend machen.

1. Allgemeines zur Unternehmereigenschaft

Die Umsatzsteuer stellt nicht auf den Geschäftsbetrieb, sondern auf das **Unternehmen** ab.

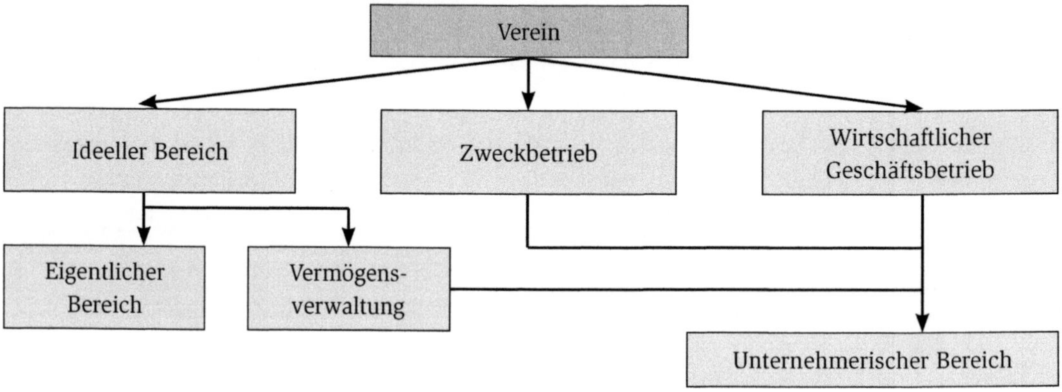

Zum **außerunternehmerischen Bereich**, der umsatzsteuerrechtlich ohne Bedeutung ist, gehört nur der eigentliche ideelle Bereich. Hingegen gehören die Vermögensverwaltung, der Zweckbetrieb und der wirtschaftliche Geschäftsbetrieb zum unternehmerischen Bereich.

Achtung! Der Steuersatz für Vermögensverwaltung und Zweckbetrieb beträgt regelmäßig nach § 12 Abs. 2 Nr. 8 UStG 7 % und für den wirtschaftlichen Geschäftsbetrieb 19 %.

Vereine können Unternehmer i.S.d. Umsatzsteuerrechts sein. Besondere Befreiungsvorschriften für Vereine sieht das Umsatzsteuergesetz nicht vor, jedoch kann neben den allgemein geltenden Vergünstigungen, z.B. für Kleinunternehmer, eine besondere Umsatzsteuerpauschalierung in Anspruch genommen werden. Außerdem unterliegen die Umsätze, die den steuerbegünstigten Zwecken dienen, dem ermäßigten Steuersatz von 7 %.

Vereine sind insoweit Unternehmer, als ihre Tätigkeit darauf gerichtet ist, nachhaltig (das heißt mit Wiederholungsabsicht) entgeltliche Lieferungen oder sonstige Leistungen zu bewirken. Anders als im Ertragsteuerrecht wird im Umsatzsteuerrecht lediglich auf die Einnahme- und nicht auf die Gewinnerzielungsabsicht abgestellt.

Beispiel 1: Ein Schützenverein veranstaltet jedes Jahr ein Schützenfest.
Lösung: Die hierbei erhobenen Eintrittsgelder unterliegen der Umsatzsteuer.

Nur wenige Vereine sind ausschließlich nichtunternehmerisch tätig. Dies wäre der Fall, wenn die Aufgaben des Vereins allein durch Spenden, öffentliche Zuschüsse oder Schenkungen finanziert werden, die nicht das umsatzsteuerliche Entgelt für eine Leistung darstellen. Die genannten, dem zuzuordnenden Einnahmen gehören dem nichtunternehmerischen Bereich an und sind daher nicht umsatzsteuerbar.

Beispiel 2: Ein Verein vereinnahmt Mitgliederbeiträge, um in Erfüllung seines satzungsmäßigen Gemeinschaftszwecks die Gesamtbelange seiner Mitglieder wahrzunehmen.
Lösung: In Wahrnehmung dieser Aufgaben soll der Verein nach Auffassung der Finanzverwaltung nicht Unternehmer sein[1]. Diese Tätigkeit fällt in den nichtunternehmerischen Bereich. Diese Auffassung ist jedoch – soweit konkret damit zusammenhängende Leistungen ausgeführt werden – durch die Rechtsprechung von BFH und EuGH überholt[2].

Auch sogenannte **Hilfsgeschäfte**, die der Betrieb des nichtunternehmerischen Bereichs mit sich bringt (z.B. Verkauf von Gegenständen wie z.B. Möbel oder Pkw, die im nichtunternehmerischen Bereich eingesetzt waren), sind dem nichtunternehmerischen Bereich zuzuordnen.

Lediglich in einigen Fällen kann fraglich sein, ob es sich bei den Mitgliederbeiträgen um echte oder unechte handelt. Nur in den Fällen der echten Mitgliederbeiträge fehlt es an einem Leistungsaustausch; mithin fallen diese in den nichtunternehmerischen Bereich; vgl. dazu Stichwort Mitgliederbeiträge.

Erbringt der Verein Leistungen, die den **Sonderbelangen der einzelnen Mitglieder** dienen, und erhebt er dafür Beiträge entsprechend der tatsächlichen oder vermuteten Inanspruchnahme ihrer Tätigkeit, liegt ein Leistungsaustausch vor. Voraussetzung für die Annahme echter Mitgliederbeiträge ist es nach der Auffassung der Finanzverwaltung, dass die Beiträge gleich hoch sind oder nach einem für alle Mitglieder verbindlichen Bemessungsmaßstab gleichmäßig errechnet werden.

Führen mehrere Vereine zusammen eine Veranstaltung durch, z.B. ein gemeinsames Fest, dann ist insoweit nicht jeder Verein, sondern die Gemeinschaft, als Unternehmer tätig. Dieser Gemeinschaft sind dann die Umsätze zuzurechnen.

Tipp! Die Annahme nicht steuerbarer Mitgliederbeiträge bei einem Verein ist dann nicht mit dem Unionsrecht vereinbar, wenn der Verein gegenüber dem Mitglied eine Leistung anbietet, vgl. dazu Stichwort Mitgliederbeiträge.

2. Sonderregelungen für Vereine und Vereinigungen

Grundsätzlich unterliegt ein Verein oder eine Vereinigung den gleichen Regelungen wie jeder andere Unternehmer auch. Dabei sind aber die Besonderheiten zu beachten, die sich aus dem Nebeneinander von unternehmerischer Sphäre und nichtunternehmerischer Sphäre ergeben können. Allerdings können sich in bestimmten Fällen auch Erleichterungen bei der umsatzsteuerrechtlichen Behandlung ergeben.

2.1 Leistungsaustausch

Soweit der Verein im unternehmerischen Bereich tätig ist, unterliegen seine Lieferungen und sonstigen Leistungen der Umsatzsteuer. Damit unterliegen auch die folgenden Einnahmen der Umsatzsteuer:

- Eintrittsgelder oder Startgelder,
- Ablösezahlungen bei Freigabe eines Fußballspielers,
- Sponsorengelder, Werbeeinnahmen und Lotterieeinnahmen,

---

1 Abschn. 2.10 Abs. 1 UStAE.

2 EuGH, Urteil v. 21.3.2002, C-174/00 – Kennemer Golf & Country-Club, BFH/NV Beilage 2002, 95. Vgl. dazu auch Stichwort Mitgliederbeiträge.

- Erlöse aus dem Verkauf von Speisen und Getränken, Werbeartikeln, Turnierzeitungen, Festschriften, Sportartikeln, Anlagegütern,
- Einnahmen aus Kursen, Vorträgen, Lehrgängen, Freizeiten, Zeltlagern o.ä.

Wichtig! Auch unentgeltliche Leistungen können unter den Bedingungen des § 3 Abs. 1b oder Abs. 9a UStG zu einem steuerbaren Umsatz führen.

Überführt ein Verein aus seinem unternehmerischen Bereich (z.B. wirtschaftlicher Geschäftsbetrieb) einen Gegenstand in seinen nichtwirtschaftlichen Bereich (z.B. ideeller Bereich), handelt es sich um eine **unentgeltliche Wertabgabe** nach § 3 Abs. 1b Satz 1 Nr. 1 UStG. Diese wird einer entgeltlichen Lieferung gleichgestellt. Eine unentgeltliche Wertabgabe liegt aber immer nur dann vor, wenn der Gegenstand bei seiner Anschaffung zum vollen oder teilweisen Vorsteuerabzug berechtigt hatte und auch dem Unternehmen zugeordnet werden konnte. Bei einer von Beginn an gemischten Nutzung im unternehmerischen und im nichtunternehmerischen Bereich hat nach der Rechtsprechung des EuGH sofort eine Aufteilung der Vorsteuer bei Leistungsbezug zu erfolgen[3].

Beispiel 3: Ein Verein schafft einen Computer für seinen wirtschaftlichen Geschäftsbetrieb an und ordnet diesen deshalb seinem unternehmerischen Bereich zu. Später wird die Verwendung geändert, indem der Computer ausschließlich nur noch im ideellen Bereich des Vereins eingesetzt wird.
Lösung: Durch die Nutzungsänderung wird der Computer vom unternehmerischen in den nichtunternehmerischen Bereich überführt. Hierbei handelt es sich um eine unentgeltliche Wertabgabe, die – einer entgeltlichen Lieferung gleichgestellt – der Umsatzsteuer unterliegt.

Wird ein dem Unternehmen zugeordneter Gegenstand nur **gelegentlich** im ideellen Bereich verwendet, handelt es sich ebenfalls um eine unentgeltliche Wertabgabe. Diese wird nach § 3 Abs. 9a Nr. 1 UStG einer sonstigen Leistung gegen Entgelt gleichgestellt. Auch hier ist Voraussetzung, dass der Gegenstand zum vollen oder teilweisen Vorsteuerabzug berechtigt hat.

Beispiel 4: Ein Verein nutzt einen Computer, den er ursprünglich in vollem Umfang in seinem unternehmerischen Bereich verwendet hatte, zu 80 % im unternehmerischen Bereich und zu 20 % im nichtunternehmerischen Bereich. Er hat aus der Anschaffung des Computers den vollen Vorsteuerabzug geltend gemacht.
Lösung: Die nichtunternehmerische Nutzung des Computers zu 20 % stellt eine unentgeltliche Wertabgabe dar, die – einer entgeltlichen sonstigen Leistung gleichgestellt – der Umsatzsteuer unterliegt.

2.2 Ermäßigter Steuersatz

Die Leistungen der Körperschaften, die ausschließlich und unmittelbar gemeinnützige, mildtätige oder kirchliche Zwecke verfolgen, sind nach § 12 Abs. 2 Nr. 8 UStG begünstigt. Die **Steuerermäßigung** gilt aber nicht für Leistungen, die im Rahmen eines wirtschaftlichen Geschäftsbetriebs ausgeführt werden; diese Leistungen unterliegen dem allgemeinen Steuersatz. Damit sind nur die Umsätze aus der Vermögensverwaltung und den Zweckbetrieben begünstigt.

Beispiel 5:
a) Die kommerzielle Werbung eines Sportvereins bei seinen sportlichen Veranstaltungen ist ein nicht begünstigter wirtschaftlicher Geschäftsbetrieb.
b) Ein gemeinnütziger Verein verpachtet seine Vereinsgaststätte und verzichtet auf die Steuerbefreiung.

---

[3] EuGH, Urteil v. 12.2.2009, C-515/07 – VNLTO, BFH/NV 2009, 682 sowie BFH, Urteil v. 13.1.2011, V R 12/08, BStBl II 2012, 61. Die Finanzverwaltung beanstandete es aber für alle bis zum 31.12.2012 ausgeführten Umsätze nicht, wenn in diesen Fällen der Vorsteuerabzug noch vorgenommen und eine Ausgangsleistung besteuert wurde.

c) Gesang-, Musik- oder Heimatvereine geben ein Konzert.

Lösung:

a) Diese Leistungen unterliegen deshalb dem allgemeinen Steuersatz.

b) Da es sich hierbei um eine Vermögensverwaltung handelt, ist auf die Verpachtungsumsätze der ermäßigte Steuersatz anzuwenden.

c) Da es sich hierbei um Zweckbetriebe handelt, ist der ermäßigte Steuersatz anzuwenden. Voraussetzung hierfür ist, dass die Steuerbefreiung nach § 4 Nr. 20 UStG nicht in Betracht kommt.

Der ermäßigte Steuersatz nach § 12 Abs. 2 Nr. 8 Buchst. a UStG ist nur dann anwendbar, wenn der Zweckbetrieb nicht in erster Linie der Erzielung zusätzlicher Einnahmen durch die Ausführung von Umsätzen dient, die in unmittelbarem Wettbewerb mit dem Regelsteuersatz unterliegenden Leistungen anderer Unternehmer stehen. Gleiches gilt, wenn die Körperschaft mit diesen Leistungen ihrer in § 66 bis § 68 AO bezeichneten Zweckbetriebe ihre steuerbegünstigten, satzungsgemäßen Zwecke selbst verwirklicht[4]. Diese gesetzliche Klarstellung soll Missbrauchsfälle verhindern, wenn begünstigte Einrichtungen zur Erzielung zusätzlicher Einnahmen in unmittelbaren Wettbewerb mit anderen Unternehmen treten.

2.3 Verbilligte Leistungen an Mitglieder

Erbringt der Verein an seine Mitglieder verbilligte Leistungen, ist zu überprüfen, ob anstelle des von den Mitgliedern bezahlten Entgelts eine höhere Bemessungsgrundlage tritt (**Mindestbemessungsgrundlage**). Nach § 10 Abs. 5 UStG darf nämlich in solchen Fällen das Entgelt nicht geringer sein als die Bemessungsgrundlage für die unentgeltliche Wertabgabe. Hierbei unterscheidet die Verwaltung, ob der Verein als gemeinnützig anerkannt ist oder nicht[5].

Beispiel 6:

a) Ein nicht als gemeinnützig anerkannter Verein gestattet seinen Mitgliedern und auch Dritten die Benutzung seiner Vereinseinrichtungen gegen Entgelt. Das von den Mitgliedern bezahlte Entgelt ist niedriger als das von Dritten gezahlte Entgelt.

b) Wie voriges Beispiel, nur ist der Verein als gemeinnützig anerkannt.

Lösung:

a) Es ist zu prüfen, ob die bei der Überlassung der Vereinseinrichtungen angefallenen Ausgaben das vom Mitglied gezahlte Entgelt übersteigen. Ist dies der Fall, sind die höheren Ausgaben als Bemessungsgrundlage anzusetzen. Deshalb erübrigt sich die Prüfung, ob ein Teil der Mitgliederbeiträge als Entgelt für Sonderleistungen anzusetzen ist.

b) Mitglieder gemeinnütziger Vereine dürfen im Gegensatz zu Mitgliedern anderer Vereine keine Gewinnanteile und in ihrer Eigenschaft als Mitglieder auch keine sonstigen Zuwendungen aus Mitteln des Vereins erhalten. Erbringt der Verein an seine Mitglieder Sonderleistungen gegen Entgelt, braucht aus Vereinfachungsgründen eine Ermittlung der Ausgaben erst dann vorgenommen zu werden, wenn die Entgelte offensichtlich nicht kostendeckend sind.

2.4 Erleichterungen beim Vorsteuerabzug

Es ist bei Vereinen häufig fast unmöglich, die unternehmerische und nichtunternehmerische Nutzung genau – in Prozenten erfasst – zu bestimmen. Damit sind eine sachgerechte Zuordnung der Vorsteuern und die Versteuerung der unentgeltlichen Wertabgaben kaum möglich. Deshalb kann das Finanzamt auf Antrag folgende **Erleichterungen** gewähren[6]: Die Vorsteuern, die teilweise dem unternehmerischen und

---

4 Vgl. dazu auch BMF, Schreiben v. 9.2.2007, BStBl I 2007, 218.

5 Abschn. 10.7 Abs. 1 Beispiel 2 UStAE.

6 Abschn. 2.10 Abs. 7 UStAE.

teilweise dem nichtunternehmerischen Bereich zuzuordnen sind, werden auf diese Bereiche nach dem Verhältnis aufgeteilt, das sich aus folgender Gegenüberstellung ergibt:

- Einnahmen aus dem unternehmerischen Bereich abzüglich der Einnahmen aus Hilfsgeschäften dieses Bereichs und
- Einnahmen aus dem nichtunternehmerischen Bereich abzüglich der Einnahmen aus Hilfsgeschäften dieses Bereichs.

Hierzu gehören alle Einnahmen, die dem betreffenden Verein zufließen, insbesondere die Einnahmen aus Umsätzen, z.B. Veranstaltungen, Gutachten, Lizenzüberlassungen sowie die Mitgliederbeiträge, Zuschüsse, Spenden usw. Das Finanzamt kann hierbei anordnen, dass bei der Gegenüberstellung das Verhältnis des laufenden, eines früheren oder mehrerer Kalenderjahre zugrunde gelegt wird.

Beispiel 7: Ein Musikverein schafft neue Musikinstrumente im Wert von 10.000 € an. Diese werden sowohl im nichtunternehmerischen (ideellen) als auch im unternehmerischen Bereich (Zweckbetrieb) verwendet.

Lösung: Die Umsatzsteuer ist in den Rechnungen mit 1.900 € (19 %) gesondert ausgewiesen. Die Vorsteuer i.H.v. 1.900 € ist im Verhältnis der Einnahmen aus dem ideellen Bereich zu den Einnahmen aus dem Zweckbetrieb aufzuteilen.

Diese **vereinfachte Vorsteueraufteilung** gilt gleichzeitig die Umsatzsteuer auf die unentgeltlichen Wertabgaben für den Anteil der nichtunternehmerischen Verwendung der Gegenstände ab. Eine unentgeltliche Wertabgabe ist in einem solchen Fall also nicht mehr zu besteuern.

Achtung! Wird allerdings ein Gegenstand in den nichtunternehmerischen Bereich überführt, löst dieser Umstand die Besteuerung einer unentgeltlichen Wertabgabe nach § 3 Abs. 1b Satz 1 Nr. 1 UStG aus.

Tipp! Das Finanzamt kann aber im Einzelfall auch ein anderes Aufteilungsverfahren zulassen. Z.B. kann es gestatten, dass die teilweise dem unternehmerischen Bereich zuzurechnenden Vorsteuern, die auf die Anschaffung, Herstellung und Unterhaltung eines Gebäudes entfallen, insoweit als das Gebäude dauernd zu einem feststehenden Anteil für Unternehmenszwecke verwendet wird, entsprechend der tatsächlichen Verwendung und im Übrigen nach dem vorher bezeichneten Verfahren aufgeteilt wird.

2.5 Gesamtpauschalierung der Vorsteuer

Der Verein hat die Möglichkeit (**Wahlrecht**) der **Gesamtpauschalierung** der abzugsfähigen Vorsteuern, § 23a UStG. Danach werden die abzugsfähigen **Vorsteuern** mit einem **Durchschnittssatz von 7 %** des steuerpflichtigen Umsatzes – mit Ausnahme der Einfuhr und des innergemeinschaftlichen Erwerbs – festgesetzt. Der Durchschnittssatz kann in Anspruch genommen werden, wenn der steuerpflichtige Vorjahresumsatz 35.000 € nicht überschritten hat. Die steuerpflichtigen Umsätze aus Zweckbetrieben sind dabei mit einzurechnen. Ein weiterer Vorsteuerabzug ist ausgeschlossen.

Tipp! Vgl. dazu ausführlich Stichwort Pauschalierung der Umsatzsteuer.

Vermietung

Vermietung auf einen Blick

1. **Rechtsquellen**
   § 3 Abs. 9, § 3a, § 4 Nr. 12 und § 9 UStG
   Abschn. 4.12.1 bis Abschn. 4.12.11 UStAE
2. **Bedeutung**
   Die Vermietung von Gegenständen gegen Entgelt führt zu einer sonstigen Leistung, die – soweit im Inland ausgeführt – einen steuerbaren Umsatz begründet. Bei der Grundstücksvermietung handelt es sich im Regelfall um steuerfreie Leistungen, bei denen der Unternehmer unter bestimmten Umständen auf die Steuerpflicht optieren kann. Die Grundsätze gelten entsprechend beim Leasing.
3. **Weitere Stichworte**
   → Hotellerieumsätze, → Option zur Umsatzsteuer, → Sonstige Leistung/Ort, → Steuerbefreiungen, → Vorsteuerabzug
4. **Besonderheiten**
   Durch die Veränderungen bei der Bestimmung des Orts der sonstigen Leistung seit dem 1.1.2010 haben sich auch bei Vermietungen Veränderungen ergeben. Bei der Vermietung von Beförderungsmitteln haben sich zum 30.6.2013 erneut Veränderungen bei dem Ort der sonstigen Leistung ergeben.
   Bei den Leistungen im Zusammenhang mit einem Grundstück sind sowohl der Grundstücksbegriff wie auch der Vermietungsbegriff nicht zivilrechtlich auszulegen.

1. Steuerbarkeit der Vermietungsleistung

Eine **entgeltliche Vermietung eines Gegenstands** führt – unabhängig davon, ob es sich um einen beweglichen oder einen unbeweglichen Gegenstand handelt – zu einer sonstigen Leistung des Unternehmers. Der Ort der Vermietungsleistung bestimmt sich dabei nach § 3a UStG in Abhängigkeit von der jeweiligen Art der Vermietungsleistung. Dabei sind die folgenden Fälle zu unterscheiden:

Art der Vermietungsleistung	Rechtsvorschrift	Ort der Leistung
Vermietung von Grundstücken und Grundstücksteilen	§ 3a Abs. 3 Nr. 1 UStG	Grundsätzlich dort, wo sich das Grundstück befindet (sog. Belegenheitsprinzip)[1]
Vermietung von beweglichen körperlichen Gegenständen mit Ausnahme von Beförderungsmitteln	§ 3a Abs. 2 oder § 3a Abs. 4 Satz 2 Nr. 10 i.V.m. Satz 1 UStG oder § 3a Abs. 1 UStG	• Wenn der Mieter ein Unternehmer ist und die Leistung für sein Unternehmen bezieht[2]: Wo der Leistungsempfänger sein Unternehmen oder seine Betriebsstätte betreibt. • Wenn der Mieter kein Unternehmer ist und seinen Sitz/Wohnsitz im Drittlandsgebiet hat: Wo der Leistungsempfänger seinen Sitz/Wohnsitz hat.

[1] Um zu einem Ort der sonstigen Leistung nach § 3a Abs. 3 Nr. 1 UStG zu kommen, muss eine Vermietung eines Grundstücks vorliegen. Dabei ist Grundstück nicht nach nationalen zivilrechtlichen Grundsätzen zu definieren, sondern unionsrechtskonform, Abschn. 3a.3 UStAE.

[2] Gilt seit dem 1.1.2010 entsprechend bei einer juristischen Person, die nicht Unternehmer ist, der aber eine USt-IdNr. erteilt worden ist.

Art der Vermietungsleistung	Rechtsvorschrift	Ort der Leistung
		• Wenn der Mieter kein Unternehmer ist und seinen Sitz/Wohnsitz im Gemeinschaftsgebiet hat: Wo der leistende Unternehmer sein Unternehmen oder seine Betriebsstätte unterhält.
Kurzfristige Vermietung von Beförderungsmitteln seit dem 1.1.2010 (bis 30 Tage, bei Wasserfahrzeugen bis 90 Tage)	§ 3a Abs. 3 Nr. 2 UStG und § 3a Abs. 6 und Abs. 7 UStG	Ort der kurzfristigen Vermietung eines Beförderungsmittels ist dort, wo das Fahrzeug dem Nutzer tatsächlich übergeben wird. • **Ausnahme 1:** Vermieter betreibt sein Unternehmen vom Drittlandsgebiet aus und das vermietete Beförderungsmittel wird im Inland genutzt. Die Vermietung ist im Inland ausgeführt. • **Ausnahme 2:** Vermieter betreibt sein Unternehmen im Inland und vermietet ein Schienenfahrzeug, einen Omnibus oder ein ausschließlich zu Transportzwecken dienendes Fahrzeug an einen im Drittlandsgebiet ansässigen Unternehmer und das Fahrzeug wird auch im Drittlandsgebiet genutzt. Die Vermietung ist im Drittlandsgebiet ausgeführt.
Langfristige Vermietung von Beförderungsmitteln seit dem 1.1.2010 bis zum 29.6.2013 (über 30 Tage, bei Wasserfahrzeugen über 90 Tage)	§ 3a Abs. 2 UStG oder § 3a Abs. 1 UStG und § 3a Abs. 6 UStG	Ort der langfristigen Vermietung eines Beförderungsmittels gegenüber einem Unternehmer ist dort, wo der Leistungsempfänger sein Unternehmen betreibt oder eine die Leistung empfangende Betriebsstätte unterhält. Eine Leistung gegenüber einem Nichtunternehmer ist dort ausgeführt, wo der leistende Unternehmer sein Unternehmen betreibt oder die die Leistung ausführende Betriebsstätte unterhält. **Ausnahme:** Vermieter betreibt sein Unternehmen vom Drittlandsgebiet aus und das vermietete Beförderungsmittel wird im Inland genutzt: Die Vermietung ist im Inland ausgeführt.

Art der Vermietungsleistung	Rechtsvorschrift	Ort der Leistung
Langfristige Vermietung von Beförderungsmitteln ab der Änderung des UStG ab dem 30.6.2013 (über 30 Tage, bei Wasserfahrzeugen über 90 Tage)	§ 3a Abs. 2 UStG oder § 3a Abs. 3 Nr. 2 Satz 3 und Satz 4 UStG	Ort der langfristigen Vermietung eines Beförderungsmittels gegenüber einem Unternehmer ist dort, wo der Leistungsempfänger sein Unternehmen betreibt oder eine die Leistung empfangende Betriebsstätte unterhält. Die langfristige Vermietung eines Beförderungsmittels gegenüber einem Nichtunternehmer ist dort ausgeführt, wo der Leistungsempfänger seinen Wohnsitz oder Sitz hat. Ausnahme: Die langfristige Vermietung eines Sportboots an einen Nichtunternehmer ist dort ausgeführt, wo das Sportboot dem Nutzer tatsächlich zur Verfügung gestellt wird, wenn der leistende Unternehmer dort auch seinen Sitz, Geschäftsleitung oder Betriebsstätte hat.

Wenn der **Ort der Vermietungsleistung im Inland** ist, handelt es sich um einen steuerbaren Umsatz nach § 1 Abs. 1 Nr. 1 UStG. Wenn der Ort der Vermietungsleistung im Ausland liegt, ist der Umsatz für den Unternehmer im Inland nicht steuerbar.

Achtung! Wenn ein deutscher Unternehmer im Ausland einen steuerbaren Umsatz erbringt, kann sich für ihn in dem anderen Land eine Besteuerungspflicht ergeben.

Tipp! Die Grundsätze gelten entsprechend beim Leasing.

2. Steuerpflicht der Vermietung

2.1 Vermietung beweglicher Gegenstände

Bei der Vermietung beweglicher körperlicher Gegenstände ergeben sich keine Steuerbefreiungen nach § 4 UStG.

2.2 Vermietung von Grundstücken oder Grundstücksteilen

Achtung! Die Vermietung eines Grundstücks setzt voraus, dass dem Mieter vom Vermieter auf bestimmte Zeit gegen eine Vergütung das Recht eingeräumt wird, das Grundstück so in Besitz zu nehmen, als ob er dessen Eigentümer wäre, und jede andere Person von diesem Recht auszuschließen. Dabei sind alle Umstände des Einzelfalls, vor allem der tatsächlich verwirklichte Sachverhalt zu berücksichtigen. Maßgebend ist der objektive Inhalt des Vorgangs, unabhängig von der Bezeichnung durch die Parteien[3]. Diese Voraussetzungen gelten auch für die Verpachtung eines Grundstücks[4] und die hierdurch typischerweise eingeräumten Berechtigungen an dem Grundstück zur Ausübung einer sachgerechten und nachhaltigen Bewirtschaftung[5].

Bei der **Vermietung von Grundstücken oder Grundstücksteilen** (auch von Gebäuden und Gebäudeteilen) ergibt sich grundsätzlich nach § 4 Nr. 12 UStG eine Steuerbefreiung. Von dieser Steuerbefreiung sind die folgenden Umsätze erfasst:

---

3 EuGH, Urteil v. 16.12.2010, C-270/09 – Macdonald Resorts Limited, BFH/NV 2011, 397.

4 EuGH, Urteil v. 6.12.2007, C-451/06 – Gabrielle Walderdorff, BFH/NV Beilage 2008, 146.

5 Vgl. auch BMF, Schreiben v. 21.1.2016, BStBl I 2016, 150.

- Vermietung und Verpachtung von Grundstücken, von Berechtigungen, für die die Vorschriften des bürgerlichen Rechts über Grundstücke gelten, und von staatlichen Hoheitsrechten, die Nutzungen von Grund und Boden betreffen,
- die Überlassung von Grundstücken und Grundstücksteilen zur Nutzung aufgrund eines auf Übertragung des Eigentums gerichteten Vertrags oder Vorvertrags,
- die Bestellung, die Übertragung und die Überlassung der Ausübung von dinglichen Nutzungsrechten an Grundstücken.

Tipp! Auch die Vermietung eines fest verankerten Hausboots kann eine Vermietung eines Grundstücks darstellen[6].

Von diesen **Steuerbefreiungen** sind nach § 4 Nr. 12 Satz 2 UStG aber die folgenden Vermietungsleistungen **ausgeschlossen**:

- Vermietung von Wohn- und Schlafräumen, die ein Unternehmer zur kurzfristigen Beherbergung von Fremden bereithält[7],
- Vermietung von Plätzen für das Abstellen von Fahrzeugen,
- kurzfristige Vermietung auf Campingplätzen und
- Vermietung und Verpachtung von Betriebsvorrichtungen (Maschinen und sonstige Vorrichtungen, die zu einer Betriebsanlage gehören).

Soweit es sich um eine steuerbefreite Vermietung handelt, hat der Vermieter unter den Voraussetzungen des § 9 UStG die **Möglichkeit**, diese Vermietung **steuerpflichtig durchzuführen** (vgl. Stichwort Option zur Umsatzsteuer). Wenn der Vermietungsumsatz steuerfrei ausgeführt wird, hat der Vermieter keinen Vorsteuerabzugsanspruch aus den Anschaffungs- oder Herstellungskosten sowie aus den laufenden Unterhaltungskosten des vermieteten Objekts.

Soweit zulässigerweise auf die Steuerpflicht einer Vermietung optiert wurde, steht dem Unternehmer aus den Anschaffungs- oder Herstellungskosten sowie aus den laufenden Unterhaltungskosten für das Objekt der Vorsteuerabzug nach § 15 UStG zu.

Achtung! Wenn eine Vermietung durch Option steuerpflichtig ausgeübt worden ist, erstreckt sich die Steuerpflicht nach der derzeitigen Rechtslage auch automatisch auf alle Nebenleistungen der Vermietung (z.B. Umlagen). Eine auf die Nebenkosten beschränkte Option kann nicht in Betracht kommen. Dies gilt dann auch für die Nebenkosten, für die keine Vorsteuerabzugsberechtigung besteht (z.B. Grundsteuer, Versicherung).
Allerdings ist zu beachten, dass sich nach der Rechtsprechung des EuGH etwas anderes ergeben kann. Der EuGH[8] musste sich in einem Verfahren mit der Frage auseinander setzen, ob die typischen Nebenkosten, die einem Mieter vom Vermieter weiterberechnet werden, als Nebenleistungen angesehen werden können. Der EuGH hat hier den nationalen Gerichten zwar einen Ermessensspielraum eingeräumt, grundsätzlich aber festgestellt, dass bei den weiterberechneten Kosten, bei denen der Mieter durch sein individuelles Verhalten einen Einfluss auf die Höhe der Kosten hat (z.B. Wasserverbrauch, Wärmelieferung), keine Nebenleistungen vorliegen. Inwieweit sich dadurch auch national Änderungen ergeben werden, bleibt abzuwarten.

---

6 EuGH, Urteil v. 15.11.2012, C-532/11 – Leichenich, DStR 2013, 10.

7 Eine Beherbergung liegt aber nicht vor, wenn in einem Hotel dem Gast der Raum, nur halbstündlich oder stundenweise überlassen wird; BFH, Urteil v. 24.9.2015, V R 30/14, BStBl II 2017, 132 zur Überlassung von Hotelzimmern in einem sog. „Stundenhotel".

8 EuGH, Urteil v. 16.4.2015, C-42/14 – Wojskowa Agencja Mieszkaniowa w Warszawie, BFH/NV 2015, 941.

Beispiel 1: Vermieter V vermietet ein Ladengeschäft an einen Supermarktbetreiber. V hat zulässigerweise auf die Steuerfreiheit der Vermietung verzichtet.
Lösung: Damit sind nicht nur die Mieten steuerpflichtig, sondern auch alle Umlagebeträge und Nebenkosten, die V dem Supermarktbetreiber berechnet.

Nach der früheren Auffassung der Finanzverwaltung war die **Überlassung von Einrichtungsgegenständen**, z.B. bei der Vermietung von möblierten Büros keine Nebenleistung, sondern eine selbstständig ausgeführte – nicht steuerfreie – Leistung. Soweit bei der Vermietung des Büros nicht auf die Steuerbefreiung nach § 9 UStG verzichtet wurde, musste danach das Entgelt in einen steuerfreien Anteil für die Raumüberlassung und einen steuerpflichtigen Teil für die Überlassung des Inventars aufgeteilt werden. Nachdem der BFH[9] aber die Steuerfreiheit nach § 4 Nr. 12 Buchst. a UStG auf die Vermietung möblierter Räume oder Gebäude ausgeweitet hatte, wenn es sich um eine auf Dauer angelegte und nicht um eine kurzfristige Überlassung handelt, hat die Finanzverwaltung[10] ihre bisherige Rechtsauffassung aufgegeben. Für Umsätze, die bis zum 31.12.2017 ausgeführt wurden, wird es aber nicht beanstandet, wenn dabei noch von einer steuerpflichtigen Vermietung der Einrichtungsgegenstände ausgegangen wurde.

Wichtig! Leistungen, die für die Nutzung einer gemieteten Immobilie nützlich oder sogar notwendig sind, können im Einzelfall entweder Nebenleistungen darstellen oder mit der Vermietung untrennbar verbunden sein und mit dieser eine einheitliche Leistung bilden. Die Feststellung, ob im konkreten Fall eine einheitliche Leistung vorliegt, obliegt den nationalen Gerichten. Sie ist in der Regel eine Tatsachenwürdigung durch das FG, die den BFH grundsätzlich gemäß § 118 Abs. 2 FGO bindet.

Tipp! Die Steuerfreiheit ergibt sich nicht für die Privatnutzung von Wohnräumen in einem, dem Unternehmen zugeordneten Gebäude[11]; vgl. Stichwort Unentgeltliche sonstige Leistungen. Für alle nach dem 31.12.2010 erworbenen oder errichteten Gebäude ergibt sich jedoch eine Beschränkung des Vorsteuerabzugs nach § 15 Abs. 1b UStG.

Wichtig! Nutzt der Unternehmer einen Teil eines dem Unternehmen zugeordneten Hauses auch für nichtunternehmerische Zwecke, ist keine „Vermietung" gegeben, da die Vermietung die Überlassung an Dritte gegen Entgelt voraussetzt; vgl. Stichwort Unentgeltliche sonstige Leistung.

2.2.1 Besonderheiten bei der kurzfristigen Vermietung von Wohn- oder Schlafräumen

Werden von einem Vermieter **Wohn- oder Schlafräume nur kurzfristig für Beherbergungszwecke vermietet**, erfolgt diese Vermietung grundsätzlich steuerpflichtig. Eine kurzfristige Vermietung liegt vor, wenn eine Vermietung **nicht länger als sechs Monate** dauern soll. Entscheidend ist dabei nicht die tatsächliche Dauer der Vermietung, sondern die Absicht des Vermieters, die Räume nicht auf Dauer und damit nicht für einen dauernden Aufenthalt zur Verfügung zu stellen[12].

Beispiel 2: Schauspieler S mietet in einem Hotel ein Appartement für die Dauer eines Theaterengagements von vier Monaten an. Wegen des Erfolgs des Stücks wird das Engagement um weitere vier Monate verlängert.
Lösung: Es handelt sich um eine insgesamt steuerpflichtige Vermietung durch den Hotelbetreiber, da er diese Räume nur für kurzfristige Beherbergungszwecke zur Verfügung stellt.

---

9 BFH, Urteil v. 11.11.2015, V R 37/14, BStBl II 2017, 1259.
10 BMF, Schreiben v. 8.12.2017, BStBl I 2017, 1664 zur Aufhebung des Abschn. 4.12.1 Abs. 6 UStAE.
11 EuGH, Urteil v. 8.5.2003, C-269/00 – Wolfgang Seeling, BStBl II 2004, 378.
12 Abschn. 4.12.9 UStAE.

Beispiel 3: Vermieter V vermietet eine Wohnung an eine Privatperson. Da die Wohnung an einer Hauptverkehrsstraße liegt, kündigt der Mieter die Wohnung innerhalb von zwei Wochen nach Einzug und zieht innerhalb der ersten drei Monate nach Mietbeginn wieder aus der Wohnung aus.
Lösung: Obwohl die Vermietung nicht länger als sechs Monate dauerte, war sie als langfristige Vermietung angelegt und ist somit steuerfrei.

Eine **kurzfristige Vermietung** muss durch den Vermieter selbst erfolgen, damit es zu einer steuerpflichtigen Vermietung kommt. Wenn eine langfristige Vermietung an einen anderen Unternehmer erfolgt, der diese Räume kurzfristig für Beherbergungszwecke vermietet, ist diese langfristige Vermietung steuerfrei.

Beispiel 4: Investor I vermietet eine in einer Ferienwohnanlage belegene Wohnung an einen Hotelbetreiber, der die Wohnung in eigenem Namen und für eigene Rechnung an ständig wechselnde Feriengäste vermietet.
Lösung: Die Vermietungsleistung des I ist als langfristige Vermietung steuerfrei, I kann jedoch nach § 9 UStG auf die Steuerfreiheit verzichten.

Wichtig! Das halbstündige oder stundenweise Überlassen von Zimmern in einem „Stundenhotel" ist keine Beherbergung i.S.d. § 4 Nr. 12 Satz 2 UStG. Da keine „Beherbergung" i.S.d. Vorschrift vorliegt, handelt es sich um eine Vermietungsleistung nach § 4 Nr. 12 Satz 1 UStG die deshalb steuerfrei ist[13].

2.2.2 Besonderheiten bei der Vermietung von Plätzen zum Abstellen von Fahrzeugen

Die **Vermietung von Plätzen für das Abstellen von Fahrzeugen** erfolgt grundsätzlich im Rahmen einer **steuerpflichtigen Vermietung**. Es kommt dabei nicht auf die Dauer der Vermietung an. Soweit es sich jedoch um eine Nebenleistung zu einer steuerfreien Hauptleistung handelt, ist die Nebenleistung „Parkplatzvermietung" ebenfalls steuerfrei[14].

Beispiel 5: Mieter M einer Mietwohnung mietet von seinem Vermieter auch einen Parkplatz für sein Kfz an.
Lösung: Die Vermietung des Parkplatzes ist eine steuerfreie Nebenleistung zur Hauptleistung Wohnungsvermietung.

Für eine **steuerfreie Nebenleistung** kommt es nicht darauf an, dass es sich um einen einheitlichen Mietvertrag handelt oder die Vermietung des Parkplatzes in zeitlicher Nähe zur Wohnungsvermietung erfolgte. So kann auch bei einem **späteren Abschluss** eines solchen Parkplatzmietvertrags eine Nebenleistung vorliegen. Allerdings muss der Mietvertrag über den Parkplatz mit dem Mieter der Wohnung abgeschlossen werden und der Parkplatz in räumlicher Nähe zu der Mietwohnung liegen. Ein Haupt- und Nebenleistungsverhältnis setzt grundsätzlich Identität der an den Geschäften beteiligten Personen voraus.

Tipp! Wenn ein Vermieter nur in geringfügigem Umfang freie Parkplätze an Nichtmieter vermietet, kann für ihn die Besteuerung als Kleinunternehmer in Betracht kommen. Voraussetzung ist, dass er mit allen steuerpflichtigen Umsätzen seines gesamten Unternehmens die Umsatzgrenze von 17.500 € nicht nachhaltig übersteigt.

2.2.3 Besonderheiten bei der Vermietung von Campingplätzen

Die **Vermietung von Grundstücksteilen auf Campingplätzen** ist dann steuerfrei, wenn es sich um eine langfristige Vermietung handelt. Eine **langfristige Vermietung** liegt vor, wenn die Gebrauchsüberlassung **mindestens sechs Monate** beträgt. Die weiteren Leistungen, die der Campingplatzbetreiber

13 BFH, Urteil v. 24.9.2015, V R 30/14, BStBl II 2017, 132.

14 Abschn. 4.12.2 UStAE.

erbringt (z.B. Zurverfügungstellung von Gemeinschaftseinrichtungen) sind gegenüber der Vermietung des Grundstücksteiles von untergeordneter Bedeutung und stellen somit eine Nebenleistung zur Hauptleistung Grundstücksvermietung dar.

Nach Auffassung der Finanzverwaltung[15] sind bei der **Beurteilung der Prüfung der Langfristigkeit** die folgenden Fälle zu unterscheiden:

- Eine Campingfläche wird auf unbestimmte Zeit vermietet. Der Vertrag kann monatlich gekündigt werden. Die Vermietung ist als langfristig anzusehen und somit steuerfrei. Endet die tatsächliche Gebrauchsüberlassung jedoch vor Ablauf von sechs Monaten, handelt es sich insgesamt um eine steuerpflichtige Vermietung.
- Eine Campingfläche wird für drei Monate vermietet. Der Mietvertrag verlängert sich automatisch um je einen Monat, wenn er nicht vorher gekündigt wird. Die Vermietung ist als kurzfristig anzusehen und somit steuerpflichtig. Dauert die tatsächliche Gebrauchsüberlassung jedoch mindestens sechs Monate, handelt es sich insgesamt um eine langfristige Vermietung.

Achtung! Stellt ein Campingplatzvermieter einem Dauermieter auch Strom zur Verfügung, handelt es sich um eine steuerfreie Nebenleistung zur steuerfreien Vermietung des Dauerplatzes[16].

2.2.4 Besonderheiten bei der Vermietung von Betriebsvorrichtungen

Betriebsvorrichtungen werden im Rahmen einer **steuerpflichtigen Vermietung** überlassen. Zu den Betriebsvorrichtungen gehören Maschinen und maschinenähnliche Anlagen sowie Anlagen, die – ohne Gebäude, Teil eines Gebäudes oder Außenanlage eines Gebäudes zu sein – in besonderer und unmittelbarer Beziehung zu dem auf dem Grundstück ausgeübten Gewerbebetrieb stehen. Dies sind insbesondere die Anlagen, durch die das Gewerbe unmittelbar betrieben wird. Solche **Betriebsvorrichtungen sind insbesondere**:

Abladevorrichtung	Absaugvorrichtung	Arbeitsbühne
Beförderungsanlage	Förderband	Gleisanlage
Hebebühne	Hochregallager	Kühleinrichtung
Lastenaufzug	Schaukasten	Tank und Tankanlage
Tresoranlage	Verkaufsautomat	Wartungsbühne

Achtung! Nachdem der BFH[17] entschieden hatte, dass Betriebsvorrichtungen keine Bauwerke i.S.v. § 13b Abs. 2 Nr. 4 Satz 1 UStG sind, ist durch eine Gesetzesänderung die Betriebsvorrichtung ausdrücklich in den Anwendungsbereich des Reverse-Charge-Verfahrens nach § 13b Abs. 2 Nr. 4 UStG einbezogen worden.

2.3 Gemischte Verträge

Ein **gemischter Vertrag**[18] liegt vor, wenn ein **einheitliches Vertragswerk** sowohl Elemente einer steuerfreien Grundstücksvermietung wie auch andere – im Regelfall nicht steuerfreie – Leistungselemente enthält, ohne dass eines der Leistungselemente hinter dem anderen Leistungselement eindeutig zurücktritt. In diesen Fällen ist zu prüfen, ob es sich um eine einheitliche Leistung oder um mehrere Leistungen handelt. Liegen mehrere Leistungen vor, muss geprüft werden, ob ein Haupt- und Nebenleistungsverhältnis vorliegt. Liegt nur eine Leistung vor, muss überprüft werden, welche Leistung dem Gesamten das Gepräge gibt. Gibt die Vermietungsleistung der Gesamtleistung das Gepräge, ist die gesamte Leistung steuerfrei.

---

15 Abschn. 4.12.3 UStAE.

16 BFH, Urteil v. 15.1.2009, V R 91/07, BStBl II 2009, 615.

17 BFH, Urteil v. 28.8.2014, V R 7/14, BStBl II 2015, 682.

18 Vgl. dazu auch Abschn. 4.12.5 UStAE.

Achtung! Werden auf einem Wochenmarkt Standplätze vermietet, handelt es sich um eine einheitliche Leistung, die nicht im Rahmen eines gemischten Vertrags in eine steuerfreie Grundstücksvermietung und eine steuerpflichtige Leistung anderer Art (Reinigungsleistung, Überlassung von Strom etc.) aufzuteilen ist[19].

Beispiel 6: In einem Altenwohnheim werden Wohnräume sowie Verpflegungsleistungen in einem einheitlichen Vertrag geregelt.
Lösung: Es handelt sich um zwei eigenständige Leistungen, da keine Leistung der anderen das Gepräge gibt. Die steuerfreie Vermietung der Wohnräume ist von der steuerpflichtigen Leistung Verpflegung zu trennen.

2.4 Verträge besonderer Art

Bei **Verträgen besonderer Art**[20] werden neben einer Grundstücksüberlassung auch Leistungen anderer Art erbracht, wobei die anderen Leistungen der einheitlichen Leistung das Gepräge geben, sodass weder insgesamt noch teilweise eine steuerfreie Grundstücksüberlassung vorliegt. Beispiele für insgesamt steuerpflichtige Verträge besonderer Art sind:

- Bei Ausstellungen werden Ausstellern Stände überlassen,
- eine Gemeinde überlässt Grundstücksflächen für die Dauer eines Jahrmarkts,
- ein Hausbesitzer überlässt die Außenwände oder Dachflächen eines Gebäudes zu Reklamezwecken,
- zwischen denselben Beteiligten werden ein Tankstellenagenturvertrag und ein Tankstellenmietvertrag geschlossen.

2.5 Vermietung von Sportanlagen und ähnlichen Anlagen

Bei der **entgeltlichen Nutzung von Sportanlagen** liegt im Regelfall – unabhängig von der Art der Sportanlage – eine einheitliche sonstige Leistung vor[21], die weder ganz noch teilweise als steuerfreie Grundstücksüberlassung anzusehen ist.

Während früher die Nutzungsüberlassung von Sportanlagen dann zu einem teilweise steuerfreien Vermietungsumsatz führte, wenn der leistende Unternehmer dem Kunden einen fest abgrenzbaren Raum zuwies (insbesondere bei Tennisplätzen), wurde die Nutzungsüberlassung von Sportanlagen nach der Änderung der Rechtsprechung durch den BFH[22] aus der Sicht eines Durchschnittsverbrauchers beurteilt und insgesamt als steuerpflichtige sonstige Leistung beurteilt. Nach einer langwierigen politischen Diskussion wurde dem Steuerpflichtigen durch § 27 Abs. 6 UStG – befristet bis zum 31.12.2004 – ein Wahlrecht eingeräumt, bis zu diesem Stichtag die Umsätze weiterhin zum Teil als steuerfreie Vermietungsleistung zu besteuern.

Grundsätzlich können sich bei der Nutzungsüberlassung einer Sportanlage die folgenden Fälle ergeben:

Nutzungsüberlassung von Sportanlagen	
Leistungsempfänger und Nutzung	**Umsatzsteuerliche Beurteilung**
Überlassung von Einrichtungen von Sportanlagen an einzelne Endverbraucher (z.B. stundenweise Vermietung eines Tennisplatzes).	Es liegt eine insgesamt steuerpflichtige sonstige Leistung vor, eine steuerfreie Grundstücksvermietung scheidet aus.

[19] BFH, Urteil v. 24.1.2008, V R 12/05, BStBl II 2009, 60 sowie BMF, Schreiben v. 15.1.2009, BStBl I 2009, 69. Bestätigt durch BFH, Urteil v. 13.2.2014, V R 5/13, BStBl II 2017, 846.

[20] Abschn. 4.12.6 UStAE.

[21] Vgl. Abschn. 4.12.10 UStAE.

[22] BFH, Urteil v. 31.5.2001, V R 97/98, BStBl II 2001, 658. Dies Urteil beruht auf EuGH, Urteil v. 18.1.2001, C-150/99 – Lindöpark Stockholm, BFH/NV Beilage 2001, 44.

Nutzungsüberlassung von Sportanlagen	
Leistungsempfänger und Nutzung	**Umsatzsteuerliche Beurteilung**
Stundenweise Vermietung von Sportanlagen an Vereine, die die Anlagen für ihre satzungsmäßigen Sportzwecke verwenden.	Es liegt eine insgesamt steuerpflichtige sonstige Leistung vor, eine steuerfreie Grundstücksvermietung scheidet aus.
Es werden Rahmenverträge mit anderen Unternehmern abgeschlossen, nach denen bestimmte Personengruppen die gesamten Einrichtungen einer Sportanlage nutzen können (z.B. im Rahmen eines Freizeitprogramms für Arbeitnehmer).	Es liegt eine insgesamt steuerpflichtige sonstige Leistung vor, eine steuerfreie Grundstücksvermietung scheidet aus.
Sportanlagen oder Nebenräume werden für andere, als für sportliche Zwecke vermietet (z.B. eine große Sporthalle wird für Zwecke einer öffentlichen Anhörung an die Gemeinde vermietet).	Die Leistung richtet sich auf eine Grundstücksüberlassung und ist damit nach § 4 Nr. 12 Buchst. a UStG steuerfrei.
Sportanlagen werden insgesamt an andere Unternehmer zur Nutzung durch Dritte vermietet (z.B. ein Investor vermietet eine Sportanlage an einen Betreiber)[23].	Die Leistung ist zum Teil als steuerfreie Grundstücksvermietung nach § 4 Nr. 12 Buchst. a UStG anzusehen. Soweit Betriebsvorrichtungen ebenfalls vermietet werden, liegt insoweit ein steuerpflichtiger Umsatz vor (§ 4 Nr. 12 Satz 2 UStG).

Diese Grundsätze sind nicht nur auf die Nutzung von Sportanlagen anzuwenden, sondern auch auf andere Anlagen. Dabei ist im jedem Einzelfall zu prüfen, ob das Interesse des Mieters auf eine Raumnutzung oder auf andere Inhalte gerichtet ist[24]. Dabei lassen sich die folgenden **Grundtypen der Nutzungsüberlassung** unterscheiden:

- Das Interesse des Mieters ist **ausschließlich auf eine Raumnutzung gerichtet**, ein Interesse an der Nutzung eventuell vorhandener Betriebsvorrichtungen liegt nicht vor. Die Leistung besteht ausschließlich in einer steuerfreien Grundstücksnutzung nach § 4 Nr. 12 Buchst. a UStG. Die gegebenenfalls mit vermieteten Betriebsvorrichtungen führen zu keiner eigenständigen Leistung (z.B. Überlassung einer Veranstaltungshalle an einen Bildungsträger, der die Halle für eine Leistungsprüfung verwenden will).
- Das Interesse des Mieters ist **sowohl auf die Raumnutzung wie auch auf die Nutzung der Betriebsvorrichtungen gerichtet**. Es handelt sich um eine zum Teil steuerfreie Grundstücksvermietung nach § 4 Nr. 12 Buchst. a UStG und eine zum Teil steuerpflichtige Überlassung von Betriebsvorrichtungen nach § 4 Nr. 12 Satz 2 UStG (z.B. Überlassung einer Veranstaltungshalle an einen Veranstalter zur Durchführung einer Ausstellung bei der auch die Betriebsvorrichtungen genutzt werden sollen).
- Das Interesse des Mieters ist fast **ausschließlich auf die Nutzung der Betriebsvorrichtungen gerichtet**. Die Raumnutzung tritt hinter der Nutzung der Betriebsvorrichtungen in den Hintergrund. Es liegt eine insgesamt einheitliche steuerpflichtige sonstige Leistung vor (z.B.: Ein Betreiber eines Tonstudios überlässt einem Musiker das gesamte Tonstudio mit allen technischen Geräten sowie dem technischen Personal).

[23] Abschn. 4.12.10 Abs. 2 UStAE.

[24] Abschn. 4.12.10 Abs. 4 UStAE.

Tipp! Auch in den sog. „Altfällen", in denen ein Unternehmer innerhalb eines Zeitraums von bis zu zehn Jahren eine Sportanlage errichtet hatte und einen Vorsteuerabzug aus den Grundstücks- und Gebäudeteilen nach der damaligen Rechtslage nicht vornehmen konnte, ist heute zu prüfen, ob eine Vorsteuerberichtigung nach § 15a UStG vorzunehmen ist.

Vermittlungsleistung

Vermittlungsleistung auf einen Blick

1. **Rechtsquellen**
   § 3 Abs. 9, § 3a, § 4 Nr. 5 UStG
   § 22 UStDV
   Abschn. 3.7 und Abschn. 4.5.1 UStAE
2. **Bedeutung**
   Eine Vermittlungsleistung liegt dann vor, wenn der Vermittler das Umsatzgeschäft erkennbar im Namen des Vertretenen abgeschlossen hat. Für die Vermittlungsleistung sind für die Bestimmung des Orts der Leistung sowie für die Steuerbefreiung Sondervorschriften zu beachten.
3. **Weitere Stichworte**
   → Durchlaufender Posten, → Sonstige Leistung/Ort, → Steuerbefreiung

1. Voraussetzung der Vermittlungsleistung

Eine **Vermittlungsleistung** ist eine sonstige Leistung i.S.d. § 3 Abs. 9 UStG, bei der der Vermittler **in fremden Namen** gegenüber einer dritten Person auftritt. Dabei muss es für die Beteiligten eindeutig erkennbar sein, dass der Vermittler das Umsatzgeschäft im Namen des Vertretenen abgeschlossen hat. Dem Leistungsempfänger muss bei Abschluss des Umsatzgeschäfts bekannt sein, dass er in unmittelbare Rechtsbeziehung zu einem Dritten tritt.

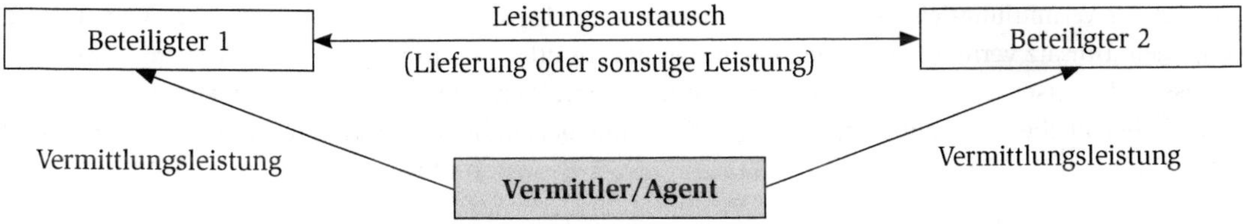

Wenn der Vermittler auch die Zahlung des Leistungsempfängers für den vertretenen Unternehmer empfängt, muss er gegenüber dem Leistungsempfänger nicht nur in fremdem Namen, sondern auch **für fremde Rechnung** auftreten, damit die Zahlung bei ihm als durchlaufender Posten angesehen werden kann. Dazu ist es erforderlich, dass der Vermittler den Namen und die Anschrift des Vertretenen dem Vertragspartner mitteilt und über die für das Umsatzgeschäft erhaltenen Zahlungen mit dem Vertretenen abrechnet.

Wenn ein Unternehmer Waren in seinem eigenen Laden verkauft, ist er grundsätzlich als **Eigenhändler** anzusehen, der Lieferungen in eigenem Namen erbringt. Nur wenn der Ladeninhaber gegenüber dem Kunden vor oder während des Geschäftsabschlusses eindeutig zu erkennen gibt, dass er in fremdem Namen und für fremde Rechnung auftritt, kann eine Vermittlungsleistung anerkannt werden[1].

Achtung! Die Abrechnung auf eigenem Geschäftspapier ohne Hinweis auf den Vertretenen steht der Annahme einer Vermittlungsleistung grundsätzlich entgegen.

2. Der Ort der Vermittlungsleistung (seit dem 1.1.2010)

Achtung! Seit dem 1.1.2010 ist entscheidend, ob die Vermittlung gegenüber einem Unternehmer für dessen Unternehmen[2] oder an einen Nichtunternehmer ausgeführt wird.

1 BFH, Urteil v. 16.3.2000, V R 44/99, BStBl II 2000, 361.
2 Gleichgestellt ist eine juristische Person, die nicht Unternehmer ist, der aber eine USt-IdNr. erteilt wurde.

Wird eine **Vermittlungsleistung an einen Unternehmer für dessen Unternehmen** ausgeführt, ist der Ort der Vermittlungsleistung grundsätzlich dort, wo der Leistungsempfänger sein Unternehmen betreibt oder eine die Leistung empfangende Betriebsstätte unterhält, § 3a Abs. 2 UStG. Vgl. zu den Nachweisen auch Stichwort Sonstige Leistung/Ort.

Achtung! Eine Vermittlung im Zusammenhang mit einem Grundstück (Leistungen eines Immobilienmaklers) gegenüber einem Unternehmer ist aber abweichend davon immer dort ausgeführt, wo das Grundstück liegt, § 3a Abs. 3 Nr. 1 UStG.

Bei bestimmten **Vermittlungsleistungen im drittlandsgrenzüberschreitenden Bereich** können sich Steuerbefreiungen nach § 4 Nr. 5 UStG ergeben.

Beispiel 1: Vermittler V vermittelt die Lieferung einer Ware des in Deutschland ansässigen Unternehmers U von Bochum nach Zürich.
Lösung: Die Lieferung ist nach § 3 Abs. 6 UStG mit Beginn der Warenbewegung in Bochum ausgeführt, aber als Ausfuhrlieferung steuerfrei nach § 4 Nr. 1 Buchst. a i.V.m. § 6 Abs. 1 UStG. Die Vermittlungsleistung ist nach § 3a Abs. 2 UStG dort ausgeführt, wo der Leistungsempfänger des Vermittlers – hier U – sein Unternehmen betreibt. Die Leistung ist nach § 1 Abs. 1 Nr. 1 UStG steuerbar aber nach § 4 Nr. 5 UStG steuerfrei.

Wird die **Vermittlungsleistung nicht gegenüber einem Unternehmer** für dessen Unternehmen oder an eine juristische Person, der eine USt-IdNr. erteilt worden ist, ausgeführt, muss unterschieden werden, ob ein „Umsatz" vermittelt wird oder nicht. Wird ein Umsatz (Lieferung/sonstige Leistung) vermittelt, ist der Ort der Vermittlungsleistung dort, wo der vermittelte Umsatz ausgeführt ist, § 3a Abs. 3 Nr. 4 UStG. Wird kein Umsatz vermittelt (z.B. bei einem Heiratsvermittler), bestimmt sich der Umsatz am Unternehmenssitz des leistenden Unternehmers, § 3a Abs. 1 UStG. Vermittlungen im Zusammenhang mit einem Grundstück bleiben aber auch bei Leistungserbringung gegenüber einem Nichtunternehmer immer dort ausgeführt, wo das Grundstück liegt, § 3a Abs. 3 Nr. 1 Buchst. b UStG.

Wichtig! Die Regelungen über den Ort einer Vermittlungsleistung gelten auch in den Fällen, in denen ein Vermittler eine Leistung zwischen zwei Nichtunternehmern vermittelt[3].

Beispiel 2: Vermittler V vermittelt zwischen zwei Privatpersonen den Verkauf einer Segelyacht, die in einem niederländischen Hafen liegt.
Lösung: Die Lieferung ist nach § 3 Abs. 6 UStG mit Beginn der Warenbewegung in den Niederlanden ausgeführt, unerheblich ist, dass die Lieferung zwischen zwei Nichtunternehmern ausgeführt wird. Die Vermittlungsleistung ist somit ebenfalls nach § 3a Abs. 3 Nr. 4 UStG in den Niederlanden ausgeführt.

3. Der Ort der Vermittlungsleistung bis zum 31.12.2009

Die Bestimmung des Orts der Vermittlungsleistung war bis 31.12.2009 nicht davon abhängig, ob der vermittelte Umsatz zwischen Unternehmern oder zwischen Privatpersonen ausgeführt wird. Die Vermittlungsleistung war grundsätzlich nach § 3a Abs. 2 Nr. 4 UStG a.F. dort ausgeführt, wo der vermittelte Umsatz ausgeführt war (vgl. dazu oben 2. – Leistungen gegenüber Nichtunternehmern). Eine Ausnahme bestand – wie auch weiterhin seit dem 1.1.2010 – bei der Vermittlung im Zusammenhang mit einem Grundstück; diese Vermittlung ist immer am Grundstücksort ausgeführt.

Eine **Ausnahme von diesem allgemeinen Grundsatz lag bis 31.12.2009** dann vor, wenn der Leistungsempfänger der Vermittlungsleistung (der vertretene Unternehmer) gegenüber dem Vermittler eine

[3] EuGH, Urteil v. 27.5.2004, C-68/03 – Lipjes, BFH/NV Beilage 2004, 364.

USt-IdNr. aus einem anderen Land verwendet hatte als dem Land, in dem die vermittelte Leistung ausgeführt worden war.

Beispiel 3: Vermittler V vermittelte für den Unternehmer U aus Frankreich im November 2009 die Lieferung einer Maschine aus dem Auslieferungslager des U in Deutschland an einen Abnehmer in Belgien. U aus Frankreich erteilte den Vermittlungsauftrag unter eindeutigem Hinweis auf seine USt-IdNr. aus Frankreich.
Lösung: Der Ort der Vermittlungsleistung wäre nach § 3a Abs. 2 Nr. 4 Satz 1 UStG grundsätzlich in Deutschland gewesen, da dort die Warenbewegung begann. Da der Leistungsempfänger der Vermittlungsleistung aber seine USt-IdNr. aus Frankreich verwendet hatte, wurde der Ort der Vermittlungsleistung nach Frankreich verlagert, die Vermittlungsleistung war somit nicht in Deutschland, sondern in Frankreich steuerbar, § 3a Abs. 2 Nr. 4 Satz 2 UStG a.F.

Darüber hinaus bestanden **bis 31.12.2009** für die Bestimmung des Orts einer Vermittlungsleistung noch die folgenden Besonderheiten:

- Eine Vermittlungsleistung im Zusammenhang mit sonstigen Leistungen, die in § 3a Abs. 4 UStG aufgeführt sind (insbesondere Leistungen im Zusammenhang mit Patenten und Rechten, im Zusammenhang mit Werbeleistungen, im Kreditgeschäft, die Gestellung von Personal, die Vermietung beweglicher Gegenstände sowie Leistungen auf dem Gebiet der Telekommunikation und bei Fernseh- und Rundfunkdienstleistungen) wurden abweichend von § 3a Abs. 2 Nr. 4 UStG nach § 3a Abs. 3 i.V.m. § 3a Abs. 4 Nr. 10 UStG dort ausgeführt, wo der Leistungsempfänger der Vermittlungsleistung sein Unternehmen oder die die Leistung empfangende Betriebsstätte unterhält.
- Eine Vermittlungsleistung im Zusammenhang mit einer innergemeinschaftlichen Beförderungsleistung an einem Gegenstand wurde nach § 3b Abs. 5 UStG dort erbracht, wo die Beförderung des Gegenstands begann, es sei denn, der Leistungsempfänger verwendete eine USt-IdNr. aus einem anderen Mitgliedstaat. Dies galt nach § 3b Abs. 6 UStG auch in den Fällen der Vermittlung einer mit einer innergemeinschaftlichen Beförderung eines Gegenstands im Zusammenhang stehenden sonstigen Leistung.

4. Steuerbefreiungen bei Vermittlungsleistungen

Nach § 4 Nr. 5 UStG sind insbesondere die folgenden **Vermittlungsleistungen steuerfrei**:

- Vermittlung von steuerfreien Ausfuhrlieferungen (vgl. dazu Beispiel 1), von steuerfreien Umsätzen für die Seeschifffahrt, von steuerfreien Beförderungsleistungen im Drittlandsverkehr, von Lieferungen von Gold an Zentralbanken,
- Vermittlungen im Zusammenhang mit steuerfreien Leistungen in Steuerlagern,
- Vermittlung der grenzüberschreitenden Beförderungen von Personen mit Luftfahrzeugen oder Seeschiffen,
- Vermittlung von Umsätzen, die ausschließlich im Drittlandsgebiet bewirkt werden. Diese Rechtsvorschrift kommt nur noch in sehr seltenen Sonderfällen zur Anwendung, da in aller Regel in diesen Fällen auch der Ort der Vermittlungsleistung im Drittlandsgebiet ist,
- Vermittlung von Umsätzen, die nach § 3 Abs. 8 UStG als im Inland ausgeführt zu behandeln sind.

Nicht unter die Steuerbefreiung nach § 4 Nr. 5 UStG fällt die **Vermittlung von Umsätzen durch Reisebüros** für Reisende.

Achtung! Zum Nachweis der Steuerfreiheit hat der Vermittler nach § 22 UStDV alle für die Vermittlung notwendigen Daten aufzuzeichnen (Vermittlung und den vermittelten Umsatz, den Tag der Vermittlung, Namen und Anschrift des Unternehmers, der den vermittelten Umsatz ausgeführt hat, das vereinbarte bzw. vereinnahmte Entgelt für die Vermittlung).

5. Bemessungsgrundlage der Vermittlungsleistung

Bei der Vermittlungsleistung bestimmt sich die Bemessungsgrundlage nach dem, was der Leistungsempfänger (im Regelfall also der vertretene Unternehmer) aufwendet, um die Leistung zu erhalten. Soweit der Vermittler erkennbar bei dem Umsatzgeschäft in fremdem Namen und für fremde Rechnung auftritt, gehören Beträge, die er für den vertretenen Unternehmer vereinnahmt, als **durchlaufender Posten** nicht mit zur Bemessungsgrundlage.

Vertrauensschutz

Vertrauensschutz auf einen Blick

1. **Rechtsquellen**
   § 6a Abs. 4 UStG
   Abschn. 6a.8 UStAE
2. **Bedeutung**
   Unternehmer haben erhebliche Belegnachweise und Aufzeichnungspflichten zu erfüllen. Teilweise können Unternehmer die Ihnen obliegenden Verpflichtungen selbst bei Beachtung der Sorgfalt eines ordentlichen Kaufmanns nicht erfüllen. In diesen Fällen stellt sich die Frage eines Vertrauensschutzes, falls sie umsatzsteuerrechtliche Begünstigungen in Anspruch nehmen wollen.
3. **Weitere Stichworte**
   → Ausfuhrlieferung, → Innergemeinschaftliche Lieferung

1. Allgemeines

Führt ein Unternehmer eine Leistung aus, muss er prüfen, ob und wo für diese Leistung eine Umsatzsteuer entsteht und wer der Steuerschuldner für diese Umsatzsteuer wird. Dabei muss er nicht nur die bei ihm relevanten Verhältnisse in die Prüfung des Vorgangs einbeziehen, er muss auch **Informationen von seinem Vertragspartner** erhalten, die von ihm nicht oder nur schwer zu verifizieren sind. Wird später – gegebenenfalls im Rahmen einer Betriebsprüfung – festgestellt, dass die **Angaben des Leistungsempfängers unzutreffend** waren, stellt sich Frage, ob der leistende Unternehmer auf die Angaben des Leistungsempfängers vertrauen konnte oder nicht. Da es im Umsatzsteuerrecht keine grundsätzlichen Regelungen über einen Vertrauensschutz gibt, muss für jeden Einzelfall überprüft werden, ob sich aus der Rechtsprechung des EuGH und des BFH ein Vertrauensschutz oder wenigstens eine Billigkeitsmaßnahme ableiten lässt. Die Hürden dafür sind aber von der Rechtsprechung sehr hoch gehängt worden.

Die Umsatzsteuer soll den **(End-)Verbrauch im Inland** erfassen. Führt ein Unternehmer eine Lieferung oder sonstige Leistung im Inland aus, muss er im Regelfall die Umsatzsteuer, die in dem von ihm vereinbarten Leistungsentgelt enthalten ist, an sein Finanzamt abführen. Eine Ausnahme kann sich nur dann ergeben, wenn die von ihm ausgeführte Leistung einer Steuerbefreiung unterliegt oder wenn nicht er, sondern der Leistungsempfänger der Steuerschuldner für die ihm gegenüber ausgeführte Leistung wird (sog. Reverse-Charge-Verfahren nach § 13b UStG). Sowohl die Steuerbefreiung wie auch die Übertragung der Steuerschuld auf den Leistungsempfänger stellen steuerrechtliche Ausnahmen dar, die bestimmte Voraussetzungen und Nachweise erfordern. In der Praxis ergeben sich insbesondere die folgenden **Probleme**:

- Bei einer innergemeinschaftlichen Lieferung muss nachgewiesen werden, dass der Leistungsempfänger zu den in § 6a Abs. 1 Nr. 2 UStG genannten Personen gehört, die Leistung für sein Unternehmen bezieht, einen innergemeinschaftlichen Erwerb besteuert und dass der Gegenstand der Lieferung auch tatsächlich in den anderen Mitgliedstaat gelangt ist („physisches Gelangen des Gegenstands").
- Bei einer Ausfuhrlieferung muss nachgewiesen werden, dass der Gegenstand tatsächlich in das Drittlandsgebiet verbracht worden ist und – soweit der Gegenstand vom Abnehmer in das Drittlandsgebiet befördert oder versendet worden ist – ob es sich um einen ausländischen Abnehmer handelt.
- Bei einer Leistung, die unter das Reverse-Charge-Verfahren fällt, muss nachgewiesen sein, dass der Leistungsempfänger eine Person i.S.d. § 13b Abs. 5 UStG ist.

Geht der leistende Unternehmer davon aus, dass die Voraussetzungen vorliegen, die zu einer Steuerbefreiung oder der Übertragung der Steuerschuld auf den Leistungsempfänger führen, stellt sich die Frage des Vertrauensschutzes, wenn sich später herausstellt, dass die geforderten Voraussetzungen tatsächlich nicht vorgelegen haben. Ein **gesetzlicher Vertrauensschutz** ist dabei nur in wenigen Fällen in Deutschland geregelt (z.B. § 6a Abs. 4 UStG, wenn in bestimmten Fällen die Voraussetzungen für eine innergemeinschaftliche Lieferung nicht vorliegen). Ein weitergehender Vertrauensschutz oder die Möglichkeit einer **Billigkeitsmaßnahme** kann in anderen praxisrelevanten Fällen somit nur aus der Rechtsprechung des EuGH oder des BFH abgeleitet werden.

Darüber hinaus ergeben sich auch beim **Vorsteuerabzug** nach § 15 Abs. 1 Satz 1 Nr. 1 UStG Fragen des Vertrauensschutzes. Da zum Vorsteuerabzug eine Rechnung i.S.d. § 14 UStG mit allen in Abs. 4 der Vorschrift aufgeführten Bestandteilen vorliegen muss, ergibt sich die Frage, ob der Unternehmer auf die Richtigkeit bestimmter Bestandteile dieser Rechnung (z.B. die Anschrift des leistenden Unternehmers) vertrauen darf.

2. Vertrauensschutz im Unionsrecht

2.1 Stellung des leistenden Unternehmers

Der leistende Unternehmer muss eine in Deutschland entstehende Umsatzsteuer als Steuerschuldner bei seinem Finanzamt anmelden, wenn nicht die Steuerschuld auf den Leistungsempfänger übergeht. Nach den Grundprinzipien des Umsatzsteuerrechts soll aber nicht der leistende Unternehmer, sondern der Leistungsempfänger wirtschaftlich mit der Umsatzsteuer belastet werden. Dabei muss beachtet werden, dass der **leistende Unternehmer als Steuereinnehmer für Rechnung des Staats** und im Interesse der Staatskasse fungiert[1]. Es wäre aber im Ergebnis offenkundig unverhältnismäßig, es einem Unternehmer anzulasten, wenn Dritte, auf die der leistende Unternehmer keinen Einfluss hat, Steuern hinterziehen und somit dem Staat Steuereinnahmen entgehen.

2.2 Voraussetzungen für den Vertrauensschutz aus dem Unionsrecht

Der EuGH hat sich in den letzten Jahren in verschiedenen Fällen mit den Grundregeln eines Vertrauensschutzes auseinandergesetzt. Trotz unterschiedlicher Sachverhalte hat er in seiner Rechtsprechung allgemeine Grundsätze herausgearbeitet, die den Rahmen des Unionsrechts für **Vertrauensschutzmaßnahmen** abstecken:

- Es ist ein anerkanntes Ziel des Unionsrechts, Maßnahmen zur Bekämpfung von Steuerhinterziehungen, Steuerumgehungen oder etwaiger Missbräuche zu ergreifen[2].
- Es ist ein legitimes Recht der Mitgliedstaaten, dass sie Maßnahmen ergreifen, die Ansprüche ihrer Staatskasse möglichst wirksam zu schützen. Die Mitgliedstaaten dürfen dabei aber nicht über das Maß hinausgehen, was hierzu erforderlich ist[3].
- Bei Ausübung ihrer Befugnisse müssen die Mitgliedstaaten den Grundsatz der Rechtssicherheit beachten[4]. Dies gilt in besonderem Maße dann, wenn es sich um eine Regelung handelt, die sich finanziell belastend auf den Steuerpflichtigen auswirkt. Die von einer Regelung betroffenen Unternehmer müssen von Anfang an in der Lage sein, den Umfang der ihnen auferlegten Verpflichtungen zu erkennen und damit auch die steuerlichen Belastungen ermitteln zu können.
- Die Mitgliedstaaten müssen bei ihren Maßnahmen auch den Grundsatz der Verhältnismäßigkeit beachten. Sie müssen sich dabei solcher Mittel bedienen, die es zwar erlauben, die innerstaatlichen Ziele wirksam zu erreichen, die eingesetzten Mittel dürfen jedoch die Ziele und Grundsätze des Unionsrechts möglichst wenig beeinträchtigen[5].
- Es verstößt nicht gegen das Unionsrecht, wenn vom Unternehmer gefordert wird, dass er alle Maßnahmen ergreift, die vernünftigerweise von ihm verlangt werden können, um sicherzustellen, dass der von ihm getätigte Umsatz nicht zu seiner Beteiligung an einer Steuerhinterziehung führt[6].

---

[1] EuGH, Urteil v. 21.2.2008, C-271/06 – Netto Supermarkt GmbH & Co. KG, BFH/NV Beilage 2008, 199.

[2] EuGH, Urteil v. 21.2.2006, C-255/02 – Halifax plc, BFH/NV Beilage 2006, 260.

[3] EuGH, Urteil v. 11.5.2006, C-384/04 – Federation of Technological Industries, BFH/NV Beilage 2006, 312.

[4] EuGH, Urteil v. 27.9.2007, C-409/04 – Teleos plc, BFH/NV Beilage 2008, 25.

[5] EuGH, Urteil v. 18.12.1997, C-286/94 – Garage Molenheide, UR 1998, 317.

[6] EuGH, Urteil v. 6.7.2006, C-439/04 – Axel Kittel und C-440/04 – Recolta Recycling, DStR 2006, 1274.

- Die Finanzverwaltung ist nicht verpflichtet, Untersuchungen anzustellen, um die Absichten der an einem Umsatzgeschäft beteiligten Unternehmer zu ermitteln[7].
- Hat ein Unternehmer wissentlich die Identität eines Vertragspartners verschleiert und damit dazu beigetragen, die Besteuerung eines innergemeinschaftlichen Erwerbs in einem anderen Mitgliedstaat zu verhindern, kann dem leistenden Unternehmer die Steuerbefreiung als innergemeinschaftliche Lieferung versagt werden[8].
- Das Unionsrecht ist dahin auszulegen, dass es ihm zuwiderläuft, dass die Steuerbehörde eines Mitgliedstaats das Recht auf eine Umsatzsteuerbefreiung aufgrund einer innergemeinschaftlichen Lieferung mit der Begründung versagt, dass der Erwerber nicht in einem anderen Mitgliedstaat für die Zwecke der Mehrwertsteuer erfasst gewesen sei und dass der Lieferant weder die Echtheit der Unterschrift auf den Dokumenten, die er seiner Erklärung über die angeblich steuerfreie Lieferung als Belege beigefügt habe, noch die Bevollmächtigung der Person nachgewiesen habe, die diese Dokumente im Namen des Erwerbers unterzeichnet habe, obwohl die zum Beleg des Rechts auf Steuerbefreiung vom Lieferanten seiner Erklärung beigefügten Nachweise der vom nationalen Recht festgelegten Liste der der Steuerbehörde vorzulegenden Dokumente entsprachen und zunächst von dieser als Nachweise akzeptiert wurden, was vom vorlegenden Gericht zu prüfen sein wird. Dem Unionsrecht kommt eine unmittelbare Wirkung zu, sodass sich Steuerpflichtige vor den nationalen Gerichten gegenüber dem Staat auf diese Bestimmung berufen können, um eine Umsatzsteuerbefreiung für eine innergemeinschaftliche Lieferung zu erlangen[9].

Achtung! Mit diesen Urteilen dürfte abschließend geklärt sein, dass sich für den nicht gutgläubigen Unternehmer, der wusste oder hätte wissen müssen, dass sich aus dem gesamten Umsatzgeschäft eine Steuerhinterziehung oder ein Steuermissbrauch ergibt, grundsätzlich keine umsatzsteuerliche Begünstigung ergeben kann. Bei sachgerechter Anwendung kann sich aus diesem Grundsatz aber nur eine Versagung von Begünstigungsregelungen ergeben, wenn die Mitwirkung des Steuerpflichtigen an einer Hinterziehung oder einem Missbrauch nachgewiesen ist.

Die **Berufung auf Vertrauensschutztatbestände** setzt aber immer voraus, dass das gewünschte Steuerziel nicht schon aufgrund gesetzlicher Vorgaben erreicht werden kann. Daneben muss ein Verstoß gegen Rechtsvorschriften oder eine missbräuchliche Anwendung von Steuervorschriften durch den Vertragspartner vorliegen. Ergeben sich Steuervorteile aus der Ausführung tatsächlicher Umsätze, die keinen Anhaltspunkt für künstliche, jeder wirtschaftlichen Realität entbehrenden Gestaltung erkennen lassen, liegt keine missbräuchliche Gestaltung vor. Dies gilt auch dann, wenn es dadurch im Ergebnis zu keiner Besteuerung eines Umsatzes kommt[10].

2.3 Möglichkeiten eines Vertrauensschutzes in Deutschland

Das deutsche UStG enthält einen Vertrauensschutztatbestand nur in § 6a Abs. 4 UStG. Danach kann eine Lieferung gleichwohl als **steuerfreie innergemeinschaftliche Lieferung** angesehen werden, wenn die Inanspruchnahme der Steuerbefreiung auf unrichtigen Angaben des Leistungsempfängers beruht und der leistende Unternehmer die Unrichtigkeit der Angaben auch bei **Beachtung der Sorgfalt eines ordentlichen Kaufmanns** nicht erkennen konnte. Durch die Rechtsprechung des BFH[11] wurde schon frühzeitig geklärt, dass ein Vertrauensschutz auf eine mitgeteilte USt-IdNr. des Leistungsempfängers nicht aus § 6a Abs. 4 UStG abgeleitet werden kann. Damit reduziert sich die Anwendung dieser Regelung in der Praxis auf die eher seltenen Fälle, in denen der Erwerber zwar mit einer zutreffenden USt-IdNr. auftritt, den Gegenstand aber entgegen der Voraussetzungen des § 6a Abs. 1 Nr. 2 Buchst. a UStG

---

7 EuGH, Urteil v. 6.4.1995, C-4/94 – BLP Group plc, IStR 1995, 983.

8 EuGH, Urteil v. 7.12.2010, C-285/09 – R, BFH/NV 2011, 396.

9 EuGH, Urteil v. 9.10.2014, C-492/13 – Traum EOOD, UR 2014, 943.

10 Vgl. EuGH, Urteil v. 22.12.2010, C-277/09 – RBS Deutschland Holdings GmbH, BFH/NV 2011, 398.

11 BFH, Urteil v. 2.4.1997, V B 159/96, BFH/NV 1997, 629.

nicht für sein Unternehmen erworben hat oder wenn der Erwerber bei einer Abholung entgegen seiner schriftlichen Versicherung den Gegenstand der Lieferung nicht zu dem Bestimmungsort in einem anderen Mitgliedstaat verbracht hat oder der Gegenstand entgegen einer Gelangensbestätigung tatsächlich nicht in den anderen Mitgliedstaat gelangt ist.

Achtung! Diese Vertrauensschutzregelung erstreckt sich aber nicht auf die Fälle, in denen der Leistungsempfänger mit einer unzutreffenden USt-IdNr. die Leistung erhalten hat. Aus diesem Grunde sollte sich der liefernde Unternehmer die USt-IdNr. grundsätzlich vom Bundeszentralamt für Steuern bestätigen lassen.

Wichtig! Mit der Einführung der neuen Nachweispflichten für innergemeinschaftliche Lieferungen zum 1.10.2013 (vgl. Stichwort innergemeinschaftliche Lieferung und Stichwort Gelangensbestätigung) haben sich hier die Voraussetzungen für den liefernden Unternehmer weiter verschärfen, da regelmäßig ein Verbringensnachweis nur dann vom Abnehmer ausgestellt werden kann, wenn der Gegenstand tatsächlich in einen anderen Mitgliedstaat gelangt ist. Soweit der Leistungsempfänger hier aber die Unwahrheit bestätigt, muss sich für den leistenden Unternehmer auch ein Vertrauensschutz ergeben.

Selbst wenn einer dieser seltenen Fälle vorliegen sollte, muss der Unternehmer mit der **Sorgfalt eines ordentlichen Kaufmanns** gehandelt haben. Ob der Unternehmer dieses beachtet hat, kann immer nur im jeweiligen Einzelfall festgestellt werden. Der BFH[12] hat hierzu festgestellt, dass es grundsätzlich dazu keine allgemeinen und abstrakten Erörterungen geben kann, da immer die Umstände des Einzelfalls – gegebenenfalls nach einer entsprechenden Beweisaufnahme – zur Würdigung heranzuziehen sind. Das unionsrechtliche Ziel, der Steuerhinterziehung vorzubeugen, rechtfertigt dabei mitunter **hohe Anforderungen an die Verpflichtungen der Unternehmer**[13]. Dabei hängt der Umfang der Verpflichtungen auch immer vom Einzelfall ab. So ist z.B. davon auszugehen, dass bei der Abwicklung von Bargeschäften besonders hohe Anforderungen an die Sorgfalt des Unternehmers zu stellen sind.

Der BFH hat darüber hinaus die Grundsätze aus der Rechtsprechung des EuGH zu den innergemeinschaftlichen Lieferungen im Wesentlichen übernommen, ist aber (teilweise) über die Anforderungen hinausgegangen. Die allgemeinen Grundsätze ergeben sich – zusammen gefasst – wie folgt[14]:

- Der Unternehmer kann die Steuerfreiheit für die innergemeinschaftliche Lieferung in Anspruch nehmen, wenn er die Nachweispflichten erfüllt.
- Kommt der Unternehmer den Nachweispflichten nicht oder nur unvollständig nach, sind die Nachweisangaben unzutreffend oder bestehen zumindest berechtigte Zweifel an der inhaltlichen Richtigkeit der Angaben, die der Unternehmer nicht ausräumt, ist von der Steuerpflicht der Lieferung auszugehen. Trotz derartiger Mängel ist die Lieferung aber steuerfrei, wenn objektiv zweifelsfrei feststeht, dass die Voraussetzungen der Steuerfreiheit erfüllt sind.
- Hat der Unternehmer die Nachweispflichten ihrer Art nach vollständig erfüllt, kommt Vertrauensschutz in Betracht. Dass die Angaben unrichtig sind, ist ohne Bedeutung, wenn er das bei Anwendung der erforderlichen Sorgfalt nicht erkennen konnte.

Achtung! Zu beachten ist dabei insbesondere, dass der BFH in seiner Entscheidung ausdrücklich feststellte, dass dabei alle Gesichtspunkte und tatsächlichen Umstände umfassend zu berücksichtigen sind. Danach kann sich die zur Steuerpflicht führende Bösgläubigkeit auch aus Umständen ergeben, die nicht mit den Beleg- und Buchangaben zusammenhängen. Damit konnten auch Erkenntnisse mit in die Beurteilung der Steuerfreiheit eingehen, die nicht durch die nationalen Vorgaben zum Buch- oder Belegnachweis gedeckt sind.

---

12 BFH, Beschluss v. 28.9.2009, XI B 103/08, BFH/NV 2010, 73.

13 Vgl. EuGH, Urteil v. 21.2.2008, C-271/06 – Netto Supermarkt GmbH & Co. KG, BFH/NV Beilage 2008, 199.

14 Z.B. BFH, Urteil v. 25.4.2013, V R 28/11, BStBl II 2013, 656.

Eine gesetzliche Vertrauensschutzregelung bei der **Ausfuhrlieferung von Gegenständen in das Drittlandsgebiet** ist in § 6 UStG nicht enthalten. Eine analoge Anwendung des Vertrauensschutztatbestands nach § 6a UStG auf Ausfuhrlieferungen nach § 4 Nr. 1 Buchst. a i.V.m. § 6 UStG kommt grundsätzlich nicht in Betracht. Allerdings kann im **Billigkeitsverfahren** geprüft werden, ob die Grundsätze des Vertrauensschutzes die Gewährung der Steuerbefreiung ermöglichen[15].

Bei Klärung der Frage, ob im Billigkeitsverfahren die Gewährung der Steuerbefreiung geboten ist, sind die Grundregelungen des § 163 AO (abweichende Festsetzung von Steuern) und § 227 AO (Erlass von Steuern) zu berücksichtigen. Die Entscheidung über die abweichende Festsetzung aus Billigkeitsgründen ist mit der Steuerfestsetzung zu verbinden[16].

Diese Grundsätze werden vom BFH mittlerweile auch in anderen Fällen – allerdings mit nur geringem Erfolg für die Steuerpflichtigen – angewandt, z.B. bei der **Gewährung eines Vertrauensschutztatbestands beim Vorsteuerabzug**[17]. Der Vorsteuerabzug des Leistungsempfängers setzt nach § 15 Abs. 1 Satz 1 Nr. 1 UStG eine ordnungsgemäße Rechnung voraus. Dabei trägt der Leistungsempfänger die Feststellungslast auch dafür, dass der Sitz des leistenden Unternehmers zutreffend angegeben ist[18]. Eine Billigkeitsmaßnahme wird im Regelfall scheitern, wenn der Unternehmer nicht alles getan hat, was ihm im jeweiligen Einzelfall zumutbar war.

Achtung! Darüber hinaus ist in diesem Zusammenhang zu beachten, dass dem Steuerpflichtigen ein Vorsteuerabzug auch bei Vorliegen der objektiven Voraussetzungen des § 15 Abs. 1 UStG versagt werden kann, wenn nachgewiesen ist, dass er von einer Steuerhinterziehung wusste oder hätte wissen müssen[19].

Tipp! Nach der Rechtsprechung des EuGH[20] ist geklärt, dass der Leistungsempfänger sich nicht darüber vergewissern muss, dass der leistende Unternehmer über die entsprechende Menge an gelieferten Waren verfügt hat.

3. Anwendung des Vertrauensschutzes in der Verwaltungspraxis

Die Finanzverwaltung hatte lange Zeit zu Vertrauensschutzmöglichkeiten im Umsatzsteuerrecht geschwiegen und erst in 2009[21] neben einer ausführlichen Darstellung der Voraussetzungen der innergemeinschaftlichen Lieferung auch den Vertrauensschutztatbestand in diesen Fällen aufgegriffen. Da sich der BFH[22] zu Einzelheiten der Voraussetzungen innergemeinschaftlicher Lieferungen schon kurz nach Veröffentlichung des BMF-Schreibens anders positionierte, musste die Finanzverwaltung ihre Rechtsauffassung in 2010[23] teilweise revidieren. Mittlerweile sind die entsprechenden Verwaltungsanweisungen in dem **Abschn. 6a.8 UStAE** eingegangen.

Neben den über § 6a Abs. 4 UStG geregelten Fällen des Vertrauensschutzes gehört nach Auffassung der Finanzverwaltung die **Erfüllung der Beleg- und Buchnachweise** zu den Sorgfaltspflichten eines ordentlichen Kaufmanns. Der vom nationalen Gesetzgeber geforderte strenge Beleg- und Buchnachweis als Voraussetzung für die Steuerfreiheit der innergemeinschaftlichen Lieferung ist mit dem Unionsrecht

---

15 BFH, Urteil v. 30.7.2008, V R 7/03, BStBl II 2010, 1075 sowie BFH, Urteil v. 19.11.2009, V R 8/09, BFH/NV 2010, 1141.

16 BFH, Urteil v. 30.7.2008, V R 7/03, BStBl II 2010, 1075.

17 Vgl. BFH, Urteil v. 30.4.2009, V R 15/07, BStBl II 2009, 744.

18 BFH, Urteil v. 6.12.2007, V R 61/05, BStBl II 2008, 695.

19 So auch EuGH, Urteil v. 6.7.2006, C-439/04 – Axel Kittel, BFH/NV Beilage 2006, 454.

20 EuGH, Urteil v. 21.6.2012, C-80/11 – Mahageben, BFH/NV 2012, 1404. In diesem Urteil stellt der EuGH noch einmal seine Grundsätze zum Vertrauensschutz beim Vorsteuerabzug zusammen.

21 BMF, Schreiben v. 6.1.2009, BStBl I 2009, 60.

22 BFH, Urteil v. 12.5.2009, V R 65/06, BStBl II 2010, 511.

23 BMF, Schreiben v. 5.5.2010, BStBl I 2010, 508.

vereinbar[24]. Ein Anspruch auf Vertrauensschutz – und damit die Möglichkeit der niedrigeren Festsetzung der Steuer im Billigkeitswege oder ein Erlass einer Steuer – kann sich dann nicht ergeben, wenn der Unternehmer gegen Aufzeichnungsvorschriften verstößt oder notwendige Belege nicht beibringen kann.

Wichtig! Wenn der Unternehmer gegen die Verpflichtung verstößt, die notwendigen Buch- und Belegnachweise zu führen, kann sich kein Vertrauensschutz ergeben. Davon unberührt bleiben aber andere Nachweismöglichkeiten, wenn die Voraussetzungen für die Steuerfreiheit vorliegen.

Liegen die Voraussetzungen für eine innergemeinschaftliche Lieferung oder eine Ausfuhrlieferung objektiv nicht vor, kann diese Lieferung trotzdem steuerfrei sein, wenn der leistende Unternehmer vom Vertragspartner getäuscht worden ist oder wenn nachträglich Voraussetzungen entfallen. Dieses könnte beispielsweise in den folgenden Fällen vorliegen:

- Eine beim Bundeszentralamt für Steuern verifizierte USt-IdNr. des Leistungsempfängers wurde von dem die USt-IdNr. erteilenden Mitgliedstaat nachträglich für ungültig erklärt[25],
- der Nachweis des Gelangens des Gegenstands in den anderen Mitgliedstaat wird vom Leistungsempfänger durch einen gefälschten Frachtbrief geführt, dessen Fälschung zunächst nicht erkennbar war oder
- der Nachweis einer Ausfuhrlieferung wird durch den Leistungsempfänger anhand von gefälschten Ausfuhrdokumenten erbracht, deren Fälschung für den liefernden Unternehmer nicht erkennbar war.

Tipp! Liegen unklare Sachverhalte vor oder macht der Unternehmer widersprüchliche Aussagen, kann grundsätzlich kein Vertrauensschutz gewährt werden. Ein Vertrauensschutz kann sich nur dann ergeben, wenn festgestellt ist, dass der Unternehmer von seinem Vertragspartner getäuscht worden ist[26].

---

[24] BFH, Urteil v. 6.12.2007, V R 59/03, BStBl II 2009, 57.

[25] So auch EuGH, Urteil v. 6.9.2012, C-273/11 – Mecsek-Gabona, BFH/NV 2012, 1919.

[26] Abschn. 6a.8 Abs. 8 UStAE.

Vorsteuerabzug

Vorsteuerabzug auf einen Blick

1. **Rechtsquellen**
   § 15 UStG
   § 35 bis § 43 UStDV
   Abschn. 15.1 bis Abschn. 15.22 UStAE
2. **Bedeutung**
   Das Umsatzsteuersystem in der Europäischen Union ist als Allphasenumsatzsteuersystem ausgestaltet, sodass auf jeder Handelsstufe eine Umsatzsteuer entsteht. Um eine Kumulation der Umsatzsteuer bei mehreren Handelsstufen zu vermeiden, muss der Unternehmer, der einen Gegenstand oder eine Leistung für unternehmerische Zwecke erwirbt, grundsätzlich die ihm in Rechnung gestellte Umsatzsteuer als Vorsteuer abziehen können, sodass im Ergebnis nur der Endverbraucher mit einer Umsatzsteuer belastet ist.
3. **Weitere Stichworte**
   → Rechnungen, → Rechnungsberichtigung, → Reisekosten, → Steuerlager, → Steuerschuldnerverfahren, → Unternehmensvermögen, → Vorsteuerberichtigung, → Vorsteuervergütung
4. **Besonderheiten**
   Werden Leistungen bezogen, um sie unmittelbar für eine unentgeltliche Leistung nach § 3 Abs. 1b oder Abs. 9a UStG zu verwenden, ist die Leistung nicht für die wirtschaftliche Sphäre des Unternehmers bezogen, ein Vorsteuerabzug scheidet aus. Der Unternehmer hat aber auch keine Wertabgabe zu besteuern. Im Rahmen einer Übergangsregelung beanstandete es die Finanzverwaltung aber für alle bis zum 31.12.2012 ausgeführten Umsätze nicht, wenn entgegen dieser Grundsätze für Leistungsbezüge noch der Vorsteuerabzug vorgenommen und eine Ausgangsleistung besteuert wurde.

1. Allgemeines

Der **Vorsteuerabzug ist ein Kernelement** des europäischen Umsatzsteuerrechts, da nur über die Möglichkeit, eine dem Unternehmer in Rechnung gestellte Umsatzsteuer wieder als Vorsteuer abziehen zu können, die **Neutralität des Umsatzsteuerrechts** gewahrt werden kann. Aus diesem Grunde muss der Unternehmer, der eine Leistung bezieht, bei deren Bezug eine Umsatzsteuer entsteht, diese in einer Rechnung gesondert ausgewiesene Umsatzsteuer auch als Vorsteuer wieder abziehen können oder im Rahmen der Vorsteuervergütung erstattet bekommen.

Unter bestimmten Umständen, insbesondere, wenn der Unternehmer im Inland eine **steuerfreie Ausgangsleistung** erbringt (also für seine unternehmerische Leistung keine Umsatzsteuer abführen muss), ist es gerechtfertigt, ihm den Vorsteuerabzug zu versagen, § 15 Abs. 2 UStG. Soweit diese Ausgangsleistungen aber aufgrund grenzüberschreitender Leistungen einer Steuerbefreiung deshalb unterliegen, weil die Leistung in einem anderen Staat im Regelfall zu einer Umsatzsteuer herangezogen wird (z.B. Besteuerung eines innergemeinschaftlichen Erwerbs oder Erhebung von Einfuhrumsatzsteuer), steht dem Unternehmer der Vorsteuerabzug wegen der internationalen Neutralität des Umsatzsteuerrechts doch zu, § 15 Abs. 3 UStG. In den Fällen, in denen der Unternehmer eine bezogene Leistung sowohl für den Vorsteuerabzug zulassende Ausgangsleistungen wie auch für den Vorsteuerabzug nicht zulassende Ausgangsleistungen verwendet, muss nach § 15 Abs. 4 UStG eine Vorsteueraufteilung durchgeführt werden.

Der Leistungsempfänger kann aber nur eine vom leistenden Unternehmer aufgrund der Leistung **gesetzlich geschuldete Umsatzsteuer** als Vorsteuer abziehen.

Wichtig! Ein Vorsteuerabzug scheidet bei dem Leistungsempfänger grundsätzlich aus, wenn die Steuer nicht aufgrund einer Leistung eines Unternehmers gesetzlich geschuldet wird.

Einen ersten **Überblick über die Regelungen der Vorsteuerabzugsberechtigung** ermöglicht die folgende Zusammenstellung:

<table>
<tr><td colspan="5">Allgemeine Voraussetzung: Vorsteuerabzugsberechtigter muss Unternehmer i.S.d. § 2 UStG oder § 2a UStG sein. Ausnahme: Kleinunternehmer nach § 19 UStG haben grundsätzlich keinen Vorsteuerabzugsanspruch. Ein Gegenstand muss zu mindestens 10 % für unternehmerische Zwecke genutzt werden, § 15 Abs. 1 Satz 2 UStG.</td></tr>
<tr><td>§ 15 Abs. 1 Satz 1 Nr. 1 UStG:</td><td>§ 15 Abs. 1 Satz 1 Nr. 2 UStG:</td><td>§ 15 Abs. 1 Satz 1 Nr. 3 UStG:</td><td>§ 15 Abs. 1 Satz 1 Nr. 4 UStG:</td><td>§ 15 Abs. 1 Satz 1 Nr. 5 UStG:</td></tr>
<tr><td>Vorsteuer aus erhaltenen Lieferungen oder sonstigen Leistungen sowie aus Anzahlungen dafür.</td><td>Vorsteuer aus entstandener EUSt.</td><td>Vorsteuer aus geschuldeter Umsatzsteuer für innergemeinschaftliche Erwerbe.</td><td>Vorsteuer aus geschuldeter Umsatzsteuer im Rahmen des Steuerschuldnerverfahrens.</td><td>Vorsteuer aus geschuldeter Umsatzsteuer bei Auslagerung aus Steuerlager.</td></tr>
<tr><td colspan="5">Ausnahme vom Vorsteuerabzug:
§ 15 Abs. 1a UStG: Kein Vorsteuerabzug, soweit der Unternehmer (bestimmte) nicht abzugsfähige Betriebsausgaben nach § 4 Abs. 5 EStG bewirkt – nicht bei Bewirtungsaufwendungen.</td></tr>
<tr><td colspan="5">Beschränkung des Vorsteuerabzugs:
§ 15 Abs. 1b UStG: Bei gemischt genutzten Gebäuden (unternehmerisch und privat genutzt) ist der Vorsteuerabzug auf den Teil des Gebäudes beschränkt, der für unternehmerische Zwecke verwendet wird.</td></tr>
<tr><td colspan="5">Ausschluss vom Vorsteuerabzug:
● § 15 Abs. 2 Nr. 1 UStG: Kein Vorsteuerabzug für Eingangsleistungen, die für steuerfreie Ausgangsleistungen verwendet werden.
● § 15 Abs. 2 Nr. 2 UStG: Kein Vorsteuerabzug für Eingangsleistungen, die für Ausgangsleistungen im Ausland verwendet werden, die im Inland steuerfrei wären.</td></tr>
<tr><td colspan="5">Ausnahme vom Abzugsverbot nach § 15 Abs. 3 UStG:
Bei bestimmten steuerfreien Ausgangsleistungen wird das Abzugsverbot des § 15 Abs. 2 UStG wieder rückgängig gemacht, z.B. insbesondere bei steuerfreien Auslandsleistungen nach § 4 Nr. 1 bis Nr. 7 UStG.</td></tr>
<tr><td colspan="5">Vorsteueraufteilung nach § 15 Abs. 4 UStG:
Wird ein Gegenstand nicht ausschließlich zu vorsteuerabzugsberechtigenden oder den Vorsteuerabzug ausschließenden Ausgangsumsätzen verwendet, muss eine Aufteilung des Vorsteuerbetrags erfolgen (vgl. Stichwort Vorsteueraufteilung).</td></tr>
<tr><td colspan="5">Sonderregelung für Fahrzeuglieferer nach § 15 Abs. 4a UStG:
Der private Fahrzeuglieferer nach § 2a UStG kann für den Einkauf des neuen Fahrzeugs im Zeitpunkt der Weiterlieferung Vorsteuer geltend machen. Begrenzt wird dies auf den Steuerbetrag, der bei der Lieferung des neuen Fahrzeugs geschuldet werden würde (vgl. Stichwort Fahrzeuglieferung).</td></tr>
<tr><td colspan="5">Sonderregelung für Drittlandsunternehmer nach § 15 Abs. 4b UStG:
Wenn der im Drittlandsgebiet ansässige Unternehmer nur Umsatzsteuerbeträge nach § 13b UStG schuldet, kann eine Vorsteuer nur dann angerechnet werden, wenn in dem Land, in dem der Unternehmer seinen Sitz hat, keine Umsatzsteuer oder ähnliche Steuer erhoben oder im Fall der Erhebung im Inland ansässigen Unternehmern vergütet wird. Grundsätzlich ausgeschlossen ist der Abzug von Vorsteuerbeträgen aus dem Bezug von Kraftstoffen.</td></tr>
</table>

Vereinfachungsregelungen nach § 15 Abs. 5 UStG:
- § 35 UStDV: Vorsteuerabzug bei Kleinbetragsrechnungen und Fahrausweisen.
- § 43 UStDV: Erleichterung bei der Vorsteueraufteilung bei bestimmten steuerfreien Hilfsgeschäften.

2. Vorsteuerabzug nach § 15 Abs. 1 UStG

§ 15 Abs. 1 Satz 1 UStG regelt die **allgemeinen Voraussetzungen für den Vorsteuerabzug**, insgesamt sind die folgenden fünf verschiedenen Möglichkeiten für den Vorsteuerabzug geregelt:
- Vorsteuerabzug aus Lieferungen und sonstigen Leistungen, die der Unternehmer erhalten hat oder erhalten wird,
- Vorsteuerabzug aus entstandener Einfuhrumsatzsteuer,
- Vorsteuerabzug für den innergemeinschaftlichen Erwerb von Gegenständen,
- Vorsteuerabzug aus Leistungen, für die der Unternehmer Steuerschuldner nach § 13b UStG wird (vgl. Stichwort Steuerschuldnerverfahren) oder
- Vorsteuerabzug aus Leistungen, für die der Unternehmer als Auslagerer aus einem Steuerlager zum Steuerschuldner wird, § 13a Abs. 1 Nr. 6 UStG wird (vgl. Stichwort Steuerlager).

Wichtig! Voraussetzung ist in jedem Fall, dass bei bezogenen Gegenständen (erhaltener Lieferung, innergemeinschaftlichem Erwerb oder Einfuhr) der Unternehmer den Gegenstand zu mindestens 10 % für unternehmerische Zwecke verwendet[1].
Darüber hinaus muss die bezogene Leistung auch immer für die wirtschaftliche Tätigkeit des Unternehmers bezogen sein. Bezieht der Unternehmer Leistungen, die er für unentgeltliche Ausgangsleistungen nach § 3 Abs. 1b oder Abs. 9a UStG verwendet, ist der Vorsteuerabzug ausgeschlossen[2].

Soweit kein Abzugsverbot nach § 15 Abs. 1a bis Abs. 2 UStG eintritt, ist die Vorsteuer grundsätzlich dann abzugsfähig, wenn die Voraussetzungen für den Vorsteuerabzug alle gleichzeitig vorliegen.

Wichtig! Ob der Unternehmer seine Ausgangsumsätze nach vereinbarten Entgelten (Sollbesteuerung) oder nach vereinnahmten Entgelten (Istbesteuerung) besteuert, ist für die Abzugsfähigkeit der Vorsteuer – wie auch für den Abzugszeitpunkt – ohne Bedeutung.

Dem Umsatzsteuersystem folgend, kann nur eine Umsatzsteuer als Vorsteuer abgezogen werden, die nach dem **deutschen Umsatzsteuergesetz geschuldet** wird[3].

2.1 Vorsteuerabzug aus Lieferungen oder sonstigen Leistungen

2.1.1 Voraussetzungen für den Vorsteuerabzug bei ausgeführter Leistung

Der Unternehmer kann den **Vorsteuerabzug aus erhaltenen Lieferungen oder sonstigen Leistungen** abziehen, wenn die folgenden **Voraussetzungen** vorliegen:
- Es muss eine Lieferung oder eine sonstige Leistung ausgeführt worden sein. Eine Lieferung ist mit Übergabe (Verschaffung der Verfügungsmacht) des Gegenstands ausgeführt, eine sonstige Leistung ist in der Regel mit Durchführung der Leistung erbracht. Wenn die Leistung ausgeführt worden ist, kommt es auf den Zeitpunkt der Zahlung für den Vorsteuerabzug nicht an.
- Die Leistung muss von einem anderen Unternehmer ausgeführt worden sein. Nicht von Bedeutung ist, ob der andere im Leistungsaustausch wie ein Unternehmer aufgetreten ist, er muss tatsächlich die Voraussetzungen des § 2 UStG (vgl. Stichwort Unternehmer) erfüllen.

---

[1] Diese Regelung ist derzeit unionsrechtlich nur bis zum 31.12.2018 abgesichert; vgl. dazu Stichwort Unternehmensvermögen.

[2] BFH, Urteil v. 13.1.2011, V R 12/08, BStBl II 2012, 61 sowie BFH, Urteil v. 9.12.2010, V R 17/10, BStBl II 2012, 53. Die Finanzverwaltung beanstandete es aber für alle bis zum 31.12.2012 ausgeführten Umsätze nicht, wenn in diesen Fällen der Vorsteuerabzug noch vorgenommen und eine Ausgangsleistung besteuert wurde.

[3] BFH, Urteil v. 2.4.1998, V R 34/97, BStBl II 1998, 695.

- Die Leistung muss von dem Unternehmer seinem Unternehmen zugeordnet werden und für seine wirtschaftliche Tätigkeit bestimmt sein. Voraussetzung ist dafür, dass die Leistung zumindest in einem objektiven Zusammenhang zu der unternehmerischen (wirtschaftlichen) Tätigkeit steht (vgl. Stichwort Unternehmensvermögen). Wenn der Unternehmer einen Gegenstand einkauft, muss er diesen Gegenstand zu mindestens 10 % für seine unternehmerischen (wirtschaftlichen) Zwecke verwenden. Die Zuordnungsentscheidung (soweit zulässig) übt der Unternehmer im Regelfall durch Vornahme des Vorsteuerabzugs aus.
- Es muss eine ordnungsgemäße Rechnung i.S.d. § 14 und des § 14a UStG vorliegen.

Wichtig! Bevor die ordnungsgemäße Rechnung nicht tatsächlich vorliegt, hat der Unternehmer keinen Vorsteuerabzug. Da der EuGH die Rechnungsvoraussetzungen aber nur als „formelle" Voraussetzungen ansieht, die den Vorsteuerabzug nicht abschließend in Frage stellen dürfen, wenn die materiell-rechtlichen Voraussetzungen für den Vorsteuerabzug gegeben sind, ist derzeit die tatsächliche Notwendigkeit der ordnungsgemäßen Rechnung umstritten. Soweit sich aus der Rechtsprechung keine neuen Erkenntnisse ergeben, sollte für den rechtssicheren Vorsteuerabzug weiterhin darauf geachtet werden, dass eine ordnungsgemäße Rechnung vorliegt.

- In der Rechnung müssen die in § 14 und § 14a UStG aufgeführten Elemente vorhanden sein (Ausnahme: Kleinbetragsrechnung).
- Die Umsatzsteuer in der Rechnung muss vom leistenden Unternehmer gesetzlich geschuldet werden.

2.1.2 Voraussetzungen für den Vorsteuerabzug bei Anzahlungen

Wenn der Unternehmer eine Leistung (Lieferung oder sonstige Leistung) noch nicht erhalten hat, er aber schon eine **Abschlags- oder Vorauszahlung** (zu den Einzelheiten vgl. Stichwort Anzahlungen) geleistet hat, kann er unter den folgenden Voraussetzungen schon vor der endgültigen Ausführung der Leistung eine Vorsteuer abziehen:

- Es muss eine ordnungsgemäße Rechnung vorliegen (vgl. dazu oben wie bei ausgeführten Leistungen) und
- der Unternehmer muss die Zahlung schon geleistet haben. Dabei kommt es auf den Abfluss (Barzahlung oder Tag der Überweisung) der Gegenleistung an.

Tipp! Eine Anzahlung kann im Rahmen eines Tauschs oder eines tauschähnlichen Umsatzes auch schon durch die vorzeitige Hingabe des Gegenstands oder der Ausführung der sonstigen Leistung vorliegen. In diesem Fall sollte der leistende Unternehmer auf eine ordnungsgemäße Rechnung für die von ihm geleistete Anzahlung bestehen (vgl. dazu Stichwort Anzahlungen Beispiel 2).

Wichtig! Ein Vorsteuerabzug kommt bei erhaltenen Leistungen wie auch bei Anzahlungen nur dann infrage, wenn die Umsatzsteuer auch tatsächlich aufgrund einer erbrachten Leistung bei dem leistenden Unternehmer entstanden ist. Eine nach § 14c Abs. 1 oder Abs. 2 UStG geschuldete Umsatzsteuer ist grundsätzlich nicht als Vorsteuer abzugsfähig[4].

Beispiel 1: Einzelhändler E hat Ware von Großhändler G erworben. Die gelieferte Ware im Nettowert von 5.000 € unterliegt dem ermäßigten Steuersatz von 7 %, der Verkäufer weist jedoch 19 %, hier also 950 €, in der Rechnung aus. E zahlt den insgesamt in der Rechnung ausgewiesenen Bruttobetrag von 5.950 €.

Lösung: Obwohl der Großhändler insgesamt 950 € an Umsatzsteuer schuldet, kann sich E nur 7 % aus 5.950 € (hier also 389,25 €) als Vorsteuer abziehen.

---

4 Abschn. 15.2 Abs. 1 UStAE.

Beispiel 2: Unternehmer U erwirbt einen gebrauchten Computer von einem Kleinunternehmer, der trotzdem in einer Abrechnung Umsatzsteuer gesondert ausweist.
Lösung: Obwohl der Kleinunternehmer die Umsatzsteuer nach § 14c Abs. 2 UStG schuldet, kann U den gesondert ausgewiesenen Steuerbetrag nicht als Vorsteuer abziehen.

2.2 Vorsteuerabzug bei Einfuhrumsatzsteuer

Der Unternehmer kann eine bei ihm **entstandene Einfuhrumsatzsteuer** (EUSt) nach § 15 Abs. 1 Satz 1 Nr. 2 UStG unter den folgenden Voraussetzungen als Vorsteuer abziehen:

- Es muss EUSt **entstanden** sein[5]. Wer den Gegenstand zum freien Verkehr anmeldet ist nicht entscheidend, entscheidend ist, dass der Gegenstand für den Unternehmer angemeldet und abgefertigt wird und somit in seiner Person die EUSt entstanden ist.
- Der Gegenstand muss **für sein Unternehmen in das Inland eingeführt worden sein**. Diese Voraussetzung ist dann erfüllt, wenn er schon die Verfügungsmacht an dem Gegenstand zum Zeitpunkt der Einfuhr der Ware (Abfertigung zum freien Verkehr) hatte. Dabei ist für die Frage, wer die Verfügungsmacht an einem Gegenstand hat, auf den Ort der Lieferung abzustellen. Damit ist der Unternehmer schon Verfügungsberechtigter über einen Gegenstand, wenn die Lieferung an ihn vor der Einfuhr ausgeführt worden ist.

Beispiel 3: Großhändler G erwirbt von Produzenten P in der Schweiz Elektrogeräte, die von einem Frachtführer aus der Schweiz in das Lager des G nach Leipzig gebracht werden. Die Ware wird für G in Deutschland zum freien Verkehr abgefertigt (das heißt, G wird Schuldner der deutschen Einfuhrumsatzsteuer).
Lösung: Die Lieferung des P ist nach § 3 Abs. 6 UStG in der Schweiz ausgeführt worden, G hat somit die Verfügungsmacht an der Ware schon in der Schweiz erhalten. Damit ist die Ware für ihn in Deutschland eingeführt worden, sodass er die EUSt als Vorsteuer abziehen kann.

Achtung! Für die Einfuhr ist nicht der tatsächliche Grenzübertritt der Ware maßgeblich, sondern die Abfertigung zum freien Verkehr im Inland.

Zur **Verlagerung des Orts** der Lieferung bei Einfuhren aus dem Drittland nach § 3 Abs. 8 UStG vgl. Stichwort Lieferung/Ort. Eine einer Einfuhr vorgelagerte Lieferung kann nach § 4 Nr. 4b UStG steuerfrei sein (vgl. Stichwort Steuerbefreiung).

Beispiel 4: Tresorhersteller T aus der Schweiz transportiert Tresore für eine Ausstellung aus der Schweiz nach Hannover. Entgegen der ursprünglichen Planung verkauft er während der Messe einen Tresor, der im Anschluss an die Messe unmittelbar zu dem Abnehmer (Unternehmer) nach Hannover transportiert wird. Die Abfertigung zum freien Verkehr (Einfuhr) erfolgt für den Abnehmer.
Lösung: Die Lieferung des T ist in Deutschland nach § 3 Abs. 6 UStG steuerbar, da die Warenbewegung zu dem Abnehmer auf dem Messegelände in Hannover beginnt. Die Lieferung ist jedoch eine Lieferung, die einer Einfuhr vorangeht und somit nach § 4 Nr. 4b UStG steuerfrei. Damit braucht sich T für diese Lieferung nicht im Inland steuerlich erfassen lassen. Der Leistungsempfänger kann die von ihm getragene EUSt als Vorsteuer abziehen, soweit er keine vorsteuerabzugsschädlichen Ausgangsleistungen ausführt, da der Gegenstand für sein Unternehmen im Inland eingeführt wurde.

---

5 EuGH, Urteil v. 29.3.2012, C-414/10 – Veleclair, BFH/NV 2012, 918. Die bis 29.6.2013 vorhandene Fassung des § 15 Abs. 1 Satz 1 Nr. 2 UStG, dass die EUSt entrichtet worden sein muss, wurde durch das Amtshilferichtlinie-Umsetzungsgesetz ersetzt. Der Steuerpflichtige kann sich aber auch schon für die Zeit vor dem 30.6.2013 darauf berufen, dass die EUSt nur entstanden sein muss, BMF, Schreiben v. 15.11.2013, BStBl I 2013, 1475.

Tipp! Ohne amtliche Bestätigung über die entstandene Einfuhrumsatzsteuer ist kein Vorsteuerabzug möglich.

2.3 Vorsteuer bei innergemeinschaftlichen Erwerben

Soweit der Unternehmer einen steuerbaren und steuerpflichtigen innergemeinschaftlichen Erwerb im Inland verwirklicht, kann er die entstandene Erwerbsteuer als Vorsteuer abziehen, soweit er mit diesem erworbenen Gegenstand keine vorsteuerabzugsschädlichen Umsätze ausführt, § 15 Abs. 1 Satz 1 Nr. 3 UStG.

Wichtig! Der Vorsteuerabzug aus einem innergemeinschaftlichen Erwerb ist aber immer nur in dem Mitgliedstaat möglich, in dem sich der Gegenstand am Ende der Beförderung oder Versendung befindet (Ort nach § 3d Satz 1 UStG). In den Fällen, in denen der Unternehmer mit einer USt-IdNr. aus einem anderen Mitgliedstaat aufgetreten ist und deshalb ein innergemeinschaftlicher Erwerb auch in dem Mitgliedstaat zu besteuern ist, aus dem die USt-IdNr. stammt (Ort nach § 3d Satz 2 UStG), ist ein Vorsteuerabzug ausgeschlossen. Diese sich aus der Rechtsprechung[6] ergebende Folge ist auch in § 15 Abs. 1 Satz 1 Nr. 3 UStG mit aufgenommen worden. Die Erwerbsteuer im Land, aus dem die USt-IdNr. stammt, kann nur unter den Bedingungen des § 17 Abs. 2 Nr. 4 UStG rückgängig gemacht werden.

Beispiel 5: Unternehmer U aus Aachen hat einen eiligen Reparaturauftrag bei einem Kunden in den Niederlanden übernommen. Ein dringend benötigtes Ersatzteil lässt U sich von seinem deutschen Zulieferer Z per Overnight-Kurier direkt von Z zu dem Kunden in die Niederlande zusenden. Wie immer verwendet U bei seinen Bestellungen seine deutsche USt-IdNr. Z berechnet U – da ihm keine USt-IdNr. aus einem anderen Mitgliedstaat vorliegt für das Ersatzteil deutsche Umsatzsteuer.

Lösung: Z führt gegenüber U eine in Deutschland steuerbare Lieferung aus (Versendungslieferung, Übergabe an den Frachtführer in Deutschland, § 3 Abs. 6 UStG). Die Lieferung ist für Z keine steuerfreie innergemeinschaftliche Lieferung, da er keinen innergemeinschaftlichen Erwerb bei seinem Kunden in einem anderen Mitgliedstaat nachweisen kann (§ 6a Abs. 1 Satz 1 Nr. 3 UStG ist nicht erfüllt).

U verwirklicht einen innergemeinschaftlichen Erwerb nach § 1a Abs. 1 Nr. 1 bis Nr. 3 UStG, da der Gegenstand für sein Unternehmen in einen anderen Mitgliedstaat gelangt. Der Ort des innergemeinschaftlichen Erwerbs ist nach § 3d Satz 1 UStG in den Niederlanden – U muss sich zur Besteuerung des Erwerbs in den Niederlanden umsatzsteuerrechtlich erfassen lassen. Darüber hinaus verwirklicht U auch in Deutschland einen innergemeinschaftlichen Erwerb nach § 3d Satz 2 UStG, da er gegenüber Z mit seiner deutschen USt-IdNr. aufgetreten ist. Die bei U in Deutschland entstehende Umsatzsteuer kann er nicht als Vorsteuer abziehen, § 15 Abs. 1 Satz 1 Nr. 3 UStG. Erst wenn U in Deutschland nachweisen kann, dass er den innergemeinschaftlichen Erwerb in den Niederlanden besteuert hat, kann er in Deutschland den innergemeinschaftlichen Erwerb rückgängig machen.

Die abzugsfähige Erwerbsteuer kann in dem Voranmeldungszeitraum abgezogen werden, in dem sie entstanden ist. Damit ergibt sich für den Unternehmer – soweit er voll zum Vorsteuerabzug berechtigt ist – keine Liquiditätsbelastung.

Tipp! Für den Vorsteuerabzug bei einem innergemeinschaftlichen Erwerb ist es nicht notwendig, eine ordnungsgemäße Rechnung vorliegen zu haben.

---

6 EuGH, Urteil v. 22.4.2010, C-536/08 – X und Facet Trading BV, BFH/NV 2010, 1225 sowie BFH, Urteil v. 1.9.2010, V R 39/08, BStBl II 2011, 658 und BFH, Urteil v. 8.9.2010, XI R 40/08, BStBl II 2011, 661.

2.4 Vorsteuerabzug bei Steuerschuldnerschaft nach § 13b UStG

Soweit der Unternehmer für eine an ihn ausgeführte Leistung zum **Steuerschuldner nach § 13b UStG** wird, schuldet er die Umsatzsteuer, die aufgrund der Leistung des leistenden Unternehmers entstanden ist. Zu den Leistungen i.S.d. § 13b UStG vgl. Stichwort Steuerschuldnerverfahren.

Da bei einer unter die Steuerschuldnerschaft des Leistungsempfängers fallenden Leistung der leistende Unternehmer keine Umsatzsteuer in der Rechnung nach § 14a Abs. 5 UStG gesondert ausweisen darf, wäre der Leistungsempfänger für diese Umsatzsteuer, für die er Steuerschuldner wird, nicht zum Vorsteuerabzug berechtigt. Durch die Sonderregelung des § 15 Abs. 1 Satz 1 Nr. 4 UStG wird jedoch diese Lücke geschlossen, da der Leistungsempfänger – unter den weiteren Voraussetzungen des § 15 UStG – auch ohne gesondert ausgewiesene Umsatzsteuer zum Vorsteuerabzug berechtigt ist.

Beispiel 6: Rechtsanwalt R aus Frankreich erbringt an den Unternehmer U in Deutschland eine Rechtsberatungsleistung.
Lösung: Die Leistung ist nach § 3a Abs. 2 UStG in Deutschland steuerbar und auch nicht steuerfrei. U wird zum Steuerschuldner für die an ihn ausgeführte Leistung nach § 13b Abs. 1 i.V.m. Abs. 5 Satz 1 UStG. R muss eine Rechnung ohne Umsatzsteuer ausstellen, in der er auf die Steuerschuldnerschaft hinweist, U kann die von ihm nach § 13b UStG geschuldete Umsatzsteuer als Vorsteuer nach § 15 Abs. 1 Satz 1 Nr. 4 UStG abziehen.

Soweit eine nach § 13b UStG geschuldete Umsatzsteuer für eine **Zahlung vor Ausführung der Leistung** entfällt, kann der Unternehmer die Vorsteuer dann abziehen, wenn er die Zahlung geleistet hat.

Tipp! Für den Vorsteuerabzug ist es in diesem Fall nicht notwendig, dass eine ordnungsgemäße Rechnung vorliegt[7].

2.5 Vorsteuer bei Leistungen im Zusammenhang mit einem Steuerlager

Soweit ein Unternehmer nach § 13 Abs. 1 Nr. 6 UStG zum Steuerschuldner für eine bei einer **Auslagerung aus einem Steuerlager** entstehenden Umsatzsteuer wird, kann er die Vorsteuer aus der Auslagerung abziehen, § 15 Abs. 1 Satz 1 Nr. 5 UStG. Da diese Umsatzsteuer in keiner Rechnung gesondert ausgewiesen ist, ist durch diese Sonderregelung dem Auslagerer eine Möglichkeit gegeben, die von ihm geschuldete Umsatzsteuer auch zum Vorsteuerabzug zuzulassen. Zu den Einzelheiten vgl. Stichwort Steuerlager insbesondere dort Beispiel 6.

3. Ausschluss des Vorsteuerabzugs nach § 15 Abs. 1a UStG

Soweit der Unternehmer bestimmte Leistungen bezieht, die nach § 4 Abs. 5 EStG nicht zum Betriebsausgabenabzug zugelassen sind oder die nach § 12 Nr. 1 EStG nicht bei den einzelnen Einkunftsarten abgezogen werden dürfen, kann der Unternehmer auch **keinen Vorsteuerabzug vornehmen**. Dies sind die folgenden Aufwendungen:

- **§ 4 Abs. 5 Nr. 1 EStG:** Aufwendungen für **Geschenke** an Empfänger, die nicht Arbeitnehmer des Steuerpflichtigen sind. Dies gilt nicht für Geschenke bis 35 € pro Jahr; zu den Einzelheiten vgl. Stichwort Geschenke.
- **§ 4 Abs. 5 Nr. 3 EStG:** Aufwendungen für **Gästehäuser** des Unternehmers, soweit sie der Bewirtung, Beherbergung oder Unterhaltung von Personen dienen, die nicht Arbeitnehmer sind, wenn sich das Gästehaus außerhalb des Orts eines Betriebs des Steuerpflichtigen befindet.
- **§ 4 Abs. 5 Nr. 4 EStG:** Aufwendungen für **Jagd oder Fischerei**, für **Segeljachten oder Motorjachten** sowie für ähnliche Zwecke und die hiermit in Zusammenhang stehenden Bewirtungen. Dies gilt allerdings dann nicht, wenn die Gegenstände den Gegenstand des Unternehmens darstellen (z.B. bei einem gewerblichen Jachtvermieter).

[7] EuGH, Urteil v. 1.4.2004, C-90/02 – Bockemühl, BFH/NV Beilage 2004, 220 sowie Abschn. 15.10 UStAE.

- **§ 4 Abs. 5 Nr. 7 EStG:** Andere Aufwendungen, soweit sie die **Lebensführung** des Steuerpflichtigen oder anderer Personen berühren, soweit sie nach allgemeiner Verkehrsauffassung als unangemessen anzusehen sind.
- **§ 12 Nr. 1 EStG:** Aufwendungen für den **Haushalt des Steuerpflichtigen** und für den Unterhalt seiner Familienangehörigen. Dazu gehören auch die Aufwendungen für die Lebensführung, die die wirtschaftliche oder gesellschaftliche Stellung des Steuerpflichtigen mit sich bringt, auch wenn sie zur Förderung des Berufs oder der Tätigkeit des Steuerpflichtigen erfolgen.

Beispiel 7: Wirtschaftsprüfer W richtet aus Anlass seines Geburtstags eine Feier aus, zu der sowohl private Freunde wie auch Geschäftsfreunde eingeladen sind.
Lösung: Die Aufwendungen unterliegen dem Abzugsverbot nach § 12 Nr. 1 EStG. Somit hat W auch keinen Vorsteuerabzugsanspruch nach § 15 Abs. 1a UStG.

Wichtig! Aus den angemessenen und belegmäßig (ordnungsgemäße Rechnung!) nachgewiesenen Bewirtungsaufwendungen hat der Unternehmer den vollen Vorsteuerabzug, auch wenn ertragsteuerrechtlich nur 70 % der Aufwendungen nach § 4 Abs. 5 EStG als Betriebsausgaben abzugsfähig sind.

4. Beschränkung des Vorsteuerabzugs nach § 15 Abs. 1b UStG (seit 1.1.2011)

Der EuGH[8] hatte mit seinem richtungsweisenden Urteil aus 2003 die Tür für ein Gestaltungsmodell weit aufgestoßen. Unternehmer konnten aus einem **nichtunternehmerisch genutzten Gebäudeteil** – wenn das Gebäude insgesamt dem Unternehmen zugeordnet wurde – den Vorsteuerabzug vornehmen. Dafür musste eine Wertabgabe nach § 3 Abs. 9a Nr. 1 UStG der Besteuerung unterworfen werden.

Diese – trotz aller Gegenmaßnahmen der Finanzverwaltung – zu einem Steuersparmodell gewordene Regelung ist zum 1.1.2011 faktisch durch die Einfügung eines Art. 168a MwStSystRL abgeschafft worden – diese Regelung wurde in Deutschland mit Wirkung zum 1.1.2011 in § 15 Abs. 1b UStG umgesetzt.

Das Recht auf Vorsteuerabzug entsteht nach den unionsrechtlichen Vorgaben grundsätzlich nur insoweit, als der Steuerpflichtige die Gegenstände und Dienstleistungen für die Zwecke seiner unternehmerischen Tätigkeit verwendet.

Wichtig! Mit § 15 Abs. 1b UStG wurde der Vorsteuerabzug für gemischt genutzte Grundstücke neu geregelt. Das Zuordnungswahlrecht des Unternehmers, gemischt genutzte Grundstücke – Grundstücke die sowohl für unternehmerische Zwecke als auch für private Zwecke, die außerhalb des Unternehmens liegen, oder für den privaten Bedarf des Personals verwendet werden – im vollen Umfang seinem Unternehmen zuzuordnen, bleibt aber unberührt.

Die Regelung des § 15 Abs. 1b UStG stellt einen **Vorsteuerausschlusstatbestand** dar. Nach § 15 Abs. 1b Satz 1 UStG ist die Steuer für die Lieferungen, die Einfuhr und den innergemeinschaftlichen Erwerb sowie für die sonstigen Leistungen im **Zusammenhang mit einem Grundstück** vom Vorsteuerabzug ausgeschlossen ist, soweit sie nicht auf die Verwendung des Grundstücks für Zwecke des Unternehmens entfällt. Dem Vorsteuerausschluss unterliegen auch die **wesentlichen Bestandteile** des Grundstücks, z.B. Gebäude. Hiervon unberührt bleiben Gegenstände, die umsatzsteuerlich keine Bestandteile des Grundstücks oder Gebäudes sind (z.B. Photovoltaikanlage).

Tipp! Der Vorsteuerausschluss nach § 15 Abs. 1b Satz 1 UStG ist entsprechend für Berechtigungen, für die die Vorschriften des bürgerlichen Rechts über Grundstücke gelten, und für Gebäude auf fremdem Grund und Boden anzuwenden (§ 15 Abs. 1b Satz 2 UStG), da diese Grundstücke gleich zu stellen sind.

---

[8] EuGH, Urteil v. 8.5.2003, C-269/00 – Wolfgang Seeling, BStBl II 2004, 378.

Die Regelung des § 15 Abs. 1b UStG findet eine logische Fortsetzung in der ebenfalls zum 1.1.2011 neu eingeführten Regelung zur **Vorsteuerberichtigung** in § 15a Abs. 6a UStG. Um Änderungen bei der Nutzung eines Gebäudes zu berücksichtigen, muss eine Vorsteuerberichtigung durchgeführt werden, wenn ein solches gemischtes Objekt in anderer Weise genutzt wird, als dies zum Zeitpunkt des Leistungsbezugs geplant war.

Wichtig! Die Regelungen betreffen ausschließlich Immobilien, mit Abschluss eines obligatorischen Kaufvertrags nach dem 31.12.2010 oder bei Herstellung mit Bauantrag nach dem 31.12.2010 (maßgeblich ist der Bauantrag), § 27 Abs. 16 UStG.

Vgl. zu den weiteren Einzelheiten des sog. „Seeling-Modells" Stichwort Vermietung.

5. Ausschluss vom Vorsteuerabzug nach § 15 Abs. 2 UStG

Soweit die bezogene Leistung des Unternehmers in **unmittelbarem oder mittelbarem Zusammenhang** mit einer **steuerfreien Ausgangsleistung** steht, ist der Vorsteuerabzug ausgeschlossen.

Wichtig! Bei dem Abzugsverbot nach § 15 Abs. 2 UStG kommt es grundsätzlich nicht darauf an, aus welchem Grund die Ausgangsleistung steuerfrei ist.

Achtung! Bei bestimmten steuerfreien Ausgangsleistungen wird das Abzugsverbot nach § 15 Abs. 3 UStG wieder rückgängig gemacht, vgl. 6.

Allerdings unterliegen nicht nur die im Inland oder die gegen Entgelt ausgeführten steuerfreien Leistungen dem Abzugsverbot.

5.1 Ausgangsleistungen im Ausland

Um die Neutralität des Umsatzsteuerrechts zu gewährleisten, führen auch Umsätze, die der Unternehmer im Ausland ausführt, wenn diese Umsätze im Inland steuerfrei wären, zu einem Vorsteuerabzugsverbot[9].

Beispiel 8: Unternehmer U aus Deutschland erwirbt im Inland einen Heizungsbrenner, den er in einem ihm gehörenden Mietwohnhaus in der Schweiz einbaut.
Lösung: Die Vermietungsleistung des U ist in Deutschland nicht steuerbar, da der Ort der Vermietungsleistung am Grundstücksort ist, § 3a Abs. 3 Nr. 1 Buchst. a UStG. Die Vorsteuer aus dem Erwerb des Brenners kann im Inland nach § 15 Abs. 2 Nr. 2 UStG nicht abgezogen werden, da die Vermietungsleistung – wenn sie im Inland ausgeführt worden wäre – eine steuerfreie Ausgangsleistung nach § 4 Nr. 12 Buchst. a UStG wäre, die im Inland den Vorsteuerabzug ausschließt.

Beispiel 9: Bauunternehmer B aus Deutschland erwirbt in Deutschland Baumaterial, das er auf einer Baustelle in Frankreich für eine Bauleistung verwendet.
Lösung: B erbringt eine Werklieferung, deren Ort nach § 3 Abs. 7 Satz 1 UStG in Frankreich ist (nicht steuerbare Ausgangsleistung im Inland). Er kann die Vorsteuer aus dem Kauf des Baumaterials aber in Deutschland abziehen, da ein Abzugsverbot nach § 15 Abs. 2 Nr. 2 UStG nicht in Betracht kommt. Wenn die Werklieferung im Inland ausgeführt worden wäre, würde dies zu einer steuerpflichtigen Leistung führen, die den Vorsteuerabzug nicht ausschließt.

Achtung! Eine im Ausland ausgeführte steuerpflichtige Leistung führt im Inland nicht zu einem Abzugsverbot, wenn die Leistung im Inland zwar steuerfrei wäre, durch Option aber steuerpflichtig ausgeführt werden könnte und in dem anderen Staat der Umsatzsteuer unterliegt (z.B. bei Vermietung eines Gewerbeobjekts)[10].

---

9 Vgl. auch Abschn. 15.14 UStAE.

10 BFH, Urteil v. 6.5.2004, V R 73/03, BStBl II 856 sowie Abschn. 15.14 Abs. 1 UStAE.

5.2 Unentgeltliche Ausgangsleistungen

Früher war ein Ausschlussgrund für unentgeltliche Ausgangsleistungen in § 15 Abs. 2 Satz 1 Nr. 3 UStG enthalten, danach war der Vorsteuerabzug für damit im Zusammenhang stehende Eingangsleistungen ausgeschlossen, wenn die Leistung bei Entgelt steuerfrei wäre. Nachdem der BFH[11] festgestellt hatte, dass § 15 Abs. 2 Satz 1 Nr. 3 UStG a.F. mit den Vorschriften des Unionsrechts unvereinbar ist, hatte die Finanzverwaltung[12] im Vorgriff auf eine gesetzliche Maßnahme die Regelung als nicht mehr anwendbar bestimmt. Für den Vorsteuerabzug ist grundsätzlich maßgebend, für welche Ausgangsleistungen der Unternehmer die bezogene Leistung verwenden will, **eine vorübergehende Verwendung für unentgeltliche Ausgangsleistungen** ist für den Vorsteuerabzug unschädlich. Soweit eine Leistung nach wirtschaftlichen Kriterien nicht ausschließlich bestimmten Umsätzen zugeordnet werden kann, hat eine Aufteilung nach **Kostenzurechnungsgesichtspunkten** zu erfolgen, gegebenenfalls kann auch der Umsatzschlüssel angewendet werden, wenn kein anderer Aufteilungsmaßstab ermittelbar ist, § 15 Abs. 4 Satz 3 UStG.

Der BFH hatte festgestellt, dass eine **unentgeltliche Dienstleistung** im unternehmerischen Interesse den Vorsteuerabzug nach dem Unionsrecht nicht ausschließt. Insbesondere wird eine solche unentgeltliche Dienstleistung nach dem Unionsrecht auch nicht einer entgeltlichen Dienstleistung gleichgestellt. Damit konnte sich der Steuerpflichtige auf das für ihn günstigere Unionsrecht berufen.

Beispiel 10: Architekt A erwarb ein Gebäude und baute dieses Gebäude zu einem Hotel um. Das Hotel verpachtete er nach Umbau für einige Jahre ohne Pachtentgelt an seine Ehefrau. Erst nach ca. vier Jahren sollte ein fester monatlicher Pachtzins entrichtet werden. In den ersten Jahren sollte eine Pacht nur gezahlt werden, soweit die Ehefrau einen Gewinn aus dem Hotelbetrieb erzielte.
Lösung: Der BFH sah eine unternehmerische Betätigung, da die unternehmerischen Interessen des Steuerpflichtigen im Vordergrund standen, der A hat ernsthaft damit gerechnet, ein Entgelt für die Überlassung des Hotels zu bekommen. Da § 15 Abs. 2 Nr. 3 UStG a.F. aus den oben genannten Gründen nicht mit dem Unionsrecht vereinbar ist, stand diese Regelung dem Vorsteuerabzug des A auch nicht entgegen.

Durch das Jahressteuergesetz 2007[13] wurde dann § 15 Abs. 2 Satz 1 Nr. 3 UStG mit Wirkung vom 19.12.2006 ersatzlos aufgehoben.

Nach den allgemeinen Grundsätzen über die Zuordnung von Eingangsleistungen, die im **allgemeinen unternehmerischen Interesse** bezogen werden, muss für den Vorsteuerabzug deshalb zuerst geprüft werden, ob diese Eingangsleistungen einer bestimmten Art von Ausgangsumsatz direkt zugerechnet werden können. Eine vorläufige Verwendung für unentgeltliche Ausgangsleistungen ist dabei unschädlich, soweit eindeutig unternehmerischen (wirtschaftlichen) Interessen für den Leistungsbezug maßgebend waren. Bezieht der Unternehmer Leistungen aus nichtunternehmerischem Interesse oder für seine nicht wirtschaftliche Tätigkeit, ist ein Vorsteuerabzug schon nach § 15 Abs. 1 UStG nicht möglich.

Kann eine **direkte Zuordnung** bei einem Leistungsbezug zu bestimmten Ausgangsleistungen **nicht erfolgen**, ist zu prüfen, ob die Eingangsleistung mittelbar einer bestimmten Gruppe von Ausgangsleistungen zuzuordnen ist. Soweit dies ebenfalls nicht erfolgen kann, sind die aus unternehmerischen Gründen bezogenen Leistungen der Gesamtheit der Ausgangsumsätze des Unternehmers zuzurechnen. Unproblematisch ist dies dann, wenn der Unternehmer entweder nur den Vorsteuerabzug berechtigende Umsätze oder nur den Vorsteuerabzug ausschließende Umsätze ausführt. Soweit sowohl den Vorsteuerabzug zulassende wie auch den Vorsteuerabzug nicht zulassende Leistungen erbracht werden, ist eine Aufteilung entsprechend § 15 Abs. 4 UStG vorzunehmen.

---

[11] BFH, Urteil v. 11.12.2003, V R 48/02, BStBl II 2006, 384.
[12] BMF, Schreiben v. 28.3.2006, BStBl I 2006, 346.
[13] Jahressteuergesetz 2007 v. 13.12.2006, BStBl I 2007, 28.

Beispiel 11: Unternehmer U betreibt einen Kfz-Handel und eine Versicherungsvermittlungsagentur. Aus der Versicherungsagentur erzielt der Unternehmer ausschließlich steuerfreie Ausgangsumsätze nach § 4 Nr. 11 UStG. U lässt sich gegen Honorar eine Internet-Homepage gestalten, auf der er zu Werbezwecken und zur Kundengewinnung für seine Versicherungsagentur kostenlose Versicherungstipps gibt. Auf der Internetseite findet sich auch ein Kontaktformular für Anfragen zu Versicherungsbelangen.
Lösung: Die über das Internet kostenlos durchgeführten Beratungen sind mangels Entgelt nicht steuerbar. U ist nicht zum Vorsteuerabzug aus der Gestaltung der Internet-Homepage berechtigt, da der Leistungsbezug insoweit ausschließlich Umsätzen zuzurechnen ist, die den Vorsteuerabzug ausschließen. Auch wenn die Gestaltung der Internet-Homepage nicht direkt mit den Umsätzen aus der Vermittlung von Versicherungen zusammenhängt, dient der Internetauftritt der Förderung dieses Unternehmensbereichs.

Tipp! Die allgemeinen Grundsätze sind auch in Abschn. 15.15 UStAE mit eingegangen.

Grundsätzlich gilt aber immer: Bei einer unentgeltlichen Ausgangsleistung muss zuerst geprüft werden, ob nicht doch ein Zusammenhang mit einem im Inland vorhandenen entgeltlichen Ausgangsumsatz vorliegt.

Beispiel 12: Kreditinstitut K gibt an seine Kunden kostenlose Werbegeschenke ab.
Lösung: Hier liegt ein Zusammenhang mit den Ausgangsleistungen des Kreditinstituts vor. Der Vorsteuerabzug beurteilt sich für K somit nach dem Verhältnis, in dem K vorsteuerabzugsberechtigende Umsätze zu steuerfreien, den Vorsteuerabzug ausschließende Umsätze bewirkt[14].

6. Ausnahmen vom Abzugsverbot

Soweit ein **Vorsteuerabzugsverbot** nach § 15 Abs. 2 UStG gegeben ist, wird bei bestimmten steuerfreien Ausgangsumsätzen dieses **Abzugsverbot** nach § 15 Abs. 3 UStG wieder **rückgängig gemacht**. Zu den steuerfreien Ausgangsleistungen, die den Vorsteuerabzug nach § 15 Abs. 3 UStG nicht ausschließen, gehören insbesondere die **steuerfreien Ausgangsleistungen** nach § 4 Nr. 1 bis Nr. 7 UStG. Zu den steuerfreien Ausgangsleistungen, die den **Vorsteuerabzug nicht ausschließen** gehören:

- Ausfuhrlieferungen; § 4 Nr. 1 Buchst. a UStG, § 6 UStG,
- Lohnveredelungen an Gegenständen der Ausfuhr; § 4 Nr. 1 Buchst. a UStG, § 7 UStG,
- innergemeinschaftliche Lieferungen; § 4 Nr. 1 Buchst. b UStG, § 6a UStG,
- Umsätze für die Seeschifffahrt und für die Luftfahrt; § 4 Nr. 2 UStG, § 8 UStG,
- sonstige Leistungen im Zusammenhang mit der Einfuhr, Ausfuhr und Durchfuhr; § 4 Nr. 3 und Nr. 5 UStG,
- Goldlieferungen an die Zentralbanken; § 4 Nr. 4 UStG,
- Leistungen im Zusammenhang mit einem Steuerlager; § 4 Nr. 4a UStG,
- in § 4 Nr. 6 UStG bezeichnete Umsätze der Eisenbahnen des Bundes,
- Reiseleistungen nach § 25 Abs. 2 UStG,
- Umsätze, die nach den in § 26 Abs. 5 UStG bezeichneten Vorschriften steuerfrei sind; § 4 Nr. 7 UStG.

Beispiel 13: Großhändler G erwirbt in Deutschland Waren, die er später im Rahmen einer steuerfreien innergemeinschaftlichen Lieferung an einen Unternehmer in einem anderen Mitgliedstaat liefert.
Lösung: Obwohl die Ausgangsleistung des G eine steuerfreie Lieferung nach § 4 Nr. 1 Buchst. b i.V.m. § 6a Abs. 1 UStG ist, ist die mit dem Einkauf in Zusammenhang stehende Vorsteuer doch abzugsfähig, da der Ausschluss vom Vorsteuerabzug nach § 15 Abs. 2 Nr. 1 UStG durch die Sonderregelung des § 15 Abs. 3 Nr. 1 UStG nicht eintritt.

---

[14] BFH, Urteil v. 4.3.1993, V R 68/89, BStBl II 1993, 527 sowie Abschn. 15.12 Abs. 3 UStAE.

Tipp! Zum 30.6.2013 sind in § 15 Abs. 3 UStG noch weitere Rückausnahmen zum Vorsteuerabzugsverbot mit aufgenommen worden. Ausgangsleistungen, die nach § 4 Nr. 8 Buchst. a bis g, Nr. 10 oder Nr. 11 UStG (Finanzdienstleistungen und Leistungen von Versicherungen und Versicherungsvertretern) steuerfrei wären, lassen den Vorsteuerabzug zu, wenn der Leistungsempfänger im Drittlandsgebiet ansässig ist oder diese Umsätze sich unmittelbar auf Gegenstände beziehen, die in das Drittlandsgebiet ausgeführt werden.

Nach **§ 15 Abs. 3 Nr. 1 Buchst. b UStG** bleibt der Vorsteuerabzug bei bestimmten Finanz- (§ 4 Nr. 8 Buchst. a bis Nr. 8 Buchst. g UStG) und Versicherungsumsätzen (§ 4 Nr. 10 Buchst. a UStG) erhalten, sofern sie sich unmittelbar auf Gegenstände beziehen, die in ein Gebiet außerhalb der EU ausgeführt werden. Zwischen dem Gegenstand der Ausfuhr und den erwähnten Finanz- und Versicherungsumsätzen muss ein direkter Zusammenhang bestehen. Der Unternehmer muss z.B. einen Kredit zur Finanzierung des Gegenstands, den er ausführt, verwenden.

Achtung! Es reicht nicht aus, dass sich die Finanz- und Versicherungsumsätze auf Vorgänge beziehen, die ihrerseits erst dazu dienen, die Ausfuhr zu bewirken (Kredit zum Einkauf von Rohstoffen, mit denen Ausfuhrgegenstände hergestellt werden).

Der Gegenstand kann vor der **Ausfuhr be- oder verarbeitet** werden. Ausreichend ist auch ein Verbringen des Gegenstands in einen Drittstaat. Der Gegenstand muss endgültig dorthin ausgeführt werden[15].

7. Vorsteueraufteilung (§ 15 Abs. 4 UStG)

Wenn der Unternehmer eine von ihm bezogene Leistung für Ausgangsumsätze verwendet, die den Vorsteuerabzug sowohl zulassen wie auch ausschließen (z.B. bei gemischter Vermietung einer Immobilie), muss der Unternehmer die ihm in Rechnung gestellte Umsatzsteuer nach der nationalen Fassung des § 15 Abs. 4 UStG nach einem **wirtschaftlich vertretbaren Aufteilungsmaßstab** aufteilen. Gegebenenfalls kann er den Aufteilungsmaßstab auch im Rahmen einer sachgerechten Schätzung ermitteln. Zu den Einzelheiten vgl. Stichwort Vorsteueraufteilung.

8. Vorsteuerabzug für Fahrzeuglieferer (§ 15 Abs. 4a UStG)

Wenn ein **Nichtunternehmer** ein **neues Fahrzeug** (bis sechs Monate nach erstmaliger Nutzung oder wenn nicht mehr als 6.000 Kilometer bei einem Landfahrzeug zurückgelegt wurden) an einen Erwerber in einem anderen Mitgliedstaat liefert, führt dies auf der Seite des Lieferers immer zu einem steuerbaren, aber steuerfreien Ausgangsumsatz (Stichwort Innergemeinschaftliche Lieferung) und beim Erwerber zu einem innergemeinschaftlichen Erwerb; zu den Einzelheiten vgl. Stichwort Fahrzeuglieferung.

Da durch diese Regelung der Gegenstand in dem anderen Mitgliedstaat der Umsatzsteuer unterliegt, muss auf der Seite des Lieferers auch eine Entlastung von der bei dem Kauf gezahlten Umsatzsteuer erfolgen. Der damit auch bei einem **Fahrzeuglieferer**, der erst über die Sondervorschrift des § 2a UStG zum Unternehmer wird, mögliche **Vorsteuerabzug** ist aber durch die Vorschriften des § 15 Abs. 4a UStG wie folgt **beschränkt**:

- Abziehbar ist nur die auf die Lieferung, die Einfuhr oder den innergemeinschaftlichen Erwerb des neuen Fahrzeugs entfallende Steuer. Damit sind z.B. nicht die Vorsteuerbeträge abziehbar, die der Verkäufer aus Verkaufsnebenkosten hat (z.B. aus Verkaufsinseraten).
- Die Vorsteuer kann nur bis zu dem Betrag abgezogen werden, der für die Lieferung des Fahrzeugs geschuldet würde, wenn die Lieferung nicht steuerbar wäre. Damit stellt der Betrag, den der Lieferer vom Käufer erhält, die Berechnungsgrundlage (netto) für den Vorsteuerabzug dar.
- Die Vorsteuer kann erst in dem Voranmeldungszeitraum abgezogen werden, in dem das Fahrzeug verkauft worden ist.

---

[15] Abschn. 15.13 Abs. 3 UStAE.

Beispiel 14: Privatperson P erwirbt am 5.12.2017 von einem Händler in Deutschland ein Fahrzeug für 20.000 € zuzüglich 3.800 € (19 %) gesondert ausgewiesener Umsatzsteuer. Im März 2018 verkauft P das Fahrzeug an einen Abnehmer aus Frankreich und erhält 17.000 €.
Lösung: Die Lieferung des P ist eine in Deutschland steuerbare, aber steuerfreie innergemeinschaftliche Lieferung. P wird für diesen Umsatz zum Unternehmer nach § 2a UStG. Der Erwerb ist von dem französischen Abnehmer in Frankreich der Erwerbsbesteuerung zu unterwerfen. P hat im März 2018 einen Vorsteuerabzug in Deutschland i.H.v. (17.000 € × 19 %) 3.230 €.

9. Sonderregelungen für nicht im Gemeinschaftsgebiet ansässige Unternehmer

Für Unternehmer, die **nicht im Gemeinschaftsgebiet ansässig** sind und die nur Steuerbeträge nach § 13b UStG schulden (vgl. Stichwort Steuerschuldnerverfahren), also im Inland keine Umsatzsteuer aufgrund eigener steuerpflichtiger Umsätze abführen müssen, gelten bestimmte Einschränkungen bei der Vorsteuerabzugsmöglichkeit.

Ein Vorsteuerabzug kommt nur dann infrage, wenn in dem Land, aus dem der ausländische Unternehmer stammt, eine Umsatzsteuer oder eine ähnliche Steuer nicht erhoben wird oder im Falle der Erhebung einem im Inland ansässigen Unternehmer auf Antrag erstattet wird (sog. **Gegenseitigkeitsverfahren**). Eine Aufstellung der in dieses Gegenseitigkeitsverfahren einbezogenen Staaten wird regelmäßig im Bundessteuerblatt (Teil I) veröffentlicht. Die Aufstellung ist auch unter www.bzst.de im Internet abrufbar.

Darüber hinaus sind von der Erstattung für im Drittlandsgebiet ansässige Unternehmer grundsätzlich Vorsteuerbeträge aus dem Bezug von Kraftstoffen ausgeschlossen.

10. Vorsteuerabzug bei fehlerhaften oder fehlenden Unterlagen

Häufig stellt sich die Frage, ob ein **Vorsteuerabzug auch bei fehlenden Unterlagen** vorgenommen werden kann bzw. ob die Besteuerungsgrundlagen für den Vorsteuerabzug geschätzt werden können.

Wichtig! Der Unternehmer hat grundsätzlich alle Mängel im Nachweis über das Vorliegen der Voraussetzungen über den Vorsteuerabzug zu vertreten.

Mängel an der Rechnung darf der Unternehmer nicht selbst beseitigen, er hat aber gegenüber dem leistenden Unternehmer einen zivilrechtlichen Anspruch auf die Ausstellung einer ordnungsgemäßen Rechnung, vgl. dazu Stichworte Rechnungen und Rechnungsberichtigung.

Achtung! Insbesondere darf der Leistungsempfänger den eventuell fehlenden gesonderten Steuerausweis in der Rechnung nicht selbst ergänzen.

Grundsätzlich ist die ordnungsgemäße Rechnung mit gesondert ausgewiesener Umsatzsteuer allgemeine Voraussetzung für den Vorsteuerabzug. Soweit eine ordnungsgemäße Rechnung bei dem Leistungsempfänger nicht vorhanden war, kommt eine Schätzung des Vorsteuerabzugs grundsätzlich nicht in Betracht.

Achtung! Geht eine einmal vorliegende Rechnung verloren, kann der Unternehmer den Nachweis darüber, dass ein anderer Unternehmer Steuern für Lieferungen oder sonstige Leistungen gesondert in Rechnung gestellt hat, mit allen verfahrensrechtlich zulässigen Beweismitteln führen[16].

Wenn eine ordnungsgemäße Rechnung bei dem Leistungsempfänger vorhanden war, diese aber bei einer Prüfung nicht vorgelegt werden kann, ist es dem Unternehmer zuzumuten, alles zu tun, um die Mangelhaftigkeit der Unterlagen zu beseitigen. Nur wenn dies unmöglich ist oder für den Unternehmer mit unzumutbaren Schwierigkeiten verbunden ist, kann eine Schätzung der Vorsteuerbeträge im Rahmen einer Billigkeitsmaßnahme in Betracht kommen. Dabei gehen Unsicherheiten bei der Ermittlung des Sachverhalts zulasten des Unternehmers. Soweit nicht ausgeschlossen werden kann, dass ungerecht-

[16] BFH, Urteil v. 23.10.2014, V R 23/13, BStBl II 2015, 313.

fertigte Steuervorteile für den Unternehmer entstehen, ist ein ausreichender Sicherheitsabschlag vorzunehmen.

Wichtig! Verstößt der Unternehmer bei elektronisch übertragenen Rechnungen gegen die Verpflichtung, diese Rechnungen auch elektronisch zu archivieren, ist damit nicht automatisch die Versagung des Vorsteuerabzugs verbunden. Der Vorsteuerabzug kann mit allen verfahrensrechtlichen Mitteln nachgewiesen werden.

11. Zeitpunkt des Vorsteuerabzugs

Der Unternehmer kann den Vorsteuerabzug grundsätzlich nach den Verhältnissen vornehmen, die zum Zeitpunkt des Leistungsbezugs vorliegen. Unerheblich ist, ob die bezogene Leistung später tatsächlich für vorsteuerabzugsberechtigende Ausgangsumsätze verwendet wird; vgl. Stichwort Vorsteuerberichtigung.

Achtung! Nach der Rechtsprechung des EuGH[17] ist es geklärt, dass der Vorsteuerabzug erst für den Vorsteuerabzugszeitraum vorgenommen werden kann, in dem die erstmals ausgestellte Rechnung auch tatsächlich vorliegt. Nach der Rechtsprechung des BFH[18] ist klargestellt worden, dass der Vorsteuerabzug aber zwingend in dem Zeitraum vorzunehmen ist, in dem die Voraussetzungen erstmals vorliegen. Der Vorsteuerabzug kann nicht in einem späteren Zeitraum nachgeholt werden.

Beispiel 15: Unternehmer A führt an den Unternehmer B im Dezember 2017 eine Leistung aus. Die Rechnung mit gesondertem Steuerausweis für die Leistung geht dem B aber erst im Februar 2018 zu.
Lösung: Der Vorsteuerabzug kann erst dann geltend gemacht werden, wenn die Leistung ausgeführt wurde und die Rechnung vorliegt, damit erst im Februar 2018.

Wichtig! Zur Möglichkeit der rückwirkenden Rechnungsberichtigung vgl. Stichwort Rechnungsberichtigung.

---

17 EuGH, Urteil v. 29.4.2004, C-152/02 – Terra Baubedarf, BFH/NV Beilage 2004, 229 sowie BFH, Urteil v. 1.7.2004, V R 33/01, BStBl II 2004, 861.

18 BFH, Urteil v. 13.2.2014, V R 8/13, BStBl II 2014, 595.

Vorsteueraufteilung

Vorsteueraufteilung auf einen Blick

1. **Rechtsquellen**
   § 15 Abs. 4 UStG
   § 43 UStDV
   Abschn. 15.16 bis Abschn. 15.18 UStAE
2. **Bedeutung**
   Soweit ein Unternehmer für sein Unternehmen bezogene Leistungen nicht ausschließlich für vorsteuerabzugsberechtigende oder vorsteuerabzugsschädliche Leistungen verwendet, muss er die ihm in Rechnung gestellten Umsatzsteuerbeträge in einen abziehbaren und einen nicht abziehbaren Anteil aufteilen. Seit 2004 kann eine Aufteilung der Vorsteuerbeträge nach der nationalen gesetzlichen Regelung nur dann nach dem Verhältnis der Ausgangsumsätze aufgeteilt werden, wenn kein anderer wirtschaftlicher Aufteilungsmaßstab ermittelbar ist.
3. **Weitere Stichworte**
   → Unternehmensvermögen, → Vorsteuerabzug, → Vorsteuerberichtigung
4. **Besonderheiten**
   Nach mehrfacher unionsrechtlicher Prüfung durch den EuGH scheint der Streit über den zutreffenden Aufteilungsmaßstab bei Immobilien nunmehr entschieden zu sein: Grundsätzlich hat bei gemischt genutzten Gebäuden der Flächenmaßstab den Vorrang. Wenn sich die Kosten aber nicht gleichmäßig auf die Fläche verteilen, kann auch ein Umsatzschlüssel als Aufteilungsmaßstab herangezogen werden.

1. Allgemeines

Ein Unternehmer hat grundsätzlich den **Vorsteuerabzug**, soweit er eine Lieferung oder sonstige Leistung von einem anderen Unternehmer für sein Unternehmen erhalten hat, er die Leistung seinem Unternehmen zuordnen konnte (für seine wirtschaftlichen Tätigkeiten verwenden will) und er – soweit die Umsatzsteuer von dem leistenden Unternehmer geschuldet wird – eine ordnungsgemäße Rechnung mit gesondert ausgewiesener Umsatzsteuer vorweisen kann.

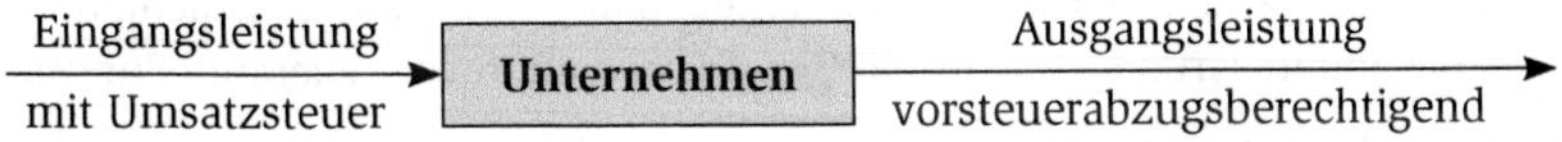

Soweit der Unternehmer mit diesen bezogenen Leistungen Umsätze ausführen will, für die er nach § 15 Abs. 2 UStG **vom Vorsteuerabzug ausgeschlossen** ist und für die auch keine Ausnahme nach § 15 Abs. 3 UStG einschlägig ist (vgl. Stichwort Vorsteuerabzug), kann er die ihm in Rechnung gestellte Umsatzsteuer nicht als Vorsteuer abziehen.

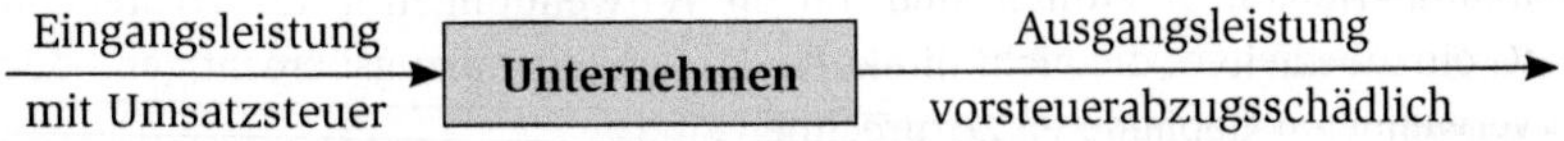

In den Fällen, in denen der Unternehmer die bezogene Leistung weder in vollem Umfang für vorsteuerabzugsberechtigende noch für vorsteuerabzugsschädliche Ausgangsleistungen verwendet, muss die ihm in Rechnung gestellte Umsatzsteuer in einen abziehbaren und einen nicht abziehbaren Anteil aufgeteilt werden (**Vorsteueraufteilung**).

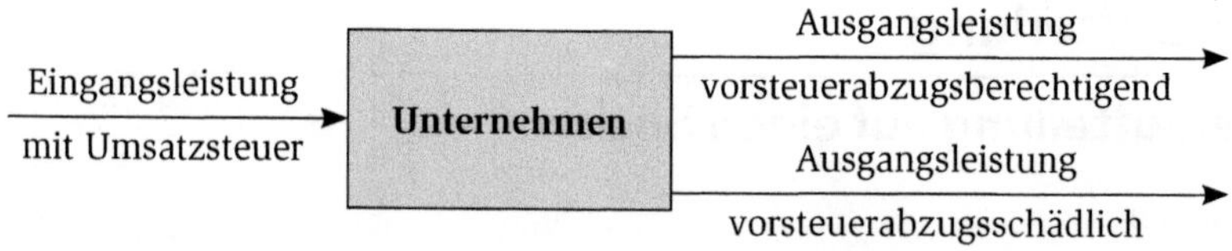

Wichtig! Bevor eine Vorsteueraufteilung geprüft wird, muss zuerst festgestellt werden, ob der Eingangsumsatz nicht eindeutig einer Art Ausgangsumsatz zugeordnet werden kann („Zuordnung" geht vor „Aufteilung"). Dies gilt bei Immobilien aber nicht für Anschaffungs- oder Herstellungskosten.

2. Die Aufteilung der Vorsteuer

Soweit die sich aus der Eingangsleistung ergebende Umsatzsteuer nicht in vollem Umfang zum Vorsteuerabzug zugelassen, aber auch nicht vollständig vom Vorsteuerabzug ausgeschlossen ist, muss der Unternehmer ermitteln, in welchem Umfang die Vorsteuerbeträge den zum Vorsteuerabzug berechtigenden Umsätzen wirtschaftlich zuzurechnen sind. Soweit eine **wirtschaftliche Zurechnung** nicht möglich ist, muss der abziehbare Anteil der Vorsteuer **sachgerecht geschätzt** werden, § 15 Abs. 4 Satz 2 UStG. Eine Vorsteueraufteilung im Verhältnis der Ausgangsumsätze soll nur dann in Betracht kommen, wenn kein anderer Aufteilungsmaßstab ermittelbar ist, § 15 Abs. 4 Satz 3 UStG.

Bei der Beurteilung kommt es auf den Zeitpunkt des Leistungsbezugs für das Unternehmen an. Zu diesem Zeitpunkt muss der Unternehmer entscheiden, ob er den Gegenstand für seine wirtschaftliche Tätigkeit im Rahmen des Unternehmens verwenden will und in welchem Umfang die Verwendung den Vorsteuerabzug ausschließen wird.

Wichtig! Änderungen, die sich erst in einem späteren Besteuerungszeitraum ergeben, führen zu einer Vorsteuerberichtigung nach § 15a UStG und sind nicht über die Vorsteueraufteilung zu regulieren.

Achtung! Nachdem der BFH[1] in einer Entscheidung zur Vorsteueraufteilung bei Grundstücken grundsätzliche Zweifel an der unionsrechtskonformen Umsetzung des § 15 Abs. 4 UStG geäußert hatte, ist er dann relativ kurze Zeit später zu der Auffassung gelangt, dass die Regelung des § 15 Abs. 4 UStG grundsätzlich mit dem Unionsrecht vereinbar ist und unionsrechtlich ausgelegt werden kann[2].

Bei der Vorsteueraufteilung sind jeweils die Besonderheiten des Einzelfalls zu beachten, allerdings lassen sich in der Praxis bestimmte Grundsätze für häufig vorkommende Vorsteueraufteilungsfälle aufstellen:

2.1 Vorsteueraufteilung bei Immobilien

Soll ein Gebäude sowohl **für vorsteuerabzugsberechtigende wie auch für vorsteuerabzugsschädliche Ausgangsleistungen** verwendet werden, muss der Unternehmer die mit diesem Gebäude im Zusammenhang stehenden Vorsteuerbeträge nach § 15 Abs. 4 UStG nach deutschem Recht nach einem wirtschaftlich vertretbaren Aufteilungsmaßstab aufteilen, die Aufteilung kann auch im Rahmen einer sachgerechten Schätzung erfolgen. Allerdings sind nur die Aufwendungen in die Vorsteueraufteilung nach § 15 Abs. 4 UStG einzubeziehen, die nicht direkt einem vorsteuerabzugsberechtigend oder vorsteuerabzugsschädlich verwendeten Gebäudeteil zuzurechnen sind.

Strittig war die **Vorsteueraufteilung bei Anschaffungs- oder Herstellungskosten** (AHK). Der BFH[3] hatte entschieden, dass Aufwendungen, die den Gegenstand selbst betreffen (also AHK oder nachträgliche AHK) für die Vorsteueraufteilung anders zu beurteilen sind, als die Aufwendungen, die die Erhaltung, Nutzung oder den Gebrauch des Gebäudes betreffen. Die AHK oder nachträglichen AHK müssen

---

1 BFH, Urteil v. 22.8.2013, V R 19/09, BFH/NV 2014, 278.

2 BFH, Urteil v. 7.5.2014, V R 1/10, BFH/NV 2014, 1177 sowie BFH, Urteil v. 3.7.2014, V R 2/10, BFH/NV 2014, 1699.

3 BFH, Urteil v. 28.9.2006, V R 43/03, BStBl II 2007, 417.

nach Auffassung des BFH nach einem **einheitlichen Aufteilungsmaßstab** für das gesamte Gebäude aufgeteilt werden, während die Aufwendungen für die Erhaltung, Nutzung oder den Gebrauch des Gebäudes soweit wie möglich den jeweiligen Gebäudeteilen zugeordnet werden sollten. Die Finanzverwaltung folgte dieser Auffassung zuerst nicht, musste dann aber, nachdem der BFH[4] bei seiner Rechtsauffassung blieb, dies so akzeptieren[5], sodass die Anschaffungs- oder Herstellungskosten einheitlich aufzuteilen sind (sog. „**Eintopftheorie**").

Achtung! Durch Beschluss des BFH[6] war die Frage, ob bei den Anschaffungs- oder Herstellungskosten diese sog. „Eintopftheorie" mit dem Unionsrecht vereinbar ist, wieder dem EuGH vorgelegt worden. Der EuGH[7] hat in seiner Entscheidung dazu festgestellt, dass die Mitgliedstaaten keine Regelungen aufnehmen müssen, die Eingangsumsätze vorab verschiedenen Bereichen zuordnen zu müssen, wenn eine solche Zuordnung schwer durchführbar ist. Ob dies bei der Errichtung eines Gebäudes der Fall ist, hat der EuGH der nationalen Beurteilung überlassen, sodass der BFH in der Folge entscheiden muss, ob eine Vorabzurechnung von bestimmten Baukosten zu bestimmten Gebäudeteilen vorgenommen werden muss. Der XI. Senat des BFH[8] hat sich daraufhin der Rechtsprechung des V. Senats des BFH angeschlossen, sodass jetzt als anerkannt gelten kann, dass Anschaffungs- und Herstellungskosten nach einem einheitlichen Aufteilungsmaßstab aufgeteilt werden müssen, also keine Vorwegzurechnung einzelner Bau- oder Anschaffungskosten zu einzelnen Gebäudeteilen möglich ist.

Bei **Aufwendungen im Zusammenhang mit einem Gebäude** muss damit zuerst geprüft werden, ob es sich um:

- **Anschaffungs- oder Herstellungskosten** oder nachträgliche Anschaffungs- oder Herstellungskosten oder um
- Aufwendungen für die Erhaltung (**Instandsetzungskosten**), Nutzung oder den Gebrauch des Grundstücks handelt. Dabei erfolgt eine Abgrenzung jeweils nach ertragsteuerrechtlichen Kriterien.

Wichtig! Die ertragsteuerrechtliche Qualifizierung gilt aber nicht bei dem sog. anschaffungsnahen Aufwand. Instandsetzungsaufwendungen, die in zeitlicher Nähe zu einem Anschaffungsvorgang angefallen sind und ertragsteuerrechtlich in Anschaffungskosten umqualifiziert werden, bleiben für die umsatzsteuerrechtliche Beurteilung Instandsetzungsaufwendungen.

Bei Aufwendungen, die die **Erhaltung, Nutzung oder den Gebrauch des Grundstücks** betreffen, bleibt es bei dem Grundsatz, dass Zuordnung vorrangig vor Aufteilung ist. Der Unternehmer muss somit zuerst prüfen, ob diese Aufwendung einem bestimmten Gebäudeteil direkt zuzurechnen ist. Nur die Aufwendungen, die nicht direkt zuzuordnen sind, können nach § 15 Abs. 4 UStG aufgeteilt werden.

Beispiel 1: Immobilienbesitzer I lässt an einem Gebäude die Fassade streichen. Außerdem wird in einer Mietwohnung das Bad neu gefliest. Das Gebäude wird zum Zeitpunkt der Ausführung der Leistungen zu 50 % für vorsteuerabzugsberechtigende Ausgangsleistungen verwendet.
Lösung: Die Vorsteuer aus der Instandsetzung des Bads ist direkt der steuerfreien Vermietung der Wohnung zuzuordnen – der Vorsteuerabzug ist insoweit nach § 15 Abs. 2 Nr. 1 UStG ausgeschlossen. Das Streichen der Fassade kann hingegen nicht einer bestimmten Ausgangsleistung zugeordnet werden, sodass eine Vorsteueraufteilung nach § 15 Abs. 4 UStG erfolgen muss. I kann aus der Rechnung des Malers 50 % Vorsteuer abziehen.

---

4 BFH, Urteil v. 22.11.2007, V R 43/06, BStBl II 2008, 770.

5 BMF, Schreiben v. 30.9.2008, BStBl I 2008, 896; jetzt Abschn. 15.17 Abs. 5 UStAE.

6 BFH, Beschluss v. 5.6.2014, XI R 31/09, BFH/NV 2014, 1334.

7 EuGH, Urteil v. 9.6.2016, C-332/14 – Wolfgang und Dr. Wilfried Rey Grundstücksgemeinschaft GbR, BFH/NV 2016, 1245.

8 BFH, Urteil v. 10.8.2016, XI R 31/09, BFH/NV 2016, 1654.

Tipp! Bei dem Umbau eines Gebäudes muss nach ertragsteuerrechtlichen Grundsätzen unterschieden werden, ob es sich um nachträgliche Herstellungskosten oder um Instandhaltungskosten handelt.

Anschaffungs- oder Herstellungskosten wie auch **nachträgliche Anschaffungs- oder Herstellungskosten** sind nach einem für das gesamte Gebäude bzw. die durch die nachträglichen Anschaffungs- oder Herstellungskosten geschaffenen Gebäudeteile geltenden **einheitlichen Aufteilungsmaßstab** aufzuteilen. Da im Regelfall bei der Anschaffung oder Herstellung eines Gebäudes noch keine tatsächlichen Ausgangsleistungen gegeben sein dürften, muss auf die jeweils **geplante Ausgangsleistung** mit diesem Gebäude abgestellt werden; vgl. dazu auch Stichwort Unternehmensvermögen zu den Zuordnungsmöglichkeiten.

Beispiel 2: Unternehmer U errichtet ein Gebäude, das er zu 50 % für eigene, den Vorsteuerabzug berechtigende, Ausgangsleistungen verwenden will. Die restliche Gebäudefläche wird an private Wohnungsmieter für Wohnzwecke vermietet. Während er in seinem Bürotrakt hochwertigen Steinfußboden für (netto) 150.000 € verlegen lässt, wird in den Mietwohnungen Teppichboden für insgesamt (netto) 30.000 € verlegt.

Lösung: Sowohl der Teppichboden wie auch der Steinboden gehört zu den einheitlichen Herstellungskosten des Gebäudes und kann nur nach dem einheitlichen Vorsteueraufteilungsmaßstab nach § 15 Abs. 4 UStG aufgeteilt werden. U kann damit aus beiden Rechnungen – unter den weiteren Voraussetzungen des § 15 UStG – jeweils nur 50 % des ausgewiesenen Umsatzsteuerbetrags als Vorsteuer abziehen.

Entstehen an einem Gebäude **nachträgliche Anschaffungs- oder Herstellungskosten**, gelten die dargestellten Grundsätze entsprechend. **Abgrenzbare Gebäudeteile** sind dabei jeweils gesondert zu beurteilen.

Beispiel 3: Vermieter V baut an einem ihm gehörenden Mietwohngrundstück das Dach neu aus. In diesem Zusammenhang wird auch ein Fahrstuhl an das Gebäude angebaut, der sämtliche Etagen des Gebäudes erschließt. Das Dachgeschoss wird nach dem Ausbau steuerfrei an Wohnungsmieter vermietet, insgesamt wird das Gebäude danach zu 30 % für vorsteuerabzugsberechtigende Ausgangsleistungen verwendet.

Lösung: Sowohl bei dem Anbau des Fahrstuhls wie auch bei dem Ausbau des Dachs handelt es sich um nachträgliche Herstellungskosten. Beide nachträglichen Herstellungskosten sind getrennt zu beurteilen. Da der Ausbau des Dachs ausschließlich für steuerfreie Ausgangsleistungen verwendet werden soll, ist insoweit der Vorsteuerabzug nach § 15 Abs. 2 Nr. 1 UStG ausgeschlossen. Für den Anbau des Fahrstuhls ist die Gesamtnutzung des Gebäudes maßgeblich, nach § 15 Abs. 4 UStG kann der V aus diesen nachträglichen Herstellungskosten 30 % Vorsteuerabzug vornehmen[9].

Tipp! Nachträgliche Anschaffungs- und Herstellungskosten stellen immer ein eigenständiges Zurechnungsobjekt dar.

Umstritten war weiterhin, in welchem Verhältnis die Vorsteuer aus der gemischten Nutzung von Immobilien aufzuteilen ist. Gegen den Widerstand der Finanzverwaltung hatte sich in der ständigen Rechtsprechung des BFH[10] herausgebildet, dass die Aufteilung im **Verhältnis der Ausgangsumsätze** bei gemischt genutzten Immobilien eine zulässige Methode ist. Mit Wirkung vom 1.1.2004 wurde dann jedoch durch Einfügen der **Beschränkung nach § 15 Abs. 4 Satz 3 UStG** ein gesetzliches Verbot der Aufteilung des Vorsteuerbetrags im Verhältnis der Ausgangsumsätze umgesetzt, wenn es einen anderen wirtschaft-

---

[9] Vgl. auch Abschn. 15.17 Abs. 7 UStAE.

[10] BFH, Urteil v. 5.2.1998, V R 101/96, BStBl II 1998, 492; BFH, Urteil v. 17.8.2001, V R 1/01, BStBl II 2002, 833.

lichen Aufteilungsmaßstab gibt. Damit war im Ergebnis ein **Verbot des Umsatzschlüssels bei gemischt genutzten Immobilien** erreicht, da das Verhältnis der Mietflächen immer ermittelbar ist.

Nachdem das Niedersächsische Finanzgericht[11] diese Vorgabe als nicht mit dem Unionsrecht vereinbar angesehen hatte, hatte der BFH[12] das Verfahren dem EuGH vorgelegt. Der EuGH[13] hat dazu entschieden, dass die Mitgliedstaaten einen vom Umsatzschlüssel abweichenden Vorsteueraufteilungsmaßstab vorschreiben können, dies aber voraussetzt, dass dieser vorgeschriebene Aufteilungsmaßstab eine präzisere Bestimmung des Aufteilungsmaßstabs gewährleistet. Ob die Regelung des § 15 Abs. 4 Satz 3 UStG dies gewährleistet, müsse der BFH entscheiden. Der **EuGH**[14] hatte daraufhin – trotz grundsätzlicher Bedenken – entschieden, dass § 15 Abs. 4 UStG insoweit **mit dem Unionsrecht vereinbar** ist, wie die dort vorgesehene Aufteilung von Vorsteuerbeträgen (also faktisch der **Flächenschlüssel**) für nach § 15a UStG berichtigungspflichtige Vorsteuerbeträge gilt. Der Ausschluss des Umsatzschlüssels durch den Flächenschlüssel nach § 15 Abs. 4 Satz 3 UStG verstößt nicht gegen das Unionsrecht, da ein objektbezogener Flächenschlüssel eine präzisere Bestimmung des Aufteilungssatzes ermöglicht, als der auf die Gesamtumsätze des Unternehmens bezogene Umsatzschlüssel. Der BFH[15] hat allerdings kurze Zeit später seine Rechtsprechung relativiert und kurze Zeit später bestätigt. Die Vorsteuerbeträge können dann nach einem objektbezogenen Umsatzschlüssel aufgeteilt werden, wenn erhebliche Unterschiede in der Ausstattung der verschiedenen Zwecken dienenden Räume bestehen.

Tipp! Grundsätzlich ist der Flächenschlüssel bei der Vorsteueraufteilung anzuwenden. Der Flächenschlüssel findet aber dann keine Anwendung, wenn die Ausstattung der Räumlichkeiten (Höhe der Räume, Dicke der Wände, Innenausstattung) erhebliche Unterschiede aufweist. In solchen Fällen ist die Vorsteueraufteilung anhand des objektbezogenen Umsatzschlüssels vorzunehmen. Damit ist im Ergebnis die Anwendung des (objektbezogenen) Umsatzschlüssels in den Fällen unterschiedlicher Ausstattungsstandards möglich geworden.

Insbesondere bei Objekten, die zu gewerblichen und Wohnzwecken vermietet sind, wird es in aller Regel unterschiedliche Ausstattungsmerkmale geben. Allerdings wird es in diesem Punkt künftig sicher im Einzelfall zu einem Streit mit der Finanzverwaltung kommen können. Zu beachten sind dabei die Positionen, die der BFH bereits in seinen Entscheidungen aufgenommen hat:

- Höhe der Räume,
- die Dicke der Wände und Decken oder
- die Innenausstattung.

Allerdings wird sich immer die Frage stellen, ob dies auch „erheblich“ ist. Der Unternehmer muss darlegen und nachweisen, dass es sich um erhebliche Ausstattungsunterschiede handelt. Diese Beweislastverteilung ergibt sich daraus, dass in diesen Fällen der Regelaufteilungsmaßstab der Flächenschlüssel ist und der Umsatzschlüssel die Ausnahme. Für diese Ausnahme ist der Unternehmer beweispflichtig. In bestimmten Fällen (z.B. bei der nur stundenweisen Nutzung einer Schulsporthalle) kann sich auch eine Vorsteueraufteilung nach einem zeitbezogenen Aufteilungsschlüssel ergeben (BFH, Urteil vom 26.4.2018, V R 23/26).

---

11 Niedersächsisches Finanzgericht, Urteil v. 23.4.2009, 16 K 271/06.

12 BFH, Beschluss v. 22.7.2010, V R 19/09, BStBl II 2010, 1090.

13 EuGH, Urteil v. 8.11.2012, C-511/10 – BLC Baumarkt, DStR 2012, 2731.

14 BFH, Urteil v. 22.8.2013, V R 19/09, BFH/NV 2014, 278.

15 BFH, Urteil v. 7.5.2014, V R 1/10, BFH/NV 2014, 1177 sowie BFH, Urteil v. 3.7.2014, V R 2/10, BFH/NV 2014, 1699. Der XI. Senat des BFH hat sich mittlerweile dieser Sichtweise angeschlossen, BFH, Urteil v. 10.8.2016, XI R 31/09, BFH/NV 2016, 1654.

Wichtig! Soweit der Unternehmer nach § 15 Abs. 4 UStG ein sachgerechtes Aufteilungsverfahren gewählt hat, ist dieser Maßstab auch für die nachfolgenden Besteuerungszeiträume zugrunde zu legen. Dieser gilt auch für die Anwendung einer gegebenenfalls notwendigen Vorsteuerberichtigung nach § 15a UStG[16].

2.2 Vorsteueraufteilung bei Fahrzeugen

Soweit ein Unternehmer ein Fahrzeug sowohl für vorsteuerabzugsberechtigende wie auch für vorsteuerabzugsschädliche Leistungen verwendet, muss ebenfalls eine Aufteilung der Vorsteuerbeträge nach § 15 Abs. 4 UStG erfolgen.

Beispiel 4: Handelsvertreter H ist auch als Versicherungsvertreter tätig.
Lösung: Während die Umsätze als Handelsvertreter den Vorsteuerabzug nicht ausschließen, führen die Umsätze als Versicherungsvertreter zu einem Ausschluss vom Vorsteuerabzug. Die mit dem Fahrzeug in Verbindung stehenden Vorsteuerbeträge müssen nach § 15 Abs. 4 UStG aufgeteilt werden.

Als **wirtschaftlicher Aufteilungsmaßstab** für die Vorsteueraufteilung wird bei einem Fahrzeug wohl nur die **tatsächliche Verwendung** (Verhältnis der für die einzelnen Tätigkeiten gefahrenen Kilometer) in Betracht kommen. Soweit ein Fahrtenbuch nicht vorliegt, muss dieses Verhältnis im Rahmen einer sachgerechten Schätzung ermittelt werden.

Eine Aufteilung im Verhältnis der von dem Unternehmer erbrachten Umsätze wird nicht zu einem wirtschaftlich zutreffenden Ergebnis führen, wenn der Gegenstand im Rahmen des Gesamtunternehmens in unterschiedlicher Intensität für die einzelnen Umsätze verwendet wird.

2.3 Vorsteueraufteilung bei allgemeinen Betriebsausgaben

Grundsätzlich muss zwischen der Eingangsleistung und einer oder mehreren Ausgangsleistungen ein direkter und unmittelbarer Zusammenhang bestehen. Der Vorsteuerabzug beurteilt sich dann nach der Verwendungsabsicht des geplanten Ausgangsumsatzes oder der verschiedenen Ausgangsumsätze. Verwendet der Unternehmer die bezogene Leistung dann aber später tatsächlich anders für Ausgangsleistungen, als dies zum Zeitpunkt des Leistungsbezugs geplant war, kann eine Korrektur des Vorsteuerabzugs nur über die Vorsteuerberichtigung nach § 15a UStG erfolgen.

Ein Problem ergibt sich dann, wenn eine Eingangsleistung **nicht in direktem Zusammenhang** mit einer oder mehreren Ausgangsleistungen steht. In diesem Fall kann ein Vorsteuerabzug trotzdem in Betracht kommen, wenn die Eingangsleistungen zu den allgemeinen Aufwendungen der wirtschaftlichen Gesamttätigkeit gehören. Nach der Rechtsprechung des BFH[17] ist dabei auf die Verhältnisse der gesamten Umsätze im Besteuerungszeitraum abzustellen.

Wichtig! Besteuerungszeitraum ist das Kalenderjahr. Es kommt damit entscheidend auf die Leistungen des Unternehmers im gesamten Besteuerungszeitraum an.

Führt der Unternehmer im Besteuerungszeitraum nur den Vorsteuerabzug ausschließende oder zum Vorsteuerabzug berechtigende Leistungen aus, steht ihm der Vorsteuerabzug gar nicht oder vollständig zu. Führt der Unternehmer sowohl den Vorsteuerabzug zulassende wie auch nicht zulassende Ausgangsleistungen aus, müssen die **nicht direkt zuordenbaren Vorsteuerbeträge** aufgeteilt werden[18].

---

[16] BFH, Urteil v. 2.3.2006, V R 49/05, BStBl II 2006, 729.
[17] BFH, Urteil v. 24.4.2013, XI R 25/10, BStBl II 2014, 346.
[18] § 15 Abs. 4 UStG.

Achtung! Die Finanzverwaltung[19] hat klargestellt, dass ein Aufteilungsschlüssel, der im Voranmeldungsverfahren angewendet worden war, z.B. auf der Grundlage der Umsätze des vorangegangenen Jahres, in der Jahressteuererklärung zu einer Änderung des Vorsteuerabzugs führt, wenn das Verhältnis der Ausgangsumsätze im laufenden Besteuerungszeitraum zu einem anderen Aufteilungsverhältnis führt.

Tipp! Eine solche Anpassung in der Jahressteuererklärung erfolgt nach § 15 UStG. In diesem Fall kommt es – anders als bei der Vorsteuerberichtigung nach § 15a UStG – unabhängig von bestimmten Mindestabweichungen zu einer Korrektur des Vorsteuerabzugs[20].

3. Vereinfachungen bei der Vorsteueraufteilung

Über § 43 UStDV sind in bestimmten Bereichen **Vereinfachungen bei der Vorsteueraufteilung** geregelt. Nach diesen Vereinfachungsregelungen braucht bei bestimmten steuerfreien Ausgangsleistungen keine Vorsteueraufteilung vorgenommen zu werden, lediglich die unmittelbar mit diesen Leistungen in Zusammenhang stehenden Vorsteuerbeträge sind vom Vorsteuerabzug ausgeschlossen. Unter diese Vereinfachungsregelung fallen insbesondere die folgenden Umsätze:

- Umsätze von **Geldforderungen**, denen zum Vorsteuerabzug berechtigende Umsätze des Unternehmers zugrunde liegen.

Beispiel 5: Großhändler G verkauft Forderungen, übernimmt aber den Zahlungseinzug selbst.
Lösung: Der Verkauf der Forderungen ist eine steuerbare aber steuerfreie sonstige Leistung. Da diese Geldforderungen aber aus den zum Vorsteuerabzug berechtigenden Umsätzen stammen, braucht G seine Vorsteuerbeträge aus den Gemeinkosten nicht aufzuteilen.

- Umsätze mit gesetzlichen Zahlungsmitteln und im Inland gültigen Wertzeichen.

Beispiel 6: Schreibwarenhändler S verkauft neben Schreibwaren auch Postkarten sowie Briefmarken.
Lösung: Der steuerfreie Verkauf der Briefmarken führt nicht zu einer Aufteilung der Vorsteuerbeträge für seine Gemeinkosten.

- **Geschäftseinlagen bei Kreditinstituten** von Unternehmern, bei denen Geldgeschäfte als Hilfsgeschäfte anzusehen sind, also nicht den Gegenstand des Unternehmens bilden.

Beispiel 7: Architekt A legt nicht benötigte liquide Mittel als Festgeld an.
Lösung: Die Zinsen für das Festgeld führen zu steuerfreien Einnahmen nach § 4 Nr. 8 Buchst. a UStG, die den Vorsteuerabzug grundsätzlich ausschließen. Da es sich bei A bei diesen Umsätzen um Hilfsgeschäfte (Umsätze, die üblicherweise im Rahmen eines Unternehmens anfallen) handelt, braucht eine Vorsteueraufteilung bei seinen Gemeinkosten nicht vorgenommen zu werden.

Wichtig! Vom Vorsteuerabzug sind aber die Vorsteuerbeträge ausgeschlossen, die direkt mit diesen Umsätzen in Zusammenhang stehen.

Fortsetzung Beispiel 7: Da A sich mit seinem Kreditinstitut über die Höhe einer Zinsabrechnung streitet, beauftragt er einen Rechtsanwalt, der ihm eine Gebührenrechnung erteilt.
Lösung: Die Umsatzsteuer aus der Anwaltsrechnung ist vom Vorsteuerabzug ausgeschlossen, da hier ein eindeutiger Zusammenhang mit der steuerfreien Einnahme aus den Festgeldern besteht.

---

[19] Abschn. 15.16 Abs. 2a UStAE.

[20] Eine Vorsteuerberichtigung nach § 15a UStG kann nur erfolgen, wenn die Mindestvoraussetzungen des § 44 UStG erfüllt sind. Solche Voraussetzungen sind bei einer Vorsteueranpassung nach § 15 UStG nicht vorhanden.

Vorsteuerberichtigung

Vorsteuerberichtigung auf einen Blick

1. **Rechtsquellen**
   § 15a sowie § 27 Abs. 11 und Abs. 12 UStG
   § 44 und § 45 UStDV
   Abschn. 15a.1 bis Abschn. 15a.12 UStAE
2. **Bedeutung**
   Der Vorsteuerabzug soll sich bei einem Leistungsbezug nicht nur nach der geplanten Verwendung der bezogenen Leistung richten, sondern die tatsächliche Nutzung der bezogenen Leistung soll für den endgültigen Vorsteuerabzug berücksichtigt werden. Da sich der Vorsteuerabzug nach § 15 UStG endgültig und sofort nach der Verwendungsabsicht bestimmt, kann eine Korrektur der abgezogenen Vorsteuer nur über die Vorsteuerberichtigung erfolgen, wenn die geplante Verwendung von der tatsächlichen Verwendung bezüglich der Berechtigung zum Vorsteuerabzug abweicht.
3. **Weitere Stichworte**
   → Vorsteuerabzug, → Vorsteueraufteilung
4. **Besonderheiten**
   Zum 1.1.2005 ist § 15a UStG vollständig neu gefasst und auch auf Umlaufvermögen, sonstige Leistungen und Reparaturleistungen erweitert worden. Die Neufassung des § 15a UStG ist aber nur auf die bezogenen Leistungen anzuwenden, die der Steuerpflichtige ab dem 1.1.2005 bezogen hat. Für davor bezogene Leistungen bleibt § 15a UStG in der Altfassung anwendbar.

1. Allgemeines

Das geltende Umsatzsteuersystem mit Vorsteuerabzugsberechtigung basiert auf dem Grundsatz, dass der Unternehmer **sofort bei Leistungsbezug einen Vorsteueranspruch** nach § 15 UStG in Anspruch nehmen kann. Dieser Vorsteueranspruch kann in den Fällen rückwirkend nicht mehr infrage gestellt werden, wenn die bezogene Leistung später zu anderen als den ursprünglich geplanten Zwecken verwendet wird[1]. Dabei muss immer unterschieden werden, ob sich die Vorsteuerberichtigung auf langlebige Wirtschaftsgüter bezieht, die nicht nur einmalig für Ausgangsleistungen verwendet werden (im Regelfall Anlagevermögen) oder eine Berichtigung für nur einmalig verwendete Gegenstände, für sonstige Leistungen oder für an Gegenständen ausgeführte Lieferungen und Leistungen bezieht. Durch die Neufassung des § 15a UStG zum 1.1.2005 wurden erstmals auch Vorsteuerberichtigungen für bezogene Leistungen möglich, die nicht Anlagevermögen betreffen.

Wichtig! Ob eine Vorsteuerberichtigung nach der Altfassung des § 15a UStG oder der Neufassung des § 15a UStG infrage kommt, entscheidet sich in Abhängigkeit des Datums des Leistungsbezugs. Nur wenn die Leistung ab dem 1.1.2005 bezogen wurde, kann auch § 15a UStG in der Neufassung Anwendung finden[2].

Ein **Überblick** über die anzuwendenden Fassungen kann der folgenden Übersicht entnommen werden:

---

1 EuGH, Urteil v. 8.6.2000, C-396/98 – Schlossstraße GbR, BStBl II 2003, 446, BFH, Urteil v. 22.2.2001, V R 77/98, BStBl II 2003, 426.

2 § 27 Abs. 11 UStG.

	Leistungsbezug bis 31.12.2004	Leistungsbezug ab 1.1.2005
Berichtigung bei Anlagevermögen (Wirtschaftsgüter, die nicht nur einmalig für Ausgangsumsätze verwendet werden)	§ 15a Abs. 1 UStG a.F.: Berichtigung erfolgt, wenn innerhalb des Berichtigungszeitraums das Wirtschaftsgut anders für vorsteuerabzugsberechtigende Umsätze verwendet wird, als dies für den Vorsteuerabzug bei Leistungsbezug maßgeblich war.	§ 15a Abs. 1 UStG n.F.: Berichtigung erfolgt, wenn innerhalb des Berichtigungszeitraums das Wirtschaftsgut anders für vorsteuerabzugsberechtigende Umsätze verwendet wird, als dies für den Vorsteuerabzug bei Leistungsbezug maßgeblich war (unveränderte Rechtslage).
Berichtigung bei Umlaufvermögen (Wirtschaftsgüter, die nur einmalig für Ausgangsleistungen verwendet werden)	Verwendungsänderung führt zu keiner Vorsteuerberichtigung.	§ 15a Abs. 2 UStG n.F.: Ohne Berichtigungszeitraum erfolgt eine Berichtigung, wenn das Wirtschaftsgut tatsächlich anders für den Vorsteuerabzug genutzt wird, als dies für den Vorsteuerabzug maßgeblich war.
Berichtigung bei Arbeiten an einem Wirtschaftsgut (wenn in ein Wirtschaftsgut andere Gegenstände eingehen oder sonstige Leistungen daran ausgeführt werden)	Verwendungsänderung führt zu keiner Vorsteuerberichtigung.	§ 15a Abs. 3 Satz 1 UStG n.F.: Berichtigung erfolgt nach § 15a Abs. 1 oder Abs. 2 UStG, wenn das Wirtschaftsgut anders verwendet wird, als dies für den Vorsteuerabzug zum Zeitpunkt des Leistungsbezugs maßgeblich war. Seit dem 1.1.2007 sind mehrere Leistungen im Zusammenhang mit einer Maßnahme zu einem Berichtigungsobjekt zusammenzufassen[3].
Entnahme eines Wirtschaftsguts an dem Leistungen ausgeführt wurden, für die der Vorsteuerabzug in Anspruch genommen wurde, ohne das die Entnahme steuerbar ist	Entnahme führt zu keiner Vorsteuerberichtigung.	§ 15a Abs. 3 Satz 3 UStG n.F.: Eine Vorsteuerberichtigung erfolgt nach § 15a Abs. 1 oder Abs. 2 UStG.
Berichtigung bei in Anspruch genommenen sonstigen Leistungen	Verwendungsänderung führt zu keiner Vorsteuerberichtigung.	§ 15a Abs. 4 UStG n.F.: In Abhängigkeit, ob die sonstige Leistung einmalig oder mehrmalig für Ausgangsleistungen verwendet wird, erfolgt eine Berichtigung nach § 15a Abs. 1 oder Abs. 2 UStG.

3 § 15a Abs. 3 Satz 2 UStG i.V.m. § 27 Abs. 12 UStG.

	Leistungsbezug bis 31.12.2004	Leistungsbezug ab 1.1.2005
Berichtigung bei nachträglichen Anschaffungs- oder Herstellungskosten	§ 15a Abs. 3 UStG a.F.: Berichtigung erfolgt, wenn Verwendungsänderung innerhalb des für die nachträglichen Anschaffungs-/Herstellungskosten neuen Berichtigungszeitraums erfolgt.	§ 15a Abs. 6 UStG n.F.: Berichtigung erfolgt, wenn Verwendungsänderung innerhalb des für die nachträglichen Anschaffungs-/Herstellungskosten neuen Berichtigungszeitraums erfolgt (unveränderte Rechtslage).
Berichtigung bei Wechsel des Besteuerungsverfahrens	Keine gesetzliche Regelung, aber Berichtigungsanspruch nach Rechtsprechung des BFH in bestimmten Fällen.	§ 15a Abs. 7 UStG n.F.: Berichtigung erfolgt, wenn Änderung durch Wechsel der Besteuerungsform (z.B. von Kleinunternehmerbesteuerung zur Regelbesteuerung und umgekehrt).
Berichtigung bei Geschäftsveräußerung	§ 15a Abs. 6a UStG a.F.: Keine Berichtigung beim Verkäufer, Käufer tritt in die Rechtsposition des Verkäufers ein.	§ 15a Abs. 10 UStG n.F.: Keine Berichtigung beim Verkäufer, Käufer tritt in die Rechtsposition des Verkäufers ein (unveränderte Rechtslage).

2. Vorsteuerberichtigung bei Anlagevermögen

Vorsteuerbeträge, die **beim Kauf oder bei der Einfuhr von Anlagegütern** (der Gesetzgeber hat den Begriff des Anlagevermögens in § 15a Abs. 1 UStG nicht verwendet, sondern spricht hier nur von Gegenständen, die **mehrfach für Ausgangsleistungen** verwendet werden) in Rechnung gestellt oder entrichtet werden, sind grundsätzlich vom Unternehmer abziehbar. Sollen mit dem Investitionsgut sowohl Umsätze, die zum Vorsteuerabzug berechtigen, als auch Umsätze, die zum Ausschluss vom Vorsteuerabzug führen, bewirkt werden, muss allerdings und zwar bereits im Zeitpunkt der Anschaffung und des Rechnungserhalts eine Aufteilung in einen abzugsfähigen und in einen nicht abzugsfähigen Vorsteuerbetrag erfolgen[4]. Dabei ist die **Verwendungsabsicht** (falls keine tatsächliche Verwendung vorliegt) maßgeblich.

Durch die Regelungen von § 15a Abs. 1 Satz 1 UStG werden die für den ursprünglichen Vorsteuerabzug im Zeitpunkt des Leistungsbezugs geltenden Verhältnisse mit den Verhältnissen in den jeweiligen Kalenderjahren der Nutzung verglichen.

Damit der Vorsteuerabzug bei solchen **langlebigen Wirtschaftsgütern** aber nicht an einer kurzen Verwendung festgemacht wird, soll eine Berichtigung dieses Vorsteuerabzugs im Rahmen der Vorsteuerberichtigung nach § 15a UStG dann erfolgen, wenn der Unternehmer das Wirtschaftsgut innerhalb eines festgelegten Zeitraums (im Regelfall fünf oder zehn Jahre) für Zwecke verwendet, die für den Vorsteuerabzug anders zu beurteilen sind (**Berichtigungszeitraum**).

Damit muss sich jeder Unternehmer bei der **Verwendung eines langlebigen Wirtschaftsguts** grundsätzlich zwei Fragen stellen:

- Wie ist der Vorsteuerabzug nach § 15 UStG zum Zeitpunkt des Leistungsbezugs zu beurteilen?
- Weicht die tatsächliche Verwendung des Gegenstands von dieser ursprünglichen Beurteilung ab? Soweit diese Frage bejaht wird, ist eine Vorsteuerberichtigung nach § 15a UStG zu überprüfen, soweit nicht eine Ausnahmeregelung nach § 44 UStDV einschlägig ist.

---

[4] Zum Aufteilungsverfahren bei in Abschnitten bezogenen Leistungen vgl. Abschn. 15a.1 Abs. 3 UStAE.

Wichtig! Eine Vorsteuerberichtigung kann sowohl zugunsten wie auch zulasten eines Unternehmers erfolgen.

Grundsätzlich gibt es **zwei Verfahren** bei der Vorsteuerberichtigung des Anlagevermögens: Zum einen eine Berichtigung, wenn das Wirtschaftsgut weiter von dem Unternehmer genutzt wird, sich aber die Nutzung in Bezug auf die Vorsteuerabzugsberechtigung ändert; zum anderen, wenn ein Wirtschaftsgut durch Verkauf oder Entnahme (vgl. Stichwort Unentgeltliche Lieferungen) endgültig aus dem Unternehmen ausscheidet.

Eine erste Übersicht über die Vorsteuerberichtigung und die Verfahren bei der Vorsteuerberichtigung ermöglicht die folgende Zusammenstellung:

	Vorsteuerberichtigung bei Weiterverwendung des Gegenstands	**Vorsteuerberichtigung bei Veräußerung**
Voraussetzung	Gegenstand wird ab dem Zeitpunkt der erstmaligen Verwendung anders für vorsteuerabzugsberechtigende Umsätze genutzt, als sich dies bei der Beurteilung des Vorsteuerabzugs ergeben hat.	Gegenstand wird verkauft oder nach § 3 Abs. 1b UStG unentgeltlich geliefert und der Verkauf/die Lieferung nach § 3 Abs. 1b UStG ist für den Vorsteuerabzug anders zu behandeln als sich dies bei der Beurteilung des Vorsteuerabzugs ergeben hat.
Berichtigungszeitraum	Der Berichtigungszeitraum umfasst fünf Jahre bei beweglichen Wirtschaftsgütern, zehn Jahre bei Immobilien. Eine geringere betriebsgewöhnliche Nutzungsdauer ist zu berücksichtigen.	
Ausnahme	Keine Berichtigung bei einer Geschäftsveräußerung im Ganzen nach § 1 Abs. 1a UStG, hier tritt der Erwerber in die Rechtsposition des Veräußerers ein.	
Beginn des Berichtigungszeitraums	Der Berichtigungszeitraum beginnt mit der erstmaligen unternehmerischen Verwendung.	
Nachträgliche Anschaffungs-/Herstellungskosten	Für nachträgliche Herstellungs- oder Anschaffungskosten beginnt ein eigenständiger Berichtigungszeitraum mit erstmaliger Verwendung.	
Berichtigungsverfahren	Berichtigung erfolgt für jedes einzelne Jahr, in dem sich eine Änderung der Verhältnisse ergeben hat; „pro rata temporis“	Berichtigung erfolgt sofort bis zum Ende des maßgeblichen Berichtigungszeitraums; § 44 Abs. 3 UStDV n.F.[5]

2.1 Beurteilung der Verwendung bei Leistungsbezug

Bezieht der Unternehmer eine Leistung, muss er **sofort bei Leistungsbezug** entscheiden, in welcher Höhe er zum Vorsteuerabzug nach § 15 Abs. 1 bis Abs. 4 UStG berechtigt ist. Dabei können – soweit für einen Gegenstand zu unterschiedlichen Zeiten Leistungen bezogen werden – gegebenenfalls unterschiedliche Beurteilungen notwendig sein. Dabei ist bei **jedem Leistungsbezug** – auch bezogen auf geleistete Anzahlungen – die zu diesem Zeitpunkt geplante spätere Verwendung maßgeblich. Daraus kann sich bei dem Erwerb eines Wirtschaftsguts für verschiedene Zahlungen ein unterschiedlicher Vor-

[5] Bis 31.12.2011: § 44 Abs. 4 UStDV a.F.

steuerabzugsbetrag ergeben, der dann in einen allgemeinen Prozentsatz der Vorsteuerabzugsberechtigung umzurechnen ist[6].

Beispiel 1: Unternehmer U schließt einen Vertrag über den Kauf eines Pkw ab. Bei Vertragsabschluss leistet er eine Anzahlung i.H.v. 20.000 € zuzüglich 3.800 € Umsatzsteuer (19 %). Da U zu diesem Zeitpunkt beabsichtigt, den Pkw ausschließlich für vorsteuerabzugsberechtigende Umsätze zu verwenden, zieht er nach § 15 Abs. 1 Satz 1 Nr. 1 Satz 3 UStG die Vorsteuer i.H.v. 3.800 € ab. Bei Auslieferung des Fahrzeugs zahlt U nochmals 40.000 € zuzüglich 7.600 € Umsatzsteuer (19 %). Entgegen seiner ursprünglichen Planung verwendet U den Pkw aber sofort nach Auslieferung ausschließlich für seine steuerfreien Umsätze ausführende Versicherungsagentur. Da U das Fahrzeug zum Zeitpunkt der Restzahlung nicht vorsteuerabzugsberechtigend verwendet, kann er die Vorsteuer aus der Restzahlung nicht abziehen.
Lösung: U hat zutreffend aus der Anzahlung den Vorsteuerabzug vorgenommen (soweit die Verwendungsabsicht für vorsteuerabzugsberechtigende Zwecke belegbar ist); dieser ist auch nicht nach § 15 UStG zu korrigieren. Von der insgesamt i.H.v. 11.400 € berechneten Umsatzsteuer hat U 3.800 € abgezogen, dies entspricht einem Anteil von $\frac{1}{3}$ = 33,33 %. Damit ist für den gesamten – fünfjährigen – Berichtigungszeitraum für das Fahrzeug von einer Vorsteuerabzugsberechtigung zum Zeitpunkt des Leistungsbezugs i.H.v. 33,33 % auszugehen. Soweit U den Pkw während des gesamten Berichtigungszeitraums für seine Versicherungsagentur verwendet, muss er pro Kalenderjahr $\frac{1}{5}$ des gezogenen Vorsteuerbetrags von 3.800 € = 760 € im Rahmen der Vorsteuerberichtigung an sein Finanzamt zurückzahlen.

2.2 Vorsteuerberichtigung bei Weiterverwendung des Gegenstands

Wenn sich bei einem Wirtschaftsgut innerhalb von **fünf Jahren** (bei **beweglichen Wirtschaftsgütern**) ab dem Zeitpunkt der erstmaligen Verwendung die für den ursprünglichen Vorsteuerabzug maßgebenden Verhältnisse ändern, hat der Unternehmer für jedes Kalenderjahr der Änderung einen Ausgleich durch eine Berichtigung des Abzugs der auf die Anschaffungs- oder Herstellungskosten entfallenden Vorsteuerbeträge vorzunehmen. Bei **Grundstücken** und ähnlichen Rechten beträgt der **Berichtigungszeitraum zehn Jahre**[7].

2.2.1 Berichtigungszeitraum

Der **maßgebliche Berichtigungszeitraum** beträgt grundsätzlich nach § 15a Abs. 1 UStG fünf Jahre. Lediglich bei Grundstücken einschließlich ihrer wesentlichen Bestandteile, bei Berechtigungen, für die die Vorschriften des bürgerlichen Rechts über Grundstücke gelten (Erbbaurecht, Erbpachtrecht und Wohnungseigentum), und bei Gebäuden auf fremden Grund und Boden beträgt der Berichtigungszeitraum zehn Jahre.

Achtung! Ist die betriebsgewöhnliche Nutzungsdauer eines Gegenstands geringer als der fünf- oder zehnjährige Berichtigungszeitraum, ist dieser geringere Zeitraum maßgebend[8].

Beispiel 2: Zahnarzt und Zahntechniker Z erwirbt für 8.000 € eine Computeranlage mit einer Nutzungsdauer von drei Jahren.
Lösung: Der Berichtigungszeitraum beträgt für diese Anlage nur drei Jahre.

Der **Berichtigungszeitraum beginnt** nicht mit der Anschaffung des Gegenstands, sondern erst mit der **erstmaligen Verwendung** des Gegenstands. Bei beweglichen Wirtschaftsgütern werden diese Zeit-

6 Abschn. 15a.1 Abs. 3 UStAE.

7 § 15a Abs. 1 UStG.

8 Bei Leistungsbezügen bis 31.12.2004: § 15a Abs. 2 Satz 2 UStG, bei Leistungsbezügen ab dem 1.1.2005: § 15a Abs. 5 Satz 2 UStG.

punkte in der Praxis regelmäßig zusammenfallen. Lediglich bei Grundstücken (Gebäuden) wird ein relevantes Auseinanderfallen dieser beiden Zeitpunkte feststellbar sein.

Beispiel 3: Vermieter V stellt am 15.12.2017 ein Gebäude fertig. Eine Vermietung des Gebäudes gelingt erstmals zum 1.5.2018.
Lösung: Der Berichtigungszeitraum für das Gebäude beginnt am 1.5.2018.

Wichtig! Eine Nichtnutzung eines Gegenstands (z.B. Leerstand eines Gebäudes) vor der erstmaligen Verwendung stellt noch keinen Verwendungsumsatz dar.

Eine Ausnahme besteht bei Gebäuden, die entsprechend dem **Baufortschritt** in Gebrauch genommen werden, da insoweit jeweils eigenständige Berichtigungszeiträume beginnen[9].

Beispiel 4: Unternehmer U baut ein neues Produktionsgebäude mit angrenzendem Verwaltungstrakt. Das Produktionsgebäude wird am 17.1.2018 in Betrieb genommen, der Verwaltungstrakt wird erst am 10.12.2018 bezogen.
Lösung: Es liegen zwei verschiedene Berichtigungszeiträume vor.

Der Berichtigungszeitraum endet nach Ablauf der fünf- oder zehnjährigen Frist bzw. nach Ablauf der geringeren betriebsgewöhnlichen Nutzungsdauer des Gegenstands. Um bei der Berechnung der Berichtigung aber zu einer Vereinfachung zu kommen, wird das **Ende des Berichtigungszeitraums** nach **§ 45 UStDV** auf volle Kalendermonate auf- oder abgerundet.

- Endet der Berichtigungszeitraum **vor dem 16. des Kalendermonats**, ist dieser Monat insgesamt bei der Berichtigung nicht zu berücksichtigen,
- endet der Berichtigungszeitraum **nach dem 15. des Kalendermonats**, ist dieser Monat bei der Berichtigung insgesamt mit zu berücksichtigen.

Tipp! Die Finanzverwaltung wendet die Rundungsvorschrift des § 45 UStDV analog auf den Beginn des Berichtigungszeitraums an[10].

Beispiel 4 (Fortsetzung): Der Berichtigungszeitraum für das Produktionsgebäude endet am 31.1.2028, der Januar 2028 wird noch voll mit berücksichtigt.
Der Berichtigungszeitraum des Verwaltungstraktes endet am 30.11.2028, der anteilige Dezember 2028 wird nicht mit berücksichtigt.

2.2.2 Verwendungsänderung

Um zu einer Vorsteuerberichtigung zu kommen, muss sich eine **Veränderung bei der Verwendung des Gegenstands** ergeben, wobei sich die Veränderung auf die **Möglichkeit des Vorsteuerabzugs** auswirken muss. Ändert sich zwar die Nutzung des Gegenstands, nicht aber die Beurteilung der Nutzung bezüglich des Vorsteuerabzugs, ergibt sich keine Notwendigkeit für eine Vorsteuerberichtigung.

Beispiel 5: Unternehmer U hatte 2013 eine Werkhalle gebaut, die er für die Produktion von Holzfenstern nutzte. Die Umsatzsteuer aus der Errichtung der Werkhalle konnte U 2013 als Vorsteuer abziehen. Ab Januar 2018 vermietet U die Werkhalle an einen Produzenten von Kunststofffenstern und optiert bei der Vermietung nach § 9 UStG auf die Steuerpflicht.
Lösung: Es hat sich zwar die Verwendung der Werkhalle verändert, diese Verwendungsänderung hat jedoch keinen Einfluss auf die Vorsteuerabzugsberechtigung, sodass § 15a UStG nicht anzuwenden

9 Abschn. 15a.3 Abs. 2 UStAE.
10 Abschn. 15a.3 Abs. 1 UStAE.

ist. Würde U steuerfrei (also ohne Option nach § 9 UStG) die Werkhalle vermieten, müsste er eine Vorsteuerberichtigung nach § 15a UStG zu seinen Lasten vornehmen.

Achtung! Maßgeblich ist für den Vorsteuerabzug immer die Berechtigung zum Zeitpunkt, an dem der Unternehmer die Leistung bezieht – die Verwendungsabsicht zu diesem Zeitpunkt. Die tatsächliche erstmalige Verwendung ist nicht für den Vorsteuerabzug entscheidend.

Tipp! In den meisten Fällen wird in der Praxis die geplante Verwendung in der Regel mit der tatsächlichen Verwendung identisch sein.

Achtung! Eine Nichtnutzung eines Gegenstands (z.B. Leerstand eines Gebäudes) während des maßgeblichen Berichtigungszeitraums stellt keine Verwendung dar. In diesen Fällen wird die für die Vorsteuerberichtigung maßgebliche Beurteilung des Vorsteuerabzugs in dieser Zeit durch die weitere Verwendungsabsicht des Gegenstands bestimmt[11].

Beispiel 6: Vermieter V vermietet ein 2013 errichtetes Gebäude steuerpflichtig an einen zum Vorsteuerabzug berechtigten Unternehmer. Zum 30.9.2017 wurde das Mietverhältnis gekündigt. Der V bemüht sich intensiv, einen neuen Mieter zu finden, an den er ebenfalls steuerpflichtig vermieten kann. Erst Anfang 2018 nimmt er kurz entschlossen ein Mietangebot eines Arztes an, da ein anderer Mieter nicht zu finden war.
Lösung: Die Vermietung an den Arzt in 2018 ist steuerfrei nach § 4 Nr. 12 Buchst. a UStG, eine Option ist wegen § 9 Abs. 2 UStG nicht möglich. Damit ist eine Änderung der Verhältnisse, die für den Vorsteuerabzug maßgebend waren, eingetreten. Allerdings ist die Leerstandszeit in 2017 noch eine – geplante – steuerpflichtige Verwendung, sodass eine Berichtigung nach § 15a UStG erst ab 2018 in Betracht kommt. In diesen Fällen kommen aber auf den Vermieter besondere Nachweispflichten zu, damit er der Finanzverwaltung schlüssig darlegen kann, dass eine durch Option steuerpflichtige Vermietung geplant war (z.B. eindeutiger Auftrag an einen Makler, etc.).

2.2.3 Berichtigungsverfahren

Soweit sich eine Veränderung bei den Verhältnissen, die für den Vorsteuerabzug bei Leistungsbezug maßgeblich waren, durch die tatsächliche Verwendung im Erstjahr oder in den folgenden Jahren des Berichtigungszeitraums ergibt, muss der Unternehmer eine Vorsteuerberichtigung vornehmen. Dabei kann der **Berichtigungsbetrag** grundsätzlich nach der folgenden Berechnungsformel berechnet werden:

Vorsteuer aus Anschaffung oder Herstellung des Gegenstands	×	Berichtigungs-zeit	×	Verwendungs-änderung	=	**Berichtigungs-betrag**

a) Vorsteuer aus der Anschaffung oder Herstellung

In die Vorsteuerberichtigung gehen sämtliche Vorsteuerbeträge ein, die bei der Anschaffung oder Herstellung eines Gegenstands entstanden sind. Unerheblich ist es bei der Berechnung des Berichtigungsbetrags, ob – und in welcher Höhe – diese Vorsteuerbeträge aufgrund der geplanten Verwendung abgezogen werden konnten.

Achtung! Voraussetzung ist jedoch immer, dass der Gegenstand für das Unternehmen bezogen wurde und auch dem Unternehmen zugerechnet werden konnte. Eine Einlage eines Gegenstands aus dem Privatvermögen eröffnet keine Möglichkeit einer Vorsteuerberichtigung.

11 BFH, Urteil v. 25.4.2002, V R 58/00, BStBl II 2003, 435 sowie Abschn. 15a.2 Abs. 8 UStAE.

Wichtig! In die Berechnung gehen auch Vorsteuerbeträge aus Anschaffungsnebenkosten mit ein (z.B. Transportkosten, Aufstellkosten).

b) Berichtigungszeit

Wird der **Gegenstand**, auf den sich die Vorsteuerberichtigung bezieht, im Unternehmen **weiter verwendet**, erfolgt die Vorsteuerberichtigung grundsätzlich „pro rata temporis“, also nur für das jeweilige Jahr. Damit sind alle Kenntnisse über die weitere Verwendung des Gegenstands bei der Jahresberichtigung außer Betracht zu lassen. Somit beträgt bei einem beweglichen Wirtschaftsgut in der Regel die Berichtigungszeit $1/5$, nämlich ein Jahr des insgesamt fünfjährigen Berichtigungszeitraums. Bei einem Grundstück oder grundstücksgleichem Recht $1/10$, nämlich ein Jahr des insgesamt zehnjährigen Berichtigungszeitraums. Im Ergebnis stellt diese Berechnung die gesetzlich vorgeschriebene Gleichverteilung der Vorsteuer über den maßgeblichen Berichtigungszeitraum dar, § 15a Abs. 5 UStG.

c) Verwendungsänderung

Die **Verwendungsänderung** ist immer als Veränderung in Prozentpunkten zu der vorsteuerabzugsberechtigenden Verwendung zum Zeitpunkt des Vorsteuerabzugs zu berechnen. Bestand z.B. zum Zeitpunkt des Leistungsbezugs volle Vorsteuerabzugsberechtigung, in einem Folgejahr wird der Gegenstand aber zu 30 % auch für vorsteuerabzugsschädliche Umsätze verwendet, liegt eine Verwendungsänderung i.H.v. ./. 30 % vor.

Der geplanten Verwendung ist immer die tatsächliche Verwendung des Gegenstands im Erstjahr oder in den jeweiligen Folgejahren gegenüberzustellen. Dabei ist von einer durchschnittlichen Verwendung des Gegenstands in diesem Besteuerungszeitraum auszugehen.

Beispiel 7: Eine Mieteinheit, die in 2017 sechs Monate steuerpflichtig und sechs Monate steuerfrei vermietet wurde, wurde in 2017 zu 50 % zu vorsteuerabzugsberechtigenden Umsätzen verwendet.

Achtung! Um eine Berichtigung in den Fällen zu vermeiden, bei denen sich nur geringfügige Veränderungen im Vergleich zum erstmaligen Vorsteuerabzug ergeben, sind in § 44 UStDV verschiedene Vereinfachungsregelungen zusammengefasst. Insbesondere muss die Verwendungsänderung mindestens zehn Prozentpunkte betragen (vgl. unten Vereinfachungsregelungen).

Beispiel 8: Unternehmer U hat in 2013 ein Gebäude errichtet, für die ihm aus den Herstellungskosten insgesamt Umsatzsteuerbeträge i.H.v. 100.000 € in Rechnung gestellt worden sind. Entsprechend der Verwendung des Gebäudes hat U in 2013 Vorsteuerbeträge i.H.v. 40 %, also 40.000 € abgezogen. Bis einschließlich 2016 hat sich keine Veränderung bei der Verwendung des Objekts ergeben. Im Kalenderjahr 2017 wird das Objekt wegen verschiedener Mieterwechsel zu 52 % für steuerpflichtige (vorsteuerabzugsberechtigende) Umsätze verwendet.

Lösung: Für 2017 ergibt sich für U die folgende Vorsteuerberichtigung:

Vorsteuer aus Herstellung 100.000 €	×	Berichtigungszeit 12/120	×	Verwendungsänderung + 12 %	=	**Berichtigungsbetrag 1.200 €**

Eine **Änderung der Verhältnisse** liegt auch dann vor, wenn sich tatsächlich an der Nutzung des Gegenstands nichts geändert hat, aber die **steuerliche Beurteilung für den Vorsteuerabzug sich verändert** haben sollte (z.B. bei Wechsel der Besteuerungsform bei einem Landwirt oder bei einem Kleinunternehmer).

Achtung! Eine Änderung der Verhältnisse ist auch gegeben, wenn die Beurteilung des Vorsteuerabzugs zu Beginn der Verwendung sachlich unrichtig war (z.B. unzulässige Option auf die Steuerpflicht), eine falsche Beurteilung aber wegen eines nicht mehr änderbaren Steuerbescheids im Ursprungsjahr nicht mehr zu korrigieren ist. In diesem Fall kommen für die noch nicht bestandskräftigen Folgejahre Vorsteuerberichtigungen in Betracht[12].

2.2.4 Besonderheiten bei nachträglichen Anschaffungs- oder Herstellungskosten

Bei einem Gegenstand, bei dem **nachträgliche Anschaffungs- oder Herstellungskosten** – AHK – (nachträgliche Aufwendungen im Zusammenhang mit einem Gegenstand, die ohne Zusammenhang mit diesen Gegenstand zu AHK führen würden) entstehen, ergibt sich für diese nachträglichen AHK ein eigenständiger Berichtigungszeitraum, der grundsätzlich auch wieder fünf oder zehn Jahre läuft, soweit nicht eine geringere Verwendungsdauer für diesen Gegenstand in Betracht kommt; § 15a Abs. 6 UStG[13].

2.2.5 Besonderheiten bei Zerstörung eines Gegenstands

Wenn ein Gegenstand aus dem Unternehmen ausscheidet, ohne dass diesem Ausscheiden ein Verkauf oder ein unentgeltlicher Vorgang i.S.d. § 3 Abs. 1b UStG zugrunde liegt (also z.B. bei **Zerstörung des Gegenstands**, bei **Diebstahl** oder Entsorgung wegen technischer Überalterung), ist damit der maßgebliche Berichtigungszeitraum für den Gegenstand beendet[14].

Wichtig! Der Verkauf der nicht mehr brauchbaren Teile (z.B. des Schrotts eines zerstörten Gegenstands) gilt nicht als Ausgangsumsatz.

Eventuell kann sich daraus auch eine **Neuberechnung von Vorsteuerberichtigungen der Vorjahre** ergeben, da sich bei einem vorzeitigen Ausscheiden des Gegenstands aus dem Unternehmen der Umfang des Berichtigungszeitraums verringert hat. Zur **Vereinfachung** kann dann aber eine Differenz zu den ursprünglichen Berechnungen in der Erklärung des Jahres berücksichtigt werden, in dem der Gegenstand aus dem Unternehmen ausscheidet.

Beispiel 9: Bauunternehmer B verwendet einen Baukran sowohl für steuerpflichtige Bauten auf fremden Grund und Boden wie auch für Bauten auf eigenen Grundstücken, die anschließend steuerfrei (vorsteuerabzugsschädlich) an private Erwerber veräußert werden. In den einzelnen Jahren ergeben sich unterschiedliche Verwendungen, sodass B in den einzelnen Jahren Vorsteuerberichtigungen nach § 15a UStG vornehmen muss. 48 Monate nach Erwerb wird der Kran bei einem Unfall vollständig zerstört.
Lösung: Der Berichtigungszeitraum von ursprünglich 60 Monaten (fünf Jahren) verkürzt sich damit auf 48 Monate. Da in den Vorjahren bei den Vorsteuerberichtigungen aber von einer 60 Monate dauernden Verwendungszeit ausgegangen wurde, muss eine Neuberechnung der Vorsteuerberichtigungen der Vorjahre erfolgen. Die Summe der Differenzen zu den Vorjahren kann im Jahr der Zerstörung berücksichtigt werden, sodass keine berichtigten Jahreserklärungen für die Vorjahre abgegeben werden müssen[15].

2.3 Vorsteuerberichtigung bei Verkauf oder unentgeltlicher Lieferung eines Gegenstands

Wird ein **Gegenstand verkauft** oder im Rahmen einer unentgeltlichen Lieferung nach § 3 Abs. 1b UStG aus dem Unternehmen entnommen, endet mit dieser Handlung nicht der Berichtigungszeitraum. Es muss somit auch in diesen Fällen eine **Vorsteuerberichtigung** geprüft werden. Dabei wird nach § 15a Abs. 9 UStG[16] fiktiv davon ausgegangen, dass der Gegenstand bis zum Ende des maßgeblichen Berich-

[12] Abschn. 15a.4 Abs. 3 UStAE.
[13] Bis 31.12.2004: § 15a Abs. 3 UStG.
[14] Abschn. 15a.3 Abs. 7 UStAE.
[15] Abschn. 15a.11 Abs. 6 UStAE.
[16] Für Gegenstände, die bis zum 31.12.2004 angeschafft worden waren: § 15a Abs. 6 UStG.

tigungszeitraums so für das Unternehmen verwendet wird, wie der Verkauf des Gegenstands erfolgt. Damit können sich grundsätzlich nur zwei Möglichkeiten für diese **fiktive Verwendung** ergeben:

- Der **Gegenstand wird steuerpflichtig verkauft**. Dies wird der Regelfall bei beweglichen Wirtschaftsgütern sein. Diesem Ausgangsumsatz ist auch der Verkauf eines Gegenstands gleichgestellt, der im Rahmen einer steuerfreien, aber den Vorsteuerabzug nicht ausschließenden Lieferung aus dem Unternehmen ausscheidet (z.B. bei einer steuerfreien Ausfuhrlieferung). In einem solchen Fall wird bei der Vorsteuerberichtigung so getan, als wenn der Gegenstand vom Verkauf bis zum Ablauf des Berichtigungszeitraums in vollem Umfang für vorsteuerabzugsberechtigende Ausgangsumsätze verwendet worden ist.
- Der **Gegenstand wird steuerfrei** im Rahmen einer den Vorsteuerabzug ausschließenden Lieferung **verkauft**. Dies kann bei einem Verkauf eines Grundstücks in Betracht kommen, soweit keine nicht steuerbare Geschäftsveräußerung vorliegt und bei dem Verkauf nicht nach § 9 UStG auf die Steuerpflicht optiert wird. In einem solchen Fall wird bei der Vorsteuerberichtigung so getan, als wenn der Gegenstand vom Verkauf bis zum Ablauf des Berichtigungszeitraums in vollem Umfang für vorsteuerabzugsschädliche Ausgangsumsätze verwendet worden ist.

Beispiel 10: Der Unternehmer U hat Anfang Januar 2017 ein Fahrzeug erworben, das er auch zu 50 % für vorsteuerabzugsschädliche Vermietungsumsätze im Rahmen seines Unternehmens verwendet. Von der ihm in Rechnung gestellten Umsatzsteuer von 4.000 € kann er nur 2.000 € als Vorsteuer geltend machen. Anfang Januar 2018 veräußert der Unternehmer U das Fahrzeug.

Lösung: Der Verkauf des Fahrzeugs ist ein in vollem Umfang steuerpflichtiger Umsatz. Damit gilt der Gegenstand als bis zum Ende des Berichtigungszeitraums für vorsteuerabzugsberechtigende Umsätze verwendet. Der Unternehmer kann eine Vorsteuerberichtigung zu seinen Gunsten vornehmen. Da U das Fahrzeug bisher 12 Monate verwendet hat, erfolgt noch eine Berichtigung für die restlichen 48 Monate (vier Jahre). Die Verwendungsänderung beträgt + 50 %, da U 2017 nur zum Abzug von 50 % der Vorsteuer berechtigt war. Damit ergibt sich folgender Berichtigungsbetrag:

Vorsteuer aus Anschaffung 40.000 €	×	Berichtigungszeit 48/60	×	Verwendungsänderung + 50 %	=	**Berichtigungsbetrag 1.600 €**

Wichtig! Grundsätzlich erfolgt eine Vorsteuerberichtigung bei Verkauf oder Lieferung nach § 3 Abs. 1b UStC schon in der laufenden Umsatzsteuer-Voranmeldung des Monats, in dem der Verkauf stattgefunden hat, § 44 Abs. 3 UStDV.

3. Vorsteuerberichtigung bei Umlaufvermögen

Während bei Anschaffungen bis zum 31.12.2004 bei Umlaufvermögen eine Vorsteuerberichtigung grundsätzlich nicht infrage kam, ist für **Leistungsbezüge ab dem 1.1.2005** auch in diesen Fällen eine Vorsteuerberichtigung möglich, § 15a Abs. 2 UStG. Durch diese Regelung werden alle Wirtschaftsgüter erfasst, die nur **einmalig zur Ausführung von Umsätzen verwendet** werden, z.B. der Verkauf oder die Verarbeitung bestimmter Gegenstände. Dies betrifft somit insbesondere die Wirtschaftsgüter, die ertragsteuerlich Umlaufvermögen darstellen.

Nach der Regelung ist der Vorsteuerabzug zu berichtigen, wenn bei einem Wirtschaftsgut, das nur einmalig zur Erzielung von Umsätzen verwendet wird, die tatsächliche Verwendung von der beim Erwerb des Wirtschaftsguts gegebenen Verwendungsabsicht abweicht. Anders als bei der Berichtigung des Vorsteuerabzugs bei Investitionsgütern gibt es bei Wirtschaftsgütern, die nur einmalig zur Erzielung von Umsätzen verwendet werden, **keinen begrenzten Berichtigungszeitraum**. Die Frage der Berichtigung des Vorsteuerabzugs ist erst im Zeitpunkt der tatsächlichen Verwendung (also des Verkaufs) zu beurteilen.

Wichtig! § 15a Abs. 2 UStG ist aber nur für die Wirtschaftsgüter anzuwenden, die der Unternehmer ab dem 1.1.2005 erworben hat, § 27 Abs. 11 UStG. Eine entsprechende Anwendung auf Leistungsbezüge vor dem 1.1.2005 kommt nicht in Betracht[17].

Beispiel 11: Immobilienhändler I erwirbt im Februar 2016 ein unbebautes Grundstück für das ihm 200.000 € im notariellen Kaufvertrag berechnet werden. In diesem Kaufvertrag verzichtet der Verkäufer zulässigerweise auf die Steuerfreiheit des Umsatzes, sodass I zum Steuerschuldner der Umsatzsteuer i.H.v. 38.000 € wird (§ 13b Abs. 2 Nr. 3 i.V.m. Abs. 5 Satz 1 UStG). Da I das Grundstück ebenfalls unter Option auf die Steuerpflicht weiterverkaufen möchte, zieht er nach § 15 Abs. 1 Satz 1 Nr. 4 UStG die von ihm geschuldete Umsatzsteuer als Vorsteuer ab. Entgegen seiner ursprünglichen Planung verkauft I das Grundstück im Mai 2018 an eine hoheitlich tätige juristische Person des öffentlichen Rechts, sodass der Verkauf des Grundstücks nicht nach § 9 Abs. 1 UStG steuerpflichtig behandelt werden kann.
Lösung: Da sich die für den ursprünglichen Vorsteuerabzug maßgebenden Verhältnisse geändert haben, muss I nach § 15a Abs. 2 UStG eine Vorsteuerberichtigung vornehmen. Er hat im Mai 2018 im Rahmen der Vorsteuerberichtigung 38.000 € an sein Finanzamt abzuführen.

Achtung! Bei der Vorsteuerberichtigung der nur einmal für Ausgangsleistungen verwendeten Gegenstände (Umlaufvermögen) gibt es keinen Vorsteuerberichtigungszeitraum – eine Berichtigung ist damit zeitlich unbefristet möglich. Da der Berichtigungsanspruch auch erst mit Verwendungsänderung entsteht, greifen die Regelungen der Festsetzungsverjährung nicht. Die Umsatzsteuer ist in voller Höhe zu berichtigen.

Tipp! Die Vorsteuerberichtigung kann aber auch zugunsten des Steuerpflichtigen erfolgen, wenn er beim Erwerb des Gegenstands nicht zum Vorsteuerabzug berechtigt war, wenn eine steuerfreie Verwendung erfolgen sollte, dann aber später doch eine steuerpflichtige Verwertung erfolgen kann.

Grundsätzlich gilt die Berichtigung beim Umlaufvermögen auch bei dem **Wechsel der Besteuerungsform** (z.B. Wechsel von der Kleinunternehmerbesteuerung zur Regelbesteuerung). Dabei ist aber zu berücksichtigen, dass hier auch die **Vereinfachungsregelung des § 44 Abs. 1 UStDV** zur Anwendung kommt. Damit muss aus dem Leistungsbezug eine Umsatzsteuer von mehr als 1.000 € entstanden sein. Diese Grenze ist auf jedes einzelne Wirtschaftsgut zu beziehen[18].

4. Vorsteuerberichtigung bei Veränderung eines Wirtschaftsguts

Unter der Voraussetzung, dass in ein Wirtschaftsgut (Anlage- oder Umlaufvermögen) nachträglich ein anderer Gegenstand eingeht und dieser Gegenstand dabei seine körperliche und wirtschaftliche Eigenart endgültig verliert oder an einem Wirtschaftsgut eine sonstige Leistung ausgeführt wird, ist der Vorsteuerabzug ebenfalls zu berichtigen. Dabei kommt es nur dann zu einer Berichtigung „pro rata temporis", wenn es sich bei dem Wirtschaftsgut um ein Investitionsgut nach § 15a Abs. 1 UStG handelt. Insbesondere wird dies bei **Reparaturleistungen an beweglichen oder unbeweglichen Wirtschaftsgütern** in Betracht kommen können.

Beispiel 12: Handelsvertreter H besitzt in seinem Unternehmen ein wertvolles altes Fahrzeug, das er vor Jahren in sein Unternehmen eingelegt hatte. Anfang Februar 2016 lässt er an dem Fahrzeug umfangreiche Karosserie- und Lackierarbeiten ausführen, für die ihm 20.000 € zuzüglich 3.800 €

17 BFH, Urteil v. 12.2.2009, V R 85/07, BStBl II 2010, 76.

18 Vgl. Bayerisches Landesamt für Steuern, Vfg. v. 23.7.2008, DStR 2008, 1642.

Umsatzsteuer (19 %) gesondert in Rechnungen ausgewiesen werden. H zieht die ihm berechnete Umsatzsteuer nach § 15 Abs. 1 Satz 1 Nr. 1 UStG als Vorsteuer ab. Ab Juli 2017 verwendet H das Fahrzeug nur noch ausschließlich für Leistungen als Versicherungsvertreter.
Lösung: Da der Gegenstand jetzt für steuerfreie (§ 4 Nr. 11 UStG), den Vorsteuerabzug nach § 15 Abs. 2 Nr. 1 UStG ausschließende Umsätze verwendet wird, ergibt sich für H eine Vorsteuerberichtigung nach § 15a Abs. 3 UStG für das Kalenderjahr 2017. Die Instandsetzungskosten sind auf einen – analog des § 15a Abs. 1 UStG – fünfjährigen Berichtigungszeitraum zu verteilen. Damit ergibt sich für H für 2017 eine Änderung i.H.v. 50 %, sodass er für 2017 in der Jahressteuererklärung 380 € Umsatzsteuer an sein Finanzamt zurückzahlen muss. Wenn das Fahrzeug bis zum Ablauf des fünfjährigen Berichtigungszeitraums (der Berichtigungszeitraum endet am 31.1.2021) weiterhin für steuerfreie Umsätze verwendet wird, muss H jährlich 760 € als Berichtigungsbetrag an sein Finanzamt zahlen.

Fraglich war, wie die steuerrechtliche Behandlung in den Fällen ist, in denen **mehrere Leistungen in einem Kalenderjahr an einem Wirtschaftsgut** ausgeführt werden. Grundsätzlich waren mehrere Leistungen, die innerhalb eines Kalenderjahrs in ein Wirtschaftsgut eingingen, nicht für Zwecke der Berichtigung des Vorsteuerabzugs zusammenzufassen. Es wurde aber nicht beanstandet, wenn mehrere, im Zusammenhang mit einer Maßnahme stehende Einzelleistungen zu einem Berichtigungsobjekt zusammengefasst werden.

Damit waren verschiedene Leistungen nicht zwingend zusammenzufassen (z.B. Dachsanierung im Frühjahr und Heizungserneuerung im Herbst). Mehrere Einzelleistungen im Zusammenhang mit einer Maßnahme konnten jedoch – mussten aber nicht – bis zum 31.12.2006 zusammengefasst werden (z.B. Malerarbeiten und Fliesenarbeiten im Zusammenhang mit der Instandsetzung einer Mieteinheit).

Mit Wirkung **zum 1.1.2007**[19] ist dann § 15a Abs. 3 UStG dahingehend ergänzt worden, dass, soweit im Rahmen einer Maßnahme in ein Wirtschaftsgut mehrere Gegenstände eingehen oder an einem Wirtschaftsgut mehrere sonstige Leistungen ausgeführt werden, diese **zu einem Berichtigungsobjekt zusammenzufassen** sind.

Die Finanzverwaltung setzt die gesetzlichen Vorgaben wie folgt um[20]:

- Innerhalb von drei Monaten (bei beweglichen Wirtschaftsgütern) bzw. innerhalb von sechs Monaten (bei unbeweglichen Wirtschaftsgütern) an einem Wirtschaftsgut ausgeführte Leistungen, die der Verbesserung oder dem Erhalt dienen, sind zu einem Berichtigungsobjekt zusammenzufassen.
- Auch mehrere Leistungen verschiedener Unternehmer sind nach dieser Definition als einheitliche Maßnahme zu einem Berichtigungsobjekt zusammenzufassen.
- Können bei einem gemischt genutzten Gebäude die innerhalb von sechs Monaten bezogenen Leistungen einem bestimmten Gebäudeteil, mit dem entweder ausschließlich vorsteuerabzugsschädliche oder vorsteuerabzugsberechtigende Ausgangsleistungen erzielt werden, direkt zugerechnet werden, bilden diese dem Gebäudeteil zuzurechnenden Leistungen jeweils ein Berichtigungsobjekt.
- Der Berichtigungszeitraum beginnt zu dem Zeitpunkt, zu dem der Unternehmer das Wirtschaftsgut nach Durchführung der Maßnahme erstmalig zur Ausführung von Umsätzen verwendet.
- Zu berücksichtigen sind nur die Leistungen, die über den Zeitpunkt des Leistungsbezugs hinaus eine eigene Werthaltigkeit haben.

Achtung! Die Finanzverwaltung definiert „Maßnahme“ damit zeitbezogen und nicht wirtschaftlich.

Eine **Änderung der Verhältnisse** liegt nach § 15a Abs. 3 UStG auch dann vor, wenn der Gegenstand später aus dem Unternehmen entnommen wird, ohne dass es zu einer Besteuerung nach § 3 Abs. 1b UStG kommt.

---

19 Erstes Gesetz zum Abbau bürokratischer Hemmnisse insbesondere in der mittelständischen Wirtschaft v. 22.8.2006, BStBl I 2006, 486.

20 Abschn. 15a.6 UStAE.

Fortsetzung Beispiel 12: Handelsvertreter H entnimmt am 31.12.2017 das Fahrzeug.
Lösung: Die Entnahme des Fahrzeugs ist nicht steuerbar, da der Gegenstand als solcher (er wurde eingelegt!) nicht zum Vorsteuerabzug berechtigt hatte; § 3 Abs. 1b Satz 2 UStG. Allerdings führt die Entnahme zu einer Änderung der Verhältnisse nach § 15a Abs. 3 Satz 3 UStG für die ausgeführten Arbeiten an dem Gegenstand. Für den restlichen Berichtigungszeitraum (noch 37 Monate von 60 Monaten) muss H insgesamt 2.343 € Umsatzsteuer an sein Finanzamt zurückzahlen.

Insbesondere hat die Berichtigungsvorschrift des § 15a Abs. 3 UStG in der **Immobilienwirtschaft** für erheblichen Mehraufwand gesorgt, da alle größeren Instandsetzungsarbeiten, die zu mehr als 1.000 € Umsatzsteuer[21] führen, einen neuen, eigenständigen Vorsteuerberichtigungszeitraum auslösen.

Beispiel 13: Immobilienbesitzer I ist seit 20 Jahren Eigentümer eines gemischt genutzten Gebäudes. Anfang Oktober 2017 lässt er in dem Gebäude die Heizung für 30.000 € zuzüglich 19 % Umsatzsteuer (= 5.700 €) erneuern.
Lösung: Die Vorsteuer aus der Instandsetzungsmaßnahme ist insoweit abzugsfähig, wie das Gebäude zum Zeitpunkt der Arbeit zu vorsteuerabzugsberechtigenden Zwecken (= steuerpflichtige Vermietung) genutzt wird. Die Instandsetzungsmaßnahme begründet aber einen neuen zehnjährigen Berichtigungszeitraum, der bis Ende September 2027 läuft. I muss jährlich überprüfen, ob die Nutzung des Gebäudes von der Nutzung zum Zeitpunkt der Ausführung der Maßnahme abweicht und damit eine Vorsteuerberichtigung vorzunehmen ist.

Tipp! Bei größeren Immobilienobjekten werden sich im Laufe der Zeit mehrere, sich zeitlich überlappende Berichtigungszeiträume ergeben.

Wichtig! § 15a Abs. 3 UStG ist aber nur für die bezogenen Leistungen anzuwenden, die der Unternehmer seit dem 1.1.2005 bezogen hat, § 27 Abs. 11 UStG.

5. Vorsteuerberichtigung bei sonstigen Leistungen

Eine Vorsteuerberichtigung nach § 15a Abs. 4 UStG ist auch auszuführen, wenn der Unternehmer eine sonstige Leistung bezieht, die nicht in einen Gegenstand eingeht und die Verwendung anders zu beurteilen ist, als dies zum Zeitpunkt des Leistungsbezugs geplant war. Dabei kann eine Vorsteuerberichtigung „pro rata temporis" erfolgen, wenn die sonstige Leistung mehrfach (dauerhaft) zur Erzielung von Einnahmen verwendet wird (z.B. bei der Verwendung eines Computerprogramms, **Leasingvorauszahlungen**); § 15a Abs. 1 UStG. Wenn die bezogene Leistung aber nur einmalig verwendet wird (z.B. **Reinigungsleistungen**), erfolgt eine Berichtigung gemäß § 15a Abs. 2 UStG sofort.

Bei der Beurteilung der Frage, ob die sonstige Leistung einmalig oder mehrmalig zur Erzielung von Umsätzen verwendet wird, soll im Einzelnen darauf abzustellen sein, wann die bezogene sonstige Leistung verbraucht ist.

Wichtig! Der Gesetzgeber hat mit Wirkung zum 1.1.2007 in § 15a Abs. 4 UStG – im Rahmen einer gesetzlichen Klarstellung – aufgenommen, dass bei sonstigen Leistungen eine Vorsteuerberichtigung nur dann in Betracht kommen kann, für die in der Steuerbilanz ein Aktivierungsgebot bestünde. Die Finanzverwaltung[22] hatte dies schon für die Zeiträume vom 1.1.2005 bis 31.12.2006 so geregelt.

[21] Vereinfachungsregelung des § 44 Abs. 1 UStDV.
[22] BMF, Schreiben v. 6.12.2005, BStBl I 2005, 1068.

Beispiel 14: Chirurg C schließt mit einem Leasingunternehmen einen Leasingvertrag über ein medizinisches Gerät ab. Im Januar 2016 leistet C eine Leasingsonderzahlung i.H.v. 20.000 € zuzüglich 3.800 € Umsatzsteuer (19 %).

Lösung: Da C das Gerät ausschließlich für steuerfreie Umsätze nach § 4 Nr. 14 UStG verwendet, die den Vorsteuerabzug ausschließen, kann C aus der Leasingsonderzahlung keinen Vorsteuerabzug vornehmen. Ab Januar 2017 verwendet C das Gerät auch für vorsteuerabzugsberechtigende Schönheitsoperationen im Umfang von 30 %. C hat eine Vorsteuerberichtigung nach § 15a Abs. 4 UStG vorzunehmen. Da die Leasingsonderzahlung für das Gerät nicht nur einmalig für Ausgangsleistungen verwendet wird, erfolgt eine Vorsteuerberichtigung entsprechend § 15a Abs. 1 UStG „pro rata temporis". Die Vorsteuer ist über den maßgeblichen fünfjährigen Berichtigungszeitraum zu verteilen (pro Jahr 760 €). Von diesem Betrag sind 30 % = 228 € in der Jahressteuererklärung 2017 zugunsten des C zu berichtigen.

Wichtig! § 15a Abs. 4 UStG ist aber nur für die bezogenen sonstigen Leistungen anzuwenden, die der Unternehmer ab dem 1.1.2005 bezogen hat, § 27 Abs. 11 UStG.

6. Vorsteuerberichtigung im Zusammenhang mit auch nichtunternehmerisch genutzten Gebäuden

Achtung! Die Regelungen betreffen ausschließlich Gebäude, mit Abschluss eines obligatorischen Kaufvertrags nach dem 31.12.2010 oder bei Herstellung mit Bauantrag nach dem 31.12.2010, § 27 Abs. 16 UStG.

Zur **„Abschaffung" des sog. „Seeling-Modells"** ist mit Wirkung vom 1.1.2011 in § 15 Abs. 1b UStG der Vorsteuerabzug bei auch für nichtunternehmerische Zwecke verwendete Gebäude oder für Gebäude, die für den privaten Bedarf des Personals überlassen werden, der Vorsteuerabzug auf den Teil des Gebäudes beschränkt, der für die unternehmerischen Zwecke verwendet wird. Soweit in der Nutzung eine Änderung eintritt, wird über § 15a Abs. 6a UStG eine Vorsteuerberichtigung vorgenommen.

Damit ergeben sich seit dem 1.1.2011 die folgenden Möglichkeiten:

- Ein Gebäude wird bei Leistungsbezug **auch für nichtunternehmerische (private) Zwecke** verwendet. Der Vorsteuerabzug ist auf den Teil des Gebäudes beschränkt, der für die unternehmerischen Zwecke verwendet wird. Soweit sich innerhalb des maßgeblichen Vorsteuerberichtigungszeitraums eine prozentual höhere unternehmerische Verwendung ergeben sollte, ist zugunsten des Unternehmers eine Vorsteuerberichtigung vorzunehmen.
- Ein Gebäude wird bei Leistungsbezug **ausschließlich für unternehmerische Zwecke** verwendet. Der Vorsteuerabzug ist insoweit zulässig, wie das Gebäude für vorsteuerabzugsfähige Zwecke verwendet wird. Wird das Gebäude innerhalb des maßgeblichen Vorsteuerberichtigungszeitraums auch für nichtunternehmerische (private) Zwecke verwendet, ist eine Vorsteuerberichtigung zulasten des Unternehmers vorzunehmen.

Wichtig! Voraussetzung ist für eine Vorsteuerberichtigung immer, dass das Gebäude dem Unternehmen zugeordnet werden konnte und auch tatsächlich dem Unternehmen (insoweit) zugeordnet worden ist. Gebäude, die bei Leistungsbezug ausschließlich nichtunternehmerisch verwendet wurden, konnten dem Unternehmen nicht zugeordnet werden und schließen auch später bei einer dann auch erfolgenden unternehmerischen Nutzung den Vorsteuerabzug aus.

Die Regelungen sind grundsätzlich nicht nur auf die Anschaffungs- oder Herstellungskosten anzuwenden, diese Regelungen müssen sich analog auch auf **nachträgliche Herstellungskosten** beziehen.

Auch bei einer **Veräußerung oder Entnahme eines Gebäudes** ist nach der zum 1.1.2011 in § 15a Abs. 8 UStG erfolgten Ergänzung eine Vorsteuerberichtigung vorzunehmen. War beim Bezug einer Leistung der Vorsteuerabzug nach § 15 Abs. 1b UStG der Vorsteuerabzug teilweise ausgeschlossen und wird das Gebäude anschließend innerhalb des maßgeblichen Vorsteuerberichtigungszeitraums steuerpflichtig veräußert, ist eine Vorsteuerberichtigung vorzunehmen.

7. Vorsteuerberichtigung bei Geschäftsveräußerung

Wenn ein Unternehmer ein Unternehmen insgesamt oder einen Teilbetrieb an einen anderen Unternehmer veräußert (vgl. Stichwort Geschäftsveräußerung), liegt nach **§ 1 Abs. 1a UStG ein nicht steuerbarer Umsatz** vor. Der Erwerber tritt in die Rechtsposition des Verkäufers ein.

Damit muss der Erwerber die maßgeblichen Vorsteuerberichtigungszeiträume des Verkäufers fortführen. Im Ergebnis bedeutet dies, dass der Erwerber, in Abhängigkeit von der Verwendung eines Gegenstands durch seinen Rechtsvorgänger, eine Vorsteuerberichtigung – zu seinen Lasten wie auch zu seinen Gunsten – vornehmen muss („**Fußstapfentheorie**“). Zu beachten ist dabei, dass auch Instandsetzungsarbeiten, die ab dem 1.1.2005 ausgeführt werden, Berichtigungsobjekte darstellen können und somit bei Veräußerung des Objekts ebenfalls auf den Erwerber übergehen.

Tipp! Soweit ein Unternehmer den Erwerb eines Betriebs oder eines Teilbetriebs plant, muss er notfalls bis zu zehn Jahre zurück alle Anschaffungen des Verkäufers umsatzsteuerlich beurteilen, da die Gefahr einer Belastung aus einer notwendigen Vorsteuerberichtigung vorliegt.

Beispiel 15: Zahnarzt Z übernimmt eine Zahnarztpraxis. Der Verkäufer übergibt Z alle notwendigen Unterlagen. Nach Übernahme des Unternehmens stellt Z fest, dass in dem Unternehmen auch Gegenstände enthalten sind, die der Verkäufer früher im Rahmen zahntechnischer Leistungen verwendet hatte, für die er den Vorsteuerabzug ganz oder teilweise vorgenommen hatte.
Lösung: Bis zum Ablauf des Berichtigungszeitraums für die einzelnen davon betroffenen Wirtschaftsgüter muss Z die Vorsteuerberichtigung zu seinen Lasten fortsetzen.

Achtung! Insbesondere im Zusammenhang mit Immobilien können sich wegen des zehnjährigen Berichtigungszeitraums und der Höhe der Vorsteuerbeträge erhebliche Berichtigungsbeträge ergeben – dies betrifft auch größere Instandsetzungsmaßnahmen seit dem 1.1.2005.

8. Vorsteuerberichtigung bei Änderung der Besteuerungsform

In § 15a Abs. 7 UStG wurde zum 1.1.2005 eine gesetzliche Regelung neu aufgenommen, dass eine Änderung i.S.d. § 15a UStG auch dann anzunehmen ist, wenn ein Unternehmer seine **Besteuerungsform ändert**. Dies kommt bei dem Wechsel zwischen der **Kleinunternehmerbesteuerung** (§ 19 UStG) und der Regelbesteuerung sowie beim Wechsel zwischen Regelbesteuerung und der Durchschnittssatzbesteuerung nach den §§ 23, 23a und 24 UStG in Betracht. Da der BFH[23] in den Vorjahren dies auch schon in seiner Rechtsprechung festgestellt hatte, stellte dies insoweit nur eine gesetzliche Klarstellung dar.

Beispiel 16: Landwirt L hat 2015 einen Rübenernter erworben und den Vorsteuerabzug dafür vorgenommen. Ab 2018 wechselt L zulässigerweise zur Durchschnittssatzbesteuerung nach § 24 UStG.
Lösung: L muss bis zum Abschluss des fünfjährigen Berichtigungszeitraums jährlich eine Vorsteuerberichtigung zu seinen Lasten für den Rübenernter durchführen.

[23] Z.B. BFH, Urteil v. 17.6.2004, V R 31/02, BStBl II 2004, 858.

9. Vereinfachungsregelungen

Um bei geringfügigen Beträgen eine Vorsteuerberichtigung zu vermeiden, sind in § 44 UStDV die folgenden **Vereinfachungsregelungen** enthalten:

Vereinfachungsregelungen	
§ 44 Abs. 1 UStDV	Keine Anwendung der Vorsteuerberichtigung, wenn die gesamten Vorsteuerbeträge aus der Anschaffung oder Herstellung nicht 1.000 € (bis 31.12.2004: 250 €[24]) übersteigen.
§ 44 Abs. 2 UStDV	Keine Berichtigung in einem Jahr, in dem sich die Nutzung im Vergleich zu den Verhältnissen des ursprünglichen Vorsteuerabzugs um weniger als zehn Prozentpunkte verändert hat, Ausnahme: Berichtigungsbetrag übersteigt 1.000 € (bis 31.12.2004: 250 €).
§ 44 Abs. 3 UStDV a.F. (ab 2012 aufgehoben)	Beträgt die insgesamt aus der Eingangsleistung entstandene Umsatzsteuer nicht mehr als 2.500 € (bis 31.12.2004: 1.000 €), erfolgt die Berichtigung einheitlich am Ende des maßgeblichen Berichtigungszeitraums. Die Regelung ist mit Wirkung vom 1.1.2012 aufgehoben worden. Für alle bis zum 31.12.2011 bezogenen Leistungen gilt aber die bisherige Regelung weiter, § 74a Abs. 2 UStDV.

Achtung! Die Vereinfachungsregelungen stellen kein Wahlrecht dar, sondern sind zwingend – auch zulasten des Unternehmers – anzuwenden.

Wichtig! Die neuen – höheren – Wertgrenzen bei den Vereinfachungsregelungen gelten nur für die Leistungsbezüge, die ab dem 1.1.2005 stattgefunden haben. Bei Leistungsbezügen bis zum 31.12.2004 gelten auch bei Änderungen in den Folgejahren die alten Wertgrenzen.

9.1 Vereinfachung bei geringen Vorsteuerbeträgen

Soweit der Unternehmer Gegenstände erwirbt, die nur eine **Umsatzsteuer in geringem Umfang enthalten**, ist für diese Gegenstände eine Vorsteuerberichtigung nach § 15a UStG grundsätzlich ausgeschlossen. Bei einem Erwerb bis zum 31.12.2004 lag der **Grenzbetrag** für die enthaltene Umsatzsteuer bei 250 €, ab 1.1.2005 beträgt er **1.000 €**.

Wichtig! Bei diesem Betrag handelt es sich um die gesamte Vorsteuer aus der Anschaffung oder Herstellung des Gegenstands. Unerheblich ist, in welchem Umfang ein Vorsteuerabzug möglich war.

Beispiel 17: Versicherungsvertreter V erwirbt für sein Unternehmen einen neuen Computer für 2.000 € zuzüglich 380 € Umsatzsteuer.
Lösung: Die Vorsteuerabzugsberechtigung richtet sich nach der Verwendungsabsicht zum Zeitpunkt des Leistungsbezugs. Sollte sich später etwas an der Nutzung des Computers ändern, ist eine Vorsteuerberichtigung nach § 15a UStG wegen der Vereinfachungsregelung des § 44 Abs. 1 UStDV grundsätzlich ausgeschlossen.

Damit können für Gegenstände die folgenden Anschaffungs- oder Herstellungskosten aufgewendet werden, ohne dass für diese Gegenstände eine Vorsteuerberichtigung in den Folgejahren geprüft werden muss:

[24] Dies betrifft alle Leistungen, die bis zum 31.12.2004 bezogen wurden.

Anschaffung	bei Regelsteuersatz	bei ermäßigtem Steuersatz
Bis 31.12.2004 (16 % Regelsteuersatz)	brutto 1.812,50 € netto 1.562,50 €	brutto 3.821,42 € netto 3.571,42 €
Vom 1.1.2005 bis 31.12.2006 (16 % Regelsteuersatz)	brutto 7.250,00 € netto 6.250,00 €	brutto 15.285,71 € netto 14.285,71 €
Ab 1.1.2007 (19 % Regelsteuersatz)	brutto 6.263,16 € netto 5.263,16 €	brutto 15.285,71 € netto 14.285,71 €

Wichtig! Für Wirtschaftsgüter, die bis zum 31.12.2004 angeschafft wurden, gilt auch bei Verwendungsänderungen ab dem 1.1.2005 der alte Grenzbetrag i.H.v. 250 €.

9.2 Vereinfachung bei geringfügiger Verwendungsänderung

Wenn sich bei einem Wirtschaftsgut die Verwendung im Verhältnis zu den Verhältnissen bei dem Vorsteuerabzug um **weniger als zehn Prozentpunkte** verändert hat, erfolgt für dieses Wirtschaftsgut in diesem Veranlagungszeitraum keine Vorsteuerberichtigung.

Achtung! Die Verwendungsänderung ist grundsätzlich immer im Vergleich zu den Verhältnissen beim Vorsteuerabzug zu ermitteln.

Beispiel 18: Unternehmer U verwendet einen Gegenstand beim Erwerb in 2015 und auch tatsächlich zu 50 % für vorsteuerabzugsberechtigende Umsätze. Im Veranlagungszeitraum 2016 hat er den Gegenstand zu 40 % für vorsteuerabzugsberechtigende Umsätze verwendet, sodass für 2016 eine Vorsteuerberichtigung vorzunehmen ist. In 2017 verwendet er den Gegenstand zu 55 % für vorsteuerabzugsberechtigende Umsätze.
Lösung: Für 2017 kommt keine Vorsteuerberichtigung in Betracht, da sich die Verwendung im Vergleich zum erstmaligen Vorsteuerabzug um weniger als zehn Prozentpunkte verändert hat.

Achtung! Eine Vorsteuerberichtigung erfolgt aber auch bei einer Verwendungsänderung von weniger als zehn Prozentpunkten, wenn der Berichtigungsbetrag 1.000 € (bei Anschaffung bis 31.12.2004: 250 €) übersteigt.

Fortsetzung Beispiel 18: Soweit sich bei der Verwendungsänderung in 2017 für U ein Berichtigungsbetrag von mehr als 1.000 € ergeben würde, wäre eine Vorsteuerberichtigung nach § 15a UStG durchzuführen. Für 2016 ist die Berichtigung in jedem Fall vorzunehmen, da die Verwendungsänderung mindestens zehn Prozentpunkte betragen hat.

9.3 Berichtigung am Ende des Berichtigungszeitraums

Bei Wirtschaftsgütern, bei denen die Vorsteuerbeträge aus der Anschaffung oder Herstellung insgesamt 2.500 € (bei Anschaffungen bis zum 31.12.2004: 1.000 €) nicht übersteigen, erfolgt eine Vorsteuerberichtigung nicht in jedem einzelnen Besteuerungszeitraum, sondern erst **zusammengefasst am Ende des Berichtigungszeitraums**. Dabei ist allerdings zu berücksichtigen, dass die Berichtigung sich nicht nach einer durchschnittlichen Verwendung während des gesamten Berichtigungszeitraums bestimmt, sondern für jedes Jahr einzeln zu prüfen ist, ob eine Berichtigung zu erfolgen hat. Somit ist insbesondere auch die Vereinfachungsregelung nach § 44 Abs. 2 UStDV bei der zeitlichen Komponente des § 44 Abs. 3 UStDV a.F. zu prüfen. Regelungsgehalt der Vereinfachung nach § 44 Abs. 3 UStDV a.F. ist somit ausschließlich der **Zeitpunkt der Erfassung der Vorsteuerberichtigung**.

Wichtig! Bei einer Berichtigung nach § 44 Abs. 3 UStDV a.F. ändert sich nichts an der Berechnungsmethode für die Vorsteuerberichtigung. Es wird lediglich nur die Summe der für die einzelnen Veranlagungszeiträume festgestellten Berichtigungsbeträge einheitlich am Ende des Berichtigungszeitraums erfasst.

Achtung! Die Regelung des § 44 Abs. 3 UStDV a.F. ist mit Wirkung zum 1.1.2012 **aufgehoben** worden. Die Regelung gilt aber weiterhin für alle Leistungsbezüge vor dem 1.1.2012 weiter (§ 74a Abs. 2 UStDV), sodass bei einem zehnjährigen Berichtigungszeitraum noch längstens bis 2021 an diese „Altregelung" gedacht werden muss.

9.4 Zeitpunkt der Vorsteuerberichtigung

Der Zeitpunkt der Vorsteuerberichtigung ist davon abhängig, ob es sich um den Verkauf oder die Lieferung im Rahmen des § 3 Abs. 1b UStG handelt oder der Gegenstand im Unternehmen weiter verwendet wird. Darüber hinaus haben auch die Höhe der aus der Anschaffung oder Herstellung ergebenden Umsatzsteuer sowie die Höhe des Berichtigungsbetrags einen entscheidenden Einfluss auf den Zeitpunkt der Vorsteuerberichtigung. Der jeweilige Berichtigungszeitpunkt kann aus der folgenden Zusammenstellung entnommen werden:

Vorgang	Berichtigungszeitpunkt	Vorschrift
Ein Gegenstand wird verkauft oder nach § 3 Abs. 1b UStG geliefert, für den mehr als 1.000 € Umsatzsteuer aufgewendet wurden	Sofortige Berichtigung in der Voranmeldung des Voranmeldungszeitraums, in dem der Verkauf oder die Lieferung nach § 3 Abs. 1b UStG ausgeführt wird, zusätzlich Aufnahme in die Jahreserklärung	§ 44 Abs. 3 UStDV n.F. (bis 31.12.2011: § 44 Abs. 4 UStDV a.F.)
Es ändert sich die Verwendung eines Gegenstands, auf den bei der Anschaffung oder Herstellung mehr als 1.000 € aber nicht mehr als 2.500 € Vorsteuer entfallen sind und das bis zum 31.12.2011 angeschafft wurde	Die Berichtigung für alle Kalenderjahre erfolgt erst in der Jahreserklärung des Jahrs, in dem der Berichtigungszeitraum endet. Angegeben wird die Summe der Einzelbeträge, die sich in den einzelnen Jahren rechnerisch ergeben	§ 44 Abs. 3 UStDV a.F.
Es ändert sich die Verwendung eines Gegenstands, auf den bei der Anschaffung oder Herstellung mehr als 1.000 € (bei Anschaffung vor dem 1.1.2012: 2.500 €) Vorsteuer entfallen sind und die Verwendungsänderung wird zu einem Berichtigungsbetrag in diesem Jahr von nicht mehr als 6.000 € führen	Die Berichtigung erfolgt erst in der jeweiligen Jahressteuererklärung des Unternehmers, eine Berichtigung kann noch nicht in den einzelnen Voranmeldungszeiträumen vorgenommen werden	§ 44 Abs. 3 Satz 1 UStDV n.F. (bis 31.12.2011: § 44 Abs. 4 Satz 1 UStDV a.F.)

Vorgang	Berichtigungszeitpunkt	Vorschrift
Es ändert sich die Verwendung eines Gegenstands, auf den bei der Anschaffung oder Herstellung mehr als 1.000 € (bei Anschaffung vor dem 1.1.2012: 2.500 €) Vorsteuer entfallen sind und die Verwendungsänderung wird zu einem Berichtigungsbetrag in diesem Jahr von mehr als 6.000 € führen	Die Berichtigung erfolgt schon anteilig in den einzelnen Voranmeldungszeiträumen, darüber hinaus ist der Berichtigungsbetrag in der Jahreserklärung mit aufzunehmen	§ 18 Abs. 1 UStG und § 44 Abs. 3 UStDV n.F. (bis 31.12.2011: § 44 Abs. 4 UStDV a.F.)

Vorsteuervergütung

Vorsteuervergütung auf einen Blick

1. **Rechtsquellen**
   § 18 Abs. 9 und § 18g UStG
   § 59 bis § 61a UStDV
   Abschn. 18.10 bis Abschn. 18.16 und Abschn. 18g.1 UStAE
2. **Bedeutung**
   Im Drittlandsgebiet ansässige Unternehmer können in den Fällen, in denen sie im Inland nicht an dem normalen Besteuerungsverfahren teilnehmen, beim Bundeszentralamt für Steuern die Vergütung der im Inland angefallenen Vorsteuerbeträge beantragen, allerdings bestehen hier Beschränkungen bei dem Umfang der zu vergütenden Steuerbeträge. Deutsche Unternehmen können sich gegebenenfalls im Drittlandsgebiet nach den dort geltenden Vorschriften entstandene Umsatzsteuerbeträge vergüten lassen. Im Gemeinschaftsgebiet besteht seit 2010 ein zentrales Vergütungsverfahren.
3. **Weitere Stichworte**
   → Umsatzsteuererklärung, → Umsatzsteuer-Voranmeldung, → Vorsteuerabzug
4. **Besonderheiten**
   In der Europäischen Union hat ein Unternehmer eine zentrale nationale Anlaufstelle zur Vorsteuervergütung, in Deutschland ist dies das Bundeszentralamt für Steuern.
   Eine Vorsteuervergütung für Drittlandsunternehmer ist seit dem 1.7.2016 nur noch auf elektronischem Weg möglich.

1. Allgemeines

Soweit ein im Ausland ansässiger Unternehmer im Inland Leistungen in Anspruch nimmt, für die ihm Umsatzsteuer in Rechnung gestellt wird, hat der Unternehmer grundsätzlich einen **Vorsteuerabzug nach § 15 UStG**. Die **Vorsteuererstattung** erfolgt dabei aber nicht im Rahmen der normalen Veranlagung (Umsatzsteuererklärung oder Umsatzsteuer-Voranmeldung), wenn der **ausländische Unternehmer** in dem Vergütungszeitraum die folgenden Voraussetzungen des § 59 UStDV erfüllt:

- Der Unternehmer hat keine steuerbaren Lieferungen oder sonstigen Leistungen im Inland erbracht und auch keine innergemeinschaftlichen Erwerbe im Inland verwirklicht oder nur steuerfreie Umsätze im Rahmen grenzüberschreitender Güterbeförderungsleistungen nach § 4 Nr. 3 UStG erbracht.
- Der Unternehmer hat nur Umsätze im Inland erbracht, für die der Leistungsempfänger die Steuer nach § 13b UStG schuldet (vgl. Stichwort Steuerschuldnerverfahren), oder es wurde die Beförderungseinzelbesteuerung nach § 16 Abs. 5 UStG (vgl. Stichwort Beförderungsleistungen) durchgeführt.
- Der Unternehmer hat im Inland nur innergemeinschaftliche Erwerbe mit daran anschließenden Lieferungen im Rahmen eines innergemeinschaftlichen Reihengeschäfts nach § 25b Abs. 2 UStG ausgeführt.
- Der Unternehmer hat im Inland nur Leistungen nach § 3a Abs. 5 UStG bei elektronischen Dienstleistungen, (seit 2015 auch:) Telekommunikationsdienstleistungen oder Rundfunk- und Fernsehdienstleistungen ausgeführt und das besondere Verfahren zur Einortregistrierung gewählt.

Wichtig! Die Vorsteuervergütung setzt grundsätzlich voraus, dass die Umsatzsteuer in einer Rechnung gesondert ausgewiesen worden ist und keine Abzugshindernisse nach § 15 UStG für den Vorsteuerabzug bestehen. Kleinbetragsrechnungen und Fahrausweise werden entsprechend den allgemeinen Regelungen anerkannt.

2. Der Antrag auf Erstattung für Drittlandsunternehmer

Der vergütungsberechtigte Unternehmer muss bei dem **Bundeszentralamt für Steuern einen Antrag auf Erstattung** stellen. Der Antrag ist seit dem 1.7.2016 ausschließlich elektronisch[1] über die vom BZSt zur Verfügung gestellte Schnittstelle BOP beim Bundeszentralamt für Steuern zu stellen (www.bzst.de). Der im Drittlandsgebiet ansässige Unternehmer muss sich aber vorher beim BZSt für das elektronische Verfahren registrieren lassen. Dazu sind Legitimationspapiere sowie Nachweise über die unternehmerische Tätigkeit bzw. auch die Vertretungsberechtigung zusammen mit dem vom Vertretungsberechtigten unterschriebenen Antragsformular auf dem Schriftwege beim BZSt einzureichen:

Bundeszentralamt für Steuern
Dienstsitz Schwedt
Passower Chaussee 3b
16303 Schwedt/Oder

Achtung! Obwohl der Vergütungsantrag elektronisch zu stellen ist, sind alle zum Vorsteuerabzug berechtigenden Belege (Rechnungen, Einfuhrbelege) im Original dem BZSt einzureichen[2].

Der Vergütungsantrag ist **fristgebunden** und muss innerhalb von **sechs Monaten nach Ablauf eines Kalenderjahrs** gestellt werden; innerhalb dieser Frist muss nicht nur der elektronische Vergütungsantrag gestellt worden sein, sondern auch die Belege beim BZSt eingegangen sein. Wird diese Frist überschritten, kann dem Unternehmer nur dann Wiedereinsetzung in den vorigen Stand nach § 110 AO gewährt werden, wenn er darlegen kann, dass ihn kein Verschulden an dem Versäumnis trifft.

Der Unternehmer muss darüber hinaus eine **Bestätigung aus seinem Heimatstaat** vorlegen, aus der sich eindeutig ergibt, dass er als Unternehmer unter einer Umsatzsteuernummer geführt wird. Die Bescheinigung kann auch in der Amtssprache eines anderen Mitgliedstaats ausgestellt sein.

Der Antrag auf Vergütung der Umsatzsteuer kann für das gesamte Kalenderjahr gestellt werden, er kann aber auch für einen kürzeren Vergütungszeitraum gestellt werden (mindestens drei Monate, dies gilt nicht für den letzten Vergütungszeitraum des Jahres), dabei sind bestimmte Mindestvergütungen zu beachten.

Wichtig! Zum 20.7.2017[3] ist § 60 UStDV dahingehend ergänzt worden, dass in den Vergütungsantrag auch abziehbare Vorsteuerbeträge aufgenommen werden können, die in vorangegangene Vergütungszeiträume des betreffenden Jahres fallen. Vorsteuerbeträge aus vorangegangenen Kalenderjahren können aber nicht mit in einem Folgejahr erfasst werden.

Darüber hinaus ist § 60 UStDV um eine weitere Möglichkeit für den Vergütungsantrag ergänzt worden. Hat der Unternehmer einen Vergütungsantrag für das Kalenderjahr oder für den letzten Zeitraum des Kalenderjahrs gestellt, kann er für das betreffende Jahr einmalig einen weiteren Vergütungsantrag stellen, in welchem ausschließlich abziehbare Vorsteuerbeträge aufgenommen werden dürfen, die in den vorher abgegebenen Vergütungsanträgen nicht enthalten sind. Soweit ein Unternehmer einen solchen weiteren Vergütungsantrag gestellt hat, gilt dieser – unabhängig welchen Vergütungszeitraum der Unternehmer tatsächlich in dem Antrag gewählt hat – aus Vereinfachungsgründen stets als Antrag für das betreffende Kalenderjahr[4].

---

1 In Fällen unbilliger Härte kann auch weiterhin eine Antragstellung auf Papier in Frage kommen, dies wird aber der absolute Ausnahmefall sein.

2 Vgl. dazu auch BFH, Urteil v. 19.11.2014, V R 39/13, BStBl II 2015, 352.

3 Vierte Verordnung zur Änderung steuerlicher Verordnungen v. 12.7.2017, BGBl I 2017, 2360.

4 Abschn. 18.12 Abs. 2 Satz 3 UStAE.

Wichtig! Für den neu eingeführten weiteren Vergütungszeitraum gelten die Mindestbeträge für die Vorsteuervergütung. Für im übrigen Gemeinschaftsgebiet ansässige Unternehmer muss der (zusätzliche) Vergütungsbetrag mindestens 50 €[5] und für im Drittlandsgebiet ansässige Unternehmer mindestens 500 €[6] betragen.

Eine **Vorsteuervergütung für im Drittlandsgebiet ansässige Unternehmer** kommt nur dann infrage, wenn in dem Land, aus dem der ausländische Unternehmer stammt, eine Umsatzsteuer oder eine ähnliche Steuer nicht erhoben wird oder im Falle der Erhebung einem im Inland ansässigen Unternehmer auf Antrag erstattet wird (sog. **Gegenseitigkeitsverfahren**). Eine Aufstellung der in dieses Gegenseitigkeitsverfahren einbezogenen Staaten wird regelmäßig im Bundessteuerblatt (Teil I) veröffentlicht. Die Aufstellung ist auch unter www.bzst.de im Internet abrufbar.

Die Vorsteuervergütung ist an bestimmte Mindestbeträge gebunden. Unterhalb dieser Mindestbeträge kann eine Vorsteuervergütung nicht durchgeführt werden.

	Antragsteller aus dem Drittlandsgebiet
Kalenderjahr als Vergütungszeitraum	Mindestbetrag 500 € (seit dem 1.1.2010)
Vergütungszeitraum ist kürzer als Kalenderjahr, mindestens aber drei Monate – der letzte Vergütungszeitraum kann auch kürzer sein, in diesem Fall gelten die Mindestbeträge wie beim Kalenderjahr	Mindestbetrag 1.000 € (seit dem 1.1.2010)

Wichtig! Der Vergütungsantrag muss eigenhändig unterschrieben sein. Nach der Rechtsprechung des EuGH[7] reicht die Unterschrift eines Bevollmächtigen aus.

Darüber hinaus sind von der Erstattung für im Drittlandsgebiet ansässige Unternehmer grundsätzlich Vorsteuerbeträge aus dem Bezug von **Kraftstoffen** ausgeschlossen, § 18 Abs. 9 UStG.

3. Vorsteuervergütung im übrigen Gemeinschaftsgebiet ansässiger Unternehmer

Seit dem 1.1.2010 erfolgt für im übrigen Gemeinschaftsgebiet ansässige Unternehmer keine Vorsteuervergütung mehr über das Bundeszentralamt für Steuern, da die Vergütung ab 2010 im jeweiligen Heimatland zu beantragen ist.

4. Vorsteuervergütung für inländische Unternehmer im Drittlandsgebiet

Eine Vorsteuervergütung für einen **deutschen Unternehmer im Drittlandsgebiet** kann nur in dem jeweiligen Erstattungsland stattfinden. Soweit der deutsche Unternehmer in diesem anderen Land nicht wegen der Ausführung von Umsätzen im allgemeinen Besteuerungsverfahren ist, kann er nach den jeweils in diesem Land anzuwendenden Rechtsvorschriften eine Vorsteuervergütung beantragen.

In aller Regel wird dieser **Erstattungsantrag** nach dem jeweils in diesem Land vorgeschriebenen Formular zu stellen sein.

Wichtig! Eine ausländische Umsatzsteuer kann grundsätzlich nie im Inland als Vorsteuer abgezogen werden.

5 § 61 Abs. 3 Satz 3 UStDV.

6 § 61a Abs. 3 Satz 3 UStDV.

7 EuGH, Urteil v. 3.12.2009, C 433/08 – Yaseu Europe BV, BFH/NV 2010, 380.

5. Vorsteuervergütung für inländische Unternehmer im Gemeinschaftsgebiet

Nach den unionsrechtlichen Vorgaben ist das Verfahren der Vorsteuervergütung an im Gemeinschaftsgebiet ansässige Unternehmer mit Wirkung vom 1.1.2010 neu geregelt worden, § 61 UStDV. Dabei haben sich insbesondere die folgenden Änderungen im Vergleich zu dem früheren Verfahren ergeben:

- Das bisher bestehende Papierverfahren ist für im Gemeinschaftsgebiet ansässige Unternehmer auf ein **elektronisches Verfahren** umgestellt worden.
- Für jeden Unternehmer gibt es in seinem **Heimatstaat eine zentrale Anlaufstelle** (in Deutschland: Bundeszentralamt für Steuern, § 18g UStG). Deshalb sind Anträge auf Vergütung der Umsatzsteuer nicht mehr unmittelbar im Mitgliedstaat der Vergütung einzureichen. Vielmehr muss der nicht im Mitgliedstaat der Vergütung ansässige Steuerpflichtige entsprechend dem Unionsrecht einen – elektronischen – Vergütungsantrag über das vom Ansässigkeitsmitgliedstaat einzurichtende elektronische Portal an den Mitgliedstaat der Vergütung richten (der Mitgliedstaat der Erstattung bleibt also weiterhin Adressat des Vergütungsantrags). Der Ansässigkeitsmitgliedstaat hat insoweit die Funktion eines **elektronischen Briefkastens**.

> **Achtung!** Damit sind alle Vergütungen für im übrigen Gemeinschaftsgebiet angefallene Vorsteuerbeträge nur noch über das Bundeszentralamt für Steuern – Schwedt – zu stellen. Allerdings ist für jeden Vergütungsantrag ein eigener Antrag elektronisch zu stellen[8].

- Die **Mindestbeträge** für die Antragstellung betragen nach dem Unionsrecht **50 € für Jahresanträge** und **400 € für Dreimonatsanträge** bzw. Anträge, die mehr als drei Monate aber weniger als ein Jahr betreffen.
- Der Anspruch auf Vorsteuervergütung bestimmt sich weiterhin nach dem Recht des Mitgliedstaats, der die Vergütung vorzunehmen hat. Entsprechend der EuGH-Rechtsprechung ist dabei allerdings bei gemischten Umsätzen das Recht das Ansässigkeitsmitgliedstaats zu beachten und der Vergütungsbetrag unter Zugrundelegung des Pro-Rata-Satzes entsprechend zu begrenzen.
- Die Vorlage von **Originalrechnungen** bzw. Einfuhrdokumenten ist **nicht mehr zwingend** materiellrechtliche Voraussetzung für die Vorsteuervergütung. Der Vergütungsmitgliedstaat kann (in allen Fällen) verlangen, dass der Antragsteller zusammen mit dem Vergütungsantrag auf elektronischem Wege eine Kopie der Rechnung oder des Einfuhrdokuments einreicht, falls die Steuerbemessungsgrundlage sich auf mindestens 1.000 € (für Kraftstoffe auf 250 €) beläuft. Darüber hinaus kann der Mitgliedstaat der Erstattung, soweit er der Auffassung ist, dass er nicht über alle relevanten Informationen für die Entscheidung über eine vollständige oder teilweise Vergütung verfügt, insbesondere beim Antragsteller zusätzliche und weitere zusätzliche Informationen anfordern. Diese können die Einreichung des Originals oder einer Durchschrift einer Rechnung oder eines Einfuhrdokuments umfassen, wenn der Vergütungsmitgliedstaat begründete Zweifel am Bestehen einer bestimmten Forderung hat.
- Der Vergütungsantrag muss dem Mitgliedstaat, in dem der Steuerpflichtige ansässig ist, spätestens am **30.09. des auf den Vergütungszeitraum folgenden Kalenderjahrs** vorliegen.
- Der Mitgliedstaat, in dem der Antragsteller ansässig ist, prüft den Antrag auf Vollständigkeit sowie auf dessen Zulässigkeit (insbesondere Unternehmereigenschaft des Antragstellers). Es entfällt deshalb die schriftliche Unternehmerbescheinigung, die bisher vom örtlich zuständigen Finanzamt ausgestellt wurde. Die Vollständigkeitsprüfung erfolgt automationsgestützt durch die Festlegung von Pflichtfeldern.
- Der Ansässigkeitsmitgliedstaat hat innerhalb von 15 Kalendertagen nach Eingang des Vergütungsantrags diesen an den Vergütungsmitgliedstaat weiterzuleiten. Mit der elektronischen Weiterleitung bestätigt der Ansässigkeitsmitgliedstaat, dass der Antragsteller Steuerpflichtiger ist und dass die USt-IdNr. oder Registrierungsnummer für den Vergütungszeitraum gültig ist.

---

[8] Abschn. 18g.1 Abs. 1 UStAE.

- Erfolgt die Vergütung erst nach Ablauf der Erstattungsfrist (grundsätzlich vier Monate; bei Nachfragen der Finanzbehörde bis zu acht Monate zuzüglich der Erstattungsfrist von zehn Tagen), ist der Vergütungsbetrag zu verzinsen. Dies trägt der EuGH-Rechtsprechung Rechnung.

Die **Regelungen zur Vorsteuervergütung** sind zum 1.1.2010 in nationales Recht umgesetzt worden. Die Umsetzung erfolgt durch die Änderungen von § 18 Abs. 9 UStG, der Einfügung des neuen § 18g UStG und der Neufassung des § 61 UStDV. Für den Anwender sollen die für im übrigen Gemeinschaftsgebiet ansässige Unternehmer geltenden Regelungen von den für nicht im Gemeinschaftsgebiet ansässige Unternehmer geltenden Bestimmungen klar abgegrenzt werden.

Wichtig! Bei Vorsteuerbeträgen, die im Drittland bezahlt worden sind, bleibt es auch ab dem 1.1.2010 bei einer Vorsteuervergütung in dem jeweiligen Drittstaat.

In dem **elektronischen Vergütungsantrag**[9] muss der Unternehmer die folgenden allgemeinen Angaben machen:

- den Mitgliedstaat der Erstattung;
- den Namen und die vollständige Anschrift des Unternehmers;
- eine Adresse für die elektronische Kommunikation;
- eine Beschreibung der Geschäftstätigkeit des Unternehmers, für die die Gegenstände bzw. Dienstleistungen erworben wurden, auf die sich der Antrag bezieht;
- den Vergütungszeitraum, auf den sich der Antrag bezieht;
- eine Erklärung des Unternehmers, dass er während des Vergütungszeitraums im Mitgliedstaat der Erstattung keine Lieferungen von Gegenständen bewirkt und Dienstleistungen erbracht hat, mit Ausnahme der in § 59 UStDV aufgeführten Leistungen;
- die USt-IdNr. oder die Steuernummer des Unternehmers;
- seine Bankverbindung (IBAN und BIC).

Darüber hinaus muss der Unternehmer in dem **Vergütungsantrag** für jedes Dokument die folgenden Angaben machen:

- den Namen und die vollständige Anschrift des Lieferers oder Dienstleistungserbringers;
- außer im Falle der Einfuhr die USt-IdNr. des Lieferers oder Dienstleistungserbringers oder die ihm vom Mitgliedstaat der Erstattung zugeteilte Steuerregisternummer;
- außer im Falle der Einfuhr das Präfix[10] des Mitgliedstaats der Erstattung;
- das Datum und die Nummer der Rechnung oder des Einfuhrdokuments;
- die Bemessungsgrundlage und den Steuerbetrag in der Währung des Mitgliedstaats der Erstattung;
- den Betrag der abziehbaren Steuer in der Währung des Mitgliedstaats der Erstattung;
- ggf. einen (in bestimmten Branchen anzuwendenden) Pro-rata-Satz[11];
- Art der erworbenen Gegenstände und Dienstleistungen aufgeschlüsselt nach Kennziffern: („1" für Kraftstoff; „2" für Vermietung von Beförderungsmitteln; „3" für Ausgaben für Transportmittel (andere als unter Kennziffer 1 oder 2 beschriebene Gegenstände und Dienstleistungen); „4" für Maut und Straßenbenutzungsgebühren; „5" für Fahrtkosten wie Taxikosten, Kosten für die Benutzung öffentlicher Verkehrsmittel; „6" für Beherbergung; „7" für Speisen, Getränke und Restaurantdienstleistungen; „8" für Eintrittsgelder für Messen und Ausstellungen; „9" für Luxusausgaben, Ausgaben für Vergnügungen und Repräsentationsaufwendungen; „10" Sonstiges, hierbei ist die Art der gelieferten Gegenstände bzw. erbrachten Dienstleistungen anzugeben);
- Soweit es der Mitgliedstaat der Erstattung vorsieht, hat der Unternehmer zusätzliche elektronisch verschlüsselte Angaben zu jeder Kennziffer zu machen, soweit dies aufgrund von Einschränkungen des Vorsteuerabzugs im Mitgliedstaat der Erstattung erforderlich ist.

---

9 Vgl. dazu Abschn. 18g.1 UStAE.

10 Länderkennzeichen.

11 Prozentsatz der abzugsfähigen Vorsteuer nach § 15 Abs. 4 UStG.

Wichtig! Belege sind dem Vergütungsantrag elektronisch beizufügen, wenn das Entgelt mindestens 1.000 € beträgt, bei Kraftstoffen 250 €. Aus technischen Gründen dürfen die Dateianhänge nicht größer als 5 MB sein.

Werkleistung

Werkleistung auf einen Blick

1. **Rechtsquellen**
   § 3 Abs. 4 und § 3 Abs. 10 UStG
   Abschn. 3.8 UStAE
2. **Bedeutung**
   Einheitliche Leistungen, die sowohl Elemente einer Lieferung wie auch einer sonstigen Leistung enthalten, können eine Werklieferung oder eine Werkleistung darstellen. Für Werkleistungen gelten dieselben Bestimmungen für den Ort der Leistung und für Steuerbefreiungen wie bei sonstigen Leistungen.
3. **Weitere Stichworte**
   → Lohnveredelung, → Sonstige Leistung/Ort, → Tausch, → Werklieferung

Bei einheitlichen Leistungen, die sowohl Elemente von Lieferungen wie auch von sonstigen Leistungen umfassen, muss für die Bestimmung der Art der Leistung eine Zuordnung in **Werklieferung oder Werkleistung** erfolgen. Eine Werkleistung liegt dann vor, wenn der leistende Unternehmer bei der Bearbeitung oder Verarbeitung eines Gegenstands keine selbst beschafften Stoffe oder nur Stoffe verwendet, die als Nebensachen oder Zutaten anzusehen sind. Zur genauen Abgrenzung der Werklieferung von der Werkleistung vgl. Stichwort Werklieferung.

Achtung! Bei der Abgrenzung, ob die Dienstleistung oder die Lieferelemente überwiegen, ist auf die Sicht eines Durchschnittsverbrauchers abzustellen[1]. Eine quantitative Abgrenzung darf grundsätzlich nicht vorgenommen werden, in Ausnahmefällen (vgl. Abschn. 3.8 Abs. 6 UStAE) kann aber bei Überwiegen des eingesetzten Materials bei der Reparatur beweglicher körperlicher Gegenstände von einer Werklieferung ausgegangen werden.

Wenn der Unternehmer **nur Nebensachen oder Zutaten** oder gar keine selbst beschafften Stoffe bei der Be- oder Verarbeitung eines Gegenstands verwendet, gelten für diese Werkleistungen für die Bestimmung des Orts der Leistung die Vorschriften für sonstige Leistungen, als Steuerbefreiung im Drittlandsverkehr kommt insbesondere die Lohnveredelung in Betracht.

Ein **Sonderfall der Werkleistung** liegt nach **§ 3 Abs. 10 UStG** dann vor, wenn ein Unternehmer für einen Auftraggeber aus überlassenen Stoffen einen Gegenstand herstellen soll, er dem Auftraggeber aber einen gleichartigen Gegenstand überlässt, wie er ihn aus solchen Stoffen üblicherweise herstellt, und wenn das Entgelt nach Art eines Werklohns unabhängig vom Unterschied zwischen dem Marktpreis des empfangenen Stoffs und dem des überlassenen Gegenstands berechnet wird (sog. „**Umtauschmüllerei**“). Ohne diese Vorschrift würden solche Leistungen als Tausch anzusehen sein.

Beispiel: Landwirt L bringt zehn Zentner Getreide zum Müller, um das Getreide mahlen zu lassen. Der Müller händigt dem Landwirt sofort eine entsprechende Menge Mehl aus.
Lösung: Obwohl L nicht das Mehl seines Getreides erhalten hat, stellt die Leistung des Müllers eine Werkleistung dar. Die Bemessungsgrundlage seiner Leistung beschränkt sich auf das, was der Landwirt für die Dienstleistung aufwendet.

---

1 BFH, Urteil v. 9.6.2005, V R 50/02, BStBl II 2006, 98.

Werklieferung

Werklieferung auf einen Blick

1. **Rechtsquellen**
   § 3 Abs. 4 UStG
   Abschn. 3.8 und Abschn. 7.4 Abs. 2 UStAE
2. **Bedeutung**
   Einheitliche Leistungen, die sowohl Elemente einer Lieferung wie auch einer sonstigen Leistung enthalten, können eine Werklieferung oder eine Werkleistung darstellen. Für Werklieferungen gelten dieselben Bestimmungen für den Ort der Leistung und für Steuerbefreiungen wie bei Lieferungen.
3. **Weitere Stichworte**
   → Ausfuhrlieferung, → Beistellung, → Lieferung/Ort, → Lohnveredelung, → Sonstige Leistung/Ort, → Werkleistung
4. **Besonderheiten**
   Vereinfachungsregel zur Abgrenzung der Werklieferung von der Werkleistung nach Abschn. 3.8 Abs. 6 UStAE für Reparaturarbeiten an beweglichen körperlichen Gegenständen.

1. Allgemeines

Das Umsatzsteuergesetz kennt nur Lieferungen und sonstige Leistungen als steuerbare Leistungen nach § 1 Abs. 1 Nr. 1 UStG. **Einheitliche Leistungen**, die sowohl Elemente der Lieferung wie auch Elemente von sonstigen Leistungen enthalten, müssen für die umsatzsteuerliche Erfassung entweder den Lieferungen oder den sonstigen Leistungen zugeordnet werden, da sich bei Lieferungen und sonstigen Leistungen – insbesondere bei Leistungen im Zusammenhang mit dem Ausland – unterschiedliche umsatzsteuerliche Ergebnisse bezüglich der Festlegung des Orts der Leistung und eventuell anzuwendender Steuerbefreiungen ergeben können. Die Abgrenzung erfolgt dabei über die Begriffe Werklieferung oder Werkleistung.

2. Abgrenzung Werklieferung und Werkleistung

Die **Abgrenzung der Werklieferung von der Werkleistung** erfolgt unter Berücksichtigung der von dem leistenden Unternehmer verwendeten Stoffe nach § 3 Abs. 4 UStG:

- **Werklieferung:** Der leistende Unternehmer verwendet nicht nur Stoffe, die als Nebensachen oder Zutaten anzusehen sind (der Unternehmer verwendet also auch „Hauptstoffe“). Dabei reicht es aus, wenn der leistende Unternehmer nur einen Teil des Hauptstoffs oder einen Teil eines von mehreren Hauptstoffen stellt.
- **Werkleistung:** Der leistende Unternehmer verwendet für seine Leistung entweder keine eigenen Stoffe oder ausschließlich solche eigenen Stoffe, die als Nebensachen oder Zutaten anzusehen sind.

Wichtig! Nach den Feststellungen des BFH[1] ist es für die Annahme einer Werklieferung immer Voraussetzung, dass der leistende Unternehmer einen Gegenstand des Auftraggebers be- oder verarbeitet. Ohne dass ein solcher Gegenstand des Auftraggebers vorliegt, kann sich auch keine Werklieferung ergeben.

Für die **Abgrenzung des Hauptstoffs** kommt es grundsätzlich nicht auf das Verhältnis des Werts der Arbeit zum Wert der verwendeten Stoffe, sondern darauf an, ob diese verwendeten Stoffe nach dem

[1] BFH, Urteil v. 22.8.2013, V R 37/10, BStBl II 2014, 128.

Willen der Beteiligten oder ihrer Art nach als Hauptstoffe anzusehen sind. In bestimmten Fällen ergeben sich jedoch Vereinfachungsregelungen bei der Reparatur beweglicher körperlicher Gegenstände.

Achtung! Bei der Abgrenzung, ob die Dienstleistung oder die Lieferelemente überwiegen, ist auf die Sicht eines Durchschnittsverbrauchers abzustellen[2]. Eine quantitative Abgrenzung darf – bis auf eine Ausnahmeregelung (s.u.) – nicht vorgenommen werden.

Als sonstige **Nebensachen oder Zutaten** sind in aller Regel die folgenden Teile anzusehen:

- Kleinere technische Hilfsmittel (Schrauben, Nägel, Splinte etc.),
- Schmierstoffe, Farben.

3. Rechtsfolgen

In Abhängigkeit der Einstufung als Werklieferung oder als Werkleistung ergeben sich die folgenden **Rechtsfolgen:**

	Werklieferung	**Werkleistung**
Behandlung als	Lieferung	Sonstige Leistung
Ortsbestimmung	§ 3 Abs. 6 bis Abs. 8 UStG	§ 3a UStG
Besonderheit der Ortsbestimmung, wenn der Gegenstand in das übrige Gemeinschaftsgebiet gelangt	Gegebenenfalls Verlagerung des Orts in den anderen Mitgliedstaat nach § 3c UStG (Leistungsempfänger verwendet keine USt-IdNr.)	Bei Leistungen gegenüber Unternehmern, für dessen Unternehmen ist der Ort der sonstigen Leistung dort, wo der Leistungsempfänger ansässig ist
Steuerbefreiungen, wenn bearbeiteter Gegenstand ins Drittland gelangt	§ 4 Nr. 1 Buchst. a i.V.m. § 6 Abs. 1 UStG; vgl. Stichwort Ausfuhrlieferung	§ 4 Nr. 1 Buchst. a i.V.m. § 7 Abs. 1 UStG; vgl. Stichwort Lohnveredelung
Steuerbefreiungen, wenn bearbeiteter Gegenstand in das übrige Gemeinschaftsgebiet gelangt	§ 4 Nr. 1 Buchst. b i.V.m. § 6a Abs. 1 UStG, Voraussetzung: USt-IdNr. des Leistungsempfängers	Keine Steuerbefreiung
Bemessungsgrundlage	Alles, was der Leistungsempfänger aufwendet, Beistellungen scheiden aus der Bemessungsgrundlage aus	Alles, was der Leistungsempfänger aufwendet, Beistellungen scheiden aus der Bemessungsgrundlage aus

Bei der Bestimmung der **Bemessungsgrundlage** für die Werklieferung wie auch für die Werkleistung scheiden sog. **Beistellungen** des Leistungsempfängers aus dem Leistungsaustausch aus. Eine Beistellung kann in Form von Hauptstoffen, aber auch in Form von Nebenstoffen oder sonstigen Beistellungen erfolgen (z.B. Strom, Betriebsmittel, Maschinen, Arbeitskräfte)[3].

Beispiel 1: Werkunternehmer W hat sich verpflichtet, für den Abnehmer A eine Lagerhalle zu errichten. Er verwendet dabei sowohl Holz, welches ihm A zur Verfügung gestellt hat, sowie Strom des A.

---

2 BFH, Urteil v. 9.6.2005, V R 50/02, BStBl II 2006, 98.

3 Vgl. Abschn. 3.8 Abs. 2 sowie Abschn. 1.1 Abs. 7 UStAE.

Lösung: Bei der Zurverfügungstellung des Holzes durch A handelt es sich um eine Materialbeistellung, bei der Verwendung des Stroms um eine sonstige Beistellung. Beide Beistellungen stellen keine Leistung des A an W dar und scheiden somit aus dem Leistungsaustausch aus. Die Bemessungsgrundlage bestimmt sich somit ausschließlich mit dem, was der Abnehmer A dem W für die Leistung bezahlt, abzüglich der darin enthaltenen Umsatzsteuer.

Vgl. zu den Beistellungen Stichwort Beistellung.

4. Abgrenzung der Werklieferung bei Reparaturen an beweglichen körperlichen Gegenständen

Da es insbesondere bei **Reparaturarbeiten an Beförderungsmitteln** zu erheblichen Abgrenzungsschwierigkeiten kam, ob das verwendete Material Hauptstoff darstellt oder nur als Nebensachen oder Zutaten anzusehen war, hatte die Finanzverwaltung schon früher eine Vereinfachungsregelung[4] bei der Reparatur von Beförderungsmitteln getroffen. Dies war insbesondere für die zutreffende Beurteilung als steuerfreie Ausfuhrlieferung von Bedeutung.

Entfiel auf das vom leistenden Unternehmer bei der Reparatur eines Beförderungsmittels verwendete Material **mehr als 50 % des Gesamtentgelts,** konnte aus Vereinfachungsgründen davon ausgegangen werden, dass es sich um eine Werklieferung handelt. Die Werklieferung konnte dann unter den weiteren Voraussetzungen als Ausfuhrlieferung steuerfrei sein.

Lagen die Voraussetzungen für eine Werklieferung nicht vor, galt die Reparaturleistung als Werkleistung. Eine Steuerbefreiung als Lohnveredelung konnte nur dann in Betracht kommen, wenn der Gegenstand zum Zweck der Reparatur in das Inland eingeführt worden war oder zu diesem Zweck im Inland erworben wurde.

Achtung! Bis 31.12.2012 galt diese Vereinfachungsregelung nur für die Reparatur von Beförderungsmitteln, z.B. eines Kraftfahrzeugs, einer Yacht oder eines Sportflugzeugs.

Beispiel 2: Tourist T aus Russland ist mit seinem Privatfahrzeug in Frankfurt/Oder in einen Unfall verwickelt gewesen und muss sein Fahrzeug in der Werkstatt des W reparieren lassen.
Lösung: Entfällt mehr als 50 % des Gesamtentgelts auf das Material, kann aus Vereinfachungsgründen von einer Werklieferung ausgegangen werden[5]. Damit ist die Reparatur zwar in Deutschland steuerbar (Ort ist dort, wo die Beförderung nach Abholung beginnt, § 3 Abs. 6 UStG). Die Werklieferung ist aber als Ausfuhrlieferung nach § 4 Nr. 1 Buchst. a i.V.m. § 6 Abs. 1 Satz 1 Nr. 2 UStG steuerfrei[6].
Verwendet W bei der Reparatur nur Nebensachen und Zutaten, liegt eine Werkleistung vor. Die Werkleistung ist in Deutschland steuerbar (Ort der Leistung ist dort, wo der leistende Unternehmer tätig geworden ist, § 3a Abs. 3 Nr. 3 Buchst. c UStG) und steuerpflichtig, eine Steuerbefreiung ergibt sich nicht. Insbesondere liegt keine Lohnveredelung nach § 4 Nr. 1 Buchst. a i.V.m. § 7 Abs. 1 UStG vor, da der Gegenstand nicht zum Zweck der Be- oder Verarbeitung in das Inland eingeführt worden war.

Die Finanzverwaltung hat mit **Wirkung zum 1.1.2013** die bisher nur für die Reparatur von Beförderungsmitteln geltende Vereinfachungsregelung auf **alle Arten der Reparaturleistungen** an beweglichen körperlichen Gegenständen ausgeweitet. Grundsätzlich gilt aber weiterhin, dass die Abgrenzung zwischen Werklieferung und Werkleistung aus der Sicht eines Durchschnittsbetrachters zu erfolgen hat und geprüft werden muss, ob die Merkmale einer Lieferung oder einer sonstigen Leistung überwiegen.

---

4 Abschn. 7.4 Abs. 2 UStAE in der bis 31.12.2012 geltenden Fassung.

5 Früher Abschn. 7.4 Abs. 2 UStAE, für alle ab dem 1.1.2013 ausgeführten Leistungen Abschn. 3.8 Abs. 6 UStAE.

6 Einschränkungen nach § 6 Abs. 3 UStG ergeben sich bei Werklieferungen grundsätzlich nicht, Abschn. 6.4 UStAE.

Wichtig! Das Verhältnis zwischen dem Wert der Arbeit und dem Wert der verwendeten Materialien ist weiterhin nicht alleiniges Abgrenzungskriterium, es kann lediglich ein Anhaltspunkt für die Einstufung als Werklieferung oder Werkleistung sein.

Wenn nach den allgemeinen Abgrenzungskriterien aber nicht zweifelsfrei entschieden werden kann, ob eine Werklieferung oder Werkleistung vorliegt, kann davon ausgegangen werden, dass eine **Werklieferung** gegeben ist, wenn von dem **Gesamtentgelt mehr als 50 % auf das verwendete Material** entfällt.

Achtung! Die Vereinfachungsregelung gilt aber nur für Reparaturleistungen an beweglichen körperlichen Gegenständen.

Zusammenfassende Meldung

Zusammenfassende Meldung auf einen Blick

1. **Rechtsquellen**
   § 18a und § 26a UStG
   Abschn. 18a.1 bis Abschn. 18a.5 UStAE
2. **Bedeutung**
   Zur Kontrolle von innergemeinschaftlichen Leistungen hat der Unternehmer für steuerfreie innergemeinschaftliche Lieferungen und seit 2010 auch für bestimmte sonstige Leistungen im Binnenmarkt Zusammenfassende Meldungen abzugeben. In dieser Zusammenfassenden Meldung hat er die USt-IdNr. des Leistungsempfängers sowie die Höhe des Umsatzes anzugeben.
3. **Weitere Stichworte**
   → Innergemeinschaftliche Lieferung, → Innergemeinschaftliches Dreiecksgeschäft, → Innergemeinschaftliches Kontrollverfahren, → Innergemeinschaftliches Verbringen, → Umsatzsteuer-Identifikationsnummer, → Umsatzsteuer-Voranmeldung
4. **Besonderheiten**
   Die Grenzwerte für die Möglichkeit, quartalsweise Zusammenfassende Meldungen abgeben zu können, sind zum 1.1.2012 abgesenkt worden.

1. Grundsätze für die Zusammenfassende Meldung

Der **innergemeinschaftliche Warenaustausch** basiert auf dem Prinzip, dass eine Umsatzsteuer in dem Land entsteht, in dem die Ware ge- oder verbraucht wird („**Bestimmungslandprinzip**"). Im Binnenmarkt ist dieses Prinzip dadurch umgesetzt worden, dass der Unternehmer als Leistungsempfänger im Bestimmungsmitgliedstaat einen innergemeinschaftlichen Erwerb der Besteuerung zu unterwerfen hat. Eine Kontrolle dieser Besteuerungsverpflichtung kann nur von den für ihn zuständigen Finanzbehörden des Bestimmungslands durchgeführt werden. Um sie von einer steuerfreien innergemeinschaftlichen Lieferung in Kenntnis zu setzen, erfolgt im Rahmen des innergemeinschaftlichen Kontrollverfahrens[1] ein Datenaustausch zwischen den Mitgliedstaaten über steuerfreie **innergemeinschaftliche Lieferungen** und andere relevante Warenbewegungen.

Seit dem 1.1.2010 müssen auch **sonstige Leistungen**, die nach § 3a Abs. 2 UStG an einen anderen Unternehmer in einem anderen Mitgliedstaat der Europäischen Union ausgeführt werden, in der Zusammenfassenden Meldung angegeben werden.

Achtung! Wichtig ist dafür die exakte Prüfung des Orts der sonstigen Leistung. Nicht jede Leistung, die an einen Unternehmer ausgeführt wird, der aus einem anderen Mitgliedstaat mit einer USt-IdNr. auftritt, muss in der Zusammenfassenden Meldung angegeben werden. Meldefähig sind nur die Umsätze, deren Ort sich nach § 3a Abs. 2 UStG in dem anderen Mitgliedstaat befindet.

Seit 2007 ist die Zusammenfassende Meldung auf **elektronischem Weg** abzugeben. Wird in besonderen Ausnahmefällen die Zusammenfassende Meldung in Papierform abgegeben, ist diese an das Bundeszentralamt für Steuern – Dienstsitz Saarlouis –, Ludwig-Karl-Balzer-Allee 2, 66740 Saarlouis zu senden.

2. Meldetatbestände

Zur Abgabe einer Zusammenfassenden Meldung ist derjenige verpflichtet, der innergemeinschaftliche Warenlieferungen oder ab 2010 sonstige Leistungen nach § 3a Abs. 2 UStG an andere Unternehmer in einem anderen Mitgliedstaat ausführt. Die Zusammenfassende Meldung ist immer unter der USt-

[1] MIAS – Mehrwertsteuer-Informationsaustauschsystem.

IdNr. des leistenden Unternehmers abzugeben. Die Verpflichtung zur Abgabe der Zusammenfassenden Meldung und der **Inhalt der Meldung** können aus der folgenden Übersicht entnommen werden:

Vorgang	Angaben in der Zusammenfassenden Meldung
Der Unternehmer erbringt eine steuerfreie innergemeinschaftliche Lieferung an einen Abnehmer mit USt-IdNr.	• die USt-IdNr. eines jeden Erwerbers und • für jeden Erwerber die Summe der Bemessungsgrundlagen der an ihn ausgeführten innergemeinschaftlichen Lieferungen
Der Unternehmer verbringt für eigene Zwecke Gegenstände in einen anderen Mitgliedstaat außer nur zu einer vorübergehenden Verwendung (vgl. Stichwort Innergemeinschaftliches Verbringen)	• die USt-IdNr. des Unternehmensteils aus dem Mitgliedstaat, in den der Gegenstand gelangt und • die darauf entfallende Summe der Bemessungsgrundlagen
Der Unternehmer ist als mittlerer Unternehmer an einem innergemeinschaftlichen Dreiecksgeschäft i.S.d. § 25b UStG beteiligt	• die USt-IdNr. des letzten Erwerbers aus dem Mitgliedstaat, in den der Gegenstand gelangt, • für jeden letzten Abnehmer die Summe der Bemessungsgrundlagen der an ihn ausgeführten Lieferungen und • einen Hinweis auf das Vorliegen des Dreiecksgeschäfts[2]
Der Unternehmer führt eine sonstige Leistung an einen Unternehmer für dessen Unternehmen[3] in einem anderen Mitgliedstaat aus, deren Ort sich nach § 3a Abs. 2 UStG bestimmt (nur seit dem 1.1.2010)	• die USt-IdNr. eines jeden Leistungsempfängers, • für jeden Leistungsempfänger die Summe der Bemessungsgrundlagen der an ihn ausgeführten sonstigen Leistungen und • einen Hinweis auf das Vorliegen einer sonstigen Leistung[4]

Die Zusammenfassende Meldung ist von dem Unternehmer beim **Bundeszentralamt für Steuern**, Außenstelle Saarlouis, bis zum 25. Tag nach Ablauf des Meldezeitraums einzureichen, wenn er in diesem Meldezeitraum meldepflichtige Leistungen ausgeführt hat.

Wichtig! Auch ein Rechtsanwalt, der Beratungsleistungen an im übrigen Gemeinschaftsgebiet ansässige Unternehmer erbracht hat, die ihm ihre Umsatzsteuer-Identifikationsnummer mitgeteilt haben, kann die für diese Fälle vorgeschriebene Abgabe einer Zusammenfassenden Meldung mit den darin geforderten Angaben (u.a. Umsatzsteuer-Identifikationsnummer des Mandanten, Gesamtbetrag der Beratungsleistungen an den Mandanten) nicht unter Berufung auf seine Schweigepflicht verweigern[5].

---

2 Seit dem 1.1.2010 ist das Kennzeichen „2“ zu verwenden bzw. in der elektronischen Form eine entsprechende Kennzeichnung vorzunehmen.

3 Gleichgestellt ist eine juristische Person, die nicht Unternehmer ist, der aber eine USt-IdNr. erteilt worden ist.

4 Seit dem 1.1.2010 ist das Kennzeichen „1“ zu verwenden bzw. in der elektronischen Form eine entsprechende Kennzeichnung vorzunehmen.

5 BFH, Urteil v. 27.9.2017, XI R 15/15, BStBl II 2018, 155. Zu diesem Urteil ist eine Verfassungsbeschwerde beim BVerfG unter 1 BvR 2899/17 anhängig.

3. Abgabefrist und Melderturnus

Entsprechend den gemeinschaftsrechtlichen Vorgaben[6] ist die **Frist zur Abgabe** der Zusammenfassenden Meldungen **mit Wirkung zum 1.7.2010 verkürzt** worden. Unabhängig davon, ob dem Unternehmer die Dauerfristverlängerung für die Umsatzsteuer-Voranmeldung gewährt wird oder nicht, ist die Zusammenfassende Meldung nach § 18a Abs. 1 UStG **immer bis zum 25. des auf den Meldezeitraum folgenden Monats** abzugeben. Dadurch erhält die Finanzverwaltung zeitnäher als früher Informationen zu den innergemeinschaftlichen Umsätzen deutscher Unternehmer. Es ergeben sich die folgenden Abgabefristen:

- Bei **monatlicher Abgabe** der Zusammenfassenden Meldung: Abgabe immer bis zum 25. des Folgemonats (z.B. Abgabe der Zusammenfassenden Meldung für Juli 2018 bis zum 25.8.2018).
- Bei **quartalsweiser Abgabe** der Zusammenfassenden Meldung: Abgabe immer bis zum 25. des auf das Quartal folgenden Monats (z.B. Abgabe der Zusammenfassenden Meldung für das dritte Quartal 2018 bis zum 25.10.2018).
- Bei **jährlicher Abgabe** der Zusammenfassenden Meldung: Abgabe immer bis zum 25.1. des Folgejahrs.

Wichtig! Wenn ein Unternehmer in einem Meldezeitraum keine meldepflichtigen Warenlieferungen oder zu meldende sonstige Leistungen ausgeführt hat, braucht er keine Nullmeldung abzugeben.

Wurden von dem Unternehmer in den **vier letzten Quartalen** innergemeinschaftliche Lieferungen und innergemeinschaftliche Dreiecksgeschäfte von (jeweils pro Quartal) nicht mehr als **50.000 €** ausgeführt, kann er die Lieferungen auch quartalsweise melden. Das Überschreiten der Grenze von 50.000 € in einem der vier letzten Quartale schließt ihn aber von dieser Vereinfachungsregelung aus.

Achtung! Bis 31.12.2011 galt anstelle der Umsatzgrenze von 50.000 € eine Grenze von (jeweils) 100.000 €.

Tipp! Ob und in welchem Umfang ein Unternehmer neben innergemeinschaftlichen Lieferungen und innergemeinschaftlichen Dreiecksgeschäften nach § 25b Abs. 2 UStG auch noch sonstige Leistungen i.S.d. § 3a Abs. 2 UStG an Unternehmer in einem anderen Mitgliedstaat ausführt, ist für die Prüfung dieser Umsatzgrenzen unbeachtlich.

Hat der Unternehmer in den letzten vier Quartalen die maßgeblichen Umsatzgrenzen (50.000 €, bis 31.12.2011 100.000 €) nicht überschritten, überschreitet er aber die Grenze in einem folgenden Quartal erstmals, sind auch schon für das Quartal, in dem die Grenze überschritten wird, monatliche Zusammenfassende Meldungen abzugeben. In diesem Fall sind – eventuell auch schon für zurückliegende Monate dieses Quartals – monatliche Zusammenfassende Meldungen bis zum 25. des Monats abzugeben, der auf den Monat folgt, in dem die Grenze erstmals überschritten wurde.

Tipp! In diesem Fall wird dem Unternehmer ein Wahlrecht eingeräumt: Er kann die Angaben der abgelaufenen Monate dieses Quartals zusammenfassen, muss dies aber nicht tun.

Beispiel 1: Unternehmer U hat bisher die maßgeblichen Grenzen für innergemeinschaftliche Lieferungen und innergemeinschaftliche Dreiecksgeschäfte nicht überschritten und gibt quartalsweise Zusammenfassende Meldungen ab. Im Juli und August 2018 kann er jeweils innergemeinschaftliche Lieferungen für 30.000 € ausführen.

---

[6] Richtlinie 2008/117/EG des Rates vom 16.12.2008 zur Änderung der Richtlinie 2006/112/EG über das gemeinsame Mehrwertsteuersystem zum Zweck der Bekämpfung des Steuerbetrugs bei innergemeinschaftlichen Umsätzen, ABl EU 2009 L 14, 7. In Deutschland durch das Gesetz zur Umsetzung steuerlicher EU-Vorgaben sowie zur Änderung steuerlicher Vorschriften.

Lösung: Da U im August 2018 die Summe von 50.000 € pro Quartal überschreitet, muss er schon für das dritte Quartal 2018 monatliche Zusammenfassende Meldungen abgeben. Für Juli und August 2018 muss er die Zusammenfassende Meldung bis zum 25.9.2018 abgeben, § 18a Abs. 1 Satz 3 UStG. Er kann dabei die zu meldenden Leistungen für Juli und August in einer Zusammenfassenden Meldung einheitlich erfassen oder für Juli und August jeweils eine Zusammenfassende Meldung abgeben.

Hat der leistende Unternehmer die **Bagatellgrenzen nicht überschritten**, muss er aber nicht quartalsweise Zusammenfassende Meldungen abgeben. Er kann freiwillig monatliche Zusammenfassende Meldungen abgeben, dies muss er dann aber dem Bundeszentralamt für Steuern gegenüber anzuzeigen.

Tipp! Dieser Anzeigeverpflichtung kommt der Unternehmer durch Ankreuzen auf dem Deckblatt der Zusammenfassenden Meldung nach.

Hat der Unternehmer sein **Wahlrecht ausgeübt**, ist er bis zum Widerruf (ebenfalls auf dem Deckblatt zu erklären), mindestens aber für zwölf Monate an die monatliche Abgabe der Zusammenfassenden Meldung gebunden. Nur in gegenüber dem Bundeszentralamt für Steuern zu begründenden Sonderfällen[7] kann auch schon vorher der Antrag widerrufen werden.

Eine Besonderheit ergibt sich bei den **sonstigen Leistungen nach § 3a Abs. 2 UStG**, die der Unternehmer in der Zusammenfassenden Meldung anzumelden hat. Diese sonstigen Leistungen sind **grundsätzlich quartalsweise anzumelden** – dies gilt selbst dann, wenn der Unternehmer wegen des Überschreitens der Wertgrenzen bei den innergemeinschaftlichen Lieferungen und den innergemeinschaftlichen Dreiecksgeschäften zur Abgabe von monatlichen Zusammenfassenden Meldungen verpflichtet ist, § 18a Abs. 2 UStG. Allerdings kann er in diesem Fall abweichend von der Grundregelung die sonstigen Leistungen auch monatsweise melden – jedoch setzt das wieder eine Anzeigepflicht beim Bundeszentralamt voraus, § 18a Abs. 3 UStG. Diese Anzeige wird dadurch abgegeben, dass der Unternehmer die sonstigen Leistungen in den monatlichen Zusammenfassenden Meldungen mit angibt.

Achtung! Ausdrücklich ist in § 18a Abs. 4 UStG klargestellt, dass ein Kleinunternehmer keine Zusammenfassenden Meldungen abzugeben hat. Problematisch ist dies aber bei in anderen Mitgliedstaaten nach § 3a Abs. 2 UStG ausgeführten sonstigen Leistungen.

Wenn der Unternehmer von **der Verpflichtung, Umsatzsteuer-Voranmeldungen abzugeben, befreit** worden ist, hat er die Zusammenfassende Meldung bis zum 25. Tag nach **Ablauf jedes Kalenderjahrs** abzugeben, wenn die folgenden weiteren Voraussetzungen erfüllt sind:

- Die Summe seiner Lieferungen und sonstigen Leistungen hat im vorangegangenen Kalenderjahr 200.000 € nicht überstiegen und wird diese Grenze im laufenden Kalenderjahr voraussichtlich auch nicht übersteigen,
- die Summe seiner innergemeinschaftlichen Warenlieferungen oder im übrigen Gemeinschaftsgebiet ausgeführten steuerpflichtigen sonstigen Leistungen, für die der in einem anderen Mitgliedstaat ansässige Leistungsempfänger die Steuer dort schuldet, hat im vorangegangenen Kalenderjahr 15.000 € nicht überstiegen und wird diese Grenze im laufenden Kalenderjahr voraussichtlich auch nicht übersteigen und
- es handelt sich bei der Warenlieferung nicht um die Lieferung eines neuen Fahrzeugs (vgl. Stichwort Fahrzeuglieferung) an einen Abnehmer mit USt-IdNr.

Achtung! Auch Organgesellschaften müssen eine eigene Zusammenfassende Meldung abgeben.

[7] Es muss eine „unbillige Härte“ vorliegen.

4. Meldezeitpunkt

Die **innergemeinschaftlichen Warenlieferungen** sind in dem Meldezeitraum zu melden, in dem die Rechnung ausgestellt worden ist, spätestens jedoch mit Ablauf des der Leistungserbringung folgenden Monats, § 18a Abs. 8 UStG. Bei Lieferungen im Rahmen eines **innergemeinschaftlichen Dreiecksgeschäfts** wie auch bei den nach § 3a Abs. 2 UStG zu meldenden **sonstigen Leistungen** ist die Meldung immer in dem Meldezeitraum vorzunehmen, in dem diese Leistungen ausgeführt worden sind; auf den Zeitpunkt der Rechnungsausstellung kommt es nicht an.

Beispiel 2: Großhändler G liefert an einen Kunden in Frankreich im Juli 2018 und im August 2018 Waren. Die Rechnungen für diese Lieferungen werden wegen eines Versehens erst im August 2018 ausgestellt. G gibt monatliche Zusammenfassende Meldungen ab.
Lösung: Die Lieferung aus dem Juli 2018 ist zwingend im August 2018 in der Zusammenfassenden Meldung zu melden, da dies der Monat ist, der auf den Monat der Lieferung folgt. Die Lieferung aus dem August 2018 ist ebenfalls in der Zusammenfassenden Meldung August 2018 zu melden, da dies dem Monat der Ausstellung der Rechnung entspricht.

5. Berichtigung von Zusammenfassenden Meldungen

Wenn der Unternehmer erkennt, dass eine von ihm abgegebene Zusammenfassende Meldung unrichtig oder unvollständig ist, ist er **verpflichtet**, innerhalb von einem Monat die Zusammenfassende Meldung zu berichtigen.

Achtung! Wer eine Zusammenfassende Meldung nicht, nicht richtig, nicht vollständig oder nicht rechtzeitig abgibt, handelt ordnungswidrig. Die Ordnungswidrigkeit kann mit einem Bußgeld bis zu 5.000 € geahndet werden.

Bei einer Berichtigung einer **falsch gemeldeten Bemessungsgrundlage** ist in der berichtigten Zusammenfassenden Meldung die korrekte Bemessungsgrundlage und nicht nur der Differenzbetrag zu melden.

Wurde versehentlich eine innergemeinschaftliche Lieferung, ein innergemeinschaftliches Verbringen, eine Lieferung nach § 25b UStG oder eine sonstige Leistung nach § 3a Abs. 2 UStG gemeldet, obwohl ein solcher Umsatz nicht ausgeführt wurde, ist ebenfalls eine berichtigte Zusammenfassende Meldung abzugeben, in der unter der angegebenen USt-IdNr. ein Umsatz i.H.v. null zu melden ist.

Bei einer **Änderung der Bemessungsgrundlage** ist § 17 UStG analog anzuwenden, § 18a Abs. 4 Satz 2 UStG. Dies bedeutet, dass die Änderung der Bemessungsgrundlage nicht rückwirkend zu einer berichtigten Zusammenfassenden Meldung führt, sondern in dem Meldezeitraum angegeben werden muss, in dem die Änderung erfolgt. Ist in dem Meldezeitraum keine Lieferung zu melden, ist der Änderungsbetrag mit einem Minuszeichen zu versehen.

Solche Änderungen der Bemessungsgrundlage sind insbesondere die **Gewährung von Skonti oder Rabatten** oder die Uneinbringlichkeit der Forderungen.

Zuschuss

Zuschuss auf einen Blick

1. **Rechtsquellen**
   § 10 UStG
   Abschn. 10.2 UStAE
2. **Bedeutung**
   Ein Zuschuss, den ein Unternehmer erhält, kann Entgelt für eine Leistung sein, wenn der Zuschuss im Rahmen eines Leistungsaustauschs gezahlt wird. Der Zuschuss kann aber auch eine nicht steuerbare Zahlung sein, wenn ein Leistungsaustauschverhältnis nicht gegeben ist.
3. **Weitere Stichworte**
   → Bemessungsgrundlage

1. Allgemeines

Ein Unternehmer, der von einem anderen eine Zahlung erhält, muss in jedem Fall prüfen, ob diese Zahlung in einem **unmittelbaren oder einem mittelbaren Zusammenhang** mit einer von ihm erbrachten Leistung steht. Wenn ein solcher Zusammenhang gegeben ist, ist die Zahlung bei der Ermittlung der Bemessungsgrundlage mit zu berücksichtigen. Eine Zahlung kann aber auch **außerhalb eines Leistungsaustauschprozesses** stattfinden, z.B. bei der Zahlung von Zuschüssen der öffentlichen Hand an den Unternehmer.

Bei den Zuschüssen (auch: Zuwendungen, Beihilfen, Prämien, Ausgleichsbeträge o.Ä.) können sich grundsätzlich folgende **Rechtsfolgen** ergeben[1]:

- Es handelt sich um ein Entgelt für eine Leistung des Unternehmers an den Zuschussgeber, in diesem Fall muss die Zahlung bei der Ermittlung der Bemessungsgrundlage mit berücksichtigt werden (sog. **unechter Zuschuss**).
- Es handelt sich um ein zusätzliches Entgelt eines Dritten für eine Leistung des Unternehmers, in diesem Fall muss die Zahlung bei der Ermittlung der Bemessungsgrundlage mit berücksichtigt werden (sog. **unechter Zuschuss**).
- Es handelt sich nicht um die Zahlung im Rahmen eines Leistungsaustauschs. Die Zahlung stellt einen **echten Zuschuss** dar, der nicht steuerbar ist.

2. Unechte Zuschüsse

In der Regel liegen **unechte Zuschüsse** (also Entgelt für eine Leistung des Unternehmers) vor, wenn ein Leistungsaustauschverhältnis zwischen dem leistenden Unternehmer und dem Zahlenden besteht, d.h. wenn:

- ein unmittelbarer Zusammenhang zwischen der erbrachten Leistung und dem Zuschuss besteht (der Unternehmer erbringt seine Leistung bei einem gegenseitigen Vertrag erkennbar um der Gegenleistung willen).
- der Zahlende einen Gegenstand oder einen sonstigen Vorteil erhält, aufgrund dessen er als Empfänger einer Lieferung oder einer sonstigen Leistung angesehen werden kann.

Unerheblich ist es dabei, ob die Zahlung direkt von dem Empfänger der Leistung oder von einem Dritten erfolgt (Zuzahlung eines Dritten).

Wichtig! Bei Leistungen, zu denen sich zwei Vertragsparteien in einem gegenseitigen Vertrag verpflichtet haben, liegt grundsätzlich ein Leistungsaustausch vor[2].

---

1 Abschn. 10.2 Abs. 1 UStAE.

2 BFH, Urteil v. 18.12.2008, V R 38/06, BStBl II 2009, 749.

Ob die Leistung des Zahlungsempfängers derart mit der Zahlung verknüpft ist, dass sie sich auf den Erhalt einer Gegenleistung (Zahlung) richtet, ergibt sich aus den **Vereinbarungen des Zahlungsempfängers mit dem Zahlenden** (z.B. den Verträgen). Besteht eine innere Verknüpfung zwischen der Leistung des Zahlungsempfängers und der Zahlung, ist die Zahlung Entgelt für die Leistung des Zahlungsempfängers.

Beispiel 1:

- Zuschuss eines Mieters an den Vermieter bei der Errichtung einer Immobilie,
- Zahlung einer Gemeinde an einen Bauherren, der in einem Gebäude Stellplätze für die Allgemeinheit zur Verfügung stellt,
- Erstattungen von Fahrgeldausfällen nach dem Schwerbehindertengesetz für die unentgeltliche Beförderung von behinderten Menschen,
- Zuschüsse von Gemeinden an Bauunternehmer, die gegenüber bestimmten Vereinigungen Bauleistungen erbringen,
- Zahlungen einer Gemeinde für die Übernahme von Erschließungsmaßnahmen.

Auch bei der **Zahlung eines Dritten** kann ein unechter Zuschuss vorliegen. Zusätzliches Entgelt i.S.d. § 10 Abs. 1 Satz 3 UStG sind solche Zahlungen, die von einem anderen als dem Leistungsempfänger für die Lieferung oder sonstige Leistung des leistenden Unternehmers gewährt werden. Ein zusätzliches Entgelt liegt vor, wenn der Leistungsempfänger einen Rechtsanspruch auf die Zahlung hat, die Zahlung in Erfüllung einer öffentlich-rechtlichen Verpflichtung gegenüber dem Leistungsempfänger oder zumindest im Interesse des Leistungsempfängers gewährt wird. Dies liegt insbesondere bei einer Preisauffüllung durch einen Dritten vor.

3. Echte Zuschüsse

Wenn eine Zahlung **außerhalb eines Leistungsaustauschprozesses** erfolgt, liegt in der Regel ein nicht steuerbarer Zuschuss vor, der nicht zur Entstehung von Umsatzsteuer führt. Solche echten Zuschüsse sind anzunehmen, wenn die Zahlung nicht an bestimmte Umsätze anknüpft, sondern unabhängig von einer bestimmten Leistung gewährt wird, weil z.B. der leistende Unternehmer einen Anspruch auf die Zahlung hat oder weil in Erfüllung einer öffentlich-rechtlichen Verpflichtung bzw. im überwiegenden öffentlich-rechtlichen Interesse an ihn gezahlt wird. Echte Zuschüsse liegen auch vor, wenn der Zahlungsempfänger die Zahlungen lediglich erhält, um ganz allgemein in die Lage versetzt zu werden, überhaupt tätig zu werden oder seine nach dem Gesellschaftszweck obliegenden Aufgaben erfüllen zu können.

Beispiel 2:

- Zahlungen der Bundesagentur für Arbeit für bestimmte Unternehmer zu den Löhnen und Ausbildungsvergütungen,
- Zahlung einer Gemeinde an Arbeitgeber bei der Errichtung neuer Ausbildungsplätze,
- Investitionszulagen, soweit kein Leistungsaustausch zwischen dem Zahlenden und dem Zahlungsempfänger gegeben ist,
- Zahlung eines Filmpreises an einen Regisseur,
- Forschungszuschüsse, wenn der Forschende die Forschungsergebnisse selbst verwerten kann,
- Zuwendungen an einen Landwirt wegen Aufgabe der Milcherzeugung.

4. Abgrenzung beim Sponsoring

Gewähren Unternehmer an meistens im kulturellen, kirchlichen, sozialen oder sportlichen Bereich tätige Organisationen Zuwendungen und werden die zuwendenden Unternehmer dafür namentlich benannt, kann dies im Rahmen einer **nicht steuerbaren Zuwendung** oder im Rahmen eines Leistungsaustauschs erfolgen.

Damit ein **Leistungsaustausch** vorliegt, muss ein unmittelbarere Zusammenhang zwischen der Leistung der die Zahlung empfangenden Organisation (i.d.R. eine Werbeleistung) und der Zahlung des fördernden Unternehmens bestehen. Dazu muss der Leistungsempfänger identifizierbar sein und er muss einen Vorteil erhalten, der einen Kostenfaktor in seiner Tätigkeit bilden könnte.

Die Finanzverwaltung[3] hat ihre Auffassung zu dem sog. **Sponsoring** dahingehend konkretisiert, dass **kein Leistungsaustausch** vorliegt, wenn der Empfänger der Zuwendung aus einem Sponsoringvertrag auf Plakaten, Veranstaltungshinweisen, Ausstellungskatalogen oder auf seiner Internetseite lediglich auf die Unterstützung durch den Sponsor hinweist.

Wichtig! Es kommt dabei nicht darauf an, ob der Hinweis unter Angabe des Namens des Sponsors, dessen Emblem oder Logos erfolgt. Eine besondere Hervorhebung oder eine Verlinkung auf die Internetseite des Sponsors führt danach aber zu einem Leistungsaustausch und damit zu einer steuerbaren Leistung (Werbeleistung) des Zuwendungsempfängers.

Nach Auffassung der Finanzverwaltung führen aber die folgenden – über die reine Nennung des Namens des Sponsors hinausgehenden – Maßnahmen zu einer **entgeltlichen Leistung**, für die dann Umsatzsteuer entsteht:

- **Hervorhebung** des Namens des Sponsors oder seines Emblems oder Logos sowie
- die **Verlinkung** auf eine Internetseite des Sponsors.

Keine näheren Ausführungen macht das BMF dazu, unter welchen Voraussetzungen von einer „**Hervorhebung**" des Sponsors auszugehen ist. Dies wird im Regelfall einer **Würdigung im Einzelfall** vorbehalten bleiben. Eine solche **Hervorhebung** kann aber dann anzunehmen sein, wenn ein Sponsor im Verhältnis zu anderen Sponsoren optisch so betont wird, dass ihm im Vergleich zu den anderen eine besondere Stellung eingeräumt wird. Werden mehrere Sponsoren (z.B. in einem Ausstellungskatalog oder einem Veranstaltungsheft) gegenüber den anderen redaktionellen Beiträgen optisch so herausgestellt, dass dies über eine lediglich informative Benennung des Sponsors hinausgeht, wird ebenfalls von einer als Leistungsaustausch anzusehenden Werbeleistung auszugehen sein.

Tipp! Soweit der Sponsor ein zum Vorsteuerabzug berechtigter Unternehmer ist, ist allerdings die Annahme einer Werbeleistung unschädlich, soweit die Leistung mit einer ordnungsgemäßen Rechnung abgerechnet wird und somit der Sponsor zum Vorsteuerabzug berechtigt ist. Nur bei einem nicht oder nur zum Teil zum Vorsteuerabzug berechtigten Sponsor (z.B. Kreditinstitut, Versicherungsgesellschaft) sollte darauf geachtet werden, die Nennung des Sponsors möglichst unauffällig zu platzieren.

3 Abschn. 1.1 Abs. 23 UStAE.

Anhang

Hinweise auf Internet-Adressen

Fragestellung	Internet-Adresse
Umsatzsteuergesetz und Umsatzsteuer-Durchführungsverordnung.	http://bundesrecht.juris.de/index.html
Umsatzsteuer-Anwendungserlass (in konsolidierter Fassung).	www.bundesfinanzministerium.de (unter BMF-Schreiben/zu Steuerarten/ Umsatzsteuer)
Steuersätze in anderen Mitgliedstaaten (Broschüre Steuern im internationalen Vergleich).	www.bzst.de
Online-Bestätigung der USt-IdNr. ausländischer Unternehmer.	www.bzst.de
Adressen von ausländischen Handelskammern. Hier können Kontaktadressen erfragt werden, oftmals übernehmen diese Kammern auch die Funktion eines Fiskalvertreters oder stehen mit landesspezifischen Informationen zur Verfügung.	www.ahk.de
Anschriften von ausländischen Vergütungsstellen für die von deutschen Unternehmern im Ausland gezahlten Umsatzsteuerbeträge.	www.bzst.de
Aufstellung der Länder, für die Gegenseitigkeit bei der Vergütung von Umsatzsteuer gegeben ist. Betrifft ausländische Unternehmer, die im Inland einen Vergütungsantrag stellen wollen.	www.bzst.de
Informationen über die Zollabwicklung sowie über die Anmeldung von Ausfuhrlieferungen. Unverbindliche Zolltarifsauskunft.	www.zoll.de
Formulare für Vorsteuervergütung für ausländische Unternehmer in Deutschland.	www.bzst.de
Informationen über zuständige Finanzämter.	www.finanzamt.de
Zugangsportal für elektronisch zu übermittelnde Anmeldungen und Erklärungen (Elster-Portal).	www.elster.de
Aktuelle Schreiben des Bundesfinanzministeriums.	www.bundesfinanzministerium.de
Aktuelle Urteile des Bundesfinanzhofs sowie anhängige Verfahren.	www.bundesfinanzhof.de
Aktuelle Urteile des Europäischen Gerichtshofs.	http://curia.europa.eu/jurisp/ cgi-bin/form.pl?lang = de

Stichwortregister

J

K

L

M

S

T

U

W

Z